ESSAI SUR LA PREUVE DANS SON ENVIRONNEMENT CULTUREL

PRESSES UNIVERSITAIRES D'AIX-MARSEILLE - PUAM - 2013
3, Avenue Robert Schuman - 13628 Aix-en-Provence Cedex 1

UNIVERSITÉ D'AIX-MARSEILLE

Faculté de Droit et de Science Politique

LABORATOIRE DE DROIT PRIVÉ & DE SCIENCES CRIMINELLES

Fabien GIRARD

ESSAI SUR LA PREUVE DANS SON ENVIRONNEMENT CULTUREL

Préface

Étienne VERGÈS
Professeur à l'Université de Grenoble
Membre de l'Institut universitaire de France

Ouvrage honoré d'une subvention du Centre de Recherches Juridiques de la Faculté de Droit de Grenoble

Tome I

PRESSES UNIVERSITAIRES D'AIX-MARSEILLE
-2013-

PRÉFACE

Le droit de la preuve est à la fois fascinant et mystérieux. Il navigue entre droit substantiel, droit processuel et matière *sui generis* du droit. Derrière une apparence connue de tous, la preuve dissimule des visages si variés qu'elle déstabilise le juriste qui tente de l'approcher, de la comprendre, de l'expliquer. La preuve a fait l'objet de nombreuses études spéciales mais les travaux qui en donnent une vision d'ensemble sont rares. L'ouvrage de Fabien Girard en fait partie.

Au moment où il s'engageait dans sa thèse de doctorat, Fabien Girard présentait déjà d'incontestables qualités, qui le prédisposaient à entreprendre une ambitieuse étude sur la preuve. Au fil de ses années de recherche, j'ai pu découvrir qu'au-delà de l'analyse juridique que je lui avait proposée, Fabien Girard s'était approprié son sujet de thèse et lui avait donné une dimension qui m'avait échappé. Cet *essai sur la preuve dans son environnement culturel* résulte de l'ouverture d'esprit de l'auteur, qui ne s'est pas contenté d'observer un droit français complexe et foisonnant, mais qui a éprouvé la nécessité d'aller explorer la doctrine et le droit positif anglo-américain. Outre-Atlantique, la preuve est considérée comme un objet majeur du droit et les volumes qui lui sont consacrés sont nombreux et massifs. On ne réfléchit pas simplement sur le droit de la preuve, mais également sur le raisonnement probatoire. Fabien Girard a su exploiter cette réflexion doctrinale puissante pour la transposer en droit français. C'est ainsi que le lecteur redécouvrira l'importance de la question de l'objet de la preuve, qui permet à l'auteur d'analyser le droit français sous un prisme nouveau. Le concept d'« opérance de l'objet de la preuve » y est alors central.

Cette approche *transsystémique* du droit de la preuve se double d'une analyse comparée. L'auteur nous enseigne que la preuve s'intègre alternativement dans un système participatif (*common law*) ou hiérarchique (droit français). Le modèle hiérarchique est marqué par un État fort ; lequel a construit le droit de la preuve autour du juge. Fabien Girard met ainsi en évidence l'office de *véridiction* du juge, qui s'ajoute à son office de *juridiction*. Si elle repose sur des règles connues, cette approche théorique est nouvelle. Le rôle du juge français dans le processus probatoire est d'autant mieux mis en évidence qu'il est théoriquement hissé à la même hauteur que la fonction juridictionnelle (dire le droit, trancher le litige).

La thèse explore également le modèle participatif et cette étude est riche en enseignements, car Fabien Girard s'est plongé dans le droit de la *common law* comme l'aurait fait un spécialiste de la matière. Le modèle participatif est marqué par la présence discrète de l'État, un juge à la recherche de l'équité et, au final, une place prépondérante laissée à la procédure. Cet encadrement strict de la recherche des preuves par les parties a pour finalité d'offrir une garantie de justice.

Cette scission culturelle des droits de la preuve, qui tient à la spécificité de l'organisation politique française, à sa tradition juridique, mais également aux connexions nombreuses entre la preuve et la procédure, laisse la place à un phénomène d'acculturation d'apparition récente, sous l'influence de la Cour européenne des droits de l'homme. L'auteur propose des illustrations convaincantes à travers, par exemple, la progression du principe de loyauté de la preuve. Sous le prisme des questions probatoires, on mesure le rapprochement des systèmes juridiques. Le droit français de la preuve conserve sa spécificité, mais il intègre de nouveaux principes qu'il doit combiner aux règles traditionnelles. Cette conciliation n'est pas aisée. Comme le demande l'auteur, la distinction entre procédures accusatoire et inquisitoire « a-t-elle encore un sens » alors que la CEDH impose le procès équitable à tous les modèles procéduraux ? La dichotomie des systèmes peut-elle résister au droit commun qui étend son emprise grâce aux principes européens ? Cette question trouve des prolongements dans l'actualité. Le droit de la preuve doit aujourd'hui compter avec les normes de l'Union européenne, comme en témoigne la récente adoption de la directive 2012/13/UE du Parlement européen et du Conseil du 22 mai 2012, relative au droit à l'information dans le cadre des procédures pénales. À travers les règles de procédure, c'est bien la preuve qui est touchée et à travers le droit à l'information des suspects, c'est bien l'arrêt *Miranda v. Arizona* - rendu par la Cour suprême des États-Unis en 1966 - qui est en arrière-plan. L'acculturation poursuit donc son chemin.

La thèse de Fabien Girard est un ouvrage tout à la fois essentiel et atypique. Elle s'inscrit dans un mouvement doctrinal récent en France, qui renouvelle la réflexion sur le droit de la preuve et la situe dans un contexte juridique qui n'a plus rien à voir avec les dispositions du Code civil. Il nous invite à porter sur la preuve un regard qui dépasse les analyses traditionnelles. L'auteur s'intéresse aux autres systèmes juridiques, mais il éclaire également sa réflexion par des recherches hors du droit. Il ne faut pas avoir peur d'être déstabilisé lorsqu'on plonge dans cet essai sur la preuve. La proximité entre objet de la preuve et qualification juridique soulève de nombreuses questions. L'affirmation d'un « impossible droit à la preuve » est également dérangeante. Mais Fabien Girard n'est pas homme à affirmer sans argumenter. Au lecteur de se faire ensuite son opinion.

Pour un directeur de thèse, voir un tel ouvrage soutenu et publié est source d'une grande satisfaction. Fabien Girard a emprunté un parcours personnel de chercheur qui l'a conduit bien au-delà de l'idée que j'avais imaginée au départ. Sa thèse n'est pas seulement le fruit d'un travail intense, mais également l'expression d'une idée forte et d'un environnement théorique innovant. Elle m'a permis de découvrir des territoires inconnus et en a révélé d'autres, qui méritent à leur tour d'être explorés.

Étienne VERGÈS
Professeur à l'Université de Grenoble
Membre de l'Institut universitaire de France

REMERCIEMENTS

Ce travail doit beaucoup à Cyrielle, mes parents, mon frère et ma sœur, mon grand-père et ma grand-mère à qui j'adresse mes plus tendres pensées pour le soutien indéfectible.

Des yeux attentifs, des conseils généreusement transmis, de saines critiques et quelques chaleureux encouragements. Voilà une dette dont je ne payerai pas l'entier montant. Les quelques mots qui suivent ne seront donc qu'un modeste dédommagement : merci, pour leur peine, bien réelle, à Anne, Hélène, François et Sylvain. Merci encore à Gaëlle, Alexandre et Aurélien.

Ces remerciements ne seraient pas complets sans quelques mots adressés au Professeur Vergès à qui je sais gré d'avoir su tirer le meilleur parti de moi-même. Qu'il en soit sincèrement remercié

.

SOMMAIRE

PREMIÈRE PARTIE
L'OBJET DE LA PREUVE, RELATIVITÉS ET IRREDUCTIBILITÉS CULTURELLES

SECONDE PARTIE
LA RECHERCHE ET L'APPRÉCIATION DE LA PREUVE, RELATIVITÉS CULTURELLES ET ACCULTURATIONS

TABLE DES ABRÉVIATIONS

AVERTISSEMENT : *les revues étrangères non francophones sont reproduites en toutes lettres dans le texte. Afin d'en faciliter la lecture et la recherche, elles ont été rédigées selon les règles en usage pour le référencement des revues juridiques françaises (intitulé de l'article, nom de la revue, année de publication, numéro/volume et pagination). La même règle a été suivie pour les institutions, la législation et les codes étrangers.*

AJDA : Actualité juridique de droit administratif
AJDI **:** Actualité juridique de droit immobilier
AJ fam. : Actualité juridique Famille
AJ pén. **:** Actualité juridique Pénal
al. : alinéa
alii : autres
Annonces de la Seine : Annonces de la Seine (Les)
APD : Archives de philosophie du droit
Art. : Article
Ass. plén. : Cour de cassation, assemblée plénière
Ass. : Assemblée

BOCC : Bulletin officiel de la concurrence et de la consommation
Bull. civ.**, ass.plén.** : Bulletin des arrêts de la Cour de cassation - Assemblée plénière
Bull. civ.**, ch. mixte** : Bulletin des arrêts de la Cour de cassation - chambre mixte
Bull. crim. : Bulletin des arrêts de la Cour de cassation (chambre criminelle)
Bull. Joly : Bulletin Joly Sociétés
Bull.civ. I, II, III, IV ou V : Bulletin des arrêts de la Cour de cassation (Chambres civiles : respectivement les 1re, 2e et 3e Chambres civiles, Chambre commerciale et Chambre sociale)

Cah. Barreau de Paris : Cahiers du barreau de Paris
C. civ. : Code civil
C. com. : Code de commerce
C. pén. : Code pénal
C. pr. civ. : Code de procédure civile
C. prud'hom. : Conseil de prud'hommes
C. trav. : Code du travail
C. trav. : Code du travail
C.C. : Conseil constitutionnel
C.C.C. : Contrats, Concurrence, Consommation
c/ : Contre
CSBP : Les cahiers sociaux du barreau de Paris
Cass. : Cour de cassation
CE : Conseil d'État
CEDH. : Cour européenne des droits de l'homme
Cf. : *Confer* (se reporter à)
Ch : Chambre
Ch. mixte : Cour de cassation, Chambre mixte
Ch. réun. : Cour de cassation, Chambres réunies
Chap. : Chapitre

Chron. : Chronique
Civ. 1re, Civ. 2e, Civ.3e : Cour de cassation chambres civiles
CJCE : Cour de justice des Communautés européennes
CJUE : Cour de Justice de l'Union européenne
Coll. : Collection
Com. : Cour de cassation chambre commerciale
Comm. com. électr. : Communication - Commerce électronique
Comm. EDH. : Commission européenne des droits de l'homme
Comm. : Commentaire
Concl. : Conclusions
Contra : Au contraire
Conv. EDH. : Convention de sauvegarde des droits de l'homme et des libertés fondamentales (ou Convention européenne des droits de l'homme)
Crim. : Cour de cassation, chambre Criminelle

D. : Dalloz (Recueil)
D. : Décret
D. aff. : Recueil Dalloz, édition « affaires »
D.C. : Dalloz critique
D.H. : Dalloz hebdomadaire
D.P. : Dalloz périodique
Déc. : Décision
Defrénois : Répertoire du notariat *Defrénois*
Doc. fr. : Documentation française
Dr. et patrimoine : Droit et patrimoine
Dr. et proc. : Droit et procédure
Dr. fam. : Droit de la famille
Dr. ouvrier : Droit ouvrier
Dr. pénal : Droit pénal
Dr. soc. : Droit social
Dr. sociétés : Droit des sociétés
Ed. (éd.) : Édition
Europe : Revue sur le droit communautaire

Fasc. : Fascicule

Gaz. Pal. : Gazette du Palais

Ibid. : *ibidem* (au même endroit)
In : Dans
Infra : ci-dessous

J.-Cl. : Juris-Classeur (Fascicule)
J.L.M.B. : Revue de Jurisprudence de Liège, Mons et Bruxelles (Belgique)
J.T. : Journal des tribunaux (Belgique)
***JCP* A** : Juris-Classeur Périodique, édition Administrations et collectivités territoriales
***JCP* E** : Juris-Classeur Périodique, édition Commerce et industrie
***JCP* N** : Juris-Classeur Périodique, édition notariale et immobilière
JDI : Journal de Droit international privé (Clunet)
JORF : Journal officiel de la République française
JOUE : Journal officiel de l'Union européenne
JSL : Jurisprudence sociale Lamy

L. : Loi
LPA : Les Petites affiches

N° (n°) : Numéro(s)

Obs. : Observations
Op. cit. : *opere citato* (dans l'ouvrage cité)
Ord. : Ordonnance

p. : Page ou Pages
passim : en divers endroit dans l'ouvrage
Préc. : Précité
Préf. : Préface
PUAM : Presses Universitaires d'Aix-Marseille
PUF : Presses Universitaires de France
PUG : Presses Universitaires de Grenoble

QPC : Question prioritaire de constitutionnalité

Rapp. : Rapport
RCA : Responsabilité civile et assurances
RD pén. crim. : Revue de droit pénale et de criminologie
RD sanit. soc. : Revue de droit sanitaire et social
RDC : Revue des contrats
RDLC : Revue des droits de la concurrence
RDP : Revue du droit public et de la science politique en France et à l'étranger
Rép. Dalloz : Répertoire Dalloz (Encyclopédie)
Req. : Chambre des requêtes de la Cour de cassation
Resp. civ. et assur. : Responsabilité civile et assurance
Rev. adm. **:** Revue administrative
Rev. crit. DIP : Revue critique de droit international privé
Rev. crit. dr. comp. : Revue critique de droit comparé
Rev. dr. banc. : Revue de droit bancaire
Rev. dr. imm. : Revue de droit immobilier
Rev. dr. unif. : Revue de droit uniforme (*Uniform Law Review*)
RJC : Revue de jurisprudence commerciale
Rev. Lamy dr. aff. : Revue Lamy de Droit des Affaires
RLDC **:** Revue Lamy de Droit Civil
RLDI : Revue Lamy de Droit de l'Immobilier
Rev. loyers : Revue des loyers et des fermages
Rev. pénit. : Revue pénitentiaire et de droit pénal
Rev. sociétés : Revue des sociétés
RFDA : Revue française de droit administratif
RGAT : Revue générale des assurances terrestres
RGDA **:** Revue générale du droit des assurances
RG*DP* **:** Revue générale des procédures
RIDC : Revue internationale de droit comparé
RIDC : Revue internationale de droit comparé
RJPF : Revue juridique personnes et famille
RJS : Revue de jurisprudence sociale
RJT : Revue Juridique Thémis (Canada)
RLC : Revue Lamy de la concurrence
RPDA : Revue pratique de droit administratif
RRJ : Revue de la Recherche Juridique, Droit prospectif
RSC : Revue de sciences criminelles
RTD. civ. : Revue trimestrielle de droit civil
RTD. com. : Revue trimestrielle de droit commercial et de droit économique
RUDH : Revue Universelle des Droits de l'Homme

S. : Sirey (Recueil)
s. : suivants
SS Lamy : Semaine sociale Lamy
sect. : section
s.l. : *sine loco*
s.n. : *sine nomine*
Soc. : Cour de cassation chambre sociale
Spéc. : Spécialement
ss. : sous
ss.-sect. : sous-section
S^{té} : Société
Supra : ci-dessus

T. (ou t.) : Tome
T. corr. : Tribunal correctionnel
T.C. : Tribunal civil

TGI : Tribunal de grande instance
Th. : Thèse
TPS : Travail et protection sociale
Tr. : Tribunal
Trad. : traduction

UE : Union européenne

v (v.) : *Versus* (ou *and*)
V. : Voir
V° : au mot
Vol. : Volume

INTRODUCTION

1. ***La preuve : entre connaissance et probabilité.*** En 1822, dans une contrée reculée de l'Angleterre, un gentilhomme du nom de Marsden fit un important legs à son intendant, le dénommé Wright. L'acte fut suivi d'un codicille rédigé en 1825. Ses biens, il en avait hérité de son frère aîné, et ils étaient d'une valeur suffisamment importante pour qu'un héritier de bon rang tentât quelque manœuvre pour échapper à l'exhérédation. Un cousin était justement concerné au premier chef par l'acte et, sans doute enflammé par sa rapacité, il en vint à concevoir le projet de remettre en cause la libéralité. Quoi de plus simple, pensa-t-il sans doute, que de jeter le doute sur le discernement du testateur. Un premier témoignage, de ceux qu'on n'exhume qu'après la mort, fut produit : « ...Marsden était traité comme un enfant par ses propres domestiques ; que, dans sa jeunesse, il était appelé, dans le village où il vivait, "Jack le fou" ou "Marsden le fou" ... qu'un témoin avait vu de jeunes garçons hurler après lui :"Hé, voilà le fou de Marsden", et lui jeter des immondices... »[1]. Trois lettres adressées au *de cujus*, et datées de 1784, 1786 et 1799, furent présentées en répliques. La première de ces lettres était de nature amicale. D'Amérique, où il voyageait alors, un proche parent y décrivait ses menues aventures. La deuxième émanait d'un vicaire et portait sur une querelle juridique impliquant Marsden. La troisième, enfin, avait été rédigée par le pasteur de Hornby (Yorkshire du Nord). Cette correspondance était écrite dans un langage qu'il sied d'employer à l'endroit des personnes d'intelligence raisonnable ; et le légataire, qui les produisait, entendait amener la juridiction à conclure raisonnablement au discernement suffisant de son ancien employeur. Ces lettres pouvaient-elles, néanmoins, être prises en compte par la juridiction, alors que les différents expéditeurs étaient tous décédés depuis lors ? Avant de répondre, transportons-nous quelques décennies plus tard aux États-Unis et attardons-nous un instant sur une autre grande décision du *Common Law* moderne : *Sacco et Vanzetti*. L'affaire *Sacco et Vanzetti* est avant tout celle d'un tragique épilogue ; la condamnation à mort de deux innocents, victimes de leur origine et de leurs convictions politiques[2]. Le 5 mai 1920, les deux Italiens, soupçonnés d'avoir commis deux braquages dans le Massachusetts, furent arrêtés. Les faits étaient graves, car au cours du dernier braquage deux convoyeurs de fonds avaient été tués. Mais, comme par une espèce de sinistre jeu de contraste, les preuves étaient minces. Il y avait bien un témoignage à charge du Capitaine Van Amburgh. À l'occasion de sa première audition (« *direct-examination* »), il dessinait, de sa bouche, la culpabilité des accusés :

---

[1] V. Chambre des Lords, *Wright v. Tatham, English Reports* 1838, n° 132, p. 87 et les analyses de J.-M. MAGUIRE, « The Hearsay System : Around and Through the Thicket », *Vanderbilt Law Review* 1961, n° 14, p. 741.

[2] L'affaire, tristement célèbre, a eu un retentissement considérable. Elle a inspiré non seulement les juristes (F. FRANKFURTER, *The Case of Sacco and Vanzetti : A Critical Analysis for Lawyers and Laymen*, William S Hein & Co, 2003), mais encore les cinéastes, les écrivains, les peintres et les poètes : F. RUSSELL, *L'affaire Sacco-Vanzetti*, Robert Laffont, Paris, 1964. Elle a donné lieu à deux jugements de la *Supreme Judicial Court* du Massachusetts : v. E. M. MORGAN, « Hearsay Dangers and the application of the Hearsay Concept », *Harvard Law Review* 1948, n° 62, p. 177.

« - Avez-vous pu décider, Capitaine, si la balle numéro 3 a été ou non tirée avec ce Colt automatique ?
- J'ai une opinion
- Et quelle est votre opinion ?
- J'incline à croire qu'elle a été tirée, que la balle n° 3 a été tirée avec ce pistolet automatique Colt ».

La contre-audition (« *cross-examination* ») l'amenait à plus de nuance :

« - Je crois que la corrosion en est la cause
- Quand vous dites : "Je crois", pensez-vous à autre chose ou n'êtes-vous pas sûr de ce que vous avancez ?
- Oui, j'ai un léger doute. J'ai déjà vu de la rouille sur le métal qui vient de l'aciérie, et cela était dû à un défaut ou à une petite imperfection dans le métal, et, par ailleurs, je ne dis pas qu'à chaque fois que je vois de la rouille sur un tel morceau de métal, la corrosion en est la cause... Ceci, je crois, explique ma réserve, ma..., au sujet de la corrosion ».

Le Capitaine Proctor était, à son tour, appelé à la barre ; il affaiblit l'accusation, mais ne l'anéantit pas :

« À aucun moment je n'ai été capable de trouver de preuve, quelle qu'elle soit, qui pût me convaincre que le modèle particulier de balle trouvée sur le corps de Berardelli, qui provient d'un pistolet automatique Colt,... a été tirée avec le pistolet de Sacco, et j'ai alors informé, avant le procès, le District Attorney et son assistant. Si on m'avait demandé directement si j'avais trouvé la moindre preuve positive, quelle qu'elle fût, que cette fameuse balle mortelle avait été tirée par le pistolet de Sacco, j'aurais alors répondu, comme je le fais maintenant sans la moindre hésitation, par la négative ».

Que nous révèlent ces deux exemples tirés des droits de *Common Law* ? La première chose qui apparaît d'emblée est que la preuve est avant tout affaire de *raisonnement*. Il suffit d'ouvrir un ouvrage de philosophie pour en avoir confirmation. Comme le disait Hume, dans son *Enquête sur l'entendement humain*[3], les preuves (« *proofs* ») sont des « des arguments tirés de l'expérience, tels qu'ils ne laissent aucune place au doute ou à l'opposition »[4]. Ces deux affaires laissent nettement transparaître le concept central d'argument : le ton et le vocabulaire employés dans les lettres produites offrent la possibilité d'inférer la capacité de comprendre de leur destinataire, le dénommé Marsden. La présence de la rouille, l'analyse d'autres

[3] D. HUME, *Enquête sur l'entendement humain*, (trad. E. LEROY), Éd. Montaigne, Bibliothèque philosophique Aubier, Paris, 1947. V. aussi, en contrepoint, D. HUME, *A Treatise of Human Nature*, Clarendon Press, Oxford, 1973. Pour les besoins de l'analyse ou pour la traduction de passages délicats, la version originale de certains mots ou expressions a souvent été conservée entre chevrons. C'est une règle qui a été suivie pour toutes les traductions.

[4] D. HUME, *A Treatise of Human Nature, op. cit.*, p. 103 ; le concept apparaît, ce qui n'est pas indifférent, dans une section consacrée à la « Probabilité », au sein de ce grand chapitre intitulé : « Connaissance et probabilité » (Livre I, Chapitre III, Section XI) (*op. cit.*,p. 124) - et pour ce qui est de l'*Enquête sur l'entendement humain*, il s'agit de la section VI intitulée : « De la probabilité ».

facteurs permettent de conclure à la correspondance ou à la non-correspondance entre la balle retrouvée sur le corps de la victime et un modèle particulier d'arme à feu. En cela, la preuve se distingue de la « connaissance »[5] ou de la « démonstration » qui se définit comme « la conviction résultant de la comparaison des idées ». Elle se distingue aussi, semble-t-il, mais on verra dans quelle mesure, de la probabilité qui est « ce témoignage <*evidence*> qui est toujours accompagné d'incertitude »[6]. En somme, la preuve, dans cette première acception, se trouve à mi-chemin entre **la connaissance** - qui relève de l'évidence - et **la probabilité** - encore caractérisée par le doute. Dans les trois cas, néanmoins, et puisqu'il n'est question, en définitive, que d'une division de la raison humaine[7], le ressort de la compréhension reste le *raisonnement*[8] sur la base du sens commun et de la causalité. Ce qu'il y a sans doute de remarquable dans cette première approche de la preuve, c'est qu'à tous les niveaux présentés, la preuve n'est autre chose, comme l'enseigne la philosophie (notamment celle de Hume), qu'une *accoutumance* qui se forge au contact du monde sensible[9]. Cette accoutumance procède d'une connaissance directe de l'expérience. On peut ainsi constater, comme l'indique le philosophe anglais, en mangeant du pain, « qu'il m'a nourri » ; on peut considérer que le pain est « un corps, doué de tels pouvoirs cachés »[10]. On peut sans doute soi-même constater, en correspondant avec autrui, qu'on ne rédige pas une lettre de la même manière selon qu'elle est adressée à un adulte ou à un enfant, à un homme sain d'esprit ou à un dément. C'est en cela que la preuve s'enracine dans l'expérience. Mais la preuve est plus que cela : « quand on dit, note Hume : *j'ai trouvé dans tous les cas passés, de telles qualités sensibles conjointes à de semblables pouvoirs cachés,* et quand on dit : *des qualités sensibles semblables seront toujours conjointes à de semblables pouvoirs cachés,* on ne se rend pas coupable d'une tautologie, et ces propositions ne sont à aucun égard les mêmes »[11]. On peut transposer le raisonnement aux lettres produites dans l'affaire *Wright v. Tatham*. Lorsqu'on énonce : « j'ai pu constater qu'une lettre adressée à un homme jouissant de toutes ses facultés mentales était rédigée d'une certaine manière » et lorsqu'on dit : « j'estime qu'une lettre adressée à un homme sain d'esprit sera toujours rédigée d'une certaine manière », on ne se rend pas davantage coupable d'une tautologie. Cette première approche de la preuve est nécessaire. Elle saisit la mécanique de la preuve depuis l'intérieur de l'esprit humain, même si, sur ce point, la langue française n'en rend pas suffisamment compte[12]. C'est le **raisonnement** (lui-même, qui mène à la conviction : « *proof* »),

---

[5] « *Knowledge* » : D. HUME, *Treatise of Human Nature*, *op. cit.*, p. 124. Dans l'*Enquête sur l'entendement humain*, il est question de : « *Démonstration* » : D. HUME, *op. cit.*, p. 102.

[6] D. HUME, *Treatise of Human Nature*, *op. cit.*, p. 124, d'après la traduction de F. GIL, *Preuves*, Aubier, Bibliothèque du Collège International de Philosophie, Paris, 1986, 1.1.1, p. 9), qui rend ici *evidence* par *témoignage*.

[7] D. HUME, *Treatise of Human Nature*, *op. cit.*, p. 124.

[8] *Ibid.*

[9] À propos de l'accoutumance, v. D. HUME, *Enquête sur l'entendement humain*, *op. cit.*, p. 89.

[10] *Op. cit.*, p. 79.

[11] *Op. cit.* p. 83.

[12] La notion de preuve renvoie à trois éléments. Les deux premiers sont généralement bien identifiés par les juristes. Comme l'indiquaient Aubry et Rau, le mot preuve « s'entend de ces éléments de conviction considérés en eux-mêmes. C'est en ce sens que l'on dit qu'une partie est munie ou dénuée de preuve, et que l'on distingue les différentes preuves admissibles en justice ». La notion exprime encore « le résultat de la production de ces éléments, quant à la conviction du juge. En ce sens on dit qu'une partie a fait ou n'a pas fait telle preuve, que la preuve est ou non complète », AUBRY, RAU, *Droit civil français*, éd. Juris-Classeurs, Librairie de la Cour de cassation, tome XII, 5e éd. par BARTIN, Paris, 1922, n° 749, p. 63. La langue anglaise est, sous ce regard, plus riche que la langue française : le mode de preuve se dit

qui soustrait une proposition au doute[13]. Entre la *connaissance* et la *probabilité* (ou vraisemblance), la preuve se donne à voir comme une *ferme créance*. Cette division tripartite, forgée par Aristote, bien que d'une autre façon, est essentielle. Il faut garder à l'esprit le syllogisme démonstratif (*démonstration*), le syllogisme dialectique[14] et l'enthymème rhétorique (*argumentation*). Il ne faut pas oublier non plus le critère de distinction qui est le statut des prémisses. Considérées comme « premières et vraies (*ex alethon kai proton*) dans la démonstration », elles sont « généralement admises (*endoxa*) dans la dialectique » et « apparences et indices dans la rhétorique (*eikota, semeia*) »[15]. L'inférence demeure toutefois structurellement la même dans les trois cas[16]. La philosophie nous signale donc la parenté qui lie tous les modèles de raisonnement, une espèce de « logique » unitaire de la preuve. Un autre lien de

---

« *evidence* » ; le résultat, la conviction, se dit « *proof* » (il en est ainsi dans l'expression « *standard of proof* » qui est le degré de conviction minimal exigé chez le juge : W. TWINING, « What is Law of Evidence », *in* W. TWINING, *Rethinking Evidence. - Exploratory Essays*, 2e éd., Cambridge University Press, Cambridge, 2006, p. 192-226, spéc. p. 193 - sur ces « standards », v. *infra*, n° 7). Le terme de *proof* n'est pas non plus dénué d'ambiguïtés, puisqu'il renvoie aussi (et plus souvent d'ailleurs) à une troisième composante de la preuve : c'est le *raisonnement*, c'est le « processus de preuve, par lequel l'existence d'un fait est établie », *op. cit.*, n° 263, p. 882. On parlera ainsi fréquemment de « *logic of proof* », comme d'une « logique du raisonnement qui fait disparaître le doute » : v. T. ANDERSON, D. SCHUM, W. TWINING, *Analysis of Evidence*, 2e éd., Cambridge University Press, Cambridge, 2009, spéc. p. 78. Il ne faut en revanche pas aller plus loin dans l'étude de la langue. Lévy-Bruhl a déjà montré les impasses de l'analyse étymologique : H. LÉVY-BRUHL, *La preuve judiciaire. - Étude de sociologie juridique*, Librairie Marcel Rivière, Paris, 1964, p. 14-15.

[13] Selon Lalande, la preuve est l'« opération amenant l'intelligence d'une manière indubitable et universellement convaincante (du moins en droit), à reconnaître la vérité d'une proposition considérée d'abord comme douteuse », A. LALANDE, *Vocabulaire technique et critique de la philosophie* (2 vol.), PUF, Quadrige, Paris, 1999, *V° Preuve*. - Comp. L. CADIET, J. NORMAND, S. AMRANI MEKKI, *Théorie générale du procès*, PUF, Thémis Droit, Paris, spéc. n° 250, p. 835.

[14] ARISTOTE, *Topiques*, 1, Livre I-IV, (trad. J. BRUNSCHWIG, Les Belles Lettres, Paris, 1967, I, 1.- *Adde*, F. GIL, *Preuves*, *op. cit.*, note IV, p. 134. - On relèvera, néanmoins, une ambiguïté particulière qui parcourt toute l'histoire de la dialectique. Ainsi qu'on l'a observé : « De Platon à Aristote, le rapport de la catégorie de dialectique à celle de science est en quelque sorte renversé : alors que pour Platon la dialectique est la science par excellence, science absolument fondée qui réunit les principes de toutes les autres sciences, pour Aristote elle a pour domaine ce qui échappe à toute science en tant que celle-ci est à chaque fois connaissance d'un genre déterminé », E. BALIBAR, P. MACHEREY, *V° Dialectique, Encyclopædia Universalis*, Version électr. ; cette fluctuation demeurera par la suite. - On trouvera, chez le plus grand spécialiste contemporain de la controverse et de l'*argumentum*, une assimilation aristotélicienne entre *rhétorique et dialectique* : A. GIULIANI, « Le rôle du "fait" dans la controverse (à propos du binôme "rhétorique-procédure judiciaire" »), *APD* 1995, T. 39, p. 229-237, spéc. p. 232 & 235. La *dialectique* appartiendrait donc à la catégorie de la « preuve rhétorique » et non à celle de la « preuve logique ». On pourra néanmoins mesurer, notamment dans la distinction du fait et du droit, tout ce qui sépare la *dialectique*, que l'on peut rattacher à la logique de la « démonstration », et la *rhétorique* qui relève de la « persuasion » (la distinction démonstration-persuasion appartient à la philosophie kantienne : v. F. GIL, *op. cit.*, note II, p. 129).- Comp. Ch. PERELMAN, « La spécificité de la preuve juridique », *in Recueils de la société Jean Bodin pour l'histoire comparative des institutions. - XIX. - La preuve. - Quatrième partie, Période contemporaine*, éd. de la Librairie encyclopédique, Bruxelles, p. 5-17, spéc. p. 10, qui ne place guère que la « démonstration » dans le domaine de la logique. Il ne faut pas en être étonné. Comme Perelman l'a lui-même reconnu, l'École de la Nouvelle rhétorique, qui s'appuie expressément sur l'enthymème, aurait très bien pu choisir le concept de *syllogisme dialectique :* G. HAARSCHER, « Le procès chez Perelman », *APD* 1995, n° 39, p. 201-210, spéc. p. 205 - enfin, et surtout, la rhétorique a toujours tenu pour impossible la distinction du fait et du droit (A. GIULIANI, *art. préc.*, p. 232-233) ; or, en prenant pour modèle de raisonnement probatoire l'*interprétation*, on ne peut que réfuter ensuite l'assimilation de la preuve en justice à une « démonstration » (v., en ce sens, nettement, le passage *in* Ch. PERELMAN, *op. cit.*, p. 10). - Il faudra revenir sur cette distinction du fait et du droit qui est fondamentale (v. *infra*, n° 53).

[15] F. GIL, *op. cit.*, *loc. cit.*

[16] F. GIL, *op. cit.*, note IV, p. 154.

filiation apparaît également. Une aporie fondamentale traverse tout le domaine de la preuve ; elle permet d'insister tout à la fois sur la relativité de la preuve et sur son universalité. Ainsi que Platon l'a suggéré dans *Théétète*[17] : « il existe une régression à l'infini de la justification car aucune méthode ne se trouve garantie de façon irrévocable par une croyance dernière indubitable. Pour discerner le savoir justifié de la croyance plus ou moins arbitraire, il faudrait savoir ce qui peut être objet de croyance et objet de savoir, c'est-à-dire connaître avant de connaître »[18]. Ce thème fut ensuite repris par les sceptiques, et notamment par Agrippa[19], qui nous rappelle que la preuve est toujours une entreprise de régression à l'infini ; la finitude ne pouvant être atteinte, en définitive, qu'au moyen d'un postulat, c'est-à-dire un principe qu'on doit admettre inconditionnellement et qui ne peut être démontré. Reste alors à savoir si ce postulat, synonyme d'absence de doute, est de « nature psychologique et donc faillible », une « incapacité de ne pas croire », qui serait le produit « "d'instincts" et de "tendances" » ou s'il procède, au contraire, de « bonnes *raisons* de ne pas douter »[20]. On retrouve ici l'affirmation centrale de Hume, essentielle pour surmonter les innombrables difficultés qui gravitent autour du concept de preuve : quel que soit le modèle de raisonnement, il y a, au stade des prémisses, un phénomène *d'assentiment*[21]. Ici réside aussi, du moins en partie, la signification de la célèbre formule de Lévy-Bruhl : « prouver c'est faire approuver »[22]. C'est encore l'assentiment qui se dévoile lorsqu'on étudie les deux seuls syllogismes susceptibles d'intéresser le juriste : l'enthymème, d'une part, et le syllogisme dialectique, de l'autre : « 1) Les prémisses doivent être acceptée », « 2) et 3) Le passage des prémisses à la conclusion doit se faire selon une méthode acceptée », « 4) Les prémisses non formulées doivent être telles qu'on puisse accepter qu'elles soient omises », « 5) Les conclusions doivent être de telle sorte que, en l'absence d'argument, elles ne soient pas acceptées »[23]. Ce premier volet de la preuve n'épuise pas la complexité de la notion. Si la preuve nécessite un effort de raisonnement qui consiste à montrer que le passé ressemble au présent et que le présent et semblable au passé, il faut encore résoudre une difficulté : comment établir le passé, comment en témoigner ? Comme le disait Paul Ricœur, « Même si le passé n'est plus [...] selon l'expression d'Augustin, il ne peut être atteint que **dans le présent du passé**, c'est-à-dire à travers les traces du passé devenues documents pour l'historien [...] »[24].

---

[17] 209 a et 201 e, cité par Gil, *Les preuves*, *op. cit.*, n° 1.1.2., p. 10.

[18] F. GIL, *Les preuves, op. cit.*, *loc. cit.*

[19] Sceptique dont on ne connaît malheureusement que très peu de choses, si ce n'est qu'il est l'auteur des cinq tropes qui portent son nom. L'un de ses tropes est resté fameux grâce à la médiation d'un autre grand sceptique - Sextus - , dont les œuvres nous sont parvenues : SEXTUS, *Hypotyposes pyrrhoniennes*, I, 166 : « Le mode fondé sur le renvoi à l'infini est celui par lequel nous disons que l'argument proposé comme preuve d'un point donné réclame lui-même une autre preuve, et celle-ci une autre encore, et ainsi de suite jusqu'à l'infini, de telle sorte que, ne disposant plus d'un principe assuré, nous sommes conduits à la suspension du jugement », cité par F. GIL, *op. cit.*, 1.1.2., p. 10-11.

[20] F. GIL, *Les preuves*, *op. cit.*, 1.1.2., p. 11 ; l'auteur ajoute que la première attitude est irrationnelle : « Dans le premier cas l'assentiment s'avérerait un aspect de la finitude et sa portée serait simplement pragmatique ». Dans le deuxième, « il se soutiendrait de motifs positifs quoique de valeur relative » (*ibid*).

[21] D. HUME, *Treatise of Human Nature*, *op. cit.*, p. 103.

[22] H. LÉVY-BRUHL, *La preuve judiciaire*, *op. cit.*, spéc. p. 22.

[23] C.S. HAMBLIN, *Fallacies*, Methuen, Londres, 1970, p. 234-245. - V. encore F. GIL, *Preuves*, *op. cit.*, note IV, p. 136.

[24] P. RICOEUR, *Temps et récit*, T. 1, Paris, Seuil, 1983, p. 154 (c'est nous qui soulignons).

2. ***De la preuve-raisonnement à la preuve-matériel.*** C'est une « connexion »[25] qu'il faut donc établir entre le passé et le présent du passé. Le rôle de la mémoire, c'est-à-dire l'impression des phénomènes sur la grande pellicule du monde devient essentiel. Hume disait aussi, usant pour sa part de la comparaison picturale, que « chaque nouvelle expérience est comme un nouveau coup de pinceau qui donne une nouvelle vie aux couleurs sans alourdir ou élargir la silhouette »[26]. Si la preuve est un argument qui s'extrait de l'habitude de certaines classes de phénomènes, elle ne saurait exister sans cette première étape de mémorisation. La difficulté provient de ce que la croyance, qui est normalement le résultat de la preuve[27], ne doit pas seulement être subjective - c'est-à-dire propre au sujet de la perception - mais *intersubjective*[28]. Au-delà de ce que la formule implique sur le terrain de l'adhésion sociale à l'argument et au raisonnement, elle ne laisse pas de rappeler que l'adhésion doit se former sur la base empirique elle-même[29]. La chose n'apparaît qu'en filigrane lorsque l'homme s'interroge en son « tribunal de la raison »[30] : le « juge », pour ainsi dire, ne demande nul compte de l'origine de la connaissance ; fût-elle pur produit de l'imagination[31] qu'il ne s'en offusque pas. Lorsque, au contraire, c'est le tribunal des hommes qui doit statuer, la question de la base empirique, sur laquelle Hume ne s'étend pas, devient au moins aussi importante que celle portant sur l'argument lui-même. C'est la question du mode de preuve (« *evidence* ») qui se donne ici à voir. Il faut pouvoir ramener le passé dans le présent, le présent du jugement. Il n'est d'autre ressource, pour ce faire, que de recourir à la mémoire et au témoignage. Dans l'affaire *Wright v. Tatham*, les *lettres* missives forment la mémoire - elles ont gardé trace du passé au même titre que la mémoire humaine, qu'une bande magnétique[32], un support numérique[33], les gènes,

---

[25] D. HUME, *Enquête sur l'entendement humain*, *op. cit.*, p. 123.

[26] D. HUME, *A Treatise of Human Nature*, *op. cit.*, p. 135 (section XII). Et d'une manière plus générale, en ce qui concerne la mémoire, que l'auteur prend soin de distinguer de l'imagination, v. *op. cit.*, section III, p. 8-10.

[27] La croyance est l'absence de doute et d'opposition. Sur le rattachement à la preuve, v. *supra*, n° 1 ; D. HUME, *Enquête sur l'entendement humain*, *op. cit.*, p. 95 : « Je dis alors que la croyance n'est rien qu'une conception d'un objet plus vive, plus vivante, plus forte, plus ferme que celle que l'imagination seule est jamais capable d'obtenir ». En somme, la croyance est la conception de ce qu'un objet *est* réellement.

[28] Gil l'indique dans un passage important : « Une proposition est dite prouvée si, ayant été obtenue moyennant une méthode généralement reconnue, elle fait l'objet d'une croyance justifiée - et cette formulation permet de distinguer quatre versants dans la théorie de la preuve : un élément sémantico-formel (la proposition qu'il s'agit de prouver), un dispositif objectif (la méthode) ayant des effets subjectifs (la croyance) et intersubjectifs (la reconnaissance générale) » : F. GIL, *Preuves*, *op. cit.*, 1.1.2, p. 10.

[29] Sur cette notion de base empirique, v. F. GIL, *Preuves*, *op. cit.*, 1.3.1.1, p. 35.

[30] E. KANT, *Critique de la raison pure* (trad. A. RENAUT), 2e éd. corr., Flammarion, Paris, 2001, A 132, B 171.

[31] H. LÉVY-BRUHL, *La preuve judiciaire*, *op. cit.* , spéc. p. 22-23, à propos de l'anecdote dite du « Pasteur Grubb » : un indigène de la tribu des *Lengua* reprocha un jour au pasteur Grubb, avec qui il était pourtant en bons termes, d'avoir, une nuit, dérobé des potirons dans son jardin. Quelle ne fut pas la surprise du missionnaire qui, cette nuit-là, étant à plusieurs centaines de kilomètres des lieux, ne pouvait être physiquement l'auteur du forfait. Ce fut dit avec la plus grande probité ; mais ce qui aurait dû être, pour des Européens, preuve incontestable, ne devait jamais emporter la conviction d'un homme pour qui la vérité était tout autre ; et de répondre : « Vous l'êtes bien cependant, car je vous ai vu en rêve emporter ces potirons ». - *Adde,* T R. VERDIER, « Signes de vérité et d'innocence, gages de certitude et de conviction : les rituels probatoires », *Droits* 1996, n° 23, p. 91-98, spéc. p. 94-96.

[32] Crim. 16 janvier 2008, n° 07-87633.

[33] Toulouse, 17 avril 2007, n° 06/01370.

la peau et le corps de manière générale[34], des matériaux divers[35]. Dans l'affaire *Sacco*, la mémoire est la balle retrouvée sur le corps de la victime. La mémoire, *lato sensu*, est comme les halosels d'argent d'un film photographique qui permettent l'impression de la réalité. Mais il faut autre chose qu'une *mémoire* - qu'une trace conservée du passé. Il faut ramener le passé dans le présent au moyen d'un *témoignage*. Il faut entendre par cette expression *tout ce qui est capable de restituer la trace du passé telle qu'enregistrée par la mémoire*. En poursuivant la comparaison, on peut dire que le témoignage est le révélateur, le composé qui permet la révélation du passé enregistré sur l'émulsion photographique. Reprenons encore l'affaire *Wright v. Tatham* ; le témoignage est constitué par la lettre elle-même. Et dans l'affaire *Sacco*, le témoignage est plus complexe : il résulte de l'opinion des policiers - une sorte de rapport d'expertise où se mêlent constats et appréciation. Tel est l'apport de la philosophie ; apport nécessaire, mais non suffisant. Lorsque le droit se dresse, il pose d'autres questions. Ces preuves - ces témoignages - peuvent-elles être produites en justice ? Le droit demande parfois si ces lettres ne constituent pas une relation indirecte susceptible de tomber sous le coup d'une règle d'irrecevabilité, comme la prohibition du ouï-dire. Il peut pareillement s'interroger sur la valeur de ces lettres. Sont-elles pertinentes alors qu'elles ont été rédigées plusieurs années avant la libéralité ? N'est-il pas concevable - comme le révèle l'expérience - que l'esprit du *de cujus* se soit progressivement éteint entre le moment où ces lettres lui ont été adressées et le moment où il a rédigé le legs ? La même remarque s'impose en ce qui concerne le premier témoignage, celui faisant état de sa mauvaise réputation. La seconde affaire inspire également quelques réflexions. Un témoignage mérite-t-il toujours d'être éprouvé et les nuances que l'on peut observer entre la première audition et la contre-audition sont-elles significatives du point de vue de la recherche de la vérité ? Doit-on ainsi considérer que le témoignage du capitaine Van Amburgh a perdu tout crédit compte tenu des infléchissements apportés à ses déclarations, compte tenu aussi, des hésitations qui secouent désormais ses propos ? Est-ce l'expression du doute ou, au contraire, de l'intimidation et donc de la maladresse ? Que dire également du témoignage du Capitaine Proctor et de la fière assurance qui s'en dégage ? Voilà des questions bien complexes pour le système judiciaire et le juge, et des questions dont on peut supputer qu'elles ne seront pas traitées de la même manière selon le système juridique considéré. À ce stade, les variations paraissent, en effet, inévitables. Si la philosophie laisse entrevoir des interrogations communes, elle rappelle toutefois l'importance de l'assentiment et montre qu'il existe bien des manières de parvenir à la vérité. Deux conséquences en résultent. Tout d'abord, et bien qu'on n'ait jusqu'alors parlé que de la ferme créance et non de la probabilité, une ligne de fracture entre le syllogisme dialectique et l'enthymème paraît possible et, avec elle, des conséquences significatives sur le droit de la preuve en justice. Ensuite, la présence du concept d'assentiment, dont on pressent qu'il a beaucoup à voir avec la culture, semble à même de bouleverser considérablement l'économie du système probatoire. Pour confirmer ces deux

[34] Outre les données anthropométriques dermoglyphes, comme les empreintes palmaires et digitales (les ressources de la biométrie sont plus importantes : *iris, visage…*), (pour une illustration de l'identification par empreinte digitale : Crim., 20 février 2008, n° 07-81903, inédit) ; on songe à toutes les traces corporelles qui permettent d'établir des actes de violence ou la réalité d'un dommage : Crim., 16 nov. 2004, pourvoi n° 03-87114, *Bull. crim.* 2004, n° 289, p. 1077 ; en l'espèce la nature des blessures permet d'établir, avec certitude, que l'instrument du dommage a été une matraque et non une main ou un poing.

[35] S'agissant de l'utilisation de numéros de billets, Crim., 16 janv. 2008, *préc.*

hypothèses, il faut s'attacher à préciser la notion de preuve judiciaire (I), avant d'approfondir la notion d'environnement culturel de la preuve (II).

I. De la preuve judiciaire

3. ***Domaine de la preuve en justice.*** Le premier constat est sans doute que la complexité du concept de preuve ne se dément pas dans l'ordre juridique et judiciaire, même si on abandonne le syllogisme démonstratif, qui appartient à l'épistémologie formelle, et qui ne peut servir de modèle au juriste[36]. Le caractère pratique et concret des questions soulevées dissimule à peine, en effet, l'ampleur des concepts qui gravitent autour de la preuve en justice. Ainsi en est-il lorsqu'on s'interroge sur *ce qui doit être prouvé*, c'est-à-dire lorsqu'on s'empare du concept d'*objet de preuve*. Il appartient aussi bien au juge de déterminer quelle *proposition* doit être prouvée et, surtout, il lui revient de dire si, *juridiquement, elle mérite de l'être*. C'est une question (la première) qui passe inaperçue dans la plupart des systèmes probatoires des autres sciences humaines et sociales[37]. La raison en est apparemment simple ; elles renoncent à voir, dans le processus véridictoire de ces disciplines, la partie la moins ferme, la plus exposée au jugement de *devoir-être* (à un ensemble de valeurs)[38]. Elles s'efforcent ainsi de faire disparaître l'opération - nécessairement axiologique - qui consiste à classer les objets (après interprétation) et qui rend *légitime* (en réalité *opérante*) l'investigation menée[39]. En droit, non seulement cette entreprise ne suscite aucune honte, mais elle ***forme même le cœur de toute mise en œuvre de la norme juridique*** et, en particulier, ce qui fera l'objet désormais de notre seule étude, du procès. Dans tout dispositif de preuve judiciaire, il revient au juge de s'interroger sur l'*imputabilité* de la proposition que l'on se propose de prouver (le fait social) à la *proposition de devoir-être* - la « présupposition » dans la terminologie motulskyienne[40] - contenue dans la norme dont l'application est recherchée : c'est, dans la terminologie de la dialectique médiévale, la *quaestio*

---

[36] V. aussi Ch. PERELMAN, « La spécificité de la preuve juridique », *in Recueils de la société Jean Bodin pour l'histoire comparative des institutions*, *op. cit.*, spéc. p. 7.

[37] Il n'est pas nécessaire de chercher à établir des ponts entre la preuve en sciences juridiques et la preuve en sciences de la nature. Ils ont pu exister, à une certaine époque, en médecine (G. BUSINO, « La preuve dans les sciences sociales », *Revue européenne des sciences sociales*, XLI-128, 2003, p. 11-60, spéc. p. 19) ; mais la médecine était alors un *art* et le droit, étant ce qu'il est encore, pouvait donner l'exemple d'une méthode procédurale d'adjudication ; v., toutefois, sur la comparaison d'ensemble, Ch. PERELMAN, « La spécificité de la preuve juridique », *op. cit.*, p. 14. Le rapprochement entre les autres sciences sociales - dont certaines ont une prétention à la scientificité, comme la sociologie - et les sciences de la nature est tout aussi inadéquat : J.-Cl. PASSERON, « La forme des preuves dans les sciences historiques », *Revue européenne des sciences sociales* T. XXXIX, 2001, n° 120 p. 31-76, spéc. p. 33.

[38] C'est l'opposition du « jugement de réalité » et du « jugement de valeur » : E. DURKHEIM, « Jugement de valeur et jugement de réalité », *in Sociologie et philosophie*, 4e éd., PUF, Paris, 1974, p. 102 et s.

[39] G. BUSINO, « La preuve dans les sciences sociales », *op. cit.*, n° 8 : « Les travaux de Talcott Parsons, de Jürgen Habermas, de James Coleman, de Pierre Bourdieu, d'Antony Giddens, de Raymond Boudon et de tant d'autres, plus ou moins basés sur la présupposition que les "objets sociaux" sont aussi réels que les "objets physiques" alors qu'ils sont toujours des "objets" d'un modèle, - ces travaux sont des exemples éloquents ». - *Cf.* J.-Cl. PASSERON, *art. préc.*, p. 43 : « Dans une science historique qui porte par définition sur des interactions sociales se déroulant dans le temps, l'intelligibilité de l'explication suppose l'interprétation des actes, c'est-à-dire la reconstruction (plus ou moins probante) de leur sens intentionnel par référence aux valeurs de la culture où on les observe ».

[40] H. MOTULSKY, *Principes d'une réalisation méthodique du droit privé. - La théorie des éléments générateurs des droits subjectifs*, (1948), rééd., Dalloz, Paris, 2002, p. 18-19.

juris[41] ; et c'est ici seulement que l'on peut d'abord et avant tout chercher à faire une distinction entre la preuve judiciaire et la preuve historique. La deuxième question est, elle aussi, d'une complexité non négligeable : *comment prouver* ? Une réponse partielle a été donnée à cette interrogation, puisqu'on a déjà pu évoquer le concept de mode de preuve. Il faut la compléter en remarquant que la preuve suit toujours un certain parcours avant de parvenir au juge. Ce dernier doit en tenir compte : comment la preuve a-t-elle été recherchée et obtenue, comment a-t-elle été produite ? Le juge doit-il admettre des preuves obtenues au prix de traitements inhumains et dégradants, d'une atteinte portée à l'inviolabilité du domicile ou du secret des correspondances ? Un *corpus* de règles plus ou moins détaillées permet de répondre à cette question ; sa compréhension n'est pas toujours aisée. Une ultime question se pose au juge : celle de la valeur des preuves produites. La question est redoutable. Tout d'abord, le juge peut-il tenir compte de tous les éléments de preuve qui lui sont présentés ou qu'il a lui-même recherchés ? Ce n'est plus simplement la question de la méthode de recherche de la preuve, mais c'est plus précisément celle du *tri* du matériel probatoire transmis à la juridiction. Le système juridique, pour des raisons qu'on l'on va indiquer, peut faire le choix de ne pas autoriser le juge à se saisir de tous les modes de preuve disponibles. Ensuite, quelle autorité donner à chacun de ces modes de preuve ? C'est là que rejaillit la question du raisonnement au cœur du processus probatoire. Contrairement à ce que l'on affirme trop souvent, la proposition que contient le mode de preuve ne vient pas *épouser la proposition que l'on cherche à prouver* sans effort. Le juge doit s'interroger - et la tâche est loin d'être aisée - sur la *causalité*. Existe-t-il un rapport entre ce qui est affirmé par le « témoignage » et ce qui est allégué (et qui constitue l'objet de la preuve) ? Aucun mode de preuve n'échappe à cet effort de raisonnement - c'est même le cœur du processus probatoire. Il faut, du reste, au juge, déterminer si la preuve est fiable. Mérite-t-elle un crédit suffisant pour être prise en compte ? N'est-elle pas le produit d'une erreur ou d'un mensonge ? Certains modes de preuve ne se voient-ils pas reconnaître une fiabilité particulière que le juge ne pourrait ignorer ? Il est donc un double examen pour le juge, et de celui-ci dépend la *force probante* d'une preuve. Enfin, jusqu'où *doit-on prouver :* le juge doit-il se contenter d'une *conviction, d'une intime conviction,* doit-il être simplement convaincu au-delà de tout doute raisonnable ? Peut-il se contenter de faire triompher la thèse la plus vraisemblable, d'une probabilité, ou doit-il aller, au contraire, et en toutes circonstances, jusqu'à la ferme créance ? La question se prolonge : doit-il adjuger même en cas de doute ou lui est-il possible de suspendre le jugement ? Et s'il doit trancher entre les deux (ou plus) thèses qui lui sont présentées, comment doit-il procéder ? L'une des parties supporte-t-elle, par exemple, le risque de la preuve ? Voilà bien des questions qui sont souvent d'une singulière complexité. À l'échelle théorique, ces interrogations appellent deux séries de remarques. On peut tout d'abord se demander si l'ensemble des règles qui permettent de répondre à ces questions premières forment un corpus autonome. On peut ensuite s'interroger sur la finalité de ces règles. Poursuivent-elles un objectif qui serait l'établissement de la vérité ?

---

[41] Sur la notion de *quaestio*, qui a un sens précis, v. F. GIL, *op. cit.*, note V, p. 138-141. Il est à remarquer également, comme cela a déjà été indiqué, que c'est à l'épistémologie moderne (notamment celle de Port Royal, ce qui dit beaucoup de choses sur la pensée de Domat et sur la philosophie du Code napoléonien), que l'on doit la démarcation entre la *quaestio juris* et la *quaestio facti :* A. GUILIANI, « Le rôle du "fait" dans la controverse (à propos du binôme "rhétorique-procédure judiciaire" »), *op. cit.*, *loc. cit.*, p. 232-233.

Ces deux interrogations sont importantes pour bien positionner le sujet. Il faut donc revenir sur la notion de droit de la preuve (1) et sur la finalité du droit de la preuve (2).

1) La notion de droit de la preuve

4. ***Position doctrinale.*** On peut sans doute remarquer que la question de l'existence d'un droit de la preuve judiciaire ne paraît pas avoir embarrassé la doctrine privatiste puisque l'expression de « droit de la preuve » est aujourd'hui couramment employée par les auteurs lorsqu'ils s'attachent à décrire un ou plusieurs mécanismes du système probatoire. Il est vrai qu'il s'agit souvent moins de viser un *corpus* autonome de règles que de signaler la singularité de l'objet de la règle ou de sa fonction : le droit de la preuve vise alors tantôt les règles qui ont pour objet[42] la preuve judiciaire[43], tantôt les règles qui ont pour finalité l'établissement de la vérité[44]. La première démarche est probablement celle d'un certain nombre de manuels[45], de monographies[46] ou articles[47], ainsi que de la chronique intitulée le « droit de la preuve » [48], qui est publiée depuis 2007 au *Recueil Dalloz*, sous la responsabilité du Professeur Delebecque, de Monsieur le Conseiller Vasseur (remplacé depuis 2010 par Madame le Conseiller Gelbard-Le Dauphin) et de Maître Bretzner. Ces derniers notaient d'ailleurs, en tête de leur deuxième chronique : « Dense et féconde ! Tels sont les épithètes qui nous viennent à l'esprit pour qualifier la jurisprudence récente en matière probatoire. Le nombre et surtout

---

[42] V., très nettement, R. HOUIN, « Le progrès de la science et le droit de la preuve », *RIDC* 1953, vol. 5, p. 69-75, spéc. p. 69.- *Adde*, F. TERRÉ, *Introduction générale au droit*, Dalloz, Précis, 8e éd., Paris, 2009, n° 561, p. 479.

[43] F. GRUA, « Les divisions du droit », *RTD civ.* 1999, p. 59 et s., spéc. n° 4 : « Le droit se divise d'abord par domaines ou quartiers, un peu à la manière d'une carte de géographie. Dans cette catégorie, on trouve, d'une part, des divisions selon l'objet des règles rassemblées ».

[44] F. GRUA, *op. cit., loc. cit.* : « On trouve, d'autre part, des divisions selon la fonction des règles rassemblées. En gros, infliger une peine pour le droit pénal, régir les rapports avec l'étranger pour le droit international, organiser la confrontation des parties pour le droit judiciaire privé. [...]. Ces divisions-là, contrairement aux précédentes, paraissent en nombre limité, car les fonctions que le droit se propose de remplir n'ont guère changé depuis trois mille ans et sont à peu près les mêmes partout ».

[45] L. CADIET, J. NORMAND, S. AMRANI MEKKI, *Théorie générale du procès*, *op. cit.*, spéc. n° 251, p. 837, Ph. MALAURIE, P. MORVAN, *Droit civil.- Introduction générale*, *Defrénois*, 3e éd., Paris, 2009, n° 165, H. ROLAND, L. BOYER, *Introduction au droit*, Litec, Traités, Paris, 2002, spéc. n° 1656 et s., p. 570 et s. (sous un intitulé « Le droit de la preuve et le droit à la preuve », qui parlent, néanmoins, de « théorie des preuves »), J. CARBONNIER, *Droit civil.- Introduction*, 27e éd. Refondue, PUF, Thémis, Droit privé, Paris, 2002, spéc. n° 174. - V. encore S. GUINCHARD, C. CHAINAIS, F. FERRAND, *Procédure civile. - Droit interne et droit de l'Union européenne*, 30e éd., Dalloz, Précis Droit privé, Paris, 2010, n° 406, p. 344, spéc. n° 553 (qui parlent également d'une « théorie des preuves »).

[46] V., tout particulièrement : X. LAGARDE, *Réflexion critique sur le droit de la preuve*, LGDJ, Bibliothèque de droit privé, Paris, 1994, spéc. n° 5-7, p. 14-18.

[47] V., entre d'innombrables références, parmi les plus récentes : H. BARBIER, « Quelques évolutions contemporaines du droit de la preuve : chasse ou culture de la peuve diabolique », *RLDC* 2010, n° spéc. 71, p. 5-11, L. ABOUCAYA, « Les évolutions du droit de la preuve : perspective historique », *RLDI* 2009, n° spéc. 52, p. 5-9, C. MOULY-GUILLEMAUD, « La sentence "nul ne peut se constituer de preuve à soi-même" ou le droit de la preuve à l'épreuve de l'unilatéralisme », *RTD civ.* 2007, p. 253-280, X. LAGARDE, « Finalités et principes du droit de la preuve » *JCP G* 2005, p. 771-777, J.-F. BLANCHETTE, « Modernité et intelligibilité du droit de la preuve français », *Comm. com. électr.* 2005, p. 21-26

[48] Ph. DELEBECQUE, J-D. BRETZER, Th. VASSEUR, « Droit de la preuve », *D.* 2007, p. 1901 (janv. 2006 - déc. 2006), « Droit de la preuve », *D.* 2008, p. 2820 (janv. 2007 - juin. 2008), « Droit de la preuve », *D.* 2009, p. 2714 (juill. 2008 - juin 2009) ; Ph. DELEBECQUE, J.-D. BRETZNER, I. GELBARD-LE DAUPHIN, « Droit de la preuve », *D.* 2010, p. 2671 (juill. 2009 - juin 2010), « Droit de la preuve », *D.* 2011, p. 2891 (juill. 2010 – oct. 2011).

l'intérêt des décisions examinées dans ce panorama confirment l'émergence d'une discipline à part entière : le droit de la preuve »[49]. Cette première approche paraît parfaitement justifiée, puisqu'un certain nombre de règles intéressent directement la preuve en justice et elles sont indéniablement, dans l'esprit du législateur, des règles de preuve. Ainsi, dans le cadre du contentieux de la nationalité, les articles 30 à 30-4 du Code civil sont placés sous une section 2 intitulée : « De la preuve de la nationalité devant les tribunaux judiciaires ». En matière de divorce, on connaît bien le paragraphe 5 de la section 3 du Code civil - « De la procédure applicable aux autres cas de divorce » - intitulée : « Des preuves » (C. civ., art. 259 à 259-3). En matière de filiation, le Titre VII (« De la filiation ») du Livre premier contient un ensemble de dispositions générales (Chapitre Ier) et notamment une section première dont le titre est : « Des preuves et présomptions » (C. civ., art. 310-3 à 311-2). On peut encore mentionner, au sein du Livre III (« Des différentes manières dont on acquiert la propriété »), les règles relatives à la qualité d'héritier (C. civ., art. 730 à 730-5 sous une section 2 intitulée : « De la preuve de la qualité d'héritier »)[50]. Mais le cœur du dispositif du Code civil figure, dans ce même livre, sous le titre III : « Des contrats ou des obligations conventionnelles en général ». Le chapitre essentiel est le Chapitre VI intitulé, de manière défectueuse, comme cela a été maintes fois souligné[51] : « De la preuve des obligations et de celle du paiement » (C. civ., art. 1315-1369-11)[52]. Le Code civil est cependant loin d'épuiser la matière. D'autres règles figurent au Code de procédure civile. Les principes directeurs du procès contiennent expressément trois articles relatifs à la preuve : les articles 9[53], 10[54]et 11[55]. Mais c'est surtout au titre VII, du Livre Ier (« Dispositions communes à toutes les juridictions »), intitulé, sans équivoque : « L'administration judiciaire de la preuve », qu'il faut se reporter. C'est là que l'on trouve les règles relatives aux pièces[56], aux mesures d'instruction[57], aux contestations relatives à la preuve littérale[58], mais aussi au serment judiciaire[59]. Pour avoir une vue complète, il faut également mentionner les pouvoirs du juge de la mise en état, ainsi que les règles propres au conseil de prud'hommes et aux tribunaux consulaires[60]. D'ailleurs, dans

[49] Ph. DELEBECQUE, J.-D. BRETZER, Th. VASSEUR, « Droit de la preuve », *D.* 2008, p. 2820

[50] Il existe également quelques règles concernant la propriété mobilière et immobilière : C. civ., 2272 à 2277.

[51] V., not., F. TERRÉ, *Introduction générale au droit*, *op. cit.*, n° 568, p. 484, H. ROLAND, L. BOYER, *Introduction au droit*, *op. cit.*, spéc. n° 1696, p. 584.

[52] V. aussi l'intitulé de la Loi n°2000-230 du 13 mars 2000, *portant adaptation du **droit de la preuve** aux technologies de l'information et relative à la signature électronique* (nous soulignons).

[53] C. proc. civ., art. 9 : « Il incombe à chaque partie de prouver conformément à la loi les faits nécessaires au succès de sa prétention ».

[54] C. proc. civ., art. 10 : « Le juge a le pouvoir d'ordonner d'office toutes les mesures d'instruction légalement admissibles ».

[55] C. proc. civ., art. 11 : « Les parties sont tenues d'apporter leur concours aux mesures d'instruction sauf au juge à tirer toute conséquence d'une abstention ou d'un refus. - Si une partie détient un élément de preuve, le juge peut, à la requête de l'autre partie, lui enjoindre de le produire, au besoin à peine d'astreinte. Il peut, à la requête de l'une des parties, demander ou ordonner, au besoin sous la même peine, la production de tous documents détenus par des tiers s'il n'existe pas d'empêchement légitime ».

[56] C. proc. civ., art. 132 à 142.

[57] C. proc. civ., art. 143 à 284-1.

[58] C. proc. civ., art. 285 à 316.

[59] C. proc. civ., art. 317 à 322.

[60] C. proc. civ., art. 763 à 781. On trouvera, tout d'abord, le pouvoir d'entendre les parties (C. proc. civ., art. 20 & art. 767) qui n'est pas une mesure d'instruction à proprement parler (acte de pure administration judiciaire : H. SOLUS, R. PERROT, *Droit judiciaire privé.- T. 3 : Procédure de première instance*, Sirey, Paris, 1991, n° 370, I, p. 327). Concernant le juge rapporteur devant le tribunal de commerce : C. proc.

ce dernier cas, et sans que les règles soient cantonnées aux seuls tribunaux de commerce, il faut également se reporter parfois au Code de commerce[61].

5. ***Contenu du droit de la preuve judiciaire.*** Les règles « de preuve » applicables en matière civile sont nettement réparties entre règles de fond et règles de procédure. C'est un trait remarquable de tous les systèmes de tradition napoléonienne. Les règles relatives aux modes de preuve et à l'appréciation des preuves sont plutôt placées dans le Code civil (celles relatives à l'objet de la preuve, comme les présomptions également), tandis que celles qui sont relatives la recherche de la preuve et à la production de la preuve en justice figurent au Code de procédure civile. On retrouve cette répartition en droit belge[62], en droit italien[63], en droit luxembourgeois[64], mais aussi, aujourd'hui, en droit portugais[65]. Elle a, en revanche, été abandonnée en Espagne[66], puisque c'est la nouvelle *Ley de Enjuiciamento Civil* (Code de procédure civile) qui contient désormais toutes les règles de preuve. Des exceptions notables existent cependant, et elles renvoient inévitablement à la division que l'on trouve dans les pays d'inspiration française : les règles relatives à l'autorité des preuves des actes authentiques et des actes sous seing privé figurent ainsi encore dans le Code civil. Pour les systèmes d'inspiration plutôt romano-germanique, les règles relatives à la charge de la preuve et aux présomptions se trouvent, pour l'essentiel, dans le Code civil : c'est le cas pour l'Allemagne, l'Autriche[67] et la loi fédérale suisse[68]. En revanche, toutes les autres règles, y compris celles ayant trait aux moyens de détruire les présomptions, figurent au Code de procédure civile. On constatera une répartition légèrement différente dans les

civ., art. 862 (M. Jeantin, « Le juge rapporteur », *JCP* CI 1977, 12 495, p. 381-390, spéc. n° 12). Pour le conseiller rapporteur devant le conseil de prud'hommes : C. trav., art. R. 1454-3 (et concernant les difficultés que pose le texte : H. Solus, R. Perrot, *op. cit.*, n° 592, p. 504, I). Devant le bureau de conciliation : C. trav., art. R. 1454-10 (et sur les effets : Soc., 10 avr. 2008, pourvoi n° 06-45.835, Soc., 15 déc. 1977, *Bull. civ.*, V, n° 712, p. 570). Pour les véritables mesures d'instruction : C. proc. civ., art. 771 (juge de la mise en état), C. proc. civ., art. 865, al. 1er (juge rapporteur), C. trav., art. R. 1454-14, 3° (bureau de conciliation : Soc., 7 juin 1995, *JCP G* 1995, IV, 1899, *JCP G* 1996, I, 3899, n° 3, obs. M. Pierchon ; v., encore, sur l'étendue des pouvoirs, en raison du silence de l'art. R. 1454-3 (C. trav.) : H. Solus, R. Perrot, *op. cit.*, n° 592, p. 505, III). On relèvera le pouvoir *sui generis* reconnu au conseiller rapporteur : C. trav., art. R. 1454-3 qui lui permet « d'auditionner toute personne » en dehors du cadre de l'enquête : Soc., 31 mars 1978, *Bull. civ.* V, n° 267, p 200, *JCP G* 1978, IV, 178, *RTD civ.* 1978, 727, obs. R. Perrot.

[61] V., en particulier : C. com., art. L. 110-3 : « À l'égard des commerçants, les actes de commerce peuvent se prouver par tous moyens à moins qu'il n'en soit autrement disposé par la loi ».

[62] D. Mougenot, « La preuve en droit belge », *in* J.-M. Lebre de Freitas (dir.), *Le droit de la preuve dans l'Union Européenne/The Law of Evidence in the European Union/Das Beweisrecht in der Europäischen Union*, Kluwer Law International, coll. Civil Procedure in Europe vol. 5, La Haye, 2004, p. 69-106, spéc. p. 69-70.

[63] G. Verde, « La Preuve en Droit Italien », *in* J.-M. Lebre de Freitas (dir.), *op. cit.*, p. 269-301, spéc. 272.

[64] C. Hoffmann, « La preuve en Droit Luxembourgeois », *in* J.-M. Lebre de Freitas (dir.), *op. cit.*, p. 303-326, spéc. p. 303-304.

[65] De 1939 à 1966, les règles sur la preuve ont été placées dans le Code de procédure civile : J. Lebre de Freitas, « La Preuve dans l'Union Européenne : Différences et Similitudes.- Rapport général », *in* J.-M. Lebre de Freitas (dir.), *op. cit.*, spéc. p. 2 ; J. Lebré de Freitas, « La Preuve en Droit Portugais », *op. cit.*, p. 349-379, spéc. p. 349-350.

[66] M. Serra Dominguez, « La Preuve dans le Procès Civil Espagnol », *in* J.-M. Lebre de Freitas (dir.), *op. cit.*, p. 381-406, spéc. p. 381.

[67] Pour l'Allemagne et l'Autriche : J. Lebre de Freitas, « La Preuve dans l'Union Européenne : Différences et Similitudes.- Rapport général », *op. cit.*, spéc. n° 1.2, p. 3.

[68] J. Kren Kostkiewicz, « Das Beweisrecht in der schweizerischen Rechtsordnung », *in* J.-M. Lebre de Freitas (dir.), *op. cit.*, p. 437-459, spéc. I.1 & I.2.

pays scandinaves[69], en Grèce[70] ou aux Pays-Bas[71]. Les règles ont alors une nature plutôt procédurale. En cela, ces droits rejoignent les grands systèmes de *Common Law* que sont l'Angleterre et les États-Unis, où l'on trouve, d'emblée, une tendance singulière à l'autonomisation de ces règles. Cela ne doit pas surprendre, puisque le « droit de la preuve » forme une discipline à part entière. On relève aussi bien, aux États-Unis, les *Federal Rules of Evidence*[72] qui s'appliquent tant en matière civile qu'en matière pénale, tandis qu'une distinction est faite en Angleterre, puisqu'il faut consulter le *Civil Evidence Act*[73] pour la matière civile et le *Police and criminal Evidence Act*[74] pour la matière pénale. Mais, là encore, tous ces textes sont bien loin d'épuiser la matière de ce qui est généralement considéré comme appartenant au droit de la preuve : quelques règles importantes figurent dans les *Federal Rules of Civil Procedure*[75] ou dans les *Federal Rules of Criminal Procedure*[76], aux États-Unis. Il faut pareillement se reporter, en Angleterre, aux *Criminal Procedure Rules*[77] et aux *Civil Procedure Rules*[78] pour obtenir des informations plus complètes. Il s'agit alors de dispositions typiquement procédurales. Enfin, comme souvent, des textes particuliers règlementent la recherche de telle ou telle preuve[79]. La Constitution américaine contient également, à cet égard, plusieurs règles essentielles relatives à la recherche de la preuve[80]. Ce rattachement à la procédure interroge. Doit-il servir de guide pour l'interprétation des dispositions du droit privé français ? On peut d'ores et déjà relever l'imperfection de la répartition opérée en France à maints égards. Quelques dispositions intégrées au Code civil français intéressent ainsi directement la recherche de la preuve en justice. Il en est tout particulièrement ainsi de celles qui concernent la procédure (le terme le montre bien) en matière de divorce[81]. Assez étonnamment, le serment figure non seulement au Code civil, mais aussi au Code de procédure civile[82]. Que dire encore de l'article 10, alinéa 1er, du Code civil qui dispose que « [c]hacun est tenu d'apporter son concours à la justice en vue de la manifestation de la vérité », ce qui constitue plutôt un problème d'ordre

---

69 LAUKKANEN, « The Law of Evidence in the Finnish Judicial System », *in* J.-M. LEBRE de FREITAS (dir.), *op. cit.*, p. 117-125, spéc., p. 120, spéc. p. 117-118. L'ensemble des dispositions figurent au Chapitre 17 du Code de procédure civile.

70 G. ORFANIDES, « Das Beweisrecht in Griechenland », *op. cit.*, p. 211-243, spéc. II. 2.

71 M. DE TOMBE-GROOTENHUIS, « The Law of Evidence in Civil Proceedings in the Netherlands », *op. cit.*, p. 327-348, spéc. p. 327. De 1811 à 1838, c'est le Code de procédure civile français qui s'est appliqué. À compter du 1er octobre 1838, furent introduits un nouveau Code civil et un nouveau Code de procédure civile, ce dernier étant un compromis entre le Code de procédure civile français et la *Loi sur la Procédure civile* du canton de Genève de 1819. Dans ce contexte, les règles de preuve se trouvaient réparties entre les deux Codes. Depuis 1988, l'ensemble du droit de la preuve se trouve intégré au Code de procédure civile.

72 *FRE*, adoptées en 1975, et amendées, en dernier lieu, le 1er déc. 2011.

73 *CEA*, 1995.

74 *PACE*, 1984.

75 *FRCP*, 1938 (et amendées, en dernier lieu, le 1er déc. 2010).

76 *F.R.Crim.Proc.* 1944, (qui sont entrées en vigueur le 21 mars 1946) - amendées, en dernier lieu, le 1er déc. 2011.

77 *Crim.Proc.Rules*, 2011 : les dernières révisions sont entrées en vigueur le 2 avr. 2012, spéc. Part. 21-22 (*disclosure*) & Part. 27-36 (*evidence*).

78 *CPR*, 1998, la dernière révision (*58th Update*) est entrée en vigueur le 19 mars 2012. - v. aussi *infra*, n° 182-183.

79 V., ainsi, aux États-Unis, à propos des écoutes téléphoniques : *Omnibus Crime Control and Safe Streets Act* de 1968.

80 V. *infra*, n° 368.

81 Il en est ainsi, tout particulièrement, des articles 259-1, 259-2 & 259-3.

82 V. aussi les remarques : L. CADIET, J. NORMAND, S. AMRANI MEKKI, *Théorie générale du procès*, *op. cit.*, spéc. n° 251, p. 838.

procédural ? Le Code de procédure pénale contient, pour sa part, l'ensemble des règles probatoires[83], à l'exception des présomptions qui sont disséminées dans le Code pénal[84]. Ces incertitudes sont parfaitement regrettables, du moins en matière civile, car trois effets en particulier sont attachés à la distinction règles de fond/règles de procédure : la répartition des compétences entre le pouvoir législatif et règlementaire[85], l'application de la loi dans l'espace[86] et l'application de la loi dans le temps[87]. Mais là encore, les solutions sont souvent incohérentes[88] et on

[83] Qui ne font d'ailleurs pas l'objet d'un traitement uniforme ; v. *infra*, n° 6, les critiques du Professeur Rassat.

[84] V., par exemple (en matière de proxénétisme), C. pén., art. 225-6, 3°.

[85] La procédure civile relève de la compétence du pouvoir réglementaire : Constitution du 4 octobre 1958, articles 34 et 37.

[86] Schématiquement, on enseigne que les règles probatoires de fond relèvent de la loi applicable au fond du litige, tandis que celles qui intéressent la procédure relèvent de la *lex fori*. C'est la distinction entre *ordinatoria litis* et *decisoria litis* (Th. VIGNAL, *V° Preuve, Rép. Dalloz dr. internat.*, spéc. n° 4-5). L'objet de la preuve et la charge de la preuve sont aussi bien soumis à la loi du fond : Civ. 1re, 12 juin 1979, *D.* 1979, somm. p. 480, obs. B. AUDIT, *D.* 1980, p. 202, note F. BOULANGER (à propos de la liquidation d'un régime matrimonial - application de la loi belge). Les règles relatives à la « charge de la preuve » seraient également soumises à la loi du fond : (M. OUDIN, « Contrats et obligations.- Preuve.- Règles générales », *J.-Cl. Civil Code, art. 1315 et 1315-1*, Fasc. 10, spéc. n° 76). Mais les règles relatives à l'admissibilité et la force probante, qui appartiennent pourtant, selon la classification traditionnelle, au fond du droit, relèveraient de la *lex fori* (M. OUDIN, *Fasc. préc.*, n° 75, F. FERRAND, *V° Preuve, Rép. Dalloz proc. civ.*, n° 13).

[87] En matière d'application de la loi dans le temps, on devrait constater une application immédiate des règles relatives à la procédure (recherche de la preuve - v. F. FERRAND, *op. cit.*, n° 14). La solution devrait être la même en matière d'admissibilité des preuves et de charge (ou risque) de la preuve (M. OUDIN, *Fasc. préc.*, n° 72)

[88] Par exemple, les règles relatives à l'admissibilité des preuves, qui relèvent du fond du droit, sont assimilées à des règles de procédure du point de vue de l'application de la loi dans le temps : Civ. 1re, 11 juill. 1957, *D.* 1957, p. 630, *RTD civ.* 1957, p. 723, obs. P. HÉBRAUD. Lorsqu'il est, revanche, question des moyens de *rechercher* la preuve (comme l'obligation de consulter un organisme particulier en matière de brevet), on se trouve bien dans le domaine procédural : Com., 10 juill. 1967, *Bull. civ.* 1967, III, n° 284, *Gaz. Pal.* 1968, 1, p. 56, *RTD civ.* 1968, p. 408, obs. P. HÉBRAUD (M. OUDIN, *Fasc. préc.*, n° 69). Mais il est assez net que dès lors que la mesure d'instruction a été réalisée sous l'empire de la loi ancienne, il n'est pas question de la remettre en cause au motif que la loi de procédure (différente) est d'application immédiate : Soc., 20 juin 1963, *Bull. civ.* 1963, IV, n° 530, Civ., 2 juill. 1923, *DP* 1926, 1, p. 62 (il faudrait d'ailleurs distinguer ici application immédiate et rétroactivité : v. toutefois, F. FERRAND, *op. cit.*, n° 14). En matière de risque de la preuve, la Cour de cassation a affirmé assez nettement que « les règles relatives à la charge de la preuve ne constituent pas des règles de procédure, applicables aux instances en cours, mais touchent le fond du droit ». Il est vrai que, selon la classification traditionnelle, la question du risque de la preuve est rattachée au fond du droit. La Haute juridiction a néanmoins jugé, à la suite de la loi du 31 décembre 1992, portant création de l'article L. 212-1-1 du Code du travail (devenu, C. trav., art. L. 3171-4) et qui, en cas de litige relatif à l'existence ou au nombre d'heures de travail accomplies, impose à l'employeur de « fournir au juge les éléments de nature à justifier les horaires effectivement réalisés par le salarié », tout en précisant que le juge forme sa conviction « au vu de ces éléments et de ceux fournis par le salarié à l'appui de sa demande », qu'il s'agissait de règles gouvernant les « modes de preuves » applicables le jour où le juge statue (Soc., 11 mai 1999, *JurisData* n° 1999-002059). Voilà une solution bien contestable. Tout d'abord, la Cour ne vise pas les modes de preuves eux-mêmes, mais les mesures d'instruction (ou les pièces produites par les parties), ce qui est un problème éminemment procédural. Ensuite, la question posée est plus complexe. En effet, lorsque la Cour est saisie de questions portant sur cet article, elle se prononce bien sur un problème de « charge » (l'investissement du juge) et de « risque » de la preuve : Soc., 3 juill. 1996, pourvoi n° 93-41645, *Bull. civ.* V, n° 261, p. 185 ; ces motifs devraient entraîner le déclenchement des règles relatives au fond du droit. En matière d'application de la loi dans l'espace, il existe une distinction peu justifiée entre les présomptions légales et les présomptions « du fait de l'homme » qui, dans certains cas, sont pourtant, comme tend à l'admettre la doctrine aujourd'hui (v. *infra*, n° 68), de nature comparable : tandis que les premières relèvent de la loi du fond (Th. VIGNAL, *op. cit.*, n° 10), les secondes sont soumises à la *lex fori* (*op. cit.*, n° 52) . Par ailleurs, les règles relatives à l'admissibilité et la force probante des preuves ne sont pas rattachées au fond du droit (plutôt à l'office du juge) et sont aussi bien soumises à la lex fori : Civ. 1re,

trouve même, dans les systèmes qui adoptent la même typologie que le droit français, des positions très différentes[89], signe du caractère *non constitutif* de la répartition opérée entre le fond et la procédure, entre les *ordinatoria litis* et *decisoria litis*[90].

6. ***Classification du droit de la preuve judiciaire.*** Au-delà, la classification produit d'autres résultats peu satisfaisants qui montrent assez nettement l'autonomie de la matière. On ne saurait, par exemple, soutenir que les conventions sur la fiabilité de la preuve sont parfaitement licites au motif que la *foi* est une question réglée par le fond du droit[91]. Dans le domaine des immixtions que réalisent les actes de recherche accomplis par les particuliers, on ne peut manquer de souligner également la singularité des solutions adoptées par les juridictions : certaines atteintes paraissent aujourd'hui se trouver justifiées en considération des droits de la défense[92]. La notion d'irrecevabilité (exclusion des preuves) dépasse largement ce qu'offre la théorie des nullités[93]. Certaines questions, moins d'ordre juridique que logique, appartiennent d'ailleurs exclusivement au domaine probatoire. Il en est ainsi nettement des règles relatives à la pertinence de la preuve[94]. Cette autonomie est cependant loin d'être totale, en particulier à l'égard de la procédure dont elle emprunte un certain nombre de traits caractéristiques. Le rattachement au droit substantiel est en revanche plus discutable. Peu importe, en effet, que certaines dispositions contenues au Code civil ne soient pas destinées (ou pas uniquement) à

---

15 janv. 1999, *Bull. civ.* 1999, I, n° 4 ; *Rev. crit. DIP* 1999, p. 293, note HUET. Mais il faut également tenir compte de la loi du lieu de rédaction de l'acte (*locus regis actum*). Si cette loi impose une règle d'admissibilité, le juge français doit en faire application : Civ. 1re, 10 janv. 1951, *Bull. civ.* 1951, I, n° 14, *Rev. crit. DIP* 1952, p. 95. Inversement, le juge ne saurait reprocher à une partie de ne pas produire un mode de preuve particulier lorsque la loi de fond l'en dispense : Civ., 24 févr. 1959, *Rev. crit. DIP* 1959, p. 368, note Y. L. Comme on le voit, il s'agit moins d'un problème de division analytique du droit que d'une question de prévisibilité. Pareillement, quoiqu'on se situe dans le domaine de la recherche de la preuve - donc de la decisoria litis selon la distinction -, on ne comprend pas bien pourquoi le juge ne pourrait pas tenir compte d'une preuve régulièrement obtenue selon une procédure étrangère (si le procédé ne heurte pas l'ordre public français) ; l'office de juridiction ne s'y oppose pas, bien au contraire ; et c'est, du reste, la solution de la Cour de cassation : Civ. 1re , 22 févr. 1978, *Bull. civ.* 1978, I, n° 73, *Rev. crit. DIP* 1979, p. 593, note B. COUCHEZ (audition de témoins confiée à un notaire vénézuélien).

[89] C. HOFFMAN, « La Preuve en Droit Luxembourgeois », *op. cit.*, p. 304, J. LEBRE DE FREITAS, « La Preuve en Droit Portugais », *op. cit.*, p. 350-351 & « La Preuve dans l'Union Européenne », *op. cit.*, p. 2-4.

[90] *Cf.* R. GENIN-MERIC, « Droit de la Preuve : l'Exemple Français », *in* J.-M. LEBRE de FREITAS (dir.), *op. cit.*, p. 137-177, spéc. n° 13, p. 139 ; D. MOUGENOT, « La preuve en Droit Belge », *op. cit.*, spéc. p. 69.

[91] *Cf.* R. GENIN-MERIC, *op. cit.*, *loc. cit.*

[92] Crim., 31 janv. 2007, *Bull. crim.*, n° 27, *Rev. pénit.* 2007, p. 385, obs. C. AMBROISE-CASTEROT : « l'enregistrement de la conversation téléphonique privée, réalisé à par l'époux était justifié par la nécessité de rapporter la preuve des faits dont il était victime et de répondre, pour les besoins de défense, aux accusations de violences qui lui étaient imputées ». - V. toutefois, Crim., 27 janv. 2010, pourvoi n° 09-83.398, *AJ pén.* 2010, p. 280, obs. J. LASSERRE CAPDEVILLE.

[93] En effet, la nullité ne s'applique apparemment pas aux éléments de preuve produits par des particuliers (tant en matière civile que pénale).

[94] Cette particularité est signalée de longue date par les auteurs anglo-américains : v. J.B. THAYER, *A Preliminary Treatise on Evidence at the Common Law*, Little, Brown and company, Boston, spéc. p. 263-275, J. H. WIGMORE, *A treatise on the Anglo-American system of evidence in trials at common law, including the statutes and judicial decisions of all jurisdictions of the United States and Canada*, Vol. 1, 3e éd., Little, Brown, Boston, 1983, § 9-10.- JAMES, « Relevancy, Probability and the Law », *California Law Review* 1941, n° 29, p. 689 et s., spéc. p. 701 et s. L. H. TRAUTMAN, « Logical or Legal Relevancy.- A Conflit in Theory », *Vanderbilt Law Review* 1952, n° 5, p. 385-413.

faire la preuve en justice[95]. Elles ne relèvent pas, tout simplement, du droit de la preuve *judiciaire* et leur analyse doit être réservée à autre discipline. Dans le prolongement de cette idée, est souvent soulignée la vertu anti-litigieuse d'un certain nombre de preuves littérales - et notamment les *instrumenta* -, ce qui justifierait un rattachement au fond du droit, plutôt qu'à la procédure[96]. Au vrai, même si cette analyse était confirmée, on ne voit pas en quoi le fond du droit serait directement concerné. Lorsque le législateur fait le choix de limiter le nombre des preuves admissibles en justice - en imposant la production d'un acte sous seing privé ou d'un acte authentique - il n'a en vue que le procès et rien d'autre. Si, en dehors de ce cadre, Paul veut prouver à Pierre qu'il est déjà contractuellement lié à Jacques, il lui est loisible de faire témoigner sa mère, son frère ou qui bon lui semble ; ce qui lui sera, en revanche, normalement interdit devant le juge. À l'inverse, le rattachement à la procédure se justifie d'autant mieux que, selon l'idée défendue dans ces lignes, c'est en partie l'organisation du pouvoir au sein de l'État et la conception culturelle du procès qui façonnent la règle de preuve. Il est incontestable qu'une partie de ces règles - notamment celles qui intéressent l'objet de la preuve - sont largement tributaires de la règle de droit. Mais elles supposent, toujours, néanmoins, la mise en œuvre d'un office confié au juge : l'*office* de *juris-dictio* et, comme on le verra bientôt, lorsqu'il s'agit du fait, l'*office de véridiction*. On le constate en procédure pénale où la plupart des auteurs ne s'interrogent pas sur l'existence d'un droit de la preuve, mais sur une théorie générale[97] de la preuve[98]. L'objectif n'est alors pas de dégager un ensemble homogène de règles autonomes qui se détacherait de la procédure, mais d'organiser plutôt, de manière cohérente des règles[99] qui, parce qu'elles forment le cœur de la procédure pénale, lui sont indéfectiblement attachées[100]. Bentham ne disait-il pas lui-même que « [...] l'art de la procédure n'est essentiellement que l'art d'administrer la preuve »[101]? Quoi qu'il en soit, il est difficile de trouver une voie moyenne entre l'autonomie, le rattachement à la procédure et le rattachement au fond du droit. Certaines règles, comme on l'a vu, ont une véritable autonomie. Mais le droit de la preuve, tout comme la procédure, est un « droit

---

[95] H. ROLAND, L. BOYER, *op. cit.*, n° 1656, p. 570 : « Quant au *régime des preuves*, il relève, à bien des égards, du Code civil. D'abord, les preuves ne supposent pas nécessairement une instance contentieuse et un grand nombre d'entre elles sont fournies en dehors de tout litige dans les relations de la vie quotidienne ; ainsi de la preuve de la majorité par l'acte de naissance, ainsi de celle du concubinage par attestation du maire ».

[96] H. ROLAND, L. BOYER, *op. cit.*, *loc. cit.*, J. LEBRE DE FREITAS, « La Preuve en Droit Portugais », *op. cit.*, p. 349-350.

[97] Pour une discussion générale : *cf.* E. VERGÈS, « Éléments pour un renouvellement de la théorie de la preuve en droit privé », *Mélanges en l'honneur de Jacques-Henri Robert*, Lexis Nexis, Paris, 2012, p. 853-896.

[98] F. DESPORTES, L. LAZERGUES-COUSQUER, *Traité de procédure pénale*, Economica, Corpus Droit privé, Paris, 2009, n° 545, p. 363, S. GUINCHARD, J. BUISSON, *Procédure pénale*, 7e éd., Litec, Manuels, Paris, 2011, spéc. n° 499, p. 543, n° 502, p. 543, B. BOULOC, *Procédure pénale*, 23e éd., Dalloz, Droit privé, Paris, 2012, spéc. n° 119, p. 108, qui parle néanmoins, aussi, de « droit de la preuve » ; F. FOURMENT, *Procédure pénale*, Paradigme, Manuel, Orléans, 2010, spéc. n° 53, p. 33.

[99] V. en ce sens, Madame le Professeur Rassat, dans ses *Propositions de réforme du Code de procédure pénale* (M.-L. RASSAT, *rapport à M. le garde des Sceaux*, ministre de la Justice, Ministère de la Justice, Paris, 1997, spéc. p. 48).

[100] R. MERLE, A. VITU, *Traité de droit criminel.- Procédure pénale*, t. II, 5e éd., éd. Cujas, Paris, 2001, spéc. n° 140, p. 177, S. GUINCHARD, J. BUISSON, *op. cit.*, *loc. cit.* : « Parce que toutes les règles de procédure n'ont, en définitive, d'autre finalité que la recherche et l'administration de la preuve, dans son principe comme dans ses règles, à toutes les étapes de la procédure pénale, depuis la phase de la police judiciaire jusqu'à celle du jugement définitif ».

[101] J. BENTHAM, *Traité des preuves judiciaires, op. cit.*, p. 3.

régulateur » selon la terminologie de Roubier. Aussi bien comme « chaque procédure accompagne son droit et participe des mêmes caractères »[102], le droit de la preuve est aussi parfois le servant de la règle de droit[103], ce dont rend bien compte les droits de *Common Law*, qui parlent, depuis Bentham, d'*adjective law*[104]. Il y a, dans la procédure, une dépendance au fond (*l'adjectif* dépend du *substantif*), quelque chose de profondément ancillaire[105]. Mais parce que l'*adjectif* sert à *qualifier*[106], le droit de la preuve, tout comme la procédure, réagit à une logique propre, qui donne à son tour du sens au fond du droit (la maxime latine en rend compte : *idem est non esse aut non probari*). Enfin, et surtout, un certain nombre de règles qu'on peut intégrer dans le droit de la preuve restent liées à la procédure[107]. Il s'agit de mécanismes procéduraux, comme l'appel, la motivation des décisions de justice, le pourvoi en cassation qui intègrent le droit de la preuve parce qu'ils sont tournés, au moins en partie, vers la recherche de la vérité ou, pour le moins, vers la prévention de l'erreur ou de la fraude. On peut sans doute estimer, comme le font certains auteurs anglo-américains, que le *droit de la preuve* forme une partie de cet ensemble plus large que constitue « la preuve et la conviction en justice < *Evidence and Proof in Litigation*> »[108]. Le **droit de la preuve au sens strict** s'articulerait ainsi autour d'un noyau dur de règles qui ont tendance à se détacher de la procédure. Ainsi en est-il, tout d'abord, de celles qui permettent *directement* l'établissement de la conviction (« *proof* »), c'est-à-dire « l'établissement de l'existence ou de la non-existence d'un fait (un *factum probandum* ou un *fait en la cause* <*fact in issue*>) ». On peut intégrer à la catégorie les mesures d'instruction ou plus largement, toutes les mesures d'investigation (production forcée des pièces, actes de l'enquête policière). Les règles relatives aux modes de preuve (« *evidence* ») - notamment les règles d'*admissibilité* - viennent ensuite. La référence à la conviction - la « logique de la conviction <*logic of proof*> » - oblige à tenir compte de la « validité », de la « rigueur <*cogency*> » et de la « justesse <*appropriateness*> » des arguments qui forment la « base rationnelle » qui va servir ensuite à persuader. Il convient alors de décomposer et de regarder tout à la fois le « fait en la cause <*fact in issue*> » (l'objet de la preuve) et la proposition que contient la preuve (*factum probans*) en mesurant, à ce stade, sa pertinence (« *relevance* »). Mais ce n'est pas assez encore, car il faut également tenir compte de son « poids <*weight*> » ou sa « rigueur <*cogency*> » ou encore sa « force probante <*probative force*> »[109]. Comme la preuve est judiciaire, le droit de la preuve s'enrichit également de mécanismes procéduraux (appel, cassation, motivation, jury), mais qui forment alors une ramification[110]. Il s'agit de dispositions de nature procédurale qui intègrent alors un

---

[102] P. ROUBIER, *op. cit., loc. cit.*

[103] V., en ce sens, les remarques de J. CARBONNIER, *Droit civil.- Introduction, op.cit.* spéc. n° 174, qui faisait état d'un *droit commun de la preuve* et d'un *régime spécial de la preuve* (par exemple en matière de divorce).

[104] J. BENTHAM, « Principles of Judicial Procedure with the Outlines of a Procedure Code », *in The Works of Jeremy Bentham*, Vol. 2, éd. par J. Bowring, William Tait, Simplkin, Marshall, & Co., Édimbourg & Londres, 1838-1843, p. 6.

[105] G. J. POSTEMA, *Bentham and the Common Law Tradition*, Clarendon Press, Oxford, 1986, p. 342.

[106] *Ibid.*

[107] V. aussi, E. JEULAND, *Droit processuel général*, Montchrestien, Droit privé, Paris, 2012, n° 508, p. 476.

[108] W. TWINING, « What is the Law of Evidence », *in* W. TWINING, *Rethinking Evidence. - Exploratory Essay*, 2e éd., Cambridge University Press, Cambridge, 2006, Chap. 6, spéc. p. 193-194

[109] W. TWINING, « What is the Law of Evidence », *op. cit., loc. cit.*

[110] *Ibid.*

droit de la preuve *élargi*. À ce stade, les règles du droit de la preuve se définissent par leur *finalité : il s'agit de toutes les règles qui ont pour fonction la recherche de la vérité.*

2) Les finalités du droit de la preuve

7. *Preuve et établissement de la vérité.* Si on peut, intuitivement, convenir de l'existence de liens entre preuve et vérité[111], en particulier au sein du droit privé français[112], il faut évidemment s'entendre sur cette *finalité* fuyante qu'est la *vérité*. Dans le prolongement des remarques déjà faites, deux séries de formules particulièrement révélatrices de la complexité du problème méritent d'être rappelées. On cite souvent cette définition de Domat : « On appelle preuve ce qui persuade l'esprit d'une vérité »[113] ; mais on remarque rarement qu'il est question d'*une* vérité et non *de la vérité*. Cette dernière formule serait d'ailleurs suspecte de la part du complice de Pascal[114]. Il faut donc poursuivre la lecture de l'éminent jurisconsulte : « et comme il y a des vérités de diverses sortes, il y a aussi de différentes espèces de preuves »[115]. Paul Ricoeur ne disait pas autre chose : « l'esprit de vérité est de respecter la complexité » des « ordres de vérité ; c'est l'aveu du pluriel »[116]. Ce n'est pas à dire que la vérité judiciaire, à la différence de la vérité scientifique, soit relative. La vérité scientifique - notamment celle des sciences expérimentales - ne doit pas servir de modèle[117], comme nous pousse pourtant à le faire l'idéal de l'*Epistêmê* grec[118]. Il faut convenir, avec humilité, qu'il est diverses sortes de vérité, « vérité scientifique », « vérité philosophique », « vérité éthique », « vérité esthétique », « vérité romanesque » et, bien sûr, « vérité judiciaire »[119]. Il y a certes, entre tous les systèmes véridictoires, une communauté d'objectifs : la recherche d'une « adéquation entre la pensée et l'objet de la pensée » ou d'un « accord de notre discours avec la réalité »[120]. Domat le signalait aussi, à la suite du passage célèbre qui vient d'être cité : « Il y a cela de commun à toutes les différentes sortes de vérités, que la *vérité n'est autre chose que ce qui est* »[121]. Il y a certes, aussi, une série de questionnements partagés (objet de la preuve, recherche de la preuve, modes de preuve, appréciation de la preuve) et la pierre de touche que constitue la raison humaine. L'assimilation s'arrête cependant ici : à chaque *ordre de vérité* correspond son intelligence de la preuve et la seule question qui vaille d'être posée, en matière judiciaire, est de savoir ce qui constitue l'*objet recherché* dans l'ordre judiciaire et s'il

---

111 X. LAGARDE, *V° Vérité*, *in* L. CADIET (dir.), *Dictionnaire de la justice*, PUF, Paris, 2004.

112 V. déjà, la démonstration contenue *in* L. CADIET, J. NORMAND, S. AMRANI MEKKI, *op. cit.*, n° 253, p. 842.

113 J. DOMAT, *Œuvres complètes de J. Domat. - Nouvelle édition, revue, corrigée et précédée d'une notice historique sur Domat, augmentée de l'indication des articles de nos codes qui se rapportent aux différentes questions traitées par cet auteur*, t. 2, Alex-Gobelet Librairie, Paris, 1835, p. 138.

114 B. PASCAL, *Pensées*, 230 [69], *in Œuvres complètes*, Gallimard, La Pléiade, Paris, 1954, p. 1149 : « plaisante justice qu'une rivière borne ! Vérité au deçà des Pyrénées, erreur au-delà ».

115 J. DOMAT, *op. cit.*, *loc. cit.*

116 P. RICOEUR, *Histoire et vérité*, Paris, Seuil, 1955, p. 143. - *Adde*, M. VAN DE KERCHOVE, « La vérité judiciaire : quelle vérité, rien que la vérité, toute la vérité ? », *Déviance et société* 2000, vol. 24, n° 1, p. 95-101, spéc. p. 95.

117 P. RICOEUR, *Histoire et Vérité*, Seuil, Points, Essai, Paris, 2001, spéc. p. 193

118 *Ibid.*

119 M. VAN DE KERCHOVE, *op. cit.*, *loc. cit.*

120 P. RICOEUR, *op. cit.*, p. 189.

121 J. DOMAT, *op. cit.*, *loc. cit.*

passe subjectivement et inter-subjectivement pour *démontré* au regard des mécanismes acceptés dans ce cadre[122]. Il n'est pas de distinction à faire, sous ce regard, entre une vérité « objective »[123] ou « matérielle »[124] qui serait celle de la procédure pénale et une vérité « contingente »[125] ou « formelle »[126] qui serait celle de la procédure civile[127]. Si une distinction doit être établie, à l'intérieur de la vérité judiciaire, c'est à un autre endroit[128]. Peu importe, du reste, que, à la différence du chercheur ou de l'historien, le juge soit susceptible de mettre un terme à ses investigations ; c'est un argument souvent avancé[129], auquel on ajoute la prétendue *présomption irréfragable de vérité* attachée à l'autorité de la chose jugée. Il est indéniable que lorsque le juge *prononce* le *vrai* ou le *faux*, le jugement tend à devenir la vérité elle-même. Il y a quelque chose de constitutif dans le jugement (on a dit encore « performatif »), car un tel « jugement ne se contente pas de rendre compte d'une réalité préexistante »[130]. Mais la question n'est pas seulement celle d'une vérité qui serait créée puis imposée par le système juridique[131] (*une infaillibilité supposée*)[132] - ce n'est même pas une fiction[133], car on ne saurait soutenir que cette *déclaration* que constitue le jugement est statistiquement moins souvent vraie que fausse -, c'est plutôt celle d'une

---

[122] C'est pourquoi on ne peut admettre cette formule du Professeur Théry : « Même si le propos appelle la nuance, l'essentiel n'est pas là. Si parfaite que puisse être la vérité judiciaire, sa caractéristique est d'être une vérité médiatisée, passant par l'intermédiaire du juge. L'observation n'est pas sans conséquence [...]. La vérité est sans doute une valeur du procès. Mais la finalité essentielle des règles de preuve est, plus prosaïquement, la conviction du juge » : Ph. THÉRY, « Les finalités du droit de la preuve en droit privé », *Droits* 1996, n° 23, p. 41-52, spéc. p. 46.

[123] H. MOTULSKY, *Droit processuel*, Montchrestien, Paris, 1973, spéc. p. 231.

[124] C. AMBROISE-CASTÉROT, *De l'accusatoire et de l'inquisitoire dans l'instruction préparatoire*, Thèse Bordeaux IV, Bordeaux, 2000, spéc. n° 414 et s., p. 305 et s., Ph. CONTE, « L'instruction : le rôle du Juge et des parties dans l'administration de la preuve », *in Le rôle du juge et des parties dans l'administration de la preuve*, XVIIe colloque des Instituts d'Études Judiciaires, Grenoble, 19-20-21 janvier 1989, IEJ-Faculté de droit de Grenoble, Grenoble, 1991, spéc. p. 34 .- R. MERLE, A. VITU, *Traité de droit criminel. - Procédure pénale*, n° 7, p. 21.

[125] H. MOTULSKY, *op. cit.*, p. 224.

[126] C. AMBROISE-CASTEROT, *op. cit.*, n° 414 et s., p. 305 et s., Ph. CONTE, *op. cit.*, p. 34, R. MERLE, A. VITU, *op. cit.*, n° 141, p. 178.

[127] Cette distinction doit être combattue : v. L. CADIET, J. NORMAND, S. AMRANI MEKKI, *op. cit.*, n° 253, p. 842. - Mais on ne saurait dire, pour autant, que « [q]uel que soit l'objet du litige, ou la nature du contentieux, la vérité judiciaire n'est jamais qu'une vérité relative, empreinte de subjectivité, à défaut d'être pure subjectivité [...] » (*ibid.*). On ne saurait le soutenir car les sciences de la nature ne doivent pas servir à étalonner les vérités. La vérité du système probatoire juridique est celle qui lui permet d'exister, celle qui rencontre l'assentiment subjectif (du juge) et intersubjectif (de la communauté) ; ce qui ne veut pas dire, pour autant, recherche de légitimité- Comp., G. DALBIGNAT-DEHARO, *La vérité scientifique et la vérité judiciaire en droit privé*, spéc. n° 21-28.

[128] V. *infra*, n° 16.

[129] On renvoie, ici, à la célèbre note de Bartin citée dans la plupart des manuels d'introduction au droit : BARTIN ss. AUBRY & RAU, *op. cit.*, spéc. note (2bis), p. 64. - V., encore, H. BATIFFOL, « Observations sur la preuve des faits », *in* Ch. PERELMAN, P. FORIERS (dir.), *La preuve en droit*, Bruylant, Bruxelles, 1981, p. 303-314, spéc. p. 304 (qui affirme du reste, ce qui est inexact, que le juge ne peut dire : « je ne sais pas » - v., pourtant, le « *non liquet* »). Sicard, qui a écrit, dans les années 1960, une monographie sur le sujet de la preuve judiciaire, a répondu à l'argument avec beaucoup de pertinence : J. SICARD, *La preuve en justice après la réforme judiciaire*, Librairie du journal des notaires et des avocats, Paris, 1960, n° 9, p. 12.

[130] M. VAN DE KERCHOVE, « La vérité judiciaire : quelle vérité, rien que la vérité, toute la vérité ? », *op. cit.*, p. 96.

[131] V. encore, A. FABBRI, Ch. GUÉRY, « La vérité dans le procès pénal ou l'air du catalogue », *RSC* 2009, p. 343, spéc. p. 344-345.

[132] *Cf.* L. CADIET, J. NORMAND, S. AMRANI MEKKI, *op. cit.*, n° 254, p. 844 (sous l'intitulé : « Fonction finale de la preuve »).

[133] M.-A. FRISON-ROCHE, « L'erreur du juge », *RTD civ.* 2001, p. 819.

irrévocabilité[134]. On ne saurait dire non plus que le « jugement définitif ne peut pas juridiquement contenir d'erreur », car le juge doit admettre son impuissance, comme il le fait lorsqu'il s'appuie sur le risque de la preuve - le juge, sans commettre de *déni de justice, suspend alors son jugement dans l'ordre véridictoire*. C'est l'expression du *bénéfice du doute*[135]. Certes, contrairement aux droits de *Common Law*, le juge ne doit pas atteindre un certain seuil de probabilité au-delà duquel il peut tenir sa conviction pour formée[136], ce qui, à rebours, laisse une place à la reconnaissance de l'erreur - la vérité est « une et indivisible » en droit français[137] et incommensurable[138] ; il est cependant assez net qu'il est des cas dans lesquels la conviction

---

[134] H.L.A. HART, *Le concept de droit*, Facultés universitaires Saint-Louis, Bruxelles, 1995, p. 175.

[135] C. proc. pén., art. 304, al. 1er ; C. trav., art. L. 1235-1 ; V. encore, C. proc. pén., art. 622, C. trav., art. L. 1225-3, al. 2, C. trav., art. L. 1333-1.

[136] On trouve, aux États-Unis, trois standards de conviction (« *standards of proof* ») appliqués par les juridictions. En matière pénale, le standard requis est celui de la preuve *au-delà de tout doute raisonnable* (« *beyond reasonable doubt* ») : Cour Suprême des États-Unis, *Patterson v. New York*, *United States Supreme Court Reports* 1977, n° 432, p. 197, spéc. p. 208 : « L'exigence d'une preuve au-delà de tout doute raisonnable est "assise sur une décision d'une valeur fondamentale pour notre société selon laquelle il est bien plus grave de condamner un innocent que de laisser un homme coupable en liberté" » (la partie entre guillemets anglais est due à Justice Harlan, sur Cour Suprême des États-Unis, *In Re Winship*, *United States Supreme Court Report* n° 397, p. 358, spéc. p. 372). Il s'agit d'une probabilité comprise entre 75 % (I. PAPADOPOULOS, *op. cit.*, p. 131) et 90 % (M. TARUFFO, « Rethinking the Standards of Proof », *American Journal of Comparative Law* 2003, n° 51, p. 659-677, spéc. p. 670) ; le même standard est appliqué en Angleterre (E. MCBRIDE, « Is the Civil "Higher Standard of Proof" a Coherent Concept ? », *Law, Probability & Risk* 2009, n° 8, p. 323-351, spéc. p. 325). En matière civile, le standard est celui de la preuve (ou probabilité) prépondérante, la « *preponderance of the evidence* », parfois appelé, encore « *fair preponderance of the evidence* ». Il est question, en Angleterre, d'un standard comparable : « *on the balance of probabilities* » (E. MCBRIDE, *op. cit.*, *loc. cit.*). Les deux conjoignent sur le concept de « *prevailing probability* » (*probabilité prévalente*) (M. TARUFFO, *op. cit.*, p. 659 - on dit alors que la probabilité est de l'ordre de 51% : *cf.* I. PAPADOPOULOS, *op. cit.*, p. 131). Comme le résume bien l'article 2804 du Code civil du Québec : la « preuve qui rend l'existence d'un fait plus probable que son inexistence est suffisante ». Enfin, pour les affaires civiles mettant en cause les libertés individuelles (par exemple, les procédures pouvant aboutir à un internement psychiatrique de la personne ou au retrait de la garde d'un enfant) on exige alors le standard : « *clear and convincing evidence* », c'est-à-dire la preuve *claire et convaincante*. Il faut alors se placer dans une position intermédiaire et admettre une probabilité de l'ordre de 60-65 % (I. PAPADOPOULOS, *op. cit.*, p. 131-132). V. ainsi, Cour Suprême des États-Unis, *Mathews v. Eldrige*, *United States Supreme Court Reports* 1976, n° 424, p. 319 et s., spéc. p. 334 ; selon les juges, il convient de poser « un standard intermédiaire de preuve - la preuve claire et convaincante - lorsque les intérêts particuliers en jeu dans un litige fédéral sont à la fois particulièrement impérieux et plus importants qu'une simple perte d'argent » (v. aussi, G. S. FORMAN, « Some Constitutional Issues When Representing Parents Against Accusations of Abuse or Neglect », *American Journal of Family Law*, p. 85-88 & I. PAPADOPOULOS, *op. cit.*, *loc. cit.*, pour d'autres exemples).- En Angleterre, la doctrine s'interroge sur l'existence d'un troisième standard qui prendrait place en matière civile chaque fois qu'est en jeu la preuve d'une conduite criminelle : E. MCBRIDE, *op. cit.*, p. 325-327 ; la jurisprudence n'y paraît pas favorable : v. Chambre des Lords, *In re H and others* (Minors), *Law Reports, Appeal Cases (Third Series)*, 1996, p. 563.

[137] I. PAPADOPOULOS, *op. cit.*, p. 133. L'auteur ajoutait (*ibid.*) : « Même si la preuve peut être rapportée par tous moyens ou si, au contraire, elle est le fruit de présomptions ou d'exigences légales, même si les conséquences que les juges pourront en tirer varient selon les régimes légaux, elle n'en demeure pas moins une ».

[138] C'est une vaine tentative que de vouloir déceler des *standards de conviction* dans les droits continentaux et spécialement en droit français ; v., pourtant en dernier lieu, K. M. CLERMONT, E. SHERWIN, « A Comparative View of Standards of Proof », *American Journal of Comparative Law*, n° 50, p. 243-275 (et la réponse, riche et pleine de finesse, du comparatiste italien M. Taruffo - (« Rethinking the Standards of Proof », *op. cit.*), v. encore, Principes Ali-UNIDROIT, Princ., 21.2 : « Les faits sont prouvés si le tribunal est raisonnablement convaincu de leur vérité ». D'après le commentaire P-21 B : « Le degré contenu dans l'expression "raisonnablement convaincu" est en substance celui qui est retenu dans la plupart des systèmes juridiques. Aux États-Unis et dans certains autres pays, le standard retenu est celui de "preponderance of the evidence" (de la probabilité prépondérante) qui

fonctionnellement a le même sens » ; et v. l'article de M. BRINKMANN, « The synthesis of Common and Civil Law Standard of Proof Formulae in the ALI/UNIDROIT Principles of Transnational Civil Procedure », *Rev. dr. unif.* 2004-4, p. 875-891 (qui considère que les différences entre les deux systèmes ne sont pas si considérables). - Comme souvent dans les droits de *Common Law*, les standards de conviction sont le résultat d'un équilibre délicat entre contingence historique et effort de rationalisation. Lorsque la présence du juge au sein de la procédure pénale commença à paraître par trop invasive pour assurer une correcte protection des droits de l'individu poursuivi - dont on retracera sommairement l'évolution plus tard (v. *infra*, n° 438 et s.) -, et que l'idée fut émise de replacer le jury au centre du processus décisionnel, on s'enquerra, comme quelques siècles plus tôt avec l'élaboration des règles d'exclusion (qui étaient devenues, entretemps, un « simple rituel », car le juge n'en faisait plus grand cas, M. DAMAŠKA, *Evidence Law Adrift*, *op. cit.*, p. 52), d'exercer un certain contrôle sur les jurés. Pour ce faire, on développa alors les *instructions* données par le juge aux jurés avant la délibération. Et c'est à cette période aussi que se déployèrent ces premiers standards de conviction, marqués, ainsi qu'il faut le montrer, d'une certaine ambiguïté. L'affirmation du standard *beyond reasonable doubt* est due, selon les historiens, à la Colonie royale du Massachusetts (*Crown colony of Massachusetts*), en particulier une décision rendue en 1770, dans l'affaire du Massacre de Boston (5 mars 1770 : affrontement entre les troupes britanniques et la foule, à Boston. Largement médiatisé, l'événement contribue à rendre impopulaire le régime anglais aux États-Unis dans les années qui précédent la Révolution Américaine, *V° Boston Massacre, in Encyclopædia Britannica Online*, Academic Edition - sur cette analyse historique : A. MORANO, « A Reexamination of the Development of the Reasonable Doubt Rule », *Boston University Law Review* 1975, n° 55, p. 507, spéc. p. 516-519). La règle ne sera affirmée, en Angleterre, que par la suite : J. WILDER MAY, « Some Rules of Evidence: Reasonable Doubt in Civil and Criminal Cases », *Americain Law Review* 1876, n° 10, p. 642 et s., spéc. p. 656-657. Le standard du droit civil ne sera consacré, quant à lui, qu'au XIXe siècle (K. M. CLERMONT, E. SHERWIN, « A Comparative View of Standards of Proof », *op. cit.*, p. 257, H. J. BERMAN, Ch. J. REID, « The Transformation of English Legal Science : From Hale to Blackstone », *Emory Law Journal* 1996, n° 45, p. 437-522, spéc., p. 482-483). Ces standards ont indéniablement été influencés par l'empirisme lockéen, puisqu'ils présupposent la capacité de la personne humaine à percevoir la réalité (vraie) à travers les sens. Mais, comme chez Locke, « il y a plusieurs degrés de la parfaite certitude et démonstration, à l'improbable et l'insusceptible, jusqu'aux confins de l'impossible ». C'est sous la plume du premier théoricien de la preuve - G. GILBERT, *The Law of Evidence*, J. Rice, Dublin, 1795 - que l'on trouve cette formule, significative du nouvel état d'esprit du procès anglo-américain. L'introduction de la probabilité dans l'évaluation des preuves donnera lieu aux mêmes dévoiements que sur le continent avec le système de *preuves légales* (celui théorisé par le Droit savant). Puisque, en effet, selon Gilbert, il est très rare que l'on puisse obtenir, dans la vie courante, des « *certitudes* » (excepté lorsque le transfert d'un bien d'une personne à une autre a été enregistré <*recorded*>), il faut se contenter de catégories plus faibles sur l'échelle des convictions (*incrédulité, défiance, doute, conjecture, pleine assurance ou pleine confiance :* J. GILBERT, *op. cit.*, p. 1 & p. 3). Dès lors peut se construire, à partir d'un véritable projet *fondationaliste* (sur lequel, F. HOULE, « Le fonctionnement du régime de preuve libre dans un système non-expert : le traitement symptomatique des preuves par la Section de la protection des réfugiés », *RJT* 2004, n° 38, p. 263-358, spéc. p. 275 et la note (23)), projet qui consiste à attribuer, *abstraitement*, une autorité particulière à certains modes de preuve, une véritable hiérarchie des preuves. La règle qui doit servir d'étalon est la suivante : « Un homme doit fournir la meilleure preuve dont la nature du fait est susceptible » (J. GILBERT, *op. cit.*, p. 3) ; c'est l'expression de la « *Best Evidence Rule* », autrement appelée la règle de la « preuve la meilleure », préalable à la construction d'une véritable hiérarchie des preuves (H. J. BERMAN, Ch. J. REID, *op. cit.*, spéc. p. 485). Le modèle est, aujourd'hui, sensiblement différent et il a trouvé un sérieux appui auprès de la probabilité bayésienne, dont les jalons ont été imparfaitement posés par le mathématicien anglais Th. Bayes (1702-1761), et qui a été parachevée par le mathématicien français Pierre-Simon Laplace (1749-1827). La probabilité bayésienne autorise le calcul de probabilités en présence d'hypothèses ; elle n'exprime pas l'idée d'une fréquence ou d'une propriété physique, mais plutôt celle d'une mesure de l'état de connaissance. Elle est largement perçue, dans le monde anglo-américain, comme un idéal à atteindre, bien qu'elle ait fait l'objet de sérieuses contestations : L. BRILMAYER, « Second-order Evidence and Bayesian Logic », *Boston University Law Review*, 1986, n° 66, p. 673-691, C. R. CALLEN, « Notes on A Grand Illusion: Some Limits on the Use of Bayesian Theory in Evidence Law », *Indiana Law Journal* 1982, n° 57, p. 1-44, spéc. p. 3. Il existe également des propositions alternatives comme celles formulées par T. ANDERSON, W. TWINING, *Analysis of Evidence : How to Do Things With Facts Based on Wigmore's Science*, Northwestern University Press, Northwestern, 2006, spéc. p. 1991, M. DAMAŠKA, « Free Proof and its Detractors », *American Journal of Comparative Law* 1995, n° 43, p. 343, spéc. p. 354, A.S. ZUCKERMAN, « Probability and Inference in the Law of Evidence », *Boston University Law Review* 1986, n° 66, p. 487, spéc. p. 504. Elle est l'expression de l'un des nombreux paradoxes du modèle

n'est pas complète - elle est donc à rebours controversée - et que l'erreur menace. Comme dans tout système véridictoire, l'erreur existe, et elle peut même être dénoncée[139], voire corrigée[140]. Il y a sans doute des progrès à accomplir en ce domaine, qui

---

anglo-américain qui, fondé en grande partie sur un modèle éthique de raisonnement, propose d'introduire ici un modèle logique, comme s'il s'agissait de compenser la faiblesse de l'architecture générale. Quoi qu'il en soit, on comprend bien que, dans ce schéma, qui postule l'incomplétude de l'information disponible, seule une certaine probabilité de « connaissance » peut être approchée ; le problème nodal est donc de déterminer précisément le degré de *probabilité requis* et *a contrario*, le « risque d'erreur » (cette notion est centrale : H. J. BERMAN, Ch. J. REID, *op. cit.*, p. 482, I. PAPADOPOULOS, *op. cit.*, p. 133 ; v. aussi, pour une réflexion menée en droit suédois : LINDELL BENGT, « Evidence in Sweden », p. 407-435, spéc. p. 412). Au-delà même de cette prétention à une possible formalisation mathématique, un tel modèle n'a rien de commun avec celui qu'on peut trouver en droit français, en droit italien (le principe du « *prudente apprezzamento* » (*appréciation prudente*), *Codice di procedura civile*, art. 116), ou encore en droit espagnol (la « *reglas de la sana critica* » : *Ley de Enjuiciamiento Civil*, art. 348 et 376 (en particulier), qui est un appel à la logique, à l'expérience et au sens commun) - v. M. TARUFFO, *op. cit.*, p. 668. Comme on a pu le dire, la question de l'analogie entre doute raisonnable et intime conviction n'est pas pertinente, car ce qui caractérise l'intime conviction c'est, d'abord, sa « consubstantialité au jugement libre », C. TOURNIER, *L'intime conviction du juge*, Thèse, PUAM, Aix-Marseille, 2003, p. 20 ; en d'autres termes, l'intime conviction n'est pas réductible à un ensemble de probabilités (*op. cit.* p. 20). Comme le montrent nettement les articles 304 et 353 du Code de procédure pénale (« La loi ne demande pas compte aux juges des moyens par lesquels ils se sont convaincus, elle ne leur prescrit pas de règles desquelles ils doivent faire particulièrement dépendre la plénitude et la suffisance d'une preuve ; elle leur prescrit de s'interroger eux-mêmes dans le silence et le recueillement et de chercher, dans la sincérité de leur **conscience**, quelle impression ont faite, sur leur **raison**, les preuves rapportées contre l'accusé, et les moyens de sa défense », nous soulignons), ainsi que l'article 1353 du Code civil (« Les présomptions qui ne sont point établies par la loi, sont abandonnées aux lumières et à la prudence du magistrat [...] »), on se situe nettement dans une dialectique raison-conscience (C. TOURNIER, *op. cit.*, p. 24), qui implique un certain raisonnement d'ordre probabiliste mais qui ne supporte pas tout entier le jugement ; c'est de l'adhésion *complète* de la conscience aux faits que naît la conviction (selon une définition toute kantienne de la conviction : v. M. BRINKMANN, *art. préc.*, note (39), p. 881. Aussi bien, lorsque, en matière civile, le juge rejette une allégation, comme n'étant pas prouvée, en appliquant le risque de la preuve, ce n'est pas parce qu'il estime que la thèse adverse est plus « vraisemblable » que celle qui est soutenue par le demandeur, mais simplement parce qu'il ne peut s'estimer convaincu par aucune des versions en présence ; la preuve n'a pas été faite et les faits ne peuvent être tenus pour « vrais » (M. TARUFFO, *op. cit.*, p. 673.- *Contra*, H. BATIFFOL, « Observations sur la preuve des faits », *op. cit.*, spéc. p. 305, P. FORIERS, « Considérations sur la preuve judiciaire », *in* Ch. PERELMAN, P. FORIERS (dir.), *La preuve en droit*, Bruylant, Bruxelles, 1981, p. 315-329, spéc. p. 329). Certes, du point de vue de l'effet - le *non liquet* - les résultats sont équivalents dans les deux systèmes (M. BRINKMANN, *art. préc.*, p. 876) ; mais sur le terrain du raisonnement, le jugement *secundum allegata et probata* chasse le doute dans le système continental, alors qu'il le reconnaît et l'intègre dans le système de *Common Law* (sous une forme de *non liquet* judiciairement acceptable). - L'appel à la conscience n'est pas l'appel à la subjectivité toute-puissante : la distinction apparaît assez nettement dans *Les Nuits Attiques* d'Aulu-Gelle (AULU-GELLE, *Les Nuits Attiques*, Tome III, Livres XI-XV, Les Belles Lettres, Paris, 1989, spéc. 14-2-214-2-2) ; sur lesquelles v. J. CARBONNIER, *Sociologie juridique.- Le procès et le jugement*, (rédigé d'après la sténotypie du cours), Paris, 1961-1962, p. 198-199.

[139] M.-A. FRISON-ROCHE, *art. préc.*

[140] La procédure pénale connaît deux procédures extraordinaires (donc étroites) qui permettent de remettre en cause l'autorité de la chose jugée en droit interne : tout d'abord, la procédure de réexamen d'une décision pénale consécutif au prononcé d'un arrêt de la Cour européenne des droits de l'homme (parfois appelé le pourvoi « dans l'intérêt des droits de l'homme » : L. CADIET, J. NORMAND, S. AMRANI MEKKI, *op. cit.*, p. 915) C. proc. pén., art. 626-1 à 626-7 (L. n° 2000-516 du 15 juin 2000) : V. C. PETTITI, « Le réexamen d'une décision pénale française après un arrêt de la Cour européenne des droits de l'homme : la loi française du 15 juin 2000 », *RTDH* 2000, p. 3 et s. ; ensuite, les « demandes en révisions » qui figurent aussi au C. proc. pén., art. 622 à 626 (comp. Crim., 20 juill. 2011, pourvoi n° 10-87.326, *JurisData* n° 2011-014754 (deux décisions passées en force de chose jugée qui condamnent successivement deux personnes pour les mêmes faits) et Crim., 6 avr. 2011, pourvoi n° 10-85.247, *JurisData* n° 2011-005617 (découverte d'un couteau constitutive d'un fait nouveau insuffisant pour faire naître un doute sur la culpabilité du condamné)). L'idée d'étendre le premier recours à la matière civile se développe en doctrine : *cf.* P.-Y. GAUTIER, « De l'obligation pour le juge civil de réexaminer le procès après une

ne peuvent se concevoir sans une réflexion profonde sur l'équilibre à trouver entre *vérité et sécurité*. Mais c'est offrir une vue trompeuse que de soutenir qu'il y a derrière la vérité judiciaire un appareil fictionnel destiné à produire une *image de vérité, un* artefact *de vérité*[141], *une légitimité*. C'est une chose de prétendre que la « vérité en droit n'est rien d'autre que la part du passé qu'il faut faire revivre afin de remettre les parties à bonne distance et donc de restaurer les liens de droit »[142], mais c'en est une autre de croire que la remise en distance peut se passer de la vérité et se contenter de l'apparence[143]. Peu importe, ensuite, que la recherche de la vérité judiciaire se fasse dans un cadre plus ou moins réglementé. Le chercheur en sciences de la nature (si on accepte ici la comparaison), contrairement à ce que l'on affirme souvent[144], n'est pas non plus totalement désenchaîné (à l'image de Prométhée). Comme on l'a bien fait remarquer, « [...] la démarche scientifique n'est pas réellement libre, au sens où, outre les diverses contraintes externes qui pèsent objectivement sur elle, existent bien évidemment des principes rationnels, que Popper a d'ailleurs pu comparer aux règles régissant le procès, qui limitent la liberté du chercheur »[145]. Faut-il malgré tout voir dans le formalisme qui réglemente la recherche de la preuve l'autre grande limite à l'articulation du système probatoire autour de la vérité et préférer d'autres formules comme but du procès est la recherche de la *légitimité*[146] ou « le but du procès n'est pas plus la découverte de la vérité que le but de la guerre n'est le triomphe du droit »[147] ? Pour répondre correctement à cette question, il faut tout d'abord renoncer à voir dans le formalisme[148] probatoire un *corpus* monolithique. Au-delà des règles qui garantissent les droits et libertés, c'est-à-dire les règles de *protection*, il est tout une série de règles qui, au contraire, poursuivent un autre objectif, qui *est la fiabilisation de la preuve* - on retombe alors, inévitablement, du côté du « protocole » cher aux sciences en général, qui n'a d'autre objet que de *chasser à la fois l'erreur et le mensonge*, les deux principaux ennemis de la vérité[149]. Il reste alors un segment, qui sert apparemment de repoussoir à la vérité, et qu'on a tôt fait de surexposer pour montrer les limites véridictoires du système judiciaire. Mais peut-on sérieusement soutenir que les sciences de la nature ne poursuivent pas la vérité dès lors qu'elles s'interdisent de pratiquer certaines expérimentations humaines ? Peut-on dire qu'elles renoncent à la vérité dès lors qu'elles s'insèrent dans un cadre éthique ou légal régissant les pratiques d'expérimentations sur le corps humain ou sur les éléments du corps humain ?

En d'autres termes, et comme en tous domaines, il est une pluralité de valeurs qui s'entrechoquent et si « la recherche de la vérité occupe traditionnellement, parmi ces objectifs, une place non négligeable, il convient d'admettre qu'elle ne saurait

---

condamnation par la Cour européenne des droits de l'Homme », *D.* 2005, p. 2773 et s. - Il n'existe donc, à ce jour, dans cette dernière matière, que le recours en révision : C. proc. civ., art. 593 à 603.

[141] J. CARBONNIER, *Sociologie juridique*, *op. cit.*, p. 232.

[142] E. JEULAND, *Droit processuel général*, *op. cit.*, n° 506, p. 472. - E. JEULAND, *Droit processuel*, LGDJ, Paris, 2007 (ancienne édition), p. 159 : « [...] les preuves permettent de restaurer ou de créer des liens de droit sans avoir à recourir à la violence, elles contribuent par conséquent à pacifier la société ».

[143] X. LAGARDE, *Réflexion critique sur le droit de la preuve*, *op. cit.*, n° 5, p. 14-15 et *passim*.

[144] Ch. PERELMAN, « La spécificité de la preuve juridique », *in* Ch. PERLMAN (dir.), *Éthique et droit*, Éditions de l'Université de Bruxelles, Bruxelles, 1990, p. 693-705, spéc. p. 698, J.-M. Le MASSON, « La recherche de la vérité dans le procès civil », *Droit et société* 1998, n° 38, p. 21-32, spéc. p. 23.

[145] M. VAN DE KERCHOVE, *op. cit.*, p. 97.

[146] X. LAGARDE, *op. cit.*, *loc. cit.*

[147] H. ROUSSEAU, note ss. Trib. Nice, 18 nov. 1937, *S.* 1936, p. 11, spéc. p. 16.

[148] Cette notion est expliquée *infra*, n° 372-374.

[149] *Cf.* Ch. AYELA, « Le droit de la preuve en France », *Gaz. Pal.*, 14 févr. 2012, n° 45, p. 15.

exclure la poursuite d'autres objectifs légitimes » qui apparaîtront sans doute « comme autant de limites à cette recherche »[150] - qui ne l'anéantiront pas pour autant. C'est une question d'équilibre, un équilibre complexe qui peut passer par des règles légales, mais aussi des règles éthiques, dont la sanction peut être plus ou moins souple et qui peut donc donner aussi des résultats différents selon la nature de la vérité judiciaire recherchée. Il faut, en effet, ne pas renoncer à cette opposition que l'on a vue entre le syllogisme dialectique et la rhétorique. Mais c'est déjà envisager l'environnement culturel de la preuve.

II. De l'environnement culturel de la preuve

Analyse culturelle, méthode, bénéfices. Une première série de questions se pose d'emblée : pourquoi envisager la preuve judiciaire dans son environnement culturel et quelles sont les précautions qui doivent être prises pour donner à l'étude des fondements suffisants ? Ces questions sont prolongées par d'autres : comment mettre concrètement en œuvre l'analyse culturelle et quels bénéfices peut-on espérer en retirer ? On peut répondre à ces deux séries d'interrogations en envisageant successivement le problème du recours à l'analyse culturelle (1) et celui de la mise en œuvre de l'analyse culturelle (2).

1) Du recours à l'analyse culturelle

Motifs et conditions de l'analyse culturelle. Il convient d'envisager successivement les motifs (a) et les conditions de l'analyse culturelle (b).

a) Les motifs de l'analyse culturelle

8. ***Le développement de l'analyse culturelle de la preuve en justice.*** On relèvera avec un intérêt bien réel que quelques études générales récemment publiées sur le droit de la preuve se sont inscrites dans un cadre culturel et comparatiste. Comment l'expliquer, alors que, depuis l'étude érudite de Lévy-Bruhl[151], on ne s'était pas réellement interrogé sur la signification sociale et culturelle des règles de preuve ? On ne niera pas la dimension sociologique de quelques travaux de grande ampleur comme ceux réalisés par le Professeur Legeais[152] et le Professeur Lagarde[153]. Ces deux éminents auteurs se sont interrogés, à leur manière, soit sur les transformations (en partie sociales) du droit de la preuve[154], soit sur sa finalité, deux

---

[150] M. VAN DE KERCHOVE, *op. cit.*, p. 98. - V. aussi, P. FORIERS, « Considérations sur la preuve judiciaire », *in* Ch. PERELMAN, P. FORIERS (dir.), *La preuve en droit*, *op. cit.*, p. 315-329, M. DELMAS-MARTY, « La preuve pénale », *Droits* 1996, n° 23, p. 53-65, spéc. p. 54.

[151] H. LÉVY-BRUHL, *La preuve judiciaire*, *op. cit.*, spéc. p. 29-30 & p. 53. - Il faut mentionner le traité en deux volumes que Bonnier a consacré à la preuve et qui, en certains endroits, contient des développements historiques et comparatistes : E. BONNIER, *Traité théorique et pratique des preuves en droit civil et en droit criminel*, T. I, 4e éd., Plon, Paris, 1873 ; *Traité théorique et pratique des preuves en droit civil et en droit criminel*, T. II, 4e éd., Plon, Paris, 1873.

[152] R. LEGEAIS, *Les règles de preuve en droit civil. - "Permanences et transformations"*, LGDJ, Paris, 1955.

[153] X. LAGARDE, *Réflexion critique sur le droit de la preuve*, LGDJ, Bibliothèque de droit privé, Paris, 1994.

[154] Et notamment les distorsions entre les transformations sociales (dans le droit de la famille) et la relative immobilité du droit de la preuve : R. LEGEAIS, *op. cit.*, p. 6, p. 24-25. V., encore, à propos de la conception du procès civil : *op. cit.*, p. 25 et s.

démarches qui conduisaient nécessairement à placer la preuve dans son contexte social[155]. Mais l'essentiel des monographies publiées durant cette période se sont surtout attachées à décrire la technique d'un mode de preuve[156] ou à cerner, dans sa dimension presque exclusivement juridique, une thématique probatoire en particulier[157]. Rien, en revanche, de comparable à ces études parues récemment et dont le prisme d'analyse est très différent. On peut en dresser un rapide inventaire, qui n'est pas exhaustif. Dans un article publié en 2005, et intitulé de manière explicite : « Preuve judiciaire et culture française »[158], le Professeur Jeuland a ainsi proposé de montrer les liens entre une variété de facteurs tenus pour appartenir à la culture française et le droit de la preuve. On peut lier ce travail aux recherches menées, depuis une dizaine d'années, par Messieurs Garapon et Papadopoulos, et dont les résultats montrent bien l'intérêt de l'analyse culturelle, spécifiquement dans le domaine probatoire[159]. Plus récemment, deux auteurs ont revisité les modèles « accusatoires » et « inquisitoires », à travers le prisme de la philosophie, de l'histoire et de la culture, en s'attachant à montrer que peu de choses les séparent, en définitive, et qu'une troisième voie devrait être imaginée pour accéder à la « vérité »[160]. Enfin, on doit au Professeur Lagarde, dans un article publié en 2010, et intitulé « De la vérité l'autre », une mise à l'épreuve du droit probatoire français à travers la méthode comparative et culturelle. Comme le note l'auteur de manière significative : « Les divergences entre les systèmes de preuve, spécialement ceux de

---

155 Le Professeur Lagarde fait d'ailleurs sienne l'analyse de Lévy-Bruhl selon laquelle la preuve a deux fonctions ; l'une intellectuelle (qui est la recherche de la vérité) ; l'autre « sociale », qui est, selon les mots du Professeur Lagarde, « la recherche de l'adhésion du corps social au nom de qui la justice est rendue » : X. LAGARDE, *Thèse préc.*, note (54), n° 7, p. 17.- C'est l'identification de cette seconde fonction qui lui permet du reste de bâtir sa thèse autour de la recherche de la légitimité.

156 R. COSTE, *De la preuve littérale en matière civile, en droit romain et en droit français*, impr. de Lahure, Paris, 1871, L. COSTES, *De la distinction des faits juridiques et des faits matériels et de ses applications principalement en matière de preuve en droit romain et en droit français*, Durand, Fillous et Lagarde, Toulouse, 1887, M. KROELL, *Du rôle de l'écrit dans la preuve des contrats en droit romain*, Thèse, éd. Crépin-Leblond, Nancy, 1906, P. GARRAUD, *La Preuve par indices dans le procès pénal : évolution de cette preuve au point de vue juridique et technique*, Sirey, Paris, 1913, L. MAZEAUD, *La preuve intrinsèque*, Impr. Yvert & Tellier, Amiens, 1921, H. MAZEAUD, *La conception jurisprudentielle du commencement de preuve par écrit de l'article 1347*, Imprimerie Yvert et Tellier, Amiens, 1921, F. GORPHE, *La critique du témoignage*, Dalloz, Paris, 1924, M. GUIRAL, *La valeur de la preuve dans l'expertise des écritures*, Bosc frères & Riou, Lyon, 1927, F. CHAMOUX, *La preuve dans les affaires : de l'écrit au microfilm*, Librairies techniques, Paris, 1979.

157 A. A. RACHED, *De l'Intime conviction du juge : vers une théorie scientifique de la preuve en matière criminelle*, A. Pedone, Paris, 1942, F. GORPHE, *L'appréciation des preuves en justice, essai d'une méthode technique*, Sirey, Paris, 1947, DECOTTIGNIES, *Les présomption en droit privé*, LGDJ, Paris, 1949, P. PACTET, *Essai d'une théorie de la preuve devant la juridiction administrative*, A. Pedone, Paris, 1952, J. SICARD, *La preuve en justice après la réforme judiciaire*, Librairie du journal des notaires et des avocats, Paris, 1960, Ph. MERLE, *Les présomptions légales en droit pénal*, (préf. A. VITU), LGDJ, Bibliothèque de sciences criminelles, Paris, 1970, J. DEVÈZE, *Contribution à l'étude de la charge de la preuve en matière civile*, SRT Univ. Grenoble 2, Grenoble, 1980, L. DE GASTINES, *Les présomptions en droit administratif*, LGDJ, Bibliothèque de droit public, Paris, 1991.

158 E. JEULAND, « Preuve judiciaire et culture française », *Droit et cultures* 2005-2, n° 50, p. 149-170

159 A. GARAPON, « Qu'est-ce qu'une culture juridique ? », p. 17-37, *in* A. GARAPON et I. PAPADOPOULOS, *Juger en Amérique et en France*, Odile Jacob, Paris, 2003, pour une présentation générale de l'analyse culturelle, & A. GARAPON, « La culture juridique française au choc de la “mondialisation” », *in* R. JACOB (dir.), *Le juge et le jugement dans les traditions juridiques européennes*, LGDJ, droit et société, Paris, 1996, p. 379-394, pour une mise en application, notamment au domaine probatoire ; v. aussi : I. PAPADOPOULOS, « La preuve : vérité ou vraisemblance ? », *in* A. GARAPON et I. PAPADOPOULOS, *Juger en Amérique et en France*, *op. cit.*, p. 123-145.

160 A. FABBRI, Ch. GUÉRY, « La vérité dans le procès pénal ou l'air du catalogue », *RSC* 2009, p. 343.

Common Law et de Civil Law, sont assez largement d'ordre culturel »[161]. Sans chercher à établir des liens là où ils ne se donnent pas à voir de manière éclatante, on peut considérer que la première grande étude culturelle de la preuve a été réalisée par un universitaire américain, Mirjan R. Damaška. Il en a posé les jalons, sur le plan procédural, dans un article programmatique publié, en 1975, au *Yale Law Journal*[162]. Le modèle fut systématisé dans une monographie publiée en 1986 (*The Faces of Justice and State Authority*)[163], dans laquelle de longs développements sont déjà consacrés au droit de la preuve. Le comparatiste réalisa la transposition du modèle au système probatoire dans un ouvrage de droit comparé paru en 1997 et intitulé : *Evidence Law Adrift*[164].

On peut difficilement nier le changement de prisme d'analyse. Il y a plusieurs dizaines d'années, le Professeur Lévy, grand spécialiste de l'histoire de la preuve judiciaire, pouvait encore souligner, désabusé, que : « La plupart des juristes, sinon des sociologues, semblent partager, sur le problème de la preuve, le dédain d'Aquilius Gallus qui l'abandonnait aux rhéteurs, c'est-à-dire aux avocats. Ils sont en effet divisés entre deux tendances : l'omission à peu près complète, qui est surtout le fait des historiens, ou, pour les auteurs obligés de ne rien négliger dans le droit positif de leur temps, l'indication de détails infimes où la nature profonde et le fondement des institutions disparaissent sous le fatras de la réglementation »[165]. La critique est sans doute excessive, car on ne saurait véritablement reprocher au juriste de faire son travail qui est celui de classer et de détailler les règles légales, d'en mieux cerner le fonctionnent technique. Il est cependant vrai que, jusqu'à une époque récente, on s'est souvent gardé de s'interroger sur le fondement et le sens du système et de tirer des conséquences d'ordre théorique sur le droit de la preuve. Plusieurs raisons l'expliquent. Le droit de la preuve est sans aucun doute une matière ingrate qui ne laisse saisir dans son ampleur qu'au prix des grands efforts[166]. Ensuite, et surtout, il a peut-être semblé difficile de livrer une doctrine d'ensemble sans identifier un « principe organisationnel »[167]. Or, il semble bien que l'analyse culturelle ait fourni un tel principe. En tout dernier lieu, les phénomènes d'échanges culturels entre droits continentaux (en particulier), ont montré la grande sensibilité du droit de la preuve à des importations culturelles. Comme le relevait le Professeur

---

[161] X. LAGARDE, *art. préc.*, p. 6.

[162] M. R. DAMAŠKA, « Structures of Authority and Comparative Criminal Procedure », *Yale Law Journal* 1975, n° 84, p. 480.

[163] M. R. DAMAŠKA, *The faces of Justice and State Authority. - A Comparative Approach to the Legal Process*, Yale University Press, New Haven, Londres, 1991.

[164] M. R. DAMAŠKA, *Evidence Law Adrift*, Yale University Press, New Haven, Londres, 1997.

[165] J.-Ph. LÉVY, « Réflexions sur l'importance et l'intérêt des questions de preuves », *Travaux juridiques et économiques de l'Université de Rennes*, 1954, p. 15-16.

[166] Dans la préface qu'il a rédigée à la traduction (compilation) française des manuscrits de Bentham sur la preuve judiciaire, Étienne Dumont notait : « Ce traité des preuves judiciaires est de toutes les productions de M. Bentham celle qui lui a coûté le plus de travail : à mesure qu'il avançait dans la carrière, elle s'agrandissait à ses yeux. D'abord il avait voulu se borner à la théorie ; ensuite, s'étant livré aux applications, la critique de la procédure anglaise, qui ne devait être que l'accessoire, était presque devenue la partie principale. Après avoir accumulé une prodigieuse quantité de matériaux, il n'a pas eu le courage d'aller plus loin : son abondance lui a fait peur ; le vaisseau trop chargé n'a pu mettre à la voile », E. DUMONT, « Préface », *in* J. BENTHAM, *Traité des preuves judiciaires*, T. I, Bossange Frères, Paris, 1823, p. i. - V. aussi, W. Twining, dans la préface à son ouvrage : *Rethinking Evidence. - Exploratory Essays*, 2e éd., Cambridge University Press, Cambridge, 2006.

[167] Sur la quête de ce principe en droit de la preuve : J. E. IMWINKELRIED, « The Worst Evidence Principle : The Best Hypothesis as to the Logical structure of Evidence Law », *University of Miami Law Review* 1992, n° 46, p. 1069, spéc. p. 1069-1071.

Jeuland dans l'étude précitée : « L'européanisation et la mondialisation des procédures civiles et pénales sont en cours. Le cœur de ce travail est le droit de la preuve. Or il apparaît que ce droit dépend entièrement de la culture de chaque pays. Ainsi la réussite de l'harmonisation européenne et mondiale des procédures dépend de la connaissance que l'on peut avoir de l'influence de la culture sur les preuves »[168]. Européanisation et mondialisation posent immédiatement la question de « l'universalisation » ou de celle du « pluralisme ordonné » destiné à assurer un simple « rapprochement » tenant compte des « particularismes de chacun »[169]. En d'autres termes, européanisation et mondialisation obligent le juriste à s'interroger sur dimension culturelle du droit de la preuve. Ces deux phénomènes, qui multiplient les échanges culturels, contraignent également le juriste à s'interroger sur l'origine et le sens d'un certain nombre d'institutions dont il ne constate plus le lien avec l'histoire de son droit. À ce stade, ce sont les conditions mêmes de son travail de juriste qui sont remises en cause s'il n'est plus en mesure de classer aisément les objets dans l'une des catégories qu'il connaît. C'est plus directement le problème de l'acculturation qui se pose et qui l'oblige à penser une nouvelle méthode d'analyse du droit de la preuve - une analyse culturelle.

b) Les conditions de l'analyse culturelle

9. ***La mise en évidence de la culture.*** L'analyse culturelle est d'un maniement délicat[170]. Elle oblige à fréquenter des concepts qui sont étrangers au juriste. La sociologie compréhensive, notamment celle dont les cadres ont été élaborés par Max Weber, fournit néanmoins une méthodologie adéquate, car susceptible d'être transposée au système juridique. Le savant allemand avait lui-même montré la voie. Cette méthodologie repose sur la notion d'*idéaltype*. Recourir à la notion d'idéaltype suppose le respect de trois présupposés épistémologiques essentiels. Tout d'abord, « les concepts scientifiques ne décrivent jamais la substance ou l'essence de la réalité ou d'une partie de la réalité qui est plutôt caractérisée par son infinité ». Ensuite, « les idéaltypes sont le résultat d'une construction utopique qui ne se trouve presque jamais comme telle dans la réalité empirique ». Enfin, « cette construction utopique est le résultat d'un choix unilatéral de certains facteurs dans la réalité qui semblent significatifs au chercheur de son point de vue »[171]. Ainsi qu'on a pu le dire, la « [...] formation d'idéaltypes procède par accentuation unilatérale de traits présents de manière diffuse dans les phénomènes, afin de “former un tableau de pensée homogène” »[172]. Quel que soit le domaine

[168] E. JEULAND, *op. cit.*, n° 1.

[169] *Ibid.*

[170] Elle répugne également au juriste. V., en ce sens, A.-J. ARNAUD, « Le droit comme produit », *Droit et société* n° 27/1994, p. 293-300, spéc. p. 294.-V. encore, A. GARAPON, « Qu'est-ce qu'une culture juridique ? », *in* A. GARAPON, I. POPADOPOULOS, *Juger en Amérique et en France,* Odile Jacob, Paris, 2003, p. 17-37.

[171] A. BUSS, « Les rationalités du droit et l'économie dans la sociologique du droit de Max Weber », *R.J.T.* 2005, n° 39, p. 111-150, spéc. p. 117 pour cette citation. V. aussi, M. COUTU, *Max Weber et les rationalités du droit*, LGDJ et les Presses de l'Université Laval, coll. droit et société n° 15, Paris, 1995, p. 7.

[172] A. BUSS, *op. cit.*, p. 22. L'auteur ajoute qu'il s'agit d'un instrument « heuristique » (*op. cit.*, p. 23), c'est-à-dire un instrument qui va permettre de découvrir la vérité. V. aussi M. WEBER, « L'objectivité de la connaissance dans les sciences et la politique sociales », (1904), *op. cit.*, n° 191, p. 172-173 & n° 184. - Mais ces « tableaux de pensée » ne sont des idéaux qu'au sens logique ; jamais ils ne doivent être pris pour modèles pour la conduite des affaires, un *devoir-être* (« *sollen* ») qui inspirerait les recherches. « Par

considéré, la notion permet d'avancer avec confiance dans l'identification de catégories premières comme l'*objet de la preuve,* la *recherche de la preuve* ou encore l'*évaluation de la preuve.* On peut les décrire comme des « concepts génériques »[173].

Ceci étant précisé, comment se pense la culture au regard de cette méthodologie et, surtout, quels sont les liens entre concepts génériques et cultures ? On peut estimer, en suivant Weber toujours, que la culture est d'abord formée de trois niveaux qui vont agir sur les concepts génériques : les « idées entendues dans le sens de faisceaux de pensées qui influencent empiriquement les hommes historiques », les « idéaux qui gouvernent les hommes historiques », enfin les « idéaux auxquels l'historien rapporte l'histoire »[174]. Le premier niveau renvoie, très largement, aux valeurs qui gouvernent *effectivement* les rapports de sociabilité, c'est-à-dire les « liens sociaux »[175]. La culture française serait ainsi dominée par *l'égalité*[176], la *tradition*[177] et *l'étatisme*[178]. On constaterait aussi une véritable passion française pour la vérité[179]. Mais regardons aussi, sous cet angle, les droits de *Common Law.* On y parle plus volontiers de *liberté*, d'*individualisme*, d'*égalité d'opportunité*[180], d'*anti-étatisme* et de *laissez-faire*[181]. Le second niveau serait composé des

---

conséquent, ajoute Weber, la construction d'idéaltypes abstraits n'entre pas en ligne de compte comme but, mais uniquement comme *moyen* de connaissance », M. WEBER, *op. cit.*, n° 192-193, p. 174-175 ; aussi, n° 199-201 et *passim.*

[173] M. WEBER, *op. cit.*, n° 205.

[174] *Ibid.*

[175] *Cf.* E. JEULAND, *Droit processuel général, op. cit.*, spéc. n° 9-12 & « Preuve judiciaire et culture française », *Droit et cultures*, 2005/2, p. 149 et s. L'auteur s'appuie sur les études de P. KAUFMAN, *V°* « Culture et civilisation », *in Encyclopédie universalis* ; E. R. CURTIUS, *Essai sur la France*, (1932 1re éd.), éd. de l'Aube, Paris, 1990 ; E. TODD, « Bizarreries françaises ou exception romaine ? », *in Revue Cités 2002*, Hors Série, *La France et ses démons*, PUF, Paris, spéc., p. 64.

[176] M. WINOCK, « Les passions politiques françaises », *Cités*, « La France et ses démons », Hors série, 2002, p. 19-26, spéc. p. 19.

[177] M. WINOCK, *op. cit.,* p. 19-20. Ce trait se manifesterait dans l'esprit contre-révolutionnaire : « Sur le plan émotionnel, elle est faite d'un attachement affectif à la personne royale, aux rites de l'ancienne France, mêlés de religiosité catholique. Son idée force est la tradition ».

[178] E. JEULAND, *Droit processuel général, op. cit.*, n° 11.

[179] E. R. CURTIUS, *Essai sur la France, op. cit.*, p. 318 ; E. JEULAND, « Preuve judiciaire et culture française », *op. cit.*, p. 154, qui mentionne le procès de Jeanne d'Arc et les affaires *Calas, Dreyfus* et *Omar Raddad.- Contra*, X. LAGARDE, « La preuve en droit », *in La preuve*, Le temps de savoirs, n° 5, O. Jacob, 2003, p. 109 et s.

[180] C'est ici une égalité d'opportunité, car elle dépend de chacun ; chacun dispose de moyens équivalents d'action, notamment sur le plan juridique, mais l'égalité ne passe pas par la médiation de l'État. Aussi bien, le "Procureur" dispose d'une totale liberté pour poursuivre, notamment aux États-Unis, sous réserve de l'*equal protection clause*, qui vise à éviter les discriminations fondées sur l'origine ethnique, sur le sexe ou d'autres critères discriminatoires : v., en ce sens, Cour Suprême des États-Unis, *United States v. Armstrong*, *United States Supreme Court Reports* 1996, n° 517, p. 456, spéc. p. 464 : « Tant que le Procureur dispose d'une cause plausible de croire que l'accusé a commis l'incrimination définie par la loi, la décision de poursuivre ou de ne pas poursuivre [...] est laissée à son entière discrétion ». - V. aussi, pour la différence, sur ce point, entre les systèmes continentaux et les systèmes de *Common Law :* M. MONTAGNA, « The Battle to Establish an Adversarial Trial System in Italy », *Michigan Journal of International Law* 2004, n° 25, p. 429-466, spéc. p. 442.

[181] S. M. LIPSET, *American Exceptionalism : A Double-Edged Sword,* W.W. Norton, New-York (É.-U.), 1996, spéc. p. 18 & 33.- Et pour l'application des critères au domaine procédural, v. O. G. CHASE, « American "Exceptionalism" and Comparative Procedure », *Public Law and Legal Theory Working Paper Series*, Research Paper n° 39, New York University School of Law, New-York, 2002, spéc. p. 8 & 9, (reproduit *in American Journal of Comparative Law* 2002, p. 277 et s.). - En Angleterre, on notera que la première tendance a été la négation même du concept d'État : J. P. NETTL, « The State as a Conceptual Variable », *World Politics* 1968, n° 4, p. 559-592, K. DYSON, *The State Tradition in Western Europe. - A Study of an Idea and Institution*, Martin Robertson & Co Ltd, Oxford, 1980. Selon ces auteurs, « [a]lors que la France et l'Allemagne sont pétries d'une tradition de l'État ancienne et puissante, l'Angleterre

aspirations communément partagées par les membres d'une société ; il ne s'agirait plus seulement de décrire un objectif déjà atteint mais un idéal à atteindre[182] : protection du lien de solidarité entre les individus[183], Justice ou préservation effective des droits et libertés fondamentaux, satisfaction du bien-être général au moindre coût économique et social[184]... les objectifs vers lesquels on souhaite faire tendre le système judiciaire sont innombrables. Le dernier niveau n'est pas nécessairement différent du précédent, sauf à préciser que chaque théoricien du droit positif doit être entendu comme historien au sens wébérien et que l'histoire de la preuve judiciaire, spécialement l'histoire française, ainsi qu'on s'en rendra compte, a considérablement été marquée par une opposition presque idéologique entre le procès civil et le procès pénal[185], la preuve légale et la preuve morale[186], l'accusatoire et l'inquisitoire[187].

---

représente, avec les États-Unis, le paradigme de la "société sans État" (stateless society), ne possédant ni des institutions étatiques développées, ni le concept d'État », C. LABORDE, « Penser l'État en Grande-Bretagne », *in* M. O. BARUCH, V. DUCLERT, *Serviteurs de l'État*, La Découverte, Paris, 2000, p. 72-83 p. 72. D'après l'explication fournie par Dyson, « le terme de "société sans État" s'applique à une société qui est dépourvue de tradition historique et juridique de l'État en tant qu'institution qui "agit" au nom de l'autorité publique [...] et de tradition d'intérêt intellectuel soutenu pour cette idée de l'État d'un bout à l'autre de l'éventail politique », DYSON, *op. cit.*, p. viii. La thèse a été contestée, mais elle contient une part de vérité irréductible : l'État ne prend véritablement son essor que dans les trois décennies qui précèdent la première Guerre mondiale : J. MEADOWCROFT, *Conceptualizing the State. - Innovation and Dispute in British Political Thought 1880-1914*, Clarendon Press, Oxford, 1995, spéc. p. 37-56, 48. Surtout, la culture politique dominante - le pluralisme - a conduit à une véritable posture anti-étatique (*cf.* C. LABORDE, *op. cit.*, p. 76), bien qu'elle fût souvent modérée (*op. cit.*, p. 78). Cette modération a une explication qui rejoint la réflexion plus globale sur la place de l'État : l'État britannique, « contrairement à l'État républicain français, apparaît rarement comme le représentant d'un ordre normatif supérieur à l'ordre de la société civile » (*op. cit.*, p. 78-79). Bref, l'État n'est jamais réellement parvenu à se déployer et nul n'a jamais souhaité qu'il en soit autrement (anti-étatisme). La pensée *libérale* est ici sous-jacente (« À l'opposé de cette vision prométhéenne de l'État, l'institution étatique outre-Manche est historiquement perçue comme une nécessité technique ou un "moindre mal", dans la plus pure tradition libérale », C. LABORDE, *op. cit.*, p. 79).

182 V. E. DURKHEIM, *De la division du travail social*, 6e éd., PUF, Quadrige, Paris, 2004, p. 28 ; MONTESQUIEU, « De la politique », *in Œuvres complètes*, Oxford, Voltaire foundation, 2000, t. III, p. 169.

183 L. DUGUIT, *Traité de droit constitutionnel*, T. I, 2e éd., éd. de Brocard, 1921-1925, Paris, p. 141-155, 595-596.- V. aussi, plus moderne, E. JEULAND, « L'énigme du lien de droit », *RTD civ.* 2003, p. 455 (qui plaide pour une justice « reliante ») ; V. PETEV, « Une conception socio-axiologique du droit », *Droits* 1989/10, p. 69-72 ; « Standards et principes généraux du droit », *RRJ*, 1988-4. - Aux États-Unis, on peut retrouver cette idée chez les membres de la *Sociological Jurisprudence* et du Réalisme ; sur quoi, v. Th. W. BECHTLER, « American Legal Realism Revaluated », *in Law in a Social Context. - Liber Amicorum Honouring Prof. Lon. L. Fuller, Kluwer,* Deventer, Pays-Pays, 1978, p. 5-48. Pour l'Allemagne, l'ouvrage très documenté de S. JULIUS, *The Province and Function of Law. - Law as Logic, Justice and Social Control. - A Study in Jurisprudence*, Harvard University Press, 3e éd., Cambridge, 1961, spéc., p. 420 et s. ; v. aussi R. POUND, « An Appreciation of Eugene Ehrlich », *Harvard Law Review* 1922, 36, p. 129-145, E. EHRLICH , « The sociology of Law », *Harvard Law Review* 1922, 36, p. 129-145.

184 Il s'agit de l'utilitarisme, dont l'influence n'a jamais été démentie dans la philosophie anglo-américaine, en dépit des attaques agressives de la *Sociological Jurisprudence* et du Réalisme ; le courant se présente, aujourd'hui, sous un nouveau visage ; celui de l'*Analyse économique du droit* qui trouve un écho toujours plus large dans les économies libérales et globalisées, y compris dans le domaine probatoire ; pour une introduction à ces questions, un article substantiel rédigé par l'un des pères fondateurs (et membre le plus influent du mouvement), R. A. POSNER, « An Economic Approach to the Law of Evidence », *in John M. Olin Law & Economics Working Paper* n° 66 (2nd series), Chicago, 1999.

185 Le plus grand ouvrier de cette distinction est sans doute Patarin : J. PATARIN, « Le particularisme de la théorie des preuves en droit pénal », *in* G. STEFANI, *Quelques aspects de l'autonomie du droit pénal*, Dalloz, 1956, p. 7-76 ; v. encore R. MERLE, A. VITU, *Traité de droit criminel. - Procédure pénale, op. cit.*, spéc. n° 4-13, p. 16-28. - La doctrine moderne, qui insiste assez bien sur le rapprochement des procès civil et pénal, en raison, d'une part, du plus grand investissement du juge civil, et de l'autre, de la mise en

10. ***La mise en évidence des liens entre droit de la preuve et culture.*** Pour disposer d'un appareil critique complet, il faut encore mettre au jour les liens qui se nouent entre les concepts génériques et la culture. En réalité, la notion de culture est un *mouvement*. Selon la terminologie wébérienne, il s'agit d'une autre catégorie d'idéaltypes (« idéaltypes du développement »[188]) qui portent le nom de *rationalités*. Si ces idéaltypes du second type « peuvent avoir une valeur heuristique très considérable »[189], il faut cependant avoir égard à ce que « en ce cas nous sommes plus particulièrement exposés au danger de la confusion entre idéaltype et réalité »[190]. En effet, ces idéaltypes ne sont pas des lois du développement de l'humanité ou des « forces agissantes "réelles" »[191], mais simplement des vues de l'esprit permettant de comprendre les relations d'imputation entre le segment d'un système (en l'espèce le système judiciaire probatoire) et les valeurs qui l'irriguent et se déplacent en son sein, en un moment donné. En somme, elles permettent identifier, une causalité adéquate, une ***relation significative typique***. Et pour ce faire, il faut connaître la rationalité ou les rationalités à l'œuvre. Le concept de rationalité est donc central. On peut concevoir schématiquement trois types de rationalités[192]. Une

---

retrait du juge d'instruction, n'en maintient pas moins une immense césure entre les deux procédures. - V., toutefois, pour une critique : E. VERGÈS, « Procès civil, procès pénal : différents et pourtant si semblables », *D.* 2007, Études et commentaires, p. 1441-1447.

[186] L'opposition entre système des preuves légales et système des preuves morales est un passage obligé pour qui s'intéresse à la preuve judiciaire ; pour ne citer que les auteurs les plus récents, F. TERRÉ, *Introduction générale au droit, op. cit.*, spéc. n° 609 ; H. ROLAND, L. BOYER, *Introduction au droit, op. cit.*, spéc., n° 1667-1669 ; J. GHESTIN, G. GOUBEAUX, *Traité de droit civil.- Introduction générale*, 3ᵉ éd., Paris, 1990, spéc. n° 565. V. aussi, à partir du point de vue américain, en droit comparé : M.-R. DAMAŠKA, *Evidence Law Adrift, op. cit.*, spéc., p. 20-25, M. DAMAŠKA, « Free Proof and its Detractors », *art. préc.*. Ainsi qu'on aura l'occasion de le voir, le système des preuves légales de l'Ancien Droit était d'une nature très différente du système que les auteurs modernes désignent sous le même vocable. Par ailleurs, il est presque acquis, aujourd'hui, sur le plan historique, que le système des preuves légales du Droit savant n'a jamais réellement été appliqué : pour une démonstration, J. H. LANGBEIN, *Torture and the Law of Proof. - Europe and England in the Ancien Régime,* The University of Chicago Press, Chicago et Londres, 1977, spéc. p. 8-12 et p. 45-52. - *Adde*, les impressions de B. Schnapper, au terme de son étude de la jurisprudence du Parlement de Bordeaux : B. SCHNAPPER, « La répression pénale au XVIᵉ siècle : l'exemple du Parlement de Bordeaux (1510-1565) », *Recueil de mémoires et travaux publié par la société d'histoire du droit et des institutions des anciens pays de droit écrit* 1971.

[187] Cette distinction renvoie souvent à la distinction du procès civil et du procès pénal : *cf.* C. AMBROISE-CASTÉROT, *De l'accusatoire et de l'inquisitoire dans l'instruction préparatoire, Thèse préc.*

[188] M. WEBER, « L'objectivité de la connaissance dans les sciences et la politique sociales », (1904), *op. cit.*, n° 203.

[189] M. WEBER, *op. cit.*, n° 203.

[190] M. WEBER, *op. cit.*, n° 203 ; et d'ajouter que « [c]e procédé ne suscite aucune objection méthodologique aussi longtemps qu'on garde toujours présent à l'esprit que construction idéaltypique du développement et histoire sont deux choses rigoureusement distinctes et que la construction a été le moyen de faire méthodiquement l'imputation valable d'un développement historique à ses causes réelles parmi toutes celles qu'il nous est possible d'établir en l'état de notre connaissance », *op. cit.*, n° 203-204.

[191] M. WEBER, *op. cit.*, n° 205.

[192] Le droit a également connu des étapes d'irrationalité (au sens wébérien) : *cf.* A. BUSS, *op. cit.*, p. 132, M. COUTU, *Max Weber et les rationalités du droit, op. cit.*, p. 52-54, J. FREUND, « La rationalisation du droit selon Max Weber », *APD* 1978, vol. 23, p. 69-92, spéc. p. 89-90, qui rappelle également qu'« [i]l n'existe pas de droit formel qui serait entièrement rationnel, car il subsiste toujours des formes irrationnelles dans le droit le plus rationnel, et, inversement, il y a déjà de rudiments de rationalité dans le droit irrationnel ». - On remarque au passage que « l'apparition de la preuve en tant que telle » a probablement contribué à la « rationalisation du phénomène juridique » : P. BOURETZ, « La preuve, rationalisation et désenchantement autour de Max Weber », *Droits* 1996, n° 23, p. 99-105, spéc. p. 99-100 ; ce que Weber observait lui-même : « C'est avant tout le droit formellement réglementé de la preuve qui est à l'origine du formalisme juridique dans le procès », M. WEBER, *Sociologie du droit*, PUF, coll. Quadrige, Paris, 2007, p. 126.

rationalité théorique, tout d'abord, qui est la recherche d'une cohérence d'ordre logique ou téléologique[193]. Une rationalité pratique, ensuite, qui correspond à la « recherche méthodique d'un but déterminé par un calcul toujours plus élaboré et précis des moyens adéquats »[194]. Une rationalité éthique, enfin, qui correspond à « l'apparition de structures complexes de pensée et d'action »[195], ces structures étant de nature à permettre aux agents de développer une maîtrise méthodique du monde et de la vie[196]. Dans le domaine du droit, Weber a toujours préféré aux expressions de rationalité pratique et rationalité théorique celles de rationalité formelle et rationalité matérielle[197]. Un droit est rationnel au sens formel lorsqu'il se démarque par un « contrôle par l'intellect », la « généralisation », par l'« interprétation logique du sens » et la « systématisation »[198]. Aussi bien, « [...] le droit est formel en ce qu'il s'érige en un système logiquement cohérent, par construction et mise en relation de propositions juridiques abstraites, notamment par utilisation du syllogisme »[199]. Mais c'est surtout par opposition à la rationalité matérielle que l'on parvient à saisir au plus près cette première forme de rationalité. Le système juridique est rationnel au sens matériel lorsqu'il se construit par référence à des « motifs extrinsèques (d'ordre éthique, politique, ou utilitariste) »[200]. À partir de ce triptyque, on voit donc se dessiner trois types de relations possibles entre les concepts génériques et la culture. On dispose désormais des outils nécessaires pour mettre en œuvre l'analyse culturelle.

2) De la mise en œuvre de l'analyse culturelle

Première mise en pratique et premiers résultats. Il ne suffit pas d'énoncer les termes de l'analyse culturelle. Il faut encore la mettre en œuvre et tenter d'identifier le cadre culturel dans lequel se déploie le droit de la preuve. En somme, il faut

---

193 M. Coutu dit qu'il en est ainsi lorsqu'il y a « rationalisation opérée sur l'image du monde par le penseur systématique - maîtrise théorique croissante de la réalité à l'aide de concepts abstraits toujours plus précis », M. COUTU, *op. cit.*, p. 8 ; v. aussi, M. WEBER, « Introduction à l'éthique économique des religions universelles », *Archives de sciences sociales des religions*, 1992, vol. 77, 139-167, p. 160. On perçoit ici les traits de la dogmatique juridique.

194 M. COUTU, *op. cit.*, p. 29. Cette rationalité est celle de l'homme qui tend à calculer toujours plus précisément l'adéquation entre la fin qu'il poursuit et les moyens dont il dispose. Cette notion de calculabilité ne va pas sans difficulté à l'égard du droit. Dans le domaine juridique, le concept peut signifier soit l'atteinte d'un résultat empirique déterminé (et donc la capacité du système juridique à l'atteindre) ; soit « une capacité d'anticipation purement interne au système juridique. En ce dernier cas la prévisibilité découle, en règle générale, des qualités logiques du système de droit (conceptualisation abstraite, cohérence, complétude) mais ne garantit nullement une calculabilité accrue des solutions juridiques au regard de la sphère empirique », M. COUTU, *op. cit.*, p. 29.

195 M. COUTU, *op. cit.*, p. 29-30.

196 M. COUTU, *op. cit.*, *loc. cit.*. Weber donnait ainsi l'exemple du droit naturel du XVIIIe siècle, qui aurait reposé sur « la foi optimiste en la possibilité de rationaliser théoriquement et pratiquement le réel » : v. M. COUTU, *op. cit.*, p. 30. Mais c'est surtout le protestantisme, et son éthique puritaine, qui parvint à réaliser de manière parfaite cette rationalisation éthique de la vie (conduite méthodique de la vie) : M. COUTU, *op. cit.*, *loc. cit.*

197 M. WEBER, *Sociologie du droit*, *op. cit.*, spéc. p. 162 et s., J. FREUND, « La rationalisation du droit selon Max Weber », *APD* 1978, vol. 23, p. 69-92.

198 M. WEBER, *Wirtschaft und Gesellschaft : Grundriss der verstehenden Soziologie,* éd. Mohr., Tübingen, 1972, p. 396 et s., p. 503, p. 504, M. WEBER, *Sociologie du droit*, *op. cit.*, p. 42 et s., p. 219, p. 221 ; réf. données par M. COUTU, *Max Weber et les rationalités du droit*, *op. cit.*, p. 49.

199 M. COUTU, *op. cit.*, *loc. cit.*

200 M. COUTU, *op. cit.*, p. 51. M. WEBER, *Wirtschaft und Gesellschaft...*, *op. cit.*, p. 459, M. WEBER, *Sociologie du droit*, *op. cit.*, p. 148.

identifier une véritable relation significative typique permettant d'appréhender culturellement les systèmes juridiques (a). C'est à cette condition que les premières hypothèses pourront être formulées et que l'on pourra évoquer les bénéfices escomptés de l'analyse culturelle (b).

a) L'appréhension culturelle des systèmes juridiques

11. ***Identification de la relation significative typique.*** On doit garder à l'esprit qu'un système juridique est rationnel-formel lorsqu'il s'attache à produire une systématisation à partir des prémisses qui peuvent être extérieures au système juridique lui-même, mais qui restent suffisamment cohérentes sur le plan axiologique pour ne pas créer des tensions[201]. Avec un peu de simplification, on peut dire qu'est rationnel sur le plan formel un système juridique qui tente d'élaborer une construction juridique autour d'un *corpus* de valeurs hiérarchisées et assemblées de manière toujours plus cohérente. À l'opposé, un système est rationnel-matériel lorsqu'il fait passer au second plan l'objectif de cohérence et s'attache, au premier chef, à répondre, dans toute la mesure du possible, aux problèmes singuliers auxquels il est confronté. La cohérence interne ne l'intéresse pas. Sans doute peut-on dire que le système français appartient à la première catégorie. On peut en effet parfaitement identifier le mouvement de la rationalité sur les idéaltypes culturels identifiés : l'Étatisme, l'égalité et la passion de la vérité ; et établir plusieurs relations significatives typiques entre ces éléments culturels et le système juridique français. En particulier, l'étatisme a donné, sous l'effet d'une rationalité plutôt formelle, quelques traits dominants au système juridique : une production verticale du droit, c'est-à-dire une production normative placée entre les mains de l'État ; une hiérarchisation du système juridique (figure de la hiérarchie des normes) ; une mise en cohérence logique du droit (figure de la codification et prédominance du modèle inductif) ; enfin, une grande cohérence axiologique du droit (ce qui vise sa stabilité et sa prévisibilité). Sans doute peut-on pousser le raisonnement jusqu'au système probatoire lui-même. La démonstration serait cependant bien faible si on ne disposait pas d'un autre système en contre-point susceptible de venir confirmer, par défaut, les résultats de la première analyse ou susceptible de montrer - ce qui ne serait pas visible en d'autres circonstances - les singularités du système français et leur rattachement à une donnée culturelle primordiale. C'est pourquoi trois droits « révélateurs » ont été utilisés : le droit américain fédéral[202], le droit anglais et, plus marginalement, le droit canadien. L'objectif n'est pas de réaliser une comparaison radicale des droits. Les recherches que nous avons pu effectuer aux États-Unis nous auraient sans doute permis de mener une comparaison complète des droits. Cette dernière n'était cependant pas nécessaire, **car l'objectif n'est pas de comparer, mais bien plutôt de faire apparaître toute la particularité du système français, de montrer les principes autour desquels il s'est structuré et de mettre en lumière, ce qui ne pouvait être révélé sans comparaison, les facteurs internes**

[201] En ce qui concerne la réaction du droit des contrats à l'analyse économique du droit, J.-G. BELLEY, « Max Weber et la théorie du droit des contrats », *Droit et société* 9/1998, p. 301-324, spéc. n° 2.2, 3.3 et 3.3. ; I. R. MACNEIL, « Values in Contract : Internal and External », *Northwestern University Law Review* 1983, n° 78, p. 340 et s.

[202] Les ouvrages américains destinés à une large diffusion s'attachent avant tout à la description du droit fédéral. Le droit des États n'est consulté que pour signaler une particularité ou pour éclairer un point douteux. Cette méthode sera observée dans la suite de ce travail.

(comment identifier les facteurs internes sans savoir ce qui est étranger ?) et les facteurs externes (l'acculturation) de transformation du droit de la preuve français en droit privé. On trouvera donc de nombreux éléments de droit comparé dans ce travail, de nombreuses traductions réalisées par nos soins[203], mais rien qui permette de gagner une vue complète des systèmes étrangers étudiés. Il faut d'ailleurs signaler, puisque les systèmes comparés sont tous les droits de *Common Law*, qu'on ne peut tirer de la démonstration menée aucune conséquence négative sur les systèmes continentaux ou de *Civil Law*, en général. C'est bien le système français et lui seul qui est étudié. Il est, en effet, acquis que les systèmes juridiques de tradition romano-canonique ou romano-germanique se séparent de plus en plus nettement ; le système italien, comme on va le voir, a fait le choix d'une procédure pénale d'inspiration américaine. La procédure civile espagnole, si elle a puisé aux sources allemandes, se distingue, à de nombreux égards, des modèles connus. Enfin, et surtout, il ne faut pas, semble-t-il, manquer de souligner toute la spécificité du système allemand[204]. En somme, la généralisation à partir d'un seul système est une erreur méthodologie grave[205]. Des conclusions plus étendues mériteraient une enquête plus poussée. Quoi qu'il en soit, si on tient compte de ces limites, deux relations significatives typiques particulièrement marquées, et indispensables pour la poursuite de cette étude, peuvent être dégagées.

12. ***Culture et droit français.*** La première relation est celle qui existe entre l'étatisme et l'organisation du système juridique français. Il faut revenir ici à une tradition qui remonte à l'édification de l'Église catholique et romaine[206]. Ainsi qu'on a pu le dire, « [d]ans cette culture[207], les vérités dogmatiques et les normes morales sont dispensées d'en haut, et au moment de trancher un conflit dans la vie d'une communauté, on fait spontanément appel à l'autorité de l'institution ecclésiale, dépositaire des normes et gestionnaire d'un fonds de vérité »[208]. Avec la reprise en main de la justice par le pouvoir temporel, cette tradition a perduré jusqu'à être récupérée par la figure unique de l'État qui représente désormais le lieu du

---

[203] Sauf indication contraire.

[204] v. en ce sens : R. STÜRNER, « Règles transnationales de procédure civile. - Étude de faisabilité », *Étude LXXVI*, doc. 1 (originaux en français et en anglais), § II, p. 15, R. STÜRNER, « Transnational Civil Procedure : Discovery and Sanction Against Non-Compliance », *Rev. dr. Uni.* vol. 6 2001, p. 871-886, spéc. 882.

[205] M. TARUFFO, « Rethinking the Standards of Proof », *op. cit.*, p. 666.

[206] Robert Jacob a décrit ce moment où le sacré tend, dans le domaine probatoire, à échapper aux parties pour être placé ***au-dessus d'elles*** ; la vérité n'est dès lors plus seulement une *convention sociale*, mais le résultat de la perfection du jugement divin : « La lente mutation, qui se développe des premiers combats organisés autour du monarque mérovingien au credo des capitulaires de Charlemagne ["Que tous croient au jugement de Dieu, sans aucun doute"], détermine en effet un bouleversement radical des rapports que la procédure entretenait avec le sacré. Aux premiers temps de la période franque, l'essentiel du capital de forces sacrées mobilisées sur la scène judiciaire appartenait encore à chaque plaideur [...]. Or l'irruption du jugement de Dieu tend à faire basculer l'orientation des flux. Elle fait passer d'un sacré en quelque sorte "horizontal", déployé et manipulé par les parties, à un autre, venu d'en haut, sur lequel elles n'ont en théorie pas de prise [...]. [...] le jugement de Dieu est censé manifester immédiatement la vérité et la justice absolues. Le credo carolingien exprime une foi nouvelle en un jugement parfait, expression directe de l'omniscience et de la discrimination souveraine du bien et du mal, donc au-dessus de toute justification », R. JACOB, « Jugement des hommes et jugement de Dieu à l'aube du Moyen Âge », *in* R. JACOB (dir.), *Le juge et le jugement dans les traditions juridiques européennes*, LGDJ, droit et société, Paris, 1996, p. 43-86, spéc. p. 77.

[207] Notamment la culture du sacrement, de l'accueil, du réceptacle, l'idéal salvifique comme terre promise.

[208] I. PAPADOPOULOS, *op. cit.*, p. 124.

pouvoir et le dépositaire de la vérité. Animé par la rationalité formelle, le système n'a fait, par la suite, que développer ces traits dans l'organisation du système juridique. Le législateur a été aussi bien sacralisé comme, quelque part, le représentant sur terre de la volonté divine ; la loi a reçu cette marque du sacré : « Très chargée symboliquement, mobilisant un appareil impressionnant pour sa mise en œuvre, la loi fait toujours l'objet d'une crainte révérencielle, indissociable de stratagèmes subtils pour la contourner[209]. Le juge, dans cette culture, n'est pas vu comme un médiateur entre une loi souveraine et une réalité sociale complexe, mais comme un représentant de l'État considéré comme source ultime et unique de vérité, à l'image de l'Église dont il est le prolongement symbolique »[210]. Se signale ici la première caractéristique du modèle français : la production normative est, idéalement, parfaitement verticale et rigoureusement hiérarchisée[211]. Cette dernière hiérarchie est d'ailleurs également redoublée sur le plan organique : le législateur (auquel s'est substituée progressivement, dans le schéma classique du moins, la Constitution), puis le pouvoir réglementaire, la coutume et les usages, enfin le contrat. Comme on l'observe, chaque organe de l'État se voit assigner un lieu de pouvoir parfaitement délimité par rapport au pouvoir central[212]. Les rapports entre organes supérieurs et organes inférieurs sont soigneusement définis : seul un organe investi d'un pouvoir supérieur peut venir modifier la norme prise à l'échelon inférieur - non un organe

---

[209] V. aussi, E. JEULAND, « Preuve judiciaire et culture française », *op. cit.*, p. 152 : « À l'égalité on peut néanmoins joindre une propension à la révolte (et non respect des lois) et un goût pour la liberté et la nouveauté [...] ».

[210] I. PAPADOPOULOS, *op. cit.*, *loc. cit.* - Ce trait a été remarquablement mis en lumière par Robert Jacob, mais qui y a vu l'une des raisons de l'autonomie du juge vis-à-vis du pouvoir politique, visage singulier de la culture juridique occidentale : « [...] la genèse médiévale d'ordres juridiques qui annoncent déjà, dans leurs grands traits, les ordres juridiques modernes, n'a pas fait disparaître toute référence explicite au sacré. Au contraire, les mutations du bas Moyen Âge sont déplacement, recomposition bien plus d'expulsion du divin. Transférée de Dieu aux hommes, la fonction de juger resta imprégnée de ses origines. On peut même soutenir qu'elle devint un des lieux, très particulier, de l'intersection du spirituel et du temporel » : R. JACOB, « Le jugement de Dieu et la formation de la fonction de juger dans l'histoire européenne », *APD* 1995, T. 39, p. 87-104, spéc. p. 101 (v. aussi, p. 102 sur l'autonomie).

[211] M. VAN DE KERCHOVE, « Éclatement et recomposition du droit pénal », *RSC* 2000, p. 5 et s., spéc. § 4 : « Traditionnellement, s'est développée une conception essentiellement hiérarchique, linéaire et arborescente de la structure du système juridique en général [...]. Hiérarchique, cette structure le serait en tant que ses organes, comme ses normes, seraient tous placés dans une situation de supériorité ou de subordination les uns par rapport aux autres. Linéaire, cette structure supposerait des relations à sens unique entre ses différents niveaux hiérarchiques, excluant toute forme d'inversion ou de rétroaction entre eux. Arborescente, elle le serait en raison du fait que ses différents éléments s'engendreraient par démultiplication, à partir d'un foyer unique de création originelle » (l'auteur montre du reste les limites de ce schéma).

[212] Au sein de chaque « pouvoir », on retrouve également une organisation hiérarchique très prononcée ; v., par exemple, l'organisation du ministère public français : J. PRADEL, *Procédure pénale*, 16e éd., Édition Cujas, Paris, 2011, n° 155 et s., p. 125 et s. - Il en est ainsi, encore, de la police : M. DAMAŠKA, « Structures of Authority and Comparative Criminal Procedure », *Yale Law Journal* 1975, n° 84, p. 480-544, spéc. p. 502-503. Dans l'organisation judiciaire elle-même, il faut signaler cette particularité que révèle le droit comparé : il y a, pour un même litige, une unité entre toutes les instances du premier degré jusqu'au pourvoi en cassation ; le litige n'est tranché qu'à l'épuisement des voies de recours ou à l'expiration des délais permettant de les exercer - ainsi s'explique la conception de l'appel « voie d'achèvement » (J. PASSA, « La recevabilité en appel des demandes tendant aux mêmes fins dans le procès civil », *Justices* 1997, n° 1, p. 105), l'effet suspensif de l'appel ; les solutions sont très différentes dans les droits de *Common Law*, chaque décision forme en quelque sorte une *procédure* en elle-même (et non une instance) - des fictions sont donc nécessaires : la *prohibition against double jeopardy* (l'équivalent de la règle *ne bis in idem*) s'oppose ainsi à l'appel du Procureur. L'accusé peut interjeter appel, mais il faut alors qu'il « renonce » (*to waive a jeopardy - a waiver of jeopardy*) au bénéfice de la *prohibition* : M. DAMAŠKA, *op. cit.*, p. 491.

collatéral[213]. Le contrôle serait, du reste, vain si les normes juridiques n'étaient pas présentées comme étant à la fois complètes et précises[214]. D'où l'effort de mise en cohérence logique[215] du droit à travers la codification[216], mais aussi la valorisation de méthodes de résolution des conflits[217] ou de méthodes d'interprétation qui peuvent passer pour *logiques* et non *politiques*[218], comme l'induction ou la méthode syllogistique. La prévisibilité et la stabilité[219] du droit sont ainsi des valeurs très élevées qui pèsent comme autant de *contraintes juridiques internes* pour tous les organes investis d'une parcelle de pouvoir normatif[220]. Enfin, cet idéal ne peut être atteint sans une cohérence axiologique du système. La prévisibilité et la stabilité du droit commandent d'ailleurs une sensibilité minimale des règles juridiques à l'égard des valeurs autres que celles qui ont servi à l'élaboration de la norme. Le droit ne doit pas varier en fonction des objectifs particuliers que fait naître, *in situ*, chaque situation juridique. Le droit ne doit pas s'adapter en considération des résultats de l'application de la norme ; les conséquences économiques, sociales, politiques et éthiques (notamment inattendues) du droit doivent normalement demeurer indifférentes[221]. Cette structure rejaillit nécessairement sur l'organisation du pouvoir judiciaire - le *modèle d'adjudication*. Le juge ne devrait pouvoir se départir du schéma qui régit n'importe quel autre organe de l'État. Idéalement même, il ne devrait jamais se séparer de la loi elle-même, dont il serait la simple « bouche »[222]. Dans une version plus raisonnable (sur le plan herméneutique), le juge doit lui aussi valoriser la *stabilité* et la *prévisibilité du droit*. Le présupposé de « la plénitude logiquement nécessaire de législation écrite »[223], la mise en valeur du modèle du raisonnement syllogistique[224] doivent lui donner l'illusion de ne pouvoir aller trop loin dans l'opération *d'interprétation* de la norme juridique. Il est, du reste, et bien

---

213 M. DAMAŠKA, « Structures of Authority and Comparative Criminal Procedure », *op. cit.*, p. 485.

214 M. DAMAŠKA, *op. cit.*, *loc. cit.*

215 M. DAMAŠKA, *op. cit.*, *loc. cit.* : « Des directives précises couvrant de larges champs de l'expérience peuvent facilement entrer en conflit. D'où la nécessité, impérieuse, dans le modèle hiérarchique, d'ordonner, de systématiser et de simplifier l'univers normatif ».

216 *Cf.* A.-J. ARNAUD, *Essai d'analyse structurale du Code civil français. - La règle du jeu dans la paix bourgeoise*, LGDJ, Paris, 1973, p. 150 (avec la citation de MARX-ENGELS)

217 On en trouvera quelques-unes recensées dans l'ouvrage de Ch. PERELMAN, *Logique juridique. - Nouvelle rhétorique*, (1979), 2e éd., rééd., Dalloz, 1999, spéc. p. 87-90.

218 De manière plus générale, on a pu relever l'inclination du modèle continental à analyser les problèmes juridiques et politiques comme de véritables problèmes techniques : M. DAMAŠKA, *op. cit.*, note (67).

219 D'où la recherche d'une solution adéquate pour limiter les effets d'un revirement de jurisprudence : N. MOLFESSIS, *Les revirements de jurisprudence*, Rapport remis à Monsieur le Premier Président Guy Canivet, Lexis Nexis, Paris, 2005.

220 On a pu parler d'« idéal régulatoire » : M. DAMAŠKA, *op. cit.*, p. 507.

221 Le Code est censé fournir, à tout le moins dans la tradition française, un *modèle axiologique* impérissable : v., en particulier, BIGOT-PRÉAMENEU, « Discours devant le Corps-Législatif à l'occasion de la nouvelle édition du Code, le 22 août 1807 », *in* P.-A. FENET, *Recueil complet des travaux préparatoires du Code civil, T. 1,* Videcoq, Paris, 1836, p. CXIX et s. - On comprend ainsi toute la résistance (du moins dans un premier temps) de Savigny (et de l'École historique) aux projets de codification : F. GÉNY, *Méthode d'interprétation et sources en droit privé positif, T. I.*, (1919), réimpression anastatique, LGDJ, Paris 1995, spéc. p. 65.

222 Historiquement, ce schéma est passé par la création d'un véritable « référé législatif » ; v. H. ROLAND, L. BOYER, *op. cit.*, n° 344, p. 126.

223 Selon une formule allemande, citée et traduite par F. GÉNY, *Méthodes d'interprétation et sources en droit privé positif*, *op. cit.*, p. 193.

224 En réalité, c'est tout un *corpus* de règles et de maximes (dont il faudrait d'ailleurs exactement mesurer la juridicité) qui s'offrent au juge français : H. ROLAND, L. BOYER, *op. cit.*, n° 366-389, p. 131-138. Il est assez net que, à travers le foisonnement de ces « *normes* », le juge peut aisément habiller sa liberté d'interprétation sans heurter le modèle dominant qui ne voit en lui qu'un organe ancillaire.

qu'indépendant, soumis à un contrôle hiérarchique poussé, puisque ses décisions sont soumises à des voies de recours dont la portée et l'intensité sont considérables.

13. ***Culture et droits de* Common Law.** Les exigences méthodologiques nous conduisent à approfondir le modèle des systèmes de *Common Law*[225]. Dans ces derniers, l'organisation de l'autorité a été très différente. La structure de l'État, et notamment sa faiblesse, trouve une nouvelle fois son explication dans la religion[226], tout particulièrement dans la défiance naturelle du protestantisme vis-à-vis de tout sacerdoce[227]. Dans cette philosophie, c'est l'individu, et lui seul, qui, en dernière instance, doit consentir à se soumettre aux obligations religieuses[228]. Pour les puritains calvinistes, en particulier, l'homme occupe un monde irrémédiablement déchu qui ne peut être éventuellement racheté que par les œuvres humaines. Par conséquent, tout ce qui ressortit au gouvernement, à l'institution, est futile : « seule l'âme est immortelle »[229]. De là, d'emblée, une attitude si particulière vis-à-vis de la loi, très nette aux États-Unis[230]. Les puritains voient la loi comme une menace, non seulement parce qu'elle vient du « haut », mais encore, et surtout, parce qu'elle est l'expression d'une volonté abstraite : hors tout ce qui est abstrait est vécu comme une « intrusion dans le corps du vrai droit vivant qu'est le droit contractuel et ne doit fournir que des règles détaillées pour les cas expressément prévus »[231]. On précisera, toutefois, que « [c]e n'est pas l'existence de règles en tant que telles qui pose problème - au contraire, la culture puritaine est une culture légaliste - mais une loi trop distante, détachée de la vie des communautés locales "congrégationalistes"»[232].

[225] Même si chacun de ces pays dispose d'un droit très particulier, l'histoire du droit anglais tient lieu, au niveau très général auquel on se place ici, d'histoire du développement du *Common Law*. Sur le plan probatoire, la parenté est généralement reconnue : v., tout particulièrement W. TWINING, *Theories of Evidence.- Bentham and Wigmore*, Weidenfeld & Nicholson, Londres, 1985 : à travers la pensée de l'anglais J. BENTHAM (1748-1832 - *Rationale of Judicial Evidence*, 1827) et de l'américain de J.-H. WIGMORE (1863-1943 - v. spéc. son traité en plusieurs volumes, *Treatise on The Anglo-American System of Evidence in Trials at Common Law* (première édition parue entre 1904 et 1908 ; et surtout, *The Principles of Judicial Proof* - 1913, 1931), et qui prit, plus tard, le nom de *The Science of Judicial Proof*, 1937), l'auteur parvient à montrer la communauté de problèmes et l'identité des prémisses employées dans leur traitement. Le premier vrai travail américain sur la preuve revient à J. B. Thayer (1831-1902) dont l'ouvrage, *A preliminary Treatise on Evidence* (Adamant Media Corporation, rééd. 2000, [515 p.] - 1re éd, Little Brown & Co., Boston, 1898) et la pensée ont assuré la réputation de la *Harvard Law School*. On lui doit une prestigieuse descendance qu'il s'agisse de Charles F. Chamberlayne (1855-1913) ou de John Henri Wigmore ; sur quoi, v. W. TWINING, *Theories of Evidence. - Bentham and Wigmore*, *op. cit.*, p. 6. Au-delà de cette communauté de conceptions philosophiques du procès (que l'on doit au système anglais), il faut néanmoins reconnaître toute l'originalité du système américain. Les systèmes évoluent, certes, souvent de conserve, de même que les thématiques de réforme sont partagées, mais le droit américain a fini par dévier du droit anglais (ce qui est très net en procédure civile), R. POUND, « The Deviation of American Law from English Law », *Law Quaterly Review* 1951, n° 67, p. 46-66.

[226] Les liens entre le protestantisme et l'esprit du *Common Law* ont été établis de longue date par R. POUND, *The Spirit of the Common Law*, Marshall Jones Company, Francestown (New Hampshire), 1921, p. 32-60, qui signale que ce n'est certainement pas un « accident si le premier réformateur dans le domaine de la pensée juridique anglais était aussi le premier réformateur dans le domaine de la pensée religieuse anglaise », *op. cit.*, p. 39 (il s'agit, en l'occurrence, de John Wycliffe - on trouvera l'orthographe suivante en français : John Wyclif (1328-1384)).

[227] Pour les protestants, quelle que soit l'obédience, l'important se situe dans la relation la plus directe entre Dieu et l'individu, I. PAPADOPOULOS, p. 124-125.

[228] *Op. cit.*, p. 125.

[229] I. PAPADOPOULOS, *op. cit.*, p. 125.

[230] *Ibid.*

[231] *Op. cit., loc. cit.*

[232] *Op. cit.*, p. 126. - L'auteur disait encore (*ibid.*) : « En un mot, le puritanisme se méfie d'un universel abstrait ».

C'est la rationalité matérielle qui a, cette fois, accentué les traits. La production de la norme a une propension non tant à se décentraliser qu'à s'*horizontaliser*. Ainsi qu'on a pu le dire, « le droit est plus souvent perçu comme le produit malléable (et faillible) d'un combat politique sans fin visant à mettre le droit en adéquation avec des intérêts et des valeurs particuliers »[233]. Puisque le *combat* est *sans fin*, il est inapproprié de voir dans la norme juridique un produit *fini* et *stable*. C'est au juge, *ès qualités* d'ingénieur social[234], qu'il revient de modeler la norme aux circonstances de chaque affaire[235]. Le juge est d'ailleurs, lui-même, un organe assumé de production normative. Il est limité, bien entendu, par la doctrine du *stare decisis*, du *precedent*[236]. La dimension organique et hiérarchique de cette forme d'auto-contrôle n'est d'ailleurs pas négligeable[237]. Deux limites se posent toutefois : la *norme procède du fait auquel elle demeure suspendue*. En conséquence, l'ordre juridique est *effectivement incomplet*, en ce sens qu'il ne se remplit parfois qu'au moyen d'un *pouvoir absolument créateur du juge*[238] (et non seulement interprétatif-créateur)[239],

---

[233] R. A. KAGAN, *Adversarial Legalism.- The American Way of Law*, Harvard University Press, Cambridge, Londres, 2001, p. 14.

[234] R. POUND, « The Lawyer as a Social Engineer », *Journal of Public Law* 1954, n° 3, p. 292 et s., R. POUND, « Theory of Judicial Decision », *Harvard Law Review* 1922-1923, n° 36, p. 940 et s.

[235] *Cf.* M. DAMAŠKA, « Structures of Authority and Comparative Criminal Procedure », *op. cit.*, p. 509.

[236] On trouve dans *Les Voyages de Gulliver - Gulliver's Travels*, de Jonathan Swift - le passage suivant qui, sous une forme caustique, exprime bien l'idée de la doctrine : « C'est une maxime… parmi les juristes que tout ce qui a pu être fait avant pourrait juridiquement de nouveau advenir : et par ailleurs, ils mettent un soin tout particulier à enregistrer toutes les décisions formellement rendues contre la justice et la raison communes de l'espèce humaine. Sous le nom de précédents, ils en font de véritables actes d'autorité, pour justifier les opinions les plus impies <*iniquitious opinions*> ; et le juge ne manque jamais de s'appuyer sur eux » (J. SWIFT, *Gulliver's Travels*, Dodd Mead § Co, New York, 1950, p. 256). C'est en Angleterre qu'on rencontre la version la plus rigoureuse de la doctrine, bien qu'elle ait été assouplie en 1966 par la Chambre des Lords (déclaration du *Lord Chancellor* en date du 26 juillet 1966, annonçant que la Chambre des Lords a choisi de modifier la pratique consistant à suivre invariablement ses décisions passées et accepte de se « départir d'une décision précédente chaque fois qu'il apparaît bon de la faire » : R. CROSS, « The House of Lords and The Rules of Precedent », P.M.S HACKER, J. RAZ (dir.), *in Law, Morality and Society. - Essays in Honour of H.L.A Hart*, Claredon Press - Oxford, Oxford, 1997, p. 145-160, spéc. p. 145. Pour une présentation de la méthode du précédent en droit anglais et en droit américain, v. respectivement : R. DAVID, *Introduction à l'étude du droit privé de l'Angleterre*, Sirey, Paris, 1948, p. 144 & 146 & S. BRENNER, H. J. SPAETH, *Stare Indecisis. - The Alteration of Precedent on The Supreme Court, 1946-1992*, Cambridge University Press, New-York, 1995, spéc. p. 1. L'autorité ne s'attache normalement qu'à la *ratio decidendi* (les motifs décisoires de la décision) non aux *obiter dicta* (ce qui est dit : « *by the way* », « en passant ») ; et encore cette autorité ne tient-elles qu'aux *faits substantiels*, c'est-à-dire, semble-t-il, aux faits mêmes qui ont servi à l'application de la règle de droit : S. BRENNER, H. J. SPAETH, *op. cit.*, spéc. p. 3. C'est une question d'une singulière difficulté pour le juriste de *Common Law* qui fait dire à certains que la règle du *precedent* est moins une science qu'un art : E.-M. WISE, « The Doctrine of Stare Decisis », *Wayne Law Review*, 1975, n° 21, p. 1043 et s., spéc. p. 1052.

[237] V. R. DAVID, *op. cit., loc. cit.*, S. BRENNER, H. J. SPAETH, *op. cit., loc. cit.*

[238] Historiquement, la notion de *precedent* est liée à la nature « formulaire » du droit anglais. Il ne faut jamais oublier que, en Angleterre, pendant plusieurs siècles, les *actions* en justice ont précédé les *droits* (comp. la procédure formulaire : R. DAVID, *op. cit.*, qui cite Jhering). L'ensemble de ces actions a fini par former un *corpus* de *remèdes* pouvant être demandés en justice. Dans ce cadre, l'essentiel n'est pas de chercher si une règle de droit a été violée, mais plutôt de « convaincre les autorités publiques que la formule de telle ou telle action admise par la pratique judiciaire s'applique très exactement aux faits de la cause et que par conséquent [on] a le droit d'agir devant le tribunal » (R. DAVID, *op. cit.*, p. 212). Ce n'est qu'à un stade ultérieur que les juristes découvrent que, sous l'action, il y avait un droit préalable, qui a été violé. Comme on a pu le dire, « [l]a procédure n'était pas tant un véhicule permettant à la prétention du demandeur d'être couronnée de succès ; elle était bien plutôt une partie intégrante de cette prétention elle-même, comparable à ce que la peau est pour l'animal et non à ce que les vêtements sont pour l'homme » (WINFILED, *Province of the law of tort*, 1931, p. 17, cité par R. DAVID, *op. cit.*, p. 213). Lorsque, enfin, les faits avancés ne sont pas exactement ceux de l'action, il faut alors s'efforcer de convaincre l'autorité

d'où le rôle que l'on assigne à la « Raison » parmi les sources du droit[240]. Par ailleurs, puisque le droit est suspendu au fait de chaque espèce et qu'il doit le rester pour laisser la porte ouverte à d'autres valeurs[241], aucun effort de systématisation n'est entrepris[242] et le cœur du raisonnement du juge réside dans l'*analogie* (raisonnements *a pari* et *a fortiori*) et *la distinction* (le raisonnement *a contrario*)[243].

Mais il y a un autre trait qui mérite d'être signalé. C'est la pression exercée par l'autre rationalité : **la rationalité éthique** dont l'effet a été déterminant dans la formation du *Common Law*. Plusieurs explications ont été fournies et les fondements en sont donc incertains. Mais il est cette réalité peu contestable : *c'est l'importance de la procédure, y compris dans le domaine de la recherche de la vérité.* Weber l'avait lui-même bien montré en insistant sur la *sainteté selon les puritains*[244]. Cette sainteté, explique encore Jean-Jacques Courtine[245], ne se manifeste que dans l'« accomplissement méthodique et persévérant des devoirs publics ou privés, en

---

publique de raisonner par *analogie*. C'est d'ailleurs ce qui a permis, après une longue période de sclérose du droit anglais, un renouvellement du nombre d'actions ; ce qu'on a appelé l'action « *in the case* », dite encore action « *super casum* » : R. DAVID, C. JAUFFRET-SPINOSI, *op. cit.*, n° 223, p. 230 (sur ces questions complexes, v. *infra*, n° 168). Aujourd'hui encore, avec la disparition des actions, le *Common Law* est un droit *révélé* ou *créé* en partie à partir des catégories existantes (qui ont subsisté, en latence), en partie à partir d'un droit qui n'existe pas encore.

239 Sur le rôle d'interprétation-création du droit, v. *infra*, n° 64.

240 Ainsi s'explique cette formule de Lord Cooke : « La raison est le cœur du droit : que non ! le Common Law lui-même est la raison ; entendons pas là la perfection artificielle de la raison, fruit d'une longue étude, d'une lente expérience et observation ; mais non la raison naturelle de chaque homme : *Nema nascitur artifex* [c'est en apprenant qu'on devient maître]. Cette raison juridique *est summa ratio*. Et c'est pourquoi même si la raison dispersée en chaque homme pouvait être réunie, nous n'aurions pas pour autant rien de comparable au droit de l'Angleterre ; car c'est seulement en passant les époques, tout affiné et raffiné qu'il a été par un nombre infini d'hommes sages et érudits, et par une longue expérience, qu'il a pu atteindre à une telle perfection pour la conduite de son royaume ; ainsi l'enseigne la veille maxime : *Neminem oportet esse sapientiorem legibus* : *nul ne peut être aussi sage que la loi qui est la perfection de la raison* », Lord COKE par J.H. THOMAS, *A Systematic Arrangement of Lord Cokes's First Institute of the Laws of England, on the Plan of Sir Matthew Hale's Analysis; With the Annotations of Mr. Hargrave, Lord Chief Justice Hale, and Lord Chancellor Nottinghan*, trois volumes, éd. Robert H. Small, Philadelphie, 1827, spéc. p. 1, § 97 b (Law, the perfection of reason) [1407-1481]. Cette Raison a été souvent appelée, par la doctrine anglaise classique, la *coutume générale immémoriale du Royaume*, perçue comme la base même du *Common Law* et le fondement du droit anglais (v. Lord COKE par J.-H. THOMAS, *A Systematic Arrangement of Lord Cokes's First Institute of the Laws of England, op. cit.*, p. 9). Comme l'a remarqué René David, cette notion n'a rien à voir avec la coutume : c'est une « *pure fiction* », R. DAVID, *op. cit.*, p. 156. Et cette remarque éclairante : « La "raison" ne s'est jamais confondue, par conséquent, avec l'arbitraire du juge ; en règle générale elle correspond aux idées de justice et de morale qui sont, à un moment donné, entretenues par un groupe social donné. Le juge anglais actuel, s'il ne trouve ni loi ni précédent qui lui dicte la solution du litige va chercher à déterminer quelle est la meilleure solution qu'il comporte en raison. Pour y parvenir, il ne se fiera pas, en fait, à son instinct, mais, soucieux d'éviter l'arbitraire et de ne pas statuer en pure équité, il s'aidera, pour former sa conviction, de divers éléments », *op. cit.*, p. 162 (notamment la coutume, des décisions anglaises par lesquelles le juge n'est pas lié, des décisions étrangères, ou encore, et très marginalement, la doctrine - dont le rôle est plus déterminant aux États-Unis).

241 Le meilleur exemple reste l'*Equity* : R. DAVID, *op. cit.*, 172 et s.

242 Sur l'absence de codification, v. R. DAVID, *Introduction à l'étude du droit privé de l'Angleterre*, *op. cit.*, spéc. p. 209.- V. toutefois les propositions de J. Bentham : F. GIRARD, « Bentham et l'esprit du Common Law. - Une introduction », *Revue de l'Institut Rhône-Alpin de Sciences criminelles*, n° 2, L'Harmattan, 2012, p. 49-100.

243 La technique de la distinction offre une grande souplesse au juge et elle est à l'origine du développement du droit anglais : R. DAVID, *op. cit.*, p. 152.

244 V. M. WEBER, *L'éthique protestante et l'esprit du capitalisme*, Paris, Flammarion, coll. « Champs », Paris, 2001, spéc. p. 158-251.

245 J.-J. COURTINE, « Les dérives de la vie publique. - Sexe et politique aux États-Unis », *Esprit*, oct. 1994, p. 57-60, spéc. p. 59.

une sorte d'héroïsme biographique au quotidien ». La théorie de la prédestination a probablement contribué à accentuer ce trait : « Selon la doctrine calviniste de la prédestination, le croyant, sachant qu'il ne peut espérer le salut par ses œuvres, s'efforce, à travers un examen réglé et minutieux de soi-même, de discerner les signes qui le placent parmi les élus de Dieu »[246]. Il faut des règles, un code de conduite. Mieux, a-t-on pu dire, « une méthode qu'il lui faudra scrupuleusement observer pour trancher les dilemmes de la vie »[247]. Tout ce qui ressortit à l'incertitude, au doute, se trouve ainsi placé, sur l'exemple de cette expérience religieuse, sous l'empire de règles de procédure[248]. Et l'on perçoit immédiatement une autre structure du réel se dessiner : « Le salut de l'âme ne passe pas par les bonnes actions immédiates, mais par l'observation de protocoles qui médiatisent tout contact avec le monde »[249]. Enfin, et on rejoint ici l'argument du puritanisme, il fallait inventer, concevoir des règles de procédure (et notamment de preuve) très strictes pour ne pas dépendre des décisions d'une personne qui pouvait être déchue comme toutes les autres[250].

b) Les bénéfices escomptés de l'analyse culturelle

14. ***Système hiérarchique et système participatif.*** On dispose désormais de deux cadres complets auxquels il faut donner un nom. On a déjà signalé l'importance des travaux réalisés par le Professeur Damaška. On se propose de reprendre, en partie, son cadre d'analyse, en opposant ce qu'il appelle les « *hierarchical models* » et les « *coordinate models* »[251]. Il faut également intégrer la typologie établie par un autre auteur américain, et qui repose sur la distinction des modèles d'adjudication selon qu'ils sont « *hierarchical* » ou « *participatory* »[252]. On peut d'emblée réserver l'épithète « hiérarchique » qui correspond bien au système français. Le terme a été employé, incidemment, dans les développements qui précèdent, pour la description du système français. Il rend parfaitement compte tout à la fois de l'organisation de l'État et du pouvoir judiciaire. On peut préférer l'adjectif « participatif » pour la qualification des modèles de *Common Law*. Le terme, qui renvoie à une forme de justice (*la justice participative*), est un néologisme aujourd'hui accepté par les vocabulaires juridiques[253], et il exprime assez bien, semble-t-il, cette idée d'une mobilisation de tous les acteurs dans la production de la norme, de la décision de justice et de la vérité ; en somme, le terme exprime bien l'idée d'une construction horizontale, par opposition à la construction verticale du droit français. Il est important de pouvoir qualifier l'organisation judiciaire, car cette dernière

[246] I. PAPADOPOULOS, *op. cit.*, p. 127.
[247] *Op. cit.*, p. 127-128.
[248] On connaît la formule de M. Weber, selon laquelle, le puritanisme est « une approche méthodique de l'homme tout entier », *op. cit.*, p. 195-196.
[249] I. PAPADOPOULOS, *op. cit.*, p. 128 note (13).
[250] R. POUND, *The Spirit of the Common Law*, p. 50-51 & p. 58-59.- V. aussi, I. PAPADOPOULOS, *op. cit.*, note (13), p. 128.
[251] M. R. DAMAŠKA, « Structures of Authority and Comparative Criminal Procedure », *op. cit.*, spéc. p. 487 et s., p. 509 et s., M.-R. DAMAŠKA, *The Faces of Justice and State Authority. - A Comparative Approach to the Legal Process, op. cit.*, spéc. p. 17 et s.-V. aussi J. D. JACKSON, « The Effect of Legal Culture and Proof in Decisions to Prosecute», *Law, Probability & Risk* 2004, n° 3, p. 109 et s., spéc. p. 117 et s.
[252] R. A. KAGAN, *Adversarial Legalism.- The American Way of Law*, *op. cit.*, spéc. p. 10 ; v. spéc. le tableau reproduit en Annexe (A.1).
[253] *V° Participatif, in* G. CORNU, *Vocabulaire juridique. - Association Henri Capitant*, 4e éd., PUF, Quadrige, Paris, 2003.

constitue, au premier chef, l'environnement culturel du système probatoire. L'identification de cet environnement culturel permet de mettre en évidence la nature du droit français de la preuve judiciaire (i) et les transformations culturelles internes et externes qui l'affectent (ii).

i) La mise en évidence de la nature du droit français de la preuve judiciaire

15. ***Modèle hiérarchique et droit de la preuve.*** En identifiant l'organisation du pouvoir de l'État et celle du pouvoir judiciaire comme l'environnement culturel du système probatoire français, on est en mesure de formuler une première hypothèse sur le droit privé français de la preuve : *ce droit est, lui aussi, de nature hiérarchique.* Un droit de la preuve « hiérarchique » est, avant tout, un droit dans lequel l'État fait preuve d'un grand investissement, que ce soit directement ou par l'intermédiaire des magistrats ou des organes qui le représentent. Cet investissement est surtout tourné (rationalité formelle) vers un objectif particulier : *l'établissement de la vérité.* Lorsque, exceptionnellement, l'objectif de vérité entre en concurrence avec d'autres valeurs - et il en est nécessairement ainsi chaque fois que la recherche de la preuve porte atteinte à un droit ou une liberté -, le système hiérarchique maintient sa singularité à travers l'organisation d'un modèle de résolution des conflits d'intérêts logiquement cohérent et hautement prévisible. Une analyse détaillée des trois grandes étapes du processus probatoire en justice tend à confirmer cette organisation hiérarchique. La définition de l'objet de la preuve - étape première - laisse apparaître, sur la foi d'une distinction très poussée du fait et du droit[254], une intervention active du juge. C'est en particulier à ce dernier qu'il revient de découper, dans la masse des faits, l'objet de la preuve. La hiérarchie se signale nettement à travers le contrôle étroit que peut réaliser la Cour de cassation sur cette opération de sélection. De ce point de vue, on ne saurait nier un véritable investissement de l'État dans ce qu'on appellera la « vérité du droit ». L'analyse détaillée de la deuxième étape, qui est celle de la recherche de la preuve, permet de constater la même implication. Le juge est, de manière significative, pourvu d'un office particulier : l'*office de véridiction.* C'est un concept nouveau que l'on se propose d'introduire pour montrer que, à côté de la mission consistant à *dire le droit* (*juris-dictio*), le juge est investi, y compris en matière civile, d'une mission complémentaire : *celle consistant à dire le vrai ou à s'efforcer de dire le vrai.* La troisième étape, celle de l'appréciation de la preuve, peut également être analysée à la lueur de la structure hiérarchique du pouvoir judiciaire. On constate, là encore, l'investissement de l'État à travers sa préoccupation de pourvoir le juge d'un cadre adéquat pour évaluer la preuve en toute liberté. Tout ce qui est susceptible d'entamer ce pouvoir, comme les conventions sur la force probante des preuves, est neutralisé, tandis que la Cour de cassation est chargée, autant que de raison, d'exercer un contrôle de la manière dont la pesée des preuves a été réalisée, ce qui montre bien le souci de l'État de chasser au moins les erreurs les plus grossières. L'analyse culturelle, en particulier au travers de la notion de structure hiérarchique du pouvoir, laisse espérer des résultats comparables à l'égard d'autres notions qui relèvent également de l'une de ces trois phases.

---

[254] V., en ce sens, les remarques de M. WEBER, *Sociologie du droit*, *op. cit.*, spéc. p. 218.

16. ***Confirmation par l'étude des modèles participatifs.*** Une chose est certaine, à ce stade, et c'est la seconde hypothèse : on ne parviendra à donner de sens aux notions et institutions du droit français sans mobiliser, parfois de manière très détaillée, la méthode comparative. En certaines hypothèses, cette méthode fournira, pour le moins, une saine confirmation. Il est vrai que les systèmes participatifs étudiés contrastent, parfois vivement, avec le système hiérarchique français. La rationalité éthique (qu'on ne distinguera pas toujours, dans la suite de cette étude, de la rationalité matérielle, puisqu'on parlera de système participatif) a donné une coloration particulière à la vérité recherchée en leur sein. On disait plus haut la nécessité de distinguer deux types de vérités judiciaires. On signalait aussi le besoin de maintenir, au sein des modèles de raisonnement, une césure entre le syllogisme dialectique (à rattacher à la logique) et l'enthymème ou argumentation. Ces formules prennent ici tout leur sens. L*'argumentation*, qui peut difficilement ne pas passer pour une « démonstration affaiblie »[255], semble bien être le modèle véridictoire adopté par les systèmes participatifs de *Common Law*. La vérité - qu'on qualifiera désormais de « matérielle », par opposition à la vérité « formelle » des systèmes participatifs - ne s'extrait pas seulement de la recherche de la preuve, de la restitution plus ou moins brute du passé à partir de *témoignages*, mais plutôt de ce qu'on pourrait appeler, dans une première intention, le « débat ». C'est, en effet, à cet endroit, que la rationalité éthique a montré son influence la plus vive, selon cette formule forte : *il suffit de faire les choses correctement pour que des résultats corrects en découlent*[256]. Cette forme de rationalité a creusé les différences entre les deux systèmes. Et ces différences *révèlent bien la particularité du droit français*. Sur le plan de l'objet de la preuve, par exemple, le choix d'un modèle rhétorique de véridiction a fait largement disparaître la distinction du fait et du droit, distinction qui, à rebours, paraît fondatrice dans le système hiérarchique français et le produit d'un effort de théorisation des questions probatoires. Sur le plan de la recherche de la preuve, la rationalité éthique montre que l'État n'a pas été suffisamment fort, historiquement, dans les systèmes participatifs, pour confier la recherche de la preuve à un organe indépendant et impartial. En conséquence, les parties se sont vu confier la charge du récolement des preuves. Soucieux, néanmoins, de contrôler cette activité sans en avoir pour autant les moyens, les droits de *Common Law* se sont plutôt orientés vers des mécanismes de régulation éthique. On le voit bien en constatant l'importance, dans les procédures de *discovery* (États-Unis) et de *disclosure* (droit anglais), du concept de loyauté procédurale. Dans le même sens, et en dépit des progrès du légalisme, un certain nombre d'actes d'investigation policière relèvent encore d'une règlementation éthique plutôt que juridique, la nullité de la procédure ou l'exclusion de la preuve laissant place à une sanction disciplinaire. Fort naturellement, la manière dont la preuve a été obtenue importe moins que la manière dont celle-ci a pu être discutée en justice. On ne peut concevoir de différence plus nette entre système hiérarchique et systèmes participatifs. Elles incitent à rechercher les facteurs qui, dans l'organisation de l'État français, peuvent expliquer les particularités du droit de la preuve français. Au plan, enfin, de l'appréciation de la preuve, la structure de l'État a directement contribué à façonner les règles d'exclusion de la preuve, notamment la prohibition du ouï-dire[257], dont l'importance

---

[255] F. GIL, *op. cit.*, note IV, p. 135.

[256] V. LON FULLER, *The Morality of Law*, New Haven, Yale University Press, 1964, p. 33-94 et *passim.*

[257] A. KEANE, J. GRIFFITHS, P. MCKEOWN, *The Modern Law of Evidence*, 8e éd., Oxford University Press, Oxford, 2009, p. 10 : « Le concept de *Common Law* de preuve par ouï-dire peut s'entendre de toute

est considérable pour les systèmes de *Common Law*[258]. On ne saurait les comprendre, et mesurer ainsi tout ce qui les sépare des règles apparemment

déclaration, autre que celle qui est faite par le témoin dans la procédure au cours de laquelle il fournit sa preuve, par toute personne, qu'elle soit faite ou non sous la foi du serment, qu'elle soit faite oralement, par écrit ou par signes ou gestes, et qui est offerte comme preuve de la vérité de son contenu ». V. aussi, *infra*, n° 374.

[258] La notion d'exclusion de la preuve est complexe. Il faut opérer ici une double analyse consistant à séparer les règles d'exclusion dont l'axe est la prohibition du ouï-dire (« *prohibition of hearsay* ») ou l'interdiction de certaines inférences, et celles qui, proches du droit français, viennent sanctionner les irrégularités commises dans la recherche de la preuve. Les premières n'ont pas d'équivalent en droit français. Le droit français a plutôt tendance, ainsi qu'on le verra, à imposer certains modes de preuve (comme l'*instrumentum*) en fonction de l'*objet de la preuve*. Les secondes sont très différentes, puisqu'il ne s'agit plus de regarder ce *qui doit être prouvé*, mais simplement la *manière dont la preuve a été recherchée*. Pour distinguer les deux concepts, on peut dire qu'il ne s'agit plus *d'admettre la preuve* (*admissibilité*), mais de la *recevoir* (*recevabilité*) ; cette question est approfondie *infra*, n° 288. - Quoi qu'il en soit, les systèmes de *Common Law* disposent de nombreuses règles d'exclusion de la première espèce (les « *objections* » servent à interpeller la Cour pour qu'elle les observe) : elles résident précisément dans toutes les dispositions qui vont imposer d'écarter certains modes de preuve eu égard à leur faible fiabilité (il s'agira principalement de la preuve par ouï-dire), ou en réduire la portée (le *poids* « *weight* »), par le biais d'instructions données au jury (pouvoir qui est général en matière civile, en droit anglais : *Civil Procedure Rules*, règle 32.1(1)), ou encore de limiter l'admissibilité de la preuve à certains *objets* de preuve (telle preuve est admissible pour faire la démonstration qu'une déclaration a été faite, mais non pour en établir le contenu ; il en est ainsi de ce qu'on appelle la *preuve documentaire* (« *documentary evidence* ») -, c'est-à-dire non seulement le document écrit, mais aussi les plans, les cartes, les photographies, etc., qui tombent normalement sous le coup de l'interdiction du ouï-dire pour ce qui est du contenu ; pour le droit anglais, A. KEANE, J. GRIFFITHS, P. MCKEOWN, *The Modern Law of Evidence, op. cit.*, p. 11, et p. 264 et s. ; le droit américain parle d'admissibilité limitée lorsque l'objet de la preuve est rendu en partie inaccessible : v. *Federal Rules of Evidence*, règle 105, et pour une illustration, v. règle 404(b), qui concerne la preuve de la mauvaise moralité (« *bad character* ») de la personne poursuivie, G. WEISSENBERGER, J.-J. DUANE, *Federal Rules of Evidence. - Rules, Legislative History, Commentary and Authority*, 5e éd., LexisNexis, Newark, 2007, p. 63 et p. 139.). Il existe, enfin, des règles techniques de *corroboration* qui mettent entrave à ce que certains éléments de preuve soient pris en compte aussi longtemps qu'ils n'ont pas été complétés, parfois dans les formes de la loi, ou aussi longtemps qu'un avertissement n'a pas été délivré au jury (les hypothèses sont assez nombreuses ; certaines d'entre elles sont prévues par la loi (*statute* law) et constituent la *corroboration au sens technique* - deux témoignages sont généralement exigés, v., pour le droit anglais, A. KEANE, J. GRIFFITHS, P. MCKEOWN, *op. cit.*, p. 220 et s. ; d'autres dispositions imposent qu'un avertissement soit donné aux jurés en présence de certains types de témoignages - la difficulté provient de la nature obligatoire ou facultative de cet avertissement, (*op. cit.*, p. 220 et s.) ; enfin, des règles de même nature concernent certaines preuves, tel l'aveu d'une personne atteinte d'une déficience mentale, l'identification visuelle par un témoin ou la lecture sur les lèvres par un expert (*op. cit.*, p. 234-249) ; il faudrait également évoquer le pouvoir qui est parfois reconnu au juge d'écarter tel ou tel mode de preuve pour des considérations liées à la sécurité nationale (*op. cit.*, p. 566 et s.) ou encore au risque d'impact inadéquat sur le jury (pour le droit anglais, le pouvoir est général, tant en matière civile qu'en matière pénale, dans les limites posées par la loi et la jurisprudence ; *Civile Procedure Rules*, règle 32.1(2), ensemble règle 1.1(2) ; pour le droit pénal, Chambres des Lords, *R v Sang, Law Reports, Appeal Cases* (Third Series) 1980, p. 402 et quelques dispositions ponctuelles, comme le *Theft Act* 1968, section 27(3) ; s'agissant du droit américain, v. *Federal Rules of Evidence*, règle 403, qui permet d'écarter la preuve si sa valeur probante est primée par des considérations essentiellement liées au délai de la procédure, à l'utilité de la preuve ou encore à l'équité de la procédure, ou à l'impact de la preuve sur le jury ou à la complexité du raisonnement que cette nouvelle preuve implique (la lecture des décisions donne le sentiment d'une très grande porosité entre plusieurs de ces critères) ; v. G. WEISSENBERGER, J.-J. DUANE, *Federal Rules of Evidence. - Rules, Legislative History, Commentary and Authority*, *op. cit.*, p. 115-124. Il faut encore compter, en droit américain, avec les règles d'irrecevabilité d'origine constitutionnelle (v., par exemple, United States Court of Appeal, 9th Cir., *United States v. Ankeny, Federal Reporter, Third Series* 2007, n° 502, p. 829, spéc. 832-834, *Yale Law Journal*, 2008, n° 117, p. 723, note R. M. RE), ainsi qu'avec celles contenues dans d'autres dispositions législatives, comme les *Federal Rules of Criminal Procedure* ou les *Federal Rules of Civil Procedure*, pour ne citer que les principales : G. WEISSENBERGER, J. J. DUANE, *op. cit.*, p. 111-113. - *Adde*, M. DAMAŠKA, *Evidence Law Adrift*, Yale University Press, New Haven & Londres, 1997, spéc. p. 18.

comparables du droit français, sans s'attacher, une nouvelle fois, à la structure du pouvoir. Il est assez bien établi, aujourd'hui, que ces règles ont pris naissance avec le jury. Comme on redoutait que certains éléments de preuve, d'appréciation supposée délicate, fussent transmis à des juges non professionnels, qu'on jugeait inexpérimentés[259], des règles d'exclusion furent élaborées[260]. La présence du jury fournit d'autres renseignements. Il est vrai que son histoire est obscure[261] - tout comme ses fonctions. Les jurés paraissent, dans un premier temps, avoir eu une fonction probatoire[262]. Mais s'ils se sont durablement installés, c'est probablement en raison de la volonté de limiter le pouvoir de l'autorité publique - en fournissant un contre-pouvoir efficace face aux prérogatives du juge (le premier représentant de cette *autorité*)[263]. La défiance vis-à-vis de l'« État » a de nouveau laissé place à la

---

259 Mais sans, pour autant, que les jurés aient jamais été dénigrés : on parlait bien, sur le Continent, de *judice idiotae* (A. PERTILE, *Storia del diritto Italiano, Vol. 6*, 2e éd., Réimpression anastatique, A. Forni, Bologne, 1965-1966, spéc., p. 207). En Angleterre, c'est la formule *deus ex machina*, qui était souvent préférée - qui renvoie aussi, probablement à leur fonction quasi-oraculaire première : R. JACOB, *APD*, p. 100 qui y voit le remplaçant de « l'intervention divine » ; v. aussi, M. R. DAMAŠKA, *Evidence Law Adrift, op. cit.* spéc. p. 29 (et note (6)) qui parle de « *optimal adjudicators* ».

260 C'est une explication récurrente pour justifier les règles d'admissibilité qui régissent le droit de la preuve en *Common Law*. C'est d'ailleurs ce qui conduisait Thayer à affirmer que « [l]e droit de la preuve [dans les pays de Common Law], est la créature de l'expérience bien plus que de la logique », J.-B. THAYER, *A Preliminary Treatise on Evidence, op. cit.*, extrait *in* E. J. IMWINKELRIED, G. WEISSENBERGER, (textes réunis et commentés par), *An Evidence Anthology*, Anderson Publishing Co., Cincinnati, 1996, p. 2. V. encore Ch. T. MCCORMICK, « Law and the Future », *New York University Law Review* 1956, n° 51, p. 218, spéc. p. 224-225, & J. B. WEINSTEIN, « Some Difficulties in Devising Rules for Determining Truth in Judicial Trials », *Columbia Law Review* 1966, vol. 66, p. 223, spéc. p. 225. - Comp. M. R. DAMAŠKA, *Evidence Law Adrift, op. cit.*, p. 62, qui considère que le principe remplit également une fonction cachée consistant à limiter les termes du débat aux éléments de preuve jugés essentiels (exigence d'*assainissement probatoire*, v. *infra*, n° 17).

261 Il a longuement été de règle de faire remonter l'institution du jury à la Conquête normande et de voir en lui une importation ; v., en ce sens les enseignements de Sir F. POLLOCK : F. W. MAITLAND, *The History of English Law Before the Time of Edward I*, 2e éd., 1959, p. 74. Cette interprétation paraît, cependant, avoir été remise en cause : M. P. HARRINGTON, « The Law-Finding Function of the American Jury », *Wisconsin Law Review* 1999, p. 377-440, spéc. p. 381.

262 Il s'agissait d'un jury de douze citoyens libres qui devaient rechercher et déclarer les faits ; on disait qu'ils devaient se livrer à la « *recognition* » des faits, c'est-à-dire à l'inspection, la vérification de ceux-ci (ils étaient d'ailleurs appelés, parfois, des « *recognitors* »), ce qui accrédite l'idée qu'ils avaient - au-delà de leur connaissance personnelle de certaines données - un rôle actif dans la recherche des preuves, v. J. H. BAKER, *An introduction to English Legal History*, 4e éd., Oxford University Press, Oxford., 2002, p. 73. Il est vrai, toutefois, que la véritable nature de ce jury a parfois été discutée. Un certain nombre d'arguments inclinent à voir en eux des co-jureurs. À partir des années 1380, toutefois, et bien qu'ils eussent conservé le pouvoir de s'informer des faits avant l'ouverture du procès, les jurés furent soumis à un régime d'insularité (impossibilité d'entrer en contact avec l'un d'eux ou de leur communiquer une quelconque pièce après qu'ils eurent prêtés serment ; une véritable séquestration était, par ailleurs, pratiquée au moment du délibéré) qui rendit alors impossible toute confusion avec d'autres statuts, comme celui du témoin ; J. H. BAKER, *op. cit.*, p. 75.- *Adde*, Th. P. GALLANIS, « La preuve en Common Law : Wigmore aujourd'hui », *Droits* 23/1996, p. 79 et s.

263 W. BLACKSTONE : « L'homme le plus puissant de l'État sera dissuadé de porter quelque atteinte sévère au droit d'autrui, dès qu'il sera informé que son méfait peut être examiné et tranché par douze hommes impartiaux <*indifferent men*>, et qui ne seront désignés qu'à l'heure du procès. Cette circonstance permet de conserver au peuple la part qui doit être la sienne dans l'administration de la justice et s'oppose à ce les citoyens les plus riches et les plus puissants l'emportent sur les autres » (W. BLACKSTONE, *Commentaries*, Vol. 3, Lawbook Exchange, Union, 1996, p. 379). V. encore, Bentham, pour qui les jurés se signalent pas leur aptitude « *morale* » qui est supérieure à l'aptitude morale du juge, et celle-ci « a plus que compensé toute la défiance qui a pu être constatée à leur endroit, dans le domaine de l'aptitude intellectuelle et du talent actif », J. BENTHAM, « Principles of Judicial Procedure with the Outlines of a Procedure Code », *in The Works of Jeremy Bentham*, Vol. 2, éd. par J. Bowring, William Tait, Simplkin, Marshall, & Co., Edimburgh & Londres, 1838-1843,spéc. p. 123.

faiblesse de l'« État » lui-même, incapable de faire autrement que d'exclure certaines preuves (ou objets de preuve) sur le fondement d'une appréciation très abstraite de leur manque de fiabilité[264]. Là encore, le droit comparé opère comme un révélateur et indique sous quel angle le droit de la preuve français doit être analysé. Il apparaît ainsi assez bien que les règles d'admissibilité du droit français (comme celles qui imposent l'*instrumentum* en matière d'acte juridique), ne sont pas réductibles à des règles d'exclusions. Elles n'ont pas été élaborées pour prévenir un risque d'erreur, mais bien au contraire - car l'État était suffisamment fort - pour favoriser l'expression de la vérité dans un domaine où l'objet de la preuve est d'une grande singularité (*il s'agit de la volonté*). La nature hiérarchique de ces règles apparaît aussi bien. Enfin, il ne faut pas oublier, au-delà de la structure du pouvoir, l'activité de la seconde rationalité qui anime les systèmes participatifs : *la rationalité matérielle*. Cette dernière *confirme* l'orientation précise du droit français. On perçoit, en effet, dans les systèmes de *Common Law*, que, en raison du faible investissement de l'État, notamment dans l'organisation logique des règles, des valeurs concurrentes à la vérité ont pu se déployer. En conséquence, au lieu de se structurer autour d'un seul objectif, le droit de la preuve des systèmes participatifs s'est vu assigner plusieurs finalités qu'avaient pu faire naître les circonstances. Sous ce regard, on a toujours insisté et on insiste un peu plus encore aujourd'hui, sur la nécessité de rendre une justice rapide, prompte ; un adage dit bien « *justice delayed, justice denied* »[265] - derrière la lenteur se profile le déni de justice. La célérité entre donc apparemment en concurrence avec l'objectif de recherche de vérité. On peut s'en convaincre directement en contemplant les règles du droit de la preuve. Ainsi, la règle 1 des *Federal Rules of Civile Procedure* énonce que les règles qui gouvernent les affaires civiles doivent « être interprétées et appliquées de manière à atteindre un jugement à la fois juste, rapide et peu dispendieux de chaque action ». La règle 2 des *Federal Rules of Criminal Procedure* - dont l'influence utilitariste est transparente - dispose que les règles gouvernant le procès pénal sont « destinées à fournir une décision juste <*just determination*> sur les affaires criminelles » et doivent être « interprétées de manière à assurer la simplicité de la procédure, l'équité de l'administration de la justice et l'élimination de toute dépense et tout retard excessifs <*injustifiable expense and delay*> ». En Angleterre, les *Civil Procedure Rules* ne se départissent pas de ce schéma ; selon la règle 1(1) : « Ces règles forment un nouveau code de procédure dont l'objectif premier est de permettre à la juridiction de traiter les affaires avec justice ». La règle 1.1(2) ajoute que « [t]raiter les affaires avec justice implique, autant que cela est possible : (a) de s'assurer que les parties sont à armes égales ; (b) de limiter les dépenses (c) de régler les affaires de manière proportionnée (i) à l'enjeu financier (ii) à l'importance de l'affaire (iii) à

---

264 Il semble que, après la modernisation du jury, qui devient exclusivement organe de jugement (il perd sa fonction probatoire) - on se trouve alors au milieu du XVe siècle - on tenta de confier aux *Justices of the peace* des pouvoirs d'investigation (M. R. DAMAŠKA, *Evidence Law Adrift*, *op. cit.*, spéc. p. 58 et note (1), p. 59) ; mais les potentats qui en assuraient le fonctionnement détournèrent très rapidement la procédure de sa fonction initiale en n'instruisant qu'à charge (v. aussi, sur cette question, J. M. BEATTIE, *Crime and the Courts in England, 1660-1800*, Oxford University Press, Oxford, 1986,). En ce qui concerne la procédure civile, on a pu constater l'existence d'une sorte d'étape préliminaire au cours de laquelle les faits étaient, en quelque sorte, présélectionnés et pré-formatés par le juge pour être rendus mieux compréhensibles des jurés. Mais on considère généralement (M. DAMAŠKA, *op. cit.*, *loc. cit.*) que, à proprement parler, les preuves n'étaient pas recherchées. Puisqu'aucun tiers impartial n'a jamais été jamais chargé de récoler les preuves et de les « mettre en état », c'est un mécanisme de *mise en état par défaut* qui s'est fait jour.

265 M. DAMAŠKA, *Evidence Law Adrift*, *op. cit.*, p. 66.

la complexité des questions ; (iv) à la position financière respective des parties ; (d) de s'assurer que l'affaire est traitée avec célérité et équité <fairly> ; et (e) de lui allouer une portion appropriée des ressources de la juridiction, tout en gardant en vue la nécessité de réserver des ressources pour le traitement d'autres affaires »[266]. De manière générale, la prise en compte des rationalités est déterminante, puisque d'elles dépend l'organisation définitive du système juridique et, partant, du système probatoire. C'est principalement à l'échelle des rationalités que sont mesurées les transformations culturelles.

ii) La mise en évidence des transformations culturelles ou phénomènes d'acculturation

17. ***Les transformations culturelles internes.*** En tant que produit culturel, le droit de la preuve s'est développé au contact de facteurs culturels dominants. En identifiant ces facteurs, on en perçoit mieux, semble-t-il, les lignes de force. La culture est, cependant, avant tout, un mouvement. Rien n'est intangible et les transformations culturelles ne peuvent rester sans conséquence sur le droit de la preuve. Les premières transformations peuvent se situer à l'échelle interne. Un modèle, tout en maintenant ses fondements à l'identique, peut, en effet, être *plus ou moins hiérarchique* ou *plus ou moins participatif*. Il peut y avoir moins d'étatisme dans le système hiérarchique ; moins d'antiétatisme dans le système participatif. Des conséquences en découlent pour le système juridique et, en particulier, pour le droit de la preuve. Le repli de l'État peut, par exemple, entraîner un recul de l'investissement du juge dans l'établissement de l'objet de la preuve ou dans la recherche de la preuve. Un activisme plus grand de l'État, dans les systèmes participatifs, peut, au contraire, conduire à une revalorisation du rôle du juge tant dans la vérité du fait que dans celle du droit. Ces transformations, qui n'affectent pas la partie la plus importante de la culture, à savoir les rationalités, *restent purement internes*. Elles méritent néanmoins d'être signalées, et leur identification nécessite parfois la mise en œuvre de l'analyse comparative. Des évolutions plus importantes - qui sont inévitables lorsque les systèmes tendent à se côtoyer plus intimement dans un espace mondialisé -, peuvent également se faire jour. Il s'agit alors de phénomènes d'échanges culturels ou acculturations qui ont pour effet de modifier directement la rationalité à l'œuvre. L'évolution répond alors à des facteurs externes.

17-1. ***Les phénomènes d'acculturation.*** C'est à cet endroit que l'analyse culturelle montre toute sa puissance ; elle nécessite aussi, plus qu'à tout autre moment, l'appui de la méthode comparative. Il est peu douteux que le droit français est aujourd'hui influencé par le modèle participatif. Mais, avant de le montrer, il faut insister sur la façon dont les systèmes participatifs sont parvenus (*par rationalisation*) à surmonter leurs paradoxes et à livrer un système attractif à l'échelle internationale. On remarquera, tout d'abord, que les règles d'exclusion de preuve, dont on a vu la première inspiration, sont devenues, aujourd'hui, les principaux moyens de valorisation de l'idéal du « *day-in-court trial* ». Ainsi qu'on l'a expliqué, cet idéal justifie le rejet « des moyens de preuve dont la fiabilité ne peut être établie rapidement <*in summary fashion*> : de plus amples investigations supposent des ajournements, ce qui aurait pour conséquence de compromettre l'idéal d'une justice

266 V. aussi T. ANDERSON, D. SCHUM, W. TWINING, *Analysis of Evidence*, 2e éd., Cambridge University Press, New York, 2009, spéc. p. 84.

rapide *<temporally compressed proceeding>* »[267]. La rationalité a conjointement œuvré sur le fondement d'un certain nombre de règles qui ne paraissaient pouvoir s'expliquer que par l'importance attachée à la procédure et à une certaine conception du salut. Ce phénomène complexe, qui est passé par une remarquable mise à distance du droit, a emporté, en matière probatoire, une dilection pour la forme et le débat, et une conception de la vérité qu'il est impossible d'identifier dans les systèmes continentaux. On peut parler, aujourd'hui, avec assurance, de vérité « formelle », « interprétative »[268] ou encore « pratique »[269], par opposition à la « vérité matérielle » du droit français. Sans être inexacte, cette proposition est souvent mal comprise - les auteurs n'hésitant pas à parler de vérité formelle lorsque le juge n'est investi d'aucun pouvoir dans la recherche des preuves, comme s'il s'agissait du modèle de procédure accusatoire. Elle méconnaît surtout le travail réalisé par la *rationalité éthique*. Si on peut aujourd'hui parler de vérité *formelle* dans les pays de *Common Law*, c'est parce que les systèmes ont suffisamment progressé pour s'approcher, aujourd'hui, des modèles rhétoriques de véridiction[270].

On ne peut, en ce sens, ne pas revenir sur les analyses doctrinales qui ont précédé, en Italie, la réforme de la procédure pénale. Lorsque l'Italie a cherché à refondre son système de procédure criminelle, à la fin des années 1980, en adoptant un système d'inspiration anglo-américaine, les débats doctrinaux se sont cristallisés autour de la nature de la vérité à atteindre et des moyens procéduraux les mieux adaptés pour en assurer la révélation. On a ainsi longuement insisté sur l'opposition irréductible existant entre la *vérité matérielle* (ou vérité *démontrable*) et la *vérité dialectique (*ou *pratique*), avant de faire le choix de cette dernière ; et si on a prétendu que la procédure anglo-américaine reposait sur une double structure d'*incomplétude* et de *parti-pris*, en sorte que « chaque hypothèse n'inclue pas tous les faits potentiellement pertinents, mais seulement les faits susceptibles de soutenir les prétentions de la partie » et « seulement ces faits directement ou indirectement favorables à la partie qui les affirme »[271], il n'en demeurait pas moins que seule, pour ces auteurs, constituait le « paradigme idéal », « la méthode qui permet d'atteindre à la vérité pratique », c'est-à-dire la « méthode qui est construite sur l'isonomie des

---

[267] M. DAMAŠKA, *op. cit.*, p. 63 ; l'auteur précise encore sa pensée : « Lorsqu'on reproduit la déclaration extrajudiciaire faite par une personne ou lorsque cette déclaration est contenue dans un document, un temps suffisant est disponible, dans l'atmosphère indolente du procès continental, pour chercher cette personne afin qu'elle soit présentée à la juridiction - au besoin au cours d'une audience ultérieure. Et si cette déposition faite en justice diffère de celle qui a été faite par le premier déposant, la juridiction les a entendues toutes les deux et se trouve ainsi en mesure d'évaluer leur sincérité respective [...]. Les procédures concentrées font preuve d'une toute autre attitude vis-à-vis du ouï-dire. Si les informations de seconde main étaient librement recevables dans ce contexte, la partie contre laquelle elles sont dirigées serait rarement en mesure de disposer du temps nécessaire pour trouver et présenter le déclarant original » (M. DAMAŠKA, *op. cit.*, p. 65).

[268] E. GRANDE, « Dances of Criminal Justice : Thoughts on Systemic Differences and the Search for the Truth », p. 145-164, *in* J. JACKSON, M. LANGER, P. TILLERS (dir.), *Crime, Procedure and Evidence in a Comparative and International Context. - Essays in honour of Professor Mirjan Damaška*, Hart Publishing, Oxford, Portland, 2008, spéc. p. 146-147.

[269] G. DI CHIARA, « Reasonableness and Criminal Trials. A research through the Paradigms of the Elaboration of Evidence in Adversary Procedure », *Jahrbuch für justistiche Hermeneutik/Jounal of Legal Hermeneutics*, n° 7/2002, p. 335-383., spéc. p. 341.

[270] A. GUILIANI, « Il concetto classico di prova : la prova come "argumentum" », *in Recueils de la société Jean Bodin pour l'histoire comparative des institutions*, XVI, « La preuve », Première partie : Antiquité, Éditions de la librairie encyclopédique, Bruxelles, 1965, p. 358 et s., v. aussi, A. GUILIANI, « Le rôle du "fait" dans la controverse (à propos du binôme "rhétorique-procédure judiciaire" », *art. préc.*

[271] M. TARUFFO, « Elementi per un'analisi del giudizio di fatto », *Rivista Trimestrale di Diritto e Procedura Civile* 1995, p. 728 et s., p. 791.

parties et le principe de la division du savoir »[272]. Il s'ensuivait que « de l'affrontement dialectique, sous "des règles du jeu" claires dont il appartient au juge d'assurer le respect, se dégage une vérité pratique, argumentative, sur laquelle le juge s'appuiera afin de rendre sa décision »[273]. Dans un dernier effort, enfin, les auteurs sont parvenus à réconcilier ces deux forces *a priori* antagonistes (qu'y a-t-il de commun, en effet, entre célérité et vérité formelle ?), en mettant au jour un véritable « principe organisationnel »[274].

Dans ce processus, l'étape déterminante a consisté, pour les systèmes participatifs, à replacer la vérité au centre du système procédural. Les auteurs ont pu s'engager sur cette voie avec d'autant plus de confiance que de nouvelles recherches menées en épistémologie ou en philosophie du droit avaient pu montrer l'importance de la *procédure* dans le surgissement de la vérité. Que ce fût, en effet, Karl Popper et ses hypothèses autour des énoncés falsifiables[275], que ce fût encore Chaïm Perelman et son travail autour de la rhétorique[276] ou bien encore Alessandro Giuliani et ses investigations menées sur l'*argumentum*[277], les auteurs anglo-américains pouvaient désormais envisager, avec sérénité, de replacer la vérité au centre de leur modèle. Ne restait dès lors plus qu'à forger un concept qui permît le fonctionnement harmonieux du principe de célérité et de la nature nouvelle de la vérité recherchée. La première contribution majeure a consisté à affirmer que « la concentration procédurale augmente l'impact de l'argumentation rhétorique [...] »[278]. La célérité ne se donnait désormais plus à voir comme une force antagoniste exercée sur la recherche de la vérité - ce qui est nécessairement le cas dans le modèle de « décantation » français -, mais comme le seul principe à même de faire jaillir la vérité formelle. Comment donner, en effet, préséance au débat si les reports de procès sont toujours à redouter et si l'appel est largement ouvert ? L'argument vaut déjà, pour lui-même. Mais il évite encore - ce qui le renforce - les perturbations collatérales. Les reports et les voies de recours compromettent la fraîcheur des preuves et soulèvent aussi bien de délicats problèmes de fiabilité. Toutes les règles convergent sensiblement vers cet objectif de concentration. Les règles d'*irrecevabilité des preuves*, bâties sur une appréciation tout abstraite de la foi à accorder à telle ou telle catégorie de preuves (on a parlé de « fondationalisme empirique »[279]), sont aujourd'hui conçues comme

---

[272] G. DI CHIARA, *art. préc.*, p. 341, 344 & 343.

[273] *Op. cit.*, *loc. cit.*. - V. encore, A. SEGRETO, « Ancora sulla natura della sentenza di patteggiamento », *Archivio della nuova procedura penale*, n° 2-2000 (avr. 2000), p. 113-118, spéc. p. 113, qui voit, dans le Code de procédure pénale de 1988, la consécration d'une vérité « dialectique » ou « argumentative ».

[274] J. E. IMWINKELRIED, *op. cit.*, *loc. cit.*

[275] K. R. POPPER, *Conjuctures and Refutations : the Groth of Scientific Knowledge*, 5e éd., Routledge & Kegan Paul, Londres, 1974.

[276] Ch. PERELMAN Ch., T. L. OLBRECHTS, *La nouvelle rhétorique. - Traité de l'argumentation*, Tome 1, PUF, Paris, 1958 ; v. aussi, Ch. PERELMAN, *Logique juridique*, *op. cit.*, p. 104 et s.

[277] A. GUILIANI, *op. cit.*, *loc. cit.* - Il ne faut d'ailleurs pas négliger l'impact de ce penseur sur l'adoption d'un nouveau modèle de procédure pénale, en Italie, en 1988 (sur le nouveau code, v. *infra*, ce paragraphe). En plus des exemples cités au texte (*infra*), on relèvera cette formule significative d'un universitaire italien, portant une appréciation d'ensemble sur le nouveau modèle : « En suivant ces lignes directrices, on peut penser être à la veille d'un retour au concept "classique" de preuve conçue comme argument, lié à la logique du vraisemblable et du probable », S. MOCCIA, « Vérité substantielle et vérité du procès », *Déviance et société* 2000, vol. 24, n° 1, p. 109-118, spéc. p. 116.

[278] M. DAMAŠKA, *Evidence Law Adrift*, *op. cit.*, note (4), p. 61.

[279] F. HOULE, « Le fonctionnement du régime de preuve libre dans un système non-expert : le traitement symptomatique des preuves par la Section de la protection des réfugiés », *op. cit.*, p. 344-345, v. aussi J. D. JACKSON, « Two methods of proof in criminal procedure », *The Modern Law Review* 1988, Vol. 51, n° 5, p. 549-558.

des moyens efficaces d'accélérer le cours des débats ; il en est de même de l'institution du *voir-dire*[280]. Étant dispensé de s'interroger sur la fiabilité concrète de la preuve produite - qui a été contrôlée grâce à ce filtre procédural - le juge peut se contenter d'accueillir, sans autre recherche, l'élément qui a franchi ce premier seuil[281]. Pareillement, si la matière du débat (l'élément de preuve) importe moins que la *façon* (la *bonne façon*) dont il a été conduit, le système doit s'opposer à la production d'une preuve découverte au cours des débats. Il faut prévenir, comme on a pu le dire, l'effet « Barbe bleue » dans l'entreprise probatoire[282]. L'avant-procès gagne également en cohérence sous ce nouveau regard. La « transparence probatoire », qui est consubstantielle à la procédure de *discovery*, contribue, certes, à la définition de l'objet de la preuve et à une « information équitable »[283] de l'adversaire, mais elle permet également, et surtout, à chaque partie, *d'éprouver* ses éléments de preuve et *d'en examiner* ainsi soigneusement la pertinence. Il en résulte force bénéfices. Les parties parviennent, tout d'abord, à resserrer progressivement le matériel probatoire à quelques informations limitées ; les auteurs anglo-américains font ainsi volontiers leur la formule popularisée par George Braque selon laquelle « les preuves fatiguent la vérité »[284]. Le débat en retire un profit certain, puisqu'il n'est pas frelaté par le travail de sélection et de mise en ordre des preuves qui demeure nécessaire dans le cadre des procédures continentales. Les parties se présentent ensuite au jour de l'audience principale dans une tout autre posture. Placées désormais dans une situation de parfaite isonomie (le concept « d'égalité des armes »)[285], suffisamment informées de la force ou de la faiblesse des quelques preuves qui ont pu franchir avec succès les différents filtres, elles peuvent se concentrer sur ce qui forme le cœur du procès de *Common Law*, savoir la *direct-examination* et la *cross-examination*[286]. Ce cœur du procès explique également

---

[280] La notion de *voir-dire* appartient, avant tout, au droit anglais. Il s'agit du dispositif qui permet de régler les questions de recevabilité avant que les éléments de preuve ne soient soumis à la sagacité des jurés. Son objectif est très clair : éviter que des éléments qui pourraient être déclarés irrecevables soient portés à la connaissance du jury. Une telle procédure, qu'on appelle également « *a trial within a trial* » - *le procès dans le procès* - peut intervenir en amont des débats. Elle intervient, cependant, souvent au cours des débats, à un moment où le juge a une vraie connaissance de la cause, v. A. KEANE, J. GRIFFITHS, P. MCKEOWN, *op. cit.*, p. 34-37. S'agissant du droit américain, l'expression de *voir-dire* correspond à la procédure de désignation des jurés (W. BURNHAM, *Introduction to the law and legal system of the United States*, 4e éd., West Group, Saint Paul, 2011, spéc. p. 89). Pour trouver un mécanisme équivalent au *voir-dire* anglais, *cf.* les *Federal Rules of Evidence*, règle 103, (d) : « Dans la mesure du possible, la juridiction doit conduire le jury de manière à éviter qu'une preuve irrecevable soit portée à sa connaissance par quelque moyen que ce soit » (révision 2011).

[281] M. DAMAŠKA, *op. cit.* p. 68-70, et spéc. note (20), p. 69 et note (22), p. 70.

[282] M. DAMAŠKA, *op. cit.* p. 62-63.

[283] « *Fair notice* » *:* Cour Suprême des États-Unis, 1957, *Conley v. Gibson, United States Supreme Court Reports*, p. 355, n° 47.

[284] M. R. DAMAŠKA, *op. cit.*, note ainsi que, au terme de la recherche des preuves, « la matière assemblée par les avocats des parties est à la fois singulièrement copieuse, quelque peu indéfinie, et demeure partiellement mystérieuse à ceux qui devront statuer. À ces conditions, il ne fait aucun doute que la justesse du jugement de fait peut en souffrir : *les preuves fatiguent la vérité** », (*en français dans le texte), p. 133.- V. aussi, Ph. THÉRY, « Les finalités du droit de la preuve en droit privé », *Droits* 1996, n° 23, p. 41-52, p. 41, *épigraphe*.

[285] Même s'il est vrai qu'il faut considérablement nuancer cette affirmation en matière pénale : v., en ce sens, les remarques de E. ZOLLER, « Procès équitable et due process of law », *D.* 2007, p. 517, § II, B), 2).

[286] Le rôle de ces deux mécanismes est d'éprouver la fiabilité du témoin et la pertinence de ses déclarations. V., en droit anglais, A. KEANE, J. GRIFFITHS, P. MCKEOWN, *The Modern Law of Evidence*, *op. cit.*, chapitre 6, p. 161-188 (pour l'*examination-in-chief*) et Chapitre 7, p. 189-217 (pour la *cross-examination* et la *re-examination*). Le vocabulaire parle de lui-même : l'*examination-in-chief* ou première

pourquoi certaines preuves peuvent encore être maintenues en justice, même si elles ont été irrégulièrement obtenues. Puisque l'essentiel n'est pas la genèse de la preuve, mais son résultat lors de la production du procès, il se peut que sa défectuosité première ne compromette pas l'*équité* de la procédure si elle a pu être soumise au débat, discutée, éprouvée. Bref, conçues comme un véritable combat (ce qui accroît encore la dimension agonistique du procès de *Common Law*), l'audition et la contre-audition *dynamiques* des témoins - plus largement la discussion ordonnée des preuves produites devant la juridiction - peuvent normalement se dérouler sans heurts et opérer pleinement leurs vertus véridictoires[287]. Ce modèle encore valorisé récemment, bien que sous une forme différente, par les principes de la commission ALI-Unidroit[288] de procédure civile transnationale, prend la forme du procès

audition est celle qui est assurée par la partie qui a appelé le témoin ; la *cross-examination* ou contre-audition est ouverte à la partie adverse ; enfin, la *re-examination* ou *audition complémentaire* permet à la partie qui a mené la première audition de corriger certaines conséquences ayant pu résulter de la contre-audition. En droit fédéral américain, v. *Federal Rules of Evidence*, Règle 611, (a), (b) et (c) (sur quoi, G. WEISSENBERGER, J. J. DUANE, *Federal Rules of Evidence, op. cit.*, spéc. p. 333-335). On retrouve le même vocabulaire, à l'exception, de la *re-examination*, ce qui n'a aucune conséquence dans la mesure où les règles donnent un pouvoir discrétionnaire au juge pour autoriser ce que la doctrine appelle une *redirect examination* ou une *re-cross-examination* (*op. cit.*, p. 336).

287 On rejoint, quelque part, cette logique « probatoire » du monde franc, si bien décrite par Robert Jacob : « La traduction exacte du terme *probatio* est épreuve et non preuve. Si la *probatio* se rencontre couramment en alternance avec la composition, c'est qu'elle a d'abord, comme celle-ci, la vocation d'éteindre l'action de l'adversaire. Elle opère dans un système processuel qui vise à la pacification des conflits, non à la recherche de la vérité. Elle n'entretient avec celle-ci qu'une relation des plus équivoques. Même si elle semble ordinairement appelée à lever un doute plus ou moins partagé, il arrive aussi bien qu'elle ait pour seul objet d'éteindre la responsabilité d'un plaideur dont la faute est établie. En fait, sa fonction propre, toujours présente, est celle de tout rite décisoire : il s'agit d'expulser symboliquement du champ social, par l'efficace du rituel, la prétention opposée », R. JACOB, « Jugement des hommes et jugement de Dieu à l'aube du Moyen Âge », *in* R. JACOB (dir.), *Le juge et le jugement dans les traditions juridiques européennes*, LGDJ, droit et société, Paris, 1996, p. 43-86, spéc. p. 51.

288 Sur la genèse du texte, v. F. FERRAND, « Les principes ALI-Unidroit de procédure civile transnationale : vers une harmonisation mondiale de la procédure civile ? », *Gaz. Pal.*, 27-28 mai 2005, p. 9, qui parle de « *soft law* », n° 4. Sur ceux-ci, v., outre le texte, ALI-UNIDROIT, *Principles of Transnational Civil Procedure*, Cambridge University Press, Cambridge, 2005 (en français ALI-UNIDROIT, « Principes ALI/UNIDROIT de procédure civile transnationale » [version officielle en français], *Rev. dr. unif.* 2004-4, p. 759-809, spéc. P-A, p. 759), voir R. STÜRNER, « The Principles of Transnational Civil Procedure », *Rabels Zeitschrift für ausländisches und internationales Privatrecht* 69/2005, p. 201-254, F. FERRAND (expert également), « Le nouveau Code de procédure civile français et les Principes ALI-UNIDROIT de procédure civile transnationale : Regard comparatif », *in* J. FOYER, C. PIUGELIER (dir.), *Le nouveau Code de procédure civile (1975-2005)*, p. 439 et s., F. FERRAND (dir.), *La procédure civile mondiale modélisée : le projet de l'American Law Institute et d'Unidroit de principes et règles de procédure civile transnationale* (actes du colloque de Lyon du 12 juin 2003), Éd. juridiques et techniques, Paris, 2004. - *Adde*, P. FOUCHARD, *Vers un procès civil universel ? Les règles transnationales de procédure civile de l'American Law Institute*, éd. Panthéon-Assas, coll. Sc. Jur. & Pol., Paris, 2001. Le texte a été adopté par l'*American Law Institute* (ALI) en mai 2004, et par l'*Institut international du droit privé* (UNIDROIT) en avril 2004. La procédure est articulée autour de trois phases : « Après une phase introductive écrite (l'étape du *pleading*) s'ouvre une phase préparatoire de clarification au regard du droit applicable, le substrat factuel de l'affaire, et les moyens de preuve disponibles. Cette phase procédurale préparatoire assure non seulement l'information des parties et les met en mesure de préparer l'audience principale, mais elle est aussi destinée à informer la juridiction ou le juge et à anticiper ou replacer, en partie, l'appréhension de la preuve dans l'audience principale (transmission des documents à l'adversaire et à la cour, expertises écrites pour l'information de la juridiction et des parties, déclarations écrites des témoins qui vont préparer ou anticiper le témoigne oral, etc.) », R. STÜNER, « The Principles of Transnational Civil Procedure », *op. cit.*, p. 225 (v. respectivement, *PPCT*, art. 9, 9.1 et 9.2 ; art. 9.2, 9.3.1, 9.3.2 et 9.3.3 ; & art. 9.3.3 [la notion de *pleading* est définie *infra*, n° 176-177]. Il est vrai que le système a abandonné tout à la fois le *notice pleading* américain et la *discovery*. Mais le projet va tout de même très loin : F. FERRAND, « Les principes ALI-Unidroit de procédure civile transnationale : vers une harmonisation mondiale de la procédure civile ? », *op. cit.*, n° 15 : « C'est donc un véritable droit à la

« concentré »[289] ou de « l'audience principale »[290] ; il est aujourd'hui incontournable pour le droit français, car il paraît progressivement se diffuser à travers la jurisprudence de la Cour européenne des droits de l'homme ; et encore, ce modèle ne rend-t-il compte que d'une partie des transformations en cours. La rationalité matérielle s'insinue aussi et, avec elle, se diffuse un droit de la preuve plus incertain, un modèle probatoire bien plus éthique que juridique. Il n'est pas certain qu'il faille s'en réjouir[291]. L'exemple de la procédure pénale italienne montre bien la difficulté, voire les dangers, qu'emporte tout processus d'acculturation[292].

preuve sur le modèle anglais (et non pas le modèle américain qui va beaucoup plus loin) de la disclosure que consacre le projet, ceci dans le but d'atteinte à une vérité procédurale indépendamment de savoir qui est en possession d'un élément de preuve. La Cour européenne des droits de l'homme n'est jamais allée jusqu'à consacrer un tel droit ». On retrouve donc là la logique de transparence probatoire chère aux systèmes de *Common Law* (v. *infra*, n° 173 & 183). Il faut également signaler l'impact de la concentration sur l'objet de la preuve, avec l'application de ce qui semble bien être une forme de *judicial admission : PPCT*, art. 11.4 : « En l'absence de contestation en temps utile par une partie d'un moyen soulevé par la partie adverse, le tribunal peut considérer que ledit moyen a été admis ou accepté ». V., toutefois, L. CADIET, « La preuve », F. FERRAND (dir.), *La procédure civile modélisée*, *op. cit.*, p. 119 et s., qui tend à considérer que le modèle finalement retenu est très éloigné du système américain (ce qui est exact), et qu'il ressemble aujourd'hui au modèle anglais qui, s'étant lui-même « continentalisé », devrait assurer une coexistence de toutes les traditions juridiques.

[289] *<Concentrated Proceedings>*, v. chez M. R. DAMAŠKA, *Evidence Law Adrift*, chapitre 3 de l'ouvrage qui porte cet intitulé. L'auteur parle encore de « concentration procédurale », *op. cit.*, p. 63. V. encore, la même affirmation chez W. BURNHAM, *op. cit.*, p. 235 qui relie le système de la *discovery* à la nature « *concentrée* » et « *continue* » du procès.- V. aussi : Principes ALI-Unidroit, princ. 9.4 : « Lors de la phase finale, les éléments de preuve qui n'ont pas encore été communiqués au tribunal selon les modalités du Principe 9.3.6 sont généralement présentés dans une audience finale concentrée au cours de laquelle les parties présentent leurs conclusions finales ».

[290] C'est la formule également employée par M. Damaška: M. R. DAMAŠKA, *The Faces of Justice and State Authority...*, *op. cit.*, p. 98 et s. (ou "concentration procédurale"). L'expression ne figure pas, *expressis verbis*, dans les principes, mais elle est employée par l'un des co-rapporteurs de la commission : R. STÜRNER (l'auteur était l'un des sept experts désignés par Unidroit), « The Principles of Transnational Civil Procedure », *op. cit.*, spéc. p. 224 : « *main hearing model* ». C'est, du reste, une expression qui est très souvent employée par les auteurs américains pour décrire la spécificité de leur modèle : G. C. HAZARD Jr, M. TARUFO, *American Civil Procedure : An Introduction*, Yale University Press, New Haven, Londres, 1995, spéc., p. 128 et s., des mêmes auteurs, « Procedural Law », *Encyclopædia Britannica*, mise à jour oct. 2008, (*Encyclopædia Britannica Online*).

[291] E. JEULAND, « Preuve judiciaire et culture française », *op. cit.*, p. 149 : « Ainsi la réussite de l'harmonisation européenne et mondiale des procédures dépend de la connaissance que l'on peut avoir de l'influence de la culture sur les preuves. Le résultat de cette investigation peut conduire à considérer que l'universalisation n'est pas possible ou souhaitable ou bien, c'est notre point de vue, qu'un rapprochement est envisageable à condition de prendre en considération et de respecter les particularismes de chacun ».

[292] Le 24 octobre 1988, le Parlement italien adoptait un nouveau Code de procédure pénale (*Codice di Procedura Penale*) très largement inspiré des procédures pénales anglo-américaines (pour une présentation synthétique : N. BOARI, « On the Efficiency of Penal Systems : Several Lessons From the Italian Experience », *International Review of Law and Economics* 1997, n° 17, p. 115-125). Jusqu'en 1999, au moins, cette transplantation a donné lieu à de nombreux rejets : la Cour Constitutionnelle italienne s'est, en effet, efforcée, par une série de trois décisions, de limiter l'ampleur des changements entrepris. Cour Constitutionnelle italienne, 22 janv. 1992, déc. n° 24/1992 ; par ce premier arrêt la Cour devait déclarer comme étant contraire à la Constitution l'article 195, section 4, du Code de procédure criminelle interdisant à un témoin (et notamment à un officier de police judiciaire) de rapporter, en justice, des faits dont il n'avait pu prendre directement connaissance par l'un de ses sens (ce qui est une forme de prohibition du ouï-dire). L'article, selon elle, manquait de justification raisonnable, et méconnaissait, notamment, le poids qu'il faut placer dans la dimension véridictoire du procès. Pour s'assurer que les magistrats et autres organes de recherche de la preuve découvrent la vérité, la Cour estime que ces intervenants doivent être en mesure de s'appuyer sur des déclarations extrajudiciaires sur le lieu et le moment de survenance des faits. Par ailleurs, comme le remarquait la juridiction, l'article 195 prévoyant des exceptions à cette règle en faveur des parties privées, rien ne justifiait qu'il en allât différemment pour les officiers de police (*cf.* W. T. PIZZI, M. MONTAGNA, « The Battle to Establish an Adversarial Trial

System in Italy », *Michigan Journal of International Law* 2004, n° 25, p. 429-466, spéc. p. 450-451, E. GRANDE, « Italian Criminal Justice : Borrowing and Resistance », *American Journal of Comparative Law* 2000, n° 48, p. 227-259, spéc. p. 250-251). Cour Constitutionnelle italienne, 18 mai 1992, déc. n° 254/1992, *Gazzetta Ufficiale la serie speciale*, 4 juin 1992, n° 24 : dans cette décision, la Cour devait se prononcer sur la conformité à la Constitution italienne de l'article 513, section 2, qui interdisait l'introduction en justice de la déclaration extrajudiciaire faite par le complice lorsque celui-ci, ultérieurement appelé à la barre pour témoigner, exerçait le droit de se taire. Elle soutenait que, afin de découvrir la vérité, les juges, aussi bien que le procureur et les officiers de police, devaient être capables d'obtenir autant d'informations sur le crime qu'ils peuvent en avoir au cours du procès (comp., Cour Suprême des États-Unis, *Lilly v. Virginia*, *United States Supreme Court* 1999, n° 527, p. 116 ; *Lilly* était le complice de l'accusé. Il avait, devant les policiers, désigné le défendeur comme étant celui qui avait tiré sur la victime. Au cours du procès, il refusait, cependant, de réitérer ses déclarations et se prévalait de son droit au silence. La poursuite fut autorisée à produire la déclaration extrajudiciaire. La Cour Suprême vit dans cet acte une violation de la « *confrontation clause* », qui permet de faire contre-interroger un témoin : Cour Suprême E.-U, *Lilly*, p. 143). Cour Constitutionnelle italienne, 18 mai 1992, déc., n° 255, *Gazzetta Ufficiale la serie speciale*, 4 juin 1992, n° 42 : dans cette dernière décision, la Cour devait débattre de la constitutionnalité de l'article 500, section 3, du Code de procédure criminelle italien relatif à l'utilisation de la déposition extrajudiciaire faite par le témoin pour contester la crédibilité de la déclaration faite par ce même témoin, par la suite, en justice. À rebours, le texte interdisait l'utilisation de la déclaration à d'autres fins, en quoi la Cour constitutionnelle vit une inconstitutionnalité. Peu après ces trois décisions, le législateur intervint pour tenter de limiter les effets de ses décisions constitutionnelles à l'égard de l'article 500 du Code de procédure criminelle (L. n° 306, 8 juin 1992, *Raccolta ufficiale* 1992, IX, 3264, Lex. 1992, I, 2445). Telle qu'amendée, la section 3 du texte disposait que l'utilisation d'une déclaration extrajudiciaire pouvait être autorisée exceptionnellement à des fins probatoires (le principe étant l'utilisation à des fins de contrôle de la fiabilité du témoignage judiciaire), si une ou plusieurs preuves tendaient à confirmer ou corroborer la déclaration extrajudiciaire ou si les circonstances pouvaient laisser penser que le témoin avait été menacé, soudoyé ou influencé de quelque autre façon (W. T. PIZZI, M. MONTAGNA, *op. cit.*, p. 459) ; le texte est aujourd'hui encore plus restrictif et aucune distinction ne mérite d'être faite, comme dans le projet initial de 1988, entre les déclarations extrajudiciaires selon qu'elles sont le fait d'un tiers ou de la police : L. LA GIOIA, « Divieto di testimonianza indiretta della polizia giudiziaria e dirrito rafforzato alla prova contraddittoria », *Archivio della nuova procedura penale*, 2009, n° 6, p. 766-775. Le législateur fit de même, en 1997, avec la deuxième décision rendue par la Cour Constitutionnelle : L. n° 267, 7 août 1997, *Raccolta ufficiale* 1997, XIII, 5330, Lex. 1997, I, 2549, art. 1 ; il achoppa, cependant, sur la résistance de la Cour Constitutionnelle : Cour Constitutionnelle italienne, 2 nov. 1998, déc., n° 361, *Gazzetta Ufficiale la serie speciale*, 4 nov. 1998, n° 44 (W. T. PIZZI, M. MONTAGNA, *op. cit.*, p. 459). Pour mettre un terme à cette bataille sans fin entre la Cour Constitutionnelle et le Parlement, une révision de la Constitution fut finalement entreprise : Loi Constitutionnelle n° 2, 23 nov. 1999, *Gazzetta Ufficiale serie generale*, 23 déc. 1999, n° 300, Lex. 1999, I, 4447. Cette réforme dite du « *giusto processo* » (*procès équitable*) a été importante puisqu'elle a consisté à réaffirmer le rattachement du procès pénal italien à la philosophie anglo-américaine. Celle-ci est désormais nettement énoncée à l'article 111 de la Constitution de la République Italienne : « Le pouvoir juridictionnel s'exerce dans le respect du procès équitable <*giusto processo*> réglé par la loi. - Tout procès se déroule dans le respect de la contradiction entre les parties, dans des conditions de parité, devant un juge indépendant <giudice terzo> et impartial. La loi en assure la durée raisonnable. - Dans le procès pénal, la loi garantit que la personne accusée d'un délit soit, dans les plus brefs délais, informée discrètement de la nature et des motifs de l'accusation retenue contre elle ; elle doit disposer du temps et des moyens nécessaires pour préparer sa défense ; elle doit avoir la faculté, devant la juridiction, d'interroger ou de faire interroger les personnes qui ont témoigné contre elle, d'obtenir la convocation et l'interrogatoire des témoins à décharge <*di persone a sua difesa*> dans les mêmes conditions que l'accusation et l'obtention de tout autre élément de preuve en sa faveur ; elle doit être assistée d'un interprète si elle ne comprend pas ou ne parle pas la langue utilisée dans le procès. Le procès pénal est régi par le principe du contradictoire dans la formation de la preuve. La culpabilité ne peut être établie sur la foi des déclarations faites par ceux qui, librement, se sont toujours volontairement soustraits à l'interrogatoire par l'accusé ou son défenseur. - La loi règle les cas dans lesquels la formation de la preuve n'a pas lieu dans le respect du contradictoire par l'effet du consentement de l'accusé ou en raison de l'impossibilité vérifiée de nature objective ou en raison d'une conduite illicite prouvée [...] » (COSTITUZIONE DELLA REPUBLICCA ITALIANA E NORME FONDAMENTALI SULLA CORTE COSTITUZIONALE, 22 déc. 1947, *Corte Costituzionale*, Pubblicazione a cura del Servizio Provveditorato e del Servizio Studi e Massimario, Rome, 2009, p. 34-35). Il n'en demeure pas moins que des tensions subsistent toujours, en particulier en ce qui concerne le témoin *de relato* de la police judiciaire (témoignage portant sur des informations contenues dans les procès-verbaux

17-2. ***Problématique.*** Le droit de la preuve a une forte dimension culturelle. Plus que tout autre droit, le droit de la preuve réagit à son environnement culturel que constitue l'organisation de l'État, la structure du pouvoir judiciaire et les rationalités à l'œuvre. C'est donc *in situ* qu'il faut étudier le système probatoire français en montrant sa nature exacte au regard de la structure hiérarchique du droit français, ainsi que ses évolutions, qu'elles soient d'ordre interne ou externe. Si le processus probatoire en justice forme un *continuum*, trois grands temps sont néanmoins perceptibles. Le premier, sans lequel rien n'est possible, est celui de la définition de *ce qui doit être prouvé* (la question de l'objet de la preuve). Le deuxième correspond à la recherche de la preuve. Le dernier mouvement est celui de l'appréciation. Au regard de la structure hiérarchique du droit français de la preuve, aucune de ces étapes ne se signale véritablement et ne permet de d'adopter un rythme binaire. Le droit français de la preuve en justice apparaît dans toute sa particularité, ses relativités que révèle bien la méthode comparative et qu'explique l'analyse culturelle. L'environnement culturel fait néanmoins signe vers une ligne de fracture qui se manifeste du reste sur le plan structurel. Comme le révèle assez bien l'étude logique du système probatoire français, la notion d'objet de la preuve - qui appartient à la *quaestio juris* - côtoie intimement le fond du droit. Bien qu'essentielle, comme on l'a dit[293], elle d'ailleurs été largement délaissée par la doctrine. À s'en tenir à ce critère structurel, on peut aussi bien isoler, à rebours, la recherche et l'appréciation de la preuve qui appartiennent pour leur part à la *quaestio facti*, c'est-à-dire au domaine du fait. Mais c'est surtout sur le plan de l'analyse culturelle que la frontière se dessine le plus nettement. Dans une perspective plus dynamique, presque conjoncturelle, on ne peut manquer de souligner que, à la différence de la phase de définition de l'objet de la preuve qui n'a connu que des évolutions internes et qui, semble-t-il, ne pourrait subir de véritables influences extérieures, l'étape globale de recherche et d'appréciation de la preuve est confrontée à des influences extérieures, de véritables phénomènes d'acculturation. Les systèmes participatifs de *Common Law* sont ici à l'œuvre, ce qui mérite une étude à part entière. Ces deux séries de facteurs conduisent donc à séparer nettement l'étude des règles relatives à l'objet de la preuve, leur relativité et irréductibilité culturelles (*première partie*) de l'étude des règles relatives à la recherche et

---

de la police) : v., par ex., Cour Constitutionnelle italienne, 26 févr. 2002, déc. n. 32, *Diritto penale e processo* 2002, p. 1373 ss. note C. VALENTINI, *Diritto penale e processo* 2002, p. 1378 et s., note di F. CURCIO. - encore P. FERRUA, « La Corte costituzionale promuove la "regola d'oro" del processo accusatorio », *Diritto penale e processo* 2002, p. 401, F. PERONI, « La testimonianza indiretta della polizia giudiziaria : verso una nozione di contraddittorio costituzionalmente orientata », *Giustizia e Costituzione* 2002, p. 302, Cour Suprême de cassation, cassation pénale, 28 mai 2003, déc. n° 36747, *Guida al diritto* 2003, n° 42, p. 59, note G. LEO, Cour Constitutionnelle italienne, 30 juill. 2008, déc. n° 305, *www.dirittoegiustizia.it* 2008, note A. NATALINI (pour contrôle, V. L. La GIOIA, « Divieto di testimonianza indiretta della polizia giudiziaria e dirrito rafforzato alla prova contraddittoria », *op. cit.*, note (34)).

[293] Comme l'observait Motulsky, « [i]l n'est pas exact, nous semble-t-il, bien que la tradition ait accrédité cette manière de voir, que l'esprit du juge doive successivement passer par trois phases : d'abord vérifier les faits, ensuite déterminer le caractère légal de ceux qu'il aura reconnus constants, et enfin leur faire produire les conséquences juridiques qui découlent de ces prémisses. Raisonner ainsi, c'est risquer de travailler à pure perte. Avant de se préoccuper du point de savoir quels sont, parmi les faits contestés, ceux qui peuvent être tenus pour exacts, il faut, à notre avis, déterminer quels sont, parmi ces faits, ceux qui présentent une importance pour la solution du litige, c'est-à-dire qui, d'après la terminologie processualiste, sont "concluants" ou "constants" », H. MOTULSKY, *Principes d'une réalisation méthodique du droit privé. - La théorie des éléments générateurs des droits subjectifs*, (1948), rééd., Dalloz, Paris, 2002, p. 85-86.

l'appréciation de la preuve, leurs relativités culturelles et leur acculturation (*seconde partie*).

PREMIÈRE PARTIE

L'OBJET DE LA PREUVE, RELATIVITÉS ET IRRÉDUCTIBILITÉS CULTURELLES

18. ***Structures du pouvoir judiciaire et de l'État.*** Au même titre que toutes les notions qui gravitent autour du droit de la preuve judiciaire, la notion d'objet de preuve n'échappe pas à l'emprise de la culture, c'est-à-dire, selon les prémisses de cette étude, à la spécificité du pouvoir judiciaire et, plus largement, du pouvoir de l'État. On ne peut aussi bien espérer en faire ressortir la dimension culturelle sans s'interroger sur la structure de la justice et sans mobiliser, en amont, une méthode comparative capable de faire saillir les singularités du système étudié. Cette dernière tâche a été largement menée en introduction et une grande partie de ce travail se propose encore de mettre au jour les liens étroits qui se tissent entre la conception du pouvoir judiciaire en France et son système probatoire, et les échanges culturels - et leurs effets - qui s'opèrent entre tous les systèmes étudiés. On ne peut guère, en conséquence, que reprendre la typologie dégagée en introduction, qui oppose les systèmes hiérarchiques, dont fait partie le système français, et les systèmes participatifs auxquels il faut rattacher le droit anglais et le droit américain fédéral. Il importera donc d'insister, à plusieurs reprises, sur la nature hiérarchique des règles relatives à l'objet de la preuve. Il convient, cependant, de noter d'emblée combien la tâche a été facilitée par les résultats de la méthode comparative qui a révélé, sous une lumière semble-t-il assez vive, toute la singularité des systèmes participatifs et a fait ressortir, grâce à un fort contraste, la nature profondément hiérarchique du système français. C'est la raison pour laquelle le parti a été pris, dans cette première partie, de n'envisager qu'incidemment les relations entre la structure du pouvoir judiciaire et la notion d'objet de la preuve. D'autres facteurs invitaient, du reste, à détourner momentanément le regard de l'architecture du pouvoir judiciaire en France. Le système français connaît, en effet, une importante phase de transformation - que signe un renouveau du libéralisme procédural - qui pouvait difficilement ne pas être envisagée dans le cadre d'une étude des relations entre la culture et le droit de la preuve, tant il est vrai que la notion d'objet de la preuve a été profondément remaniée (ou est susceptible de l'être) par toutes ces mutations. L'étude culturelle ne doit pas s'attacher seulement à montrer l'ossature d'un système en creusant jusqu'à ses fondements culturels, mais elle doit également donner à voir comment les *substrats* se transforment, que ce soit de manière autonome ou sous l'effet d'une influence extérieure. Le tableau brossé montre donc bien la relativité de la notion, une relativité interne, mais aussi des irréductibilités, en l'occurrence assez marquées, entre les deux systèmes que l'on se propose d'étudier.

19. ***Complexité de la notion.*** À un autre égard, l'examen de la notion d'objet de preuve mérite une approche singulière. Le plan de cette étude en donne les premiers signes ; le rappel de l'objet si particulier de ces règles - qui appartient au domaine du droit et non du fait - l'amplifie encore. Mais c'est surtout une notion peu connue, car peu étudiée, qui s'offre ici à l'interprète. Peut-il espérer répondre à la question posée, qui est celle de la dimension culturelle de la notion d'objet de la preuve, sans questionner d'abord cette même notion, qui se pose, d'ailleurs, comme *princeps*, du moins en droit français, dès lors qu'on ne saurait prouver sans savoir ce que l'on cherche à prouver ? On ne peut pas ne pas rappeler, par ailleurs, la particularité du système probatoire judiciaire par rapport à tout autre système de preuve.

On n'ose plus contester[294], depuis les mots célèbres de Bartin[295], l'hiatus profond qui sépare la preuve historique de la preuve judiciaire. À la différence de l'historien, le juge serait toujours pris par le temps et ne pourrait espérer saisir autre chose qu'une vérité relative. Outre que cette proposition est de moins en moins vrai, ne serait-ce que parce que l'autorité de la chose jugée n'est plus d'une conception aussi rigoureuse qu'elle a pu l'être, l'existence de l'office de véridiction, qui sert l'objectif de vérité matérielle que se fixe le système judiciaire français[296], a dû convaincre que la frontière était bien ténue entre l'activité du juge et celle de l'historien ; et le doute, s'il existe, peut toujours justifier une abstention de la part du juge, qui applique alors le risque de la preuve. Il semble, surtout, que cette distinction marquée manque en partie son objet dès lors qu'elle ne voit pas ce qui fait la véritable spécificité de la preuve judiciaire. Comme on a pu le dire, le juge « doit résoudre une *quaestio facti,* qui lui a été soumise par les parties (*nemo iudex sine auctore*), d'après une *quaestio juris* »[297]. Toute la complexité de la question découle, en effet, de ce que la preuve judiciaire est absolument inséparable de l'*office de juridiction* du juge, entendu dans son sens le plus large, c'est-à-dire l'office qui lui impose d'*adjuger* en application d'une norme qui, parce qu'il l'applique, devient juridique[298]. Fondamentalement, la notion d'objet de preuve se pose au centre de l'office de juridiction. Elle oblige le juge non seulement à un travail véridictoire, mais également à un travail de validation (la validité ne pouvant se confondre à la vérité), dont rendent bien compte les concepts, mis en avant par Kant, de *légalité*, de *légitimité*, de *justification*, de *conformité* au droit et de *subsomption*[299] que soulève toute question probatoire.

Sous ce regard, il ne suffit pas, comme le fait une grande majorité de la doctrine, de se retrancher derrière une sommaire distinction du fait et du droit, et de cantonner cette dernière notion au domaine de la loi, de la coutume et des usages, en invoquant la maxime *Jura novit curia*[300]. Il y a, du moins dans le système hiérarchique français, quelque chose de *constitutif*, de *structurel*, derrière la dialectique fait-droit. Dans tout procès, on constate un *probandum* central, c'est-à-dire *une*

---

294 V. toutefois, *supra*, n° 7.

295 E. BARTIN ss. C. AUBRY, C. RAU, *Droit civil français*, éd. Juris-Classeurs, Librairie de la Cour de cassation, tome XII, 5e éd. par Bartin, Paris, 1922, spéc. note (2*bis*), p. 64 : « La preuve, au sens général et de pure logique de l'expression, suppose la pleine liberté de l'investigation sur la question à résoudre, tant en ce qui concerne les personnes appelées à poursuivre la recherche ou se prononcer sur ses résultats, qu'en ce qui concerne les points auxquels la recherche peut s'étendre, et les moyens de conviction qu'elle emploie : elle implique, d'autre part, la possibilité de ne pas conclure et la nécessité de conclure toujours provisoirement ». Et il jugeait que « [l]a preuve judiciaire, au moins dans les contestations de droit privé ou de droit administratif, par opposition aux poursuites à fin de répression, présente des caractères tout opposés ». Il concluait de la sorte : « On ne peut imaginer, entre la preuve judiciaire et la preuve sans épithète, un contraste plus frappant. Ces différences fondamentales peuvent seules expliquer qu'il puisse être question, en matière de preuve judiciaire, soit d'opposer, comme on le fait couramment et à tant de points de vue, les règles de preuve et les règles qui touchent au fond du droit, soit de faire des conventions sur la marche de la preuve ».

296 Sur lequel, v. *supra*, n° 7.

297 G. BUSINO, « La preuve dans les sciences sociales », *Revue européenne des sciences sociales*, XLI-128, 2003, p. 11-60, spéc. n° 35.- Sur la notion de *quaestio* dans la rhétorique, v. *supra*, n° 3.

298 J.-M. LE MASSON, « La recherche de la vérité dans le procès civil », *Droit et société*, 38-1998, p. 21-32, spéc. p. 29.

299 Sur quoi, v. F. GIL, *Preuves,* Aubier, Bibliothèque du Collège International de Philosophie, Paris, 1988, spéc. p. 15 & p. 33.

300 V., par ex., H. ROLAND, L. BOYER, *Introduction au droit*, Litec, Traités, Paris, 2002, spéc. n° 1660, p. 572.

proposition principale devant apparemment être prouvée. C'est ce qu'on appelle parfois l'*ultimate probandum*[301], c'est-à-dire la première proposition importante que contient la règle de droit dont l'application est poursuivie. C'est la « violation manifestement délibérée d'une obligation particulière de sécurité ou de prudence prévue par la loi ou le règlement », la « méconnaissance grave ou renouvelée d'une obligation résultant du mariage et qui rend intolérable le maintien de la vie commune » ; bref, il s'agit de ce Motulsky avait appelé la *présupposition*[302]. Mais il s'en faut de beaucoup que l'identification de cette présupposition, que la doctrine désigne souvent par *fait*, permette d'ouvrir le débat probatoire. Comme Motulsky, une fois encore, l'avait bien montré, pour que se réalise méthodiquement le droit, il faut, nécessairement, « à un moment donné, *un retour du juridique au social* »[303], c'est-à-dire une identification des propositions qui ont une véritable signification sociale, qui sont susceptibles de se voir appliquer le régime de *vrai* et du *faux*, propositions appelées encore parfois, dans la doctrine anglo-américaine, les *penultimate probanda*[304]. C'est donc une première analyse structurale de la règle juridique qui attend le juriste, opération complexe qui mérite de longs développements - ce qui forme un premier retour sur la notion d'objet de preuve (Titre I). Il y a là un préalable évidemment indispensable en vue d'une appréhension culturelle de la notion d'objet de preuve (Titre II), mais plus largement aussi - et c'est également la prétention du premier titre -, une étude plus générale du système de la preuve judiciaire.

---

301 T. ANDERSON, D. SCHUM, W. TWINING, *Analysis of Evidence*, 2e éd., Cambridge University Press, Cambridge, 2009, spéc. p. 60-61 : « Dans une instance, il y aura un *probandum* majeur ou premier <*basic*> en débat que nous désignons comme le *ultimate probandum*. La règle de droit qui sera appliquée pour déterminer si le litigant ou le procureur peut obtenir satisfaction doit être regardée comme la prémisse majeure. Le *ultimate probandum* forme la prémisse mineure ». En réalité, comme on le verra plus bas (v. *infra*, n° 54), ce *probandum* ne forme pas exactement la prémisse mineure. Il est encore compris dans la prémisse majeure.

302 H. MOTULSKY, *Principes d'une réalisation méthodique du droit privé. - La théorie des éléments générateurs des droits subjectifs*, (1948), rééd., Dalloz, Paris, 2002, p. 18-19.

303 H. MOTULSKY, *op. cit.*, p. 61.

304 T. ANDERSON, D. SCHUM, W. TWINING, *op. cit.*, *loc. cit.* : ces *penultimate probanda* forment véritablement la prémisse mineure puisqu'ils constituent les *material facts*, c'est-à-dire les *faits matériels*, qui ont une véritable dimension sociale (phénoménale).

TITRE I

LA NOTION D'OBJET DE LA PREUVE

« Le but à atteindre par le travail que nous venons de décrire, c'est, nous l'avons dit, la comparaison entre les données révélées par l'analyse de la règle de Droit et celles qui forment le "cas particulier". Cette comparaison n'est, en principe, possible qu'une fois que les deux facteurs à mettre en regard sont de nature identique, ce qui implique, en tant qu'il s'agit de notions juridiques, que l'analyse ait touché la réalité sociale qui seule forme "l'élément" dernier d'où a pu sortir le Droit. Il s'opère donc, à un moment donné, un retour du juridique au social : à force d'analyse le Droit devient, ou plus exactement redevient du fait ».

H. MOTULSKY, *Principes d'une réalisation méthodique du droit privé*[305]

20. ***Nature et qualité.*** Quoique que concept premier du droit de la preuve, l'objet de la preuve n'en a pas moins été délaissé par la doctrine. À l'exception, en effet, de quelques auteurs comme Bartin[306] et Jean Chevallier[307], la notion n'a jamais été véritablement étudiée et elle reste, semble-t-il, objet de confusions. C'est que la notion, comme on l'a dit, ne se laisse certainement pas saisir à partir des seules notions traditionnellement considérées comme relevant du droit de la preuve. Elle nécessite un insistant regard sur droit substantiel, car c'est la norme juridique qui est en jeu, ainsi qu'un regard sur la procédure puisqu'elle dépend aussi de ce qui a été intégré au litige[308]. Elle côtoie, par ailleurs, des notions complexes de théorie du droit, comme celles d'interprétation, de qualification, de fait et de droit qui, ensemble, ont eu sans doute raison des tentatives de systématisation.

Il est certes vrai, comme l'énonce unanimement la doctrine, que la notion d'objet de la preuve a fondamentalement à voir avec la notion de fait, sans quoi, d'ailleurs, on ne saurait parler de système véridictoire. Mais on omet de souligner que l'objet de la preuve est inséparable de la norme juridique dont l'application est recherchée et qu'elle doit donc entretenir, avec elle, une relation particulière. Cette relation est essentielle, car elle permet de déterminer concrètement ce qui constitue un *fait* susceptible de constituer un objet de preuve. Parce que, par ailleurs, la

---

[305] H. MOTULSKY, *Principes d'une réalisation méthodique du droit privé. - La théorie des éléments générateurs des droits subjectifs*, Dalloz, Paris, 2002, p. 61.

[306] BARTIN ss. AUBRY & Rau, *Droit civil français*, éd. Juris-Classeurs, Librairie de la Cour de cassation, tome XII, 5e éd. par Bartin, Paris, 1922, spéc. note (10*bis*), p. 78.

[307] J. CHEVALLIER, « Le contrôle de la Cour de cassation sur la pertinence de l'offre de preuve », *D.* 1956, Chron., p. 37-40.

[308] A. KEANE, J. GRIFFITHS, P. MCKEOWN, *The Modern Law of Evidence*, 8e éd., Oxford University Press, Oxford, 2009, p. 7 ; v. aussi, *infra*, n° 88 et s.

présente recherche se propose de saisir la preuve juridique dans sa dimension judiciaire, il faut également replacer le concept au cœur de l'institution. On se condamnerait à rester bien loin de la vie du droit si on ne s'interrogeait sur *ce* qui permet au juge d'identifier l'objet de la preuve, c'est-à-dire les mécanismes mentaux à l'œuvre dans cette opération, ainsi que les dispositions, comme les présomptions, qui peuvent l'épauler dans cet office. Le même reproche pourrait nous être fait si on ne se demandait pas *ce qui,* au sein du litige, peut former un *objet de preuve* pour le juge. Cette première question en appelle d'ailleurs d'autres : le juge peut-il aller au-delà des faits qui lui sont présentés par les parties, peut-il donner vie à un objet de preuve en modifiant la qualification ou la règle de droit applicable ? S'agit-il pour lui d'une faculté ou, plutôt, d'un devoir ? Toutes ces questions, comme celles qui se rapportent au contrôle que la Cour de cassation peut exercer sur ces questions, sont essentielles en elles-mêmes (parce qu'elles prétendent ajouter à la compréhension du droit), mais elles se montrent encore plus importantes dans la perspective d'une approche culturelle du système français de la preuve judiciaire, que ce soit directement ou par le biais de la méthode comparative. Comment saisir les grandes mutations culturelles qui affectent le droit français de la preuve sans s'interroger sur les pouvoirs dont dispose le juge à l'égard du litige ? Comme on le voit, la présente subdivision fixe plusieurs objectifs que l'on se propose d'atteindre en envisageant, successivement, la nature de l'objet de la preuve (Chapitre I) et la qualité de l'objet de la preuve (Chapitre II).

CHAPITRE I

LA NATURE DE L'OBJET DE LA PREUVE

21. ***Le social et le normatif.*** Il faut, pour l'heure, renoncer à toute analyse culturelle des règles de preuve du droit français. Le modèle hiérarchique doit être conservé à l'esprit et quelques idées seront mises en corniche pour préparer l'architecture du second titre. Les systèmes participatifs apparaîtront d'ailleurs déjà dans leur singularité, même s'ils ne seront convoqués, dans un premier temps, que pour mieux faire saillir les traits du droit français. Il faut donc consacrer nos efforts à une meilleure connaissance de cette notion particulière fuyante d'objet de la preuve. Si la question est aussi complexe, c'est, semble-t-il, parce qu'elle se joue apparemment des frontières dans lesquels le juriste aime enfermer les idées. Cette remarque étonne de prime abord. Comment peut-on parler de l'objet de la preuve comme d'une notion presque apatride, alors que les manuels de droit - spécialement ceux d'introduction au droit - répètent à l'envi que l'objet de la preuve relève du domaine du fait ? La jurisprudence ne fournit-elle pas, du reste, la meilleure preuve de l'excellence de la doctrine lorsqu'elle énonce, sans jamais se départir de cette idée, que l'aveu ne peut porter que sur des *points de fait* et non des points de droit[309] ? Un premier argument peut d'ores et déjà faire douter de la justesse de l'argument. Comme on a déjà eu l'occasion de l'indiquer et comme on le verra encore, la distinction du fait et du droit est loin d'être acceptée nettement par tous les systèmes juridiques - notamment les systèmes participatifs, sensibles aux enseignements de la rhétorique ; et pourtant, ils ne renoncent pas, eux non plus, à énoncer que ce qui constitue l'objet de la preuve est un *fait*. La notion de *fait* aurait donc plusieurs sens et mériterait d'être précisée. En réalité, la première proposition doctrinale est largement insuffisante pour une raison principale. Elle indique sans doute suffisamment qu'une question probatoire est en jeu, que les mécanismes probatoires doivent être mobilisés, de même qu'elle renseigne probablement sur les rôles respectifs du juge et des parties dans cette opération. Elle ne parvient cependant pas à établir *ce qui doit être prouvé*. Le Professeur Lagarde pouvait ainsi parfaitement affirmer, dans sa thèse de doctorat : « Mais qu'a-t-on gagné à affirmer que les propositions de preuve sont des propositions de fait ? - Peu de choses, si on considère la maxime isolément. Elle signifie seulement qu'on ne saurait exiger des parties au litige qu'elles administrent la preuve de l'existence et du contenu de la règle de droit qu'en vertu de

---

[309] Soc., 2 déc. 2009, pourvoi n° 08-43.350 : « la déclaration d'une partie ne peut être retenue contre elle comme constituant un aveu que si elle porte sur un point de fait et non un point de droit », Civ. 2e, 12 mars 2009, pourvoi n° 07-20.212 : « Mais attendu que la déclaration d'une partie portant sur des points de droit, tels que l'existence d'un droit de propriété, ne constitue pas un aveu, lequel ne peut avoir pour objet qu'un point de fait » ; v., déjà : Civ. 1re, 7 juin 1995, *Bull. civ.* I, n° 233, *JCP G* 1996, I, 3938, n° 18, obs. L. CADIET, *Gaz. Pal.* 1996, 2, Somm. ann., p. 473, obs. H. CROZE & Ch. MOREL, *RTD civ.* 1996. p. 170, obs. J. MESTRE.

l'adage *jura novit curia* le juge est censé connaître »[310]. L'objet de la preuve n'apparaît effectivement que si on s'interroge véritablement sur les rapports qui existent entre le fait et le droit - et c'est en cela, d'abord, que la notion échappe à une classification nette. Il y a dans toute règle de droit un segment qui a gardé trace du phénomène social qui l'a fait naître : la *présupposition* selon une terminologie empruntée qui a déjà été présentée au lecteur. Mais cette présupposition ne peut être tenue pour l'objet de la preuve, car elle n'est qu'une proposition de nature juridique qui relève non pas du domaine des jugements de vérité, mais des jugements de validité. Pour déceler véritablement l'objet de la preuve, il convient donc de s'interroger plus avant sur la signification sociale de cette présupposition, c'est-à-dire sur l'existence d'un lien particulier - qu'il va falloir préciser, mais qu'on rencontre déjà lorsqu'on réalise une opération d'interprétation - entre un ensemble d'espèces concrètes et ce segment de la règle de droit.

Pour s'en convaincre, regardons le juge à l'œuvre. Le voilà confronté à l'article L. 1232-1 du Code du travail, relatif au licenciement, et qui, comme on s'en doute, a donné lieu à une jurisprudence abondante. L'article énonce une règle relativement simple : « Tout licenciement pour motif personnel est motivé dans les conditions définies par le présent chapitre. - Il est justifié par une cause réelle et sérieuse ». Le juge dispose bien de sa « présupposition » : « la cause réelle et sérieuse ». Mais cette proposition ne lui fournit aucune indication aussi longtemps qu'il ne s'interroge pas, comme a dû nécessairement le faire la Cour de cassation, dans un premier mouvement, sur sa signification sociale. En somme, il lui est indispensable d'embrasser des faits véritables, des faits sociaux : gardien qui commet des vols à l'étalage[311] ; ingénieur-système qui refuse travailler un samedi à la mise en service d'un ensemble informatique alors qu'il était prévenu depuis plusieurs mois de cette mission et que la demande de l'employeur entrait dans le cadre des obligations professionnelles[312] ; salarié incarcéré[313]. Les exemples sont innombrables (il suffit de se reporter à la jurisprudence contenue, sous l'article, dans un code annoté) et accréditent bien l'idée que la réalisation du droit - et la preuve constitue l'étape majeure de cette réalisation - nécessite la prise en compte de faits

---

[310] X. LAGARDE, *Réflexion critique sur le droit de la preuve*, LGDJ, Bibliothèque de droit privé, t. 239, , Paris, 1994, n° 49, p. 81. - C'est d'ailleurs si vrai que les auteurs justifient souvent cette solution en affirmant que « même favorables à son adversaire, les déclarations d'une partie portant sur des questions de droit ne constituent pas un aveu pour la raison évidente que la loi n'a pas à être prouvée » (J.-L. MOURALIS, *V° Preuve (1° modes de preuve)*, *Rép. Dalloz dr. civ.*, n° 685) ou qu'elles ne sont que des opinions (M. PLANIOL, G. RIPERT, *Traité pratique de droit civil français, tome 7, Obligations. Deuxième partie*, par P. ESMEIN, J. RADOUANT, G. GABOLDE, 2e éd., LGDJ, Paris, 1954, spéc. n° 1461). Mais la question n'est pas là. Que signifie, pour le juge, la déclaration d'une partie selon laquelle elle est la cause de l'accident et qu'elle veut indemniser la victime (Civ. 2e, 28 mars 1966, *D.* 1966, p. 541), ou qu'il y a existence d'une solidarité (Civ. 1re, 7 juin 1995, *préc.*), existence d'une propriété indivise sur un immeuble (Civ. 1re, 23 nov. 1982, *Bull. civ.* I, n° 335) ou encore existence d'une servitude de passage (Civ. 3e, 27 avr. 1988, *D.* 1989, p. 275, note B. BEIGNIER) ? Il faut bien le reconnaître, peu de choses. Ce n'est pas qu'il s'agisse d'un problème de preuve de la loi ou d'un problème d'opinion juridique. Plus simplement, la proposition que vient épouser la déclaration de la partie appartient encore au domaine du droit et l'objet de la preuve n'a pas encore été déterminé. S'il s'en tenait à cette première déclaration, le juge n'aurait, à proprement parler, pas rempli son office qui consiste à interpréter la règle de droit pour dégager la signification sociale de la « présupposition ». L'objet de la preuve, le fait social, n'apparaît qu'au terme de cette opération - et l'aveu n'a de sens qu'à ce moment-là.

[311] Soc. 20 nov. 1991, *Bull. civ.* V, n° 512, *D.* 1992. IR 25, *Dr. soc.* 1992. 79.

[312] Soc. 27 nov. 1991, *Bull. civ.* V, n° 535, *D.* 1992, p. 296, note PICOD, *Dr. soc.* 1992, p. 329, note SAVATIER.

[313] Soc. 12 oct. 1983, *Bull. civ.* V, n° 485.

sociaux. Ces faits sociaux - qu'il ne faut absolument pas confondre avec ce qu'on appelle parfois les *faits juridiques* - forment l'objet de la preuve. C'est en cela qu'on peut parler de nature phénoménale de l'objet de la preuve (section I). Mais ce *fait social* ne doit pas rester seul et doit trouver sa place dans le système juridique. Pour parler avec plus de précision, il est nécessaire - dans une reconstruction du fait et du droit - qu'une relation s'établisse entre ce fait social et la *présupposition* (ou fait juridique), entre cette proposition qui décrit un phénomène de la nature (*l'être*) et cette proposition qui décrit un concept juridique (*le devoir-être*). C'est ce qui a permis au juge, dans les affaires précitées, de conclure que les faits méritaient la qualification de *cause réelle et sérieuse*. Sous ce regard, s'il a une nature phénoménale, l'objet de la preuve a, également, une nature normative (section II).

SECTION I
LA NATURE PHÉNOMÉNALE DE L'OBJET DE LA PREUVE

22. ***Nature phénoménale et nature normative.*** Par nature phénoménale, on signifie que l'objet de la preuve a quelque chose à voir avec la *nature*, c'est-à-dire avec le *phénomène social*. Bien souvent, on se contente d'affirmer que l'objet de la preuve ne peut qu'être un fait. La proposition est utile, car elle permet de répartir les rôles entre les parties et le juge. Mais elle est largement insuffisante, car elle n'indique pas exactement ce qui, une fois le rattachement au fait acquis, doit être prouvé. Ainsi réside la faiblesse de la doctrine traditionnelle (§ 1) qui justifie la proposition d'une nouvelle approche (§ 2).

§ 1. La doctrine traditionnelle

23. ***La nécessité de renouveler l'analyse.*** Il est, comme on l'a dit, une insuffisance dans la doctrine traditionnelle qui, à travers la distinction du fait et du droit, se contente de fournir un critère de répartition des tâches entre le juge et les parties. Sans doute indispensable, cette première typologie est inapte à fournir un cadre opérationnel pour le juge. Mais avant même d'aller plus avant dans la présentation de la nature de l'objet de la preuve, il est essentiel de montrer les faiblesses de la doctrine traditionnelle, ce qui en suppose une brève présentation (A) et une analyse critique (B).

A. Présentation de la doctrine traditionnelle

24. ***La preuve du fait.*** L'analyse traditionnelle recèle une importante ambiguïté qui résulte de l'emploi du terme *fait*. Les exemples sont innombrables, du Code du travail[314] au Code de procédure civile[315], en passant par le Code civil. Dans ce dernier cas, de nombreuses dispositions recourent à la formule classique ; l'article 1347, par exemple, qui définit, en son alinéa 2, le commencement de preuve par écrit : « On appelle ainsi tout acte par écrit qui est émané de celui contre lequel la demande est formée, ou de celui qu'il représente, et qui rend vraisemblable le **fait**

[314] C. trav., art. L. 1442-11.
[315] C. proc. civ., art. 9 : « Il incombe à chaque partie de prouver conformément à la loi les **faits** nécessaires au succès de sa prétention » (nous soulignons). - *Adde*, C. proc. civ., art. 6 à 12, et 15.

allégué »[316] ; ou encore l'article 1349 qui contient la définition fameuse du mécanisme présomptif : « Les présomptions sont des conséquences que la loi ou le magistrat tire d'un **fait** connu à un **fait** inconnu »[317] ; sans compter toutes les dispositions qui intéressent le serment, dont l'article 1359[318] qui indique qu'« [i]l ne peut être déféré que sur un **fait** personnel à la partie à laquelle on le défère »[319], mais aussi l'article 1362[320], d'après lequel « [l]e serment ne peut être référé quand le **fait** qui en est l'objet n'est point celui des deux parties, mais est purement personnel à celui auquel le serment avait été déféré »[321]. On pourrait se contenter de la formule si le langage du droit était conforme au langage courant[322]. Le mot *fait* ne se voyant attacher aucun effet particulier, le système juridique pourrait ainsi fonctionner en tenant compte seulement des fluctuations terminologiques propres à tout *champ sémantique*[323] et toute *table synonymique*[324]. Reste que le langage du droit - et en cela, il s'identifie probablement à tout langage spécialisé - est avant tout catégoriel et classificatoire[325]. Pour le droit, le « réseau des mots » est un « réseau de concepts »[326], réseau qui dépend entièrement d'une catégorie fonctionnelle. En ce sens, il n'est absolument pas indifférent de déterminer à quelle catégorie se rattache le mot *fait ;* et l'on sait que deux catégories au moins se disputent le concept dans le système juridique français : d'abord celle du *fait* et du *droit ;* ensuite celle du *fait* et de *l'acte*[327]. On n'envisagera pour l'heure que la première de ces catégories.

25. ***Le fait et le droit.*** L'opposition du fait et du droit est l'une des dichotomies les plus importantes, mais aussi les plus disputées du système juridique, et

---

[316] Nous soulignons. Disposition à rapprocher de l'article 15 du Code de procédure civile : « Les parties doivent se faire connaître mutuellement en temps utile les moyens de fait sur lesquels elles fondent leurs prétentions, les éléments de preuve qu'elles produisent et les moyens de droit qu'elles invoquent, afin que chacune soit à même d'organiser sa défense » ; v. encore, l'article 1677 du Code civil : « La preuve de la lésion ne pourra être admise que par jugement, et dans le cas seulement où les faits articulés seraient assez vraisemblables et assez graves pour faire présumer la lésion ». Il convient, cependant, de nuancer l'équivalence des expressions. Le Code de procédure civile est, en *logique*, beaucoup plus précis que ne l'est le Code civil puisqu'il désigne la preuve des moyens de fait et non la preuve des faits eux-mêmes (à l'inverse, l'alinéa 2 de l'article 1347 indique que c'est le fait allégué qui doit être vraisemblable et non l'allégation du fait ; pareillement, l'article 1677 du même Code précise que la vraisemblance doit assortir les faits et non l'articulation ; l'expression contraire serait pourtant plus exacte).

[317] Nous soulignons. Et à propos de la présomption légale ; C. civ., article 1350 : « La présomption légale est celle qui est attachée par une loi spéciale à certains actes ou à certains **faits** [...] » (*idem*).

[318] Il s'agit du serment décisoire (C. civ., art. 1357).

[319] Nous soulignons.

[320] Il s'agit du serment déféré d'office.

[321] Nous soulignons.

[322] Chez Littré, par exemple, le terme de *fait* renvoie à « [c]hose faite, acte, action », aux « [f]aits et gestes d'une personne, sa conduite », à « [t]oute chose qui arrive, qui a lieu », à « [t]oute chose dont on a constaté la réalité » (*V° Fait*).

[323] H. MITTERAND, *Les mots français*, PUF, Que sais-je ?, 10e éd., Paris, 2000, p. 80.

[324] *Op. cit.*, p. 80 & p. 73-75. Il suffirait ainsi de tenir compte des différentes acceptions possibles du mot et d'identifier les synonymes propres à chaque occurrence pour régler le problème de la preuve du *fait ;* en fonction du contexte, *fait* pourrait correspondre à *agissement d'un individu*, par opposition à *événement de la nature* (identification du *champ sémantique*), et souffrir des *synonymes* : *comportement*, *action*, *acte*, etc. Mais le choix de l'un ou l'autre de ces mots n'emporterait aucune conséquence majeure sur le processus probatoire.

[325] C'est ce qu'indique, on ne peut plus nettement, le Doyen Cornu dans la préface rédigée pour le *lexique* auquel on associe son nom - *Vocabulaire juridique.- Association Henri Capitant*, 4e éd., PUF, Quadrige, Paris, 2003, p. XI.

[326] G. CORNU, « Préface », *Vocabulaire juridique*, *op. cit.*, *loc. cit.*

[327] Cette distinction est envisagée lors de l'étude de l'admissibilité de la preuve, v. *infra*, n° 288 et s.

sur laquelle reposent de nombreuses règles juridiques. Ardemment débattue dans les cercles de la philosophie du droit qui s'interrogent sur le statut ontologique du droit[328], elle ne laisse pas de gouverner la technique juridique dans le domaine de l'erreur[329], celui de la technique de cassation[330] et, bien sûr, celui de la preuve. Le régime de la preuve, à relire attentivement certaines de dispositions déjà citées, ressortit en effet au domaine du *fait*, *fait* que l'on oppose alors au droit. Aussi bien, l'article 9 du Code de procédure civile, a-t-il son pendant, dans le même code, à l'article 12, alinéa 1er, qui dispose que « [l]e juge tranche le litige conformément aux règles de droit qui lui sont applicables »[331] ; et, alimenté par la même veine, l'article 15 du Code de procédure civile, d'après lequel « [l]es parties doivent se faire connaître mutuellement en temps utile les **moyens de fait** sur lesquels elles fondent leurs prétentions, les éléments de preuve qu'elles produisent et les **moyens de droit** qu'elles invoquent, afin que chacune soit à même d'organiser sa défense ». Enfin, lorsqu'on décide, sur le fondement de l'article 1356 du Code civil, que l'aveu ne saurait porter que sur des *points de fait* et non *sur des points de droit*, on ne fait que prolonger cette idée[332].

La doctrine ne se départit de cette analyse en répondant à la question « que faut-il prouver ? », « qu'il s'agit de faits, de faits contestés, de faits pertinents »[333]. Elle affirme encore que « [l]'objet de la preuve, au sens juridique du terme, est le fait matériel »[334] ou que « [l]es droits subjectifs ayant leur source dans un acte

---

328 V. la thématique de l'être et du devoir-être, *infra*, n° 30.

329 L'article 1356 du Code civil permet ainsi la révocation de l'aveu qui n'a été allégué que par la suite d'une *erreur de fait* (al. 4). En revanche, *l'erreur de droit* est impuissante à produire les mêmes effets (*idem*) : Civ. 3e, 26 janv. 1972, *Bull. civ.* III, n° 57. En matière pénale, *l'erreur de droit* peut faire disparaître la condition d'imputation de l'infraction à l'agent (C. pén., art. 122-3) : X. PIN, *Droit pénal général*, 4e éd., Dalloz, Cours, Paris, 2010, n° 256 et s., Y. MAYAUD, *Droit pénal général*, 3e éd., PUF, Droit, Paris, 2010, spéc. n° 460 et s., p. 495 et s. (l'erreur de fait, lorsqu'elle est déterminante, peut éventuellement mettre entrave à la formation du dol : X. PIN, *op. cit.*, n° 192 et s., Y. MAYAUD, *op. cit.*, n° 225, p. 241-242). - V. *infra*, n° 111, le débat autour des causes d'exonération de responsabilité et les conséquences qui en résultent sur la litigiosité de l'objet de la preuve.

330 L'article L. 411-2 du Code de l'organisation judiciaire qui résulte de l'ordonnance n° 2006-673 du 8 juin 2006, art. 1er (*JORF* 9 juin 2006), dispose que « [l]a Cour de cassation statue sur les pourvois en cassation formés contre les arrêts et jugements rendus en dernier ressort par les juridictions de l'ordre judiciaire. - La Cour de cassation ne connaît pas du fond des affaires, sauf disposition législative contraire ». Le fond de l'affaire doit s'entendre des questions de fait, ce qu'indique très clairement l'article L. 411-3 du même Code lorsqu'il permet à la Haute juridiction, en son alinéa 2, de casser sans renvoi et de mettre fin au litige chaque fois que « les faits, tels qu'ils ont été souverainement constatés et appréciés par les juges du fond, lui permettent d'appliquer la règle de droit approprié ». - *Adde*, J. BORÉ, L. BORÉ, *La cassation en matière civile*, Dalloz, Action, Paris, 2009-2010, spéc. n° 131-31 à 131-38. - J.-L. AUBERT, « La distinction du fait et du droit dans le pourvoi en cassation en matière civile », *D.* 2005, Chron., p. 1115-1121. - Concernant la matière pénale : C. proc. pén., art. 567, 591 (à comparer avec les voies de recours extraordinaires que sont le recours en révision - C. proc. pén., art. 622 à 626 -, et le réexamen d'une décision pénale consécutif au prononcé d'un arrêt de la Cour européenne des droits de l'Homme - C. proc. pén., art. 626-1 à 626-7 ; J. BORÉ, L. BORÉ, *La cassation en matière pénale 2012-2013,* Dalloz, Action, Paris, 2010, spéc. n° 01.11, n° 147.61-147.73. - *Adde*, H. ANGEVIN, « Demandes en révision », *J.-Cl. Proc. pén. art. 622 à 626*, Fasc. n° 20.

331 Cet article définit surtout le rôle du juge dans la qualification juridique des moyens de fait des parties ; sur cette question complexe, v. *infra*, n° 88 et s.

332 V. *supra*, n° 21.

333 J. GHESTIN, G. GOUBEAUX, *Traité de droit civil. - Introduction générale*, LGDJ, 3e éd., Paris, 1990, n° 570, p. 528. Le fait s'entend par opposition au droit (*op. cit.*, n° 571-572).

334 Ph. MALAURIE, P. MORVAN, *Introduction générale*, *Defrénois*, 3e éd., Paris, 2009, n° 179, p. 153 ; on trouve une nouvelle fois cette opposition entre le fait et le droit : « La règle de droit ne peut être objet de preuve car le juge connaît le droit (*jura novit curia*) et doit en faire application d'office. Une explication ressort de la formule "*da mihi factum, dabo tibi jus*" (le juge dit au plaideur : donne-moi les faits, je te

juridique ou un fait juridique, il va de soi que la preuve porte sur l'acte juridique ou le fait juridique dont on invoque les conséquences favorables »[335]. Les spécialistes de la procédure pénale acquiescent lorsqu'ils soutiennent que la preuve pénale sert à établir le « fait recherché »[336] ou que « l'établissement d'une infraction relève du domaine des faits juridiques »[337] ; et leurs homologues qui œuvrent en procédure civile ne les démentent pas en reprenant la distinction classique entre la preuve des faits et la preuve du droit[338]. En dépit de la relative unanimité qui se dégage en doctrine, il paraît douteux que cette présentation traditionnelle permette de définir précisément la notion d'objet de preuve.

B. Critique de la doctrine traditionnelle

26. ***L'insuffisance de la distinction du fait et du droit.*** En raison de sa nature de langage spécialisé, le droit range ses concepts en des catégories fonctionnelles. La plupart des discriminations qui sont faites n'ont ainsi qu'une faible réalité phénoménale[339], et ne peuvent être utilisées, de manière générale, que pour assigner deux fonctions différentes à deux objets rigoureusement identiques. Rien ne l'illustre mieux que les controverses autour de la preuve de la coutume[340] ou de la loi

---

donnerai le droit). Le nouveau Code de procédure civile consacre ce dogme, qui attribue le fait aux parties et le droit au juge », (*ibid.*).

[335] H. ROLAND, L. BOYER, *Introduction au droit*, Litec, Traités, Paris, 2002, n° 1659, p. 571-572, qui précisent d'ailleurs, plus loin, que cette dichotomie entre acte juridique et fait juridique correspond en réalité à l'opposition *acte de volonté* et *fait matériel,* et se rattache à la notion générique de « *preuve* des éléments de fait » (v. aussi, pour une affirmation identique, H. & L. MAZEAUD, J. MAZEAUD & F. CHABAS, *Leçons de droit civil. - Introduction à l'étude du droit*, 12e éd. par F. CHABAS, Montchrestien, Paris, 2000, n° 371, p. 519-520). - Comp. avec R. LEGEAIS, *Les règles de preuve en droit civil. - « Permanences et transformations »*, LGDJ, Paris, 1955, spéc. p. 4 : « Enfin, comme l'établissement des droits ne peut se faire que plus ou moins directement par l'établissement de faits [...] » ; ou encore Ch. LARROUMET, *Droit civil. - Tome I. - Introduction à l'étude du droit privé*, 5e éd., Economica, Paris, 2006, qui fait état de la nécessité de « prouver l'existence du droit, lequel résultera d'un acte ou d'un fait juridique », n° 544, p. 339. La terminologie est probablement source de confusion ; elle montre cependant, nous semble-t-il, l'obscurité qui entoure la dichotomie du fait et du droit.

[336] Ph. CONTE, P. MAISTRE du CHAMBON, *Procédure pénale*, 4e éd., Armand Colin, Paris, 2002, n° 49, p. 33. Comp., C. proc. pén., art. 427 : « Hors les cas où la loi en dispose autrement, les *infractions* peuvent être établies par tout mode de preuve » (nous soulignons). - *Adde*, C. proc. pén., art. 14 pour les pouvoirs des *officiers de police judiciaire*, et art. 81 pour ceux du *juge d'instruction* ; dans le prolongement : E. VERGÈS, *Procédure pénale*, 3e éd. Litec, Objectif droit, Paris, 2011, n° 91, p. 61, qui indique que « [l]'objet de la preuve pénale est diversifié. Il s'agit de savoir si une personne a commis le fait constitutif d'une infraction dans tous ses éléments (notamment matériel et moral). Il s'agit encore de vérifier que la personne poursuivie ne bénéficie pas d'une cause d'exonération ou de limitation de sa responsabilité (légitime défense, trouble mental...). Il faut enfin s'interroger sur la personnalité du délinquant pour que la peine adéquate lui soit infligée ».

[337] B. BOULOC, *Procédure* pénale, 23e éd., Dalloz, Droit privé, Paris, 2012, n° 118, p. 108, qui précise qu'« [i]l va donc falloir établir l'existence de ce fait, dans toutes ses composantes d'ordre matériel, mais aussi dans son élément psychologique ou moral ».

[338] S. GUINCHARD, C. CHAINAIS, F. FERRAND, *Procédure civile. - Droit interne et droit de l'Union européenne*, 30e éd., Dalloz, Précis, 2010, spéc., n° 556 et s., p. 440 et s. à propos du rôle respectif des parties et du juge dans le domaine probatoire.

[339] Sur la faible phénoménalité de la règle de droit, v. P. AMSELEK, « Le droit dans les esprits », *in* P. AMSELEK, C. GRZEGORCZYK (dir.), *Controverse autour de l'ontologie du droit*, PUF, Questions, Paris, 1989, p. 28-49.

[340] J.-L. AUBERT, E. SAVAUX, *Introduction au droit et thèmes fondamentaux du droit civil*, 13e éd., Dalloz-Sirey, Université, Paris, 2010, spéc. n° 118, p. 113 ; H. ROLAND, L. BOYER, *Introduction au droit civil, op. cit.*, n° 1014, p. 354, n° 1661, p. 572 : groupe d'auteurs qui considèrent que la coutume doit être prouvée par la partie qui l'invoque chaque fois que l'autre la conteste, mais qui établissent une distinction

étrangère[341] ; si le critère paraît insaisissable, c'est qu'il est tout à fait aisé, sur le plan conceptuel, de faire passer une chose du fait au droit, seule la *fonction* qu'elle occupe permettant de la distinguer d'une chose semblable. Aussi bien pourrait-on imaginer que la loi elle-même soit *objet de preuve*, en quoi elle deviendrait immédiatement *fait* pour le *droit*, avec tous les effets attachés à cette classification[342]. Qu'on s'en convainque en remarquant que, pour la coutume et les usages, la ligne de départ se situe probablement entre ce qui est susceptible d'être connu du juge et ce qui, en raison de sa trop grande confidentialité, lui échappe[343]. C'est donc bien un choix arbitraire (au sens où il fait élection d'une valeur sans justification attachée à l'une des propriétés du système) qui préside à la détermination ; si le législateur et le juge peuvent toujours faire glisser les concepts d'une catégorie à l'autre, comme c'est également le cas pour la *summa diviso* des faits et des actes[344], il est alors bien vain de chercher, dans le système juridique lui-même, ce qui peut être objet de preuve ; le système ne fait qu'assigner des effets particuliers à une chose qu'il appelle *objet de preuve*, mais ne dit pas exactement *ce qu'est cette chose*. En somme, la doctrine traditionnelle se contente d'affirmer que l'objet de la preuve ne peut qu'être un fait - ce dont il résulte de nombreuses conséquences sur le rôle du juge et des parties - mais elle oublie d'indiquer ce qui, une fois cette identification faite, mérite d'être prouvé. Dire qu'un usage ressortit au fait n'apprend rien sur ce qui, au sein de l'usage, constitue l'objet de la preuve. Pour le savoir, c'est à l'extérieur du système juridique qu'il convient donc de chercher la propriété qui permet la définition de l'objet de la preuve. Pour autant, il ne faut pas renoncer à la division élémentaire du fait et du droit. C'est elle qui doit, au premier chef, inspirer la démarche probatoire : à quoi bon, par exemple, rechercher ce qui n'appartient, pour le système juridique, qu'au droit ? Mais une fois cette première répartition réalisée, il est alors impérieux de porter le regard au-delà du système : c'est là qu'apparaît le véritable objet de preuve.

---

entre la coutume - susceptible d'être connue du juge - et les usages conventionnels - qui ont un caractère local trop marqué pour qu'en soit exigée la connaissance par le juge. D'autres auteurs sont généralement plus pragmatiques et, tout en reconnaissant l'appartenance de la coutume au droit, subordonnent la solution à la plus ou moins grande portée de la règle : v. F. TERRÉ, *Introduction générale au droit*, 8e éd., Dalloz, Précis, Paris, 2009, n° 588, p. 498, J. GHESTIN, G. GOUBEAUX, *Traité de droit civil. - Introduction générale*, 3e éd., 1990, n° 381. On trouve à l'opposé une doctrine n'établissant aucune division et soumettant coutume et usage à une obligation de preuve : Ph. MALAURIE, P. MORVAN, *Introduction générale*, *op. cit.*., n° 182 ; v., déjà en ce sens MARTY & RAYNAUD, *Droit civil. - Tome I. - I. Introduction générale à l'étude du droit et des institutions judiciaires. - II. Le statut des personnes physiques et morales*, Sirey, Paris, 1956, spéc. n° 115 et 209 (pour la position des classiques, v. J. GHESTIN, G. GOUBEAUX, *op. cit.*, n° 510, p. 454). En tout état de cause, lorsque la coutume devient norme d'interprétation ou principe général du droit, elle se trouve intégrée (dit-on) au système juridique, et la question de la preuve n'a plus lieu d'être posée : J. CARBONNIER, *Droit civil. - Introduction,* 28e éd. refondue, PUF, Thémis droit privé, 2002, n° 138, p. 264, J. GHESTIN, G. GOUBEAUX, *op. cit.*, n° 516, p. 459 ; v. encore, en droit pénal : J.-H. ROBERT, *Droit pénal général*, 6e éd. refondue, PUF, Thémis droit, Paris, 2005, p. 138, Ph. CONTE, P. MAISTRE du CHAMBON, *Droit pénal général*, 7e éd., Sirey, Paris, 2004, n° 105, p. 71.

[341] *Cf.* T. H. GROUD, *La preuve en droit international privé français*, PUAM, Aix-en-Provence, 2000.

[342] « D'ailleurs, comme l'observait le Professeur Lagarde, lorsqu'elle trouve sa source dans une législation étrangère ou dans les usages, la règle est objet de preuve ; en effet, on s'interroge alors sur les procédés de preuve permettant de l'établir, et sur l'attribution de la charge de la preuve », X. LAGARDE, *Réflexion critique sur le droit de la preuve*, *op. cit.*, n° 49, p. 81.

[343] V. *supra*, les arguments du Professeur Terré ; v. aussi J. CARBONNIER, *op. cit.* n° 35 qui relève qu'échappe au contrôle de la Cour de cassation ce qui est local et ne commande donc aucune uniformité.

[344] V. *infra*, n° 290 et s.

§ 2. Proposition d'une nouvelle approche

27. ***Mise en proposition du fait de la nature.*** Afin d'identifier la propriété inhérente à tout objet de preuve, il est d'abord nécessaire de présenter quelques réflexions préalables à une nouvelle approche (A). Elles permettront, semble-t-il, de percevoir que ce qui constitue l'objet de la preuve est, en réalité, un fait social, conformément à l'annonce faite d'une nature phénoménale de l'objet de la preuve. La nouvelle approche est donc, avant tout, recherche du fait social (B).

A. Réflexions préalables à une nouvelle approche

28. ***Objets d'étude : actes de langage et propositions.*** Une première précaution à prendre, sur le seuil d'une étude de la preuve, est de renoncer à « matérialiser »[345] l'objet d'étude. Il faut convenir d'abord que le droit ressortit au langage, ensuite qu'on ne peut prétendre analyser sérieusement le problème de la preuve sans exploiter, fût-ce au niveau le plus élémentaire, les travaux de la logique[346]. Comme indiqué en introduction, la preuve (comme objet d'étude) ne se laisse saisir que si on accepte de voir la matière étudiée comme un ensemble de propositions logiques[347]. Même si pour des raisons de commodité de langage et de style, la mise en proposition n'est pas toujours réalisée dans la suite de cette étude, il faut toujours la considérer comme possible et nécessaire. Aussi faudra-t-il toujours entendre en lieu et place du mot « fait », l'expression « proposition-objet de preuve » et en lieu et place de l'expression « mode de preuve » ou « preuve » (lorsque le contexte ne permet aucune confusion), celle de « proposition contenue dans le mode de preuve ». Il faut maintenant indiquer ce que l'on doit entendre, précisément, par proposition. Les logiciens enseignent que « [...] est une proposition un énoncé doté d'une valeur, telle que celle-ci s'inverse par l'effet de la négation. La négation se définit de manière réflexive comme un opérateur logique permettant d'inverser la valeur d'une proposition. Cet opérateur logique correspond généralement à l'adverbe de négation utilisé dans le langage ordinaire, au moins lorsque celui-ci porte sur un prédicat ou groupe verbal. De fait, la négation portant sur un terme autre que le verbe (par exemple : ce contrat est une vente et non un louage d'ouvrage) renvoie simplement à un autre terme et n'autorise aucune inversion de valeur »[348].

---

[345] V. aussi X. LAGARDE, *Réflexion critique sur le droit de la preuve*, *op. cit.*, n° 50.

[346] Les auteurs classiques semblent en avoir été conscients : AUBRY & RAU, *Droit civil français*, éd. Juris-Classeurs, LGDJ, tome XII, 5e éd. par BARTIN, Paris, 1922, p. 62-63 : « Prouver (*hoc sensu*), c'est, de la part de l'une des parties, soumettre au juge saisi d'une contestation, des éléments de conviction propres à justifier la vérité d'un fait qu'elle allègue et que l'autre partie dénie, fait que sans cela le juge ne serait, ni obligé, ni même autorisé à tenir pour vrai » ; la formule signifie que ce n'est pas le fait, en tant que tel, qui est prouvé, mais le fait allégué ; or l'allégation est un acte de langage. Et, note (2), même page, cette précision : « Dans une acception plus large, prouver, c'est établir l'exactitude d'une *proposition quelconque, avancée, soit en justice, soit hors justice* » (nous soulignons). - V., surtout, R. MERLE, A. VITU, *Traité de droit criminel. - Procédure pénale*, t. II, 5e éd., éd. Cujas, Paris, 2001, qui indiquaient que « [l]a preuve est tout moyen permettant d'affirmer l'existence ou la non-existence d'un fait donné, ou encore l'exactitude ou la fausseté d'une *proposition* », n° 140, p. 177 (nous soulignons).

[347] F. GIL, *Preuves*, Aubier, Bibliothèque du Collège International de Philosophie, Paris, 1986, 1.1.2, p. 10 : « Une *proposition* est dite prouvée si, ayant été obtenue moyennant une méthode généralement reconnue, elle fait l'objet d'une croyance justifiée [...] » (nous soulignons). - *Adde*, *supra*, n° 1.

[348] X. LAGARDE, *Réflexion critique sur le droit de la preuve*, *op. cit.*, n° 36 p. 62. - *Adde*, G. HOTTOIS, *Penser la logique. - Une introduction technique et théorique à la philosophie de la logique et du langage*, 2e éd., De Boeck Université, Bruxelles, 2002, spéc. p. 12 et s., M.-L. MATHIEU-IZORCHE, *Le*

Aussi bien, dans le domaine de la responsabilité contractuelle, on ne rapporte pas la preuve que la rupture d'une pompe à eau est due à une défectuosité déjà existante au jour de l'intervention du garagiste, mais on doit seulement déterminer si la proposition : « rupture de la pompe à eau due à une défectuosité existante au jour de l'intervention du garagiste » est vraie ou fausse[349]. On ne s'autoriserait pas ce « jeu de mots » s'il n'avait un quelconque intérêt sur l'analyse du mécanisme probatoire. En utilisant le vocabulaire classique, on semble dire qu'il suffit de rapporter un mode de preuve, comme il suffit de placer une clé entre les deux berceaux d'une voûte, pour surmonter l'incertitude. Le Code civil accrédite du reste cette idée en suggérant que, en matière d'actes juridiques (*negotium*), la production d'un acte authentique ou d'un acte sous seing privé (*instrumentum*) suffit[350] à établir l'objet de la preuve, alors même que l'on sait que l'acte instrumentaire est un acte de langage soumis à interprétation, que des contradictions peuvent s'élever entre plusieurs *instrumenta* (ce qui montre bien que la solution n'est pas automatique)[351], enfin qu'il n'est pas toujours certain qu'il y ait une exacte correspondance entre ce que l'acte affirme et ce que l'on cherche à prouver (examen de la pertinence). La mise en proposition de l'objet de preuve permet d'éviter cette erreur : le caractère vrai ou faux de la défectuosité existant au jour de l'intervention du garagiste, ne peut être établie que si l'on dispose d'un mode de preuve exprimant une proposition contenant la même idée[352], comme, par exemple, le témoignage d'un salarié du garage exprimant ceci : « J'ai pu constater, le jour du remplacement de la courroie de distribution[353], une défectuosité de la pompe ». Si le mode de preuve est important, ce qu'il contient - la proposition - l'est encore davantage, et pour parvenir du mode de preuve à l'objet de la preuve il est un chemin à parcourir que la doctrine classique tend à méconnaître.

29. ***Propositions de norme et proposition de fait.*** Il est encore un intérêt majeur à utiliser les ressources de la logique ; et il touche même à la vie du droit. Lorsque la doctrine raisonne sur l'objet de la preuve, soit elle se contente d'indiquer que seul le fait est objet de preuve (par opposition au droit)[354], soit elle renvoie à des faits d'espèce en indiquant qu'ils doivent ou ne doivent pas être prouvés[355], soit encore elle vise un objet, plutôt abstrait, identifié, sans la moindre précision, au sein de la règle de droit[356]. Si la première démarche est justifiée, si tant est qu'on n'y voie pas autre chose qu'une répartition fonctionnelle, les deux autres, sans être erronées, ne laissent pas de recouvrir le droit de la preuve d'un certain mystère. Qu'y a-

raisonnement juridique : initiation à la logique et à l'argumentation, PUF, Thémis Droit Privé, 1re éd., Paris, 2001.

349 V., Civ. 1re, 28 mars 2008, pourvoi n° 06-18350, *JCP* E 2008, pan., p. 33, *LPA*, 24 juin 2008, n° 126, p. 22, note L. Elbadawi, *RLDC* 2008, n° 49, p. 30-31, obs. S. Pichon.

350 C. civ., art. 1341 ; alors que le législateur ne fait que régler, *en logique*, le problème de l'admissibilité de la preuve. V. sur ces questions, *infra*, n° 326.

351 V. *infra*, n° 302.

352 On peut s'autoriser, pour la minute, une expression aussi approximative. Pour une analyse détaillée, v. *infra* n° 326.

353 Puisque c'est ce dont il était question dans l'affaire précitée : Civ. 1re, 28 mars 2008, *préc.*

354 V. *supra*, n° 25.

355 Ph. Malaurie, P. Morvan, *Introduction générale, op. cit.*, n° 179, p. 154 (au sujet d'une convention collective) ; mais, V. *op. cit.*, note (43), n° 184 , p. 158 : pour établir la faute d'un conducteur, il est *inopérant* de faire la preuve de sa passion pour le tiercé ou sa vie dissolue.

356 V. J. Carbonnier, *Droit civil. - Introduction, op. cit. : propriété, capacité juridique*, p. 327, *naissance, filiation*, p. 353. - *Adde*, J.-L. Aubert, E. Savaux, *Introduction au droit et thèmes fondamentaux du droit civil*, 13e éd., Dalloz-Sirey, Université, Paris, 2010, n° 219, p. 236.

t-il de commun entre la faute d'un conducteur, la faute d'un mécanicien[357] et la propriété, d'une part, et la vie dissolue[358], le défaut de contrôle d'une pièce et la réfection d'une toiture et l'entretien d'un terrain[359], de l'autre ? À la vérité, il y a cela de commun que ce qu'on appelle le droit n'existe que lorsque ces deux types de propositions correspondent, c'est-à-dire lorsque la première proposition, qui semble appartenir au domaine des faits de la nature, correspond, pour des raisons qu'il va falloir expliciter, à la proposition contenue dans la règle de droit.

En réalité, toute proposition normative se compose d'un antécédent et d'un conséquent. Une norme juridique ne contient pas toujours *per se*, ces deux composantes, mais les deux éléments peuvent être réunis au terme d'une opération d'interprétation assez simple. Cet antécédent, le seul élément de la norme qui nous intéressera dans le cadre de cette étude, sera souvent désigné par l'expression « d'antécédent abstrait de la règle de droit », l'équivalent, à beaucoup d'égards, de celle de « présupposition » employée par Motulsky.

30. ***La notion de droit.*** Avant d'aller plus loin dans l'étude des rapports entre cet antécédent et la proposition de fait, il faut donner quelques indications concernant la règle de droit. Si on accepte, conformément aux conceptions réalistes du droit, de voir les normes juridiques non comme « des entités conceptuelles ou idéales » (conception hylétique[360] des normes), mais comme des énoncés dont le sens n'apparaît qu'à l'occasion de l'interprétation (conception expressive des normes)[361], il faut d'abord renoncer à rechercher le droit ailleurs que dans la jurisprudence de la Cour de cassation[362]. Si « vérité du droit » il y a, elle se situe dans la jurisprudence de la Cour de cassation et l'ampleur du contrôle exercé par la Haute juridiction est une chose digne d'intérêt. Sur le plan théorique, il faut remarquer que cette conception des normes présente l'intérêt non négligeable de surmonter la

---

[357] Civ. 1re, 28 mars 2008, *préc.*

[358] Exemple donné par Ph. MALAURIE & P. MORVAN, *op. cit.*, *loc. cit.*

[359] C. civ., art. 2255 (possession), art. 2258, (prescription acquisitive), art. 2261 (qualité de la possession). V., tout spécialement, Civ. 3e, 4 oct. 2000, *Bull. civ.* III, n° 158, p. 110, *JurisData* n° 2000-006095, *JCP* 2001, I, 305, n° 4, obs. PÉRINET-MARQUET : « si l'existence d'un acte notarié constatant une usucapion ne peut, par elle-même, établir celle-ci, il appartient au juge d'en apprécier la valeur probante quant à l'existence d'actes matériels de nature à caractériser la possession invoquée » ; v. aussi, Civ. 3e, 30 juin 1999, *JurisData* n° 002710, *JCP G* 2000, II, 10 399, note L. CÉLÉRIEN, *JCP G* 2000, I, 211, n° 7, obs. H. PÉRINET-MARQUET, *Defrénois* 1999, art. 37049, p. 1054, obs. Ch. ATIAS, Civ. 3e, 11 juin 1992, *JurisData* n° 1992-001240, *Bull. civ.* III, n° 199, *D.* 1993, somm. p. 36, obs. A. ROBERT, *Defrénois* 1992, art. n° 35408, p. 1521, obs. I. *DEFRÉNOIS*-SOULEAU.

[360] Conception adoptée par H. Kelsen dans la première moitié de sa vie.

[361] M. TROPER, *Pour une théorie juridique de l'État,* PUF, Léviathan, Paris, 1994, p. 57 : « [...] les normes ne sont pas des significations, mais les produits de l'usage prescriptif du langage. En d'autres termes se sont des commandements » ; cette théorie, que M. le Professeur Michel Troper appelait le Kelsenisme, permet de surmonter la césure de l'être et du devoir-être, l'aporie de la norme fondamentale, et de conserver son rôle à la société dans la production du droit (M. TROPER, *op. cit.*, p. 83). - *Adde*, F. EWALD, « Le droit du droit », *APD* 1986, t. 31, spéc. p. 245, O. BEAUD, « Michel Troper et la séparation des pouvoirs », *Droits* n° 37, p. 149-172, Ph. RAYNAUD, « Philosophie de Michel Troper », *Droits* n° 37, p. 3-12, S. RIALS, « La démolition inachevée. Michel Troper, l'interprétation, le Sujet et la survie des cadres intellectuels du positivisme néo-classique », *Droits* n° 37, p. 49-86, M. TROPER, « Réplique à Denys de Béchillon », *RRJ* 1994-1, p. 267-274, M. TROPER, « Le positivisme juridique », *Revue de Synthèse* 1986, numéro spécial « Philosophie et Épistémologie Juridiques », M. TROPER (dir.), p. 187-203.

[362] Mais aussi de la Cour européenne des droits de l'homme et de la Cour de Justice de l'Union européenne.

césure de l'être et du devoir-être[363] : le droit se retrouvant dans le domaine du fait (l'arrêt rendu par la Cour de cassation), la communication avec le phénomène social étant, par ailleurs, rétabli, il est alors possible d'expliquer pourquoi le droit répond à une certaine demande sociale[364]. Mais il faut encore préciser ici qu'il importe peu, contrairement à ce qu'a pu soutenir l'École de la Nouvelle rhétorique, que le juge ait, contrairement au préteur romain, une fonction décisionnelle, qui l'oblige à qualifier les faits. On ne saurait dire que « la distinction du fait et du droit se brouille quand il s'agit mettre les faits en rapport avec le droit, quand il faut les qualifier, positivement ou négativement, pour pouvoir conclure que tel texte légal leur est ou non applicable ». Selon Perelman, en effet, qui soutient cette position, la qualification est toujours opérée dans la mineure qui ne peut donc pas être considérée comme décrivant les faits de la cause[365]. Or, cela ne remet en cause ni la distinction du fait et du droit, ni même le modèle du syllogisme, qui a toujours la même forme quelle que soit la personne appelée à connaître de la règle de droit ; le modèle s'enrichit simplement : il y a, entre la prémisse majeure et la prémisse mineure (et non *dans* la prémisse mineure) une opération - une prémisse secondaire -, presque invisible, et qui a pour effet de donner du sens à la norme juridique[366] ; cette opération est un véritable jugement hypothétique.

La seule véritable difficulté qui subsiste à ce stade tient à l'apparente remise en cause de deux domaines qui paraissaient s'exclure jusqu'alors assez nettement, le phénomène juridique et la science du droit, d'une part, et le phénomène social et la sociologie[367], de l'autre. La première théorie de Kelsen avait cette qualité indéniable

363 Comme on l'a dit : « Il est à peine besoin d'indiquer le bénéfice qu'on peut retirer de cette conception : si la production de normes juridiques résulte en dernière analyse de simples faits, il devient possible, d'une part, de faire l'économie de l'hypothèse de la norme fondamentale, d'autre part, de fonder en théorie l'étude des rapports du droit et du fait », M. TROPER, *Pour une théorie juridique de l'État, op. cit.*, p. 94.

364 V., en particulier, la réforme des régimes matrimoniaux de 1965, et le choix fait, par le législateur, de recourir à des instruments sociologiques : *Sondages. Revue française de l'opinion publique*, 29e année, 1967 - n°1, spéc. l' « Avant-propos » de F. TERRÉ et la « Postface » de J. CARBONNIER, p. 90, F. TERRÉ, « La signification sociologique de la réforme des régimes matrimoniaux », *L'Année sociologique*, 3e série, 16/1965, p. 29.

365 Ch. PERELMAN, « La distinction du fait et du droit », *op. cit.*, spéc. p. 683. Selon cette thèse, la décision du juge ne serait jamais hypothétique, « alors que toute norme, de même que toute définition, peut être assimilée à un jugement hypothétique » (*ibid.*). Le modèle du raisonnement serait alors : « Pour tout X, s'il est P, telle conséquence s'ensuivra. - Or (dans ce cas affirmatif) tel fait est P. - Donc, telle conséquence s'ensuivra ». Mais, dans ce cas, il faudrait décomposer la mineure de la manière suivante : « 1. Tel fait est (ou n'est pas) établi. 2. Le fait ainsi établi (à supposer qu'il le soit) est P » (*op. cit.*, p. 684)

366 En réalité, on retrouve parfaitement le modèle du « préteur » tel que décrit par Ch. Perelman. La prémisse majeure se donne à voir comme suit : *Pour tout X, s'il est P, telle conséquence s'ensuivra.* Il faut, ensuite, interposer un syllogisme « secondaire » (M. TROPER, *Pour une théorie juridique de l'État*, PUF, Léviathan, Paris, 1994, p. 101-102), qui apparaît de fait dans le modèle de la Nouvelle rhétorique. Il faut faire intervenir une opération d'interprétation (Ch. PERELMAN, *op. cit.*, p. 684, dit « définition »), qui permet de dire : *pour tout X, s'il est A, il est P.* La conclusion (la qualification) clôt l'opération : *Donc, pour tout X, s'il est A, telle conséquence s'ensuivra* (v. aussi, Ch. PERELMAN, *op. cit.*, *loc. cit.*). Ce qui échappe au modèle précédent c'est que le juge ne peut très certainement pas s'interroger sur l'existence ou la non-existence (le *vrai* ou le *faux*) du fait (P), sans identifier justement le « fait pur » (A) *(ibid)*.

367 L'irréductibilité du fait au droit fut, pour Kelsen, le combat de la première moitié de sa vie : H. KELSEN, « La méthode et la notion fondamentale de la théorie pure du droit », *Revue de Métaphysique et de Morale* 1934, p. 186 et s. : l'étude du *droit* appartient à la *théorie pure*, tandis que l'étude du fait appartient à la sociologie, laquelle « se demande, par exemple, sous influence de quelles causes un législateur a édicté telles normes et non d'autres, et quels effets ses prescriptions ont eus. Elle recherche de quelle façon les faits économiques, les représentations religieuses influencent en fait l'activité des tribunaux ; pour quelles raisons les hommes conforment ou non leur conduite à l'ordre juridique. Elle n'envisage donc le droit que comme une réalité naturelle, comme un fait dans la conscience des individus

de rendre nettement dissociables ces deux phénomènes. Le premier correspondait ainsi à un comportement humain, par une sorte d'extériorisation de l'idée que constitue le droit, tandis que le second consistait dans cette idée même entendue comme « signification spécifique »[368]. On pouvait alors aisément distinguer le fait, pour des commerçants, d'échanger des lettres, et le concept juridique - celui de contrat - qui en résultait. Le problème de cette théorie, on l'a dit, c'est qu'elle présupposait l'existence d'une signification spécifique dans le système juridique lui-même, alors que cette signification n'existe vraiment que dans la personne de l'interprète. Cela étant, le changement n'est peut-être pas aussi considérable si l'on considère que le phénomène social « est une action perceptible par les sens, qui se déroule dans le temps et dans l'espace, un événement extérieur, consistant principalement en une activité humaine », ce qui n'est pas le cas du phénomène juridique, qui n'a pas « sens inhérent à cette action »[369]. Il est tout à fait évident que le droit baigne dans le fait, que le juge qui interprète et applique le droit ne peut jamais renoncer à intégrer un certain nombre de données sociales (il y est d'ailleurs contraint s'il veut que la norme ait du sens). Le droit n'est pas, comme Minerve, sorti tout armé de la tête de Jupiter ; la montée vers le concept - la proposition juridique - n'a pu se faire qu'à partir de schémas sociaux d'interprétation dont il a gardé trace. Mais on ne saurait prétendre que droit et fait s'amalgament au point de ne former plus qu'une seule masse ; la césure du fait et du droit, abandonnée sur le plan ontologique, doit être maintenue sur le plan épistémologique[370]. Comme le notait fort justement Motulsky, « l'on ne saurait envisager de former, en vue de diriger un comportement social futur, des règles visant des cas particuliers. En effet, non seulement une réglementation de cette nature ne pourrait atteindre qu'une infime partie des réalités à venir, qui à tous les coups feraient éclater sa carence, mais encore la signification régulatrice même du Droit s'évanouirait [...]. - Aussi la règle de Droit est-elle nécessairement abstraite et générale »[371]. De toute manière, toute donnée sociale,

---

qui créent le droit, de ceux qui s'y conforment ou de ceux qui le violent. Ce n'est donc pas à vrai dire, le droit lui-même que cette science a pour objet, mais certains phénomènes qui lui sont parallèles dans la nature » (*op. cit.*, p. 188).

368 H. KELSEN, « La méthode et la notion fondamentale de la théorie pure du droit », *op. cit.*, p. 184.

369 Contrairement à ce que pensait Kelsen dans ses premiers écrits (H. KELSEN, « La méthode et la notion fondamentale de la théorie pure du droit », *op. cit.*, p. 184).

370 Sur quatre niveaux d'analyse possibles de la division de l'être et du devoir-être : J. WROBLEWSKI, « Kelsen, the is-ought dichotomy and naturalistic fallacy », *Revue internationale de philosophie*, Fasc. 4, 1981, p.508-517, spéc. p. 510.

371 H. MOTULSKY, *Principes d'une réalisation méthodique du droit privé*, *op. cit.*, p. 16. - C'est pourquoi la caractéristique du droit a été recherchée dans l'*abstraction*, au sens où la philosophie entend ce mot. On retient, parmi les quatre acceptions recensées, l'abstraction comme un processus à mi-chemin entre l'abstraction par généralisation « qui est une opération mentale nécessaire à la dynamique de la conceptualisation », et qui « [...] se fonde sur la structure même de la logique des classes et les propriétés opératoires du langage humain » (ce qu'on appelle aussi l'évidence rationnelle), et l'abstraction par sélection qui s'entend d'un « processus mental qui consiste, en partant d'un donné quelconque (physique, émotionnel, conceptuel, pathologique, etc.), à isoler un trait spécifique quelconque, une détermination considérée en elle-même », A. DELAUNAY, *V° Abstraction, Encyclopædia Universalis*, éd. électronique, 2007. - *Adde*, X. LAGARDE, *Réflexion critique sur le droit de la preuve*, *op. cit.*, n° 34, p. 59-60. - Pour les systèmes « archaïques », dans lesquels la conceptualisation est encore faible v. E. EHRLICH, « The sociology of Law », *Harvard Law Review* 1922, 36, p. 129-145. Lorsque le système n'est pas encore en état de conceptualisation, on peut se demander si le fait n'est pas, en lui-même, suffisant, comme en accrédite l'emploi du rite, que ce soit par *réactualisation* du passé dans le présent (G. BROGGINI, « La Preuve dans l'ancien Droit romain », p. 223-276, *Recueils de la société Jean Bodin pour l'histoire comparative des institutions. - La preuve, XVI, Première partie : Antiquité*, Éditions de la librairie encyclopédique, Bruxelles, 1965, spéc. p. 249 ; réactualisation qui signifie aussi action-création : « À lui seul le procès est comme la monstration d'un crime qui s'ignore, caché en arrière de la conscience de l'accusé »,

fût-elle très précise, perd sa nature lorsqu'elle s'insère dans le système juridique[372]. Si on veut donc retrouver le fait véritable, et identifier l'objet de la preuve, il faut aussi bien renouer avec le phénomène premier du droit, réintégrer « dans la règle la réalité sociale dont elle sortie, et qui [...] s'y trouve, en même temps, virtuellement contenue »[373].

B. La recherche du fait social

31. ***Du concept juridique au fait social.*** Si le droit se définit comme une proposition abstraite dont le sens n'est donné, par l'interprète, que par un retour au *social* (et sous la contrainte du sens commun), on est alors en mesure d'identifier, parmi toutes propositions contenues dans un arrêt de Haute juridiction, celles qui relèvent du fait et celles qui relèvent du droit. Ce qu'on pourrait appeler *l'hétéronomie de la proposition de droit* est acquise si l'on admet que toute définition se termine, au-delà des renvois à d'autres concepts, par une évocation du fait social. C'est cette évocation du fait social qui constitue normalement l'objet de la preuve. Il faut encore éprouver la définition en reprenant l'exemple de la propriété immobilière. La question que doit se poser l'interprète est de savoir ce que signifie la notion de *propriété*. Lui est-il possible de répondre à cette question en mobilisant les seules ressources de son système ? Il le peut, *a priori*, en utilisant un autre concept, telle la possession[374]. Mais peut-il saisir ce même concept en puisant dans

---

ce qui détruit, chez l'individu même, la croyance dans son innocence, F. GIL, *Traité de l'évidence*, Millon, coll. Krisis, Grenoble, 1993, p. 35) ou, surtout, par la réduction du droit à une action (v., en ce sens, la très fine analyse de la formule vindicatoire rapportée par Gaius, par laquelle L. Gernet distingue le rituel de revendication (la *vindicta*) qui repose sur l'utilisation de la baguette, et la baguette elle-même (*festuca*), c'est-à-dire, en somme, l'abstrait (« *sens à demi abstrait* » dit Gernet) et le concret, mais un abstrait qui ne peut se concevoir sans la baguette, L. GERNET, *Droit et institutions en Grèce antique*, Flammarion, 1982, spéc. p. 95, 98-100, 122, 132, 153. - *Adde*, G. SAUTEL, « Les preuves dans le droit grec archaïque », p. 117-160, *Recueils de la société Jean Bodin pour l'histoire comparative des institutions. - La preuve, XVI, Première partie : Antiquité*, Éditions de la librairie encyclopédique, Bruxelles, 1965, spéc. p. 117. Dans les deux cas, et à tout le moins, le droit semble n'avoir pu se concevoir sans le fait. - *Cf. infra*, n° 168.

372 *Cf.* H. MOTULSKY, *op. cit., loc. cit.*

373 *Op. cit.*, p. 17.

374 On ne raisonne, en l'espèce, qu'en matière immobilière. On ne saurait, quoi qu'il en soit, confondre *propriété* et *possession* (J. CARBONNIER, *Droit civil. - Les biens,* Tome 3, 18e éd. refondue, PUF, Thémis, Droit privé, Paris, 1998, n° 118, p. 180-190). Cependant, comme l'on sait que la démonstration de la propriété conduit à une *regressio ad infinitum* (ce qu'on appelle la *preuve diabolique*), puisque les titres (conventionnels, comme la vente, ou légaux, comme la dévolution *ab intestat* ou l'accession) ne font que repousser le problème de la preuve, faute de garantie, par l'État (comme c'est le cas, en Allemagne : Y. STRICKLER, *Les biens*, PUF, coll. Thémis droit, 1re éd., Paris, 2006, spéc. n° 316, p. 424), de la réalité des droits de l'auteur, la seule *démonstration logiquement satisfaisante* du droit de propriété reste la preuve de l'acquisition originaire par usucapion, c'est-à-dire par possession prolongée et utile (Civ. 3e, 4 déc. 1991, pourvoi n° 89-14921, *Bull. civ.* III, n° 306, p. 180). La possession est cependant d'un grand intérêt, quand même n'est-elle pas de nature à *faire acquérir* la propriété (parce que la prescription n'est pas encore acquise ou qu'elle est insusceptible de l'être en raison d'un vice - v. C. civ., art. 2261), en ce qu'elle peut assurer le triomphe de la partie qui s'en prévaut dans le cadre d'une action en revendication. En tout cas, à moins que l'usucapion puisse être démontrée - les conditions concrètes de celle-ci constituant tout à la fois l'objet de la preuve de la propriété et la constitution du droit lui-même -, les objets de preuve qui naissent de l'utilisation des titres et de la possession sont singulièrement éloignés de l'objet de preuve logiquement idéal : *la démonstration que l'on tient son droit, ab initio, d'un auteur ayant usucapé, la chaîne n'ayant pas, entretemps, été interrompue* (en bonne logique, ce n'est pas parce qu'on exerce des actes de maître sur un bien que l'on en est propriétaire, même s'il y a souvent concordance entre ces deux propositions). Sur toutes ces questions, v. F. ZENATI-CASTAING, Th. REVET, *Les biens*, 3e éd., PUF, coll. droit fondamental, 2008, n° 441 et s., p. 647 et s., Ph. MALAURIE, L. AYNÈS, *Droit*

d'autres ressources de son système ? Il peut très certainement recourir, comme le lui suggère l'article 2255 du Code civil, au concept de détention, mais non seulement le terme ne correspond pas exactement à ce qu'il recouvre dans le monde sensible[375], mais surtout il ne permet de saisir qu'une partie seulement du concept de possession. Si on consulte la doctrine, le résultat n'est guère plus satisfaisant ; on indique traditionnellement que la possession se compose d'un *corpus*, c'est-à-dire une activité d'usage et de jouissance et d'un *animus domini*, c'est-à-dire l'intention d'être traité comme un propriétaire[376]. On sait cependant que « usage » et « jouissance »[377] sont encore des concepts et que l'« intention » ainsi entendue ne l'est pas moins. La redescente des concepts pourrait être encore longue[378], et c'est pourquoi il est plus sage de se tourner vers le fait social[379] - ce qu'on appelle encore, surtout dans la doctrine pénaliste, le *fait matériel*[380] - pour déterminer l'objet de la preuve. Il est, en effet, totalement irréaliste de vouloir prouver des concepts, puisque ce qui caractérise le droit - et certainement d'autres systèmes de valeurs - c'est de transformer le fait en lui assignant une valeur. Or, dans le monde des valeurs, la logique (du vrai et du faux) ne s'applique pas et rien n'est, sans la médiation du réel, susceptible d'être vrai ou faux. Cette *hétéronomie logique* du droit oblige le juge à se pencher sur les faits de la nature, avant de pouvoir apprécier les modes de preuve. Si on poursuit l'exemple de la possession, il lui faut se demander si la proposition selon laquelle la parcelle revendiquée a été mise en culture et si des arbres ont été plantés[381] est *vraie* ou *fausse*, en utilisant, pour ce faire, *les propositions contenues* dans un acte de notoriété[382], par exemple. Mais alors pour quelle raison la

---

civil. - Les biens, *Defrénois*, 4e éd., Paris, 2010, n° 599-608, Ch. LARROUMET, *Droit civil. - Les Biens. Droits réels principaux*, tome II, Economica, 5e éd., Paris, 2006, n° 632-639, H. & L. MAZEAUD, J. MAZEAUD, F. CHABAS, *Leçons de droit civil. - Biens. - Droit de propriété et ses démembrements* (tome II, deuxième volume), Montchrestien, 8e éd. (par François CHABAS), Paris, 1994, n° 1636-1645.

[375] Les choses matérielles ne sont pas seul concernées : v. Ch. ATIAS, *Droit civil. - Les biens,* 11e éd., Litec, Manuel, Paris, 2022, spéc. p. 254.

[376] *Ibid.*

[377] Il s'agit d'attributs de la propriété (*usus* et *fructus*) ; v. J. CARBONNIER, *Droit civil. - Les biens, op. cit.*, spéc., n° 68, p. 120 et *passim.*

[378] On parle encore, parfois, de « préhension », concept qui renvoie à celui de *destination des lieux*, la jurisprudence considérant qu'on ne saurait faire produire des effets à des actes matériels qui n'ont aucune utilité pour l'immeuble. Comme une cour d'appel a pu l'affirmer : « les actes de possession essentiels et les seuls qui soient vraiment utiles sont, pour une futaie, les élagages, les éclaircies et les coupes, pour une châtaigneraie, la récolte des châtaignes, pour une carrière, l'extraction des matériaux » (Bordeaux, *inédit*, cité par J.-D. BREDIN, obs. *RTD civ.* 1965, p. 152) ; v. aussi, Civ. 1re, 20 juill. 1961, *Bull. civ.* 1961, I, n° 421, Civ. 1re, 13 avr. 1961, *Bull. civ.* 1961, I, n° 187 (exploitation d'une terre conformément à sa végétation). *Cf.* W. DROSS, « Prescription et possession. - Possession », *J.-Cl. Civil Code, art. 2278 à 2279*, Fasc. unique, spéc. n° 27-30.

[379] V. ainsi, J. CARBONNIER *op. cit.*, n° 119, p. 191.

[380] V. à propos de l'autorité de la chose jugée et de la règle *non bis in idem :* R. MERLE, A. VITU, *Traité de droit criminel, Tome II, Procédure pénale*, Éd. Cujas, 5e éd., Paris, 2001, n° 894-895, p. 1050-1053. - *Adde*, les critiques de F. RIGAUX, « L'opacité du fait face à l'illusoire limpidité du droit », *Droit et société*, 41-1999, p. 85-97, spéc. p. 87-90.

[381] Civ. 3e, 17 oct. 2007, pourvoi n° 06-17.220, *JurisData* n° 2007-040868, *JCP G* 2008, II, 10 011, note J.-Y. MARÉCHAL (problème d'interversion de titre, C. civ., art. 2268), *JCP G* 2008, I, 127, n° 5, obs. H. PÉRINET-MARQUET. V., Cass. 3e, 26 sept. 2001, pourvoi n° 00-12458, *inédit* (le fait d'entreprendre des travaux et de déposer des gravats).

[382] On sait que l'acte de notoriété est un document établi par un juge ou un officier public destiné à recueillir les déclarations de plusieurs témoins relativement à un ou plusieurs faits. Comme on l'a dit, « [l]'acte de notoriété s'apparente bien au témoignage écrit mais, à la différence de l'attestation, il est établi par une autorité officielle (française ou étrangère), et non par un simple particulier » (M. OUDIN, « Contrats et obligations. - Preuve testimoniale. - Généralités », *J.-Cl. Civil Code, art. 1341 à 1348*, Fasc.

proposition, pourtant concrète, selon laquelle le détenteur a payé les loyers ou qu'il intenté des actions en justice contre l'auteur des défendeurs est insuffisante[383], et n'a pas lieu d'être prouvée ? La raison en est simple : il ne suffit pas que la proposition soit *phénoménale* ; encore faut-il qu'elle soit *normative*, c'est-à-dire qu'elle soit en relation, comme nous le suggérions ci-dessus[384], avec l'élément abstrait de la règle de droit.

CONCLUSION DE LA SECTION I

32. Certes, seuls les faits sont objet de preuve, en ce sens que l'étiquette de « fait » oblige à la démonstration de la vérité de la proposition qui est en jeu, tandis que celle de « droit » dispense au moins, *de jure*, de cette démonstration. Mais cet étiquetage n'est qu'une partie du processus probatoire. Affirmer qu'une chose relève du fait ne renseigne pas sur ce qui doit être prouvé. Lorsque la doctrine indique que la *possession* ou la *faute* est objet de preuve, parce qu'il s'agit d'un *fait*, elle ne vise, en réalité, qu'une partie de la norme juridique dont l'application est recherchée. Même mis en proposition, chacun de ces vocables ne peut être vrai ou faux, car il appartient indéfectiblement au monde du concept et nécessite l'identification, parmi les données de la nature, de propositions susceptibles, en raison de leur phénoménalité, de se voir appliquer le régime du *vrai* et du *faux*. Reste que la mention première faite à la règle de droit n'est pas anodine. La proposition qui forme l'objet de la preuve doit toujours conserver un lien avec la règle de droit dont elle est issue. Comme l'observaient, non sans humour, les Professeurs Malaurie et Morvan, il est inopérant, pour établir la faute d'un conducteur, de faire la preuve de sa passion pour le tiercé ou sa vie dissolue[385]. Ils signifiaient ainsi, d'une autre façon, que la proposition-objet de preuve conserve toujours, d'une manière qu'il va falloir préciser, une nature normative.

---

n° 10, n° 55). Si cette dernière circonstance est de nature à lui attribuer une plus grande fiabilité quant à la réalité et au contenu des déclarations, il ne faut pas se méprendre (surtout en ce qui concerne le contenu des déclarations) : l'acte de notoriété *n'est pas un acte authentique ;* même si le rédacteur a une certaine obligation de vérification, il ne constate pas les faits personnellement (Civ. 1re, 28 mars 2008, pourvoi n° 06-18695, inédit : « Mais attendu, [...] que, si l'établissement d'une attestation de notoriété peut engager la responsabilité du notaire instrumentaire, il n'en va ainsi que si ce notaire disposait d'éléments de nature à le faire douter de la véracité des énonciations »). L'acte de notoriété se borne à consigner des déclarations convergentes, et il ne tire normalement sa force que de cette convergence. En cela il est un méta-mode de preuve (il regroupe plusieurs modes de preuves), mais rien de plus. C'est la raison pour laquelle « il appartient au juge d'en apprécier la valeur probante quant à l'existence d'actes matériels de nature à caractériser la possession invoquée » (Civ. 3e, 4 oct. 2000, *Bull. civ.* III, n° 158, *précité*. - Comp. avec la formule douteuse de Civ. 3e, 11 juin 1992, *Bull. civ.* III, n° 199, *JurisData* n° 1992-001240, *D.* 1993, somm. p. 36, obs. A. ROBERT, sans doute due au fait que l'acte de notoriété ne visait pas des actes matériels). Autrement dit, il appartient au juge de déterminer si les déclarations contenues dans l'acte de notoriété (les propositions) sont à la fois pertinentes au regard de l'objet de la preuve (actes matériels) et fiables (v., en particulier, Civ. 3e, 4 mai 2011, n° 09-10.831, *JurisData* n° 2011-007969, *JCP G* 2011, 1298, n° 5, obs. H. PÉRINET-MARQUET). V. *infra*, n° 325 et s. En définitive, le juge a la même posture que lorsqu'il est confronté à un témoignage, *cf.* Civ. 1re, 9 déc. 1970, *Bull. civ.* 1970, III, n° 686, *précité* (et M. OUDIN, *Fasc préc.*, n° 57).

[383] Civ. 3e, 30 juin 1999, (paiement des impôts), *préc.*,Civ. 3e, 13 janv. 1999, *JCP* 1999, I, 175, n° 5, obs. H. PÉRINET-MARQUET- *Adde*, Cass. 3e, 27 juin 2007, pourvoi n° 06-14113, *JurisData* n° 2007-039770, *Bull. civ.* 2007, III, n° 115, *JCP G* 2007, IV, 2590.

[384] V. *supra*, n° 30.

[385] Ph. MALAURIE, P. MORVAN, *op. cit.*, n° 184, note (43), p. 158.

SECTION II
LA NATURE NORMATIVE DE L'OBJET DE LA PREUVE

33. ***L'opération de qualification et la présomption.*** L'objet de la preuve est donc une proposition qui porte sur un fait de la nature. C'est sur cette proposition que viendront s'appliquer, ensuite, les différents modes de preuve ; le juge en appréciera, pour finir, la vérité ou la fausseté. Il va sans dire que cette proposition factuelle ne peut être privée de tout rapport avec la règle de droit dont l'application est recherchée. Elle doit être reliée au concept que contient cette règle d'une certaine manière, ce qui revient à dire (voire redire) qu'une partie de l'opération probatoire relève du droit ; on s'en rend parfaitement compte en évoquant successivement le rôle de l'opération de qualification (§ 1) et le rôle des présomptions dans la définition de la proposition-objet de preuve (§ 2).

§ 1. Le rôle de l'opération de qualification dans la définition de la proposition-objet de preuve

34. ***Le rôle central de la qualification.*** La qualification est une opération à la fois complexe et centrale. C'est elle qui assure, à partir des faits sociaux **ou matériels**, la correcte expression du droit. Elle est, partant, indispensable à la vie du système juridique (à la réalisation du droit), et il n'est, en cela, pas surprenant qu'elle soit susceptible d'être contrôlée par la Cour de cassation. Afin de bien saisir son rôle dans la définition de l'objet de la preuve, il est impossible de ne pas revenir sur les théories du déplacement de l'objet de la preuve (A), avant de pouvoir affirmer que la qualification assure la mesure de la distance entre l'objet déplacé et l'objet abstrait de la norme (B). Sur ces bases, il faut enfin proposer, afin d'avoir une vue complète, une relecture de la qualification à la lueur de l'opération d'interprétation, relecture qui devrait aboutir à une définition de la qualification comme interprétation inversée (C).

A. Les théories du déplacement de l'objet de la preuve

35. ***Rôle de Bartin et de Jean Chevallier.*** Deux auteurs ont particulièrement œuvré au renouvellement de l'analyse de l'objet de la preuve et, par suite, de la théorie de la preuve tout entière. Bartin, d'abord, dont les premières supputations sur le déplacement de l'objet de la preuve ont éclairé le processus probatoire d'une lumière nouvelle (1). Jean Chevallier, ensuite, qui sur la base des analyses de Bartin, est parvenu, pour la première fois, à établir le rapport entre objet de la preuve et opération de qualification (2).

1. La doctrine de Bartin

36. ***Présentation de la doctrine.*** Les avancées les plus grandes réalisées dans l'appréhension de l'objet de la preuve sont dues à Bartin[386] dont les travaux

---

[386] Pour une biographie de l'auteur, *cf. V° Bartin Étienne-Adolphe*, *in* P. ARABEYRE, J.-L. HALPÉRIN, J. KRYNEN, *Dictionnaire historique des juristes français. - XIIe - XXe siècle*, PUF, Quadrige, Paris, 2007.

n'ont malheureusement pas toujours été exploités à leur juste valeur. Peut-être est-ce aussi l'emplacement de ses développements sur le déplacement de l'objet de la preuve qui a contribué à recouvrir la question d'un épais voile de fumée ? Rappelons, en effet, que c'est à la suite à de la formule de Aubry et Rau, selon laquelle « [l]e juge ne doit admettre ou ordonner la preuve que de faits relevants, pertinents, ou concluants, c'est-à-dire de faits qui soient de nature à influer, d'une manière plus ou moins décisive, sur le jugement de la cause à l'occasion de laquelle ils sont allégués : *Frustra probatur quod probatum non relevat* »[387], que Bartin apporte son importante contribution à l'étude de l'objet de la preuve. C'est que cette définition, quoique systématiquement reprise par la suite, n'était pas, en raison de son équivoque[388], de nature à dissiper toute ambiguïté sur la nature exacte de l'objet de la preuve[389]. Il convient donc de rappeler les principaux résultats de l'analyse de l'auteur et de les expurger des éléments étrangers par lesquels ils ont été adultérés.

« En pure logique, disait Bartin, la preuve ne devrait jamais avoir pour objet que les faits mêmes qui ont donné naissance au droit invoqué en justice »[390]. Tout en maintenant la terminologie classique de « fait », il modifiait toutefois radicalement le prisme d'analyse en reconnaissant un rôle premier à l'étude du droit. Aussi bien était-il en mesure, ensuite, d'affirmer que, même en matière de « preuve directe », « la force des choses conduit à substituer à la preuve des faits générateurs du droit prétendu, qu'il est pratiquement impossible d'atteindre, la preuve de faits voisins et connexes, de la réalité desquels le plaideur demande au juge d'inférer, par un détour plus ou moins long, la réalité de ceux qu'il aurait voulus, mais qu'il n'a pu atteindre directement »[391]. Ce processus, l'éminent civiliste proposait de l'appeler *déplacement de la preuve*[392], et il concédait, en dépit des efforts préalablement produits pour réfuter l'assimilation faite, par Aubry et Rau, de la preuve judiciaire à la preuve historique[393], une analogie avec le processus à l'œuvre dans les sciences

[387] AUBRY & RAU, *Droit civil français. - Tome XII*, *op. cit.*, p. 78. C'est cette formule que BARTIN vient annoter : note 10*bis*, *op. cit.*, *loc. cit.*

[388] La formule peut signifier qu'un fait n'est pertinent que lorsqu'il correspond au concept de la règle de droit dont on cherche l'application ; mais elle peut encore signifier qu'un fait n'est pertinent que lorsqu'il n'a pas encore été prouvé ou lorsque, enfin, il correspond à un mode de preuve de nature à modifier le cours du litige. Dans le premier cas, le problème est d'ordre juridique puisqu'il s'agit d'identifier l'une des composantes de la règle de droit. Dans le dernier cas, le problème est radicalement différent ; il est d'ordre factuel et ne concerne que le rapport entre la proposition contenue dans le procédé de preuve et l'objet de la preuve dûment identifié. On retrouve cette confusion dans de nombreux ouvrages. V., par exemple, les Professeurs MALAURIE & MORVAN (*Droit civil. - Introduction générale*, *Defrénois*, 3e éd., Paris, 2009, spéc. p. 158-161) et leur définition composite et négative de l'objet de la preuve. Sont ainsi considérés comme *faits* pertinents les faits qui ne sont ni *évidents*, ni *inopérants*, ni *interdits*, ni même *impossibles*. Au sein de ce qui constitue la catégorie des « preuves inopérantes » (*op. cit.*, p. 158 - on remarque, incidemment, le glissement du « fait » - objet de preuve - à la « preuve » elle-même), on trouve, *ablativo*, le fait invoqué qui est sans relation avec le droit prétendu, celui qui, du fait de la loi, est impuissant à donner naissance au droit prétendu, le fait allégué qui contredit le droit prétendu et, enfin, celui qui est déjà établi ou qui est démenti par d'autres circonstances ou est invraisemblable (*ibid.*). On verra que cette présentation comporte des éléments hétérogènes qui ressortissent, chacun pour sa part, à des régimes juridiques différents.

[389] Sans compter qu'il n'est pas certain que Bartin soit lui-même parvenu à toujours maintenir le départ entre ce qui relève de l'objet de la preuve et ce qui relève de la proposition contenue dans la preuve elle-même. V. *infra*.

[390] BARTIN, sous AUBRY & RAU, *op. cit.*, note 10*bis,* p. 78.

[391] BARTIN, *op. cit.*, *loc. cit.*

[392] *Ibid.*, p. 79. Pour prévenir toute confusion, il faut lire : *déplacement de l'objet de la preuve*.

[393] Sur cette célèbre controverse, v. *supra*, n° 7.

historiques[394]. Une fois ces deux objets (« faits » selon la terminologie classique)[395] identifiés, il ne lui restait plus qu'à indiquer la nature de la connexion existant entre eux ; c'est ce qu'il appelle la *pertinence*[396] : « La question de savoir si un fait est pertinent ou non au procès n'est autre que la question de savoir si la preuve imposée au demandeur peut utilement porter sur des faits de ce genre, et de cette question de pertinence, le juge du fond seul est ordinairement juge, parce qu'il est généralement impossible de traduire en formules abstraites le lien plus ou moins fort, suivant l'infinie variété des espèces et des procès, qui rattache un fait de ce genre au fait générateur du droit prétendu, sur lequel seule la preuve devrait logiquement porter »[397].

37. ***Limites de la doctrine.*** C'est sur ce point que la formule se fait plus incertaine et subit, très fortement, l'attraction des analyses de Aubry et Rau[398]. Si,

---

394 Domaine, selon son expression, des « connaissances de pure observation », BARTIN, ss. AUBRY & RAU, *op. cit.*, note 10*bis*, p. 79.

395 Fait sur lequel le droit repose et fait identifié au terme du déplacement de l'objet de la preuve.

396 BARTIN, sous AUBRY & RAU, *op. cit., loc. cit.* - V. encore, par la suite, AUBRY & RAU, *Cours de droit civil français. - Les Contrats et les obligations*. 2, t. 9, 2de éd., Tome 9., par G. LAGARDE & R. PERROT, Paris, 1953, spéc. n° 1169, p. 241 qui définit la pertinence comme « la mesure dans laquelle il est permis de déplacer l'objet de la preuve ». - *Adde*, PLANIOL & RIPERT, *Traité pratique de droit civil français, tome 7, Obligations. Deuxième partie*, par P. ESMEIN, J. RADOUANT et G. GABOLDE, 2e éd., LGDJ, Paris, 1954, spéc. n° 1415.

397 BARTIN, ss. AUBRY & RAU, *op. cit., loc. cit.* - L'analyse des présomptions conduira à nuancer la fin de l'analyse ; v. *infra*, n° 66 et s.

398 Ainsi que la chose a été indiquée, Aubry et Rau incluent, sous le concept de *pertinence* (*concluance et relevance*), tout à la fois des questions de droit et des questions de fait. C'est la raison pour laquelle, tout en affirmant (AUBRY & RAU, *op. cit.*, p. 79) que les juges du premier degré apprécient souverainement la pertinence des faits dont la preuve est offerte (formule qui, en soi, n'est pas inexacte, v. *infra* n° 330 & 342), ils ne parviennent pas à expliquer, à partir de leur appareil critique, pourquoi les choses sont différentes lorsque les juges sont appelés à se prononcer en droit, c'est-à-dire lorsque le juge admet ou rejette la preuve offerte sur ce qu'ils appellent des motifs de droit. À reprendre attentivement les arrêts qu'ils exploitent, on se rend pourtant bien compte que les questions en cause n'étaient pas les mêmes, et qu'elles ne pouvaient donc recevoir un traitement identique de la Cour de cassation. Aussi bien, ces deux arrêts, cités par Aubry et Rau, montrent nettement que lorsque l'objet de la preuve est en cause, c'est le droit qui est touché, ce qui justifie (ou aurait pu justifier) l'intervention de la Cour de cassation. Civ., 5 mars 1901, *S.* 1903, 1, p. 451-452 : les consorts Peyrot-Desgrachons sont maintenus par le juge de paix en possession de portions de berges de l'Indre, mais aussi d'un îlot situé sur la rivière. En appel, le défendeur à l'action possessoire avait demandé à prouver par témoins que les consorts n'avaient jamais eu la possession de cet îlot qui, au surplus, ne se trouvait pas en face de la propriété. Pour écarter cette offre de preuve, les juges du second degré avaient forgé une présomption non prévue par la loi, dit l'arrêt de cassation, d'après laquelle les « îlots seraient censés former un accessoire du lit et des berges » (Chambre civile), « aussi bien pour la possession que pour la propriété » (formule reprise des juges d'appel). Cette solution est censurée, car si l'article 561 du Code civil (v. la disposition telle que réformée par l'ordonnance n° 2006-460 du 21 avril 2006, art. 3, *JORF* 22 avril 2006), disposait alors que les îles et îlots sur les rivières ni navigables et ni flottables appartiennent aux riverains qui sont propriétaires du lit de la rivière (ce qui constitue l'objet de la preuve), il ne pouvait être d'aucune ressource pour assurer la recevabilité de l'action possessoire en complainte, laquelle est absolument subordonnée à la preuve de la possession annale (sur quoi, voir la note à la référence précitée). Finalement, la solution des juges du fond revenait à créer une véritable présomption de droit opérant « déplacement » de l'objet de la preuve, ce qui explique le contrôle exercé par la Cour de cassation : « Attendu que, s'il appartient aux juges du fond d'apprécier souverainement, en fait, la pertinence d'une offre de preuve, leur décision est soumise au contrôle de la Cour de cassation, lorsqu'ils se fondent sur des motifs de droit pour rejeter la preuve des faits articulés » ; en somme, la Haute juridiction ne fait que contrôler ce qui constitue l'antécédent de la règle de droit dont l'application est recherchée. Ce n'est pas un problème de preuve, à proprement parler, mais un problème de contenu de la règle de droit. Un autre arrêt cité montre, mieux encore, la distinction : Civ., 16 févr. 1874, *S.* 1874, 1, p. 416. Dans cette affaire, digne d'un (très) mauvais roman noir, un mari, qui avait institué sa femme légataire universel, avait été trouvé noyé un peu plus d'un an après la

comme l'indique l'auteur, la problématique du déplacement de l'objet de la preuve ressortit à la règle de droit, il est peu probable que l'identification de l'objet de la preuve soit entièrement placée entre les mains des juges du fait. On sent d'ailleurs doublement le malaise de l'auteur, d'abord lorsqu'il reconnaît que la loi peut elle-même, parfois, accorder une certaine valeur à des faits qu'il qualifie de *voisins* ou *connexes*[399], ensuite lorsqu'il analyse les domaines respectifs de la preuve judiciaire et du pourvoi en cassation[400]. C'est que le mécanisme de la présomption et le contrôle de la Cour de cassation interviennent tous deux dans l'opération probatoire : on ne le voit que lorsque l'on cesse de placer sous le terme de *pertinence* deux opérations très différentes, dont l'une conduit à examiner la *vérité* d'une proposition (c'est l'examen de la preuve), l'autre - celle qui doit faire l'objet de toute notre attention - la *validité* d'une proposition (c'est l'examen de l'objet de la preuve). La confusion est bien compréhensible, la même proposition pouvant, parfois, être soumise à deux opérations utilisant, en partie, les mêmes ressources de l'esprit[401]. Il faut dire quelques mots supplémentaires de cette proposition et indiquer sommairement les processus mentaux à l'œuvre. On distinguera alors très nettement, à l'instar de Jean Chevallier, les deux questions.

2. *La doctrine de Jean Chevallier*

38. ***Le choix de l'objet de la preuve et la qualification.*** Dans un article resté célèbre, le Professeur Jean Chevallier examinait la notion de pertinence de l'offre de preuve[402] et concluait, comme Bartin avant lui, que « apprécier la pertinence c'est se prononcer sur la mesure dans laquelle la preuve peut être

---

signature du testament. Un non-lieu ayant clos l'instruction ouverte dans le cadre des poursuites vraisemblablement dirigées contre la veuve, ses père et mère et son domestique, l'affaire avait été portée devant le juge civil en réparation du dommage souffert, et en révocation du legs universel pour *ingratitude* et *injures graves* dont la femme s'était prétendument rendue coupable, « notamment par son inconduite, tant contre son mari vivant que contre sa mémoire ». Sur la seconde branche du moyen, les auteurs de la prétention de révocation sont déboutés tant en première instance qu'en appel ; l'argument des juges du second degré établit, on ne peut mieux, qu'il n'est pas question de la preuve elle-même : « attendu que les faits allégués à l'appui [de la demande en révocation], si prouvés qu'ils fussent, seraient blâmables au point de vue de la morale et de la religion, mais ne sauraient, dans la situation des parties, en tenant compte de leur éducation et du milieu où elles vivaient, constituer à l'égard du mari des injures intéressant son honneur et sa probité, c'est-à-dire des injures ayant le caractère exigé par la loi ; d'où suit que les faits relatifs à cette demande doivent être rejetés comme n'étant ni pertinents ni concluants ». L'arrêt est, bien entendu, cassé sur cette branche du moyen, les magistrats de la Cour régulatrice considérant qu'une telle décision restreint arbitrairement « le sens et la portée des expressions "injures graves" employées par l'art. 955 [C. civ.] ». Là encore, les juges du fond sont sanctionnés pour avoir « déplacé » trop largement l'objet de la preuve. En revanche, le mode de preuve n'était nullement en cause. - À l'inverse, lorsqu'il n'est question que de la capacité du *moyen de preuve* à établir *l'objet de la preuve*, comme la définition de l'antécédent de la règle de droit n'est pas en cause, les juges jouissent d'un pouvoir souverain d'appréciation : Req., 23 juin 1895, *S.* 1896, 1, p. 230, pour une offre portant sur une preuve jugée imprécise (c'est le potentiel probatoire de la preuve qui était critiqué, non l'objet sur lequel on entendait l'appliquer).

[399] BARTIN ss. AUBRY & RAU, *op. cit.*, note 10*bis*, p. 79, où il découvre une nouvelle fonction à la présomption légale. Il est, en effet, le premier à formuler l'idée que les présomptions légales ne sont « autre chose que des hypothèses où le procédé logique du déplacement de la preuve a été généralisé et systématisé par la loi ». Si c'est le législateur qui réalise l'opération, c'est un indice de ce qu'il est question de droit et non de fait. Les présomptions sont étudiées à la division subséquente, V. *infra* n° 43.

[400] BARTIN, ss. AUBRY & RAU, *op. cit.*, note 2*quater*, p. 65.

[401] Ce point est développé dans le détail, v. *infra*, n° 58 et s.

[402] J. CHEVALLIER, « Le contrôle de la Cour de cassation sur la pertinence de l'offre de preuve », *D.* 1956, chron., p. 37-40.

déplacée »[403]. Mais il remarquait aussi, étudiant la fin de non-recevoir à l'action en recherche de paternité naturelle, tirée de « l'inconduite notoire de la mère »[404], que « lorsque certains de ces faits ont été prouvés, la décision qui en infère l'inconduite notoire ou qui, au contraire les considère insuffisants pour l'établir, relève du pouvoir souverain d'appréciation des juges du fond, *pourvu évidemment qu'elle soit motivée et ne se réfère pas à une définition erronée de l'inconduite notoire* »[405]. Il distinguait ainsi deux versants dans la notion de pertinence ; selon le premier, la pertinence est l'aptitude du « fait » à servir de fondement à la demande ou à l'exception qui fait la matière du litige et qui est de nature à influencer sa solution ; selon le second, la pertinence s'entend plutôt de l'utilité de la « preuve » (on ne parle plus du fait)[406], c'est-à-dire la « preuve » du fait allégué. En d'autres termes, le fait allégué est parfaitement *pertinent* au sens premier du terme, mais la preuve elle-même, « en considération de la nature du fait allégué, se révèle impropre, en raison des circonstances, à former la conviction du juge »[407]. Il proposait ainsi une distinction terminologique entre *le fait dont la décision ne dépend pas*[408] et *le fait dont la preuve est inopérante*. Et il remarquait, en conclusion, que la distinction est essentielle, car le second examen, contrairement au premier, relève de l'application de la règle de droit. Comme il l'observait, « [l]e fait est pertinent puisqu'il est propre, s'il est établi, à justifier la déclaration de paternité. Mais dire si le fait est propre à justifier la demande ou l'exception, c'est trancher une question de droit ; c'est fixer la qualification qui convient à ce fait et décider de son aptitude à produire l'effet de droit qui est la matière du litige. La Cour de cassation ne saurait s'en désintéresser »[409]. Si on fusionne, désormais, les analyses de Bartin et de Jean Chevallier, on peut dire que la qualification mesure, en définitive, la distance entre *l'objet déplacé* (en réalité la proposition factuelle) et ce qu'il faut appeler l'antécédent abstrait de la règle de droit ou la « présupposition » (ce que la doctrine désigne traditionnellement par le mot « fait »).

B. La qualification comme mesure de la distance entre l'objet déplacé et l'objet abstrait

39. ***De l'objet déplacé à l'objet de la règle de droit : l'exemple de l'intention homicide.*** La qualification est l'opération qui va permettre le

---

[403] *op. cit.*, p. 38

[404] Ce qui était alors l'article 340 du Code civil. Sur cette disposition, v. F. TERRÉ, D. FENOUILLET, *Droit civil. - La famille*, 8e éd., Dalloz, Précis Droit privé, Paris, 2011, spéc. n° 607 (sur l'historique du texte avant la loi du 3 janvier 1972, *op. cit.*, n° 604, et l'état du droit après cette loi, *op. cit.*, n° 605 et s.).

[405] J. CHEVALLIER, *op. cit.*, p. 38 (nous soulignons). - *Adde*, J. SICARD, *La preuve en justice après la réforme judiciaire*, Librairie du journal des notaires et des avocats, Paris, 1960, spéc., n° 33-35, qui reprend, en partie, les exemples de l'article de J. Chevallier.

[406] Il faut, à peine de confusion, rejeter le vocabulaire de l'auteur, et tout spécialement son emploi des mots « *fait* ».

[407] *Op. cit.*, p. 37, 1re colonne.

[408] Il s'agit, en réalité, d'apprécier l'utilité de la « preuve » elle-même, c'est-à-dire de la proposition factuelle qu'elle contient. La preuve est *inutile* lorsque la fausseté de la proposition-objet de preuve a déjà été démontrée, lorsqu'elle paraît invraisemblable ; exemples donnés par J. SICARD, *op. cit.*, n° 37. En pratique, la pertinence oblige également le juge à déterminer si la proposition contenue dans le mode de preuve permet de démontrer - parce qu'elle repose sur une inférence, par exemple - la *vérité* de la proposition-objet de preuve. Le problème de la pertinence dépasse donc celui de la seule utilité de la preuve : V. *infra*, n° 321.

[409] J. CHEVALLIER, *op. cit.* p. 37-38.

rapprochement entre la proposition-objet de preuve qui est soumise au juge et l'objet de la preuve qui apparaît dans la règle de droit, c'est-à-dire son *antécédent abstrait* (le concept qu'il contient). Pour bien saisir cette distinction, il faut se souvenir que, d'après les enseignements de Bartin et du Professeur Chevallier, l'objet de la preuve n'est jamais constitué des faits mêmes qui donnent naissance au droit invoqué - car ces faits, rappelons-le, relèvent de l'abstraction[410]. Cette mise en abîme de la règle de droit est indispensable à la vie du droit, car les propositions du droit n'ont de sens que lorsqu'elles sont introduites dans la contexture du monde sensible, dans la structure de l'expérience humaine. À cet égard, aucun exemple ne semble plus instructif que celui de l'intention homicide, dol spécial[411] de l'infraction d'homicide intentionnel. Symptomatique de la confusion qui règne entre la définition de l'objet de la preuve (soit la qualification) et la démonstration de la vérité de celle-ci (le problème strictement probatoire), le traitement jurisprudentiel de ce dol spécial est pourtant exclusif de toute hésitation. Quelques illustrations tirées de cette abondante matière permettront d'invalider les thèses qui se proposent d'appréhender le problème comme s'il ne s'agissait que d'une question de « preuve de l'intention de donner la mort »[412] ou de « preuve de *l'animus necandi* »[413]. Une analyse plus serrée montre que, pour établir le dol spécial (et la remarque vaut pour tout autre notion)[414], le juge doit réaliser une triple opération : *la première* consiste à établir ce qu'il faut entendre par dol spécial (interprétation) ; *la seconde* à déterminer si les faits avancés sont constitutifs d'un dol spécial (qualification) ; *la troisième* à déterminer si les faits jugés constitutifs du dol spécial sont vrais ou faux (le cœur de l'opération probatoire). À la vérité, comme il faudra le montrer bientôt, la dissociation des deux premières étapes est artificielle[415]. Une chose est sûre, lorsque le juge se prononce sur les faits, il cherche d'abord à déterminer s'ils peuvent recevoir la qualification de dol spécial ; et il s'agit bien d'une opération de qualification, comme l'illustre la jurisprudence.

40. ***Analyse de la jurisprudence***. Jusqu'à une période récente, la Cour de cassation ne connaissait d'affaires mettant en jeu l'intention homicide qu'à travers les pourvois formés contre les arrêts de la chambre de l'instruction. En dehors de ces cas, la particularité de la motivation des arrêts de cours d'assises ne lui

---

[410] V. *supra* n° 37-38.

[411] Sur cette notion, et sa critique : X. PIN, *Droit pénal général*, 4e éd., Dalloz, Cours, Paris, 2010, n° 173.

[412] H. ANGEVIN, « Atteintes volontaires à la vie. - Meurtre. - Assassinat. - Empoisonnement. - Provocation non suivie d'effet à commettre un assassinat ou un empoisonnement », *J.-Cl. Pénal Code, art. 221-1 à 221-5-3*, Fasc. n° 20 (2007), spéc. n° 61 ; Y. MAYAUD, *Droit pénal général*, 3e éd., PUF, Droit, Paris, 2010, n° 228, p. 247.

[413] Intitulé du commentaire du Professeur VÉRON, « La preuve de l'*animus necandi* », *Dr. pén.*, 2006, comm. n° 151, ss. Crim., 23 août 2006, *JurisData* n° 2006-035108. - *Adde*, O. DE BOUILLANE DE LACOSTE, « Pourvoi en cassation.- Ouvertures à cassation. - Violation de la loi de fond », *J.-Cl. Procédure pénale, art. 591 à 600*, fasc. n° 20, qui parle, lui aussi, de manière plus générale, de « [p]reuve de l'élément intentionnel » (n° 107), dans une partie pourtant consacrée à « [l]a violation de la loi d'incrimination ».

[414] V. *infra*, n° 41.

[415] Elle est pourtant traditionnellement maintenue : M.-N. JOBARD-BACHELLIER, X. BACHELLIER, *La technique de cassation. - Pourvois et arrêts en matière civile,* Dalloz, Méthodes du droit, 6e éd., Paris, 2006, p. 50 ; ces deux auteurs distinguent, au sein de ce qui relève du droit (par opposition au fait), l'interprétation de la qualification, mais semblent confiner l'interprétation aux seules hypothèses de carence, de lacunes ou d'insuffisances de la loi, *op. cit.*, p. 49 et s. (ce qui revient, au passage, à passer sous silence l'opération d'interprétation dans la majorité des cas). V., toutefois, les concessions faites à la théorie réaliste du droit, *op. cit.*, p. 72-73.

permettait pas de songer même à l'exercice d'un contrôle des qualifications. Avec la motivation désormais imposée des arrêts d'assises, les choses sont de nature à changer, mais l'essentiel de la jurisprudence trouve encore son origine dans les arrêts rendus par les juridictions du second degré[416]. Et, selon toute vraisemblable, la Chambre criminelle maintiendra sa jurisprudence constante : « les juridictions d'instruction apprécient souverainement si les faits retenus à la charge de la personne mise en examen sont constitutifs d'une infraction, la Cour de cassation n'ayant d'autre pouvoir que de vérifier si, à supposer ces faits établis, la qualification justifie la saisine de la juridiction de jugement »[417].

Il faut tout de même garder à l'esprit que rien n'empêcherait la Haute juridiction d'exercer son contrôle - ce qu'elle a du reste déjà fait, historiquement[418]. Il convient également de noter que, en dépit de l'absence de contrôle de la Cour de cassation[419], les arrêts qui intéressent l'élément intentionnel de l'homicide volontaire permettent de bien distinguer les deux opérations distinctes que l'on vient de décrire. Dans un premier arrêt analysé[420], l'intention homicide avait été établie à partir d'un faisceau de circonstances : devant la maison de l'accusé, deux individus venaient intentionnellement de heurter, à l'aide de leur véhicule, une file de voitures appartenant aux clients de la personne poursuivie. Il n'en fallait pas plus pour que ce dernier sortît armé d'une carabine, qu'il épaulât et, le canon dirigé vers le pare-brise du véhicule des deux victimes, ouvrît le feu à cinq reprises, quatre balles venant atteindre l'un des occupants. Comme on le voit, il y a bien une conjonction de circonstances qui permettent de conclure à l'existence de l'intention homicide. Néanmoins, contrairement à ce qui est communément affirmé, ce n'est pas la preuve qui est en cause, mais seulement la qualification. La question qui était finalement posée aux juges du fond était de savoir *si les faits constatés étaient ou non de nature à recevoir la qualification d'intention homicide*. La chose est si peu douteuse que le problème de la preuve était envisagé à part, lorsqu'il était précisé que ces faits n'étaient pas *contestés*, c'est-à-dire qu'ils étaient *constants*.

Dans une autre affaire[421], la chambre d'accusation se fondait, pour établir l'élément intentionnel, sur les positions respectives et rapprochées des protagonistes, ainsi que des caractéristiques techniques de l'arme utilisée, la dualité des

---

[416] V. *infra*, n° 84 et s. ; v. aussi, J. BORÉ, L. BORÉ, *La cassation en matière pénale 2012-2013*, Dalloz, Action, Paris, 2010 spéc., n° 106.51 à 106.53, p. 313.

[417] Crim., 17 sept. 2008, pourvoi n° 08-84.601.

[418] J. BORÉ & L. BORÉ, *op. cit.*, n° 106.02, mentionnent, fort à propos, cet arrêt : Crim., 4 janv. 1978, *Bull. crim.*, n° 5, par lequel la Cour de cassation affirmait, après avoir rappelé les constatations de fait, que « en cet état, la Cour de cassation, qui n'a pas à vérifier ou à contrôler les énonciations de pur fait de l'arrêt est en mesure de s'assurer que les faits ci-dessus exposés, à les supposer établis, caractérisent à la charge de M..., en tous ses éléments, le crime de tentative d'homicides volontaires commis avec préméditation [...]. Il ne faut pas se laisser abuser par la formule - « est en mesure de s'assurer... » - qui laisse entendre que le contrôle est purement formel. Certes, le pourvoi se fondait sur un manque de base légale, mais aussi, et surtout, sur une contradiction de motifs qui, comme le rappellent les auteurs précités, lorsqu'elle s'appuie sur l'opposition entre un motif de droit et un motif de fait, ne peut déboucher que sur un « authentique contrôle de qualification [...] », *op. cit.*, n° 106.42 et 83.21. C'est à ce contrôle que se livrait, en même temps, la Cour de cassation.

[419] Tout ce qui n'est pas contrôlé par la Cour de cassation demeure contrôlable ; et l'absence de contrôle ne transforme jamais une question de droit en une question de fait. *Cf.* la démonstration et les références, *infra*, n° 80-81.

[420] Crim., 22 mai 1989, pourvoi n° 89-81397, inédit, *Dr. pén.*1989, comm. n° 56, obs. M. VÉRON, *RSC.* 1991, p. 345, obs. G. LEVASSEUR.

[421] Crim., 18 juin 1991, *Dr. pén.*1991, comm. n° 277, obs. M. VÉRON, *RSC.* 1992, p. 73, obs. G. LEVASSEUR.- *Adde*, Crim., 6 janv. 1993, pourvoi n° 92-85460.

coups de feu et la vulnérabilité de la région du corps de la victime. Là encore, la question posée au juge était toute juridique : les différentes *propositions formant le faisceau de circonstances correspondaient-elles à la proposition abstraite contenue dans la règle de droit, à savoir l'intention homicide* ? On le voit encore mieux si on s'attache un instant aux débats sur le déroulement des faits. L'accusé prétendait, en effet, que le coup de feu avait été accidentel ; or cette proposition, parfaitement *valide* pour le système juridique afin de démontrer l'absence d'élément intentionnel, ne pouvait prospérer[422], car *preuve avait été faite* que « tout tir accidentel était impossible »[423]. Il était, par surcroît, précisé que « selon des témoins, [l'accusé] aurait tiré deux coups de feu réarmant sa carabine après chaque tir ». Encore une fois, les juges sont chargés, d'une part, d'identifier, parmi les faits, des propositions *valides* pour le système juridique, d'autre part, d'apprécier la *vérité* de ses propositions à partir des éléments de preuve disponibles[424]. Tous les arrêts étudiés sont dans le même sens, qu'ils s'appuient sur un rapport d'expertise pour établir la distance et la position de la victime lors du coup de feu[425] ou pour établir le caractère non accidentel du tir[426], ou sur des constations matérielles et des témoignages pour déterminer le comportement de l'accusé au moment des faits[427]. Partant, il ne faut pas être surpris de constater que l'intention criminelle peut n'être pas caractérisée quand même dispose-t-on d'une vue complète des faits ; comme le relevait une chambre de l'instruction, requalifiant les faits en coups mortels aggravés, « s'il résulte des constatations médico-légales qu'il a porté des coups et fait heurter violemment à plusieurs reprises la tête de sa femme sur une surface dure, cet élément reste en soi insuffisant pour caractériser une intention homicide »[428]. Pour

[422] Sous réserve, bien entendu, de l'appréciation faite des éléments de preuve par la cour d'assises.

[423] La cour d'appel relevait, exploitant le rapport balistique, que « l'arme étant une carabine de marque MIROKU à répétition manuelle commandée par un levier de sous-garde ; que pour que l'arme soit prête au tir, il était nécessaire de manœuvrer à deux reprises le levier, une première fois pour éjecter l'étui de la cartouche précédemment tirée, une seconde fois pour engager la cartouche dans la chambre du canon ». C'est ici que se situait le débat probatoire.

[424] En ce sens, il faut remarquer que si les preuves disponibles constituent un guide utile dans la détermination des propositions opérantes, elles ne doivent pas aveugler de leur lumière. Le juge doit prendre en compte toute proposition valide et s'efforcer, autant que de raison, d'en éprouver la réalité. En l'espèce, l'allégation du caractère non intentionnel du tir était parfaitement « pertinente » pour le système juridique puisque de nature à faire disparaître la qualification d'homicide intentionnel. L'appréciation des preuves faite par les juridictions d'instruction conduisait, cependant, à conclure à la fausseté de cette proposition. En cela, il convient de soigneusement distinguer les deux problèmes, à peine de ne jamais permettre au droit de s'exprimer pleinement.

[425] Crim., 26 nov. 1991, *Dr. pén.*1992, comm. n° 120, obs. M. VÉRON, *RSC* 1992, p. 748, obs. G. LEVASSEUR. - *Adde*, Crim., 17 sept. 2008, pourvoi n° 08-84.601, pour un coup de couteau, Crim., 19 déc. 2007, pourvoi n° 07-86.883, *JurisData* n° 2007-042302 nombre et violence des coups, traces de strangulation.

[426] Crim., 13 févr. 2008, pourvoi n° 07-88.272.

[427] Crim., 14 mai 2008, pourvoi n° 08-81.860 ; selon cet arrêt, l'intention homicide « résulte de la multiplicité des coups de couteau portés à la victime, lui occasionnant notamment une plaie béante au niveau thoracique potentiellement mortelle, de la particulière violence avec laquelle sa tête a été frappée au sol, de la torsion que présentaient la lame du couteau et la pointe du tire-bouchon, ainsi que des propos tenus par Olivier X... : "je vais te tuer, charogne" rapportés par Mathilde Y ». Là encore, on peut facilement distinguer la qualification et la démonstration des faits. Les propositions sur lesquelles la juridiction s'appuyait pour retenir la qualification d'intention d'homicide étaient relativement simples : *arme ayant touché une zone vitale, état de l'arme après les faits, violence des coups et propos menaçants tenus par l'accusé* ; ces propositions ont été jugées *valides* (ou *opérantes*). Mais il fallait également en apprécier la *vérité*. Pour ce faire, la cour d'appel disposait de procès-verbaux, de rapports d'expertise et d'un témoignage.

[428] Crim., 23 août 2006, *Juris-Data* n° 2006-035108, *Dr. pén.*2006, comm. 151, note M. VÉRON.

parvenir à ce résultat, le juge a normalement dû, au préalable, s'interroger sur le contenu de la notion *d'intention homicide* visée au texte. Cette vue est, en réalité, largement déformée par la position qu'occupe l'observateur : en rapprochant la proposition dégagée ou non par le juge et la proposition abstraite de la règle, il est désormais en mesure de livrer une interprétation de la disposition. Quoique juste, l'analyse est trop éloignée de l'activité du juge qui est saisi de faits et qui réalise l'opération d'interprétation à partir de la qualification, c'est-à-dire en dégageant l'objet de la preuve. Il est donc, en ce sens, essentiel d'envisager la qualification à la lueur de l'interprétation et de postuler que la qualification est une interprétation inversée. Cette manière de voir permet de saisir au plus près les ressorts utilisés par le juge pour faire naître, de la masse des faits, l'objet de la preuve.

C. La qualification comme interprétation inversée

41. ***Considérations théoriques sur la qualification et l'interprétation.*** Le droit forme un réseau de concepts[429], dont certains semblent appartenir au langage courant[430] ou à des « réalités extrajuridiques »[431], tandis que d'autres, tels les « "concepts réflexifs" et construits [...] comme le contrat, l'acte juridique ou la société, sont représentatifs de règles et d'institutions juridiques »[432]. Et sans préjudice de cette première distinction, il faut également ventiler les concepts selon qu'ils renvoient à des données quantitatives, comme la minorité, la majorité, la conduite en état d'ivresse[433], ou à des données indéterminées (quoique parfaitement déterminables) ; sur ce dernier chapitre, les exemples abondent, de la notion de bonnes mœurs, de bonne foi, à celle de faute ou de causalité, en passant par celle de besoin[434]. C'est face à ces notions souples qu'on perçoit le mieux l'opération de qualification, même s'il ne faut pas perdre de vue que la qualification intervient quelque proche du réel que puisse paraître le concept. Pour le comprendre, il faut prendre à contrepied la formule de Bartin[435]: **« En pure logique », la preuve ne devrait jamais avoir pour objet les faits mêmes qui ont donné naissance au droit invoqué en justice, car ces «*faits même*» n'ont aucune dimension phénoménale**. Seuls les faits « de la nature »[436], quand même sont-ils déformés (formés ?)

---

[429] *Cf.* J.-L. BERGEL, *Méthodologie juridique*, PUF, Thémis Droit privé, Paris, 2001, spéc., p. 50.

[430] La notion d'animal, par exemple : J. BERGEL, *op. cit., loc. cit. ;* v. encore Ch. PERELMAN, « La distinction du fait et du droit. - Le point de vue du logicien », *in* Ch. PERELMAN (dir.), *Éthique et droit*, Éditions de l'Université de Bruxelles, Bruxelles, 1990, p. 682-693, spéc. p. 691.

[431] Selon l'expression de J.-L. BERGEL, qui désigne, par cette formule, les « notions » de naissance et de mort (*op. cit.*, p. 51) ; ces deux types de notions sont regroupées sous l'expression de *concepts primaires* ou *concepts « vulgaires »*, *op. cit.*, p. 51 et p. 50.

[432] *Op. cit.*, p. 51. L'auteur invite, bien entendu, à rapprocher cette classification de celle de Gény qui repose sur une opposition entre le *donné* et le *construit :* F. GÉNY, *Science et technique en droit privé positif*, t. 4, Sirey, Paris, 1930, n° 277.

[433] Exemples donnés par J.-L. BERGEL, *op. cit.*, p. 51.

[434] *Ibid.- Adde*, pour une analyse approfondie de la dimension conceptuelle du droit à la lueur de la notion de *standard*, v. S. RIALS, *Le juge administratif français et la technique du standard (essai sur le traitement juridictionnel de l'idée de normalité)*, LGDJ, Bibliothèque de Droit public, Paris, 1980, spéc. n° 73-76 et n° 82-85 ; à propos du *quantifiable* et du *non quantifiable*, n° 98-101. - *Adde*, K. ENGISCH, « Le fait et le droit en droit allemand », *in Le Fait et le Droit. - Études de Logique juridique*, Bruylant, Bruxelles, 1961, p. 27-50, spéc. p. 35-36.- v. *infra*, n° 62.

[435] V. *supra*, n° 36.

[436] En ce sens, il faut rejeter la formule de F. RIGAUX : « Non seulement aucun fait n'est, pour le juriste, séparable du droit, mais il faut combattre l'illusion du caractère immédiat de la perception qu'on peut en avoir », F. RIGAUX, « L'opacité du fait face à l'illusoire limpidité du droit », *Droit et société* 41-1999, p. 85-97, p. 85.

par le système de valeur qui les saisit (en l'occurrence le système juridique), et encore appauvris par leur mise en proposition[437], peuvent être objet de preuve[438]. Seuls ces faits pourront ensuite recevoir une qualification - l'onction juridique - et former l'objet de la preuve. Mais c'est peu trop dire que de s'en tenir à cette présentation sommaire du raisonnement du juge. On risque surtout d'accréditer l'idée qu'il suffit au juge, sans le moindre effort, de comparer le contenu de la norme juridique - l'antécédent abstrait - et la proposition de fait qui lui est présentée par le litigant. En réalité, le juge ne peut délivrer son label que s'il est parvenu, au préalable, à donner un contenu à la norme juridique en jeu, c'est-à-dire un ensemble d'espèces virtuellement comprises dans la norme juridique. En apparence, interprétation et qualification semblent relever de deux types de raisonnement différents. Si on s'en tient, cependant, à une conception réaliste des normes - qui considère, rappelons-le, que la norme est un énoncé dont le sens est donné par l'interprète - ces deux opérations ont tendance à se confondre, car elles s'opèrent presque concomitamment. Surtout, dès lors qu'interpréter revient à retrouver les faits sociaux enfouis sous la norme juridique et dès lors que qualifier revient à intégrer des faits sociaux à l'antécédent abstrait d'une norme juridique, il faut alors reconnaître que l'interprétation implique une qualification, tout comme la qualification suppose une interprétation.

Pour reprendre l'exemple déjà donné du licenciement sans cause réelle et sérieuse, le juge, s'il doit réellement appliquer la règle, et s'il ne peut se contenter d'une définition « non ostensive »[439] destinée, comme le fait la Cour de cassation, à donner une orientation générale sans pour autant enfermer la règle dans un cas d'espèce particulier, doit identifier une ou plusieurs séries de faits qui lui paraissent mériter d'intégrer le concept juridique de cause réelle et sérieuse. Bref, il lui faut immédiatement donner une qualification à ces faits, avant de s'interroger (notamment au moyen du raisonnement par analogie) sur les rapprochements qu'il peut faire avec les faits sociaux qui lui sont soumis et de livrer la qualification finale. À rebours, et comme on le voit très bien, en qualifiant, le juge interprète également, puisqu'il donne à la règle de droit un contenu social précis (y compris, d'ailleurs, lorsqu'il refuse la qualification). Aussi bien est-il vain de chercher à distinguer interprétation et qualification[440] ; les deux dispositifs interviennent concurremment

---

[437] Sur la nature propositionnelle de l'objet de la preuve, v. *supra*, n° 28.

[438] Mais ces *faits de la nature* ont une nature nécessairement normative, sans quoi ils ne sont jamais objets de preuve. La proposition-objet de preuve doit avoir son pendant dans le système juridique sous la forme d'une proposition abstraite (c'est-à-dire une proposition non phénoménale).

[439] Ch. PERELMAN, « La distinction du fait et du droit », *op. cit.*, p. 689 : « Une définition qui n'est pas ostensive détermine la compréhension d'un concept : elle consiste en un rapport entre concepts ». - Il en est ainsi lorsque la Cour de cassation énonce qu'un licenciement pour une cause inhérente à la personne du salarié doit être fondé sur des éléments objectifs et imputables au salarié : Soc., 7 déc. 1993, *D.* 1994, somm. p. 309, obs. A. LYON CAEN, PAPADIMITRIOU, *Dr. soc.* 1994, p. 213 ; ou encore lorsqu'elle énonce que l'exercice de la liberté d'expression des salariés en dehors de l'entreprise ne peut justifier un licenciement que s'il dégénère en abus : Soc. 12 nov. 1996, *Bull. civ.* V, n° 373, *D.* 1996, IR, p. 266.

[440] V. ainsi, F. MÜLLER, *Discours de la méthode juridique*, PUF, Léviathan, Paris, 1996, spéc. l'introduction de O. JOUANJAN, p. 14 ; HUSSON, « Le fait et le droit », *APD* 1964, p. 231. V. aussi, J. DABIN, « Préface », *in* F. RIGAUX, *La nature et le contrôle de la Cour de cassation*, Bruylant, Bruxelles, 1966. - *Adde*, Travaux du centre national de recherches de logique, *Le fait et le droit. - Études de Logique juridique*, *op. cit.*, spéc. les communications de K. ENGISCH, « Le fait et le droit en droit allemand », p. 27-50 ; P. FORIERS, « La distinction du fait et du droit devant la Cour de cassation de Belgique », p. 51-77 ; T. ASCARELLI, « Le fait et le droit devant la Cour de cassation italienne », p. 113-129 ; J. RIVERO, « La distinction du droit et du fait dans la jurisprudence du Conseil d'État français », p. 130-148.

dans la vie du droit. Ce jugeant, la suite de cette étude tiendra pour absolument équivalentes les deux notions[441], même si une césure épistémologique est maintenue entre le fait et le droit[442]. En définitive, et pour nous concentrer désormais sur l'objet de la preuve, l'interprétation revient à déterminer dans quelle mesure l'objet de la preuve peut être « déplacé ». La qualification, quant à elle, revient à coller une étiquette à l'objet déplacé et à dire, par exemple, que le fait, pour un homme, d'entretenir une relation Internet avec une femme autre que son épouse, rencontrée par le biais d'un site de rencontre, et d'évoquer, à cette occasion, sa « séparation de corps et d'esprit » d'avec la mère de ses enfants, et sa volonté de rencontrer une femme pour fonder une relation de qualité, constitue une violation grave des devoirs du mariage qui rend intolérable le maintien de la vie commune[443]. Interpréter revient à déterminer, à partir de l'antécédent abstrait de la règle de droit, les objets concrets possibles de la preuve[444]. Qualifier consiste, tout simplement, à confirmer la validité (et non la vérité) de l'objet déplacé. Ce qui est qualifié, c'est ce qui a, en définitive, réussi l'examen de l'interprétation et du déplacement de l'objet de la preuve. Interpréter consiste à dire ce que sont les choses, pour le droit. Qualifier revient à attester la « vérité du droit »[445].

42. ***Interprétation-qualification et élection de valeur.*** L'ultime difficulté réside dans le fait qu'un jugement de validité est nécessairement un jugement de valeur[446]. Cette proposition offre une première certitude : la valeur ici décrite n'est pas celle des jusnaturalistes, car le droit ne doit pas être appréhendé ici par son contenu ; la valeur entendue en l'occurrence est toute formelle : c'est celle de l'organe suprême d'interprétation et de qualification. La qualification dit la vérité parce qu'elle est prononcée par celui qui est compétent institutionnellement, mais « elle ne diffère en rien, matériellement, d'une appréciation pouvant être d'ordre moral, politique, religieux, esthétique »[447]. L'interprète dispose ainsi toujours d'un choix plus ou moins large de sens. Au surplus, ces sens sont issus d'une multitude de discours différents - sciences de la nature, esthétique, morale, religion -, chacun, ce qui est essentiel, développant son ou ses propres conceptions du sens commun[448]. Il s'ensuit que l'interprétation-qualification est aussi sélection, ce que le Professeur

---

[441] De cet avis, P. WACHSMANN, *V° Qualification* in *Dictionnaire de la culture juridique*, D. ALLAND, S. RIALS (dir.), Lamy et PUF, Paris, 2003, p. 1277-1283, qui indique, p. 1227 (col. dr.), que « [...] l'interprétation se précise en fonction des faits et [...] les faits s'énoncent par rapport aux notions juridiques ressenties comme pertinentes » ; G. MARTY, *La distinction du fait et du droit : essai sur le pouvoir de contrôle de la Cour de cassation sur les juges du fait*, Université des Sciences sociales de Toulouse, Toulouse, 1972 (d'après éd. Sirey, Paris, 1929), n° 115, p. 205 ; v. encore, F. RIGAUX, « L'opacité du fait face à l'illusoire limpidité du droit », *Droit et société*, 41-1999, p. 85-97, spéc. p. 97.

[442] Il faut d'emblée préciser que si la qualification ressortit au droit, elle n'est pas, pour autant, entièrement soumise au contrôle de la Cour de cassation. Cette dernière peut faire le choix de ne pas contrôler certaines qualifications, sans pour autant renier le rattachement de ces questions au droit : v. *infra*, n° 79.

[443] Toulouse, 1re ch. civ., 2e sect., 7 nov. 2006, *JurisData* n° 2006-330019, *Dr. fam.* 2007, comm. n° 106, obs. V. LARRIBAU-TERNEYRE.

[444] Comme l'observait Ch. PERELMAN, *op. cit.*, p. 689 : « Une qualification [...], qu'elle soit positive ou négative, établit un rapport entre un concept et un élément dont on affirme qu'il fait ou ne fait pas partie de l'extension de ce concept. En qualifiant, le juge est donc amené bien souvent à préciser le sens des termes de la loi, et ceci même dans le cas d'une qualification négative ; c'est ainsi que, en affirmant que telle situation présente ou ne présente pas un cas d'urgence, il précise quelque peu cette notion ».

[445] O. CAYLA, « *Ouverture* : La qualification ou la vérité du droit », *Droits* n° 18, *La qualification*, p. 3-18, spéc. p. 4.

[446] O. CAYLA, *op. cit.*, p. 6.

[447] O. CAYLA, *op. cit.*, p. 13.

[448] V. *infra*, n° 58 et s., pour une étude du rôle du sens commun.

Cayla appelle la disqualification : « Car toute qualification, qui revient à élire un nom en vertu du mérite qu'on veut bien reconnaître à la chose, suppose nécessairement le rejet corrélatif d'autres noms dont la chose aurait pu être affublée si on l'avait tenue pour les mériter. Autrement dit, toute qualification, où s'opère le choix d'un caractère privilégié, s'accompagne d'une disqualification au moins implicite par laquelle sont écartés les autres choix nominaux qui auraient été également possibles »[449] ; et de poursuivre : « Dans une telle perspective pratique, où les intérêts nécessairement divergents des interlocuteurs conditionnent des points de vue sur la nature qui ne peuvent concorder spontanément, tout acte de qualification est toujours, au moins potentiellement, porteur de contradiction, de discussion, autrement de dispute et de contentieux »[450]. S'impose donc un « "dernier mot" »[451], qui est apporté par une qualification incontestable[452]. C'est de cette manière, et de cette manière seulement, que le juriste est en mesure de passer de quelque chose qu'il connaît (la proposition abstraite de la règle de droit ou l'allégation de fait), à quelque chose qu'il ne connaît pas (l'antécédent abstrait de la règle de droit). Ce détour, pour reprendre l'expression de Bartin, est mieux connu des juristes sous le nom de présomption.

§ 2. Le rôle des présomptions dans la définition de l'objet de la preuve

43. ***Les présomptions en droit français et en* Common Law.** L'étude des présomptions devrait permettre de mieux saisir ce qui relève du fait et ce qui relève du droit. Nous verrons, en effet, qu'une partie des présomptions, généralement répertoriées sous le chapitre de la « preuve », ressortissent, en réalité, à la qualification et, partant, à la définition de l'objet de la preuve ; elles ne remplissent donc pas une fonction probatoire *par nature*, mais simplement *par fonction*, car elles vont servir à identifier l'objet de la preuve. Il ne paraît pas inopportun, pour apporter un éclairage nouveau sur la question, de présenter les présomptions en droit français (A), avant de livrer quelques considérations complémentaires sur les droits (révélateurs) de *Common Law* (B).

A. Les présomptions en droit français

44. ***Le Code civil et le rôle de Domat.*** Une analyse sémantique et systémique du Code civil constitue un passage obligé pour qui se propose de définir les présomptions (1). L'ouvrage manque parfois de clarté logique. Il faut en chercher la raison dans celui qui l'a inspiré. Dans cette recherche d'un temps perdu, on rencontre très vite la pensée de Domat (2).

1. Les présomptions dans le Code civil

45. ***Les confusions du Code civil.*** Les Codes ont souvent cette force de pouvoir parler à travers la structure qu'ils emploient. L'analyse systémique permet de saisir ce qu'il y a d'enfoui dans les nomenclatures et d'épauler l'interprète dans

---

[449] O. CAYLA, *op. cit.*, p. 11.
[450] *Ibid.*
[451] *Ibid.*
[452] O. CAYLA, *op. cit.*, p. 12. - *Adde*, Ch. ATIAS, *Épistémologie juridique*, Dalloz, Précis Droit privé, 1re éd., Paris, 2002, n° 183 & 184.

sa quête ; mais tel n'est pas toujours le cas. Sous ce regard, l'emplacement de l'article 1349 du Code civil, article qui dispose que « [l]es présomptions sont des conséquences que la loi ou le magistrat tire d'un fait connu à un fait inconnu », est révélateur d'une singulière confusion[453]. À ne le considérer que pour lui-même, le texte donne une excellente définition, toute philosophique[454], de cet important ressort de la mécanique probatoire qui, grâce à l'expérience du monde, permet de passer d'une proposition connue à une proposition inconnue. Comme l'observait fort justement le Professeur Merle, « [c]ette définition [...] n'est, après tout, que celle de la preuve elle-même [...] »[455]. À lever maintenant les yeux vers les subdivisions supérieures, la disposition désarme le lecteur ; comment un mécanisme supposé être au cœur du dispositif probatoire peut-il se trouver au sein d'un Chapitre qui, pour l'essentiel, égraine les modes de preuves[456] ? Il ne faut, en effet, jamais oublier (et on insistera encore) que « [...] le juge doit toujours se livrer à un raisonnement, par lequel il établit un rapport logique entre les éléments connus et le fait à prouver. Cette démarche peut être insignifiante lorsqu'il s'agit d'une preuve directe comme le témoignage ; elle peut être très apparente en présence de preuves indirectes comme les indices »[457]. En somme, il n'est jamais de preuve véritablement directe[458] et on peut être troublé de voir la notion de présomption analysée comme un mode de preuve à part entière. Mais disons qu'une substitution peut aisément être opérée (il suffit de parler d'« indice »), et qu'il y a surtout plus grave. En établissant une distinction entre les « présomptions établies par la loi »[459] et les « présomptions qui ne sont point établies par la loi »[460], le législateur paraît, en effet, désigner deux choses irréductibles. On a très justement fait remarquer que « [...] il y a une différence de nature entre les conséquences tirées d'un fait connu, par la loi et celles qui sont tirées par le magistrat. Dans ce dernier cas, on se trouve en présence d'un moyen d'arriver à la découverte de la vérité, donc d'un mode de preuve. Dans le premier, par contre, il s'agit de l'étendue de l'obligation de prouver incombant au demandeur, ou parfois même d'une dispense totale, pour lui, de prouver quoi que ce soit »[461]. Si on laisse de côté l'origine des présomptions - légales ou de l'homme[462] -

---

[453] On ne revient pas sur les innombrables malfaçons dont sont affectées les dispositions de l'article 1349. On peut renvoyer le lecteur au travail accompli par le Doyen DECOTTIGNIES, *Les présomption en droit privé*, LGDJ, Paris, 1949, spéc. n° 17-18, p. 36-38 ; v. encore, L. DE GASTINES, *Les présomptions en droit administratif*, LGDJ, Bibliothèque de droit public, Paris, 1991, n° 22-23, p. 11-12. - *Adde*, J. DUPICHOT, « Contrat et obligations. - Présomptions. - Notions générales », (refondu par D. GUÉVEL) *J.-Cl. Civil Code, art. 1349 à 1353*, fasc. n° 10, spéc. n° 1-12 ; J. SICARD, *La preuve en justice après la réforme judiciaire*, *op. cit.*, n° 50, p. 45-46.

[454] V. spécialement, la deuxième acception du mot retenue par le A. LALANDE, *Vocabulaire technique et critique de la philosophie* (2 vol.), PUF, Quadrige, Paris, 1999 : *V° Présomption :* « B. Action de tenir une affirmation pour vraie jusqu'à preuve du contraire [...] », cité par L. DE GASTINES, *Les présomptions en droit administratif*, *op. cit.*, n° 32, p. 15.

[455] Ph. MERLE, *Les présomptions légales en droit pénal*, LGDJ, Bibliothèque de sciences criminelles, Paris, 1970, p. 3.

[456] L'article 1349 est le premier article de la Section 3 : « Des présomptions » du Chapitre VI : « De la preuve des obligations et de celle du paiement ».

[457] Ph. MERLE, *Les présomptions légales en droit pénal*, *op. cit.* p. 3 ; à rapprocher de la définition de Pothier : « un jugement que la loi ou l'homme porte sur la vérité d'une chose », *Obligations*, 4e partie, chap. 3, sect. 2, n° 840, cité par J. DUPICHOT, « Contrat et obligations. - Présomptions. - Notions générales », *op. cit.*, n° 2.

[458] Le Professeur Merle n'est pas cohérent avec lui-même lorsqu'il soutient le contraire.

[459] § 1 de la section 3.

[460] § 2 de la section 3.

[461] J. SICARD, *op. cit.*, n° 5.

il faut convenir que le législateur a, en réalité, désigné sous un même concept deux opérations fort différentes. **D'une part, l'opération qui consiste à inférer d'une proposition de fait la proposition abstraite visée par la règle de droit - ce qui correspond à la qualification**[463] (il n'y a donc pas de passage du fait connu au fait inconnu, puisque l'inconnu ne constitue que l'antécédent abstrait de la règle de droit, soit le concept) ; cette opération, comme indiqué plus haut, n'est pas le privilège du législateur. **D'autre part, l'opération qui consiste à inférer de la proposition contenue dans le mode de preuve, la proposition-objet de preuve dégagée grâce à l'opération précédente**. Cette dernière opération appartient à l'administration de la base empirique et constitue la preuve proprement dite[464]. Ce jugeant, même si le Code civil comporte une définition pertinente de la présomption, les subdivisions qu'il utilise rendent son exploitation, en l'état, parfaitement impossible. Un détour par l'histoire permet sans doute de comprendre l'origine de cette confusion et ouvre de nouvelles perspectives de classification.

46. *Le poids de l'histoire.* C'est, en effet, dans l'histoire, et dans l'histoire seulement, qu'il faut chercher l'origine de cette construction. Ici, comme ailleurs, les concepts se sont construits par étapes et la doctrine des anciens a lourdement pesé lors de l'élaboration du Code civil. Aussi a-t-on maintes fois insisté sur l'influence déterminante de Domat[465] dont les connaissances philosophiques[466] lui

---

[462] Il ne faut pas se laisser abuser par les intitulés des deux paragraphes que coiffe la section 3, le premier : « Des présomptions établies par la loi », et le second, « Des présomptions qui ne sont point établies par la loi », étant donné que les deux, ainsi qu'on le verra, sont susceptibles de verser tant dans les propositions de preuve que dans les propositions-objets de preuve. Il faut répéter, par ailleurs, que le rattachement des présomptions dites de l'homme au domaine du fait méconnaît le rôle essentiel - si ce n'est incontournable - du juge dans la définition de l'objet de la preuve. On avait déjà remarqué le phénomène à une époque où la loi était encore vue comme toute-puissante : *cf.* P. MIMIN, « Les présomptions quasi-légales », *JCP G* 1946, I, 578.

[463] V., par exemple, C. civ., art. 1350, 2° : « La présomption légale est celle qui est attachée par une loi spéciale à certains actes ou à certains faits ; tels sont : 2° Les cas dans lesquels la loi déclare la propriété ou la libération résulter de certaines circonstances déterminées ».

[464] C'est la raison pour laquelle l'article 1353 du Code civil se place d'emblée sur le terrain de l'admissibilité des modes de preuve : « Les présomptions qui ne sont point établies par la loi sont abandonnées aux lumières et à la prudence du magistrat, qui ne doit admettre que des présomptions graves, précises et concordantes, et **dans les cas seulement où la loi admet des preuves** testimoniales, à moins que l'acte ne soit attaqué pour cause fraude ou de dol » (nous soulignons). C'est également la raison pour laquelle, *a contrario*, le Code civil ne contient aucune disposition concernant la démarche que le juge doit adopter lorsqu'il définit l'objet de la preuve. Lorsque le juge qualifie, il n'a pas à rechercher ce qui, dans le magma des faits, est *grave*, *précis* et *concordant*. Il doit seulement s'interroger sur ce qui est *valide* pour le système juridique ; il n'a pas besoin d'un faisceau de circonstances, sauf lorsque l'antécédent abstrait de la règle de droit se laisse fragmenter ; v. *infra*, n° 54.

[465] On sait que Domat a pesé lourdement sur la structure du Chapitre VI consacré à la preuve des obligations. Son empreinte est en cela perceptible dans la définition des règles relatives aux présomptions (R. DECOTTIGNIES, *op. cit.*, n° 17, p. 36-37). Mais on oublie parfois son influence, non moins essentielle, sur la rédaction du Code civil.

[466] S. GOYARD-FABRE, dans l'avant-propos qu'elle consacra à la réédition du *Traité des lois* (tiré de *Œuvres de J. Domat (nouvelle édition)*, par J. RÉMY, éd. Firmin-Didot père, Paris, 1828), Centre de philosophie politique et juridique, Caen, 1989), parlant justement de cette « somme philosophico-juridique », signalait que « [e]n accord avec la Logique de Port-Royal aussi bien qu'avec le dessein de Pothier, Domat veut "restaurer la raison dans le droit" [...]. Aussi bien expose-t-il que le droit ne saurait être privé de ses fondations métaphysiques : Dieu, ayant voulu la nature humaine sociable et créé la société sur des fondements naturels, a également établi les pouvoirs qui ont vocation à la gouverner : *Non est potestas, nisi a Deo* » ; v. aussi, J. GAUDEMET, *Les naissances du droit. - Le temps, le pouvoir et la science au service du droit*, 4e éd., Montchrestien, Domat droit public, Paris, 2006, spéc. p. 354-357. - V. encore *supra* n° 7.

permettent d'accéder à un degré de théorisation rarement atteint dans le domaine des preuves et des présomptions. C'est, en effet, chez le complice de Pascal qu'on perçoit le mieux la dépendance du mécanisme de la preuve à l'endroit de la théorie des présomptions ; c'est malheureusement dans sa doctrine, aussi, que l'on trouve non pas tant une méprise qu'une ambiguïté qui, par la suite, trompera les rédacteurs du Code civil.

2. *L'influence de Domat sur le Code civil*

47. ***Ambiguïté entre les preuves et les présomptions.*** On trouve déjà dans l'œuvre de Domat une définition de la preuve qui intègre largement l'étude de la causalité, et que l'on trouvera, par la suite, généralisée par d'autres, comme Hume[467]. On ne s'en rend pas bien compte lorsqu'on cite sa définition classique : « [o]n appelle preuve ce qui persuade l'esprit d'une vérité »[468]. Mais il faut aller au-delà pour saisir toute la profondeur de sa définition ; il ajoute, en effet, immédiatement après : « et comme il y a des vérités de diverses sortes, il y a aussi de différentes espèces de preuves »[469]. La formule doit être bien comprise. Elle ne signifie nullement, comme on l'a dit, que la vérité judiciaire est relative. Au reste, en serait-il ainsi qu'on ne comprendrait pas la formule figurant au même paragraphe : « Il y a cela de commun à toutes les différentes sortes de vérités, que la *vérité n'est autre chose que ce qui est* »[470]. L'explication exacte figure à un autre endroit : « Les preuves des faits, *énonce-t-il*, sont de plusieurs sortes ; car, comme on appelle preuve tout ce qui fait connaître une vérité, et qu'il y a plusieurs manières de faire connaître la vérité des faits, il y a aussi plusieurs espèces de preuves »[471]. La pensée de Domat est loin d'être parfaitement nette en tous points, ainsi qu'on va s'en rendre compte. Mais il est une première certitude ; Domat s'intéresse, dans un premier mouvement, exclusivement au fait et donne à la notion de « présomption », au moyen de sa connaissance de la causalité, une place centrale dans l'opération probatoire. Il est en effet indubitable que, pour Domat, aucune preuve judiciaire n'est absolument directe et suppose toujours un effort de raisonnement, qu'il appelle alors *présomption*. C'est ainsi que, à propos de l'établissement des circonstances de la mort d'un homme sur un grand chemin, il indique que : « Et quand même il se trouverait deux témoins contre qui il ne paraîtrait point de juste reproche, qui diraient qu'ils ont vu le meurtrier qu'ils connaissaient, poignardant cet homme, la certitude d'une telle preuve est d'un autre genre que celle de la vérité d'une proposition évidemment prouvée dans une science, et n'a pas le caractère d'une démonstration, parce qu'il n'est pas impossible que deux témoins se trompent, ou que même ils veuillent se tromper. Mais cette preuve n'a sa force que sur ce qu'on présume de leur bon sens qu'ils ne se sont pas trompés, et de leur probité qu'ils ne se trompent point. Ainsi, cette preuve, ne semble en effet fondée que sur des présomptions »[472]. Il affirme, ailleurs, dans les *Loix Civiles*, que « [l]e second examen des preuves consiste à

---

[467] V. *supra*, n° 1.
[468] J. DOMAT, *Œuvres complètes de J. Domat.- Nouvelle édition, revue, corrigée et précédée d'une notice historique sur Domat, augmentée de l'indication des articles de nos codes qui se rapportent aux différentes questions traitées par cet auteur*, t. 2, Alex-Gobelet Librairie, Paris, 1835, p. 138.
[469] *Ibid.*
[470] *Ibid.*
[471] J. DOMAT, *op. cit.*, p. 574.
[472] J. DOMAT, *Œuvres complètes, t. 2, op. cit.*, p. 138

discerner ce qui en résulte pour établir la vérité des faits qu'il fallait prouver, soit par des témoins, ou par écrit, ou autrement. Ainsi, pour les dépositions des témoins, le Juge examine si les faits dont ils disposent sont les mêmes qu'on devait prouver, ou si ce sont d'autres faits dont on puisse tirer des conséquences sûres de la vérité des faits contestés »[473]. Et plus loin, il confirme : « Ainsi dans les preuves écrites, et dans toutes les autres espèces de preuve il est de la prudence du Juge de discerner ce qui peut suffire pour établir la vérité d'un fait, et ce qui laisse dans l'incertitude : De considérer le rapport et la liaison que peuvent avoir les faits qui résultent des preuves avec ceux dont on cherche la vérité : D'examiner si les preuves sont concluantes, ou si ce sont seulement des conjectures, des indices, des présomptions, et quel égard on doit y avoir : Et enfin de juger de l'effet des preuves par toutes les différentes vues que peut donner la connaissance des règles jointe aux réflexions sur les faits et les circonstances »[474]. Par conséquent, et sans doute possible, la *présomption* constitue, chez Domat, le raisonnement qui permet d'établir un lien entre la proposition que contient un mode de preuve et la proposition (le fait) que l'on cherche à prouver. C'est pourquoi il limite sa définition au domaine de la preuve, contrairement au Code civil qui, à l'article 1349, ne parle que des conséquences tirés d'un fait connu à un fait inconnu[475]. Pour Domat, en effet, « [l]es Présomptions sont des conséquences qu'on tire d'un fait connu, pour servir à faire connaître la vérité d'un fait incertain, dont on cherche la preuve »[476]. Ce qui permet de distinguer la **« preuve »**, comme « la confession de la partie », le « témoignage des personnes qui savent le fait » et le « témoignage écrit », d'une part, des **« indices »** ou « marques »[477], de l'autre, c'est l'effort de raisonnement qu'elles supposent et le résultat qu'elles offrent. Ainsi qu'il l'indique encore, il est des présomptions qui « sont si fortes qu'elles vont à la certitude, et tiennent lieu de preuve [...] », tandis que d'autres « ne font que des conjectures qui laissent dans le doute »[478]. Il est regrettable

---

[473] J. DOMAT, *Les loix civiles dans leur ordre naturel, T. 2*, 2de éd., P. Aubouin, P. Emery & C. Clouzier, Paris, 1697, p. 356-357.

[474] J. DOMAT, *Les loix civiles*, *op. cit.*, p. 357.

[475] Cette confusion est d'autant plus étonnante que la section de Législation du Tribunat indiquait, après avoir proposé une définition des présomptions qui ne fut, en définitive, que très peu éloignée de la rédaction définitive du Conseil d'État, que : « Dans la rédaction du projet il est dit que la *présomption est un jugement porté par la loi ou le magistat* ; on a observé que le magistrat prononce des jugemens et non pas la loi. Une présomption est d'ailleurs plutôt une conséquence qu'un jugement. Tels sont les motifs de la préférence accordée à la nouvelle rédaction, qui est presque entièrement conforme à la définition donnée par Domat », (Communication officieuse à la section de Législation du Tribunat, p. 143 et s., *in* P. A. FENET, *Recueil complet des travaux préparatoires du Code civil*, T. XIII, Videcoq, Paris, 1836, spéc. p. 169. Les membres de la section connaissaient donc parfaitement la définition de Domat ; mais elle a été en partie déformée ; *cf.* le passage auquel la section de la Législation renvoie expressément : « Les Présomptions sont des consequences qu'on tire d'un fait connu, pour servir à faire connaître la vérité d'un fait incertain, dont on cherche la preuve », J. DOMAT, *Les loix civiles dans leur ordre naturel*, T. 2, 2de éd., P. Aubouin, P. Emery & C. Clouzier, Paris, 1697, p. 381 (Livre II, Titre VI, Sect. IV, art. 1).

[476] J. DOMAT, *op. cit.*, p. 381.- Le Doyen Decottignies, en s'appuyant sur les travaux du Doyen Gény, remarquait exactement la même distorsion : « La définition même des présomptions donnée par l'article 1349 montre la confusion des rédacteurs du Code : ils ont repris la définition de Domat, mais alors que l'auteur des Lois civiles (Livre III, T. VI, Sect. IV, art. 1er) considérait les présomptions comme des conséquences tirées d'un fait connu "pour servir à la preuve" d'un fait inconnu, on a défini les présomptions en 1804 simplement comme les conséquences d'un fait connu à un fait inconnu ».

[477] J. DOMAT, *Œuvres complètes de J. Domat, T. 3,* Nouvelle édition (par Joseph REMY), Firmin Didot Père et Fils, Paris, 1829, spéc. p. 574-576.

[478] J. DOMAT, Les *loix civiles*, *op. cit.* p. 382. - Il dit, pareillement, à un autre endroit, que : « Quelques-unes qui se tirent par une conséquence nécessaire d'un principe sûr ; et quand ces sortes de présomptions sont si fortes qu'on peut en conclure la certitude du fait qu'il faut prouver, sans laisser aucun lieu de

qu'une telle analyse n'ait pas été consacrée par les rédacteurs du Code civil ; il aurait alors été aisé de distinguer la présomption - « raisonnement, par lequel [le juge] établit un rapport logique entre les éléments connus et le fait à prouver »[479] - et la preuve elle-même, notamment l'indice nécessitant un effort plus important. Bref, il aurait été aisé de cantonner les présomptions dans le domaine du fait et de substituer au terme de présomption - qui est au centre, on l'a dit - celui d'indice, formant alors une catégorie innommée[480].

48. ***Domat et les présomptions appartenant au droit.*** Mais, à la vérité, la position est plus ambiguë ; Domat porte, lui aussi, le poids de la tradition[481], et succombe à la distinction entre les présomptions légales et les présomptions de fait[482]. Et lorsqu'on considère les *lois* de l'époque, il n'est pas douteux que l'auteur quitte le domaine du fait pour embrasser celui des propositions de droit. On trouve de tels exemples dans la catégorie des *praesumptiones juris et de jure*, c'est-à-dire des *indices nécessaires* selon la terminologie des criminalistes[483], qui n'apparaissent qu'implicitement dans l'Ordonnance criminelle de 1670[484], mais qui sont présentés avec une grande richesse dans le Code criminel de Charles Quint[485]. C'est d'ailleurs en ce dernier recueil que Domat puise l'inspiration de l'un des ses exemples : « Lorsqu'en fait de meurtre deux témoins irréprochables déposent avoir vu l'accusé, qui avait l'épée nue et ensanglantée à la main, sortir du lieu, où quelque temps après le corps du défunt a été trouvé blessé d'un coup d'épée »[486], on disposait alors,

---

doute, on leur donne le nom de preuves, parce qu'elles en ont l'effet, et qu'elles établissent la vérité du fait qui était contesté. Les autres présomptions sont toutes celles qui ne forment que des conjectures sans certitude, soit qu'elles ne se tirent que d'un fondement incertain, ou que la conséquence qu'on tire d'une vérité certaine ne soit pas bien sûre », J. DOMAT, *Œuvres complètes, t. 2, op. cit.*, p. 40.

479 V. Ph. MERLE, *op. cit.*, *loc. cit.*

480 Sur cette notion, v. *infra*, n° 287.

481 À partir du XVIIe siècle, grâce à une lecture moins outrancière des textes romains, la distinction entre ce qu'on appelle les présomptions légales et les présomptions de l'homme parvient à se fixer ; elle semble être due à Menochius (*De praesumptionibus, conjecturis, signis, et indiciis*, Lugd., 1608) ; v. DECOTTIGNIES, *op. cit.*, n° 16, p. 34-36. Mais des prodromes sont décelables chez les canonistes : DECOTTIGNIES, *op. cit.*, n° 14, p. 33-34.

482 « Cette différence entre les présomptions qui ont l'effet des preuves et celles qui laissent du doute est le fondement d'une autre distinction de deux sortes de présomptions : l'une de celles qui sont autorisées par les lois, et qu'il est ordonné de prendre pour preuves ; et l'autre de celles dont les lois laissent l'effet à la prudence du juge, qui doit discerner ce qui peut suffire ou ne pas suffire pour donner à une présomption la force de preuve », J. DOMAT, *Œuvres complètes de J. Domat, t. 2, op. cit.*, p. 167.

483 P.-F. MUYARD DE VOUGLANS, *Institutes au droit criminel, ou Principes généraux en ces matières, suivant le droit civil, canonique et la jurisprudence du royaume*, Le Breton, Paris, 1757 : « Les indices manifestes sont ceux dont l'évidence est telle, que la Loi ne permet pas de douter de la vérité des Faits qu'ils indiquent, et qu'elle rejette absolument toute Preuve contraire ; on les appelle autrement, nécessaires, parce qu'ils font des conséquences nécessaires d'un Fait constant ; on peut les comparer à ceux que les Jurisconsultes appellent en Matière civile, *praesumptiones juris et de jure* […] », p. 346. - *Adde*, A. ESMEIN, *Histoire de la procédure criminelle en France et spécialement de la procédure inquisitoire depuis le XIIIe siècle jusqu'à nos jours*, Larosse et Forcel, Paris, 1882, spéc., p. 272-277.

484 Muyard de Vouglans opère renvoi à l'article V, du Titre XXV, qui est loin d'être explicite.

485 Cette compilation, achevée en 1532 et publiée pour la première fois en allemand en 1533, n'était appelée qu'à régir les sujets du Saint Empire romain germanique. Mais sa richesse (elle ne comporte pas moins de 219 articles détaillés), que faisait mieux saillir la regrettable concision de l'Ordonnance de 1670, devait lui assurer un grand succès auprès des doctrinaires français. V., en ce sens, les dithyrambes de MUYARD DE VOUGLANS, *op. cit.*, Préface, p. viij.

486 MUYARD DE VOUGLANS, *op. cit.*, p. 346.- *Adde*, ESMEIN, *op. cit.*, p. 272 ; Code criminel de Charles Quint, art. 33 pour cet exemple ; v. aussi, art. 25-44, pour des exemples nombreux de présomptions.

indiquait-il, d'une preuve complète[487]. Ce qu'il y a de remarquable, et qui ne laisse pas d'informer sur la nature exacte de l'opération probatoire, c'est que ces « présomptions » devaient elles-mêmes être prouvées ; on disait ainsi que le fait dont on allait tirer des conséquences indiquées par la loi devait être établi d'une façon suffisante, *c'est-à-dire par deux témoins ou par écrit*[488]. Preuve singulière que cette preuve qui suppose une autre preuve ! Sert-elle réellement à établir la proposition de fait, c'est-à-dire l'objet de la preuve, ou constitue-t-elle cet objet ? Est-on encore dans le domaine du fait lorsque l'on dit que si l'on constate telle chose alors il en résulte tel effet sur le plan pénal ? Domat avait bien senti la subtilité lorsqu'il indiquait que « [l]a liberté d'alléguer et de prouver des faits, ne s'étend pas à toute sorte de faits indistinctement ; mais le juge ne doit recevoir la preuve que de ceux qu'on appelle pertinens ; c'est-à-dire, dont on peut tirer des conséquences qui servent à établir le droit de celui qui allègue ces faits ; et il doit au contraire rejeter ceux dont la preuve, quand ils seraient véritable, serait inutile »[489]. Si on prend le soin d'écarter le terme de *pertinent*, qui doit être réservé au rapport entre la preuve et l'objet de la preuve[490], on se rend alors compte que Domat a parfaitement perçu les deux niveaux d'analyse qui composent l'opération probatoire. Et les présomptions de la catégorie précédemment décrite relèvent bien de cet examen qui consiste à présélectionner les « faits ».

49. ***Présomptions et définition de l'objet de la preuve.*** En indiquant que celui qui est perçu, sortant des lieux de l'infraction, avec des objets donnant à penser que l'auteur des faits ne peut être que lui..., car *l'expérience* nous enseigne qu'il est fort peu probable que l'homme se trouvât sur les lieux pour d'autres raisons... que celles pour lesquelles il est poursuivi, on ne fait en réalité que « déplacer » l'objet de la preuve. Comme on l'a dit, cette opération est toujours nécessaire, car le droit est fait de concepts devant être interprétés ; lorsque le Code pénal dispose, en son article 221-1, que le meurtre constitue « le fait de donner volontairement la mort à autrui », il n'a aucune consistance sensible sans le secours de l'interprétation. Quelle est cette mort[491], quelle est cette altérité[492], quelle est cette volonté dont parle le texte ? Un

---

[487] Cette présomption semble avoir été invincible, y compris lorsqu'était en jeu la tête de l'accusé : A. ESMEIN, *op. cit., loc. cit.* On ne s'attarde pas davantage, ici, sur la hiérarchie des preuves et des indices ; *cf. infra*, n° 250. On indique simplement que certains indices (indices prochains) permettaient de soumettre à la question ou d'infliger des peines afflictives et infamantes, ainsi que des peines pécuniaires, tandis que d'autres (les adminicules ou indices éloignés), qui ne semblaient pas systématiquement permettre l'administration de la torture, donnaient pouvoir au juge d'ordonner un plus amplement informé ou de fulminer une peine pécuniaire ; v. ESMEIN, *op. cit.*, spéc., p. 272-282.

[488] A. ESMEIN, *op. cit.*, p. 272.

[489] J. DOMAT, *Œuvres complètes, t. 2, op. cit.*, p.147.

[490] Plus exactement, entre la proposition contenue dans le moyen de preuve et la proposition-objet de preuve ; v. *infra* pour cette étude, n° 320. En réalité, Domat envisage la pertinence un peu plus loin dans son ouvrage : « Ainsi, dans les preuves écrites, et dans toutes les autres espèces de preuves, il est de la prudence du juge de discerner ce qui peut suffire pour établir la vérité d'un fait, et ce qui laisse dans l'incertitude ; de considérer le rapport et la liaison que peuvent avoir les faits qui résultent des preuves avec ceux dont cherche la vérité ; d'examiner si les preuves sont concluantes [...] » : J. DOMAT, *op. cit.*, p. 148. La « concluance » correspond, en définitive, à ce qui sera désignée par *pertinence*, dans cette étude. Quant à la « pertinence », elle renvoie à ce qui sera appelé *opérance* au paragraphe suivant. Comme on le perçoit désormais parfaitement, le juge doit, après avoir sélectionné les propositions qui relèvent de la règle de droit dont on cherche l'application, rechercher quelles sont les propositions contenues dans les éléments de preuve qui permettent d'atteindre cet objet.

[491] F. DEBOVE, « La mort et le droit pénal », *Gaz. Pal.*, 2 août 2007, n° 214, p. 2.

[492] Le fœtus est-il autrui ?. - V., sur cette question, C. LABRUSSE-RIOU, F. BELLIVIER, « Les droits de l'embryon et du fœtus en droit privé », *RIDC* 2002, p. 579-601.- *Adde*, G. ROUJOU DE BOUBÉE, B. DE

témoin affirme que l'accusé a fracassé le crâne de la victime à l'aide d'une bouteille et qu'il l'a étranglée en employant un lien torsadé[493]. Quelle est la proposition-objet de preuve, en l'espèce ? Comment entend-on la mort, en matière pénale ? On sait, certes, *d'expérience*, que des coups violents portés à la tête et un étranglement sont de nature à entraîner la mort. On pourrait dire, aussi bien, que porter des coups à la tête d'un individu *équivaut, dans le domaine de l'expérience,* à donner la mort ; mais qui ne voit pas alors que cette proposition est déjà le résultat d'une inférence rendue possible par l'observation plus ou moins consciente de la récurrence de ces phénomènes dans le monde sensible ? Qui ne voit pas le « déplacement » de l'objet de la preuve ? Car à raisonner à rebours, on doit aussi se demander si l'individu n'était pas déjà mort au moment où les coups ont été portés et l'étranglement pratiqué[494] ; et si la mort s'entend simplement d'actes qui *sont de nature*, d'après le sens commun, à entraîner la mort, c'est que, d'une part, le concept « mort » dispose d'une acception spécifique dans le domaine juridique, plus souple que dans le domaine scientifique, d'autre part, que l'objet de la preuve est simplement la proposition « des coups portés à la tête de la victime et l'utilisation d'un lien torsadé ». C'est cela l'opération d'interprétation qui consiste à dire quelles sont les propositions valides pour le système juridique. Établir si les coups ont été portés et si le lien a été appliqué sur le coup de la victime, voilà le véritable travail probatoire, factuel. On pourrait tout aussi bien concevoir une disposition législative[495] généralisant cette idée. En définitive, Domat avait bien vu la difficulté, mais faute de la faire apparaître nettement, il n'a pas permis aux rédacteurs d'éviter cette chausse-trape théorique. Si on porte son regard, maintenant, vers les systèmes de *Common*

Lamy, « Contribution supplémentaire à l'étude de la protection pénale du fœtus (à propos de l'arrêt de la Chambre criminelle du 30 juin 1999) », *D.* 2000, p. 181-183

[493] Crim., 16 janv. 1986, *Bull. crim.* 1986, n° 25, p. 58, *D.* 1986, jurispr. p. 265, note critique D. MAYER & C. GAZOUNAUD, note approbative J. PRADEL, *JCP G* 1986, II, 20774, note ROUJOU DE BOUBÉE, *Gaz. Pal.* 1986, 1, p. 377, note J.-P. DOUCET, *RSC* 1986, p. 849, obs. G. LEVASSEUR, p. 839, obs. A. VITU : il semble que, à la suite d'une rixe, Z. ait été assommé à coups de barre de fer par un dénommé Charaux. Celui-ci aurait ensuite appliqué la même barre de fer en pesant de tout son poids sur le cou de la victime jusqu'à ce que celle-ci cessât de respirer, avant d'abandonner le corps. Le lendemain, Félix Y. aurait appris que Z. était peut-être encore en vie et aurait décidé de lui porter le coup fatal. Il aurait utilisé, pour ce faire, une bouteille à l'aide de laquelle il aurait fracassé le crâne de la victime, puis un lien torsadé pour l'étrangler. Peu après, l'autopsie et les conclusions des expertises pratiquées montraient que c'était Charaux qui avait donné la mort à Z.

[494] Dans l'affaire précitée (Crim., 16 janv. 1986, *Bull. crim.* 1986, n° 25, p. 58), l'examen médico-légal avait permis d'établir que la première agression était à l'origine du décès.

[495] Ou prétorienne, v. *infra.* Elle disposerait ainsi que « [l]e fait d'appliquer volontairement un lien torsadé sur le cou d'autrui ou de frapper volontairement la tête de la victime à l'aide d'un objet contondant constitue un meurtre ». Envisageant le problème depuis l'opération de qualification (c'est-à-dire depuis les allégations et non depuis la norme juridique), v. Ph. Jestaz cette formule : « Pour déterminer la solution de droit applicable à une situation de fait, il convient de traduire les faits en langage juridique. Le droit procède ici par qualification, c'est-à-dire qu'il donne une étiquette aux hommes, aux actes et aux choses. Que Mme X installe les époux Y dans un appartement acquis du temps de son défunt mari et cela devient : une veuve non remariée, agissant tant en sa qualité de propriétaire (pour sa part de communauté) que d'usufruitier (pour le part héritée de son conjoint prémourant), lesquels contractent ensemble l'obligation d'acquitter les loyers, de respecter la destination des lieux, etc. », (Ph. JESTAZ, *Le droit*, Dalloz, coll. Connaissance du droit, 5e éd., Paris, 2007, p. 86) ; dans le même sens, J.-L. BERGEL, *Méthodologie juridique*, PUF, Thémis Droit privé, Paris, 2001, p. 103. Pour déterminer l'objet de la preuve, il convient de prendre les concepts et de redescendre jusqu'à une signification possiblement appréhendable par la preuve ; s'il est impossible de prouver la proposition : « Je suis propriétaire de tel immeuble », il est en revanche possible de prouver cette autre proposition : « Je le tiens de mon défunt père, je l'exploite depuis plusieurs années, etc. ».

Law, la surprise est immense, car l'on trouve très exactement la même erreur, bien que, sans doute, pour d'autres raisons.

B. Les présomptions dans les droits de Common Law

50. ***Difficultés d'ordre logique.*** Lorsqu'une difficulté se présente au sein d'un seul système juridique, on peut y voir le résultat de facteurs culturels. Lorsqu'elle se reproduit dans plusieurs systèmes qui paraissent n'avoir pas été véritablement influencés les uns les autres, on peut alors se demander si le problème n'est pas d'ordre logique. Un regard porté à la théorie des présomptions dans les systèmes de *Common Law* conduit à une telle interrogation. On retrouve en effet la même confusion que celle qui vient d'être identifiée en droit français, ce qui, en définitive, ne doit pas véritablement surprendre si on admet que les problèmes qui se posent se montrent assez largement rebelles à la systématisation. On se propose aussi bien de confirmer les premiers résultats dégagés à partir de l'étude du droit français. Une présentation rapide du droit de la preuve en *Common Law* est indispensable (1) avant de pouvoir tirer quelques enseignements (2).

1. Présentation rapide du droit de la preuve en Common Law

51. ***Pertinence et preuves indirectes.*** Toute étude du droit de la preuve commence, dans cet espace juridique, par une définition de ce qu'on appelle les *faits ouverts à la preuve*[496], catégorie au sein de laquelle on trouve les « faits en cause » : « Les faits en cause, quelle que soit l'espèce, sont ces faits que le demandeur <*claimant*> (ou l'autorité de poursuite <prosecutor>) doit prouver pour assurer le succès de sa prétention (ou de la poursuite <*claim*>), ainsi que ces faits que le défendeur (la personne poursuivie <*the accused*>) doit prouver pour assurer le succès de ses moyens de défense. La nature et le nombre des faits en cause, pour un litige donné, ne sont pas déterminés par le droit de la preuve, mais pour partie par le droit substantiel et pour une autre partie par ce que les parties allèguent, admettent et dénient »[497]. À côté de ces « faits », figure ce que l'on appelle le « fait pertinent »[498]. Il « s'agit d'un fait duquel l'existence ou la non-existence d'un fait en cause peut être inférée »[499]. Et l'on ajoute que si seuls les *faits en cause* étaient ouverts à la preuve ou à la démonstration, nombreuses sont les prétentions qui

---

[496] *Facts open to proof or disproof.*

[497] A. Keane, J. Griffiths, P. McKeown, *op. cit.*, p. 7. Les auteurs poursuivent : « En matière civile, les faits en cause sont couramment identifiables par référence à l'acte introductif <*statement of case*> [le contenu du *statement of case* figure aux *Civil Procedure Rules* 1998, règle 16.4(1) pour le demandeur et règle 16.5(1) pour le défendeur - v. *infra*, n° 176 pour une analyse détaillée] - son véritable objet étant de faire saillir les problèmes factuels (et juridiques) sur lesquels les parties concordent ou divergent, de telle sorte que tant la juridiction que les parties elles-mêmes puissent savoir exactement, par avance, les questions qui demeurent litigieuses et partant les faits qui doivent être prouvés ou réfutés au cours du procès. [...] En matière pénale - et si tant est que l'accusé plaide non coupable - il s'agit de tous les faits que le ministère public doit prouver pour faire tomber la présomption d'innocence, c'est-à-dire, l'identité de la personne poursuivie, la démonstration de ce qu'il a commis le *corps du délit* <*actus reus*> ; par ailleurs, l'accusé doit prouver tout moyen de défense autre qu'une simple dénégation des moyens de poursuite » (*ibid.*).

[498] *Relevant facts.* On sait que le terme de *relevant* existe également en français. Le fait pertinent est aussi appelé, parfois, « fait pertinent pour la cause <*fact relevant to the issue*> », « fait probatoire <*evidentiary fact*> » et « *factum probans* » ; A. Keane, J. Griffiths, P. McKeown, *op. cit.*, p. 8.

[499] *Op. cit.*, *loc. cit.*

échoueraient. Ce qui est particulièrement étonnant, c'est que la preuve du fait pertinent prenne le nom de « preuve indirecte »[500]... tout simplement parce qu'elle porte sur ces *faits pertinents*. Or les quelques développements qui précédent ont dû convaincre qu'une preuve n'est, à proprement parler, jamais *directe*, en ce sens qu'elle suppose toujours une identification de la proposition-objet de preuve concrète, soit « un déplacement de l'objet de la preuve »[501]. Il est donc inexact d'affirmer que le témoignage[502] permet d'atteindre directement aux faits de la cause. Mais approfondissons cette notion de « preuve indirecte ».

52. ***Preuves indirectes et présomptions.*** Lorsqu'on se penche sur la catégorie des *preuves indirectes* communément retenues en droit anglais, on s'aperçoit qu'il n'est question, une nouvelle fois, que de l'objet de la preuve. Ainsi en est-il du *mobile :* prouver qu'une personne avait telle ou telle raison de commettre un méfait est souvent *pertinent* pour « prouver » que cette personne a commis l'acte[503]. Il en

[500] C'est la fameuse *circumstancial evidence*, qui s'oppose à la preuve directe que fournit le témoignage. Sur cette preuve, v. A. KEANE, J. GRIFFITHS, P. MCKEOWN, *op. cit.*, spéc., p. 11-19. Selon cette thèse, ce qui rend le témoignage *direct*, c'est qu'il porte sur les « *faits de la cause* » *directement ; op. cit.*, p. 11.

[501] Il convient de relever une certaine ambiguïté pour le droit américain fédéral. La doctrine distinguait, traditionnellement, selon que les faits étaient matériels ou pertinents (*materiality* et *relevance* : v. G. WEISSENBERGER, J. J. DUANE, *Federal Rules of Evidence.- Rules, Legislative History, Commentary and Authority*, 5e éd., LexisNexis, Newark, 2007, n° 401.5, p. 107). Les premiers étaient entendus comme ceux qui correspondaient très exactement à l'antécédent la règle de droit - le concept lui-même - tandis que les seconds étaient désignés comme ceux - intervenant lorsque les faits matériels n'étaient pas disponibles - en relation suffisante avec les premiers pour conclure à l'admissibilité de la preuve. Mais comme on l'a fait remarquer, ce qui ne doit plus surprendre, « [l]a pertinence et la matérialité ont fréquemment été prises pour synonymes parce que ces concepts sont presque impossibles à distinguer dans nombre d'hypothèses » (*op. cit., loc. cit.*). C'est la raison pour laquelle les auteurs des *Federal Rules of Evidence* ont supprimé la référence aux faits matériels. V. *Federal Rules of Evidence*, règle 401 : « Une preuve est relevante si : (a) elle est de nature à rendre un fait plus ou moins probable qu'il le serait sans la preuve ; (b) si le fait est d'importance dans la détermination de l'action » (« *Evidence is relevant if: (a) it has any tendency to make a fact more or less probable than it would be without the evidence; and (b) the fact is of consequence in determining the action* ») - d'aucuns s'efforcent encore de maintenir cette distinction impossible G. WEISSENBERGER, J. J. DUANE, *op. cit.*, n° 401, p. 107-108, qui considèrent que l'expression de « fait d'importance» serait l'équivalent de celle de fait matériel autrefois utilisée. À consulter les travaux de l'*Advisory Committe* (ADVISORY COMMITTEE NOTES *in* « Appendix A », G. WEISSENBERGER, J. J. DUANE, *op. cit.*, p. 795-796), on peut d'ailleurs se demander si les auteurs de la réforme ne sont pas aller encore plus loin en posant, très nettement, la distinction entre la proposition contenue dans la preuve et la proposition-objet de preuve. Il est, en effet, remarquable de constater que, contrairement au droit anglais, la règle 401 ne vise pas les *faits*, c'est-à-dire l'objet de la preuve, mais la *preuve* elle-même. C'est cette preuve, dit le texte, qui doit être *pertinente*, c'est-à-dire qui doit être en relation avec l'objet de la preuve ; surtout cette relation n'est pas d'autant plus forte que l'objet concret de la preuve est plus près de l'objet abstrait contenu dans la règle. Le droit fédéral américain semble percevoir que l'objet de la preuve ne se dégage qu'au moyen d'un effort - il faut trouver le « fait d'importance » qui n'est pas l'antécédent abstrait, mais une proposition factuelle - et ce n'est qu'une fois la proposition identifiée qu'on peut se demander si la preuve (la proposition qu'elle contient) est de nature à modifier la *vérité* de l'objet « déplacé ».- La doctrine et la jurisprudence ne paraissent cependant pas faire cette distinction, v. *infra*, n° 186 et s.

[502] Position qui est, d'ailleurs, d'autant plus ambiguë qu'on admet la toute-puissance de la preuve indirecte (« *circumstantial evidence* ») ; v., en ce sens, la formule évocatrice de Court of Appeal, *R. v Taylor, Weaver and Donovan, Criminal Appeal Reports*, 1928, p. 20 : « En s'emparant des circonstances, et au moyen d'un examen approfondi, elle permet de prouver une proposition avec l'exactitude des mathématiques. Rien ne s'oppose à ce que soit utilisée une preuve indirecte ».

[503] Car, comme le disait Lord Atkinson, il y a plus de chances que les hommes soient tués par ceux qui ont quelque raison de les tuer que par ceux qui n'en ont pas : Chambre des Lords, *R v Ball, Law Reports, Appeal Cases (Third Series),* 1991, p. 47, spéc. p. 68. Évidemment, le raisonnement fonctionne à rebours. On peut évoquer, pareillement, la notion de compétence ou de capacité d'une personne : la démonstration

est de même lorsqu'on se tourne vers la catégorie des présomptions[504] : il faut s'attendre à lire que les présomptions de fait constituent la catégorie des « preuves indirectes », autrement exprimée[505]. À considérer, pourtant, les présomptions légales données par la doctrine, on ne perçoit pas de réelle différence. Ainsi de la présomption de légitimité ; en vertu de celle-ci, il suffit normalement de prouver le *fait élémentaire*[506] qui est que l'« enfant est né ou a été conçu durant le mariage »[507]. On voit donc bien que la présomption ne fait qu'indiquer quel doit être la proposition-objet de preuve concrète. Il suffit de prouver que l'enfant n'est pas né pendant le mariage ou qu'il n'a pas été conçu durant cette période. À considérer, également, les moyens admis pour repousser cette présomption, on s'aperçoit qu'il est de nouveau question de l'objet de la preuve. C'est ainsi que la présomption tombe chaque fois que l'on parvient à montrer que le mari est impuissant, que des contraceptifs efficaces ont été utilisés, que les groupes sanguins sont incompatibles, ou que l'épouse a cohabité avec un autre homme durant une période suffisante précédant la naissance de l'enfant[508]. En conséquence, la présomption ne résout pas le problème probatoire ; elle ne fait qu'indiquer ce qui doit être prouvé ; elle ne fait qu'indiquer ce qui *est proposition-objet valide pour le système juridique*.

---

de l'aptitude ou de l'inaptitude mentale ou physique d'une personne à faire telle ou telle chose est *pertinente*, disent les auteurs, pour établir si la personne a accompli l'acte en question. Sous la catégorie « opportunité », on indique que la démonstration qu'un homme et une femme ont occupé, deux nuits durant, une chambre d'hôtel, permet d'établir l'adultère : Court of Appeal, *Woolf v Woolf*, *Law Reports, Probate*, 1931, p. 134.

504 On peut lire, dans les manuels spécialisés de droit anglais, que « [l]orsque une présomption s'applique, une certaine conclusion peut ou doit être tirée par la juridiction en l'absence de preuve contraire. Son effet est d'assister la partie sur laquelle repose le fardeau de la preuve, l'étendue de cette assistance dépendant du type de présomption. En certaines hypothèses, le degré de preuve <*proof*> requis pour établir le fait en cause peut être moindre qu'il ne l'aurait été sans la présomption. En d'autres, aucune preuve du tout n'est requise ou encore l'autre partie se voit priver de la possibilité d'ajouter la moindre preuve en réponse. Les présomptions sont établies sur des considérations de sens commun et d'ordre public <*public policy*> mais non nécessairement sur des considérations d'ordre logique. Certains faits ou faisceaux de faits peuvent donner naissance à certaines inférences, prévues par la loi, en vertu desquelles, en telle ou telle circonstance, une conclusion doit ou peut être tirée », A. KEANE, J. GRIFFITHS, P. MCKEOWN, *op. cit.*, p. 650. Aussi bien, si, à la suite d'une opération chirurgicale, on s'aperçoit que du coton a été laissé dans le corps du patient, *il semble assez raisonnable* de penser, en l'absence d'explication de la part du chirurgien, que l'accident est dû à sa négligence. Les auteurs anglais indiquent, pour résumer, que la négligence est inférée, grâce, tout simplement, à l'utilisation d'un standard : si un praticien apporte un soin suffisant à sa mission, un tel accident, selon le cours normal des choses, n'advient jamais - on présume également la mort d'une personne si « elle n'a donné aucune nouvelle pendant plus de sept ans » (*ibid.*). On retrouve ainsi les présomptions de fait et les présomptions de droit lesquelles se divisent en fonction de leur caractère ou non réfragrable (*rebuttable* ou *irrebutable* - v. A. KEANE, J. GRIFFITHS, P. MCKEOWN, *op. cit.*, p. 650, qui rappelle, également, les locutions latines par lesquelles on les désigne habituellement). On trouve, enfin, la catégorie particulière des *présomptions antéjudiciaires*, selon une terminologie forgée par Bentham ; il s'agit, tout spécialement, de la présomption d'innocence. Le droit anglais parle de *presumptions without basic facts*, qu'on peut traduire littéralement par *présomption sans base factuelle* (sur cette notion, v. *infra*, n° 67). - Le droit américain, pour sa part, n'envisage bien souvent les présomptions que sous l'angle de la charge et du risque de la preuve. v. G. WEISSENBERGER, J. J. DUANE, *Federal Rules of Evidence. - Rules, Legislative History, Commentary and Authority*, *op. cit.*, p. 87-93, sous la règle 301 des *Federal Rules of Evidence* ; comp., toutefois, même ouvrage, Appendice A, les commentaires de l'*Advisory Committe*, p. 789-794, où la notion de présomption rejoint celle de *pertinence*.

505 A. KEANE, J. GRIFFITHS, P. MCKEOWN, *op. cit.*, p. 650.

506 On distingue, en effet, les *basic facts* des *presumed facts*, c'est-à-dire les *faits élémentaires (base factuelle) à prouver* des *faits présumés*.

507 A. KEANE, J. GRIFFITHS, P. MCKEOWN, *op. cit.*, p. 658 et s.

508 Tous ces exemples sont cités par Keane *et alii*, et issus des juridictions anglaises. Pour toutes les références, v. A. KEANE, J. GRIFFITHS, P. MCKEOWN, *op. cit.*, p. 658 et s.

53. ***Présomptions de fait.*** Lorsque ce sont des « présomptions de fait » qui sont en jeu, l'analyse n'est pas différente ; ainsi de la présomption de navigabilité. De ce qu'un navire coule ou devient inapte à poursuivre sa traversée peu après avoir pris la mer, on peut inférer, en l'absence de preuve contraire suffisante, qu'il était alors non navigable, et qu'il n'aurait donc jamais dû quitter le port[509]. Que convient-il de prouver, en l'espèce ? L'abîme du navire ou son inaptitude à reprendre la mer, semble-t-il, ainsi que la faible distance temporelle entre cet événement et le départ. *Le reste n'est qu'opération de qualification* : le système juridique considère que l'inaptitude à naviguer doit s'entendre de l'abîme du navire ou son inaptitude à poursuivre la route, peu de temps après qu'il a levé l'ancre ; aussi bien raisonne-t-on comme si on affirmait, du constat d'un trou formé dans la coque du navire, que le bâtiment est inapte à naviguer. Pourquoi alors considérer que les présomptions de fait relèvent de la compétence du jury et non des magistrats[510]? Le droit anglais répartit, en effet, la compétence des jurés et des magistrats en fonction du rattachement des questions au fait ou au droit[511]. Traditionnellement, le juge connaît de toutes les questions qui touchent au fond du droit, l'aptitude et la compétence d'une personne à témoigner, par exemple, l'admissibilité d'un élément de preuve, la manière dont le jury va être dirigé sur les questions de fond et sur les éléments probatoires produits au cours de l'instance[512]. Les jurés, pour leur part, connaissent des questions relatives à la crédibilité des témoins, la force probante (« *weight* ») devant être attachée à une preuve et, enfin, l'existence ou la non-existence des faits en cause[513]. La compétence du juge en matière d'admissibilité signifie qu'il est également compétent au regard de l'examen de la « pertinence » de la preuve : « [t]elle preuve qu'une juridiction recevra afin de déterminer l'existence ou la non-existence d'un fait en cause est rangée sous la catégorie des preuves admissibles. Et l'admissibilité de la preuve est une question de droit, pour le juge »[514]. Comment alors expliquer qu'il n'en soit pas ainsi chaque fois que la présomption dite « de fait » déplace l'objet de la preuve ? La confusion est telle que la Chambre des Lords s'est elle-même efforcée de ramener dans son giron certaines présomptions. Dans sa décision *DPP v Smith*[515], la Haute juridiction devait, en effet, soutenir que la présomption d'intention (considérée, par la Chambre des Lords elle-même, comme une présomption de fait) est, dans certaines circonstances, une présomption de droit. Et, signe suprême d'incertitude, la solution fut renversée, par la suite, par la section 8 du *Criminal Justice Act* de 1967. La question est, du reste, encore ardemment débattue en matière civile[516].

---

[509] A. KEANE, J. GRIFFITHS, P. MCKEOWN, *op. cit.*, p. 653.

[510] *Op. cit.*, p. 652-653.

[511] « Le règlement des litiges s'élevant devant une juridiction donne naissance à des questions de fait ou des questions de droit, et souvent aux deux. Devant une juridiction comportant un jury, le principe est que les questions de droit sont tranchées par le juge et les questions de fait par le jury », A. KEANE, J. GRIFFITHS, P. MCKEOWN, *op. cit.*, p. 30. - Comp. avec la manière dont se dessinent, en droit français, les compétences respectives des juges du fond et de la Cour de cassation, v. *infra*, n° 77.

[512] A. KEANE, J. GRIFFITHS, P. MCKEOWN, *op. cit.*, *loc. cit.*

[513] *Ibid.*

[514] A. KEANE, J. GRIFFITHS, P. MCKEOWN, *op. cit.*, p. 19.

[515] Chambre des Lords, *DPP v Smith*, *Law Reports, Appeal Cases (Third Series)*, 1961, p. 290. - *Adde*, A. KEANE, J. GRIFFITHS, P. MCKEOWN, *op. cit.*, p. 652-653.

[516] V. Court of Appeal, *Kaslefsky v Kaslefsky*, *Law Reports, Probate*, 1951, p. 38 ; Chambre des Lords, *Jamieson v Jamieson*, *Law Reports, Appeal Cases (Third Series)*, 1952, p. 525 ; Chambre des Lords, *Gollins v Gollins*, *Law Reports, Appeal Cases (Third Series)*, 1964, p. 644 ; Chambre des Lords, *Williams v Williams*, *Law Reports, Appeal Cases (Third Series)*, 1964, p. 968.

2. *Les enseignements du droit de la preuve en Common Law*

54. ***L'importance du fait et du droit.*** Ces analyses rapides doivent faire mieux sentir tout l'intérêt qu'il y a à distinguer deux questions appartenant à des mondes très différents. Cette ligne de fracture est d'autant plus aisée à percevoir, en France, que la Cour de cassation n'est normalement appelée à connaître que du droit[517]. Certes, comme on le verra, son intervention sur la détermination de l'objet de la preuve n'est pas systématique[518] ; mais elle reste toujours *possible* et il n'est pas trop difficile de désigner, matière par matière, ce qui pourrait être l'objet de son contrôle. Cette circonstance a été, de toute évidence, une obole pour le juriste, et il semble qu'elle ait rendu perceptibles des mécanismes qui étaient, jusqu'alors, amalgamés dans l'immense creuset des faits litigieux. On peut même dire qu'elle forme un véritable principe de la tradition philosophique et juridique française. Il est certes exact que la distinction du fait et du droit, en matière de cassation, a mis plusieurs siècles à se bâtir - entre le XIIIe et le XVIIe siècles[519] -, avant d'être formellement consacrée, non sans débats, par la Constituante, en 1790, pour le Tribunal de cassation[520]. Il ne faut cependant jamais oublier que l'opposition *quaestio facti-quaestio juris* remonte, dans l'histoire de la philosophie, à la logique de Port-Royal (soit au XVIIe siècle)[521] et qu'elle a pu recevoir une médiation de choix en matière juridique à travers la personne de Domat.

On a, du reste, pu le voir : bien qu'ambiguë en certains endroits - ce qui explique les confusions du Code civil sur certains points - l'œuvre de Domat posait déjà les jalons d'une analyse plus fine des mécanismes probatoires ; elle mérite d'être poursuivie. Les droits de *Common Law*, au contraire, qui voient encore très largement la règle juridique comme les scories d'un différend, n'ont pas une approche dogmatique du phénomène juridique. Le droit s'est longtemps éclipsé derrière la forme des actions (les fameux *writs*) qui, se contentant de prévoir une sanction pour certaines catégories de faits, se souciait peu du droit. Et lorsque le droit a pu enfin renaître de ses cendres, la forme a continué à régner d'une main ferme sur le *Common Law*. On connaît, sous ce regard, la formule de Maitland : « Nous avons aboli les formes d'action, mais elles nous gouvernent encore de leurs tombeaux »[522]. En conséquence, la distinction du fait et du droit, que n'a certainement pas contribué à développer la doctrine du *precedent* qui continue de donner préséance au fait sur le droit[523], ne s'est jamais posée comme une *summa divisio* des droits anglo-américains. Une tout autre philosophie s'est déployée ; et

---

[517] V. art. 3 du décret des 27 nov. et 1er déc. 1790 et C. org. jud., art. L. 111-2, al. 2. V. encore, art. 7, al. 1er, de la loi du 20 avr. 1810, C. org. jud., art. L. 211, C. proc. pén ., art. 591 & C. proc. civ., art. 604.
[518] V. *infra*, n° 83- Ce qui ne veut pas dire, pour autant, que lorsqu'elle n'intervient pas, les problèmes soulevés ressortissent au domaine du fait.
[519] M. BOULET-SAUTEL, « La cassation sous l'Ancien régime », *in Le Tribunal et la Cour de cassation*, Paris, Litec, 1990, p. 1-24, spéc. p. 1.
[520] L. MONTAZEL, *Entre fait et droit : histoire d'un pouvoir judiciaire.- Les techniques de la cassation civile en France et en Allemagne au XIXe siècle*, Vittorio Klostermann, Francfort, 1998, spéc. n° 4, p. 7.
[521] A. GIULINANI, « Le rôle du "fait" dans la controverse (à propos du binôme "rhétorique-procédure judiciaire" »), *APD* 1995, T. 39, p. 229-237, spéc. p. 233.
[522] Citée par R. DAVID, C. JAUFFRET-SPINOSI, *Les grands systèmes de droit contemporain*, 11e éd., Dalloz, Paris Droit privé, Paris, 2002, n° 228, p. 234.
[523] Contrairement à la jurisprudence, au sens où ce mot est entendu en France et en Allemagne, par exemple, la doctrine des *precedents* suppose une identité de faits entre la décision invoquée à titre de précédent obligatoire et l'espèce nouvelle soumise à la juridiction : *cf. supra*, n° 13.

elle ne s'interroge pas tant sur le contenu exact de la règle de droit - l'adéquation entre les propositions factuelles et l'antécédent abstrait -, que sur la manière (la *bonne manière*) dont les faits ont pu être discutés par les parties. Il est certes exact que les systèmes de *Common Law* ne peuvent complètement faire l'économie d'un examen de l'objet de la preuve, ce qu'on appelait autrefois, en droit américain, la *materiality*. Et c'est d'autant plus vrai, aujourd'hui, en droit anglais, en raison de l'introduction de mécanismes assez proches de ceux des droits continentaux[524]. Mais la *materiality* reste une question souvent sommaire, qui consiste moins à préciser le contenu social de la norme juridique que son contenu juridique : sera-t-il possible, par exemple, de plaider l'absence d'élément intentionnel dans une action en responsabilité civile, sera-t-il possible de se prévaloir de l'absence de faute de surveillance dans une action en responsabilité des parents du fait de leur enfant ?[525] Telles sont, en définitive, les seules questions envisagées dans le cadre de cet examen. Le reste est normalement consacré à cette étude de la *relevance*, dans lequel viennent inévitablement s'amalgamer tant des questions de fait que des questions de droit. On trouvera ainsi, dans l'un des ouvrages théoriques de référence sur le droit anglo-américain de la preuve[526], les distinctions suivantes qui sont particulièrement représentatives de la manière dont ces questions sont traitées. Selon une terminologie qui, paradoxalement, semble due à la logique de Port-Royal, la proposition à prouver prend le nom de *probandum*. Dans un procès, la proposition ultime, c'est-à-dire celle dont découleront tous les effets juridiques, est l'*ultimate probandum*[527]. Si la règle de droit constitue la prémisse majeure, l'*ultimate probandum* constitue la prémisse mineure. À ce stade, cependant, la prémisse mineure n'est formée que de l'antécédent abstrait de la règle de droit, qui n'a pas encore été interprété. Mais l'opération qui vient ensuite ne change rien, sous ce regard. Elle consiste simplement à décomposer l'*ultimate probandum* ; on constate, en effet, que, très souvent, celui-ci est formé d'une proposition composite qui doit être brisée en plusieurs propositions simples, chacune devant, à son tour, être établie pour *prouver* l'*utimate probandum*[528]. Il est remarquable que ces sous-propositions, qui portent le nom de *penultimate probanda* (les « avant-dernières » *probanda*), forment en réalité les *faits matériels*[529], c'est-à-dire, plus ou moins, ainsi qu'on l'a vu, des propositions juridiques et non des propositions matérielles[530]. Le cœur du débat probatoire - l'examen de la pertinence de la preuve (« *relevance* ») -, qui débute sans réelle base empirique, consiste alors en un échange assez mystérieux sur l'effet que peuvent produire les propositions de preuve sur le juge (et les jurés) au regard du sens commun, de l'expérience et de la causalité[531]. Ces données tirées de

---

[524] V. *infra*, n° 181.

[525] On ne trouvera évidemment pas ces exemples en droits américain et anglais. Mais ils sont comparables à ceux que donne la doctrine anglo-américaine pour illustrer le problème de la *matérialité* : v. H. L. TRAUTMAN, « Logical or Legal Relevancy - A Conflit in Theory », *Vanderbilt Law Review* 1951-1952, n° 5, p. 385-413, spéc. p. 386, note (3).

[526] T. ANDERSON, D. SCHUM, W. TWINING, *Analysis of Evidence*, 2e éd., Cambridge University Press, Cambridge, 2009.

[527] T. ANDERSON, D. SCHUM, W. TWINING, *op. cit.*, p. 61.

[528] *Op. cit.*, p. 62.

[529] *Ibid.*

[530] V. *supra*, n° 52-53.

[531] Par exemple, chez H. Tayer : « La recevabilité <*admissibility*> est déterminée, *primo*, par la pertinence <*relevance*> - un problème de logique et d'expérience, et pas du tout de droit ; *secundo*, mais seulement indirectement, par le droit de la preuve, qui établit si un élément de preuve quelconque logiquement

l'expérience sont évidemment essentielles, non seulement pour le fait, mais également pour le droit[532]. Mais, ici, droit et fait se mélangent inévitablement dans l'*argumentation* judiciaire, comme si le raisonnement judiciaire était un « raisonnement prudentiel » - *secundum conscientiam* -, qui ne souffrait pas une démarcation rigoureuse entre le « *fait* » et le « *droit* »[533]. L'histoire du droit anglais explique assez nettement cette confusion ; mais elle trouve aujourd'hui, comme on a déjà pu le signaler, un appui non négligeable dans les théories de la controverse et de l'*argumentum*[534].

CONCLUSION DE LA SECTION II

54-1. Une fois qu'on a affirmé que l'objet de la preuve est une proposition phénoménale, il faut encore indiquer quels sont les liens que cette proposition entretient avec la règle de droit. Cette recherche est d'autant plus nécessaire que, pour la grande majorité des auteurs, le « fait » à prouver serait directement localisé dans la règle de droit. Rappelons, à cet égard, la formule de Bartin : *le déplacement de l'objet de la preuve*, qui postule que, en certaines circonstances, il serait possible de déceler, sans effort, la proposition-objet de preuve. En réalité, les résultats de l'analyse qui vient d'être livrée montrent que, « en toute logique », le *déplacement de l'objet de la preuve est toujours nécessaire.* **Il ne s'agit d'ailleurs pas d'un véritable déplacement. Il s'agit, à proprement parler, d'une *identification*, après interprétation, du concept que contient l'antécédent abstrait de la règle de droit, des faits sociaux susceptibles de recevoir la *qualification juridique* que fournit ce dernier antécédent**. Fondamentalement, et comme l'avait montré Jean Chevallier, sans toujours s'appuyer sur une terminologie assez ferme, *définir l'objet de la preuve revient à qualifier*. On pourrait ajouter, dans un souci de précision, que définir l'objet de la preuve revient, dans un même mouvement, à interpréter l'antécédent de la règle de droit - c'est-à-dire à retrouver sa signification sociale -, à comparer le résultat de cette appréciation avec le fait allégué avant de retenir, ou non, la qualification contenue dans la règle. Certaines présomptions semblent s'appuyer sur un tel mécanisme. Bartin, lui encore, avait su déceler la consanguinité lorsqu'il énonçait que, au moyen des présomptions, le législateur n'avait finalement fait que généraliser le procédé de déplacement de l'objet de la preuve.

Ajustons, une nouvelle fois, la terminologie. La présomption ne réalise pas un déplacement de l'objet de la preuve, mais elle identifie, *ab initio*, par un effort d'interprétation, une ou plusieurs propositions factuelles jugées valides, c'est-à-dire susceptibles de recevoir automatiquement la qualification attachée à l'antécédent de la règle de droit. En définitive, la présomption effectue le travail que réalise le juge lorsqu'il s'interroge sur la signification sociale de tel ou tel concept juridique. Ainsi

---

probant est exclu », J.B. THAYER, *A Preliminary Treatise on Evidence at the Common Law*, Little, Brown and company, Boston, spéc. p. 269.

532 V. *infra*, n° 57 et s. - On verra, du reste, que certains auteurs et certaines juridictions ont parfois senti qu'il n'était plus question de fait, mais de droit ; Wigmore était beaucoup plus nuancé que Thayer sur ce point, J. H. WIGMORE, *A treatise on the Anglo-American system of evidence in trials at common law, including the statutes and judicial decisions of all jurisdictions of the United States and Canada*, Vol. 1, 3e éd., Little, Brown, Boston, 1983, § 12.

533 A. GIULIANI, « Le rôle du "fait" dans la controverse (à propos du binôme "rhétorique-procédure judiciaire" », *APD* 1995, T. 39, p. 229-237, spéc. p. 230.

534 V. *supra*, Introduction, n° 17 et s.

entendue, la présomption ne peut se définir comme une proposition qui sert à *faire la preuve* d'un fait inconnu, comme chez Domat. Elle ne peut servir *qu'à assurer le passage entre une proposition factuelle et l'antécédent abstrait de la règle de droit.* Bien entendu, toutes les présomptions ne servent pas à identifier l'objet de la preuve et certaines ont une fonction plus directement probatoire. Il faut donc considérer qu'existent deux catégories de présomptions, dont seules celles qui interviennent dans le domaine du droit doivent retenir notre attention pour la minute. Les lecteurs attentifs du Code civil ne seront pas vraiment surpris de cette dernière proposition. L'article 1349 du Code civil, qui définit les présomptions comme « des conséquences que la loi ou le magistrat tire d'un fait connu à un fait inconnu », ne fait pas référence, contrairement à la définition de Domat dont elle s'inspire pourtant, à la notion de « preuve ». Le texte est aussi bien assez large pour accueillir deux catégories très différentes de présomptions, dont certaines participent, directement, à la définition de l'objet de la preuve.

CONCLUSION DU CHAPITRE I

54-2. S'interroger sur la nature de l'objet de la preuve oblige à soulever des questions complexes sur la césure du fait et du droit, sur la qualification et l'interprétation ou encore sur le contenu de la norme juridique. Ainsi s'explique, sans doute, le peu d'intérêt dont fait montre la doctrine, tant française qu'étrangère, à l'endroit de cette question. Au terme de ce premier travail de sonde, au résultat duquel il faut associer les noms de Bartin et de Jean Chevallier, on ne peut guère que constater que les propositions de la doctrine traditionnelle sont insuffisantes. Dire que l'objet de la preuve est formé d'un fait ne permet certainement pas au juge de comprendre le travail qu'il accomplit quotidiennement, car la référence au fait ne réalise qu'un premier étiquetage qui lui donne seulement quelques indications sur son rôle dans la recherche de la preuve. On ne peut aussi bien lui donner d'indication précise qu'en décomposant la norme juridique. Celle-ci, en effet, est formée de concepts généralement répartis entre un antécédent - qui contient, en réalité, la proposition à laquelle le législateur entend faire produire effet - et un conséquent - qui est l'effet que le législateur entend faire produire à l'antécédent. L'antécédent, qui n'est formé que d'un concept et qui, pour cela, échappe à la logique du *vrai* et du *faux*, n'est exploitable, pour le juge, que s'il produit un effort d'interprétation qui consiste à identifier, dans la nature, toutes les propositions qui sont susceptibles de correspondre au concept. Lorsque ces propositions sont jugées *valides* - par la Cour de cassation, par exemple, qui se pose comme dernier interprète - elles peuvent alors recevoir la *qualification* attachée à l'antécédent abstrait de la règle de droit. Comme on le voit, l'objet de la preuve est non seulement une proposition factuelle, mais aussi une proposition qui est jugée valide par le juge système juridique. C'est pourquoi on peut dire que la notion d'objet de preuve a une double nature : elle est *phénoménale*, en tant qu'attachée à la Nature ; mais elle est aussi *normative*, en tant qu'elle doit *correspondre* à l'antécédent abstrait de la règle de droit. C'est cette notion de *correspondance*, dont on a vu qu'elle est parfois réalisée au moyen d'une présomption - présomption qui appartient alors au domaine du droit - qu'il convient désormais d'explorer en s'attachant à décrire la qualité que doit avoir l'objet de la preuve.

CHAPITRE II

LA QUALITÉ DE L'OBJET DE LA PREUVE

55. ***Opérance et litigiosité de l'objet de la preuve.*** La notion d'objet de preuve s'entend d'une proposition factuelle (ou phénoménale) qui doit correspondre, selon les indications du processus d'interprétation-qualification, à l'antécédent abstrait de la règle de droit. Le problème fondamental que pose la notion est donc celle de la *correspondance* entre le fait social proposé et le concept contenu dans la norme juridique. On peut formuler le problème de plusieurs manières : à quelles conditions peut-on dire qu'une proposition de fait est dans une relation adéquate avec l'antécédent de la norme juridique et peut ainsi recevoir la qualification d'objet de preuve ? Quels sont les mécanismes qui permettent au juge, saisi de l'application d'une règle de droit, de déterminer les faits sociaux virtuellement compris dans l'antécédent de cette norme ? Ces deux questions sont complémentaires. Avant même de s'interroger sur la *validité* de la proposition-objet de preuve qu'ont pu avancer les parties, il lui faut d'abord interroger le contenu de la norme juridique pour dégager une ou plusieurs propositions concrètes qu'il pourra ensuite, éventuellement, comparer à la proposition offerte par les parties. Ainsi qu'on l'a dit jusque-là, ce travail suppose, chez le juge, l'interprétation de la règle de droit et la qualification des faits avancées par les parties ; et cette opération semble parfois se confondre avec celle que propose le législateur lorsqu'il édicte certaines catégories de présomptions. Cette présentation, si elle n'est pas inexacte, est très largement incomplète, car elle n'indique pas précisément les ressources utilisées par le juge pour mener à bien son office. Elle n'indique pas, non plus, l'étendue de son travail, question importante s'il en est, dans la perspective d'une étude culturelle de la preuve judiciaire, car l'on sent bien, intuitivement, que l'investissement de l'État dans la question de l'objet de la preuve n'est pas le même si la Cour de cassation exerce ou n'exerce pas un contrôle sur toutes ces questions et si le juge a de larges ou de faibles pouvoirs dans l'identification de la proposition-objet de preuve. Elle laisse, enfin, en suspens, un problème essentiel et qui n'a jusqu'alors été qu'effleuré, qui est celui du rôle des présomptions dans le travail d'identification de l'objet de la preuve. Toutes ces questions s'organisent assez bien autour de deux qualités principales que doit revêtir l'objet de la preuve. La première intéresse cette connexion qui doit lier proposition-objet de preuve et antécédent abstrait de la règle de droit. Comme pour les divisions précédentes, le parti a été pris de renouveler le vocabulaire ; on parle donc de l'opérance de l'objet de la preuve (Section I). La seconde, qui ne se situe pas dans le prolongement des questions jusqu'à présent abordées, se propose de replacer pleinement la notion dans le contexte de l'institution judiciaire en évoquant successivement les pouvoirs et devoirs du juge dans l'identification de l'objet de preuve, mais aussi, les droits et devoirs des parties privées. La terminologie est, là encore, inédite, puisqu'on se propose d'évoquer la litigiosité de l'objet de preuve (Section II).

SECTION I
L'OPÉRANCE DE L'OBJET DE LA PREUVE

56. ***Pertinence, relevance, concluance, opérance.*** Par opérance, il faut entendre la capacité d'une proposition de fait (c'est-à-dire une proposition phénoménale ou portant sur des faits matériels) à recevoir la qualification que contient l'antécédent abstrait de la règle de droit. En d'autres termes, est opérante la proposition qui est *valide* (et non *vraie*) pour le système juridique. Mais pourquoi préférer le terme *d'opérance* à l'un des multiples termes utilisés par la doctrine pour décrire les relations entre la preuve et l'objet de la preuve ? Le vocabulaire est, en effet, riche. Outre les termes de *pertinence* et de *relevance*[535], on trouve encore l'expression de *concluance*[536] ? Il n'y aurait qu'à prendre l'un de ces termes, à en purifier le sens et à l'employer exclusivement pour décrire cette première opération probatoire[537]. La confusion qui règne en la matière conduit cependant à renouveler le vocabulaire, ne fût-ce que pour cette dimension du problème[538]. Sur le modèle de la Cour de cassation, on pourrait parler de moyen opérant ou d'*opérance*[539]. Est

---

[535] Terme qui est utilisé par les auteurs anglo-américains, mais qui était encore en usage chez les auteurs français classiques. v. AUBRY & RAU, *op. cit.*, p. 77. Des emplois bien plus précoces ont été trouvés ; v., par ex., *E. LITTRÉ, Dictionnaire de la langue française, 1872-1877, V° Relevant, ante* : « 2. Fig. Qui dépend de, qui se rapporte à. Bossuet, 2e instr. past. 108 : Nous ne voyons pas dans ces faits tant exagérés sur Libérius et sur le concile de Rimini, qu'il y ait l'ombre seulement d'une interruption ; les autres faits sont bien moins relevants ». Le mot était déjà employé au XVIIe siècle : v. J. DOMAT, *supra* n° 47. - Comp., dans un ouvrage contemporain : Ph. MALAURIE, P. MORVAN, *Droit civil. Introduction générale*, *Defrénois*, 3e éd., Paris, 2009, on trouve l'expression équivalente (*sous forme d'antonyme*) de *preuve inopérante.* Les deux auteurs placent l'expression sous une rubrique plus générale intitulée : « Pertinence de la preuve » (n° 184-186) : on trouve y ainsi l'étude des preuves *évidentes, interdites, inopérantes et impossibles.*

[536] V. J. DOMAT, *supra*, n° 47.

[537] On pourrait ainsi reprendre la doctrine de Domat et distinguer les *faits pertinents*, c'est-à-dire ceux qui correspondent à la définition de l'objet de la preuve, et les *faits concluants*, c'est-à-dire ceux qui s'inscrivent dans la relation existant entre la proposition contenue dans le mode de preuve et la proposition-objet de la preuve, v. *supra*, n° 47-48.

[538] Il serait également possible de s'appuyer sur la maxime latine classique : *Frustra probatur quod probatum non relevat*, que le Professeur Roland traduit comme suit : « Il est vain de prouver qui n'est pas pertinent ». Il poursuit d'ailleurs, sous cette occurrence, en expliquant que « [s]i tout plaideur a un droit absolu à la preuve, encore faut-il que la preuve qu'il entend rapporter porte sur un fait pertinent, c'est-à-dire qu'il existe entre l'objet de la prétention et l'allégation du fait un lien tel que la démonstration du fait soit propre à exercer une influence sur l'opinion du juge. Si les faits à prouver ne peuvent être concluants pour la solution du litige, l'offre de preuve doit être rejetée et, à supposer les preuves établies, le juge n'a pas à les examiner. Ainsi, il y a défaut de pertinence quand une personne assignée en réparation d'un dommage, en vertu d'une responsabilité objective qui n'est écartée que par la force majeure, propose démontrer qu'elle n'a commis aucune faute, car l'absence de faute est une circonstance indifférente au débat et sa preuve ne sert à rien », H. ROLAND, *Lexique juridique. - Expressions latines*, 4e éd., Litec, Dico Objectif droit, Paris, 2006, p. 113. La définition décrit excellemment le processus de détermination de l'objet de la preuve. Mais, une nouvelle fois, on peut déplorer une fluctuation dans l'emploi du vocabulaire puisque *concluant* est, cette fois-ci, synonyme de *pertinent.* Comp. avec J. DOMAT, *préc.*.V. aussi le singulier désordre terminologique de la jurisprudence en procédure civile, en ce qui concerne la charge de l'allégation des faits : on trouve aussi bien les expressions de « faits concluants », « faits relevants » que de « faits pertinents » : S. GUINCHARD, C. CHAINAIS, F. FERRAND, *Procédure civile. - Droit interne et droit de l'Union européenne*, 30e éd., Dalloz, Précis, 2010, spéc., n° 481, p. 389.

[539] L'expression peut se réclamer d'un précédent : « [...] le juge n'ordonnera la preuve que de faits opérants » : J. NORMAND, « Principes directeurs du procès. - Office du juge. - Introduction. - Déclenchement et extinction de l'instance », *J.-Cl. Proc. civ.*, Fasc. 150 (ancienne version), n° 2.

opérant l'objet de preuve qui correspond à l'antécédent abstrait de la règle de droit dont on cherche l'application. On réserverait alors, tout de même, le terme de *pertinence* pour décrire la relation entre la proposition contenue dans le mode de preuve et la proposition-objet de la preuve, puisque, ainsi qu'on le verra, un détour est souvent nécessaire entre ce qu'indique le mode de preuve et ce qu'on cherche à prouver. Afin de décrire au mieux la manière dont s'apprécie l'opérance de la proposition contenue dans l'allégation, on peut distinguer la détermination de l'opérance de l'objet de la preuve (§ 1) et le contrôle de l'opérance de l'objet de la preuve (§ 2).

§ 1. La détermination de l'opérance de l'objet de la preuve

57. ***Rôle du sens commun et des présomptions.*** Déterminer l'opérance de l'objet de la preuve consiste à s'interroger sur les conditions de validité d'une proposition formulée à partir de l'antécédent abstrait de la règle de droit. La recherche de l'opérance invite également à se demander si, en certaines hypothèses, la proposition-objet de preuve n'est pas tout simplement fixée par le jeu d'une règle de présomption, que son origine soit légale ou prétorienne. En somme, tout le problème consiste à déterminer comment se réalise l'opération qui procède de la proposition alléguée à la proposition que constitue l'antécédent de la règle de droit, ce qu'on appelle encore *in globo* l'opération de qualification. On doit s'attacher, si l'on souhaite le résoudre, à décrire la détermination de l'opérance par le recours au sens commun (A), puis la détermination de l'opérance par le recours aux stéréotypes de sens commun, c'est-à-dire aux présomptions normatives (B).

A. Détermination de l'opérance au moyen du sens commun

58. ***Le sens commun ou le ressort du déplacement de l'objet de la preuve.*** Le raisonnement qui conduit le juge à admettre l'*opérance* d'une proposition est complexe. On s'est contenté d'indiquer, jusqu'à présent, qu'il faisait intervenir une opération *d'interprétation* immédiatement suivie d'une opération d'étiquetage, appelée *qualification*, ce que les auteurs classiques identifiaient à un déplacement de l'objet de la preuve. Cette double opération ne diffère pas de celle que réalise le juge lorsqu'il fait application, dans le domaine du droit, d'une présomption. Il faut désormais aller plus avant dans sa description en montrant qu'elle n'est concrètement réalisée qu'au moyen du sens commun. Pour ce faire, un raisonnement en deux temps est nécessaire ; après une présentation des mécanismes profonds en action dans la détermination de l'opérance (1), il sera possible de se livrer à une analyse de ces mêmes mécanismes (2).

1. Présentation des mécanismes en action

59. ***Positionnement du problème.*** Étudiant les présomptions en matière pénale, le Professeur Philippe Merle notait, après avoir suggéré que la présomption se situe, en définitive, toujours aux fondements de l'opération probatoire[540], que

[540] Rappelons ce commentaire, déjà citée, à propos de l'article 1349 du Code civil : « Cette définition qui n'est, après tout, que celle de la preuve elle-même, permet cependant de marquer que la présomption apparaît comme le rapport entre deux faits dont l'un est certain, tandis que l'autre est inconnu », Ph. MERLE, *Les présomptions légales en droit pénal*, LGDJ, Paris, 1970, p. 2.

« [...] à partir d'une analyse de la situation connue, l'auteur de la présomption formule une hypothèse en s'inspirant de la nature des choses : pour lui, les événements de l'espèce n'ont pas pu se dérouler d'une autre façon que dans les hypothèses du même genre. Mais ce déterminisme joue dans les sciences humaines de façon beaucoup moins stricte que dans les sciences physiques, et oblige à confronter cette vérité d'expérience à l'espèce envisagée. L'opération ne doit cependant pas faire illusion, car le résultat n'est toujours qu'une simple constatation de « *eo quod plerumque fit* »[541]. C'était reconnaître que le raisonnement est indispensable à l'opération probatoire ; c'est lui qui va permettre d'établir le rapport entre ce que l'auteur appelle le fait connu - la proposition alléguée, dont la vérité est établie ou dont on cherche à établir la vérité - et la proposition que l'on cherche à établir et qui est normalement insaisissable en *tant que telle* - l'antécédent de la règle de droit. C'était, en d'autres termes, décrire la phase d'identification de l'objet de la preuve et non pas le rapport entre un élément de preuve et la proposition-objet de preuve.

60. ***L'importance de* « ce qui survient le plus souvent ».** Sous ce regard, l'emploi de concepts tels que « nature des choses », « déterminisme », « vérité d'expérience », ou encore « rapport logique », « *eo quod plerumque fit* »[542], n'est pas anodin. Le raisonnement qui intervient dans l'opération de qualification, c'est-à-dire la sélection de la proposition-objet parmi toutes les propositions *logiquement* comprises dans l'antécédent de la règle de droit, repose sur une certaine connaissance de l'expérience, de sa logique, de la causalité qui la régit. Les auteurs anglo-américains font d'ailleurs de l'*expérience* et du sens commun la pierre de touche de la notion de *pertinence*[543]. Ainsi des auteurs anglais, par exemple, pour qui la définition de référence reste celle tirée de l'article I du *Stephen's Digest of Law of Evidence*[544], selon lequel la pertinence se définit par le rapport entre deux « faits » qui sont « si attachés l'un à l'autre que, selon le cours normal des choses, le premier, considéré en lui-même ou avec d'autres faits, prouve ou rend probable l'existence ou la non-existence passée, présente ou future du second »[545]. On pourrait croire, à la lecture de cette formule, que c'est la notion de présomption factuelle[546] qui est définie, c'est-à-dire la présomption qui intervient dans le rapprochement de la proposition de l'objet de preuve et la proposition à prouver. Il s'agit, bien, en réalité, de la description de l'opérance. Mais comment se détermine ce rapport entre la règle de droit, dans toute son abstraction, et la proposition, « déplacée » par interprétation, sur laquelle vont s'appliquer les preuves ? On peut renverser la proposition et se demander à quelles conditions, précisément, une proposition va être considérée comme valide par le système juridique.

---

541 *Op. cit.*, p. 3.

542 Que l'on traduit par : *ce qui survient le plus souvent.*

543 Le concept doit être utilisé sous les réserves qui ont été formulées, v. *supra.*

544 J. F. STEPHEN, *A Digest of the Law of Evidence*, 2e réimpr., Wm. S. Hein Publishing, 1991 (1879), p. X. Il s'agit de la première étape de l'opération probatoire.

545 Stephen recommandait, ce qui est révélateur, d'utiliser un syllogisme, v. A. KEANE, J. GRIFFITHS, P. MCKEOWN, *The Modern Law of Evidence*, 8e éd., Oxford University Press, Oxford, 2009, p. 20. - *Adde*, Lord STEYN, *in* Chambre des Lords, *R v Randall*, *All England Law Reports* 2004, 1, p. 467 à 474, qui déclarait que : « la pertinence est une question de degré, déterminé, pour l'essentiel, par le sens commun et l'expérience ».

546 On a vu (*supra* n° 54) que les auteurs anglo-américains ne parviennent pas à distinguer le problème de l'opérance de la preuve et celui de la pertinence. Il n'est cependant pas douteux qu'ils visent, par cette définition, le rapport qui doit exister en la proposition abstraite de la norme dont l'application est recherchée, et la proposition concrète qui constitue l'objet de la preuve.

61. *Distinction nécessaire.* La question est méconnue en France où elle n'a guère été abordée que par le Doyen Marty, dans une célèbre étude sur l'appréhension du fait et du droit par la Cour de cassation[547], et Jacques Boré, dans son ouvrage consacré à la technique de cassation en matière civile[548]. Elle a essentiellement été développée par la doctrine belge, allemande et italienne[549]. Le Professeur Rigaux a ainsi tenté de montrer en Belgique, dans un travail comparatiste de référence sur la Cour de cassation[550], que le juge utilisait cinq ressorts - cinq règles - relevant tous de l'*expérience : règles du langage courant, expérience de la vie dans un milieu donné, lois scientifiques et techniques connues de tout homme de culture moyenne (ex. lois de la chute des corps, mathématiques élémentaires ou données des tables de mortalité), connaissances biologiques et psychologiques essentielles à la vie en société, et règles élémentaires de la logique et du raisonnement.* Ces règles interviennent, comme on le reconnaît chez les spécialistes de la question, dans l'opération de qualification[551]. Reste à savoir si toutes les normes susceptibles d'être invoquées devant une juridiction sont régies par ces règles - la qualification est-elle indispensable, et repose-t-elle toujours sur une ou plusieurs de ces cinq règles ? - et si d'autres règles n'interviennent pas dans la définition de l'objet de la preuve. Enfin, ces règles forment-elles véritablement un concept uniforme que l'on retrouverait à la base de toute opération de détermination de l'opérance de la preuve ?

62. *Données quantitatives.* La première question est légitime, car certaines règles semblent ne nécessiter aucune interprétation ; l'antécédent de la règle paraît si concret qu'il ne nécessite la formulation d'aucune autre proposition. Quelques concepts utilisés par le système juridique reposent, en effet, sur des données dites ainsi « quantitatives »[552]. Les exemples sont nombreux et procèdent, souvent, de la volonté d'éviter, justement, tout débat sur l'objet de la preuve[553]. Mais dans ce cas de figure, ce n'est pas tant la précision du système que son rattachement évident à un registre sémantique unique qui lève toute ambiguïté et rend normalement superflu le recours à l'opération de qualification[554]. Il en est ainsi de l'heure[555], de la

---

[547] G. MARTY, *La distinction du fait et du droit : essai sur le pouvoir de contrôle de la Cour de cassation sur les juges du fait*, Université des Sciences sociales de Toulouse, Toulouse, 1972 (d'après éd. Sirey, Paris, 1929), p. 158 et s.

[548] J. BORÉ, L. BORÉ, *La cassation en matière civile*, Dalloz, Action, Paris 2009-2010, spéc. n° 63.31, p. 287._

[549] V. J. BORÉ, L. BORÉ, *op. cit., loc. cit.* pour une bibliographie synthétique.

[550] F. RIGAUX, *La nature et le contrôle de la Cour de cassation*, Bruylant, Bruxelles, 1966.

[551] J. BORÉ, L. BORÉ, *op. cit.*, n° 63.31.

[552] J.-L. BERGEL, *Méthodologie juridique*, PUF, Thémis Droit privé, Paris, 2001, p. 50, qui citait la minorité, la majorité et l'état d'ivresse.

[553] V. ainsi, E. CAUSIN, « La preuve et l'interprétation en droit privé », p. 197-236 *in* Ch. PERELMAN, P. FORIERS (dir.), *La preuve en droit*, Travaux du Centre National de Recherches de Logique, Établissement Émile Bruylant, Bruxelles, 1981. L'auteur fait état de « techniques de simplification ». Il relève, à ce titre, que, en matière de nubilité des époux, pour éviter des débats scabreux (et sans doute vains) sur la maturité sexuelle des futurs époux, le législateur a choisi des critères non plus qualificatifs, mais quantitatifs, p. 208 (C. civ., art. 144). - *Adde*, N. DEJEAN de La BÂTIE, *Appréciation* in abstracto *et appréciation* in concreto *en droit civil français*, LGDJ, bibliothèque de droit privé, Paris, 1965, n° 111, p. 98, où il est question du procédé de « quantification » de la norme juridique.

[554] En réalité, on sait que les choses sont loin d'être aussi simples, car même lorsque c'est la *vitesse* ou *l'heure* qui est en jeu, une ou plusieurs conventions sont toujours mobilisées. On sait, par exemple, que plusieurs systèmes métriques coexistent ou que c'est toujours par des opérations de qualification (scientifique), que l'on parvient à établir la plupart de ces données premières. Ainsi de la vitesse d'un véhicule qui est calculée au moyen d'un instrument - le cinémomètre laser - qui, de la distance parcourue dans un

vitesse[556], de la distance entre deux objets[557], du kilométrage d'un véhicule[558]. Il en est de même aussi, dans une certaine mesure, des concepts qui sont utilisés dans le cadre des présomptions. Étant donné le peu de difficultés que soulèvent ces concepts, il convient aussi bien de concentrer nos efforts sur deux autres séries de notions, nettement plus complexes, qui font intervenir le sens commun. Il est désormais temps de dire quelques mots supplémentaires de cette notion qu'on a, jusqu'à présent, assimilée au concept de causalité en philosophie[559].

2. Analyse des mécanismes en action

63. ***Opérance déterminée au moyen du sens commun.*** La littérature francophone sur le sujet est loin d'être abondante[560], et elle paraît presque indigente si on la compare à la production anglo-américaine[561] ; il faut en trouver la raison dans l'histoire, spécifiquement celle des Lumières qui voyaient dans le *sens commun* un nouveau signe de l'infériorité des Anciens sur les Modernes[562], quoique que les penseurs de l'époque n'aient jamais perçu dans le sens commun, contrairement aux auteurs britanniques[563], le mal absolu des sociétés[564]. Ce dernier paradoxe s'en double d'un autre : en dépit des sévères critiques dont il a été l'objet dans le monde anglo-américain, c'est ici qu'il a, le premier, et avec un éclat singulier, recouvré tout

---

certain laps de temps, *infère* un certain résultat, qu'on appelle vitesse. Ceci est bien une opération de qualification, mais qui est automatisée.

[555] C. civ., art. 57, art, 58, art. 79, art. 79-1, art. 86, art. 354 ; C. pén., art. 131-8, art. 131-17, art. 132-54, art. 132-57, etc.

[556] C. pén., art. 221-6-1, art. 222-19-1, art. 220-20-1, etc.

[557] En matière de plantations, les arbres, arbrisseaux et arbustes doivent, sauf disposition contraire, être plantés à au moins deux mètres de la ligne séparatives des deux fonds et à un demi-mètre lorsqu'il s'agit d'autres plantations : C. civ., art. 671.

[558] C. pén., art. R. 131-7.

[559] V. *supra*, n° 1.

[560] M. LYNCH, R. MCNALLY, « "Science", "sens commun" et preuve ADN : une controverse judiciaire à propos de la compréhension publique de la science », *Droit et société* 2005, n° 61, p. 655-681, L. ZAPPULLI, « Savoirs professionnels et sens commun en milieu judiciaire : l'activité professionnelle du médecin légiste dans le parquet de Lecce », *Droit et société* 2005, n° 61, p. 683-700, S. BOAVENTURA de SOUSA, *Vers un Nouveau Sens Commun juridique : Droit, science et politique dans la transition paradigmatique*, LGDJ, Droit et société, Paris, 2004, S. FISH, *Respecter le sens commun : rhétorique, interprétation et critique en littérature et en droit*, LGDJ, La pensée juridique moderne, Paris, 1995.

[561] V., not., R.J. ALLEN, « Common Sense, Rationality and the Legal Process », *in* M. MACCRIMON, P. TILLERS, (dir.) *The Dynamics of Judicial Proof. Computation, Logic, and Common Sense*, Physica - Verlag, Heidelberg, New York, 2002, p. 43-54, qui offre une bonne présentation de la tradition philosophique autour de cette notion.

[562] V. R. J. ALLEN, « Common Sense, Rationality and the Legal Process », *op. cit. loc. cit.*. Pour les penseurs de Lumières, l'humanité quittait enfin son « nuage d'ignorance ». Le sens commun développé par les Grecs et les Romains était dès lors regardé comme la somme de l'ignorance commune qui avait servi à maintenir l'humanité dans un état durable de sujétion, p. 46. - *Adde*, E. J. HUNDERT, « Enlightenment and the Decay of Common Sense », *in* F. VAN HOLTHOON, D. R. OLSON (dir.), *Common Sense. - The Foundations for Social Science*, University Press of America, Sources in Semiotics, Vol. VI, Boston, 1987, p. 133-154.

[563] L'attaque la plus célèbre reste celle de Francis BACON, *New Organon*, (Lisa Jardine & Michael Silverthorne, éd. par), Cambridge University Press, Cambridge, 2000, (éd. originale 1620).

[564] Ce qui est, dans une certaine mesure, paradoxal, car il ne paraît pas douteux que l'Église a longtemps utilisé le sens commun pour se prémunir contre toute percée d'un savoir expert, F. VAN HOLTOON, « Common Sense and Natural Law : From Thomas Aquinas to Thomas Reid », *in Common Sense*, *op. cit.*, p. 99-114.

son lustre[565]. L'adossement de la rationalité sur le sens commun ne pouvait que susciter, par la suite, la curiosité des sciences sociales, à la recherche, depuis toujours, d'un fondement explicatif aux théories de la société.

Pour éviter tout risque de confusion, eu égard à l'abondance des définitions, parfois très différentes, régnant en la matière, il faut d'emblée préciser ce qu'on entend par sens commun. On adopte, en l'occurrence, le double triptyque développé par le sociologue Siegwart M. Lindenberg[566], qui semble à même de fournir les éléments d'une bonne compréhension de l'opération de qualification. À partir d'un point de vue idéaltypique[567], on peut d'abord estimer que l'expérience humaine se caractérise par une triple uniformité : l'*uniformité de la Nature*[568], l'*uniformité de la nature humaine*[569] et, enfin, l'*uniformité de l'expérience humaine*[570]. Si ces conditions sont suffisantes, elles ne sont pas nécessaires. Il ne suffit pas de croire dans l'uniformité, encore faut-il croire dans l'origine de cette uniformité, savoir l'expérience humaine[571] ; de cette manière, le sens commun peut exercer une fonction de régulation. Enfin, pour être pleinement fonctionnel, le sens commun doit être *opérant*, bien au-delà du règlement spontané des comportements sociaux[572]. En d'autres termes, les connaissances doivent être véritablement mutualisées et assurer une prévisibilité réelle aux membres du corps social[573]. Si ces trois conditions sont remplies, le sens commun assure alors une triple fonction : une *fonction directrice* qui permet *l'agir* ; une *fonction référentielle* qui permet de saisir la différence de certaines valeurs et de manifester le scepticisme au moyen d'arguments, en même temps qu'elle permet d'agir vis-à-vis des autres avec une certaine assurance ; une

565 Deux auteurs ont tout particulièrement œuvré à la réhabilitation du sens commun ; le philosophe écossais Thomas Reid (1710-1796), d'abord, et le philosophe irlandais George Berkeley (1685-1753), ensuite. V. pour le premier, Th. REID, *Œuvres complètes de Thomas Reid : chef de l'école écossaise* (M. Th. Jouffroy éd. par), A. Sautelet et Cie, A. Mesnier, V. Masson, Paris, 1828-1836, 6 volumes, v. spéc. vol. II, *Recherches sur l'entendement humain d'après les principes du sens commun* ; et pour le second, G. BERKELEY, *Dialogues d'Hylas et de Philonoüs* (P. Lemaire, trad.), A Hatier, Paris, 1926.

566 S. LINDENBERG, « Common Sense and Social Structure : A Sociological View », *in* F. VAN HOLTHOON, D. R. OLSON (dir.), *Common Sense. - The Foundations for Sociale Science*, University Press of America, Sources in Semiotics, Vol. VI, Boston, 1987, p. 199-21.

567 Sur cette méthode, et les précautions qu'elle impose, *supra*, n° 9 et s.

568 La gravité qui s'applique virtuellement partout ; les êtres vivants grandissent et meurent ; partout, le jour et la nuit forment un cycle de 24 heures, etc., *op. cit.*, p. 200.

569 Les êtres humains ont des besoins réguliers de dormir, manger et boire, ils ont des préférences et des attentes, ils se sentent frustrés lorsque leurs attentes sont déçues et, au contraire, satisfaits chaque fois qu'elles sont remplies (*ibid.*).

570 Cette troisième proposition dérive des deux premières : l'uniformité de la Nature et celle de la nature humaine exposent les êtres humains, quel que soit le lieu, à une régularité similaire ; au-delà, l'uniformité de la nature humaine permet de penser que la régularité des phénomènes est vécue uniformément, (*ibid.*).

571 Ce que l'auteur appelle une *méta-croyance*, *op. cit.*, p. 201 et p. 210. C'est ce qui permet d'enter la croyance sur une base empirique. On peut non seulement croire, mais également justifier sa croyance. On est alors dans la rationalité.

572 C'est ce qu'on a pu appeler, aussi, un *schéma d'action de sens commun*. R. J. ALLEN, « Common Sense, Rationality and the Legal Process », *op. cit.*, p. 49, qui permet, certes, rétrospectivement, un peu comme la causalité explicative chez Weber (v. *supra*, n° 9 et s.), d'agencer la succession des événements pour les rendre intelligibles, mais permet, aussi, de fonder un principe d'action. *C'est parce je crois dans le partage de données sur l'expérience que je puis intervenir dans l'espace public et dépasser la sphère privée.*

573 Le sens commun existe aussi longtemps que les membres d'un groupe peuvent s'orienter les uns vis-à-vis des autres (l'auteur parle de co-orientation), grâce à ces connaissances : S. LINDENBERG, *op. cit.*, p. 201.

fonction d'appel, enfin, qui permet non plus de mobiliser le sens commun, mais l'argument lui-même pour défendre sa position dans le monde[574].

64. ***Sens commun comme norme-standard d'interprétation.*** Il faut ajouter, pour être complet, que le sens commun, en dépit des fonctions qu'il remplit, ne postule pas la stabilité la plus absolue. Au vrai, tout contact avec d'autres *corpus* de connaissances, y compris un savoir spécialisé largement diffusé[575] ou intégré par l'expertise[576] ou tout autre moyen[577], peut entraîner une modification du sens commun. Ce qu'il y a de remarquable avec cette définition fonctionnelle c'est qu'elle correspond plus ou moins à la définition fonctionnelle que l'on donne de la norme juridique. La norme qui permet d'*agir*, qui permet de s'orienter, de saisir le permis et l'interdit[578], qui permet également de se défendre ou de se plaindre et d'en faire *appel* à un tiers. On sait également que la norme n'est pas stable et qu'elle évolue. L'identité a une explication : le sens commun *est également d'ordre normatif*[579]. Sa *normativité* « *juridique* » n'apparaît, cependant, que dans la décision de justice elle-même[580], et ne se laisse saisir, bien souvent, que par un effort de lecture. Quoi qu'il en soit, fût-ce imperceptiblement, le sens commun se trouve, toujours, *schématiquement* adossé à un *énoncé* qui cherche un *sens* : la norme juridique. Rappelons, en effet, que, dans une perspective néo-réaliste du droit, la norme juridique est un énoncé dont le sens est *formellement* produit par l'interprète[581], sous la contrainte

---

574 *Op. cit.*, p. 202-203. Il s'agit, d'une part, du processus de raisonnement par induction (une cause entraîne tel effet ; la connaissance de la cause permet d'inférer l'effet), de l'autre, du processus de raisonnement par déduction (si telle chose survient par l'effet d'une cause, telle autre chose doit avoir une cause).

575 On retrouve ici la classification proposée par F. Rigaux (v. *supra*, n° 61) : lois scientifiques et techniques connues de tout homme de culture moyenne, connaissances biologiques et psychologiques essentielles à la vie en société, etc.

576 M. LYNCH, R. MCNALLY, « "Science", "sens commun" et preuve ADN : une controverse judiciaire à propos de la compréhension publique de la science », *op. cit.* - *Adde*, O. LECLERC, *Le juge et l'expert. - Contribution à l'étude des rapports entre le droit et la science*, LGDJ, Bibliothèque de droit privé T. 443, Paris, 2005, L. DUMOULIN, « L'expertise judiciaire dans la construction du jugement : de la ressource à la contrainte », *Droit et Société*, 44/45-2000, p. 199-223.

577 Comme l'*amicus curiae*, qui n'intervient pas dans le domaine de la preuve, mais plutôt dans l'opération de qualification : D. MAZEAUD, « L'expertise de droit à travers l'*amicus curiae*, *in* M.-A. FRISON-ROCHE, D. MAZEAUD, *L'expertise*, Dalloz, Paris, 1995, spéc. p. 109, F. FERRAND, *V° Preuve, Rép. Dalloz proc. civ.*, spéc. et très nettement n° 38

578 Sur ces trois caractères de la règle de droit, v. H. ROLAND, L. BOYER, *Introduction au droit*, Litec, J.-Cl. Traités, Paris, 2002, n° 123 et s., p. 45 et s.

579 Au sens kelsénien : *cf.* H. KELSEN, *Théorie pure du droit*, 2e éd., Dalloz, Paris, 1962, p. 6.

580 Puisque n'est *juridique* que ce qui est *susceptible* d'être prononcé par le juge.

581 Selon la conception traditionnelle, la qualification se réalise au moyen d'une prémisse majeure qui contient la proposition de droit, une prémisse mineure qui contient la proposition de fait, et la conclusion. Il faut, en réalité, comme on l'a très bien montré, compter sur un syllogisme secondaire qui vient prendre place entre la majeure et la mineure. C'est ce syllogisme secondaire qui intègre le sens commun (M. TROPER, *Pour une théorie juridique de l'État*, PUF, Léviathan, Paris, 1994, p. 101-102). - Deux points importants doivent également être précisés : tout d'abord, les normes de sens commun appartiennent à la factualité. Il s'agit de règles comparables à celles de la science, sous la forme de la causalité (sur le modèle : « si A alors B » - v. aussi, en ce sens, H. KELSEN, « La méthode et la notion fondamentale de la théorie pure du droit », *Revue de métaphysique et de morale*, 1934, p. 186 et s., spéc. p. 185-187). Lorsqu'on disait que ces normes étaient juridiques, on signifiait qu'elles étaient intégrées au système juridique et elles développaient, surtout, un sentiment de nécessité. Ensuite, ce qu'on appelle « normes juridiques » a une dimension non pas hylétique (entités conceptuelles ou idéales) mais expressive : « les normes ne sont pas des significations, mais les produits de l'usage prescriptif du langage. En d'autres termes ce sont des commandements » (M. TROPER, *op. cit.*, p. 57). Les normes n'ont jamais de signification en tant que telles - elles n'obtiennent cette signification qu'au moment de l'intégration du

matérielle[582] du sens commun. Le sens commun est ainsi perçu comme une norme tacite inférée, en toute société, du constat de la récurrence des phénomènes dans le monde sensible. C'est ce sens commun qui est *le référentiel de vérité de toute interprétation-qualification dans un système de normes donné* ; il joue le rôle de norme-standard d'interprétation. Et c'est grâce à lui que se détermine l'objet de la preuve.

65. ***Sens commun au-delà du procès.*** Une dernière remarque doit faire sentir toute l'importance du sens commun. Les théories néo-réalistes oublient souvent que le droit ne s'exprime pas toujours - ce qui est particulièrement le cas pour le droit civil - devant le juge. Le *droit* est très précisément publié pour que chacun, dans l'intimité de sa conscience, puisse en prendre connaissance. Mais si le droit n'est qu'un énoncé dont le sens est acquis au terme d'une interprétation, il est, en dehors du procès, autant de juges que de citoyens. Au vrai, cette proposition n'est pas admissible, et comme on le voit heureusement au quotidien, il est un guide plus ou moins sûr qui garantit l'uniformité de l'interprétation du droit. Ce guide est, on l'a compris, *le sens commun.* Aussi, est-il essentiel que, d'une part, le sens commun bénéficie d'une certaine publicité, d'autre part d'une certaine stabilité et d'une certaine unité. Si ces conditions font défaut, il est fort à parier que l'égoïsme triomphera de la raison, et que nul autre que le juge[583] - on voit le risque - ne pourra apporter sa solution au litige. Lorsque, à l'inverse, le sens commun est très fort, il s'impose de lui-même, si bien, d'ailleurs, qu'il prend parfois les traits d'une présomption normative.

---

sens commun. En conséquence, *si le sens du droit doit être recherché, c'est dans le sens commun ; la stabilité du sens commun assure la stabilité du droit ; les transformations culturelles agissent directement sur le sens commun et transforment, médiatement, la règle de droit.* Si la jurisprudence est globalement continue et cohérente, c'est que le sens commun impose une *nécessité logique* (Comp. M. TROPER, *op. cit.*, p. 102 & p. 57). - Mais, encore une fois, les énoncés ne contiennent pas *qu'un seul* sens commun ; ils contiennent, virtuellement, plusieurs sens communs ou des *sens communs en potentialité.* Chaque énoncé comprend un *orbe* (ou cercle), qu'on se propose d'appeler un *orbe herméneutique.* Au sein de cet orbe, plusieurs sens se disputent ; mais le choix ne peut pas relever du seul juge - il y a certes acte de volonté - mais c'est un acte de volonté partagé ; c'est pourquoi il faut convenir, avec F. Ost (F. OST, « Jupiter, Hercule, Hermès, trois modèles du juge », *in* P. BOURETZ (dir.), *La force du droit.- Panorama des débats contemporains*, éd. Esprit, Paris, 1991, p. 241-272), que ce n'est ni le modèle de Jupiter (qui fait du droit un système pyramidal dans lequel seul le juge reçoit mandat d'interpréter le sens qui vient directement d'en haut), ni le modèle d'Hercule (pyramide inversée qui fait du juge l'origine unique de la norme authentique), mais seulement le modèle d'Hermès qui permet de décrire le droit ; droit alors entendu « comme circulation du sens [...] un sens dont personne, fût-il juge ou législateur, n'a le privilège. Cette vision du droit incorporera les caractères de pluralisme, incluant récursivité féconde et inventivité contrôlée ». Le sens n'est donc pas entre les mains du législateur ou du juge. Il n'est pas entièrement figé dès son émission, pas plus qu'il ne se forme entièrement dans l'esprit et la bouche du juge. Le droit se conçoit dans un dialogue permanent entre tous les acteurs du monde juridique, procédant de données logiques, s'enrichissant de particularités historiques et, de contingences, de luttes martiales et d'accès passionnels. Si inventivité il y a, elle est toujours *contrôlée*, et par la logique, et par la culture. Ce dialogue permanent (il s'agit du multiple qui permet le droit - mais le soliloque, la récursivité que permet la raison, assure aussi le multiple) fait de la contradiction, non pas un principe de droit naturel (à ne pas confondre cette notion avec la dimension rhétorique de la vérité : Ch. PERELMAN, L. OLBRECHTS-TYTECA, *Traité de l'argumentation : la nouvelle rhétorique*, 5e éd., Éd. de l'Université de Bruxelles, Bruxelles, 1988), mais un principe *logique.* - Il faudrait mentionner, pour être complet, les facteurs *internes* au système, c'est-à-dire ceux qui résultent de la configuration même du système : sur quoi M. TROPER, V. CHAMPEIL-DESPLATS, C. GRZEGORCZYK (dir.), *Théorie des contraintes juridiques*, Bruylant, LGDJ, éd. La pensée juridique, Paris, 2005.

[582] C'est dans l'opposition matériel/formel que se situe l'opposition entre le réalisme et néo-réalisme. On pourrait substituer à matériel le terme *logique.*

[583] V. *infra*, n° 77.

B. La détermination de l'opérance au moyen de stéréotypes : les présomptions normatives

66. *Définition et fonction.* Quelques développements historiques consacrés à Domat ont laissé apparaître de profondes ambiguïtés, probables sources des confusions du Code civil, mais aussi des analyses subtiles qui ont ouvert une brèche dans l'analyse du mécanisme présomptif. Domat est, en effet, probablement le premier à avoir perçu la double intervention des présomptions, d'abord dans le domaine du fait, ensuite et surtout dans le domaine du droit[584]. C'est que les présomptions ne se contentent pas de soutenir le juge dans la recherche de la vérité de telle ou telle proposition-objet de preuve. Elles participent aussi, d'une manière parfois essentielle, à l'identification de l'objet de la preuve. Mais elles changent alors de nature ; elles ne sont plus un mécanisme d'appréciation de la valeur des indices - on connaît les liens que la doctrine tisse entre présomption et indice -, mais des dispositions destinées, au moyen d'un stéréotype, à définir la proposition-objet de preuve. En d'autres termes, la présomption qui intervient à ce stade contient elle-même un objet de preuve opérant. Pour éviter toute confusion, on se propose de les appeler « présomptions normatives ». Comme le concept est nouveau, il faut se livrer, avant toute chose, à un important travail de définition (1). Ceci fait, on sera mieux à même de décrire la fonction de ces présomptions normatives (2).

1. Définition des présomptions normatives

67. *Nature et portée des présomptions normatives.* Avant de pénétrer de plain-pied dans le domaine des présomptions, il faut évoquer rapidement quelques présomptions dont le rôle n'est certes pas marginal mais qui présentent une singularité qui nous oblige à les évoquer d'emblée. Il s'agit des présomptions antéjudiciaires[585]. Il peut arriver que le législateur tienne une chose pour acquise - généralement jusqu'à preuve du contraire - sans que l'on soit à même d'identifier la base factuelle d'où il tire son inférence. Le possesseur est réputé de bonne foi[586], la personne poursuivie, qui est réputée innocente[587] et aussi présumée connaître la loi[588] ; on dit encore parfois que ce qui a été définitivement jugé est réputé absolument conforme à la vérité. Contrairement aux présomptions normatives qu'il va falloir maintenant étudier, ces présomptions n'ont besoin d'aucune proposition factuelle concrète pour exister. L'antécédent abstrait de la règle de droit (*bonne foi, connaissance du droit, innocence*) est directement appréhendé et réputé démontré pour le système juridique. Comme il n'y a pas de « déplacement de l'objet de la preuve », c'est-à-dire comme il n'y a pas de proposition factuelle concrète, on ensei-

---

[584] V. *supra*, n° 46.

[585] La terminologie est sans doute due à J. BENTHAM, *Traité des preuves judiciaires, T. II,* Bossange Frères, Libraire-éditeur, Paris, 1823, t. II, livre II, chap. II. - D'autres appellations ont été proposées, comme celles « présomption formelle » (J. WROBLEWSKI, « Structure et fonctions des présomptions juridiques », *in* Ch. PERELMAN, P. FORIERS, *Les présomptions et les fictions en droit*, E. Bruylant, Bruxelles, 1974, p. 42-71, spéc. p. 43) et de « présomption postulat » (A.-B. CAIRE, *Relecture du droit des présomptions à la lumière du droit européen des droits de l'Homme*, Pedone, Paris, 2012, p. 35-36).

[586] C. civ., art. 2274.

[587] C. proc. pén., art. préliminaire, III, al. 1er. La nature de la présomption d'innocence est délicate à déterminer. Il est sans doute précipité de n'y voir qu'une présomption antéjudiciaire en oubliant sa dimension politique particulièrement marquée.

[588] V. *infra*, n° 108.

gne généralement que ces présomptions opèrent un véritable renversement du risque de la preuve[589]. Elles doivent donc ne pas être confondues avec les véritables présomptions normatives[590] qui, au contraire, reposent toujours sur une donnée de fait dont la vérité doit être démontrée[591]. Encore faut-il remarquer qu'une certaine théorie, il est vraie marginale, propose de les rapprocher des véritables présomptions normatives. J. Wroblewski[592] a pu en effet soutenir que la présomption antéjudiciaire présuppose, elle aussi, une proposition factuelle mais qui, à la différence de toute autre présomption normative, est réputée *indéfinie*. Il en résulte deux conséquences ; la première est que l'antécédent abstrait est toujours - fût-ce virtuellement - en relation d'opérance avec une proposition factuelle introduite dans le litige, ce qui peut influer sur les pouvoirs du juge ; le seconde est que cette proposition factuelle doit être tenue pour prouvée. Intéressante à certains égards, notamment en ce qu'elle montre bien que rien ne sort véritablement du néant et qu'elle soumet toutes les présomptions qui interviennent dans le domaine du droit à un régime unique, elle ne laisse pas, cependant, d'introduire une part de fiction dont on peut aisément se passer. La fiction n'existe pas, en revanche, dans le domaine des présomptions normatives. Il y a bien passage d'une proposition factuelle (concrète) - qui doit être prouvée - à l'antécédent abstrait de la règle de droit. On ne peut le montrer qu'en s'attachant à décrire la nature des présomptions normatives (a) et leur portée (b).

a. Nature des présomptions normatives

68. ***Présomptions normatives et présomptions factuelles.*** Dans sa mission d'identification de la proposition-objet de preuve concrète, le juge peut être assisté par une *présomption*. Sous ce regard, la présomption intéresse le droit au plus haut point puisqu'elle permet de déceler ce qui, dans la nature (le *fait connu*),

---

589 J. CHEVALLIER, *Cours de droit civil approfondi (doctorat). - La charge de la preuve*, Paris, 1858-1859, spéc. p. 83 et s.

590 La dispense que réalise la présomption antéjudicaire sur le terrain probatoire ne doit pas permettre de conclure à des fictions. Le rattachement à la réalité est toujours possible, même s'il n'est pas statistiquement toujours vérifié (sur cette notion, v. *infra*, n° 70). Le législateur a nettement fait apparaître son choix philosophie - véritable pari sur la nature humaine : J. DUPICHOT, D. GUÉVEL (refonte), « Contrats et obligations. - Présomptions.- Notions générales », *J.-Cl. Civil Code, art. 1349 à 1353*, Fasc. n° 10, spéc. n° 9.

591 A. HUET, *Les conflits de lois en matière de preuve*, Paris, Dalloz, 1965, p. 160 : « [...] il appartient toujours au plaideur qui entend se prévaloir d'une présomption légale de prouver l'existence de ses prémisses, c'est-à-dire du fait qui a servi de base à l'induction légale [...] ».

592 J. WROBLEWSKI, « Structure et fonctions des présomptions juridiques », *in* Ch. PERELMAN, P. FORIERS, *Les présomptions et les fictions en droit*, E. Bruylant, Bruxelles, 1974, p. 42-71, spéc. p. 55-56. L'auteur oppose les présomptions « matérielles » aux présomptions « formelles ». Les présomptions matérielles fonctionnent selon le schéma suivant : toute présomption contient une prémisse. Il s'agit de la prémisse de la présomption, soit le symbole PP. Le symbole CP représente, quant à lui, le comportement qui consiste à reconnaître les conclusions de la présomption. Le symbole → désigne la « relation normative instituée par la norme de la présomption » (*op. cit.*, p. 48). On obtient alors la formule suivante : PP → CP. Si on se penche maintenant sur la prémisse, il faut distinguer « l'état de chose E », qui doit être démontré, et « *l'absence* d'information qui constituent "la preuve contraire" PC ». Le symbole « ~ » représente la négation et le symbole « . » la conjonction. On obtient, aussi bien, les deux formules suivantes, selon que la preuve contraire est ou non fournie : E. ~ PC → CP (absence de preuve contraire) E.PC → CP (preuve contraire) (*ibid.*). Lorsque la présomption est « formelle », l'auteur soutient que « l'état de chose est toujours présent et il ne faut pas le prouver ». La formule n'est donc pas modifiée (*op. cit.*, p. 55 : E. ~ PC → CP). Dans ces conditions, la « variable E » s'entend d'une « variable avec un quantificateur général ("pour toutes les valeurs de E") » (*op. cit.*, p. 55). En d'autres termes, n'importe quelle proposition est susceptible de provoquer le déclenchement de la présomption.

correspond à l'antécédent abstrait de la règle de droit et que les auteurs et le législateur lui-même désignent abusivement comme le *fait inconnu* de l'opération présomptive. La présomption a, par ailleurs, une autre fonction, mieux connue, quoique peut-être malhabilement décrite, et qui consiste à mesurer, souvent lorsqu'un indice est produit[593], la distance entre la proposition que la preuve contient (à la manière d'un témoignage) et la proposition opérante que l'on cherche à établir. Cette distance prendra le nom, dans le cadre de cette étude, de *pertinence* (par opposition à *l'opérance*, qui concerne le droit) et elle ne sera envisagée que lors de l'étude de la force probante[594]. On a déjà souligné la confusion qu'ont faite les rédacteurs du Code civil en plaçant sur un même plan ces deux sortes de présomptions[595].

Il faut, par ailleurs, rappeler que les présomptions normatives ne sont pas l'apanage du législateur. La chose n'apparaissait sans doute pas nettement lorsque le législateur était encore vu comme la source unique du droit[596] ; mais il ne fait aujourd'hui aucun doute que le juge peut investir - et investit effectivement - le domaine des présomptions normatives en généralisant certaines propositions concrètes. La doctrine les intègre désormais à sa nomenclature en les désignant par le terme de « présomptions quasi légales »[597]. Cet acquis doctrinal n'a pas, pour autant,

---

[593] C'est pourquoi il faut soigneusement distinguer l'indice de la présomption, l'un étant un mode de preuve, l'autre un raisonnement. Danty avait déjà remarqué la confusion : « [...] dans notre usage, on confond la signification de tous ces noms, surtout en matière civile : on appelle Présomption, ce qui n'est qu'un indice [...] », cité par MERLIN, *Répertoire universel et raisonné de jurisprudence*, 5e éd., Tome 13, PRE.-QUA., Paris, 1828, spéc. p. 13, col. gche. - Sans cette substitution, la formule de l'article 1353, selon laquelle on ne peut admettre que des présomptions « graves, précises et concordantes » est en partie absurde ; comme on l'a remarqué, il ne peut y avoir de présomptions « concordantes » ; G. VERDE, « La Preuve en Droit Italien », *in* J.-M. LEBRE de FREITAS (dir.), *Le droit de la preuve dans l'Union Européenne/The Law of Evidence in the European Union/Das Beweisrecht in der Europäischen Union*, Kluwer Law International, coll. Civil Procedure in Europe vol. 5, La Hague, 2004, p. 269-301, spéc. p. 274.

[594] V. *infra*, n° 315 et s.

[595] On a récemment proposé une nouvelle classification, tripartite là encore : les premières sont appelées « présomptions-preuves », et se présentent comme des « mécanismes de raisonnement permettant de pallier la carence de preuve » ; les deuxièmes sont les « présomptions-postulats », définies comme des « affirmations axiomatiques qui consistent à considérer quelque chose comme existant de plein droit tant que la preuve contraire n'est pas fournie » ; les dernières sont qualifiées de « présomptions-concepts » et sont « situées en amont d'une règle de droit ou du raisonnement d'un juge dont elles sont le motif » (A.-B. CAIRE, *op. cit.*, p. 36). La première catégorie recouvre tout à la fois les présomptions « normatives » et les présomptions « factuelle » selon la terminologie de la présente étude. La deuxième s'accorde avec notre analyse - il s'agit des présomptions antéjudiciaires. La dernière se situe entre les présomptions « normatives » et les présomptions « *sensu largo* », selon la formule du Doyen Gény, c'est-à-dire les *présomptions, au sens philosophique, dont le législateur s'est inspiré à des fins purement « constructrices »* (v. aussi J.-M. GROSSEN, *Les présomptions en droit international public*, imprimerie Delachaux et Niestlé S.A., Neuchâtel, 1954, spéc. p. 21 & *v. infra*).

[596] V., toutefois, la célèbre note de PLANIOL, *DP* 1907, II, p. 18, *in fine*, ss. T. civ. Seine, 24 janv. 1906 & CA Rennes, 26 juill. 1906 : « C'est ainsi d'ailleurs que se sont formées toutes nos présomptions légales. Quand on en observe le développement historique, on les voit poindre et se former dans la jurisprudence avant de passer dans les textes : elles sont coutumières avant de devenir légales. Nos anciens auteurs en avaient encore conscience... même sous une législation comme la nôtre, on ne voit pas pourquoi il ne s'en formerait plus de nouvelles et pourquoi la jurisprudence ne les admettrait pas ; les articles 1349 à 1353 du Code civil ne s'y opposent pas ». - Et, déjà, BARTIN, ss. AUBRY & RAU, *op. cit.*, T. XII, note (1bis), n° 750, p. 100-101, qui observait que « la présomption légale n'est au fond qu'une présomption de fait généralisée et systématisée par la loi ». Cette définition sera reprise, à la lettre, par PLANIOL & RIPERT, *op. cit.*, T. VII, n° 1548, p. 1010.

[597] V., ainsi P. MIMIN, « Les présomptions quasi-légales », *JCP G* 1946, I, 578, R. DECOTTIGNIES, *Les présomption en droit privé*, LGDJ, Paris, 1949, spéc. n° 115-2, J. NORMAND, *Le juge et le litige*, LGDJ, Bibl. de dr. privé, Paris 1965, n° 333, p. 356, J. DUPICHOT, D. GUÉVEL (refonte), « Contrats et obligations. - Présomptions. - Notions générales », *J.-Cl. Civil Code, art. 1349 à 1353,* Fasc. n° 10, spéc.

dissipé toutes les confusions qui s'attachent à la nature précise des présomptions d'origine jurisprudentielle. Assez curieusement, tout en reconnaissant une double intervention du juge dans le domaine des présomptions - les *présomptions quasi légales*, d'une part, les *présomptions du fait de l'homme*, d'autre part -, parfois même admettant que les présomptions légales n'aient pu guère prendre leur origine ailleurs que dans la jurisprudence, les auteurs continuent de raisonner[598] comme si les premières n'étaient jamais à même d'intervenir dans le domaine du droit[599]. Quelques précisions s'imposent donc.

Les présomptions normatives ont souvent une origine légale, mais la jurisprudence est parfaitement à même de développer des présomptions de ce type, ce qu'elle fait effectivement, comme le constate la doctrine[600]. D'autres présomptions interviennent, cependant, plus largement au stade de l'appréciation de la preuve ; on se propose de les appeler *présomptions factuelles*, car elles servent véritablement ***à faire la preuve*** d'un *fait* inconnu au moyen d'un *fait* connu[601]. Elles ont donc une nature différente[602] et comme elles sont largement tributaires de l'infinie variété des espèces, elles échappent souvent à la généralisation. Ainsi s'explique le faible rôle de la loi en la matière[603]. Comme on le voit, aussi bien, l'origine de la présomption, contrairement à ce qu'affirme le Code civil, subodorant sans doute le double régime qui caractérise les présomptions, est indifférente. Quoi qu'il en soit, les exemples de présomptions normatives jurisprudentielles intégrées sont nombreux, tout spécialement en droit pénal où, du reste, un souci de répression a conduit le législateur à généraliser le procédé. C'est ainsi que, en matière d'élément intellectuel du recel[604], l'inférence jurisprudentielle formée à partir de la dissimulation ou la tentative de la dissimulation par l'auteur[605] a été intégrée, par le législateur, à l'article 321-1 du Code pénal[606]. Il en a été de même pour les infractions en matière de législation sur les stupéfiants, où la jurisprudence n'a pas hésité, relativement tôt, à s'inspirer des solutions du législateur en matière de

---

n° 122 et s., qui rangent également dans cette catégorie les présomptions d'origine conventionnelle (*op. cit.*, n° 117-121).- *Contra*, H. ROLAND, L. BOYER, *Introduction au droit*, *op. cit.*, n° 1686, p. 581.

[598] V., toutefois, F. TERRÉ, *Introduction générale au droit*, *op. cit.*, n° 575-577, p. 491-493, qui ne fait aucune distinction selon l'origine de la présomption, mais seulement selon qu'elle inverse la charge de la preuve ou « déplace » l'objet de la preuve ; il est de même pour Ph. MALAURIE, P. MORVAN, *Introduction générale*, *op. cit.*, spéc. n° 175-176. - *Adde*, J. GHESTIN, G. GOUBEAUX, *Droit civil.- Introduction générale*, *op. cit.*, n° 649, p. 627.

[599] H. ROLAND, L. BOYER, *Introduction au droit*, *op. cit.*, n° 1802 et s., p. 618 et s., Ch. LAROUMET, *Droit civil.- Introduction à l'étude du droit privé*, T. 1, 5e éd., Economica, Paris, 2006, spéc. n° 559, p. 347, J. CARBONNIER, *Introduction au droit civil*, *op. cit.*, p. 342.

[600] *Cf.* J. DUPICHOT, D. GUÉVEL (refonte), *Fasc. préc.*, n° 127.

[601] V. *supra*, n° 47 *in fine*, les remarques du Doyen Decottignies qui a bien observé que la définition de Domat a un domaine probablement limité ; celui du droit.

[602] On ne peut donc soutenir que la présomption quasi-légale est une généralisation de la présomption de l'homme. *Contra*, J. DUPICHOT, D. GUÉVEL (refonte), *op. cit.*, *loc. cit.*

[603] Il existe quelques exemples de présomptions factuelles d'origine légale : l'article 11 du Code de procédure civile qui autorise le juge à tirer toute conséquence du refus d'une partie de prêter son concours à une mesure d'instruction, de même que l'article 198 du même code l'autorise à inférer des conséquences de l'absence d'une partie à la comparution personnelle ou du refus de répondre. Elles ne sont d'ailleurs pas impératives pour le juge.

[604] Connaissance de l'origine frauduleuse de la chose.

[605] Crim., 24 nov. 1992, *Dr. pén.* 1993, comm. 85.

[606] Amendement n° 69 de M. J.-J. HYEST, rapporteur (*JOAN* CR 11 déc. 1991, p. 8022), cité par M. CULIOLI, (P. GIOANNI, mise à jour), « Recel et infractions assimilées ou voisines. - Recel. - Constitution. - Intention frauduleuse et connaissance de la cause », *J.-Cl. Pénal Code, art. 321-1 à 321-5*, Fasc. n° 40 (2007), n° 38.

proxénétisme[607], en décidant que participe à un trafic de stupéfiants celui qui, étant en relation avec une ou plusieurs personnes se livrant avec ce trafic, n'est pas en mesure de justifier des ressources correspondant à son train de vie[608]. Cette solution a, par la suite, été consacrée par la loi du 13 mai 1996 et intégrée à l'article 222-39-1 du Code pénal[609]. La disposition est désormais abrogée et l'incrimination est à aller chercher dans la nouvelle disposition générale de l'article 321-6 du Code pénal qui résulte de la loi *relative à la lutte contre le terrorisme* et *portant dispositions diverses relatives à la sécurité et aux contrôles frontaliers* du 23 janvier 2006[610], qui a créé une infraction, de portée générale, fondée sur l'impossibilité de justifier de ressources correspondant au train de vie[611]. Les exemples pourraient être multipliés[612], mais la plupart des présomptions normatives restent sous forme prétorienne[613]. Il est, en effet, rare, en droit français, que la loi soit si précise qu'elle offre un antécédent qui ne soit pas général et abstrait et purement conceptuel[614].

69. ***Présomption normative et règle de fond.*** Ces précisions étant faites, il faut indiquer en quoi consiste exactement une présomption normative. La chose est malaisée, car certaines règles conduisent inévitablement aux confins de la règle de fond. C'est pourquoi il est essentiel de ne pas trop s'attacher au vocabulaire qu'emploie le législateur. Ce n'est pas parce qu'il énonce que telle chose *est présumée* ou qu'elle est *réputée* - termes qui, au demeurant, sont parfaitement équivalents, même dans le langage juridique - que l'on doit conclure à l'existence d'une présomption. En ce sens, lorsque l'article 48 du Code de procédure civile dispose que « [t]oute clause qui, directement ou indirectement, déroge aux règles de compétence territoriale est réputée non écrite à moins qu'elle n'ait été convenue entre des personnes ayant toutes contracté en qualité de commerçant et qu'elle n'ait été spécifiée de façon très apparente dans l'engagement de la partie à qui elle est opposée », il n'érige pas une présomption normative dont l'objet serait d'identifier une proposition-objet de preuve. Nul détour n'est tracé, en la matière, par un législateur qui se contente d'appliquer un régime juridique à une disposition contractuelle particulière[615]. Pareillement, il convient de faire fi des innombrables hypothèses, sur lesquelles avait bien insisté le Doyen Gény, où le législateur s'est inspiré

---

[607] On parla d'ailleurs ensuite, pour désigner l'infraction, de « proxénétisme de la drogue », X. SAMUEL, « Trafic de stupéfiants », *J.-Cl. Pénal Code, art. 222-34 à 222-43*, Fasc. unique (2001), n° 32.

[608] Crim., 30 mai 1988, pourvoi n° 87-84277, *Bull. crim.*, n° 232, p. 604 (à noter que, dans cet arrêt, l'absence de ressource avait été établie au moyen d'un témoignage).

[609] L. n° 96-392 du 13 mai 1996 (*JORF* 14 mai 1996).

[610] L. n° 2006-64 du 23 janv. 2006, art. 24 (*JORF* 24 janvier 2006).

[611] Le texte est en réalité plus large puisqu'il incrimine alternativement le fait de ne pouvoir justifier de l'origine d'un bien détenu, tout en étant, comme pour la justification des ressources, en relations habituelles avec une ou plusieurs personnes qui se livrent à des infractions procurant un profit direct ou indirect et puni d'au moins 5 ans d'emprisonnement. Son domaine est extensif dans la mesure où il n'abroge pas seulement l'article 222-39-1, mais aussi les anciens articles 312-7-1 (en matière d'extorsion), 450-2-1 (associations de malfaiteurs) et 225-4-8 (traite des êtres humains). Enfin, l'article 321-6 était le siège d'une présomption spéciale en matière de recel des produits de la délinquance d'un mineur ; la disposition est naturellement intégrée à l'article 321-6-1, al. 1er, mais sous la forme d'une circonstance aggravante. En revanche, la disposition laisse intactes les présomptions de proxénétisme (C. pén., art. 225-6, 3°), d'exploitation de la mendicité (C. pén., art. 225-12-5, al. 3) et l'infraction de même nature en matière de terrorisme (C. pén., art. 421-2-3).

[612] V. ainsi, *infra*, n° 75.

[613] V. *infra*, n° 74 et s.

[614] Comp. avec les droits de *Common Law*, *supra*, n° 51 et s. et *infra*, n° 172-173.

[615] V., en ce sens, J. DUPICHOT, D. GUEVEL, *Fasc. préc.*, n° 16, J. KULLMANN, « Remarques sur les clauses réputées non écrites », *D.* 1993, chron. p. 59, qui parle pour sa part de fiction.

d'une *présomption* - au sens philosophique - à des fins purement « constructrices »[616]. Ainsi en est-il du domaine des incapacités où il faut bien admettre que la loi, pour définir le régime des nullités, s'est nourrie de l'idée assez ferme selon laquelle l'incapable n'est pas sain d'esprit[617]. Pareille énergie présomptive a inspiré législateur et juge lorsqu'ils ont conçu et développé ce qu'on appelle des « présomptions de responsabilité ». On le voit bien en considérant que si le régime de responsabilité prenait appui sur une faute, on pourrait certainement l'imputer, dans la majorité des cas (probabilité), à celui dont la responsabilité est aujourd'hui automatiquement établie. Faut-il, pour autant, parler de véritable présomption, alors que ne se dégage aucune proposition-objet de preuve concrète d'où on pourrait inférer l'antécédent abstrait de la règle de droit ? Le législateur ne fait guère qu'indiquer quel effet il va falloir tirer de la constatation des deux autres conditions de la responsabilité[618], alors que dans le régime de la faute présumée on peut estimer, pour le moins, bien que l'explication ne soit pas parfaitement satisfaisante, que la faute est établie à partir des propositions-concrètes au fondement des trois autres conditions de la responsabilité (dommage, et surtout fait dommageable et lien de causalité).

70. *Présomption et fiction.* Une autre catégorie obscurcit également le débat sur la définition des présomptions normatives : il s'agit de celle des fictions. La distinction s'enlise souvent en raison de la concurrence que la fiction exerce sur la définition de l'objet de la preuve. La fiction permet, en effet, parfois, tout comme la présomption, une identification de la proposition-objet de preuve concrète. Mais, à la différence de la présomption, la fiction est une création artificielle qui a renoncé à toute correspondance avec la réalité. Comme on l'a parfaitement observé, avec une présomption « la coïncidence avec la vérité n'est pas exclue, comme elle l'est, par principe, dans la fiction »[619]. Certains exemples ne posent, sous ce regard, aucune difficulté. Ainsi en est-il du meuble par destination qui est réputé immeuble[620] ou encore de la règle « *infans conceptus pro nato habetur quoties de commodis ejus agitur* », tant il est évident qu'un enfant n'est pas né aussi longtemps qu'il est en gestation[621]. La difficulté apparaît réellement lorsqu'on envisage certaines présomptions pour lesquelles le rattachement au réel, sans être impossible, est pour le moins statistiquement douteux. Que l'on songe, par exemple, à l'ancienne théorie des comourants qui ne devait que très rarement, par le plus grand des hasards[622], correspondre à la réalité ou encore la prétendue présomption de connais-

---

[616] F. GENY, *op. cit.*, T. III, p. 347.

[617] F. GÉNY, *op. cit.*, *loc. cit.*

[618] V., en ce sens, J. CHEVALLIER, *La charge de la preuve. - Cours de droit civil approfondi*, Les cours de droit, Paris, 1958-1959, spéc. p. 93 ; c'est d'ailleurs pourquoi on souhaite parfois, en doctrine, que la Cour de cassation utilise exclusivement la notion de « responsabilité de plein droit » : G. VINEY, P. JOURDAIN, *Traité de droit civil. - Les conditions de la responsabilité*, 3e éd., LGDJ, Paris, 2006, spéc. n° 629, p. 685.

[619] Ch. PERELMAN, *op. cit.*, n° 35, p. 61. - V. aussi, par exemple, G. CORNU, *Droit civil*, *op. cit.*, n° 208 s., p. 81 s. - A.-M. LEROYER, *Les fictions juridiques*, Thèse Paris II, 1995, n° 184 s. - G. RIPERT, *Les forces créatrices du droit,* LGDJ, Paris, 1955, n° 144, p. 351.

[620] C. civ., art. 524 & 525.

[621] Civ. 1re, 10 déc. 1985, *Bull. civ.* I, n° 339. - Et sur la qualification de fiction, v. encore, J. DUPICHOT, D. GUEVEL, *Fasc. préc.*, n° 4.

[622] Les anciens articles 720 à 722 du Code civil précisaient que, lorsque plusieurs personnes, héritières l'une de l'autre, décédaient à l'occasion d'un même événement, sans que l'on pût déterminer laquelle avait succombé la première, le plus jeune des comourants était réputé plus résistant que le plus âgé et que l'homme était réputé avoir survécu quelques secondes à la femme. Cette règle, très critiquée par la

sance du vice de la chose[623], par le vendeur professionnel, vendeur dont a souligné que « ce n'est pourtant pas l'intérêt, en termes d'image, de mettre sur le marché des biens dont il connaîtrait la nocivité potentielle »[624]. Comme le rattachement à la réalité est virtuellement possible, la classification de ces dispositions ne relève, en dernière analyse, que de la définition des présomptions retenues par les auteurs. Les auteurs qui considèrent que « [l]a loi ne peut présumer, même sous réserve de preuve contraire, que ce qui est normal, ou, sinon, la présomption dégénère en

doctrine et la jurisprudence qui ne manquait pas d'en réduire, à chaque occasion, la portée, fut supprimée par la loi du 3 décembre 2001 : sur quoi, v. Ph. MALAURIE, *Les successions, les libéralités*, 4e éd., *Defrénois*-Lextenso éd., Paris, 2010, spéc. n° 41, p. 45 ; et pour une analyse critique, M. GRIMALDI, *Droit civil.- Successions*, 6e éd., Litec, Manuels, Paris, 2001, spéc. n° 77-80, p.78-83.

623 Pour la garantie légale des vices cachés du Code civil (C. civ., art. 1641), l'ignorance ou la connaissance du vice, par le vendeur, modifie la portée de la garantie, puisque lorsque le vice est connu, le vendeur est tenu, outre la restitution du prix qu'il en a reçu, de tous les dommages intérêts (C. civ., art. 1645). Pareillement, la connaissance du vice s'oppose à la validité des clauses d'exonération ou de limitation de garantie (C. civ., art. 1643) ; J. CALAIS-AULOY, H. TEMPLE, *Droit de la consommation*, 8e éd., Dalloz, Précis Droit privé, Paris, 2010, spéc. n° 230, p. 285. Et la jurisprudence, dans un souci de protection du consommateur, est progressivement venue étendre l'emprise de la garantie en jugeant que le vendeur professionnel ne peut ignorer les vices qui affectent la chose, sans qu'il lui soit possible de faire la démonstration contraire : Civ. 19 janv. 1965, *D.* 1965, Jurispr., p. 389, *RTD civ.* 1965, p. 665, obs. G. CORNU, Civ., 28 avr. 1971, *JCP* 1972, II, 17 280, note A. BOITARD, M. RABUT, Com., 25 févr. 1981, *D.* 1981, IR., p. 445, obs. Ch. LAROUMET, Civ. 1re, 8 juin 1999, *D.* 1999, IR, p. 206. On a longtemps vu dans cette règle une véritable présomption, en ce sens que le juge aurait été obligé de déterminer les faits à partir desquels il pouvait conclure à la connaissance du vice, par le vendeur, comme ses connaissances techniques particulières (v., en ce sens, H. MAZEAUD, « La responsabilité civile du vendeur-fabricant », *RTD civ.* 1955, p. 611 et s., spéc. n° 15, solution défendue par Ph. MALINVAUD, « La responsabilité civile du vendeur à raison des vices de la chose », *JCP* 1968, I, 2153, spéc. n° 28 et s.). Il est vrai que, à une certaine époque, la Cour de cassation semblait obliger les juges à indiquer les raisons précises qui les avaient conduits à conclure à la mauvaise foi du vendeur - v., spéc., Com., 22 nov. 1966, *Bull. civ.* III, n° 447, p. 395 (cité également *in* Ph. MALINVAUD, *op. cit.*, *loc. cit.* et les commentaires éclairés de J. GHESTIN, B. DESCHÉ, *Traité des contrats. - La vente*, LGDJ, Paris, 1990, spéc. n° 856, p. 905-910). La doctrine estimait - sauf exception - qu'il ne pouvait en être autrement, les juges étant inaptes à créer des présomptions antéjudiciaires (c'est-à-dire à renverser le risque de la preuve). Comme ils refusaient, du reste, de reconnaître à la jurisprudence le pouvoir de créer des présomptions irréfragables, ils étaient alors contraints d'ajouter à la construction une obligation de résultat (v. déjà, H. MAZEAUD, *art. préc.*, n° 6, Ph. MALINVAUD, *art. préc.*, spéc. n° 34 & n° 38 ; *cf.* l'analyse de J. HUET, « Vente. - Garantie légale contre les vices cachés. - Domaine de la garantie. - Généralités », *J.-Cl. Civil Code, art. 1641 à 1649*, Fasc. n° 10, spéc. n° 6). On ne conteste plus, aujourd'hui, semble-t-il, le caractère automatique de la règle (c'est la qualité de professionnel qui entraîne l'application de la règle : Com., 21 janv. 1992, *C.C.C.* 1992, comm. n° 92, L. LEVENEUR, v. aussi, en ce sens, A. BOITARD, M. RABUT, *note préc.*, ss. § I, col. gche, R. SAVATIER, *JCP G* 1975, II, 17 912, note ss. Com., 17 déc. 1973, spéc. ss. § I, col. dte), mais on débat encore largement de sa nature, certains n'y voyant qu'une règle de fond (A. BÉNABENT, *Droit civil. - Les contrats spéciaux civils et commerciaux*, 9e éd., Montechrestien, Domat droit privé, Paris, 2011, n° 357, p. 158, J. HUET *et alii*, *Traité de droit civil.- Les principes contrats spéciaux*, 3e éd., LGDJ, Paris, 2012, spéc. n° 11377, p. 319-320, J. GHESTIN, B. DESCHÉ, *op. cit.*, n° 586, p. 907-908), d'autres une présomption irréfragable (Ph. MALAURIE, L. AYNÈS, P.-Y. GAUTIER, *Les contrats spéciaux*, 5e éd., *Defrénois*, Paris, 2011, spéc. n° 392 - mais qui parlent, néanmoins, plus loin, de « responsabilité objective » *: op. cit.*, n° 413, p. 250 -, DUPICHOT, D. GUÉVEL (refonte), « Contrats et obligations.- Présomptions. - Notions générales », *J.-Cl. Civil Code, art. 1349 à 1353,* Fasc. n° 10, spéc. n° 124. - *Adde*, F. COLLARD DUTILLEUL, Ph. DELEBECQUE, *Contrats civils et commerciaux*, 9e éd., Dalloz, Précis Droit privé, Paris, 2011, spéc. n° 292, p. 262-262, F. TERRE, *Introduction générale au droit*, *op. cit.*, n° 583, p. 496.). Dès lors que le caractère automatique de la règle est acquis, deux qualifications se disputent : celle de présomption antéjudiciaire - puisque la règle n'opère aucun transfert de l'objet de la preuve - et celle de règle de fond. Dans la mesure où les présomptions antéjudiciaires connues (*présomptions de bonne foi, d'innocence ou de communauté*) souffrent la preuve contraire, la qualification de règle de fond paraît préférable ; v. *supra*, n° 67.

624 J. DUPICHOT, D. GUEVEL, *op. cit.*, n° 8.

fiction »[625], rejettent vigoureusement le rattachement aux présomptions. Pour les autres, c'est-à-dire ceux qui s'attachent au *possible*, et non point seulement au *normal*, rien ne s'oppose à ce que ces règles particulières figurent dans la catégorie des présomptions. C'est cette dernière solution qui doit être privilégiée. Limiter la présomption au *normal*, en évacuant le *possible*, repose sur une distinction à laquelle le système juridique ne souscrit pas. La causalité - donc le normal - est bien, souvent, à l'origine de la définition de l'opérance de la preuve, en tant que partie intégrante du sens commun[626]. Mais le sens commun la dépasse inévitablement pour recouvrir des hypothèses où les choses peuvent être *ressenties intuitivement comme normales* (et non simplement constatées statistiquement comme telles) : ce qui était sans doute le cas de la théorie des comourants. Ensuite, en s'en tenant au *normal*, on s'expose à un travers souvent constaté dans la doctrine la plus restrictive, et qui consiste à affirmer que les présomptions qui ne sont pas contestables sont des fictions - au motif, très exactement, que le « statiquement normal » peut ne pas correspondre au « effectivement normal »[627] et qu'une présomption se doit de toujours répondre à cette distorsion. Cette thèse, qui est en réalité fort ancienne[628], a conduit certains auteurs à faire de la possibilité de la preuve contraire - puisque l'aveu et le serment sont presque toujours admissibles, ainsi qu'on va le voir - le critère distinctif des présomptions. Ils enseignent, aussi bien, que les présomptions irréfragables de portée absolue - c'est-à-dire les présomptions établies sur un motif d'ordre public et qui s'opposent à la preuve contraire par aveu ou serment - ne sont en réalité que des fictions[629]. Pour mieux saisir les faiblesses de ce raisonnement, il convient de s'attacher à décrire maintenant la portée des présomptions normatives.

---

[625] J. DABIN, *Théorie générale du droit*, Dalloz, coll. Philosophie du droit, Paris, 1957, spéc. n° 256, p. 292.

[626] G. GHESTIN, G. GOUBEAUX, *op. cit.*, n° 649, p. 627 : « le passage du connu à l'inconnu n'est pas nécessairement fondé sur l'idée de probabilité et peut être justifié par des motifs de politique » (v. toutefois les distinctions faites par les auteurs entre raisonnement du juge, présomption légale et quasi-légale).

[627] J. DUPICHOT, D. GUÉVEL (refonte), « Contrats et obligations. - Présomptions. - Notions générales », *J.-Cl. Civil Code, art. 1349 à 1353,* Fasc. n° 10, spéc. n° 4 : « Il est vrai cependant que lorsque l'on est en présence d'une présomption légale irréfragable, la différence avec une fiction est beaucoup moins nette et peut même totalement s'effacer lorsque la présomption *juris et de jure* ne correspond effectivement pas à la réalité dans une application déterminée ».

[628] V. les réf. données par F. GÉNY, *op. cit.*, note (3), p. 299.

[629] J. DABIN, *Théorie générale du Droit*, 1re éd., Dalloz, coll. Philosophie du droit, t. 11, Paris, 1943, éd. 1969, n° 256, p. 292 : « La loi ne peut présumer, même sous réserve de preuve contraire, que ce qui est normal, ou, sinon, la présomption dégénère en fiction », J. DUPICHOT, D. GUÉVEL (refonte), « Contrats et obligations. - Présomptions. - Notions générales », *J.-Cl. Civil Code, art. 1349 à 1353,* Fasc. n° 10, spéc. n° 4 (*préc.*). Cela étant, les auteurs ne vont pas jusqu'à systématiquement assimiler présomption irréfragable et fiction. Ils considèrent généralement, et surtout, que la présomption irréfragable se confond avec une règle de fond - ce qui n'est guère satisfaisant au regard du cœur de l'opération qui consiste dans le « déplacement » de l'objet de la preuve : « les présomptions irréfragables (*iuris et de iure*) [...] ne règlent pas une question de preuve, puisqu'elles excluent la preuve contraire. Elles ressortissent soit au domaine des règles de fond, soit au domaine des constructions juridiques appelées à motiver logiquement certaines règles » (J. DABIN, *Théorie générale du Droit*, *op. cit.*, n° 256, p. 292, note 3), J. DUPICHOT, D. GUEVEL, *op. cit.*, n° 177 : « Mais les présomptions irréfragables d'ordre public (sic) ne sont-elles pas déjà des règles de fond impératives ? ». - Et v., déjà, PLANIOL & RIPERT, *op. cit.*, T. VII, n° 1552, p. 1015, qui estimaient, à propos de l'autorité de la chose jugée, par eux considérée comme « l'exemple le plus net de présomption légale d'ordre public », que, n'étant pas susceptible d'être combattue par aveu ou serment, elle ne pouvait qu'être une règle de fond.

b. Portée des présomptions normatives

71. ***Domaine des présomptions irréfragables.*** Appréhender la portée des présomptions normatives, et spécifiquement des présomptions dites « irréfragables », expose le commentateur à un délicat problème d'interprétation. L'article 1352, alinéa 2, du Code civil, qui forme le siège de la matière, est en effet de ces articles dont la lecture attentive soulève plus de questions qu'elle n'en résout. En énonçant que « [n]ulle preuve n'est admise contre la présomption de la loi lorsque, sur le fondement de cette présomption, elle annule certains actes ou dénie l'action en justice, à moins qu'elle n'ait réservé la preuve contraire et sauf ce qui sera dit sur le serment et l'aveu judiciaires », le texte semble, de prime abord, définir avec une précision suffisante le domaine des présomptions irréfragables. Et on ne contestera pas, en ce qui concerne les présomptions qui intègrent une règle servant de support à une annulation, qu'il est relativement aisé d'identifier le régime passé des présomptions d'interposition de personnes en matière de libéralité[630] ou le régime actuel des présomptions de captation[631]. Il n'en demeure pas moins que la seconde proposition - celle concernant les présomptions « sur le fondement desquelles la loi dénie l'action en justice » - n'offre aucun répit à l'interprète. Que faut-il exactement entendre par cette formule ? On a bien proposé de ramener la règle aux hypothèses où l'action peut être repoussée par une exception péremptoire[632], mais comme l'observait déjà le Doyen Gény, « [n]'embrassant rien, si on le prend à la lettre, comprenant tout, si on lui assigne une portée intelligible, ce second critère des présomptions irréfragables reste, plus encore que le premier, vraiment tout à fait inférieur à son office, qui serait de déterminer, en une formule claire et rationnelle, les présomptions, à qui la gravité impérieuse de leurs motifs mériteraient le privilège, absolument exceptionnel, d'exclure, a priori, toute preuve contraire »[633] ; la proposition manque effectivement de netteté ; pis ! elle est d'une certaine façon tautologique : « Une exception, un moyen sont péremptoires lorsqu'ils procèdent d'une présomption irréfragable »[634]. Reste alors à se demander, dans l'espoir de donner quelque sens à la règle, ce qui a pu conduire le législateur à une telle imprécision.

L'hypothèse formulée par Gény semble la plus pertinente. Parcourant les travaux préparatoires, il remarquait que la maladresse du législateur était probablement imputable à ce qu'il n'avait eu en vue, rédigeant cet article, que de raffermir

[630] On sait que certaines personnes sont frappées d'incapacités spéciales de recevoir. Pour que la règle fût effective et non tournée par des montages frauduleux, le législateur décidait que les libéralités faites à ses père et mère, enfants, descendants ou époux étaient présumées faites à l'incapable lui-même. L'article 911, alinéa 2, du Code civil, qui contenait cette règle, avait été interprété, par la jurisprudence, comme posant une présomption irréfragable. La loi n° 2006-728, du 23 juin 2006 (*JORF* 24 juin 2006) a tempéré la règle prétorienne, puisque l'article 911, alinéa 2, dispose désormais que la présomption vaut jusqu'à preuve contraire : Ph. MALAURIE, *Les successions, les libéralités*, 4e éd., *Defrénois*-Lextenso éd., Paris, 2010, n° 312, p. 159.

[631] La présomption de captation est fondée sur les incapacités spéciales de recevoir existant entre deux personnes dont on peut craindre que l'une exerce une emprise sur l'autre. Il en est ainsi des rapports entre le tuteur et le pupille (C. civ., art. 907, al. 1er), entre le ministre du culte et son pénitent (C. civ., art.909, al. 3), entre des propriétaires, administrateurs et employés des établissements hospitaliers et leurs pensionnaires (C. act. soc., art. L. 331-4), entre, enfin, des médecins et leurs malades (C. civ., art. 909, al. 1er). Selon ces dispositions, chacune de ces personnes, exerçant ou étant susceptible d'exercer un ascendant, est réputée, irréfragablement, avoir capté la libéralité qui lui a été faite par la personne placée sous son joug ; *cf.* Ph. MALAURIE, *op. cit.*, n° 339-340, p. 172-173.

[632] BARTIN, ss. AUBRY & RAU, *op. cit.*, n° 750, note (9).

[633] F. GÉNY, *op. cit.*, p. 308.

[634] J. CHEVALLIER, *La charge de la preuve, op. cit.*, p. 100.

des présomptions qu'il regardait lui-même comme irréfragables, mais dont il pouvait craindre que les dispositions qui les portaient ne fussent pas suffisamment raides sous ce regard[635]. Dans ces conditions, « [p]artant de ces hypothèses spéciales, il leur était difficile d'aboutir à une généralisation heureuse, qui eût exigé un examen attentif du plus grand nombre des applications du système des présomptions »[636]. Ces hypothèses spéciales étaient elles-mêmes désignées par le rapporteur Jaubert, devant le Tribunat[637], et on les tient, depuis lors, comme de véritables présomptions irréfragables : les présomptions d'interposition de personnes des anciens articles 911[638] et 1100 du Code civil, ainsi que les présomptions de libération résultant de la remise du titre original sous seing privé (article 1282)[639] et les présomptions de remise de dette ou de paiement découlant de la remise de la grosse (art. 1283)[640]. Dans ces matières, la règle est donc claire ; comme le disait Jaubert, « si la loi, en établissant une présomption, a déclaré que cette présomption suffisait pour que certains actes fussent annulés, ou si, sur le fondement de cette présomption, elle dénie l'action en justice, alors nulle preuve n'est admise » - mais il attachait immédiatement une exception à la règle : « à moins que la loi n'ait réservé la preuve contraire ». Il en donnait d'ailleurs un exemple, l'article 1283, précité, qui réserve expressément la preuve contraire et qui constitue, sans doute possible, l'inspiration de la réserve finale introduite à l'alinéa 2 de l'article[641].

Cette analyse de la *ratio legis* montre bien le caractère initialement étroit de la disposition qui n'avait en vue que les présomptions servant de support à l'annulation de certains actes ou servant de support à l'extinction d'une obligation ; et son objet n'était sans doute autre que de permettre au juge, dans le silence du législateur, de tenir les présomptions de cette catégorie pour irréfragables[642]. Ainsi de la présomption de paiement des intérêts lorsque la quittance du capital est donnée sans réserve des intérêts ; ainsi encore des présomptions de paiement qui résultaient, autrefois[643], des courtes prescriptions des articles 2271 et suivants du Code civil[644].

---

[635] La chose apparaît incontestablement dans le Rapport fait par M. JAUBERT, sur le chapitre IV, « De la preuve des obligations et de celle du paiement », *in* P. A. FENET, *Recueil complet des travaux préparatoires du Code civil*, T. XIII, Videcoq, Paris, 1836, p. 399-402. V. Annexe (A. 3). - V. aussi, Présentation au Corps Législatif et exposé des motifs [de la rédaction définitive du Conseil d'État - procès-verbal du 26 janv. 1804], par M. BIGOT-PRÉAMENEU, *in* P. A. FENET, *Recueil complet des travaux préparatoires du Code civil*, T. XIII, Videcoq, Paris, 1836, p. 304-306 (Annexe, (A. 4)).

[636] F. GÉNY, *op. cit.*, p. 309.

[637] Rapport fait par M. Jaubert, sur le chapitre IV, « De la preuve des obligations et de celle du paiement », *in* P. A. FENET, *op. cit.*, p. 399-402, (v. Annexes (A. 3)).

[638] C. civ., éd. 1804, art. 911 : « Toute disposition au profit d'un incapable sera nulle, soit qu'on la déguise sous la forme d'un contrat onéreux, soit qu'on la fasse sous le nom de personnes interposées. - Seront réputés personnes interposées les pères et mères, les enfans et descendans, et l'époux de la personne incapable ».

[639] Civ. civ., éd. 1804, art. 1282 : « La remise volontaire du titre original sous signature privée, par le créancier au débiteur, fait preuve de la libération ».

[640] C. civ., éd. 1804, art. 1283 : « La remise volontaire de la grosse du titre fait présumer la remise de la dette ou le paiement, sans préjudice de la preuve contraire ».

[641] V. aussi, AUBRY, RAU, *op. cit.*, note 5, p. 101-102, n° 750.- Comme on le remarque, cet article est la seule exception au caractère absolu que l'on puisse recenser au titre des présomptions relevant de l'article 1352, al. 2, du Code civil. En réalité, il faut, depuis la réforme de l'article 911 du Code civil, mentionner la présomption d'interposition de personne qui ne vaut que jusqu'à preuve du contraire.

[642] J. CHEVALLIER, *La charge de la preuve. - Cours de droit civil approfondi*, *op. cit.*, spéc. p. 90.

[643] Avec la réforme de la prescription issue de la loi n° 2008-561 du 17 juin 2008 (*JORF* du 18 juin 2008), la plupart des solutions sont devenues incertaines. On s'interroge, en effet, sur les conséquences de la disparition de l'effet d'interversion de la prescription qui était attaché à leur interruption. La question est donc la suivante : « la possibilité naguère admise en jurisprudence de combattre les premières par la preuve que le paiement n'a pas eu lieu dans le délai de prescription a-t-elle disparu de

Il est donc relativement net, aujourd'hui, que le législateur avait en vue trois catégories de présomptions « légales » : les présomptions simples, qui forment le principe, puisque, comme le disait encore Jaubert : « [l]orsque la loi se borne simplement à établir une présomption, la preuve contraire peut être admise, quoique la loi ne la réserve pas, parce qu'il est dans la nature des présomptions qu'elles cèdent à la preuve »[645]. Vient ensuite une exception, avec les « présomptions irréfragables » (*juris et de jure*)[646], ne pouvant être renversées, dans l'esprit du législateur, que par l'aveu ou le serment[647] ; puis une exception apportée à l'exception elle-même pour les présomptions *juris et de jure* pour lesquelles « la loi, n'ayant pas cru la présomption assez forte pour prononcer d'une manière absolue la nullité de l'acte ou la dénégation de l'action, a réservé la preuve contraire »[648].

72. ***Au-delà de l'article 1352, alinéa 2 du Code civil.*** Au-delà de l'appréhension de la substance du texte même, un autre problème est rapidement apparu à la doctrine. Pouvait-on admettre des présomptions irréfragables en dehors du domaine expressément tracé par le législateur ? Du moins, le législateur étant toujours libre de défaire ce qu'il a fait[649], pouvait-on tolérer que, dans le silence du texte lui servant de support, une présomption étrangère au domaine de l'article 1352, alinéa 2, du Code civil, fût tenue pour irréfragable ? La doctrine est, en

concert avec l'effet d'interversion qui était attaché à leur interruption par suite de la suppression de la catégorie qu'elles représentaient ? Ou bien celle-ci subsiste-t-elle simplement privée de son particularisme du point de vue de l'interruption de la prescription et réduite dans ses applications ? », C. BRENNER, H. LÉCUYER, « La réforme de la prescription », *JCP* E 2009, 1169, spéc. n° 44. Les travaux préparatoires seraient plutôt favorables à la première de ces interprétations (*op. cit.*, note 106). On sait, par ailleurs, que la majorité des ces courtes prescriptions fondées sur une présomption de paiement ont disparu à l'exception de celle qui régissait l'action des marchands pour les marchandises qu'ils vendent et qui a été généralisée à tous les rapports de consommation par l'article L. 137-2 du Code de la consommation. En ce qui concerne, enfin, les prescriptions applicables au règlement des salaires, honoraires et émoluments dus aux officiers publics et auxiliaires de justice, les articles 2272, al. 1er et 2273 du Code civil ont été abrogés, mais la loi du 24 déc. 1897 (relative au recouvrement des frais dus aux notaires, avoués et huissiers), qui continue de produire effet à l'égard des notaires, et a été révisé en sorte de s'appliquer aux huissiers et avoués : v. C. BRENNER, H. LÉCUYER, *op. cit.*, n° 47.

[644] Le fondement de cette présomption est assez simple ; dans les matières qu'elle régissait, il était de règle que le paiement se fasse d'avance ou au comptant (à l'exception, peut-être, des commerçants), si bien que, d'une part, le délai de prescription pouvait être abrégé, d'autre part, l'absence de réclamation ne pouvait guère que signifier le paiement. Le régime découlait pleinement de ces considérations. L'article 2275 aménageait, à juste titre, la possibilité, pour le créancier, de déférer le serment à son débiteur, en lui demandant de jurer qu'il avait payé (la jurisprudence a d'ailleurs toujours assimilé l'aveu du débiteur au serment : Civ. 1re, 3 janv. 1996, *Bull. civ.* I, n° 8, *D.* 1996, IR, p. 49). Par ailleurs, et pour les mêmes raisons, la jurisprudence estimait que lorsque la dette avait été constatée par un titre qui émanait du débiteur, les règles ne trouvaient plus à s'appliquer : Civ. 1re, 15 janv. 1991, *Bull. civ.* I, n° 17, *JCP G* 1992, II, 21 863, note E. DU RUSQUEC : « Les courtes prescriptions édictées par les articles 2271, 2272 et 2273 reposent sur une présomption de payement et visent les dettes que l'on na pas coutume de constater par titre ; au contraire, quand un titre qui émane du débiteur porte reconnaissance de la dette, on est en présence d'une dette ordinaire impayée, qui échappe à ces prescriptions ». Une telle solution n'était, cependant, pas transposable (et ne l'est toujours pas) aux prescriptions de droit commun qui ne réalisent aucun déplacement de l'objet de la preuve tout simplement parce qu'elles se contentent d'attacher un effet particulier à l'écoulement du temps. Comme on pu le remarquer, les prescriptions de droit commun ne présument pas le paiement, elles se contentent de mettre un point final à des fins de pacification sociale J. CHEVALLIER, *op. cit.*, p. 108.

[645] M. JAUBERT, *in* P. A. FENET, *op. cit.*, p. 401.

[646] Présentation au Corps Législatif et exposé des motifs [de la rédaction définitive du Conseil d'État - procès-verbal du 26 janv. 1804], par M. BIGOT-PRÉAMENEU, *in* P. A. FENET, *op. cit.*, p. 305.

[647] C'est la réserve finale apportée à l'alinéa 2, de l'article 1352 du Code civil.- V. *infra*, n° 73.

[648] M. BIGOT-PRÉAMENEU, *in* P. A. FENET, *op. cit.*, p. 306.

[649] Gény avait bien montré que le législateur n'avait pas hésité à le faire avec l'article 322 du Code civil.

réalité, progressivement parvenue à la conviction qu'il fallait dépasser le cadre apparemment étroit de l'article 1352, alinéa 2 - et le caractère vague de la disposition leur retirait tout scrupule[650] - pour percevoir ce qu'il y avait de profondément enfoui dans la disposition. Elle parvint alors à la conviction que le législateur avait cherché à obtenir bien plus qu'une stéréotypisation du sens commun, une précision plus grande de la règle, une définition plus intime de l'antécédent de la règle de droit ; il avait aussi souhaité répondre, en recourant à une présomption, à des motifs impérieux qui justifiaient que la preuve contraire ne fût admise qu'à de strictes conditions, voire qu'elle ne fût jamais admise du tout. On prétend que la jurisprudence est parvenue à cette maturité de raisonnement. À la vérité, qu'il s'agisse de la « présomption » de connaissance du vice du vendeur professionnel - dont on a vu qu'il ne s'agit probablement que d'une règle de fond - ou de la prétendue présomption d'aval en blanc au profit du tireur, on ne saurait dire que la Cour de cassation soit allée jusqu'à consacrer de telles présomptions. La solution est très nette en matière d'aval en blanc de la lettre de change. L'article L. 511-21, alinéa 6, *in fine*, du Code de commerce contient désormais la règle selon laquelle « [l]'aval doit indiquer pour le compte de qui il est donné. À défaut de cette indication, il est réputé donné pour le tireur ». Cette règle, autrefois contenue à l'article 130, alinéa 6, du même Code, a, en effet, donné lieu à une vive controverse opposant la Cour de cassation et les juges du fond, mais aussi deux courants doctrinaux, sur la question de savoir si le tireur disposait d'un recours cambiaire contre le donneur d'aval dont l'engagement porté sur la lettre de change ne mentionne pas le débiteur garanti[651]. La solution dépendait, en partie, de la nature reconnue à cette disposition : règle de fond ou, au contraire, présomption. On peut considérer que, depuis l'arrêt des Chambres réunies du 8 mars 1960[652], la question est en partie réglée. Ayant énoncé que « ce texte [à l'époque l'article 130] ne formule pas une règle de preuve, mais oblige à préciser, dans la mention d'aval, le nom » du garanti, et supplée à l'absence de cette précision, pour écarter toute incertitude sur la portée des engagements cambiaires, elle a condamné toute analyse se proposant de voir dans cette disposition une présomption[653]. C'est la raison pour laquelle la Chambre commerciale a pu récemment refuser que l'inférence que l'article L. 511-21, alinéa 6, établit, soit renversée par une prestation de serment[654]. On regrettera simplement la formule employée par la Haute juridiction : « Mais attendu que l'article 130, en son alinéa 6, du Code de commerce, ne formulant pas une règle de preuve, la présomption qu'il instaure ne peut être contredite par une prestation de serment ; qu'en refusant de

[650] *Cf.* F. GÉNY, *op. cit.*, p. 309.

[651] Par cinq arrêts rendus le 23 janvier 1956 (*D.* 1956, Jurispr., p. 304) et par un arrêt du 18 novembre 1957 (*D.* 1958, Jurispr., p. 29), la Chambre commerciale de la Cour de cassation donnait à la règle la portée d'une présomption irréfragable et provoquait une vigoureuse opposition chez les premiers juges (sur le détail de cette controverses et un recensement exhaustif des solutions adoptées et positions défendues à l'époque, v. R. ABRAHAMS, « L'aval de la lettre de change.- Caractère de la présomption de l'article 130, paragraphe 6 du Code de Commerce (art. 31, al. 4 de la loi uniforme) », *RTD com.* 1958, p. 493-508. - *Adde*, J. HAMEL, note ss. Ch. Réunies, 8 mars 1960, *D.* 1961, p. 209 et s.

[652] Ch. réun., 8 mars 1960, *D.* 1961, p. 209, note J. HAMEL, *JCP G* 1960, II, 11 616, note R. ROBLOT, *RTD com.* 1960, p. 366, obs. J. BECQUÉ & H. CABRILLAC.

[653] La formation solennelle ne reprenait d'ailleurs le terme de « présomption », employé par la cour d'appel dont l'arrêt est censuré, qu'entre guillemets.

[654] Com., 30 juin 1998, *Bull. civ.* IV, n° 211, *D.* 1988, IR, p. 219, *JCP* E 1998, p. 1452 et s., note Th. BONNEAU, *RTD com.*, 1998, p. 897, n° 1, obs. M. CABRILLAC. - Cet arrêt est une réponse implicite à certains arrêts ayant admis que la désignation du tiré pût être renversée par l'aveu judiciaire de l'avaliste ; v., en ce sens : Montpellier, 23 juin 1998, *JurisData*, n° 00602, cité par H. ISSA-SAYEGH, « Lettre de change.- Aval », *J.-Cl. commercial*, Fasc. n° 430, spéc. n° 51.

déférer le serment à l'avaliste sur la portée de son engagement cambiaire, la cour d'appel a, dès lors, statué à bon droit que le moyen n'est pas fondé ». La référence à la présomption est très maladroite, car elle pourrait être interprétée comme la consécration d'une présomption irréfragable *d'ordre public* dont on ne conteste pas, encore aujourd'hui, qu'elle ne souffre aucune preuve contraire, fût-ce l'aveu ou le serment[655]. On peut néanmoins considérer, si on fait abstraction de la formule, que la disposition n'est autre chose, pour la Cour de cassation, qu'une règle de fond ; il n'est donc pas non plus, en cette matière, de présomption irréfragable.

73. ***Synthèse.*** Riche de ces nouvelles armes, il faut revenir à la question initiale, celle de la portée des présomptions, singulièrement des présomptions irréfragables. Au terme d'une longue dispute dont il ne sera pas fait état[656], la doctrine et la jurisprudence ont fini par convenir que l'exception finale de l'article 1352, réservant l'application de l'aveu et du serment, ne pouvait avoir d'autre objet que de permettre, dans certains cas, que la présomption irréfragable fût renversée par ces deux modes de preuve[657]. Mais la réserve n'a, semble-t-il, jamais été admise que pour les présomptions irréfragables d'intérêt privé et pour des matières dans lesquelles l'aveu et le serment sont admissibles[658]. Deux difficultés finales en résultent. Sur le plan pratique, il est particulièrement difficile d'identifier des présomptions irréfragables d'ordre public. On a bien proposé l'autorité de la chose jugée, que le législateur analyse lui-même comme une présomption, mais c'est oublier que, même s'il est une indéniable *réalité* dans la présomption de vérité qui s'y attache[659], il n'est pas de déplacement de l'objet de la preuve, de stéréotypisation du sens commun au sens où la formule a été entendue dans ces lignes. Il est, en cela, plus raisonnable de n'y voir autre chose qu'une règle de fond dont l'objet est assez bien compréhensible d'ailleurs. Quant à la prétendue présomption que certains affirment[660] pouvoir identifier sous le régime de la prescription de droit commun, il faut dire avec la même vigueur qu'il n'est pas non plus, en la matière, de déplacement de l'objet de la preuve[661]. L'absence d'exemple condamne-t-il, pour autant, la caté-

[655] V. aussi, en ce sens, Th. BONNEAU, note préc. ss. Com., 30 juin 1998, spéc. p. 1452-1453. - Pour des formulations aujourd'hui comparables chez les juges du fond : Paris, Pôle 5, ch. 6, 9 juin 2011, *JurisData* n° 2011-014278.

[656] Sur laquelle F. GÉNY, *op. cit.*, p. 310 et s.

[657] Comme le notaient Aubry & Rau (*op. cit.*, *T. XII*, note (11), n° 750, p. 103-104 : « Les exceptions finales de l'article 1352 *:* et sauf ce qui sera dit sur le serment et l'aveu judiciaire, ont donné à diverses interprétations [...]. L'explication à laquelle nous nous sommes arrêtés, est tout à la fois conforme au texte de la loi, et rationnelle dans les applications auxquelles elle conduit. En effet, d'une part, il est évident, d'après la construction grammaticale de l'article 1352, que les expressions ci-dessus rappelées y ont été insérées pour indiquer que l'aveu et le serment pourraient, du moins dans certaines circonstances, fournir un moyen exceptionnel de combattre même les présomptions légales qui n'admettent point de preuve contraire. D'autre part, le serment et l'aveu ne sont pas des moyens de preuve proprement dits ; et, comme l'un et l'autre laissent, en définitive, la décision de la contestation à la conscience de la partie en faveur de laquelle milite la présomption légale, il n'existe aucun motif de les rejeter, alors du moins qu'il s'agit d'une présomption exclusivement établie dans l'intérêt privé de cette partie ».

[658] V., notamment, F. GÉNY, *op. cit.*, p. 313.- On ne trouvera, dans la doctrine contemporaine, que de rares allusions à cette problématique ; v. toutefois, H. ROLAND, L. BOYER, *Introduction au droit*, *op. cit.*, spéc. n° 1694, p. 583.-V. encore, F. FERRAND, *V° Preuve, Rép. Dalloz proc. civ.*, spéc. n° 101-102, J-L. MOURALIS, *V° Preuve (2° règles de preuve), Rép. Dalloz dr. civ.*, spéc. n° 513 et s.

[659] C'est ce qui condamne toute analyse tendant à réduire l'autorité de la chose jugée à une fiction.

[660] C'était le cas de Aubry et Rau (*op. cit.*, *T. XII*, note (13), n° 750, p. 104).

[661] V. *supra*, n° 69.

gorie ?[662] Il est indéniable que la circonstance fournit des armes à cette doctrine restrictive qui juge qu'il ne saurait y avoir de présomption sans possibilité de preuve contraire[663]. Pour des raisons déjà évoquées, l'argument prescrit plus qu'il ne décrit, et à bien considérer les motifs jusqu'alors avancés, ce qui forme le cœur de la présomption normative, c'est le déplacement de l'objet de la preuve et le parti qu'elle prend sur le sens commun sans nécessairement tenir compte, comme le juge lui-même lorsqu'il interprète et qualifie, de l'infinie variété des nuances qui caractérisent les phénomènes de la nature. La fonction de la présomption normative n'est évidemment pas de disqualifier les phénomènes complexes, mais la précision qu'elle apporte au droit et à l'opération de qualification suppose quelques sacrifices dans l'appréhension du réel. Certaines circonstances semblent justifier, en effet, qu'il en soit ainsi.

En définitive, ce qui caractérise une présomption normative, c'est l'identification qu'elle réalise, au moyen du sens commun - largement assis, en pratique, sur la causalité - de la proposition-objet de preuve concrète. **Elle appartient donc au droit et prétend toujours se référer, fût-ce de manière statistiquement inexacte, à la réalité**. Sur le premier point, et contrairement à la présomption factuelle, la présomption normative va du *connu* vers *l'inconnu*, mais l'*inconnu* ne correspond pas à un fait (le *fact probadum*) - mais seulement à un concept qui relève d'une règle de droit -, de même qu'elle ne sert pas à la *preuve* de l'*inconnu*, mais uniquement à la *démonstration de la validité* de celui-ci. Sur le second point, la présomption normative se distingue assez nettement de la fiction. Faut-il rappeler, par ailleurs, que, ainsi comprise, la présomption normative a indistinctement pour origine la *loi* et la *jurisprudence*[664] et cette origine ne saurait fournir le moindre critère de classification ? Une nomenclature se dégage, néanmoins, sous un autre angle - celui de l'autorité de ces présomptions, autrement dit la force avec laquelle le législateur (*lato sensu*) a indiqué la proposition-objet de preuve concrète.

Lorsqu'il n'a d'autre prétention que de systématiser le sens commun, il se contente d'une présomption simple. Le plaideur contre qui elle s'applique peut aussi bien la combattre librement à utilisant n'importe quelle autre proposition-objet opérante (à l'exception, bien entendu, de celle, au fondement de la présomption, dont la vérité a été établie) et n'importe quel mode de preuve admissible. Il s'agit de la catégorie la plus large et la plupart des exemples donnés à la division suivante en relèvent[665]. Lorsqu'il entend, au contraire, faire prévaloir certaines situations, il peut limiter la démonstration contraire. La doctrine les qualifie généralement de présomptions relatives ou mixtes. Il arrive, enfin, que, pour des raisons encore plus impérieuses, la preuve contraire soit limitée à un point tel que le plaideur qui la subit ne puisse guère qu'espérer que son adversaire y renonce au moyen d'un

[662] Bartin (ss. AUBRY, RAU, *op. cit.*, *T. XII*, n° 750, p. 106) signalait, toutefois, la présomption de communauté du mobilier prévue par les anciens articles 1499 et 1510 du Code civil (C. civ., éd. 1804, art. 1499 : « Si le mobilier existant lors du mariage, ou échu depuis, n'a pas été constaté par inventaire ou état en bonne forme, il est réputé acquêt ») et indiquait que la jurisprudence avait écarté l'aveu des créanciers de la communauté. En revanche, la jurisprudence ne s'était pas prononcée sur le serment. Aubry & Rau, eux-mêmes (*op. cit.*, *T. XII*, n° 750, p. 105), considéraient que « [q]uant aux présomptions d'interposition établies par les art. 911 et 1100, le serment et l'aveu nous semblent devoir être admis pour les combattre, lorsque la libéralité est attaquée par le disposant lui-même, mais non dans le cas où la demande en nullité est formée par héritiers de ce dernier ».

[663] V. *supra*, n° 69.

[664] Même si le droit international privé continue, semble-t-il, de soumettre l'une et l'autre à un régime différent ; v. *supra*, n° 5.

[665] V. *infra*, n° 74.

serment ou d'un aveu ; c'est la présomption irréfragable. Il s'agit, d'ailleurs, de la seule hypothèse où l'on peut véritablement hésiter à faire de l'aveu et du serment moins des modes de preuves qu'une renonciation - d'ordre procédural - de l'une des parties à son droit. Cette spécificité explique qu'on ne puisse ramener les présomptions irréfragables d'intérêt privé à des présomptions mixtes ou relatives. Mais, au sein de cette dernière catégorie, une distinction paraît nécessaire, et sur la base de celle-ci, une autre se dessine d'elle-même. Comme indiqué, les présomptions mixtes limitent tantôt les modes de preuves admissibles, tantôt les propositions-objets de preuve contraires. On doit, pour des raisons analytiques, les distinguer. Les premières porteraient, assez arbitrairement, le nom de ***présomptions relatives***, les secondes celui de ***présomptions renforcées***. Enfin, puisque les deux critères semblent pouvoir se cumuler, la loi étant à même de réduire, tout à la fois, le nombre des preuves admissibles et des propositions-objets de preuve accessibles, il convient de forger une troisième catégorie, celle des ***présomptions mixtes*** (par référence au double niveau d'intervention du législateur, *lato sensu*). Il faut rattacher à la catégorie des ***présomptions relatives*** la présomption de communauté que pose l'ancien article 1402, alinéa 1er du Code civil, qui prévoit que, sauf si le bien porte en lui-même la marque ou la preuve de son origine, la preuve qu'un bien est propre doit être rapportée par écrit. Depuis la réforme de 1965, l'article donne une longue énumération de documents utilisables, et rappelle que le juge peut tenir compte de « tous écrits », ce qui limite tout de même la portée de la règle[666]. Appartient, par ailleurs, à a catégorie des ***présomptions renforcées***, la présomption de propriété du sous-sol qui ne peut être combattue qu'en démontrant l'existence d'un titre[667] ou d'une usucapion[668], mais librement en ce qui concerne les modes de preuve, ou encore la présomption de mitoyenneté dont les propositions-objets contraires, pouvant être librement prouvées, résident dans l'existence d'un titre, d'une marque contraire ou d'une usucapion[669]. En ce qui concerne, enfin, les ***présomptions mixtes ou complexes***, au sens de cette étude, les exemples sont plus rares. Il s'agit souvent de circonstances où l'imposition d'un mode de preuve particulier - en plus de l'objet contraire - résulte de la nature des choses : comme la possibilité de contrecarrer la présomption résultant de l'original du titre en prouvant

---

[666] V. en ce sens, H., L. et J. MAZEAUD, *op. cit.*, t. IV, 1er vol., 5e éd., n° 122 et 453. - J. PATARIN & G. MORIN, *La réforme des régimes matrimoniaux*, *t. I*, 3e éd. 1974, n° 166 s. - A. COLOMER, *Droit civil, Régimes matrimoniaux*, 12e éd., Litec, Paris, 2004, spéc. n° 412, p. 199. - G. CORNU, *Les régimes matrimoniaux*, 7e éd., PUF, Thémis, Paris, 1995, p. 346 s.

[667] Le titre doit s'entendre, bien entendu, du *negotium* (et non de l'*instrumentum*), qui forme donc l'objet de la preuve. Il convient de rappeler que, en matière de propriété, et compte tenu des difficultés particulières qui s'attachent à la question probatoire (sur cette question, traitée de manière systématique, v. *infra*, n° 322), le régime d'admissibilité limitée qui s'applique normalement à l'acte juridique - et qui conduit, concrètement, à l'exigence d'un acte instrumentaire - est ici écarté. La Cour de cassation a eu maintes fois l'occasion de le rappeler : Civ. 3e, 20 juill. 1988, *Bull. civ.* III, n° 136, *RTD civ.* 1988, p. 776, obs. F. ZÉNATI, *Defrénois* 1989, art. 34 470, p. 359, obs. H. SOULEAU, Civ. 1re, 11 janv. 2000, *Bull. civ.* I, n° 5, *JCP G* 2000, I, 265, spéc. n° 2, obs. H. PÉRINET-MARQUET, *Defrénois* 2000, art. 37 196, obs. Ch. Atias, *D.* 2001, p. 890, note A. DONNIER, *RTD civ.* 2002, p. 121, obs. Th. REVET, Civ. 1re, 21 févr. 2006, pourvoi n° 04-19667, *AJ fam.* 2006, p. 167, *RTD civ.* 2006, p. 286, obs. J. HAUSER. - *Adde*, F. ZÉNATI-CASTAING, Th. REVET, *Les biens*, 3e éd., PUF, Droit, Paris, 2008, spéc. n° 222, p. 363-364.

[668] Solution que la jurisprudence déduit de l'article 552 du Code civil, alinéa 1er : « La propriété du sol emporte la propriété du dessus et du dessous ».

[669] J.-L. BERGEL, M. BRUSCHI, S. CINAMONTI, *Traité de droit civil.- Les biens*, 2e éd., L.G.D.J, Paris, 2010, spéc. n° 512, p. 585-586.

la rature… Au moyen du titre lui-même[670] ou encore la présomption de parties communes dans la copropriété des immeubles bâtis, qui ne peut être combattue que par une mention contraire devant elle-même figurer dans le titre[671]. Et encore, ces deux derniers exemples, comme celui des meubles réputés appartenir à la communauté, ne sont-il pas pleinement satisfaisants, car ils appartiennent moins à la catégorie des présomptions normatives qu'à celle des présomptions antéjudiciaires. Ces présomptions déplacent, effectivement, le risque de la preuve, mais elles n'indiquent pas, en revanche, de proposition-objet concrète d'où l'on pourrait inférer l'antécédent de la règle de droit ; ce dernier est établi, de lui-même, par l'effet de la règle. Les exemples conservent, néanmoins, leur valeur illustrative des limitations qui peuvent être portées à la démonstration contraire à une présomption normative. Cette riche nomenclature permet au législateur et à la jurisprudence de remplir des fonctions diverses qu'il convient maintenant d'évoquer.

2. Fonction des présomptions normatives

74. ***Rôle de la présomption normative : assistant à la qualification.*** Maintenant que l'on est en mesure de bien comprendre le rôle des présomptions, il est possible de montrer, plus précisément, à partir d'exemples concrets que certaines présomptions, qu'elles soient d'origine légale ou jurisprudentielle[672] - on parle, encore une fois, pour lever toute ambiguïté, de *présomptions normatives* -, exercent un rôle tout à fait essentiel dans la détermination de l'objet de la règle, et partant

---

[670] C. civ., art. 1332 & Civ. 1re, 20 mars 1989, *Bull. civ.* I, n° 136, *JCP G* 1989, IV, 196, *RTD civ.* 1990, p. 78, spéc. n° 12, obs. J. MESTRE.

[671] L. n° 65-557, 10 juill. 1965, art. 3.- V. aussi, J. DUPICHOT, D. GUEVEL, *Fasc. préc.*, n° 157.

[672] On rappelle que ce qui distingue les présomptions ce n'est pas leur origine - légale ou prétorienne -, ni même leur contenu (comme on le verra lors de l'examen de la *pertinence* de la preuve, le sens commun devra être une nouvelle fois mobilisé), mais simplement le niveau de leur intervention ; certaines présomptions interviennent, en effet, dans la définition de la *validité* de l'objet de la preuve (donc de la validité de la preuve), d'autres, au contraire, dans la définition de la *vérité* de cet objet (une fois qu'il a été défini). De ce chef, on ne peut qu'inviter le lecteur à se reporter à R. MERLE, A. VITU, *Traité de droit criminel, Tome II, Procédure pénale,* 5e éd., Cujas, Paris, 2001, qui distinguent non pas les présomptions de droit et les présomptions de fait, mais les « Présomptions légales » et les « Présomptions jurisprudentielles », spéc. n° 150, p. 189 et s. Lorsque le mécanisme présomptif intervient dans le domaine probatoire (et non plus dans l'objet de la preuve), ils parlent alors d' « indices » ou de « preuve circonstancielle », n° 191, p. 239 et s. Enfin, les définitions respectivement données des présomptions et des indices montrent, on ne peut mieux, que les problèmes sont différents : les présomptions sont des « conclusions tirées par la loi de faits connus ou simples à établir » (n° 150, p. 189), tandis que les indices ou preuves circonstancielles consistent « à relever et à examiner tous les faits matériels qui peuvent conduire à la découverte de la vérité » (n° 191, p. 239) ; ainsi qu'on le voit, les *faits simples à établir* sont les propositions-objet de preuve que la présomption sert à établir. La preuve circonstancielle, quant à elle, repose sur des faits qui vont servir à établir la vérité des propositions-objet. Les exemples donnés par la suite, et à l'étude desquels une section est consacrée, ne laissent aucun doute. On pourrait expliquer ainsi pourquoi la Chambre parle, lorsqu'il est question de preuve, d'« indice de preuve » plutôt que de « présomption » : Crim., 25 Janv. 1994, pourvoi n° 93-81.041 ; Crim., 23 Mars 1993, pourvoi n° 93-80.007 ; Crim., 11 févr. 1992, pourvoi n° 91-86.067 ; Crim., 28 avr. 1987, pourvoi n° 86-96.621. En revanche, lorsqu'il est effectivement question de l'objet de la preuve, la Chambre criminelle n'hésite pas à utiliser l'expression de « présomption de fait » ou de « présomption de droit », selon l'origine de la règle. V. cet arrêt très significatif : Crim., 7 mars 2001, (inédit), pourvoi n° 00-85.779 : « les dispositions de ce texte, qui n'ont pas pour objet de limiter les modes de preuve prévus par la loi interne, mais d'exiger que la culpabilité soit légalement établie, ne mettent pas obstacle aux **présomptions de fait ou de droit** instituées en matière pénale […] » (nous soulignons). Dans le même sens, deux arrêts : Crim. 6 déc. 2000, (inédit), n° 00-85.769 et n° 00-85.770 ; Crim., 2 Juin 1993, pourvoi n° 92-81.422 ; Crim., 30 Septembre 1991, n° 90-84.099.

dans la réalisation du droit. Avant cela, il faut remarquer qu'elles réalisent normalement, ***sans grand effort d'interprétation***, « un retour du juridique au social [...] »[673], un retour au fait. Elles intègrent donc pleinement cette opération qui va permettre de « réduire le droit au social à coup d'analyses, d'interprétations et de définitions » et de redescendre « jusqu'aux "éléments" sociaux au sens propre, c'est-à-dire *ne pouvant plus* avoir de signification juridique »[674]. Le sens commun est ici systématisé dans une règle qui laisse apparaître les choix de causalité opérés par le législateur et par le juge ; et c'est la seule raison pour laquelle les risques d'erreurs d'interprétation sont réduits ; car, ne l'oublions pas, la proposition abstraite, fût-elle un peu plus proche du *social*, pour reprendre l'expression de Motulsky, n'en demeure pas moins assujettie à un préalable d'interprétation.

À l'inverse, le travail du juge, bien que grandement facilité, est moins libre que lorsqu'il cherche à identifier l'objet idoine de la preuve parmi les diverses propositions possibles. Quoi qu'il en soit, il n'en est ainsi, pour les présomptions d'origine légale, que lorsqu'il adhère aux valeurs véhiculées par la présomption[675], et, pour les présomptions d'origine jurisprudentielle, que lorsque les valeurs sur lesquelles il fait reposer son élection de valeur sont perçues comme suffisamment *stables*[676] et partagées (*sens commun*). Il est enfin certain qu'en sélectionnant une règle d'expérience et en la médiatisant *via* la norme, la présomption assure une prévisibilité supplémentaire aux juges du fond, aux parties et, d'une manière générale, à tous les sujets de droit[677]. On pourrait dire, avec un brin de provocation, que la

---

[673] H. MOTULSKY, *Principes d'une réalisation méthodique du droit privé. - La théorie des éléments générateurs des droits subjectifs*, (1948), rééd. Dalloz, Paris, 2002, p. 16.

[674] H. MOTULSKY, « Le rôle respectif du juge et des parties dans l'allégation des faits », *in* H. MOTULSKY, *Écrits. T. 1, Études et notes de procédures civiles*, Dalloz, Paris, 1973, spéc. p. 45. - *Adde*, O. LECLERC, *Le juge et l'expert. - Contribution à l'étude des rapports entre le droit et la science*, LGDJ, Bibliothèque de droit privé, Paris, 2005, spéc. n° 101, p. 82.

[675] Mais il est vrai que la précision de la présomption peut l'inciter, pour des raisons politiques, à ne pas intervenir ; sa liberté d'action interprétative serait, plus qu'ailleurs, perceptible. Il ne le fera que pour corriger le sens commun qui fonde la présomption ; v. cet exemple donné par I. Papadopoulos, et tiré du droit américain : Cour Suprême des États-Unis, *Cleveland Board of Education v. LaFleur, United States Supreme Court Reports* 1974, n° 414, p. 632). Dans les années 70, relève l'auteur, de nombreux États ne prévoyaient encore aucun texte sur l'incapacité de travail des femmes enceintes ; face à cette situation de carence, plusieurs *School Boards* (conseils locaux) prirent des règlements excluant la grossesse de la couverture de l'assurance maladie. En vertu de cette réglementation, une femme enceinte pouvait se voir contraindre de prendre un congé de maternité non payé pendant les quatre derniers mois de sa grossesse. Dans l'affaire commentée, la Cour suprême ôtait leur caractère catégorique à ces dispositions, « donnant ainsi aux femmes enceintes qui le souhaitaient la possibilité de contester devant les autorités scolaires, puis devant les tribunaux, leur incapacité de travailler en prouvant qu'elles pouvaient s'acquitter normalement de leurs tâches, même pendant le huitième mois de grossesse » : I PAPADOPOULOS, « La preuve : vérité ou vraisemblance ? », p. 123-145, *in* A. GARAPON, I. POPADOPOULOS, *Juger en Amérique et en France*, Odile Jacob, Paris, 2003, spéc. p. 141-142. V. encore, dans le même sens : Cour Suprême des États-Unis, 3 avril 1972, *Stanley v. Illinois, United States Supreme Court Reports* n° 405, p. 645, à propos d'une disposition de l'État de l'Illinois réputant, de manière irréfragable, que les pères non mariés sont inaptes à élever leurs enfants ; comme le disait la Cour, faisant très nettement apparaître le débat autour du sens commun : « Il se pourrait, ainsi qu'y insiste l'État, que la plupart des pères non mariés soient des parents inaptes et négligents. Il se pourrait aussi que Stanley soit de ceux-là, et que son enfant pût être placé en d'autres mains. Mais tous les pères non mariés ne sont pas de cette catégorie ; nombre d'entre eux peuvent pleinement prétendre à la garde de leur enfant. [...] Nous avons ainsi estimé que l'État ne pouvait pas pertinemment <*conclusively*> présumer que tout père non marié n'est pas apte à élever son enfant. La *Due Process Clause* impose une analyse mieux individualisée » (p. 654 du recueil).

[676] Si les valeurs ne sont pas suffisamment stables, le juge peut décider, pour le moins, de les *stabiliser*. Ce qui importe, c'est que le référentiel soit partagé par la force de la raison ou par la force du jugement.

[677] Sa vertu économique est donc indéniable ; mais elle réduit, si elle s'éloigne de la règle d'expérience scientifique ou de la règle d'expérience au sens strict, l'accès à la vérité (du droit). Comme le disait

présomption normative est un « assistant à la qualification ». Mais il est des risques de crispation du droit qui expliquent que certains États aient formellement renoncé à généraliser ces règles d'interprétation[678].

75. ***Exemples concrets de présomptions normatives.*** Aucun domaine du droit n'échappe, semble-t-il, à cette *technique*. Quelques exemples tirés du droit civil ont déjà été donnés[679]. Il faut les compléter en puisant dans le droit du travail, le droit commercial et le droit pénal. La matière assemblée, qui ne saurait être exhaustive, confirme cette idée que la présomption normative assiste l'interprète habilité dans l'opération de qualification (interprétation-qualification). Lorsque le juge, par exemple, doit déterminer l'existence d'un contrat de travail, il ne peut pas même compter sur l'effort du législateur[680]. Mais l'interprétation peut, néanmoins, s'appuyer sur des présomptions normatives contenues dans ce qui forme aujourd'hui l'article L. 8221-6 du Code du travail[681]. On les appelle couramment les présomptions de « non-salariat » et elles facilitent évidemment, à rebours, l'opération de qualification en donnant, au juge, des propositions-objet de preuve concrètes

---

Merle : « Présumer la culpabilité à raison de circonstances qui peuvent n'être que fortuites serait "une marche grossière appartenant à l'enfance du droit pénal" » (la citation entre guillemets anglais est due à Bonnier, *Traité des preuves,* 5e éd., Paris, 1888, p. 688) : Ph. MERLE, *Les présomptions légales en droit pénal*, LGDJ, Bibliothèque de sciences criminelles, Paris, 1970, p. 63 ; il ajoutait, « [q]u'un serrurier soit porteur de limes, qu'un collectionneur détienne des instruments de mesure qui n'ont pas l'exactitude requise, n'a rien de suspect. Qu'en revanche, le serrurier soit en réalité un vagabond, l'amateur d'art, un commerçant détenant de faux poids dans sa boutique, voilà qui fait naître le doute. À partir de ces doutes, le législateur a créé des présomptions légales » (*ibid*).

678 Le calcul de sens commun se fait, ici, de manière abstraite, en dehors des circonstances particulières (PLANIOL, RIPERT, *op. cit.*, n° 1548, J. DUPICHOT, D. GUEVEL, *Fasc. préc.*, n° 142), d'où la réticence de certains systèmes juridiques, notamment lorsque ces présomptions sont irréfragables ; v., en sens, le droit irlandais qui les juge inconstitutionnelles : D. MCGRATH, « Irish Report on Evidence », *in* J. M. LEBRE DE FREITAS (dir.), *Le droit de la preuve dans l'Union Européenne/The Law of Evidence in the European Union/Das Beweisrecht in der Europäischen Union*, Kluwer Law International, coll. Civil Procedure in Europe vol. 5, La Haye, 2004, p. 245-263, spéc. p. 249.

679 V. *supra*, n° 70 et s.

680 L'article L. 1221-1 du Code du travail, dans lequel le législateur aurait pu se montrer plus disert, se contente d'indiquer que : « Le contrat de travail est soumis aux règles du droit commun. Il peut être établi selon les formes que les parties contractantes décident d'adopter ». Il faut remarquer, toutefois, que, en l'absence de définition légale du contrat de travail, tant la jurisprudence que la doctrine se sont attelées à dégager quelques concepts de nature à faciliter le travail de la jurisprudence. Le contrat de travail se caractérise ainsi par *l'exécution d'une prestation de travail, la rémunération et le lien de subordination*. V., par exemple, B. BOUBLI, « Le lien de subordination juridique : réalité ou commodité ? Réflexions sur la définition du contrat de travail à l'orée du XXIe siècle », *JSL* 1999, n° 35, p. 7 ; C. PUIGELIER, « Salariat.- Définition », *J.-Cl. Travail Traité*, Fasc. n° 17-1, (ancienne version), n° 1 et 2, E. JEANSEN, « Salariat.- Définition », *J.-Cl. Travail Traité*, Fasc. n° 17-1, n° 2.

681 La réécriture du Code du travail date de l'ordonnance n° 2007-329 du 12 mars 2007, *relative au Code du travail (partie législative)*, *JORF* 13 Mars 2007 (1), ratifiée par la Loi n° 2008-67 du 21 janvier 2008 *ratifiant l'ordonnance n° 2007-329 du 12 mars 2007 relative au Code du travail (partie législative)*, *JORF* 22 Janvier 2008 (1) - art. encore modifié par la L. n° 2008-776 du 4 août 2008). L'histoire de cette présomption est complexe. Elle fut établie par la loi n° 94-126 du 11 février 1994 (*JORF* 13 Février 1994), intégrant l'article L. 120-3 au Code du travail (J. BARTHÉLÉMY, « Contrats de travail et contrats d'entreprise », *JCP* E 1994, I, 361). Comme on considérait que ce texte était de nature à « détourner » l'application du droit du travail et du droit de la sécurité sociale, il fut abrogé par la loi n° 2000-37 du 19 février 2000 (art. 34 *JORF* 20 janv. 2000), v. C. PUIGELIER, *Fasc . préc.* n° 8. L'article 23 de la loi n° 2003-721 du 1er août 2003 (*JORF* 5 août 2003), *pour l'initiative économique*, devait le rétablir (sur lequel M. VERICEL, « À propos de la loi du 1er août 2003 pour l'initiative économique, le rétablissement de la présomption de non-salariat », *Dr. soc.* 2004, n° 3, p. 297-301). Il a encore été élargi par la loi du 23 février 2005 ; v., aussi E. PESKINE, C. WOLMARK, *Droit du travail*, 6e éd., Dalloz, HyperCours, Paris, 2012, spéc. n° 38, p. 38 (qui emploient l'expression de « présomptions légales d'indépendance »).

qu'il peut utiliser. En vertu de ce texte, sont ainsi réputées n'être pas liées par un contrat de travail les personnes physiques inscrites au registre du commerce et des sociétés, au répertoire des métiers, au registre des agents commerciaux ou auprès des unions de recouvrement des cotisations de sécurité sociale et d'allocations familiales pour le recouvrement des cotisations d'allocations familiales (C. trav., art. L. 8221-6, I, 1°), les personnes inscrites au registre des entreprises de transport routier de personnes, qui exercent une activité de transport scolaire, prévu par l'article L. 213-11 du code de l'éducation, ou de transport à la demande, conformément à l'article 29 de la loi n° 82-1153 du 30 décembre 1982 d'orientation des transports intérieurs (C. trav., art. L. 8221-6, I, 2°), et les dirigeants des personnes morales immatriculées au registre du commerce et des sociétés et leurs salariés (C. trav., art. L. 8221-6, I, 3°)[682]. Fondée sur l'idée que toutes ces catégories de personnes ne se trouvent *généralement* (sens commun) pas dans un lien de subordination, elle facilite et homogénéise le travail du juges du fond, en l'autorisant à écarter la qualification de contrat de travail chaque fois qu'il peut établir la réalité de *l'immatriculation* ou *de l'inscription*. Dans le même temps, le paragraphe II du même article permet d'exclure la conséquence tirée de l'immatriculation s'il est établi que l'intéressé fournit, directement ou par une personne interposée, des prestations au donneur d'ouvrage, « dans des conditions qui le placent dans un lien de subordination juridique permanente à l'égard de celui-ci ». Encore faut-il que le juge, parce qu'il s'agit d'une notion abstraite, parvienne à dégager une proposition de fait valide. Sa tâche est en partie facilitée grâce à la mise au jour, par la Haute juridiction, d'une pluralité de présomptions normatives[683]. Elle l'a d'ailleurs fait d'autant mieux que la notion de lien de *subordination* renvoie, dans le domaine social, à force stéréotypes[684] qui, réunis en tout ou partie[685], doivent permettre l'établissement du *lien de subordination* et, par conséquent, la qualification de contrat de travail. Ces *propositions concrètes* qui permettent d'atteindre à l'antécédent abstrait : « lien de subordination », sont aujourd'hui des voies directement utilisées par la jurisprudence pour parvenir à la qualification de contrat de travail chaque fois qu'aucune présomption de non-salariat n'est appelée à jouer. La doctrine recense, par un effort de synthèse, des critères tels que *le comportement des parties*[686],

[682] La L. n° 2008-776 du 4 août 2008, précitée, a ajouté (C. trav., art. L. 8221-6, 4°) les « personnes physiques relevant de l'article L. 123-1-1 du code de commerce ou du V de l'article 19 de la loi n° 96-603 du 5 juillet 1996 relative au développement et à la promotion du commerce et de l'artisanat ». V. aussi, G. AUZÉRO, E. DOCKÈS, J. PÉLISSIER, *Droit du travail*, 26e éd., Dalloz, Précis Droit privé, 2011, spéc. n° 285, p. 335, E. PESKINE, C. WOLMARK E. PESKINE, C. WOLMARK, *op. cit., loc. cit.*, F. FAVENNEC-HÉRY, P.-Y. VERKINDT, *Droit du travail*, 3e éd., LGDJ, Paris, 2011, spéc. n° 485, p. 396-397.

[683] V., par ex., Soc., 10 déc. 2002, *Bull. civ.* V, n° 217.

[684] La Cour de cassation parle de *conditions de fait :* « l'existence d'une relation de travail salarié ne dépend ni de la volonté exprimée par les parties, ni de la dénomination qu'elles ont donnée à leur convention, mais des conditions de fait dans lesquelles est exercée l'activité des travailleurs », Soc., 17 avr. 1991, *Bull. civ.* V, n° 200, *Dr. soc.* 1991, p. 516, *CSBP* 1991, A 37.

[685] « Il y a contrat de travail dès lors qu'un faisceau d'indices oriente vers cette qualification, sans que l'absence de tel d'entre eux suffise à la faire écarter », G. AUZÉRO, E. DOCKÈS, J. PÉLISSIER, *Droit du travail, op. cit.*, n° 287, p. 337. S'agissant du *comportement des parties*, ces auteurs parlent, fort à propos (même s'ils emploient l'expression malheureuse de « faisceau d'indices »), d'une *présomption judiciaire* qui né de la démonstration du mode de recrutement, du versement de l'indemnité de congés payés, de la délivrance de bulletins de paie, de l'immatriculation du collaborateur au régime général de la sécurité sociale ou de la remise d'un certificat de travail, par exemple (*op. cit.*, n° 288, p. 337-338).

[686] G. AUZÉRO, E. DOCKÈS, J. PÉLISSIER, *op. cit.*, n° 288, p. 337-338 (v. note précédente). À noter que la dépendance socio-économique de l'une des parties est normalement sans conséquence. Pour la jurisprudence, ce n'est pas parce qu'une personne travaille sous un lien de dépendance économique d'un parte-

l'absence d'entraide professionnelle ou familiale[687], *le lieu de travail*[688], *l'horaire de travail*[689], *la fourniture d'une prestation personnelle et exclusive*[690], *la fourniture du matériel, des matières premières ou des produits*[691], *la direction et le contrôle du travail*[692] et, enfin, *la rémunération*[693]. Ces critères sont essentiels et permettent une définition concrète de l'objet de la preuve (c'est-à-dire un rattachement au social). En établissant, ainsi, la direction et le contrôle du travail à partir des critères précités et d'une analyse souple des faits[694], on peut inférer l'existence du lien de subordination. La difficulté peut provenir toutefois de l'appréhension de l'objet de la preuve lui-même. De plus en plus de travailleurs sont soumis à des « conventions d'objectifs » qui les soumettent à des obligations de rendre compte. S'agit-il d'un critère permettant de caractériser la *direction et le contrôle du travail* ou permet-il de saisir directement *le lien de subordination* ? La question est importante, car elle concerne la *finitude* de l'objet de la preuve. On peut, en effet, parfaitement imaginer un écrit établissant ces objectifs. Une telle « preuve littérale » constituerait alors la preuve contenant la proposition : « obligation de rendre compte », de laquelle on infèrerait la proposition-objet de la preuve : « direction et contrôle du travail ». Mais on pourrait également considérer que la proposition-objet de la preuve est, au contraire, après « déplacement de l'objet de la preuve », « obligation de rendre compte », auquel cas le mode de preuve assurerait directement la démonstration de l'objet[695]. À la vérité, comme on s'en apercevra mieux lors de l'étude de la pertinence de la preuve, tout dépend de la proposition-objet de preuve qui a été offerte par la partie. S'il s'agit de l'obligation de rendre compte, il faudra que le juge établisse si cette proposition est opérante. S'il s'agit de la direction du contrôle et du travail, il reviendra au juge de déterminer si la proposition de preuve, par exemple le contrat contenant la clause portant obligation de « rendre compte », est ou non pertinente, c'est-à-dire si elle permet d'établir suffisamment la proposition-objet de preuve (et non l'antécédent abstrait de la règle de droit), ce qui est, cette fois-ci, un

naire plus puissant que l'on doit inférer l'existence d'un lien de subordination. La dépendance socio-économique ne constitue pas une proposition-objet opérante.

687 G. AUZÉRO, E. DOCKÈS, J. PÉLISSIER, *op. cit.*, n° 289, p. 338-339. Soc., 18 mars 1992, *Dr. soc.* 1992, p. 664, obs. J. SAVATIER, Soc., 21 juill. 1986, *Bull. civ.* V, n° 421, Soc., 6 mai 1985, *Bull. civ.* V, n° 280 (entraide professionnelle).

688 G. AUZÉRO, E. DOCKÈS, J. PÉLISSIER, *op. cit.*, n° 290, p. 339-340, Soc., 10 mai 2006, pourvoi n° 04-45539.

689 G. AUZÉRO, E. DOCKÈS, J. PÉLISSIER, *op. cit.*, n° 291, p. 340-341. Soc., 28 nov. 2006, pourvoi n° 05-40897.

690 G. AUZÉRO, E. DOCKÈS, J. PÉLISSIER, *op. cit.*, n° 292, p. 341-342. À propos de la représentation commerciale, le législateur avait posé lui-même la qualification de contrat de travail : C. trav. [ancien], art. L. 751-1.- Soc., 19 déc. 2000, *Dr. soc.* 2001, p. 227, note A. JEAMMAUD.

691 G. AUZÉRO, E. DOCKÈS, J. PÉLISSIER, *op. cit.*, n° 293, p. 342, Soc., 6 juill. 1966, *Bull. civ.* V, n° 693 (ouvriers-maçons pour la fourniture de mortier), Civ. 2e, 6 déc. 1963, *Bull. civ.* II, n° 811 (chauffeurs de taxi non propriétaires des véhicules qu'ils conduisent), Soc., 30 janv. 1980, *Bull. civ.* V, n° 91 (médecin qui se voit fournir du matériel et du personnel par un dispensaire privé).

692 G. AUZÉRO, E. DOCKÈS, J. PÉLISSIER, *op. cit.*, n° 294, p. 343-345. Il s'agit, selon l'expression des auteurs (*ibid*) d'un « facteur décisif » ; V. Soc., 22 mars 2006, pourvoi n° 05-42346, *CSBP* 1er juillet 2006, n° 182, p. 326, obs. FJP, *Gaz. Pal.*, 23 janv. 2007, n° 23, p. 26 ; principe posé par Cass. ch. réunies, 21 mai 1965, *Dr. soc.* 1965, p. 512.

693 G. AUZÉRO, E. DOCKÈS, J. PÉLISSIER, *op. cit.*, n° 295, p. 345-346. Pour une conception extensive du salaire, v. Soc., 17 avr. 1985, *Bull. civ.* V, n° 238 (avantages en nature) ; Soc., 15 oct. 1998, *RJS* 11/98, n° 1343. - Mais il n'est pas certain que cette solution soit toujours de mise : Soc., 9 mai 2001, *Dr. soc.* 2001, 798, note SAVATIER, *D.* 2002, 1705, note E. ALFANDARI.

694 *Cf.* C. PUIGELIER, « Salariat.- Définition », *op. cit.*, n° 46.

695 *Cf.* G. AUZÉRO, E. DOCKÈS, J. PÉLISSIER, *op. cit.*, n° 294, p. 343-344 (à propos de l'obligation de « rendre compte »).

véritable problème probatoire, relevant, sans limitation possible (du moins dans ce cas), du pouvoir souverain d'appréciation du juge[696].

Ce souci d'identification de la proposition-objet de preuve - de précision de l'antécédent abstrait de la règle de droit - se retrouve également en droit commercial pour déterminer la qualité de commerçant. La chose est indispensable tant il est vrai que le droit français ne connaît pas de règles permettant la délivrance d'attestations officielles[697]. Cependant, l'inscription au registre du commerce et des sociétés (RCS)[698] emporte présomption simple ; l'objet de la preuve est identifié et il suffit de démontrer l'inscription au registre, car *il est conforme au cours normal des choses* que celui qui y est inscrit soit commerçant. Cependant, en dehors de cette inscription[699], il est tout à fait possible de démontrer la qualité de commerçant ; l'article L. 110-1 du Code de commerce y invite, du reste, en fournissant une liste d'activités qu'il répute *commerciales*[700]. Il suffit, en effet, d'établir « qu'un individu ou une entreprise exerce une activité qui peut être qualifiée de commerciale au regard de la liste du Code et qui constitue sa profession, c'est-à-dire son occupation habituelle »[701]. Sous cet angle, les objets possibles sont innombrables, mais *phénoménaux* : existence du magasin ou locaux de l'entreprise commerciale[702], inscription sur les listes électorales des tribunaux de commerce et des Chambres de commerce[703], inscription sur les rôles des impositions fiscales[704]. Mais, une nouvelle fois, il ne s'agit que de l'objet de la preuve, c'est-à-dire du fond du droit. Certes assise sur la récurrence des phénomènes[705] sensibles, et en cela semblant appartenir

[696] Cette démonstration est approfondie, *infra*, n° 320 et s., paragraphes consacrés à l'étude de la pertinence de la preuve.

[697] G. RIPERT, R. ROBLOT, par L. VOGEL, (M. GERMAIN, dir.), *Traité de droit commercial,* Tome 1, volume 1, LGDJ, 18e éd., Paris, 2001, spéc. n° 102, p. 97.

[698] C'est un décret du 9 août 1953 qui a généralisé la règle prétorienne (on voit, une nouvelle fois, l'indifférence de l'origine de la présomption) selon laquelle l'inscription au RCS constitue une présomption simple de la qualité de commerçant. V., désormais, C. com., art. L. 123-7 (RIPERT, ROBLOT, VOGEL, *op. cit.*, n° 297, p. 240). L'art. L. 123-7 C. com. maintient la possibilité, pour les tiers et administrations, de combattre la présomption *en administrant la preuve contraire*, c'est-à-dire en identifiant un autre objet de preuve (sur quoi, v. J. MESTRE, M.-E. PANCRAZI, *Droit commercial*, 28e éd., LGDJ, coll. Manuel, Paris, 2009, n° 257, p. 224-225). - Les tiers et administrations ne peuvent cependant se prévaloir de cette présomption de commercialité lorsqu'ils ont eu connaissance de ce que la personne immatriculée n'était pas commerçante.

[699] Cas appelés à se développés en raison de l'apparition du statut d'auto-entrepreneur (créé par la loi LME, n° 2008-776 du 4 août 2008) qui bénéficie d'une dispense d'immatriculation (C. com., art. L. 123-1-1 ; C. com., art. R. 123-3). - Sur les difficultés que pose ce texte, *cf.* L. NURIT-PONTIER, « Dispense d'immatriculation de l'auto-entrepreneur : une simplification non dénuée de risques », *D.* 2009, p. 585 & Douai, ch. 2, sect. 1, 5 avr. 2011, n° 10/05874.

[700] L'ordonnance n° 2009-866 du 15 juillet 2009, *relative aux conditions régissant la fourniture de services de paiement et portant création des établissements de paiement* (*JORF* n° 0162 du 16 juillet 2009 p. 11 868), a légèrement modifié le texte. Le 7° de l'article indique vise désormais (*in fine*), l'opération de courtage *et « tout service de paiement »*.

[701] G. RIPERT, R. ROBLOT, L. VOGEL, *op. cit.*, n° 103, p. 97.

[702] *Op. cit.*, n° 107, p. 99. Mais il faut avoir garde d'inférer inconsidérément : des non-commerçants, comme des artisans, peuvent tenir atelier ou boutique (*ibid.*). À rebours, il ne faut pas tirer argument de l'absence de locaux apparents, car certaines activités commerciales vont être exercées dans bureaux non ouverts au public (*ibid.*).

[703] Pour l'affirmation de ce qu'il s'agit d'une « simple présomption de fait » : Agen, 23 déc. 1921, *D.* 1922, 2, 7 ; *S.* 1922, 2, 41, note ROUSSEAU (références données par RIPERT, ROBLOT, VOGEL, *op. cit., loc. cit.*).

[704] Qu'il s'agisse de la taxe professionnelle ou de l'impôt sur les bénéfices industriels et commerciaux : RIPERT, ROBLOT, VOGEL, *op. cit.*, n° 107, p. 99.

[705] La plus ou moindre grande fréquence des phénomènes peut expliquer, *parfois*, le caractère ou non réfragable de la présomption. En ce qui concerne la soumission à l'impôt, les Professeurs Ripert, Roblot

à la factualité, il n'en demeure pas moins que la Cour de cassation doit « contrôler la qualification donnée à la profession, car la distinction des professions, qu'elle soit fondée sur la loi ou sur l'usage, est une question de droit. Il lui appartient aussi de contrôler si, d'après les faits relevés par les juges du fond, il y a exercice d'une profession »[706]. Même s'il est vrai que l'opération de qualification n'est pas toujours contrôlée[707], son exercice, en matière de qualité de commerçant, montre on ne peut mieux que la présomption œuvre à la définition de l'objet de la preuve.

Des mécanismes identiques se retrouvent en droit pénal. Quelques règles interviennent ainsi dans le domaine l'élément matériel. Il s'agit alors nettement d'offrir au juge, par une sorte d'interprétation particulièrement extensive, une proposition-objet de preuve aisée à prouver. C'est la raison pour laquelle on dit souvent[708] que les présomptions en matière pénale *facilitent la poursuite et la répression*[709]. Sous ce regard, on ne peut ne pas songer[710] à la présomption[711] prévue

---

et Vogel font remarquer que la présomption est simple parce que ces impôts ne sont pas acquittés par les seuls commerçants, tandis que la loi fiscale établit l'imposition sur des qualifications qu'elle détermine elle-même : RIPERT, ROBLOT, VOGEL, *op. cit.*, *loc. cit.*

[706] RIPERT, ROBLOT, VOGEL, *op. cit.*, n° 108, p. 100 ; v. aussi, pour un contrôle de la motivation (par le biais du manque de base légale), Com., 4 janv. 1994, *D.* 1994, IR, 22.

[707] V. *infra* n° 77 et s. ; comme on le verra, l'absence de contrôle ne veut nullement dire que la question considérée ressortit au domaine du fait.

[708] V., not., E. VERGÈS, *Procédure pénale*, 3e éd., LexisNexis, Paris, 2011, n° 95, p. 66-67, J. PRADEL, *Procédure pénale*, 16e éd., Édition Cujas, Paris, 2011, n° 155 et s., n° 394.

[709] On a d'ailleurs trop souvent tendance à se contenter d'affirmer, en procédure pénale, que la présomption « renverse le fardeau de la preuve ». Il faut pourtant se souvenir, ce qu'on pouvait déjà lire très nettement sous la plume de Aubry et Rau, que « [t]oute présomption légale a pour effet de dispenser la partie qui allègue un fait réputé certain en vertu d'une pareille présomption, de l'obligation de le prouver [...]. Toutefois, celui qui invoque une présomption légale, est en principe, tenu d'établir l'existence des faits qui lui servent de base » (AUBRY, RAU, *Droit civil français*, éd. Juris-Classeurs, Librairie de la Cour de cassation, tome XII, 5e éd. par E. BARTIN, Paris, 1922, n° 750, p. 101).

[710] V. aussi, C. douanes, art. 418, qui réprime la tentative d'exportation en contrebande et qui prévoyait un « déplacement » de l'objet de la preuve, notamment lorsque les marchandises étaient saisies dans la zone terrestre du rayon des douanes sans que le détenteur pût justifier de l'un des titres de circulation exigés par le texte : Crim., 27 sept. 1993, pourvoi n° 92-86.652 ; Crim., 16 mars 1989, *D.* 1989, p. 515 (S. DETRAZ, « Douanes. - Infractions. Sanctions. Responsabilité », *J.-Cl. Lois pénales spéciales, V° Douanes*, Fasc. n° 30, spéc. n° 52 et s.). Le texte a été modifié par la L. n° 2012-387, du 22 mars 2012 (*relative à la simplification du droit et à l'allègement des démarches administratives (1)*). Il dispose désormais que « [l]es marchandises de la catégorie de celles qui sont prohibées à l'entrée ou fortement taxées ou soumises à des taxes de consommation intérieure sont réputées avoir été introduites en contrebande et les marchandises de la catégorie de celles dont la sortie est prohibée ou assujettie à des droits sont réputées faire l'objet d'une tentative d'exportation en contrebande lorsque, même étant accompagnées d'un document attestant de leur placement sous un régime douanier suspensif portant l'obligation expresse de le faire viser à un bureau de douane de passage, elles ont dépassé ce bureau sans que ladite obligation ait été remplie ». Le mécanisme présomptif est toujours présent, et la voie de contestation - très étroite - consistant dans la démonstration de la force majeure, paraît devoir être maintenue : Crim., 3 févr. 1981, *JurisData* n° 1981-000724. La Cour de cassation s'est également récemment prononcée sur l'art. 419 du même Code, qui reposait également sur une présomption : Cass. QPC, 11 juin 2010, pourvoi n° 09-85.87, *JurisData* n° 2010-008737, *Dr. pén.*2010, comm. n° 94, note J.-H. ROBERT - à propos de la conformité du texte à la présomption d'innocence : « [...] l'article 419 du code des douanes n'institue qu'une présomption simple, relative à l'origine de marchandises, reposant sur une vraisemblance raisonnable, l'imputabilité des faits étant appréciée, dans chaque cas, par une juridiction » ; le texte a également été modifié à l'occasion de la réforme précitée, mais la présomption reste acquise. V. encore, pour une motivation comparable concernant l'art. 399 du C. douanes : Crim., 21 sept. 2011, pourvoi n° 11-81.535, F-D, *JurisData* n° 2011-020372, *Dr. pén.*2011, comm. n° 138, J.-H. ROBERT.

[711] V. encore les présomptions contenues au Code de la route : art. L. 121-2 (stationnement et acquittement des péages) et L. 121-3 : vitesses maximales autorisées en matière contraventionnelle, respect de la distance de sécurité entre les véhicules, usage des voies et chaussées réservées à certaines catégories de véhicules ; à noter que, toutefois, dans ce dernier cas, le titulaire du certificat d'immatriculation n'est pas

à l'article 225-6 du Code pénal, qui s'applique en matière de répression du proxénétisme. Selon cette disposition, « [e]st assimilé au proxénétisme et puni des peines prévues par l'article 225-5 le fait, par quiconque, de quelque manière que ce soit : 1° De faire office d'intermédiaire entre deux personnes dont l'une se livre à la prostitution et l'autre exploite ou rémunère la prostitution d'autrui ; 2° De faciliter à un proxénète la justification de ressources fictives ; 3° De ne pouvoir justifier de ressources correspondant à son train de vie tout en vivant avec une personne qui se livre habituellement à la prostitution ou tout en étant en relations habituelles avec une ou plusieurs personnes se livrant à la prostitution ; 4° D'entraver l'action de prévention, de contrôle, d'assistance ou de rééducation entreprise par les organismes qualifiés à l'égard de personnes en danger de prostitution ou se livrant à la prostitution ». On se concentrera sur le 3° qui vient utilement compléter, tout en utilisant des mécanismes désormais bien connus du droit pénal[712], l'article 225-5 du Code pénal. En effet, contrairement aux autres « indices »[713] de l'article 225-6, le 3° édicte non pas une infraction autonome, apparentée au proxénétisme, mais établit une présomption de l'élément matériel (et intellectuel) du proxénétisme, notamment tel que défini dans le 2° de l'article 225-2 : « Le proxénétisme est le fait, par quiconque, par quelque manière que ce soit : [...] 2° De tirer profit de la prostitution d'autrui, d'en partager les produits ou de recevoir des subsides d'une personne se livrant habituellement à la prostitution ; ». L'actuelle disposition, qui réalise une synthèse des deux présomptions qui s'appliquaient sous l'empire du Code pénal de 1810, à savoir l'article 334-4° et l'article 334-3°[714], simplifie singulièrement la tâche de l'autorité de poursuite en la dispensant de prouver le partage des gains de la prostitution (qui est l'élément matériel contenu au 2° de l'article 225-5 du Code

---

pénalement responsable de l'*infra*ction ; il est simplement *redevable pécuniairement de l'amende*, ce que la Chambre criminelle rappelle régulièrement : Crim., 31 mai 2007, pourvoi n° 07-81.365, Crim., 30 sept. 2009, pourvoi n° 09-82.159, *JurisData* n° 2009-050006 (1ère espèce), *Dr. pén.*2010, comm. n° 6, obs. J.-H. ROBERT ; et elle ajoute qu'il ne s'agit pas d'un texte d'incrimination : Crim., 1er oct. 2003, pourvoi n° 02-87.349. Enfin, il peut échapper à la sanction en établissant un vol, un cas de force majeure ou en apportant « tous éléments permettant d'établir qu'il n'est pas l'auteur véritable de l'*infra*ction ». Le titulaire du certificat d'immatriculation n'échappe pas à la condamnation au seul motif qu'il déclare que, le jour de l'*infra*ction, il était dans une autre ville (Crim., 25 janv. 2011, pourvoi n° 10-85.626, *JurisData* n° 2011-001694, *Dr. pén.*2011, comm. 50, obs. J.-H. ROBERT). En revanche, il est opérant de montrer, à partir des photographies prises par le cinémomètre (mode de preuve), que la personne contrôlée n'était pas du même sexe que la personne poursuivie (objet de la preuve) : Crim., 1er avr. 2008, pourvoi n° 07-86.275, *JurisData* n° 2008-043858, *Dr. pén.*2008, chron. 6, n° 2. Tirant argument de ce qu'il s'agit d'une présomption simple et que les droits de la défense sont assurés, la Chambre criminelle a refusé de transmettre la QPC tirée de la conformité du texte à la présomption d'innocence au Conseil constitutionnel (Crim., 5 janv. 2011, pourvoi n° 10-90.112, *Dr. pén.*2011, comm. n° 50, obs. J.-H. ROBERT). - À l'inverse, l'article L. 121-2 prévoit bien une responsabilité pénale ; l'exonération de la responsabilité peut cependant intervenir chaque fois qu'il est démontré un cas de force majeure ou que le titulaire du certificat d'immatriculation fournit « des renseignements permettant d'identifier l'auteur véritable de l'infraction », (al. 1er). La formule est différente mais ne semble pas être appréhendée différemment : Crim., 1er avril 2008, pourvoi n° 07-86.275.

[712712] V. également, en matière de recel : C. pén., art. 321-6 qui regroupe trois anciennes présomptions : *cf.* S. GUINCHARD, J. BUISSON, *Procédure pénale*, 7e éd., Litec, Manuels, Paris, 2011, spéc. n° 524, p. 552-553.

[713] On a autrefois essayé d'établir la « protection » apportée par le souteneur à partir de la *cohabitation* avec la prostituée : Limoges, 13 juin 1903, *S.* 1906, II, 121, note J. A. ROUX ; arrêt cité par Ph. MERLE, *Les présomptions légales en droit pénal*, *op. cit.*, note (113), p. 77-78. Pour les juges, la cohabitation ne permettait pas d'inférer la protection accordée à la prostitution d'autrui (ce qui correspond, aujourd'hui, au 1° de l'article 225-5 du Code pénal) ; **l'objet était jugé *inopérant*.**

[714] Sur la rigueur des dispositions antérieures, *cf.* Ph. MERLE, *Les présomptions légales en droit pénal*, *op. cit.*, note (113), p. 77-78.

pénal) : le partage est, en effet, présumé[715]. Le ministère public n'a plus qu'à démontrer, outre la cohabitation ou les relations habituelles entre la prostituée et le prétendu souteneur, l'impossibilité dans laquelle ce dernier se trouve de justifier des ressources qui expliqueraient son train de vie. On ne fait que répondre par là *à une certaine réalité* que les spécialistes de la question ont pu constater. Le proxénète vit souvent avec celui ou celle qui « travaille » pour lui - ou est en relation habituelle avec elle ou lui -, et lorsqu'il dispose, par ailleurs, d'une situation matérielle normale ou aisée, quoique il ne déclare aucun revenu, il serait douteux qu'il ne vive pas alors de la prostitution d'autrui[716].

En ce qui concerne l'élément moral, et en raison de la portée extrêmement conceptuel de l'antécédent abstrait de la règle de droit, le risque est grand que les juges du fond recourent à une proposition de fait très éloignée de ce qu'autorise le sens commun. Le recours à une présomption normative discipline aussi bien l'activité des juges, en même temps qu'il assure, d'une certaine manière, une prévisibilité supérieure à l'application de la règle de droit. Tel est le cas du recel[717], dont l'élément moral est saisi, un peu à la manière dont l'existence du contrat de travail est établie[718], grâce à un faisceau de circonstances. On peut ainsi, d'après la jurisprudence, inférer la connaissance de l'origine frauduleuse du bien, de circonstances[719] telles que le prix de la transaction au regard de celui du marché[720], des conditions insolites de l'opération[721] ou du lieu d'acquisition de l'objet[722], ou encore l'attitude antérieure[723] ou ultérieure du prévenu, sa situation socio-économique[724] ou

---

715 Ph. MERLE, *op. cit.*, p. 78.

716 Les criminologues avaient remarqué que les transferts de fonds se faisaient de la main à la main et qu'ils étaient entourés d'extrêmes précautions. On prétend ainsi, grâce à cette présomption, contourner une démonstration délicate. Par ailleurs, si le texte a été étendu aux relations habituelles, c'est en raison de l'habitude prise par certains proxénètes de vivre de manière séparée ; sur quoi, v. R. MERLE, *op. cit.*, *loc. cit.* Quant à savoir si la présomption est ou non réfragable, on remarquera, avec le Professeur Larguier (« Rigueur des mœurs et rigueurs des lois (réformes récentes concernant le proxénétisme, la prostitution, l'homosexualité) », *D.* 1961, chron. p. 25 ; spéc. p. 26, 2e col.), qu'il s'agit d'une « sorte de présomption *irréfragable* de partage », étant donné qu'il paraît presque impossible, comme le concédait Merle (*op. cit.* note (114), p. 78.), de rapporter la preuve de l'origine *non immorale* (objet de preuve contraire opérant) des ressources. Cela étant, la preuve n'est pas totalement irréaliste : v., not., Crim., 29 janv. 2003, pourvoi n° 02-83332.

717 C. pén., art. 321-1 : « Le recel est le fait de dissimuler, de détenir ou de transmettre une chose, ou de faire office d'intermédiaire afin de la transmettre, en sachant que cette chose provient d'un crime ou d'un délit. Constitue également un recel le fait, en connaissance de cause, de bénéficier, par tout moyen, du produit d'un crime ou d'un délit [...] ». La principale difficulté, comme on le voit, réside dans l'établissement de l'état d'esprit de l'agent au moment des faits, c'est-à-dire la connaissance de l'origine délictueuse ou criminelle du bien : Crim., 6 oct. 2004, *Dr. pén.*2005, comm. 38, note M. VÉRON ; v. aussi, F. DESPORTES, L. LAZERGUES-COUSQUER, *Traité de procédure pénale*, Economica, Corpus Droit privé, Paris, 2009, n° 552, p. 368.

718 V. *supra* n° 45.

719 Pour un essai de synthèse, v. M. CULIOLI, (P. GIOANNI, mise à jour), « Recel et *infra*ctions assimilées ou voisines. - Recel. - Constitution. - Intention frauduleuse et connaissance de la cause », *J.-Cl. Pénal Code, art. 321-1 à 321-5*, Fasc. n° 40, spéc. n° 32 et *passim*.

720 Crim., 23 juin 1986, pourvoi n° 85-91.605, Crim., 12 déc. 1989, *Dr. pén.*1991, comm. n° 196.

721 En ce qui concerne les circonstances, a été jugée opérante la proposition fondée sur la précipitation dans la revente de la marchandise litigieuse à un prix deux fois supérieur à son prix d'achat, Crim., 30 sept. 1992, pourvoi n° 92-81473. Parfois, c'est la nature même de l'objet qui permet d'inférer la mauvaise foi ; v., par exemple, pour la nature des clichés recelés à l'origine d'un recel de violation du secret de l'instruction : Crim., 13 mai 1991, *Bull. crim.* 1991, n° 200, *RSC* 1992, p. 312, obs. J.-P. DELMAS SAINT-HILAIRE, *D.* 1993, somm. p. 17, obs. G. AZIBERT.

722 Comp. C. civ., art. 2277.

723 Dans un affaire, où un jeune homme est poursuivi du chef de recel de boissons volés, la mauvaise foi est inférée de ce qu'un groupe de jeunes gens, dont faisait partie le prévenu, s'était livré, à plusieurs

professionnelle[725]. Il y a, dans toutes ces situations, une espèce de stéréotypisation des comportements qui procède du constat de la répétition de certains phénomènes dans le monde sensible. Comme on a pu l'expliquer, c'est la connaissance de la pratique, éventuellement analysée par les criminologues, qui constitue le meilleur guide dans la standardisation de l'objet opérant de la preuve.

76. ***Synthèse.*** L'attitude de la jurisprudence est parfaitement compréhensible[726]. La généralisation du sens commun paraît d'autant plus aisée que les comportements semblent être d'une singulière constance en la matière. Et, en ce sens, il n'est de meilleur exemple de ce que le juge et le législateur procèdent très exactement de la même manière lorsqu'ils souhaitent mieux circonscrire les sens communs disponibles dans l'appréhension d'une règle de droit. Certes, les faits de l'espèce doivent rester la première préoccupation des juges, mais face à certains types de faits, que la jurisprudence et la loi s'efforcent de définir avec un rare degré de précision, la conclusion semble s'imposer à l'interprète : l'objet opérant de la preuve s'extrait avec d'autant plus de facilité que le juge est certain de recevoir, en amont, l'approbation de la Haute juridiction. Dans le même temps, les présomptions normatives donnent aux parties (surtout à la partie poursuivante en procédure pénale) une proposition-objet de preuve aisée à démontrer, quitte à ce qu'il ne soit pas toujours fait raison aux enseignements de la statistique ; mais le rattachement au

reprises, par le passé, à des exactions dans un établissement de nuit où, usant d'intimidations, il consommait sans payer diverses boissons, Crim., 24 oct. 1979, *D.* 1982, p. 430, note S. DURRANDE. Ou encore, cette affaire où la mauvaise foi d'un boucher est inférée de l'habitude prise par lui d'acheter des bœufs volés, Crim., 4 janv. 1986, pourvoi n° 85-90597, arrêt cité par M. CULIOLI, (P. GIOANNI, mise à jour), « Recel et infractions assimilées ou voisines. - Recel. - Constitution. - Intention frauduleuse et connaissance de la cause », *op. cit.*, n° 33. - L'hypothèse repose sur un sens commun pour le moins fragile. Il y a, ici, abus de « profil » selon l'heureuse expression du Professeur Rigaux (F. RIGAUX, « L'opacité du fait face à l'illusoire limpidité du droit », *Droit et société*, 41-1999, p. 85-97, spéc. p. 91).

[724] Différences considérables entre la valeur des biens litigieux et le train de vie des personnes poursuivies : Crim., 6 janv. 1992, *JurisData* n°1992- 001842, *Gaz. Pal.* 1992, 2, p. 297, note J.-P. DOUCET ; on retrouve une inférence qui est consacrée par la loi en d'autres circonstances : C. pén., art. art. 321-6 et 321-6-1.

[725] C'est la qualité du prévenu qui fait l'objet de la plus grande *standardisation*. L'objet de la preuve est identifié bien loin de ce qu'indique le sens commun pour établir la mauvaise foi, au motif que lorsqu'on exerce une certaine profession ou que l'on a une certaine qualité, *l'expérience* nous enseigne qu'*on ne peut ignorer certaines choses*. Parmi une jurisprudence abondante, v. Crim., 5 mai 1993, *Juris-Data* n° 1993-002013, *Dr. pén.*1993, comm. 256, note M. VÉRON, *Gaz. Pal.* 1993, 2, somm. p. 457, note J.-P DOUCET, *RTD com.* 1994, p. 388, obs. P. BOUZAT, *RSC* 1994, p. 340, obs. P. BOUZAT (« […] en sa qualité d'antiquaire, […] [le prévenu] ne pouvait douter de leur origine frauduleuse […] ») ; Crim., 13 juin 1996, pourvoi n° 95-85.007, *JurisData* n° 1996-003545 (pour des professionnels de l'automobile : « en cette qualité de professionnels de l'automobile, tous deux, ayant personnellement réceptionné les véhicules, n'ont pu faire l'économie d'un examen approfondi de ceux-ci avant leur livraison sans avoir pris la mesure des multiples maquillages les affectant » Crim., 29 janv. 1998, n° 96-85.374, *Juris-Data* n° 1998-001532 (professionnels expérimentés).

[726] Mais la jurisprudence va beaucoup trop loin, comme en matière d'abus de confiance, lorsqu'elle énonce, pour établir le caractère « frauduleux » des appropriations, que la mauvaise foi est « nécessairement » comprise dans la constatation du détournement : *cf.* M. VERON, obs. ss. Crim., 13 janv. 2010, pourvoi n° 08-83.216, *JurisData* n° 2010-051633, *Dr. pén.*2010, comm. n° 61). - V., aussi, en matière de pratiques commerciales trompeuses, incrimination créée par la loi du 3 janv. 2008, et intégrée à l'article L. 120-1 du Code de la consommation - l'élément moral en est inférée du seul constat de la méconnaissance des dispositions légales ; v., encore : Crim., 15 déc. 2009, pourvoi n° 09-83.059, *JurisData* n° 2009-050976, *Dr. pén.*2010, comm. 41, obs. J.-H. ROBERT.

réel est toujours possible et c'est ce qui permet de distinguer la présomption normative de la fiction[727].

Dans le même sens, le législateur peut estimer que certaines situations méritent une protection particulière, et la modulation de la portée des présomptions l'autorise à limiter, jusqu'à la rendre impossible, la preuve contraire[728]. Dans tous les cas, qu'elle ait été édictée par la loi ou forgée par la jurisprudence, la présomption normative est une norme comme une autre sous l'angle du contrôle de la Cour de cassation. Les juridictions du fond n'échappent pas non plus, en cette matière, à l'effort d'unification du droit par la Haute juridiction[729], c'est-à-dire à la correcte expression de la « vérité du droit »[730].

§ 2. Le contrôle de l'opérance de l'objet de la preuve : le contrôle des qualifications

77. ***La « vérité du droit » ou « chacun sa vérité ».*** Lorsque le juge du fond attribue à telle ou telle proposition factuelle telle ou telle qualification, c'est

---

[727] On a dit, par exemple, à propos de la présomption de paternité, que le législateur a donné une proposition acceptable mais néanmoins empreinte « d'audace » ; « tout cela n'est que de l'approximatif », mais qui ne divorce pas totalement avec le réel. Et c'est pourquoi « [...] le législateur ne doit pas être dominé par trop d'inquiétants scrupules » : P.-L. LUCAS, « Vérité matérielle et vérité juridique », *Mélanges offerts à René Savatier,* Faculté de droit et des sciences économiques de Poitiers, Dalloz, Paris, 1965, p. 583-601, spéc. p. 587.

[728] Mais l'intérêt supérieur de la personne poursuivie s'oppose à ce que les présomptions ne puissent être renversées en matière criminelle. Selon la Cour européenne des droits de l'homme, les présomptions normatives ne sont pas, en elles-mêmes, incompatibles avec la présomption d'innocence, si du moins elles sont enserrées « dans des limites raisonnables prenant en compte la gravité de l'enjeu et en préservant les droits de la défense » (CEDH, 7 oct. 1998, *Salabiaku c/ France*, 7 oct. 1998, série A. 171, § 28, CEDH, 25 sept. 1992, *Pham Hoang c/ France*, Série A. 243, *JCP G* 1993, I, 3654, obs. F. SUDRE, CEDH 30 mars 2004, *Radio-France c/ France*, requête n° 53984/00, *Rec.* 2004-II, *D.* 2004, IR, p. 1212, *D.* 2004, Somm. p. 1060, obs. C. BÎRSAN, *D.* 2004, Somm., p. 2756, obs. B. DE LAMY, *RSC* 2005, p. 630, obs. F. MASSIAS). Elles doivent donc être nécessaires et doivent pouvoir être renversées (F. DESPORTES, L. LAZERGES-COUSQUER, *op. cit.*, n° 553, p. 369, F. SUDRE *et alii*, *Les grands arrêts de la Cour européenne des Droits de l'Homme*, 6e éd., PUF, Thémis droit, Paris, 2011 n° 277, p. 460-461). C'est également la position du Conseil constitutionnel (C.C., 16 juin 1999, déc. 99-411 DC, *Sécurité routière, JORF* 19 juin 1999, p. 9018, *Rec.*, p. 75, *D.* 1999, p. 589, note Y. MAYAUD, *RDP* 2000, p. 68, obs. D. ROUSSEAU, spéc. § 5 ; et pour une décision de censure : C.C., 10 juin 2009, déc. n° 2009-580 DC, *Loi favorisant la diffusion et la protection de la création sur internet, JORF* 13 juin 2009, p. 9675 (spéc. § 17-18 de la décision), *RFDA* 2009, p. 1269, obs. Th. RAMBAUD, A. ROBLOT-TROIZIER, *D.* 2009, p. 1508, ss. § I, B), 2, obs. L. GAY, J. FRANCILLON, « Heur et malheur de la loi Création et Internet : la loi HADOPI censurée par le Conseil constitutionnel », *RSC* 2009, p. 609, *RSC* 2010, p. 209, obs. B. DE LAMY, *D.* 2009, p. 1770, obs. J.-M. BRUGUIÈRE. On trouvera une solution tout à fait comparable à celle de la Cour de Strasbourg dans la jurisprudence de la Chambre criminelle : Crim., 6 nov. 1991, *Bull. crim.*, n° 397, Crim., 9 avr. 1992, *Bull. crim.*, n° 155, Crim., 10 févr. 1992, *Bull. crim.*, n° 62.

[729] Une distinction importante s'impose ici. Il semble que la Haute juridiction tire parti, en la matière, de l'effort produit dans la définition d'objets de preuve standardisés. C'est ainsi que, si pendant longtemps le contrôle de la qualification a été réalisé de manière générale (que le juge conclut ou non à l'existence de la mauvaise foi ; pour l'absence de mauvaise foi : Crim., 17 juin 1976, pourvoi n° 76-90.390, *Bull. crim.*, n° 255, p. 668 ; pour l'existence de la mauvaise foi : Crim., 18 juin 1980, pourvoi n° 79-93.040, *Bull. crim.*, n° 196, *JurisData*, n° 1980-090196 - pour la Cour de cassation, seuls les éléments de preuve sont appréciés souverainement par les juges du fond. - V. encore, Crim., 3 nov. 1982, inédit : l'arrêt ne fait pas mention du pouvoir souverain des juges du fond ; crim., 27 mars 1952 : *Bull. crim.* 1952, n° 89), il est désormais cantonné aux seuls arrêts déclarant l'objet de preuve inopérant, c'est-à-dire les seuls arrêts concluant à l'*absence de mauvaise foi* (l'arrêt qui semble consacrer le pouvoir souverain des juges du fond dans le constat de la mauvaise foi date de 1988, Crim, 1er février 1988, pourvoi n° 86-95.678, *Bull. crim.*, n° 47, p. 120) : Crim., 4 juin 1998, pourvoi n° 96-85.871.

[730] Sur cette expression, v. *supra,* n° 41-42.

qu'il juge que cette proposition est opérante. Elle constitue alors, apparemment, un objet de preuve valide pour le système juridique. La conclusion est, cependant, par trop rapide, car le système juridique ne se définit, dans une perspective néo-réaliste du droit[731], qu'au regard des décisions rendues par l'organe suprême d'interprétation, à savoir la Cour de cassation. En contrôlant les qualifications, la Cour de cassation s'assure que les juges ont retenu, en tant qu'objet de preuve, une proposition véritablement opérante au regard de l'interprétation officielle qu'elle est tenue de dégager de chaque norme. À l'inverse, en refusant son contrôle, la Haute juridiction laisse, pour reprendre une expression passée à la postérité, « [à] chaque tribunal sa vérité »[732], ce qui met nécessairement à mal l'égalité des citoyens devant la loi et l'uniformité du droit[733]. C'est dire si le contrôle de l'opérance - qui est concrètement réalisé sous la forme d'un contrôle de qualification - est essentielle à la *vérité du droit*. La primauté de la maxime : « Chacun sa vérité », sur celle : « la vérité du droit » est problématique. Elle risque d'aboutir, comme l'exprime Luigi Pirandello, par la formule : « Chacun sa vérité »[734], à une disparition des valeurs communes et à une exaltation des drames individuels qui, insusceptibles par eux-mêmes de trouver leur solution ou leur absorption dans la conscience d'un référentiel partagé, irait mourir dans les bras d'un juge ?

S'il est des domaines qui commandent une qualification au plus proche des faits, il n'est pas souhaitable que la Haute juridiction abandonne tout contrôle au prétexte qu'il y a autant d'intérêts et de vérités qu'il y a de sujets de droit ; le sens commun qui constitue la structure du système n'en pourrait que ressortir affaibli, et il serait sans cesse nécessaire de rappeler les fondamentaux à grands coups de mécanismes interventionnistes et liberticides, en même temps que le besoin d'un encadrement judiciaire deviendrait plus instant. Il ne faut jamais perdre de vue que le sens commun constitue le schéma interprétatif de toute règle de droit : si chaque sujet de droit prend, dans son intimité, connaissance de la loi - comme il lui en est d'ailleurs fait obligation -, il faut pouvoir compter sur une cohésion sociale assez forte pour que chacun voie dans l'énoncé de la règle une signification assez proche ; en d'autres termes, la culture doit peser de la même manière dans la salle d'audience et dans l'antichambre de la loi : *le for intérieur de tout sujet de droit*. Si maintenant le système juridique accrédite l'idée d'un sens commun relatif, chacun risque d'y aller de ses propres arguments, tout déresponsabilisé qu'il est par la certitude de pouvoir interpréter à sa guise. Une telle manière de concevoir le droit ne peut que conduire à une société contentieuse[735], inapte à se conformer, sans la vue de la robe, à ses propres obligations.

78. *Mécanisme général de contrôle et cas particulier de la cour d'assises.* On perçoit bien, à travers ces quelques lignes, l'importance du débat sur le contrôle des qualifications et toute la difficulté du choix que la Cour de cassation

---

731 Sur cette notion, v. *supra*, n° 41-42.

732 R. LINDON, « À chaque tribunal sa vérité », *JCP G* 1967, I, 2081.

733 Et, partant, à sa prévisibilité ; v., sur ce dernier point, J. BUFFET, « Le contrôle de la Cour de cassation et le pouvoir souverain », *op. cit.*, n° 16, p. 118.

734 L. PIRANDELLO, « À chacun sa vérité [Cosí è (se vi pare)] » (trad. D. ARON-ROBERT), *in Théâtre complet*, p. 285-349, Gallimard, La Pléiade, Paris, 1977.

735 *Cf.* L. CADIET, « Le spectre de la société contentieuse », *in Droit civil, procédure, linguistique juridique.- Écrits en hommage à Gérard Cornu*, PUF, Paris, 1994, p. 29.

a à faire à une époque où les revendications individuelles sont très fortes[736]. On constate, d'ailleurs, au prétexte que « chaque être humain est unique » et qu'« aucune crise familiale n'est absolument identique aux autres », et qu'il reviendrait au juge de « sonder les reins et les cœurs »[737], un certain repli du contrôle de la Haute juridiction en droit extrapatrimonial de la famille[738]. Quoi qu'il en soit, le contrôle de la Cour de cassation est toujours possible, même s'il n'est pas nécessairement exercé et on doit savoir gré à la Haute juridiction d'avoir su intervenir chaque fois que les enjeux ou les circonstances commandaient un ferme rappel de la vérité du droit. Il faut le montrer en détail au travers de l'étude du mécanisme général de contrôle des qualifications (A). La particularité de la cour d'assises et la réforme récente de ses règles de motivation invitent à envisager séparément la spécificité de la motivation des arrêts d'assises (B).

A. Mécanisme général de contrôle des qualifications

79. ***Des théories classiques à la doctrine du contrôle général potentiel.*** La Cour de cassation a un rôle insigne à jouer dans le contrôle des qualifications. Si, comme l'indique l'article L. 411-2, alinéa 2, du Code de l'organisation judiciaire, la Cour de cassation ne connaît jamais du fond des affaires[739], elle veille à la correcte expression, par les juges du fond, de la règle de droit[740], et particulièrement à l'exacte qualification des faits. Cela ne doit pas surprendre : l'erreur commise dans l'opération de qualification est une méconnaissance grave de la règle de droit. Ce jugeant, la Haute juridiction devrait intervenir de manière générale pour contrôler le rapprochement réalisé, par les juges du fond, entre la proposition abstraite contenue dans la règle de droit et la proposition concrète qui s'extrait des conclusions des parties. Les choses sont, en réalité, loin d'être aussi simples ; on constate d'emblée une absence de contrôle général des qualifications. Plusieurs théories ont été proposées pour expliquer cette disparité (1), mais seule la théorie du contrôle général potentiel des qualifications (2) permet de comprendre pourquoi la Cour de cassation

---

[736] À comparer avec le relâchement du contrôle, dans le domaine des droits individuels du travail, décrit, en 1989 déjà, par Ph. WAQUET, *op. cit.*, p. 176 ; mais l'auteur soulignant, dans le même temps, ce qui est toujours d'actualité, que les transformations rapides du droit du travail ne peuvent souffrir un retrait total de la Chambre sociale (*op. cit.*, p. 176-177). Comme pour le droit de la famille, les mutations rapides obligent la Haute juridiction à agir par touches plutôt que par esprit de système. S'agissant de la notion d'individualisme, v. *infra*, n° 117 et s.

[737] J. BORÉ, L. BORÉ, *La cassation en matière civile*, Dalloz, Action, Paris, 2009-2010, n° 65.133, p. 320 : « Ainsi, si son contrôle est aussi limité dans les domaines extra-patrimoniaux, c'est parce que chaque être humain est unique. Même si les juges aux affaires familiales ont parfois l'impression d'une certaine répétition, aucune crise familiale n'est absolument identique aux autres, ils doivent à chaque fois sonder les reins et les cœurs et tenter de trouver les réponses les plus adaptées aux questions qui leur sont soumises. Autrement dit, ils doivent faire du "sur-mesure" et non du "prêt à porter". L'intérêt de la famille et l'intérêt de l'enfant doivent s'apprécier au cas par cas. La Cour de cassation a voulu, en la matière, laisser le droit "flexible" conformément aux vœux de Jean Carbonnier ». Mais n'est-ce pas le même auteur qui affirmait, au crépuscule de sa vie, que : « Toutefois, le législateur n'a-t-il pas trop présumé de la capacité qu'aurait l'individu de se créer ses propres normes familiales ? », J. CARBONNIER, *Droit civil. - La famille*, PUF, 16e éd., Thémis Droit Privé, Paris, n° 6, p. 24.

[738] En ce sens, cette formule significative de GOBERT : « La difficulté vient de ce que la liberté conquise a été conçue comme devant être totale, sans son indispensable corollaire qu'est la responsabilité, conception dont on ne s'est pas encore débarrassé », *in* « Le droit de la famille dans la jurisprudence de la Cour de cassation », *Cycle Droit et Technique de cassation, 2005-2006, 9e Conférence*, p. 5.

[739] V. aussi, C. org. jud., art. 411-3, al. 2.

[740] C. proc. civ., art. 604 : « Le pourvoi en cassation tend à faire censurer par la Cour de cassation la non-conformité du jugement qu'il attaque aux règles de droit ». C. proc. pén., art. 567 : « violation de la loi ».

n'intervient pas toujours en la matière, pourquoi, en définitive, les juges du fond disposent parfois, sur le chapitre, d'un « pouvoir souverain d'appréciation ».

1. Les théories du contrôle des qualifications

80. ***Remarques générales.*** C'est l'opération d'interprétation qui permet de déterminer l'objet de preuve abstrait ; c'est l'opération de qualification qui rend possible le rapprochement entre la proposition abstraite et la proposition concrète - proposition concrète qui s'extrait des faits de l'espèce. Ce rapprochement constitue la tâche la plus noble de la juridiction, car elle assure l'expression même du droit ; la Cour de cassation ne peut donc jamais s'en désintéresser totalement. En même temps, la Haute juridiction ne peut connaître de toutes les opérations de qualification, sans quoi sa mission deviendrait, au regard du contentieux qui lui est transmis, parfaitement insupportable[741]. C'est la raison pour laquelle on a toujours pu constater, dans la jurisprudence de la Cour, une ligne de partage entre les notions soumises à l'appréciation souveraine des juges du fond[742] et celles restant soumises à son contrôle. Reste à expliquer, maintenant, ce qui permet à la Cour de cassation d'opter pour le contrôle plutôt que pour l'appréciation souveraine ; n'oublions pas, quoi qu'il en soit, ***que la reconnaissance d'un pouvoir souverain, aux juges du fond, ne signifie nullement que les questions qui bénéficient de cette faveur ressortissent au fait. Il s'agit bel et bien, dans toute leur abstraite potentialité, de questions juridiques***[743].

81. ***Critères proposés de mise en œuvre du contrôle.*** Plusieurs thèses se sont historiquement succédé pour tenter d'expliquer la césure constatée dans le contrôle de la Cour de cassation[744]. Après celle de l'ancien président de la Chambre criminelle, le président Barris[745], s'articulant autour d'une distinction entre les notions définies[746] et les notions indéfinies[747], seules les premières étant soumises au

[741] D'aucuns ont parfois proposé de juguler la masse de contentieux transmise à la Haute juridiction en limitant le contrôle de certaines notions. V., par exemple, en matière de contrôle de la faute délictuelle et contractuelle, J.-L. AUBERT, « La distinction du fait et du droit dans le pourvoi en cassation en matière civile », *D.* 2005, p. 1115. On sait qu'une telle démarche a parfois été adoptée par la Haute juridiction (v. *infra*, n° 83, pour le contrôle de la cause réelle et sérieuse de licenciement). On ne peut que déplorer cette attitude. C'est l'utilité pour la *vérité du droit* qui doit conditionner l'intervention de la Cour de cassation, non l'utilité *économique*.- *Adde*, J. BORÉ, L. BORÉ, *La cassation en matière civile*, Dalloz, Action, Paris, 2009-2010, qui emploient l'expression de « variable d'ajustement », n° 65.142, p. 321-322.

[742] Et ne pouvant ainsi donner lieu à censure pour violation de la loi ; sans préjudice, bien sûr, de la cassation pour défaut de base légale, qui n'examine pas le fond du droit. V., sur cette distinction, outre G. MARTY, *La distinction du fait et du droit : essai sur le pouvoir de contrôle de la Cour de cassation sur les juges du fait,* Université des Sciences sociales de Toulouse, Toulouse, 1972, p. 183, v. J. BORÉ, L. BORÉ, *La cassation en matière pénale 2012-2013*, Dalloz, Action, Paris, 2010, spéc. n° 106.09.

[743] Comme le disait le Professeur Le BARS, « [c]e n'est pas parce que la Cour de cassation accepte ou refuse de contrôler une notion que celle-ci est pour autant de droit ou de fait. La Haute juridiction n'a pas plus le pouvoir de transformer le droit en fait que celui de muer le vin en eau » : *Le défaut de base légale en droit judiciaire privé*, LGDJ, Bibliothèque de droit privé, Paris, 1994 (v. aussi J. BUFFET, « Le contrôle de la Cour de cassation et le pouvoir souverain », *in* N. MOLFESSIS (dir.), *La Cour de cassation et l'élaboration du droit*, Economica, Paris, 2004, p. 113-124, spéc. p. 116).

[744] On trouvera également un résumé de ces thèses *in* H. MOTULSKY, *Principes d'une réalisation méthodique du droit privé*, *op. cit.*, n° 136, p. 153-154.

[745] Note rédigée en 1822 et rapportée à l'ancien répertoire Dalloz, *Jur. gén.*, *V° Cassation*, n° 1224 (cité par J. BORÉ, L. BORÉ, *op. cit.*, n° 106.11).

[746] Notions définies *par le législateur*, comme, prétendait-il, le *vol,* l'*escroquerie*, l'*abus de confiance.*

contrôle de la Cour de cassation[748], vint la thèse de Dupin et Broë, fondée sur cette autre distinction, entre l'appréciation juridique, d'une part, et l'appréciation morale ou consciencieuse, de l'autre[749]. D'après celle-ci, on devait tenir compte de deux catégories de notions juridiques : celles qui, quoique définies ou non, étaient accessibles à une définition *générale et abstraite*, et susceptibles, en tant que telles, de souffrir le contrôle de la Haute juridiction[750] ; et celles, par ailleurs, dont la qualification ne pouvait procéder que d'un « sentiment intime »[751] acquis au contact des circonstances de la cause[752]. C'est sur cette base que furent ensuite déclinées, au XXe siècle, des théories assises sur des distinctions entre la qualification « juridique » et la qualification « matérielle », ou la qualification juridique et la qualification « technique » ou de « pur fait »[753] ; thèses qui ont cela de commun de considérer que certaines notions échappent à l'emprise du droit, car elles ressortissent, comme les notions médicales[754], à la seule constatation des faits. On ne revient pas sur les critiques qu'encourent ces dernières distinctions. On peut se contenter de redire que toute notion, si concrète soit-elle, dès lors qu'elle est visée par une règle de droit[755], devient juridique, et peut faire l'objet d'une définition abstraite[756]. Comme le montrait bien le Doyen Marty, il n'est pas de notions juridiques qui soient « définitivement imprécises et totalement rebelles à toute organisation juridique »[757]. Toute notion étant juridique, aucune n'échappe potentiellement au contrôle de la Cour de cassation.

82. ***Reformulation du problème.*** Avant d'examiner plus avant cette proposition, il faut remarquer que la question n'a pas toujours été bien posée. Il est

---

[747] Ainsi de l'*homicide*, de l'*injure* ou, au moins jusqu'à la loi du 23 déc. 1980, du *viol*. Exemples rappelés par J. BORÉ, L. BORÉ, *op. cit.*, n° 106.11.

[748] J. BORÉ, L. BORÉ, *La cassation en matière civile*, *op. cit.*, n° 65.21, p. 308-309 ; et s'agissant des critiques de cette thèse, (*op. cit.*, n° 65.22, p. 309-310) v. J. BORÉ, L. BORÉ, *La cassation en matière pénale*, *op. cit.*, n° 106.12, dont le propos dépasse la seule matière criminelle : « [...] interdire à la Cour de cassation de procéder à cette définition et d'imposer aux juridictions de fond une définition uniforme serait se faire une conception dangereusement étroite de son rôle, puisque toute les infractions, nommées mais non définies, seraient abandonnées aux appréciations variables et divergentes des juges du fond et que, pour les infractions réputées définies, il suffirait que le juge emploie les mots non définis de la définition pour éviter toute censure. Ce serait oublier que l'opération de qualification ne consiste pas seulement à définir une notion, mais encore et surtout à identifier une situation de fait à cette notion, et que tout contrôle de qualification, si modeste soit-il dans son étendue, suppose précisément une confrontation des faits constatés à cette définition. La théorie des notions définies aboutit donc pratiquement à supprimer le contrôle de qualification qu'elle prétend aménager, aussi bien sur les notions définies que sur les notions non définies ».

[749] Procureur général Dupin et conseiller de Broë, respectivement réquisitoire et rapport dans l'affaire dite « Gazette du Languedoc », Crim., 22 févr., 23 mai 1834, *S.* 1834, 1, 385, cité par J. BORÉ, L. BORÉ, *La cassation en matière civile*, *op. cit.*, n° 65.31, p. 310.

[750] On devrait intégrer à cette catégorie la notion d'homicide.

[751] Ainsi en était-il, selon les auteurs, de la notion de « manœuvre frauduleuse » dans l'incrimination d'escroquerie.

[752] J. BORÉ, L. BORÉ, *op. cit.*, *loc. cit.*

[753] Sur toutes ces thèses, qui sont rappelées dans le détail par J. BORÉ, L. Boré, *La cassation en matière civile*, *op. cit.*, n° 65.31, p. 310.

[754] DUPEYROUX, « Sécurité sociale et médecine expéditive », *D.* 1960, chron., p. 43.

[755] D'un point de vue herméneutique, la remarque vaut pour tout domaine disposant d'une conventionalité propre.

[756] Pour la plupart de ces auteurs, les notions techniques, qui postulent, par exemple, une appréciation médicale, seraient insusceptibles d'un contrôle à travers des notions abstraites.

[757] G. MARTY, *op. cit.*, p. 204 ; cité aussi, *in* J. BORÉ, L. BORÉ, *La cassation en matière civile*, *op. cit.*, n° 65.71, p. 313. J. DABIN disait encore (*in* F. RIGAUX, *Préface*, p. XVII) : « la qualification est toujours juridique, même si le fait à qualifier ne s'était jamais produit et ne devait jamais se reproduire ».

évident que, pour un certain nombre d'auteurs, le contrôle de la Cour de cassation n'était parfois pas envisageable parce que, prétendaient-ils, certaines notions ne relèvent pas du domaine du droit. En réalité, et partant de cette évidence que tout concept juridique est soumis à juridiction de la Cour de cassation[758], la seule question qui mérite d'être posée est de savoir s'il est effectivement souhaitable que la Cour de cassation contrôle systématiquement l'opérance des propositions-objet de preuve. Cette question appelle une réponse évidemment nuancée, car elle dépend d'une pluralité de facteurs qu'il va falloir évoquer. Une chose est en revanche certaine : la Cour de cassation est toujours à même d'exercer un contrôle des qualifications, c'est-à-dire, rappelons-le, un contrôle de l'opérance des propositions-objet de preuve.

2. *La théorie du contrôle général potentiel des qualifications*

83. ***Présentation de la théorie.*** On doit à Désiré Dalloz la première expression de la théorie du contrôle général, dans son *Répertoire* de 1847[759]. Procédant du principe selon lequel toute notion est nécessairement juridique[760] et accède à la vie juridique toujours selon le même processus[761], elle défend l'idée que tout objet utilisé par le droit peut être généralisé sous la forme d'une règle abstraite, tandis que l'uniformisation du droit passe par un contrôle généralisé des qualifications[762]. Au-delà de la France, la théorie semble avoir reçu une large audience en Europe, qu'il s'agisse de la Belgique, de l'Italie ou encore de l'Allemagne[763]. En dépit de la pertinence des arguments en faveur de cette thèse, l'étude de la jurisprudence de la Cour de cassation française ne permet pas de conclure à un *contrôle général*[764]. C'est la raison pour laquelle il est préférable de

---

[758] Comme l'énonçait Motulsky, « [l]'idée d'après laquelle toute qualification soulève une question de Droit exprime, par contre, une vérité » : H. MOTULSKY, *Principes d'une réalisation méthodique du droit privé*, *op. cit.*, n° 137, p. 155.

[759] *Jur. gén.*, *V° Cassation*, n° 1208 et s., long extrait cité *in* J. BORÉ, L. BORÉ, *op. cit.*, n° 65.51, p. 311.

[760] *Op. cit.*, n° 65.61, p. 311-313.

[761] Là encore, comme le notait le Doyen Marty, le processus de l'opération de qualification est toujours le même ; MARTY, *op. cit.*, n° 114, p. 102 et s.- *Adde*, J. BORÉ, L. BORÉ, *op. cit.*, n° 65.81, p. 314.

[762] J. BORÉ, L. BORÉ, *op. cit.*, n° 65.91, p. 314-315. La définition de l'objet de la preuve reste le *cœur de la juris-dictio*. En intervenant dans cette mission, la Cour de cassation assure l'homogénéité du droit, sa lisibilité et sa prévisibilité - en même temps qu'elle garantit une égalité de traitement aux citoyens -, tout en se ménageant la possibilité d'adapter les règles à de nouveaux besoins, de nouveaux idéaux. C'est ce qu'on pourrait appeler la *systole* et la *diastole* du droit.

[763] V. les références citées par L. BORÉ, J. BORÉ, *op. cit.*, n° 65.51, *in fine*, p. 311.

[764] Comme on l'a observé, le contrôle de la qualification devant la Cour de cassation « [...] a varié ; et s'il a presque toujours évolué dans le sens de l'élargissement, il n'en est pas encore arrivé au point où l'on puisse poser le principe absolu du contrôle de toute qualification », J. BORÉ, L. BORÉ, *op. cit.*, n° 65.100 et 65.103, où il est montré, à propos du contentieux du licenciement sans cause réelle et sérieuse, que la jurisprudence de la Cour de cassation est passée d'un contrôle général à un contrôle de la seule cause (le caractère réel ou sérieux de celle-ci ressortissant à l'appréciation souveraine des juges du fond : Soc., 21 sept. 2006, pourvoi n° 05-41.155, *Bull. civ.* V, n° 285, *D.* 2006, p. 2901, note H. KOBINA-GABA), en passant par un contrôle, à la manière du droit administratif, de *l'erreur manifeste d'appréciation* (Soc., 10 et 12 déc. 1985, n° 83-42316, *Bull. civ.* V, n° 596, et n° 83-41.765, *Bull. civ.* V, n° 610, deux arrêts, *D.* 1986, p. 120, note crit. J. BORÉ), et par une absence totale de contrôle (Soc., 9 oct. 1986, *D.* 1987, p. 3, note G. LYON-CAEN).- *Adde*, Ph. WAQUET, « Le contrôle de la Chambre sociale en droit du travail », *Rapport de la Cour de cassation 1989. - 1990, Année du bicentenaire de la Cour de cassation*, La documentation française, 1990, p. 167-177, spéc., p. 167-177 (ce dernier explique le phénomène par l'engorgement de la Chambre sociale - mais il remarque aussi que la restriction du contrôle n'a d'effet sur le rôle que si le plaideur, conseillé par son avocat, se conforme à la position de la Cour de cassation. Or, « [e]n réalité, la limitation du contrôle est souvent mal connue et, de plus, le

parler, plutôt que de contrôle général, de *contrôle général potentiel*. Si l'idéal de bonne justice commande une intervention systématique, elle est très largement impossible, en pratique, compte tenu de l'importance du contentieux déjà transmis à la Haute juridiction[765]. Il faut par ailleurs compter avec les progrès de la formation de tous les magistrats intervenant dans le système judiciaire et, pour le moins, sur l'expérience de ceux qui connaissent des appels. Le contrôle, sans être cantonné aux questions nouvelles[766] ou de principe[767], doit rester, *a minima*, un véritable instrument de politique jurisprudentielle destiné à contrôler l'interprétation d'une règle nouvelle ou trancher un débat ayant des répercussions importantes sur l'individu[768], ou encore à refréner les ardeurs ou les excès des juges du fond[769], bref

---

plaideur espère qu'à travers un défaut de motifs ou un défaut de réponse à conclusions, il amènera la Cour de cassation à censurer la décision qui lui fait grief », *op. cit.*, p. 169 - le seul véritable bénéfice est la possibilité de connaître des questions en formation restreinte : *op. cit.*, p. 170).

[765] Et une méconnaissance de cette réalité statistique exposerait nécessairement la Cour de cassation à un encombrement qui aurait des conséquences bien plus funestes qu'une absence de contrôle général. Mais il faut se garder d'utiliser le contrôle comme un outil de gestion du rôle de la juridiction. Il faut convenir que cette recherche d'équilibre confine parfois à la quadrature du cercle - *cf.* Ph. WAQUET, *op. cit.*, p. 169 : « La Chambre sociale est en présence de deux impératifs contraires : celui d'exercer un contrôle poussé en raison du caractère très sensible de la matière du droit du travail, celui de substituer en faisant face à un contentieux de masse qui met en péril, sinon son existence, du moins la crédibilité de la justice », p. 169.

[766] J. Boré & L. Boré soulignent que l'intervention de la Cour de cassation a été salutaire, au lendemain de la loi du 5 juillet 1985, pour préciser la notion de « faute inexcusable » : *La cassation en matière civile*, *op. cit.*, n° 65.132, p. 320.

[767] Les fameux *Hard Cases* du droit américain (sur cette notion, largement employée par Ronald Dworkin, v. R. GUASTINI, « Théorie et ontologie du droit chez Dworkin », *Droit et Société* 2-1986, p. 17-28). Ce système a été proposé par A. TUNC, « La Cour judiciaire suprême : une enquête comparative », *RIDC* 1978, n° 1. Comme le notent J. Boré & L. Boré (*La cassation en matière civile*, *op. cit.*, n° 106.15), cette manière de limiter le rôle de la Juridiction suprême est consubstantielle à une certaine culture juridique qui analyse la jurisprudence comme une *succession d'affaires* (même si on parle, comme d'un ensemble, de *caselaw*) étroitement liées au fait, plutôt qu'un ensemble cohérent d'interprétations de la même règle de droit (en dépit, finalement, de l'interdiction faite aux juges, en droit français, de prononcer par *voie de disposition générale et règlementaire sur les causes qui leur sont soumises*, C. civ., art. 5). Les droits anglo-américains perçoivent très largement les règles comme des moyens de résoudre un problème particulier, et en cela le droit est extrêmement malléable et fuyant (très nettement en ce sens, v., R. A. KAGAN, *Adversarial Legalism. - The American Way of Law*, Harvard Université Press, Cambridge, Londres, 2001, spéc. p. 14). La vérité du droit s'extrait de la confrontation non tant du fait à la règle que des faits (passés - ceux déjà jugés - et présents) entre eux (v., pour plus de détails sur cette culture juridique, *infra*, n° 13 & 16-17). En cela, ce système n'est pas transposable aux droits continentaux.

[768] C'est le cas, tout particulièrement, du droit pénal ; en cette matière, le contrôle est généralement décrit comme large et constitue le pendant du principe de la légalité criminelle : J. BORÉ, L. BORÉ, *La cassation en matière pénale*, *op. cit.*, n° 106.31. Dans une version renouvelée (et notamment néo-réaliste), on devrait admettre que le principe de légalité commande une qualification *uniforme* et une *stabilité* plus grande de la l'interprétation de la loi (ce qui est le pendant, dans la jurisprudence de la CEDH, de la notion de prévisibilité de la loi *matérielle* : CEDH, 24 avril 1990, *Kruslin*, (spéc. § n° 30), *D.* 1990, jurispr. p. 353, note J. PRADEL) ; v. encore, P. MUZNY, « Quelques considérations en faveur d'une meilleure prévisibilité de la loi », *D.* 2006, Chron., p. 2214-2219. V. encore, la situation en droit du travail : v. Ph. WAQUET, « Le contrôle de la Chambre sociale en droit du travail », *op. cit.*, qui souligne l'importance du contrôle dans une matière aussi sensible que le droit du travail, non seulement parce que le salarié est en état de subordination, mais également parce que le droit du travail est devenu, en raison des exigences de l'ordre économique, d'une extrême complexité juridique et politique, p. 171 et 172. V., plus récemment encore, Soc., 24 sept. 2008, (5 arrêts), n° 06-46.517, n° 06-45.747 et 06-45.794, n° 06-45.579, n° 06-43.504, *JCP G* 2008, act. n° 585, où il s'est agi, en matière de contentieux du harcèlement, contentieux jugé sensible, d'harmoniser les solutions des cours d'appel.

[769] Ainsi du contrôle de l'absence d'« obligation sérieusement contestable » dans le référé-provision de l'alinéa 2 de l'article 809 du Code de procédure civile ; Ass. plén. 16 nov. 2001, *JurisData* n° 011749, *JCP G* 2001, II, 10 646, concl. R. DE GOUTTES, obs. A. PERDRIAU. - *Adde*, les exemples cités, en

l'instrument d'une fin à constamment rappeler : *la vérité du droit*[770], vérité qu'il faut aller chercher du côté de la culture, par la médiation du sens commun[771]. C'est globalement cette conclusion que l'on peut tirer d'une étude attentive de la jurisprudence de la Cour de cassation[772]. En définitive, ce que la Cour de cassation contrôle, le cas échéant, c'est l'exact arbitrage réalisé lors de la sélection de l'un des sens communs virtuellement compris dans l'antécédent de la règle. Puisque le sens commun intervient nécessairement dans le détachement de l'objet de la preuve, la Cour de cassation peut toujours, sans nécessairement s'en expliquer, refuser la conclusion tirée par les juges de l'allégation de tel ou tel fait ; et son regard se porte dans une direction plutôt que dans une autre à la lueur de la culture. Lorsque, au contraire, la Haute juridiction refuse son contrôle, c'est qu'elle estime, pour des raisons diverses, que la matière est correctement appliquée et que son rôle de police des interprétations n'a pas à être joué. Mais le refus d'intervention a, aujourd'hui, parfois, une signification différente. Il se pose comme une espèce d'invitation à une appréciation plus concrète du sens commun[773]. Le risque, bien entendu, c'est que le désengagement de la Cour de cassation, dont le contrôle porte normalement le sens commun à son niveau le plus élevé - le niveau référentiel -, fasse perdre à ce dernier sa signification universelle ; même si c'est aussi, il faut l'admettre, une manière d'assurer *la particularisation du sens commun en vue de permettre à l'individu sa pleine expression.*

B. Mécanisme spécifique de contrôle des qualifications devant la cour d'assises

84. ***Le problème de la motivation.*** Deux articles du Code de procédure pénale rappellent l'importance de la motivation en matière pénale. L'article 485, alinéa 1er, énonce ainsi que « [t]out jugement doit contenir des motifs et un dispositif » ; ce texte, applicable aux décisions rendues par les tribunaux correctionnels[774], s'appuie sur une disposition de portée plus générale, l'article 593, qui dispose de son côté que « [l]es arrêts de la chambre de l'instruction, ainsi que les arrêts et jugements en dernier ressort sont déclarés nuls s'ils ne contiennent pas de motifs ou si leurs motifs sont insuffisants et ne permettent pas à la Cour de cassation d'exercer son contrôle et de reconnaître si la loi a été respectée dans le dispositif ». Jusqu'à la loi n° 2011-939 du 10 août 2011 *sur la participation des citoyens au fonctionnement*

matière de diligences interruptives de péremption d'instance et d'acquiescement au jugement, par J. BUFFET, « Le contrôle de la Cour de cassation et le pouvoir souverain », *op. cit.*, n° 15, p. 118.

770 Comme le notent J. BORÉ, L. BORÉ, *La cassation en matière civile*, *op. cit.*, n° 65.166, « [...] la considération essentielle, que Gabriel Marty a mise en lumière, c'est qu'en toutes circonstances et en toutes matières, le contrôle de a Cour de cassation reste toujours subordonnée à la preuve de son *utilité*. Si elle contrôle une notion juridique, c'est parce qu'elle pense que cela est utile sur le plan normatif. De même, tel contrôle, que la Cour de cassation s'interdit habituellement, peut devenir absolument nécessaire en présence de l'abus que font les juridictions du fait de leur pouvoir souverain d'appréciation ».

771 Sur cette notion, v. *supra*, n° 58 et s.

772 L'étude la plus complète, à ce jour, pour le droit français, reste celle de J. BORÉ, L. BORÉ, *op. cit.*, spéc. Chapitre 67, « L'application du contrôle dans les principales branches du droit », p. 331-358. Les développements qui suivent sont très largement redevables de ce travail magistral.

773 Même si la Cour de cassation peut venir contrôler les domaines où les appréciations ne peuvent être que très concrètes, comme c'est le cas en matière d'élément intentionnel de l'infraction, v. *supra*, n° 39-40.

774 La disposition est, en effet, placée sous la section V (Du jugement), d'un Chapitre I intitulé : « Du tribunal correctionnel ».

de la justice pénale et le jugement des mineurs[775], la motivation devait être assurée par un subtile jeu de questions-réponses[776] dont la pratique a pu montrer qu'il produisait des résultats peu satisfaisants, car n'exposant que de manière illusoire les motifs de l'arrêt d'assises. Le législateur a suppléé à cette carence à introduisant, en droit français, le mécanisme de la feuille de motivation. À un contrôle purement formel des questions-réponses (1) s'ajoute aujourd'hui un contrôle substantiel de la feuille de motivation (2).

1. Un contrôle purement formel des questions-réponses

Les dispositions pertinentes relatives à la motivation des arrêts d'assises prévoient encore un mécanisme en deux temps. Dans un premier temps, le président rédige les questions auxquels il est répondu, durant le délibéré, par la cour et le jury[777] ; dans un second temps, les magistrats et les jurés répondent aux questions qui tiennent alors lieu de motifs[778]. En apparence, ces règles sont suffisantes ; elles permettent d'exposer les motifs pour lesquelles le jury a prononcé l'acquittement ou est entré en voie de condamnation. La Cour de cassation en a, cependant, favorisé l'interprétation restrictive jusqu'à vider tout le potentiel que pouvait avoir ce jeu de questions-réponses dans le processus de motivation. En conséquence, le contrôle des questions est resté limité (a) et celui des questions a même été refusé (b).

a. Un contrôle limité des questions

85. ***Les faits matériels et les faits juridiques.*** C'est à l'article 349 du Code de procédure pénale qu'est exposée la règle qui gouverne les questions posées par le président et qui en donne même le modèle : « L'accusé est-il coupable d'avoir commis tel fait ? ». La disposition présente une « texture ouverte », ne serait-ce qu'en raison de l'emploi du mot « fait ». Le « fait » peut, en effet, s'entendre du fait matériel jugé « opérant » ; il peut aussi s'entendre du « fait juridique », c'est-à-dire l'antécédent abstrait de la règle de droit. Il est un premier argument qui incline à favoriser la première de ces interprétations. Si les *textes de loi sont indiqués* dans l'arrêt[779], lesquels textes mentionnent très précisément le ou les objets abstraits, à quoi bon reprendre, dans les questions ce qui, de toute manière, est indiqué, *explicitement*, d'une autre façon ? Il est certes exact que ce rappel permet à la Cour de cassation de s'assurer que tous les éléments de l'infraction ont bien été pris en

[775] *JORF* n°0185 du 11 août 2011 page 13744.- Sur ce texte, *cf.* D. SCHAFFHAUSER, « Comprendre sans se méprendre », *AJ pén.* 2012, n° 1, p. 32-34 ; Ch. GUÉRY, « La neutralité tu respecteras (mais ce sera difficile) », *AJ pén.* 2012, n° 1, p. 29-31, A.-S. CHAVENT-LECLERC, « Commentaire de la loi numéro 2011-939 du 10 août 2011 sur la participation des citoyens au fonctionnement de la justice pénale et le jugement des mineurs », *Procédures* 2011, n° 11, Étude, p. 5-9, G. MAUGAIN, « La participation des citoyens au fonctionnement de la justice pénale », *Dr. pén.*, n° 10, Étude, p. 7-12 ; M. HUYETTE, « Les réformes de la cour d'assises », *D.* 2011, p. 2293-2297.
[776] C. proc. pén., art. 348 à 351.
[777] C. proc. pén., art. 348 & 349.
[778] C. proc. pén., art. 366.
[779] Exigence précitée. V. pour une analyse détaillée, H. ANGEVIN, « Cour d'assises.- Jugement.- Arrêt et procès-verbal », *J.-Cl. Proc. pén., art. 376 à 380*, Fasc. n° 20, n° 4-21, spéc. n° 15 pour le visa des textes appliqués.

compte par la juridiction[780] et que les questions ne sont pas entachées de complexité[781], mais il ne s'agit alors que d'un contrôle formel[782]. Pour pertinent qu'il soit, cet argument ne semble pas avoir été retenu par la Cour de cassation. Il n'est en effet pas douteux qu'elle n'exerce d'autre contrôle que celui des éléments constitutifs de l'infraction[783]. On le voit très bien lorsqu'elle exige, par exemple, qu'une question soit posée sur le caractère « volontaire » d'un homicide[784] ou encore sur l'acte de pénétration sexuelle[785] et sur la violence, la contrainte, la menace ou la surprise[786], **c'est-à-dire sur les termes mêmes de la loi**. On a tenté de justifier cette solution en établissant une distinction entre les *notions définies* et les *notions indéfinies*, seules ces dernières dispensant la cour de viser les « faits »[787]. En réalité, lorsque les notions sont *définies*, les magistrats et le jury son tout aussi libres ; ils n'ont d'autre obligation que de viser les éléments constitutifs tels que *définis*, en droit, par le texte d'incrimination... Ce qui revient, très exactement, à un simple contrôle de la présence de tous les éléments constitutifs de l'infraction[788]. La

[780] Crim., 24 oct. 2007, pourvoi n° 07-80179, Crim., 8 nov. 2000, *Bull. crim.*, n° 334, Crim., 4 mars 1998, *Bull. crim.*, n° 83, Crim., 9 oct. 1985, *Bull. crim.*, n° 307. - *Adde*, les nombreuses illustrations données par H. ANGEVIN, « Cour d'assises : questions », *J.-Cl. Proc. pén.*, art. 347 à 354, Fasc. n° 20, n° 94-98.

[781] Sur cette question complexe, v. H. ANGEVIN, *op. cit.*, spéc. n° 241-282, Ph. CONTE, P. MAISTRE du CHAMBON, *Procédure pénale*, 4e éd., Armand Colin, Droit, Paris, 2002, spéc. n° 540-542, p. 376-378.

[782] En ce sens, J. BORÉ, L. BORÉ, *La cassation en matière pénale 2012-2013*, Dalloz, Action, Paris, 2010, n° 106.52 (« [c]e contrôle, cependant, n'est qu'élémentaire et s'apparente à celui du défaut de base légale puisqu'il ne s'attaque pas directement à l'opération de qualification »). On ne voit dès lors pas, en quoi, la rédaction en « fait » (juridique et non matériel), permet de « tenir compte des insuffisances juridiques du jury qui n'est pas censé avoir connaissance des qualifications pénales », Ph. CONTE, P. MAISTRE DU CHAMBON, *op. cit.*, n° 542, p. 377. - V. aussi R. MERLE & A. VITU, *Traité de droit criminel.- Procédure pénale*, t. II, 5e éd., éd. Cujas, Paris, 2001, n° 754, p. 878, qui expliquent que cette règle date de l'époque où le jury délibérait seul sur la culpabilité - « il fallait que les questions fussent libellés en évitant tout appel à des notions juridiques débordant la compétence du jury » (cependant, les exemples donnés renvoient aux *faits juridiques*, comme la soustraction *frauduleuse*, *ibid.*). - V. aussi, J. BORÉ, L. BORÉ, *op. cit.*, *loc. cit.*, (immédiatement après le passage cité) qui emploient, de manière inexplicable, une formulation de ce type.

[783] Le conseiller Angevin (H. ANGEVIN, « Cour d'assises : questions », *J.-Cl. Proc. pén.*, art. 347 à 354, Fasc. n° 20, n° 233) considère que l'obligation est très proche de celle d'énoncer tous les éléments constitutifs de l'infraction ; au vrai, si l'on compulse les arrêts analysé par l'auteur, ce contrôle est absolument identique à celui qui est exercé sur les éléments constitutifs de l'infraction ; v. les exemples au texte, et tirés, pour la plupart, des fascicules rédigés par l'auteur (*op. cit.*, n° 235) ; v., encore, P. BOUZAT, J. PINATEL, *Traité de droit pénal et de criminologie*, *T. II*, Dalloz, Paris, 1970, spéc. n° 1399, p. 1340, qui indiquent expressément que c'est la définition juridique (« la définition que le législateur en donne ») qui, le cas échéant, doit être visée dans la question.

[784] Crim., 11 février 1998, pourvoi n° 97-80427, *Bull. crim.*, n° 54, p. 147, V. encore, Crim., 4 mars 1998, pourvoi n° 97-82360, *Bull. crim.*, n° 83, p. 228.

[785] Crim., 18 mai 1977, pourvoi n° 76-93284, Bull. crim., n° 179, p. 439 : avant la réforme du 23 déc. 1980, la notion de « viol » n'était pas « définie ». La question posée en des termes généraux était jugée suffisante. Dans l'arrêt cité, où la question était posée de la manière suivante : « L'accusé X... Guy s'est-il rendu coupable, dans la nuit du 7 au 8 septembre 1975, dans la commune de Vendres (Herault), d'un viol sur la personne de demoiselle Z... ? », la Chambre criminelle devait considérer que « le viol n'étant pas défini par la loi pénale, ladite question, posée dans les termes mêmes de l'arrêt de renvoi reprenant ceux de l'article 332, alinéa 1re, du Code pénal, a soumis à la cour et le jury le point de fait sur lequel ils devaient être interrogés ». Et pour un rappel très net de cette solution, v. Crim., 15 nov. 2006, pourvoi n° 06-80655, *Bull. crim.*, n° 286, p. 1043, pour des faits antérieurs à la réforme.

[786] C. pén., art. 222-23.

[787] V. spéc., Crim., 18 mai 1977 et Crim., 15 nov. 2006, *préc.*

[788] Pour poursuivre l'exemple du viol, voir les arrêts rendus pour des faits postérieurs à la loi de 1980 : Crim., 10 nov. 1982, *Bull. crim.*, 1982, n° 251, *D.* 1982, jurispr., p. 288, Crim., 23 mai 1984, *Bull. crim.* 1984, n° 191, *JCP G* 1985, II, 20431, note H. ANGEVIN ; v. aussi : Ass. plén., 8 juill. 2005, pourvoi n° 99-83846, *Bull. crim.*, n° 1, p. 1.

Cour de cassation ne le cache du reste pas, puisqu'elle reconnaît que les termes de la loi constituent les « faits » de l'article 349, alinéa 1er[789].

La solution ne paraît, quoi qu'il en soit, avoir été le résultat d'une évolution. Ce n'est que solution éphémère[790] que cet arrêt rendu, par la Cour de cassation, en 1965, dans une affaire où l'accusé était poursuivi du chef d'attentat à la pudeur sur la personne d'une mineure de quinze ans, et la question posée par la cour ainsi libellée : « X... Lucien est-il de la classe de ceux qui avaient autorité sur ladite Odile Y... ? ». La chambre criminelle devait décider que « cette question, qui ne rappelle aucune des circonstances d'où résultait l'autorité de fait du demandeur sur la mineure, est nulle ». Et elle précisait même, distinguant, sans ambiguïté, *fait matériel* et *fait juridique*, qu'il appartenait au président d'interroger la cour « non sur le point de savoir si X... avait autorité sur la victime, mais sur les faits et circonstances d'où pouvait résulter cette autorité »[791]. Cette exigence lui permettait d'effectuer un contrôle effectif des qualifications, ce qu'elle ne refuse pas à l'endroit d'un arrêt de la chambre de l'instruction[792]. C'est d'ailleurs probablement dans ce niveau de contrôle que se situe le nœud du problème. Il faut en effet rappeler que les questions résultent, sauf exception, de la décision de mise en accusation, qu'il s'agisse d'une ordonnance ou d'un arrêt de renvoi[793]. Or, en prenant connaissance de l'arrêt, un contrôle est réalisé en amont. C'est, du reste, la raison pour laquelle la Cour de cassation autorise la cour à ne pas reproduire littéralement les termes de l'arrêt de renvoi. Les faits *matériels* figurant dans l'arrêt de renvoi, la cour d'assises peut aussi bien se contenter de ne viser que les faits *juridiques*[794]. Néanmoins, il faut rappeler que la décision de mise en accusation n'est plus systématiquement contrôlée[795], aujourd'hui, et même lorsqu'elle l'était, la Cour de cassation avait malgré

789 Crim. 10 janv. 2007, pourvoi n° 06-83812, *JurisData* n° 2007-037417, *Dr. pén.*2007, comm. 68, note M. VÉRON : « Attendu que ces questions ont été posées **en fait** [...] dès lors que [...] leur libellé conforme au dispositif de l'arrêt de renvoi, **reproduit les termes des articles 332, alinéa 1, de l'ancien code pénal et 222-23 du nouveau code pénal**, selon la période considérée, et caractérise tous les éléments, tant matériels qu'intentionnel, du crime prévu par les textes, lesquels n'exigent pas que ces questions précisent autrement la nature de l'acte de pénétration sexuelle constitutif du crime qu'ils répriment [...] » (nous soulignons). V. encore : Crim., 15 mars 2006, n° 05-82.785, *JurisData* n° 2006-033118, *Bull. crim.* 2006, n° 77 ; Crim., 1er déc. 1993, *Bull. crim.*, n° 368, Crim., 24 oct. 2007, pourvoi n° 07-82.282, *JurisData* n° 2007-041357, *Bull. crim.* 2007, n° 254 ; et, récemment, à propos du terme de « préméditation » : Cass. crim., 12 oct. 2011, pourvoi n° 10-84.492, *JurisData* n° 2011-021622, dont la Chambre criminelle prend tout de même la peine de rappeler qu'il « exprime par lui-même qu'un dessein de commettre le meurtre spécifié à la question précédente a été formé avant l'action, en sorte que la question n'encourt pas la nullité comme posée en droit » (!).

790 *Cf.* P. BOUZAT, J. PINATEL, *Traité de droit pénal et de criminologie*, *T. II, op. cit.*, spéc. n° 1399.

791 Crim., 25 mai 1965, *Bull. crim.* 1965, n° 143.

792 Crim., 31 janv. 2007, pourvoi n° 06-80.586, *JurisData* n° 2007-037412, *Dr. pén.*, 2007, comm. n° 68, obs. M. VÉRON.

793 H. ANGEVIN, « Cour d'assises : questions », *Fasc. précité*, n° 6 (et *passim*), et n° 7 pour les circonstances qui résultent des débats, R. MERLE & A. VITU, *Traité de droit criminel. - Procédure pénale*, t. II, 5e éd., éd. Cujas, Paris, 2001, spéc. n° 753, p. 876-877.

794 Crim., 31 janv. 1968, pourvoi n° 67-92635, *Bull. crim.*, n° 31. À propos d'une poursuite du chef de coups et blessures volontaires ayant entraîné une mutilation, la question suivante avait été posée : « 2° Lesdits coups portés lesdites blessures faites volontairement sur la personne du Sieur A... ont-ils été suivis de mutilation ». L'arrêt de renvoi, pour sa part, indiquait que la mutilation (qualification) consistait dans « l'ablation d'une partie du lobe temporal gauche du cerveau ». Pour la Cour de cassation, ces questions, « si elles ne reproduisent pas intégralement les termes dans lesquels était conçue la qualification donnée aux faits par ledit arrêt [...], elles n'en renferment pas moins toute la substance de l'accusation laquelle a été ainsi entièrement purgée ».

795 En effet, depuis la loi du 15 juin 2000, la juridiction d'instruction du second degré - qui n'est plus chambre d'accusation - n'a plus de compétence d'attribution en matière de renvoi, même s'il est exact

tout posé pour règle que le président de la cour devait la compléter si elle avait omis un élément constitutif de l'infraction[796]. En définitive, si un contrôle est possible, il est, sauf rares exceptions, refusé, tout comme la Chambre criminelle refuse le contrôle des réponses.

b. Un contrôle refusé des réponses

86. ***L'absence de motivation***. Si la formulation des questions ne permet pas d'exercer de contrôle, il ne faut pas s'attendre à ce qu'il soit suppléé à cette insuffisance au moyen des réponses. Comme la Haute juridiction a eu l'occasion de l'indiquer à plusieurs reprises, « il résulte de ces textes [textes précités] que les arrêts de condamnation prononcés par les cours d'assises ne peuvent comporter d'autres énonciations relatives à la culpabilité que celles qui, tenant lieu de motivation, sont constituées par l'ensemble des réponses données par les magistrats et les jurés aux questions posées conformément à l'arrêt de renvoi ». Encourt ainsi la cassation l'arrêt qui « [...] après avoir constaté qu'il résultait de la déclaration de la cour et du jury que N. était coupable d'avoir (...) volontairement exercé des violences avec arme ayant entraîné la mort de V. sans intention de la donner [...] formule des énonciations qui relatent les circonstances dans lesquelles l'auteur du crime a porté un coup de couteau à la victime et qui évoquent des éléments de sa personnalité »[797]. La solution ne paraît pas, en soi, surprenante au regard de la position de la Haute juridiction. Ce qui est plus gênant, c'est la justification qui lui est apportée. En visant l'article 353 du Code de procédure pénale, la Cour de cassation a choisi de dissimuler l'opération de qualification derrière le paravent de l'intime conviction et sa conséquence, en matière criminelle, la dispense de motivation[798]. Si cette dispense est supportable en matière probatoire[799] - qui est le domaine exclusif du texte -, elle devient inadmissible pour la qualification ; et l'argument, un peu facile, tiré de la souveraineté du peuple[800] - dont l'expression quin-

qu'elle conserve son rôle par la voie de l'appel : *cf.* H. ANGEVIN, *La pratique de la Chambre de l'instruction,* 2e éd., Litec, Pratique professionnelle, Paris, 2004, n° 144.

[796] Crim., 26 juill. 1972, *Bull. crim.*, n° 260, cité par H. ANGEVIN, « Cour d'assises : Questions », *Fasc. précité*, spéc. n° 25 et autres réf. citées. - En vue de la délibération, le président doit normalement conserver l'arrêt de la chambre de l'instruction (C. proc. pén., art. 347, al. 3) - mais il ne s'agit pas, selon la Chambre criminelle, d'une exigence prévue à peine de nullité substantielle ; elle ajoute, de manière significative, ce qui montre la singulière confusion du fait et du droit en cette matière, que « la loi ne fait pas dépendre la conviction de la cour et du jury, de l'examen de la décision de renvoi mais du débat oral qui s'est déroulé devant eux » : Crim., 8 juin 2006, *Gaz. Pal.* 3 févr. 2007, somm. annotés, obs. Y. MONNET.

[797] Crim., 15 décembre 1999, *Bull. crim.*, n° 307, *Dr. pén.*2000, comm. n° 93, note A. MARON. Pour mesurer l'ampleur de la censure, on trouvera, en Annexe (A. 2), la reproduction de l'arrêt de la cour d'assises du Val-de-Marne, Créteil, 5 mai 1999, qui a donné lieu à cassation (il est reproduit *in* S. GUINCHARD, J. BUISSON, *Procédure pénale*, *op. cit.*, spéc. n° 202., c), p. 263-264).

[798] L'article 357 était également visé. *Cf.*, par la suite, pour une nouvelle utilisation de l'intime conviction : Crim., 22 nov. 2000, pourvoi n° 00-82188, inédit.

[799] L'intime conviction est simplement une forme d'appréciation des preuves, mêlant responsabilité et conscience, avec cette particularité, devant la cour d'assises, qu'il n'est pas demandé de comptes aux juges et jurés sur la manière dont ils se sont convaincus ; v. *infra*, le sens de l'intime conviction, n° 87-4. *Cf.* Ph. CONTE et P. MAISTRE DU CHAMBON, *Procédure pénale*, *op. cit.*, n° 59, p. 37 (v. encore, *op. cit.*, n° 40).- Comp., R. JUY-BIRMAN, J.-M. FLORAND, J. REYNAUD, « Pour une motivation des arrêts de la Cour d'assises », *LPA*, 7 mars 2005, n° 46, p. 7-10, spéc. p. 8 (analyse très critiquable de la notion d'intime conviction).

[800] J. HILAIRE, « Un peu d'histoire », *Justices* 1996, juill./déc. 1996, p. 9-16, spéc. p. 12. et p. 14-16 qui évoque la « justice populaire instrument de la Terreur » et la loi du 16 sept. 1791 instaurant un dispositif

tessentiel se trouverait entre les mains des jurés[801] - ne saurait apporter la moindre justification à cette façon oraculaire[802] de juger. Ces critiques, qu'a su amplifier la Cour européenne des droits de l'homme, ont conduit le législateur à intervenir qui a très récemment introduit le mécanisme bienvenu de la feuille de motivation.

2. *Un contrôle substantiel de la feuille de motivation*

87. ***Interventions de la CEDH et du législateur.*** La loi n° 2011-939 du 10 août 2011 *sur la participation des citoyens au fonctionnement de la justice pénale et le jugement des mineurs*[803], a introduit un nouvel article 365-1 au Code de procédure pénale, qui impose désormais, en cas de condamnation, la rédaction d'un document annexé à la feuille des questions, énonçant les « principaux éléments à charge » qui ont convaincu la cour d'assises. Cette « feuille de motivation », ainsi que la nomme l'article précité, répond aux exigences de la Cour européenne des droits de l'homme (a) et constitue un progrès notable rendant désormais possible le contrôle des qualifications (b).

a. Une exigence de la Cour européenne des droits de l'homme

87-1. ***Arrêts Taxquet c/ Belgique.*** La jurisprudence de la Cour européenne des droits de l'homme en matière de motivation des arrêts d'assises n'est sans doute pas aisée à analyser. L'affaire *Taxquet c/ Belgique*[804], qui a donné lieu à deux arrêts, dont l'un de Grande Chambre[805], constitue néanmoins une voie d'accès privilégiée qu'il faut emprunter. En l'occurrence, la juridiction strasbourgeoise devait se prononcer sur la conformité des règles de la procédure criminelle belge, relatives à la motivation des arrêts d'assises, à l'article 6 § 1 de la Convention de sauvegarde. Les faits étaient relativement simples. Le requérant, poursuivi des chefs d'assassinat sur la personne d'un ministre d'État et de tentative d'assassinat sur l'épouse de celui-ci, était condamné par la cour d'assises de Liège. Il n'est pas inutile de rappeler, ici, les termes de sa condamnation. D'après les articles 336 et 337 du Code d'instruction

de remise en cause de la décision des jurés par le tribunal demeuré en vigueur jusqu'en 1941. - *Adde*, B. SCHNAPPER, « Le jury français aux XIXe et XXe siècles », *in Voies nouvelles en histoire du droit*, Publications de la Faculté de droit de Poitiers, 1991, p. 240-312, qui montre bien l'adaptation de l'institution à ses faiblesses structurelles.

[801] V. par H. ANGEVIN, « Mort d'un dogme. - À propos de l'instauration, par la loi du 15 juin 2000, d'un second degré de juridiction en matière criminelle », *JCP G* 2000, I, 260, n° 1 et H. ANGEVIN, « De la motivation des décisions des juridictions comportant un jury », *Dr. pén.* 1996, chron. n° 32, p. 1-2, spéc. p. 2, *in fine*.

[802] G. TARDE, *Philosophie pénale*, qui parlait de « présomption d'infaillibilité oraculaire », cité par H. Angevin, « Mort d'un dogme... », *art. précité*, n° 1 ; v. aussi, très critiques, S. GUINCHARD, J. BUISSON, *Procédure pénale, op. cit.*, n° 200, c), p. 263, qui parlent même « d'hypocrisie ».

[803] *JORF* n°0185 du 11 août 2011 page 13744.

[804] CEDH 13 janv. 2009, *Taxquet c/ Belgique*, requête n° 926/05, *D.* 2009. Jurispr. p. 1058, note J.-F. RENUCCI, *RFDA* 2009, p. 677, obs. L. BERTHIER et A.-B. CAIRE, *RSC* 2009, p. 657, obs. J.-P. MARGUÉNAUD, *Procédures*, 2009, comm. n° 116, obs. N. FRICERO, *Procédures* 2008, comm. n° 172, obs. J. BUISSON, *JCP G* 2009. Actu., Libres propos par M.-L. RASSAT, *Gaz. Pal.* 14 mai 2009, note F. DESPREZ.

[805] CEDH, Gr. Ch., *Taxquet c/ Belgique*, 16 nov. 2010, requête n° 926/05, Gaz. Pal. 30 nov. 2010, note M. BOUGAIN, *D.* 2011. 47, obs. O. BACHELET, *D.* 2011, p. 47, note J.-F. RENUCCI, *D.* 2011, p. 48, note J. PRADEL, *AJ pén.* 2011, p. 35, obs. C. RENAUD-DUPARC, *JCP G* 2010, 1228, note H. MATSOPOULOU, *JCP G* 2010, 1250, obs. F. SUDRE, *RSC* 2011, p. 214, obs. J.-P. MARGUÉNAUD.

criminel belge, réformés depuis lors[806], le président de la juridiction était tenu de poser les questions qui résultent de l'acte d'accusation de la manière suivante : « L'accusé est-il coupable d'avoir commis tel meurtre, tel vol, ou tel autre crime ? »[807]. Une telle formulation ne peut surprendre le juriste français qui la retrouve quasiment à l'identique, ainsi qu'on a pu l'indiquer, à l'article 349, alinéa 1er, du Code de procédure pénale (« Chaque question principale est posée ainsi qu'il suit ; "L'accusé est-il coupable d'avoir commis tel fait ?" »). Conformément à cette disposition, les jurés avaient à se prononcer sur trente-deux questions, dont quatre visaient directement le requérant. La question n° 25 (significative) était ainsi rédigée :

« FAIT PRINCIPAL - TAXQUET Richard, accusé ici présent, est-il coupable, - Comme auteur ou coauteur de l'infraction, - D'avoir à Liège, le 18 juillet 1991, volontairement, avec l'intention de donner la mort, commis un homicide sur la personne de [C.A.] ? »[808].

Le Code d'instruction criminelle exigeait du reste, en guise de réponse, un « oui » ou « non » laconique[809]. On a pu dire que, dans son arrêt rendu en Grande Chambre, la juridiction strasbourgeoise avait tempéré l'argumentation développée par la section et que, pour le moins, si l'arrêt aboutissait à la condamnation de la Belgique, il ne remettait certainement pas en cause le système français[810]. Une lecture attentive des deux arrêts montre qu'il n'en est rien. Certes, comme le rappelle la Grande Chambre, « la Convention ne requiert pas que les jurés donnent les raisons de leur décision et que l'article 6 ne s'oppose pas à ce qu'un accusé soit jugé par un jury populaire même dans le cas où son verdict n'est pas motivé »[811]. Elle n'en exige pas moins, pour que les exigences d'un procès équitable soient respectées, que « le public et, au premier chef, l'accusé [soient] à même de comprendre le verdict qui a été rendu ». C'est là, ajoute-t-elle, « une garantie essentielle contre l'arbitraire »[812]. L'importance des enjeux - qui résident dans l'apparence - l'impose d'ailleurs instamment : il convient de maintenir la confiance de l'opinion publique dans « une justice objective et transparente, l'un des fondements de toute société démocratique »[813]. Si, poursuit-elle, l'étendue du devoir de motivation peut varier

---

[806] V. *infra*, n° 87-4.

[807] CEDH 13 janv. 2009, *Taxquet c/ Belgique* , *op. cit.*, § 24.

[808] V. aussi les trois questions suivantes : « Question n° 26 - CIRCONSTANCE AGGRAVANTE : - L'homicide volontaire avec l'intention de donner la mort repris à la question précédente a-t-il été commis avec préméditation ? ». - « Question n° 27 - FAIT PRINCIPAL - TAXQUET Richard, accusé ici présent, est-il coupable, - Comme auteur ou coauteur de l'infraction, - D'avoir à Liège, le 18 juillet 1991, volontairement, avec l'intention de donner la mort, tenté de commettre un homicide sur la personne de [J. M-H], la résolution de commettre le crime ayant été manifestée par des actes extérieurs qui forment un commencement d'exécution de ce crime et qui n'ont été suspendus ou n'ont manqué leur effet que par des circonstances indépendantes de la volonté de l'auteur ? ». - « Question n° 28 - CIRCONSTANCE AGGRAVANTE : - La tentative d'homicide volontaire avec l'intention de donner la mort reprise à la question précédente a-t-elle été commise avec préméditation ? ».

[809] CEDH, 13 janv. 2009, *Taxquet c/ Belgique*, § 46.

[810] J.-F. RENUCCI, « Motivation des arrêts d'assises et CEDH : l'apaisement », *D.* 2011, p. 47, J. PRADEL, « La Cour de Strasbourg n'impose finalement qu'une motivation minimale aux cours d'assises statuant avec des jurés », *D.* 2011, p. 48 (pourtant favorable à la réforme : J. PRADEL, « De la motivation des arrêts d'assises », *D.* 2009, p. 2778).

[811] CEDH, Gr. Ch., *Taxquet c/ Belgique*, 16 nov. 2010, § 90 (v. aussi le § 93 de l'arrêt).

[812] *Id.*

[813] *Id.*

selon la nature de la décision et doit s'analyser à la lueur des circonstances de l'espèce, des garanties procédurales minimales doivent s'appliquer devant la cour d'assises. Il s'agit, comme en droit anglais, d'instructions ou d'éclaircissements donnés par le président de la cour d'assises aux jurés quant aux problèmes juridiques posés ou aux éléments de preuve produits[814]. Il s'agit encore de la possibilité d'exercer une voie de recours[815]. Il s'agit, surtout, « des questions précises, non équivoques soumises au jury par ce magistrat, de nature à former une trame apte à servir de fondement au verdict ou à compenser adéquatement l'absence de motivation des réponses du jury »[816]. La CEDH devait, bien entendu, constater en l'espèce l'existence de questions posées au jury ; mais elles étaient loin d'être suffisantes : « [...] ni l'acte d'accusation ni les questions posées au jury ne comportaient des informations suffisantes quant à son implication dans la commission des infractions qui lui étaient reprochées »[817]. En effet, observe-t-elle, l'acte d'accusation désignait certes chacun des crimes dont le requérant était accusé, « mais il ne démontrait pas pour autant quels étaient les éléments à charge qui, pour l'accusation, pouvaient être retenus contre l'intéressé »[818]. Quant aux questions, « laconiques et identiques pour tous les accusés », elles ne se référaient « à aucune circonstance concrète et particulière qui aurait pu permettre au requérant de comprendre le verdict de condamnation »[819]. En conclusion, observe la Grande Chambre, « même combinées avec l'acte d'accusation, les questions posées en l'espèce ne permettaient pas au requérant de savoir **quels éléments de preuve et circonstances de fait**, parmi tous ceux ayant été discutés durant le procès, avaient en définitive conduit les jurés à répondre par l'affirmative aux quatre questions le concernant. Ainsi, le requérant n'était pas en mesure, notamment, de différencier de façon certaine l'implication de chacun des coaccusés dans la commission de l'infraction ; de comprendre quel rôle précis, pour le jury, il avait joué par rapport à ses coaccusés ; **de comprendre pourquoi la qualification d'assassinat avait été retenue plutôt que celle de meurtre** »[820].

87-2. ***Vers une véritable prise en compte des faits « matériels ».*** Les enseignements de l'arrêt sont nombreux. La Cour vise ici, expressément, tout à la fois la question de la qualification (ce qu'elle appelle les « circonstances de fait ») et celle de la preuve (il est expressément fait mention des « éléments de preuve »). Il faudra examiner la portée exacte de l'arrêt de la Grande Chambre sur ce point et le droit français en regard. Une chose est certaine, quoi qu'il en soit ; la Cour exigeait qu'il fût mis fin à cette pratique consistant à ne faire figurer dans les questions que l'antécédent abstrait de la règle, à l'exclusion de tout autre élément, serait-il ajouté dans les réponses. Le requérant, dit, en effet, la Cour, « n'était pas en mesure [...] de comprendre pourquoi la qualification d'assassinat avait été retenue plutôt que celle de meurtre ». Dans le premier arrêt, la Cour notait également « [d]ans ces conditions, la Cour de cassation n'a pas été en mesure d'exercer efficacement son contrôle et de déceler, par exemple, une insuffisance ou une contradiction des mo-

---

[814] CEDH, Gr. Ch., *Taxquet c/ Belgique*, *op. cit.*, § 92 (d'autres garanties sont envisageables, puisque la Cour utilise la locution « par exemple »).
[815] *Id.*
[816] *Id.*
[817] CEDH, Gr. Ch., *Taxquet c/ Belgique*, *op. cit.*, § 94.
[818] CEDH, Gr. Ch., *Taxquet c/ Belgique*, *op. cit.*, § 95.
[819] CEDH, Gr. Ch., *Taxquet c/ Belgique*, *op. cit.*, § 96.
[820] CEDH, Gr. Ch., *Taxquet c/ Belgique*, *op. cit.*, § 97 (nous soulignons).

tifs »[821]. Le grief se comprend aisément : *les questions ont été formulées en des termes juridiques*. Qu'il s'agisse de la question n° 25, où il est question d'un homicide, de la question n° 26 d'un assassinat, de la question n° 27 où il est question d'une tentative de meurtre ou encore de la question n° 28 où il est question d'une tentative d'assassinat, les questions ne font guère que viser les éléments constitutifs de l'infraction, sans jamais s'intéresser aux faits. Bien qu'on ait parfois soutenu le contraire[822], cette double condamnation de la Belgique, dont la législation était calquée sur le Code de procédure pénale français, méritait sans aucun doute une intervention du législateur français.

b. Un contrôle désormais possible des qualifications

87-3. ***Les apports de la loi du 10 août 2011.*** La doctrine française ne s'est généralement pas alarmée de la confirmation de la condamnation du système belge, par la Grande Chambre de la CEDH, dans l'affaire *Taxquet*[823]. Plutôt que de souligner la très grande proximité entre les deux législations, elle a plutôt insisté sur les différences, dont, en particulier, l'existence, en France, d'un appel circulaire devant une cour d'assises d'appel[824], et n'a ménagé aucun effort pour montrer combien l'arrêt rendu en formation solennelle était en retrait par rapport à l'arrêt rendu en section[825]. La force des arguments a, semble-t-il, réussi à convaincre, dans un premier temps, la Chambre criminelle qui, réunie, en formation plénière, s'est refusée à voir dans les règles françaises relatives à la motivation des arrêts de cour d'assises, une incompatibilité avec le droit à un procès équitable[826]. Elle devait même refuser, à plusieurs reprises par la suite, arguant de motifs souvent spécieux, de transmettre des questions prioritaires de constitutionnalité mettant en cause la conformité des articles 349, 350 et 357 du Code de procédure pénale - dans leur rédaction d'alors - aux principes du droit à une procédure juste et équitable, d'égalité devant la loi et d'égalité devant la justice[827]. La Cour de cassation s'est, cependant, dans un second temps, montrée plus raisonnable et a accepté plusieurs QPC formulée à peu de choses près de la même manière[828]. Il faut lui en savoir gré, car

---

[821] *Op. cit.*, § 49.

[822] V. *infra*, n° 87-3.

[823] CEDH 13 janv. 2009, *Taxquet c/ Belgique*, requête n° 926/05, CEDH, Gr. Ch., *Taxquet c/ Belgique*, 16 nov. 2010, requête n° 926/05 (*supra*, n° 87-1).

[824] Le double degré de juridiction est, en effet, une garantie mentionnée par les deux arrêts. - On a également fait remarquer, au titre des différences, que, en Belgique, magistrats et jurés délibèrent séparément, J. LASSERRE CAPDEVILLE, « Arrêt d'assises : la réponse aux questions posées est une motivation suffisante », *AJ pén.* 2009, p. 495 et s., spéc. p. 496

[825] *Cf.*, en particulier, J.-F. RENUCCI, « Motivation des arrêts d'assises et CEDH : l'apaisement », *D.* 2011, p. 47, J. PRADEL, « La Cour de Strasbourg n'impose finalement qu'une motivation minimale aux cours d'assises statuant avec des jurés », *D.* 2011, p. 48.

[826] Crim., 14 oct. 2009, pourvoi n° 08-86.480, *JurisData* n° 2009-049887, *JCP G* 2009, 456, note H. MASTOPOULOU, *Dr. pén.*2009, comm. n° 143, obs. A. MARON, M. HAAS.-V. encore, Crim., 9 déc. 2009, pourvoi n° 08-87.172, *JurisData* n° 2009-051114.

[827] Crim., QPC, 19 mai 2010, pourvoi n° 09-83.328 (publié), non lieu à transmettre, *JCP G* 2011, 141, *D.* 2011, p. 800, note J.-B. PERRIER ; Crim. 4 juin 2010, pourvois n° 09-84.928, n° 09-85.359, n° 09-86.428, n° 09-87.406, *RTD civ.* 2010, p. 508, obs. P. DEUMIER, *RSC* 2011, p. 190, obs. B. DE LAMY ; Crim. 8 juillet 2010, n° 09-87205 ; Crim., 9 juill. 2010, n° 09-88.414, *Cah. Cons. const.* 2011, p. 236, obs. M. DISANT.

[828] Crim., 19 janv. 2011, pourvois n° 10-85.305, n° 10-85.159, *D.* 2011, p. 447, obs. S. LAVRIC, *D.* 2011, p. 800, note J.-B. PERRIER, *D.* 2011, p. 1154, note W. MASTOR, B. DE LAMY ; *Cah. Cons. const.* 2011, p. 236, obs. M. DISANT, *RSC* 2011, p. 423, obs. J. DANET.

elle a probablement mis en mouvement un processus d'évolution formellement enclenché par le Conseil constitutionnel[829]. Saisis de la conformité des articles 349, 350, 353 et 357 du Code de procédure pénale aux droits et libertés que la Constitution garantit, en particulier ceux contenus aux articles 7, 8 et 9 de la Déclaration des droits de l'homme et du citoyen de 1789, les neuf Sages n'ont, il est vrai, décelé aucune inconstitutionnalité. S'ils ont, du reste, constaté, une « absence de motivation en la forme » devant la cour d'assises, ils ont conclu qu'elle était *justifiée* dès lors que la loi avait institué des garanties suffisantes pour exclure l'arbitraire[830]. Mais voilà que parmi ces garanties[831], l'une d'elles, loin d'être négligeable dans la décision du Conseil constitutionnel, était appelé à disparaître par l'effet du projet de loi déposé le 13 avril 2011 par le garde des Sceaux. En proposant de réduire le nombre des jurés d'assises à deux au sein du cour d'assises simplifiée et de faire disparaître, en conséquence, le principe de la majorité absolue des jurés pour toute décision défavorable à l'accusé[832] - le projet n'a pas abouti sur ce point, mais le principe a été abrogé par la loi n° 2011-939 du 10 août 2011 qui a, par là même, réduit le nombre des jurés d'assises[833] -, le législateur a sans doute fait apparaître que « la constitutionnalité des textes qui [...] étaient soumis [au Conseil constitutionnel] tenait à la composition et aux règles de vote de la cour d'assises que le législateur entendait bien modifier »[834].

À tout le moins la décision du Conseil constitutionnel a-t-elle conduit le législateur à relire les arrêts *Taxquet*, à faire fi de toutes les nuances que la doctrine avait cru pouvoir déceler dans le second, à rejeter toute référence à l'affaire *Papon c/ France*[835] - décision circonstancielle *à distinguer* (selon la méthode de « dis-

[829] C.C., 1er avr. 2011, déc. n° 2011-113/115 QPC, *LPA* 2011, n° 148, p. 15-22, note A. MAURIN, A. LE QUINIO, *D.* 2011, p. 1156-1157, note J.-B. PERRIER, *Dr. pén.*2011, p. 33-36, obs. A. MARON, M. HAAS, *AJ pén.* 2011, p. 243-245, note J.-B. PERRIER, *Gaz. Pal.* 3 avr. 2011, p. 19-22, note O. BACHELET, *RSC* 2011, p. 423-424, note J. DANET.

[830] C.C., 1er avr. 2011, déc. n° 2011-113/115 QPC, pt. 11.

[831] C.C., 1er avr. 2011, déc. n° 2011-113/115 QPC : oralité et continuité des débats (pt. 12), présence d'un défenseur, questions posées conformément au dispositif de la décision de renvoi dont l'article 327 du code de procédure pénale prescrit la lecture à l'ouverture des débats (pt. 13) ; chaque fait est spécifié dans la décision de mise en accusation ; chaque circonstance ou chaque cause légale d'exemption ou de diminution de peine fait l'objet d'une question ; des questions spéciales ou subsidiaires peuvent, en outre, être posées à l'initiative du président ou à la demande du ministère public ou d'une partie ; les modalités de la délibération de la cour d'assises sur l'action publique sont définies de façon précise par le chapitre VII du même titre (pt. 15). le président de la cour d'assises et la cour, lorsqu'elle est saisie d'un contentieux, doivent veiller, sous le contrôle de la Cour de cassation, à ce que les questions posées à la cour d'assises soient claires, précises et individualisées ;

[832] Projet de loi, *sur la participation des citoyens au fonctionnement de la justice pénale et le jugement des mineurs*, enregistré à la Présidence du Sénat le 13 avr. 2011, art. 8.

[833] C. proc. pén., art. 296, al. 1er : « Le jury de jugement est composé de six jurés lorsque la cour statue en premier ressort et de neuf jurés lorsqu'elle statue en appel » ; C. proc. pén., art. 359 : « Toute décision défavorable à l'accusé se forme à la majorité de six voix au moins lorsque la cour d'assises statue en premier ressort et à la majorité de huit voix au moins lorsque la cour d'assises statue en appel ».

[834] J. DANET, « La motivation des arrêts de cour d'assises ou l'étrange avènement d'une réforme par d'obscurs chemins de la jurisprudence », *D.* 2011, p. 423 et s.

[835] CEDH, *Papon c/ France*, 15 nov. 2001, requête n° 54210/00 : « La Cour observe qu'en l'espèce, dans son arrêt, la cour d'assises s'est référée aux réponses que le jury avait faites à chacune des 768 questions du président de la cour d'assises, ainsi qu'à la description des faits déclarés établis et aux articles du code pénal dont il avait été fait application. Si le jury n'a pu répondre que par "oui" ou par "non" à chacune des questions posées par le président, ces questions formaient une trame sur laquelle s'est fondée sa décision. La Cour estime que la précision de ces questions permet de compenser adéquatement l'absence de motivation des réponses du jury ».

tinction » du *Common Law*)[836] de toute espèce commune[837] -, à revenir surtout à l'*obiter dictum* énigmatique et erroné du premier arrêt *Taxquet*. Disons-le, l'objet de cette intervention « en passant » de la Cour était, avant tout, de rassurer les juristes français. En insistant sur ce qu'elle pensait être une supériorité du système français sur le système belge, elle devait pourtant, tout à l'inverse, en annoncer la réforme imminente. Rappelons, en effet, que pour délivrer son *satisfecit*, la Cour affirmait - information rigoureusement inexacte à l'époque[838] -, que la procédure pénale française organisait une « mise en forme des raisons dans les décisions des juridictions d'assises »[839]. Elle se référait, selon toute vraisemblance, à un projet présenté en 1996, par le garde des Sceaux d'alors, Monsieur Toubon[840], qui proposait de réformer le régime de la motivation des arrêts d'assises. Mais c'était oublier que le projet n'avait jamais été adopté.

87-4. ***Vers une motivation « en preuve ».*** L'erreur de la juridiction strasbourgeoise est désormais corrigée. Il n'y a guère de différence entre les exigences posées par le projet de 1996 et celles qui résultent du nouvel article 365-1 du Code de procédure pénale. Dans le projet de loi, un article 231-50 disposait que les raisons du jugement reprendraient « pour chacun des faits reprochés à l'accusé, le résumé des principaux arguments par lesquels le tribunal (ou la cour) d'assises s'est convaincu(e) et qui (auront) été dégagés au cours de la délibération, ainsi que, en cas de condamnation, les principaux éléments de fait et de personnalité ayant justifié le choix de la peine ». L'article 365-1, alinéa 2 du Code de procédure pénale énonce quant à lui que « [e]n cas de condamnation, la motivation consiste dans l'énoncé des principaux éléments à charge qui, pour chacun des faits reprochés à l'accusé, ont convaincu la cour d'assises. Ces éléments sont ceux qui ont été exposés au cours des délibérations menées par la cour et le jury en application de l'article 356, préalablement aux votes sur les questions ». Pour bien mesurer la portée de ce texte, et déterminer, en particulier, si les nouvelles dispositions imposent une motivation « en fait » (*contrôle de l'opérance*) et en « preuve » (*contrôle du raisonnement probatoire*), il n'est pas inutile de consulter le droit belge. Peu après le premier arrêt rendu par la CEDH dans l'affaire *Taxquet*, et dans une espèce mettant en jeu des faits tout à fait comparables à ceux dont la Haute juridiction strasbourgeoise avait eu à connaître, la Cour de cassation belge devait énoncer que « la seule affirmation que le demandeur est coupable de meurtre et qu'il n'y a pas lieu de l'en excuser ne révèle pas les raisons concrètes pour lesquelles la qualification contestée par le demandeur a été jugée établie, et ne permet pas à la Cour de vérifier notamment si la condamnation est fondée dans une mesure déterminante sur le témoignage anonyme recueilli à charge de l'accusé ou si elle prend appui sur d'autres modes de preuve qui le corroborent conformément à l'article 341, alinéa 3, du Code d'instruction

[836] Sur laquelle, v. *supra*, n° 7.

[837] V. aussi, de cette opinion : M.-L. RASSAT, « Encore et toujours la Cour européenne des droits de l'homme », *JCP G* 2009, act. 200.

[838] J.-P. MARGUÉNAUD, note ss. CEDH, 2e sect., 13 janv. 2009, *Taxquet c/ Belgique*, *RSC* 2009, p. 657 et s., J. LASSERRE CAPDEVILLE, « Arrêt d'assises : la réponse aux questions posées est une motivation suffisante », *AJ pén.* 2009, p. 495 et s., spéc. p. 496. - V. en ce sens, aussi, les remarques contenues dans le rapport du Comité de réflexion sur la justice pénale : Ph. LÉGER, *Rapport du Comité de réflexion sur la justice pénale*, Ministère de la justice, Paris, septembre 2009, spéc. 37-39.

[839] CEDH, 13 janv. 2009, *Taxquet c/ Belgique* , *op. cit.*, §

[840] Sur lequel, v. *JOAN*, session 1996-1997, Projet de loi n° 2928.

criminelle »[841]. Ainsi qu'on peut en juger, la censure intervient pour deux motifs : tout d'abord, la seule réponse affirmative de la cour d'assises n'a pas permis à l'accusé de connaître les raisons concrètes pour lesquelles la qualification litigieuse a été retenue (*la question est celle de la qualification - de l'opérance*) ; ensuite, cette même réponse n'a pas permis à la Haute juridiction de vérifier si la condamnation est ou non fondée, de manière déterminante, sur un témoignage complètement anonyme[842] (*la question est, ici, celle de la preuve*). Cet arrêt et le recours alors pendant devant la Grande Chambre de la CEDH ont sans doute précipité la réforme de la cour d'assises belge, envisagée depuis 2004. Le 21 décembre 2009, en effet, était adoptée la loi *relative à la réforme de la cour d'assises*[843], modifiant, en particulier, l'article 334 du Code d'instruction criminelle qui dispose désormais que : « La cour et les jurés se retirent ensuite immédiatement dans la chambre des délibérations. - Sans devoir répondre à l'ensemble des conclusions déposées, ils formulent les principales raisons de leur décision ».

Si, tout comme le texte équivalent français, l'article 334 est lapidaire et emploie une formule à peu de choses près comparable (« énoncé des principaux éléments à charge », pour l'un, « principales raisons de leur décision », pour l'autre), sa portée est, semble-t-il, assez différente, au moins pour deux raisons. Tout d'abord, l'article du Code d'instruction criminelle belge fixe les règles de motivation quel que soit le résultat de l'arrêt : condamnation ou acquittement. Le texte du Code de procédure pénale n'indique rien en cas d'acquittement, si ce n'est que, dans une forme d'exorde dont la valeur générale risque d'échapper au lecteur pressé, l'alinéa 1er dispose que « [l]e président ou l'un des magistrats assesseurs par lui désigné rédige la motivation de l'arrêt ». Dans une circulaire du 15 décembre 2011[844], le ministère de justice et des libertés a cru bon de préciser, dans un point 3.2. dont on peut sincèrement espérer qu'il ne soit pas suivi d'effet, que la motivation est également exigée « en cas d'acquittement », mais que le « contenu n'est dans cette hypothèse pas précisé par le législateur ». Qu'à cela ne tienne, le ministère indique lui-même la manière de procéder ; s'il ne paraît pas « indispensable » que la motivation énonce les « principaux éléments à décharge ayant conduit à l'acquittement », il conviendrait néanmoins, et « dans la mesure du possible et selon les motivations, que la motivation d'un acquittement puisse donner les raisons essentielles pour lesquelles la cour d'assises n'a pas retenu la culpabilité de l'accusé, afin de répondre aux légitimes attentes de la partie civile et de la société, en distinguant le cas échéant entre l'acquittement qui s'explique par une insuffisance de preuve et celui qui s'explique par l'absence de commission de l'infraction ». On trouve même, en annexe de la circulaire, un exemple de feuille de motivation en cas d'acquittement. C'est évidemment bien trop d'honneur pour une si mauvaise proposition qui réalise la prouesse, en quelques lignes, de rétablir la diabolique « mise hors cour »[845] de

---

[841] Cass. belge, 10 juin 2009, n° P.09.0547.F., *J.L.M.B.* 2009/30, p. 1395 et s., note A. JACOBS (arrêt qui se rallie aux conclusions de l'avocat général D. Vandermee *RSC*h).

[842] Le droit belge (Code d'instruction criminelle, art. 189*bis*) et le droit français (C. proc. pén., art. 706-62) - ainsi que l'exige la jurisprudence de la CEDH (CEDH, 20 nov. 1989, *Kostovski c/ Pays-Bas*, Série A n° 166, § 39 et s.) -, interdisent qu'une condamnation soit fondée de manière exclusive (et même de manière déterminante pour le droit belge) sur un témoignage anonyme.

[843] Publiée au Moniteur belge le 11 janvier 2010 et entrée en vigueur le 21 janvier 2010.

[844] Circulaire, 15 déc. 2011, relative à la présentation des dispositions de la loi n° 2011-939 du 10 août 2011 sur la participation des citoyens au fonctionnement de la justice pénale et le jugement des mineurs relatives à la cour d'assises applicables au 1er janvier 2012, NOR : JUSD1134281C, BOMJ L n° 2011-12 du 30 décembre 2011.

[845] Sur laquelle, *v. infra*, n° 130.

l'Ancien Droit, de ne pas évoquer le problème pourtant essentiel de la motivation de la qualification et d'entrer en contradiction flagrante avec l'article 353, alinéa 2, du Code de procédure pénale qui maintient quasiment à l'identique la célèbre formule relative à l'intime conviction : « Sous réserve de l'exigence de motivation de la décision, la loi ne demande pas compte à chacun des juges et jurés composant la cour d'assises des moyens par lesquels ils se sont convaincus, elle ne leur prescrit pas de règles desquelles ils doivent faire particulièrement dépendre la plénitude et la suffisance d'une preuve ; elle leur prescrit de s'interroger eux-mêmes dans le silence et le recueillement et de chercher, dans la sincérité de leur conscience, quelle impression ont faite, sur leur raison, les preuves rapportées contre l'accusé, et les moyens de sa défense. La loi ne leur fait que cette seule question, qui renferme toute la mesure de leurs devoirs : "Avez-vous une intime conviction ?" ».

Mais c'est évoquer la seconde différence qui sépare les systèmes belge et français[846]. Le législateur belge a fait disparaître du Code d'instruction criminelle toute référence à l'intime conviction[847]. L'article 327 dudit Code dispose désormais que « [a]vant de commencer la délibération, le ou la chef des jurés leur fait lecture de l'instruction suivante, qui est, en outre, affichée en gros caractères dans le lieu le plus apparent de la chambre des délibérations : "La loi prévoit qu'une condamnation ne peut être prononcée que s'il ressort des éléments de preuve admis que l'accusé est coupable au-delà de tout doute raisonnable des faits qui lui sont incriminés" ». Si les mots ont un sens, la présente version du texte français, qui procède de l'idée de ce que la version précédente faisait fi de toute motivation tant sur la qualification que sur la preuve[848], dispense toujours juges et jurés de motiver leur décision sur les preuves : **si la « loi » ne leur « demande pas compte » « des moyens par lesquels ils se sont convaincus », ils n'ont normalement pas à indiquer, par exemple, les preuves (*tel témoignage, tel aveu, tel rapport, etc.*) qui ont emporté leur conviction**. Il leur suffit, semble-t-il, à l'instar de ce qu'exigeait cet arrêt précité de la Chambre criminelle du 25 mai 1965[849], d'indiquer les faits « matériels » (*sociaux*) à l'origine de la qualification retenue[850]. Inutile de préciser que la circulaire du ministère de la justice et des libertés se place exclusivement sur le domaine probatoire, là encore. Faut-il en être surpris ? La notion « d'intime conviction » véhicule, semble-t-il, une charge émotionnelle telle qu'elle met entrave à toute réflexion sereine. Les débats ayant précédé l'adoption de la loi belge sont plein de ces poncifs généralement réservés à la presse : « il est évident, dit un sénateur, que l'on ne peut

---

846 L'autre différence - non négligeable - tient au fait que la cour (le président et les deux assesseurs) et les jurés ne délibèrent pas ensemble. Le jury se retire seul pour délibérer (Code d'instruction criminelle, art. 322). Ce n'est qu'une fois le verdict rendu que la cour et le jury se retirent alors, ensemble, pour établir la motivation du verdict (art. 337). Une telle situation est de nature à compliquer considérablement la tâche des juges chargés de formaliser le raisonnement suivi par la majorité (v., en ce sens : D. DILLENBOURG, « La réforme de la cour d'assises et ses incidences sur les juridictions correctionnelles », *Rev. Dr. pén.crim.* 2010, n° 4, p. 396-443, spéc. p. 432). Les juges disposent, il est vrai, en contrepartie, du pouvoir d'annuler le verdict, dont on peut craindre, cependant, qu'il soit utilisé beaucoup plus fréquemment à l'avenir (Code d'instruction criminelle, art. 336 - v. aussi, les obs. de D. DILLENBOURG, *op. cit.*, spéc. note (173), p. 433).

847 Même si c'est pour de mauvaises raisons, v. *infra*.

848 La formule : « Sous réserve de l'exigence de motivation de la décision » montre que, dans l'esprit du législateur, ce texte faisait au moins obstacle à la motivation de la qualification - ce qui est inexact, v. *supra*.

849 Crim., 25 mai 1965, *préc.*

850 Mais sur les difficultés que présente une motivation à travers les questions-réponses et auxquelles permet d'échapper la feuille de motivation, *cf.* M. HUYETTE, « Comment motiver les décisions de la cour d'assises ? », *D.* 2011, p. 1158 et s.

plus juger sur la seule base d'une intime conviction. Cette méthode est effectivement une forme d'évaluation arbitraire »[851]. Mais l'erreur la plus grave consiste à croire que l'idée même d'intime conviction est incompatible avec toute motivation. Le Ministre de la Justice belge disait encore, « [l]'introduction de l'obligation de motiver entraîne également que la notion d'"intime conviction" [...] est abandonnée ». Or, comme on l'a dit, « même pour les juges professionnels, si l'on excepte les cas de preuve réglementée, c'est bien de leur intime conviction que jaillira leur décision »[852]. Bref, même si, en l'état, l'article 353, alinéa 2 du Code de procédure pénale ne permet pas, formellement, une motivation sur la preuve, le principe même de l'intime conviction n'est pas un obstacle à la motivation. En tout état de cause, la confusion des débats montre qu'une approche posée et méthodique de la question est un préalable à une réforme en profondeur des textes pertinents[853]. Il faut espérer que les profonds débats - qui ne manqueront certainement pas de s'élever - auront lieu dans de meilleures conditions.

CONCLUSION DE LA SECTION I

87-1. L'opérance se définit comme la capacité d'une proposition de fait à recevoir la qualification contenue dans l'antécédent abstrait de la règle de droit mobilisée. Les mécanismes à l'œuvre dans la détermination de l'opérance sont relativement complexes. De manière générale, le juge s'appuie sur ce qu'on a appelé le sens commun, c'est-à-dire la norme tacite que toute personne peut normalement inférer du constat de la récurrence des phénomènes dans le monde sensible. C'est grâce à ce sens commun, qui a beaucoup à voir avec la causalité, mais aussi avec « l'acceptable » ou le « courant », que le juge parvient normalement à réaliser son opération d'interprétation-qualification indispensable à la détermination de l'opérance de la proposition factuelle. Dans certaines circonstances, qui sont loin d'être marginales, le travail du juge est facilité par une présomption normative. Le propre de la présomption normative - contrairement à la présomption factuelle qui a un rôle purement probatoire, donc factuel - est d'intervenir dans le domaine du droit et d'indiquer quelle proposition-objet de preuve - dont la *vérité* reste néanmoins à

---

[851] Cité par D. DILLENBOURG, *op. cit.*, spéc. note (183), p. 434.

[852] D. DILLENBOURG, *op. cit.*, p. 434.

[853] V. encore cette affaire récente - Crim., 28 sept. 2011, pourvoi n° 11-80.929, *JurisData* n° 2011-020370, *Dr. pén.*2011, comm. n° 141, obs. A. MARON, M. HAAS, *D.* 2012, p. 171, n° 3, obs. A. LEPRIEUR -, où il était question d'une pratique, développée par certains présidents de cour d'assises peu après le premier arrêt *Taxquet*, et consistant à poser des éléments sur les données factuelles (*cf.* A. LEPRIEUR, *obs. préc.*). En l'occurrence, après avoir posé sept questions « légales » (*il faut comprendre : en visant l'antécédent abstrait*), le président de la cour d'assises du Cher avait rédigé six questions « factuelles » dont la première, par exemple, était rédigée de la manière suivante : « Est-il établi que, le 25 avril 2006, à son domicile à ... (62), Mme Marie-Ange Y..., épouse Z..., tante maternelle de Camille A..., a été témoin de comportements équivoques de cette dernière vis-à-vis de sa jeune cousine ? ». La Cour de cassation y voit une motivation portant sur la preuve (*ce dont on peut discuter*) : « Attendu qu'en cet état, si c'est à tort que le président a posé, avant la question principale sur la culpabilité de l'accusé, des questions distinctes sur des éléments de preuve des infractions, et ce en méconnaissance des dispositions de l'article 349 du code de procédure pénale, l'arrêt n'encourt pas pour autant la censure dès lors que la défense n'a pas élevé d'incident contentieux au sujet des questions ». Mais le fondement interroge. Au lieu de viser l'article 353, alinéa 2, tout indiqué pour les questions probatoires (et qu'elle utilisait pour les motivations portant sur la qualification, v. *supra*, n° 86), elle vise l'article 349 relatif à la rédaction des questions qui aurait eu toute sa place dans les arrêts mettant en jeu la question des qualifications.

établir - est jugée *opérante* pour le système juridique. En d'autres termes, **la présomption normative ne va pas du *fait inconnu* vers le *fait connu*, mais du *fait* vers *l'antécédent abstrait de la règle de droit.*** C'est, d'une certaine manière, *un assistant à l'opération d'interprétation-qualification*, qui peut, du reste, réaliser d'autres fonctions, en identifiant, par exemple, comme c'est le cas en matière pénale, une proposition plus facile à prouver que celle qu'offre le sens commun ou en modulant le degré de complexité de la démonstration contraire. En tant qu'elle se situe au cœur du système juridictionnel et de son fonctionnement probatoire (puisqu'elle en constitue le premier terme), l'opérance ne peut échapper complètement au contrôle de la Cour de cassation. La Haute juridiction est, en effet, chargée d'assurer l'uniformité du droit sur l'ensemble du territoire de la République et, pour ce faire, elle doit viser les qualifications, c'est-à-dire les liens que les juges ont établis entre la proposition de fait et l'antécédent de la règle de droit. Il y va de la « vérité du droit » qui n'est pas simplement une *vérité jugée* mais une *vérité conforme aux interprétations de l'organe suprême.* La maxime « chacun sa vérité » n'est pas acceptable pour le système juridique et c'est la raison pour laquelle on constate qu'aucune notion n'est véritablement rebelle au contrôle de la Cour de cassation, celle-ci intervenant au gré des besoins de rappel du sens de la norme. Même en matière criminelle, où la tradition s'est pourtant longuement opposée à l'exercice de ce contrôle, les choses sont en train de changer, ce qui devrait permettre à la Cour de cassation de veiller, en ce domaine aussi, à la vérité du droit. Sous un autre regard, la vérité du droit dépend aussi du rôle plus ou moins actif du juge sur la litigiosité, seconde qualité déclarée que doit avoir l'objet de la preuve.

SECTION II
LA LITIGIOSITÉ DE L'OBJET DE LA PREUVE

88. ***Définition de la litigiosité.*** La notion ne peut, à l'évidence, se réclamer que de peu de précédents[854]. Elle encourt probablement la critique, d'abord parce qu'elle permet la confusion avec une notion de la procédure civile à laquelle elle emprunte en partie[855], ensuite parce qu'elle semble nuancer une certaine particularité de la procédure pénale[856]. La notion est pourtant essentielle, car l'objet de la

[854] H. MOTULSKY, *Principes d'une réalisation méthodique du droit privé.- La théorie des éléments générateurs des droits subjectifs*, Dalloz, Paris, 2002, spéc. n° 115, p. 128-129 : « Le juge réunit ainsi toute une série de faits qui ont tous deux caractéristiques communes : *ils sont concluants, et ils sont litigieux* ».- V., aussi, *infra*, note n° 89, la formule de J. Normand.

[855] C. proc. civ., art. 4 (objet du litige), 8 (explications de fait pour la solution du litige), art. 12, al. 2 (requalification des faits et aces litigieux) indirectement, C. proc. civ., art. 6 (allégations de fait qui fondent les prétentions), 7 (faits dans le débat), art. 9 (preuve des faits nécessaires au succès de la prétention), art. 15 (communication, en temps utile, des moyens de fait qui fondent la prétention). V. aussi, A. JEAMMAUD, « Conflit, différend, litige », *Droits* 34/2002, p. 15 et s.

[856] On peut pourtant utiliser le terme de litige en matière pénale : L. CADIET, J. NORMAND, S. AMRANI MEKKI, *Théorie générale du procès*, PUF, Thémis Droit, Paris, spéc. p. 296 : « C'est cette conception réduisant le litige à un conflit de volontés, à un désaccord (ou différend, ou contestation) entre personnes qui a pu conduire à nier l'existence d'un litige en matière pénale et, en matière administrative, dans le recours pour excès de pouvoir et, partant, la définition du procès comme litige soumis au juge. […] Il faut "dépersonnaliser" ou "désubjectiviser" la notion de litige. Certes, ni le contentieux administratif de l'excès de pouvoir, ni la procédure pénale n'expriment un désaccord entre particuliers. Un conflit n'en existe pas moins, même si le litige oppose un particulier à la puissance publique, dans le contentieux administratif de l'excès de pouvoir, ou à la société elle-même dans la procédure pénale. Et ce conflit est

preuve, une fois que l'instance est ouverte, ne peut plus être analysé comme on l'a fait jusqu'à présent. Il y a, en effet, un très net décalage entre les propositions théoriques (qui demeurent nécessaires) et la vie processuelle du droit. Toutes les propositions ou les « éléments générateurs » - pour reprendre une expression désormais répandue[857] -, virtuellement contenus dans l'antécédent de la règle de droit, ne sont pas nécessairement des objets de preuve pour les parties et pour le juge ; divers mécanismes viennent découper le « monde des possible*s* » du droit pour ne livrer qu'une vue fragmentaire de la réalité. Sous ce regard, la preuve ne s'applique qu'à la proposition-objet qui se trouve « dans le litige ». *Il faut entendre par litige, d'une manière large, ce qui constitue la matière factuelle et juridique du procès* (c'est donc le procès qui rend nécessaire l'introduction de ce concept complémentaire). Le litige a ainsi une double dimension ; *la dimension du fait*, d'abord, puisque certains faits seulement peuvent être pris en compte par le juge. Nul n'en sera surpris ; qu'il s'agisse de la procédure civile ou de la procédure pénale, la base factuelle à disposition du juge n'est pas sans limites puisque force dispositions permettent de la moduler. Aussi bien le juge pénal ne peut-il tenir compte de faits qui ne sont pas dans l'acte de saisine ou, plus largement, dans le dossier de la procédure, et le juge civil, pour sa part, ne peut normalement s'émanciper des faits contenus dans les demandes et les défenses. *La dimension du droit*, ensuite, puisqu'il ne suffit pas que le fait soit *dans le litige* (au sens large). Encore faut-il qu'il corresponde à une règle de droit (opérance). Mais la proposition est encore insuffisante : la règle de droit doit, elle aussi, se trouver dans le litige, et l'on sait que tel n'est pas toujours le cas. ***En somme la litigiosité s'entend soit de l'aptitude d'un fait à venir au soutien de la qualification juridique retenue, soit de l'aptitude du droit à venir appréhender une proposition de fait et à lui permettre de subsister au regard de l'objet de la demande***. Pour le dire autrement, un fait n'est litigieux que s'il est introduit au litige et si, au surplus, il correspond à l'antécédent *d'une* règle de droit introduite dans le litige. Dans le cadre d'une action pétitoire, le demandeur ne peut prospérer dans sa demande d'usucapion si les faits qu'ils avancent - parce qu'il s'agit du paiement d'impôt - ne permettent pas de caractériser le *corpus* de la possession. Le juge peut, néanmoins, sous certaines conditions, assurer le triomphe de la demande s'il parvient à identifier, dans le dossier ou dans les faits non spécialement articulés, des actes matériels, comme l'accomplissement de travaux de réfection. De la même manière, celui qui, se plaignant d'une défectuosité ayant affecté sa chose, agit sur le fondement de la garantie des vices cachés, demande qui ne peut prospérer en raison de la prescription de l'action, peut encore triompher si le juge redonne une règle de droit, une qualification, à ces faits matériels, comme la responsabilité contractuelle engagée sur le fondement de l'obligation de délivrance conforme. Comme on le voit, on envisage deux aspects de l'office du juge, celui qui porte sur ses pouvoirs à l'égard des faits et celui qui porte sur ses pouvoirs à l'égard du droit. Dans ce dernier cas, on remarque que le juge ne requalifie pas, à proprement parler, les faits. Il

bien d'ordre juridique, même s'il ne met pas forcément en cause des intérêts constitués sous forme de droits subjectifs ».

[857] H. MOTULSKY, *Principes d'une réalisation méthodique du droit privé*, n° 81 et s., H. MOTULSKY, « Le rôle respectif du juge et des parties dans l'allégation des faits », *in* H. MOTULSKY, *Écrits. - Études et notes de procédure, T. I,* Dalloz, Paris, 1973, p. 38, n° 14 et s., H. MOTULSKY, « La cause de la demande dans la délimitation de l'office du juge », *D.* 1964, chron., p. 235 et s., spéc. n° 4, qui parle encore « d'éléments matériels » ou « d'éléments de fait » (*op. cit.*, n° 7, p. 106), expressions qui renvoient, dans le cadre de cette étude, à celle de proposition-objet concrète ou à celle de fait matériel, par opposition au fait juridique (v. *supra*, n° 21 et s.).

soulève d'office un moyen de droit. Il recourt, dans le langage de Motulsky à une règle de droit non invoqué[858]. Mais, comme l'éminent auteur l'avait bien remarqué, l'opération à laquelle procède le juge est semblable dans les deux cas[859].

89. ***Intérêt de la litigiosité.*** En appréhendant la rencontre du fait et du droit au sein de ce rapport complexe entre plusieurs sujets de droit que constitue le procès, la notion apporte un éclairage nouveau sur de multiples problèmes qui sont généralement laissés dans l'ombre ou résolus d'une manière contestable. Elle rend apparemment possible une analyse plus fine de l'institution en montrant que les rapports entre le juge et les parties sont certainement plus complexes qu'on tend à l'affirmer, de même qu'elle permet une ébauche d'analyse culturelle en mettant au jour les prémisses politiques et sociales du procès d'aujourd'hui et d'hier. Sur le premier point, on ne pourra que constater qu'une proposition-objet de preuve peut être prouvée non parce qu'elle est contestée[860], mais parce qu'elle est introduite, par le biais du fait ou du droit, dans le périmètre du litige[861]. Autrement dit, une

---

[858] H. MOTULSKY, « La cause de la demande dans la délimitation de l'office du juge », *op. cit.*, spéc. n° 10, p. 108.

[859] H. MOTULSKY, *op. cit.*, spéc. n° 17.

[860] Qualité procédurale préalable généralement attribuée au fait par la doctrine. *Cf.* J. NORMAND, C. BLÉRY, « Principes directeurs du procès. - Office du juge. - Introduction. - Déclenchement et extinction de l'instance », *J.-Cl. Proc. civ.*, Fasc. 150, n° 2. - En réalité, comme l'a montré le Professeur Le Bars (*Le défaut de base légale en droit judiciaire privé*, LGDJ, Bibliothèque de droit privé, Paris, 1997, spéc. n° 350-359, la notion de fait contesté ou de fait constant pose un problème de pertinence de la preuve, v. note suivante & *infra*, n° 348 et s.

[861] La notion de contestation fait toujours l'objet de grandes confusions. Si on entend par fait contesté l'avers du « fait constant », c'est-à-dire le *fait spécialement allégué* qui n'aurait pas à être prouvé, parce qu'il n'aurait pas été *contesté*, alors la proposition est rigoureusement fausse. Ainsi qu'on aura l'occasion de le voir, la notion de *fait constant* n'a qu'une portée probatoire (il s'agit de déterminer si le silence d'une partie face à un fait spécialement allégué est significatif sur le plan probatoire, ce qui n'est pas un problème de litigiosité, mais un problème d'appréciation de la preuve). Si on entend, en revanche, par fait contesté, celui faisant naître une charge d'allégation, alors l'expression est acceptable ; mais on est alors loin de l'analyse traditionnelle de la doctrine à l'égard du « fait contesté », car la notion de contestation n'a qu'une portée résiduelle et ne dit certainement pas ce qui doit être prouvé. Comme l'énonçait Motulsky, la charge de l'allégation est générale et doit porter sur les faits opérants : « Ainsi donc, la partie qui se prévaut, en justice, d'un droit subjectif n'est tenue d'alléguer que **les circonstances correspondant aux éléments générateurs de ce droit. Mais ces éléments doivent en principe, se retrouver intégralement dans le récit des faits ; aucun n'est, de par sa nature, exempt de cette nécessité** » (nous soulignons), H. MOTULSKY, *Principes d'une réalisation méthodique du droit privé*, *op. cit.*, n° 88, p. 90. La notion de contestation ne se déployait qu'à la marge, à travers deux « dispenses rationnelles » (*op. cit.*, n° 90, p. 91). Selon la première, « certaines conditions, pourtant indispensables à la formation du droit réclamé, peuvent être considérées comme implicitement affirmées et n'ont besoin d'être spécifiées qu'autant que leur réalisation, en l'espèce, est mise en doute » (cette hypothèse renvoie à une notion juridique de l'antécédent de la règle de droit qui ne fait l'objet d'aucune discussion particulière - elle ne doit donc donner lieu à une allégation factuelle particulière et on ne saurait débouter la partie au motif qu'elle n'a pas rempli la charge d'alléguer ; par ex., concernant les conditions de l'action, si la capacité, la qualité ou encore l'intérêt n'est pas contesté par l'adversaire, la présupposition n'est pas litigieuse, parce qu'elle n'est pas discutée (*op. cit.*, n° 91, p. 92-93)). Selon la seconde, qui est la plus intéressante : « l'indication de notion "complexes" peut parfois suffire à caractériser provisoirement le droit invoqué ; **la contestation seule forcera, dans cette hypothèse encore, à pousser plus loin l'analyse et les explications qui y correspondent** » (*ibid.* - nous soulignons). On peut reprendre l'exemple donné par Motulsky pour en mesurer la portée. À supposer que l'ouvrier X présente une demande d'indemnisation et qu'il fasse état, dans ses moyens de fait, de son « employeur » Y, « le juge ne recherchera pas dans ce récit des indications permettant de déterminer si, derrière ce terme complexe, se dissimule véritablement un personnage investi du caractère juridique correspondant. Il se contentera provisoirement de l'affirmation globale ; **et ce ne serait que dans le cas où l'adversaire contesterait sa qualité d'employeur que l'ouvrier serait tenu de donner de plus amples explications** » (*op. cit.*, n° 92, p. 93). La « contestation », on le voit, n'apparaît qu'en présence d'une dispense rationnelle s'appliquant à un antécédent abstrait complexe (*intégrant,*

proposition de fait peut être prouvée, soit parce qu'elle correspond à l'antécédent abstrait d'une règle de droit introduite dans le litige, soit parce qu'elle a été ramenée dans le litige (auquel elle était jusque-là étrangère) et placée en relation avec une règle de droit adéquate. Sur le second point, on perçoit, grâce à ce nouveau point d'observation, que les questions probatoires sont très largement tributaires de la répartition, entre tous les intervenants au procès, des prérogatives sur la matière litigieuse. Un exemple suffira : en conservant la mainmise sur la définition du litige, le juge peut faire prévaloir certains intérêts généraux, propres à la collectivité, sur les intérêts des litigants[862] ; dans le cas contraire, l'individu ne peut compter que sur lui-même, ce dont il tire, sans aucun doute, une certaine liberté, mais une liberté qui peut s'avérer problématique en certaines circonstances. De la même manière, la présence du juge garantit l'uniformité de la règle de droit. Si le juge n'est pas tenu, voire s'il lui est interdit d'intervenir, alors chacun peut, semble-t-il, espérer faire triompher sa *propre vérité du droit.* Ce choix, qu'on analyse généralement, en procédure civile, comme l'expression du « principe dispositif »[863], est loin d'être secondaire : *la preuve, rappelons-le, ne sert à rien aussi longtemps qu'elle ne dispose pas d'un objet sur lequel s'appliquer.* Enfin, de manière plus générale, que le juge ait le pouvoir, en matière civile, de puiser au-delà des faits articulés par les parties, qu'il ait le pouvoir, même le devoir, d'identifier une nouvelle règle de droit susceptible de donner vie juridique à un fait *a priori* non opérant, qu'il ait l'obligation, en matière pénale, de viser tous les faits de l'acte introductif, qu'il puisse parfois puiser dans le dossier de la procédure lui-même ou qu'il lui soit impossible de mobiliser, de son propre mouvement, certaines règles de droit qui seraient pourtant de nature à rendre opérants des faits du réquisitoire, voilà des circonstances qui

---

par ex., la notion d'employeur). Et encore, la règle n'oblige pas à prouver un « fait » contesté, mais à alléguer les propositions factuelles qui correspondent à l'antécédent abstrait de la règle de droit (complexe).

[862] On sait que, pour la procédure civile, deux grands schémas théoriques peuvent se concevoir : « On peut d'abord estimer que l'intérêt général s'attache essentiellement à ce qu'à tout litige soit imposée une solution pacifique [...]. Puisque l'apaisement du litige ne se conçoit que dans le respect des volontés privées, on accepte à l'avance que l'application du droit ne soit qu'approximative. [...]. On peut également, et à l'inverse, considérer que l'application correcte de la règle de droit n'est pas moins impérieuse que la solution pacifique du litige. Le droit, c'est ce qui doit être, et l'intérêt collectif ne peut courir le risque d'un procès abandonné dans tous ses aspects à l'initiative privée », J. NORMAND, « Principes directeurs du procès. - Office du juge. - Introduction. - Déclenchement et extinction de l'instance », *op. cit.*, n° 5 et 6.- *Adde*, BRULLIARD, « Le Code de procédure civile de la cité du Vatican », *RIDC.* 1948, p. 245.

[863] Le principe dispositif est traditionnellement présenté sous la forme d'un diptyque, avec d'un côté les pouvoirs du juge et des parties dans la direction du procès, de l'autre, les pouvoirs de ces mêmes protagonistes sur la maîtrise du litige. Mais souvent, la notion ne sert qu'à exprimer le degré de liberté dont dispose les parties vis-à-vis du litige, et notamment à l'égard des faits (v. Les contributions *in Le rôle du juge est des parties dans l'administration de la preuve*, XVIIe colloque des Instituts d'Études Judiciaires, Grenoble, 19-20-21 janvier 1989, IEJ-Faculté de droit de Grenoble, Grenoble, 1991, G. CORNU, « Rapport de synthèse », p. 107-123, *in*, *Les rôles respectifs du juge et du technicien dans l'administration de la preuve*, Xe Colloque des Instituts d'Études Judiciaires, Poitiers 26-28 mai 1975, PUF, 1976 ; J.-J. DAIGRE, *La production forcée de pièces dans le procès civil*, thèse Poitiers, PUF, Publication de la Faculté de droit et des sciences sociales de Poitiers, Paris, 1979 ; M. BELLAMY, « Le pouvoir de commandement du juge ou le nouvel esprit du procès », *JCP G* 1973, I, 2522). Cette manière *positive* d'envisager le problème est source de confusion car, historiquement, ainsi qu'on le montrera, le principe dispositif est l'expression *négative* de la liberté des parties, après l'extension qu'ont connue les pouvoirs du juge dans la formation du litige, v. *infra*, n° 95. - En ce sens, il est relativement inopportun de transposer tel quel le concept à la procédure pénale ; mais il est une certaine réalité, qui est celle du rôle des parties privées dans la formation du « litige pénal », dont il faudrait pouvoir rendre compte (v. *infra*, n° 206).

ont une répercussion immédiate sur le droit de la preuve, et qui enseignent, au-delà, sur la conception que le droit français se fait du procès[864] et de la notion de *vérité du droit*. C'est un préalable à la recherche d'un point de convergence des procédures civile et pénale[865], à la recherche d'un droit commun du procès[866] et, bien sûr, à une appréhension culturelle de la notion d'objet de preuve. Si on oublie, momentanément, le deuxième point[867] pour se consacrer exclusivement au premier, on ne peut que constater une grande proximité entre les deux procédures étudiées[868]. La litigiosité se pose, en effet, toujours dans les mêmes termes : *il s'agit de savoir à quelles conditions le fait et le droit vont pouvoir se rencontrer, au sein du litige, pour former la proposition-objet de preuve*. Reste que de nombreuses différences, ne serait-ce qu'organiques, rendent délicate une présentation globale. Si on garde à l'esprit l'identité des prémisses, il est alors possible d'envisager séparément la litigiosité en procédure civile (§ 1) et la litigiosité en procédure pénale (§ 2).

§ 1. La litigiosité en procédure civile

90. ***Rappel de la controverse autour de la « cause »***[869]. En vertu du principe dispositif[870], « [...] le juge n'a pas l'initiative de l'instance ; il ne se saisit pas spontanément des litiges, et ceux-ci ne demeurent soumis à sa connaissance que pour autant que les protagonistes le désirent. Il est lié par les éléments de l'instance, tels que ceux-ci les ont fixés. Il ne peut, notamment modifier l'objet du litige (art. 5), ni statuer sur d'autres faits que ceux que les parties ont mis dans le débat (allusion à l'ancienne notion de cause. - art. 7, al. 1) »[871]. La partie la plus complexe réside dans la dernière proposition : le juge ne peut normalement connaître de *faits* qui n'ont pas été introduits dans le débat par les parties. Elle est complexe, car la notion de fait est susceptible d'au moins deux acceptions, chacune donnant une morphologie radicalement différente de l'autre au procès civil. On aura reconnu la grande controverse autour de la notion de *cause de la demande*. Il faut en rappeler brièvement les principaux termes. On se souvient que deux écoles se sont affrontées, la première définissant la cause comme le fait déjà qualifié par les parties et

[864] Comme on l'a dit, « [l]'enjeu est d'importance. Il ne s'agit pas seulement d'une banale question de technique juridique. On touche ici l'un des problèmes essentiels du droit judiciaire : savoir dans quelle mesure les justiciables conservent la maîtrise de conflits qui ne concernent généralement que leurs intérêts privés, dans quelle mesure cet organe de la puissance publique qu'est le juge peut s'immiscer dans de tels conflits et déterminer de sa propre autorité en quels termes ils doivent être posés », J. NORMAND, C. BLÉRY, « Principes directeurs du procès. - Office du juge. - Fondement des prétentions litigieuses », *J.-Cl. Proc. civ.*, Fasc. n° 152, n° 1.

[865] On sait que les pénalistes insistent généralement sur les différences irréductibles qui séparent la procédure pénale de la procédure civile. V. en ce sens, l'article classique de J. PATARIN, « Le particularisme de la théorie des preuves en droit pénal », *in* J. STEFANI (dir.), *Quelques aspects de l'autonomie du droit pénal*, 1956, p. 75 et s. - *Adde*, les recherches approfondies de E. MOLINA, « Réflexion critique sur l'évolution paradoxale de la liberté de la preuve des infractions en droit français contemporain », *RSC* 2002, p. 263-282 (article qui reprend une parties des recherches doctorales de l'auteur : E. MOLINA, *La liberté de la preuve des infractions en droit français contemporain*, PUAM, Aix-Marseille, 2001).

[866] V. *supra*, n° 17.

[867] V. *infra*, n° 115 et s.

[868] V. aussi, H. MOTULSKY, *infra*, n° 111.

[869] Pour une présentation complète de celle-ci, v. H. MOTULSKY, « La cause de la demande dans la délimitation de l'office du juge », *D.* 1964, chron., p. 235 et s., spéc., n° 4-6. - *Adde*, J. VINCENT, S. GUINCHARD, *Procédure civile*, 26e éd., Dalloz, Précis, Paris, 2001, spéc. n° 518-520 ; L. CADIET, E. JEULAND, *Droit judiciaire privé*, 7e éd., Litec, Manuel, Paris, 2011, spéc.n° 512.

[870] Sur le sens précis du concept, v. *infra*, n° 120.

[871] J. NORMAND, *op. cit.*, n° 11.

invoqué au soutien de la demande[872], la seconde comme les seules allégations de fait, indépendamment de la qualification juridique pouvant en être donnée par la partie[873]. Le choix, comme on l'a dit, n'était pas sans conséquences : dans le premier cas, le juge ne pouvait jamais connaître du fait *matériel*, pas plus qu'il ne pouvait rectifier le droit, entièrement lié qu'il était par la qualification choisie par les parties[874] ; dans le second, il pouvait s'émanciper du nominalisme des parties en choisissant tant la règle que la qualification. Il était donc maître du droit, et les parties du fait (*Da mihi factum, dabo tibi jus* - « Donne-moi le droit, je te donnerai le fait », dit le juge)[875]. Si les rédacteurs du Nouveau Code de procédure civile[876] avaient sagement fait disparaître le terme de « cause », ils semblaient malgré tout avoir consacré la distinction du fait et du droit et accordé au juge un rôle majeur dans la définition du droit et donc dans la définition de l'objet de la preuve ; c'est ainsi la seconde thèse, celle de Motulsky, qui paraissait l'avoir emporté[877]. Ce changement a été important, d'abord en ce qu'il a rapproché le procès civil du procès pénal, ensuite en ce qu'il a laissé entendre que la liberté individuelle pourrait être primée, dorénavant, en procédure civile, par d'autres intérêts[878], enfin en ce qu'il a donné, au système juridique, les moyens de saisir la vérité (du droit) et non plus seulement de trancher un litige privé[879]. Le problème a ainsi une dimension culturelle particulièrement vive ; et il faudra garder à l'esprit que *toute transformation affectant ce domaine est susceptible d'avoir des répercussions importantes sur l'ensemble du droit de la preuve*. Mais avant d'aller plus avant sur cette voie, il convient d'apporter quelques précisions d'ordre terminologique.

91. ***Précisions sémantiques et positionnement du problème.*** Il faut renoncer, pour la suite de cette étude, à distinguer les notions « d'allégation » et celles de « moyen », sauf à préciser que la dernière a, du moins lorsqu'il s'agit du *fait*, un caractère judiciairement opérationnel[880]. La notion de cause[881], pour sa part,

---

[872] V., en autres références, R. MARTIN, « Le fait et le droit, ou les parties et le juge », *JCP G* 1974, I, 2625.- *Adde*, J. NORMAND, C. BLÉRY, *Fasc.* 152, *op. cit.*, n° 3 pour des références plus complètes sur ces deux écoles.

[873] On sait que cette thèse a été défendue avec force par Motulsky : *cf.* not., H. MOTULSKY, *Principes d'une réalisation méthodique du droit privé*, *op. cit.*, n° 81.

[874] Sauf à soulever un moyen de « pur droit ». Sur cette notion, v. *infra* n° 97 et s.

[875] H. MOTULSKY, « La cause de la demande dans la délimitation de l'office du juge », *op. cit.*, n° 9, p. 107.

[876] On doit parler de « Code de procédure civile » depuis la *loi de simplification du droit* n° 2007-1787 du 20 décembre 2007. On maintient, toutefois, dans le corps de certains de nos développements, l'expression de Nouveau Code de procédure civile lorsque les nos propos se situent dans le passé.

[877] S. GUINCHARD, C. CHAINAIS, F. FERRAND, *Procédure civile. - Droit interne et droit de l'Union européenne*, 30e éd., Dalloz, Précis Droit privé, Paris, 2010, spéc. n° 494 et s., p. 395 et s., H. SOLUS, R. PERROT, *Droit judiciaire privé. - T. 3 : Procédure de première instance*, Sirey, Paris, 1991, spéc., n° 71, p. 68-70 (qui émettent de sérieuses réserves sur le choix opéré par le pouvoir réglementaire).

[878] Comme l'observait un auteur (BRULLIARD, « Le Code de procédure civile de la cité du Vatican », *RIDC* 1948, p. 245), « [l]orsqu'une personne prétend qu'une loi a été violée, elle met en jeu, à côté de son propre intérêt à obtenir satisfaction, un intérêt public qui est de savoir si la loi a été transgressée ou non ».

[879] Sous réserve, bien entendu, de la faculté reconnue aux parties de lier le juge par « les qualifications et points de droit auxquels elles entendent limiter le débat » (C. proc. civ., art. 12, al. 4) de donner au juge le pouvoir de statuer ès qualités d'amiable compositeur (C. proc. civ., art. 12, al. 5) et de ce qui sera dit de la sécurité juridique, *infra* n° 143 et s.

[880] Selon l'article 6 du Code de procédure civile, les parties ont la charge « d'alléguer » les faits propres à fonder les prétentions. Il s'agit d'une obligation très générale, d'après laquelle les faits doivent, pour le moins, figurer dans la demande (puisque le « fait matériel » constitue la cause de la demande). L'article 15, qui concerne la contradiction, vise, pour sa part, des faits qui ont été mis en forme - les moyens de

doit être tenue pour rigoureusement synonyme de celle de moyen de fait[882]. La seule expression qui mérite d'être distinguée reste celle *d'argument*, à laquelle la Cour de cassation attache des effets particuliers[883]. Il faut, également, apporter quelques pré-

fait - et qui ont été *articulés* pour rencontrer les moyens de droit. C'est ce qui, selon certains auteurs, permet de faire la distinction entre les faits apportés au juge sans en tirer de conséquence légale et les faits spécialement invoqués, c'est-à-dire les moyens ; v., très nettement en ce sens, S. GUINCHARD, C. CHAINAIS, F. FERRAND, *op. cit.*, n° 491, p. 393, qui utilisent l'expression de faits « allégués » pour décrire les faits non spécialement invoqués par les parties ; v. aussi J. HÉRON, Th. LE BARS, *Droit judiciaire privé*, 4e éd., Montchrestien, Domat Droit privé, Paris, 2010, n° 260 & n° 269, qui distinguent les « faits spécialement invoqués » et les « faits simplement allégués ».

[881] La prétention est fondée en fait (C. proc. civ., art. 6) et en droit (C. proc. civ., art. 12, al. 2). Elle comporte le fait matériel (la cause innommée) et le fait juridique (la cause nommée). Mais la cause de la demande n'est formée que du fait matériel. - Le fondement de la prétention, c'est-à-dire la « base de la prétention qui concourt, avec l'objet, à déterminer la matière du litige » (G. CORNU, *Vocabulaire juridique. - Association Henri Capitant*, 4e éd., PUF, Quadrige, Paris, 2003, *V° Cause*, II, 2) s'entend alors de la cause « innomée », c'est-à-dire la « cause comme fondement factuel ». Il s'agit des faits bruts que les parties introduisent dans le débat, v. G. CORNU, J. FOYER, *Procédure civile*, *op. cit.*, n° 120, p. 526) ; on lui oppose la *cause comme fondement juridique* - la « cause nommée » au sens de l'article 1351 du Code civil, *op. cit.*, n° 120, p. 525 - qu'on utilisait autrefois pour déterminer l'étendue de l'autorité de la chose jugée. - V. désormais, Ass. plén., 7 juillet 2006, pourvoi n° 04-10672, *Bull.* n° 8, p. 21.

[882] « La distinction des deux notions, l'une relative à la détermination de l'office du juge et du rôle des parties, l'autre éventuellement maintenue pour la délimitation de la chose jugée, permet d'écarter ici le débat relatif à la notion de moyen. C'est pour délimiter la chose jugée qu'on a tenté, avec des difficultés apparemment insurmontables, de distinguer cause et moyens de la demande ou du jugement. Pour délimiter l'office du juge et le rôle des parties il semble plus exact d'opposer les éléments de droit et les éléments de fait du litige, sauf à dénommer les premiers "moyens de fait" et les seconds "moyens de droit" », G. BOLARD, « La matière du procès et le principe dispositif » *in* S. GUINCHARD (dir.), *Droit et pratique de la procédure civile 2012-2013*, Dalloz Action, Paris, 2012, spéc. n° 221.54, p. 655-656. Et s'agissant les difficultés dont l'auteur fait état, en matière d'autorité de la chose jugée, v. G. CORNU, J. FOYER, *Procédure civile*, *op. cit.*, n° 121, a), p. 528. - *Contra*, H. CROZE, Ch. MOREL, O. FRADIN, *Procédure civile*, 4e éd., Litec, Objectif Droit, Paris, 2008, n° 362, p. 124 qui distinguent le moyen de la cause au motif que « le moyen est bien d'une autre nature que les faits et la prétention : il constitue un modèle de raisonnement proposé au juge ; il suggère l'établissement d'une relation entre deux éléments des débats (notamment entre un fait et une règle de droit) afin d'obtenir un résultat concret. C'est dire que les moyens sont des éléments dynamiques du procès, par opposition aux éléments statiques » (conception aujourd'hui partagée par L. CADIET, E. JEULAND, *Droit judiciaire privé*, 7e éd., *op. cit.*, n° 514, p. 376).V. aussi, pour une analyse différente : S. GUINCHARD, C. CHAINAIS, F. FERRAND, *Procédure civile. - Droit interne et droit de l'Union européenne*, 30e éd., Dalloz, Précis Droit privé, Paris, 2010, n° 500, p. 401-402.

[883] V. la notion de défaut de réponse à conclusions : J. VOULET, « Le défaut de réponse à conclusions », *JCP G* 1965, I, 1912 (v. aussi CEDH, 3e sect., (déc.), 29 août 2000, *Jahnke et Lenoble c/ France*, *JCP G* 2000, II, 10 435, note A. PERDRIAU : le juge n'est pas tenu de fournir une réponse détaillée à chaque argument). Mais l'argument ne peut être ramené à un « modèle de raisonnement » (H. CROZE, Ch. MOREL, O. FRADIN, *op. cit.*, n° 363, p. 124-125). L'argument n'est guère qu'un moyen non articulé avec précision ; c'est au fond une *allégation* - par exemple l'allégation de ce qu'un fait est survenu sans qu'il soit articulé à un moyen de droit (comp. « *faits adventices* ») ; l'allégation de ce qu'une certaine règle a été violée, sans qu'aucun élément de fait n'ait été spécialement avancé pour la soutenir (comp., CEDH, *déc. préc.*, spéc. « En droit »). Si on se place du point de vue des parties, les faits prennent, dans les conclusions, la forme de *propositions*. On ne saurait donc prétendre qu'il existe des « faits bruts » en dehors de ces propositions. La proposition prend, à son tour, la forme d'un *moyen* (de fait) lorsqu'elle constitue manifestement, pour la partie, la prémisse mineure du syllogisme, ou d'une simple *allégation*, lorsqu'elle paraît, au contraire, laissée à l'extérieur du raisonnement qualificatoire réalisée par la partie. La prémisse majeure se compose, pour sa part, d'un moyen de droit. Toute proposition de droit qui n'est pas spécialement introduite dans la prémisse majeure n'est pas *articulée* : c'est, là encore, une allégation (de droit). La pièce centrale du dispositif constitue donc l'*articulation*, qui est le raisonnement - un nécessaire enchaînement de propositions - qui permet à la partie d'établir que les moyens de fait qu'elle présente peuvent intégrer l'antécédent abstrait de la règle de droit, c'est-à-dire la « présupposition » (dans le langage de Motulsky) ou encore le « présupposé » (L. CADIET, E. JEULAND, *op. cit.*, n° 514, p. 376) ; il s'agit du moyen de droit. Entre les deux, il ne faut pas oublier l'existence d'un *syllogisme secondaire* (v. *supra*, n° 64), qui contient une *argumentation* : c'est à ce stade que les parties font normalement état de

cisions en ce qui concerne la notion de *fait*, et notamment l'origine du fait. La doctrine est progressivement parvenue à identifier trois types de *faits*. Les premiers sont les plus évidents : il s'agit des faits *spécialement invoqués*, c'est-à-dire les faits qui, insérés dans des moyens, viennent épouser (ou tentent de le faire) l'antécédent de la règle de droit visée au moyen de droit ; on dit encore qu'ils sont *articulés*. Les seconds sont les faits simplement apportés au juge, mais sans qu'aucune conséquence juridique n'ait été tirée par la partie. Depuis Motulsky, on les désigne par la formule de « faits adventices »[884]. Les derniers sont constitués des « faits tirés de la procédure, des mesures d'instruction, bref, du dossier de la procédure, sans que les parties les aient allégués »[885] - on peut les appeler les « faits tirés du dossier »[886]. Ces trois catégories de fait forment la masse de ce qu'on appelle *les faits dans le débat*[887]. Ces quelques précisions sémantiques permettent d'indiquer sereinement ce qu'il faut entendre par litigiosité de l'objet de la preuve au regard des faits dans le débat (A) et au regard de ce qu'on appellera, dans une première approche, les moyens de droit (B). Dans les deux cas, il s'agit bien de faire entrer des faits dans le « litige », soit en les intégrant *aux faits litigieux*, soit en leur donnant *une règle de droit idoine*, c'est-à-dire en intégrant cette règle au *litige*.

A. Litigiosité de l'objet de la preuve et faits dans le débat

92. ***Pouvoirs antérieurs à la réforme.*** En liant le juge sur les moyens de fait allégués au soutien de leur demande, les parties présentaient autrefois au juge un objet de preuve qu'il n'avait pas la possibilité de redéfinir. La règle de droit était invoquée, elles en attendaient un certain résultat, et elles prétendaient que les faits avancés correspondaient très exactement à l'antécédent abstrait de la règle de droit. Le juge n'avait pas la faculté de requalifier les faits ; se fût-il trouvé face à une responsabilité contractuelle, là où on lui demandait de faire triompher une responsabilité délictuelle, qu'il ne pût que débouter le demandeur de sa demande ; se fût-il convaincu de la justesse de la correspondance entre les faits et l'antécédent de la règle, qu'il n'eût alors d'autre ressource qu'attendre qu'on lui démontrât la réalité des faits pour prononcer en faveur de l'une ou de l'autre des thèses[888]. Telle était, pour le moins, la présentation classique de ce juge « automate » du Code de procédure civile napoléonien, présentation durable tant elle paraissait soutenir l'idéal d'un

---

leur interprétation de la règle de droit et invitent le juge à retenir la qualification choisie. Le terme d'*argumentation* se voit reconnaître une valeur juridique, puisque la Cour de cassation rappelle très fréquemment qu'il « n'appartient pas aux juge de suivre les parties dans le détail de leur argumentation » : Com., 13 juill. 2010, pourvoi n° 09-15472 (publié), Civ. 3e, 7 juill. 2010, pourvoi n° 09-15373 (publié), Civ. 3e, 19 mai 2010, pourvoi n° 09-13296 (publié).

[884] H. MOTULSKY, « La cause de la demande dans la délimitation de l'office du juge », *op. cit.*, n° 12, p. 110 (*D.* 1964, Chron., 235, spéc. n° 12). S'agissant de l'étendue de ces faits, on a indiqué que « [c]ela comprend certainement les faits exposés dans toutes les écritures de parties, puisque, par hypothèses, elles les ont allégués », S. GUINCHARD, C. CHAINAIS, F. FERRAND, *op. cit., loc. cit.*

[885] S. GUINCHARD, F. FERRAND, C. CHAINAIS, *op. cit., loc. cit.*

[886] G. BOLARD, « Les faits tirés du dossier », *Études offertes à Jacques Normand*, Litec, Paris, 2003, p. 43.

[887] C. proc. civ., art. 7, al. 1er : « Le juge ne peut fonder sa décision sur des faits qui ne sont pas dans le débat. Parmi les éléments du débat, le juge peut prendre en considération même les faits que les parties n'auraient pas spécialement invoqués au soutien de leurs prétentions ».

[888] Il devait encore lui arriver d'être saisi de faits parfaitement qualifiés, mais insuffisamment étayés, sur le plan factuel, pour lui permettre de prononcer le conséquent de la règle, tandis que les faits *dans le débat* lui auraient permis de retenir une autre qualification.

procès libéral[889]. De toute évidence, et sans préjudice d'une appréciation plus exacte de l'histoire de la procédure[890], un outil efficace lui permettait déjà, dès avant la réforme, d'étendre considérablement son intelligence du fait et, *dans les limites de la règle de droit initiale*, de délimiter l'objet de la preuve. Cet outil consistait à prendre en considération des faits non spécialement invoqués dans les conclusions (faits adventices) ou les faits du dossier pour trouver le véritable objet de la preuve[891]. Quelques exemples tirés de la jurisprudence permettront de comprendre l'intérêt de cette solution qui joue dans toutes les matières[892].

93. *Complément de la proposition-objet grâce aux faits du débat.* Le juge peut, tout d'abord, lorsqu'il estime que la proposition-objet de preuve, sans être inopérante, n'épouse qu'imparfaitement l'antécédent abstrait de la règle de droit, rechercher, dans l'ensemble des faits du débat, des propositions complémentaires. En matière de responsabilité civile quasi-délictuelle, si les clauses limitatives de responsabilité sont jugées valides, c'est à la condition qu'aucune faute lourde ne puisse être imputée au débiteur de la réparation[893]. Les juges du fond peuvent aussi bien rechercher, dans les faits du dossier, tous les éléments de nature à confirmer la clause limitant la responsabilité à dix pourcent du montant du marché, mais aussi tous les faits de nature à mettre en évidence la faute lourde du débiteur[894]. Pareillement, lorsque, en vertu d'un contrat d'entreprise, le cocontractant, chargé du déplacement de machines à l'intérieur d'une usine, endommage l'une d'elles, il doit répondre intégralement de ses fautes, sauf à pouvoir se prévaloir d'une clause limitative de responsabilité. Cependant, cette dernière clause n'est opposable au client que si l'entrepreneur démontre qu'il l'a porté à la connaissance de son cocontractant. Les juges du fond peuvent valablement tenir compte de la forme des conditions générales (notamment la nature téléphonique des contrats commerciaux) de

[889] Sur cette notion de libéralisme appliqué à la procédure, v. *infra*, n° 120 et s.

[890] Depuis fort longtemps, la jurisprudence autorise le juge à redonner leur exacte qualification aux faits, plus largement à faire application de la règle de droit idoine. Motulsky a d'ailleurs bien montré (puisque sa construction tient, pour une large part, à l'étude qu'il a pu faire de la jurisprudence de son époque, et donc antérieure à la réforme), que le juge n'hésitait pas à requalifier et relever d'office des moyens de droit (v. not., H. MOTULSKY, « La cause de la demande dans la délimitation de l'office du juge », *D.* 1964, p. 235 et s.). À la différence de la solution actuelle, néanmoins, le juge ne pouvait entreprendre de modifier la règle de droit au regard des faits non spécialement articulés. Il lui était certes loisible, à qualification constante, de tenir compte des faits adventices ou des faits du dossier, mais la conception de son office n'était pas telle qu'il fût autorisé à transformer ensemble le droit et le fait (v., spéc. H. MOTULSKY, « Le rôle respectif du juge et des parties dans l'allégation des faits », Rapport au IVe Congrès international de droit comparé *in Études de droit contemporain*, Paris, 1959, p. 257 et s., spéc. n° 18).

[891] La solution semble avoir été posée par l'arrêt suivant : Civ., 16 juin 1929, *S.* 1929, 1, p. 309 : « […] s'il n'est pas permis au juge de substituer une autre demande à celle qui est portée devant lui, il ne lui est pas interdit, quant à la demande qui lui est soumise, de puiser les motifs de sa décision dans les divers éléments du débat, lors même que les faits sur lesquels il s'appuie n'ont pas été spécialement invoqués par les parties dans leur conclusions ».

[892] Il existe quelques exceptions, dont la plus notable reste l'interdiction faite au juge, en matière de divorce, de se prononcer sur des faits qui n'auraient pas été spécialement invoqués par les parties. Comme on a pu le dire, « [i]l faut, dans une matière qui touche d'aussi près à l'intimité du foyer, laisser chacun des époux assumer seul le choix des griefs qu'il fait à son conjoint. À quoi s'ajoute peut-être encore l'idée traditionnelle que le juge est le défenseur du lien et doit plutôt rechercher les raisons de ne pas prononcer la rupture […] », J. NORMAND, C. BLÉRY, *Fasc.* n° 152, *préc.*, spéc. n° 27.

[893] F. TERRÉ, Ph. SIMLER, Y. LEQUETTE, *Droit civil. - Les obligations*, 10e éd., Dalloz, Précis, Droit privé, Paris, 2009, n° 619, p. 631.

[894] Com., 20 déc. 1962, *Bull. civ.* III, n° 530 ; v. aussi : Civ. 2e, 3 oct. 1990, pourvoi n° 89-15662.

vente pour déterminer si la clause avait été connue du client[895]. L'objet de la preuve est ainsi très précisément identifié par la juridiction ; il n'est plus besoin de chercher quels faits peuvent établir la connaissance, par le client, des conditions générales de vente : les éléments du débat parlent d'eux-mêmes. Selon les mêmes principes, les juges du fond peuvent établir l'exécution de mauvaise foi du contrat de travail par l'employeur en puisant, dans les éléments du dossier, des données faisant ressortir que l'employeur s'était abstenu « sur une longue période, de régler au salarié des sommes importantes au titre des heures supplémentaires, des jours fériés et des heures de nuit et avait porté à la connaissance de la commission médicale, des informations de nature confidentielle concernant le salarié ». Pour la Cour de cassation[896], ces faits méritaient bien la qualification d'exécution de mauvaise foi du contrat de travail. Les éléments non spécialement visés dans les conclusions avaient ainsi permis de déterminer un objet de preuve valide, là où les faits allégués auraient probablement entraîné le rejet de la demande de chef.

94. ***Identification de la proposition-objet parmi les éléments du débat.*** La proposition-objet de preuve n'apparaît parfois, plus radicalement, qu'au contact des faits adventices ou des éléments du dossier. Dans une action en responsabilité d'un commettant du fait de son préposé, les faits articulés dans les conclusions rendaient impossible l'application de l'article 1384, alinéa 5 du Code civil. Autrement dit, la proposition-objet de preuve n'était pas opérante pour établir - ce qui était le cœur du problème - le lien de subordination. Les juges parvinrent toutefois à identifier des faits correspondant à l'antécédent de la règle de droit en faisant usage du procès-verbal de première comparution[897]. Dans une autre affaire[898], tandis qu'un couple de preneurs prétendait à son droit au maintien dans les lieux, le propriétaire de l'appartement en demandait la déchéance motif pris de nombreux retards de paiement. Pour leur défense, les locataires soutenaient que les retards de paiement n'étaient dus, en réalité, qu'au comportement du bailleur qui ne réclamait pas les loyers à leur échéance et qui n'en indiquait d'ailleurs pas le montant. Pour comprendre le raisonnement des juges, il faut revenir à l'origine de la querelle. L'alinéa 2 de l'article 4 de la loi du 1er septembre 1948[899] dispose que les locataires qui ont exécuté leurs obligations (dont fait partie le paiement des loyers à chaque appel), sont réputés de bonne foi, ce qui leur permet, de plein droit, le maintien dans les lieux. L'antécédent de la règle de droit était donc l'exécution ou la non-exécution par les locataires, de leurs obligations. Au lieu de s'en tenir aux faits spécialement articulés, à savoir, d'une part, le défaut d'appel de loyers en temps utile, de l'autre, le défaut de paiement - qui constituaient tous deux des propositions-objet opérantes - les juges ont tiré du dossier un autre objet opérant : ils apprenaient, en effet, qu'un notaire avait, constamment et en temps utiles, procédé aux appels de loyer. Ils identifiaient ainsi, une autre proposition-objet de preuve qui, par là même, était immédiatement prouvée, ce qui était de nature à simplifier considérablement la tâche du juge. Ce type de raisonnement, qui consiste à identifier la proposition-objet de preu-

[895] Com., 24 janv. 1983, pourvoi n° 81-13722, *Bull. civ.* V, n° 29.
[896] Soc., 26 sept. 2007, n° 06-40.740, *JurisData* n° 2007-040582.
[897] Civ. 2e, 16 juin 2005, pourvoi n° 03-19705, *Bull. civ.* II, n° 158, p. 141.
[898] Civ. 3, 22 avr. 1976, n° 74-15129, *Bull. civ.* III, n° 164, p. 128 ; citée par J. NORMAND, C. BLÉRY, *Fasc. préc.*, n° 19 (v. aussi, *ibid.*, les autres illustrations données).
[899] L. n° 48-1360, du 1er sept. *portant modification et codification de la législation relative aux rapports des bailleurs et locataires ou occupants de locaux d'habitation ou à usage professionnel et instituant des allocations de logement.*

ve parmi les éléments du dossier, est parfaitement illustré par cette autre affaire[900] qui concernait un licenciement faisant suite à des poursuites disciplinaires et dans laquelle les juges du fond étaient appelés à se prononcer sur le caractère réel et sérieux de la cause de licenciement. Pour admettre l'illégalité du licenciement, excipée de la prescription des faits objets de la procédure disciplinaire, il leur appartenait, en application de l'article 122-44 du Code du travail[901], de déterminer si les faits reprochés étaient compris dans le délai de deux mois entre la date où l'employeur en avait eu connaissance et celle où il avait engagé la procédure disciplinaire ; et pour démontrer que l'employeur en avait eu connaissance dès leur commission et, partant, plus de deux mois avant le début de la procédure, ils se fondaient sur des éléments qui n'étaient pas allégués, mais qui se trouvaient dans le dossier. Ces faits permettant de conclure à la prescription des faits, ils donnaient aux juges la possibilité d'accueillir la prétention du salarié, en d'autres circonstances vraisemblablement vouée à l'échec.

95. ***Synthèse.*** Ces quelques éléments, qui montrent les pouvoirs du juge dans l'identification du fait opérant, appellent quelques commentaires finaux. Chaque règle de droit, comme on l'a vu, comporte un ou plusieurs antécédents ; et à chaque antécédent correspond généralement une multitude de propositions-objet de preuve. De cette correspondance dépend l'opérance de celles-ci. Mais l'opérance ne suffit pas. Encore faut-il que ces propositions puissent être prises en compte par le juge. Or, tel n'est le cas que lorsqu'elles relèvent du *débat*. Et encore, cette appartenance générale n'est-elle pas suffisante, car le juge ne s'attache qu'à ce qui est, à proprement parler, *dans le litige*. Sous ce regard, et à supposer que la proposition-objet se trouve gésir dans les faits adventices ou dans les éléments du dossier, le juge est pourvu d'un important pouvoir puisqu'il peut la ramener dans le périmètre du litige et donner pleinement à l'antécédent de la règle le correspond « social » qui lui faisait défaut. C'est encore une fois l'affirmation de ce que ne sont dignes d'intérêt, pour le système judiciaire, que les faits certes opérants, mais aussi placés sous le regard du juge. Enfin, on perçoit, avec une meilleure acuité, ce que signifie, sur le plan culturel, cette notion fructueuse, mise en évidence par Motulsky, de *charge de l'allégation*[902]. Bien sûr, la notion de charge de l'allégation renvoie au principe dispositif. Mais le principe dispositif n'est pas une liberté positive ; c'est une liberté négative que le système juridique a bien voulu concéder aux plaideurs lorsqu'il s'est historiquement orienté vers un modèle plus hiérarchisé[903]. Dans ces conditions, même si le fait reste le domaine des parties, le juge peut - et dans une version maximale *doit* - encore intervenir ; et plus ces prérogatives sont importantes en cette matière, plus le système juridique se préoccupe de la vérité du droit. Ce premier versant de la litigiosité - limité pour les raisons qui viennent d'être indiquées - est largement renforcé par un second versant qui touche, cette fois-ci, au domaine du droit. Une nouvelle fois, une proposition-objet de preuve n'est opérante que si l'antécédent abstrait auquel elle répond se trouve lui-même dans le litige. On serait évidemment tenté de dire que lorsque la règle de droit adéquate n'a pas été invo-

---

[900] Soc., 12 juin 2007, pourvoi n° 05-45.501.

[901] Devenu, depuis : C. trav., art. L. 1332-4.

[902] H. MOTULSKY, *Principes d'une réalisation méthodique du droit privé*, Dalloz (rééd.), Paris, 2002, p. 84-127.

[903] P. OBERHAMMER, T. DOMEJ, « Germany, Switzerland, Austria (CA. 1800-2005) », *in* Ch. VAN RHEE (dir.), *European Traditions in Civil Procedure,* Metro, Intersentia, Maastricht, 2005, spec. p. 295.

quée, les faits ne sont pas opérants. *Mais ce serait préjuger de cette réalité aussi incontestable qu'imperceptible dans la conception renouvelée du procès civil, qui veut que lorsqu'un plaideur saisit le juge d'une demande, et articule certains faits pour le gagner à sa cause,* ***une multitude de règles de droit se trouvent virtuellement mobilisées***[904]. Reste à savoir comment ces règles peuvent, ensuite, intégrer le *litige* et à déterminer si le juge est investi d'une mission particulière - *un pouvoir, un devoir ?* - en cette matière. Pour y répondre, il faut envisager le problème de la litigiosité de l'objet de la preuve et des moyens de droit.

B. Litigiosité de l'objet de la preuve et moyens de droit

96. ***Dimension culturelle du problème.*** Poser la question de la litigiosité de l'objet de la preuve au regard des moyens de droit conduit à s'interroger sur l'office du juge à l'égard de la requalification et du relevé d'office des moyens de droit. Ainsi qu'on a déjà pu l'indiquer, l'ampleur des prérogatives du juge en cette matière n'est pas neutre sur le plan culturel. Que le juge ait un simple pouvoir ou qu'il soit astreint à un véritable devoir, que les parties puissent compter sur son intervention ou qu'elles soient contraintes de s'entourer des services d'un conseil, voilà des questions essentielles au regard de la place que l'État accorde à l'expression de la *vérité du droit.* Si le système se contente, en effet, d'un simple pouvoir, c'est que la vérité du droit ne se donne plus à voir comme une priorité, du moins cette priorité est-elle laissée à la diligence des parties. Si, au contraire, le juge est soumis à l'obligation de requalifier, la vérité du droit s'inscrit au fronton de la procédure civile. Ces deux conceptions du rôle du juge produisent donc des résultats très différents au regard de la notion d'objet de preuve ; c'est à leur étude qu'il faut se consacrer (1), avant de montrer le choix fait récemment par la jurisprudence et qui correspond à une condamnation du rôle actif du juge dans la litigiosité de l'objet de la preuve (2).

1. Les deux conceptions du rôle du juge dans la litigiosité de l'objet de la preuve

97. ***Positionnement du problème.*** L'examen de la question de la requalification des faits et actes litigieux et de la substitution d'une règle de droit nouvelle à celle avancée par les parties, est essentielle. Si le juge peut tenir compte, au-delà des faits spécialement articulés, de tous les faits du débat, il convient maintenant d'étudier la question sous l'angle des pouvoirs du juge et des parties dans la maîtrise du droit. C'est sur ce point que la question se fait plus incertaine en dépit du talent et de l'insistance avec lesquels l'un des auteurs intellectuels du Nouveau Code de

---

904 V., nettement en ce sens, J. HÉRON, Th. Le BARS, *Droit judiciaire privé*, *op. cit.*, n° 269, p. 224 : « [...] en invoquant spécialement certains faits, une partie les met en exergue, elle les présente comme les fondements de sa prétention. Elle les signale comme étant importants. On peut alors légitimement attendre du juge qu'il envisage, de lui-même, toutes les "potentialités" juridiques liés à ces faits ». On sait d'ailleurs, aujourd'hui, que cette règle se réclame d'une longue tradition procédurale qui a nécessairement imprégné la procédure civile française : P. OURLIAC, « L'office du juge dans le droit canonique classique », *Mélanges Hébraud*, *op. cit.*, p. 627-644. Le Code de procédure civile napoléonien l'a passée sous silence, mais elle est toujours restée latente, ainsi qu'on le verra, dans la théorie judiciaire française : v., en ce sens, M.-A. FRISON-ROCHE, note ss. Civ. 2e, 4 nov. 1988, *D.* 1989, p. 909 et s., spéc. n° 7. - V. aussi, lorsque les parties ne donnent aucun fondement juridique : Civ. 3e, 21 janv. 1987, *Gaz. Pal.* 1987, 1, somm. p. 54, *RTD civ.* 1987, p. 390, obs. J. NORMAND.

procédure civile a présenté les termes du débat. Motulsky a, en effet, dans quelques longs articles essentiels publiés entre 1959 et 1972[905], longuement insisté, systématisant, en cela, sans doute, les premières analyses de Tissier[906], sur les prérogatives que devait avoir le juge en procédure civile. Selon ses idées, les parties se trouvaient investies d'une charge particulière qu'il se proposait d'appeler : *charge de l'allégation*[907], consistant pour elles à produire au juge les faits correspondant au présupposé de la règle de droit[908]. À cette maîtrise des parties sur l'édifice de fait, et sous la réserve des pouvoirs reconnus au juge de puiser dans l'ensemble des données du débat[909], devait répondre la maîtrise presque complète, par le juge, des règles de droit[910]. S'inscrivait ainsi, dans la procédure civile, ce brocard : « aux par-

---

[905] H. MOTULSKY, « Le rôle respectif du juge et des parties dans l'allégation des faits », *op. cit.*, p. 257 et s., « Le droit naturel dans la pratique jurisprudentielle : le respect des droits de la défense en procédure civile », *Mélanges Roubier*, T. 2, Paris, 1961, p. 175, « La cause de la demande dans la délimitation de l'office du juge », *D.* 1964, p. 235 et s., « La réforme du Code de procédure civile par le décret du 13 oct. 1965 et les principes directeurs du procès », *JCP* 1966, I, 1996, « Prolégomènes pour un futur Code de procédure civile : la consécration des principes directeurs du procès civil par le décret du 9 septembre 1971 », *D.* 1972, chron., XVII. Ces articles sont regroupés *in* H. MOTULSKY, *Écrits. T. 1, Études et notes de procédures civiles*, Dalloz, Paris, 1973, respectivement p. 38-59, p. 60-84, p. 101-129, p. 130-183 & p. 275-304.

[906] A. TISSIER, « Le centenaire du Code de procédure et les projets de réforme », *RTD civ.* 1906, p. 625 et s.

[907] H. MOTULSKY, *Principes d'une réalisation méthodique du droit privé*, *op. cit.*, *loc. cit.*. Cette notion de charge de l'allégation est essentielle. C'est elle qui explique la division des pouvoirs du juge entre faculté et obligation. À l'égard des faits spécialement allégués, le juge doit requalifier ou donner la règle de droit adéquate ; il s'agit d'une obligation pour lui, car les parties ont expressément entendu obtenir un résultat particulier à partir de ces propositions de fait. À l'égard, en revanche, des faits qui ont été laissés dans la trame des conclusions (faits adventices) ou dans les limbes du dossier (faits tirés du dossier), son office ne peut être conçu de manière aussi extensive, car les parties n'ont pas souhaité placé ces faits sous son éclairage. Il ne peut s'agir, pour lui, que d'une faculté, car il serait tout à fait injustifié que l'on reproche au juge de n'avoir pas vu ce que les parties n'avaient pas vu elle-même. *Cf.* J. NORMAND, « Le pouvoir de relever d'office les moyens de droit au regard de la Convention européenne de sauvegarde des droits de l'homme et des libertés fondamentales », *RTD civ.* 1996, p. 689 ; v. encore, J. HÉRON, *note préc.*, ss. B) du II.

[908] V. *supra*, n° 57 et s. (à propos de la notion d'opérance).

[909] V. *supra*, n° 92 et s.

[910] La première obligation du juge devant être de qualifier les faits lorsque les parties se sont dispensées d'alléguer des moyens de droit. La chose n'a jamais été contestée. Il faut remarquer que cette obligation est appelée à disparaître. Depuis, en effet, le décret n° 98-1231 du 28 déc. 1998, des modifications ont été introduites aux articles 56 et 753 du Code de procédure civile. D'après l'article 56, « [l]'assignation contient à peine de nullité, outre les mentions prescrites pour les actes d'huissier de justice : [...] 2° L'objet de la demande avec un exposé des moyens en fait et en droit [...] » ; et d'après l'article 753 (pour le tribunal de grande instance en matière contentieuse ; v. également art. 954 pour les conclusions devant la cour d'appel), « [l]es conclusions doivent formuler expressément les prétentions des parties ainsi que les moyens en fait et en droit sur lesquels chacune de ces prétentions est fondée [...] ». Mais les mentions de l'assignation sont, semble-t-il, exigées à peine de nullité *pour vice de forme*, ce qui signifie que l'annulation suppose la démonstration préalable d'un grief. La portée du texte s'en trouve réduite (C. proc. civ., art. 112-116.- *Cf.* G. BOLARD, « Les écritures qualificatives », *JCP G* 2000, I, 214, qui considère que le défaut de qualification des moyens de fait constitue un vice de fond, spéc. n° 6-10. - *Adde*, L. CADIET, J. NORMAND, S. AMRANI MEKKI, *Théorie générale du procès*, *op. cit.*, n° 226, p. 768, L. CADIET, E. JEULAND, *Droit judiciaire privé*, 7e éd., Litec, Paris, 2011, n° 557, p.423-424). On sait, du reste, que l'assignation n'est pas le seul mode d'introduction de l'instance (v. spéc., C. proc. civ., art. 54 tel que modifié par le décret n° 2005-1678 du 28 déc. 2005 - H. CROZE, Ch. MOREL, O. FRADIN, *Procédure civile*, *op. cit.*, n° 442, p. 148-149) ; les écritures qualificatives ne sont donc véritablement obligatoires (et encore tout dépend de la portée de la nullité) que devant le tribunal de grande instance et la cour d'appel. Néanmoins, indépendamment des règles afférentes à la nullité, l'article 761 alinéa 1er peut permettre au président du tribunal de grande instance de contraindre les parties à observer les règles de l'article 753 (*adde*, C. proc. civ., art. 765 pour le juge de la mise en état devant la même juridiction).

ties le fait, au juge le droit »[911]. Sous ce dernier regard, le juge se voyait pourvu d'un nouvel office[912], particulièrement puissant et essentiel à la réalisation (méthodique) du droit : celui de *requalifier* les faits avancés par les parties et celui de *relever d'office* les règles de droit idoines, c'est-à-dire de « faire spontanément application au litige de règles de droit autres que celles dont le demandeur ou le défendeur sollicitait le profit »[913]. Aussi bien, le juge se devait-il toujours, sous cette nouvelle conception, *de trancher le litige conformément aux règles de droit qui lui sont applicables*[914]. Sur le plan probatoire, cette affirmation signifiait l'obligation faite au juge, dans la mesure du possible, de donner aux propositions-objet de preuve avancées par les parties, la règle de droit adéquate, c'est-à-dire de garantir la litigiosité de l'objet de la preuve.

98. ***Pouvoir ou devoir du juge.*** Avec l'entrée en vigueur du décret du 9 septembre 1971, on pouvait juger que les principes progressivement dégagés par Motulsky avaient été dans l'ensemble consacrés[915]. Quelques incertitudes devaient, néanmoins, rapidement se faire jour, en raison de la rédaction défectueuse de l'article 12 du décret (qui deviendra et restera l'article 12 du Code de procédure civile) que ne contribua étonnamment pas à corriger son annulation ultérieure par le Conseil d'État. L'article 12 précité disposait, en effet, que « [l]e juge est tenu de trancher le litige conformément aux règles de droit qui lui sont applicables. Il doit restituer leur exacte qualification aux faits et actes litigieux, nonobstant la dénomination que les parties en auraient proposée, et peut relever d'office les moyens de pur droit »[916]. C'est la dernière proposition, devenue ensuite l'alinéa 3 de l'article 12 du Nouveau Code de procédure civile, qui a été source de difficultés. En énonçant que le juge *peut* (et non *doit*) relever d'office les moyens de pur droit, on était, en effet, autorisé à penser que, contrairement à l'office du juge en matière de requalification, il n'était jamais *obligé*, mais seulement *habilité* à substituer à la règle de droit invoquée par la partie la règle de droit qui donnât vie juridique au moyen de fait[917]. Il est vrai que la formulation de la règle était, sur ce chapitre, parfaitement nette dans les termes employés[918], et elle l'était d'autant plus, pour la plupart des auteurs, qu'il n'y avait pas lieu de distinguer - idée nouvelle que la doctrine n'avait

---

911 J. HÉRON, note ss. Civ. 2e, 14 févr. 1985, *JCP G* 1988, II, 21 030, spéc. B) ss. I, qui montrait d'ailleurs bien, dans cette note, le caractère excessif de la formule, au moins en ce qui concerne le droit (*op. cit.*, *loc. cit.*).

912 M.-A. FRISON-ROCHE, « Les offices du juge », *Mélanges J. Foyer*, PUF, Paris, 1997, [491 p.], spéc. p. 463.

913 J. NORMAND, C. BLÉRY, Fasc. n° 152, *préc.*, n° 58.

914 C. proc. civ., art. 12, al. 1er.

915 Avec quelques compromis, toutefois, qui expliquent la rédaction des textes ; *cf.* S. GUINCHARD, C. CHAINAIS, F. FERRAND, *Procédure civile. - Droit interne et droit de l'Union européenne*, *op. cit.*, n° 522, p. 416-417.

916 Il faut laisser de côté les moyens de droit d'ordre procédural, qu'il s'agisse de l'ordre public procédural, ou d'exceptions et fins de non-recevoir que le juge peut relever de son propre mouvement. Sur celles-ci, *cf.* J. NORMAND, C. BLÉRY *Fasc. préc.*, n° 69 et s.

917 *Cf.* J. NORMAND, C. BLÉRY, *Fasc. préc.*, n° 18 et s. ; v. encore : Cl. PARODI, *op. cit.*, n° 32, p. 58, R. CHAPUS, « De l'office du juge. - Contentieux administratif et nouvelle procédure civile », *Études et documents du Conseil d'État*, 1977-1978, p. 54. P. HÉBRAUD, obs. ss. *RTD civ.* 1973, p. 797, J. CORNU, obs. ss. *RTD civ.* 1976, p. 580, ss. *RTD civ.* 1980, p. 147, ss. *RTD civ.* 1988, p. 813. - *Adde*, J. NORMAND, obs. ss. *RTD civ.* 1991, p. 152 et s.

918 Le Doyen Cornu a suggéré la nature consensuelle de cette formulation : G. CORNU, « Les principes directeurs du procès civil par eux-mêmes (fragments d'un état des questions) », *Études offertes à Pierre Bellet*, Litec, Paris, 1991, p. 83-100, spéc. n° 5, p. 89, où il évoquait, à propos de cet article, le « fruit d'une "autre transaction sans gloire" ».

pas encore assimilée - entre les faits dans le débat et les faits spécialement invoqués. Le juge disposait donc, sous cette doctrine, du *pouvoir*, mais non du devoir, de relever d'office les moyens de droit, sans égard à l'origine du fait, et ce n'était que par maladresse que le pouvoir réglementaire avait parlé de pur droit[919] ; il s'était simplement agi de rappeler cette évidence : le juge ne peut puiser au-delà du *débat*[920]. À l'opposé, et peu de temps après la publication du décret, Motulsky fit valoir que la formulation, pour défectueuse qu'elle fût, ne pouvait dissimuler deux évidences : la première, que le juge étant tenu de trancher le litige conformément au droit, il n'était pas concevable qu'il ne fût pas obligé de relever d'office les moyens de droit pur ; la seconde, que ne pouvant exister aucune différence de nature entre requalification et relevé d'office, plus exactement la requalification supposant toujours l'application d'une règle de droit nouvelle, il était impossible que le juge fût tenu dans un cas et qu'il ne le fût pas dans l'autre[921]. Il ne restait dès lors plus, pour circonscrire le domaine du devoir et de celui du pouvoir, qu'à attacher à l'expression : « pur droit » le sens qui était le sien devant la Cour de cassation, à savoir les moyens ne nécessitant pas la prise en compte d'autres faits que ceux constatés dans la décision des juges du fond[922]. Sous ce regard, le juge n'était tenu de relever d'office - et la proposition valait aussi bien pour la requalification - que les moyens s'évinçant des faits spécialement articulés et non des faits allégués ou les faits du dossier (ceux qu'on appelle, toujours dans le vocabulaire de la Cour de cassation, les moyens mélangés de fait et de droit)[923]. L'annulation, par le Conseil d'État, de l'alinéa 3 de l'article 12, au motif qu'il méconnaissait la contradiction[924], ne modifia ni l'analyse de la jurisprudence ni celle de la doctrine majoritaire. On soutint, en effet, majoritairement, que le juge ayant toujours eu le pouvoir de relevé d'office

---

919 V., très nettement en ce sens : Cl. PARODI, *L'esprit général et les innovations du Nouveau Code de procédure civile*, *Defrénois*, Paris, 1976, spéc. n° 56-57, J. BORÉ, *JCP G* 1979, II, 19 214, note ss. Civ. 2e, 6 juill. 1978, P. RAYNAUD, « L'obligation pour le juge de respecter le principe de la contradiction », *Mélanges Pierre Hébraud*, Université des sciences sociales de Toulouse, Toulouse, 1981, spéc. p. 724, n° 14 et s., J. MOURY, *Le moyen de droit à travers les articles 12 et 16 du Nouveau Code de procédure civile*, Thèse dact., Paris, 1986, spéc., n° 81 s.

920 J. MOURY, *op. cit.*, *loc. cit.*, J. BORÉ, *JCP G* 1979, II, 19 214, note ss. Civ. 2e civ., 6 juill. 1978.

921 H. MOTULSKY, « Prolégomènes pour un futur Code de procédure civile : la consécration des principes directeurs du procès civil par le décret du 9 septembre 1971 », *op. cit.*, n° 46, p. 304.

922 Motulsky avait déjà mis en évidence le parallèle entre l'office du juge et le contrôle des moyens de pur droit par la Cour de cassation : H. MOTULSKY, « La cause de la demande dans la délimitation de l'office du juge », *op. cit.*, spéc. n° 31, p. 125 ; v. aussi J. NORMAND, *Fasc. préc.*, n° 75 : « Les moyens de pur droit que le juge doit relever d'office sont ceux, et seulement ceux, qui pourraient être soulevés pour la première fois devant la Cour de cassation ».

923 H. MOTULSKY, « La cause de la demande dans la délimitation de l'office du juge », *op. cit.*, n° 44, p. 302-303.

924 CE, 12 oct. 1979, *Rassemblement des nouveaux avocats de* France, *D.* 1979, p. 606, note A. BÉNABENT, *Gaz. Pal.* 1980, 1, p. 6, note P. JULIEN, *JCP G* 1980, II, 19288, concl. FRANC, note J. BORÉ, *RTD civ.* 1980, p. 145, obs. J. NORMAND. La disposition contenue à l'article 16, alinéa 1er, a également été abrogée, à cette occasion. Au-delà du grief tiré de la violation de la contradiction, on reprochait à ces dispositions de méconnaître l'égalité des citoyens devant la justice, le juge étant libre d'accepter ou de refuser d'infléchir les prétentions à lui soumise. Comme on l'a fait remarquer, le Conseil d'État n'a pas pleinement reçu le grief, en sanctionnant surtout la disposition pour sa méconnaissance de la contradiction ; *cf.* J. NORMAND, C. BLÉRY, *Fasc. préc.*, n° 83. Les conséquences n'en ont été tirées par le pouvoir réglementaire qu'en 1981, avec le décret n° 81-500 du 12 mai 1981, *JORF* 14 mai 1981, qui a introduit, à l'article 16, l'alinéa 3 actuel, d'après lequel le juge ne peut fonder sa décision sur des moyens de droit qu'il a relevés d'office, qu'après les avoir soumis au principe de la contradiction. V. *infra*, n° 99, la réforme de l'article 12.

des moyens de droit[925], le texte pouvait, pour le moins, subsister sous une forme coutumière[926]. On auteur fit, cependant, remarquer que la Haute juridiction administrative n'avait pas été totalement insensible à l'autre grief formulé à l'encontre du texte (le premier étant la méconnaissance du contradictoire), et qui était l'atteinte qu'il portait, en raison de son régime facultatif, à l'égalité des citoyens devant la justice[927]. Cette annulation eût donc signifié la consécration d'une obligation générale - quelle que fût l'origine des faits - de requalification et de relevé d'office. Dans la doctrine de Motulsky, cette annulation aurait pu signifier que le juge était effectivement tenu de relevé d'office un moyen de pur droit, mais qu'il pouvait, en revanche, être dispensé de relevé d'office un moyen que les parties n'avaient pas identifié.

99. ***Le clair-obscur de la jurisprudence.*** On disposait donc, au lendemain de cette annulation, de trois interprétations possibles de la disposition : une première reposant sur une distinction de la requalification et du relevé d'office, le juge étant soumis à un régime d'obligation dans le premier cas, à un régime de faculté dans le second[928]. Une deuxième proposant de soumettre le juge à une obligation générale de requalification et de relevé d'office sans égard à l'origine des faits[929]. Une troisième, celle de Motulsky, insistant, comme la deuxième, sur l'identité de nature entre requalification et relevé d'office, mais distinguant la portée des prérogatives du juge selon qu'il était question de moyens de pur droit ou de moyens de droit[930]. La réforme de 1981[931] donne un large crédit à la dernière de ces thèses. Il est, en effet, notable que l'alinéa 1er dispose désormais d'une large portée[932]. La lecture du nouvel alinéa 3 en donne confirmation ; il vise, en effet, tout à la fois, la *dénomination*, c'est-à-dire la qualification, et le *fondement juridique*. Or, cette notion de fondement juridique n'apparaît nulle part dans le deuxième alinéa. Il faut comprendre, en réalité, que cette notion de fondement renvoie à l'alinéa 1er, qui n'est dès lors plus seulement un rappel de cette obligation faite au juge de trancher sans

---

[925] La Cour de cassation estimait déjà, au milieu du XIXe siècle, qu'il appartenait au juge de « juger les contestations qui leur sont soumises conformément aux lois qui régissent la matière, alors même que l'application de ces lois n'aurait pas été expressément requise par les parties » (Civ., 20 févr. 1854, *DP* 1854, 1, p. 62), afin de « trancher les litiges dans leur sens le plus juridique » (Req., 19 juill. 1888, *DP* 1889, 1, p. 345, *S.* 1891, 1, p. 59).

[926] G. CORNU, « Les principes directeurs du procès par eux-mêmes », *Mélanges Bellet*, p. 89.

[927] R. MARTIN, « Le juge a-t-il l'obligation de qualifier ou requalifier ? », *D.* 1994, chron., p. 308-310, spéc. n° 7 : « Il résulte, pensons-nous, du motif développé par le Conseil d'État et de l'éclairage que lui donne le commissaire du Gouvernement, que le troisième al. de l'article 12 aurait échappé à la censure s'il avait dit que le juge doit relever d'office de tels moyens. L'unité aurait été rétablie avec les deux alinéas qui ont survécu, le premier employant un indicatif à valeur impérative, le deuxième contenant le verbe *doit*. Le texte primitif de l'article 12 contenait une contradiction entre les deux premiers alinéas et le troisième, laquelle a été effacée par l'annulation du troisième ».

[928] Thèse qui devenait de plus en plus minoritaire, à mesure que s'approfondissait la connaissance des moyens de droit et de pur droit.

[929] M.-A. FRISON-ROCHE, *D.* 1989, p. 609, note ss. Civ. 2e., 4 nov. 1988.

[930] Il faut mentionner, également, la thèse de la faculté générale, défendue avec vigueur par R. Martin. V., outre la référence précitée, v. R. MARTIN, « La règle de droit adéquate dans le procès civil », *D.* 1990, chron., p. 163, « Le juge doit restituer à la prétention son exacte qualification », *D.* 1998, p. 272.

[931] Décret n° 81-500 du 12 mai 1981, *instituant les dispositions des livres III et VI du Nouveau Code de procédure civile et modifiant certaines dispositions de ce Code*, *JORF*, 14 mai 1981, p. 1380. On doit, notamment, à ce décret, la rédaction actuelle de l'alinéa 3 de l'article 12 et de l'alinéa 3 de l'article 16 du Code de procédure civile.

[932] En ce sens, v. J. HÉRON, *note préc.*, spéc. A) du I, qui voyait dans l'alinéa 1er de l'article 12 le fondement de tout l'article et notamment des alinéas suivants.

arbitraire, en droit, et non en équité[933], mais une disposition nodale selon laquelle il appartient au juge de toujours identifier la règle de droit qui correspond, le cas échéant, à la proposition de fait avancée par la partie[934]. Et qu'il s'agisse du premier alinéa n'est pas anodin. Comme on l'a dit, la qualification n'est possible que si le moyen de droit a été identifié. Par une série d'arrêts, apparemment contradictoires, rendus au milieu des années 1980[935], la Cour de cassation permit à certains auteurs[936] de proposer une nouvelle lecture de la jurisprudence[937]. La thèse de Motulsky se trouvait aussi bien consacrée dans les grandes lignes. Il était tout d'abord indéniable que la jurisprudence n'avait jamais entendu sanctionner le juge pour avoir relevé un moyen de droit ou pour avoir requalifié les faits[938]. La chose était si peu douteuse que, peu de temps après son annulation, la Haute juridiction n'avait pas hésité à faire renaître l'alinéa 3 de l'article 12 de ses cendres, soit en mobilisant l'article 12 *in globo*[939], soit, même, et plus radicalement, en faisant comme s'il n'avait jamais disparu du Code de procédure civile[940]. On percevait surtout progressivement, à la faveur de formules de plus en plus précises, que ce qui, dans la jurisprudence, pouvait passer pour contradictoire, n'était, en réalité, que le résultat de la prise en compte, par les juges, de l'origine des faits requalifiés[941] ou s'étant vu donner une nouvelle règle de droit. Une doctrine, rapidement majoritaire[942], proposa alors une synthèse formée de trois propositions : le juge n'est tenu

---

933 Sur cette lecture traditionnelle, J. NORMAND, C. BLÉRY, *Fasc. préc.*, n° 41.

934 S. GUINCHARD, C. CHAINAIS, F. FERRAND, *Procédure civile. - Droit interne et droit de l'Union européenne*, 30e éd., Dalloz, Précis Droit privé, Paris, 2010, n° 499, p. 401, n° 524, p. 418 ; L. CADIET et E. JEULAND, *Droit judiciaire privé*, *op. cit.*, n° 547, p. 410, G. COUCHEZ, X. LAGARDE, *Procédure civile*, 16e éd., Sirey, Paris, 2011, spéc. n° 236, p. 274.

935 Tout particulièrement cet arrêt : Civ. 2e, 14 févr. 1985, *JCP G* 1985, II, 21 030, note J. HÉRON. Comme le notait l'éminent auteur, l'arrêt de la Haute juridiction, énonçant que les juges du fond n'avait pas « l'obligation de soulever un moyen [...] qui, impliquant l'appréciation de circonstances de fait, n'était pas de pur droit », était le premier à permettre nettement - en dépit de l'interprétation *a contrario* qu'il supposait - la distinction du moyen de droit et de pure droit (*op. cit*, *in limine*).

936 Et notamment à J. NORMAND et ses riches observations à la *RTD civ.* 1991, p. 152-160, ainsi qu'à la *RTD civ.* 1998, p. 461-463.

937 Surtout l'arrêt suivant : Civ. 2e, 14 février 1985, *Bull. civ.* II, n° 38, *JCP G* 1988, II, 21030, note J. HÉRON, *Gaz. Pal.* 1985, 2, p. 640, note S. GUINCHARD et T. MOUSSA)

938 H. MOTULSKY, « La cause de la demande dans la délimitation de l'office du juge », *op. cit.*, spéc. n° 14, p. 111 : « Il faut rappeler d'abord que la jurisprudence reconnaît le droit et l'obligation du juge de statuer *proprio motu conformément à la norme objectivement applicable* » (v. aussi les réf. note 5).

939 Civ. 2e, 26 avr. 1984, *Bull. civ.* II, n° 71, où la Cour vise l'article 12 sans autre précision, Com., 26 janv. 1983, *Bull. civ.* IV, n° 31, où c'est l'alinéa 4 qui est visé.

940 Civ. 1re, 16 avril 1991, *Bull. civ.* I, n° 144, *JCP G* 1991, IV, p. 237, *D.* 1993, p. 186, note Ph. BRÉTAUDEAU, *RTD civ.* 1992, p. 172, obs. J. NORMAND, où la Haute juridiction affirme que le juge « doit donner ou restituer leur exacte qualification aux faits et actes litigieux sans s'arrêter à la dénomination que les parties en auraient proposée » (ce qui est une référence à l'alinéa 2 de l'article 12), mais aussi que « le juge peut relever d'office les moyens de pur droit quel que soit le fondement juridique invoqué par les parties », ce qui était le contenu de l'alinéa 3 annulé.

941 V., sur la transposition de cette règle à la requalification : J. NORMAND, « Principes directeurs du procès. - Office du juge. - Fondement des prétentions litigieuses », *J.-Cl. Proc. civ.*, Fasc. n° 152, (version antérieure) n° 60 & n° 102.

942 Outre H. Motulsky (*réf. préc.*), v. J. VINCENT, *Mélanges Paul Roubier*, Paris, 1961, n° 62 et s., p. 303, J. NORMAND, *Fasc. préc.*, n° 89, J. NORMAND, C. BLÉRY, *Fasc. n° 152 préc.*, spéc. n° 75 et s., J. HÉRON, note ss. Civ. 2e, 14 févr. 1985, *JCP* 1988, II, 21 030, M.-A. FRISON-ROCHE, note ss. Civ. 2e, 4 nov. 1988, *D.* 1989, p. 609, Th. LE BARS, *Le défaut de base légale*, *op. cit.*, n° 443, p. 403, G. BOLARD, *in Droit et pratique de la procédure civile 2012-2013* (S. GUINCHARD, dir.), Dalloz, Dalloz action, Paris, 2012, spéc. n° 221.123 et s., S. GUINCHARD, C. CHAINAIS, F. FERRAND, *op. cit.*, n° 532, p. 424-426, L. CADIET, E. JEULAND, *Droit judiciaire privé*, *op. cit.*, n° 547, p. 409-413. - Plus nuancés, B. COUCHEZ, X. LAGARDE, *Procédure civile*, 16e éd., Sirey, Paris, 2011, n° 236 et s.

de relever d'office que les moyens de pur droit ; il ne faut pas avoir égard au caractère ou non d'ordre public du moyen de pur droit[943] ; le juge est toujours libre, et non obligé, de relever d'office les moyens de droit[944]. La Chambre commerciale de la Cour de cassation semblait, parfois, avoir refusé tout pouvoir de relevé d'office[945], se fondant sur une conception particulièrement extensive de l'objet du litige[946], mais les arrêts les plus récents montraient que sa jurisprudence pouvait s'intégrer à la typologie élaborée par la doctrine[947]. En sens inverse, certains arrêts paraissaient mettre à la charge du juge une obligation générale de relever d'office tous les moyens, y compris les moyens mélangés de fait et de droit[948]. La solution semblait, cependant, avoir été abandonnée. En définitive, la seule véritable incertitude, source d'insécurité juridique, était l'existence d'une jurisprudence particulièrement critiquée[949], émanant, pour l'essentiel, de la deuxième Chambre civile de la Cour de cassation, et refusant de soumettre le juge à une obligation de rechercher d'office les dispositions légales de nature à justifier une demande dont il était saisi « sur le fondement d'un texte déterminé »[950]. Selon ces arrêts, le relevé d'office d'un moyen de pur droit était facultatif lorsque le « demandeur [avait] précisé le fondement juridique de sa prétention »[951]. Ces solutions, qui remettaient en cause le rôle actif du juge dans le relevé d'office des moyens de pur droit et, indirectement, dans la définition de la litigiosité de la proposition-objet de preuve, tranchaient résolument avec les solutions plus protectrices de la jurisprudence qu'on pouvait juger dominante[952] et de la doctrine majoritaire. Cette profonde divergence méritait une intervention de l'Assemblée plénière. C'est chose faite, mais la solution surprend : elle confirme, dans une certaine mesure, ce dernier courant jurisprudentielle restrictif et condamne aussi bien le rôle actif du juge dans la litigiosité de la preuve.

2. *Condamnation du rôle actif du juge dans la litigiosité de l'objet de la preuve*

100. ***Distinction entre requalification et changement de fondement.*** La doctrine espérait, depuis longtemps, l'intervention de la Cour de cassation sur ce

[943] Déjà, en ce sens, H. MOTULSKY (« La cause de la demande… », *op. cit.*, spéc. n° 24). - *Contra*, H. CROZE, Ch. MOREL, O. FRADIN, *Procédure civile, op. cit.*, spéc. n° 450, p. 153, R. MARTIN, *D.* 1990, chron., 163, n° 5 et *D.* 1996, chron., n° 20. - V. aussi, la jurisprudence qui, dans son dernier état, ne distinguait pas selon qu'il s'agissait ou non d'un moyen d'ordre public : Soc., 7 nov. 1998, *RGDP* 1998, p. 472, Y. DESDEVISES ; mais on sait que la deuxième chambre civile a parfois retenu la solution contraire : Civ. 2e, 2 déc. 1992, 10 mars 1993, *RTD civ.* 1993, p. 889, obs. R. PERROT ; et la position paraît aujourd'hui différente : *cf.* L. CADIET, E. JEULAND, *op. cit.*, n° 547, p. 410-412.
[944] Proposition généralement admise (*v. les réf. aux deux notes précédentes*).
[945] Com., 23 juin 1992, *RTD. civ.* 1993, p. 413, obs. J. NORMAND.
[946] S. GUINCHARD, C. CHAINAIS, F. FERRAND, *op. cit.*, n° 528, p. 421.
[947] Com., 14 nov. 1995, *Procédures* 1996, comm. n° 143, obs. H. CROZE, *RTD civ.* 1996, p. 689, obs. J. NORMAND.
[948] Civ. 1re, 14 févr. 1989, *Bull. civ.* I, n° 83, Civ. 1re, 13 déc. 1989, *Bull. civ.* I, n° 393, *RTD civ.* 1991, p. 152, obs. J. NORMAND, Civ. 1re, 16 avr. 1991, *Bull. civ.* I, n° 144.
[949] J. HÉRON, Th. Le BARS, *Droit judiciaire privé*, *op. cit.*, n° 270, p. 225-227, G. BOLARD, « L'arbitraire du juge », *Mélanges Pierre Drai*, Dalloz, Paris, 2000, p. 225-241, spéc. n° 12-15.
[950] Civ. 2e, 4 nov. 1988, *Bull. civ.* II, n° 202, *D.* 1989, p. 609, note M.-A. FRISON-ROCHE, *RTD civ.* 1991, p. 152, obs. J. NORMAND, Civ. 2e, 27 juin 1990, *Bull. civ.* II, n° 154, Civ. 2e, 8 juin 1995, *Bull. civ.* II, n° 168, *D.* 1996, p. 247, note F. EUDIER, Civ. 2e, 11 juin 1998, *Bull. civ.* II, n° 181, Civ. 3e, 3 avr. 1997, *Bull. civ.* III, n° 75.
[951] Civ. 1re, 21 févr. 2006, pourvoi n° 03-12.004.
[952] Il s'agissait, pour l'essentiel, de la jurisprudence de la première Chambre civile ; en ce sens, O. DESHAYES, *note préc.*, note (1), n° 23.

chapitre. La saisine de l'Assemblée plénière pouvait laisser espérer une clarification de ce problème que de nombreux auteurs jugeaient très largement inextricable. En décidant que « si, parmi les principes directeurs du procès, l'article 12 du code de procédure civile oblige le juge à donner ou restituer leur exacte qualification aux faits et actes litigieux invoqués par les parties au soutien de leurs prétentions, il ne lui fait pas obligation, sauf règles particulières, de changer la dénomination ou le fondement juridique de leurs demandes »[953], elle ne paraît pourtant pas avoir répondu aux attentes des processualistes[954]. Il est vrai que celui qui a reçu les enseignements de Motulsky ne peut qu'être stupéfait par la teneur de l'attendu. Comment peut-on admettre que la mission du juge ne soit pas la même selon qu'il s'agit de la qualification des faits ou du relevé d'office des moyens de droit ?[955] Au-delà, il faut bien reconnaître que la Haute juridiction a fait un bien curieux usage de la terminologie qu'a contribué à fixer le Code de procédure civile. La notion de « fondement juridique » est, certes, compréhensible. Il s'agit, à n'en pas douter, des moyens de droit que les parties ont invoqués à l'appui de leur demande. Mais l'emploi de celle de *dénomination de la demande* est plus contestable, car elle devrait n'être utilisée, par souci de clarté, que pour désigner la qualification et la requalification des faits et actes[956]. Enfin, la solution est d'autant plus déroutante que les faits de l'espèce permettaient, sans doute, comme l'avaient indiqué tant l'avocat général que le Haut conseiller, de consacrer, de manière définitive, la distinction du moyen de pur droit et du moyen de droit[957].

101. ***Les possibilités offertes par les données de l'espèce.*** Le litige résultait de ce qu'un individu avait fait acquisition, auprès d'un vendeur professionnel d'automobiles, d'un véhicule d'occasion, avec garantie conventionnelle de trois mois qui s'appliquait au moteur, à la boîte et au pont. Peu de temps après, l'acheteur assignait le vendeur en paiement d'une somme correspondant au coût de remise en état du véhicule, en réduction du prix de vente et en condamnation à des dommages intérêts. Les prétentions étaient fondées, dans les premières conclusions, sur la garantie contractuelle, la garantie d'éviction et la garantie des vices cachés. Après avoir été débouté par les premiers juges, il interjetait appel en maintenant ses moyens de droit tirés de la garantie contractuelle et de la responsabilité des vices cachés. La cour d'appel devait réformer partiellement le jugement en accueillant le moyen excipé de la garantie contractuelle, mais en déboutant l'appelant sur le second moyen, motif pris de ce que l'existence du vice caché n'était pas établie. L'Assemblée plénière, pour sa part, était appelée à connaître du pourvoi formé contre cet arrêt. Par l'un de ses moyens, le demandeur invitait la Cour de cassation à

---

[953] Ass. plén., 21 déc. 2007, pourvoi n° 06-11.343, *D. c/ Sté Carteret automobiles, JurisData* n° 2007-042069, note S. HOCQUET-BERG, *Respons. civ. et assur.* 2008, comm. n° 112, *JCP G* 2008, II, 10006, note L. WEILLER, *JCP G* 2008, I, 138, n° 9, obs. S. AMRANI-MEKKI, *D.* 2008, p. 228, obs. L. DARGENT, *RLDC* 2008, p. 2843, obs. S. DOIREAU, *D.* 2008, p. 1102-1109, note O. DESHAYES, *RDC* 2008, n° 2, p. 435 et s., obs. Y.-M. SÉRINET, *Procédures* 2008, n° 70, obs. R. PERROT.

[954] E. VERGÈS, « Relevé d'office du moyen de droit : épilogue ou pas ? », *Lexabase Hebdo* n° 294, (éd. privée générale), chron. proc. civ., § 3.- *Adde*, S. GUINCHARD, C. CHAINAIS, F. FERRAND, *op. cit.*, spéc. n° 533, p. 426.

[955] V. les explications *supra*, n° 98.

[956] La jurisprudence a parfois fait usage de cette terminologie : Civ. 1re, 30 janvier 1985, *Bull. civ.* II, n° 22, « que si l'article 12 du Nouveau Code de procédure civile permet au juge, lorsque les parties n'ont pas, en vertu d'un accord exprès, limité le débat, de changer la dénomination ou le fondement juridique de la demande, il ne lui en fait pas une obligation ».

[957] O. DESHAYES, *note préc.*, spéc. n° 34, & *infra*, n° 101-102.

contrôler l'opération de qualification réalisée par la cour d'appel, laquelle avait jugé que les moyens articulés dans les conclusions ne permettaient pas d'appliquer la responsabilité du fait des vices cachés[958]. Tout en tentant de remettre en cause l'appréciation faite par les juges du fond, il entendait surtout faire déclarer que les premiers juges auraient dû soulever d'office le moyen de droit excipé du manquement à l'obligation de délivrance conforme de la chose vendue[959]. Il appartenait aussi bien à la Haute formation de la Cour de cassation de se prononcer sur le caractère facultatif ou obligatoire de l'office du juge face à ce nouveau moyen. L'identifiant à un moyen de droit - par opposition à une simple requalification, selon ses principes - elle en conclut donc que le juge ne pouvait être tenu de le relever d'office. Pourtant, les faits de l'espèce auraient permis à la Cour de cassation de consacrer, avec netteté, la distinction tirée de l'origine des faits. Le plaideur reprochait, en effet, aux juges de n'avoir pas relevé un moyen de droit qui n'apparaissait pas dans le litige (seulement dans le débat) et qu'il leur était donc loisible de ne pas relever d'office, préservant ainsi le subtile équilibre dégagé par le Code de procédure civile[960].

102. ***Certitudes et incertitudes autour de l'arrêt de l'Assemblée plénière.*** La première remarque qu'inspire l'arrêt est qu'il est à peu près certain que le juges sont désormais dispensés de relever d'office les moyens, fussent-ils de droit ou de pur droit[961]. Seule la requalification serait une obligation pour le juge. Cette

---

[958] La proposition-objet de preuve était, en d'autres termes, jugée inopérante. En effet, le demandeur se fondait, tant en première instance qu'en appel, sur le fait que la pompe à eau et le radiateur avaient dû être changés au titre de la garantie conventionnelle et que des remplacements avaient été indispensables à peu près à la même période. Mais c'était affirmer que tous ces désordres étaient apparus à l'intérieur de la période de garantie contractuelle, ce qui excluait l'antériorité du vice affectant la chose vendue.

[959] C. civ., art. 1604 et s.

[960] Comme le faisait remarquer l'avocat général de Gouttes, les juges pouvaient difficilement être reprochés dans la mesure où « le manquement à l'obligation de délivrance conforme de la chose vendue (articles 1604 et suivants du Code civil), invoqué par M. X... à l'appui de la demande de réduction du prix du véhicule, se rapport[ait] à des faits qui n'ont qu'un caractère "adventice" », M. de GOUTTES, *Avis du Premier avocat général sur Ass. plén.*, 21 décembre 2007, pourvoi n° 0611.343, avis consultable à l'adresse suivante :www.courdecassation.fr/jurisprudence_2/assemblee_pleniere_22/arrets_travaux_preparatoires_24/gouttes_br_11072.html (site de la Cour de cassation), spéc. B, ss. § II (qu'on trouvera également à la *Gaz. Pal.*, 19 janv. 2008, n° 19, p. 2). Il ajoutait (*ibid.*) : « Dans son assignation du 20 août 2003, dans ses prétentions formulées devant le tribunal d'instance de Valognes, puis dans ses conclusions devant la cour d'appel de Caen déposées le 13 avril 2004, M. X... s'était fondé, pour demander la condamnation de la société Carteret Automobiles, d'une part sur la garantie contractuelle de trois mois, d'autre part sur les visas des articles 1625, 1630 et suivants, 1641 et suivants du code civil, c'est-à-dire sur la garantie en cas d'éviction et sur la garantie des vices cachés ». Il nous semble que la référence au texte est excessive (v. aussi, en ce sens, O. DESHAYES, *op. cit.*, note (49), n° 25 ; elle peut, cependant, à certains égards, expliquer la solution de la Cour de cassation ; v. *infra*, n° 102.

[961] V. nettement en ce sens : S. GUINCHARD, C. CHAINAIS, F. FERRAND, *op. cit.*, n° 536, p. 428-429, qui parlent d'une « occasion manquée » et estiment que le pourvoi aurait pu être rejeté « non pas au nom d'une absence d'obligation faite au juge, mais simplement en soulignant qu'en l'espèce le moyen tiré du défaut de délivrance conforme aurait été, en l'espèce, mélangé de fait et de droit [...] » (v., toutefois, L. CADIET, J. NORMAND, S. AMRANI MEKKI, *Théorie générale du procès*, PUF, Thémis Droit, Paris, n° 226, p. 770). - Certains arrêts rendus ultérieurement par la Cour de cassation, qui adoptent la même solution, contiennent la même ambiguïté en ce qui concerne l'origine des faits ; le juge ne pouvait, à chaque fois, changer de fondement sans puiser dans les faits adventices ou dans les faits du dossier : Civ. 1re, 5 juin 2008, pourvoi n° 06-16922 ; Civ. 1re, 28 mars 2008, pourvoi n° 06-15038. Mais un arrêt postérieur, qui reprend également la solution de l'Assemblée plénière, est dénué d'ambiguïté, dans la mesure où le nouveau moyen pouvait être dégagé à partir des faits spécialement articulés : Civ. 1re, 10 avril 2008, pourvoi n° 07-13520, où la Cour de cassation estime que le passage d'une responsabilité civile contractuelle à une responsabilité civile délictuelle dépasse le cadre de la requalification.

distinction, que la Haute juridiction ne paraît d'ailleurs pas toujours respecter elle-même[962], n'est pas raisonnable. Pour les raisons qui ont déjà été exprimées, il est impossible de faire le départ entre la qualification et le relevé d'office, car dans l'un et l'autre cas, une nouvelle règle de droit est mobilisée[963]. Lorsque le juge, saisie d'une action en nullité d'un contrat, a à connaître de faits dont le demandeur prétend qu'ils sont constitutifs d'une erreur au sens de l'article 1109 du Code civil, c'est-à-dire une proposition-objet de preuve dont il établit qu'elle constitue l'antécédent de la règle de droit prévoyant la nullité du contrat (l'erreur, le concept juridique d'erreur), il ne peut prendre ces mêmes faits et les qualifier de *violence morale* sans avoir identifié, au préalable, une nouvelle règle de droit contenant ce nouvel antécédent (ex., C. civ., art. 1112)[964]. Requalifier - tout comme qualifier - revient toujours pour le juge à faire application d'une (nouvelle) règle de droit[965]. À suivre l'Assemblée plénière à la lettre, cela voudrait dire que, en l'espèce, le juge aurait été tenu de requalifier le fait de défectuosité qualifié de vice caché par le plaideur et de lui donner la dénomination de défaut de délivrance conforme, mais qu'il aurait été facultatif, en revanche, pour lui, de substituer à la demande fondée sur la garantie des vices cachés, une autre demande fondée sur l'obligation de délivrance conforme ; bref, il aurait pu rester « au milieu du gué »[966]. Ainsi qu'on l'a observé, « [...] il semble assez artificiel de distinguer les faits et actes invoqués au soutien de la demande (dont la requalification est un devoir) et la demande (dont le changement de dénomination ne serait que facultatif). L'espèce le prouve : « un fait de défectuosité qualifié de vice caché par un plaideur au soutien de sa demande en résolution n'est pas autre chose qu'une demande fondée sur la garantie contre les vices cachés »[967]. Est-ce à dire alors, comme on l'a suggéré[968], que la requalification des faits et actes ne serait obligatoire que lorsque l'opération n'aboutit pas à un changement de fondement juridique ou qu'elle ne revient qu'à donner, à la demande, le fondement juridique qui s'extrait indubitablement des faits et dont l'occultation ne résulte que d'une erreur grossière ?[969] On pourrait émettre également

---

962 V. en ce sens, le communiqué de la Cour de cassation : « Ainsi formulé, le moyen posait la question de savoir si la cour d'appel était tenue de rechercher d'office si les faits invoqués par l'acquéreur pouvaient recevoir une qualification (manquement à l'obligation de délivrance conforme) que celle invoquée par le demandeur (vices cachés) et d'examiner ensuite la demande sur un fondement juridique que les plaideurs n'avaient pas envisagé », (www.courdecassation.fr/jurisprudence_2/assemblee_pleniere_22/arret_no_11068.html).

963 G. BOLARD, « Les principes directeurs du procès civil : le droit positif depuis H. MOTULSKY », *JCP G* 1993, I, 3693, spéc. n° 10, H. CROZE, Ch. MOREL, O. FRADIN, *Procédure civile*, *op. cit.*, spéc. n° 446, p. 150-151, Y.-M. SERINET, obs. *RDC* 2008, n° 2, p. 435 et s.

964 Civ. 3e, 9 nov. 1971, *Bull. civ.* III, n° 541.

965 J. NORMAND, C. BLÉRY, « Principes directeurs du procès.- Office du juge. - Fondement des prétentions litigieuses », *J.-Cl. Proc. civ.*, Fasc. n° 152, spéc. n° 57 : « Conséquence de la requalification, les règles applicables au litige ne sont plus celles qu'impliquait la qualification initiale mais celles auxquelles conduit ce que le juge tient pour être l'exacte qualification des éléments litigieux. Le phénomène constaté est celui-là même que produit le relevé d'office d'un moyen de droit ».

966 Y.-M. SÉRINET, obs. *RDC* 2008, n° 2, p. 435 et s. - V. aussi, L. CADIET, J. NORMAND, S. AMRANI MEKKI, *Théorie générale du procès*, PUF, Thémis Droit, Paris, n° 226, p. 769.

967 O. DESHAYES, *op. cit.*, n° 23, p. 1106.- V. aussi, pour une expression de la même idée, S. GUINCHARD, C. CHAINAIS, F. FERRAND, *Procédure civile*, *op. cit.*, n° 535, p. 427-428.

968 *Op. cit.*, *loc. cit.*

969 O. DESHAYES, *op. cit.*, n° 24 : « Il est en effet possible de soutenir que si la Cour a écarté en l'espèce l'obligation pour les juges du fond de statuer sur le défaut de délivrance conforme, c'est parce qu'il était établi que l'acheteur s'était *réellement* fondé sur la garantie contre les vices cachés [...]. *A contrario,* cela pourrait vouloir dire que si la cour d'appel avait été saisie d'une demande improprement fondée sur la garantie contre les vices cachés (en ce sens que l'argumentation répondait en réalité à la définition du

l'hypothèse d'une requalification entendue de manière étroite, chaque fois que le juge peut changer la dénomination d'un fait ou d'un acte, sans être tenu de changer de fondement juridique parce qu'il n'est pas compétent, par exemple, pour connaître de la nouvelle règle de droit. Un arrêt en donne un excellent exemple. Un tribunal paritaire des baux ruraux était saisi d'une demande en annulation d'un congé délivré au prétendu preneur d'une parcelle de roseaux. Voyant, dans le contrat, non pas un bail rural, mais une vente de roseaux, le juge devait néanmoins conclure à son incompétence, ce qui le dispensait d'envisager les conséquences de cette nouvelle qualification[970]. Dans un sens étroit, toujours, on peut également interpréter la requalification comme une *opération inachevée*, obligeant effectivement le juge à tenir compte d'une nouvelle règle de droit - comme lorsqu'il modifie la qualification d'un contrat ou d'un bien - mais sans être pour autant tenu de lui appliquer le régime correspondant. En d'autres termes, le juge serait tenu de requalifier - essentiellement pour des raisons de motivation - sans être pour autant obligé d'appliquer le régime juridique découlant de sa nouvelle qualification. Au regard des faits de l'espèce, il affirmerait, aussi bien, que la règle de droit applicable n'était pas la garantie des vices cachés, mais le défaut de délivrance conforme ; que, cependant, le moyen de droit n'ayant pas été visé, il ne peut recevoir application. Un tel raisonnement serait, pour le moins, surprenant. On ne peut, par ailleurs, ne pas revenir sur l'un des points sur lesquels l'Assemblée plénière, son Haut conseiller[971] et son avocat général[972] ont longuement insisté, et qui était l'existence, dans les conclusions du demandeur, d'un fondement juridique précis. Comme l'énonce la Haute juridiction, « qu'ayant constaté, par motifs propres et adoptés, qu'elle était saisie d'une demande fondée sur l'existence d'un vice caché dont la preuve n'était pas rapportée, la cour d'appel, qui n'était pas tenue de rechercher si cette action pouvait être fondée sur un manquement du vendeur à son obligation de délivrance d'un véhicule conforme aux stipulations contractuelles, a légalement justifié sa décision de ce chef ». Il faudrait alors entendre, par cette formule, ce qui éclairera, dans le même temps, la référence à la *dénomination juridique de la demande*, que le juge n'est pas tenu de rechercher la règle de droit adéquate - même si les faits spécialement invoqués permettent d'en faire l'application sans puiser dans les faits adventices ou les faits du dossier -, chaque fois que les parties ont expressément visé un fondement

---

défaut de délivrance conforme), elle aurait été tenue de requalifier ». On cantonne parfois la requalification (sans méconnaître la nature qu'elle partage avec le relevé d'office) à la correction d'une erreur (H. CROZE, Ch. MOREL, O. FRADIN, *op. cit.*, n° 446, p. 150, mais les auteurs reconnaissent l'identité entre requalification et relevé d'office). En ce sens, il n'est, en effet, pas rare qu'un plaideur vise expressément une règle de droit mais commette une grossière erreur de dénomination. Il ne fait aucun doute, autrement dit, qu'une autre règle peut prendre place parce que l'argumentation prend nécessairement appui sur cette règle nouvelle. V., par exemple, Civ. 3e civ., 9 nov. 1971, *Bull. civ.* III, n° 541, où la nullité pour « erreur » est requalifiée en nullité pour « violence morale », Com, 20 mai 1980, *Bull. com.*, n° 206, nullité pour fausse cause requalifiée en nullité pour erreur sur la valeur ; v., encore, en matière de biens, Civ. 3e, 5 mars 1971, *Bull. civ.* III, n° 176, p. 128, où une servitude par destination du père de famille est requalifiée en servitude conventionnelle (la Cour de cassation insiste sur le fait que la cour d'appel a donné à la demande son « véritable fondement juridique »). Mais, dans certains cas, la frontière est beaucoup plus ténue, et il est indéniable que l'on retombe, en dépit de l'affirmation contraire de la Cour de cassation, dans le domaine du relevé d'office : Civ. 1re, 16 juin 1993, *Bull. civ.* I, n° 224, *D.* 1994, p. 210 & 547, note Th. CLAY.

970 Civ. 3e, 14 janv. 1971, *Bull. civ.* III, n° 20.

971 M. LORIFERNE, « Rapport » sur Ass. plén., 21 déc. 2007, *préc., rapport consultable sur le site de la Cour de cassation*. - *Adde*, les remarques de O. DESHAYES, *op. cit.*, n° 24, note (46).

972 V. *supra*.

juridique, à l'exclusion de tout autre[973]. Un arrêt ultérieur, rendu par la première Chambre civile le 10 avril 2008, où il était reproché à la cour d'appel de n'avoir pas substitué à une demande en réparation d'un préjudice subi par une victime par ricochet fondé sur la responsabilité contractuelle, le régime de la responsabilité délictuelle, donne une certaine autorité à cette thèse. En approuvant les seconds juges d'avoir relevé que les victimes par ricochet « avaient assigné la société sur les seuls fondements contractuels de la loi du 13 juillet 1992 et des articles 1147 et suivants du code civil », la Haute juridiction laisse entendre que, lorsqu'un texte précis a été visé dans l'assignation, sur le terrain duquel le défendeur accepte de se battre, les parties ont lié le juge sur un point de droit ou sur une qualification, et ce dernier est, aussi bien, sinon empêché, du moins dispensé de *changer la dénomination* de la demande. Une telle interprétation forcerait le texte de l'article 12, alinéa 3, doublement, d'abord parce qu'il a une portée impérative (le juge « ne peut changer la dénomination ou le fondement juridique », énonce-t-il), ensuite parce qu'il mentionne un accord exprès. Sous ce regard, la jurisprudence a jugé, à maintes reprises, qu'une concordance entre les conclusions des parties ne constitue pas l'accord visé au texte[974], même si elle a parfois admis la solution contraire[975].

103. ***Portée de cette jurisprudence.*** De toute évidence, cette nouvelle solution - si tant est que l'interprétation livrée soit exacte - est juridiquement très contestable. Elle marque, indéniablement, un retour aux premiers interprétations qu'avaient livrées les auteurs autour de la notion de « moyens de pur droit »[976], interprétations moins cohérentes que celles auxquelles était patiemment parvenue la doctrine ces dernières décennies[977]. On remarque, premièrement, que s'introduit, dans la jurisprudence, une discrimination peu justifiée entre les prétentions non fondées en droit, ce qui est toujours possible, auxquelles le juge doit donner la règle de droit idoine à peine de déni de justice et les prétentions fondées en droit que le juge n'est pas tenu de rectifier. On constate, deuxièmement, et comme indiqué, que la nouvelle proposition repose sur une distinction - de la requalification et du relevé de moyens de droit - que nul ne parvient à faire nettement[978]. On relève, enfin, que l'arrêt remet en cause la symétrie dégagée entre le moyen de pur droit devant les juges du fond et le moyen de pur droit devant la Cour de cassation, puisqu'on convient largement, aujourd'hui, que le moyen qui est de pur droit pour la Haute juridiction est nécessairement un moyen de pur droit pour les juges du fond[979]. C'est cette circonstance qui explique que la Cour de cassation puisse admettre les moyens de

---

[973] Le communiqué de la Cour de cassation accrédite cette thèse : « L'assemblée plénière a estimé que, mis à part les cas où la loi lui fait obligation de relever d'office un moyen de droit non expressément invoqué par les parties, le juge n'est pas tenu de le faire » (*op. cit.*, *loc. cit.*).

[974] V., en dernier lieu : Civ. 2e, 14 sept. 2006, *Bull. civ.* II, n° 217, *D.* 2007, Pan., p. 1382, obs. JULIEN, *JCP G* 2007, I, 139, n° 16, obs. CLAY, *Procédures* 2006, comm. n° 229, note R. PERROT.

[975] Com., 9 oct. 1978, *Bull. civ.* IV, n° 213, p. 181 ; on doit faire la même remarque en ce qui concerne les conclusions des parties désignant une loi autre que celle qui est visée par le traité ou le contrat : Civ. 1re, 6 mai 1997, *Bull. civ.* I, n° 140, *Rev. crit. DIP* 1997, 514, note FAUVARQUE-COSSON.

[976] V. *supra*, n° 99.

[977] S. GUINCHARD, C. CHAINAIS, F. FERRAND, *Procédure civile*, *op. cit.*, n° 537, p. 429.

[978] V. *supra*, n° 98-99.

[979] C. proc. civ., art. 619 & 620, al. 2

pur droit[980] et censurer la décision des juges du fond qui n'auraient pas soulevé un moyen de pur droit, qu'elle peut relever d'office[981].

104. ***Renouveau du libéralisme procédural.*** Cette solution s'inscrit, en définitive, dans le droit fil d'un arrêt rendu, peu de temps auparavant, par l'Assemblée plénière[982], en matière d'autorité de la chose jugée. Et tous deux contribuent à repenser, semble-t-il, assez profondément, les paradigmes qui étaient ceux du Nouveau Code de procédure civile, en replaçant la charge du droit, de la qualification, sur les plaideurs. Ce renouveau de la doctrine classique, dont il faudra tenter de donner les raisons[983], marque une étape importante pour le droit de la preuve, plus largement pour la procédure civile. Si, jusqu'alors, les parties pouvaient compter sur l'engagement du juge dans l'identification de la règle (ou des règles) susceptibles de donner pleine vie (pleine *opérance*) aux propositions-objets de preuve avancées, elles doivent désormais, sous réserve de ce que précisera peut-être la Cour de cassation de la *requalification*, s'attacher à dégager seules, avec le plus grand soin, la règle de droit correspondant aux faits aux fondements de leur prétention. Elles seraient condamnées, à défaut, à produire ou demander des preuves inaptes à emporter le moindre effet, faute d'un objet de preuve opérant. Sur le terrain de la litigiosité, on s'aperçoit que le principe selon lequel les propositions-objet de preuve avancées au soutien d'une prétention, au moins celles spécialement articulées, ont toujours comme exact correspondant, dans le litige, une multitude de règles de droit dont l'antécédent offre opérance, perd de sa portée. La chose est, comme on l'a dit, extrêmement regrettable, car il devrait appartenir au juge d'appliquer le droit au moins à l'égard des faits qu'il ne peut ignorer[984]. Pire encore, investi d'une faculté - qu'il peut maîtriser à sa guise, d'autant plus détestable qu'elle repose sur des critères incertains -, le juge réunit tous les traits de l'institution arbitraire[985], critique suprême et que l'on ne pouvait sans doute pas formuler à l'encontre du système antérieur. Ce transfert de la charge de la définition de l'objet de la preuve

---

980 C. proc. civ., art. 619

981 C. proc. civ., art. 620, al. 2.- J. HÉRON, Th. Le BARS, *Droit judiciaire privé*, *op. cit.*, n° 269, p. 224. - V. encore, O. DESHAYES, *op. cit.*, n° 34, p. 1108.

982 Ass. plén., 7 juill. 2006, pourvoi 04-10.672, G. WIEDERKEHR, « Étendue de l'autorité de la chose jugée en matière civile : notion d'identité de cause », *JCP* 2007, II, 10 070, L. WEILLER, « Renouvellement des critères de l'autorité de la chose jugée : l'Assemblée plénière invite à relire Motulsky », *D.* 2006, p. 2135, R. PERROT, « Chose jugée. Sa relativité quant à la cause : qu'en reste-t-il ? », *RTD civ.* 2006, p. 825, « Sa relativité quant à la cause », *Procédures* 2006, comm. n° 201, H. CROZE, « *Da mihi factum jusque* », *Procédures* 2006, repère n° 9. - Comme l'indiquait encore la Cour de cassation dans son communiqué publié sous l'arrêt d'Assemblée plénière du 21 déc. 2007, « [c]ette décision se situe dans le sillage d'une évolution marquée par le décret du 28 décembre 1998 et un précédent arrêt rendu par l'assemblée plénière le 7 juillet 2006, qui, redessinant les rôles respectifs des parties et du juge dans le procès civil, repose sur l'idée que si le juge doit jouer un rôle actif dans le déroulement du procès, il n'a pas à remplir tous les rôles, et qu'il revient aux parties elles-mêmes, représentées par des conseils professionnels, d'invoquer tous les moyens susceptibles de fonder leurs prétentions » (site de la Cour de cassation, *op. cit.*, *loc. cit.*).

983 V. *infra*, n° 120 et s.

984 Il y va, bien sûr, de la « vérité du droit » : « L'idée que le juge judiciaire s'efforcerait d'approcher au plus près de la vérité en ayant le devoir d'appliquer une règle de droit correcte est aujourd'hui battue en brèche », Y.-M. SERINET, *note préc.*, ss. § 3) b).

985 V. les critiques particulièrement vives de G. BOLARD, « L'office du juge et le rôle des parties : entre arbitraire et laxisme », *JCP G* 2008, I, 156, spéc. n° 19 ; celles également contenue *in* S. GUINCHARD, C. CHAINAIS, F. FERRAND, *Procédure civile*, *op. cit.*, n° 537-538, p. 428-430 qui annonce l'avènement d'un nouvel adage : « donne-moi le fait et le droit » et « je te donnerait un jugement », dont il faut comprendre qu'il signifie : « je trancherai entre les thèses en présence » (*op. cit.*, n° 538, p. 430).

vers les parties et leurs conseils signe, en tout cas, le retour du libéralisme procédural. Il faudra le montrer plus avant et en étudier les raisons précises[986]. Pour l'heure, il convient de comparer l'attitude du juge, au regard de la litigiosité de l'objet de la preuve, en procédure pénale.

§ 2. La litigiosité en procédure pénale

105. ***Le rôle central de la qualification du fait matériel.*** Décrivant l'insigne mission du juge dans le Nouveau Code de procédure civile, Motulsky avait judicieusement montré la parenté des dispositions nouvelles avec la procédure pénale[987]. C'est que, en cette matière, plus qu'en tout autre, la qualification des faits est essentielle et constitue la première étape de l'opération probatoire. La notion de fait (fait matériel) est presque secondaire, car ce qui importe véritablement, c'est que soit donnée à la base factuelle une règle de droit susceptible de permettre l'exercice des poursuites et le jugement. Dès lors que les juridictions sont saisies *in rem*[988], c'est-à-dire de l'intégralité des faits visés dans l'acte de saisine[989], la question de la litigiosité ne se pose que sous un angle. Il n'est aucune distinction à faire, en cette matière, entre les faits qui sont dans le litige et ceux qui sont encore dans le débat et que le juge peut, semble-t-il, ignorer[990]. La seule difficulté est finalement celle de l'introduction à la prévention de faits nouveaux[991]. La question est impor-

[986] V. *infra*, n° 120 et s.

[987] H. MOTULSKY, « Prolégomènes pour un futur Code de procédure civile : la consécration des principes directeurs du procès civil par le décret du 9 septembre 1971 », *D.* 1972, chron., p. 91-102 : « Le parallèle avec le droit pénal va à l'opposé d'une telle idée : certes, le ministère public requiert d'informer sur des faits qu'il a préalablement qualifiés ; mais c'est justement l'un des axiomes de la procédure pénale que le principe selon lequel le juge pénal est "saisi *in rem*" : du juge d'instruction jusqu'à la Cour suprême, le droit et même le devoir de requalification (que l'on nomme malencontreusement "disqualification") existent à tous les échelons juridictionnels », n° 34, p. 99.

[988] C. proc. pén., art. 80.- En vertu de cette saisine, « [q]u'il soit saisi par un réquisitoire introductif ou par une plainte avec constitution de partie civile, que ces actes aient été établis ou non contre personne dénommée, le juge d'instruction peut mettre en examen toute personne contre laquelle il existe des indices graves ou concordants d'avoir participé aux faits, objet de la saisine », F. DESPORTES, L. LAZERGUES-COUSQUER, *Traité de procédure pénale*, Economica, Corpus Droit privé, Paris, 2009, n° 1691, p. 1030. - V. aussi, S. GUINCHARD, J. BUISSON, *Procédure pénale*, 7e éd., LexisNexis, Paris, 2011, n° 2424, p. 1376.

[989] Il existe, sous ce regard, une évidente difficulté qui tient au fait que, parfois, le juge d'instruction est saisi d'un nombre considérable de faits matériels : ceux du réquisitoire introductif, ceux, le cas échéant, du réquisitoire supplétif, les pièces jointes à ces réquisitoires, les termes de la plainte et pièces y annexées. C'est pourquoi un certain courant soutient que l'étendue de la saisine « doit être éclairée par les qualifications retenues par l'auteur de la saisine. Le juge n'est pas nécessairement saisi de la totalité des faits évoqués dans la plainte ou les pièces jointes à celle-ci ou au réquisitoire. La saisine procède d'un acte de volonté : par l'énoncé des qualifications, son auteur désigne ceux des faits évoqués dont il entend saisir le juge d'instruction et celui-ci doit respecter cette intention », F. DESPORTES, L. LAZERGES-Cousquer, *op. cit.*, n° 1697, p. 1034. La Chambre criminelle ne semble pas totalement insensible à cette thèse, considérant alors que les faits, qui apparaissent pourtant dans pièces annexées à la procédure, sont des « faits » dont le juge n'était pas saisi. Il en est particulièrement ainsi dans l'arrêt suivant : Crim., 24 nov. 1998, *Bull. crim.*, n° 314 ; V. encore, Crim., 28 sept. 2005, *Bull. crim.*, n° 246. Mais les exemples sont relativement rares (*cf.* F. DESPORTES, L. LAZERGES-COUSQUER, *op. cit.*, n° 1697, p. 1034-1035, S. GUINCHARD, J. BUISSON, *op. cit.*, n° 1758, p. 1053-1054) et ils ne remettent pas en cause cette règle générale : le juge est saisi des *faits matériels* et non des *faits juridiquement qualifiés* (*v. infra*).

[990] Le juge d'instruction peut librement instruire à l'égard de tous faits de la prévention, mais dans la limite de ces faits : Crim., 28 sept. 2005, *Bull. crim.*, n° 246. Les actes d'information accomplis à l'égard des faits non compris dans la saisine sont nuls : Crim., 6 févr. 1996, *Bull. crim.*, n° 60.

[991] On relèvera une double exception en matière de presse. L'article 50 de la loi du 29 juillet 1881 dispose que l'acte initial de la poursuite fixe irrévocablement la nature et l'étendue de la poursuite quant aux faits

tante puisque ces faits peuvent avoir pour effet de conforter la qualification opérée par le juge d'instruction ou la juridiction de jugement ou, à l'inverse, d'ouvrir la voie à une nouvelle qualification en lieu et place de celle qui n'était peut-être pas apte à prospérer. Le Code de procédure pénale envisage bien évidemment cette hypothèse par des dispositions qui s'efforcent de préserver le principe de séparation des autorités, la quête de la vérité et les droits de la défense. Mais l'investissement de l'État dans cette question n'est pas nécessairement très prononcé dès lors que les dispositions n'ont pas toujours un caractère impératif. Lorsque des faits nouveaux parviennent à la connaissance du juge d'instruction[992], celui-ci doit alors - c'est une obligation pour lui -, immédiatement en informer le procureur de la République[993]. Comme a pu l'énoncer la Chambre criminelle, « [l]orsque le magistrat acquiert la connaissance de faits nouveaux, si l'article 80 ne lui interdit pas, avant toute communication au procureur de la République, d'en consigner la substance dans un procès-verbal et, le cas échéant, d'effectuer d'urgence les vérifications sommaires pour en apprécier la vraisemblance, il ne peut sans excéder ses pouvoirs, procéder à des actes qui, présentant un caractère coercitif, exigent la mise en mouvement préalable de l'action publique »[994]. L'étendue de cette obligation dépend de la définition des faits nouveaux[995]. On devrait, semble-t-il, faire une distinction[996] entre les

---

et à leur qualification : Crim., 24 nov. 1992, *Bull. crim.*, n° 386. Il est, en conséquence, interdit d'ajouter et interdit de requalifier à faits matériels constants.

[992] C'est d'ailleurs la seule hypothèse réglementée, puisque si c'est le procureur de la République qui est lui-même informé (par des officiers de police judiciaire agissant sur délégation du juge d'instruction, par un parquet extérieur, par des investigations menées dans une procédure distincte ou encore par le biais de plaintes ou dénonciations), il lui est loisible de saisir le juge d'instruction de ces faits par un réquisitoire supplétif : F. DESPORTES, L. LAZERGUES-COUSQUER, *Traité de procédure pénale*, Economica, Corpus Droit privé, Paris, 2009, n° 1688, p. 1028.- *Adde*, S. GUINCHARD, J. BUISSON, *Procédure pénale*, *op. cit.*, *loc. cit.*

[993] C. proc. pén., art. 80, I, al. 3.

[994] Crim., 6 févr. 1996, *Bull. crim.*, n° 60, *D.* 1996, p. 198, note J. PRADEL, *JCP* 1996, II, 22 634, note P. CHAMBON, *Justices* 1996, p. 286, chron. D. REBUT, *Dr. pén.*1996, comm. n° 74, obs. A. MARON. Puis un arrêt Crim., 30 mai 1996, *Bull. crim.*, n° 226, *RSC* 1996, 880, obs. J. DINTILHAC, *D.* 1996, IR, p. 167. Les arrêts ultérieurs semblent avoir repris la même formule : v., par exemple, Crim., 1er déc. 1998, *Bull. crim.*, n° 323, *Dr. pén.*1999, comm. n° 49, obs. A. MARON. - *Adde*, J. PRADEL, J. PRADEL, *Procédure pénale*, 16e éd., Édition Cujas, Paris, 2011, spéc., n° 659, p. 587-588.

[995] En ce qui concerne les vérifications auxquelles le juge d'instruction peut se livrer, il s'agit d'éviter le dépérissement des preuves. La condition d'urgence, posée par la Cour de cassation, est souverainement appréciée par les juges du fond ; v., J. PRADEL, *op. cit.*, note (6), n° 659, p. 587-588 qui indique qu'« [o]n doit admettre que les "vérifications sommaires" ne durent pas trop longtemps, ce qui doit conduire le juge d'instruction à communiquer très vite les pièces au parquet. Un arrêt a admis que le temps des vérifications avant communication au parquet peut atteindre 3 jours ». Bien entendu, « négativement, le juge ne peut procéder à des actes coercitifs, tels que des écoutes téléphoniques, mandats ou perquisitions, de tels actes ne pouvant être faits que si l'action publique a déjà été mise en mouvement [...] ». *Cf.* Crim. 30 juin 1999, *Bull. crim.* n° 176, *D.* 1999. Somm. p. 326, obs. J. PRADEL, qui retient l'urgence et l'absence de mesures coercitives (auditions de témoins, vérifications auprès de l'administration fiscale et remises volontaires de documents) ; Crim., 1er févr. 2011, pourvoi n° 10-83523, *Bull. crim.*, 2011, n° 15 : la Cour de cassation a récemment jugé que des policiers, agissant dans le cadre d'une commission rogatoire et découvrant le fait nouveau que constituait la conversation échangée depuis une cabine téléphonique, avaient pu requérir des opérateurs de téléphonie pour connaître la liste des appels, entrants et sortants, concernant ce numéro. Pour la Haute juridiction, en effet, « les officiers de police judiciaire qui, à l'occasion de l'exécution d'une commission rogatoire, acquièrent la connaissance de faits nouveaux, peuvent, avant toute communication au juge d'instruction des procès-verbaux qui les constatent, effectuer d'urgence les vérifications sommaires qui s'imposent pour en apprécier la vraisemblance, pourvu que, comme en l'espèce, elles ne présentent pas un caractère coercitif exigeant la mise en mouvement préalable de l'action publique ».

[996] Distinction proposée par le Professeur Pradel : « Ni la loi ni la chambre criminelle n'ont défini ce concept. Mais il est possible de résoudre la question : il y a, d'un côté, les faits franchement nouveaux pour

faits *véritablement* nouveaux, dont font partie les faits connexes[997], d'une part, et les faits indivisibles[998] et ceux constituant une circonstance aggravante, de l'autre[999]. Seuls les premiers mériteraient, aussi bien, un réquisitoire supplétif, le juge pouvant se contenter d'une ordonnance de renvoi - destinée à informer le prévenu ou l'accusé - dans le second. En tout état de cause, qu'il s'agisse d'un fait absolument nouveau ou d'un fait connexe ou d'une circonstance aggravante, le faits sont pris en compte par le système juridique, soit par le biais de la communication au procureur de la République qui peut alors, par un réquisitoire supplétif, étendre sa saisine[1000], soit directement, le juge d'instruction devant en établir la réalité avant de procéder à son travail de qualification ou de requalification[1001].

La solution est, en revanche plus nuancée lorsque des faits nouveaux sont portés à la connaissance de la juridiction de jugement. Si ces faits apparaissent pendant l'audience, c'est-à-dire au cours des débats, le tribunal peut inviter le prévenu à accepter d'être jugé sur ces faits - mais il faut alors que soient remplies les conditions de la comparution volontaire[1002]. À défaut, les faits ne peuvent guère qu'être portés à la connaissance du ministère public[1003]. Une règle encore différente s'applique lorsque - ce qui reste, semble-t-il, fort rare[1004] - le juge d'instruction n'a pas visé dans son ordonnance de renvoi tous les faits dont il était saisi. Dans une telle hypothèse, une première certitude : la juridiction de jugement ne peut annuler la décision de renvoi pour cause d'omission de certains faits. Mais alors la juridiction « a la faculté de renvoyer l'examen de l'affaire à une audience ultérieure et

---

lesquels le juge doit obtenir un réquisitoire supplétif pour pouvoir instruire sur eux, et il y a les faits partiellement nouveaux pour lesquels un tel réquisitoire n'est pas nécessaire », J. PRADEL, *op. cit.*, spéc., n° 659, p. 588.

[997] Crim., 24 nov. 1998, *Bull. crim.*, n° 315, cité par J. PRADEL, *op. cit.*, *loc. cit.- Contra*, S. GUINCHARD, J. BUISSON, *Procédure pénale*, *op. cit.*, spéc. n° 1759, p. 1054, mais les arrêts cités ne paraissent pas du tout significatifs.- V. aussi, F. DESPORTES, L. LAZERGES-COUSQUER, *Traité de procédure pénale*, *op. cit.*, n° 1697, p. 1036, qui citent : Crim., 4 août 1998, *Bull. crim.*, n° 222, arrêt qui relève, cependant, d'un cas d'indivisibilité (trafic de stupéfiants & infraction douanière).- Comp. Ch. GUÉRY, *V° Instruction préparatoire*, *Rép. Dalloz Dr. pén.proc. pén.*, n° 162.

[998] Crim., 1er déc. 1998, *Bull. crim.*, n° 323.

[999] Cette distinction est assez compréhensible, puisque l'indivisibilité entraîne obligatoirement jonction des procédures et prorogation de compétence, ce qui n'est pas le cas de la connexité ; la notion, d'origine prétorienne, suppose d'ailleurs un lien d'une particulière étroitesse entre les deux infractions (il y a indivisibilité « lorsque, entre les divers faits, il existe un lien tel que l'existence des uns ne peut se comprendre sans celle des autres » ou, selon une formule alternative dominante, « lorsque ces faits sont si intimement liés entre eux que l'une des infractions est la suite nécessaire de l'autre », respectivement, Crim., 24 juill. 1875, *Bull. crim.* , n° 239 et Ch. réun., 22 avr. 1869, *D.* 1869, I, 377.- Comp., la définition de la connexité, C. proc. pén., art. 203).- Sur les circonstances aggravantes, Ch. Guéry, *op. cit.*, n° 157.

[1000] Cela étant, le procureur de la République prend en toute liberté sa décision sur ces faits nouveaux : il peut classer sans suite, recourir à une alternative aux poursuites, ordonner une enquête préliminaire ou requérir l'ouverture d'une information distincte, confiée au même juge d'instruction ou à un autre magistrat, saisir directement la juridiction compétente, etc. : R. MERLE, A. VITU, *Traité de droit criminel. - Procédure pénale*, *op. cit.*, n° 413, p. 486-487 (v. C. proc. pén., art. 80, I, al. 3). Le fait échappe bien sûr au juge d'instruction, mais l'essentiel demeure : les faits n'échappent normalement pas à la justice pénale.

[1001] On revient donc au schéma premier : le juge d'instruction est tenu de prendre en compte l'ensemble des faits dont il est saisi : R. MERLE, A. VITU, *op. cit.*, *loc. cit.*

[1002] J. PRADEL, *Procédure pénale*, 16e éd., Édition Cujas, Paris, 2011, n° 838, p. 732. - Trois conditions sont alors nécessaires : le procureur de la République demande à l'intéressé s'il consent à être jugé, ce dernier accepte, l'ouverture d'une information n'est pas nécessaire, enfin.

[1003] La décision ou l'arrêt qui interviendrait au mépris de ce principe constituerait un excès de pouvoir : Crim., 11 mars 1991, *Bull. crim.*, n° 119.

[1004] J. PRADEL, *op. cit.*, , n° 834, p. 729.

de transmettre le dossier de la procédure au Ministère public, habilité à saisir le juge d'instruction », celui-ci étant alors appelé à statuer sur les faits oubliés[1005]. On a fait remarquer toute l'ambiguïté de cette jurisprudence, puisqu'il est évident que la règle est posée comme une faculté[1006]. Concrètement, cela veut dire que le tribunal peut se borner à statuer sur les faits qui lui ont transmis incomplètement par la décision de renvoi[1007]. Quoi qu'il en soit, en dehors de l'hypothèse particulière du fait nouveau qui survient au cours de l'audience, les juridictions pénales disposent de prérogatives très larges - souvent impératives - qui permettent d'étendre considérablement le domaine de la base factuelle. En dehors de cette hypothèse précise, le juge est normalement saisi des faits qui lui ont été transmis par le procureur de la République ou le juge d'instruction. Mais des extensions existent, ainsi qu'on va le voir, pour la chambre de l'instruction. En conséquence, la seule véritable difficulté, puisque les juges sont tenus de viser toutes les propositions de fait qui peuvent s'avérer opérants au regard de l'antécédent abstrait de la règle de droit mobilisée, est de savoir si le juge a le pouvoir de donner une nouvelle qualification, voire s'il en a le devoir. C'est dire si la litigiosité est, avant tout, en procédure pénale, une affaire de droit[1008], comme en témoigne l'importance des règles permettant de résoudre les conflits de qualifications[1009]. La tâche est évidemment complexe et elle est presque toujours placée entre les mains du juge. Les parties n'ont normalement aucune charge de l'allégation. Le juge est, en effet, saisi *in rem* et il doit redonner aux faits leur exacte qualification (A) ; cette règle connaît, néanmoins, une exception notable et qui régit les causes d'exonération de responsabilité (B).

A. Saisine in rem et requalification

106 ***Régime normal et régime spécifique.*** Les règles de la saisine *in rem* sont homogènes. Le juge doit normalement chercher la qualification la meilleure au regard des faits dont il est saisi. Il peut, aussi bien, modifier la qualification choisie par le ministère public ou par la juridiction s'il estime, par exemple, que les propositions-objet de preuve ne sont pas opérantes. On ne peut, pour autant, passer sous silence une particularité qui affecte la chambre de l'instruction qui dispose du pouvoir d'élargir sa saisine à l'entier dossier de la procédure. Cette singularité contraint à envisager deux hypothèses, celle du régime normal de la saisine *in rem* (1) et celle du régime propre à la chambre de l'instruction (2).

1005 Crim., 4 mars 2004, *Bull. crim.*, n° 57, *AJ pén.*, mai 2004, 207, obs. J. LEBLOIS-HAPPE.

1006 J. PRADEL, *op. cit.*, *loc. cit.*

1007 Le Professeur Pradel considère, en effet, que si les articles 385, al. 2 et 184 du Code de procédure pénale indiquent que, lorsque l'ordonnance de clôture n'est pas conforme à l'article 184, le tribunal renvoie - dans le sens d'une obligation - la procédure au parquet, l'article 184 n'inclut pas les cas où certains faits sont oubliés, note (4), *op. cit.*, n° 834, p. 729. - Bien entendu, cela n'empêcherait nullement le parquet ou la partie civile de ressaisir un juge d'instruction. Mais il est clair que, à défaut, les faits tombent dans l'oubli (*ibid*).

1008 *Cf.* B. BOULOC, *Procédure pénale*, 23e éd., Précis, Dalloz, Droit privé, Paris, 2012, spéc. n° 537, p. 532.

1009 V., par exemple, X. PIN, *Droit pénal général*, 4e éd., Dalloz, Cours, Paris, 2010, spéc. n° 230 et s.

1. Régime normal de la saisine in rem

107 ***Saisine du juge d'instruction et de la juridiction de jugement.*** Puisque le juge d'instruction est saisi *in rem*[1010], c'est-à-dire qu'il est saisi de *faits matériels* et non *de faits juridiquement qualifiés*[1011], il a certes une grande liberté dans l'appréhension de l'opérance de la preuve[1012], mais il est surtout lié, dans cet exercice, par la base factuelle que constituent le réquisitoire introductif du procureur de la République et, le cas échéant, la plainte avec constitution de partie civile[1013]. C'est d'ailleurs une obligation pour lui : il doit viser, dans la détermination de la qualification, tous les faits dont il était saisi[1014], et ne peut instruire au-delà de cette base factuelle[1015]. Il ne saurait aussi bien tenir compte des faits auxquels il était simplement fait allusion dans la plainte[1016]. En revanche, sitôt la base factuelle définie, il doit s'en emparer et rechercher la meilleure qualification. Pour la juridiction de jugement, la situation est, *a priori*, la même, puisqu'elle peut donner une autre qualification aux faits dont elle est saisie, et donner ainsi, à des faits nus, la qualité de proposition-objet de preuve opérante[1017]. Il n'est pas besoin d'insister sur la symétrie qui se poursuit au-delà : c'est dans ce creuset de faits que l'objet de preuve doit apparaître, le juge pouvant librement requalifier sur cette base[1018], sauf à rappeler qu'il lui est rigoureusement interdit de modifier les faits eux-mêmes[1019]. Ces règles, dont il faut d'ailleurs rappeler le caractère impératif, ne serait-ce que parce qu'elles contribuent à assurer la correcte expression du droit, rencontrent deux séries de limites importantes. Il arrive, tout d'abord, que, pour des raisons de respect de l'intérêt général, le juge ne puisse requalifier lorsque les chefs de poursuites retenus, qui sont normalement indifférents aux pouvoirs de la juridiction, ont été amnistiés. Dans ce cas, il est absolument impossible à la juridiction de jugement de redonner vie aux faits en les appréhendant sous une qualification juridique différente - tout autre objet de la preuve se trouve alors parfaitement inaccessible, ce qui est particulièrement flagrant lorsqu'il apparaît, en définitive, que l'objet de preuve

---

[1010] C. proc. pén., art. 80, al. 1 et 2, art. 40-1.

[1011] S. Guinchard, J. Buisson, *Procédure pénale, op. cit.*, n° 1758, p. 1053, R. Merle, A. Vitu, *Traité de droit criminel, Tome II, Procédure pénale*, Éd. Cujas, 5e éd., Paris, 2001, spéc. n° 413, p. 485, M.-L. Rassat, *Traité de procédure pénale*, PUF, Paris, 2001, spéc. n° 362, p. 573.

[1012] B. Bouloc, *op. cit.*, n° 539, p. 533. À partir de ces faits, le juge d'instruction peut, bien souvent, dégager une multitude d'antécédents de règles de droit correspondants.

[1013] Sur celle-ci, v. Crim., 16 nov. 1987, *Bull. crim.*, n° 405.

[1014] Crim., 26 mai 1998, *Procédures* 1998, n° 249.

[1015] Si des difficultés s'élèvent quant à l'exacte étendue des faits, ce sont les pièces annexées au réquisitoire qui permettent de trancher : Crim., 27 juin 1991, *D.* 1991, Jurispr., p. 587, note D. Meyer. - Comp., Ch. Guéry, *V° Instruction préparatoire*, *Rép. Dalloz Dr. pén.proc. pén.*, n° 152.

[1016] Crim., 25 janv. et 24 juill. 1961, *Bull. crim.*, n° 44 et 351, Crim., 12 janv. 1965, *JCP* 1965, II, 14 210, note Escande.- *Adde*, M.-L. Rassat, *op. cit.*, n° 362, p. 573, qui indique que « [c]ette règle est la conséquence logique de celle selon laquelle le juge d'instruction ne peut se saisir lui-même », *ibid.*

[1017] B. Bouloc, *op. cit.*, n° 539, p. 533-534.- Il semblerait que la Chambre criminelle fasse preuve de souplesse à l'endroit des juridictions de jugement : v. Crim., 28 janv. 2004, *Bull. crim.*, n° 22, *JCP G* 2004, I, 157, *Procédures* 2004, comm. n° 113, *Dr. pén.*2004, comm. n° 55, *Dr. pén.*2004, comm. n° 58 ; C. Guéry, « De la difficulté pour le juge pénal d'appeler un chat, un chat (requalification "stricte" ou "élargie" : devoirs et pouvoirs du tribunal correctionnel) », *Dr. pén.*2006, Études n° 5 & 6, J.-L. Lennon, « Saisine du juge correctionnel et requalification des faits », *D.* 2008, p .1805 et s. - *Adde*, F. Desportes, L. Lazerges-Cousquer, *op. cit.*, n° 2910, p. 1726.

[1018] Le prévenu doit avoir été mis en mesure de présenter sa défense sur la nouvelle qualification : Crim., 28 janv. 2004, *Bull. crim.*, n° 22, Crim., 3 mars 2004, *Bull. crim.*, n° 56, Crim., 5 janv. 2005, *Bull. crim.*, n° 9, Crim., 30 janv. 2008, *D.* 2008, p. 1805, note J.-L. Lennon.

[1019] Crim., 2 nov. 1978, *D.* 1979, I.R., p. 39, obs. M. Puech, Crim., 18 juin 1980, *Bull; crim.*, n° 196.

opérant identifié au cours de l'opération de qualification était le seul envisageable[1020]. Dans d'autres hypothèses, le juge est directement tenu par la qualification initiale. Il en est ainsi en matière de poursuite pour fraude et falsification[1021], ainsi qu'en matière d'infractions de presse. Dans ce dernier cas, l'article 50 de la loi du 29 juillet 1881 impose, en effet, au juge de respecter la qualification choisie dans la citation directe ou dans l'acte de poursuite[1022]. Il n'en va autrement, semble-t-il, que lorsque la qualification nouvelle est fondée sur un texte de droit commun[1023] - et à condition, encore, de n'introduire aucun élément nouveau dans l'acte de poursuite[1024] - ou lorsque la qualification nouvelle substitue à la diffamation publique, la diffamation non publique[1025]. Lorsque c'est la chambre de l'instruction qui est saisie, ses prérogatives sont bien plus importantes, en vertu du pouvoir de révision dont elle dispose.

[1020] Crim., 11 févr. 1970, *Bull.* n° 64, *Gaz. Pal.* 1970, 1, p. 334; Crim., 26 sept. et 31 oct. 2006, *Bull. crim.*, n° 235 et n° 262 : « Attendu qu'il résulte de ces textes que l'amnistie éteint l'action publique à compter du jour de la promulgation de la loi qui l'accorde et s'oppose à ce que les mêmes faits reçoivent une qualification autre que celle qui leur avait été donnée dans des poursuites clôturées par une décision définitive ». Cette règle consiste ainsi à « cristalliser » (*infra*, même note) les qualifications normalement provisoires données par des décisions définitives, au jour de la survenance de la loi d'amnistie ; c'est cette qualification initiale, et elle seule, qui permet de déterminer si les faits sont couverts par la loi d'amnistie (*s.n.*., note ss. Crim., 11 févr. 1970, *préc.*, *Gaz. Pal.*, 1970, 1, p. 335. - V., l'étude de MEURISSE, « La cristallisation des qualifications et des peines et la loi d'amnistie », *RSC* 1950, p. 657).

[1021] C. consom., art. L. 216-4 : « Toute poursuite exercée en vertu des chapitres II à VI devra être continuée et terminée en vertu des mêmes textes ».

[1022] De manière générale, v. B. BOULOC, *op. cit.*, n° 539, p. 533. La jurisprudence rappelle régulièrement cette règle : il n'appartient pas à la juridiction d'instruction d'apprécier le bien-fondé de la qualification retenue par l'acte initial de la poursuite, Crim., 14 juin 1994, *Bull. crim.*, n° 233. - V. encore, Crim., 22 juin 1982, *Bull. crim.*, n° 169 ; il lui importe, lorsqu'il apparaît que l'objet de la preuve est inopérant, de rendre une ordonnance de non-lieu, Crim., 6 nov. 1984, *Bull. crim.*, n° 338 ; enfin, si l'inopérance de la preuve apparaît au cours des débats, la juridiction n'a d'autre ressource que de prononcer la relaxe du prévenu, Crim., 7 avr. 1994, *Bull. crim.*, n° 142 ou de manière plus générale, *cf.* Crim., 30 mars 2005, *D.* 2007, pan. 1044, obs. J.-Y. D., *JCP G* 2005, IV, 2133 ; cette solution peut aboutir à des résultats paradoxaux lorsque l'ordonnance de renvoi, tout en maintenant la qualification, ne reprend pas l'intégralité des propos visés dans la plainte avec constitution de partie civile ; dans ce cas, en dépit de l'importance de l'ordonnance de renvoi, la juridiction de jugement doit nécessairement tenir compte des faits compris dans la citation devant la juridiction de jugement et qui ont été passés sous silence dans l'ordonnance de renvoi. En effet, même si le prévenu va être conduit, de la sorte, à se défendre sur des propos non compris dans la citation (et qui n'ont pu, rappelons-le, faire l'objet d'une offre de preuve de vérité), la juridiction est malgré tout tenue d'examiner l'intégralité des propos articulés dans l'acte initial de poursuites : Crim., 11 juill. 1995, *Bull. crim.*, n° 256, *D.* 1997, somm., p. 66, obs. crit. C. BIGOT. S'agissant de la poursuite par la victime, il existe, d'ailleurs, en vertu de ce texte, des particularités, puisque si la victime qui adresse sa plainte au procureur de la République peut normalement se contenter d'articuler les faits dont elle entend qu'ils soient poursuivis, elle a, en la matière, une véritable obligation de qualification en cas de dépôt de plainte avec constitution de partie civile : on lui impose alors non seulement d'articuler les faits, mais encore de les qualifier précisément et de préciser le texte de loi qui correspond à cette qualification : Crim., 24 févr. 1987, *Bull. crim.*, n° 95 (v., encore, Paris, 24 sept. 1996, *Gaz. Pal.*, 1997, 1, chron. crim., p. 25). Si la qualification est inexacte, l'acte de poursuite est nul : Crim., 2 sept. 1997, *Dr. pén.*, 1998, comm. n° 4, (1er arrêt), obs. M. VÉRON, *Gaz. Pal.*, 1998, 1, chron. crim., p. 7 (provocation raciale devenue diffamation raciale). Le texte invite, au surplus, à l'unité de qualification, puisque encourent également la nullité les deux poursuites concomitantes relatives aux mêmes imputations qualifiées différemment dans chacune d'elles, Crim., 7 févr. 1992, *Bull. crim.*, n° 149 ; sauf à pouvoir invoquer un cumul idéal d'infractions, Crim., 24 nov. 1987, *Bull. crim.*, n° 428.

[1023] Crim., 25 sept. 1991, *Bull. crim.*, n° 319, Crim., 22 mai 1984, *Bull. crim.*, n° 188

[1024] Crim., 28 mars 1955, *Bull. crim.*, n° 184, *D.* 1955, p. 430

[1025] En raison, bien entendu, de l'absence de publicité, Crim., 23 mai 1989, *Dr. pén.*, 1990, comm. n° 12 ou Crim., 8 avr. 2008, *D.* 2008, AJ, 1414.

2. *Régime spécifique de la saisine in rem : les pouvoirs de la chambre de l'instruction*

108. ***Pouvoir de requalifier à partir du dossier de la procédure.*** La chambre de l'instruction, tout comme le juge d'instruction, n'est saisie que des faits ; elle peut ainsi, et dans les mêmes limites que la juridiction d'instruction du premier degré, modifier la qualification en identifiant, le cas échéant, un autre antécédent abstrait. Cette opération fait, du reste, partie intégrante de l'un de ses offices qui consiste à *réviser*[1026] (dans un premier temps, *viser*)[1027] le travail accompli par le juge d'instruction - et ce faisant, il est même expressément rappelé qu'elle a l'obligation[1028] de « redresser les qualifications ». Ce pouvoir ne s'arrête cependant pas là, puisque la chambre de l'instruction ne subit pas toujours l'effet dévolutif de l'appel[1029]. Il en est ainsi lorsque l'appel a été formé par le ministère public contre une ordonnance de règlement ou par une partie contre une ordonnance de non-lieu, même partiel, ou encore lorsque la chambre a été appelée à trancher le règlement d'une procédure[1030]. Il en est encore de même lorsque, de son propre mouvement, elle a utilisé son pouvoir d'évocation[1031]. Dans ces deux séries d'hypothèses, au lieu d'être contrainte de cantonner son examen aux faits contenus dans l'ordonnance de renvoi ou à ceux visés dans l'acte d'appel[1032], elle peut s'emparer de l'entier dossier et identifier de nouveaux objets de preuve, de nouvelles qualifications[1033]. Ceci fait,

---

[1026] C. proc. pén., art. 201 à 205.

[1027] *Cf.* R. MERLE, A. VITU, *op. cit.*, n° 569, p. 651.

[1028] Cela n'est point douteux lorsque c'est le procureur général qui saisit la chambre de l'instruction, au motif que les faits sont susceptibles d'une qualification plus grave : C. proc. pén., art. 195 & Crim., 15 oct. 1969, *Bull. crim.*, n° 128, *JCP G* 1970, II, 16 278, note J. DESMONTS. En dehors de cette hypothèse, il faut convenir que la chambre de l'instruction doit appréhender, dans le cadre de son pouvoir de révision, l'intégralité du dossier, conçu comme indivisible ; cette indivisibilité l'oblige à requalifier, le cas échéant : v., en ce sens, J. DESMONTS, *note préc.*- V. encore, R. MERLE, A. VITU, *op. cit.*, *loc. cit.*, qui indiquent, toujours à propos du « pouvoir de révision », que « [c]e pouvoir considérable permet à la cour de connaître de l'affaire dans toutes ses dimensions et de faire, à la place du juge d'instruction, tous les actes que celui-ci aurait dû accomplir pour que l'information fût complète. Il est l'arme donnée à la chambre, juridiction souveraine, pour contrôler l'activité des magistrats instructeurs de son ressort, assurer une exacte application de la loi pénale et éviter qu'aucune infraction ne demeure impunie ».

[1029] Crim. 27 mars 2008, pourvoi n° 07-86.261, *AJ pén.* 2008, p. 289 ; Crim., 31 oct. 2006, *Bull. crim.* n° 264, *D.* 2006, I.R., 2950, *AJ pén.* 2006, 512, *Procédures* 2007, comm. n° 20, obs. J. BUISSON ; Crim., 1er déc. 1999, *Dr. pén.*2000, chron. n° 26, obs. C. MARSAT.

[1030] H. ANGEVIN, *La pratique de la Chambre de l'instruction,* 2e éd., Litec, Pratique professionnelle, Paris, 2004, n° 145, p. 69 ; v. encore la saisine par la Cour de cassation, (*op. cit.*, n° 146, p. 69), et par le procureur général (*op. cit.*, n° 147, p. 69), c'est-à-dire, respectivement, procédure en redressement de qualification, *op. cit.*, n° 148-150, et procédure en réouverture sur charges nouvelles d'une information clôturée par un arrêt de non-lieu - de la part de la chambre de l'instruction, (*op. cit.*, n° 151-156).

[1031] C. proc. pén., art. 206, 207, 207-1, 222-1 et 221-2.

[1032] Crim., 15 oct. 1969, *Bull. crim.*, n° 128, *JCP G* 1970, II, 16 278, note J. DESMONTS.: « [...] contrairement à ce qu'énonce la Cour, l'inculpé avait été renvoyé devant elle, au sens de l'article 202, pour certains des faits visés par l'ordonnance du juge d'instruction, faits qu'elle avait d'ailleurs retenus sous la qualification de tentative de meurtre ; que dès lors, la Chambre d'accusation était tenue, aux termes du même article, et sans que sa saisine ait pu être limitée par l'effet dévolutif de l'appel des parties civiles, de statuer, sur les réquisitions du Procureur général, à l'égard de l'inculpé, sur tous les chefs de crimes, de délits ou de contraventions résultant de la procédure, et notamment ceux qui, comme en l'espèce, avaient été distraits par une ordonnance de renvoi devant le tribunal correctionnel ». - Comme cela est indiqué dans la note sous l'arrêt (J. DESMONTS, *note préc.*), les auteurs classiques avaient l'habitude de dire que la chambre d'accusation était saisie *in personam* et non *in rem* (v. en ce sens, P. GARRAUD, M. LABORDE-LACOSTE, *Précis élémentaire de droit pénal*, 1937, n° 1050)

[1033] Mais en dehors de cette hypothèse, elle doit s'en tenir aux faits contenus dans l'acte de saisine du juge d'instruction : « Attendu que la chambre d'accusation, juridiction d'instruction du second degré, ne

elle doit alors se comporter comme un véritable juge d'instruction, non seulement en ordonnant une nouvelle information sur les faits qui ne lui avaient pas été soumis[1034], mais encore en mettant en examen des individus qui n'avaient pas été renvoyés devant elle, à moins qu'ils aient fait l'objet d'une ordonnance de non-lieu devenue définitive[1035]. Le dossier de la procédure n'est cependant pas extensible, et la chambre de l'instruction ne saurait statuer sur des faits postérieurs à la mise en mouvement de l'action publique (pour des faits amnistiés), quand même l'infraction présenterait-elle un caractère continu avec les faits amnistiés[1036]. Mais ce qui est sans doute la règle la plus remarquable du dispositif, et qui montre bien que la litigiosité de l'objet de la preuve est une question au moins aussi importante que la preuve elle-même, c'est que la démonstration de la vérité d'une proposition-objet de preuve peut être faite avant même qu'elle ait été identifiée. Il ne faut cependant pas outrer la singularité de la règle : en matière civile aussi, lorsque les parties saisissent le juge, elles proposent tout à la fois des faits et des preuves, si bien que, en cas de requalification, la proposition-objet de preuve est déjà prouvée[1037]. Mais c'est le même fait qui, en définitive, reçoit une autre qualification et qui accède ainsi, en tant que litigieux, à la vie juridique. Et si *preuve n'a plus à être faite*, c'est que, à partir de ce moment-là, et de ce moment-là seulement, la preuve prend sa véritable signification juridique - avant, elle n'était rien : *la vérité du droit* conditionne aussi la *vérité du fait*. Rien ne l'illustre mieux que les pouvoirs singuliers dont dispose la chambre de l'instruction à l'égard de certains faits contenus dans le dossier : tout en requalifiant, il lui est, en effet, permis de ne pas informer de nouveau.

109. ***Pouvoir de requalifier sans instruire.*** D'après l'article 202, alinéa 1er, du Code de procédure pénale, la chambre de l'instruction « peut, d'office ou sur réquisitions du procureur général, ordonner qu'il soit informé à l'égard des personnes mises en examen ou prévenus renvoyés devant elles sur tous les chefs de crimes, de délits, de contraventions, principaux ou connexes, résultant du dossier de la procédure, qui n'auraient pas été visés par l'ordonnance du juge d'instruction ou qui auraient été distraits par une ordonnance comportant un non-lieu partiel, disjonction ou renvoi devant la juridiction correctionnelle ou de police ». Ce texte, qui délimite le domaine de la saisine de la chambre de l'instruction, manque de netteté. En indiquant que la juridiction d'appel peut opter pour une qualification différente - ce que le texte appelle les *chefs de crimes, de délits, de contraventions*, etc. - de celle retenue par le juge d'instruction dans son ordonnance, notamment en puisant dans le dossier de la procédure, le texte n'indique pas suffisamment que la chambre peut toujours requalifier à partir des faits matériels expressément contenus dans cette même ordonnance. Cette mention est pourtant importante, car l'alinéa 2 du même texte dispose que la chambre « peut statuer sans ordonner une nouvelle

peut, sans recourir à la procédure prévue par les articles 202 et 204 du Code de procédure pénale, statuer sur des faits restés en dehors de la saisine du juge d'instruction », Crim., 31 mai 1994, *Bull. crim.*, n° 211.- *Adde*, H. ANGEVIN, *op. cit.*, n° 196, p. 87.

[1034] C. proc. pén., art. 202 et s. Comme l'indique le Professeur PRADEL, *op. cit.*, n° 779, p. 683, « [c]e pouvoir ne présente évidemment d'intérêt que si le juge d'instruction avait omis de statuer sur certains faits délictueux dont il était saisi, ou bien si le parquet n'avait pas voulu le saisir de tous ceux qui apparaissaient dans la procédure de police ».

[1035] C. proc. pén., art. 204 (sur tous ces points, B. BOULOC, *op. cit.*, n° 538, p. 532-533).

[1036] Crim., 15 mai 1979, *Bull. crim.*, n° 173.

[1037] V. *supra*, n° 97 et s. Et, ainsi qu'on l'a vu, les juges du fond sont souvent enclins à requalifier lorsque la proposition lui paraît déjà prouvée.

information si les chefs de poursuite visés à l'alinéa précédent ont été compris dans les faits pour lesquels la personne a été mise en examen par le juge d'instruction ». Or il ne fait aucun doute que, selon cet article, la qualification peut porter sur les faits matériels qui ont déjà servi de base à la poursuite ou qui ont été distraits par une ordonnance de non-lieu partiel, puisque la disposition mentionne les faits - au sens matériel - pour lesquels la personne a été mise en examen[1038]. En conséquence, il faut distinguer trois situations, qui ont un impact différent sur la recherche de la preuve. Il se peut, tout d'abord, que les conseillers redressent simplement la qualification. Ils se contentent alors des faits matériels même qui ont servi de base à la poursuite. D'après l'alinéa 2 de l'article précité, ils n'ont alors aucune obligation d'ordonner le supplément d'information, dès lors que les faits sont suffisamment prouvés[1039]. À rebours, il se peut que la juridiction opte pour une toute autre qualification que fait mieux apparaître alors le dossier de la procédure. Puisque ces faits n'ont pas été visés dans l'ordonnance du juge d'instruction, ils n'ont normalement pas encore été prouvés et c'est pourquoi le Code de procédure pénale exige qu'une recherche de preuve soit ordonnée[1040]. Entre ces deux extrêmes, enfin, il existe une zone grise où la qualification envisagée par la chambre de l'instruction semble porter sur les faits matériels compris dans l'ordonnance, sans qu'il soit pour autant certain, en raison de l'un des éléments de l'infraction retenue, qu'il ne faille pas puiser au-delà, c'est-à-dire dans le dossier de la procédure. En ce sens, s'il est relativement aisé de faire reposer, sur la *base des mêmes faits matériels*, l'élément matériel[1041] de deux infractions différentes, la chose est souvent délicate en ce qui concerne l'élément intellectuel[1042], et l'on se situe finalement aux confins du conflit de qualifications[1043]. La question se pose avec une particulière acuité lorsque l'une

[1038] C'est donc un tempérament apporté à l'effet dévolutif de l'appel : F. DESPORTES, L. LAZERGES-COUSQUER, *op. cit.*, n° 2156, p. 1317.

[1039] Il en est ainsi lorsque les chefs de poursuite retenus par la chambre de l'instruction avaient été distraits par une ordonnance de règlement du juge d'instruction. Dans ce cas, les faits étaient nécessairement compris dans la mise en examen, en sorte que la chambre peut statuer sans supplément d'information, Crim., 28 avr. 1981, *Bull. crim.*, n° 128, Crim., 10 mars 1993, *Bull. crim.*, n° 107, Crim., 26 nov. 1996, *Bull. crim.*, n° 426, Crim. 1er déc. 1999, *Bull. crim.*, n° 285, Crim., 2 oct. 2001, *Bull. crim.*, n° 195 (arrêts cités par H. ANGEVIN, *op. cit.*, n° 195, p. 86).

[1040] Crim., 12 avr. 2005, *Bull. crim.*, n° 126, Crim., 31 mai 1994, *Bull. crim.*, n° 211.

[1041] Il en est ainsi lorsque l'élément matériel d'une infraction peut être analysé comme le moyen d'accomplir une autre infraction ; ainsi les manœuvres frauduleuses de l'escroquerie qui peuvent être constitutives d'un faux (X. PIN, *Droit pénal général*, *op. cit.*, n° 235) ; Crim., 1er oct. 1997, *Bull. crim.*, n° 318 : faits donnant lieu à la qualification d'escroquerie qui font l'objet d'un non-lieu ; l'ordonnance est frappée d'appel par la partie civile, et la chambre de l'instruction retient la qualification de faux et usage de faux en écritures de commerce : « Attendu qu'en prononçant ainsi, et dès lors que, contrairement à ce que soutient le demandeur, les chefs de prévention trouvent leur fondement dans les faits pour lesquels il a été mis en examen par le juge d'instruction, la chambre d'accusation a fait l'exacte application de l'article 202, alinéa 2, du Code de procédure pénale ». - *Adde*, Crim., 28 mars 2000, *Bull. crim.*, n° 136 : requalification en meurtre de faits initialement retenus sous la qualification de tentative d'assassinat ; Crim., 21 oct. 1997, *Bull. crim.*, n° 342 : faits qualifiés de coups mortels requalifiés en homicide involontaire.

[1042] V. ainsi, une poursuite du chef de non-représentation d'enfant ; faits requalifiés en enlèvement et séquestration d'enfant, Crim., 23 févr. 1971, *Bull. crim.*, n° 60, *D.* 1971, jurispr., p. 592, note J.-M. ROBERT.

[1043] Même si on ne saurait nier qu'il y a, en la matière, non pas situation de *qualifications alternatives*, mais *qualifications successives* (sur cette distinction et ses conséquences procédurales, X. PIN, *Droit pénal* général, *op. cit.*, n° 232 et s.), l'alinéa 2 de l'article 202 dispense la chambre d'une instruction complémentaire pour cette raison évidente que « le même fait correspond aux éléments matériels et moraux de différentes qualifications », ce qui correspond à la définition des *qualifications alternatives*, *op. cit.*, n° 232, p. 201.- La seule différence concerne les situations de cumul idéal d'infractions qui

des incriminations comporte un dol spécial[1044] ; on ne saurait ainsi substituer, sans information complémentaire, à la qualification de violences volontaires ayant entraîné la mort sans l'intention de la donner, celle de meurtre[1045]. Mais en dehors des hypothèses où le résultat de l'infraction ou l'inclination particulière de la volonté est une composante de l'intention, la Cour de cassation semble offrir une grande liberté chaque fois, du moins, que la requalification assouplit la sanction encourue[1046]. Cependant, si, comme on l'a dit, « la raison essentielle de l'obligation imposée par l'article 202 du Code de procédure pénale à la chambre de l'instruction d'ordonner un supplément d'information avant de statuer sur un chef de poursuite non compris dans les faits pour lesquels la personne a été mise en examen par le juge d'instruction est de mettre cette personne en mesure de s'expliquer sur les faits constitutifs de l'infraction ainsi retenue »[1047], il n'est évidemment aucune raison que la personne poursuivie ne soit pas systématiquement entendue[1048], ce que semble exiger la Cour européenne des droits de l'homme[1049].

110. ***Synthèse.*** La correcte expression du droit - la vérité du droit - est assurément garantie par les dispositions qui régissent les pouvoirs de la chambre de l'instruction. La juridiction d'appel peut, en effet, dans une grande variété de situations, redresser les qualifications, c'est-à-dire, sans même toucher à la base factuelle, identifier un nouvel antécédent abstrait susceptible de donner vie à cette proposition-objet de preuve jusqu'alors inopérante, mais encore maintenir la qualification initiale en lui donnant une base factuelle qu'elle peut aller puiser dans le dossier de la procédure ou bien requalifier plus largement en ne se contentant pas - possibilité que lui offre son pouvoir de révision - des faits qui lui ont été spécialement dévolus dans le cadre de l'appel. En d'autres termes, le système procédural est organisé de telle manière que la recherche de la litigiosité de l'objet de la preuve soit l'objet d'une quête effective de la part de l'autorité judiciaire. Si on ajoute à cela les obligations de même nature qui pèsent sur la juridiction de jugement, on perçoit, dans toute son ampleur, un système très attaché à l'expression complète du droit. Il n'en va, en définitive, différemment, que lorsque sont en jeu des causes d'exonération de responsabilité.

---

supposent un effort de caractérisation supplémentaire, en raison des intérêts juridiques différents que protège chacune des incriminations ; sur quoi v. X. PIN, *op. cit.*, n° 236 et s.

1044 La notion de dol spécial est controversée, *cf.* Y. MAYAUD, *Droit pénal général*, 3e éd., PUF, Droit, Paris, 2010, spéc. n° 253, p. 269 et s. Quelle que soit la définition, il faut retenir l'idée que le législateur peut ajouter une intention plus fine.

1045 Crim., 22 août 1990, *JCP G* 1991, II, 21 699, note J. C. COURJON. Mais la chambre criminelle faisait autrefois prévaloir une solution contraire : Crim., 9 janvier 1990, *Bull. crim.*, n° 15.

1046 Pour l'escroquerie, C. pén., art. 313-1, cinq ans d'emprisonnement et 375 000 € d'amende. En ce qui concerne le faux et l'usage de faux d'un écrit ou un support privé, C. pén., art. 441-1, trois ans d'emprisonnement et 45 000 € d'amende : Crim., 1er oct. 1997, *préc.*- Assassinat requalifié en meurtre, Crim., 28 mars 2000, *préc.*, assassinat requalifié en meurtre. - C. pén., art. 224-5, trente de réclusion criminelle pour la séquestration ou l'enlèvement d'un mineur de 15 ans et C. pén, art. 227-8, cinq ans d'emprisonnement et 75 000 euros d'amende pour la non-représentation d'enfant par un ascendant : Crim., 23 févr. 1971, *préc.*

1047 H. ANGEVIN, *La pratique de la Chambre de l'instruction, op. cit.* p. 87-88.

1048 *Cf.*, en procédure civile, *supra*, n° 97 et s.

1049 CEDH, *Pellissier et Sassi c/ France*, 25 mars 1999, *D.* 2000, jurispr., p. 357, note D. ROETS.

B. Saisine in rem et causes d'exonération de responsabilité

111. ***Positionnement du problème.*** À de nombreux d'égards, l'étendue de la saisine du juge, autrement dit la détermination de ce qui relève exactement du domaine probatoire, soulève une importante question au regard de ce qu'on appelle, par une formule volontairement imprécise[1050], les *causes d'irresponsabilité*[1051]. L'absence de responsabilité peut, en effet, résulter de multiples causes, qui n'interviennent pas toutes au même niveau et qui peuvent ainsi avoir des conséquences différentes sur l'analyse de la litigiosité et du risque de la preuve. À supposer que, dans l'acte de saisine de la juridiction, se trouvent des faits matériels qui mériteraient de recevoir la qualification de *cause d'exonération de responsabilité*, c'est-à-dire des *faits virtuellement opérants* sous ce regard, est-il loisible au juge de s'en emparer d'office et de leur attribuer la qualification juridique adéquate ou revient-il au défendeur à l'action pénale de soulever expressément ce moyen ? En d'autres termes, et pour reprendre un vocabulaire qui a montré sa puissance en procédure civile, la partie privée est-elle soumise à une *charge de l'allégation* ou le juge dispose-t-il du pouvoir de relever d'office le moyen de droit pertinent ? La question est loin d'être superflue - même s'il est vrai que les personnes poursuivies négligent rarement d'utiliser les moyens de défense dont elles disposent -, dès lors qu'il y va, bien sûr, de la litigiosité de la proposition-objet de preuve (les faits matériels qui peuvent obtenir la qualification de cause d'irresponsabilité) et, plus loin, des conditions de la recherche judiciaire de la preuve. Étant donné la saisine *in rem* de la juridiction de jugement[1052], ce qui lui permet normalement de donner aux faits l'antécédent abstrait qui lui semble le meilleur, on pourrait s'attendre à ce que le juge jouisse d'une certaine liberté en la matière, voire qu'il soit soumis à une certaine obligation. Assez étonnamment sur le plan des principes, la jurisprudence de la Chambre criminelle ne semble pas en ce sens.

112. ***Solutions jurisprudentielles.*** L'étude de la jurisprudence fait, en effet, apparaître que la Cour de cassation subordonne l'examen de certaines causes d'irresponsabilité à leur allégation préalable par la partie qui s'en prévaut, s'opposant ainsi, expressément, à ce que les juges du fond relèvent d'office - alors même qu'ils pourraient le faire à partir des faits dont ils sont saisis - l'erreur de droit[1053], la légitime défense[1054] et l'état de nécessité[1055]. La solution semble être la même pour le trouble psychique et neuropsychique, puisque la Haute juridiction a pu estimer

---

[1050] Qui est celle du Code pénal des lois du 22 juillet 1992 : *cf.* M.-L. RASSAT, *Droit pénal général*, 2e éd., PUF, Paris, 1999, p. 364. L'imprécision résulte d'une certaine prudence du législateur qui n'a pas voulu vraiment prendre parti face à aux dissonances de l'analyse doctrinale.

[1051] Chapitre II, du Titre II, du Livre Ier de la Partie législative du Code pénal (« Des causes d'irresponsabilité ou d'atténuation de la responsabilité »). - C. pén., art. 122-1, (trouble psychique ou neuropsychique), C. pén., art. 122-2 (contrainte), art. 122-3 (erreur sur le droit), art. 122-4, al. 1er (ordre ou autorisation de la loi ou du règlement), art. 122-4, al. 2 (commandement de l'autorité légitime), art. 122-5 (légitime défense), art. 122-7 (état de nécessité).

[1052] V. *supra*, n° 107 et s.

[1053] Crim., 23 mars 1999, *Bull. crim.*, n° 52, *JurisData* n° 1999-001467, *Dr. pén.*1999, chron. 27, Cl. MARSAT ; v. encore, J. PRADEL, *Droit pénal général*, 18e éd., Éditions Cujas, Paris, 2010, n° 499, p. 466.

[1054] Cass. crim., 7 févr. 1989, *Bull. crim.*, n° 49.

[1055] Ass. plén., 30 juin 1995, *JCP G* 1995, II, 22479, 2e esp., note P. CHAMBON.

que lorsqu'il n'y a pas *allégation* de trouble, il y a *présomption*[1056] que l'état mental de l'accusé permet d'engager avec lui des débats contradictoires[1057]. Et elle se confirme en matière de contrainte[1058]. On décèle parfois quelques exceptions en matière d'ordre de la loi[1059], ce qui peut s'expliquer par la parenté entre cette notion et celle de conflits de qualifications inconciliables qui apparaît lorsque deux textes, rigoureusement antagonistes, pourraient se neutraliser[1060].

Si cette jurisprudence restrictive paraît, de prime abord, difficilement contestable dès lors qu'elle relève d'un choix politique derrière lequel on perçoit un souci d'efficacité, on peut néanmoins se demander si rien, sur le plan juridique, ne permet de considérer que la règle de droit qui supporte la cause d'irresponsabilité n'est pas, quelque part, nécessairement comprise dans tout litige. Il en résulterait alors, pour le juge, non seulement un pouvoir de la relever d'office, mais également un devoir. La première évidence est que l'argument politique dont s'autorise la Chambre criminelle se double, dans deux hypothèses, d'un argument juridique. Il est certes exact que l'absence d'erreur ou l'absence de trouble psychique constitue une condition de l'élément moral[1061] de l'infraction ou, selon une analyse plus courante[1062], une condition de l'imputabilité de l'infraction. La présence, cependant, de deux présomptions antéjudiciaires, la première selon laquelle la personne poursuivie est réputée saine d'esprit[1063], la seconde d'après laquelle *nul n'est censé ignorer la loi*[1064], dispense le juge de certaines de ses obligations. Il faut se rappeler, en effet, que les présomptions antéjudiciaires ont pour effet, selon l'analyse la plus courante, de conclure à l'antécédent d'une règle de droit (*bonne foi*, *capacité de comprendre et de vouloir, connaissance de la loi*), sans se référer à la moindre proposition

---

[1056] M.-L. RASSAT, « Trouble psychique et neuropsychique. Contrainte », *J.-Cl. Pén. Code, art. 122-1 et 122-2*, Fasc. n° 20, spéc. n° 31.

[1057] Crim., 31 janv. 1920, *Bull. crim.*, n° 61, cité par M.-L. RASSAT, *op. cit.*, *loc. cit.* - *Adde*, M.-L. RASSAT, *Traité de procédure pénale*, PUF, 2001, n° 198 et s.- V. encore, Crim., 2 sept. 2005, pourvoi n° 05-80109 : « Attendu qu'il ne résulte d'aucune mention du procès-verbal des débats ni d'aucune pièce de procédure que l'accusé ou son avocat ait invoqué comme moyen de défense l'existence d'une cause d'irresponsabilité pénale prévue par l'article 122-1, alinéa 1er, du Code de procédure pénale ; que, dès lors, le président n'était pas tenu, en vertu des dispositions de l'article 349-1 du même Code, de poser une question à ce sujet ».

[1058] Le défendeur a, là encore, la charge de l'allégation : Crim., 11 mai 2004, *JurisData* n° 2004-023995 (M.-L. RASSAT, *Fasc. préc.*, n° 72).

[1059] Dans cet arrêt, la Cour de cassation ne désapprouve pas les juges du fond d'avoir soulevé d'office le moyen tiré de l'ordre de la loi : Crim., 28 mars 2006, *Bull. crim*, n° 88, p. 337, *D.* 2006, p. 2721-2727 (C. proc. pén., art. 73 : toute personne a qualité pour appréhender l'auteur présumé d'une infraction flagrante et le conduire devant l'officier de police judiciaire le plus proche). Aucune jurisprudence, en revanche, en ce qui concerne le commandement de l'autorité légitime.

[1060] *Cf.* M.-L. RASSAT, *Droit pénal général*, *op. cit.*, n° 217, 3), p. 250 : « Il y a qualifications inconciliables quand un même individu paraît soumis, sous menace de sanction pénale, à deux obligations contradictoires. Tous les citoyens sont tenus de dénoncer certains crimes [...], mais certains professionnels ou certains titulaires de fonctions doivent respecter le secret lié à leur profession ou à leur fonction [...] ».

[1061] R. MERLE, A. VITU, *op. cit.*, n° 582 et s., p. 733 et s. (pour l'erreur).

[1062] B. BOULOC, *Droit pénal général*, 22e éd., Dalloz, Précis Droit privé, Paris, 2011, spéc. n° 442 et s., p. 366 et s. & n° 462 et s., p. 381 et s., X. PIN, *Droit pénal général*, 4e éd., Dalloz, Cours, Paris, 2010, spéc. n° 241 et n° 246 et s., J. PRADEL, *Droit pénal général*, 18e éd., Éditions Cujas, Paris, 2010, spéc. n° 474 et s., p. 657-658, Y. MAYAUD, *Droit pénal général*, 3e éd., PUF, Droit, Paris, 2010, spéc. n° 459, p. 495 et s. & n° 443 et s., p. 475 et s., J.-H. ROBERT, *Droit pénal général*, 6e éd., PUF, Thémis Droit, Paris, 2005, spéc. p. 605 et s. & p. 311 et s.

[1063] *Cf.* Crim., 31 janv. 1920, *préc.*

[1064] Il s'agit, selon Merle & Vitu, d'un principe général du droit (R. MERLE, A. VITU, *Droit pénal général*, *op. cit.*, n° 583, p. 734.

concrète (factuelle) ; les juges sont aussi bien dispensés de toute identification de la proposition-objet de preuve concrète et de toute démonstration de la vérité de celle-ci. La Cour de cassation adopte parfois la même solution au regard de la bonne foi qui, on le sait, est présumée en droit commun. Ainsi, et par analogie, lorsque l'article L. 330-1 du Code de la consommation énonce que les procédures de surendettement des particuliers ne peuvent être mises en œuvre qu'à l'égard des personnes physiques manifestement hors d'état de faire face à leurs dettes non professionnelles et qui, par ailleurs, sont de bonne foi[1065], la bonne foi est ici présumée. Il s'ensuit nécessairement, pour la Cour de cassation, que le juge ne peut relever d'office la fin de non-recevoir tirée de l'absence de bonne foi[1066]. On remarquera que les résultats sont sensiblement différents si on analyse la présomption antéjudiciaire comme une présomption normative classique. Selon cette théorie, défendue par J. Wroblewski[1067], la présomption antéjudiciaire présuppose une proposition-objet concrète (c'est en cela qu'elle s'identifie à toute autre présomption normative), mais qui est cependant *indéfinie par nature* et dont la vérité est établie par l'effet même de la loi. Puisque, dans ce cas, la base factuelle de la présomption est indéfinie, elle peut aussi bien s'identifier à n'importe quelle allégation factuelle dont la juridiction est saisie. *C'est comme si, en quelque sorte, n'importe quelle proposition-objet était opérante pour épouser l'antécédent abstrait « connaissance du droit »* ou « *capacité de comprendre et de vouloir* » ; ces mêmes faits peuvent aussi constituer des propositions-objet opérantes pour démontrer l'erreur ou la démence, et la règle de droit qui supporte la présomption est automatiquement intégrée au litige par le biais de la base factuelle. Rien ne semble plus s'opposer à ce que le juge en apprécie, d'office, l'opérance, si les circonstances de fait l'y invitent. En l'absence, en revanche, de mécanismes présomptifs, les difficultés sont bien moins prononcées pour les causes d'irresponsabilité que la doctrine semble qualifier unanimement de faits justificatifs[1068] ; mais encore faut-il remarquer qu'il existe trois manières d'aborder le problème. Les deux premières ont un résultat équivalent. Selon une *présentation elliptique,* d'abord, on peut considérer, à l'instar de Garraud, que l'incrimination comporte, à côté de l'élément matériel et de l'élément moral, un élément injuste, et comme pour les deux autres éléments, le

[1065] J. CALAIS-AULOY, H. TEMPLE, *Droit de la consommation*, 8e éd., Dalloz, Précis Droit privé, Paris, 2010, spéc. n° 529, p. 662, F. TERRÉ, Ph. SIMLER, Y. LEQUETTE, *Droit civil. - Les obligations*, 10e éd., Dalloz, Précis Droit privé, Paris, 2009, spéc. n° 1133, p. 1121-1122.

[1066] Civ. 1re, 13 juin 1995, *Bull. civ.* I, n° 262, p. 183 : « Qu'en statuant ainsi, alors que la bonne foi du débiteur qui se trouve dans l'incapacité de faire face à l'ensemble de ses dettes non professionnelles exigibles et à échoir est présumée et que le juge ne peut par conséquent soulever d'office la fin de non-recevoir résultant de l'absence de bonne foi, le juge d'instance a violé le texte susvisé [C. consom., art. L. 331-2] ». On sait, cependant, que cette solution est en partie mal fondée, car il résulte d'un avis de la Cour de cassation, du 16 décembre 1994, que ce qui justifie probablement sa position restrictive, c'est l'appartenance de ces dispositions à un ordre public de protection (et non de direction). V. Cass., Avis n° 28, 16 déc. 1994, (*Pau, aff. Urrutia c/ Perception d'Hendaye*), *JCP* E 1995, 264 ; sur cette analyse, v. aussi : CHATAIN, obs. ss. Civ. 1re, 13 juin 1995, *D.* 1996, somm., p. 79.

[1067] Sur celle-ci v. *supra*, n° 67.

[1068] Ordre de la loi et commandement de l'autorité légitime, légitime défense et état de nécessité ; ne sont mentionnés que les manuels les plus récents : B. BOULOC, *Droit pénal général,* 22e éd., Dalloz, Précis Droit privé, Paris, 2011, spéc. n° 401 et s., p. 338 et s., X. PIN, *Droit pénal général*, 4e éd., Dalloz, Cours, Paris, 2010, spéc. n° 209 et s., J. PRADEL, *Droit pénal général*, *op. cit.*, spéc. n° 307 et s., Y. MAYAUD, *Droit pénal général*, 3e éd., PUF, Droit, Paris, 2010, n° 404 et s., p. 429 et s., J.-H. ROBERT, *Droit pénal général*, 6e éd., PUF, Thémis Droit, Paris, 2005, spéc. p. 251 et s.- V. encore, les réf. cités par C. MASCALA, « Faits justificatifs. - Généralités. - Ordre de la loi », *J.-Cl. Pénal Code, art. 122-4*, *Fasc. unique.*, spéc. n° 4.

juge ne saurait se dispenser de vérification et de caractérisation, tenu qu'il serait, dans cette mission, de relever d'office les faits de nature à faire obstacle à la constitution de l'infraction[1069]. Le résultat est le comparable si on adopte une *présentation extensive* en considérant que l'élément injuste a un « contenu positif », à savoir « l'atteinte à un intérêt protégé », atteinte qui serait alors présumée[1070]. L'analyse - sur le plan procédural - est la même que pour la démence et l'erreur de droit, la règle de droit étant virtuellement comprise dans le litige, le juge ayant donc l'obligation d'en examiner l'application. Mais on sait qu'une troisième analyse est possible qui consiste à considérer que le fait justificatif laisse subsister l'infraction[1071], auquel cas il ne fait aucun doute qu'il est analysé comme une exception devant nécessairement être soulevée par la personne poursuivie[1072]. Il faut envisager, pour conclure, le problème spécifique de la contrainte qui n'est pas analysée uniformément par la doctrine ; cause de non-imputabilité pour la plupart des auteurs, un courant très minoritaire l'analyse, cependant, comme une cause de non-culpabilité[1073]. Les résultats sont très différents. Alors que, dans le premier cas, la circonstance est considérée comme un élément indispensable à la responsabilité - ce qui justifierait que le juge en tienne nécessairement compte et puisse/doive s'en emparer de son propre mouvement -, elle laisse intacte l'infraction dans le second, et ne se conçoit alors que comme une exception à une infraction parfaitement constituée et imputable[1074].

Quoi qu'il en soit, il faut bien se garder de confondre ce problème avec celui du risque de la preuve. Ainsi qu'on a déjà eu l'occasion de l'indiquer, le tributaire de la charge de l'allégation ne correspond pas nécessairement au tributaire du risque

---

[1069] Cela étant, assez curieusement, les auteurs qui admettent que le risque (et on parle bien de *risque*) de la preuve pèse sur le ministère public - en raison de l'existence de la présomption d'innocence - subordonnent malgré tout cette obligation à l'invocation du fait justificatif : v., en ce sens, PATARIN, *La théorie des preuves en droit pénal*, n° 15 et s. ; v. aussi, R. MERLE, A. VITU, *op. cit.*, n° 462, p. 584-585. De manière plus cohérente, on a parfois soutenu que, puisque les juges doivent suppléer d'office les moyens de défense, le mis en cause se trouverait par là même déchargé du risque de la preuve des faits justificatifs : ROUX, note au *S.* 1928, I, 33.

[1070] X. PIN, *Droit pénal général, op. cit.*, n° 196-198. Ce qui revient, en définitive, à présumer *l'absence de fait justificatif, cf.* J. LARGUIER, Ph. CONTE, P. MAISTRE DU CHAMBON, *Droit pénal général*, 21e éd., Dalloz, Mémento, Paris, 2008, spéc. p. 46. - *Adde*, J.-H. ROBERT, *Droit pénal général*, 6e éd., PUF, Thémis Droit, Paris, 2005, p. 224 et s.

[1071] V. ainsi, Y. MAYAUD, *Droit pénal général*, 3e éd., PUF, Droit, Paris, 2010, spéc. n° 399-400, p. 421-423.

[1072] Il faudrait mentionner également tous les auteurs pour lesquels le fait justificatif constitue « une disposition expresse de la loi » par l'effet de laquelle « le préalable légal se trouve effacé » : J. PRADEL, *Droit pénal général, op. cit.*, n° 306 ; v. encore, B. BOULOC, *op. cit.*, spéc. n° 401, p. 338. Dans ces conditions, le fait justificatif présente un caractère exceptionnel, ce qui expliquerait que le juge n'ait pas, *de plano*, à en examiner l'existence.

[1073] M.-L. RASSAT, *Droit pénal général, op. cit.*, p. 440, M.-L. RASSAT, *Traité de procédure pénale*, 3e éd., PUF, Paris, 2001, n° 202, 3), p. 319.

[1074] V. M.-L. RASSAT, *Droit pénal général, op. cit.*, p. 440, qui estime que la contrainte est une cause de non-culpabilité qu'il faut distinguer de la non-imputabilité, parce que, en ce cas, l'infraction est bien constituée, mais l'agent n'en répondra pas tout simplement parce que « le législateur en a décidé ainsi ». (v. aussi, M.-L. RASSAT, *Fasc. préc.*, n° 8). D'après cette analyse, « nous sommes bien en présence d'exceptions [...]. L'attitude la plus satisfaisante nous paraît donc être celle de la troisième branche doctrinale qui distingue entre la preuve et l'allégation : Elle laisse, en effet, subsister l'avantage de la personne poursuivie car elle ne porte pas exagérément atteinte à la présomption d'innocence, mais elle décharge tout de même le ministère public d'une tâche écrasante et dans la quasi-totalité des cas inutile », M.-L. RASSAT, *Traité de procédure pénale, op. cit.*, n° 202, 3), p. 319.

de la preuve[1075] ; on ne peut se contenter de raisonner en contemplation des solutions de la jurisprudence en matière de charge de l'allégation. Il faut néanmoins garder en vue que l'imputation du risque de la preuve échappe pour une large part à la logique pour se nourrir de considérations politiques, considérations politiques qui peuvent être celles qui ont guidé la Cour de cassation jusque-là. En ce sens, on ne peut être véritablement surpris de lire, sous la plume de certains auteurs, que les faits justificatifs sont « sont des circonstances exceptionnelles entraînant des dérogations à la loi pénale » et qu'il est « donc normal que la personne poursuivie ait la charge de prouver ces circonstances »[1076]. D'ailleurs, ainsi qu'on l'a maintes fois remarqué à propos de la légitime défense, l'article 122-6 du Code pénal, qui contient une forme de présomption de légitime défense en certaines circonstances, invite indéniablement à un raisonnement *a contrario* qui conduit à faire peser le risque de la preuve sur la personne poursuivie[1077]. Encore faut-il indiquer que cette présomption normative ne fait que faciliter la démonstration, en livrant une proposition-objet de preuve aisée à établir. Elle n'opère donc pas un *renversement automatique du risque de la preuve*, **tandis qu'on a montré, de manière convaincante, que le texte ne faisait probablement autre chose que de présumer la proportionnalité de la riposte en certaines circonstances**[1078]. Faut-il y voir la raison pour laquelle certains auteurs classiques ont parfois proposé, s'appuyant par ailleurs sur la puissance de la présomption d'innocence, que le risque de la preuve pèse sur le ministère public[1079] ? Il faut, enfin, observer, que, en raison de la confusion qui a longtemps régné et règne encore autour de la notion de *charge de la preuve*, la plupart de ces auteurs ne visaient pas tant le résultat négatif de la recherche de la preuve (le *risque* d'une recherche infructueuse) que l'obligation faite au juge d'instruction de rechercher la preuve exonératoire. Autrement dit, tout en maintenant le risque de la preuve sur la personne poursuivie, ils soutenaient que le juge d'instruction avait la *charge* de la preuve de la cause d'irresponsabilité[1080].

[1075] V. aussi les remarques du Professeur Ferrand : F. FERRAND, *V° Preuve, Rép. Dalloz proc. civ.*, spéc. n° 217 et s.

[1076] R. MERLE, A. VITU, *op. cit.*, n° 462.

[1077] R. MERLE, A. VITU, *op. cit.*, n° 463.

[1078] V. R. MERLE, A. VITU, *op. cit.*, n° 464, p. 586-587, qui se réfèrent à la doctrine de P. SAVEY-CASARD, « Réflexions sur l'article 329 du Code pénal », *RSC* 1960, p. 29 et s. (selon laquelle la présomption était même irréfragable).

[1079] GARRAUD, *Traité théorique et pratique d'instruction criminelle et de procédure pénale, Tome* 1, Sirey, Paris, 1907, spéc. n° 230, G. VIDAL, J. MAGNOL, *Cours de droit criminel et de sciences pénitentiaires, Tome II*, 9e éd., Rousseau, Paris, 1949, spéc. n° 716, BOUZAT, PINATEL, *Traité de droit pénal et de criminologie. - Tome II. - Procédure pénale*, Dalloz, Paris, 1970, spéc. n° 1183, p. 1128, qui observaient : « [...] en matière pénale, l'accusé est couvert par une présomption d'innocence qui constitue une garantie de la liberté individuelle. Cette présomption (qui bénéficie aux récidivistes comme aux délinquants primaires) a pour conséquence que, dans le doute, il faut de décider en faveur de l'accusé (in dubio pro reo). C'est dire que la tâche de l'accusateur pénal est plus lourde ». Ils poursuivaient, recensant les effets de la présomption d'innocence : « Il semblerait que ce soit aussi au ministère public qu'incomberait la charge de prouver, lorsque l'existence de l'élément matériel de l'infraction est reconnue, qu'il n'existe ni cause de non responsabilité, ni fait justificatif, ni excuse ». Ils terminaient en mentionnant cet arrêt de la Chambre criminelle, du 24 mars 1969 (Crim., 24 mars 1949, *Bull. crim.*, n° 114) énonçant incidemment dans ses motifs que le ministère public « devrait établir tous les éléments constitutifs de l'infraction et l'absence de tous les éléments susceptibles de la faire disparaître ».

[1080] Si les auteurs classiques distinguaient généralement assez bien la *charge de l'allégation* et le problème probatoire, ils n'indiquaient, en revanche, presque jamais si la « charge de la preuve » devait s'entendre de l'obligation de recherche de la preuve ou du résultat négatif de celui-ci, à savoir le risque de la preuve : v., en ce sens : J. PATARIN, « La particularisme de la théorie des preuves en droit pénal », *in* G. STEFANI (dir.), *Quelques aspects de l'autonomie du droit pénal. - Études de droit criminel*, Dalloz, 1956, Paris, p. 8-76, spéc. p. 31-33.

Bien que cette solution ait été contestée, on peut difficilement ne pas l'admettre, le juge étant tenu, tout à la fois, d'une obligation d'instruire[1081] et d'une obligation d'instruire à charge *et* à décharge. Même si on peut longuement discuter de l'opportunité de faire peser le risque de la preuve et la charge de l'allégation sur le prévenu, il est, en la matière, une vérité incontestable, qui est l'obligation faite au juge d'instruction de rechercher tous les preuves qui peuvent conduire à une non-imputabilité ou à une justification de l'infraction[1082]. Néanmoins, il faut bien l'admettre, cette présentation est, aujourd'hui, largement théorique, dès lors que la recherche de la preuve revient, dans la quasi-totalité des cas, au ministère public. Or celui-ci n'est soumis qu'à une obligation de recherche légère dont le bénéfice, pour la personne poursuivie, reste de toute façon relativement limité au regard du statut d'accusateur du parquet[1083].

CONCLUSION DE LA SECTION II

La litigiosité de l'objet de la preuve est une question complexe parce que protéiforme. En se plaçant au carrefour du fait et du droit, du juge et des parties, elle se propose d'appréhender, dans toute sa complexité, la manière dont se forme judiciairement l'objet de la preuve. Elle ne dépasse pas seulement l'affirmation traditionnelle selon laquelle seuls les faits *contestés* sont objet de preuve, elle montre aussi, sous un regard nouveau, les pouvoirs et devoirs du juge - et corrélativement ceux des parties - dans l'identification de la proposition-objet de preuve. Pour bien comprendre cette notion de litigiosité, il faut se figurer un cercle dont le centre - qui constitue *l'opérance* - doit voir converger la proposition factuelle et l'antécédent abstrait de la règle de droit. Les deux éléments sont donc nécessairement présents au centre de ce cercle que forme le litige pour que l'on puisse parler de *litigiosité*. Il se peut, en effet, que la règle de droit idoine soit présente, mais qu'elle n'ait pas encore de correspondance exacte dans le domaine du fait. Il se peut que la proposition factuelle soit dans le litige sans pour autant pouvoir accéder à la vie juridique faute d'antécédent abstrait adéquat. Puisque la vérité du droit est en jeu, on ne saurait complètement laisser cette question entre les mains des parties et c'est ici que se pose la question des prérogatives du juge dans la litigiosité. En se gardant, pour l'instant, de toute réflexion d'ordre culturel, on doit remarquer la différence de régime qui sépare la procédure civile de la procédure pénale ; du moins celle-ci est-elle très marquée à l'égard du fait. Faut-il en être surpris dès lors que, au moment où l'État a progressivement desserré son emprise à l'égard des litiges privés, il a d'abord attribué aux parties la maîtrise du fait ? C'est d'ailleurs la définition exacte du principe dispositif qui n'est pas, contrairement à ce que l'on affirme, un principe *positif*, mais le résultat négatif du retrait de l'État. On comprend aussi pourquoi le juge - y compris sous l'empire du Code de procédure civile de 1806 - a conservé quelques prérogatives dans ce domaine qui lui ont toujours permis de donner à l'antécédent abstrait une proposition factuelle opérante. Mais, comme on l'a vu, le rôle du juge n'est jamais allé au-delà de cette simple *faculté*, même avec l'avènement du modèle plus collectiviste du Nouveau Code de procédure civile. La solution est nécessairement différente en procédure pénale. La présence de l'État est ici indiscu-

1081 Sur laquelle, v. *infra*, n° 231-234

1082 J. PATARIN, « La particularisme de la théorie des preuves en droit pénal », *op. cit.*, p. 32.

1083 V. *infra*, n° 235.

table et elle dicte sa loi en matière de faits. On pourrait certes penser que le juge pénal n'est guère plus contraint, en cette matière, que ne l'est le juge civil, voire qu'il jouit d'une liberté supplémentaire dès lors qu'il n'est pas saisi de l'entier dossier. Cette vue est, en réalité, trompeuse. Elle l'est, tout d'abord et nécessairement pour la chambre de l'instruction qui, grâce à ses pouvoirs de révision et d'évocation, peut s'émanciper du cadre peut-être trop étroit de sa saisine ; elle peut aussi bien, de cette manière, donner souffle à un antécédent abstrait appelé à trépasser faute de proposition factuelle opérante, et on peut dire *qu'elle le doit* même. Elle l'est ensuite parce que la question de la base factuelle ne se pose pas du tout dans les mêmes termes. Peut-être le juge ne pourra-t-il pas puiser au-delà des faits dont il est saisi - sauf hypothèse où il apparaît que l'ordonnance de renvoi du juge d'instruction ne contient pas tous les faits dont il était saisi -, mais il sera fort rare, en pratique, en raison de la présence d'un magistrat (le ministère public), dont les omissions peuvent d'ailleurs être corrigées par la constitution de partie civile, que des propositions de fait essentielles à la qualification choisie échappent à la maîtrise du juge d'instruction ou de la juridiction de jugement. On remarque, du reste, que la plupart des règles qui régissent la survenance d'un fait nouveau ont un caractère impératif.

La litigiosité se donne également à voir sur le terrain du droit. Il s'agit alors de donner à une proposition factuelle déjà présente dans le cercle du litige, l'antécédent abstrait qui lui faut pour accéder au statut d'objet de preuve opérant. On a pu, sous ce regard, constater la profonde transformation que connaît actuellement la procédure civile. Alors que le modèle du Nouveau Code de procédure civile semblait consacrer un nouveau rôle du juge civil dans la définition de la proposition-objet de preuve, celui-ci étant *tenu* de requalifier ou de relever d'office la règle de droit idoine, la Cour de cassation paraît s'orienter vers un modèle plus libéral dans lequel la mission du juge, sur ce point, n'a plus qu'un caractère facultatif. La procédure pénale se singularise aussi bien par défaut, puisqu'il ne fait aucun doute, sauf rares exceptions, comme en matière de faits amnistiés, de falsification, d'infractions de presse ou de causes d'irresponsabilité, que le juge a l'obligation de rechercher, à partir des faits dont il est saisi, la qualification idéale. La correcte expression du droit est ainsi mieux assurée en matière pénale qu'en matière civile.

CONCLUSION DU CHAPITRE II

Les développements précédents doivent conduire à la conclusion suivante. Dans son office, le juge ne doit normalement s'interroger que sur deux points. L'*opérance de la preuve*, d'une part ; sa *litigiosité*, de l'autre. Questions, bien sûr, d'une redoutable difficulté, mais qui s'imposent naturellement à son office de *juridiction* dès lors qu'en dépend la suite du processus probatoire. Pour déterminer l'opérance d'une proposition, le juge doit questionner la signification sociale de l'antécédent abstrait de la règle de droit dont l'application est demandée. Dans ce travail d'interprétation, le juge va normalement mobiliser son sens commun, norme tacite d'interprétation qu'a dû lui fournir son éducation et, plus largement, sa contemplation de l'expérience sensible. En certaines hypothèses, il peut se dispenser en partie de cette tâche, dès lors que le législateur ou la jurisprudence lui a fourni des normes déjà pourvues d'une proposition-objet de preuve concrète, ce qu'on a appelé, dans le cadre de cette étude, les *présomptions normatives*. Ces dernières assurent, à proprement parler, l'assistance du juge dans son office d'interprétation-qualification. Bien qu'exacte, cette présentation ne rend que partiellement compte de la mission réelle du juge. C'est dans le cadre du procès, de sa fonction juridictionnelle, que la question de l'opérance lui est posée, et on ne peut avoir une intelligence suffisante de son rôle sans une longue excursion dans le domaine du litige. Tout litige se donne en effet à voir comme un ensemble de propositions factuelles, de propositions juridiques et de conclusions tirées entre les unes et les autres, soumises à la sagacité du juge. Mais cette matière n'est pas définitivement figée. Le juge peut d'abord estimer que les qualifications proposées ne permettent pas de conclure à l'opérance de la proposition factuelle ; en les modifiant, c'est-à-dire en introduisant une nouvelle norme juridique *dans le litige*, le juge assure aussi bien la *litigiosité de l'objet de la preuve*. Il se peut encore que la qualification ne lui paraisse pouvoir prospérer en l'état, faute de recevoir de traduction sociale suffisante dans la base factuelle du litige. Certaines dispositions lui permettent alors d'aller au-delà du litige, en puisant au sein des faits non spécialement articulés, des données du dossier ou des faits nouvellement découverts, pour soutenir cet antécédent abstrait mal fondé. Le juge assure aussi, d'une autre manière, la litigiosité de l'objet de la preuve, car il insère, dans le litige, un fait qui n'y était pas. On ne peut avoir de connaissance assez fine de la notion sans l'embrasser dans ces multiples dimensions. Au-delà du bénéfice que l'on retire, sur le plan analytique, de ces nouvelles classifications, on perçoit mieux, semble-t-il, la manière dont le système juridique français conçoit la notion. L'apparition du juge, en effet, que ce soit dans le travail de relevé d'office et de requalification ou encore dans le contrôle des qualifications, laisse entrevoir le visage du modèle hiérarchique de procédure et, à travers lui, l'emprise que l'État entend exercer sur ce problème central de la preuve en justice. On ne peut être qu'à moitié surpris, ayant vu l'investissement de l'État dans tout système hiérarchique, de constater que la Haute juridiction consacre une partie de sa mission au contrôle des qualifications et que les juges aient le pouvoir, voire le devoir, de modifier les qualifications et les moyens de fait du litige. Si la notion de vérité matérielle a un sens dans les systèmes hiérarchiques, qu'il s'agisse de la vérité du fait ou de la vérité du droit, l'État a tout intérêt à donner à ses représentants les moyens d'en assurer la correcte expression. Des changements sont, certes, en train de se produire, en procédure civile, la charge de la correcte expression du droit repassant, progressivement, aux parties privées et à leurs conseils ; et on peut sans doute observer une tendance au relâchement du contrôle des qualifications par la Cour de cassation en certaines matières. Il n'en demeure pas moins que, dans son esprit, le système juridique français reste sensible à la maxime : la « *vérité du droit* ».

CONCLUSION DU TITRE I

112-1. Le tableau que livre aux regards ce premier titre diffère sensiblement de celui qu'offrent traditionnellement les recueils de doctrine. Que reste-il des couleurs et des formes originales ? Peut-on encore dire que l'objet de preuve est un *fait*, un *fait pertinent* et un *fait contesté*[1084] ? La référence au fait, on l'a dit, est insuffisante. Dire que l'objet de la preuve est un fait ne permet guère que de savoir

[1084] V. J. GHESTIN, G. GOUBEAUX, *Traité de droit civil. - Introduction générale*, *op. cit.*, respectivement n° 571, p. 528, n° 574, p. 531 & n° 576, p. 533.- V. aussi, *supra*, n° 24 et s.

- et encore de manière imparfaite - qui du juge ou des parties *doit rapporter la preuve*. Elle n'indique pas, en revanche, une fois cette première répartition faite, ce qui, de manière concrète, *doit être prouvée*. On voit d'ailleurs bien l'infirmité de la présentation classique qui ne répond pas du tout à la question posée qui reste celle-ci : *qu'est-ce qui doit être prouvé* ? (et non, *qui doit prouver* ?). Pour y répondre véritablement, il faut donc aller au-delà et rechercher une proposition (puisque la preuve pose un problème de propositions) dont les caractéristiques permettent une application de la logique du *vrai* et du *faux*. Cette proposition est, en réalité, une proposition phénoménale, c'est-à-dire une proposition qui se rapporte à un phénomène de la nature. Il ne suffit donc pas, comme le fait la doctrine classique, de diviser la norme juridique en *antécédent* et *conséquent* et de désigner le premier comme objet de preuve, car l'antécédent ne contient qu'un concept juridique qui, comme tous les concepts, ne peut ni vrai, ni faux, mais seulement valide ou non valide pour le système juridique. Mais cette proposition sociale, phénoménale, ne doit pas rester nue. Elle doit *correspondre*, d'une certaine manière, au concept contenu dans l'antécédent abstrait de la règle de droit. C'est en cela que la proposition-objet de preuve a aussi une nature normative. Cette correspondance est difficile à saisir. La doctrine la désigne généralement par le concept de pertinence ; le fait objet de preuve doit aussi bien, être pertinent. Le terme ne mérite pas de véritable débat ; son contenu est plus discutable. Si par pertinence on entend bien le rapport entre la proposition factuelle et l'antécédent abstrait de la règle de droit, alors le vocable ne mérite aucune remise en cause. Bien souvent, en réalité, l'expression est employée soit pour qualifier la preuve elle-même - on dit alors que la preuve doit être *pertinente* - ce qui est complètement différent, soit pour désigner des situations qu'on tient pour marginales dans lesquelles il serait impossible d'appréhender directement la proposition contenue de l'antécédent de la règle de droit. Cette dernière proposition est encore plus inadmissible que la première, car elle postule qu'il serait possible de prouver directement - et ce dans une grande majorité de cas - un concept. Il faut donc bien rappeler les résultats de cette étude.

Dès lors que l'antécédent abstrait de la règle de droit n'est qu'un concept, et qu'aucun concept ne peut être dit « vrai » ou « faux », la recherche d'une proposition factuelle (donc concrète) est *absolument toujours nécessaire*, si bien que la question de la *pertinence* se pose en toutes circonstances. C'est d'ailleurs pour éviter toute confusion avec la doctrine classique que nous avons employé le terme d'*opérance*. Cette distinction étant faite, les questions s'enchaînent. Si une règle juridique ne peut être saisie qu'à travers une proposition factuelle et que cette proposition factuelle doit toujours être en relation d'opérance avec l'antécédent abstrait de la règle de droit, on doit se demander quelles sont les ressources utilisées par le juge pour évaluer la qualité du lien entre les deux propositions. Sous ce regard, on s'aperçoit très vite que le juge est en réalité tenu d'interpréter l'antécédent abstrait de la règle de droit, ce qui revient pour lui à en déterminer la signification sociale ; si les deux propositions (la proposition factuelle et la proposition normative) correspondent, il peut alors donner au fait - qui est désormais *opérant* - la qualification contenue à la règle de droit. Puisque, ensuite, le juge se livre à un travail d'interprétation et de qualification, il faut nécessairement se demander si la Cour de cassation n'exerce pas un contrôle sur toutes ces questions. Et c'est effectivement le constat qu'il faut faire, ensuite ; dès lors que l'opérance soulève, en partie, une question de droit, la Cour de cassation ne peut complètement se désintéresser des conclusions tirées par les juges du fond. Sous ce regard, on constate d'ailleurs un ample contrôle de la Cour de cassation. Enfin, dès lors que des problèmes de qualification se posent, on ne peut plus se contenter de raisonner comme la doctrine traditionnelle en affirmant que la proposition de fait, pour être objet de preuve, doit être contestée. Outre qu'elle est partiellement inexacte sur le plan juridique, mais aussi sur le plan politique, cette proposition omet une dimension pourtant essentielle du problème de la définition de l'objet de la preuve : sa dimension judiciaire et litigieuse. La question n'est donc pas tant de savoir si le fait est contesté que de savoir s'il est dans le litige. C'est un préalable. Pour le déterminer, on ne peut guère que s'intéresser de très près à la manière dont le juge peut redonner vie à un fait spécialement articulé mais auquel ne correspond aucun antécédent abstrait, ce qui renvoie au problème du relevé d'office et de la requalification. Pareillement, il est indispensable de regarder avec insistance les pouvoirs dont dispose le juge à l'égard de la masse des faits non spécialement articulés.

TITRE II

L'APPRÉHENSION CULTURELLE DE LA NOTION D'OBJET DE PREUVE

113. ***Conception du procès et conception du droit.*** Dans l'étude théorique de la notion d'objet de preuve présentée dans le titre premier, quelques incises ont été volontairement intégrées pour souligner la place de la culture dans l'intelligence de la notion et faire sentir l'importance d'une analyse culturelle. Ce n'est donc pas un hasard si la notion d'opérance a été aussi appréhendée au travers du contrôle des qualifications par la Cour de cassation, si de nombreux développements ont été consacrés à la répartition des rôles entre le juge et les parties dans la définition de l'objet de la preuve (le problème de la litigiosité). Toutes ces questions ont, en effet, une résonnance particulière sur le plan culturel ; que la Cour de cassation soit à même de contrôler le travail des juges du fond dans la définition de l'objet de la preuve, que les juges aient le pouvoir, même le devoir parfois, de redonner aux faits leur véritable qualification ou de puiser dans l'ensemble du dossier une proposition factuelle susceptible de constituer l'objet de la preuve, voilà des circonstances qui montrent bien la place que l'État entend jouer dans le système probatoire. En allant plus loin, on pourrait dire que là sont les traits d'un système hiérarchique. Rappelons que, selon les résultats de l'introduction, on doit distinguer les systèmes hiérarchiques, dont fait partie le droit français, et qui sont caractérisés par la place importante que joue l'État dans la recherche de la vérité *matérielle* (*vérité du droit* et *vérité du fait*), et les systèmes participatifs, catégorie à laquelle on peut rattacher la grande famille des droits de *Common Law*. Il sera question, dans la seconde partie de cette étude consacrée à la recherche et l'appréciation des preuves, de montrer, dans toute son ampleur, la nature hiérarchique du système probatoire français et d'en tirer toutes les conséquences sur le plan de la nature et du régime des règles et des institutions et de faire apparaître les échanges culturels qui se multiplient entre le système français (hiérarchique) et les systèmes participatifs de *Common Law*. Une telle méthodologie ne pouvait être employée au regard de la notion d'objet de la preuve. Il est d'abord assez net - ce dont on aura pleine conviction à la fin de cette première partie - que le système français est, relativement à la notion d'objet de preuve, de nature hiérarchique. La preuve de l'investissement de l'État et de la mise en cohérence logique de toutes les règles n'a pas, en l'occurrence, besoin de longues démonstrations et on peut aisément se contenter des arguments que fournit, *a contrario*, l'étude de la notion dans les systèmes participatifs. La singularité des systèmes participatifs offre du reste un second motif justifiant la mise à l'écart de la méthodologie employée en seconde partie. Sous ce regard, en effet, les deux systèmes présentent de telles irréductibilités qu'il paraissait tout à fait inutile de les mettre en opposition pour faire saillir le particularisme du droit français de la preuve judiciaire sur ce point. Les faits parlent d'eux-mêmes, même indirectement, au détour d'une autre démonstration. Faut-il ajouter qu'aucun phénomène d'acculturation ne mérite, non plus, que les deux systèmes soient présentés conjointement ? Il est certes vrai, comme on aura l'occasion de le signaler incidemment, que quelques échanges culturels ont pu s'opérer entre les deux systèmes. La procédure de comparution sur reconnaissance préalable de culpabilité a été introduite, semble-t-il, avec succès, en droit français et la doctrine de l'*estoppel* paraît recevoir une large audience, tant en droit judiciaire[1085] qu'en contentieux administratif[1086]. Le regard porté sur les systèmes participatifs montre quelques transformations, dans la définition du litige, qui semblent n'avoir leur origine que dans le modèle des droits continentaux. Ainsi, l'abandon du *notice pleading* en Angleterre est le fruit d'un indéniable travail de droit comparé, analogue à celui auquel s'était déjà livré Bentham lorsque, moins de deux siècles plus tôt, il avait déjà proposé d'introduire, en droit anglais, une division plus ferme du fait et du droit[1087]. Mais ces échanges demeurent à la marge ; ils sont sans doute le signe de *tensions culturelles* entre les systèmes étudiés, susceptibles de provoquer des phénomènes plus larges de convergence[1088] ; ils restent, néanmoins, aujourd'hui, à la surface et ne menacent pas directement l'équilibre de chacun des systèmes.

114. ***Plan.*** Pour toutes ces raisons, il paraît préférable de ne pas croiser l'étude de chacun des systèmes. Un argument supplémentaire invite, du reste, à réserver une place toute particulière à l'étude du droit français. C'est que celui-ci connaît, actuellement, une transformation purement interne. On a insisté, en introduction, sur l'existence de plusieurs facteurs culturels qui peuvent agir à la fois sur la conception de l'État, le modèle de production de la norme et le modèle de procès. On a montré, à cette occasion, la nécessité de penser la culture en termes de mouvements, de rationalités. Or, sous ce regard, les principales transformations qui affectent la notion d'objet de la preuve ne résultent pas de l'introduction d'une rationalité différente, mais des évolutions de cette même rationalité. C'est pourquoi il est important de s'attacher, en premier lieu, à décrire les transformations *internes* de la notion d'objet de preuve au sein du système hiérarchique français en montrant l'influence du libéralisme procédural (section I). Dans un second temps, et pour mieux faire ressortir les traits du système français, mais également indiquer, au passage, les limites de certains concepts que l'on voit poindre en droit français, il paraît inévitable de consacrer quelques développements à la conception singulière de l'objet de la preuve dans les systèmes participatifs (section II).

[1085] V. *infra*, n° 188.

[1086] A. Ciaudo, A. Frank, « Pour l'utilisation de l'estoppel dans le procès administratif », *AJDA* 2010, p. 479 et s., qui observent, toutefois que « [b]rièvement évoquée par un rapporteur public près le Conseil d'État dans une récente affaire fiscale, cette question a été soigneusement occultée dans la décision rendue par les juges du Palais-Royal. En l'état actuel du droit, l'estoppel reste désespérément étranger au contentieux public français » (v. L. Olléon, concl. sur CE 3 juill. 2009, *Ministre du budget c/ Société Accor*, n° 317075).

[1087] J. Bentham, « The Rationale of Judicial Evidence », *The Works of Jeremy Bentham*, éd. Bowring, Vol. 7, Thoemmes press, Bristol, 1995, spéc. p. 560.

[1088] U. Mattei, L. H. Pes, « Civil Law and Common Law : Toward Convergence ? », *in* K. E. Whittington, R. D. Kelemen, G. A. Caldeira, *The Oxford Handbook of Law and Politics*, Oxford University Press, Oxford, 2008, p. 267-280.

CHAPITRE I

LES TRANSFORMATIONS DE LA NOTION D'OBJET DE PREUVE DANS LE SYSTÈME HIÉRARCHIQUE FRANÇAIS : L'INFLUENCE DU LIBÉRALISME PROCÉDURAL

115. ***Rappels méthodologiques.*** Plus qu'en tout autre domaine, l'appréhension culturelle de la preuve commande un respect scrupuleux de règles méthodologiques fixées par la sociologie compréhensive et rappelées en introduction[1089]. En ce sens, il ne faut pas oublier le caractère idéaltypique des exemples choisis, de même qu'il faut se rappeler la différence profonde qui sépare les systèmes procéduraux et probatoires dominés par la rationalité formelle qui font de la vérité *matérielle* un objectif prioritaire, et les systèmes gouvernés par la rationalité matérielle qui, d'abord, développent une conception *formelle* de la vérité, ensuite, ne font souvent de cette vérité qu'un objectif entre d'autres objectifs d'égale valeur ou de valeur supérieure. On trouve, à l'origine de cette profonde césure, deux différences historico-culturelles majeures qui ne laissent de renvoyer, dans la classification des procès, à deux systèmes procéduraux largement irréductibles : le système procédural français, d'une part, qualifié de hiérarchique, épithète sans doute applicable à d'autres systèmes continentaux, mais que, pour des raisons épistémologiques évidentes, on ne systématisera pas[1090] ; le système procédural anglo-américain ou de *Common Law*, de l'autre, auquel le qualificatif de système *participatif* ou *vertical* a été réservé. Une analyse idéaltypique des substrats culturels fait bien apparaître, en effet, deux grands ensembles procéduraux, dont le premier, le système hiérarchique français, est marqué, culturellement, par l'*égalité de condition*, la *tradition* et l'*étatisme*[1091], et le second, le système participatif de *Common Law*, est caractérisé par la *liberté*, l'*individualisme*, l'*égalité d'opportunité*,

---

[1089] V. *supra*, n° 7 et s.

[1090] Comme rappelé en introduction, il ne s'agit que d'étudier le système juridique français.

[1091] Triptyque établi par E. TODD, « Bizarreries françaises ou exception romaine ? », *in Revue Cités* 2002, Hors Série, La France et ses démons, PUF, Paris, spéc., p. 64 ; E. JEULAND, « Preuve judiciaire et culture française », *Droit et cultures*, 2005/2, p. 149 et s. - M. WINOCK, « Les passions politiques françaises », *Cités*, « La France et ses démons », Hors série, 2002, p. 19-26, spéc. p. 19-20, a longuement insisté, pour sa part, en plus de l'égalité, sur le conservatisme ou traditionalisme et sur le nationalisme ou sacerdoce universaliste (« Sur le plan émotionnel, elle est faite d'un attachement affectif à la personne royale, aux rites de l'ancienne France, mêlés de religiosité catholique. Son idée-force est la tradition », *ibid.* ; « À la fin du XIXe siècle est née une troisième passion politique, celle du nationalisme. Celle-ci a été de gauche comme de droite, révolutionnaire et contre-révolutionnaire. Les héritiers de 1789 se sont considérés comme un peuple élu : la France avait une mission universelle », *ibid.- Adde*, J.-L. CHABOT, *Histoire de la pensée politique. - Fin XVIIIe - début XXIe siècle*, PUG, Grenoble, 2001, spéc. p. 211-217). V., aussi, la synthèse de P KAUFMAN, *V°* « Culture et civilisation », *in Encyclopædia Universalis, éd. électron.* et celle de E. R. CURTIUS, *Essai sur la France*, éd. de l'Aube, Paris, 1990.

l'*antiétatisme* et le *laissez-faire*[1092]. On remarque, d'emblée, que les deux systèmes ont en commun un certain goût de l'égalité. Il faut, néanmoins, se garder d'attribuer à ce concept une portée identique en droit français et en droit de *Common Law*. L'égalité, au sens français, aspire à une réalisation concrète ; c'est une égalité de condition, sans doute jamais réalisée, mais vers laquelle le système est en partie tendu. À l'inverse, l'égalité, dans les pays de *Common Law*, s'entend d'une égalité d'opportunité, c'est-à-dire une égalité initiale mettant chaque sujet de droit en mesure d'agir à sa guise, mais sans que jamais, et ce, pour d'impérieux motifs de liberté, l'État ou quelque autre entité, ne se soucie de l'effectivité de celle-ci. C'est la raison pour laquelle on considère généralement que ce type d'égalité est parfaitement compatible avec un schéma politique empreint de *laissez-faire* et d'antiétatisme[1093]. Il convient, ensuite, de surmonter une difficulté liée à la liberté. La formule de Chateaubriand est bien connue : « Les Français n'aiment point la liberté ; l'égalité seule est leur idole ». Elle semble dire que la liberté n'aurait jamais été sous-jacente dans la construction du système politique française. La proposition est excessive ; elle conduit, surtout, à une profonde confusion dans la classification des systèmes procéduraux. Une certaine réalité a présidé au choix de ces concepts ; l'individualisme est, effectivement, de prime abord, un trait peu discriminant du système politique et procédural français. Cependant, on ne saurait faire de ce trait un *critère distinctif* des systèmes procéduraux. Individualisme et collectivisme, libéralisme et solidarisme ne s'opposent pas, sur le plan procédural, de la même manière que l'étatisme et l'antiétatisme, l'interventionnisme ou le *laissez-faire*. Tout système peut, en effet, tout en conservant la structure hiérarchique ou participative qui est la sienne sur le plan idéaltypique, passer du libéralisme le plus débridé au solidarisme le plus étroit. Même lorsque, dans un système participatif ou solidariste, les progrès de la solidarité conduisent à un plus grand investissement du juge dans des domaines procéduraux et probatoires, comme ce fut le cas, à une certaine époque, aux États-Unis[1094], et comme c'est le cas,

---

1092 S. M. LIPSET, *American Exceptionalism : A Double-Edged Sword*, W.W. Norton, New-York (E.-U.), 1996, spéc. p. 18 & 33.

1093 O. G. CHAZE, *op. cit.*, p. 9-10. C'est un trait qui avait déjà été perçu par A. DE TOQUEVILLE, *De la démocratie en Amérique*, *Vol. 2*, GF Flammarion, Paris, 1981, spéc. p. 119 et s.

1094 Deux auteurs ont particulièrement été sensibles à la nécessité d'octroyer au juge des pouvoirs plus importants pour assurer une protection efficace des intérêts privés « face à une bureaucratie étatique appelée à gérer des services publics sur une grande échelle », I. PAPADOPOULOS, « La preuve : vérité ou vraisemblance ? », p. 123-145, *in* A. GARAPON et I. POPADOPOULOS, *Juger en Amérique et en France*, Odile Jacob, Paris, 2003. P 43. Le premier, L. Rubenstein, plaida pour le développement de l'aide juridique aux personnes qui dépendaient des services sociaux : L.S. RUBENSTEIN, « Procedural Due Process and the Limits of the Adversary System », *Harvard Civil Rights-Civil Liberties Law Review* 1976, n° 11, p. 48 et s., spécialement p. 66-70. Le second, Jerry Mashaw, proposa le concept de rationalité administrative ou démocratique, seul à même, selon lui, de permettre un investissement probatoire plus important du juge dans la recherche de la preuve : J. MASHAW, *Bureaucratic Justice*, New Haven & Londres, Yale University Press, 1983, p. 145-148 & *passim* (réf. *in* I. PAPADOPOULOS, *op. cit.*, p. 142-143). Ces appels ne sont pas restés sans échos. Le mouvement dit du « *Access to Justice* », inspiré du souci de rendre la justice accessible aux plus faibles et aux plus pauvres, et à l'origine de ce qu'on appelle les « *Alternative Disputes Resolution* » (soit les *modes alternatifs de règlement des conflits* ou MARC), procède des mêmes prémisses (sur celui-ci, v. M-Th. MEULDERS-KLEIN, « Les modes alternatives de règlement des conflits en matière familiale.- Analyse comparative », *RIDC* 1997, p. 383-407). On débat beaucoup, aussi, actuellement, aux États-Unis, de la nécessité de donner, sur le modèle anglais, beaucoup plus de pouvoir au juge (v. *infra*, n° 184 et s.). Cela étant, les auteurs se montrent, généralement, particulièrement défavorables à l'évolution de leur droit, compte tenu de l'existence de très nombreux mécanismes de compensation (comme les « *class actions* » ou « actions de groupe ») et de la

aujourd'hui, au Royaume-Uni, depuis la réforme de la procédure civile entreprise par Lord Woolf[1095], cela ne se traduit pas par une remise en cause de la nature verticale du système, pour cette raison simple que les autres critères, ceux qui ont œuvré dans la formation souterraine du système procédural - comme la défiance vis-à-vis de l'État ou la doctrine du *laissez-faire* - continuent de rayonner à travers la rationalité propre de celui-ci. Il ne faut jamais oublier, en effet, que si une culture se forge, *ab initio*, au contact de certaines caractéristiques sociales, elle développe, ensuite, sous l'effet d'une intelligence plus fine de ces mêmes critères, une rationalité propre qui se détache progressivement de ses inspirations maternelles et qui, dès lors, ne peut plus être modifiée sans une transformation profonde de ce qui en fait la substance. La remarque vaut également pour le système procédural français qui, ayant accédé à une solide rationalité, ne peut normalement subir aucune modification fondamentale d'un repli du solidarisme et du collectivisme qui lui sont consubstantiels.

116. ***Libéralisme et solidarisme ou activisme et réactivisme.*** Il faut d'ailleurs remarquer, en prolongeant une idée simplement esquissée, et donc au-delà de la règle générale qui vient d'être présentée, qu'il est quelque ambiguïté à placer sur le même plan toutes ces caractéristiques culturelles. Individualisme et libéralisme, solidarisme et collectivisme sont, bien entendu, des objets sociaux, en tant que tels, ressentis et vécus, comme on l'a vu à propos de la perception actuelle du droit. Mais leur ancrage idéologique, leur origine essentiellement savante[1096], font de ces objets moins des forces culturelles agissantes que des instruments politiques d'action à même d'infléchir, bien entendu, le donné historico-culturel à l'origine de la place de l'État, de la conception de la vérité, mais inaptes, à eux seuls, à provoquer des bouleversements dans l'architectonique culturelle du système politique. C'est une évidence pour qui connaît bien les systèmes anglo-américains. Les quelques progrès mentionnés dans la solidarité n'ont généralement pas été suivis d'un changement d'attitude vis-à-vis de l'État ou vis-à-vis de la vérité. Sur le premier point, tous les outils d'assistance procédurale n'ont jamais entraîné autre chose qu'une systématisation d'organes directement émanés de la société civile et bâtis loin de l'État[1097]. Sur le second, la conception procédurale du droit et la concurrence d'autres objectifs, comme la satisfaction d'intérêts économiques, n'ont

mythologie y attachée (R. A. KAGAN, *Adversarial Legalism. - The American Way of Law*, Harvard University Press, Cambridge (Massachusetts, E.-U.), Londres, 2001, spec. p. 18 et s.).

[1095] Lord Woolf a été à l'origine de deux rapports importants (Lord WOOLF, *Interim report on acces to civil justice*, Juin 1995 et *Final report on access to civil justice*, Juillet 1996, (disponibles sur le site : www.dca.gov.uk/civil/reportfr.htm) qui ont entraîné l'adoption des *Civil Procedure Rules* de 1998. Elles constituent un renouvellement assez important des règles procédurales et sont marquées par un investissement croissant du juge dans la conduite de l'instance ; v., pour plus ample informé, *infra*, n° 181-182.

[1096] On se rappelle que, d'après Weber, la société comporte trois niveaux : le niveau des valeurs réellement vécues et acceptées, le niveau des aspirations communément partagées par les membres de la société, enfin le niveau des « idéaux auxquels l'historien rapporte l'histoire » ce qui correspond, en réalité, au niveau savant, le savant étant simplement le spécialiste qui peut prendre les traits, aussi bien, du législateur : M. WEBER, « L'objectivité de la connaissance dans les sciences et la politique sociales », (1904), *in* M. WEBER, *Essais sur la théorie de la science*, Plon, Agora, Paris, 1965, p. 119-201, spéc. n° 203-205

[1097] La particularité des « *Alternative Disputes Resolution* » est, justement, de régler les conflits sans l'intervention de l'État. Quant aux agences publiques, si elles se sont développées, c'est souvent pour former un contre-pouvoir au pouvoir étatique. Elles ne font pas partie de l'État, mais sont plutôt une émanation de la société civile.

jamais cessé de gouverner l'ensemble du système[1098]. C'est la raison pour laquelle il faut, à l'instar, une nouvelle fois, du comparatiste Mirjan R. Damaška, distinguer deux niveaux d'analyse. Le premier niveau, le plus général et le plus stable, qui conduit à classer les procédures selon qu'elles relèvent d'une logique hiérarchique ou participative[1099]. Le second niveau, qui se propose d'appréhender les pouvoirs du juge, en l'occurrence dans le domaine de la définition de la proposition-objet de preuve, et qui conduit à distinguer les modèles *actifs*, dans lesquels le juge à un rôle essentiel dans l'identification de l'objet de la preuve, des modèles *réactifs*, dans lesquels le juge n'a que des pouvoirs limités en la matière[1100]. Il ne s'agit pas de sortir des cadres fixés en introduction : il y a toujours le modèle hiérarchique, d'une part, et le modèle participatif de l'autre. Mais chacun connaît un degré d'identification au modèle idéaltypique variable. Le système français peut être plus ou moins hiérarchisé, de même que les systèmes de *Common Law* peuvent être plus ou moins *participatifs*. Cela dépend de leur adhésion, en interne, à un modèle plus *actif* ou plus *réactif*. Quoi qu'il en soit, sur le plan politique, on voit se dessiner cette opposition sous-entendue, qu'il faut désormais expliciter, entre le *libéralisme procédural* et le *solidarisme procédural*[1101]. Sans définir pour le moment ces concepts, on peut dire que la procédure pénale a été toujours marquée, en France, par un solidarisme procédural fort, tandis que la procédure civile a plutôt été soumise à un libéralisme procédural très développé. Mais à la différence de la procédure pénale, la procédure civile française a connu d'importantes fluctuations l'ayant conduit à adopter, après un siècle de doctrine individualiste, une procédure plus collectiviste. Enfin, on assiste aujourd'hui, à la faveur de facteurs complexes, à un renouveau du libéralisme procédural. C'est ce mouvement de balancier qu'il faut décrire, dans une première intention, pour mieux faire apparaître la signification de ce concept ; c'est ce qu'on se propose d'appeler le passé et le présent du libéralisme procédural (section I). Dans une seconde intention, il faut s'attacher à montrer les conséquences de ce renouveau du libéralisme procédural. Encore faut-il préciser, d'emblée, et c'est une singularité de ce renouveau, que la procédure pénale n'a pas été épargnée par ce reflux ; c'est donc une transformation assez profonde pour cette procédure qui n'avait jamais connu de réels bouleversements. On notera, néanmoins, que la plupart des modifications intervenues en procédure pénale ne s'expliquent pas simplement par l'introduction de cette philosophie individualiste. En cette matière, plus qu'en toute autre, le législateur n'a pas été insensible à des institutions étrangères qui, du fait de leur introduction en droit français, ont provoqué des tensions entre systèmes qu'on ne saurait donc étudier sous cet angle[1102]. Quoi qu'il en soit, et sous toutes ces réserves, les règles relatives à la définition de l'objet de la preuve ont connu d'importantes transformations sous l'impulsion de ces

---

[1098] V. *Introduction.*

[1099] M. R. DAMAŠKA, *The Faces of Justice and State Authority. - A Comparative Approach to the Legal Process*, Yale University Press, New Haven & Londres, 1986, spéc. p. 17 & 47.

[1100] M. R. DAMAŠKA, *op. cit.*, p. 38, p. 71-88, p. 147, p. 194-204, p. 94-96 & p. 108

[1101] La notion de *libéralisme procédural* est bien connue des processualistes français ; v., par exemple, J. FOYER, « Préface », *Le nouveau Code de procédure civile (1975-2005)*, dir. J. FOYER & C. PUIGELIER, p. XIII-XIV. Celle de solidarisme s'impose, car c'est celle qui est employée, en sciences politiques, pour décrire l'avers du libéralisme : v. C. BOUGLÉ, *Solidarisme et libéralisme*, rééd. L'Harmattan, Logiques sociales - Anamnèse, Paris, 2009.

[1102] On songe, essentiellement, à la procédure de comparution sur reconnaissance préalable de culpabilité ; v. la démonstration faite *infra*, n° 129 et s.

bouleversements idéologiques. Il faut les évoquer en étudiant la portée du libéralisme procédural (section II).

SECTION I
LE PASSÉ ET LE PRÉSENT DU LIBÉRALISME PROCÉDURAL

117. ***Individualisme et libéralisme : les fondements.*** La notion de libéralisme a longtemps entretenu des rapports complexes avec l'individualisme. Il semble que la raison en ait été la cristallisation des débats autour des rapports complexes entre la *liberté* et *l'égalité*[1103]. À considérer, pourtant, les doctrines que l'on considère comme pionnières, ainsi, en matière religieuse, la doctrine de la Réforme, l'Individu[1104] - l'Homme sorti de sa minorité, à l'âge de raison - ne peut s'accomplir que par une liberté : *le libre examen*[1105]. Les doctrines ultérieures, auxquelles on associe le libéralisme, ne semblent pas démentir cette consanguinité : qu'il s'agisse de Leibniz[1106] ou de J. Stuart Mill[1107], si l'individu constitue à la fois le principe et la valeur, l'ordre des choses ne s'accomplit que si l'harmonie vers laquelle tend naturellement l'homme peut *librement* s'exprimer. Aussi bien, dans une telle doctrine, l'ordre social se réalise-t-il indépendamment de la volonté individuelle qui n'a donc qu'à se soucier de sa singularité[1108], et toute règle qui irait à l'encontre de « cet ordre spontané libéral »[1109] compromettrait la réalisation du tout ; l'individu constituant la fin ultime, son expression ne peut passer que par la fondation d'une doctrine libérale, entendue comme moyen. Les deux notions sont ainsi très largement indissociables[1110], et si l'on étudie parfois le libéralisme plus que l'individualisme, c'est probablement parce que le primat de l'individu n'est que très rarement discuté aujourd'hui[1111]. Le ressort du libéralisme reste, quoi qu'il en soit, l'individualisme. Là où l'individu ne correspond plus à la fin du système, le libéralisme n'a évidemment plus lieu d'être. Lorsque c'est la collectivité, l'ensemble de la communauté - on parle alors de collectivisme - qui est perçue comme

---

1103 La pierre d'achoppement semble avoir été l'article 1er de la Déclaration des droits de l'homme et du citoyen ; v., en ce sens, M. WALINE, *L'individualisme et le droit*, 2e éd., Domat-Montchrestien, Paris, 1949, qui perçoit bien les liens philosophiques entre *individualisme* et *libéralisme* (p. 10), mais qui dénonce la confusion après examen de la question de l'égalité (p. 12-13) ; v., déjà les réflexions de A. DE TOQUEVILLE, *De la démocratie en Amérique, Vol. 2*, GF Flammarion, Paris, 1981, spéc. p. 119 et s. ; et v., *supra*, n° 117.

1104 L'homme est considéré comme *autonome* en matière religieuse.

1105 M. Waline soulignait que « [c]'est probablement là la première occasion où se soit manifestée, d'une façon éclatante, la liaison entre l'individualisme et le libéralisme », *op. cit.*, p. 10-11.

1106 Gottfried Wilhelm LEIBNIZ (1646-1716).

1107 John Stuart MILL (1806-1873).

1108 On retrouve la thématique de la « main invisible ».

1109 V. VALENTIN, *Les conceptions néo-libérales du droit*, (préf. J. CHEVALLIER), Economica, Paris, 2002, spéc. p. 8, à propos de la Monadologie de Leibniz et de la *Fable des abeilles* de Mandeville. De manière plus empirique, J. Stuart Mill défendait l'idée que, par une sorte de lointain souvenir de l'instinct de conservation (devenu qualités psychologiques et intellectuelles), l'homme tendrait toujours à s'affirmer face au corps social et à ne jamais se dissoudre en lui. Loin d'être anodin, ce penchant expliquerait même le progrès social, la société devant, en conséquence - c'est ici que s'affirme le libéralisme - garantir les libertés nécessaires à la pleine expression de l'individu, v. M. WALINE, *op. cit.*, p. 10.

1110 V. aussi, P. WACHSMANN, *Libertés publiques,* 6e éd., Dalloz, Cours, Paris, 2009, n° 15-30, où l'auteur emploie le terme *libéralisme individualiste* comme synonyme de *libéralisme classique*.

1111 Très peu nombreux sont, en effet, les travaux qui s'interrogent sur la nature de l'individu depuis le trépas de la « tradition sociologique » (sur cette tradition, v. *infra*, n° 123) ; en ce sens, B. VALADE, *V° Individualisme, Encyclopædia Universalis*, éd. électr., 2008.

l'objectif à atteindre, le libéralisme s'évanouit et laisse place au solidarisme - en tant qu'instrument politique, tout comme le libéralisme -, permettant l'accomplissement du système, mais s'attachant désormais à faire prévaloir les intérêts de la communauté sur ceux de l'individu.

118. ***Libéralisme et histoire de la procédure civile française.*** Voilà pour la notion de libéralisme et ses rapports avec l'individualisme. Sous ce regard, l'histoire de la procédure civile française - plus que celle de la procédure pénale qui, de ce point de vue, a toujours été profondément imprégnée de collectivisme - est celle d'une ferme adhésion à la doctrine individualiste et partant, au libéralisme. Encore faut-il observer que la notion de libéralisme appliquée à la matière, c'est-à-dire la notion de libéralisme procédural, n'est pas une forme particulière de libéralisme, au sens où elle serait porteuse d'une rationalité propre[1112]. L'expression signifie simplement que la procédure postule, sur les bases de la doctrine individualiste, une liberté des parties pour la correcte expression des individus et, au-delà, de la vérité[1113]. On décèle, sous cet angle, deux grandes étapes dans les rapports de la procédure civile française au libéralisme : le libéralisme procédural qui caractérise le Code de procédure civile napoléonien et ses vicissitudes, d'une part, la période contemporaine qui semble marquée, après une éclipse de plusieurs décennies, par un renouveau du libéralisme procédural, de l'autre. C'est ce qu'il convient de voir, en étudiant le libéralisme procédural avant le Nouveau Code de procédure civile (§ 1) et ce qu'on peut désigner comme le renouveau du libéralisme procédural (§ 2).

§ 1. Le libéralisme procédural avant le Nouveau Code de procédure civile

119. ***Méthode.*** Si le libéralisme est au service de la doctrine individualiste, il est de première importance de déceler, dans le droit et la culture, de manière générale, les manifestations de cet individualisme. C'est dans cette contexture que les règles procédurales interprétées prennent tout leur sens. Il faut suivre cette méthode pour décrire le libéralisme procédural du XIXe, en usant, au besoin, des ressources du droit comparé, en rappelant les fondements individualistes du Code de procédure civile de 1806 (A) et en décrivant le déclin postérieur de l'individualisme (B).

A. Rappel des fondements individualistes du Code de procédure civile de 1806

120. ***Genèse idéologique du Code de procédure civile.*** Le développement du libéralisme idéologique de la période révolutionnaire s'est accompagné, on le sait, d'un mouvement sans précédent de centralisation du pouvoir[1114]. L'État s'est donc pleinement affirmé - et c'est là qu'on retrouve la tradition hiérarchique

---

[1112] Comme le libéralisme économique ou le libéralisme politique, v. *infra*, n° 127 et s.

[1113] Alors qu'une doctrine opposée considère que l'individu ne se conçoit pas sans son tissu social, et que c'est la préservation de la solidarité sociale qui assure l'apparition du bon et du juste ; v. *infra* n° 123 et *supra*, n° 9.

[1114] M. CHERKAOUI, « L'État et la Révolution. Logique du pouvoir monopolistique et mécanismes sociaux dans *L'Ancien Régime* de Tocqueville », *Revue européenne des sciences sociales* 2003, XLI-126, p. 61-79.

française[1115] - tout en laissant aux citoyens le soin de déterminer leur propre trajectoire individuelle. Une telle doctrine de l'autonomie, comme mode d'expression souverain du bien commun, n'a pas été sans conséquence sur le rôle du juge dans le procès civil. La chose a été maintes fois mise en lumière[1116], et de l'aveu même des initiateurs du Nouveau Code de procédure civile, le devancier « [...] était l'exemple de ce qu'on pourrait appeler le libéralisme judiciaire ou le libéralisme procédural : ce n'était pas tout à fait le Code du laisser-faire, c'était plutôt le Code du laisser ne pas faire. En effet, l'un de ses principes fondamentaux était ce que les processualistes italiens appellent l'impulsion procédurale des parties, c'est-à-dire qu'on leur laissait la faculté de faire progresser l'instance autant qu'ils le voulaient sans que le juge n'y pût rien. Ce principe d'impulsion processuelle a été ensuite magnifié, au tout début du XXe siècle, lorsque Bartin a terminé et complété la quatrième édition du Cours de droit civil de Aubry et Rau, et qu'il a lancé la formule destinée à un grand succès, celle de la neutralité du juge, la pulsion processuelle en étant une conséquence »[1117]. Comme le remarquaient, encore, des auteurs allemands, « [l]a doctrine processualiste du dix-neuvième siècle avait posé les bases de la distinction entre le contrôle des parties sur l'objet du litige (appelé *Dispositionsmaxime*, par opposition au *Offizialmaxime*), ainsi que le principe de restitution <*principe of party presentation* [*comp. avec l'expression allemande*]>, à savoir les limites opposées à la juridiction dans la prise en considération des faits et des preuves produites devant elle par les parties (appelé *Verhandlungsgrundsats*, par opposition au *Untersuchungsgrundsatz*) ». Mais rapidement, ajoutaient-ils, « ces deux aspects furent combinés en une sorte de contrôle général des parties sur la procédure »[1118]. Enfin, quant aux causes profondes, comme on l'a dit, cette doctrine « [...] répondait au souci de tenir les rapports de droit privé à l'abri de toute immixtion intempestive d'un juge qui, par ses initiatives, aurait pu fausser la libre volonté des parties et leur égalité devant lui. De ce point de vue, la procédure du code 1806 était, sur le plan judiciaire, une manifestation du libéralisme qui caractérisa le XIXe siècle et le début du XXe : elle allait de pair avec le principe d'autonomie de la volonté »[1119]. S'agissant des conséquences, comme on l'a

[1115] M. R. DAMAŠKA, *The Faces of Justice*, *op. cit.*, p. 29-38, O. G. CHASE, « American "Exceptionalism" and Comparative Procedure », *op. cit.*, p. 19.

[1116] H. SOLUS, R. PERROT, *Droit judiciaire privé. - T. 3 : Procédure de première instance*, Sirey, Paris, 1991, spéc. n° 78 et s., p. 79 et s.

[1117] J. FOYER, « Préface », *Le nouveau Code de procédure civile (1975-2005)*, dir. J. FOYER et C. PUIGELIER, p. XIII-XIV. - *Adde*, J. CARBONNIER, note ss. T civ. Lille, 18 mars 1947, *D.* 1947, 507.

[1118] P. OBERHAMMER, T. DOMEJ, « Germany, Switzerland, Austria (CA. 1800-2005) », *in* Ch. VAN RHEE (dir.), *European Traditions in Civil Procedure*, Metro, intersentia, Maastricht, 2005, spéc. p. 295 ; v. encore, *op. cit.*, p. 296 où les auteurs montrent très nettement que le juge ne pouvait, au cours de l'audition des parties, poser des questions de nature à les « guider » que dans les affaires de faible importance ; mais ils ajoutent - ce qui est riche d'enseignement pour l'étude à venir du principe de concentration - que « [d]ans le cadre de la procédure écrite de droit commun, lorsque les parties étaient représentées [...], aucun pouvoir, fût-il aussi faible que celui-ci [c'est-à-dire celui reconnu dans le cadre des petits contentieux] n'était reconnu au juge ; on estimait que les parties s'étaient suffisamment assurées de leur litige en le plaçant entre les mains du conseil de leur choix ».

[1119] H. SOLUS, R. PERROT, *op. cit.*, n° 78, p. 79 ; il n'était d'ailleurs pas rare qu'on utilisât, à cette époque, l'expression de *contrat judiciaire*, pour décrire le procès civil (*ibid.*). Quelque inexacte qu'elle soit, la référence au contrat n'est pas innocente pour le sociologue du droit qui tend à considérer (nous simplifions) que la plus ou moins grande cohérence du corps social (on oppose l'atomisme au holisme, l'individualisme au solidarisme) a des répercussions sur la nature dominante de la règle de droit, à savoir le *contrat* ou le *statut* (institution). Il semblerait que plus les membres du corps social soient fédérés, moins le contrat trouve sa place. Thématique importante, surtout en Angleterre, avec H. SUMMER MAINE (*Ancient law, its connection with the early history of society and its relations to modern ideas*,

également bien montré, outre des répercussions singulières sur l'initiative du juge dans la recherche des preuves[1120], cette philosophie particulière du procès avait pour effet de maintenir le juge loin de la définition de l'objet de la preuve. Aussi bien, la neutralité du juge n'était pas seulement cantonnée à la mise en état d'être jugée, elle intervenait également en amont dans la recherche de la proposition-objet de la preuve. Concrètement, « [...] le juge n'avait guère d'autre possibilité que de vérifier le bien-fondé des prétentions respectives, telles qu'elles lui étaient soumises par les parties, en fait et en droit »[1121].

121. ***L'influence des conceptions révolutionnaires du pouvoir judiciaire.*** Si la conclusion est *a priori* exacte, l'explication idéologique est incomplète. Elle l'est d'abord, nécessairement, au regard de l'affirmation selon laquelle le Code de procédure civile napoléonien serait la réplique de l'ordonnance de 1667[1122]. Si tel avait été réellement le cas, ses solutions seraient sans doute plus nuancées, en raison du rôle important donné au juge dans la procédure canonique[1123] et à laquelle la justice séculière n'a pu être insensible[1124]. L'argument tiré de la *tradition individualiste* est, en ce sens, disqualifié, parce qu'il est à peu près certain que les juges ont eu des pouvoirs importants dans la définition de l'objet de la preuve et dans la recherche des faits[1125]. Ensuite, et comme prolongement de cette idée, si le juge a toujours joué un rôle essentiel, notamment dans les pays de droit écrit, tandis qu'un tel rôle se trouve effectivement absent du Code de procédure civile de 1808, il faut alors en conclure que ce n'est pas tant l'individualisme des révolutionnaires qu'une autre circonstance qui a pesé dans le cantonnement rigoureux du rôle du juge. Cette autre circonstance, on n'en sera pas surpris, est la conjonction de *la défiance des*

4e éd. américaine, Henry Holt and Co, New York, 1906, en Allemagne, avec le sociologue Tönnies qui oppose la *Gesellschaft* (sorte de communauté organique) à la *Gemeinschaft* (communauté atomique. - Sur ces notions, F. TÖNNIES, *Communauté et société : catégories fondamentales de la sociologie pure*, PUF, Paris, 1946) ; pour un résumé, v. KELLEY, « History, English Law and Renaissance », *Past and Present 65*, Oxford, 1974, p. 24-51 ; v. encore, dans la perspective wébérienne, Ph. RAYNAUD, « La rationalisation du droit et les limites du pouvoir bureaucratique », *in* J.-Ph. HEURTIN, N. MOLFESSIS (dir.), *La sociologie du droit de Max Weber*, Dalloz, L'esprit du droit, Paris, 2006, p. 127-134, spéc. p. 131.

1120 V. *infra*, n° 124.

1121 H. SOLUS, R. PERROT, *op. cit.*, n° 78, p. 79 .

1122 Affirmation très répandue dans la doctrine : *cf.* H. SOLUS, « Les réformes de procédure civile. Étapes franchies et vues d'avenir », *Études offertes à Georges Ripert*, t. 1, Paris, LGDJ, 1950, p. 194-213, spéc. p. 194. - Le nombre des critiques dont elle a été l'objet, à l'époque même et postérieurement, rend d'ailleurs suspect le principe d'une continuité entre les deux procédures : H. SOLUS, R. PERROT, *Droit judiciaire privé*, t. 1, n° 40-43, p. 42-44 & n° 75, p. 64, où les auteurs montrent que l'affirmation d'une « copie servile » est extrêmement discutable eu égard aux nombreux progrès réalisés par le législateur de 1808.

1123 P. OURLIAC, « L'office du juge dans le droit canonique », *Mélanges P. Hébraud*, éd. Université des sciences sociales de Toulouse, Toulouse, 1981, p. 627-644.

1124 V., en ce sens, E. GLASSON, *Les sources de la procédure civile française*, L. Larose & Forcel, Paris, 1882, p. 54-56 & p. 95-97. D'ailleurs, la justice ecclésiastique continuait de régir, à l'égard des laïques, les questions ayant trait à la validité du mariage et à l'état civil, en plus de la juridiction naturelle à l'égard des gens d'Église ; sur quoi, v. H. SOLUS, R. PERROT, *Droit judiciaire privé*, t. 1, *op. cit.*, n° 39, p. 42.

1125 On ne connaît guère, en réalité, que les dispositions du Code et la pratique relatives aux mesures d'instruction : E. GLASSON, *Les sources de la procédure civile française*, L. Larose & Forcel, Paris, 1882, p. 95-97 ; les pouvoirs du juge vis-à-vis du droit ne sont jamais étudiés dans les ouvrages de procédure portant sur l'ordonnance de 1667 : POTHIER, *Œuvres de Pothier. - Traité de la procédure civile et criminelle*, Tome 14, Chez l'Éditeur, Paris, 1821.

révolutionnaires vis-à-vis du juge et *la déification de la loi*[1126]. Cette précision est essentielle pour comprendre pourquoi, en dépit des progrès décisifs accomplis par la doctrine[1127], surtout à l'étranger, à la fin du XIXe siècle et nonobstant les critiques très nombreuses dont les systèmes continentaux inspirés du Code napoléonien faisaient l'objet, il a fallu attendre plusieurs années avant de voir la réforme aboutir. Au-delà de l'individualisme, en effet, ce qui grevait durablement les débats et rendait les réformes si délicates, c'était l'importance donnée, en France du moins, à la loi, y compris jusque sous la IIIe République, importance que l'image du juge « neutre » de Bartin[1128], épigone du juge « bouche de la loi » de Montesquieu, laisse apparaître dans sa pleine lumière. Il fallut donc une transformation extrêmement profonde de la société pour que le dernier rempart finît par céder et que le système juridique français daignât renouer avec ce qui, très certainement, correspond à sa véritable tradition[1129].

122. ***Précocité des critiques du système napoléonien.*** Avant d'envisager ce puissant renouvellement des sources idéologiques de la procédure, il faut revenir un instant sur les critiques doctrinales dont le Code de procédure civile napoléonien a, très tôt, été l'objet. C'est dans l'histoire autrichienne et allemande de la procédure civile qu'il faut aller les chercher. C'est dans cet espace culturel pourtant lourdement et durablement marqué par le Code de procédure civile napoléonien[1130], que l'on trouve, en effet, dès le XIXe siècle, les premières critiques pertinentes et, aussi, les premières transformations. L'exemple autrichien est, à cet égard, exemplaire, car il montre à rebours que le déclin de la maîtrise des parties sur la définition de l'objet de la preuve n'a pu se faire sans reposer, dans le même temps, sur une montée de la solidarité ; et si le système est parvenu précocement à redistribuer les rôles

---

[1126] La défiance vis-à-vis du juge, résultat du douloureux souvenir des Parlements, explique de très nombreuses caractéristiques du droit procédural intermédiaire : R. PERROT, *Institutions judiciaires*, 14e éd., Montechrestien, Domat Droit privé, Paris, 2010, spéc. n° 7-9. Concernant la déification de la loi, et son origine rousseauiste, v. S. BELAÏD, *Essai sur le pouvoir créateur et normatif du juge*, (préf. M. Villey), LGDJ, Bibliothèque de philosophie du droit, Paris, 1974, p. 77 et s.- *Adde*, J.-L. HALPERIN, « Le juge et le jugement en France à l'époque révolutionnaire », *in* R. JACOB (dir.), *Le juge et le jugement dans les traditions juridiques européennes*, LGDJ, droit et société, Paris, 1996, p. 233-256.

[1127] P. OBERHAMMER, T. DOMEJ, « Germany, Switzerland, Austria (CA. 1800-2005) », *op. cit.*, p. 297 qui sont surpris de constater que, en dépit des distinctions doctrinales, on ne soit pas parvenu à distinguer ces deux questions ; ils imputent ce phénomène, particulièrement prononcé dans le Code de procédure civil allemand de 1877, au grand *libéralisme* du législateur de l'époque (*ibid.*).

[1128] BARTIN ss. AUBRY & RAU, *Droit civil français*, t. XII, 5e éd., éd. Juris-Classeurs, LGDJ, Paris, 1922, note 8^{quater}, p. 76

[1129] Sur ce point, v. *supra*, n° 13.

[1130] P. OBERHAMMER, T. DOMEJ, *op. cit.*, p. 106. Il ne faut toutefois pas éclipser les spécificités propres à ces pays germanophones, qui ont partagé une histoire commune et développé une espèce de « droit commun » (pour le moins une « uniformité procédurale »), spécifique que les auteurs de langues allemandes désignent par l'expression de *gemeis Recht : op. cit.*, p. 103. On peut y voir, dans tous les cas, une source d'inspiration commune dans laquelle viendra puiser la doctrine, et qui est comparable, sans aucun doute, à ce que fut le *jus gentium* pour l'humanisme juridique des XVIe et XVIIe siècles : sur cette thématique, v. l'incomparable article de D. R. KELLEY, « Civil Science in the Renaissance : Jurisprudence in the French Manner » reproduit *in History, Law and Human science. - Medieval Renaissance Perspectives*, Variorum Reprints, Londres, 1984, p. 261-276. Il y a d'ailleurs une part essentielle de droit romain dans ce *droit commun*, conformément au projet savignyen de retrouver la « commune conscience du peuple » dans les racines les plus profondes de l'histoire allemande, *cf.* J. STONE, *The Province and Function of Law. - Law as Logic, Justice and Social Control. - A Study in Jurisprudence*, Harvard University Press, 3e éd., Cambridge, 1961, p. 426-427, qui montre que le *Gemeinesrecht* est le droit commun, qu'on essaie de combiner, à l'instar des humanistes issus de pays de droit coutumier (et aussi des humanistes allemands), avec le droit local (*Landrecht*).

au sein du procès civil, c'est parce qu'un homme, dont la pensée est demeurée particulièrement influente un demi-siècle durant dans le monde germanique, a réussi à mettre en lumière les liens indéfectibles qui existent entre la qualité du lien social et les pouvoirs du juge sur l'objet de la preuve. Franz Klein[1131], auteur intellectuel du Code de procédure civile autrichien de 1898, avait en effet mis en évidence[1132] que les parties n'allèguent pas les faits en sorte de triompher de leur adversaire (comme elles peuvent le faire parfois avec les preuves qu'elles dissimulent), mais pour obtenir la protection du droit. En conséquence de quoi, lorsqu'une partie commet une erreur dans le choix des faits ou de la qualification, ce n'est pas un acte délibéré, mais une négligence ou une ignorance du contenu même du droit dont elle cherche à obtenir l'application[1133]. Il soutenait aussi bien qu'on ne saurait traiter les parties à l'égard des allégations comme on le fait à l'égard des preuves. Surtout, si le juge conserve la liberté de corriger le résultat d'un litige dans lequel l'une des parties refuse de produire des éléments en sa possession[1134], en tirant toute conséquence défavorable contre le plaideur rétif, il lui est en revanche impossible de suppléer à la défaillance d'une partie dans la définition de l'objet de la preuve. Or un tel système, poursuivait l'auteur, ne peut fonctionner que si les plaideurs disposent de l'assistance d'un avocat, jusques et y compris dans les matières où la représentation n'est pas obligatoire ; cette condition n'étant pratiquement jamais réalisée[1135], cela revenait à dire que le système n'était supportable que tout autant que la société, relayée par le législateur et les juges, ne mettait pas un point d'honneur à faire triompher l'égalité sur la liberté, autrement dit la société sur l'individu et, dans une certaine mesure, le fond sur la forme[1136]. Le nationalisme du régime austro-hongrois, source de solidarisme[1137], explique peut-être cette transformation précoce ; de même que ce n'est sans doute pas un hasard si la grande réforme de la procédure civile allemande date de 1933[1138]. On sait que les réformes,

---

1131 1854-1926.

1132 Probablement grâce à sa connaissance des précédents prussiens. La Prusse a, en effet, connu, au XVIIIe, siècle deux processus importants de codification de sa procédure civile, respectivement en 1781 (*Code Frédérique*) et en 1793 (*Allgemeine Gerichtsordnung*), tous deux marqués par un juge fort dans le domaine de l'établissement des termes du litige : v. P. OBERHAMMER, T. DOMEJ, « Germany, Switzerland, Austria (CA. 1800-2005) », *op. cit.*, p. 298.

1133 *Ibid.*

1134 Tel était le cas en Allemagne, par exemple, à partir du *ZivilProzessOrdnung* (*ZPO*) de 1897, avec la disparition des règles déterminant la force probante des preuves v. *op. cit.*, p. 297. - *Adde*, J.-L. HALPÉRIN, *Histoire des droits en Europe de 1750 à nos jours*, Flammarion, Champs, Paris, 2002, spéc. p. 359-362.

1135 OBERHAMMER, T. DOMEJ, « Germany, Switzerland, Austria (CA. 1800-2005) », *op. cit.*, p. 299.

1136 C.H. VAN RHEE, « Civil litigation in tweentieth century Europe », *The Legal History Review*, 2007, vol. 75, n° 3, p. 307-319, qui indique que Klein avait assigné à la procédure une *Sozialfunktion* (une fonction sociale), car son objectif n'est pas seulement de résoudre des litiges individuels, mais de servir le *bien commun* (*Wohlfahrtsfunktion*).

1137 V. *infra*, n° 123.

1138 Il est vrai aussi que cette réforme est l'aboutissement d'une certaine épigenèse puisque les pouvoirs du juge ont été successivement renforcés à l'occasion des interventions législatives de 1909 et 1924 (au terme de celles-ci, le juge civil a vu ses pouvoirs considérablement augmentés, non seulement dans la conduite de l'instance, mais également dans la formation du litige puisqu'il lui a été fait obligation de discuter l'affaire avec les parties et de leur poser toutes les questions appropriées ; il faut d'ailleurs mentionner les quelques évolutions contenues dans le Code de 1877), *op. cit.*, p. 299, et p. 297. Néanmoins, les liens entre le nationalisme et la montée en puissance des théories d'inspiration socio-axiologique - notamment le romantisme juridique de l'École du Droit Historique - sont indéniables et, si on ne saurait grossièrement conclure aux liens entre Savigny et les doctrines les plus infâmes de l'histoire allemande (v., pourtant, durant la Seconde guerre mondiale, M. WALINE, *L'individualisme et le droit*, *op. cit.*, spéc. p. 311-313), des points de contact existent ; on doit admettre *a minima* une

sur ce point, ont été beaucoup plus tardives, en France. Il faut y voir, une nouvelle fois, la défiance assez profonde des savants de l'époque à l'endroit du juge. Mais quelques progrès étaient déjà décelables, notamment dans le domaine de la recherche de la preuve, puisque le législateur devait consacrer, en France, à la même période, il est vrai à titre expérimental, un juge chargé de suivre la procédure[1139]. Mais la réforme indique mieux l'esprit restrictif de l'époque que la volonté de changement ; ce n'était qu'une manière de maintenir le système, que l'on jugeait axiologiquement satisfaisant, en l'état, et non une façon de répondre aux appels du changement social. Mais déjà, là où la loi était moins forte ou, pour le moins, elle ne pouvait avoir le même rayonnement, on pouvait répondre un peu mieux aux nouvelles exigences sociales que des auteurs, de plus en plus nombreux, jugeaient essentielles. Dans les années soixante, le mouvement collectiviste devait résonner suffisamment fort pour obliger le législateur à finalement intervenir. L'intervention fut d'ailleurs large, le juge disposant du pouvoir de contrôler le droit, la preuve et, dans certaines circonstances, le fait. C'est la période dite du déclin de l'individualisme procédural dont l'étude est nécessaire, car elle montre, cette fois-ci, sans ambiguïté, combien le système précédent était libéral.

B. Déclin de l'individualisme

123. ***Naissance d'une « tradition sociologique »***[1140]**.** Le premier commentaire important dans la critique du Code de procédure civile est celui de Tissier, écrit à l'occasion du centenaire du Code de procédure civile[1141]. En dénonçant, comme quelques prédécesseurs, les lenteurs et les excès, il remarquait, surtout, s'inspirant semble-t-il des doctrinaires autrichiens et allemands[1142], qu'on ne pouvait, au regard des exigences sociales, maintenir les prérogatives du juge, singulièrement à l'égard de la conduite de l'instance et de l'instruction, dans des limites

---

nouvelle conception politique du droit qui fait passer la collectivité avant l'individu, la solidarité avec l'égotisme. L'argument est développé, *infra*, n° 123. - *Adde*, S. JULIUS, *The Province and Function of Law. - Law as Logic, Justice and Social Control. - A Study in Jurisprudence*, Harvard University Press, 3e éd., Cambridge, 1961, p. 424 qui explique de manière convaincante pourquoi les pays germanophones ont pu être sensibles plus tôt aux exaltations de la collectivité et aux sentiments nationalistes. Trois circonstances seraient intervenues : d'abord, l'attitude de Lord Byron vis-à-vis de la Guerre d'indépendance grecque de 1821-1830 (il serait question, ici, d'un nationalisme noble). Ensuite, la troisième partition de la Pologne, avec la suppression subséquente de la culture et des institutions polonaises. C'est ce que l'auteur appelle la contribution de la Vieille Europe au développement du nationalisme (*op. cit.*, p. 424). Enfin, les agissements de la « nouvelle Europe », celle des *prosélytes*, caractérisés par la « tentative d'imposer à l'Europe, alors sous domination française, l'uniformité sous la bannière révolutionnaire de la liberté, de l'égalité et de la fraternité », (*ibid.*). Pour l'Allemagne, l'occupation française et la tentative napoléonienne d'imposer le Code civil français ont renforcé le sentiment national (v. spécifiquement Fichte et son *Reden an die deutsche Nation*, 1808 - J. G. FICHTE, *Discours à la nation allemande* (1807-1808), Imprimerie nationale éd., Paris, 1992). Rien d'étonnant alors à ce qu'avec la défaite de Napoléon, ces États se soient débarrassés des Codes imposés, non seulement « parce qu'ils avaient violé la continuité historique de l'histoire allemande, mais aussi parce qu'ils étaient tenus pour étrangers », (*ibid.*). - *Cf.* aussi *infra*, n° 123 la situation particulière de l'Italie.

[1139] V. *infra*, n° 124.

[1140] *The sociological tradition ;* titre d'un ouvrage de R. NIBSET, *La tradition sociologique*, 4e éd., PUF, Quadrige, Grands textes, Paris, 2005.

[1141] A. TISSIER, « Le centenaire du Code de procédure et les projets de réforme », *RTD civ.* 1906, p. 625-660 ; v. encore, A. TISSIER, « Le rôle social et économique des règles de procédure civile », p. 105-130 *in* BERTHÉLÉMY et *alii*, *Les méthodes juridiques. - Leçons libres faites au Collège libre des sciences sociales*, V. Giard & E. Brière, Paris, 1911.

[1142] A. TISSIER, « Le centenaire du Code de procédure civile et les projets de réforme », *op. cit.*, spéc. p. 648 et s. & note (1), p. 657; et aussi de la procédure administrative française, *op. cit.*, p. 657.

aussi étroites[1143]. Selon sa formule demeurée célèbre : « Un procès n'est pas tout à fait la chose des parties, du moins quand il est porté devant les juges. Sans doute, les parties sont libres de faire ou non valoir leurs droits en justice ; et, quand une personne a introduit une instance, elle peut la faire cesser si elle d'accord à cet égard avec son adversaire. Mais quand le procès est devant le tribunal, il n'est pas rationnel que les parties soient absolument maîtresses de l'instruire à leur guise et libres de le faire venir le jour où il leur plaira. C'est bien plutôt au juge à prendre les mesures nécessaires pour une rapide et juste solution du litige. [...] Nous avons en France une conception trop individualiste de la procédure civile. On considère volontiers le procès comme un duel dans lequel les deux parties peuvent fixer le moment de la lutte et dans lequel aussi chacun a le droit de profiter des fautes de son adversaire. [...] L'État doit assurer la justice, il doit la procurer aussi rapide et aussi complète que possible ; pour cela il doit intervenir dans l'instruction des procès »[1144]. Cette dernière analyse, largement insulaire, semble-t-il, en France, à cette époque[1145], devait se trouver amplifiée par un courant dont le développement sera considérable au XXe siècle : il s'agit de la pensée sociologique. Bien entendu, la sociologie n'a rien à voir avec le collectivisme. Elle s'y oppose même, sur certains points, Durkheim n'ayant pas même renoncé à se qualifier, lui-même, dans un article célèbre, d'individualiste[1146]. Mais ce que montre la sociologie, c'est que dans une société qui, pour la première fois de son histoire, est véritablement individualiste, c'est-à-dire composée de sujets qui ont conscience d'eux-mêmes et qui sont capables de déterminer les valeurs aptes à les régir[1147], les seules voies possibles au maintien de la société - société généralement vue comme organique - sont les concepts de coopération ou de solidarité[1148]. Conçue comme scientifique, axiologiquement neutre et, en cela, descriptif, ce courant ne devait pas, à l'évidence, se transformer en politique normative. Autoproclamée héritière du positivisme politique comtien[1149], l'École sociologique française se proposait, en effet, comme le positivisme politique paternel, de mettre au jour, de manière scientifique, les relations complexes entre la société et les institutions, et notamment le droit. Mais,

---

[1143] V. aussi, pour une approche plus technique des dysfonctionnements de la procédure d'alors, v. H. SOLUS, R. PERROT, *op. cit.*, t. 3, n° 78, p. 80.

[1144] A. TISSIER, *op. cit.*, p. 651-652.

[1145] *Cf.*, à l'opposé, H. Vizioz, dans des observations publiées à la *RTD civ.* en 1943, p. 56-1 : « Dès lors, le tribunal ne pouvait-il redresser la qualification juridique inexacte attribuée à ce fait et que la partie avait elle-même corrigée ? Un tel pouvoir se concevrait avec un juge chargé de diriger le procès. Encore faudrait-il prendre soin que le nouveau fondement juridique adopté par le juge fût soumis à la discussion des parties. Dans le système du droit positif français, on ne peut qu'approuver la décision du tribunal [...]. Le demandeur n'avait, au reste, s'il croyait s'être trompé ou s'il hésitait sur la base à donner à sa prétention, qu'à modifier ses conclusions en conséquence » ; reproduit *in* H. VIZIOZ, *Études de procédure,* éd. Bières, Bordeaux, 1961, spéc. n° 231, p. 442. Mais voir, toutefois, la parenté entre la pensée Tissier et celle Morel (R. MOREL, *Traité élémentaire de procédure civile*, 2e éd., Sirey, Paris, 1949, spéc. n° 9, p. 8-9).

[1146] E. DURKHEIM, « L'individualisme et les intellectuels », *Revue Bleue*, 4e série, t. X, 1898, p. 7-13.

[1147] Contrairement aux individus qui, dans les sociétés anciennes de type « holistes », n'existaient qu'à travers une autorité supérieure et sacralisée : L. DUMONT, *Homo Hierarchicus*, Gallimard, Paris, 1979, *Essais sur l'individualisme*, Seuil, Paris, 1991,

[1148] Chez Durkheim, le concept essentiel est celui de la solidarité organique qui assure le maintien des sociétés contemporaines : E. DURKHEIM, *De la division du travail social*, 6e éd., PUF, Quadrige, Grands textes, Paris, 2004, spéc. p. 119 et s.,

[1149] A. CONTE, « Leçon sur la sociologie. - 48e leçon », *in* A. CONTE, *Cours de philosophie positive*, GF - Flammarion, Paris 1995, spéc. p. 90. - *Adde*, L. KOLAKOWSKY, *La philosophie positiviste*, Denoël-Gonthier, Paris, 1976, spéc. p. 75.

à l'instar de l'École du Droit Historique de Savigny[1150], quelques décennies plus tôt, dont on dit d'ailleurs de la sociologie qu'elle en est la « fille incestueuse », elle ne tarda pas à franchir la césure du *sein* et du *sollen*[1151] et à prescrire quels changements devaient être introduits dans l'organisation sociale pour en assurer la solidarité érigée à valeur-cadre de ce qui devint alors sociologisme ou *sociologie prescriptive*[1152]. Stimulée, encore, dans la dernière période, par le socialisme et le marxisme[1153], comme la doctrine allemande avait été, à son heure, stimulée par l'idéologie nationaliste[1154], elle finit par recevoir une traduction juridique éclatante

---

[1150] F.-C. VON SAVIGNY, *Traité de droit romain*, T. 1, Firmont Didot, Paris, 1840, spéc. p. 14 (v. aussi, A. DUFOUR, « La théorie des sources du droit dans l'École du Droit Historique », *APD* 1982, n° 27, p. 86, *Droits de l'homme, droit naturel et histoire*, PUF, Léviathan, Paris, 1991. F.-C. VON SAVIGNY, *De la vocation de notre temps pour la législation et la science du droit*, PUF, Léviathan, Paris, 2006). L'école du Droit Historique constitue la première renaissance de l'humanisme juridique. On rappelle que l'humanisme juridique est une doctrine juridique qui se développe principalement en France au XVIe siècle et qui, grâce à l'étude de la philologie et l'histoire, pose les jalons d'une analyse culturelle des règles de droit ; Jean Bodin, François Hotman, Etienne Pasquier, Louis le Caron et Antoine Loisel en sont les principaux représentants : v. D. R. KELLEY, « Civil Science in the Renaissance: Jurisprudence in the French Manner » *in History, Law and Human science. - Medieval Renaissance Perspectives*, Variorum Reprints, Londres, 1984, p. 261-276.- en ce sens, Montesquieu n'est même plus un précurseur (pour une bonne analyse, v. C. SPECTOR, *Montesquieu. - Pouvoirs, richesses et sociétés*, PUF, Fondements de la politique, Paris, 2004, spéc. p. 168 et s. ; D. R. KELLEY, « The Rise of Legal History in the Renaissance », *op. cit.*, p. 174-194). L'humanisme français s'est longuement préoccupé du passé et a cherché à établir, dans le droit romain, les fondements de son système. L'École du Droit Historique s'est, elle aussi, beaucoup alimentée de droit romain ; elle a pareillement cherché à établir, à partir d'un romantisme exacerbé, la « commune conscience du peuple » (*Volksgeist*) ; c'est en cela qu'elle a servi à fonder, comme pour l'humanisme juridique français, un puissant courant nationaliste (D. R. KELLEY, *op. cit.*, p. 263 et p. 266), qui de pangermanisme deviendra, ensuite, un véritable proto-fascisme.

[1151] On rappelle que le positivisme ou philosophie positive est une doctrine qui fait le choix, en raison du postulat de non-cognitivisme éthique, de la neutralité axiologique (*V° Axiologie*, *Dictionnaire de la philosophie Encyclopaedia Universalis*, Albin Michel, Paris, 2000 ; v. L. KOLAKOWSKY, *La philosophie positiviste*, *op. cit.*, p. 16-17.

[1152] *Cf.* Ch. GRZEGORCZYK, F. MICHAUT, M. TROPER (dir.), *Le positivisme juridique*, LGDJ, Paris, 1992, spéc. p. 47.

[1153] Comme l'a observé M. Cappelletti, « [l]e fait est que seule une négation radicale du caractère privé-disponible de la propriété, et en général des droits économico-patrimoniaux, pouvait amener de façon cohérente à la négation des aspects principaux de ce qu'on appelle principe dispositif dans le procès civil. Cette négation représente justement le noyau central de la conception marxiste du droit et de la société » : M. CAPPELLETTI, « Liberté individuelle et justice sociale dans le procès civil italien », *RIDC* 1973, p. 533-551, spéc. note (30), p. 540. - Comp., la procédure russe après la révolution : D.Y. MELSHIN, « La réforme de la procédure civile russe », *RIDC* 3-2007, p. 674-683, spéc. p. 676.- V. encore, M. CAPPELLETTI (dir.), *Accès à la justice et État-Providence*, (préf. R. DAVID), Economica, Paris, 1984.

[1154] En Italie, l'influence autrichienne est sensible dès les années dès le début du XXe siècle. Le grand processualiste italien, Giuseppe Chiovenda, pouvait aussi bien considérer, en 1907, ayant à l'esprit le Code autrichien de 1895, que « avec l'idée que l'administration de la justice est une fonction de la souveraineté, se forme lentement la conviction que le juge, comme organe de l'État ne devrait pas assister au litige de façon passive, pour prononcer à la fin un jugement... : mais il devrait participer au litige comme force vivante et active. En d'autres termes, l'État est intéressé, non pas à l'objet du litige, mais à la manière dans laquelle celui-ci se déroule... La plupart des problèmes processuels tournent autour d'un point fondamental : le rapport entre l'initiative du juge et l'initiative des parties... Les litiges peuvent être plus ou moins brefs, les garanties d'une décision juste ou plus ou moins grandes, suivant que le juge a des pouvoirs majeurs ou mineurs. Le litige peut être plus ou moins accessible au citoyen faible et non cultivé, suivant que le juge a des moyens plus ou moins étendus de l'aider, de l'éclairer sur ce qu'il peut faire pour se défendre, de corriger ses erreurs. Ici est la clé des réformes processuelles », G. CHIVENDA, « Le riforme processuali e le correnti del pensiero moderno », reproduit *in Saggi di diritto processuale civile*, I, Rome, Soc. Foro italiano, 1930, p. 379, 385 & 391, cité et traduit par M. CAPPELLETTI, *op. cit.*, note (32), p. 541. En revanche, et contrairement à ce qui s'est produit en Allemagne, par exemple,

dans quelques écrits connus de Durkheim[1155] et, plus largement, dans ceux de Duguit. Comme l'énonçait, en effet, non sans grandiloquence, le Doyen de Bordeaux, « le fondement du droit est la solidarité ou l'interdépendance sociale, [...] tous les membres de la société sont obligés par la règle de droit de ne rien faire qui soit contraire à la solidarité sociale et de faire tout ce qui est en leur pouvoir pour en assurer la réalisation, [...] s'il y a des droits, ils dérivent de cette obligation, que tout homme a le pouvoir d'accomplir son devoir social et de s'opposer à ce que quiconque l'empêche de l'accomplir »[1156].

124. ***Consécration du nouveau juge civil.*** Comme on l'a dit, là où la *loi* n'était pas tenue en si haute estime, la pensée fut suffisamment fertile pour enfanter un nouveau dogme procédural : le *solidarisme.* Les premières réformes furent entreprises, en effet, relativement tôt, au sein des territoires placés sous Protectorat français, c'est-à-dire au Maroc et en Tunisie[1157]. En France, quoique bien moins profondément[1158], le système connut également des transformations relativement

l'autoritarisme du régime mussolinien n'a pas précipité les réformes. S'il a durci considérablement le droit pénal et la procédure pénale dont le caractère « inquisitoire » a été accru (M. Cappelletti, *op. cit.*, p. 537), les codes civil et de procédure civile de 1942 ne furent pas véritablement affectés. En effet, comme on l'a dit « [...] les atteintes s'exercèrent plutôt dans le domaine du droit public que dans celui du droit privé. L'idéologie fasciste ne visait pas à transformer les rapports *entre les particuliers*, mais plutôt ceux entre *les particuliers et l'autorité publique* » (*op. cit.*, p. 537-538). Si le Code de procédure civile de 1940-1942 proclamait « vouloir s'inspirer d'une conception autoritaire de la justice et du juge », « [...] en réalité, le code contenait des aspects (eux-mêmes assez dilués, voire sporadiques) d'un autoritarisme *législatif* plutôt que *judiciaire* » (*op. cit.*, p. 538). En d'autres termes, le « [...] Code de procédure civile en vigueur, malgré son inspiration autoritaire originairement proclamée [...] a accueilli la conception du droit civil envisagé comme un droit privé et *individualiste*, typique du siècle dernier et de son idéologie "libérale". Cette conception entraîne un pouvoir "monopolisateur" de l'individu dans la disposition de ses droits économico-patrimoniaux, avec toutes les conséquences qui en dérivent sur le plan du procès » (*op. cit.*, p. 540).

[1155] E. Durkheim, « Jugement de valeur et jugement de réalité », article reproduit *in* E. Dukheim, *Sociologie et philosophie*, 4e éd., PUF, Paris, 1974, [121 p.], p. 102 et s.

[1156] L. Duguit, *Traité de droit constitutionnel, T. 3*, E. de Boccard, Paris, 1930, p. 595.- L'influence de cette pensée sera tout à fait considérable ; *cf.* J. Carbonnier, « Postface », *Sondages. - Revue française de l'opinion publique*, 29e année, 1967 - n° 1, au lendemain de la grande réforme des régimes matrimoniaux de 1965.

[1157] Sur ces deux procédures, on consultera M. Barbot, *Le juge chargé de suivre la procédure (Décret-loi du 30 octobre 1935)*, Domat-Montchrestien, Paris, 1936. La première réforme fut entreprise au Maroc, dont l'un des cinq *Dahirs* promulgués le 12 août 1913 portait création d'un Code de procédure civile. La réforme, inspirée des Codes de procédure civile autrichiens et allemands (*op. cit.*, p. 49), fut profonde. L'instruction écrite se trouva établie et le juge se vit attribuer des pouvoirs considérables dans la direction du procès. Il put dès lors jouer un rôle actif, non seulement dans la convocation des parties (ce qu'il lui était impossible, en France), mais également et surtout, dans la mise en état (qui est normalement assurée par le juge rapporteur) pouvant, au-delà des mesures d'instruction prononcées d'office (*op. cit.*, p. 62), *demander aux parties les explications qu'il estime nécessaires* (*op. cit.*, p. 59 ; *cf.*, *supra*, n° 122, les remarques faites par les jurisconsultes autrichiens avant la réforme). Le système initiait, également, le mécanisme de l'ordonnance de clôture de l'instruction (*ibid.*). La réforme tunisienne, quant à elle, fut le résultat du décret beylical du 20 décembre 1920 *formant Code tunisien de Procédure civile*. Celle-ci, qui se signale par l'abandon, comme au Maroc, du principe de « libre direction de l'instance par les parties » (*op. cit.*, p. 62), est bien moins importante que la précédente et ne mérite pas de plus amples commentaires, sauf à rappeler qu'elle procède d'un mouvement de réforme dont on a, une nouvelle fois, souligné l'inspiration autrichienne (*op. cit.*, p. 77, R. Morel, *Traité élémentaire de procédure civile*, *op. cit.*, n° 425, p. 345-346). - *Adde*, J. Baron, *Le magistrat chargé de suivre la procédure. - Modifications apportées à la procédure civile par le décret-loi du 30 octobre 1935*, Imprimerie régionale, Toulouse, 1938, spéc. p. 14-22 & p. 28-30.

[1158] On sait que les premiers projets de refonte générale furent déposés dès 1851. Et, parmi ceux-ci, il faut noter un projet semble-t-il très abouti, dont le rapport fut déposé au Parlement en 1898, mais qui ne

précoces. D'ailleurs, la dimension sociale des réformes amorcées durant l'entre-deux-guerres n'est pas douteuse. Comme Solus avait pu l'exprimer, « [c]'est à la faveur de la grande crise économique qui se produisit entre les deux guerres mondiales que le gouvernement, utilisant les pouvoirs législatifs qui lui avaient été, à plusieurs reprises, accordés durant cette époque, commença l'œuvre de rénovation de notre Code ». Une importante Commission extraparlementaire[1159] avait, du reste, été constituée, peu de temps auparavant, à cette fin, et c'est dans son travail que le gouvernement vint de nouveau puiser la matière de deux importants décrets-lois du 30 octobre 1935[1160] et du 17 juin 1938[1161]. On retrouve la même inspiration pour les trois lois du 23 mai 1942 et les quatre lois du 9 octobre 1945[1162]. À la Libération, la Commission de 1934 fut remplacée par une commission beaucoup plus restreinte et chargée, semble-t-il, de présenter un projet de réforme à bref délai. Elle ne produisit, cependant, aucun résultat[1163].

Parmi toutes ces dispositions, quelques-unes méritent une attention particulière, car elles initient le mouvement que l'on cherche à saisir. Le décret-loi du 30 octobre 1935[1164] et l'une des trois lois du 15 juillet 1944[1165] d'abord, qui sont à l'origine du *juge chargé de suivre la procédure*. Certes, ces deux textes n'ont pas directement repris la solution qui avait présidé à l'élaboration du Dahir sur la procédure civile de 1913 au Maroc, car « elle eût abouti à un bouleversement profond qui se fût heurté, en l'état actuel, à de trop nombreuses difficultés d'ordre matériel, juridique, budgétaire et même psychologique » ; car il « eût été, en effet, difficile en France, pays traditionnel des libertés et de l'initiative individuelle, d'imposer aux plaideurs d'abandonner au magistrat, fonctionnaire public, la conduite d'un procès concernant leurs personnes ou leurs biens »[1166]. Néanmoins, le texte tenait déjà compte de la « conception qui rattache étroitement les pouvoirs du juge au caractère de service public que possède l'administration de la justice [...] »[1167]. Préfigurant le juge des mises en état (puis du juge de la mise en état), le juge chargé de la procédure s'était vu reconnaître d'importants pouvoirs destinés à accélérer la marche de l'instance[1168], et surtout, à compter de 1944, le pouvoir d'ordonner, à la demande des parties ou d'office, toutes les mesures d'informations ou communications de pièces qui se révélaient utiles à l'instruction du procès[1169]. Comme on l'a dit, ces pouvoirs furent très peu utilisés, notamment dans les plus

---

fut jamais discuté : v. H. SOLUS, « Les réformes de procédure civile. Étapes franchies et vues d'avenir », *op. cit.*, p. 193, H. SOLUS, R. PERROT, *Droit judiciaire privé*, t. 1, *op. cit.*, n° 76, p. 65-66.

1159 Commission extraparlementaire dite de « révision du Code de procédure civile », constituée en juillet 1934 au Ministère de la Justice : H. SOLUS, R. PERROT, *op. cit.*, *loc. cit.*

1160 Concernant le régime des nullités, des exceptions et fins de non-recevoir et instituant le juge chargé de suivre la procédure.

1161 Portant réforme du titre du Code consacré à la saisie immobilière.

1162 H. SOLUS, *op. cit.*, p. 194.

1163 H. SOLUS, R. PERROT, *Droit judiciaire privé*, t. 1, *op. cit.*, n° 76, p. 66, G. CORNU, J. FOYER, *Procédure civile*, *op. cit.*, n° 5, p. 21-22.

1164 M. BARBOT, *thèse préc.*, J. BARON, *thèse préc.*

1165 Trois lois du 15 juillet 1944 ont, en effet, retouché quelques dispositions, dont celles régissant l'instruction : la première concernait largement l'instruction des affaires devant le tribunal civil, la deuxième l'expertise, la troisième la procédure en chambre du conseil : H. SOLUS, R. PERROT, *op. cit.*, n° 77, p. 67.

1166 H. SOLUS, *op. cit.*, p. 197.

1167 *Ibid.*

1168 *Ibid.*

1169 H. SOLUS, *op. cit.*, p. 198.

grandes juridictions[1170], mais l'idée que le procès civil ne sert pas seulement des intérêts privés et commande, dès lors, une moindre autonomie des parties, commence alors à véritablement se diffuser dans la législation française. La loi du 23 mai 1942, portant réforme de la comparution personnelle, s'inscrivait également dans le même courant, en généralisant, notamment, à l'article 1347 du Code civil, la politique jurisprudentielle consistant, en matière de filiation maternelle dans le cadre du mariage et hors mariage, à tirer du silence ou du défaut de comparution d'une partie, un commencement de preuve par écrit[1171]. En 1958[1172], un décret vint encore réformer l'enquête civile en donnant pouvoir au juge commis d'interpeller les témoins, y compris sur des faits qui n'étaient pas indiqués dans la décision ordonnant l'enquête, ce qui permit ainsi de convoquer toute personne dont l'audition paraissait utile à la manifestation de la vérité[1173]. La réforme s'accéléra à compter de 1962 sous l'égide du nouveau garde des Sceaux, Jean Foyer. Deux décrets importants en résultèrent rapidement, le premier, en 1965, expérimentant *le juge des mises en état* devant le tribunal de grande instance, le second, en 1967[1174], étendant la portée géographique du premier[1175] et l'assouplissant ou le précisant sur un certain nombre de points[1176]. On ne manqua dès lors pas de souligner que « le rôle passif du juge n'est pas un axiome de la procédure civile française » et que « l'harmonieux développement du procès est désormais conçu comme une *coopération*, qui justifie la faculté et l'obligation pour les magistrats de participer à la préparation de la cause, ainsi que l'institution d'un dialogue permanent entre le juge et les conseils de parties »[1177]. Dans la perspective de réformer plus largement la procédure civile, le garde des Sceaux réunit une commission chargée de rédiger un nouveau Code de procédure civile[1178]. Les quatre premiers décrets, qui datent de 1975, furent réunis par le décret du 5 décembre 1975. Le reste fut achevé et sanctionné par le décret du 10 mai 1981, consacrant les principes bien connus et déjà exposés dans cette étude. Ici réside, en tout cas, la véritable consécration du solidarisme procédural, d'abord, sur le plan probatoire, avec des pouvoirs plus larges accordés au juge pour établir la vérité - pour le moins, des pouvoirs dont les

---

[1170] G. POCHON, « Procédure dirigée ? », *D.* 1961, chron., p. 73-78, H. SOLUS, *op. cit.*, p. 209.

[1171] Sur ce point, v. H. SOLUS, *op. cit.*, p. 201.- La réforme donna expressément pouvoir au juge d'ordonner d'office la mesure. La solution n'était, cependant, pas nouvelle, car elle était admise, de longue date, par la doctrine et la jurisprudence : G. POCHON, *op. cit.*, p. 74.

[1172] D. 22 déc. 1958, n° 58-1289. - La réforme entreprise en 1958 fut assez profonde puisque composée d'une importante série d'ordonnances et de décrets. Pour plus ample informé, v. H. SOLUS, R. PERROT, *op. cit.*, n° 58-60, p. 51-56.

[1173] G. POCHON, *op. cit.*, p. 76. Ce pouvoir était autrefois réservé à la juridiction elle-même ou aux parties. Ce transfert au « juge commis » amorçait le mouvement d'autonomisation de la phase de mise en état que l'on connaît bien aujourd'hui ; v. les remarques *infra*, n° 219.

[1174] D. n° 67-1072, du 7 déc. 1967, modifiant certaines dispositions du Code de procédure civile relatives à la mise en état des causes et l'article 6 de la loi du 22 janvier 1851, *JORF* 9 déc. 1967, p. 11987 ; sur laquelle, v. G. CORNU, H. MOTULSKY, « Les modifications apportées à la procédure de la mise en état des causes par le décret du 7 décembre 1967 », *JCP G* 1968, I, 2150.

[1175] L'expérimentation portait, initialement, sur les ressorts de quelques cours d'appel. Elle fut étendue, par le second décret, à plus de la moitié de la France : *cf.* G. CORNU, H. MOTULSKY, *art. préc.*, n° 1.

[1176] Multiplication des ressources offertes au juge dans la fixation des délais, atténuation des rigueurs de l'ordonnance de clôture, allègements dans le déroulement de la procédure et dans l'élaboration du rapport : G. CORNU, H. MOTULSKY, *op. cit.*, n° 2.- V. aussi, *op. cit.*, n° 3, le renforcement des droits de la défense.

[1177] G. CORNU, H. MOTUSLKY, *op. cit.*, n° 77.

[1178] G. CORNU, J. FOYER, *Procédure civile*, *op. cit.*, n° 6, p. 22.

juges étaient désormais incités à faire usage[1179] - et une amorce de spécialisation organique de l'instruction du procès, ensuite, sur le plan de la définition de la proposition-objet de preuve, où le juge se voit reconnaître non seulement le pouvoir, mais aussi le devoir d'appliquer la règle de droit idoine[1180]. Encore faut-il remarquer que la jurisprudence n'avait pas attendu l'intervention du législateur pour donner vie à ce courant collectiviste sous-jacent ; les remous étaient cependant récents. Il ne faut pas donner trop d'importance à ces arrêts anciens affirmant que « le juge doit trancher le litige conformément aux lois qui régissent la matière alors même que l'application de ces lois n'aurait pas été expressément requise par les parties »[1181], car ils se prononçaient, de manière limitée, soit sur les conditions d'application de la loi dans le temps[1182], soit sur la correcte application de la loi elle-même[1183]. Il ne faut pas non plus donner trop de crédit à ces décisions affirmant que le juge a le pouvoir de « donner ou restituer leur exacte qualification aux faits et actes litigieux »[1184], car il n'en résultait, sauf circonstances particulières[1185], aucun bouleversement au regard du fondement juridique de la demande[1186]. En revanche, la jurisprudence amorcée dans les années soixante est d'une autre portée : elle autorise effectivement le juge à requalifier que l'opération ait ou non pour conséquence de modifier la règle de droit applicable, de même qu'elle l'investit du pouvoir de relever d'office un moyen de pur droit. Le Professeur Jacques Normand[1187] et Motulsky[1188] l'avaient parfaitement montré, mettant au jour, ce faisant, le déclin du libéralisme procédural.

Il est un dernier constat à faire, en la matière et qui est, il faut bien le dire, assez étonnant lorsqu'on connaît la prise en compte assez précoce, en France, de l'opposition du fait et du droit. Toutes les réformes dont il a été fait état n'ont généralement pas modifié l'attitude du juge vis-à-vis du droit. Seul le fait était en quelque sorte accessible au juge, puisque, comme on l'a vu, il pouvait largement puiser dans les données du dossier pour justifier la règle de droit dont la règle était demandée. On en connaît largement l'explication : la défiance vis-à-vis du juge[1189] et, aussi, quelque part, la défiance du juge vis-à-vis de lui-même[1190]. Pareillement,

---

[1179] Puisque, ainsi qu'on l'a fait remarquer à plusieurs reprises, le juge était loin d'être privé de tout pouvoir en matière de preuve et qu'une certaine tradition a beaucoup pesé sur la passivité bien réelle du juge : v., en ce sens, la démonstration de G. POCHON, « Procédure dirigée ? », *op. cit.*, p. 76, R. MOREL, *Traité élémentaire de procédure civile*, *op. cit.*, n° 425, p. 345.

[1180] Sur la querelle autour de la portée exacte de l'office du juge, v. *supra*, n° 90 et s.

[1181] Civ. 20 févr. 1854, *D.P.* 1854, I, p. 62, Civ. 6 juill. 1921, *Gaz. Pal.* 1921, II, p. 383, Civ. 6 janv. 1930, *S.* 1931, I, p. 288, note H. SIMONNET, *D.H.* 1930, p. 120, Com., 12 juill. 1948, *Bull. civ.* III, n° 182, p. 135, Civ. 1re, 16 nov. 1960, *D.* 1961, p. 7, note HOLLEAUX.

[1182] Civ. 1re, 16 nov. 1960, *préc.*

[1183] V., tout spécialement, Civ. 20 févr. 1854, *préc.*, où l'arrêt est cassé pour fausse application de la loi, Civ. 6 janv. 1930, *préc.*, où pour apprécier la recevabilité d'une demande, le juge est tenu d'examiner un point de droit qui n'avait pas été soulevé par les parties.

[1184] V., sur ce point, J. NORMAND, « Le juge et le fondement du litige », *Mélanges Pierre Hébraud*, *op. cit.*, spéc. p. 597.

[1185] Req., 3 août 1931, *D.H.* 1931, p. 441, où il est question de la qualification d'un contrat pour déterminer, semble-t-il, les droits d'enregistrement. Il était acquis, en cette matière, que le juge pouvait restituer aux actes leur véritable caractère ; v. *obs. in D.H.*, *préc.*

[1186] Soc., 1er déc. 1971, *Bull. civ.* V, n° 703.

[1187] J. NORMAND, *Le juge et le litige*, LGDJ, Paris, 1965, spéc. n° 152 et s.

[1188] H. MOTULSKY, « La cause de la demande dans la délimitation de l'office du juge », *D.* 1964, chron., p. 235 et s. & *supra*, n° 90 et s.

[1189] V. *supra*, n° 120.

[1190] Il n'était pas rare, en effet, de lire que, investissant le domaine du droit, le juge perdait son impartialité : v., en autres références, M. BARBOT, *thèse préc.*, p. 57.

dans toutes les réformes mentionnées, le rôle du juge ne s'est conçu que vis-à-vis des mesures d'instruction ou des productions de pièces. En d'autres termes, les enseignements des droits allemand et autrichien, droits qui étaient parfaitement connus de Tissier[1191] et bien d'autres, n'ont pas été perçus (ou reçus). Ce qui veut dire aussi, très certainement, que c'est un certain retour à ces sources qui a permis à la France de profondément modifier ses solutions sur le terrain du droit. Par ailleurs, comme on le remarque, l'investissement du juge dans le droit a été assez tardif et c'est une raison supplémentaire de voir dans le mouvement que l'on a décrit la véritable cause de ces transformations. Car au fond, que le juge intervînt dans le domaine probatoire, cela ne devait réellement choquer personne. Le Code de procédure civile, comme on l'a dit maintes fois, permettait un tel investissement du juge. Ce qui était sans doute plus contestable, c'était la présence du juge dans la maîtrise des qualifications. Finalement, la montée du solidarisme s'est faite de pair avec le développement de la sociologie. On a voulu, en quelque sorte, que, ce que le législateur faisait désormais lorsqu'il envisageait de réformer une loi, à savoir l'analyse sociologique[1192], le juge le fît lui-même dans sa mission quotidienne. La pensée a, quelquefois, été excessive, sinon naïve[1193], mais elle a ouvert la voie à un certain réalisme judiciaire[1194], à une conscience aussi, peut-être plus aiguë, du rôle absolument indispensable du juge dans la *réalisation* du droit, la *vérité du droit*. C'est un constat inverse qu'il faut aujourd'hui dresser. On assiste, depuis quelques années, en effet, à ce qu'on peut appeler un renouveau du libéralisme procédural.

§ 2. Le renouveau du libéralisme procédural

125. ***De quelques facteurs de complexité.*** On a indiqué, à titre liminaire[1195], que parmi les éléments qui composent une culture, certains participent directement à la conception du système procédural : il en est ainsi, en France, de

---

[1191] A. TISSIER, « Le centenaire du Code de procédure et les projets de réforme », *RTD civ.* 1906, p. 625-660, spéc. note (1), p. 657.

[1192] Le législateur avait, en effet, emprunté, comme pour la réforme des régimes matrimoniaux de 1965, la voie de l'analyse sociologique. Une enquête avait été commandée par le Ministère de la Justice - une enquête psycho-sociologique - qui fut initiée au cours des années 1973-1974 sur le thème : *représentations, attitudes et comportements des justiciables à l'égard de la justice civile* ; enquête confiée au Centre de Recherche et de Documentation sur la Consommation (CREDOC). L'interprétation des résultats a été réalisée par Y. BARAQUIN, *Les français et la justice civile, enquête psycho-sociologique*, Collection du Ministère de la Justice, La Documentation française, Paris, 1975, cité par J.-J. DAIGRE, *La production forcée des pièces dans le procès civil*, PUF, Publication de la Faculté de droit et des sciences sociales de Poitiers, t. 8, Paris, 1979, spéc. p. 11. (V. aussi, sur celle-ci, J. CARBONNIER, « Pour une sociologie du juge », *in La justice en question, La Nef* 1970, n° 39, p. 51 et s.). Comme l'a relevé le Professeur Daigre (*thèse préc.*), le rapport laissait apparaître, à titre principal, un point de cristallisation atour de l'égalité : « Beaucoup dénoncent l'existence d'un rapport inéquitable entre les plaideurs lorsque l'un d'eux a eu tous les moyens de préparer son procès, de se ménager des preuves, et de s'entourer des meilleurs conseils », p. 11 et 12. Ou encore : « Au cours d'un procès, c'est dans la notion d'administration de la preuve - le rapport l'estime capitale - que se trouverait la meilleure illustration de l'inégalité des plaideurs. La preuve serait bien plus facile à administrer pour celui qui bénéficie de moyens financiers, d'un haut niveau intellectuel, et, d'un savoir-faire social, car il a pu se mettre, par avance, en situation favorable en se réservant les preuves nécessaires », p. 12.

[1193] V. *supra*, n° 123.

[1194] J.-J. DAIGRE, *La production forcée des pièces dans le procès civil*, *op. cit.*, spéc. p. 9. L'auteur relie directement cette transformation - qu'il nomme *pluralisme* - à la notion de *réalisme* qui est, selon lui, la prise en compte, par le juge (mais aussi par le législateur), de l'état de la société et de ses mœurs. - *Adde*, M. CAPPELLETTI, « Liberté individuelle et justice sociale dans le procès civil italien », *RIDC* 1973, p. 533-551, spéc. p. 551.

[1195] V. *supra*, n° 115.

l'étatisme, de *l'égalité*, du *sacerdoce universaliste*, du goût pour la *vérité*. D'autres, au contraire, n'influent pas sur la structure du procès, mais infléchissent ou modifient la répartition des pouvoirs du juge et des parties dans la définition de la proposition-objet de preuve, ainsi que dans la recherche de la preuve. On a décrit, pour saisir ce dernier niveau, les transformations sociales agissantes, à savoir le libéralisme, l'individualisme, d'une part, le solidarisme et le collectivisme, de l'autre. On a souligné, par ailleurs, qu'aucune transformation sur ce point ne peut normalement modifier la structure hiérarchique ou verticale d'un système procédural. Si la proposition est exacte, il convient, néanmoins, d'introduire maintenant plusieurs facteurs de complexité qui permettront de saisir la singularité du libéralisme procédural contemporain. La première difficulté, semble-t-il, est que les doctrines collectiviste et individualiste peuvent coexister au sein d'un même système juridique. La chose est tout à fait évidente pour qui connaît le droit de la famille de la deuxième moitié du XXe siècle, période où ce droit se libéralisait considérablement, se détachait avec force du modèle collectiviste de l'Empire[1196], tandis que se tissait, dans le domaine procédural, un réseau de règles plus dirigistes[1197]. Cela étant, le paradoxe n'est pas complètement insurmontable si on souscrit à l'idée, qu'avait bien mise en lumière le Doyen Cornu[1198], que cette libéralisation n'a probablement pu se faire sans l'apparition d'un nouveau « juge », juge capable de niveler ou réduire les différences, juge capable de résoudre toutes les difficultés pouvant résulter du relâchement de la loi[1199]. Ensuite, l'histoire des idées politiques montre que le libéralisme peut reposer, dans sa version maximale[1200], sur une mise à l'écart de l'État, ce qui a des conséquences importantes sur la conception procédurale, dès lors qu'elle introduit, au sein du droit, une logique du « laissez-faire » à laquelle les systèmes hiérarchiques sont étrangers. Il est vrai que, dans son versant le plus radical, le libéralisme voit *le pouvoir comme chose liberticide*, mais, en Europe continentale du moins, si on a toujours recherché à « constituer un État qui ne soit pas lieu de pouvoir », il n'a jamais été question de supprimer l'État lui-même, ce dont convient, d'ailleurs, le libéralisme actuel[1201]. Sous ce regard, il paraît douteux que le libéralisme puisse, *à lui seul*, provoquer le retrait de l'État. Il faut néanmoins souligner le particularisme indiscutable du libéralisme contemporain qui, contrairement sans doute aux précédentes formes, est de nature

---

[1196] *Cf.* J. CARBONNNIER, « Terre et ciel dans le droit du mariage », *Études offertes à Georges Ripert, Le droit privé français au milieu du XXe siècle*, t. 1, LGDJ, 1950, p. 325.

[1197] V. la démonstration, *supra*, n° 123.

[1198] Pour décrire la portée de la réforme, il invitait ses interlocuteurs à « prendre conscience de la nécessité pour le juge, d'avoir en toute matière, une plus ample connaissance du fait, de parvenir à une connaissance véritable et entière du fait litigieux (c'est un vœu, une tendance, un esprit, une maxime d'interprétation plus qu'une règle précise) », G. CORNU, « Rapport de synthèse », *in Les rôles respectifs du juge et du technicien dans l'administration de la preuve. - Xe Colloque des Instituts d'Études Judiciaires*, Poitiers 26-28 mai 1975, PUF, Paris, 1976, p. 121. Et après avoir indiqué que le solidarisme, dont il faisait état, avait pris son essor d'abord dans le droit substantiel, il concluait à la naissance du juge « appréciateur des intérêts », chargé, dans un premier temps, d'évaluer les dommages et les biens, puis rapidement devenu le « juge des besoins » : « besoins de protection chez le majeur incapable, besoins du créancier en matière alimentaire » ; il voyait également apparaître le « juge des aptitudes », chargé de contrôler régulièrement ou épisodiquement la gestion des patrimoines (*op. cit.*, p. 122). V. aussi J.-J. DAIGRE, *La production forcée des pièces dans le procès civil*, *op. cit.*, spéc. p. 10.

[1199] G. CORNU, *op. cit., loc. cit.*

[1200] V. *supra*, n° 9.

[1201] G. RABU, « La mondialisation et le droit : éléments macrojuridiques de convergence des régimes juridiques », *Revue internationale de droit économique*, 3/2003, t. XXII, 3, p. 335-356, spéc. n° 48.

économique[1202]. Cette circonstance n'a pas été sans conséquence sur la structure du procès, car elle a provoqué, à partir d'une internationalisation[1203] des échanges, à une large interconnexion des droits[1204] ; à la mondialisation de l'économie a probablement répondu la mondialisation du droit[1205]. Comme on l'a vu en introduction de cette étude, le thème de la mondialisation[1206] ou de la globalisation du droit est incontournable et les recherches menées par les processualistes s'efforcent de répondre, par le pluralisme ordonné[1207], la modélisation[1208] ou la recherche du *jus commune*[1209], à cette mise en confrontation de tous les systèmes juridiques. Mais au-delà de cette recherche, à laquelle contribue également cette étude, il faut rappeler qu'elle est nécessaire justement parce que les droits sont, plus que jamais, exposés à des échanges culturels favorisés par des phénomènes de mimétisme et de contamination[1210]. Il est donc particulièrement difficile[1211], aujourd'hui, de séparer le bon grain de l'ivraie, de dire ce qui relève d'une évolution interne du système et ce qui est le résultat de facteurs externes, de tensions culturelles ou de phénomènes d'acculturation. La frontière doit, pourtant, être correctement tracée si on veut comprendre pourquoi certaines institutions nouvelles paraissent mieux adaptées que d'autres au droit français, si on veut anticiper leur évolution ou correctement réfléchir aux conditions de leur fonctionnement.

126. ***Plan.*** On ne peut, semble-t-il, identifier la véritable relation significative typique, avant d'avoir livré quelques considérations sur les problèmes méthodologiques que soulève, justement, le libéralisme contemporain (A). Cette difficulté surmontée, il sera possible de présenter les signes véritables du renouveau du libéralisme procédural qui paraissent résider, aujourd'hui, dans le phénomène de contractualisation du règlement des conflits (B).

A. Les problèmes méthodologiques liés à la complexité du libéralisme contemporain

127. ***La mondialisation du droit.*** Le libéralisme n'est qu'un outil au service d'une conception particulière de la société : *l'individualisme*. Pour saisir ce

[1202] Mais il n'y a pas de rupture entre le libéralisme politique (à l'origine de l'État de droit) et le libéralisme actuel : V. VALENTIN, *Les conceptions néo-libérales du droit*, *op. cit.*, p. 10 & p. 7, M.-A. FRISON-ROCHE, « Le modèle du marché », *APD*, t. 40, 1995, p. 286-313.

[1203] M.-A. FRISON-ROCHE, « Le droit des deux mondialisations », *APD*, t. 47, 2003, p. 17-23, p. 19.

[1204] M.-A. FRISON-ROCHE, *op. cit.* p. 18.

[1205] S. GUINCHARD et *alii*, *Droit processuel.- Droits fondamentaux du procès*, 6e éd., Dalloz, Précis Droit privé, Paris, 2011, spéc. n° 216 et s., p. 477 et s., J. ALLARD, A. GARAPON, *Les juges dans la mondialisation*, Le Seuil éd., Paris, 2005.

[1206] Sur ce thème, qui n'est plus contesté aujourd'hui, v. J.-L. HALPERIN, *Les profils de mondialisation du droit*, Dalloz, Méthodes du droit, Paris, 2009.

[1207] M. DELMAS-MARTY, « Le pluralisme ordonné et les interactions entre ensembles juridiques », *D.* 2006, p. 951 et s., M. DELMAS-MARTY, *Les forces imaginantes du droit. - Tome 2 : Le pluralisme ordonné,* Seuil, La couleur des idées, Paris.

[1208] Concernant la modélisation, v. *supra*, n° 17.

[1209] J.-P. GRIDEL, « Déclin des spécificités françaises et éventuel retour d'un droit commun européen », *D.* 1999, p. 139 et s., spéc. § 2

[1210] *Cf.* P. MURAT, « Individualisme, libéralisme, légistique », *in* H. FULCHIRON (dir.), *Mariage-conjugalité, parenté-parentalité*, Dalloz, Thèmes & commentaires, Paris, 2009, p. 237-243, spéc. p. 242.

[1211] C'est l'un des obstacles couramment opposés, aujourd'hui, à l'analyse culturelle du droit : v. L. CADIET, J. NORMAND, S. AMRANI MEKKI, *Théorie générale du procès*, PUF, Thémis Droit, Paris, spéc. p. 884 (s'agissant de la preuve).

dernier objet, les politologues, théoriciens des idées, théoriciens du droit invitent à s'emparer de données sensibles significatives comme la prévalence du contrat, la toute-puissance de la propriété individuelle, le recul du statut dans des domaines traditionnellement marqués au coin de l'ordre public, comme le droit de la famille ou l'état des personnes, etc[1212]. Cette méthode, qui peut produire de fructueux résultats dans l'analyse des procédures civile et pénale - et qui sera largement utilisée par la suite - n'est cependant pas sans dangers lorsque les systèmes procéduraux sont, comme c'est le cas aujourd'hui, particulièrement exposés à des phénomènes d'acculturation. La mondialisation du droit peut, en effet, avoir pour conséquence de faire correspondre sur le plan phénoménal deux objets qui sont, à l'analyse, parfaitement irréductibles l'un à l'autre en raison des prémisses culturelles différentes dont ils procèdent. C'est en cela qu'on peut parler de complexité du libéralisme contemporain. Quoi qu'il en soit, ce risque d'erreur surgit inévitablement et se concrétise si on suit, sans plus de précautions, la méthode - qui a rendu bien des services - dégagée à la fin des années 1960, par quelques processualistes[1213], et qui consiste, comme nous l'avons fait jusque-là, à identifier *simplement* les relations entre la structure procédurale et l'idéologie dominant le procès. Il faut aussi bien montrer toutes les faiblesses des critères traditionnels d'analyse (1) et proposer, dans le même temps, de nouveaux critères, fondés cette fois-ci, pour appréhender le libéralisme actuel dans toute sa finesse, sur la prise en compte des phénomènes d'acculturation ; l'exemple de la procédure sur reconnaissance préalable de culpabilité a paru pertinent, sous ce regard (2).

1. Les faiblesses des critères traditionnels d'analyse

128. ***Rappel de la méthode traditionnelle.*** Lorsque la méthode fut suffisamment installée en Europe, quelques auteurs, dont l'origine était souvent européenne[1214], prétendirent poursuivre leurs investigations aux États-Unis. On commença dès lors à placer sur un même plan des mécanismes très différents. On soutint, aussi bien, que le mouvement solidariste trouvait également des manifestations en Amérique du Nord. On mit alors, pour montrer l'existence d'un courant idéologique de type collectiviste, sur la même table d'exposition, d'une part la création, en 1970, en Suède, d'un « ombudsman des consommateurs »[1215] chargé d'exercer des poursuites devant la « Cour du marché » en cas d'abus commerciaux

---

[1212] V. VALENTIN, *Les conceptions néo-libérales du droit*, Economica, Corpus Essais, Paris, 2002, spéc. p. 27 (propriété), p. 29 (contrat), p. 30 (droit de la responsabilité), p. 227 (droit de la famille), p. 229 (droit du travail), V. M. WALINE, *L'individualisme et le droit*, 2e éd., Domat-Montchrestien, Paris, 1949, p. 168 et s. pour l'étude du contrat, p. 331 et s. pour l'étude de la propriété.

[1213] Le principal représentant de ce courant est M. Cappelletti (1927-2004), processualiste italien et grand comparatiste qui a enseigné à la fois en Italie et aux États-Unis ; on trouve un bon exposé de sa pensée dans les deux ouvrages suivants : M. CAPPELLETTI, *Processo e ideologie*, Il mulino, Bologne, 1969, M. CAPPELLETTI (dir.), *Accès à la justice et État-providence*, Economica, Paris, 1984.- V. encore, récemment, mais avec les corrections apportées par les travaux de M. DAMAŠKA, O.G. CHASE, « Culture and Disputing », *Tulane Journal of International and Comparative Law* 1999, n° 7, p. 81, O.G. CHASE, « American "Exceptionalism" and Comparative Procedure », *Public Law and Legal Theory Working Paper Series*, Research Paper n° 39, New York University School of Law, New-York, 2002.

[1214] V. *supra*, n° 127.

[1215] La notion d'« ombudsman », qui apparaît à l'article 43 de la version anglaise de la Charte des droits fondamentaux de l'Union européenne, devient, dans la version française, celle de « médiateur ».

et publicitaires au détriment des consommateurs[1216], la création, en Angleterre, en 1973, d'un *Director-General of Fair Trading*, chargé d'exercer les poursuites devant la *Restrictive Practices Court* contre les pratiques de monopoles portant atteinte à l'intérêt public ou la création d'un *Race Relations Board*, en Angleterre toujours, chargé d'intenter des poursuites contre les discriminations raciales[1217], l'extension, aux États-Unis, des *administratives agencies*, c'est-à-dire ce qu'on appelle parfois les *Agences*, avec l'apparition, après la *Food and Drug Administration,* de la *Securities and Exhange Commission* et la *Federal Trade Commission*, de l'*Environnemental Protection Agency* et de la *Consumer Protection Agency*[1218], d'autre part le développement, en France, d'un courant nouveau consistant à ouvrir le prétoire pénal à des associations ou groupements non « victimes », au sens strict, de l'infraction et prétendant défendre des intérêts proches de ceux défendus par le ministère public[1219]. On soutint, par ailleurs, que ce dernier courant n'était pas sans rappeler les mécanismes de *relator actions*[1220] ou *de class actions*[1221] largement développés aux États-Unis.

Outre que toutes les institutions analysées ne semblent pas réellement pouvoir être rattachées au courant collectiviste, ce qui est particulièrement vrai pour l'apparition, en France, de ce qu'on appelle aujourd'hui les actions quasi-publiques, et que l'on place généralement sous le sceau de la privatisation (donc un courant inverse)[1222], il est tout à fait contestable de voir en elles la réponse apportée à un même mouvement. Toutes les institutions de *Common Law* sus-décrites contiennent une singularité qui résiste fermement à toute analyse d'ordre idéologique. Qu'il s'agisse de *l'ombudsman*, des *agences américaines*, qu'il s'agisse encore des *relator actions* ou *class actions*, toutes répondent à une donnée culturelle première : elles s'inscrivent dans un système juridique de nature horizontale où l'État est généralement considéré comme suspect - ce qui est particulièrement marqué pour les premières institutions dont l'objectif affiché a été, au départ, de répondre à une demande sociale, certes, mais surtout de faire virtuellement disparaître la figure suspecte de l'État -, tandis que la production normative et la recherche de la vérité passent par une mise en concurrence des sujets de droit et non par l'intervention

---

[1216] M. CAPPELLETTI, « La protection d'intérêts collectifs et de groupe dans le procès civil (Métamorphose de la procédure civile) », *RIDC* 1975, p. 571-597, spéc. p. 581.

[1217] *Ibid.*

[1218] M. CAPPELLETTI, J.A. JOLOWICZ, « Le rôle du Ministère public dans le procès civil », *in Public Interest Parties and the Active Role of the Judge in Civil Litigation*, Milan & Dobbs Ferry, New-York, Giuffrè & Oceana, 1975, p. 5 à 153, spéc. p. 89-90.

[1219] V., déjà, J. LARGUIER, « Mort et transfiguration du droit pénal », *Mélanges M. Ancel*, Paris, 1975, p. 123 et s., spéc. p. 125.

[1220] Les *relator actions* sont des mécanismes procéduraux qui se sont développés en tirant parti d'un dispositif particulier propre aux pays de *Common Law* et selon lequel l'*Attorney general* peut engager, de son propre mouvement, des procès civils chaque fois qu'un *public interest* est en jeu. On a ainsi fini par admettre qu'en cas d'inertie de l'*Attorney general*, un particulier ou une association privée qui n'a pas, *per se*, qualité pour agir, puisse, avec l'autorisation et sous le contrôle continu de *l'Attorney*, agir au nom de ce dernier. C'est une action très répandue en Angleterre et en Australie ; elle est peu utilisée, en revanche, aux États-Unis ; sur quoi v. M. CAPPELLETTI, *op. cit.*, p. 586.

[1221] Les *class actions*, quant à elles, se rapprochent des *relator actions*, mais elles s'en distinguent en ce que le demandeur, qu'on appelle *class suitor*, n'a pas besoin d'une autorisation de la part de l'*attorney general ou* de l'organe habilité. Elle sont très répandues aux États-Unis. - *Adde*, M.-A. FRISON-ROCHE, « Les résistances mécaniques du système juridique français à accueillir la class action : obstacles et compatibilités », *LPA* 10 juin 2005, p. 22, S. GUINCHARD, « Une class action à la française ? », *D.* 2005, chron., p. 2180, D. MAINGUY (dir.), « L'introduction en droit français des class actions », *LPA* 22 déc. 2005, n° 254, p. 6.

[1222] X. PIN, « La privatisation du procès pénal », *RSC* 2002, p. 245-261.

directe et verticale (hiérarchique) - qui est perçue comme liberticide et donc inadéquate - des pouvoirs publics[1223]. Et la chose apparaît d'autant mieux si on indique qu'il s'est essentiellement agi de lutter, par ce biais, contre de grandes entreprises[1224] à la puissance desquelles il a fallu répondre par une force équivalente, capable de *lutter à armes égales* (on retrouve ainsi les concepts *d'horizontalité et* de *production agonistique* de la vérité et du droit)[1225]. Les actions de groupe (*class-actions*), notamment, de même que les agences, si elles sont suffisamment libérées des groupes de pression, sont jugées aptes à remplir cette mission. On commettrait pareille erreur si on affirmait que la création des *Autorités administratives indépendantes*, en France, répond simplement à une demande collectiviste, ce qui serait d'abord pour le moins approximatif et surtout erroné dans la mesure où ces autorités s'inspirent très largement du modèle de rationalité qui est celui des *agences* aux États-Unis[1226]. Pour décrire correctement cette situation, il faut donc tenir compte de la notion d'acculturation, seule méthode qui permette de séparer l'institution étrangère qui ne dispose d'aucun soutien culturel et l'institution autochtone qui subit les variations qui affectent la terre qui l'a portée. Les résultats sont, nous semble-t-il, significatifs, comme le montre l'étude de la procédure de *comparution sur reconnaissance préalable de culpabilité*, appelée encore « plaidoyer de culpabilité ».

2. *Proposition de nouveaux critères fondés sur la notion d'acculturation : l'exemple du plaidoyer de culpabilité*

129. ***Au-delà de la place de l'individu dans la procédure.*** Le seul moyen de véritablement saisir ce qui relève d'un renouveau du libéralisme et ce qui, plus largement, répond à un conflit de cultures, donc à une remise en cause, pour prendre l'exemple du système français, de la structure hiérarchique de la procédure, est de regarder si les nouvelles règles n'entraînent pas, outre un repli du juge, ce qui est, en définitive, le trait distinctif du libéralisme procédural, **un recul de l'investissement procédural et probatoire de l'État ou, plus radicalement, l'immixtion d'une nouvelle doctrine qui serait fondée, cette fois-ci, sur le « *laissez-aller* », sur une nouvelle conception de la vérité ou sur la dimension procédurale du droit**[1227]. À cet égard, de très nombreux mécanismes procéduraux ont été récemment introduits en droit français. Et qu'il s'agisse de la conciliation, de la

---

[1223] Sur ce thème, v. outre l'introduction (*supra*), R. A. KAGAN, *Adversarial Legalism. - The American Way of Law*, Harvard University Press, Cambridge, Londres, 2001, spéc. p. 12 & 14.

[1224] Ou encore contre la corruption du gouvernement : M. CAPPELLETTI, « La protection d'intérêts collectifs et de groupe dans le procès civil (Métamorphose de la procédure civile) », *op. cit.*, p. 589, R. A. KAGAN, *op. cit.*, spéc. p. 22-23.

[1225] V. *supra*, n° 14 et s.

[1226] *Cf.* P. GÉLARD (OFFICE PARLEMENTAIRE D'ÉVALUATION DE LA LÉGISLATION), *Rapport parlementaire d'évaluation de la législation. - Les autorités administratives indépendantes*, T. 1, Assemblée nationale, n° 3166, Sénat, n° 404, Paris, 2006, p. 15 (C.C., 26 juillet 1984, déc. n° 87-173 DC, *loi relative à l'exploitation des services de radio-télévision mis à la disposition du public sur un réseau câblé*) ; M.-A. FRISON-ROCHE, « Étude dressant bilan des autorités administratives indépendantes », *in* P. GÉLARD (OFFICE PARLEMENTAIRE D'ÉVALUATION DE LA LÉGISLATION), *Rapport parlementaire d'évaluation de la législation.- Les autorités administratives indépendantes, T. 2 :* annexes, Assemblée nationale, n° 3166, Sénat, n° 404, Paris, 2006, spéc., p.21) ; J. CAILLOSSE, « En guise de conclusion : Peut-on penser la Justice en dehors de l'État », *in* L. CADIET, L. RICHER, *Réforme de la justice, réforme de l'État*, PUF, Droit et justice, Paris, 2003, p. 313-331, spéc. p. 316 ; J. CHEVALLIER, « Réflexions sur l'institution des autorités administratives indépendantes », *JCP G* 1986, I, 3254).

[1227] Tous ces critères apparaissent en introduction, *supra*, n° 9, 13 & 17.

médiation, de la transaction, de la composition pénale, de la comparution sur reconnaissance préalable de culpabilité, la procédure participative, toutes se retrouvent sous la dénomination générique, sur laquelle la doctrine s'accorde aujourd'hui assez bien, de *contractualisation*. C'est cette notion de contractualisation qui sera bientôt utilisée pour montrer, dans toute son ampleur, le renouveau du libéralisme procédural[1228], car l'omniprésence du contrat, dans un système juridique, ne peut jamais laisser indifférent. Mais pour deux de ces mécanismes - la comparution sur reconnaissance préalable de culpabilité et les procédures collaboratives -, dont l'une seulement, en vigueur maintenant depuis plusieurs années, sera étudiée[1229], le

---

1228 V. *infra*, n° 133 et s.

1229 S. AMRANI-MEKKI, « La convention de procédure participative », *D.* 2011, p. 3007 et s., N. FRICERO, « Qui a peur de la procédure participative ? Pour une justice, autrement… », *Mélanges en l'honneur de Serge Guinchard*, Dalloz, Paris, 2010, p. 148-154, M. DOUCHY-OUDOT, « Convention de procédure participative », *Procédures* 2011, comm. 99, H. POIVEY-LECLERCQ, « La convention de procédure participative : "un pacte de non-agression à durée déterminée" », *JCP G* 2011, act. 70, F. G'SELL-MACREZ, « "Vers la justice participative ? Pour une négociation « à l'ombre du droit" », *D.* 2010, p. 2450, S. SAUPHANOR, « La convention de procédure participative : aspects pratiques », *Gaz. Pal.* 18 janv. 2011, p. 10. La Commission présidée par Monsieur le Recteur S. Guinchard (S. GUINCHARD, *L'ambition raisonnée d'une justice apaisée*, Doc. fr., Paris, 2008, spéc. proposition n° 47, p. 23), avait proposé la mise en œuvre d'une procédure participative inspirée du droit collaboratif anglo-américain et entièrement gérée par les avocats des parties. Né aux États-Unis, il y a une quinzaine d'années, avant de se diffuser, ensuite, au Canada, en Australie et en Nouvelle-Zélande, le droit collaboratif intervient dans une multitude de domaines, tels le droit de la famille, le droit de la responsabilité, le droit du travail ou le droit des assurances, etc. En tant que liées par une « charte collaborative » (« *participation agreement* »), les parties s'engagent non seulement à ne pas saisir le juge, mais aussi à tout mettre en œuvre pour aboutir à une solution consensuelle. On distingue, en pratique, le droit collaboratif du droit participatif (ou coopératif). Le premier, contrairement au second, repose sur une clause essentielle appelée « *disqualification agreement* » (littéralement : « clause de disqualification »), en vertu de laquelle, en cas d'échec des négociations, les conseils des parties sont *de plano* disqualifiés (sur cette distinction, v. D. L. WALTHER, « Collaborative Law Ethics Redux », *American Journal of Family Law* 2008, n° 2, vol. 22, p. 63-65). C'est la formule du droit participatif qui a été retenue dans le rapport et qui a finalement été adoptée dans la proposition de loi présentée par Laurent Béteille, adoptée par loi n° 2010-1609 du 22 décembre 2010 (*relative à l'exécution des décisions de justice, aux conditions d'exercice de certaines professions réglementées et aux experts judiciaires*), complétée par le décret n° 2012-66 du 20 janvier 2012 (*relatif à la résolution amiable des différends, JORF n° 0019 du 22 janvier 2012 page 1280, texte n° 9* - qui crée un titre II, au sein du nouveau livre V du Code de procédure civile, intitulé : « La résolution amiable des différends »). La loi a ajouté un titre XVII au livre III du Code civil, intitulé : « De la Convention de procédure participative » (C. civ., art. 2062-2068). Ainsi que l'indique l'art. 2062, « [l]a convention de procédure participative est une convention par laquelle les parties à un différend qui n'a pas encore donné lieu à la saisine d'un juge ou d'un arbitre s'engagent à œuvrer conjointement et de bonne foi à la résolution amiable de leur différend. - Cette convention est conclue pour une durée déterminée ». Le processus est extrajudiciaire puisqu'elle ne fait pas intervenir le juge. Elle ne donne lieu qu'à une solution amiable avec assistance obligatoire par un avocat de chacune des parties. La convention ne peut porter que sur les droits dont la partie a la libre disposition. Le différend élevé à l'occasion d'un contrat de travail ne peut faire l'objet d'une convention de droit participatif. En matière familiale, l'art. 2067 précise que la convention peut être conclue en matière de divorce ou de séparation de corps pour chercher, entre époux, une solution consensuelle. Mais, dans ce cas, l'art. 2066, qui prévoit l'homologation (qui est sans doute un simple constat - acte réceptif formel), n'est pas applicable. Ce sont les dispositions du titre VI du Livre Ier qui doivent recevoir application (procédure applicable pour le divorce par consentement mutuel. V. spéc. C. civ., art. 250-1). L'article 2063 exige le recours à un formalisme *ad solemnitatem* pour protéger les volontés dans la conclusion de la convention. Sur le plan processuel, l'art. 2068 ajoute que la procédure participative est régie par le Code de procédure civile. Si un accord règle tout ou partie du différend, les parties « peuvent soumettre cet accord à l'homologation du juge » (C. civ., art.2066, al. 1er, C. proc. civ., art. 1565). La formule est comparable à celle contenue à l'art. 131-12 C. proc. civ., mais sans reprendre la formule selon laquelle « l'homologation relève de la matière gracieuse », ce qui autorise une plus grande liberté dans l'interprétation. Cette homologation a pour effet d'octroyer la force exécutoire (*imperium*). Comme annoncé au texte, on peut difficilement voir dans cette procédure participative un simple progrès de l'indivi-

raisonnement en termes d'individualisme et de solidarisme est source d'erreur (a). Le droit comparé confirme d'ailleurs ce risque. L'étude du plaider coupable américain montre en effet bien la singularité de cette nouvelle voie procédurale (b).

a. La comparution sur reconnaissance préalable de culpabilité

129-1. ***L'ambiguïté du plaidoyer de culpabilité.*** La procédure de comparution sur reconnaissance préalable de culpabilité (CRPC) - qui a connu une publicité extraordinaire dès son entrée en vigueur - résiste, en effet, largement à l'analyse traditionnelle. Instituée par la loi n° 2004-204 du 9 mars 2004 et organisée par les articles 495-7 à 495-16 du Code de procédure pénale, elle s'inscrit dans le sillage de la composition pénale[1230]. Elle partage du reste avec cette dernière un certain nombre de traits, mais s'en distingue néanmoins fondamentalement, non pas seulement parce que, à la différence de la composition pénale, qui est une alternative aux poursuites, et qui ne met pas, à strictement parler, l'action publique en mouvement, la CRPC est un mode d'exercice de l'action publique, mais surtout parce qu'elle introduit, en droit français, un mécanisme procédural qui fait absolument disparaître toute discussion tant sur le fait que sur le droit, c'est-à-dire tout *débat probatoire*. Sur ce point aussi, d'ailleurs, la CRPC se départit sensiblement de la composition pénale qui, ainsi qu'on va le voir, suppose une certaine « *reconnaissance* »[1231], certes, mais dont l'objet n'est pas *immédiatement* la *culpabilité*. C'est essentiellement pour cela que le plaidoyer de culpabilité, comme on l'appelle parfois pour faire mieux apparaître sa généalogie (tel est le sens du *plea guilty*), est une institution importée et transplantée en France. En ce sens, peu importe que le système français exclue - au moins *de jure* - le recours à la négociation[1232] (au cœur

---

dualisme. Il est certes vrai que la procédure ressemble beaucoup aux procédures de médiation extrajudiciaire ; la procédure participative, tout comme la médiation extrajudiciaire, se déroule hors la présence et le contrôle du juge (sous réserve des domaines relevant de l'ordre public politique). Reste que, au regard des pouvoirs importants qui sont donnés aux avocats et aux parties, notamment dans l'organisation des échanges probatoires et dans la recherche des éléments de preuve (par ex., recours à l'expertise : C. proc. civ., art. 1547 et s.), on voit se dessiner un nouveau mode - entièrement horizontal - de règlement des conflits (v., en ce sens, les remarques de N. FRICÉRO, « Qui a peur de la procédure participative ? Pour une justice, autrement... », *op. cit.*, p. 151.- *Contra*, S. AMRANI-MEKKI, « La convention de procédure participative », *op. cit.*, n° 2 & 9 ; F. G'SELL-MACREZ, obs. *in JCP G* 2011, 468, n° 5). Les procédures participatives postulent, d'ailleurs, une véritable « transparence probatoire » (à rapprocher, comme on va le voir, de la notion de « loyauté », *infra*, n° 188 et s. - il est d'ailleurs à déplorer que le législateur n'ait pas réglé la question de la confidentialité) à laquelle les systèmes hiérarchiques sont étrangers et qui a une importance considérable dans les systèmes participatifs (v. *infra*, spéc. n° 183).

[1230] Sur laquelle, v. *infra*, n° 156 et s.

[1231] Concept dont on s'emploie à saisir le sens *infra*, n° 158-159 & 162.

[1232] V., par exemple, le Professeur Jean Pradel, qui parle de *plea* sans *bargaining*, c'est-à-dire sans « négociation » : J. PRADEL, « Vers un "aggiornamento" des réponses de la procédure pénale à la criminalité apports de la loi n° 2004-204 du 9 mars 2004 dite Perben II.- Première partie », *JCP G* 2004, I, 132, spéc. n° 22 n° 22. Cela étant, comme on a pu l'observer, dès lors que la peine d'emprisonnement ne peut être supérieure à la moitié de la peine normalement encourue, il est difficile de croire qu'il n'y a pas de négociations : C. SAAS, *op. cit.*, p. 839. Et il n'en faut généralement pas plus pour que les auteurs américains parlent de négociation ; v., en ce sens, l'article classique de A. W. ALSCHULER, « Plea-Bargaining and its History », *Columbia Law Review* 1979, n° 1, vol. 79, p. 1-43, spéc. p. 43 (cité également par C. SAAS, *op. cit.*, *loc. cit.*) - v. aussi le contrôle exercé par CEDH, afin qu'il n'y ait pas de « disproportion flagrante dans les deux termes de l'alternative offerte », équivalant à une « contrainte » : CEDH, 27 févr. 1980, *Deweer c/ Belgique*, requête n° 6903/75, spéc. § 49-53, CEDH, 20 juin 2002, *Borghi c/ Belgique*, spéc. § 4, *RTDH* 55/2003, p. 963, note M.-A. BEERNAERT. - Ce phénomène est accentué par la pratique de la « double convocation » (convocation en vue d'une CRPC et convocation en justice simultanée), condamnée par la Cour de cassation (v. not. Crim., 14 oct. 2008, *D.* 2008, AJ,

du dispositif américain)[1233], dès lors que le cœur du dispositif consiste dans l'évitement des questions juridiques, factuelles et probatoires. L'affirmation peut évidemment surprendre. Cette procédure ne s'organise-t-elle pas, ainsi qu'on le lit souvent, autour d'un aveu central[1234] ? Une approche systémique de la procédure, il est vrai, confirme cette première impression. Comme l'énonce l'article 495-7 du Code de procédure pénale, le procureur de la République ne peut y recourir, d'office ou à la demande de l'intéressé, que si ce dernier « reconnaît les faits qui lui sont reprochés » [1235]. L'article 495-9, alinéa 2, indique, par ailleurs, que le président du tribunal de grande instance chargé de l'homologation doit entendre la personne et son avocat et, préalablement à cette homologation, vérifier « la réalité des faits » à l'origine de la poursuite ainsi que « leur qualification juridique ». Il faudrait aussi bien en conclure que le schéma juridictionnel classique, reposant sur une appréciation de l'opérance des propositions-objets de preuve et sur leur vérité, vérité qui résulterait, en l'occurrence de l'aveu, est intégralement conservé. Un premier argument textuel permet déjà de douter de la pertinence de ce schéma idéal. Il ressort, en effet, nettement de l'article 495-11 du Code de procédure pénale, relatif à la motivation de l'ordonnance d'homologation, que ce qui permet d'entrer en condamnation c'est, d'abord et avant tout, l'acceptation de la peine et l'adéquation entre cette peine et les circonstances de l'infraction et la personnalité de l'auteur des faits, ensuite la *reconnaissance des faits*. Or, dans une procédure *juridictionnelle* et *judiciaire*, au terme de laquelle le juge prononce le droit, ce qui motive la décision ce n'est pas la *réalité du fait de l'aveu* (si on considère qu'il s'agit d'un aveu), mais la *réalité du fait avoué* (la pertinence et la fiabilité de l'aveu). En somme, et quoique le texte prétende le contraire, ce qui est véritablement décisif,

p. 2796, note M. Léna, *AJ pén.* 2008, p. 517, obs. M.-E. C.) et le Conseil d'État (CE, 26 avr. 2006, *D.* 2006, IR, p. 1333, obs. E. Allain, *RSC* 2006, p. 638, obs. A. Guidicelli), consacrée ensuite par l'article 495-15-1 C. proc. pén., et validée par le Conseil constitutionnel : C.C., 10 déc. 2010, déc. n° 2010-77 QPC, consid. 6, J.-B. Perrier, « La constitutionnalité de la légalisation de la pratique de la double convocation en matière de CRPC », *AJ pén.* 2011, p. 188 (v. aussi, P.-J. Delage, « Résistances et retournements. - Essai de synthèse du contentieux relatif à la procédure de "plaider coupable" », *RSC* 2011, p. 831 et s., Y. Joseph-Ratineau, « Comparution sur reconnaissance préalable de culpabilité : à nos actes manqués », *D.* 2010, p. 875 et s.).

1233 *Cf.* F. Desportes, L. Lazerges-Cousquer, *Procédure pénale*, *op. cit.*, n° 1237, p. 768, J. Pradel, *Procédure pénale*, 16e éd., Éditions Cujas, Paris 2010, spéc. n° 879, p. 777.

1234 J. Pradel, « Vers un "aggiornamento" des réponses de la procédure pénale à la criminalité apports de la loi n° 2004-204 du 9 mars 2004 dite Perben II. - Première partie », *op. cit.*, spéc. n° 22, C. Saas, « De la composition pénale au plaider-coupable : le pouvoir de sanction du procureur », *RSC* 2004, p. 827-842, spéc. p. 835, B. Pereira, « Justice négociée : efficacité répressive et droits de la défense », *D.* 2005, p. 2041 et s., n° 26 & n° 31 et s., J.-Ch. Saint-Pau, « Le ministère public concurrence-t-il le juge du siège ? », *Dr. pén.*, 2007, étude n° 14, spéc. n° 2, F. Defferrard, « La dénaturation du "plaider coupable". - (Après la loi n° 2009-526 du 12 mai 2009, de simplification et de clarification du droit et d'allègement des procédures) », *Dr. pén.* 2009, étude n° 13, spéc. n° 2- *Adde*, C.C., 2 mars 2004, déc. n° 2004-492 DC, *Loi portant adaptation de la justice aux évolutions de la criminalité, JORF* 10 mars 2004, p. 4637, spéc. § 100-111 ; v. encore, la circulaire d'application : Circ. CRIM 04-12 E8 du 2 sept. 2004, 2.3.3.1.1. « Le président ou le juge délégué doit en premier lieu vérifier la réalité des faits et leur qualification juridique, comme l'exige l'article 495-9. - Cette vérification essentielle implique que l'homologation ne pourra intervenir que si ce magistrat a l'intime conviction de la culpabilité de la personne, indépendamment du fait que celle-ci reconnaît cette culpabilité (et même si cette reconnaissance est évidemment un élément de nature à emporter la conviction du juge) ». - *Contra*, A. Valoteau, « Le jugement sur reconnaissance de culpabilité : une autre procédure de jugement ou une autre manière de juger », *Dr. pén.*2006, étude n° 8, spéc. n° 13.

1235 V. encore, C. proc. pén., art. 495-8, al. 4.

c'est *le fait de la reconnaissance* et non son *contenu*[1236] ; sans compter l'importance qui est formellement donnée, dans la décision d'homologation, à l'acceptation des peines et la justification de celles-ci au regard des circonstances de l'infraction et de la personnalité de l'auteur[1237]. On pourrait considérer qu'il en est de même pour la composition pénale[1238]. Ce serait, néanmoins, méconnaître la singularité du dispositif.

130. ***Alternatives aux poursuites et alternatives au jugement.*** Il faut tout d'abord remarquer que la composition pénale n'est pas une procédure de jugement, mais une alternative aux poursuites[1239]. Même si composition pénale et comparution sur reconnaissance préalable de culpabilité ont longtemps partagé un champ d'application identique en ce qui concerne les infractions permettant leur mise en œuvre[1240], la composition pénale est avant tout destinée aux affaires pour lesquelles il apparaît que la mise en mouvement de l'action publique n'est pas proportionnée, sans que le classement sans suite paraisse lui-même souhaitable[1241]. C'est donc bien une « troisième voie »[1242], qui se pense à la fois comme une alternative aux classements sans suite et comme une alternative aux poursuites, mais qui ne remet pas

---

[1236] Pourtant, comme on le verra, même en matière civile, le contenu de l'aveu est toujours apprécié sous l'angle de sa pertinence ; ce mode de preuve n'a rien d'automatique et c'est encore plus vrai en matière pénale : v. *infra*, n° 315 et s.

[1237] B. PEREIRA, « Justice négociée : efficacité répressive et droits de la défense », *D.* 2005, p. 2041 et s., spéc. n° 24. Il est d'ailleurs remarquable que pour le Conseil constitutionnel, qui rappelle pourtant la nécessité, pour le juge, de vérifier les faits et la qualification, ce qui justifie le refus d'homologation se trouve au-delà de la question probatoire. Comme il l'indiquait, le juge « pourra refuser l'homologation s'il estime que la nature des faits, la personnalité de l'intéressé, la situation de la victime ou les intérêts de la société justifient une audience correctionnelle ordinaire ; qu'il ressort de l'économie générale des dispositions contestées que le président du tribunal de grande instance pourra également refuser d'homologuer la peine proposée si les déclarations de la victime apportent un éclairage nouveau sur les conditions dans lesquelles l'infraction a été commise ou sur la personnalité de son auteur » (C.C., 2 mars 2004, *préc.*, cons. n° 107).

[1238] V., en ce sens, J. LEBLOIS-HAPPE, « De la transaction pénale à la composition pénale.- Loi n° 99-515 du 23 juin 1999 », *JCP G* 2000, I, 198, spéc. n° 25.

[1239] Même s'il est vrai que l'inscription des mesures du bulletin n° 1 du casier judiciaire (L. 9 sept. 2002) rapproche progressivement cette alternative aux poursuites d'une véritable procédure aboutissant au prononcé d'une peine (C. proc. pén., art. 41-2, al. 10 & art. 768, 9°). D'aucuns y voient donc une véritable condamnation : C. SAAS, *op. cit.*, p. 834.- Cela étant, la CRPC n'est pas applicable aux contraventions et la condamnation prononcée peut constituer le premier terme d'une récidive, J. PRADEL, *op. cit.*, n° 613, p. 545-546.

[1240] Il n'en est plus ainsi depuis la L. n° 2011-1862 du 13 décembre 2011 (*relative à la répartition des contentieux et à l'allègement de certaines procédures juridictionnelles*), qui a suivi, sur ce point, les préconisations du rapport Guinchard (*L'ambition raisonnée d'une justice apaisée*, *op. cit.*, proposition n° 62, p. 26) en étendant le champ de la CRPC à tous les délits, à l'exception de ceux mentionnés à l'article 495-16 et des délits d'atteintes volontaires et involontaires à l'intégrité des personnes et d'agressions sexuelles prévus aux articles 222-9 à 222-31-2 du code pénal lorsqu'ils sont punis d'une peine d'emprisonnement d'une durée supérieure à cinq ans (C. proc. pén., art. 495-7). Pour la composition pénale sont visés les délits punis à titre de peine principale d'une peine d'amende ou d'une peine d'emprisonnement d'une durée inférieure ou égale à cinq ans (C. proc. pén., art. 41-2).

[1241] J. PRADEL, *op. cit.*, n° 593, p. 525, n° 597, p. 529, B. BOULOC, *Procédure pénale*, 23e éd., Dalloz, Droit privé, Paris, 2012, spéc. n° 595, p. 584 et s. *Cf.* aussi : S. GUINCHARD, J. BUISSON, *Procédure pénale*, 7e éd., LexisNexis, Paris, 2011, spéc. n° 1477, p. 947.

[1242] L'idée était donc de répondre à l'augmentation du nombre de classements sans suites, ce qui apparaît nettement dans les travaux préparatoires de la loi avortée sur l'injonction pénale (v. les interventions de P. MÉHAIGNERIE *JOAN*, 2e séance, 4 juill. 1994, p. 4020, 1re séance, 21 nov. 1994, p. 7220, *JO Sénat*, séance 18 oct. 1994, p. 4396), ainsi que dans ceux de la loi du 23 juin 1999 sur la composition pénale (les interventions de E. GUIGOU, *JO Sénat*, séance 17 juin 1998, p. 3302, *JOAN*, 3e séance, 6 avr. 1999, p. 3318 et 3319, *JO Sénat*, séance 11 mai 1999, p. 2904).

fondamentalement en cause le rapport du procureur de la République au dossier pénal. Le magistrat a des raisons de soupçonner la participation de l'individu ; il dispose de quelques éléments en ce sens et souhaite les confirmer en obtenant de la personne poursuivie une *reconnaissance*, même si, comme on va le voir, cette *reconnaissance* est moins un aveu qu'une acceptation de la qualification juridique et des conséquences y attachées[1243]. Mais elle se pose, néanmoins, dans l'esprit des parties et du procureur (ensuite du juge), comme une corroboration des éléments probatoires contenus au dossier de la procédure. Mais déjà le dossier n'importe plus[1244], dès lors que la voie empruntée par le parquet n'aboutit plus à une « peine »[1245]. En d'autres termes, la *qualité* de la reconnaissance[1246] n'est plus digne d'un sérieux examen pour le système judiciaire dans la mesure où l'épilogue de la procédure ne peut jamais se traduire par un complet sacrifice de la personne suspectée[1247].

Dans la comparution sur reconnaissance préalable de culpabilité, le reur se trouve *ab initio* dans la même situation. Le dossier pénal contient quelques

---

[1243] V. *infra*, n° 158-159 & 162.

[1244] C'est d'ailleurs assez évident lorsqu'on constate que la composition pénale peut s'appliquer à des infractions telles que l'abus de biens sociaux, le blanchiment, l'escroquerie ou le recel qui, comme on l'a dit, « nécessitent une recherche des preuves élaborée sur le plan, notamment, comptable, financier et commercial », B. PEREIRA, « Justice négociée : efficacité répressive et droits de la défense ? », *D.* 2005, p. 2041 et s., spéc. n° 14. Ce qui justifie donc le recours à la mesure c'est moins la *corroboration* que la faiblesse de la sanction encourue en regard, faiblesse criante si on considère que toutes ces infractions font normalement encourir des peines de cinq ans d'emprisonnent.

[1245] Si la composition pénale est inscrite au bulletin n° 1 du casier judiciaire, la mesure prononcée ne saurait entraîner de privation de liberté. En revanche, il est évident que certaines de ces mesures portent atteinte à la « liberté individuelle » (Const. 4 oct. 1958, art. 66) : J. LEBLOIS-HAPPE, « De la transaction pénale à la composition pénale. - Loi n° 99-515 du 23 juin 1999 », *JCP G* 2000, I, 198, spéc. n° 24 (*Cf.* C.C., 2 févr. 1995, Déc. n° 95-360 DC, *JORF* 7 Février 1995, spéc. cons. n° 6, à propos de l'injonction pénale).

[1246] Cette reconnaissance est d'une insigne faiblesse probatoire à plusieurs égards. Elle ne saurait, tout d'abord, être ramenée à un simple aveu, dès lors que, ainsi qu'on va le voir, elle ne porte pas sur la proposition-objet de preuve (le fait matériel), mais sur l'antécédent abstrait de la règle de droit (v. la démonstration, *infra*, n° 158-159). Il ne faut rien attendre, ensuite, des débats, car si le juge peut encore, avant validation de l'accord, entendre l'auteur des faits, la victime ainsi que leurs avocats, ces auditions ne sont plus, depuis 2002, de droit (C. proc. pén., anc. art. 41-2, al. 6, abrogé par la loi du 9 sept. 2002).

[1247] Ce raisonnement ne va pas sans rappeler les différents degrés de conviction qui, dans les systèmes de *Common Law*, permettent au juge de trancher le litige ou d'entrer en condamnation et qui dépendent, entièrement, de ce qu'on appelle le « risque d'erreur » : v. *supra*, n° 7. Il faut se souvenir aussi que, dans l'Ancien Droit - et sous l'empire de l'ordonnance de 1790 -, époque à laquelle les preuves étaient encore tarifiées, la conviction du juge étant proportionnée à la gravité des enjeux, lorsque la preuve n'était pas totalement faite, le juge pouvait « n'absoudre » l'accusé qu'à demi. Il lui était aussi bien loisible, la conviction étant cependant suffisante pour laisser planer encore quelque doute sur la culpabilité, de mettre l'accusé « *hors* cour » ou de décider le « *plus amplement informé* ». Dans le premier cas, et comme le remarquait Serpillon, l'accusé « ne peut prétendre des dommages intérêts, il n'est pas entièrement lavé. Cette façon de prononcer laisse des soupçons contre l'accusé qui s'échappe faute de preuve » (cité par A. ESMEIN, *Histoire de la procédure criminelle en France et spécialement de la procédure inquisitoire depuis le XIIIe siècle jusqu'à nos jours*, Larosse et Forcel, Paris, 1882, p. 244 245). Dans le second, que le plus amplement informé fût « à temps » (pour les crimes qui ne sont pas absolument atroces et dont les preuves sont légères) ou « *indéfini* » (« cas graves et dont les indices sont considérables »), l'accusé demeurait « incerti et dubii status » (DE VOUGLANS) et le ministère public pouvait toujours, s'il survenait de nouvelles preuves, reprendre la poursuite contre lui. On disait alors que le « plus amplement informé » était une peine qui venait sanctionner non le « crime » mais des « présomptions et des indices violents qui n'ont point été purgés » (M. DE VOUGLANS), cité par A. ESMEIN, *op. cit.*, p. 245. Bien entendu, la composition pénale, lorsqu'elle est exécutée, emporte extinction de l'action publique (C. proc. pén., art. 6), mais l'idée qu'une conviction normalement insuffisante pour exercer des poursuites et entrer en condamnation permette le prononcé de la composition rappelle le hors cours ou le plus amplement informé.

éléments à charge et il est sans doute à même de lui donner une première orientation. Mais, cette fois-ci, les faits lui semblent mériter une peine véritable - d'autant plus que la récente loi du 13 décembre 2011 a étendu la mesure à la quasi-totalité des délits[1248] ; et c'est alors dans un tout autre état d'esprit qu'il doit aborder le dossier de la procédure. Il peut bien chercher à arracher des aveux à la personne soupçonnée. Comme le rappelle, cependant, l'article 428 du Code de procédure pénale, « [l]'aveu, comme tout élément de preuve, est laissé à la libre appréciation des juges ». La prudence devrait donc l'inciter à poursuivre les investigations. Le législateur lui a cependant ouvert une nouvelle voie : la comparution sur reconnaissance préalable de culpabilité. En d'autres termes, il n'est même pas question de *corroborer* les premiers éléments au moyen d'une *reconnaissance* de même nature que celle requise dans le cadre de la composition pénale ; elle aurait une valeur insuffisante. Le législateur s'est aussi bien enhardi à faire disparaître le dossier de la procédure au profit d'un acte nouveau et central : la déclaration de culpabilité ou autocondamnation. L'intitulé même de cette procédure le rappelle ; il ne s'agit pas d'une comparution sur aveu préalable ou d'une comparution sur reconnaissance préalable de sa faute ou de l'infraction[1249], mais ***d'une comparution sur reconnaissance de culpabilité***. Les dispositions pertinentes et le Conseil constitutionnel peuvent déclarer que le juge est tenu d'apprécier la réalité des faits et le choix de la qualification - mission dont on ne voit d'ailleurs pas bien comment il pourrait l'assurer[1250] -, ce qui importe véritablement c'est qu'il ait la pleine conviction que la déclaration de culpabilité a été faite librement et en connaissance de cause, c'est-à-dire sans pressions et sur la foi d'une appréciation bien pesée des bénéfices qui peuvent être retirés du recours à cette procédure[1251].

D'aucuns rétorqueront que la question probatoire importe peu, dans la mesure où la CRPC concerne principalement des cas de flagrants délits (conduite sous l'empire d'un état alcoolique, défaut d'assurance, défaut de permis de conduire). La réalité est que la CRPC a déjà été utilisée, par le passé, pour résoudre des affaires complexes[1252], et que la réforme de 2011 est de nature à amplifier son utilisation pour des délits mettant en jeu des données factuelles intriquées. Or, qu'advient-il

---

[1248] V. *supra*.

[1249] Sur la distinction, v. *infra*, n° 150 et s.

[1250] Il n'est pas besoin d'insister sur la maigreur du dossier et des éléments de personnalité transmis à la juridiction. La présence systématique du procureur de la République, à l'audience d'homologation, aurait sans doute permis au juge d'acquérir une connaissance plus précise des circonstances de fait de la commission de l'infraction, mais on sait que le législateur s'est ingénié à combattre les garanties posées par la Cour de cassation et le Conseil d'État. Et sous ce regard, l'intention réelle du législateur est tout à fait évidente. Comme l'indiquait la première circulaire portant sur l'audience d'homologation, « l'intérêt pratique de la nouvelle procédure [serait] en effet considérablement limité si le magistrat du parquet, auquel il incombe de procéder en personne à la première partie de la procédure, [était] tenu d'assister à cette présentation, qui ne saurait par définition être assimilée à une audience devant le tribunal correctionnel donnant lieu à un débat contradictoire entre l'accusation et la défense », Cir., 2 sept. 2004, CRIM-04-12-E8, 2.3.2.3 (C. proc. pén., art. 495-9 ; C.C., 22 juill. 2005, déc. n° 2005-520 DC, cons. 3). - Les premières études pratiques, qui laissent apparaître un taux d'homologation de l'ordre de quatre-vingt-dix pourcent, tendent à confirmer la faiblesse du contrôle exercé par le juge : J. BUISSON, « Bilan de 18 mois d'application de la procédure de comparution sur reconnaissance préalable de culpabilité (propos introductifs) », *in Les entretiens du Palais - Rencontres avocats-magistrats*, *Gaz. Pal.* 27-28 oct. 2006, p. 3155.

[1251] À charge ensuite, pour lui, bien entendu, de vérifier la proportionnalité de la peine au regard des circonstances (supposées) de la commission de l'infraction et la personnalité du prévenu : C. proc. pén., art. 495-11, al. 1er.

[1252] *Cf.* Crim., 10 nov. 2010, pourvoi n° 10-82.097, *JurisData* n° 2010-022630, *Procédures* 2011, comm. n° 108, obs. C. CHAVENT-LECLERC (faits d'atteinte sexuelle sur mineur).

lorsque les preuves sont minces ? L'analyse économique du droit, qui peut se prévaloir de plusieurs décennies d'étude du plaider coupable américain l'indique : le procureur ne peut déterminer « s'il est face à un prévenu coupable ou innocent et fait néanmoins une offre »[1253]. Certes, son offre de peine est plus faible ; mais le système est incapable - sauf à augmenter les ressources du procureur, ce qui est évidemment contraire à la logique de l'institution - de protéger les innocents. La seule planche de salut pour la personne poursuivie, observe encore la théorie des jeux, est alors de pouvoir compter sur l'appui d'un avocat bien rémunéré[1254]. Toutes ces données renforcent le sentiment qu'une procédure telle que la CRPC n'a rien de comparable avec un jugement traditionnel dont le cœur reste l'*office de véridiction.* Si on devait la qualifier, l'expression la plus convenable serait celle d'*alternative au jugement*. L'étude du plaider coupable américain, qui est en partie la source d'inspiration de la procédure de comparution sur reconnaissance préalable de culpabilité, en donne confirmation.

b. Le plaider coupable américain

131. ***Vers une autre tradition de l'aveu.*** Le *plea guilty*[1255] est l'une des deux formes d'ouverture du procès pénal américain. Faisant le choix de plaider coupable, le prévenu ou l'accusé refuse alors le procès sur la culpabilité en négociant (acceptant) soit un allègement de charges - on parle alors de *charge bargaining* - soit une moindre sanction - on parle alors de *sentence bargaining*[1256]. Le juge n'a dès lors plus qu'à prononcer sur la peine, selon le principe de division très strict, en droit américain, des questions de culpabilité et des questions de peine[1257]. La partie poursuivante - qu'on peut appeler, par approximation, le parquet - est aussi bien dispensée de la charge de réunir les preuves normalement destinées à convaincre le jury de la culpabilité de la personne poursuivie au-delà de tout doute raisonnable (*beyond a reasonable doubt*). Il n'est pas inutile d'observer, pour comprendre les raisons de son développement en droit américain (pour ce qui est de son succès, il faudra revenir sur cette question), que le *plea bargaining* fait certes son apparition après la Guerre de Sécession (1861-1865). Mais la pratique devient officielle, et se propage alors, à compter de la prohibition (1919-1933), période particulièrement répressive qui, en raison de l'engorgement du rôle des juridictions, conduit inévitablement à un large emploi de cette procédure accélérée[1258]. Quoi qu'il en soit, et contrairement à ce qui est parfois affirmé[1259], cette

[1253] L. ANCELOT, M. DORIAT-DUBANT, « La procédure de comparution sur reconnaissance préalable de culpabilité ; l'éclairage de l'économie du droit sur l'équité du plaider coupable », *Archives de politique criminelle*, 2010/1, n° 32, p. 269-287, spéc. p. 273-274.

[1254] *Ibid.*

[1255] En réalité, la procédure de plaider coupable n'est pas propre aux États-Unis. Elle existe aussi en Angleterre et au Canada. Elle revêt plus ou moins les mêmes caractéristiques, à cette différence importante qu'elle ne permet pas, du moins *de jure*, la négociation. Si l'exemple des États-Unis a été choisi, c'est qu'il constitue le modèle le plus médiatisé et celui sur lequel les plus nombreuses recherches ont été menées, tant dans la littérature francophone qu'anglophone.

[1256] N. DONGOIS, B. VIREDAZ, « De l'américanisation des sciences pénales européennes », *Mélanges Gassin, op. cit.*, p. 215-232, spéc. p. 217 ; v. encore I. PAPADOPOULOS, *« Plaider coupable ». - La pratique américaine. - Le texte français*, PUF, Droit et justice, Paris, 2004, spéc. p. 19.

[1257] I. PAPADOPOULOS, *op. cit.*, spéc. note (1), p. 19.

[1258] N. DONGOIS, B. VIREDAZ, « De l'américanisation des sciences pénales européennes », *Mélanges Gassin, op. cit.*, p. 215-232, spéc. p. 217-218.

[1259] N. DONGOIS, B. VIREDAZ, *op. cit.*, p. 217 ; v. aussi, plus nuancé, I. PAPADOPOULOS (dir.), *« Plaider coupable ». - La pratique américaine, Le texte français*, *op. cit.*, spéc. p. 22.

procédure ne repose pas sur un aveu central, du moins au sens où serait tenté de l'entendre le juriste continental. Comme l'énonçait déjà la Cour Suprême des États-Unis, dans une affaire où il était contesté que la déclaration centrale, analysée par le demandeur comme un aveu, pût servir, ainsi devenue *aveu extrajudiciaire*, à une autre condamnation : « Un plaider-coupable diffère, tant dans son but que dans ses effets, d'une simple reconnaissance <*admission*>[1260] ou d'un aveu extrajudiciaire <*extrajudicial confession*> ; il est lui-même une condamnation. Comme le verdict d'un jury, il est définitif <*conclusive*>. Rien d'autre n'est exigé ; la juridiction doit seulement rendre le jugement et prononcer la sanction »[1261]. En 1969, repoussant une nouvelle fois la qualification d'aveu, elle ajoutait qu'«[u]n plaider-coupable <*plea of guilty*> est bien plus qu'un simple aveu par lequel l'accusé reconnaît qu'il a commis un certain nombre d'actes ; il est, lui-même, une condamnation ; il n'est dès lors rien d'autre à faire que de rendre la sentence et de déterminer la peine »[1262]. Elle concluait, sans démenti, en 1970, que « [l]e plaider [coupable] est plus que la reconnaissance d'une conduite passée ; il est le consentement du défendeur à ce qu'un jugement de condamnation soit prononcé sans procès - une renonciation à son droit au procès devant un jury ou un juge »[1263]. Ce « consentement » ou cette « renonciation » qui a les effets immédiats d'une « condamnation » appellent de nombreux commentaires.

On perçoit, tout d'abord, la probable complexité de la notion d'aveu. Lorsque la Cour Suprême des États-Unis évoque l'aveu - pour mieux le repousser, semble-t-il -, elle fait référence à un objet étranger à la culture juridique française contemporaine. Comme on l'a finement expliqué, « [d]ans la culture judiciaire américaine, ce n'est pas tant la concordance entre les faits réellement survenus et les faits publiquement déclarés qui intéresse le système judiciaire, mais plutôt l'adéquation entre un récit vraisemblable sur les circonstances du crime et le récit de l'accusé. Cette culture n'est pas obnubilée par la vérité factuelle en elle-même ; elle se préoccupe plutôt de la vraisemblance et de l'acceptabilité des récits des participants. Dès lors, peu importe si les choses ne se sont pas tout à fait passées de la façon décrite dans la convention passée entre le parquet et l'accusé puis homologuée par le juge ; il suffit que l'accusé atteste des faits en conscience de cause »[1264]. En d'autres termes, « [l]e plaider coupable, comme acte de langage, ne se réfère pas uniquement à des faits passés, mais regarde aussi vers le futur (*foward-looking*). C'est un performatif, et non une simple déclaration se bornant à avaliser le récit officiel du crime, qui déplace l'accusé dans le réseau des droits et des obligations constituant le négoce juridique »[1265]. En effet, en droit américain, « l'aveu » a une dimension égalitaire ; il signifie quelque part, et c'est en cela qu'il est performatif, *retour vers la communauté*. Il a, d'une certaine manière, une nature contractuelle - on peut même dire qu'il est l'expression de la volonté, mais non pas de la volonté qui *reconnaît les faits*, mais de la volonté qui accepte d'endosser sa

[1260] Sur cette notion, v. *infra*, n° 158-159 & 162.

[1261] Cour Suprême des États-Unis, 2 mai 1927, *Kercheval v. United States*, *United States Supreme Court Reports* 1927, n° 274, p. 220 et s., spéc. p. 223

[1262] Cour Suprême des États-Unis, *Boykin v. Alabama*, *United States Supreme Court Reports* 1969, n° 692, p. *238* et s., spéc. p. 242.

[1263] Cour Suprême des États-Unis, *Brady v.United States*, *United States Supreme Court Reports* 1970, n° 397, p. 742 et s., spéc. p. 748 (pour cet arrêt, traduction I. PAPADOPOULOS (dir.), *op. cit.*, spéc. p. 22).

[1264] I. PAPADOPOULOS, *op. cit.*, p. 23-24.

[1265] I. PAPADOPOULOS, *op. cit.*, p. 24.

responsabilité pour reconstruire des liens avec la communauté[1266]. Par conséquent, qu'il y ait ou non « aveu », ce que l'on désigne par cette formule n'a rien de comparable à *l'aveu* de la tradition romano-germanique. À cet égard, la philosophie nous enseigne que l'aveu peut remplir deux fonctions radicalement différentes. Une fonction véridictoire, d'une part, familière à tradition française, et une fonction performative, de l'autre[1267]. C'est cette seconde forme qui, historiquement, est apparue la première et elle ne laissait pas de renvoyer *à l'expression d'un état*, plus précisément à *l'état d'allégeance* par lequel un vassal *reconnaissait* tenir un fief de son suzerain[1268]. Et, en définitive, cette forme d'aveu ne serait rien d'autre qu'une *autocondamnation*. Quelques écrits du jurisconsulte Paul rendent parfaitement compte de cette conception perdue de l'aveu ; comme il se demandait pourquoi l'aveu permet de faire l'économie du jugement, il parvenait à cette singulière conclusion : ***avouer c'est s'instituer juge de soi-même, autrement dit se condamner :*** **quodammodo sua sententia damnatur**[1269].

132. ***Jugement hypothétique et hypothèse de culpabilité.*** Toutes ces considérations ramènent à un point. Quelles que soient les garanties dont on croit entourer la procédure sur reconnaissance préalable de culpabilité et quelles que soient les références faites à la reconnaissance des faits ou à la qualification juridique idoine, cette procédure ne peut que s'orienter vers la forme de jugement qui l'a inspirée : le *plaider-coupable* américain. Sans même se livrer à une étude empirique de grande ampleur, on peut d'ores et déjà affirmer que le juge ne s'embarrasse pas d'une vérification des faits ; le pourrait-il, d'ailleurs, alors que l'esprit même de cette procédure dispense d'une longue recherche des preuves et aboutit à un dossier de procédure particulièrement allégé[1270] ? Et comme, de toute évidence, la présence du procureur de la République à l'audience d'homologation n'est pas une condition de validité de la procédure, tous les signaux sont ainsi envoyés pour que le travail du juge du siège ne soit pas confondu avec une mission de jugement[1271]. Reste alors à dire quelques mots du contenu de l'alinéa 2, de l'article 495-14 du Code de

---

[1266] I. PAPADOPOULOS, « La preuve : vérité ou vraisemblance ? », p. 123-145, *in* A. GARAPON, I. POPADOPOULOS, *Juger en Amérique et en France*, Odile Jacob, Paris, 2003, spéc. p. 126-127 : « La confession publique devant ses égaux ouvre l'accès à la communion et à la vie réconciliée. Le cadre non plus vertical et hiérarchisé, mais horizontal et égalitaire de la vérité confessée requiert, paradoxalement dans ce monde individualiste, des communautés très compactes et étroitement encadrées, qui exercent un contrôle social sur l'individu sans commune mesure avec les pays catholiques ». En conséquence, la vérité n'est pas gérée par un appareil officiel, mais « elle est agréée par des pairs, qui statuent en gardiens de la procédure convenue », p. 127.

[1267] R. DULONG, J.-M. MARANDIN, « Analyse des dimensions constitutives de l'aveu en réponse à une accusation », *in* R. DULONG (dir.), *L'aveu. - Histoire, sociologie, philosophie*, PUF, Droit et justice, Paris, 2001, p. 135-179.

[1268] R. DULONG, J.-M. MARADIN, *op. cit.*, p. 154.

[1269] Cité par Y. THOMAS, « L'aveu, de la parole au corps (Rome, Ve siècle av. J.-C. - VIe siècle apr. J. C.) », *in* R. DULONG (dir.), *op. cit.*, p. 17-56, spéc. p. 17. - C'est la raison pour laquelle on a pu remarquer qu'un aveu obtenu à la suite d'une proposition de peine atténuée, comme cela est possible en droit allemand, serait condamné aux États-Unis comme involontaire, alors même que le juge américain accepte un *guilty plea* pour éviter la peine de mort, et ce, sans la moindre vérification judiciaire de l'exactitude de l'accusation : M. D. DUBBER, « American Plea Bargains, German Law Judges, and the Crisis of Criminal Procedure », *Standford Law Review* 1997, n° 40, p. 547, spéc. p. 587, S. C. THAMAN, « L'autocondamnation dans la procédure pénale. - La dialectique de l'aveu et la reconnaissance de culpabilité », *in Mélanges offerts à Jean Pradel,* Éd. Cujas, Paris, 2006, p. 939-954, spéc. p. 42, note (24).

[1270] C. RIBEYRE, *La communication du dossier pénal*, PUAM, Aix-en-Provence, 2007, n° 322.

[1271] V. *supra*, n° 130.

procédure pénale. Selon cette disposition, « [l]orsque la personne n'a pas accepté la ou les peines proposées ou lorsque le président du tribunal de grande instance ou le juge délégué par lui n'a pas homologué la proposition du procureur de la République, le procès-verbal ne peut être transmis à la juridiction d'instruction ou de jugement, et ni le ministère public ni les parties ne peuvent faire état devant cette juridiction des déclarations faites ou des documents remis au cours de la procédure ». L'objectif paraît assez net. Il s'agit d'éviter que, en cas d'échec, *les déclarations du prévenu* soient utilisées à l'occasion d'une procédure ultérieure[1272]. Cette règle pourrait accréditer l'idée que la comparution sur reconnaissance de culpabilité repose sur un aveu central[1273], car s'il s'agissait d'une véritable « reconnaissance de culpabilité », il serait impossible de ne pas en tirer argument lors d'une autre instance[1274]. À la vérité, une déclaration de culpabilité n'est pas incompatible avec une limitation de sa portée. Le droit américain en connaît d'ailleurs une forme particulière qui prend le nom de *plea nolo contendere*, c'est-à-dire un *plaidoyer* par lequel le prévenu ou l'accusé *ne conteste pas sa culpabilité* (tel est le sens de la formule latine : *nolo contendere*), mais refuse que cette déclaration puisse être ultérieurement utilisée contre lui[1275]. On perçoit, sous ce nouvel éclairage, toute la singularité de la procédure de comparution préalable de culpabilité ; elle est largement irréductible à tout mécanisme existant du droit français et ne saurait être interprétée, pour cette simple raison, comme une banale conséquence du renouveau du libéralisme procédural. Entièrement assise sur une forme d'aveu peu connue du juriste français (et sans doute continental), elle ne peut s'expliquer autrement que par la transplantation d'une institution provenant d'une culture juridique différente. Le droit italien, qui connaît également une procédure dérivée du *plea bargaining*, la procédure dite « pour l'application de la peine à la demande des parties » [1276], mieux connue sous le nom - qui en montre bien l'origine américaine - de « *patteggiamento* » (qui signifie « marchandage »), donne un excellent exemple de la difficulté qu'éprouvent les droits de tradition romano-germanique à acclimater une telle institution. Il est certes exact que la Cour constitutionnelle

---

[1272] Et pour une première application de cette règle : Crim., 17 sept. 2008, pourvoi n° 08-80.858, *Bull. crim.*, n° 192, *D.* 2008, p. 2602, obs. M. LÉNA, *D.* 2008, p. 2904, note J. LASSERRE CAPDEVILLE, *D.* 2009, p. 2238, obs. J. PRADEL, *AJ pén.* 2008, p. 515, obs. C. SAAS, *RSC* 2009, p. 412, obs. R. FINIELTZ, *JCP G* 2008, II, 10 194, note J.-R. YANNICK. Dans un arrêt récent (Crim., 30 nov. 2010, pourvoi n° 10-80.460, *D.* 2011, p. 166, *D.* 2011, p. 2231, obs. J. PRADEL), la Cour de cassation a néanmoins précisé que « si, le procès-verbal de comparution sur reconnaissance préalable de culpabilité ne pouvait, postérieurement à l'échec de cette procédure, figurer au dossier soumis à la juridiction saisie des poursuites, l'arrêt n'encourt pas la censure, dès lors qu'il n'a pas été porté atteinte aux intérêts du prévenu, les juges fond ne s'étant pas fondés sur cette pièce pour asseoir en tout ou en partie leur conviction sur la culpabilité et que cette irrégularité est sans effet sur les actes antérieurement accomplis » (l'arrêt laisse entendre l'exigence d'un grief - il devrait être présumé).

[1273] D'ailleurs, rien ne semble faire obstacle à ce que, en cas de succès, les pièces de la procédure soient utilisées dans le cadre de nouvelles poursuites sur d'autres chefs : comp., Crim., 26 oct. 2010, pourvoi n° 10-82.261, non publié : l'article 495-14 du Code de procédure pénale ne peut s'appliquer au délit distinct de celui qui avait été « inclus dans la procédure de comparution sur reconnaissance préalable de culpabilité ».

[1274] V. *infra*, n° 160 et s., les limites pratiques de cette règle.

[1275] S. C. THAMAN, *Comparative Criminal Procedure*, *op. cit.*, p. 164. L'auteur, américain, considère d'ailleurs que c'est le meilleur rapprochement possible pour décrire la procédure française de CRPC.- V., encore, S. C. THAMAN, « L'autocondamnation dans la procédure pénale. - La dialectique de l'aveu et la reconnaissance de culpabilité », *op. cit.*, p. 44.- Comp., *infra*, n° 162, avec la solution allemande telle qu'elle résulte d'une loi de 2009.

[1276] C. proc. pén. ital., art. 444.

italienne[1277], tout comme le Conseil constitutionnel français, a estimé que cette nouvelle procédure offrait toutes les garanties suffisantes d'une justice traditionnelle. Mais la Cour suprême de cassation a voulu marquer sa différence dans un arrêt dont la motivation met parfaitement lumière la problématique générale du plaider coupable. Dans cette affaire, la Haute juridiction était saisie d'un pourvoi formé par deux prévenus condamnés, dans ce cadre, à une peine de deux ans d'emprisonnement et qui se plaignaient de ce que les premiers juges aient fait mention, dans leur décision, de leur « culpabilité ». Ils demandaient, aussi bien, l'annulation de l'arrêt attaqué et l'emploi, « en lieu et place de la déclaration de culpabilité et de conviction, d'une expression mieux appropriée », comme celle mentionnant la *décision* « acceptée en "en application de la peine" ». De manière assez singulière, la Cour suprême[1278], qui se livre d'ailleurs à une longue analyse de cette nouvelle institution, ne reste pas insensible à l'argumentation. Sa conclusion est digne d'être reproduite : « nous sommes confrontés à une nouvelle institution, insérée dans notre droit, et destinée à réduire le procès à un jugement dans lequel, la formule "déclaration de culpabilité - application de la peine", ayant été divisée, il n'y a aucune vérification, de la part du juge, d'une violation effective par le défendeur des intérêts protégés par la norme dont on présume qu'elle a été violée et la culpabilité de la personne objet des poursuites. Le ministère public est déchargé du fardeau de la preuve de la responsabilité et le prévenu accepte, sur la foi d'une évaluation toute personnelle de ses intérêts, une délimitation escomptée de la procédure tout en profitant d'une sorte de "récompense". Si on devait classer cette institution, on pourrait certainement la faire figurer au titre des celles définies comme "jugement hypothétique" *et, à l'intérieur de cette catégorie, "une hypothèse de responsabilité"* »[1279]. La formule est frappante et elle pourrait être aisément transposée à l'analyse du droit français. Elle montre, de toute évidence, que l'explication tirée du libéralisme n'est pas toujours suffisante et qu'il faut tenir

---

[1277] Cour constitutionnelle italienne, 2 juillet 1990, décision n° 313/1990, *Giustizia e Costituzione* 35, spéc. 4.2 (en droit), le juge constitutionnel prend le soin de montrer que le juge ne perd pas son pouvoir d'appréciation des faits et des qualifications, car le dossier qui lui est transmis exprime des faits matériels. On remarquera que, dans cette décision, la Cour Constitutionnelle a censuré l'ancien article 444, sect. 2 du *Codice di Procedura Penale*, qui, pour la juridiction, privait le juge de la faculté de s'assurer que la peine était proportionnée à la gravité de l'infraction, y compris les dommages causés par l'infraction. L'article fut donc modifié de manière à permettre au juge, dans le cadre du plaidoyer de culpabilité, de vérifier ce rapport : L. n° 479, 16 déc. 1999, *Raccolta ufficiale degli atti normativi della Repubblica Italiana* 1999, XIII, 6496.

[1278] Cour suprême italienne, 19 févr. 1990, *Giustizia penale* 1990, III, 271.

[1279] L'opinion dominante tend toutefois à considérer, en Italie, que la procédure aboutit à un *véritable* jugement de condamnation, car elle débouche sur le prononcé d'une *véritable* peine (on ne saurait appliquer une peine, notamment lorsque celle-ci a une fonctionne rééducative - Cour constitutionnelle italienne, 26 juin 1990, n° 313/1990 : *considerato in diritto* § 8 -, à un individu qui a *hypothétiquement* besoin d'être rééduqué) ; par ailleurs, la reconnaissance de culpabilité ne pourrait jamais dispenser l'accusation de la « charge de la preuve » (« *onore della prova* ») - il y aurait autrement atteinte à l'indisponibilité de l'action publique, c'est-à-dire l'indisponibilité de *l'intérêt social à la répression de l'infraction :* A. SEGRETO, « Ancora sulla natura della sentenza di patteggiamento », *Archivio della nuova procedura penale*, n° 2-2000 (avr. 2000), p. 113-118, spéc. p. 114, S. C. THAMAN, « L'autocondamnation dans la procédure pénale. - La dialectique entre l'aveu et la reconnaissance de culpabilité », *op. cit.*, p. 944, note (31)). On a cependant proposé aussi de voir dans ce mécanisme une sorte de reconnaissance de responsabilité ou, pour le moins, une espèce d'aveu portant sur des faits concluants : BAGLIONE, « Sulla sentenza di cui all'art. 444 c.p.p. », *Archivio della nuova procedura penale* 1990, p. 253). Un autre auteur a proposé le concept de non-contestation, une sorte de reconnaissance partielle (*ammissione* - mot qui comporte la même ambiguïté qu'en droit français) : VITTORINI-GIULIANI, « La richiesta di patteggiamento, come espressione di un nolo contendere », *Cassazione penale* (Rivista mensile di giurisprudenza) 1992, p. 107.

compte des phénomènes d'acculturation. La procédure sur reconnaissance préalable de culpabilité en fournit un excellent exemple. Ces précisions étant faites, il est désormais possible de s'attacher à décrire les signes véritables d'un renouveau du libéralisme procédural, c'est-à-dire ceux qu'émet le phénomène de contractualisation.

B. Les signes véritables d'un renouveau du libéralisme procédural ou la contractualisation du règlement des conflits

133. ***La notion de contractualisation et ses raisons.*** En tenant compte de la signification socio-politique des institutions, et tout particulièrement de leur dimension individualiste plutôt que solidariste, la méthode classique a pu mettre sur la voie. Désormais expurgée de son principal défaut, qui est la méconnaissance des phénomènes d'acculturation, on peut la reprendre. Elle enseigne notamment que la réapparition du contrat est généralement le signe d'un renouveau du libéralisme procédural, et il en est spécialement ainsi lorsque le contrat s'immisce dans le règlement des conflits. Il est au-delà du champ de la présente étude de montrer l'impact de la « contractualisation des modes de règlement des litiges » sur le droit de la preuve. L'examen serait trop vaste, car il intègrerait à la fois les modes judiciaires et les modes extrajudiciaires de règlement des litiges[1280]. En conséquence, on ne pourra guère que mentionner, un peu plus tard, « la contractualisation du procès » [1281], c'est-à-dire la contractualisation ayant affecté la dimension « matérielle ou substantielle » de l'institution judiciaire[1282] ; pour le dire encore autrement, il faudra s'interroger sur le droit de la preuve au sein des *modes judiciaires* de règlement des litiges et mesurer l'impact précis du phénomène de contractualisation. Mais la présente démonstration a une autre finalité qui consiste à montrer la place grandissante accordée au contrat à l'intérieur des modes de règlement des conflits, tant judiciaires qu'extrajudiciaires. Il s'agit donc d'identifier une nouvelle relation significative typique et de confirmer ce renouveau, ci-dessus décrit, du libéralisme procédural. Il est, semble-t-il, de bonne méthode de raisonner en deux temps, en interrogeant, tout d'abord, la notion même de contractualisation (1) qui paraît avoir posé quelques difficultés à la doctrine. Afin d'éviter toute erreur d'interprétation, il faut se pencher, ensuite, sur les facteurs possibles de ce renouveau du contrat dans le domaine procédural et s'assurer qu'ils recoupent les facteurs plus généraux auxquels on attribue généralement la responsabilité des élancées libérales (2).

1. La signification de la contractualisation du règlement des conflits

134. ***Panorama rapide de la littérature scientifique.*** Chaque étape de transformation rapide et profonde du droit entraîne généralement une longue période d'incertitude conceptuelle, la doctrine s'attachant à appréhender la nouveauté au moyen de concepts connus ou en forgeant de nouveaux concepts. Et

---

[1280] L. CADIET, « Propos introductif : "faire lien" », *in* S. CHASSAGNARD-PINET, D. HIEZ, *La contractualisation de la production normative*, Dalloz, Thèmes & commentaires, Actes, Paris, 2008, p. 169-184, spéc. p. 169.

[1281] L. CADIET, *op. cit.*, p. 169.

[1282] *Op. cit.*, p. 170. - V. aussi, P. ANCEL, *V° Contractualisation*, *in* L. CADIET (dir.), *Dictionnaire de la justice,* PUF, Paris, 2004.

encore, lorsque les concepts sont connus, il n'est pas rare que, gênée aux entournures par un objet aux angles trop aigus, la doctrine force un peu les coutures. Rien n'est donc moins certain, en ces périodes, que le vocabulaire utilisé, et c'est à un premier effort de clarification qu'il faut s'atteler. Sous ce regard, voilà quelques années que l'on parle de « contractualisation » comme d'un phénomène nouveau, évolutif, auquel le droit serait en proie. Un recensement de la littérature francophone montre que les premières études datent des années 1980, avec une attention toute particulière portée au droit de la famille ou au droit du travail. On remarque néanmoins que, dans ce panorama scientifique qui se poursuit jusqu'à la fin du XXe siècle, la doctrine est encore hésitante en matière de procédure et de justice[1283]. Quelques pénalistes ont bien, il est vrai, précocement fait état d'une insertion progressive du contrat dans leur matière[1284], mais ils ont souvent souligné le caractère ambigu de la formule ne pouvant signifier, autre chose, compte tenu de la place éminente de l'État, qu'une forme de « justice participative » ou « justice consensuelle », l'hypothèse d'une « justice négociée », c'est-à-dire *véritablement contractuelle*, étant, soit repoussée purement et simplement[1285], soit déclarée possible, mais non vérifiée à l'analyse, en raison du maintien de l'unilatéralisme (hiérarchique) propre à la procédure pénale[1286]. En procédure civile, l'évocation du phénomène contractuel est plus tardive. Quelques auteurs ont effectivement été amenés, à la faveur de travaux collectifs, à s'interroger sur la réalité d'un tel mouvement en procédure, mais aucun n'a cru percevoir rien de véritablement significatif jusqu'à une période relativement récente. Le Professeur Cadiet pouvait aussi bien affirmer, en 2007[1287], qu'à l'occasion des premières conférences organisées sur le sujet, les intervenants conviés n'évoquaient guère que le contrat de procédure et des dispositifs *apparemment* traditionnels comme la *transaction*, la *conciliation* et *l'arbitrage*[1288]. Les premières conclusions évoquant le déploiement du contrat dans le règlement des litiges civils ne sont font jour, de fait, qu'au début du XXIe siècle, et c'est donc sans véritable recul qu'il faut les évoquer[1289]. Plusieurs précautions méthodologiques et précisions sémantiques s'imposent à cet endroit.

[1283] On n'évoque guère que la conciliation, la médiation et l'arbitrage : M. BARBET, « De l'ombudsman au médiateur », *Mélanges Ancel*, *T. 1*, Pédone, Paris, 1975, p. 231 et s , B. FAUCHER, *La conciliation*, Thèse Paris II, Paris, 1980, Y. DESDEVISES, « Remarques sur la place de la conciliation dans les textes récents de procédure civile », *D.* 1981, p. 241 et s., P. ESTOUP, « Étude et pratique de la conciliation », *D.* 1986, p. 161, B. OPPETIT, « Arbitrage, médiation et conciliation », *Rev. Arb.* 1984, p. 307 et s., Ch. JARROSSON, *La notion d'arbitrage*, LGDJ, Paris, 1987, D. AQUARONE, « Les évolutions récentes de la négociation en droit du travail », *in* A. PIROVANO (dir.) *Changement social et droit négocié*, Economica, Paris 1988, p. 261 et s.

[1284] Ph. SALVAGE, « Le consentement en matière pénale », *RSC* 1991, p. 699, n° 1 ; v. aussi, à propos de la « justice négociée » : F. TULKENS, *in* M. DELMAS-MARTY (dir.), *Procédures pénales d'Europe*, PUF, Paris, 1992, p. 551 et s.

[1285] X. PIN, « La privatisation du procès pénal », *RSC* 2002, p. 245-261, spéc. p. 247. - L'auteur repousse cette qualification, pour cette raison qu'il n'existe rien, en France, à l'époque, qui rappelle les procédures négociées du droit anglo-américain.

[1286] V., en ce sens, les remarques de M. VAN DE KERCHOVE, « Contractualisation de la justice pénale ou justice pénale contractuelle », *in* S. CHASSAGNARD-PINET, D. HIEZ, *La contractualisation de la production normative*, Dalloz, Thèmes & commentaires, Actes, Paris, 2008, p. 187-201, p. 191.

[1287] L. CADIET, « Introduction », *in* S. CHASSAGNARD-PINET, D. HIEZ, *Approche critique de la contractualisation*, LGDJ, Paris, 2007, p. 9-17, spéc. p. 9 ; et v. encore L. CADIET, « Propos introductif : "faire lien" », *in* S. CHASSAGNARD-PINET, D. HIEZ, *La contractualisation de la production normative*, *op. cit.*, p. 169-184, spéc. p. 169-170.

[1288] V., par ex., F. KERNALEGUEN, « La solution conventionnelle des litiges civils », *in* L. CADIET (coord.), *Le droit contemporain des contrats*, (préf. G. Cornu), Economica, Paris, 1987, p. 65-87.

[1289] V. les réf. citées *infra*.

135. ***La notion de contractualisation.*** Pour parvenir à penser la « contractualisation » dans le domaine du règlement des litiges, les auteurs ont dû, tout d'abord, élargir considérablement la notion de « contrat ». L'approche civiliste conduit, en effet, très vite à une impasse. Si elle permet d'appréhender les « clauses de différend », la transaction, ainsi que le compromis d'arbitrage[1290], elle semble refouler des mécanismes qui paraissent intuitivement faire une grande place à l'autonomie de la volonté. Néanmoins, comme on l'a pertinemment observé, « il faudrait cesser de penser le système juridique comme un ensemble de tiroirs rigides, hors desquels on laissera ce qui ne se range pas bien au carré »[1291]. La qualification contractuelle doit aussi bien être ouverte à ce qui « [d]u point de vue de la source de la relation contractuelle [comprend] une participation (plus ou moins formalisée) des acteurs à la détermination de leur situation » et « [d]u point de vue des effets, un engagement qui lie (sous réserve des pouvoirs qui peuvent être reconnus au juge), et qui ajoute à l'ordre juridique impératif »[1292]. Dans cette acception, la contractualisation permet d'appréhender les modes alternatifs de résolution des conflits, comme la conciliation ou la médiation, dans une certaine mesure aussi, les processus issus du droit collaboratifs et les modes de règlement, comme le *plea bargaining*, basés sur la négociation[1293]. Il semble, néanmoins, que la définition soit, une nouvelle fois, insuffisante. La notion de *contractualisation*, a-t-on bien observé, ne saurait être uniforme : il est des « usages dégradés ou métaphoriques de la notion de contrat, car, en vérité, elle consiste surtout dans l'emploi d'une certaine procédure d'élaboration des normes, règles et décisions, de type contractuel en ce qu'elle fait appel à des phénomènes de participation des parties concernées, tantôt simple adhésion, tantôt véritable négociation, *contrahere* plutôt que *contractus*, d'où vient que, dans l'ordre de la production normative, contractualisation et procéduralisation ont partie liée, se combinent plus qu'ils ne s'opposent »[1294]. C'est donc la diffusion de la *procédure* contractuelle qui importe, et sous ce regard, rien ne s'oppose à la prise en compte de mécanismes fort différents, comme la composition pénale, la médiation pénale, dans laquelle, pourtant, le prévenu ne dispose, *a priori*, d'aucun pouvoir de négociation, et encore de la comparution sur reconnaissance préalable de culpabilité. Voilà toutes les figures contractuelles qui se diffusent dans le droit actuel, qui s'étirent, sur un axe unique qui rend compte des diversités d'intensité, de la solution *participative* à la solution *négociée* en passant par la solution *consensuelle*.

136. ***L'étendue du phénomène de contractualisation.*** Quant à la vigueur du phénomène de contractualisation, elle est très difficile à mesurer. Il ne faut sans doute pas oublier, au premier chef, qu'une forme particulièrement développée de contractualisation existe, depuis fort longtemps, en procédure civile, sous la forme

---

[1290] P. ANCEL, « Contractualisation et théorie générale du contrat : quelques remarques méthodologiques », *in* S. CHASSAGNARD-PINET, D. HIEZ, *Approche renouvelée de la contractualisation*, spéc. n° 7. - V. aussi, L. CADIET, « Propos introductif ... », *op. cit.*, p. 174.
[1291] P. ANCEL, *op. cit.*, n° 18.
[1292] *Op. cit.*, n° 21.
[1293] V. *supra*, n° 131.
[1294] L. CADIET, *op. cit.*, p. 176.- Et v., déjà, S. Chassagnard-Pinet et D. Hiez, en introduction de leur ouvrage : S. CHASSAGNARD-PINET, D. HIEZ, *Approche renouvelée de la contractualisation*, *op. cit.*, p. 12 : « le terme de contractualisation, bien plus qu'à la forme renvoie à la procédure contractuelle ; la rationalité supposée de celle-ci - chargée d'assurer une prise en compte des intérêts des parties en présence - explique l'attractivité de ce mode décisionnel et la légitimité dont est parée la norme qui en découle ».

de la « transaction »[1295]. L'histoire montre aussi que la composition et le compromis imprégnaient également les procédures du droit romain et du bas Moyen Âge[1296]. On ne doit cependant pas accorder trop d'importance au passé. Le fait que le contrat ait eu une grande place, à une certaine époque, dans le règlement des litiges et le fait que le contrat retrouve une certaine place, aujourd'hui, ne doivent pas être interprétés comme un retour à la justice du passé. Comme on l'a bien observé, spécifiquement à propos de la procédure pénale, « [c]ette récurrence cependant n'est qu'apparente, car les phénomènes passés n'ont jamais les mêmes motifs que des phénomènes actuels similaires et les mots qui les désignent ont rarement le même sens »[1297]. Enfin, même si la transaction a toujours eu une place de choix au sein de la procédure civile, il ne faut pas négliger ce phénomène nouveau, qui est « l'intervention sur ce terrain du législateur contemporain, qui cherche par divers moyens à promouvoir les règlements transactionnels, soit en institutionnalisant des processus de médiation ou de conciliation qui y conduisent, soit en renforçant l'efficacité de l'accord des parties lorsqu'il se réalise »[1298]. On observe, en effet, depuis plusieurs années[1299], un développement important des *modes alternatifs de règlement des conflits* (*MARC*) *ou des litiges* (*MARL*)[1300], encore appelés, par la doctrine anglo-américaine, *Alternative Dispute Resolution*

[1295] P. ANCEL, « La contractualisation de la justice : jusqu'où aller ? En procédure civile », *in* L. CADIET, L. RICHER, *Réforme de la justice, réforme de l'État*, PUF, Droit et justice, Paris, 2003, p. 192-197, spéc. p. 192.

[1296] L. CADIET, « I modi alternativi di regolemento dei conflitti in Francia tra tradizione e modernità », *Rivista trimestriale di diritto e procedura civile*, 2006, n° 4, p. 1169-1194, N. ROULAND, *Anthropologie juridique*, PUF, Paris, 1988, spéc. p. 291 et s. & p. 441 et s.- *Adde*, L. CADIET, « Propos introductif : "faire lien" », *op. cit.*, spéc. p. 170, L. CADIET, J. NORMAND, S. AMRANI MEKKI, *Théorie générale du procès*, PUF, Thémis Droit, Paris, n° 118, p. 447 et s.

[1297] X. PIN, « La privatisation du procès pénal », *RSC* 2002, p. 245-261, spéc. p. 247.

[1298] P. ANCEL, *op. cit., loc. cit.*

[1299] L. CADIET, E. JEULAND, *Droit judiciaire privé*, 7e éd., LexisNexis, Paris, 2011, n° 423, p. 302 et les réf. citées.

[1300] La notion de *MARC* semble plus couramment utilisée que celle de *MARL*. Il est très difficile de dire quelle définition paraît la meilleure (et le récent décret n° 2012-66 du 20 janv. 2012, qui est venu compléter l'ordonnance de transposition - ord. n° 2011-1540, 16 nov. 2011, *JORF* 17 nov. 2011 - de la directive 2008/52/CE du parlement européen et du Conseil du 21 mai 2008 sur certains aspects de la médiation en matière civile et commerciale, a choisi le terme neutre de « différend » : décret « relatif à la résolution amiable des différends » - v. aussi, C. proc. civ., Livre V : « La résolution amiable des différends »). Il est acquis que les modes alternatifs de règlement sont des modes alternatifs au règlement juridictionnel des litiges. Dans ce dernier cas, on peut d'ailleurs parfaitement parler de *litige* puisque la juridiction a été saisie. Mais, dans le même temps, on sait que la notion de *litige* apparaît aussi sans que le juge soit nécessairement saisi. Il n'est « pas nécessaire que le juge soit saisi pour que le litige puisse être considéré comme né », L. CADIET, J. NORMAND, S. AMRANI MEKKI, *Théorie générale du procès*, *op. cit.*, n° 74, p. 303. On peut donc dire, comme le *Lexique de termes juridiques* de Raymond Guillien et Jean Vincent (16e éd., Dalloz, Paris, 2007, *V° Litige*) qu'il y a litige « lorsqu'une personne ne peut obtenir amiablement la reconnaissance d'une prérogative qu'elle croit avoir et envisage de saisir un tribunal pour lui soumettre une prétention ». Il y aurait donc un niveau inférieur où l'on pourrait encore parler de conflit, le *différend* pouvant se résoudre par le recours à un mode non juridictionnel de règlement ; le niveau, en définitive, de l'« antagonisme, intégrant des éléments très divers parmi lesquels le droit n'est généralement pas absent, mais qui comporte des dimensions sociales, économiques, politiques, psychologiques, irréductibles à la seule dimension juridique ». Au contraire, le litige serait une « opposition de prétentions, comportant du fait et du droit, apte à être entendue par un juge et à être tranchée par référence à une norme » (M-C. RIVIER, *V° Conflit/Litige, in* L. CADIET, *Dictionnaire de la justice*, PUF, Paris, 2004). On verra que s'il est possible de tracer une ligne entre le conflit et le litige, cette ligne n'apparaît qu'*a posteriori*, soit lorsque les parties sont parvenues à un accord avant même la saisine du juge, soit lorsque les parties ont effectivement saisi la juridiction (le judiciaire et l'extrajudiciaire constituent donc une ligne de démarcation pertinente).

(ADR)[1301]. On rappelle que les *MARC* regroupent, pour l'essentiel, la conciliation[1302] et la médiation[1303], cette dernière étant judiciaire[1304], extrajudiciaire

[1301] Qui est, en réalité, une expression bien plus large : L. CADIET, J. NORMAND, S. AMRANI MEKKI, *op. cit.*, *loc. cit.*, n° 118, p. 448, p. 452.

[1302] C'est le nouveau Code de procédure civile qui a pleinement intégré la conciliation à l'office du juge. On doit, en effet, au décret n° 73-1122 du 17 déc. 1973 (*D.* 1973, p. 6) d'avoir généralisé la conciliation à toute la procédure civile et de l'avoir élevée au rang de principe directeur de l'instance. Le décret n° 75-1123 du 5 déc. 1975 (*D.* 1975, p. 426) a codifié ces dispositions (C. proc. civ., art. 21), tout en créant un titre VI consacré à la conciliation (C. proc. civ., art. 127 et s.) - sur quoi, v. M. DOUCHY-OUDOT, J. JOLY-HURARD, *V° Médiation et conciliation*, *Rép. Dalloz pr. civ.*, spéc. n° 5, p. 3. Comme le juge ne paraissait pas être le mieux placé pour pratiquer la conciliation, le pouvoir réglementaire a placé ses espoirs dans des conciliateurs parallèles. C'est là l'objet du décret n° 78-831, du 20 mars 1978 (révisé par le décret n° 2012-66 du 20 janvier 2012), à l'origine de ce qu'on appelle, aujourd'hui, les « conciliateurs de justice » : R. MARTIN, « Quand le grain ne meurt... De conciliation en médiation », *JCP G* 1996, I, 3977, spéc. n° 5. On retiendra, cependant, que ces premiers conciliateurs, bien que rattachés au tribunal d'instance, n'ont d'abord reçu mission que de concilier les parties en dehors de toute procédure judiciaire. Deux décrets du 1996 ont progressivement fait évoluer la matière ; tout d'abord, le décret du 22 juill. 1996 (D. n° 96-652) qui a réorganisé les conditions et la procédure de conciliation devant le tribunal d'instance et qui a permis de confier cette mission aux conciliateurs de justice (C. proc. civ., art. 831) ; il semble que ce texte ait eu pour finalité de créer une exclusivité en faveur des conciliateurs de justice qui ne paraît pas avoir été remise en cause, ni par l'Ordonnance n° 2011-1540 du 16 novembre 2011, ni par le Décret n°2012-66 du 20 janvier 2012. Si l'article 25 de la loi n° 95-125 du 8 février 1995 renvoie bien (de manière générale) à un décret en Conseil d'État, le seul texte réglementaire pertinent est l'art. 831 du Code de procédure civile (non affecté par les réformes) qui réserve le préalable de conciliation au conciliateur de justice. - De manière plus générale, l'art. 1er, alinéa 2, du décret n° 78-381 du 20 mars 1978 *relatif aux conciliateurs de justice* dispose que les conciliateurs peuvent procéder aux tentatives de conciliation prévues par la loi, sauf en matière de divorce et de séparation de corps. L'article 128 du Code de procédure civile ajoute, par une formule qui existait déjà, mais dont la portée était douteuse, que « [l]e juge qui doit procéder à une tentative préalable de conciliation peut enjoindre aux parties de rencontrer un conciliateur de justice qui les informera sur l'objet et le déroulement de la conciliation […] » (une disposition de même nature a été introduite pour le médiateur, v. *infra*). - *Adde*, sur les dispositions antérieures, P. COUVRAT, G. GUIDICELLI-DELAGE, « Conciliation et médiation », *J.-Cl. Proc. civ., Fasc. n° 160*, spéc. n° 6.

[1303] On distingue souvent la conciliation de la médiation en soulignant que le médiateur joue un rôle plus actif dans la résolution du conflit (J. JOLY-HURARD, *Thèse préc.*, n° 31, p. 33-34, Ch. JARROSSON, *La notion d'arbitrage*, LGDJ, Paris, 1987, spéc. n° 348, p. 177 et les réf. citées par ces auteurs). En réalité, cette définition, qui n'est pas toujours acceptée (R. MARTIN, « Quand le grain ne meurt... de conciliation en médiation », *op. cit.*, n° 7 pour qui le conciliateur a un rôle plus actif), est combattue par certains textes internationaux (v., par exemple, la recommandation 95/257/CE du 30 mars 1998 qui donne au médiateur un rôle « actif » et la recommandation C(2001)1016 du 4 avril 2001 qui lui donne un rôle « passif » ; cité par E. SERVERIN, « Le médiateur civil et le service public de la justice », *RTD civ.* 2003, p. 229, spéc. note (24) ; mais v., plus en retrait, Directive 2008/52/CE du Parlement européen et du Conseil du 21 mai 2008 sur certains aspects de la médiation en matière civile et commerciale, art. 3, a)). On a parfois proposé de distinguer la tache de conciliation et la tache de médiation en disant que si le juge peut être conciliateur, il ne peut, en revanche, être médiateur, car le médiateur traite d'un conflit de l'intérieur, alors que le juge connaîtrait du litige avec des demandes juridiques précises, en conciliant éventuellement les parties : B. GORCHS, « La médiation dans le procès civil : sens et contresens », *RTD civ.* 2003, p. 409 et s. Pour certains encore, le juge ne détiendrait aucun pouvoir de médiation et il n'y aurait donc aucune délégation du juge au médiateur : E. SEVERIN, « Le médiateur civil et le service public de la justice », *RTD civ.* 2003, p. 235 (analyses rejetées par la Directive 2008/52/CE, préc., art. 3, a), al. 2). On remarquera, quoi qu'il en soit, que, dans l'esprit du législateur, la typologie est quelque peu confuse et qu'aucune distinction ne semble apparaître entre conciliation ou médiation. D'ailleurs, le nouvel article 1530 du Code de procédure civile, issu du décret n°2012-66 du 20 janvier 2012, qui reprend la définition de l'Union européenne, définit conciliation et médiation de façon rigoureusement identique (v. *infra*).

[1304] Le médiateur judiciaire a été consacré par le législateur avec la loi du 8 février 1995 (L. n° 95-125 relative à l'organisation des juridictions et à la procédure civile, pénale et administrative, *JORF* 9 févr. 1995, art. 21 à 26) et intégré au Code de procédure civile (C. proc. civ., art. 131-1 à 131-15) par le décret du 22 juillet 1996. Il faut mentionner, un peu en marge, la médiation familiale, d'abord parce qu'elle semble investie d'un domaine spécifique (en matière de divorce : C. proc. civ., art. 255 & en matière

ou parajudiciaire[1305], ainsi que le résultat de ces deux procédures, qui prennent la forme soit d'une « transaction », soit « d'un accord de conciliation ou de médiation »[1306]. Les rapports remis par la Commission « Magendie II »[1307] et la Commission « Guinchard »[1308] prônaient d'ailleurs tous deux leur amplification. Il faut remarquer, au passage, une tendance à la *déjudiciarisation*, ce qui est, en soi, un signe éloquent d'une montée de l'individualisme. Mais, afin de le confirmer, encore faut-il s'assurer que les facteurs de contractualisation du règlement des conflits aient bien pour origine un renouveau de l'individualisme.

2. *Les facteurs de la contractualisation du règlement des conflits*

137. ***Individualisme, libéralisme et contractualisation.*** La question du facteur de la contractualisation est importante. Le facteur de contractualisation est le critère déterminant permettant de placer un mécanisme procédural sous le sceau du renouveau du libéralisme plutôt que sous celui de l'acculturation. Pour répondre, il faut se demander si les explications fournies à l'appui du mouvement de contractualisation recoupent les considérations assez générales faites au sujet du libéralisme classique et de l'individualisme de la période révolutionnaire et post-napoléonienne. Sous cet aspect, on retrouve généralement, pour expliquer le phénomène de contractualisation, les mêmes motifs que sont la volonté d'autonomie[1309] et le désir d'une justice « plus humaine » ou « plus pacificatrice »[1310], la déception

d'autorité parentale : C. civ., art. 373-2-10), ensuite parce que la fonction de médiateur familial a été institutionnalisée (D. n° n° 2003-1166, 2 déc. 2003, *JORF* 9 déc., p. 20 964, *portant création du diplôme d'État de médiateur familial*), enfin parce qu'un régime propre semble s'attacher aux accords dégagés dans ce cadre : v. aussi, sur ces points, L. CADIET, J. NORMAND, S. AMRANI MEKKI, *op. cit.*, n° 118, p. 454.

1305 Sans complètement dévoiler ce triptyque (*infra*, n° 149 et s.), on doit souligner l'importance prise par les dispositifs de conciliation et de médiation organisés en dehors de toute intervention du juge : ainsi en est-il des procédures de médiation qui font leur apparition dans les conflits s'élevant autour de l'Internet, ou encore les multiples médiateurs qui sont se sont développés dans une pluralité de domaines, comme le médiateur du cinéma, les conciliateurs médicaux, les conciliateurs de la consommation, le médiateur du service universel postal, le médiateur bancaire, le médiateur de l'énergie, la Haute autorité de lutte contre les discriminations ou pour l'égalité… ; sur quoi, avec textes afférents, v. L. CADIET, E. JEULAND, *Droit judiciaire privé, op. cit.*, n° 424, p. 302, n° 426, p. 306-307, L. CADIET, J. NORMAND, S. AMRANI MEKKI, *op. cit.*, n° 133, p. 491 et s..- Et sur les modes alternatifs utilisés dans le milieu des affaires, en marge des procédures d'arbitrage : A. OUTIN-ADAM, S. HENRY, « Où sont passés les contentieux ? Le règlement des différends entre sociétés commerciales : évolution ou révolution », *Gaz. Pal.* 27 juin 2007, p. 88-102.

1306 Sur la distinction à établir entre ces deux types d'actes, v. *infra*, n° 153.

1307 J.-Cl. MAGENDIE, *Célérité et qualité de la justice.- La médiation une autre voie*, Cour d'appel de Paris, Rapport issu du groupe de travail sur la médiation, Paris, oct. 2008.

1308 S. GUINCHARD, *L'ambition raisonnée d'une justice apaisée,* Doc. fr., Paris, 2008, spéc. p. 168-171. La Commission va même plus loin, puisqu'elle propose l'instauration, en France, des procédures collaboratives directement gérées par les avocats des parties : *cf.* S. GUINCHARD, G. MONTAGNIER, A. VARINARD, Th. DEBARD, *Institutions juridictionnelles,* 11e éd., Dalloz, Précis, Paris, 2011, n° 53-1, p. 65-66 ; et *cf. supra*, n° 130.

1309 S. GUINCHARD *et alii*, *Droit processuel. - Droits fondamentaux du procès*, 6e éd., Dalloz, Précis Droit privé, Paris, 2011, n° 583, p. 1266 ; Ch. JARROSSON, « La contractualisation de la justice : jusqu'où aller ? », *op. cit.*, p. 187 ; N. FRICERO, « Qui a peur de la procédure participative ? Pour une justice, autrement… », *Mélanges en l'honneur de Serge Guinchard*, *op. cit.*, p. 148-154, spéc. p. 148-149.

1310 P. COUVRAT, « Contractualisation en matière pénale, en général », *in* L. CADIET, L. RICHER, *in* L. CADIET, L. RICHER (dir.), *Réforme de la justice, réforme de l'État*, PUF, 2003, p. 198-205, spéc. p. 199.

ou désaffection de la justice publique[1311], des raisons plus utilitaires, voire utilitaristes, liées à l'encombrement des tribunaux[1312], à la réduction des coûts individuels et collectifs de la justice[1313]. On évoque encore, la *crise de la justice*[1314], « caractérisée par l'explosion du contentieux judiciaire, l'encombrement des rôles des juridictions et l'allongement des délais de procédure qui en sont la conséquence »[1315] et la logique concurrentielle qui serait à l'œuvre au sein de la société française ; plus profondément, on souligne « l'évolution des modes de régulation sociale »[1316], point de départ d'une analyse plus complexe sur la place du pouvoir judiciaire dans un État post-moderne[1317]. Chacune de ces explications comporte une part de vérité : il y a bien, d'une façon ou d'une autre, à l'origine de ce mouvement de contractualisation du règlement des litiges, et plus généralement du droit, l'œuvre souterraine de plusieurs facteurs, comme l'augmentation vraie ou supposée du contentieux, la faillite, en quelque sorte, de l'État-Providence[1318], la disparition des modes traditionnels de régulation sociale[1319], une aspiration commune à une plus grande souplesse du droit, une plus grande malléabilité de la règle.

Mais il est sans doute un dénominateur commun et bien plus profond qui explique cette grande transformation : c'est le renouveau du libéralisme. À l'instar de la disparition des corps intermédiaires à la période révolutionnaire, la période contemporaine a progressivement effacé ses propres structures sociales intermédiaires, comme la famille traditionnelle, la communauté religieuse. L'État, qui aurait pu se substituer à ces structures sociales fondamentales, s'est, en réalité, replié sur ses fonctions régaliennes[1320]. Les circonstances en sont encore obscures : que l'État se soit retiré sciemment, après avoir pris acte du changement de paradigme, mais aussi de son impuissance[1321] - qui est peut-être le résultat, elle-même,

---

1311 Il s'agirait d'une réaction à sa lenteur, à son coût et à son caractère aléatoire. C'est un argument qu'il convient de nuancer, car il ne se traduit certainement pas statistiquement : Ch. JARROSSON, *op. cit.*, *loc. cit.* - Mais il est vrai que les chiffres sont, en cette matière, sans doute trompeurs : E. JEULAND, *Droit processuel*, LGDJ, Paris, 2007, (ancienne édition), n° 91, p. 110 qui évoque des travaux tendant à montrer que la présentation statistique actuelle ne permettrait pas des comparaisons avec des périodes plus anciennes, en raison de l'évolution du mode de présentation des données.

1312 S. GUINCHARD et *alii*, *op. cit.*, *loc. cit.*

1313 M-Th. MEULDERS-KLEIN, « Les modes alternatives de règlement des conflits en matière familiale.- Analyse comparative », *RIDC* 1997, p. 383-407, spéc. p. 383.

1314 E. JEULAND, *Droit processuel*, *op. cit.*, n° 90 et s., p. 108 et s., sous une section intitulée : « La crise de la justice » (qui poursuit les travaux de F. TERRÉ, « Crise du juge et philosophie du droit : synthèse et perspective », *in* J. LENOBLE (dir.), *La crise du juge*, Story Scientia & LGDJ, Paris, 1990, p. 157 et s. - *Adde*, V. A.A.S. ZUCKERMAN, « Justice in Crisis : Comparative Dimensions of Civil Procedure », *in* A.A.S. ZUCKERMAN (dir.), *Civil Justice in Crisis. - Comparative Perspectives of Civil Procedure*, Oxford University Press, New York, 1999, p. 3-52, spéc. p. 13, p. 21-23.

1315 L. CADIET, *op. cit.*, p. 178. - En matière pénale, on sait très bien que le nombre de classements sans suites « secs » - imputable à l'encombrement des rôles - a conduit le législateur à développer des mécanismes d'alternative aux poursuites : P. COUVRAT, « Contractualisation en matière pénale, en général », *in* L. CADIET, L. RICHER, *op. cit.*, p. 198-205, spéc. p. 199.

1316 L. CADIET, *op. cit.*, p. 179. - Et sur l'interrogation de J. CAILLOSSE, « En guise de conclusion : peut-on penser la Justice en dehors de l'État ? », *in* L. CADIET, L. RICHER (dir.), *op. cit.*, p. 313-331, spéc. p. 330.

1317 E. JEULAND, *Droit processuel*, *op. cit.*, n° 96, p. 114-115.

1318 *Op. cit.*, n° 94, p. 112.

1319 *Ibid.*

1320 J. CHEVALLIER, *op. cit.*, p. 135, J. CAILLOSSE, *op. cit.*, p. 318.

1321 Pour certains auteurs, la conscience de l'État est indéniable ; v., par exemple, J. CAILLOSSE, *op. cit.*, p. 320 : « Car, il est fait un indéniable usage idéologique de ce label [celui de "justice sans l'État"] souvent, c'est l'État qui manœuvre la rubrique de la "justice sans l'État", en concevant et en organisant objets qui la compensent ».

de l'inflation du contentieux -, ou qu'il l'ait fait inconsciemment, par une sorte de réponse mécanique à un stimulus social[1322], voilà des questions qui restent bien incertaines. Il est une réalité, en revanche, qu'il suffit de cueillir comme un fruit mûr, qui est le recul de l'unilatéralisme dans l'œuvre de justice ; les volontés individuelles, jusqu'à présent inaptes à interférer dans le travail du juge ou simplement peu enclines à s'immiscer dans ce domaine, peuvent désormais intervenir ou interviennent effectivement dans la phase d'adjudication, quand elles ne décident pas, purement et simplement, de se passer du juge. En contrepoint, il est une autre réalité, tout aussi incontestable que la précédente, qui renvoie à la présence latente de l'État. Ce nouveau système, en effet, a-t-il été modelé par une pression individualiste, n'en reste pas moins d'inspiration hiérarchique, l'État montrant toujours, sous le voile du contrat, son visage de force inspiratrice et dominatrice. Rien ne laisse apparaître, en dehors de quelques exemples marginaux déjà évoqués, l'avènement d'une justice horizontale, d'un mode de production normative agonistique dans lesquels l'État n'aurait aucun titre à intervenir de manière privilégiée, y compris lorsque le mode de règlement du litige est *déjudiciarisé*[1323]. Pour le dire autrement, la culture juridique française est encore largement intacte dans ses fondements les plus profonds.

CONCLUSION DE LA SECTION I

137-1. Neutralité du juge[1324] et principe dispositif[1325] ont sans doute été les maîtres mots des codificateurs du Code de procédure civile de 1806. Il en est résulté, sur le terrain de l'objet de la preuve, une remarquable mise à distance du juge. Les réformes réalisées en Autriche à la fin du XIXe siècle et en Allemagne au début du XXe siècle ont cependant ouvert la voie à un modèle de procédure civile

---

[1322] S. GUINCHARD *et alii, Droit processuel, op. cit.*, n° 583, p. 1266.

[1323] J. CAILLOSSE, *op. cit.*, p. 324 : « Même quand la justice s'en émancipe, l'État n'est jamais très loin. C'est lui qui, le plus souvent, organise sa mise à distance. Certes, dans l'ensemble que composent les justices alternatives et informelles, la distinction s'impose : elles font plus ou moins appel à des collaborateurs privés, privilégient plus ou moins la conciliation sur les usages du droit existent. Mais aucune de ces pratiques ne parvient à faire oublier l'État. Avec elles, ce sont d'autres manifestations de la fonction étatique qui s'affirment ». - *Contra*, P. LEGENDRE, « Remarques sur la re-féodalisation de la France », *in Études en l'honneur de Georges Dupuis*, LGDJ, Paris, 1997, 201-211, spéc. p. 211, d'après lequel l'« État a cessé d'être vu comme le dépositaire du principe normatif lui-même ». L'hypothèse, qui est celle d'un véritable conflit de rationalités, n'est pas à écarter. Il est évident que l'internationalisation des échanges expose le système français à la concurrence du modèle horizontal et utilitariste d'origine anglo-américaine (v., par exemple - outre les réf. citées *supra*, n° 16-17 & n° 125 - L. CADIET, « L'hypothèse de l'américanisation de la justice française. - Mythe ou réalité », *APD* 2001, p. 89-115 ; v. encore, plus pessimiste, L. ASSIER-ANDRIEU, *Le droit dans les sociétés humaines*, Nathan, Paris, 1996, spéc. p. 201). Mais, de toute évidence, il ne faut pas confondre renouveau du libéralisme procédural - qui est un phénomène réel et puissant - et acculturation - qui reste encore trop marginale, en ce domaine, pour faire l'objet d'une étude à part entière.

[1324] R. LEGEAIS, *Les règles de preuve en droit civil. - « Permanences et transformations »*, LGDJ, Paris, 1955, p. 12-13.- C'est Bartin qui a théorisé la notion : v. les notes ajoutées à la 5e éd. du *Traité de droit civil français* d'Aubry et Rau, T. XII, LGDJ, Paris, 1922, note 14^*bis*^ § 757, note 8^*ter*^ et 8^*sexties*^, § 749.

[1325] En tant qu'expression du libéralisme procédural : R. STÜRNER, « The Principles of Transnational Civil Procedure », *RabelsZ* 69 (2005), p. 201-254, qui dit, au sujet du principe dispositif : « Ce concept commun de liberté et d'autonomie procédurales constitue le substrat éclatant de la tradition procédurale romaine, germanique et anglo-américaine, quoique les codes de procédure de plusieurs pays ne contiennent pas de dispositions spéciales décrivant ou définissant ce concept fondamental », p. 221-222.- *Adde*, J. CHEVALLIER, « Remarques sur l'utilisation par le juge de ses informations personnelles », *RTD civ.* 1962, p. 5 et s.- *Adde*, BARTIN sous AUBRY & RAU, *Droit civil français*, *op. cit.*, *loc. cit.*

plus collectiviste que le courant solidariste en marche, en France, dès le début de cette période de mutation, finira par consacrer après-guerre. Divers signes, au titre desquels la contractualisation du règlement des litiges figure en première place, montrent, cependant, un puissant renouveau du libéralisme procédural. Certes, toutes les transformations constatées, en ce domaine, ne sont pas à mettre au crédit de l'individualisme. L'adoption, en France, de la procédure de comparution sur reconnaissance préalable de culpabilité, d'origine directement américaine, ne peut s'expliquer simplement par un renouveau du libéralisme procédural. En tant que nouvelle manière de juger, nouvelle façon de concevoir la vérité, cette procédure est le fruit d'un processus d'acculturation. Au-delà, cependant, et d'une manière si peu contestable que la procédure civile et la procédure pénale suivent le même mouvement, on retrouve, sans doute sous des formes nouvelles, en raison de la prévalence de l'économie dans les sociétés occidentales modernes, les dogmes libéraux qui avaient présidé à l'adoption de la procédure civile révolutionnaire. Ce renouveau du libéralisme procédural, qui donne à voir la volonté individuelle à une tout autre échelle, n'est pas allé sans conséquence sur la notion d'objet de preuve. C'est ce qu'il faut désormais montrer, en étudiant la portée du libéralisme procédural.

SECTION II
LA PORTÉE DU LIBÉRALISME PROCÉDURAL

138. ***Principe de concentration et redéfinition du fait et du droit.*** Les quelques exemples produits lors de l'étude du phénomène de contractualisation du règlement des conflits ont dû nous convaincre de l'apparition d'une nouvelle philosophie, au sein du procès civil, mais qui, ainsi qu'on va le voir, n'épargne pas non plus le procès pénal, et qui est la renaissance de la volonté individuelle. Le phénomène est d'autant plus remarquable que la volonté individuelle a eu tendance à disparaître en procédure civile, sous l'influence du vent collectiviste venu d'Autriche, tandis qu'elle n'a jamais réussi à émerger dans une procédure pénale qui est restée profondément marquée par un degré élevé de hiérarchie[1326]. Il touche, pourtant, aujourd'hui, tous les secteurs du droit. Il n'est pas nécessaire de revenir sur les transformations qui se dessinent en procédure civile. Plus remarquables, sans doute, sont les modifications qui affectent la procédure pénale où l'on a très bien décrit le passage progressif à un modèle « participatif »[1327], puis à un modèle « consensuel »[1328] et peut-être à un modèle de « négociation »[1329]. On ne peut, non

---

1326 V. *supra*, n° 117 et s.

1327 F. TULKENS, M. VAN DE KERCHOVE, « La justice pénale : justice imposée, justice participative, justice consensuelle ou justice négociée ? », *RD pén. crim.* 1996, p. 445-494, p. 448 ; le modèle est dit participatif lorsque le mode de règlement du litige « perd son caractère exclusivement étatique et unilatéral, en admettant, à des degrés divers, la participation active d'agents privés dans le déroulement du procès, qu'il s'agisse du délinquant, de la victime ou d'une autre personne » (*ibid.*).

1328 *Op. cit.*, p. 448 ; il s'agit d'un modèle « qui accorde une place plus ou moins importante au consentement des intéressés, que ce soit sous la forme positive d'une acceptation ou sous la forme négative d'une absence de refus » (*ibid.*).

1329 *Op. cit.*, p. 449 ; ce dernier modèle « ne se contente pas de reconnaître aux particuliers le pouvoir d'accepter ou de refuser des propositions dont le contenu échappe entièrement à leur maîtrise. Ce modèle, qu'on peut qualifier de justice négociée, reconnaît à ces mêmes particuliers un pouvoir de discussion dont l'exercice est susceptible, par le biais de concessions réciproques, d'affecter au moins partiellement le contenu de ces propositions et d'aboutir ainsi à un véritable accord négocié » (*ibid.*).

plus, ne pas mentionner le droit du travail, puisque le législateur a redonné vigueur au reçu pour solde de tout compte[1330] et qu'il a surtout consacré un nouveau mode de rupture du contrat de travail, la *rupture conventionnelle*[1331]. Le renouveau du libéralisme procédural paraissant acquis, il faut désormais mesurer son impact sur la logique - dégagée dans le titre premier de cette première partie -[1332], qui gouverne la définition de la proposition-objet de preuve. On doit, notamment, se demander, ce qui n'a été fait jusque-là qu'incidemment, si les modifications culturelles que l'on vient de décrire et qui opèrent pleinement au sein du système hiérarchique français ont eu pour effet de modifier les relations entre le juge et les parties - ce qu'on a appelé la litigiosité de la proposition-objet de preuve -, s'ils ont eu pour conséquence de renouveler les rapports que le système entretient à la *vérité du droit*. On ne peut guère remarquer, sous cet angle, que la portée du libéralisme procédural a été double. De manière indirecte, il a provoqué, en procédure civile, un retour au paradigme du Code de procédure civile de 1806, caractérisé par un investissement limité du juge dans la définition de l'objet de la preuve. Cette *révolution* (au sens étymologique) a pris la forme d'un principe de concentration des moyens (§ 1). De manière directe, cette fois-ci, le renouveau du libéralisme procédural a provoqué une redéfinition de la distinction du fait et du droit dont a pu mesurer l'importance au regard de la notion d'objet de preuve (§ 2). Les conséquences ont été, sur ce point, assez variables, mais elles ont toutes contribué à remettre en cause, assez profondément, les caractéristiques essentielles de la notion d'objet de preuve.

§ 1. L'apparition d'un principe de concentration des moyens

139. ***Du rapport Magendie à l'Assemblée plénière.*** Le rapport intitulé « Célérité et qualité de la justice devant la cour d'appel », rendu, en 2008, par la Commission Magendie, proposait déjà la mise en place d'un principe de concentration, mais sur la base de celui qui est consacré par les pays de *Common Law*[1333]. Il s'agissait aussi bien « d'imposer aux parties d'invoquer tous les faits, moyens et preuves qui fondent et étayent leurs prétentions, dès le début de l'instance, c'est-à-dire dès leurs premières conclusions »[1334]. Fort heureusement, l'idée n'a pas été retenue. Mais elle a été suffisamment frappante pour que, dans un contexte de renouvellement du débat sur la place du juge civil dans la régulation des rapports sociaux, elle ne laissât pas indifférents quelques avocats qui soutenaient pouvoir

[1330] *Cf.* S. CHASSAGNARD-PINET, P.-Y. VERKINDT, « La rupture conventionnelle du contrat de travail », *JCP* S 2008, n° 1365, p. 25-36, spéc. n° 11, M. ZAVARO, « À propos de la conciliation dans le contentieux prud'homal », *Mélanges Pierre Julien.- La justice civile au vingt et unième siècle*, Édilaix, Aix-en-Provence, 2003, p. 415-428.

[1331] L. n° 2008-596 du 25 juin 2008, *portant modernisation du marché du travail*, *JORF* n° 0148 du 26 juin 2008, p. 10224, texte n° 2 ; C. trav., art. L. 1237-11 à L. 1237-16. Sur lesquels, v. F. FAVENNEC-HÉRY, A. MAZEAUD, « La rupture conventionnelle du contrat de travail : premier bilan », *JCP* S 2009, 1314, S. CHASSAGNARD-PINET, P.-Y. VERKINDT, « La rupture conventionnelle du contrat de travail », *JCP* S 2008, n° 1365, p. 25-36.- F. FAVENNEC-HÉRY, « Un nouveau droit de la rupture du contrat de travail », *Dr. soc.* 2008, p. 660-670.

[1332] V. *supra*, n° 55 et s.

[1333] Sur cette notion, v. *supra*, n° 17.

[1334] J.-Cl. MAGENDIE, *Célérité et qualité de la justice devant la cour d'appel*, La Documentation française, Paris, mai 2008, p. 51.

être à même de défendre suffisamment les intérêts des parties[1335], ainsi que, faut-il le croire, la Cour de cassation elle-même[1336]. Les circonstances se prêtaient, en effet, à la consécration d'une forme atténuée de concentration : *la concentration des moyens* (A). Cette consécration a eu de lourdes conséquences sur la définition de la proposition-objet de preuve (B).

A. La consécration du principe de concentration des moyens

140. ***Double intervention de l'Assemblée plénière.*** L'Assemblée plénière est intervenue, en guère plus d'une année, à deux reprises dans le domaine de l'office du juge dans la définition de l'objet de la preuve. Une première fois par un arrêt du 7 juillet 2006[1337] venant redéfinir la notion de cause dans l'autorité de la chose jugée, une seconde fois, par un arrêt du 21 décembre 2007[1338], dont il a déjà été question dans cette étude[1339], et opérant un allègement de la charge du juge dans la définition de l'objet de la preuve. Ces deux arrêts méritent d'être étudiés ensemble, car ils participent, d'une manière éloquente, de la montée, ci-dessus décrite, de l'individualisme procédural dans la phase de mise en état d'être prouvé[1340]. Il faut rappeler les principes apports juridiques de ces arrêts avant de mesurer, précisément, les conséquences qu'ils sont susceptibles d'entraîner sur le droit de la preuve judiciaire.

141. ***Autorité de la chose jugée et cause matérielle.*** Dans la première de ces deux affaires portées à la connaissance de la Cour de cassation, un individu, ayant travaillé gracieusement au service de son défunt père, se prétendait titulaire d'une créance de salaire différé contre la succession du *de cujus* ; il assignait en conséquence son frère, en sa qualité d'unique cohéritier, en paiement d'une somme d'argent. Un premier jugement devait le débouter motif pris de ce que l'activité litigieuse n'ayant pas été exercée au sein d'une explication agricole, il ne pouvait être fait à droit à la demande. Une nouvelle instance fut introduite, l'assignation se fondant, cette fois-ci, sur l'enrichissement sans cause. L'arrêt d'appel accueillait alors la fin de non-recevoir tirée de l'autorité de la chose jugée en raison de l'identité de

---

[1335] *Cf.* Ph. BLONDEL, « Les offices croisés du justiciable, de son ou de ses conseils, du technicien ou de tout autre intervenant à l'œuvre de justice et du juge pour une première instance revisitée et dominé par un principe de complétude ou Le décryptage d'un songe procédural », *in* J. FOYER, C. PIUGELIER (dir.), *Le nouveau Code de procédure civile (1975-2005)*, (avant-propos G. CANIVET, Postface de J.-D. BREDIN), p. 159-182, spéc.., p. 177-178.

[1336] Sur cette lecture de l'origine du principe, v. aussi, v. aussi, de cette opinion G. BOLLARD, « L'office du juge et le rôle des parties : entre arbitraire et laxisme », *JCP G* 2008, I, 156, spéc. note (14)

[1337] Ass. plén., 7 juill. 2006, pourvoi 04-10.672, G. WIEDERKEHR, « Étendue de l'autorité de la chose jugée en matière civile : notion d'identité de cause », *JCP G* 2007, II, 10 070, L. WEILLER, « Renouvellement des critères de l'autorité de la chose jugée : l'Assemblée plénière invite à relire Motulsky », *D.* 2006, p. 2135, R. PERROT, « Chose jugée. Sa relativité quant à la cause : qu'en reste-t-il ? », *RTD civ.* 2006, p. 825, « Sa relativité quant à la cause », *Procédures* 2006, comm. n° 201, H. CROZE, « *Da mihi factum jusque* », *Procédures* 2006, repère n° 9, *Dr. et patrimoine* 2007, p. 113, obs. S. AMRANI-MEKKI, *Rev. huissiers* 2006, p. 348, obs. N. FRICERO.

[1338] Ass. plén., 21 déc. 2007, n° 06-11.343, *D. c/ Sté Carteret automobiles, JurisData* n° 2007-042069, note S. HOCQUET-BERG, *Respons. civ. assur.* 2008, comm. n° 112, *JCP G* 2008, II, 10006, note L. WEILLER, *D.* 2008, p. 228, obs. L. DARGENT, *RLDC* 2008, p. 2843, obs. S. DOIREAU, *RDC* 2008, p. 327, obs. A. BÉNABENT.

[1339] V. *supra*, n° 88 et s.

[1340] *Cf.* J.-Cl. MAGENDIE, *Célérité et qualité de la justice devant la cour d'appel*, *op. cit.*, p. 43, qui se félicite de ce renouveau du principe de neutralité du juge.

cause. La cour d'appel soutenait, en effet, que, entre la première demande, fondée sur la notion de créance différée, telle que définie par le Code rural, et la seconde, assise sur l'enrichissement sans cause du *de cujus*, il y avait identité de causes. Après avoir rappelé le principe précité, l'Assemblée plénière concluait que « ayant constaté que, comme la demande originaire, la demande dont elle était saisie, formée entre les mêmes parties, tendait à obtenir paiement d'une somme d'argent à titre de rémunération d'un travail prétendument effectué sans contrepartie financière, la cour d'appel en a exactement déduit que Gilbert Cesareo ne pouvait être admis à contester l'identité de cause des deux demandes en invoquant un fondement juridique qu'il s'était abstenu de soulever en temps utile, de sorte que la demande se heurtait à la chose précédemment jugée relativement à la même contestation ». On aurait pu penser, à la lecture de cet arrêt, que la Cour de cassation n'entendait pas jeter à bas la notion de *cause* dans son acception traditionnelle, c'est-à-dire la cause comme fait juridiquement qualifié[1341]. On avait, en effet, bien fait remarquer que toute interprétation en ce sens n'était pas admissible en raison des absurdités auxquelles une telle solution aboutirait[1342]. D'ailleurs, on pouvait du reste légitimement se demander ce qu'il adviendrait de celui à l'encontre duquel le juge aurait prononcé sans remplir son office dans la requalification. Devait-on admettre que l'autorité de la chose jugée ne s'appliquerait pas dans ce cas ?[1343] Devait-on, à l'opposé, admettre une solution uniforme fût-ce au prix d'une grave méconnaissance du droit ? La question se posait avec d'autant plus d'acuité que l'on hésitait encore, à cette période, sur la portée exacte des pouvoirs du juge vis-à-vis du droit[1344]. Les précisions apportées par des arrêts ultérieurs[1345] semblent

---

[1341] La dissociation du fait et du droit dans la notion de prétention, dans le Nouveau Code de procédure civile, avait conduit à un hiatus entre la « cause nommée », désignant la cause de la demande (les faits matériels ou bruts) et la « cause nommée », c'est-à-dire le fait juridiquement qualifié, à laquelle était censé faire renvoi l'article 1351 du Code civil. De cette manière, on remodelait le rôle du juge dans le litige tout en conservant la souplesse de l'autorité de la chose jugée. V. G. CORNU, J. FOYER, *Procédure civile, Procédure civile,* 3e éd., PUF, Thémis Droit Privé, Paris, 1996, n° 120, p. 525.

[1342] Un auteur indiquait justement : « par exemple, un époux qui aurait échoué dans une première demande en divorce ne pourrait plus jamais demander le divorce, même en se fondant sur des faits nouveaux ou en invoquant un cas différent », G. WIEDERKEHR, « Étendue de l'autorité de la chose jugée en matière civile : notion d'identité de cause », JCP 2007, II, 10 070, sous § 1.

[1343] Ce problème semble avoir été perçu, un peu plus tard, par le Premier avocat général, M. DE GOUTTES, dans son avis rendu sur l'arrêt d'Assemblée plénière du 21 déc. 2007 (*précité*) : « Si l'on refuse aux parties l'introduction d'une nouvelle demande appuyée sur de nouveaux moyens de droit, cela signifie-t-il que l'on exige du juge qu'il examine d'office tous les fondements éventuels de l'action dont il est saisi, puisque le plaideur ne pourra plus y revenir ? [...] », « Avis », *op. cit.*, 2 sous B, § II.

[1344] *Ibid.*

[1345] Civ. 2e, 25 oct. 2007, *JurisData* n° 2007-040999, *Procédures* 2008, comm. n° 8, obs. R. PERROT, *RTD civ.* 2008, p. 159, obs. R. PERROT, Civ. 2e, 18 oct. 2007, *JurisData* n° 2007-040901 et Civ. 2e, 25 oct. 2007, *JurisData* n° 2007-041119, *Procédures* 2007, comm. n° 274, obs. R. PERROT, Civ. 3e, 13 févr. 2008, pourvoi n° 06-22.093, *JurisData* n° 2008-042737, *Bull. civ.* 2008, III, n° 28, Civ. 2e, 18 sept. 2008, pourvoi n° 07-17.158, *JurisData* n° 2008-045008, *Bull. civ.* 2008, II, n° 198, Civ. 2e, 12 mars 2009, pourvoi n° 08-11.925, *JurisData* n° 2009-047660, *Bull. civ.* 2009, II, n° 69. La règle s'impose également au défendeur : Com., 20 févr. 2007, *Bull. civ.* IV, n° 49, *Procédures*, 2007, comm. n° 128, obs. R. PERROT, *Dr. et patrimoine*, 2008, p. 98, obs. S. AMRANI-MEKKI, Com. 6 juill. 2010, pourvoi n° 09-15.671, *JurisData* n° 2010-011290, *Bull. civ.* 2010, IV, n° 120. - Le plaideur n'échappe à la rigueur de la règle que si des événements postérieurs sont venus modifier la solution antérieurement reconnue en justice (C. proc. civ., art. 564) : Civ. 3e, 25 avr. 2007, *Bull. civ.* III, n° 59, *Procédures* 2007, n° 158, obs. R. PERROT, *Dr. et patrimoine*, 2008, p. 98, S. AMRANI-MEKKI - ce qui n'est pas le cas d'un revirement de jurisprudence : Civ. 2e, 5 févr. 2009, *JCP* 2009, IV, 1385, *D.* 2009, 1060, note PAUL-LOUBIÈRE, Civ. 1re, 24 sept. 2009, pourvoi n° 08-10.517, *JCP* 2009, aperçu rapide, n° 326, obs. crit. C. BLÉRY, *D.* 2010, p. 528, obs. J.-M. SOMMER, L. LEROY-GISSINGER ; ou si un droit naît après le jugement est venu éteindre l'instance initiale : Civ. 2e, 10 juin 2010, pourvoi n° 09-67.172, *JurisData*

confirmer une tendance à l'application sans nuances de la solution de la Haute juridiction. La solution paraît excessive, surtout maintenant que l'on sait que, pour l'Assemblée plénière, le juge n'a qu'une obligation : *celle de qualifier et requalifier les faits* à l'exclusion du relevé d'office d'un moyen de droit. Il n'est dès lors même plus à compter sur l'erreur du juge[1346] pour espérer prospérer sur un autre fondement.

142. ***Confirmation du principe de concentration***. En énonçant que « si, parmi les principes directeurs du procès, l'article 12 du code de procédure civile oblige le juge à donner ou restituer leur exacte qualification aux faits et actes litigieux invoqués par les parties au soutien de leurs prétentions, il ne lui fait pas obligation, sauf règles particulières, de changer la dénomination ou le fondement juridique de leurs demandes », l'Assemblée plénière[1347] confirme, en effet, la nouvelle philosophie du procès posée dans son arrêt précédent. À l'occasion d'une espèce dans laquelle l'acheteur d'un véhicule d'occasion, mécontent de l'état du véhicule, agissait en garantie des vices cachés et reprochait aux juges, devant la première Chambre civile, de n'avoir pas soulevé le moyen de droit excipé du défaut de conformité de la chose, la formation la plus solennelle de la Cour de cassation parachève son ouvrage en s'appuyant sur une distinction critiquable entre le relevé d'office d'un moyen de droit et la requalification[1348]. Le résultat est, quoi qu'il en soit, incontestable : en dispensant explicitement le juge de relever d'office, sauf exceptions, les moyens de droit que ne rendaient pas directement accessibles les faits spécialement invoqués par les parties, elle vient, en effet, accroître la portée du principe de concentration en droit français. Les parties ne doivent désormais compter que sur elles-mêmes si elles souhaitent obtenir la correcte expression du droit. Les conséquences n'en sont pas négligeables sur le terrain du droit de la preuve puisque l'objet de la preuve se trouve directement concerné par ce remodelage de l'office du juge et l'étendue de l'autorité de la chose jugée[1349]. La solution d'ensemble a été pertinemment critiquée : « L'explication de l'arrêt ne peut être que de politique judiciaire : évacuer les contentieux des rôles des tribunaux, comme le fait le législateur depuis 1998 et comme le fait la Cour de cassation depuis son arrêt du 7 juillet 2006 qui confère l'autorité à la chose qui n'a pas été jugée ; le cumul des deux solutions est porteur de graves dangers pour les justiciables dont on a le regret d'écrire ici que leurs intérêts ne sont guère défendus ; s'ils n'ont pas présenté tous leurs moyens de droit en première instance, le juge n'a aucune obligation de relever d'office un tel moyen et, s'ils engagent un nouveau procès, ils se verront opposer la chose (faussement) jugée par le premier, le juge pouvant même relever d'office la fin de non-recevoir tirée de l'autorité de la "chose jugée" ; il leur reste (pour combien de temps encore, vus les projets de réforme remettant en cause l'appel voie d'achèvement ?) la possibilité de développer leurs

---

n° 2010-008925, *Procédures* 2010, comm. n° 305, obs. R. PERROT. - V. aussi, les dernières évolutions, *infra*, n° 143.

[1346] Comp. L. CADIET, E. JEULAND, *Droit judiciaire privé*, 7e éd., LexisNexis, Paris, 2011, n° 739, p. 545.

[1347] Ass. plén., 21 déc. 2007, n° 06-11.343, *D. c/ Sté Carteret automobiles*, *JurisData* n° 2007-042069, note S. HOCQUET-BERG, *Respons. civ. assur.* 2008, comm. n° 112, *JCP G* 2008, II, 10006, note L. Weiller, *D.* 2008, p. 228, obs. L. DARGENT, *RLDC* 2008, p. 2843, obs. S. DOIREAU, *RDC* 1er avril 2008, n° 2, p. 327, obs. A. BÉNABENT.

[1348] V. *supra*, n° 100-104.

[1349] V. la démonstration, *supra*, n° 102.

moyens en appel (à supposer que l'affaire ne soit pas en premier et dernier ressort !) [...]. C'est faire fi des obligations imposées au juge par le législateur lui-même dans l'alinéa 1er de l'article 12, qui reste, quoi qu'en pense la Cour de cassation, la base de son office ; il sera intéressant de savoir ce qu'en pense la Cour EDH, elle qui est soucieuse d'assurer l'effectivité des droits »[1350]. En effet, les conséquences du principe de concentration sur le droit de la preuve sont assez préjudiciables au justiciable.

B. Les conséquences du principe de concentration sur le droit de la preuve

143. ***Entre « vérité du droit » et sécurité juridique.*** L'édifice achevé peut désormais être contemplé. Puisque le juge n'est plus tenu de relever d'office un moyen de droit, fût-il de *pur droit*, seule restant à sa charge *une obligation de requalification* dont le sens reste encore à préciser, le litigant ne peut plus espérer triompher, après correction du moyen, à l'occasion d'une instance ultérieure, car le juge peut désormais lui opposer une fin de non-recevoir tirée de l'autorité de la chose jugée. Trouverait-il une autre *demande* relativement à ces mêmes faits, qu'il se heurterait encore, bien plus violemment d'ailleurs, à un nouveau principe *de concentration des demandes*[1351], que la plupart des chambres de la Cour de

[1350] S. GUINCHARD, C. CHAINAIS, F. FERRAND, *op. cit.*, n° 538, p. 430.- V. encore, G. BOLARD, « L'office du juge et le rôle des parties : entre arbitraire et laxisme », *JCP G* 2008, I, 156, spéc. n° 4 ; S. GUINCHARD, « L'autorité de la chose qui n'a pas été jugée à l'épreuve des nouveaux principes directeurs du procès civil et de la simple faculté pour le juge de changer le fondement juridique des demandes », *in Mélanges Georges Wiederkehr*, Dalloz, Paris, 2009, p. 379 et s.. - *Adde*, Y-M. SERINET, « Contre un principe de concentration des demandes », *JCP G* 2011, 861, E. JEULAND, « Concentration des demandes : un conflit latent entre des chambres de la Cour de cassation », *JCP G* 2010, 1052, C. BLÉRY, « Des effets dévastateurs du principe de concentration », *Procédures* 2010, alerte n° 1.

[1351] Le principe de concentration des demandes, dit encore « principe de l'unicité de l'instance », est la règle devant le conseil de prud'hommes. Il est désormais contenu à l'article R. 1452-6 du Code du travail (principe de concentration ou principe de l'unicité de l'instance, les expressions sont équivalentes : v., s'agissant de la seconde expression, S. AMRANI-MEKKI, « 2006 : un Code dynamique », *Dr. et patrimoine* 2007, Chron. n° 156, p. 110-120, spéc. n° 004, ou B. BOUBLI, « Conseils de prud'hommes. - Procédure », *J.-Cl. Proc. civ.*, Fasc. n° 436 ; s'agissant de l'expression « concentration des demandes », *cf.* H. MOTULSKY, « Pour une délimitation plus précise de l'autorité de chose jugée en matière civile », *D.* 1968, p. 1, spéc. p. 12 ou in *Écrits.- Études et notes de procédure*, T. I, p. 229 ; J. CHEVASSUS, « La concentration des demandes en matière prud'homale », *RTD civ.*1973, p. 259 ; de manière plus générale, *cf.* V. ORIF, *La règle de l'unicité de l'instance*, thèse, univ. Paris-Ouest-Nanterre-La Défense, 2010 ; D. BOULMIER, *Preuve et instance prud'homale. À la recherche d'un procès équitable*, LGDJ, Bibliothèque de droit social, T. 37, 2002). L'article dispose que « [t]outes les demandes liées au contrat de travail entre les mêmes parties font, qu'elles émanent du demandeur ou du défendeur, l'objet d'une seule instance ». L'alinéa second nuance en indiquant que « [c]ette règle n'est pas applicable lorsque le fondement des prétentions est né ou révélé postérieurement à la saisine du conseil de prud'hommes ». En vertu de ce principe, toutes les demandes qui trouvent leur origine dans le même contrat de travail ne peuvent faire l'objet que d'une instance unique, la seule limite étant le cas d'un fondement qui apparaît postérieurement à la saisine du conseil de prud'hommes. Toute méconnaissance de cette règle emporte des conséquences rigoureuses : une fin de non-recevoir tirée de l'autorité de la chose jugée opposée à celui qui introduit une nouvelle demande. La Cour de cassation en a récemment atténué la vigueur en énonçant que « la règle de l'unicité de l'instance résultant de ce texte n'est applicable que lorsque l'instance précédente s'est achevée par un jugement sur le fond » : Soc., 16 nov. 2010, pourvoi n° 09-70.404, V. ORIF, « Le renouveau de la règle de l'unicité de l'instance », *D.* 2011, p. 227 et s., *D.* 2010, p. 265, obs. N. FRICERO, *RTD* 2011, p. 55, obs. E. SERVERIN, *JCP G* 2010, 1153. Les justifications données par la doctrine sont assez divergentes : comp., Y. DESDEVISES, « À propos de l'unicité de l'instance prud'homale », *JCP* E 2000, p. 2009, n° 17, H. SOLUS, R. PERROT, *Droit judiciaire privé, T. III, op. cit.*, n° 537, p. 459, GRAYOT, « Désistement de l'employeur et principe d'unicité de l'instance prud'homale : une atteinte disproportionnée au droit d'agir du salarié ? », *LPA* 10 nov. 2006, n° 225, p. 11 et s., ss. A du § II, A. SUPIOT, *Les juridictions du travail. - T. 9, Traité de droit du*

cassation ont, semble-t-il, quelques velléités d'étendre au-delà de la procédure d'arbitrage[1352], pour augmenter encore l'emprise de l'autorité de la chose jugée[1353]. La chose est parfaitement regrettable, car elle conduit, au prix d'une flagrante violation de l'article 1351 du Code civil qui n'oppose l'autorité de la chose jugée qu'à la demande portant sur la « même chose » que celle initialement jugé[1354], d'un découplage de la notion de « chose demandée » et de celle de « prétention »[1355], d'une confusion des moyens et des prétentions[1356], des défenses et des demandes[1357], à remettre en cause le subtil équilibre atteint par les rédacteurs du Nouveau Code de procédure civile.

---

travail, Dalloz, Paris, 1987, spéc. n° 669, p. 623. En revanche, les auteurs dénoncent unanimement cette règle : *cf.* not., Y. DESDEVISES, *op. cit.*, n° 19. - *Adde*, S. AMRANI-MEKKI, *art. préc.* p. 110-120, spéc. n° 004, par S. GRAYOT, « Désistement de l'employeur et principe d'unicité de l'instance prud'homale : une atteinte disproportionnée au droit d'agir du salarié ? », *LPA* 10 nov. 2006, n° 225, p. 11, spéc. B ss. § II, M. KELLER, obs. ss. Soc., 12 novembre 2003, *Dr. soc.*, 2004, p. 100 & s. et, surtout, G. GÉLINEAU-LARRIVET, « Quelques réflexions sur les conseils de prud'hommes et la procédure prud'homale », *Mélanges P. Drai*, Dalloz, 2000, p. 343, *in fine*.

1352 Civ. 1re, 28 mai 2008, *JCP G* 2008, act. 411, *JCP G* 2008, I, 164, n° 3, obs. BÉGUIN, *JCP G* 2008, II, 10 157, note CHABOT, *JCP G* 2008, II, 10 179, note BOLARD, *D.* 2008, p. 1629, obs. DELPECH, *D.* 2009, p. 3116, obs. CLAY, *RTD civ.* 2008, p. 551, obs. R. PERROT, *Gaz. Pal.* 20-21 févr. 2009, p. 53, obs. TRAIN. Sur la portée de cet arrêt, *cf.* Y.-M. SERINET, « La sanction par l'irrecevabilité des demandes nouvelles en appel », *JCP G* 2010, 545, spéc. n° 19.

1353 Toutes les chambres de la Cour de cassation sont concernées, à l'exception de la deuxième (v. *infra*) et, semble-t-il, de la troisième Chambre civile (Civ. 3e, 24 mars 2009, n° 08-16460). L'arrêt le plus net a été rendu par la première Chambre civile : Civ. 1re, 1er juill. 2010, n° 09-10364, *JCP G* 2010, 1052, note E. JEULAND, *Gaz. Pal.*, 22 mars 2011, n° 81, p. 11 et s., note S. AMRANI MEKKI ; en l'espèce, des époux, condamnés lors d'une première instance à exécuter leur engagement de caution envers une banque, avaient, à l'occasion d'un second procès, tenté de mettre en jeu la responsabilité de l'établissement financier. Pour la Cour de cassation, « il appartenait aux consorts Audibert de présenter dès l'instance initiale l'ensemble des moyens qu'ils estimaient de nature à justifier le rejet total ou partiel de la demande ». En d'autres termes, il leur appartenait de rechercher, dès l'instance initiale, la responsabilité civile de la banque afin d'obtenir des dommages intérêts qui seraient venus en compensation avec les condamnations prononcées à leur encontre. V. encore : Com., 6 juill. 2010, pourvoi n° 09-15.671, *JurisData* n° 2010-011290, *Procédures* 2010, comm. n° 335, obs. R. PERROT, Civ. 3e, 13 févr. 2008, pourvoi n° 06-22.093, *JurisData* n° 2008-042737, *Bull. civ.* 2008, III, n° 28, Soc., 12 janv. 2011, pourvoi n° 09-11.132, *JurisData* n° 2011-000136, *JCP G* 2011, 220, note I. BEYNEIX, J. ROVINSKI.

1354 Comme on l'a bien remarqué, tout le débat, parti de la cause, s'est déplacé en partie sur le terrain de l'objet : Y. SERINET, « Chose jugée et renouvellement de la demande : le critère décisif tiré de l'objet », *RDC* 2011, p. 546 et s. (il s'est déplacé également sur le terrain des moyens de défense et des demandes - v. *infra*). Pour réussir à évincer toutes les demandes nouvelles, les chambres concernées de la Cour de cassation ont développé une conception pour le moins extensive de la notion d'identité d'objet. La « même chose » n'est plus « la même chose prise dans la même qualité juridique » (L. CADIET, E. JEULAND, *Droit judiciaire privé*, *op. cit.*, n° 739, p. 543), mais il s'agit du « résultat économique similaire à celui qui avait été auparavant sollicité » (Y.-M. SERINET, « Contre un principe de concentration des demandes », *JCP G* 2011, 861), ce qui est fort large. On fait état, désormais, d'un « principe de concentration substantielle » *:* F. de LA VAISSIÈRE, « Autorité de la chose jugée et théorie de la concentration des moyens », *AJDI* 2008, p. 729 et s.

1355 Y.-M. SERINET, *art. préc.*

1356 C'est ce qui advient lorsque, sous couvert d'imposer une concentration de demandes, la Cour de cassation reproche aux plaideurs de n'avoir pas présenté « dès l'instance initiale l'ensemble des *moyens* qu'ils estimaient de nature à justifier le rejet total ou partiel de la demande » (nous soulignons - v. par ex. : Civ. 1re, 1er juill. 2010, n° 09-10364, préc.).

1357 Une telle confusion est réalisée lorsqu'une demande reconventionnelle, qui n'a pas été introduite, et qui pouvait donc l'être à l'occasion d'une instance ultérieure, devient une défense au fond, c'est-à-dire un *moyen qui devait être présenté dès l'instance initiale* : v., très nettement : Civ. 1re, 1er juill. 2010, *préc.* et la note E. JEULAND, *JCP G* 2010, 1052). La distinction s'impose pourtant : Cass. ass. plén., 22 avr. 2011, n° 09-16.008, *JurisData* n° 2011-07275 ; *JCP G* 2011, note 715.

Mais admettons que la position plus restrictive de la deuxième Chambre de la Cour de cassation soit la bonne[1358] ; qu'elle garde l'ensemble de la Haute juridiction d'un dangereux glissement de la concentration des moyens vers la concentration des demandes ; dans l'étendue qu'il faut désormais lui reconnaître, la nouvelle conception de l'autorité de la chose jugée n'échappe pas, pour autant, au rapprochement avec la nouvelle conception de l'office du juge dans la définition de la proposition-objet de la preuve[1359]. Non seulement les deux procèdent d'une définition *matérielle analogue*[1360], mais ***elles agissent conjointement et directement sur l'économie du procès***. Dans les deux cas, en effet, les pôles attractifs sont les mêmes et forment, comme on l'a dit justement, un « conflit de droits fondamentaux »[1361]. Selon le premier, qui fait valoir une « conception fermée » de l'autorité de la chose jugée et décharge le juge de toute obligation de relever d'office les moyens de droit, c'est la sécurité juridique qui est privilégiée. La mise à l'écart de la vérité est maximale[1362]. Selon le second, qui se prévaut d'une « conception ouverte »[1363] de l'autorité de la chose jugée et qui oblige le juge non seulement à requalifier, mais aussi à relever d'office les moyens de pur droit, c'est la « vérité juridique » (la vérité du droit) qui est recherchée ; comme on l'a dit, dans ce dernier cas, on « privilégie la flexibilité et peut-être aussi la "vérité", au moins juridique, du débat en permettant au justiciable de peaufiner son argumentation au fil de nouvelles demandes »[1364].

144. ***Signification profonde du choix de la sécurité juridique.*** Si la sécurité a été préférée à la vérité, il faut encore préciser dans quelle mesure cette dernière est affectée. À l'évidence, le droit de la preuve ne renonce pas tant à la *substance* de la vérité - qui peut toujours être atteinte, ainsi qu'on va le voir - qu'à sa *nature uniforme*. La principale conséquence de ce principe de concentration est, à l'égard de la définition de l'objet de la preuve, de compromettre, à faits équivalents (le sont-ils jamais vraiment ? là est une vraie question), en fonction de la plus ou moins grande diligence du juge (puisqu'il *peut* toujours relever d'office) et de la plus ou moins grande connaissance des parties, de *l'objet vrai de la preuve*. On ne saurait évidemment prétendre qu'il y a là un moyen pour le juge d'agir au plus près des espèces, du sentiment profond qu'il peut avoir de la justice, car raisonnant ainsi on s'exposerait alors aux pires errements[1365]. En d'autres termes, les principales conséquences de ce changement de paradigme sont, d'une part, un affadissement

---

1358 Civ. 2e, 26 mai 2011, pourvoi n° 10-16.735, *JurisData* n° 2011-009999, *JCP G* 2011, 861, note Y. SERINET, *LPA*, 05 août 2011, n° 155, p. 10, note G. DEHARO qui, au visa de l'art. 1351 du Code civil, énonce nettement que « s'il incombe au demandeur de présenter dès l'instance relative à la première demande l'ensemble des moyens qu'il estime de nature à fonder celle-ci, il n'est pas tenu de présenter dans la même instance toutes les demandes fondées sur les mêmes faits ». - V. encore : Civ. 2e, 23 sept. 2010, n° 09-69730.

1359 V. aussi, de cette opinion, S. GUINCHARD, C. CHAINAIS, F. FERRAND, *op. cit.*, n° 538, p. 429-430, (*cf. supra* n° 142).

1360 V. *supra*, n° 91.

1361 Mme le conseiller KOERING-JOULIN, « Note relative au droit d'accès à un tribunal », reprise par le conseiller rapporteur Charruault (*op. cit.*,sur Ass. plén., 21déc. 2007), *Site de la Cour de cassation*, spéc. n° 2, ss. § II.

1362 Ph. THÉRY, « Rapport de synthèse », *Procédures* 2007, étude n° 22, spéc. n° 28.

1363 Mme le conseiller KOERING-JOULIN, *op. cit., loc. cit.*

1364 *Op. cit.* 1 du § II).- V. aussi, pour un argument comparable : V. LASSERRE-KIESOW, « La vérité en droit civil », *D.* 2010, p. 907, spéc. § I, A, 1.

1365 Sur un argument équivalent en matière de contrôle de la Cour de cassation sur les qualifications, v. *supra*, n° 77.

inévitable de la valeur référentiel du droit puisque la norme juridique ne pourra pas toujours s'exprimer pleinement, de l'autre, un déséquilibre prévisible dans l'accès à la justice, puisque, en définitive, avec le renforcement de cette notion de « charge des justiciables », les parties doivent désormais s'entourer de meilleurs conseils.

145. ***Transfert de la charge de l'allégation vers l'avocat.*** Tel est, aussi bien, l'impact principal de cette redistribution des rôles entre les parties et le juge ; elle fait de l'avocat la pièce maîtresse du dispositif. Dans son communiqué assortissant son arrêt rendu le 21 décembre 2007[1366] et publié au rapport, l'Assemblée plénière pouvait alors indiquer que « [c]ette décision se situe dans le sillage d'une évolution marquée par le décret du 28 décembre 1998 et un précédent arrêt rendu par l'assemblée plénière le 7 juillet 2006, qui, redessinant les rôles respectifs des parties et du juge dans le procès civil, repose sur l'idée que si le juge doit jouer un rôle actif dans le déroulement du procès, il n'a pas à remplir tous les rôles, et qu'il revient aux parties elles-mêmes, représentées par des conseils professionnels, d'invoquer tous les moyens susceptibles de fonder leurs prétentions ». Il faut y voir un renforcement de « la charge de l'allégation » et de ce qu'on a appelé « l'office du justiciable »[1367]. Mais le justiciable n'est désormais plus seul[1368] ; et c'est une différence non négligeable qui sépare le libéralisme actuel du libéralisme du XIXe siècle[1369]. C'est l'avocat qui a désormais la charge délicate de dégager la règle de droit adéquate afin que s'accomplisse la vérité du droit. C'est lui qui doit inciter le plaideur à renoncer à une procédure dont il sait qu'elle est vouée à l'échec, comme s'il était, au-dessus de ses propres intérêts, un intérêt social l'incitant à « déconseiller la saisine »[1370] ou, dans certaines matières, à conduire vers la voie de la négociation[1371]. Mais n'est-ce pas trop pour un seul homme dont l'intérêt n'est tout de même pas celui de juger ? N'est-ce pas trop espérer à une époque où le corps social n'est pas assez fort pour pousser ses membres à épouser une cause qui les dépasse ? Il est certes vrai qu'on peut toujours espérer des effets bénéfiques d'une responsabilité qui ne manquera sans doute pas de se développer à l'endroit de l'avocat chaque fois qu'il sera établi qu'il eût dû proposer un autre fondement à la lecture des faits articulés, voire des faits du dossier[1372]. On peut, cependant, se montrer particulièrement sceptique face à cette nouvelle répartition des pouvoirs qui place la charge de l'expression du droit entre les mains de particuliers[1373] -

---

[1366] Ass. plén., 21 déc. 2007, *précité*.

[1367] V. M.-A. FRISON-ROCHE, « Les offices du juge », *in Jean Foyer, auteur et législateur : leges tulit, jura docuit, écrits en hommage à Jean Foyer*, Paris, PUF, 1997, p. 463-476 ; Ph. BLONDEL, *art. préc.*, p. 163 et s, spéc. p. 164.

[1368] *Cf.* L. CADIET, E. JEULAND, *Droit judiciaire privé*, *op. cit.*, n° 739, p. 545.

[1369] V. *supra*, n° 120.

[1370] Ph. BLONDEL, *op. cit.*, p. 166.

[1371] *Ibid.*

[1372] V. déjà : Civ. 1re, 16 sept. 2010, pourvoi n° 09-14.580, *JCP G* 2011, 80, note HOCQUET-BERG.

[1373] *Contra*, le Professeur Jamin qui tend à considérer que l'avocat ne défend plus seulement les intérêts de son client, mais devient un tiers impartial, un véritable arbitre : C. JAMIN, « Surfer sur la vague… Réflexions *de lege ferenda* sur la création d'un acte sous signature juridique », *Mélanges en l'honneur du professeur Gilles Goubeaux*, Dalloz, LGDJ-lextenso éd., Paris, 2009, p. 285 et s, spéc. p. 291. Le récent « protocole sur la mise en œuvre des principes de concentration et de structuration des écritures », signé le 13 décembre 2011 entre la cour d'appel de Paris et les ordres des avocats des barreaux de Paris, du Val-de-Marne, de l'Essonne, de Meaux, de Melun et de Fontainebleau, montre que certains avocats sont disposés à assurer pleinement leur nouvelle mission. V. « Entretien avec Stéphane Lataste », *Gaz. Pal.*, 03 mars 2012 n° 63, p. 5 ; et l'analyse critique de T. GRUMBACH, E. SERVERIN, « Un protocole sur

fussent-ils des techniciens du droit -, et qui, surtout, dans une certaine mesure, stimule la défiance des parties vis-à-vis de leurs conseils et encourage la surenchère procédurale[1374]. N'y a-t-il remise en cause, au surplus, du droit d'accès à un tribunal ?[1375]

146. ***Prise d'acte et propositions de réformes.*** Quelque pertinentes que soient les critiques, le réalisme s'impose. Les réformes, solutions jurisprudentielles et propositions les plus récentes s'inscrivent toutes dans cette dynamique de repositionnement du litige dans un nouveau réseau de rapports interindividuels[1376], qu'il s'agisse des conclusions récapitulatives[1377], du rôle de l'avocat dans la rédaction des actes[1378], du mandat de protection future[1379] ou, enfin, du développement des *procédures participatives*[1380], dont la clé de voûte est l'avocat[1381]. Le mouvement est donc puissant et il faut, en attendant de meilleures heures, prendre acte des transformations et proposer des solutions susceptibles d'en limiter les effets délétères. Dans cette recherche, la représentation obligatoire en toutes

---

les écritures entre la cour d'appel de Paris et les bâtonniers du ressort. Au service de quelle justice », *Rev. dr. trav.* 2012, p. 236 et s.

1374 En ce sens, le Professeur Bénabent observait (A. BÉNABENT, *RDC* 2008, p. 329), que « [d]e cette combinaison de deux décisions d'assemblée plénière, se dégagent une observation sociologique et un enseignement : - l'observation sociologique : en prônant explicitement un allègement de son "rôle", le juge en reporte la charge sur les "conseils professionnels" et leur responsabilité, et par là sur les justiciables (qui supportent indirectement le poids des assurances desdits professionnels) ; [...] - l'enseignement : il est aujourd'hui impératif pour les avocats, dès qu'il y a le moindre doute, d'invoquer cumulativement toutes les qualifications et tous les fondements possibles de leur demande : assignations et conclusions n'y gagneront pas en concision, non plus que les jugements tenus de motiver cumulativement sur chaque terrain invoqué (réponse du berger… ?) ».

1375 L'hypothèse a été prise au sérieux ; le conseiller rapporteur Charruault, se fondant une note de Mme le conseiller Koering-Joulin (*op. cit.*), interpellait la Haute assemblée de la manière suivante : « Et le droit à un procès équitable que consacre l'article 6 § 1 de la Convention de sauvegarde des droits de l'homme et des libertés fondamentales, ne s'oppose-t-il pas à l'institution d'une fin de non-recevoir qui, par voie d'absorption de la cause dans l'objet, emporterait interdiction de débattre devant le juge d'une question qui ne lui a jamais été posée ? », *op. cit.*, A, sous § II. Pour un début de réponse, v. la position exprimée à propos du principe de concentration (des demandes) en matière prud'homale : DUCAMP, « La Cour de cassation fait prévaloir l'unicité de l'instance sur le double degré de juridiction », *JLS* 2008, Chron. n° 236-1.

1376 Et non plus collectifs.

1377 Sur celles-ci G. BOLARD, « Les écritures qualificatives », *JCP G* 2000, I, 213, J.-J. BOURDILLAT, « La réforme des conclusions récapitulatives ou la quête du succès improbable », *D.* 2000, chron. p. 427, R. MARTIN, « Les dernières conclusions ou pour qui sonne le glas ? », *Ann. Loyers* 2000, p. 463 ; G. BOLARD, « Les dernières conclusions », *JCP G* 2001, I, 297, R. MARTIN, « Une surprise possible des dernières conclusions », *Ann. Loyers* 2002, p. 62 ; et concernant leur portée, en pratique, E. PUTMAN, « Le juge doit viser les dernières conclusions », *JCP G* 2007, II, 10 102, (note ss. Cass. ch. mixte, 6 avr. 2007, n° 05-16.375 et 06-16.914, *JurisData* n° 2007-038461).

1378 *Cf.*, par ex., l'acte contresigné par l'avocat : L. n° 2011-331, du 28 mars 2011 modifiant la loi n° 71-1130 du 31 décembre 1971 *portant réforme de certaines professions judiciaires et juridiques*, et qui a introduit les articles 66-3-1 à 66-3-3.- C. JAMIN, « Surfer sur la vague… Réflexions de *lege ferenda* sur la création d'un acte sous signature juridique », *art. préc.*, L. CADIET, « Avocats : passage à l'acte », *RDC* 2010, p. 747, N. THIBIERGE, « Une inutile contrefaçon : l'acte d'avocat », *Les Annonces de la Seine* n° 23, 2 avr. 2009, p. 14, J.-F. HUMBERT, « L'acte de professionnel est une chimère », *JCP* N 2008, 1154.- Et v. *infra*, n° 521.

1379 Depuis le 1er janvier 2009, le majeur peut organiser son avenir grâce au mandat de protection future. Le mandat peut être établi sous seing privé ; et dans ce dernier cas, il est contresigné par un avocat ou établi selon un modèle défini par un décret en Conseil État (C. civ., art. 492, Loi n°2007-308 du 5 mars 2007, art. 7, *JORF* 7 mars 2007).

1380 V. *supra*, n° 129.

1381 *Cf.* F. RONGEAT-OUDIN, « Les avocats à la conquête du règlement amiable des différends », *JCP G* 2011, 1097.

matières apparaît comme de première nécessité. On peut d'ailleurs se demander si ce n'est pas l'utilisation des conclusions récapitulatives qui va précipiter son avènement. On sait que, pour l'heure, leur utilisation n'est pas généralisée, y compris devant la cour d'appel où une discrimination est maintenue selon que la représentation est ou n'est pas obligatoire[1382]. On a fait pourtant remarquer que l'écrit était souvent utilisé devant les juridictions pratiquant la procédure orale et qu'« [à] partir du moment où, en fait, le support écrit a sa place dans les procédures orales, il est dangereux de faire comme s'il n'existait pas »[1383]. En effet, a-t-on ajouté, « [s]'il est démontré que l'obligation de récapituler est bénéfique pour l'administration de la justice et qu'elle ne porte pas atteinte aux droits de la défense, on voit mal pourquoi l'on devrait s'en priver dès lors que les conclusions sont déposées, fussent-elles facultatives. En disant les choses plus crûment, si l'objectif recherché est de diminuer le volume de papier soumis au juge et si cet objectif est réalisable dans des conditions compatibles avec le respect des droits des parties, quelle différence y a-t-il entre un jeu de conclusions déposé dans le cadre de la procédure avec représentation obligatoire et le même dans la procédure où les parties ne sont pas tenues de se faire représenter ? »[1384]. La différence réside justement dans le rôle de l'avocat - présent ici, absent là - qui devient central à mesure que se rationalise l'utilisation de l'écrit. Et, comme en toutes choses, lorsqu'un organe devient indispensable, sa présence est promptement rendue obligatoire. Telle est la direction que prend le nouveau procès civil, à moins que l'on se satisfasse de procédures gérées par ce qu'on a appelé les *professionnels du droit*[1385], sous réserve d'une définition précise de leur mission[1386], et de l'utilisation raisonnée des techniques d'information et de communication (TIC)[1387], ainsi que du développement d'un formalisme tenant compte de ces nouvelles techniques[1388]. Cette tendance lourde devrait conduire, à terme, à une refonte des procédures orales[1389], telle celle pratiquée

[1382] C. proc. civ., art. 954 ; et la dispense de la Haute juridiction : Civ. 2e, 30 avr. 2002, *JurisData*, n° 2002-014149, *JCP G* 2002, II, 10 129, *D.* 2002, 1866, concl. R. KESSOUS : « les dispositions [C. proc. civ., art. 954, al. 2] ne s'appliquent pas lorsque la procédure est orale », cité par H. CROZE, « Les procédures civiles gérées par les professionnels du droit », *Mélanges Pierre Julien. - La justice civile au vingt et unième siècle*, Édilaix, Aix-en-Provence, 2003, p. 123-143, n° 25, p. 136.

[1383] H. CROZE, *op. cit.*, n° 24, p. 135. V. aussi, *op. cit.*, n° 23 à 25 pour les difficultés soulevées par le maintien de la distinction à une époque où l'écrit tend à l'emporter, notamment en raison de sa force. Le dépôt de conclusions devrait recevoir le même traitement dans le cadre d'une procédure orale que l'expression orale elle-même, sans faire de distinction selon que ces conclusions sont ou non signifiées (la règle étant que les conclusions prennent normalement effet à leur date, mais à condition que la partie comparaisse à l'audience : Civ. 2e, 26 nov. 1998, *Bull. civ.* II, n° 283, *JCP G* 1999, IV, 1088, *D.* 1999, IR, 28, *D. aff.* 1999, 199, note A.L.M.-D. ; *RTD civ.* 1999, 201, obs. R. PERROT ; réf. citées par H. CROZE, précité, note (37), n° 23. Mais on sait que la date n'est certaine que s'il y a signification de ces conclusions à la partie adverse).

[1384] H. CROZE, *op. cit.*, n° 24, p. 135.

[1385] Avocats, avocats aux conseils, mais aussi huissiers, mandataires de justice comme les administrateurs judiciaires, certains préposés de l'administration, juriste d'entreprise, sur quoi, H. CROZE, *op. cit.*, n° 33-34, p. 141-143. Et v. les propositions en ce sens contenues dans le rapport GUINCHARD (dir.), *L'ambition raisonnée d'une justice apaisée*, *op. cit.*, spéc. p. 257-260, notamment p. 259 qui contient une section 2 intitulée : « Le développement et la consolidation des échanges écrits dans la procédure orale ».

[1386] *Op. cit.*, n° 32, p. 140-141 : qui assiste, qui représente ?

[1387] Qui est déjà prônée depuis un certain temps pour la mise en état : C. GIVERNON, « Tribunal de grande instance. - Procédure ordinaire. - Instruction devant le juge de la mise en état. - Attributions et décisions du juge de la mise en état », *J.-Cl. Proc. civ., Fasc. n° 222*, (version antérieure) spéc. n° 4.

[1388] H. CROZE, *op. cit.*, n° 28-31, p. 138-140.

[1389] Pour une bonne synthèse des critiques contre l'oralité, pour la procédure prud'homale, *cf.* R. BERNARD-MENORET, « Critique de l'oralité de la procédure prud'homale », *TPS* 2004, étude n° 19.

devant le conseil de prud'hommes. Mais, ce qui est sans doute encore plus net, dans ce renouveau du libéralisme procédural c'est la redéfinition de la notion d'objet de la preuve. Le phénomène touche alors plus largement la procédure civile et la procédure pénale.

§ 2. La redéfinition de la notion d'objet de la preuve

147. ***Délimitation de la matière.*** Le signe sans doute le plus manifeste du renouveau du libéralisme procédural est le phénomène de contractualisation du règlement des conflits[1390]. On ne peut, dans le cadre de cette étude, embrasser le phénomène d'une seule étreinte. Seule doit nous intéresser la contractualisation de la *justice*, c'est-à-dire la contractualisation des modes judiciaires de règlement des conflits. Comment doit-on délimiter la matière ? À n'en pas douter, le judiciaire est d'abord le juridictionnel, où le litige se montre sous une vive lumière : le conflit a donné à voir sa matière juridiquement relevante[1391] et, devenu litige, il appelle désormais une réponse juridique. Le juridictionnel dépasse, cependant, le cadre judiciaire comme c'est le cas en matière d'arbitrage. Faut-il distinguer au-delà entre le conflit, qui serait l'apanage des modes consensuels de règlement des différends (terme neutre), et le litige qu'il faudrait réserver aux modes juridictionnels ? Pour répondre à cette question, il faut renoncer à une expression qui est, en l'occurrence, source de confusions. On ne saurait, à bon escient, attacher trop d'importance à l'expression de « *modes alternatifs de règlement des conflits* » qui ne rend pas bien compte d'une ligne de césure plus importante que celle du juridictionnel et du non juridictionnel : le *judiciaire* et l'*extrajudiciaire.* Certes, comme on a déjà eu l'occasion de le signaler, le litige peut exister indépendamment du procès[1392]. Il n'est plus, aujourd'hui, par une espèce de souvenir de l'antique *litis contestatio*, de lien entre le litige et la formation de l'instance. Il n'en demeure pas moins que la saisine de la juridiction signe le caractère inéluctable du différend qui oppose les parties. Le différend s'est montré suffisamment tenace pour que l'une des parties éprouve le besoin de s'en remettre au juge et de faire appelle au droit[1393]. Mais voyons-le autrement. On peut sans doute se passer d'une typologie précise des différends, tandis qu'il est vrai que certains d'entre eux ne sont pas assez vifs pour ne pas s'éteindre d'eux-mêmes. Mais comment discriminer entre eux ? Faut-il les chiffrer ? Est-il possible de mesurer ceux qui tirent leur pugnacité non tant de la raison que du cœur ? Le conflit de voisinage est souvent infime, dans son montant, dans l'ampleur de la réponse juridique qu'il appelle. Mais n'est-il pas, parfois, de ceux qui sont les plus difficiles à résorber, potentiellement aptes à amener les parties bien loin dans la dispute ? Comment alors savoir, **si ce n'est rétrospectivement**, lorsque le conflit a atteint son stade pathologique : **au moment de la saisine du juge, au moment de la mise en mouvement de l'appareil judiciaire**.

1390 V. M. VAN DE KERCHOVE, « Éclatement et recomposition du droit pénal », *RSC* 2000, p. 5 et s., spéc. § 1.

1391 L. CADIET, J. NORMAND, S. AMRANI MEKKI, *op. cit.*, n° 72, p. 294 : « Mais si tout procès, en tant que procédure de règlement juridictionnel, suppose ainsi un conflit, tout conflit n'est pas forcément matière à procès ; il ne l'est, ou ne le devient qu'à la condition d'être juridiquement relevant ».

1392 V. *supra*, n° 136.

1393 Comp., L. CADIET, J. NORMAND, S. AMRANI MEKKI, *op. cit.*, *loc. cit.*, qui font (à cet endroit en particulier) du litige un appelle aux « règles de droit pertinentes, que seul peut juger un tiers impartial investi du pouvoir de dire le droit dans un acte qui ne peut être contesté que devant un autre juge ».

148. ***Positionnement du problème.*** Ces remarques sont importantes. Lorsque les parties en sont arrivées à ce stade, et que le litige a été suffisamment *formalisé* pour que le fait et le droit apparaissent, ce qui pose encore moins de difficultés en matière pénale, puisque le procureur de la République est lui-même chargé de réaliser ce travail en toutes circonstances[1394], il faut alors mesurer ce qu'implique la mise à l'écart de la fonction juridictionnelle, puisque tel est l'effet de ces modes contractuels de règlement des différends, qu'il s'agisse de la composition pénale[1395], de la médiation pénale[1396], de la médiation familiale, de la transaction pénale[1397], de la médiation judiciaire ou de la conciliation judiciaire[1398]. Un premier

---

[1394] C. proc. pén., art. 40-1.

[1395] C. proc. pén., art. 41-2 & 41-3. On peut discuter du caractère juridictionnel de la composition pénale. Même si, formellement, aucune *peine* n'est prononcée, il est une ambiguïté qui tient à l'intervention du juge lors de la validation et à la nature des mesures prononcées. Il ne fait aucun doute que nombre des sanctions pénales à la disposition du procureur de la République dans le cadre de la composition pénale « ne sont pas nouvelles dans leur forme et correspondent aux peines d'amende, de confiscation, de suspension de permis de conduire et de travail d'intérêt général. Les différences résident dans les mots pour les dire, leur mesure, la procédure selon laquelle elles sont prononcées et le régime de leur exécution », P. PONCELAT, « Quand le procureur compose avec la peine », *RSC* 2002, p. 638 et s. L'argument est d'autant plus pertinent, semble-t-il, que ces sanctions donnent aujourd'hui lieu à inscription au bulletin n° 1 du casier judiciaire. Plusieurs cours d'appel ont néanmoins réfuté le caractère juridictionnel des mesures : Pau 29 mai 2008, n° 07/01027 & 07/01028, Rouen 9 juin 2008, n° 07/00920, pour laquelle, la composition pénale « ne constitue qu'une alternative aux poursuites, sans que ne soit saisie une juridiction répressive, la décision de validation n'étant susceptible d'aucun recours ». On verra également l'opinion de la Chambre sociale qui, pour dénier toute autorité de chose jugée à la validation de la composition pénale sur le civil a décidé que l'action publique était seulement suspendue et que l'ordonnance était rendue sans débat contradictoire : Soc. 13 janv. 2009, pourvoi n° 07-44.718, *JCP* S 2009, 1155, comm. Th. LAHALLE. - V. aussi les remarques de J. DANET, *AJ pén.* 2010, p. 187, obs. ss. Crim., 18 janv. 2010, avis n° 0090005P (sur cet avis, v. *D.* 2010, p. 327, obs. M. LÉNA). - V. toutefois, A. CISSE, « Justice transactionnelle et justice pénale », *RSC* 2001, p. 509, spéc. § I, A.

[1396] On peut discuter de l'opportunité de rattacher la médiation pénale aux modes judiciaires de règlement des litiges, puisque cette médiation « intervient bien en dehors du juge », L. CADIET, J. NORMAND, S. AMRANI MEKKI, *op. cit.*, n° 133, p. 496. Le procureur de la République est un magistrat et l'effet de la procédure est seulement de suspendre la prescription de l'action publique (C. proc. pén., at. 41-1, al. 7). Cela étant, en cas de non-exécution de la mesure, le procureur de la République est alors tenu de mettre en œuvre une composition pénale ou d'engager les poursuites (C. proc. pén., art. 41-1, al. 8), ce qui montre bien que la médiation pénale se situe toujours à la marge du judiciaire et en est inséparable. Il s'agit, à tout le moins, d'une « technique à part dans l'ordre des conciliations extrajudiciaires » (L. CADIET, J. NORMAND, S. AMRANI MEKKI, *op. cit.*, *loc. cit.*). - V. aussi, les fines remarques de A. CISSE, « Justice transactionnelle et justice pénale », *RSC* 2001, p. 509, spéc. § II (qui s'intéresse à la transaction pénale, mais ses propos peuvent s'appliquer également à la médiation pénale).

[1397] Si on doute parfois du rattachement de la composition pénale à la transaction (M. REDON, *V° Transaction*, *Rép. Dalloz Dr. pén.proc. pén.*, n° 2), il est assez communément admis, aujourd'hui, que la composition pénale est une forme de transaction (J. LEBLOIS-HAPPE, « De la transaction pénale à la composition pénale. - Loi n° 99-515 du 23 juin 1999 », *JCP G* 2000, I, 198, spéc. n° 2 & n° 25, P. PONCELAT, « Quand le procureur compose avec la peine », *RSC* 2002, p. 638 et s.), E. GHERARDI, « Réflexions sur la nature juridique des transactions pénales », *RFDA*, p. 905 et s. (qui intègre également la médiation). Toutes deux provoquent l'extinction de l'action publique (C. proc. pén., art. 6), même s'il est vrai que la composition pénale suppose l'homologation du juge judiciaire, tandis que la transaction pénale ne nécessite que l'accord du ministère public ou, parfois, du juge ; v., en matière de contributions indirectes, LPF, art. L. 247-3°, L. 248, L. 249 & L. 251 : si l'infraction commise n'est sanctionnée que de peines strictement fiscales, la transaction avec le contribuable doit être soumise à l'agrément du président de la juridiction saisie de l'action fiscale. Si le contrevenant encourt des sanctions pénales, l'accord du ministère public est nécessaire (LPF, art. L. 249). En matière douanière, l'article 350 du Code des douanes prévoit également l'accord du ministère public lorsque l'infraction est passible à la fois de sanctions fiscales et de peines, et l'accord du président de la juridiction saisie lorsqu'elle est passible seulement de sanction fiscales (dans les deux cas, il s'agit d'une transaction qui intervient après mise en mouvement d'une action judiciaire par l'administration des douanes ou le ministère public). - V. encore, C. aviation, art. L. 150-16-1, L. 330-9 & R. 151-8 ; C. for., art. L. 153-2 & L. 223-5 ; C. env., art. L. 437-

paradoxe se fait ici jour. Le fait et le droit sont sans doute parvenus à se dégager - puisque la justice est bel et bien saisie d'un litige -, et pourtant l'office de juridiction est formellement mis à l'écart. Deux raisons l'expliquent. De manière générale en matière civile, et exceptionnellement en matière pénale (pour la médiation pénale), l'objectif avoué est de remonter au-delà du litige, de traiter le conflit sous-jacent. Ainsi qu'on l'a très bien dit, « [...] le jugement, parce qu'il tranche un litige, par référence à la seule dimension juridique du différend, peut laisser les blessures béantes, le conflit ouvert, ayant satisfait les attentes de l'une des parties seulement, quand il n'aura pas mécontenté les deux, alors que le mode de règlement conventionnel, dit aussi amiable tend à susciter entre les parties une solution complète qui les satisfasse toutes en renouant le dialogue entre elles [...] »[1399]. En matière pénale, la finalité est très différente : il s'agit d'accélérer le cours des procédures en provoquant l'adhésion de la personne soupçonnée à une sanction normalement inférieure à celle à laquelle elle est exposée, en contrepartie de sa participation à l'établissement de la réalité de l'infraction[1400]. Dans les deux cas, l'instrument de cette justice *alternative* est la volonté des parties que l'on tend vers un certain résultat auquel elles doivent adhérer. L'introduction du consentement, de l'adhésion, de l'engagement dans un processus normatif (la décision de justice), normalement unilatéral, bouleverse inévitablement les frontières du fait et du droit. C'est une évidence lorsque le conflit vient se superposer au litige.

Au regard de ce nouvel objectif, on peut sans doute convenir d'emblée que la définition de l'objet de la preuve est une opération complexe qui est une entrave, dans bien des cas, à l'obtention de l'accord des parties ; puisque, par ailleurs, le passé importe moins que l'avenir (la remise à distance que l'on croit pouvoir assurer sans tenir compte du passé), la recherche de la vérité peut passer pour secondaire, si ce n'est pour rigoureusement inutile. Puisque, enfin, le résultat est déterminé *a priori*, même si une division du fait et du droit est maintenue, elle en sort transfigurée, en raison de la possible prise en compte de normes extra-juridiques. En matière pénale, la problématique est légèrement différente, mais le résultat est souvent comparable. Puisque, en effet, les voies procédurales impliquent, de la part du plaideur, une contrepartie, le consentement est alors souvent précédé d'une « *reconnaissance* » qui, en raison même du résultat qui est suspendu à l'émission de la volonté, est nécessairement orientée - peu soucieuse de son objet ; la « *reconnaissance* » - qu'on appelle parfois aveu, mais on va le voir, le terme est impropre - ayant exclusivement en vue l'obtention du résultat (ce qui la rend assurément contrainte lorsque le résultat est l'évitement des poursuites) [1401], d'une part se soucie

---

14 ; concernant le Défenseur des droits (qui reprend les prérogatives de la HALDE) (L. organique n° 2011-333 du 29 mars 2011 relative au Défenseur des droits, art. 28), le pouvoir de transiger est précisé par l'article D. 1-1 du Code de procédure pénale : v. aussi *infra*, n° 157.

[1398] Sur ces deux derniers, v. *supra*, n° 136.

[1399] L. Cadiet, J. Normand, S. Amrani Mekki, *op. cit.*, spéc. n° 73, p. 299-300.

[1400] C'est d'ailleurs si vrai qu'un certain nombre de systèmes juridiques se sont opposés à l'introduction de procédures consensuelles ou négociées au nom de principes jugés supérieures, comme celui de *l'instruction complète* en Allemagne (J. Leblois-Happe, X. Pin, J. Walther, « Chronique de droit pénal allemand (Période du 1er janvier 2009 au 31 décembre 2009) », *RIDP* 2010/1, (Vol. 81), p. 277-310, S. C. Thaman, « L'autocondamnation dans la procédure pénale. - La dialectique de l'aveu et la reconnaissance de culpabilité », *in Mélanges offerts à Jean Pradel,* Éd. Cujas, Paris, 2006, p. 939-954, spéc. p. 942) ou celui de *la vérité matérielle* au Japon (S. C. Thaman, *art. préc.*, p. 941). - Pour l'Allemagne, v. *infra*, n° 162.

[1401] B. Pereira, *art. préc.*, spéc. n° 11. - On a toutefois fait remarquer que le « consentement ne saurait cependant, en droit, être considéré comme vicié, car il est admis de manière constante que la menace

peu de la réalité, d'autre part ne se demande pas si elle s'applique à un fait ou à un droit et, s'il s'agit d'un fait, si ce fait est ou non opérant. C'est que ces diverses voies procédurales, dont certains pourtant, notamment en matière pénale, rappellent expressément la nécessité d'identifier les faits matériels et la qualification juridique idoine[1402], conduisent inévitablement, en raison de leur inspiration contractuelle qui ne s'accommode guère, quoi qu'on en dise, de la précision et de l'effort que suppose la qualification[1403], à une sorte d'amalgame dangereux entre les propositions de droit (qui ne sont jamais ni *vraies* ni *fausses*) et les propositions de fait (qui seules devraient être *objet de preuve*)[1404]. Il faut ajouter un dernier phénomène, qui se situe dans le prolongement de ce dernier. Pour le comprendre, il faut rappeler les résultats d'une réflexion précédemment menée ; la contractualisation est avant tout « l'emploi d'une certaine procédure d'élaboration des normes, règles et décisions, de type contractuel en ce qu'elle fait appel à des phénomènes de participation des parties concernées, tantôt simple adhésion, tantôt véritable négociation, *contrahere* plutôt que *contractus*, d'où vient que, dans l'ordre de la production normative, contractualisation et procéduralisation ont partie liée, se combinent plus qu'ils ne s'opposent »[1405]. La contractualisation est sous ce regard, la procédure qui mène à l'accord de volontés. Or la *formation* du contrat, de l'engagement, suppose autre chose qu'un *objet*, c'est-à-dire que le résultat recherché. Il est aussi animé par une cause, le *pourquoi de l'engagement* ?[1406] Il est particulièrement tentant de ramener ce *pourquoi*, qui peut recevoir diverses explications, à une réponse unique : si la personne, notamment soupçonnée, s'est engagée dans le processus contractuel, c'est parce qu'elle a participé à l'infraction. **La *reconnaissance* ne se pose plus au niveau fondamental, substantiel, mais au niveau procédural, presque performatif**. C'est peu dire si la tentation d'inférer de cet *engagement* est grande, notamment lorsqu'il a été précédé, sur le plan substantiel, d'une « *reconnaissance* ». De manière générale, certes, la *participation au processus contractuel* n'a, *per se*, aucune signification probatoire - la cause (subjective) n'est pas transparente[1407]. Mais voilà que, lorsque la *reconnaissance* précède elle-même la volonté, plus largement encore dans certaines situations où la reconnaissance est pourtant absente, la participation à la justice contractuelle peut se voir reconnaître une valeur

---

d'exercer des voies de droit n'est pas constitutive de violence (au sens des articles 1111 et suivants du Code civil) dès lors que les moyens employés et le but poursuivi sont légitimes », J. LEBLOIS-HAPPE, « De la transaction pénale à la composition pénale. - Loi n° 99-515 du 23 juin 1999 », *JCP G* 2000, I, 198, spéc. n° 10. La Cour européenne des droits de l'homme a pu du reste juger que « si la perspective de comparaître devant le juge pénal est assurément de nature à inciter beaucoup d'« accusés » à se montrer accommodants, la pression qu'elle crée sur eux n'a rien d'incompatible avec la Convention », CEDH, *Deweer c/ Belgique*, 27 févr. 1980, requête n° 6903/75, § 51 ; v. encore, E. GHERARDI, « Réflexions sur la nature juridique des transactions pénales », *RFDA*, p. 905 et s., spéc. § II, B, 2 et notes afférentes (qui mentionne néanmoins le dol). - V., toutefois, les remarques réalistes de A. CISSE, « Justice transactionnelle et justice pénale », *RSC* 2001, p. 509, spéc. § II, A.

[1402] V. tous les exemples cités *infra*, n° 156.

[1403] Si elle n'incite pas, tout simplement, à « jouer » avec la qualification. En ce sens, il n'est pas douteux que la composition pénale et la comparution sur reconnaissance préalable de culpabilité permettent de moduler, sans difficulté, les qualifications ; v., en ce sens, B. PEREIRA, « Justice négociée : efficacité répressive et droits de la défense ? », *D.* 2005, p. 2041 et s., spéc. n° 6.

[1404] De même que, comme on l'a dit, le phénomène de contractualisation peut signifier, pour le justiciable, une mise à l'écart du droit : Ch. JARROSSON, « La contractualisation de la justice : jusqu'où aller ? », *in* L. CADIET, L. RICHER, *op. cit.*, p. 185-191, spéc. p. 187.

[1405] L. CADIET, « Propos introductifs… », *op. cit.*, p. 176.

[1406] J. FLOUR, J.-L. AUBERT, E. SAVAUX, *Droit civil. - Les obligations. - 1. L'acte juridique*, 13e éd., Sirey, Université, Paris, 2008, spéc. n° 253, p. 217, n° 254, p. 219.

[1407] *Op. cit.*, n° 264 et s., p. 228 et s.

probatoire indue, à l'issue d'un raisonnement qui ne s'interroge même plus sur ce qui est recherché (vérité du fait, vérité du droit). On a désormais les deux axes de l'effet de ce renouveau du libéralisme procédural sur la distinction du fait et du droit : la confusion du fait et du droit (A) et la tentation de l'usage probatoire du recours à la justice contractuelle (B).

A. La confusion du fait et du droit

149. ***Enseignements tirés de la conciliation et de la médiation.*** Conciliation et médiation judiciaires en matière civile constituent le vaste corridor qui mène, aujourd'hui, aux formes contractuelles de résolution des litiges. Elles offrent un large espace de réflexion sur les problématiques générales que soulève, sur ce chapitre, le renouveau du libéralisme procédural. On perçoit bien qu'elles font surtout disparaître la partie la plus complexe de *l'office de juridiction*, celle consistant à dégager la proposition-objet de preuve, puisque, par définition, les parties renoncent à débattre tant de l'opérance des propositions avancées que de la réalité de celles-ci. Les parties peuvent d'abord convenir que le droit n'a pas à s'immiscer dans leurs rapports et qu'elles peuvent aussi bien, quoique l'une d'elles pût, assurément, obtenir la réparation de son dommage ou la sanction de tel ou tel droit en justice, se contenter de régir leurs rapports futurs au moyen d'une transaction ou d'un accord de conciliation. Si l'accord intervient avant toute saisine du juge, c'est que leur différend ne méritait pas l'attention de la justice étatique et on ne peut que se féliciter de cet effort de pacification entrepris, de leur chef, à condition, toutefois, que des droits indisponibles n'aient pas été sacrifiés[1408]. L'autonomie de la volonté à cette force de pouvoir s'abstraire des équilibres de la règle de droit, et la chose est, en de nombreuses hypothèses, parfaitement salutaire, notamment lorsque les parties ont été assistées de leur conseil ou d'un tiers[1409]. Lorsque,

---

[1408] On se situe encore bien dans la zone du conflit, parce que les parties sont parvenues à un accord sans saisir le juge (une nouvelle fois, la distinction du conflit et du litige n'apparaît qu'*a posteriori*) ; concernant les droits indisponibles et l'ordre public, v. *infra*, n° 153.

[1409] J. JOLY-HURARD, *Conciliation et médiation judiciaires*, PUAM, Aix-en-Provence, 2003, spéc. n° 28, p. 32. On tend à distinguer, aujourd'hui, la conciliation extrajudiciaire consensuelle ou *ad hoc* de la conciliation extrajudiciaire institutionnelle. La première est dénuée de tout formalisme (distinction qui est due au Professeur Ch. JARROSSON, *La notion d'arbitrage*, (LGDJ, Paris, 1987, spéc. n° 363, p. 182). Ces formes de conciliation peuvent être décidées d'un commun accord, entre les parties, une fois le conflit né. Mais, bien souvent, il s'agit du résultat de l'insertion de clauses, clauses dites de conciliation ou de médiation, dans les contrats qui lient les parties. Selon la doctrine, la conciliation extrajudiciaire consensuelle s'entend « d'un mode amiable ou conventionnel de règlement des conflits, mis en œuvre en dehors de toute instance judiciaire et échappant dans son intégralité à tout contrôle du juge, par lequel les parties, seules ou avec l'aide d'un tiers bénévole qui a leur confiance, de confronter leurs points de vue respectifs afin de trouver une solution amiable à leur différend » (J. JOLY-HURARD, *op. cit.*, n° 30, p. 33). On proposait une définition très proche pour la médiation extrajudiciaire consensuelle, excepté qu'elle supposait toujours l'intervention d'un tiers. Mais le nouvel article 1530 C. proc. civ. (créé par D. n°2012-66 du 20 janvier 2012) nuance cette distinction, en plaçant le tiers au cœur du processus de résolution amiable : « La médiation et la conciliation conventionnelles régies par le présent titre s'entendent, en application des articles 21 et 21-2 de la loi du 8 février 1995 susmentionnée, de tout processus structuré, par lequel deux ou plusieurs parties tentent de parvenir à un accord, en dehors de toute procédure judiciaire en vue de la résolution amiable de leurs différends, avec l'aide d'un tiers choisi par elles qui accomplit sa mission avec impartialité, compétence et diligence ». - La conciliation institutionnelle, quant à elle, est encadrée par une règlementation particulière qui est le fait d'organismes spécialisés (J. JOLY-HURARD, *op. cit.*, n° 33, p. 35). Il existe de très nombreux règlements de conciliation proposés en marge de règlements d'arbitrage. Enfin, on voit naître, à un rythme extrêmement soutenu, une multitude d'institutions extrajudiciaires spécialisées dans la conciliation : médiateur du cinéma, médiateur de la République, médiateurs des compagnies d'assurances, médiateur bancaire, médiateur en

en revanche, le lien juridique d'instance a été formé[1410], la situation est sensiblement différente, car le différend étant parvenu à son stade pathologique, le juge ne peut plus ignorer, par la suite, cet appel fait à la justice, et il ne peut demeurer totalement indifférent aux rapports de force qui existent entre les parties. Encore faut-il distinguer selon l'origine de l'accord qui se forme entre les parties. Si, après introduction de l'instance, le défendeur acquiesce à la demande ou si le demandeur se désiste de l'instance ou de l'action, ou encore si les parties parviennent à une solution transactionnelle[1411], et ce, en dehors de l'intervention du juge, on se retrouve, peu ou prou, dans la même situation que lorsque les parties règlent leur différend de manière non judiciaire. La nature initialement pathologique du conflit se résorbe et, sous la réserve que toutes les conditions propres à chaque voie procédurale aient été respectées, la solution est parfaitement satisfaisante au plan des principes qui doivent gouverner le règlement des conflits. Mais on sait, aussi, que, dans bien des cas, ces solutions ne peuvent être obtenues sans l'assistance du juge ou d'un tiers, fût-ce alors un conciliateur de justice ou un médiateur. Dans ces deux hypothèses, puisque les parties se sont montrées suffisamment opposées pour ne parvenir d'elles-mêmes à un accord ou puisque l'une d'elles s'est trouvée suffisamment affectée pour saisir le juge - l'autre étant demeurée incapable d'épouser ses vues -, la mise à l'écart de la fonction juridictionnelle appelle la plus grande prudence. La présence d'un tiers peut amollir la vigilance de l'une des parties et conduire, essentiellement lorsque ce tiers n'est pas le juge lui-même, sinon à une méconnaissance du droit - c'est-à-dire les droits indisponibles -, pour le moins au sacrifice de l'une des parties. Le juge, en effet, contrairement au médiateur ou au conciliateur de justice, sait parfaitement, même s'il n'accomplit aucune recherche complémentaire pour établir la vérité de tel ou tel moyen de fait, si les propositions avancées par les uns et les autres sont opérantes (et les effets y afférents) et peut aisément, en considération de ce facteur, inciter l'une des parties, plutôt que l'autre, à des concessions (qu'ils s'agissent de concessions « véritables », comme dans la transaction ou d'un désistement, d'un acquiescement ou d'une renonciation au

droit de l'Union européenne, médiateur de l'éducation nationale, médiateur de l'édition publique, médiateur du service universel postal, etc.

[1410] On se situe alors dans le domaine de la conciliation ou de la médiation judiciaire. La conciliation est dite judiciaire lorsqu'elle survient dans le cadre d'une instance judiciaire et qu'elle est placée sous le contrôle du juge. Sa tutelle ne fait aucun doute lorsque celui-ci est directement à l'origine de la procédure de conciliation, soit parce qu'il en a pris l'initiative, soit parce que, au cours d'une procédure de conciliation engagée spontanément par les parties en cours d'instance, celles-ci lui ont demandé d'intervenir (C. proc. civ., art. 127-128). Il est véritable « maître d'œuvre » de la conciliation (J. NORMAND, « Conclusions », *in* P. ANCEL, M-Cl. RIVÈRE (dir.), *Le conventionnel et le juridictionnel dans le règlement des différends*, Economica, Paris, 2001, p. 142). Mais le juge peut n'exercer qu'une mission de « juge contrôleur » (J. NORMAND, *op. cit.*, p. 147) ou de « juge-superviseur ». Il s'agit alors de la conciliation déléguée à un conciliateur de justice : C. proc. civ., art. 129-1 à 129-5, D. n°78-381 du 20 mars 1978 relatif aux conciliateurs de justice (modifié par D. n° 2010-1165 du 1er octobre 2010 & D. n° 2012-66 du 20 janvier 2012) - qui est une « modalité particulière d'exercice ou d'application de la mission de conciliation que l'article 21 du nouveau code de procédure civile met à la charge du juge et que la loi du 8 février 1995 n'entend aucunement remettre en cause », J. JOLY-HURARD, *Thèse préc.*, n° 82, p. 67. Les mêmes principes gouvernent la médiation judiciaire : L. n° 95-125 du 8 février 1995 relative à l'organisation des juridictions et à la procédure civile, pénale et administrative (modifiée par Ord. n°2011-1540 du 16 novembre 2011), art. 22 ; C. proc. civ. (dont certaines dispositions ont été affectées par le D. n°2012-66 du 20 janvier 2012), art. 131-1 & 131-10.

[1411] La situation judiciaire des parties est alors régularisée au moyen d'un « double désistement d'instance et d'action » : H. SOLUS, R. PERROT, *Droit judiciaire privé*, t. 3, *op. cit.*, n° 1182, p. 990.

droit[1412]). C'est cette connaissance du droit qui l'incline à ne pas trop s'éloigner de l'équilibre garanti par la règle de droit. En d'autres termes, même si la règle de droit n'est pas appliquée, si la question probatoire et singulièrement celle de l'objet de la preuve ne sont pas envisagées, toutes ces données fondatrices de la justice étatique restent les guides de l'action du juge.

150. ***Transfiguration du fait et du droit et absorption du fait par le droit.*** Lorsque, au contraire, c'est à la faveur de l'intervention du médiateur ou du conciliateur de justice qu'un accord intervient, les garanties dont il vient d'être fait état s'évanouissent derrière des considérations étrangères aux normes juridiques applicables. Il est peu probable que, l'un ou l'autre, remplissant sa mission, tienne compte des équilibres définis par la règle de droit. La chose est regrettable, car elle conduit, cette fois-ci, à évincer purement et simplement le droit applicable pour faire place à une règle de droit *sui generis* ou à une règle de droit existante - et peut-être celle réellement applicable -, mais dont l'interprétation est si souple qu'elle en sort méconnaissable, quand elle n'est pas, tout simplement, appréhendée telle quelle (c'est-à-dire sans effort d'interprétation). Sans doute le juge-conciliateur procède-t-il de la sorte ; mais, ainsi qu'on l'a dit, sa connaissance de la règle de droit lui permet, à tout le moins, de connaître l'équilibre qu'il ne faut pas dépasser. Pour d'autres raisons, la présence du consentement modifie également la répartition du fait et du droit en matière pénale. La construction de la justice consensuelle ou contractuelle se fonde sur une *reconnaissance* centrale qui conduit, comme on va le voir, non plus seulement à une transfiguration des questions de fait et de droit (1), mais à une absorption du fait par le droit (2).

1. Transfiguration des questions de fait et de droit

151. ***La rencontre des volontés et le résultat.*** Dans sa mission de juridiction, le juge est normalement chargé de définir si les propositions fournies par les parties sont en relation d'opérance avec la règle de droit dont ils demandent l'application. Seule une connaissance précise de ce qui relève du fait et du droit lui permet de parvenir à ce résultat qui est un préalable à toute interrogation sur la preuve elle-même. Les modes alternatifs de règlement des conflits, et spécifiquement la médiation judiciaire[1413], mettent à mal cette dichotomie fondatrice de la *juris-dictio*. Parties et médiateur peuvent, en effet, se dispenser de la règle de droit, lui substituer une nouvelle norme, tirée de la morale, de la religion ou de tout autre système axiologique[1414]. Ils peuvent encore, à supposer que leur choix se soit porté sur la norme juridique normalement applicable, abandonner l'interprétation qui en est donnée par la Cour suprême[1415]. En définitive, la question de la base factuelle,

---

[1412] Dans cette hypothèse, l'extinction du droit emporte, par voie de conséquence, l'extinction de l'action en justice qui en permet la sanction. Et cette extinction opère en toute hypothèse : que le litige soit né ou pas, qu'une instance ait été engagée ou non.

[1413] Les remarques qui suivent valent également pour la conciliation judiciaire confiée à un conciliateur de justice.

[1414] F. RUELLAN, « Les modes alternatifs de résolution des conflits.- Pour une justice plurielle dans le respect du droit », *JCP G* 1999, I, 135, spéc. n° 22, E. CAMOUS, « Les modes alternatifs de règlement des conflits constituent-ils une justice de proximité ? », *Gaz. Pal.*, 30 oct. 2003, n° 303, p. 5 et s., spéc. p. 6.

[1415] E. CAMOUS, *op. cit.*, spéc. n° 37 : « Si la règle de droit est appelée à servir à l'élaboration d'une solution négociée, son interprétation est laissée à la libre appréciation des parties. Il n'est donc pas

de sa vérité et de son opérance, la question de la norme applicable et de son interprétation deviennent absolument secondaires, leur volonté étant entièrement guidée par la recherche d'une solution déterminée *a priori*[1416]. N'oublions pas, en effet, que lorsque les parties conviennent d'une norme - qu'elle ait été ou non choisie par le médiateur - sa signification juridique leur est indifférente, puisque seule sa valeur rhétorique, dans le système normatif sous l'ascendant duquel elles ont choisi de se placer (comme la religion, par exemple, mais aussi le système juridique lui-même), est prise en compte. Il ne s'agit plus aussi bien de s'entendre sur la validité de telle ou telle proposition, mais seulement, le résultat ayant déjà été fixé, de reconnaître à la norme une force de conviction suffisante. Fondamentalement donc, la médiation pose un problème d'adhésion au résultat - c'est-à-dire de consentement - dont dépend, bien entendu, la valeur persuasive de l'interprétation qui est donnée de la norme choisie. On ne peut guère, dans ces conditions, que constater une transfiguration des questions qui gravitent normalement autour de l'axe de la *juris-dictio*. Le « fait » se donne encore à voir comme un préalable, mais il devient alors le *fait du consentement*, seule chose qui mérite, le cas échéant, d'être prouvée. Le « droit » prend, lui aussi, un nouveau visage ; il n'est plus le droit imposé, mais il est le droit négocié et accepté, non seulement dans sa signification (*antécédent abstrait*), mais encore dans ses conséquences (*le conséquent*). Deux questions très différentes en résultent alors. La première porte sur la qualité du consentement (a) ; la seconde sur la qualité de la norme (b).

a. De l'opérance de la proposition-objet de preuve à la qualité du consentement

152. ***Consentement libre et éclairé.*** La question de la qualité du consentement se pose avec une particulière acuité dans le cadre de la médiation. Si, en effet, la médiation tire sa force, non de sa soumission aux faits et au droit, mais seulement de l'acceptation du résultat, cette acceptation doit être à la fois complète et complètement libre. Or, tel n'est le cas, semble-t-il, que lorsqu'elle ne s'écarte pas trop, notamment sous l'impulsion du médiateur, du résultat positif auquel l'une des parties pouvait prétendre en application de la norme juridique normalement interprétée ; à tout le moins, la renonciation à ce résultat doit avoir été librement consentie et en connaissance de cause. Sur ce dernier point, la partie doit notamment avoir été informée de ce qu'aurait été sa situation sur le plan juridictionnel[1417],

certain que des notions comme la faute ou l'intérêt de l'enfant reçoivent la même interprétation que celle dont elles bénéficient dans le cadre de l'instance ».

[1416] E. CAMOUS, *op. cit.*, spéc. p. 6 : « Ce retrait du droit n'est toutefois pas synonyme de désordre et d'anarchie. Il vient nourrir ce "droit du non-droit" qu'avait perçu l'auteur, c'est-à-dire un droit qui puise toute sa substance dans la volonté des individus de donner leurs démarches l'apparence du droit [...]. À la loi et à la jurisprudence viennent se superposer d'autres règles qui émanent du corps social lui-même. Le droit "étatique", "officiel" est ainsi appelé à subir la concurrence d'autres systèmes normatifs susceptibles d'être exploités par les parties afin de mettre un terme au litige qui les oppose [...] C'est dans doute ce qu'exprime le mieux le terme alternatif en ce qu'il renvoie non seulement aux procédés d'évitement du juge, mais aussi, et surtout, au droit lui-même ».

[1417] F. RUELLAN, *op. cit.*, n° 21 « La véritable question est celle de la prise en compte d'inégalités que seule la réintroduction du droit permet, au moins partiellement, de réduire. Manifester cette exigence ne procède pas d'une crispation de juriste soucieux de conserver la mainmise sur des lieux de règlement des conflits dont il se sentirait exclu. Il s'agit au contraire d'énoncer que le succès de ces nouveaux modèles dépend de leur capacité à s'inscrire dans une démarche de respect des droits de chacun. Justice informelle ne signifie pas justice sans droit ». - L'avocat a, évidemment, un rôle tout à fait essentiel à jouer sous ce regard.

faute de quoi on ne saurait parler de consentement éclairé[1418]. Rien d'étonnant, dès lors, à ce qu'un auteur ait pu parler de « droit au droit »[1419], ajoutant que « [s]eul l'accès au droit et à sa sanction met son bénéficiaire en mesure d'y renoncer de façon consciente et réfléchie »[1420]. On ne saurait aussi bien soutenir que l'affranchissement de la règle de droit « commandera au juge ou au tiers en charge de la conciliation de ne pas rappeler systématiquement aux parties quelle est la loi applicable ni quelle serait la solution si le droit était effectivement appliqué », au motif que de « telles informations pourraient en effet compromettre l'issue des pourparlers, la partie "potentiellement gagnante" pouvant ne plus souhaiter faire les concessions qu'elle avait initialement envisagées de faire »[1421]. Il faut donc complètement approuver cet arrêt de la Chambre sociale de la Cour de cassation du 28 mars 2000[1422]. Pour la Haute juridiction, en effet, « la conciliation, préliminaire obligatoire de l'instance prud'homale, est un acte judiciaire qui implique une participation active du bureau de conciliation à la recherche d'un accord des parties préservant les droits de chacune d'elles, qu'en conséquence, cet acte ne peut être valable que si le bureau a rempli son office en ayant, notamment, vérifié que les parties étaient informées de leurs droits respectifs, et que si ces conditions de validité du procès-verbal de conciliation ne sont pas remplies, la juridiction prud'homale peut être valablement saisie ». Comme elle constatait « que le salarié n'avait obtenu en contrepartie de son désistement que des sommes qui lui étaient dues, la Cour d'appel a fait ressortir que les juges conciliateurs n'avaient pas rempli leur office en sorte que l'accord constaté par le procès-verbal de conciliation était nul ». En d'autres termes, les conciliateurs auraient dû indiquer précisément, à chaque partie, les droits dont elles disposaient afin que chacune d'elles mesure précisément l'étendue de ses sacrifices. On pourrait certes discuter de la facilité avec laquelle la Cour de cassation remet à cause le procès-verbal de conciliation - qui constatait sans doute, en l'occurrence, une véritable transaction[1423]. Mais il ne faut néanmoins pas perdre de vue que, comme pour toute convention ordinaire, l'accord des parties suppose le *consentement des parties en cause*[1424], un consentement libre et éclairé[1425]. Or, dans le cas de la transaction, si on veut justifier les articles 2052 à 2055 du Code civil - et notamment l'article 2052, alinéa 2, qui interdit d'attaquer la transaction pour cause d'erreur de droit -, qui s'efforcent, pour l'essentiel, de dissuader le plaideur qui s'aperçoit, après coup, qu'il eût été plus

---

1418 Sur l'importance de cette notion qui relève de l'ordre public : G. FARJAT, *L'ordre public économique*, Thèse, Dijon, 1962, p. 513, cité par E. CAMOUS, *op. cit.*, n° 54

1419 F. RUELLAN, « Les modes alternatifs de résolution des conflits. - Pour une justice plurielle dans le respect du droit », *JCP G* 1999, I, 135, n° 15 (entre guillemets dans le texte). Il le définit comme « la possibilité pour tout citoyen impliqué dans un contentieux de connaître ses droits avant de s'engager en connaissance de cause dans une démarche de médiation-conciliation » (*ibid.*). Pour l'auteur, en effet, il est des inégalités dans l'accès au droit. On ne saurait donc véhiculer, pour défendre le règlement amiable des litiges, une « vision faussement harmonieuse des rapports sociaux, perpétuant ainsi des situations de domination masquées par la recherche illusoire d'un consensus au détriment du respect des droits de chacun » (*op. cit.*), p. 16.

1420 F. RUELLAN, *op. cit.*, n° 16.

1421 J. JOLY-HURARD, *op. cit.*, n° 508, p. 314-315.

1422 Soc., 28 mars 2000, *Bull. civ.* V, n° 135, *Gaz. Pal.* 2000, somm. p. 1756, *D.* 2000, p. 537, note J. SAVATIER, *JCP G* 2000, I, 267, spéc. n° 10, obs. L. CADIET.

1423 V. en ce sens, J. SAVATIER, note préc. *D.* 2000, p. 587, L. CADIET, obs. préc., *JCP G* 2000, I, 267, n° 10, J. JOLY-HURARD, *op. cit.*, n° 510, p. 316.

1424 H. SOLUS, R. PERROT, *Droit judiciaire privé, t. 3, op. cit.*, n° 1183, p. 992.

1425 J. FLOUR, J.-L. AUBERT, E. SAVAUX, *Droit civil. - Les obligations. - 1. L'acte juridique*, 13e éd., Sirey, Université, Paris, spéc. n° 190 et s., p. 153 et s.

avantageux pour lui de continuer le procès, de revenir sur son engagement, c'est à la condition qu'il ait été suffisamment informé de l'étendue de ses concessions. Il faut donc distinguer deux choses : l'appréciation que les parties font des chances de gain et de risques de perte dans le procès[1426], qui constitue bien un événement incertain, et qui donne à la transaction un caractère aléatoire[1427] ; la connaissance, ensuite, que les parties ont de leurs droits, indépendamment de leur sanction juridictionnelle, et qui se place bien en amont de l'appréciation des gains et des risques, ce qui forme, au départ, l'objet de leurs concessions, et qui n'a aucun caractère aléatoire[1428]. En d'autres termes, il ne faut pas confondre l'appréciation que les parties font de « ce qui aurait été jugé » et de « ce qui pouvait être jugé ». Dans le premier cas, certes, l'aléa met entrave à une action en nullité pour erreur, mais dans le second, la certitude que les parties peuvent gagner de leurs droits devrait permettre la remise en cause de la transaction.

N'oublions pas, du reste, que les parties construisent, en effet, « des stratégies d'intimidation - faits de prétentions excessives - de faux-semblants - mélanges d'allégations discrètes et d'affirmations péremptoires - et c'est en fonction de l'appréciation de leur valeur par l'une et l'autre partie que se dessine ou non une perspective transactionnelle. D'un mot, ce sont moins les bons sentiments qui favorisent l'accord, mais bien plutôt un mélange d'âpreté et de réalisme »[1429]. Seules des parties bien au fait de leurs droits et seul un médiateur vigilant permettent d'éviter une altération trop grave du consentement. Enfin, en certaines hypothèses, on peut plus largement douter de la liberté du consentement. Le législateur ne s'y est pas trompé, en matière de médiation familiale, lorsqu'il a rappelé, à l'article 373-2-7, alinéa 2 du Code civil, au sujet de l'homologation de la convention par laquelle les parents organisent les modalités d'exercice de l'autorité parentale, que « le juge homologue la convention sauf s'il constate [...] que le consentement des parents n'a pas été donné librement ». Le législateur avait, en effet, craint, en 1970, que l'un des parents ne subisse des violences physiques ou morales[1430]. Que dire encore de l'attribution au juge du pouvoir d'enjoindre les parties à comparaître devant le médiateur ?[1431] Quelle est la marge de manœuvre du plaideur - auquel on ne saurait, abstraitement, reprocher de ne pas vouloir négocier et de s'en remettre à la justice - qui apprend que, s'il ne comparaît pas, voire s'il ne fait pas preuve de souplesse, en subira des conséquences lorsque l'affaire sera finalement transmise à la juridiction[1432] ? Le risque est bien réel ; un magistrat et un médiateur affirmaient

---

[1426] La médiation met, en effet, aux prises « deux parties soucieuses de leurs intérêts qui s'affrontent ; elles se livrent en conséquence à un calcul sans doute approximatif, des bénéfices escomptés de la négociation entreprise au regard des inconvénients qui s'attacheraient à une issue judiciaire du différend », X. LAGARDE, « L'efficacité des clauses de conciliation ou de médiation », *Rev. arb.* 2000, n° 3, p. 390.

[1427] L'affirmation du caractère aléatoire de la transaction a été formulée au XIXe siècle. Elle est aujourd'hui reprise par un auteur en particulier : v., par ex., A. BÉNABENT, *Droit civil. - Les contrats spéciaux civils et commerciaux*, 9e éd., Montchrestien, Domat droit privé, Paris, 2011, spéc. n° 1422, p. 663.

[1428] P. CHAUVEL, *V° Transaction, Rép. Dalloz dr. civ.*, spéc. n° 48.

[1429] X. LAGARDE, « L'efficacité des clauses de conciliation ou de médiation », *Rev. arb.* 2000, n° 3, p. 390.

[1430] A.-M. LEROYER, « Autorité parentale et contrat » *in* La contractualisation de la famille, *op. cit.*, p. 162, cité par O. LAOUENAN, « Les conventions sur l'autorité parentale depuis la loi du 4 mars 2002 », *JCP G* 2003, I, 149, spéc. n° 21.

[1431] De manière générale, *cf.* L. n° 95-125 du 8 février 1995 *relative à l'organisation des juridictions et à la procédure civile, pénale et administrative*, art. 22-1.

[1432] A. GANZER, « Effets du divorce. - Conséquences extrapatrimoniales du divorce pour les enfants. - Préparation de la décision », *J.-Cl. Civil Code, art. 286 à 295*, Fasc. n° 10-1, spéc. n° 25 : « Le juge ne

de manière significative : « Une injonction est une obligation légale, mais sans sanction. Toutefois, ne pas se rendre à une injonction prouve une absence de volonté de coopérer, et le JAF peut en tirer éventuellement toutes les conséquences et dire, le cas échéant, qu'il en tiendra compte pour la suite de la procédure »[1433]. Il est quelque chose, en l'occurrence, que la confidentialité des négociations ne garantit pas, et on remarquera, du reste, que, en toutes manières, lorsque le juge exerce lui-même la mission de conciliation, la mise à mal de la liberté du consentement est maximale, dès lors qu'il est impossible de ne pas croire que le juge tirera quelque conséquence défavorable contre le plaideur rétif[1434]. Tous ces exemples montrent qu'on ne saurait trop aisément s'écarter du droit ; une bonne connaissance du droit applicable, par les parties, mais aussi par le médiateur (qui ne saurait mal interpréter, ainsi, la réticence justifiée d'un plaideur), est un préalable au primat de la *loi des parties* sur la Loi, *de la vérité des parties* sur la *Vérité du Droit*. On oublie trop souvent que la médiation n'est pas, *per se*, un gage d'équité[1435] et qu'elle ne produit de résultats acceptables par le corps social que lorsque les parties sont en situation d'isonomie[1436]. C'est peut-être un paradoxe, mais l'équité ne peut être obtenue sans une connaissance du droit. L'aphorisme bien connu de Lacordaire prend ici tout son sens : « Entre le fort et le faible [...], c'est la loi qui libère et la liberté qui opprime ». La mise à l'écart du droit n'est jamais souhaitable ; le droit garantit les situations d'équilibre, mais plus encore il a cette force de pouvoir rappeler à chacun sa place au sein de la société. Faut-il rappeler que la connaissance de la norme juridique permet justement - chez les sujets de droit - les arbitrages entre ce qui

sera-t-il pas tenté de tirer toutes les conséquences du refus de l'un des parents à se soumettre à cette injonction et d'apprécier indirectement le respect dont il est capable à l'égard de l'autre [...]. Si le refus peut entraîner des conséquences négatives, l'autre parent ne serait-il pas tenté de solliciter cette médiation comme moyen purement stratégique ? Et qu'adviendrait-il en pratique de la convention obtenue à la suite d'un consentement "contraint" ? » ; v. aussi C. LIENHARD, « Médiation familiale, pratiques judiciaires, premières impressions », *AJ fam.* 2003, p. 53, O. LAOUENAN, *op. cit.*, spéc. n° 11. - Plus nuancés, cependant, M. JUSTON, « L'intérêt de la médiation familiale pour l'enfant », *Dr. fam.*, mars 2008, étude 10, spéc. n° 13 & P. COUVRAT, G. GIUDICELLI-DELAGE, « Conciliation et médiation », *J.-Cl. proc. civ.*, Fasc. n° 160, spéc. n° 75.- Comp. C. CHABAULT-MARX, « À propos de la médiation familiale : vers une judiciarisation du dialogue ? », *D.* 2012, p. 43 et s.

1433 M. JUSTON, G. COMBA, « Pratique de la médiation familiale », *AJ fam.* 2005, p. 399 et s. - V. aussi, de manière plus générale : S. GUINCHARD *et alii*, *Droit processuel*, *op. cit.*, spéc. n° 589, p. 1278.

1434 D'ailleurs, on verra que le problème se pose plus largement sous l'angle de la partialité du magistrat qui a lui-même tenté la conciliation. N'a-t-il pas pris connaissance, à cette occasion, d'informations que les parties ne souhaitaient pas communiquer dans le cadre contentieux ? La vision du juge n'est-elle pas biaisée par une connaissance plus intime des plaideurs ? Le juge n'est-il pas enclin à faire payer celui des plaideurs qui ne s'est pas montré suffisamment diligent dans la conduite des négociations ? Toutes ces questions sont essentielles au regard de l'équité de la procédure et du problème probatoire : J. VAN COMPERNOLLE, « Conciliation judiciaire et conflit familial », *Liber amicorum Marie-Thérèse Meulders-Klein*, Droit comparé des personnes et de la famille, Bruylant, 1998, Bruxelles, p. 601, R. MARTIN, « Quand le grain ne meurt...de conciliation en médiation », *JCP G* 1996, I, 3977, spéc. n° 8.

1435 E. CAMOUS, *op. cit.*, n° 38, cite, par exemple, l'art. 1.2, al. 3 du protocole d'accord du 8 févr. 1995 relatif au médiateur de la Poste : « le médiateur imagine des solutions équitables et acceptables à ces situations conflictuelles ». On affirme, il est vrai, qu'il est dans l'équité référence à l'équilibre : « Qu'il s'agisse de l'analyse retenue par Aristote ou de celle développée par Saint Thomas d'Aquin, l'objet du recours à l'équité est double : garantir une justice individualisée, mais aussi rechercher un équilibre entre des intérêts divergents, en se fondant sur les spécificités directement liées aux personnes concernées. En tant que notion fondée sur l'idée de conciliation, cette acception permet de préciser la nature de la notion et ne peut s'imposer qu'en fonction des circonstances de chaque cas », C. ALBIGES, *De l'équité en droit*, LGDJ, Paris, 2000, p. 13, cité par E. CAMOUS, *op. cit.*, n° 38.

1436 L. CADIET, « Solution judiciaire et règlement amiable des litiges : de la contradiction à la conciliation », *Mélanges en l'honneur de Claude Champaud*, Dalloz, Paris, 1997, p. 125. - V. encore M. BRUGGEMAN, « Médiation et conflictualité : une efficacité à nuancer », *Dr. fam.* 2009, alerte n° 66.

mérite une action en justice et ce qui peut faire l'objet d'un acquiescement ? C'est un préalable pour combattre le spectre de la « société contentieuse ». Aucune société ne peut, aussi bien, prétendre fonctionner sur la maxime « chacun sa vérité judiciaire ». Il est d'ailleurs un domaine où elle est parfaitement inacceptable, celui des droits indisponibles. Pourtant, la médiation encourage, à certains égards, la remise en cause de ce socle normalement intangible de l'ordre juridique. Il faut, pour le comprendre, envisager la question de la réception de l'accord des parties et les effets y attachés.

b. De la vérité du droit à la licéité de l'accord des parties

153. ***Réception de l'accord des parties par le juge.*** La montée de l'individualisme, faut-il en être surpris, donne une certaine vigueur à cette maxime « Chacun sa vérité ». Le droit ne pense plus, dès lors, comme une solution imposée, mais comme un produit plastique que chacun peut adapter à ses intérêts. Des questions probatoires doivent bel et bien se poser, en pratique, mais elles s'effacent nécessairement derrière le seul résultat recherché vers lequel la volonté - et tout ce qui est nécessaire à sa mise en tension, dont la *reconnaissance*, la *révélation*, l'*aveu* - va se trouver tendue. La maxime n'est donc acceptable que lorsque le consentement a été exprimé librement et en connaissance de cause, même si on ne peut que déplorer, une nouvelle fois, que la valeur symbolique de la règle juridique imposée n'ait pas été rappelée. Il est cependant un domaine dans lequel la maxime ne saurait trouver sa place ; celui des droits indisponibles[1437]. Le droit aurait aussi bien encore

[1437] Que l'on analyse la conciliation ou la transaction comme des actes de disposition (Ch. JARROSSON, « L'arbitrabilité : présentation méthodologique », *RJC* 1996, p. 1 et s.) ou des actes de renonciation (S. GUINCHARD *et alii*, *Droit processuel, op. cit.*, n° 588 et s., p. 1277 et s., M.-Cl. RIVIER, *art. préc.*, spéc. p. 24, L. CADIET, « Les clauses relatives aux litiges », *art. préc.* spéc. n° 4 et s.), l'indisponibilité des droits se pose dans les mêmes termes ; seulement, dans un cas la partie dispose directement de son droit, dans l'autre elle renonce au droit au juge ou au droit d'action ou encore à l'application des règles de droit. On rappellera qu'indisponibilité et ordre public ne sont pas deux synonymes : l'ordre public renvoie à la norme juridique, à la règle de droit, tandis que l'indisponibilité concerne les droits qui naissent d'une situation juridique (B. FAUVARQUE-COSSON, *thèse préc.*, n° 92). Et il arrive parfois que l'ordre public ne fasse pas obstacle à la rencontre de deux volontés. X. LAGARDE, « Transaction et ordre public », *D.* 2000, p. 217 et s.- V. aussi, H. SOLUS, R. PERROT, *Droit judiciaire privé, t. 3, op. cit.*, n° 1183. On distingue, en effet, les règles d'ordre public qui protègent les intérêts privés et celles qui protègent l'intérêt public (ces dernières sont celles qui protègent l'État, la famille, la morale, l'individu, la personne humaine : J. JOLY-HURARD, *op. cit.*, n° 391, p. 239). En dépit de sa connotation économique, certains parlent encore d'ordre public de protection et d'ordre public de direction. Les premières rendent possible un aménagement contractuel ; mais pour les secondes, il faut, semble-t-il, distinguer celles qui donnent des droits « absolument indisponibles » de celles qui donnent des droits « relativement indisponibles » (S. GUINCHARD *et alii*, *op. cit.*, spéc. n° 591, p. 1284-1285). Sont ainsi absolument indisponibles les questions qui relèvent de l'état des personnes (P. COUVRAT, G. GIUDECELLI-DELAGE, « Conciliation et médiation », *J. Cl. Proc. civ.*, Fasc. n° 160, spéc. n° 15), ou celles qui appartiennent à la filiation (D. HUET-WEILLER, « Réflexions sur l'indisponibilité des actions relatives à la filiation », *D.* 1978, p. 233). Dans le domaine des droits « relativement indisponibles », la médiation est possible, mais elle est alors encadrée. Ainsi, le juge aux affaires familiales ne peut recourir qu'à la médiation familiale et non à la médiation judiciaire de droit commun, pour éviter que certains accords lui échappent (L. CADIET, E. JEULAND, *Droit judiciaire privé, op. cit.*, n° 428, p. 309, A. GAONAC'H, « Le champ d'application de la médiation judiciaire », *LPA* 21 juin 1999, p. 5 et s., spéc. n° 14). Par ailleurs, les « pactes familiaux » ne lient jamais le juge : L. CADIET, « Les accords sur la juridiction dans le procès », *art. préc.*, p. 46 ; enfin, sans l'homologation du juge, l'accord est privé d'effet : S. GUINCHARD et *alii*, *op. cit.*, *loc. cit.*. L'atteinte qui est portée à l'ordre public est donc compensée par l'existence d'un contrôle processuel : X. LAGARDE, « Droit processuel et modes alternatifs de règlement des litiges », *art. préc.* p. 426, BALBO-IZARN, *op. cit.*, n° 5. En dehors de ces domaines, l'ordre public n'a pas la

son mot à dire dans le domaine du règlement consensuel des litiges et permettrait d'éviter de profondes divergences dans l'appréhension de la vérité juridique. Le constat conduit, au vrai, à la prudence, tant il est vrai que le contrôle des droits indisponibles peut échapper à la vigilance du juge. Pour le montrer, il faut revenir sur la question particulière de la réception de l'accord des parties. Il faut remarquer, d'emblée, que la mission du juge semble différer selon que c'est lui, en personne, qui a conduit la conciliation judiciaire ou selon qu'il s'agit d'un tiers désigné à cet effet[1438]. Le Code de procédure civile parle, en effet, de constatation de l'accord dans un cas[1439], d'homologation[1440] dans l'autre. On ne saurait néanmoins oublier que, même lorsque le juge fait place au médiateur ou au conciliateur de justice, il ne s'efface pas complètement dès lors qu'il fait œuvre de délégation et qu'il lui appartient de porter « un regard aigu sur la manière dont cet auxiliaire s'acquitte de la tâche qui lui a été confiée »[1441]. Bien que, comme on l'a vu, la présence du juge aux deux stades - celui de la conciliation et celui de la réception judiciaire de l'accord - pose des problèmes particuliers au regard de l'impartialité que l'on est en droit d'attendre d'un juge[1442], et quoique que le législateur ait fait emploi de deux vocables différents, on ne peut manquer de souligner, la parenté de ces deux mécanismes. En ce qui concerne, tout d'abord, l'activité du juge à l'égard de l'accord issu de sa propre activité de conciliation, on rappelle assez souvent que le contrôle du juge est fort réduit[1443]. Au-delà du contrôle de l'existence de l'accord, de son objet - notamment sa conformité aux dispositions d'ordre public - et de sa portée - afin, dit-on, « de permettre au juge de mesurer son dessaisissement »[1444] -, les auteurs s'accordent pour affirmer que « [le] contrôle du juge [doit] ici [être] extrêmement modeste, périphérique en quelque sorte, et [n'avoir] aucune prise en tout cas sur le contenu de l'accord »[1445]. Bien entendu, si le juge estime que cet accord ne satisfait pas ces exigences, notamment celles qui sont liées à l'ordre public, il lui appartient de refuser le constat de l'accord[1446] ; il ne saurait, en revanche, substituer

même puissance, et les parties peuvent recourir à une médiation judiciaire et faire produire effet, sans intervention du juge, à leur accord : A. GAONAC'H, *op. cit.*, spéc. n° 14, *in fine*, L. CADIET, « Solution judiciaire et règlement amiable des litiges : de la contradiction à la conciliation », *op. cit.*, p. 131. Par exemple, les époux pourraient s'entendre sur les modalités de la séparation sur le plan matériel ou sur les modalités du droit de visite et d'hébergement de l'enfant (Rouen, 8 juin 1972, *D.* 1971, jurispr. p. 736., cité par O. LAOUENAN, « Les conventions sur l'autorité parentale depuis la loi du 4 mars 2002 », *JCP G* 2003, I, 149., n° 16) ou le montant d'une pension alimentaire : (Civ. 1re, 29 mai 1985, *Bull. civ.* I, n° 167, A. GAONAC'H, *op. cit.*, spéc. n° 15. Rien n'empêcherait également les époux d'organiser, en dehors de toute procédure de divorce ou de séparation de corps, une séparation de fait : Civ. 2e, 21 mars 1988, *Bull. civ.* II, n° 7.

1438 Sur cette distinction, v. *supra*.

1439 C. proc. civ., art. 129 & 130.

1440 C. proc. civ., art. 131, al. 2, 131-12, 832-1 (devant le TI) & 1565 (disposition nouvelle applicable aux médiations et conciliations conventionnelles, ainsi qu'aux procédures participatives).

1441 J. NORMAND, « Conclusions », *in* P. ANCEL, M.-Cl. RIVIER (dir.), *Le conventionnel et le juridictionnel dans le règlement des différends*, Economica, Paris, 2001, p. 139 et s., spéc. 147.

1442 V. *supra*, n° 160.

1443 On a pu dire que le juge fait office de notaire : Y. DESDEVISES, « Remarque sur la conciliation dans les textes récents de procédure civile », *D.* 1981, Chron., p. 241 et s., spéc. n° 41 et. s. - *Adde,* H. SOLUS, R. PERROT, *Droit judiciaire privé*, t. II, *op. cit.*, spéc. n° 1182.

1444 Y. MULLER, *Le contrat judiciaire en droit privé*, Thèse Paris I, Paris, 1995, n° 136 & n° 149, cité par J. JOLY-HURARD, *Thèse préc.*, n° 605, p. 379.

1445 J. NORMAND, « Conclusions », *op. cit.*, p. 148. Cité également *in* J. JOLY-HURARD, *op. cit.*, spéc. n° 605, p. 379.

1446 J. JOLY-HURARD, *op. cit.*, n° 607, p. 381.

sa propre volonté à celle des parties[1447]. La remarque vaut quelle que soit la forme de constat judiciaire de l'accord, qu'il s'agisse d'un procès-verbal de conciliation[1448], d'un jugement de donné acte[1449], d'une décision de dessaisissement[1450] ou d'un jugement d'homologation[1451].

Pour la conciliation déléguée devant le tribunal d'instance et la médiation judiciaire, le vocabulaire est différent puisqu'il est indiqué que les parties peuvent soumettre leur accord à une homologation[1452] et non plus simplement un constat. Si le principe est certain, la nature de l'homologation soulève des difficultés. Pour les raisons qui ont déjà été indiquées, et qui tiennent à la supervision du juge durant le déroulement de la procédure de conciliation ou de médiation, on est porté à penser que « l'homologation », ainsi entendue, n'est qu'une application particulière de la règle plus générale de l'article 384 du Code de procédure civile concernant le *constat* de l'accord par le juge dans le cadre de la conciliation[1453]. Reste que les articles 131, alinéa 2, 131-12, alinéa 2 et 832-1 du Code de procédure civile disposent que l'homologation « relève de la matière gracieuse », ce qui conduit, comme on a pu le dire, « à juridictionnaliser l'accord des parties en le soumettant au régime des jugements gracieux, y compris pour les voies de recours dont ils peuvent être l'objet ». Selon l'article 25 du Code de procédure civile, « le juge statue en matière gracieuse lorsqu'en l'absence de litige il est saisi d'une demande dont la loi exige, en raison de la nature de l'affaire ou de la qualité du requérant, qu'elle soit soumise à son contrôle ». En d'autres termes, « l'intervention gracieuse du juge résulte d'une exigence de la loi et implique du juge qu'il exerce un contrôle préventif des actes privés et, de manière plus générale, qu'il exerce un double contrôle de légalité et d'opportunité de l'acte qui lui est soumis »[1454]. Pour la majorité de la doctrine, cependant, un contrôle aussi approfondi est à exclure en la matière ; à l'instar de ce qu'il accomplit dans le cadre du constat d'accord, le juge ne se livre à aucun contrôle juridictionnel, même s'il est chargé de vérifier l'existence de l'accord (et donc la qualité du consentement), l'objet de celui-ci, notamment au regard de l'ordre public, ainsi que sa portée (pour mesurer, une nouvelle fois, son dessaisissement)[1455]. On a pu, aussi bien, parler d'une « inadvertance » du législateur[1456]. En

---

[1447] Y. MULLER, *Le contrat judiciaire en droit privé*, Thèse Paris I, Paris, 1995, spéc. n° 63 et jurisprudence y afférente.

[1448] Le procès-verbal de constat de la conciliation semble être la forme de droit commun pour le législateur en matière d'accord résultant d'une conciliation : C. proc. civ., art. 130 ; la teneur de l'accord, même partiel, est constatée dans un procès-verbal signé par le juge et les parties (v., toutefois, C. proc. civ., art. 131 & 832-1).

[1449] Dans le jugement de « donné acte », « [...] les parties disent au juge qu'elles sont parvenues à s'entendre sur un point déterminé et elles lui demandent de constater cet accord. On parle aussi de "contrat judiciaire". Ce jugement n'est assurément pas un jugement contentieux, puisque le juge ne rend pas une décision qui contiendrait des motifs de fait et de droit traduisant sa propre pensée [...]. On en déduit parfois qu'il s'agit d'un jugement gracieux. Il n'en est rien. La qualification de jugement gracieux ne peut pas être automatiquement attribuée à un jugement dès l'instant qu'il n'est pas contentieux. [...] En réalité, le jugement de donné acte n'est pas du tout un jugement (ni contentieux, ni gracieux), puisque le juge ne décide rien et qu'il se borne à enregistrer les déclarations des parties. Ce n'est qu'un procès-verbal, comme peut l'être le jugement d'adjudication d'un immeuble saisi, en l'absence d'incident », J. HÉRON, Th. LE BARS, *Droit judiciaire privé*, 4e éd., Montchrestien, Paris, 2010, spéc. n° 307, p. 259.

[1450] C. proc. civ., art. 384, al. 3.

[1451] C. proc. civ., art. 131-12, 832-1 & 1565.

[1452] C. proc. civ., art. 131, al. 2, 131-12 & 832-1.

[1453] V., en ce sens, L. CADIET, E. JEULAND, *Droit judiciaire privé*, *op. cit.*, n° 431, p. 311.

[1454] R. COLSON, *V° Contrat judiciaire, Rép. Dalloz proc. civ.*, spéc. n° 26.

[1455] *Cf.* J. HÉRON, Th. LE BARS, *op. cit.*, spéc. note (29), n° 607, p. 502.

définitive, qu'il s'agisse d'un constat ou d'une homologation, il serait aussi bien question d'actes judiciaires de nature non juridictionnelle[1457], des « actes réceptifs du juge relatifs à la solution du litige »[1458], encore appelés, aujourd'hui, « contrats judiciaires »[1459]. En d'autres termes, tous ces modes d'intervention du juge correspondent « à une activité identique du juge, indépendamment de la forme adoptée en vue d'entériner l'accord des parties. Le recours à des appellations aussi variées que procès-verbal de conciliation, jugement de donné acte ou bien encore jugement d'homologation ne doit pas être interprété comme visant à désigner des activités judiciaires distinctes ou encore des actes juridiques de nature distincte. Tout au plus doit-on y voir la référence aux divers contextes dans lesquels a eu lieu l'intervention judiciaire »[1460].

154. ***Effets de la réception du juge et de sa non-réception.*** Comme on le constate, le contrôle du juge, si faible soit-il, lui permet toujours d'écarter l'accord qui porterait sur des droits indisponibles ou qui serait contraire à l'ordre public de direction. La dernière question est alors de savoir si certains accords peuvent, malgré tout, échapper au contrôle du juge. Pour répondre à cette question, il faut, semble-t-il, distinguer selon que l'accord peut recevoir ou non la qualification de transaction et selon qu'il intervient ou non en matière familiale. On doit tout d'abord observer qu'il arrive, en effet, que les parties parviennent à s'entendre sans que, pour autant, l'on puisse caractériser des concessions réciproques. C'est très certainement ce qui se produit lorsque l'une des parties se désiste unilatéralement de son action ou de l'instance ; cette hypothèse ne soulève aucune difficulté. Il arrive, cependant, parfois que le sacrifice de l'une des parties ait un contenu positif. On parle alors de « conciliation » - entendue non plus comme *procédure* ou *processus*, mais comme *résultat* - pour éviter toute confusion avec la transaction. S'il s'agit d'une transaction, les concessions réciproques, à les supposer établies, bénéficient d'un préjugé favorable du législateur ; l'équité assurée par le renoncement symétrique des parties pouvant être présumée[1461], elles se voient reconnaître, *de plano*, un double effet contractuel et processuel. Si la transaction est également un contrat (contrat nommé du reste), la loi lui accorde, en effet, un effet processuel particulier qu'énonce, d'ailleurs maladroitement, l'article 2052 du Code civil : « Les transactions ont, entre les parties, l'autorité de la chose jugée en dernier ressort ». La formule signifie, en réalité, que la chose transigée - toute comme la chose jugée - « devient immuable, intangible » et « ne peut plus être remise en cause » ; « elle s'impose aux parties comme elle s'impose à tout juge » et toute action exercée postérieurement se heurterait à une fin de non-recevoir[1462]. Bien

---

[1456] S. GUINCHARD, « Commentaire du décret du 28 déc. 1999 », *D.* 1999, chron., p. 65.- S. GUINCHARD et *alii*, *op. cit.*, spéc. n° 604, p. 1326. - Inadvertance reproduite par le décret n° 2012-66 du 20 janvier 2012 qui a maintenu la référence à la matière gracieuse dans l'art. 131-12 C. proc. civ. - Mais le législateur donne l'impression d'avoir reproduit les dispositions à l'identique. Par ex., la référence à la matière gracieuse, qui était absente de l'art. 25 de la L. n° 95-125 du 8 février 1995 relative à l'organisation des juridictions et à la procédure civile, pénale et administrative, est toujours absente de l'art. 21-5 nouveau.

[1457] J. JOLY-HURARD, *op. cit.*, n° 615, p. 384.

[1458] J. JOLY-HURARD, *op. cit.*, n° 619, p. 387.

[1459] L. CADIET, E. JEULAND, *Droit judiciaire privé, op. cit.*, n° 105, p. 86-87.- V. aussi, R. COLSON, *V° Contrat judiciaire, Rép. Dalloz proc. civ.*, spéc. n° 1-39.

[1460] J. JOLY-HURARD, *op. cit.*, n° 622, p. 390.

[1461] J. JOLY-HURARD, *op. cit.*, n° 637, p. 401.

[1462] L. CADIET, E. JEULAND, *op. cit.*, n° 439, p. 319.

entendu, l'intervention du juge est nécessaire pour revêtir l'accord de la formule exécutoire[1463], mais elle sera, bien souvent, jugée d'autant moins instante que l'intervention du médiateur aura donné l'illusion, aux parties, d'une décision gérée par l'État. Il se peut donc que des règles impératives aient été méconnues dans cet accord, et qu'il régisse malgré les rapports entre les parties. Les risques sont moins instants lorsque c'est le juge qui a tenté la conciliation et a permis d'obtenir cette transaction.

155. ***Effets en matière de conciliation et en matière familiale.*** Ils le sont moins, également, lorsque les négociations débouchent sur un accord de conciliation (qui n'a pas valeur transactionnelle). Il est vrai que, du point de vue de la réception judiciaire, les deux accords semblent équivalents. Mais, avant ce sacre, la conciliation jouit d'une défaveur non contestable, puisqu'elle n'a d'autre force que celle que la loi reconnaît à tout contrat[1464] et ne bénéficie pas de l'effet extinctif qui est attaché à la transaction. Si les parties souhaitent renforcer leur accord, il faut donc qu'elles en demandent l'homologation au juge qui peut même désormais[1465] lui conférer la force exécutoire. L'intérêt de cette précision est grand pour les parties et il y a fort à parier que le juge sera fréquemment saisi et donc très souvent en mesure de contrôler le respect des droits absolument indisponibles[1466]. On remarquera, pour terminer, qu'aucune difficulté ne paraît pouvoir se poser en matière familiale où, semble-t-il, et du moins dans les domaines où les droits sont absolument indisponibles[1467], c'est *l'effectivité* même de l'accord - et non plus seulement son *efficacité* - qui est suspendue à l'homologation du juge. Pour de nombreux auteurs, en effet, le juge étant tenu d'évaluer le pacte familial en légalité et en opportunité, notamment au regard de l'intérêt de l'enfant, il faudrait faire entrer l'homologation, en cette matière, dans la catégorie des actes gracieux[1468].

2. Absorption du fait par le droit

156. ***Transaction pénale et composition pénale.*** À la différence des mécanismes précédents qui tendent à placer le règlement du différend sur un terrain où le fait et le droit ne parviennent jamais véritablement à éclore, les présents mécanismes, qui appartiennent tous à la procédure pénale, maintiennent de prime abord la distinction du fait et du droit. Cette distinction, néanmoins, est bien plus virtuelle que réelle en raison, à la fois, de l'ambiguïté des règles procédurales et de la faiblesse des modes de contrôle juridictionnel. Il en est ainsi, tout spécialement, de la transaction pénale et de la composition pénale. On rappelle que ces deux

---

[1463] Le juge se livrera à un contrôle de la nature de la convention et de sa conformité à l'ordre public et aux bonnes mœurs, Civ. 2e, 26 mai 2011, pourvoi n° 06-19.527, *RTD civ.* 2011, p. 559, obs. P.-Y. GAUTIER, *RTD civ.* 2011, p. 593, obs. R. PERROT, *D.* 2011, act. p. 1494, *D.* 2011, p. 2153, J.-M. SOMMER, L. LEROY-GISSINGER ; *Dr. et proc.* 2011, p. 215, obs. O. SALATI, *JCP G* 2011, 1397, obs. n° 6.

[1464] Comme l'énonce un auteur, « […] la conciliation n'a d'autre effet que celui que lui confère l'article 1134 du Code civil », Ch. JARROSSON, « Les concessions réciproques… », *art. préc.*, n° 26, p. 270.

[1465] L. n° 95-125 du 8 février 1995 (modif. Ord. n° 2011-1540 du 16 novembre 2011, art. 21-5) ; C. proc. civ., art. 1565 (créé D. n° 2012-66 du 20 janvier 2012)

[1466] Le juge réalisait déjà ce contrôle dans le cadre de l'homologation : L. CADIET, J. NORMAND, S. AMRANI MEKKI, *Théorie générale du procès*, PUF, Thémis Droit, Paris, n° 139, p. 511

[1467] V. *supra*, n° 153.

[1468] R. COLSON, *V° Contrat judiciaire, Rép. Dalloz proc. civ.*, spéc. n° 28, J. JOLY-HURARD, *op. cit.*, n° 666, p. 419-420.

mécanismes ont en commun de ne pas constituer des mesures de poursuite, mais seulement des alternatives aux poursuites. Néanmoins, la composition pénale a pu être analysée, assez justement, comme une « action à fin publique »[1469], tandis que la loi du 9 septembre 2002 est venue préciser que la mesure prononcée dans ce cadre est inscrite au bulletin n° 1 du casier judiciaire, ce qui accrédite l'idée d'une peine[1470]. Des évolutions sont donc possibles et il n'est pas fantasque de penser que ces alternatives aux poursuites pourraient devenir de véritables modes de poursuite. Mais ce qu'il convient de voir, surtout, c'est le décalage qui se crée progressivement entre les dispositions légales et l'interprétation dominante sur la question de la proposition-objet de preuve.

157. ***L'évitement de la question factuelle.*** La transaction offre un premier exemple de ce phénomène. L'article 350 du Code des douanes offre ainsi à l'administration des douanes le pouvoir de transiger. On constate avec une certaine surprise que la disposition est totalement silencieuse sur une possible reconnaissance des faits, sur la nécessité d'une qualification juridique adéquate[1471]. Et c'est sur ce modèle qu'on définit généralement la transaction en matière pénale qui s'entend alors d'« un accord entre une personne susceptible de faire l'objet de poursuites et une autorité légalement investie du droit d'engager celles-ci, aux termes duquel l'acceptation et la réalisation des mesures proposées par la seconde à la première éteint l'action publique »[1472]. Remarquons toutefois que, tant pour la doctrine[1473] que pour la Cour de cassation, la transaction « comport[e] nécessairement la reconnaissance de l'infraction »[1474]. Sans s'attarder, pour la minute, sur le sens précis de l'expression centrale (reconnaissance de « l'infraction »), on peut dire que l'analyse est confirmée par certaines dispositions assez récentes introduites dans le Code de procédure pénale. S'agissant, par exemple, de la transaction faite par le maire, en application des dispositions de l'article 44-1 du Code de procédure pénale, l'article R. 15-33-61 du même Code précise que la proposition de transaction doit contenir « la nature des faits reprochés » et « leur qualification juridique ». En ce qui concerne le pouvoir de transaction du nouveau Défenseur des droits, prévu à l'article 28 de la loi organique n° 2011-333 du 29 mars 2011 relative

---

1469 Ph. CONTE, « La nature juridique des procédures "alternatives aux poursuites" : de l'action publique à l'action à fin publique ? », *Mélanges R. Gassin*, Aix-en-Provence, 2007, p. 189-198, spéc. p. 141.

1470 L. n° 2002-1138 du 9 septembre 2002 ; v. aussi, A. VALOTEAU, « Le jugement sur reconnaissance préalable de culpabilité : une autre procédure de jugement ou une autre manière de juger ? », *Dr. pén.* 2006, étude n° 8, spéc. n° 10, S. GUINCHARD, J. BUISSON, *Procédure pénale*, 7e éd., LexisNexis, Paris, 2011, n° 64, p. 69 ; V. aussi, J. LEBLOIS-HAPPE, *art. préc.*, n° 23 : « Il faut être (fin) juriste pour distinguer l'ordonnance qui valide une composition pénale de l'ordonnance pénale qui sanctionne d'une peine l'auteur d'une contravention ».

1471 C. douanes, art. 350, al. 1er : « L'administration des douanes est autorisée à transiger avec les personnes poursuivies pour infraction douanière ou pour infraction à la législation et à la réglementation relatives aux relations financières avec l'étranger sous réserve de l'application des dispositions suivantes [...] ».

1472 F. DESPORTES, L. LAZERGES-COUSQUER, *Procédure pénale*, *op. cit.*, n° 1051. On observera que, selon le Conseil constitutionnel C.C., 30 mars 2006, *Égalité des chances,* n° 2006-535 DC, la transaction « suppose l'accord libre et non équivoque, avec l'assistance éventuelle d'un avocat, de l'auteur des faits ».

1473 F. BOULAN, « La transaction douanière », *in* R. GASSIN (dir.), *Études de droit pénal douanier*, PUF, Annales de la Faculté de droit et des sciences économiques d'Aix-en-Provence, Paris, 1968, p. 219-247, spéc. n° 5, p. 224, R. MERLE, A. VITU, *Traité de droit criminel.- Procédure pénale*, t. II, 5e éd., éd. Cujas, Paris, 2001, spéc. n° 572, p. 653, J. PRADEL, *Procédure pénale*, 16e éd., Cujas, Manuel, Paris, 2011, spéc. n° 255, p. 207 et s..

1474 Crim., 22 janv. 1970, *Bull. crim.*, n° 37.

au Défenseur des droits, l'article D. 1-1, I du Code de procédure pénale[1475] précise que la proposition de transaction doit également contenir la « nature des faits reprochés ainsi que leur qualification juridique ». La question est alors de savoir si ces procédures supposent un aveu, une « reconnaissance », et si cet aveu ou reconnaissance porte *sur le fait* - la proposition-objet de preuve opérante - ou sur *le droit*, un peu à la manière de ce qui a cours, selon une certaine analyse, en matière de plaider-coupable anglo-américain[1476]. Il n'existe, à ce jour, aucune jurisprudence sur les deux dernières transactions[1477]. Quelques arrêts qui manquent malheureusement de netteté montrent, néanmoins, que les juges, appelés à se prononcer après une transaction intervenue sur les délits douaniers, sont souvent obligés de rechercher si les faits matériels à l'origine de la transaction et qui constituent, par ailleurs, les bases d'un délit de droit commun[1478], sont suffisamment établis, alors même que, *si les **faits** avaient été formellement reconnus*, cette recherche n'aurait pas été nécessaire[1479]. Inversement, mais sans que les arrêts soient décisifs, la Cour de cassation a pu juger que lorsque la nullité de l'infraction est prononcée, et qu'elle n'en affecte que certains aspects, « la reconnaissance de la matérialité des faits par le souscripteur peut servir de fondement à l'intime conviction du juge saisi postérieurement d'une action répressive »[1480].

158. ***L'acceptation de la qualification juridique.*** On retrouve la même ambiguïté en ce qui concerne la procédure de composition pénale. Si l'article R. 15-33-40 du Code de procédure énonce bien que le procès-verbal prévu par le dix-huitième alinéa de l'article 41-2 précise la « nature des faits reprochés ainsi que leur qualification juridique », l'article 41-2 du Code de procédure pénale dispose que « [l]e procureur de la République, tant que l'action publique n'a pas été mise en mouvement, peut proposer, directement ou par l'intermédiaire d'une personne habilitée, une composition pénale à une personne physique qui reconnaît avoir commis un ou plusieurs délits ». Si les mots ont un sens, la « reconnaissance » dont il est ici question ne porte que sur la qualification juridique et non sur les faits

---

[1475] Modifié par D. n° 2011-904 du 29 juill. 2011.
[1476] V. *supra*, n° 131.
[1477] Pour l'art. D. 1-1, qui régissait autrefois le pouvoir de transaction de la HALDE, v., Ph. ROZEC, V. MANIGOT, « La place de la HALDE dans le paysage judiciaire », *JCP* S 2010, 1294, spéc. n° 3.
[1478] Cette possibilité d'une double poursuite pour des faits matériels de même nature est possible lorsque les infractions protègent des *valeurs sociales distinctes* ; il y a alors concours idéal de qualifications : Crim., 22 févr. 2006, n° 04-86.277, *JurisData* n° 2006-032773.
[1479] On se trouve, en effet, exactement dans la même situation que celle que présente l'alinéa 2 de l'article 202 du Code de procédure pénale, qui permet à la chambre d'instruction de « statuer sans ordonner une nouvelle information si les chefs de poursuite visés à l'alinéa précédent ont été compris dans les faits pour lesquels la personne a été mise en examen par le juge d'instruction » (v. *supra*, n° 109). En d'autres termes, les faits matériels déjà instruits, qui souffrent une autre qualification, n'ont pas à faire l'objet d'une nouvelle recherche de preuve (*cf.* R. MERLE, A. VITU, *Traité de droit criminel. - Procédure pénale*, *op. cit.*, n° 572, p. 653). Si la reconnaissance de la transaction n'est pas prise en compte, c'est qu'elle n'a donc aucune valeur probatoire : Crim., 18 janv. 2000, pourvoi n° 99-81449, inédit, Crim., 10 déc. 1998, pourvoi n° 98-80.553, inédit, Crim., 20 févr. 1969, *Bull. crim.*, n° 88. - V. cependant, Crim., 4 juin 1996, pourvoi n° 93-19.909, où la Cour de cassation annule la transaction douanière proposée sur la base de documents transmis par l'administration fiscale à la suite d'un détournement de procédure. Dans ce cas, le fait constitue bien la base de la transaction - et la transaction, qui vaut peut-être reconnaissance du droit, c'est-à-dire de l'infraction, est insuffisante, car le fait n'a aucune base légale.
[1480] C.J. BERR, H. TRÉMEAU, *Le droit douanier. - Communautaire et national*, 7e éd., Economica, Paris, 2006, n° 1047, p. 578-579, qui citent Crim., 27 mai 1948, Doc. cont., n° 826, Crim., 15 juin 1944, Doc. cont. n° 727.

matériels[1481]. La doctrine est d'ailleurs extrêmement partagée entre ceux qui voient dans cette alternative aux poursuites un aveu central, ceux qui n'y voient qu'un consentement à la peine et ceux qui refusent d'y voir autre chose, en raison du caractère unilatéral de la procédure, qu'un « acte unilatéral d'adhésion par le contrevenant à un mode de réparation simplifié par la loi » [1482]. La circulaire d'application ne manquait pas, de son côté, d'introduire un peu plus de confusion en indiquant qu'« il est nécessaire non seulement que la personne reconnaisse sa culpabilité, mais également qu'elle accepte le principe même d'une sanction »[1483]. Cette profonde divergence témoigne, une nouvelle fois, de la singularité de ces nouveaux dispositifs au regard des procédures juridictionnelles classiques. La jurisprudence, encore peu abondante et qui, répétons-le, n'est pas parfaitement nette, laisse entrevoir, quoi qu'il en soit, que c'est bien la qualification juridique et la peine qui sont approuvées. Une affaire en rend bien compte. Un employeur ayant accepté une mesure de composition pénale pour des faits de travail dissimulé, ce dont il résultait, nécessairement, la reconnaissance de l'existence du contrat de travail, la salariée prétendait en faire tirer toutes conséquences de droit par la juridiction prud'homale. Sa demande était néanmoins rejetée par le conseil de prud'hommes. Finalement saisie d'un pourvoi, la Cour de cassation énonçait certes bien que l'ordonnance aux fins de validation de la composition pénale suspend simplement l'action publique et n'a pas autorité de la chose jugée au civil, ce qui autorisait bien entendu la juridiction à revenir sur la qualification validée par le juge pénal[1484]. Néanmoins, comme l'indiquait la cour d'appel[1485] qui avait été également appelée à se prononcer sur la qualification de travail dissimulé, il était impossible de ne pas observer que « la procédure de composition pénale [...] ne peut bénéficier de l'autorité de chose jugée **ni valoir aveu judiciaire** »[1486]. Et les faits relatés montrent bien qu'il n'a jamais été question d'interroger précisément les faits, l'individu se contentant de reconnaître « une qualification » , « car, seul, sans conseil, il a été effrayé par toute cette procédure et par la tournure que prenaient les choses et qu'au regard des énormes sanctions encourues (emprisonnement, forte amende, interdiction d'exercer, affichage ?), il a préféré composer, sans toutefois se sentir fautif, afin de mettre un terme à cette histoire qui commençait à le dépasser »[1487]. Ainsi s'explique sans doute cette solution ancienne de la cour d'appel de Paris ayant jugé que lorsque la transaction n'aboutit pas et que des poursuites correctionnelles sont ensuite engagées, l'« aveu » peut être valablement rétracté devant le juge

[1481] D'ailleurs, on parle bien, à propos de la transaction douanière - et en dépit de l'affirmation d'un aveu - d'un « acquiescement à l'infraction et à la responsabilité pénale que comporte toute transaction », F. BOULAN, « La transaction douanière », *op. cit.*, n° 16, p. 230.

[1482] R. GASSIN, *Rép. Dalloz Dr. pén.proc. pén.*, *V° Transaction* (ancienne version), n° 137, cité par J. LEBLOIS-HAPPE, *op. cit.*, p. 69.

[1483] Cir. CRIM 2001-14 F1/11-07-2001, NOR : JUSDO130103 C, BO du ministère de la Justice, n° 83.

[1484] Soc., 13 janv. 2009, pourvoi n° 07-44.718, *D.* 2009, p. 291, obs. S. LAVRIC, *JCP* S 2009, 1155, comm. Th. LAHALLE, *D.* 2009, p. 709 et s., note I. BEYNEIX, J. ROVINSKI.

[1485] Dans les moyens du pourvoi annexés à l'arrêt de la Chambre sociale.

[1486] Nous soulignons. Il ne s'agit pas simplement d'un problème de la valeur de l'aveu fait à l'occasion d'une autre procédure, mais de l'objet auquel il s'applique. Comme la jurisprudence l'énonce régulièrement, l'aveu « de droit » est privé de toute portée. Le juge doit toujours être en mesure de vérifier si les « faits avoués » correspondent à l'antécédent abstrait de la règle de droit.

[1487] On voit d'ailleurs bien, dans un autre arrêt (Crim., 24 juin 2008, *Bull. crim.*, 2008, n° 162), que lorsque la partie civile n'accepte pas les termes de la composition pénale et délivre citation directe devant le tribunal correctionnel pour qu'il soit statué sur les intérêts civils, le juge cherche alors à établir véritablement la matérialité des faits et l'étendue du dommage.- V., toutefois, *infra*, n° 161.

répressif[1488]. Aussi bien, la jurisprudence paraît beaucoup plus cohérente à l'égard des formes de « transactions » prévues par le Code de commerce, à l'article L. 464-2, III, en matière de pratiques anticoncurrentielles[1489]. Selon cette disposition, en effet, le rapporteur général peut proposer à l'Autorité de la concurrence, lorsque l'organisme ou l'entreprise en cause ne conteste pas la réalité des griefs qui lui sont notifiés, de diminuer le montant de la sanction encourue. Dans la mesure où seul le bien-fondé des griefs et *non la réalité des faits à l'origine de ces griefs*[1490] est discuté, la jurisprudence énonce que cette procédure ne constitue en soi « un aveu ». Mais elle affirme aussi, ce qui est compréhensible sur le terrain probatoire, qu'elle ne constitue pas non plus « une reconnaissance de responsabilité »[1491]. En d'autres termes, il s'agit sans doute, comme pour les transactions déjà étudiées, de la reconnaissance véritable de l'antécédent abstrait de la règle de droit, mais la juridiction prend bien soin d'affirmer qu'elle ne saurait avoir cette portée pour éviter qu'elle soit utilisée, à l'occasion d'une autre procédure, à des fins probatoires. Une étude thématique figurant au rapport annuel du Conseil de la concurrence, pour l'année 2005, montre bien que la jurisprudence a toujours été consciente de cette difficulté. Comme l'étude l'énonçait, la non-contestation des griefs « ne pourra pas être utilisée, au cours de la procédure du Conseil, contre les entreprises ou organismes non-parties à la transaction »[1492]. Il ajoutait même : le « Conseil ne s'estime d'ailleurs pas lié, dans son appréciation des faits, par la non-contestation des griefs. Il lui est ainsi arrivé de déclarer non-établies <*sic*> des pratiques non-contestées <*sic*> par les entreprises »[1493]. Même si on peut douter qu'il en soit toujours ainsi (ne serait-ce que parce que les procès-verbaux peuvent

---

[1488] Paris, 17 janv. 1942, *Gaz. Pal.* 1942, I, 162, *RSC* 1945, p. 304, obs. H. DONNEDIEU DE VABRES. - V. aussi, R. MERLE, A. VITU, *Traité de droit criminelle. - Procédure pénale*, *T. II*, n° 65, p. 84.

[1489] Lorsqu'un organisme ou une entreprise ne conteste pas la réalité des griefs qui lui sont notifiés, le rapporteur général peut proposer à l'Autorité de la concurrence, qui entend les parties et le commissaire du Gouvernement sans établissement préalable d'un rapport, de prononcer la sanction pécuniaire en tenant compte de l'absence de contestation. Dans ce cas, on sait que le montant maximum de la sanction encourue est réduit de moitié. Et si l'entreprise s'engage par ailleurs à modifier son comportement pour l'avenir, elle peut obtenir une réduction supplémentaire de la sanction (C. com., art. L. 464-2, III, modifié par l'ord. n° 2008-1161 du 13 nov. 2008), *Memento concurrence consommation*, 2010-2011, éd. électr., n° 24800

[1490] Cons. conc., déc. n° 04-D-42, 4 août 2004, *relative à des pratiques mises en œuvre dans le cadre du marché de la restauration de la flèche de la Cathédrale de Tréguier, relative à des pratiques mises en œuvre par La Poste dans le cadre de son contrat commercial :* « La non-contestation de la réalité des griefs implique pour l'entreprise entrant en transaction de renoncer à bénéficier d'une procédure contradictoire concernant la réalité des pratiques notifiées, leur qualification au regard des dispositions du Code de commerce ni l'imputabilité de ces pratiques à la personne morale qui demande le bénéfice de [la procédure de transaction] » (v. aussi, M. KOEHLER DE MONTBLANC, K. BIANCONE, « La procédure de transaction devant le Conseil de la concurrence », *JCP* E 2005, 1222). Dans le même sens, lorsqu'elles se sont engagées à ne pas contester les griefs, les entreprises n'ont pas la possibilité de verser aux débats des éléments destinés à démontrer que les griefs ne sont pas constitués. Toutefois, il leur est loisible de présenter à l'Autorité de la concurrence des éléments tendant à démontrer que les griefs n'ont pas de caractère de gravité et n'ont pas causé de dommage à l'économie (Cons. conc. 25-9-2003 n° 03-D-45).

[1491] Paris, 1re ch. H, 29 janv. 2008, *JurisData*, n° 2008-353903, *C.C.C.* 2009, comm. n° 83, note G. DECOCQ : la non-contestation des griefs « ne constitue, en soi, ni un aveu ni une reconnaissance de responsabilité ».

[1492] Et le problème se pose également lorsque l'entreprise décide de sortir de la procédure transactionnelle.

[1493] CONSEIL DE LA CONCURRENCE, « Étude thématique.- Sanctions, injonctions, engagements, transaction et clémence : les instruments de la mise en œuvre du droit de la concurrence », *in Dix-neuvième rapport annuel. - 2005*, La Documentation française, Paris, p. 95-178, spéc. p. 138. - V. Cons. conc., déc. n° 05-D-70, 19 déc. 2005, *Vidéocassettes préenregistrées*.

contenir **aveu** de certains **faits matériels)**[1494], l'intention de l'Autorité de la concurrence et de la jurisprudence est parfaitement justifiée sur le plan juridique. En tant qu'elle porte sur des motifs juridiques, la *reconnaissance* est privée de toute valeur probatoire, ce qui vaut non seulement à l'égard des parties, mais également à l'égard des tiers. Reconnaître « avoir participé à l'infraction » - ne « pas contester » avoir participé à une « entente » - n'a d'autre portée que celle que l'on reconnaît à la passivité d'un plaideur sommé de déférer à une comparution personnelle ou de répondre aux questions posées par le juge - ce qui est, sauf circonstances particulières, bien faible ; mais, *en soi*, cette *reconnaissance* n'a aucune portée[1495]. Bien entendu, il en va différemment pour l'aveu - véritable - que peut contenir la transaction et le procès-verbal la mettant en œuvre. Et il ne semble pas que la formule de la jurisprudence ait pour effet de priver le juge du pouvoir d'apprécier les aveux, puisque c'est seulement la non-contestation des griefs qui se voit priver, à juste titre, de cet effet.

159. ***Intervention du législateur.*** On peut encore se convaincre de la réalité de cette absorption du fait par le droit en envisageant une disposition, qui se situe au-delà de notre propos, mais où elle apparaît plus que nettement. L'article L. 124-2 du Code des assurances prévoit en effet que « l'assureur peut stipuler qu'aucune reconnaissance de responsabilité, aucune transaction, intervenues en dehors de lui, ne lui sont opposables » ; et le texte ajoute que « l'aveu de la matérialité d'un fait ne peut être assimilé à la reconnaissance d'une responsabilité ». Cette disposition est importante, car elle montre deux choses essentielles. La première est que le législateur peut accepter de faire produire effet à une « reconnaissance » qui porte directement sur l'antécédent abstrait d'une règle de droit, soit un concept. L'assureur peut aussi bien, s'il ne s'est pas prémuni de ce risque dans la police d'assurance, subir les déclarations[1496] par lesquelles le cocontractant a reconnu expressément sa faute (et non tel fait qui, juridiquement, correspond à l'antécédent abstrait « faute »)[1497] ou sa responsabilité dans la survenance du dommage normalement couvert par le contrat. La seconde est que le législateur maîtrise parfaitement la distinction de l'aveu - qui a pour objet la *matérialité* d'un *fait*, fait

[1494] G. DECOCQ, *note préc.*, observe que « l'entreprise est libre de choisir les termes par lesquels elle adhère à la procédure transaction et le procès-verbal mettant en œuvre celle-ci peut contenir des aveux (exemple : reconnaît avoir participé à l'infraction). Le Conseil peut-il alors opposer ces déclarations aux entreprises n'ayant pas transigé pour caractériser à leur encontre une pratique anticoncurrentielle ? En l'espèce, la cour relève expressément que le Conseil ne s'est pas appuyé sur ces aveux pour condamner les autres entreprises ; Mais pour autant cela signifie-t-il (implicitement) que le Conseil doit s'abstenir d'utiliser ces aveux ? Rien n'est moins sûr. Il est courant que les autorités de concurrence utilisent les propos d'une entreprise impliquée pour dénier les arguments d'une autre entreprise ». - V. aussi, les observations obs. ss. Com., 22 nov. 2005, *RJDA* avr. 2006, 462, où il est fait remarquer la situation inconfortable de l'entreprise qui est assignée, ensuite, en responsabilité civile devant les juridictions civiles.

[1495] Comp., Soc., 17 févr. 2004, pourvoi n° 01-44.636, *JurisData* n° 2004-022434.

[1496] Autrefois, cette déclaration de responsabilité était opposable à l'assureur : Com., 3 juin 1955, *Bull. civ.* III, n° 193 (1er arrêt) ; il en va différemment aujourd'hui (Civ. 1re, 4 mars 1997, *RGDA* 1997, p. 545, note J. KULLMANN) et la reconnaissance - en l'absence de disposition contractuelle la rendant inopposable - a seulement un effet interruptif de la prescription : Civ. 1re, 28 févr. 1995, pourvoi n° 93-15.209. - Sur quoi, v. L. BLOCH, « Assurances terrestres.- Assurances de dommages. - Règles particulières à l'assurance de responsabilité », *J.-Cl. Responsabilité civile et Assurances,* Fasc. n° 511-20, spéc. n° 20.

[1497] V., par exemple, Civ. 1re, 28 févr. 1995, *préc.*, où il était reproché au fabricant d'un enduit extérieur l'apparition de désordres. Comme la société reconnaissait « l'existence d'un désordre dû à l'érosion du produit, admettait la nécessité de le réparer et demandait que le devis lui soit adressé », la cour d'appel pouvait aussi bien conclure à une *reconnaissance de responsabilité*.

dont le juge est toujours à même d'apprécier l'opérance[1498] - et de la « reconnaissance » [1499]. On remarquera, pour terminer, que, à la différence de la comparution sur reconnaissance préalable de culpabilité, l'individu n'accepte pas directement sa culpabilité. Ce n'est pas une « déclaration de culpabilité ». **Il y a, ici, un double mouvement : « Je reconnais et j'accepte », la reconnaissance portant, en raison de l'absorption du fait par le droit, sur l'antécédent abstrait de cette dernière, le consentement sur le résultat**. Il n'est pas nécessaire de chercher bien loin les raisons de cette ellipse. Ce n'est un secret pour personne que l'État a cherché, avec ces nouvelles voies procédurales, à traiter plus rapidement les litiges et les délits[1500]. Et le meilleur moyen, semble-t-il, de parvenir à un tel résultat est de dispenser le juge ou l'autorité compétente de l'opération la plus complexe, celle qui consiste à interpréter l'antécédent abstrait de la règle de droit et à identifier les faits sociaux opérants. Le même esprit anime la jurisprudence lorsque se laisse tenter de l'utilisation probatoire de ces nouveaux mécanismes procéduraux.

B. La tentation de l'usage probatoire du recours à la justice contractuelle

160. ***Problématique générale de l'utilisation probatoire des procédures nouvelles.*** Comme on l'a vu au sujet de la comparution sur reconnaissance préalable de culpabilité, la volonté du prévenu devient aujourd'hui une force agissante dans le procès. C'est bien la preuve, s'il en fallait une de plus, de la contractualisation du droit et d'une forme de déplacement de l'axe des procédures du juge vers les parties, ce qu'on a appelé le libéralisme procédural. La particularité de la procédure de comparution sur reconnaissance préalable de culpabilité, cela étant, est d'être une institution qui ne cache pas son origine étrangère et qui semble assez nettement faire disparaître les questions probatoires[1501]. Les autres mécanismes, qui interviennent essentiellement en procédure pénale - comme la composition ou la transaction pénale -, reposent, il est vrai, eux aussi, sur une « reconnaissance », mais dont l'objet reste, cependant, et sans préjuger d'une plus vive attraction du modèle anglo-américain, l'antécédent abstrait de la règle de droit, et non la *culpabilité* elle-même. L'individu n'endosse pas sa culpabilité, comme dans la CRPC ; il se contente, tout orienté qu'il est par le résultat qu'il entend obtenir, d'acquiescer à la qualification juridique qu'on lui oppose. Ce qui est dès lors

---

1498 Civ. 1re, 28 févr. 1964, *Bull. civ.* I, n° 93 : dans cet arrêt, la Cour de cassation rappelle bien que « l'inopposabilité de la reconnaissance de sa responsabilité par l'assuré n'empêche pas que cette responsabilité, mettant en jeu la garantie de l'assureur soit autrement établie ». - L'aveu pourra souvent se loger dans un « constat amiable », Y. LAMBERT-FAIVRE, L. LEVENEUR, *Droit des assurances*, 13e éd., Dalloz, Précis Droit privé, Paris, 2011, spéc. n° 656, p. 520.

1499 Il en revanche regrettable que la jurisprudence entretienne la confusion en employant l'expression d'« aveu de responsabilité » (Com., 20 juill. 1973, *Bull. civ.* V, n° 263, p. 235) ou d'« aveu de reconnaissance de sa responsabilité » (!?) (Com., 17 janv. 2006, pourvoi n° 05-10.822) ; mais elle rappelle cependant, plus nettement, parfois, au visa de l'article 1354 du code civil, que « la déclaration d'une partie ne peut être retenue contre elle comme constituant un aveu que si elle porte sur des points de fait et non sur des points de droit » et que, en conséquence, aveu et reconnaissance de responsabilité sont deux choses irréductibles : Com., 13 mars 2007, pourvoi n° 06-11.550. - V. aussi, J.-L. MOURALIS, *V°* Preuve (1° Modes de preuve), *Rép. Dalloz. dr. civ.*, spéc. n° 725.

1500 C. SAAS, « Les procédures simplifiées de traitement des délits en France et en Allemagne : un jugement sans procès ? », *Rev. pén.* 2008, p. 17, S. GUINCHARD, J. BUISSON, *Procédure pénale*, 7e éd., LexisNexis, Paris, 2011, spéc. n° 1566, p. 975 (à propos de la CRPC), J. PRADEL, *Procédure pénale*, 16e Éditions Cujas, Paris, 2011, n° 593, p. 525.

1501 V. *supra*, n° 129-130

problématique, c'est que cette « reconnaissance » puisse être utilisée à l'occasion d'une autre procédure, d'abord parce que le fait qu'une déclaration puisse être exploitée à l'occasion d'une autre instance suscite de sérieuses réserves dès lors que la volonté a nécessairement été orientée par ce qui formait alors l'objet de l'« accord »[1502] (et la remarque vaut, aussi, pour la matière civile même lorsqu'il n'est pas de reconnaissance formelle)[1503], ensuite, et surtout, parce que, comme on l'a dit, le système entretient une ambiguïté détestable entre le fait et le droit[1504]. Sur ces deux points, il est vrai, la comparution préalable de reconnaissance de culpabilité soulève moins de difficultés si on admet qu'il y a là une forme de plaidoyer *nolo contendere* qui ne lie normalement au-delà de l'instance au cours de laquelle il a été prononcé, tandis que le fait et le droit s'effacent derrière une simple *auto-condamnation*[1505]. De toute évidence, certaines dispositions prohibent expressément l'utilisation des informations récolées à l'occasion de ces procédures. Des textes spécifiques existent ainsi en matière de conciliation et de médiation civiles. Ils n'ont toutefois toujours pas été appliqués avec rigueur[1506] et ils ont été considérablement assouplis à l'occasion de réformes récentes[1507].

[1502] B. PEREIRA, « Justice négociée : efficacité et droits de la défense », *D.* 2005, p. 2041 et s., spéc. n° 11 & n° 17.

[1503] V. *supra*, n° 152.

[1504] V. *supra*, n° 149-150.

[1505] V. *supra*, n° 130- Cela étant, il est évident que dès lors que l'audience d'homologation ne peut se tenir en chambre du conseil (disposition censurée par le Conseil constitutionnel : C.C., déc. n° 2004-492, *préc.*, cons. n° 118, C. SAAS, *op. cit.*, p. 836), les risques que l'information parvienne, en définitive, à la formation de jugement qui a à connaître des faits suite à l'échec de la procédure de CRPC sont élevés. Sans compter que, ainsi que l'énonce la circulaire CRIM 04-12 E8 du 2 sept. 2004, 3.2.3.2, « [e]n pratique toutefois aucune nullité ne saurait résulter du fait que la partie civile, présente lors de la comparution préalable à l'homologation, fasse état de l'acceptation de sa culpabilité par le prévenu qui se déclare ensuite innocent devant le tribunal, ou du fait que le prévenu ou son avocat conteste les réquisitions orales du procureur au motif que celui-ci avait proposé des peines moins sévères lors de la CRPC » (cité par J.-R. YANNICK *in JCP G* 2008, II, 10 194, note ss. Crim., 17 sept. 2008). Dans ce cas de figure, la CRPC s'expose alors au même travers que celui décrit au texte, à savoir la prise en compte, à titre probatoire, d'une posture procédurale.

[1506] V. toutefois, TGI, Paris, 18 janv. 1999, *D.* 1999, somm. p. 102.

[1507] L'article 23 de la L. n° 95-125 du 8 février 1995 disposait que « [l]e conciliateur et le médiateur sont tenus à l'obligation du secret à l'égard des tiers. - Les constatations du conciliateur ou du médiateur et les déclarations qu'ils recueillent ne peuvent être évoquées devant le juge saisi du litige qu'avec l'accord des parties. Elles ne peuvent être utilisées dans une autre instance ». Tenant sans doute compte d'une jurisprudence libérale de la Chambre criminelle, qui n'avait pas hésité à admettre, au visa de ce dernier article, que le rapport du médiateur familial puisse être invoqué lors des débats d'une instance pénale, avec l'accord des parties (Crim., 28 févr. 2001, *D.* 2001, IR, p. 1517, *RTD civ.* 2001, p. 579, obs. J. HAUSER) et même à défaut d'accord de ceux-ci (Crim., 12 mai 2004, pourvoi n° 03-82.098, *AJ fam.* 2004, p. 285, obs. F. BICHERON - motif pris de ce que la disposition précitée n'était pas applicable en matière pénale), l'ordonnance n° 2011-1540, du 16 novembre 2011, a introduit un nouvel art. 21-3 qui dispose, désormais que, « [s]auf accord contraire des parties, la médiation est soumise au principe de confidentialité ». Le texte ajoute, toutefois, que « [l]es constatations du médiateur et les déclarations recueillies au cours de la médiation ne peuvent être divulguées aux tiers ni invoquées ou produites dans le cadre d'une instance judiciaire ou arbitrale sans l'accord des parties ». Enfin, et surtout, le texte prévoit deux séries d'exceptions, dont la première est fort large : « Il est fait exception aux alinéas précédents dans les deux cas suivants : - a) En présence de raisons impérieuses d'ordre public ou de motifs liés à la protection de l'intérêt supérieur de l'enfant ou à l'intégrité physique ou psychologique de la personne ; - b) Lorsque la révélation de l'existence ou la divulgation du contenu de l'accord issu de la médiation est nécessaire pour sa mise en œuvre ou son exécution ». Ce texte, qui tient en échec l'art. 131-14 du Code de procédure civile, s'applique donc aussi à la médiation judiciaire. Il s'applique également, par renvoi exprès, de l'art. 1531 du C. proc. civ., à la médiation conventionnelle, ainsi qu'à la conciliation conventionnelle. Il s'applique également à la conciliation amiable menée par un conciliateur de justice (arg., C. proc. civ., art. 1531 qui fait partie des « dispositions communes »), bien que

En tout état de cause, aucune disposition comparable n'existe en matière de transaction pénale, de médiation pénale[1508] ou de composition pénale[1509], où rien ne semble véritablement empêcher le juge de tirer des informations des échanges et accords intervenus entre les parties. On ne peut, une nouvelle fois, que le déplorer, dès lors que la volonté est en partie liée (par le résultat) et que les déclarations sont orientées, indistinctement, vers le fait et le droit[1510]. Mais ce qui est encore plus grave, c'est que le choix porté, par la partie, sur l'une de ces procédures, puisse être interprété comme une preuve des faits qu'il s'agit finalement d'établir en raison de l'échec de la justice consensuelle ; le processus de « négociation », le processus contractuel au sens large, devient alors significatif, quel que soit, du reste, son résultat : *positif* ou *négatif*. Négatif aussi, car, on peut aussi bien mentionner le risque qui consiste à tirer des conséquences défavorables contre le plaideur qui refuse de participer à une médiation, qui refuse de transiger[1511], ou qui ne défère pas à l'injonction de comparaître en matière de médiation familiale[1512]. D'ailleurs, en cette matière, on peut douter de l'efficacité du texte dès lors qu'au dire même de certains magistrats, la mesure de médiation familiale serait utilisée comme un

---

l'art. 8 du décret n° 78-381 du 20 mars 1978 - qui prévoit une obligation générale de secret - ait été maintenu à l'identique (« Les informations qu'il recueille ou les constatations auxquelles il procède ne peuvent être divulguées »). Il ne s'applique pas, en revanche, semble-t-il, à la conciliation menée par un conciliateur de justice qui reste soumise à l'art. 129-3, al. 2 C. proc. civ. : « Les constatations du conciliateur et les déclarations qu'il recueille ne peuvent être ni produites ni invoquées dans la suite de la procédure sans l'accord des parties ni, en tout état de cause, dans une autre instance ».

[1508] On sait que, même en matière pénale, le médiateur est tenu au secret (C. proc. pén., art. R. 15-33-14). Mais on a relevé une tendance condamnable consistant, pour le médiateur, à transmettre au procureur de la République un procès-verbal détaillant les raisons de l'échec de la médiation pénale : E. DREYER, « La médiation pénale, objet juridique mal identifié », *JCP G* 2008, I, 131, spéc. n° 11). N'a-t-on pas affirmé, du reste, que l'objectif de la mesure était aussi de permettre au procureur de la République d'approfondir sa connaissance de la personnalité du prévenu (Ph. CONTE, « La nature juridique des procédures "alternatives aux poursuites" : de l'action publique à l'action à fin publique ? », *Mélanges R. Gassin*, Aix-en-Provence, 2007, p. 189-198, spéc. p. 192) ?- V. aussi B. PEREIRA, « Justice négociée : efficacité répressive et droits de la défense ? », *D.* 2005, p. 2041 et s.

[1509] P. PONCELAT, « Quand le procureur compose avec la peine », *RSC* 2002 , p. 639-644, C. SAAS, « De la composition pénale au plaider-coupable : le pouvoir de sanction du procureur », *RSC* 2004, p. 827-842 spéc. p. 644.

[1510] V. *supra*, n° 149-150.

[1511] Comme autrefois pour la HALDE, le risque est maximal lorsque la procédure de transaction est mise en œuvre par le Défenseur des droits (L. organique n° 2011-333 du 29 mars 2011 *relative au Défenseur des droits*, art. 28). L'institution peut, en effet, directement intervenir, soit à la demande d'une partie, soit de sa propre initiative. Et dans ce cas, son audition est de plein droit : L. organique n° 2011-333 du 29 mars 2011, art. 33, al. 2. Or, ainsi qu'on l'a souligné, à propos de la HALDE, mais dans un langage toujours exact : « La Haute autorité tient alors une position qui peut être ambiguë, dans un dossier qu'elle doit éclairer de son expertise indépendante, mais au titre duquel elle s'est déjà prononcée, dans des termes parfois assez définitifs », Ph. ROZEC, V. MANIGOT, « La place de la HALDE dans le paysage judiciaire », *JCP* S 2010, 1294, n° 12. - La refus opposé à une offre de transaction risque de conforter l'institution dans son « jugement » et accroître le déséquilibre entre les parties : Nîmes, 13 oct. 2009, n° 08/03535, Nîmes, 25 avr. 2007, n° 06/3377, *RJS* 2008 n° 357 - risque auquel la Cour de cassation est demeurée insensible : Soc., 2 juin 2010, pourvoi n° 08-40.628, *JurisData* n° 2010-00784, *Dr. soc.* 2010, p. 992, obs. J. MOULY, *JCP G* 2010, 1241, note G. LOISEAU, *Rev. dr. trav.* 2010, p. 457, note T. GRUMBACH, E. SERVERIN, Soc., 16 nov. 2010, pourvoi n° 09-42.956, *JurisData* n° 2010-021351, *Procédures* 2011, comm. n° 19, obs. A. BUGADA. - *Adde*, S. SERENO, « L'audition de droit de la HALDE confrontée au principe de l'égalité des armes dans la perspective du projet de loi relatif au défenseur des droits », *RRJ* 2010-3 ; S. DETRAZ, « Le rôle du Défenseur des droits en matière pénale : un nouveau « tout-en-un » procédural », *Dr. pén.*2011, étude 8.

[1512] V. *supra*, n° 152.

substitut à l'enquête sociale[1513]. Mais, de toute évidence, ce risque de dévoiement est bien plus fort en procédure pénale, en raison de la place centrale du concept de reconnaissance.

161. ***L'existence d'une procédure ou la nouvelle preuve parfaite.*** Cette transformation est, en effet, problématique, et la Cour de cassation devra s'efforcer, si elle ne veut pas provoquer une suspicion généralisée à l'endroit de ces procédures et, partant, une désaffection, de renforcer les garanties offertes à la personne qui accepte de se placer dans le cadre de ces procédures alternatives. Il y a sans doute là un nouveau domaine d'application pour ce concept mou de loyauté[1514]. Encore faut-il qu'il soit bien compris. Ce qui est véritablement en cause, c'est cette tendance du législateur et de la jurisprudence à retirer de la participation de la personne poursuivie à l'une de ces procédures - et non plus seulement des déclarations plus ou moins nettes qui ont pu, par elle, être faites -, la preuve de la réalité de tel ou tel fait dans une autre procédure ou, plus radicalement - le spectre du plaidoyer de culpabilité hantant désormais la procédure pénale française -, la culpabilité de l'individu dont la posture procédurale est en jeu. Les exemples sont encore marginaux, mais marquent, néanmoins, un mouvement qu'il est aujourd'hui difficile d'ignorer. L'article L. 223-1, alinéa 4, du code de la route, en fournit un premier exemple, bien qu'à la marge. En disposant que « [l]a réalité d'une infraction entraînant retrait de points est établie par le paiement d'une amende forfaitaire ou l'émission du titre exécutoire de l'amende forfaitaire majorée, l'exécution d'une composition pénale ou par une condamnation définitive », une assimilation parfaite est réalisée entre une *attitude procédurale*, dont le cœur reste la « reconnaissance » (en l'occurrence par le paiement), et la réalité d'une « infraction », sans égard aucun au contenu même du comportement sur le plan processuel. Autrement dit, ce n'est plus le constat d'un fait juridiquement opérant (comme la « condamnation définitive ») qui justifie la mesure, mais l'acceptation d'une procédure qui donne la priorité au droit sur le fait[1515] et d'ailleurs, non pas tant la participation à cette procédure que l'exécution de la mesure qui en découle, comme si la soumission à la « sanction » venait donner un second souffle à une vérité qui s'époumone. On peut même dire que, lorsqu'il y a paiement de l'amende forfaitaire, il y a reconnaissance

[1513] M. Juston, G. Comba, « Pratique de la médiation familiale », *AJ fam.* 2005, p. 399 et s., L. Gabler, « Preuves en droit de la famille : le référé en matière familiale », *AJ fam.* 2008, p. 20 et s. (spéc. ss. « La question de la charge de la preuve »). Les praticiens semblent alors se fonder sur la disposition qui permet aux parties de défaire le médiateur de son obligation de confidentialité pour l'instance en cours. - *Cf.* E. Serverin, « Le médiateur civil et le service public de la justice », *RTD civ.* 2003, p. 229 et s., spéc. ss. « L'exécution de la mesure de médiation ».

[1514] La contractualisation, la privatisation, la remise au centre de la volonté peuvent avoir un effet particulier. L'État se replie. Or, l'État garantit la légitimité. La seule compensation possible devient alors, comme dans les pays de *Common Law*, la procédure : P. Ancel, « La contractualisation de la justice : jusqu'où aller ? En matière civile », *op. cit.*, spéc. p. 197 : « Les dispositions qui viennent d'être évoquées, et qui donnent au juge un rôle d'appoint […] montrent que la contractualisation de la justice s'accompagne inévitablement d'une certaine "juridictionnalisation" ou "processualisation" du contrat. L'avenir, on le sait bien, n'est pas au remplacement de la décision par le contrat. Il est, plus probablement, dans l'hybridation des deux modèles, selon des formes qui restent encore, largement, à inventer ». - On verra très justement l'excroissance du concept de loyauté pour d'autres raisons, v. *infra*, n° 446 et s.

[1515] Et pour des applications, Douai, ch. corr. 6, 20 juin 2008, *JurisData* n° 2008-371017, Paris, ch. corr. 13, sect. B, 14 mars 2008, *JurisData* n° 2008-360866, Crim., 26 févr. 2008, *JurisData* n° 2008-043299.

de culpabilité, auto-condamnation[1516]. Faut-il être surpris, dès lors, de ce que l'article 41-2 du Code de procédure pénale, relatif à la composition pénale, prévoie, en cas de non-exécution intégrale des mesures proposées dans ce cadre - ce qui met en mouvement l'action publique - qu'il soit tenu compte du « travail déjà accompli et des sommes déjà versées par la personne » (alinéa 7) ? Il est certes exact que la disposition procède d'un souci d'équité ; mais elle peut indiscutablement conduire la juridiction de jugement, au-delà même de la reconnaissance indissociable de la procédure avortée, reconnaissance *qu'elle ne saurait plus ignorer*[1517], à tenir compte de ce commencement d'exécution qui vient, quelque part, corroborer le fait même de la « reconnaissance »[1518]. Pareillement, la tentation d'utiliser l'attitude procédurale d'une partie est consommée lorsque la juridiction, qui a à se prononcer sur la culpabilité d'un individu poursuivi du chef de chasse sur le terrain d'autrui sans le consentement du propriétaire ou du détenteur du droit de chasse, relève, pour établir la matérialité des faits, une seule des personnes visées par les poursuites initiales - le prévenu - contestant les faits reprochés, les autres ayant accepté une composition pénale, que « l'acceptation de la composition pénale par ses comparses conforte les déclarations des témoins qui, sans la moindre ambiguïté précisent que le prévenu était en action de chasse [...] »[1519]. La solution paraît d'autant plus contestable que, en l'espèce, les autres éléments de preuve peinaient véritablement à emporter la conviction ; mais, encore une fois, les juges étant invités à tenir compte, en cas d'échec de la composition pénale du « travail déjà accompli et des sommes déjà versées à la personne », leur attitude « elliptique » est d'autant moins contestable que l'intention du législateur est limpide. Il s'agit, bel et bien de tenir compte, et presque exclusivement, du comportement procédural de l'une des parties[1520] ; il ne s'agit certes pas encore d'une déclaration *éclatante de culpabilité*, inoxydable comme dans le *plea bargaining*, mais la « reconnaissance » faite par l'une des parties jointe à son attitude ultérieure invitent le juge à faire fi de son doute. Aussi bien ne sera-t-on pas surpris que les juges utilisent la circonstance qu'une médiation pénale a eu lieu - au cours de laquelle l'individu a prétendument

[1516] *Cf.* Crim. 26 juin 1996 (3 arrêts), *Bull. crim.* n° 277, *RSC* 1997. 373, obs. B. BOULOC, *JCP G* 1997 I 3998, chron. J.-H. ROBERT, *Dr. pén.*1996, comm. n° 245, note J.-H. ROBERT, *Gaz. Pal.* 1997, 1, p. 294 et s. , notes PETIT, MORIN & SAMSON : « aucune incompatibilité n'existe entre la loi du 10 juillet 1989, instituant le permis de conduire à points, et l'article 6 de la Convention européenne de sauvegarde des droits de l'homme et des libertés fondamentales, dès lors que chaque perte partielle de points, bien que s'appliquant de plein droit et échappant à l'appréciation des juridictions répressives, est subordonnée *à la reconnaissance de la culpabilité de l'auteur* de l'infraction, soit par le juge pénal, après examen préalable de la cause par un tribunal indépendant et impartial, soit *par la personne concernée elle-même* qui, en s'acquittant d'une amende forfaitaire, renonce expressément à la garantie d'un procès équitable » (nous soulignons).

[1517] En ce sens, on a bien observé que « [l]'article 41-2 du Code de procédure pénale prévoit qu'en cas d'échec de la composition pénale, il est toutefois "tenu compte, s'il y a lieu, du travail déjà accompli et des sommes déjà versées par la personne". En somme, ici aussi, la juridiction de jugement sera nécessairement mise en mesure de savoir qu'une procédure de composition pénale a été, préalablement à sa saisine, mise en œuvre, ce qui revient à affirmer que l'individu qu'elle doit juger, présumé innocent en principe, a reconnu sa culpabilité dans une procédure antérieure », J.-R. YANNICK *in JCP G* 2008, II, 10 194, note ss. Crim., 17 sept. 2008, spéc. ss. § 2.

[1518] Alors même le défaut d'exécution complète pourrait bien signifier, au contraire, une abdication de la « reconnaissance » première.

[1519] Reims, ch. corr., 23 nov. 2007, *JurisData* n° 2007-357219.

[1520] C. SAAS, *op. cit.*, p. 836 : « La procédure sera donc prise en considération par la juridiction de jugement, ce qui tendrait à évacuer le débat sur la culpabilité, puisque seul le degré d'exécution des mesures envisagées est ici retenu ».

« reconnu être en infraction » (!) - pour établir la matérialité des faits pour lesquels il est, en définitive, jugé[1521].

162. ***Enseignements de droit comparé.*** Bien sûr, la jurisprudence est encore trop peu abondante et la pratique trop faiblement lumineuse pour qu'on puisse espérer aller plus avant dans la démonstration. Il ressort néanmoins assez nettement de dispositifs étrangers, dont certains sont tout à fait comparables à ceux dont il est ici question, que le système ne peut évoluer que vers une généralisation de l'attitude qui vient d'être brièvement décrite. On apprend ainsi que, en Belgique, la loi du 10 février 1994 précise que lorsque la victime fait valoir ses droits devant le tribunal compétent, « l'acceptation de la transaction par l'auteur constitue une présomption irréfragable de sa faute »[1522]. Il en est de même en matière de médiation pénale puisque le législateur a expressément prévu que, vis-à-vis des personnes subrogées dans les droits de la victime, ainsi que des victimes qui n'ont pas été associées à ces procédures, « la faute de l'auteur de l'infraction est présumée irréfragablement » [1523]. Et en Allemagne, l'attitude des juridictions a été si bien comprise que certains justiciables exigent que soit mentionné que « l'acceptation de la procédure ne vaut pas reconnaissance de culpabilité »[1524]. En somme, on s'achemine non plus simplement vers un *aveu de droit,* mais une véritable déclaration de culpabilité, tout débat ultérieur sur la matérialité des faits - qui n'ont pourtant

---

[1521] Crim., 14 déc. 2004, pourvoi n° 03-86.736, inédit

[1522] Code d'instruction criminelle, art. 216 *bis*, § 4, *in fine*, M. TULKENS, M. VAN DE KERCHOVE, *op. cit.*, p. 469.

[1523] M. TULKENS, M. VAN DE KERCHOVE, *op. cit.*, p. 470.

[1524] J. LEBLOIS-HAPPE, « De la transaction pénale à la composition pénale. - Loi n° 99-515 du 23 juin 1999 », *JCP G* 2000, I, 198, p. 65, C. SAAS, « De la composition pénale au plaider-coupable : le pouvoir de sanction du procureur », *RSC* 2004, p. 827-842, spéc. note (41), p. 837.- La solution semble avoir été prise en compte par le législateur dans la toute récente loi du 4 août 2009 (BGBl. 2009, p. 235) qui a consacré les « accords » en procédure pénale qui s'étaient développés *praeter legem* dans la pratique (J. LEBLOIS-HAPPE, X. PIN, J. WALTHER, « Chronique de droit pénal allemand (Période du 1er janvier 2009 au 31 décembre 2009) », *RIDP* 2010/1, (Vol. 81), p. 277-310, spéc. n° 42). Ces pratiques de négociation, d'origine prétorienne, qui se sont fait jour dans les années 1970, étaient fort diverses (*ibid.*) et portaient des appellations variables. La loi de 2009 les a réunies sous l'appellation de « *Verständigung* » (*accords, négociations*). La loi a prévu la possibilité de tels accords aux divers moments de la procédure, qu'il s'agisse de l'avant-procès, de la phase intermédiaire, ou de la phase de jugement proprement dite. Toutes les parties peuvent donc négocier, ce qui inclut la personne poursuivie (prévenu ou accusé), son défenseur, le Ministère public, éventuellement la partie civile [la partie civile associée aux poursuites - v. *op. cit.*, note (87)]. La discussion naît à l'initiative de la partie poursuivie ou du Ministère public. Dans la phase de l'avant-procès, tout comme dans la phase intermédiaire, les négociations doivent faire l'objet d'une retranscription au dossier (§ 160b, 202a StPO). Pour ce qui est de la phase du procès lui-même, v, StPO, § 212 et s. - La même obligation s'impose en ce qui concerne la transcription au dossier (§ 257a) (sur tous ces points, *op. cit.*, n° 51-57). Quel que soit le stade de la procédure, l'accord doit être entériné par le juge selon les règles du § 257c StPO. Sur ce point, on relèvera avec intérêt les (1) & (2) du § 257c : « (1) Le Tribunal peut s'accorder, dans les cas s'y prêtant, avec les parties à la procédure sur la suite et le résultat de cette dernière, selon les conditions posées par les dispositions suivantes. Les dispositions du § 244, al. 2 restent applicables. - (2) Seules peuvent faire l'objet d'un tel accord, les peines et autres effets juridiques de l'action punissable, le contenu du jugement, les mesures procédurales autres ainsi que le comportement à adopter des différentes parties à la procédure. Un tel accord nécessite les aveux de la personne poursuivie. Ni la déclaration de culpabilité ni une mesure de sûreté ne peuvent faire l'objet d'un tel accord » (traduction *op. cit.*, note (89)). Comme on le constate, la procédure repose sur un aveu central. Mais cet aveu, qui ne peut être utilisé à l'occasion d'une procédure ultérieure (StPO, § 257c (4)), est correctement distingué d'une déclaration de culpabilité. - *Adde*, M. FROMMANN, « Regulating Plea Bargaining in Germany : Can the Italian Approach Serve as a Model to Guarantee the Independance of German Judges ? », *Hanse Law Review* 2009, Vol. 5, n° 1, p. 197-220.

jamais été formellement établis - étant définitivement condamné. La frontière entre la reconnaissance du *droit* et la déclaration de culpabilité, propre aux systèmes de *Common Law*, s'amenuise. Tel est, semble-t-il, le risque que fait peser ce nouveau concept, dont on a essayé de montrer la puissance, de *reconnaissance.* Notion irréductible à l'aveu, dès lors qu'elle s'applique à un concept juridique (l'antécédent abstrait de la règle de droit), préalable à l'*acceptation* dans laquelle elle puise une partie de sa puissance, non encore véritable déclaration de culpabilité, puisqu'elle ne signifie pas auto-condamnation, la *reconnaissance* se donne à voir comme un mécanisme *sui generis*[1525], produit paradoxal des nouveaux paradigmes - marqués par le primat de la volonté individuelle - et des anciens - dominés par la fonction juridictionnelle. Ici réside sans doute la principale conséquence du renouveau du libéralisme procédural.

CONCLUSION DE LA SECTION II

163. Le libéralisme procédural, dont la contractualisation du règlement des litiges montre nettement le renouveau, a entraîné deux conséquences sur la notion d'objet de la preuve. La première a été indirecte puisqu'elle s'est faite par l'intermédiaire du principe de concentration. Rappelons que, en vertu de ce principe, le juge n'est plus tenu de redonner aux faits leur exacte qualification, qu'il ne peut donc plus lui être reproché, devant la Cour de cassation, de n'avoir pas donné au fait litigieux un antécédent abstrait de nature à le rendre opérant et que toute erreur commise par les parties sur ce point, et non corrigée par le juge, ne peut plus être rectifiée à l'occasion d'une autre instance, car la nouvelle définition de l'autorité de la chose jugée s'y oppose. Aussi les parties sont-elles tenues, aujourd'hui, si elles ne veulent pas succomber au stade de la définition de l'objet de la preuve, de s'entourer de conseils vigilants. On voit donc bien le mouvement qui se dessine au sein même de la procédure civile et qui conduit à transférer une partie de l'office du juge vers les parties. Le procès perd une partie de sa dimension collectiviste et renoue avec une pensée individualiste qui avait caractérisé la procédure civile du XIXe siècle. La seconde conséquence a été plus directe ; elle a affecté, sans détour, la répartition nodale entre le fait et le droit. Le développement des modes amiables de règlement des litiges - surtout en matière civile - a contribué à renouveler la

---

[1525] On a signalé et on signalera encore (v. *infra*, n° 158) l'ambiguïté de la notion d'aveu dans les systèmes de *Common Law* qui se divisent entre la « confession » et l'« admission ». On peut aisément réserver le terme *d'aveu* pour le premier de ces concepts et celui de *reconnaissance* pour le second. Il faut toutefois se garder de confondre cette *reconnaissance* avec celle qui vient d'être *évoquée* et qui tend à se faire jour en droit français, mais encore en droit italien ou en droit allemand. Des liens peuvent être sans doute tissés entre le concept de reconnaissance que l'on vient de dégager et la *judicial admission* du droit américain (par exemple ; on verra également le droit anglais). Les deux prennent souvent la forme d'une déclaration qui vient soutenir, non pas une proposition factuelle, mais l'antécédent abstrait de la règle de droit. Mais les raisons de ces mécanismes et leurs effets sont sensiblement différents. Il est d'abord évident que, pour les auteurs anglo-américains, la *judicial admission* conduit à une reconnaissance du « fait ». Mais on a vu combien la distinction était peu établie dans ces droits ; en conséquence, c'est en raison de l'amalgame du fait et du droit que la reconnaissance porte sur la règle de droit elle-même et non sur un fait matériel. En droit français, au contraire, la distinction du fait et du droit est maintenue, mais elle est volontairement contournée pour accélérer le processus judiciaire. En ce qui concerne l'effet, ensuite, les deux mécanismes se situent à des niveaux très différents. Procédural pour les droits de *Common Law*, l'effet est substantiel pour le droit français. Lorsque la doctrine de la *judicial admission* est rigoureusement appliquée, la proposition à prouver est retirée du litige et ne peut plus faire l'objet d'une offre de preuve.

thématique du fait et du droit. Ces nouvelles « procédures » soulèvent des questions factuelles et normatives qui leur sont propres : la qualité du consentement (la preuve de celui-ci) et la conformité de la norme adoptée à l'ordre public sont désormais placées au cœur du règlement des conflits. Au-delà, le *fait* importe peu (dans sa vérité, notamment) et le droit devient un produit malléable que les parties ajustent à la mesure de leurs intérêts. Plus fondamentalement, on a pu assister et on assistera sans doute plus encore, à une véritable absorption du fait par le droit. Le renouveau du libéralisme procédural et la place qu'il donne aujourd'hui à la volonté affectent plus directement l'objet de la preuve. Ce n'est plus tant le fait (opérant) que la qualification - soit l'antécédent abstrait de la règle de droit - qui constitue l'objet de la preuve. Et on ne demande plus au juge de se convaincre de la réalité de tel ou tel fait, mais de vérifier simplement que les parties ont fait acte de *reconnaissance* du concept juridique et qu'elles ont *accepté* la solution proposée. Enfin, et peut-être plus gravement, cette puissance reconnue à la volonté expose, inévitablement, à quelques dévoiements. En créant ce qu'on appelle, parfois, des « circuits de dérivation », le législateur encourage certes le règlement non juridictionnel, mais il ne ferme pas définitivement la voie au règlement classique des litiges. Les parties peuvent aussi bien s'engager dans la voie amiable, *reconnaître* et *accepter*, puis se ravisant, se placer sous l'ascendant du juge. N'est-il pas alors à craindre que la première attitude procédurale des parties, dont on sait qu'elle a impliqué acte de *reconnaissance*, soit utilisée à des fins probatoires dans le cadre du processus juridictionnel ? Ne peut-on pas formuler les mêmes craintes lorsque seules quelques-unes des parties impliquées conjointement dans un même conflit (comme des co-prévenus) acceptent la troisième voie qui leur est proposée ? Le juge n'est-il pas alors tenté de tirer argument de l'attitude procédurale de ceux qui ont *reconnu* et *accepté* contre ceux qui souhaitent être jugés sur les faits, le droit et les preuves ? On peut évidemment le redouter, d'autant plus que, comme on l'a observé à maintes reprises, ces dispositifs reposent sur une *reconnaissance* que rien ne permet de rattacher à l'aveu et qui n'a, aussi bien, aucune valeur probatoire significative.

CONCLUSION DU CHAPITRE I

164. Si on s'en tient à la typologie des systèmes dégagée en introduction, il faut nettement séparer le système hiérarchique français et les systèmes participatifs de *Common Law*. Chacun de ces systèmes répond, en effet, à des caractéristiques propres qui peuvent entrer en conflit, ou pour le moins se mettre en tension, ce qui est le cas, ainsi qu'on a pu l'observer, pour l'introduction en France, de la comparution sur reconnaissance préalable de culpabilité ou de la récente procédure collaborative gérée par les avocats des parties. Les transformations ne viennent cependant pas toujours de l'extérieur et quelques évolutions internes suffisent parfois à modifier, bien qu'en surface, l'idéaltype « culture ». Sous ce regard, il n'est pas possible de passer sous silence une évolution remarquable des procédures françaises, tant civile que pénale, et qui est due à un facteur interne qu'on a choisi d'appeler le *libéralisme procédural*. Le libéralisme procédural n'est pas une réelle nouveauté pour le droit français. Il expliquait suffisamment, semble-t-il, les grandes orientations du Code de procédure civile de 1806. Les recueils de doctrine de la période et de celle qui a suivi en rendent bien compte, chantant à l'envi le pouvoir d'impulsion procédural des parties, le principe dispositif comme principe de liberté positive, ainsi que celui, complémentaire, de neutralité du juge. Sur le plan probatoire, le juge était aussi bien réputé (la réalité était différente) n'avoir aucun pouvoir tant à l'égard de la définition de l'objet de la preuve (que ce fût à travers le relevé de certains faits ou le relevé d'office de moyens de droit), qu'à l'égard de la recherche des preuves (production forcée des pièces et mesures d'instruction). La procédure pénale, en revanche, était totalement étrangère à ce modèle, tout imprégnée qu'elle était alors, d'ordre public et de maîtrise complète de l'appareil d'État sur l'action publique.

En même temps que l'on fêtait le centenaire du Code de procédure civile, les critiques autrichiennes et allemandes du modèle procédural napoléonien recevaient un premier écho en France. Elles trouvèrent par la suite un terrain particulièrement fertile avec le déploiement de la « tradition sociologique » et la mise en place de l'État Providence. Deux importants décrets-lois du 30 octobre 1935 et du 17 juin 1938 et trois lois du 15 juillet 1944 devaient ainsi, sans réelle surprise, mettre la procédure civile française sur la voie d'un modèle plus *solidariste*, et qui finira par recevoir une consécration éclatante, dans les années 1975, avec l'édiction du Nouveau Code de procédure civile. Les fondements de cette procédure civile moderne sont sans doute toujours là. Mais ils sont aujourd'hui mis à l'épreuve à la faveur d'un renouveau du libéralisme procédural qui affecte du reste, directement aussi, la procédure pénale. Le montrer n'est pas chose aisée. Sans doute les sciences politiques enseignent-elles que le libéralisme se signale généralement par la mise en retrait du statut dans les domaines traditionnellement marqués par l'ordre public, ainsi que l'excroissance des mécanismes contractuels. Ce dernier trait est, bien entendu, particulièrement intéressant pour l'étude des procédures. Mais il faut faire bien mieux que de le prendre tel quel, avec d'autres critères, comme l'a fait autrefois la doctrine processualiste (notamment italienne). Les systèmes juridiques sont, aujourd'hui, en perpétuelle tension et les systèmes procéduraux peuvent aisément s'influencer les uns les autres. On ne peut donc réellement tirer argument du redéploiement de la volonté individuelle et du contrat en matière procédurale que si on parvient à délimiter précisément ce qui relève d'un conflit de cultures, de phénomènes d'acculturation, et ce qui est le fruit d'une évolution purement interne. Pour ce faire, il faut regarder au-delà de la place de la volonté individuelle et percevoir ce qui, dans l'institution considérée, ne peut s'expliquer sans recourir à des mécanismes tirés d'une autre culture juridique. Ce premier travail de décorticage réalisé, il est alors possible d'établir une première liste de voies procédurales qui ont sans aucun doute leur origine dans un renouveau du libéralisme procédural : *médiation familiale, conciliation et médiation judiciaires, médiation pénale ou encore composition et transaction pénales.* Ils en constituent même les signes les plus évidents.

Ce renouveau a provoqué plusieurs transformations sur la notion d'objet de preuve. Un premier mouvement a, semble-t-il, directement affecté la procédure civile. Il trouve son origine dans l'apparition, assez récente, d'un principe de concentration des moyens. Au regard de l'objet de la preuve, on peut parler d'un véritable bouleversement : le juge n'est plus tenu (*il n'a plus devoir*) de relever d'office les moyens, fussent-ils de pur droit - l'opérance de l'objet de la preuve n'est donc plus, comme c'était le cas autrefois (en dépit de quelques nuances regrettables), l'affaire du juge. Les parties et les avocats se voient transférer la charge délicate d'identifier, parmi toutes les règles de droit virtuellement applicables, celles qui sont à même de donner « vie juridique » aux propositions de fait contenues dans les conclusions. Se seraient-ils trompés de moyen qu'ils ne pourraient plus espérer prospérer à l'occasion d'une instance ultérieure : la *cause* qui délimite l'autorité de la chose jugée s'entend désormais de la cause matérielle. Au-delà de cette sévère remise en cause de la « vérité du droit », on observe surtout, à travers le déploiement des modes alternatifs de règlement des conflits/litiges, un phénomène de transgression de la dialectique, fondatrice du droit français moderne, du fait et du droit. C'est ce qu'on peut appeler le phénomène de *redéfinition de la notion d'objet de preuve.* Cette redéfinition s'opère à un double niveau et résulte, pour une large part, de la mise à l'écart de la fonction juridictionnelle (le *judiciaire* est cependant toujours présent). On peut remarquer, tout d'abord, que puisque la justice civile cherche, dans ces modèles alternatifs, à trancher le litige en traitant directement le conflit qui est vu comme sous-jacent, et puisque cet office ne peut être correctement accompli sans mobiliser la (bonne) volonté des parties, la distinction du fait et du droit peut passer pour secondaire. Ce qui importe dès lors, c'est moins l'opérance de la proposition-objet de preuve (qui existe nécessairement dans la mesure où le litige a fait son apparition), que la qualité du consentement. La *vérité du droit* s'évanouit aussi bien derrière des considérations liées à la licéité de l'accord des parties. C'est une véritable transfiguration du fait et du droit qui se donne à voir. En matière pénale, le litige garde toute sa vigueur. Il ne s'agit pas (sauf peut-être pour la médiation pénale) d'en saisir la dimension sociale (le conflit). Mais il faut désormais aller au plus vite et à l'économie. Rien ne paraît mieux indiqué que de provoquer la participation de la personne mise en cause qui, en contrepartie de sa reconnaissance des « faits », échappe aux poursuites. Comme la volonté est désormais orientée vers un résultat particulier, l'objet de la reconnaissance importe peu et, en pratique, il s'agit souvent du droit et non du fait (« je reconnais ma faute, ma négligence » et non : « je reconnais avoir frappé la victime à plusieurs reprises ou n'avoir pas regardé la route à ce moment-là »). C'est en cela qu'on peut dire que le fait est progressivement absorbé par le droit. Enfin, et raison même de la présence constante et latente de cette volonté qui est tournée vers un résultat qui peut être négocié, accepté, approuvé, cette volonté apparaissant plus malléable et plus consensuelle (que celle qui cherche un résultat social à travers l'application de la règle de droit), certains de ces modes alternatifs de règlement des conflits ont tendance à faire complètement disparaître la question du fait et du droit. La participation du plaideur à la justice contractuelle devient alors une donnée significative dans le processus probatoire, ce qui est particulièrement net si la voie procédurale implique déjà, sur le terrain substantiel, une *reconnaissance.* Lorsque se présente une autre instance, en cas d'échec de la première notamment, il n'est plus besoin de s'interroger plus avant : la participation à la justice contractuelle vaut presque, en elle-même auto-condamnation, reconnaissance de sa culpabilité. En définitive, le renouveau du libéralisme procédural affecte le rôle du juge dans l'expression de la vérité du droit et, surtout, il tend à remettre en cause cette division essentielle du fait et du droit.

CHAPITRE II

LA SINGULARITÉ DE LA NOTION D'OBJET DE PREUVE DANS LES SYSTÈMES PARTICIPATIFS

165. ***Positionnement du problème.*** Se pencher sur l'exemple anglo-américain, c'est s'offrir une vue vertigineuse sur les tréfonds du système participatif. Faut-il regarder si loin pour mieux voir le système français ? La vision en plongée est-elle indispensable pour comprendre comment le droit de la preuve se construit sur des substrats culturels ? Il faut tout d'abord remarquer que les droits anglo-américains offrent un exemple remarquable de la manière dont la conception de la règle de droit agit sur la notion d'objet de preuve. Comme on a déjà eu l'occasion de le signaler, la notion se situe au carrefour du droit substantiel et de la procédure. Une évolution récente du droit français nous a permis de mesurer combien la conception du procès pouvait influer sur l'investissement des juges dans la définition de l'objet de la preuve et, plus directement, sur la notion même d'objet de preuve. L'étude des droits anglo-américains nous offre la possibilité d'envisager maintenant l'impact que peut avoir la conception de la règle de droit sur la notion. Dans le même temps, et puisqu'il ne s'agit pas d'une étude de droit comparé, les développements à venir doivent être replacés dans la perspective d'une intelligence plus fine du droit de la preuve judiciaire français. La chose paraîtra évidente à la fin de ce chapitre. En ayant présenté les traits du système participatif au regard de la notion d'objet de la preuve, on fera à la fois mieux saillir la manière dont un système probatoire finit par acquérir sa cohérence et sa nature parfaitement hiérarchique, dans le cas du système français. La question de la cohérence est d'ailleurs utile pour saisir pourquoi certaines institutions des droits anglo-américains, progressivement transposées en France, paraissent conserver des particularités irréductibles. Tel est le cas, on l'a vu, de la comparution sur reconnaissance préalable de culpabilité ; tel est encore le cas - on aura l'occasion de le voir - de la théorie de l'*Estoppel*. L'explication réside, en réalité, dans l'architecture des systèmes. Si, en certains domaines, comme celui de la recherche de la preuve étudié en seconde partie de cette étude, le système hiérarchique français a importé des mécanismes propres aux systèmes participatifs anglo-américains, ceci ne s'est pas fait sans un transfert de la culture sous-jacente. Sous ce regard, les institutions sont nouvelles et étrangères, mais paraissent ancienne et autochtones tant il est vrai qu'elles ont pu être acclimatées par le biais d'un changement culturel plus profond. Ce n'est pas à dire, bien entendu, que la greffe a été réalisée sans rejet. Dans le domaine de l'objet de la preuve, au contraire, les systèmes sont d'inspiration si différente qu'ils ne parviennent pas véritablement à communiquer sur le plan culturel ; et si des transplantations sont réalisées, elles sont souvent douloureuses.

166. ***Nature procédurale du droit et nature procédurale de l'objet de la preuve.*** Voilà donc les objectifs et les enjeux des prochains développements qui se proposent de revenir aux sources des systèmes participatifs. On ne peut, semble-t-il, bien comprendre les systèmes participatifs dans leur ensemble sans remonter assez loin dans l'histoire du droit anglais. S'il est vrai que le droit étranger demeure inaccessible à celui qui n'en connaît pas l'histoire (proposition qui vaut d'ailleurs, sans doute, pour le droit national), cette proposition est encore plus vraie dans le cas des droits anglo-américains. Le primat de la forme sur le fond, l'indifférence à l'histoire[1526], la posture singulière vis-à-vis de la raison[1527] sont autant de choses qui ne peuvent être comprises sans une exploration du passé ; dans les systèmes de *Common Law*, le droit a une nature procédurale (section I). Cette connaissance intime de la conception du droit est plus directement un préalable pour saisir la nature procédurale de l'objet de la preuve dans ces mêmes pays (section II).

SECTION I
LA NATURE PROCÉDURALE DU DROIT

167. ***La nécessité d'étudier l'histoire.*** Sir Henry Maine (1822-1888) a eu cette formule célèbre sur le *Common Law* : il a été « secrété dans les interstices de la procédure »[1528]. La procédure est, en effet, comme la chose a été mise en évidence en introduction, au cœur du système anglo-américain et spécifiquement du droit anglais qui lui a donné naissance. Cette circonstance a partie liée avec la structure du pouvoir, avec aussi, peut-être plus profondément encore, l'esprit naturellement défiant et méthodique des puritains[1529]. Pour en mesurer toute la portée, une étude de l'histoire du droit anglais est absolument indispensable puisque c'est à l'époque de la conquête normande que se fixe, et pour une période qui ne s'est toujours pas achevée, les traits caractéristiques du *Common Law*. C'est aussi un détour nécessaire pour comprendre comment une conception particulière du droit (ou de la règle de droit) peut influer sur la détermination de l'objet de la preuve[1530]. Comme en de nombreuses autres hypothèses, le droit des États-Unis a subi directement l'influence du droit anglais[1531], et on pourrait même ajouter que, sur ce chapitre, elle a été particulièrement vive. On remarque, en effet, qu'il s'agisse de l'Angleterre ou des États-Unis, que le système actuel garde encore les stigmates d'une période où le droit n'était pas encore à même de s'exprimer. Le droit anglais a certes très récemment évolué, tandis qu'une majorité toujours plus large de juristes américains s'interrogent sur l'opportunité d'une réforme de la procédure fédérale, mais l'esprit formel du *Common Law* est encore bien présent. Aussi bien trouvons-nous une raison supplémentaire de mener cette étude historique qui doit conduire à envisager deux périodes, une première marquée par la soumission

[1526] D. R. KELLEY, « History, English Law and Renaissance », *Past and Present* 1974, n° 65, Oxford, p. 24-51, spéc. p. 27.

[1527] V. *supra*, n° 13.

[1528] H. S. MAINE, *Early Law and Custom*, 1861, p. 389, cité par R. DAVID, C. JAUFFRET-SPINOSI, *Les grands systèmes de droit contemporain*, 11e éd., Dalloz, Paris Droit privé, Paris, 2002, spéc. n° 226, p. 232.

[1529] V., en ce sens, R. POUND, *The Spirit of the Common Law*, Marshall Jones Company, Francestown, 1921, p. 36, pour qui les origines religieuses du droit seraient un « facteur déterminant » du développement du *Common Law*.- V. aussi, *supra*, n° 13.

[1530] *Cf.* R. DAVID, C. JAUFFRET-SPINOSI, *op. cit.*, n° 225, p. 231.

[1531] A.A. LEVASSEUR (dir.), *Droit des États-Unis*, 2e éd., Dalloz, Précis Droit privé, Paris, 1994, n° 5, p. 5, J. A. JOLOWICZ, *Droit anglais*, Dalloz, Précis, Paris, 1986, spéc. n° 2, p. 2-3.

progressive du fond à la forme (§ 1), une seconde par la renaissance partielle du droit (§ 2).

§ 1. La soumission progressive du fond à la forme

168. ***La contrainte du* writ.** Entre le XIIIe et le XIXe siècle, le droit anglais a été entièrement inféodé à la forme, le déclenchement du procès étant subordonné à l'existence d'une action[1532]. Cette particularité procédurale s'est développée à partir du XIIe siècle, lorsqu'on a commencé à admettre la saisine de la Tribunal des Plaintes Communes, la *Court of Common Pleas*, et la juridiction du Banc du Roi, la *Court of King's Bench*. Quiconque souhaitait plaider devant l'une des ces juridictions royales devait alors obtenir, moyennant finances, un bref ou *writ* royal[1533]. Si cette formalité était nécessaire, c'est parce que la juridiction du roi n'était conçue, initialement, que comme une faveur[1534]. C'est également la raison pour laquelle ces *writs* avaient cette particularité de n'accorder une action en justice que dans les cas qu'ils déterminaient - et en dehors desquels il n'existait, pour ainsi dire, aucun droit - et pour un résultat déjà fixé. Cette restriction à la sanction des droits n'était pas problématique aussi longtemps que l'on percevait ces règles comme un moyen singulier de réguler la justice. Nul préjudice ne pouvait résulter d'un système qui concevait encore la justice comme un organe de protection des droits et libertés et qui, par suite, ne manquait pas de créer des *writ formulae* chaque fois que de la sanction de droits nouveaux était recherchée[1535]. Une certaine forme de bureaucratisation, conjuguée au souci du compromis avec les juridictions seigneuriales[1536], devait néanmoins conduire à réunir dans un ensemble de recueils

---

[1532] Il n'est pas inutile de relever, pour la bonne compréhension de la suite de cette étude, que c'est à la suite de l'adoption de la *Magna Carta Libertatum* (1215 - et chartes qui suivent) que se développe le concept de « *due process of law* » (sur le sens exact de cette expression, v. *infra* n° 368). Ce n'est pas un hasard si c'est à la même période que se fait jour une culture particulièrement formaliste du procès. On a, en effet, rigoureusement associé, en Angleterre, jusqu'au XVIIIe siècle, la forme à la justice ; de manière très significative, Sir Edward Coke notait encore en 1628, de la méconnaissance de la forme « résultera l'ignorance, la mère de l'erreur et de l'infamie, et à la fin, tout convergera vers le désordre et la destruction de l'ancien droit du royaume », cité par J.-H. BAKER, *An introduction to English Legal History*, 4e éd., Oxford University Press, Oxford, 2002, p. 86.

[1533] Ce qui correspond au latin *breve*, et au vieux français *brief*, les deux mots comportant l'idée de concision, de promptitude, mais aussi d'énumération (très nettement, dans ce dernier cas, pour la racine latine). Il convient de faire le lien avec la procédure romaine, *cf.* N.d.T, ss. D. IBBESTON, « Juge et jury dans la *common law* », *in* R. Jacob (dir.), *Le juge et le jugement dans les traditions juridiques européennes*, LGDJ, droit et société, Paris, 1996, p. 89-105, spéc. note (10), p. 91.

[1534] J. H. BAKER, *An introduction to English Legal History*, p. 54 ; l'auteur ajoute que c'était le *king's Chancery* - la Chancellerie du roi - qui était chargé de délivrer ces *writs*, contre paiement de la taxe.

[1535] En ce qui concerne les raisons du développement des nouveaux *writs*, deux hypothèses ont été formulées. Selon la première, il faut en chercher l'origine dans le Second Statut de Westminster (1285) qui autorisait la Chancellerie royale à délivrer des *writs in consimili casu*, c'est-à-dire dans des espèces présentant des analogies avec celles pour lesquelles un remède existait. Selon la seconde, il faut plutôt s'intéresser au pouvoir reconnu aux requérants de saisir la juridiction royale par une « *declaration* », ce qui autorisait alors la juridiction à statuer « *on the case* », c'est-à-dire sur les seuls faits. Lorsqu'elle acceptait de connaître ainsi du litige, une nouvelle action en résultait. C'est ce qu'on a fini par appeler l'action *super casum* ou « *on the case* ». Pour la période plus tardive de multiplication des *writs*, on sait aujourd'hui que c'est le second mécanisme qui a été utilisé. *Cf.* J. H. BAKER, *op. cit.*, p. 56-57.

[1536] Trois textes montrent que le roi fut contraint au compromis par les barons. Tout d'abord, la Grande Charte (*Magna Carta*) que le roi dut signer en 1215. Les provisions d'Oxford, qu'il dut accepter en 1258, par lesquelles fut interdite la création de nouveaux *writs*. La seconde loi de Westminster, de 1285, enfin, qui indiquait que la compétence des cours royales continuerait à être reconnue pour les types de litiges auxquelles elle s'appliquait déjà, mais qu'elle ne s'étendrait pas au-delà. Aucun *writ* nouveau ne

tous les *writs* qui, ainsi matériellement figés, formèrent la matière de ce qu'on appela alors les *precedents*[1537]. Le *Common Law* se gravait ainsi dans la pierre[1538], et la procédure ne pouvait qu'en subir de singulières transformations.

169. ***La formation procédurale de la « cause » du litige.*** Un tel système, qui ne laissait aucune latitude quant au choix de la règle de droit (sauf la « règle » attachée à l'action), le droit étant en quelque sorte absorbé par la forme, conduisait nécessairement à accorder une importance toute particulière aux faits[1539], mais des faits qui, en raison de la faiblesse d'expression de la norme, étaient comme suspendus à leur réalisation plus concrète par le débat des parties. Certes, le *writ* contenait, en quelque sorte, un énoncé des faits « juridiques »[1540] pour lesquels le remède était accordé par la loi, mais cet énoncé était souvent sommaire[1541] et ne pouvait surtout être précisé par les juridictions (du moins dans un premier temps). Tout reposait donc sur les faits - des faits sommairement articulés, car sans repères juridiques bien définis -, et il n'est pas surprenant de constater que ce fût le procès lui-même, et non une étape antérieure, qui servît à dégager ce qu'on pourrait appeler *les propositions-objets de preuve*, même si la division du procès anglais médiéval en trois phases - le *Pleading*, le *Trial*[1542] et l'*Entry* ou enregistrement du jugement -, la première étant justement consacrée à la définition de l'objet de la preuve, permet de relativiser cette affirmation. Mais à la vérité, la conception que l'on se faisait alors du *trial* (cette phase normalement destinée à l'adjudication) était si formelle - on a dit qu'« en fait, plutôt que de tenir cette phase du procès comme le *trial* [soit le procès[1543]] dans son intégralité, il faudrait la considérer comme une simple réception formelle du verdict » - que l'essentiel du procès avait déjà eu lieu à l'issue du *pleading*. En d'autres termes, le *pleading*, phase d'échange des parties destinée à réduire à une seule les questions de fait - faits « matériels », sans qu'on l'on sût jamais pour quels motifs ils se trouvaient être en accord avec les faits

serait donc créé, excepté par décision du Parlement. Les barons n'admirent qu'une exception à cette règle : la possibilité de créer un *writ in consimili casu* - c'est-à-dire pour des cas présentant une grande similarité avec les cas ayant déjà donné lieu à l'octroi d'un *writ*.- C'est une autre technique, on l'a vu, qui sera finalement utilisée pour étendre la compétence *ratione materiae* des juridictions royales (v. *supra*).

[1537] Ces recueils avaient le nom de *registers*.

[1538] D'où la formule « *Remedies Precede Rights* », sur laquelle, J. A. JOLOWICZ, *Droit anglais*, Dalloz, Précis, Paris, 1986, n° 5, p. 4.

[1539] V. en ce sens, les *writs* (en latin et traduits en anglais) reproduits par J.-H. BAKER, *op. cit.*, Appendice I, p. 538 et s.

[1540] Organiquement, la distinction du fait et du droit existait en droit anglais à cette période : les juges étaient chargés de connaître du droit et les jurés du fait (v. aussi *supra*, n° 53, la répartition en matière de présomptions). D'ailleurs, comme on a eu l'occasion de la signaler, les jurés étaient initialement choisis pour leur connaissance des faits ou de l'accusé et leur fonction était aussi bien essentiellement d'ordre probatoire (v. F. JAMES Jr., G.-C. HAZARD Jr., J. LEUBSDORF, *Civil Procedure*, 5e éd., Foundations Press, New York, 2001, spéc. p. 182, J.-L. HALPÉRIN, *Profils des mondialisations du droit*, Dalloz, Paris, 2009, spéc. p. 94). Mais, à la vérité, le rôle des juges était très limité et ils s'efforçaient, autant que possible, de ne pas se prononcer en droit. En sorte que, si le droit se distinguait bien du fait, il était en réalité absolument impossible de dire ce qui, dans la masse des faits, entraînait l'application de la règle de droit (l'antécédent abstrait n'apparaissait pas).

[1541] J.-A. JOLOWICZ, *op. cit.*, n° 130. V., par exemple le « *writ de trespass vi et armis, for battery* » : action en responsabilité coups et blessures, par la force et les armes *in* J. H. BAKER, *op. cit.*, Appendice I (original en latin et traduction anglaise de l'auteur).

[1542] D. IBBESTON, « Juge et jury dans la *common law* », *op. cit.*, p. 93-94.

[1543] *Cf.* J. A. JOLOWICZ, *op. cit.*, n° 12, p. 13, spéc. note (1) qui estime que la notion de *trial* ne trouve aucun équivalent dans d'autres langues, et qu'il n'est donc pas tout à fait comparable à l'audience. - Comp., avec le modèle de l'audience principale : v. *supra*, n° 17.

« juridiques » impliqués par le *writ* - devant être tranchées par le jury[1544], devenait le cœur du procès anglais, ce dont témoigne à la fois sa structure et son fonctionnement.

Après introduction de l'instance[1545], le procès s'ouvrait aussi bien sur un *count*[1546], c'est-à-dire un récit tendant à mettre en évidence le problème introduit par le *bref* et à révéler les détails de la cause contenue dans l'action[1547]. La réponse de l'adversaire permettait d'avancer vers la phase probatoire. Il pouvait tout d'abord dénier, une à une, les informations contenues dans le *count* (le « *general denial* » ou dénégation générale)[1548] ; il lui était possible, ensuite, de soulever une exception tirée de l'insuffisance du *count* ou de sa non-correspondance aux termes du *writ,* ce qui revenait à contester la base légale de la demande (« *demurrer* »). Quoi qu'il en soit, dès lors que le *count* était jugé régulier en la forme, aucune question substantielle de droit (sauf hypothèse exceptionnelle de « *demurrer* ») n'était, à proprement parler, soulevée, et il suffisait aux jurés de se prononcer sur la vérité ou la fausseté des allégations. Témoin également de l'importance de cette phase de raffinement du fait, la transformation intervenue dans le processus de *narratio* avec l'apparition du jury ; s'ils étaient demeurés, dans un premier temps, d'une importance limitée dans la définition des termes du litige[1549], les *narrotores* devinrent, à compter de cette date, un maillon essentiel, participant de manière déterminante à l'élaboration de la question posée aux jurés. C'est à ce moment-là de l'histoire qu'apparut, en *Common Law*, la notion de « *issue* », dont on a vu combien elle est essentielle pour le droit de la preuve aujourd'hui[1550]. Lorsque les allégations factuelles ne faisaient l'objet que de réfutations, l'ensemble étant contenu dans le *count*, se formait alors, on l'a dit, un « *general issue* »[1551], c'est-à-dire la base factuelle la plus large qui puisse se concevoir concernant une action[1552]. Dans

---

[1544] J. A. JOLOWICZ, *op. cit.*, n° 14, p. 13-14.

[1545] L'instance débutait lorsque le plaideur se présentait devant la juridiction soit en personne, soit par le truchement d'un avocat. Il formait alors soit une demande (« *demand* »), soit une plainte (« *complaint* ») selon qu'était en cause un *Right* ou un *Wrong*. Les *Rights* faisaient référence à un droit en quelque sorte garanti par le Royaume, comme le droit de propriété ; les *Wrongs*, au contraire, permettaient d'obtenir essentiellement la réparation d'un dommage par l'allocation de dommages intérêts. Mais, initialement, seules les atteintes les plus graves étaient portées devant les juridictions royales, c'est-à-dire, essentiellement, ce que nous appelons aujourd'hui des affaires pénales ; V. J. H. BAKER, *op. cit.*, p. 56-57.

[1546] Qui vient du français « conte » et du latin « *narratio* », *op. cit.*, p. 76.

[1547] On verra, par la suite, une profession se développer autour de cette activité : il s'agira des *narratores* dont la fonction sera de composer ces récits et de les prononcer devant la juridiction. Des compilations seront rapidement élaborées aux XIIIe et XIVe siècles, v. *op. cit.*, p. 76. Différents *counts* étaient en réalité admis pour un *bref* déterminé, ce qui avait pour effet de développer chaque action en sous-espèces ; v., en ce sens, D. IBBESTON, « Juge et jury dans la *common law* », *op. cit.*, note (10) N.d.T, p. 92.

[1548] D. IBBESTON, « Juge et jury dans la *common law* », *op. cit.*, p. 92.

[1549] Tout simplement parce que le juge pouvait remplir cet office.

[1550] V. *supra* n° 6 l'expression de *fact in issue*, c'est-à-dire les propositions jugées opérantes par le système juridique et qui vont être objet de preuve. Le terme vient du latin *exitus* (*sortie, dénouement*), qui rend bien compte de ce que la question devient l'étape fondamentale du procès. Il est regrettable qu'une telle question vienne aussi tardivement alors qu'elle conditionne la nature des preuves à produire. La remarque prend un sens tout à fait particulier dans le cadre des systèmes qui ne disposent pas d'organes spécialisés dans la recherche des preuves. - *Adde*, J. H. BAKER, *op. cit.*, p. 77.

[1551] On appelait cela le « *general traverse* », J. H. BAKER, *op. cit.*, p. 79.

[1552] Des questions plus précises pouvaient néanmoins émerger si les parties s'accordaient pour *miser* sur un point plus particulier - mais uniquement en matière civile (J. H. BAKER, *op. cit.*, p. 77, dans la mesure où, en matière criminelle, le « *general denial* », qui prenait la forme du « non coupable », restait la norme). C'est ce qu'on a appelé le *Jeopardy*. Le terme de *Jeopardy* semble venir du vieux français « jeuparti » (issu lui-même du latin *jocus partitus :* v. *V° Jeopardy, in Dictionnaire anglais Collins English definition-Thesaurus*, version électronique). Le mot paraît renvoyer à une « pièce lyrique de six couplets

le cadre du *writ of debt*[1553], le défendeur plaidait ainsi le *non est factum*, en excipant, par exemple, d'un faux[1554]. Dans le cadre d'un *writ of assumpsit*[1555], le défendeur plaidait l'exception tirée de l'absence d'engagement de sa part[1556]. Il s'agissait du cas le plus fréquent, car le plus simple et le moins risqué[1557]. Tous les autres présentaient des risques plus ou moins marqués, mais étaient théoriquement (dans un premier temps du moins) largement ouverts. Le défendeur pouvait ainsi ne dénier qu'un seul fait matériel, ce qui avait pour effet de placer ce fait *in issue* (on parlait alors de « *special traverse* » - une dénégation *spéciale*[1558]). Il pouvait aussi admettre les faits de l'adversaire, par une espèce d'aveu, tout en contestant, dans le même mouvement, la base légale ; il s'agissait du « *demurrer* » déjà évoqué[1559]. Enfin, il lui était loisible de reconnaître les faits allégués, mais de les anéantir, dans le même temps, par d'autres faits qui en permettaient la justification ; on parlait alors de « *confession and avoidance* »[1560] (une forme aussi de « *special pleading* »). Lorsque le défendeur prenait le parti de se défendre en circonscrivant le débat à certains faits ou en introduisant quelque justification factuelle (« *special traverse* » et « *confession and avoidance* »), le demandeur était alors contraint de répondre aux faits en utilisant l'une de ces quatre techniques. Et c'est ainsi que se poursuivait le procès jusqu'à ce qu'un fait fût dénié ou admis[1561].

Une fois que le fait se trouvait fixé - mais en des termes souvent assez larges lorsque *l'aveu* n'avait pas été obtenu[1562] ou lorsqu'il n'y avait pas eu de « *special pleading* » - il appartenait alors un jury, et à lui seul, de trancher par un *coupable* ou *non coupable* péremptoire[1563], et ce n'était que de manière très exceptionnelle, lorsque le jury prenait la liberté de rendre un verdict « spécial », « par lequel il se

---

suivis de deux envois : dans le premier couplet, l'un des deux partenaires propose à l'autre une question dilemmatique et, celui-ci ayant fait son choix, soutient lui-même l'alternative restée disponible. Dans les deux envois, chacun des deux partenaires nomme un juge. Il n'y a dans les textes aucune trace d'un jugement que ceux-ci auraient prononcé », A. LANGFORS, A. JEANROY, L. BRANDIN, *Recueil général des jeux-partis français*, E. Champion, Paris, 1926, vol. 1, p. v-vi. L'idée est celle, de toute évidence, d'une situation de partage, d'une certaine indécidabilité sur un point déterminé. On a parlé, par la suite, pour la décrire, « d'exception péremptoire » (J. H. BAKER, *op. cit.*, *loc. cit.*).

[1553] Action intentée par une personne lorsqu'une autre personne, le défendeur, lui devait une somme d'argent d'un montant déterminé ; la « dette <*debt*> » doit s'entendre du *certum*.

[1554] *Cf. Lewis v Clay* (1897) 67 *Law Journal Reports, Queen's Bench New Series* 224.

[1555] Action contractuelle générale développée, *super casum*, sur le fondement du *writ of trespass*.

[1556] W.S. HOLDSWORTH, « The New Rules of Pleading of the Hilary Terms, 1834 », *The Cambridge Law Journal* 1921-1923, p. 261 et s., spéc. p. 269.

[1557] D. IBBESTON, « Juge et jury dans la *common law* », *op. cit.*, p. 92 & p. 93. - V. aussi, *infra*, n° 170.

[1558] *Cf. V° Traverse*, *Black's Law Dictionary*, West, St. Paul, 2011.

[1559] Probablement du vieux français « *demourer* » : *V° Demourer*, J. NICOT, *Thresor de la langue françoyse, tant ancienne que moderne* (1606), qui renvoie à *V° Demeurer*. L'idée est celle de rester là où est le litige, d'adhérer à l'allégation de l'adversaire ; *op. cit.*, p. 79. - En pratique, cette argumentation était très rare, car très risquée. Il était en effet hardi, à l'époque, de s'aventurer, à proprement parler, dans le domaine du droit (qui relevait de la compétence des juges et non de celle du jury, et on a bien montré que les jurés avaient justement été employés pour décharger les juges de la délicate mission de trancher le droit). Ainsi, d'après les chiffres disponibles en matière d'action de *trespass*, sur les soixante mille actions introduites une trentaine d'actions seulement furent tranchées sur cette base : D. IBBESTON, « Juge et jury dans la *common law* », *op. cit.*, p. 92.

[1560] *Op. cit.*, p. 77.

[1561] Ce qui donnait le profil suivant au procès : *count* ou *declaration* (demandeur), *plea* ou *bar* (défendeur), *replication* (demandeur), *rejoinder* (défendeur), *surrejoinder* (demandeur), *rebutter* (défendeur), *surrebutter* (demandeur), cités *op. cit.*, note (31), p. 78.

[1562] J. A. JOLOWICZ, *op. cit.*, n° 14, p. 14.

[1563] Cette phase était généralement si courte que le procès était alors vu moins comme un processus probatoire que comme un dispositif oraculaire, car le faux verdict était considéré non comme une erreur de jugement, mais comme un parjure : D. IBBESTON, « Juge et jury dans la *common law* », *op. cit.*, p. 94.

prononçait précisément sur des questions de fait particulières en abandonnant aux juges la détermination de la décision »[1564] ou lorsque s'élevait un « *demurrer* », que les juges étaient appelés à statuer en droit[1565] ; mais même lorsqu'ils étaient contraints de sortir de leur langueur, les juges ne motivaient presque jamais leurs décisions[1566], ce dont résultait une singulière indifférence au droit. Techniquement, et dans la majorité des cas, le résultat était le suivant : « lorsque le défendeur plaidait, dans une action d'*assumpsit*, le *general issue* : "*non assumpsit*", il faisait entrer dans le débat, non seulement la question de savoir si un engagement avait ou non été pris, mais aussi tout fait de nature à faire obstacle à la validité de l'engagement et tout moyen de défense montrant qu'il n'était pas responsable. En d'autres termes, même si, littéralement, les mots "non assumpsit" n'étaient pas censés signifier autre chose que la dénégation de l'engagement, le fait, par exemple, que l'engagement pris fût éteint pouvait être introduit dans le débat »[1567]. On comprend mieux l'importance du débat dans le droit de *Common Law*, et la signification précise de la soumission du droit au fait. Mais il était rare que le système fonctionnât véritablement. Force est d'admette que, en dehors des exceptions signalées, le « débat n'était pas nettement défini. Les questions de fait n'étaient pas séparées des questions de droit, et les parties n'étaient pas en mesure de savoir quels étaient les problèmes de fait sur lesquels roulait l'affaire. Il s'ensuivait que les parties supportaient des frais découlant de "l'accumulation inutile des preuves" ; preuves portant souvent sur des faits dont il apparaissait, au procès, qu'ils n'étaient pas contestés. Au surplus, les questions de droit qui s'élevaient n'étaient pas débattues, comme elles pouvaient l'être sur le fondement d'un *demurrer* devant la Cour dans le cadre d'une motion *in banc* [...] »[1568]. Divers facteurs ont permis aux juristes anglais de percevoir ces faiblesses et de proposer quelques amendements ; divers facteurs et diverses réactions qui ont provoqué une renaissance partielle du droit.

§ 2. La renaissance partielle du droit

170. ***Les facteurs de la renaissance du droit.*** Pour faire face à une certaine demande sociale, le système devait enfin connaître une mutation. Parallèlement à la création de nouveaux *writs*[1569], le droit investit, grâce à l'introduction de

---

1564 D. IBBESTON, « Juge et jury dans la *common law* », *op. cit.*, p. 93 : les juges décourageaient vivement cette pratique.

1565 En matière de *trespass*, les archives du XIVe siècle montrent que la chose n'arrivait qu'une fois tous les trois ans pour un *demurrer* et encore plus rarement pour un *verdict spécial*, *op. cit.*, *loc. cit.*

1566 D. IBBESTON, « Juge et jury dans la *common law* », *op. cit.*, p. 97. - En réalité, le technique dite du « *demurring in law* » est une institution plus tardive qui n'a pas réussi, en se généralisant aux XVe et XVIe siècles, à faire progresser immédiatement l'intelligence du droit pour cette raison que le secret des motifs a fait obstacle à la *diffusion du droit* et à la constitution de précédents portant sur le droit substantiel (v., en ce sens, J. H. BAKER, *op. cit.*, p. 79). À preuve, il a fallu attendre le XIXe siècle pour que des questions juridiques aussi importantes que la faute soient définies par le juge (*op. cit.*, p. 81).

1567 W.S. HOLDSWORTH, *op. cit.*, p. 266. - Sur le plan de l'objet de la preuve, rien ne pouvait réellement émerger, car, « [à] l'évidence, une argumentation aussi générale recouvrait une grande variété de moyens. Par exemple, la dénégation de la dette pouvait inclure des allégations aussi différentes que l'inexistence de la dette ou son extinction par le paiement », D. IBBESTON, « Juge et jury dans la *common law* », *op. cit.*, p. 92 & p. 93.

1568 W.S. HOLDSWORTH, *op. cit.*, p. 269. - Sur la motion « *in banc* », v. *infra*, n° 170.

1569 V. J. H. BAKER, *op. cit.*, p. 55-67. Il est acquis, aujourd'hui, que les nouveaux *writs* furent créés grâce à la technique de l'action « *in the case* », dite encore action « *super casum* », permettant au plaideur de présenter ses faits nus au juge en lui montrant le bien-fondé de la création d'une nouvelle action. Comme l'expliquait le René David, contrairement à ce qu'on « a longtemps cru et enseigné »,

nouvelles techniques, de nouveau le procès. La réapparition de l'écrit contribua grandement à fournir aux justiciables les moyens de contraindre la juridiction à révéler ses motifs de droit[1570]. Au reste, ce qui était encore acceptable un siècle auparavant ne l'était plus pour des citoyens soucieux d'une justice forte et mieux justifiée en droit[1571]. Comme le droit se laissait saisir plus facilement[1572], en même temps qu'il devenait plus aisé de contrôler le jury[1573], le *pleading*[1574], qui « est d'abord apparu comme un moyen de contrôler les jurys, en restreignant les champs de référence et en excluant les problèmes de droit de leur considération »[1575], et qui venait fondamentalement conclure le procès, devint progressivement point de départ du débat. Il devenait en effet aisé de déceler, derrière les formulations *pré-juridiques*, les faits *matériels* correspondant. Mais curieusement, au lieu de tirer parti de cette opportunité de définir plus tôt l'objet de la preuve[1576] et qui aurait pu être développée en exigeant une demande initiale factuellement plus précise, le système s'orienta[1577] vers une extension du « *general pleading* ». On ne comprenait sans doute pas, à l'époque, l'intérêt qu'il pouvait y avoir à définir, précocement, les données factuelles du litige, dès lors que l'organisation des échanges permettait, normalement, d'atteindre cet objectif, notamment en contraignant l'une des parties à « *l'aveu* ». Le « *special pleading* » aurait notamment pu être utilisé. Il était autrefois disponible dans certaines matières pour mieux contrôler le jury en excluant de sa compétence les problèmes d'ordre juridique. Ainsi, dans l'action de *trespass quare clausum fregit*, venant sanctionner l'entrée illégale sur un terrain visiblement clos, l'exception (« *plea* ») « not guilty » n'avait d'autre objet que de contester le lieu de commission de la faute. En revanche, il était impossible de mettre dans le débat, par ce biais, la possession ou le droit de propriété du demandeur[1578], ce qui était de nature à obliger les parties à articuler plus précisément fait et droit. Cette solution fut écartée et, au long des XVIIe et XVIIIe siècles, législateur et

---

l'allongement de la liste des *writs*, ne fut pas la conséquence du Second Statut de Westminster (v. *supra*), qui autorisait effectivement le Chancelier à délivrer des writs *in consimili casu*, « c'est-à-dire dans des espèces présentant une grande ressemblance avec d'autres espèces ayant donné lieu d'ores et déjà à la délivrance de writs » : R. DAVID, C. JAUFFRET-SPINOSI, *op. cit.*, n° 223, p. 230.

1570 Certes l'écrit était déjà en usage au XIIIe siècle, mais le véritable changement vint de ce que, à compter du *Statute of Jeofails (Statut 32, Henry VIII)* de 1540, les *pleas* papiers furent protégés contre les nullités venant ordinairement frapper les erreurs purement techniques. Seul le fond pouvait dès lors être débattu et l'écrit devenait le support incontournable de la décision du juge. Comme on l'a dit, « [d]u point de vue de la fonction judiciaire, cela représentait un changement capital puisque, désormais, les juges se trouvaient fréquemment dans l'obligation de rendre des jugements, sans possibilité d'y échapper par des allusions à ce qu'ils seraient enclins à décider s'ils étaient formellement mis en devoir de le faire », D. IBBESTON, « Juge et jury dans la *common law* », *op. cit.*, p. 101-102.

1571 *Op. cit.*, p. 82.

1572 C'est le développement de la pratique des motions « *in banc* » à la cour de Westminster (une forme de pourvoi). Pendant longtemps, le domaine de celles-ci demeura extrêmement limité. Par la suite, c'est-à-dire à compter de la fin du XIVe siècle, les hypothèses devinrent plus nombreuses. Sur quoi, v. *op. cit.*, p. 83-85 ; l'on voit, enfin, au XVIIe siècle, se multiplier les cas dans lesquels un contrôle plus étroit se fait sur la manière dont le juge a pu diriger le jury, que ce soit sur des questions directement de droit ou des questions d'admissibilité de la preuve.

1573 Certaines *motions* permettaient même d'écarter purement et simplement le jury. - V. encore, D. IBBESTON, « Juge et jury dans la *common law* », *op. cit.*, p. 100-101, qui montre qu'un contrôle plus étroit du jury a permis, à la fin du XVIIIe siècle, de détacher complètement le droit du fait.

1574 On voit encore que ce qui constitue, aujourd'hui, les conclusions n'apparaissait qu'à la fin du débat factuel et probatoire.

1575 *Op. cit.*, p. 88.

1576 Ce qui était réalisé, en partie, par un meilleur contrôle des jurés, v. *supra*.

1577 Essentiellement durant l'Interrègne (1649-1660), J. H. BAKER, *op. cit.*, p. 89.

1578 W.S. HOLDSWORTH, *op. cit.*, p. 271.

juridictions s'employèrent à réduire les actions pour lesquelles seul le *special issue* devait être plaidé[1579].

Un homme entrevit, néanmoins, les bénéfices que l'on pouvait escompter d'une définition plus rapide des questions soumises au jury par une plus grande précision des questions factuelles au débat. Mr Serjeant Stephen soutenait, en effet, que « [l]e *general issue* ne permet pas de définir les termes du litige avant le procès et, partant, implique des dépenses supplémentaires en obligeant les parties à parer à toute éventualité »[1580]. L'occasion lui fut donnée, en 1830, lorsque se réunit une commission chargée de réfléchir à des réformes[1581], d'imposer ses vues aux juridictions ; et lorsque les *New pleading Rules of Hilary Term* furent promulguées (1836)[1582], les cas de « *general pleading* » se trouvèrent drastiquement réduits. L'attraction des Anglais pour la forme était, cependant, trop grande pour que l'on perçût précisément tout l'intérêt de ces règles sur la bonne marche du procès ; au lieu de profiter d'une définition précise de la cause du litige, les plaideurs se tournèrent alors vers les solutions du passé et exhumèrent ce monstre d'arguties et de fictions qu'avait été le « *special pleading* » après les *Statutes of Jeofails*[1583]. Mal compris et mal appliqué, le système s'acheminait, quoi qu'il en soit, vers un abandon du système des *actions*, inapte à rendre une prompte et bonne justice. C'est ce que réalisèrent, en définitive, les *Judicature Acts de* 1873 et 1875[1584]. Dans le système passé, une action contenait un remède, avec l'énoncé des faits juridiques permettant d'y prétendre. Les parties alléguaient généralement des faits en rapport, mais de manière, comme on l'a dit, généralement fort large, puisque rien n'était véritablement figé qu'à l'issue des débats et que la faiblesse d'expression du droit s'opposait à ce qu'il en fût autrement[1585]. Lorsque les actions furent supprimées, les plaideurs avaient bien entendu toujours en tête ces différents remèdes, mais il leur était désormais possible de viser l'ensemble du droit[1586] (formé par les *precedents* au sens moderne)[1587]. On pouvait dès lors s'attendre, comme c'était le cas en droit continental, à ce que les parties avancent des faits suffisamment précis pour venir au soutien d'une règle de droit particulière. La tradition pesa, en réalité, de tout son poids, et c'est pourquoi la renaissance du droit ne fut jamais que partielle, en

---

[1579] W.S. HOLDSWORTH, *op. cit.*, p. 267 ; v. aussi les détournements du mécanismes : A. WAKEMAN SCOTT, « Trial by Jury and the Reform of Civil Procedure », *Harvard Law Review* 1918, n° 31, p. 669-691, spéc. p. 679.

[1580] Pensée résumée par J. H. BAKER, *op. cit.*, p. 89. Il estimait, par ailleurs, que le système ne permettait pas de distinguer suffisamment le fait et le droit.

[1581] *Committee on Courts of Common Law*, dont Stephen était membre.

[1582] J. H. BAKER, *op. cit.*, p. 89.

[1583] *Op. cit.*, p. 89-90. Après ces *Statutes* on vit une multiplication des débats menés sur la forme (*op. cit.*).

[1584] Tous les *writs* furent en effet supprimés, l'instance étant désormais introduite au moyen d'un *writ of summons* comparable à la citation du droit français : C. H. VAN RHEE, « Introduction » *in* C. H. VAN RHEE (dir.), *European traditions in civil procedure*, Intersentia & Metro, Anvers & Maastricht, 2005, spéc. p. 17.

[1585] L'absence de définition précise de l'objet de la preuve était si nette que, bien souvent, il n'y avait aucune correspondance entre les faits allégués et ceux qui apparaissaient au procès et qui étaient prouvés : F. JAMES Jr., G. C. HAZARD Jr., J. LEUBSDORF, *op. cit.*, spéc. p. 185.

[1586] Et encore, on sait combien les formes d'actions gouvernent encore l'inconscient des juristes anglais : v., en ce sens, la formule de MAITLAND citée par R. DAVID & C. JAUFFRET-SPINOSI (*op. cit.*, n° 228, p. 234) : « Nous avons aboli les formes d'action, mais elles nous gouvernent encore de leurs tombeaux ».

[1587] V., en ce qui concerne la pratique de l'État de New York : F. JAMES Jr., G. C. HAZARD Jr., J. LEUBSDORF, *op. cit.*, p. 186. L'objectif était même de charger la juridiction de déterminer la règle de droit adéquate (*ibid.*).

Common Law. Ayant en vue, comme autrefois, un résultat particulier, les parties se contentèrent d'articuler quelques faits, sans référence particulière à un ou plusieurs antécédents abstraits d'une règle de droit, s'en remettant ensuite au débat et à la recherche des preuves pour faire apparaître les faits véritablement *opérants*. En ce sens, il n'est aucune analogie possible entre le système continental, notamment le système français, et le système anglais de cette période. Le système donne certes l'illusion que les parties présentent le fait brut et que le juge choisit ensuite, sans être borné par une action, la règle de droit en rapport avec ces faits (qui deviennent dès lors opérants)[1588]. Mais il était une différence majeure, et qui est demeurée en l'état aux États-Unis, c'est qu'il est contraire à l'esprit du *Common Law* de figer, dès l'introduction de l'instance, la base factuelle transmise à la juridiction, car c'est justement le rôle de la *discovery* que de faire apparaître les faits qui serviront, ensuite, à l'opération de qualification. Sans compter que, aujourd'hui encore, la distinction du fait et du droit est généralement tenue pour particulièrement obscure et partiellement inaccessible[1589].

171. ***La rationalisation de la procédure.*** Autrement dit, là où, autrefois, les parties alléguaient les faits de manière large, sans sélectionner ce qui permettrait l'application du droit contenu dans l'action, les parties se contentaient, désormais, de mentionner sommairement le résultat « social ou économique »[1590] qu'elle entendait obtenir, ébauchant, au passage, quelques éléments factuels devant être approfondis, par la suite, lors de la phase de *discovery*. Cette pratique procédurale porte un nom. Il s'agit du *issue-pleading*[1591] encore appelée, surtout aux États-Unis, *notice pleading*[1592], par opposition au modèle continental, qui suppose une définition précise et largement intangible de la base factuelle, qu'on appelle *fact pleading*[1593] ou *Code pleading*, par référence, dans ce dernier cas, à la pratique codifiée par certains États américains[1594]. Dans les droits de *Common Law*, la recherche de la preuve et le débat restaient donc une étape fondamentale pour laisser apparaître la proposition-objet de preuve. Une réforme fut néanmoins amorcée en même temps que l'on abandonnait les actions. Comme les *Judicature Acts* de 1873 et 1875 donnaient désormais indifféremment compétence à toutes les juridictions pour connaître aussi bien du *Common Law* que de l'*Equity*, elle en profitait pour simplifier la procédure en adoptant celle, d'origine romano-canonique, de la

---

[1588] *Cf.* J. A. JOLOWICZ, *Droit anglais*, *op. cit.*, n° 67, p. 78.

[1589] V. *supra*, n° 54 & *infra*, n° 187.

[1590] Sur cette notion : J. A. JOLOWICZ, *op. cit.*, *loc. cit.*

[1591] C. H. VAN RHEE, « Introduction » *in* C. H. VAN RHEE (dir.), *European traditions in civil procedure*, Intersentia & Metro, Anvers & Maastricht, 2005, spéc. p. 17.

[1592] R. STÜRNER, « The Principles of Transnational Civil Procedure », *Rabels Zeitschrift für ausländisches und internationals Privatrecht* 69/2005, p. 201-254 ; la Cour Suprême des États-Unis a semblé, ensuite, préférer l'expression de « *simplified Pleading* » pour désigner le *notice pleading :* Cour Suprême des États-Unis, *Swierkiewicz v. Sorema*, *United States Supreme Court Reports* 2002, n° 506, 513-514.

[1593] E. G. THORNBURG, « The tyranny of fact pleadings », *The Journal of the Law Society of Scotland*, Vol. 48, n° 1, janv. 2003, p. 19-24 ; on distingue ainsi en fonction du degré de précision requis dans l'acte introductif d'instance. La question, ainsi qu'on a dû s'en rendre compte, est déterminante dans un système qui fait entièrement peser la recherche des preuves sur les parties. Un système qui ne subordonne pas la recevabilité de l'action à une définition précise des moyens de fait (propositions-objet de preuve), tout en imposant aux parties de rechercher la preuve, autorise nécessairement des pouvoirs d'investigation extrêmement larges. Cette question est traitée plus largement *infra* n° 175 et s..

[1594] V. *infra*.

Cour de l'Amirauté[1595]. Rien d'étonnant à ce qu'une disposition énonçât alors que « [t]oute conclusion <*pleading*> devra contenir, en des termes aussi concis que possible, un énoncé des faits substantiels <*material facts*> sur lesquels la demande de la partie repose <party pleading> [...] »[1596]. Il fallut, néanmoins, attendre une décision de 1936[1597] pour que la nouvelle règle fût véritablement adoptée par la pratique. Quoi qu'il en soit, les réformes de grande ampleur, initiées à la fin des années quatre-vingt[1598], y compris la réforme de *Lord Woolf* de 1996[1599], ont pleinement confirmé l'orientation de la procédure anglaise vers un modèle plus continental[1600], marqué par de plus larges pouvoirs du juge et par un procès, découpé en plusieurs étapes destinées, justement, à éviter les lenteurs d'autrefois.

[1595] C. H. VAN RHEE, « Introduction », *op. cit.*, p. 17. - Sur ces juridictions particulières, v. R. DAVID, *Introduction à l'étude du droit de l'Angleterre*, Sirey, Paris, 1948, spéc. p. 59. - Le système des juridictions d'*Equity* était pour sa part de nature différente : v. F. JAMES Jr., G. C. HAZARD Jr., J. LEUBSDORF, *op. cit.*, spéc. p. 187.

[1596] C. LANGDELL, « Discovery under the Judicature Acts, 1873, 1875, Part I », *Harvard Law Review* 1897, n° 11, p. 137 et s., spéc. p. 140, D. GRIFFITH, *The Supreme Court of Judicature Acts 1873 & 1875 : with the Rules, Orders and Costs Thereunder : edited with Copious Notes, References, and a Very Full Index and forming A Complete Book of Practice under the Above Acts*, Stevens and Haynes, Londres, 1875, spéc. p. 120 ; v. encore, L. J. PRESTLEY, « Transnational Civil Procedure - Fact Pleading v. Notice Pleading : its Significiance in the Development of Evidence », *Rev. dr. Unif.* 2001-4, p. 841-855, spéc. p. 843, qui remarque que si l'acte de 1873 était ambigu, tel n'était pas le cas de l'acte de 1875. La formule citée au texte est tirée de l'article 4 de l'amendement de 1875. S'agissant de la mention qui est faite, dans l'article, au « *material facts* », la traduction de « fait substantiel » est celle qui est généralement retenue par les juridictions canadiennes ; v., en ce sens : *Pellikaan c. Canada* (1re inst.), 27 févr. 2007, *Federal Court of Canada : Trial Division* 2002, p. 221, *Canada Federal Court Reports*, 2002, n° 4, p. 169, § n° 12 (cité par L. J. PRESTLEY, *op. cit.*, *loc. cit.*). C'est cette formule qui sera reprise, ensuite, par la Court of Appeal, en 1936 : Court of Appeal, *Bruce v Odhams Press Ltd, Law Reports, King's Bench*, 1936, n° 1, p. 697, spéc. p. 712). C'est alors très nettement le *fact pleading* qui est consacré.

[1597] Sur laquelle, v. *supra*, note précédente.- On sait aujourd'hui que, en dépit de la netteté de la règle, les juridictions anglaises firent preuve du plus grand libéralisme au profit des plaideurs. Il ne pouvait en être autrement, selon eux, ce type de formalisme confinant à l'injustice : v., en ce sens, les deux arrêts cités par C.H. VAN RHEE, « Civil litigation in tweentieth century Europe », *The Legal History Review*, 2007, vol. 75, n° 3, p. 307-319, p. 317-318 *: Clarapede & Co. v. Commercial Union Association*, 1883, *Weekly Reporter*, 32, p. 262, 263 ; *Cropper v. Smith* (1884) *Law Reports, Chancery Division (2nd Series)*, 26, p. 700, 710, n° 11.

[1598] C'est en 1988 qu'un autre comité de réforme fut réuni (*Civil Justice Review, Report of the Review Body on Civil Justice*, Lord Chancellor's Department, Londres, 1988). On doit mettre à son crédit la logique dite « carte sur table » qui aboutit, en 1992, à la création d'un mécanisme d'échange, entre parties, des déclarations des témoins avant le procès. Le rapport Heilbron/Hodge (*Civil Justice on Trial : The Case for Change*, Justice, Londres, 1993 - rapport qui conduira, également, à la réforme de 1999), rendu en juin 1993, recommanda enfin au juge de contrôler plus étroitement la préparation et la conduite du procès, surtout en limitant la *discovery*, en imposant un calendrier aux parties pour les demandes d'actes de recherche et l'audition des témoins, et en exigeant une définition plus étroite des termes du litige. V. J. H. BAKER, *op. cit.*, p. 93-94.

[1599] On doit, enfin, aux deux importants rapports rendus par Lord WOOLF, *Interim report on acces to civil justice*, Juin 1995 et *Final report on access to civil justice*, Juillet 1996, (disponibles sur le site : www.dca.gov.uk/civil/reportfr.htm), l'adoption des *Civil Procedure Rules* de 1998 (entrée en vigueur des dernières dispositions le 26 avril 1999). On ne parle plus, depuis ces nouvelles dispositions, de procédure de « *Discovery* », mais de procédure de « *Disclosure* » et de « *Inspection of Documents* » (sur ce changement de terminologie, v. *infra*, n° 183). Au-delà des conséquences directes sur la recherche des preuves, la réforme a entraîné l'abolition du *original writ* qui subsistait encore comme vestige du passé. Désormais, toutes les procédures débutent par un « *claim form* », (V. J. H. Baker, *op. cit.*, p. 94). La terminologie de *pleadings* a été abandonnée, et on parle désormais de « *statements of the case* » (la partie reconnaît, sous la sanction de poursuites, la vérité de ses déclarations). Il faut noter, pour conclure, le très net recul de l'oralité, avec le maintien, toutefois, du dispositif central de *cross-examination*.

[1600] V., en ce sens : R. DAVID, C. JAUFFRET-SPINOSI, *Les grands systèmes de droit contemporains*, *op. cit.*, n° 266, p. 264.

Et sous ce regard, le droit anglais pratique aujourd'hui, et ce, sans nuances, le *fact pleading*, même si on ne peut manquer de souligner la confusion, bien réelle, qui réside autour de la distinction du fait et du droit[1601]. Les États-Unis ont également connu, au milieu du XIXe siècle, un mouvement d'évolution vers le *fact pleading*[1602]. Plusieurs législations étatiques codifièrent, en effet, des pratiques tirées de procédures continentales et donnèrent ainsi naissance à ce qu'on a appelé le *Code pleading*. Ce mouvement n'a pas, pour autant, réussi à convaincre les instances fédérales qui ont, au contraire, retenu, dans les *Federal Rules of Civil Procedure* de 1938[1603], la solution du *notice pleading*[1604].

1601 H.C. DOWDALL, « Pleading "Material Facts" », *University of Pennsylvania Law Review* 1929, vol. 77, n° 8, p. 945-969, qui est l'un des rares articles de doctrine anglo-américaine où l'on trouvera un véritable effort de théorisation de la distinction du fait et du droit.

1602 C'est l'État de New-York qui semble avoir initié le mouvement avec le *Code de procédure civile* dont l'élaboration doit beaucoup à David Dudley Field qui semble s'être inspiré des Codes civils de Louisiane de 1808 et 1825 ; il est notable que ces deux derniers codes avaient été considérablement influencés par la procédure continentale, tout particulièrement la procédure espagnole M. COE, L. MORSE, « Chronology of the Development of the David Dudley Field Code », 1941, *Cornell Law Quartely* 1941, n° 27, p. 238 et s. ; S. SUBRIN, « David Dudley Field and the Field Code : A Historical Analysis of an Earlier Procedural Vision », *Law and History Review* 1988, n° 6, p. 311 et s.. À son tour, le Code de l'État de New York paraît avoir eu une certaine influence sur les réformateurs anglais ; on a ainsi montré que, dans son premier rapport, la *Judicature Commission*, dont l'objet était de préparer les *Judicature Act*, fit référence au Code de procédure de l'État de New-York v., en ce sens, C. H. VAN RHEE, « Introduction », *in* C. H. VAN RHEE (dir.), *European traditions in civil procedure*, Intersentia & Metro, Anvers & Maastricht, 2005, spéc. p. 17. Lord BROUGHAM, « The Code of Civil Procedure of the State of New York », *Law Review* 1850, n° 12, p. 366, Lord BROUGHAM, « The Code of Civil Procedure of the State of New York », *Law Review* 1851, n° 13, p. 65.

1603 La réforme est très largement due à Ch. E. Clark, qui était alors Doyen de la Faculté de Droit de Yale. Ce n'est un secret pour personne qu'il souhaitait rompre avec le système du *Code pleading*, v. Ch. M. FAIRMAN, « The Myth of Notice Pleading », *Arizona Law Review* 2003, vol. 45, p. 987-1065, spéc. p. 990 et notes afférentes (pour une vision de la pensée de l'auteur, avant la réforme, v. Charles E. CLARK, « The Handmaid of Justice », *Washington University Law Quarterly* 1938, vol. 23, p. 297. Le principe du *notice pleading* figure désormais à la règle 8 des *Federal Rules of Civil Procedure*. La règle 9 (b) contient encore quelques exceptions, notamment en matière de « fraude » et d'« erreur ». Concernant l'historique de l'article et ses justifications, v. W. M. RICHMAN et *alii*, « The Pleading of Fraud : Rhymes Without Reason », *Southern California Law Review* 1987, vol. 60, p. 959, spéc. p. 965-968 ; Ch. M. FAIRMAN, *op. cit.*, p. 987-1065, spéc. p. 988, p. 991-992.

1604 Il faut sans doute insister sur les raisons qui ont conduit à l'adoption du *notice pleading*. Au début du XIXe siècle, les juristes américains ressentirent le besoin de rompre définitivement avec le formalisme du système de *pleading* du *Common Law*. L'objectif était alors de promouvoir la clarté, une certaine homogénéisation des exigences en la matière et de réduire les coûts (Ch. E. CLARK, « The Handmaid of Justice », *Washington University Law Quaterly* 1938, n° 23, p. 297 et s., spéc. p. 303). On proposa alors de contraindre les plaideurs à saisir les juridictions de « *operatives facts* », c'est-à-dire de faits (sociaux) susceptibles de recevoir ensuite une traduction juridique ; dans le langage des rapporteurs du *Field Code*, il s'agissait des « *ultimate facts* », dont on a pu déjà montrer l'ambiguïté (Ch. E. CLARK, « The Complaint in Code Pleading », *Yale Law Journal* 1926, n° 35, p. 259-291). Dans l'esprit des réformateurs, il s'agissait indéniablement d'obliger les parties à respecter la division du fait et du droit. Selon la formulation du *Field Code*, la demande devait contenir « 2. A. une déclaration des faits formant la cause de l'action, dans un langage à la fois ordinaire et concis, sans répétition, et de manière à permettre une personne normalement intelligente <*a person of common understanding*> de comprendre de quoi il est question » (cité par Ch. E. CLARK, *op. cit.*, note (4)). Le lien avec le « *material fact* », le « fait matériel » ultérieurement retenu en droit anglais, est évident : N. Y. C. P. A. 1921, section 241 : « Tout *pleading* devra contenir, sans répétition qui ne serait pas justifiée, une déclaration à la fois concise et complète des faits matériels [substantiels] sur lesquels la partie entend se fonder, mais non les preuves par lesquelles ils doivent être prouvés » (un auteur a pu parler des faits « secs » et « nus »: v. CLARK, *op. cit.*, note (10). V. aussi V. E. SCHWARTZ, Ch. E. APPEL, « Rational Pleading in the Modern Word of Civil Litigation : The Lessons and Public Policy Benefits of Twombly and Iqbal », *Harvard Journal of Law and Public Policy* 2010, n° 33, p. 1114-1149, spéc. p. 1114). Le système fut appliqué avec rigueur, de nombreuses demandes étant rejetées motif pris de ce qu'elles portaient sur des points de droit. Les

CONCLUSION DE LA SECTION I

172. Les changements intervenus ces dernières décennies dans les deux systèmes de *Common Law* étudiés peuvent sembler avoir métamorphosé la nature procédurale du droit et réduit, par là même, les différences les plus nettes qui existent entre le droit anglo-américain et les droits continentaux. En réalité, et comme on l'a dit à propos des juristes anglais, « [i]l est nécessaire de noter [...] du point de vue psychologique, la persistance en Angleterre d'un état d'esprit qui attache une importance toute particulière à la procédure »[1605]. La remarque a peut-être encore plus de portée en ce qui concerne le juriste américain[1606]. La faible expression du droit, l'excroissance de la forme, ont laissé une empreinte considérable sur les droits de *Common Law*. C'est évidemment vrai pour les États-Unis, dont on a vu qu'ils pratiquent encore, à l'échelle fédéral, le *notice pleading*. Mais, au-delà de cet exemple qui tend, d'ailleurs, comme on va le voir, à perdre de sa pertinence, le droit conserve, à de nombreux égards, la marque des systèmes qui ont été, à un moment ou un autre, fortement formalisés[1607]. On retrouve le trait des systèmes participatifs, systèmes qui s'efforcent, dans la production normative et dans la phase d'adjudication, de faire intervenir tous les pouvoirs en tensions, cette intervention, selon des règles précises, étant plus importante que le résultat lui-même. On constate très nettement cette influence sur la phase de définition de l'objet de la preuve qui a, dans les pays de *Common Law,* aujourd'hui, encore, une dimension procédurale.

SECTION II
LA NATURE PROCÉDURALE DE L'OBJET DE LA PREUVE

173. ***Les stigmates du passé.*** La formule du Professeur Lon Fuller, selon laquelle il suffit de faire les choses correctement pour que des résultats corrects en découlent[1608], résume assez bien la conception anglo-américaine du droit. Sorti aujourd'hui des entrailles de la procédure, où il était profondément enfoui depuis le XIIe siècle, le droit n'en a pas moins conservé son esprit éminemment formel. Rien ne l'illustre mieux que la manière dont l'étape de définition de l'objet de la preuve est conçue dans ces systèmes. Le contraste est, en effet, particulièrement vif sur ce

---

juges s'enlisèrent surtout dans cette distinction qui ne leur était pas familière (v. les réf. données par CLARK, *op. cit.*, p. 261-262, et notes afférentes). Les questions de fait, de droit et de preuve finirent par former un joyeux creuset d'où sortit une procédure en complète faillite : Ch.A. WRIGHT, A.R. MILLER, *Federal Practice and Procedure*, *vol. 5*, 3e éd.,West Pub. Co., St. Paul, 2004 (mise à jour Westlaw juin 2012), § 1202.

1605 R. DAVID, C. JAUFFRET-SPINOSI, *Les grands systèmes de droit contemporains*, *op. cit.*, n° 267, p. 264.

1606 V., en ce sens, I. PAPADOPOULOS, « La preuve : vérité ou vraisemblance ? », p. 123-145, *in* A. GARAPON, I. POPADOPOULOS, *Juger en Amérique et en France*, Odile Jacob, Paris, 2003.

1607 L'adage du droit anglais ne reste-t-il pas « *Justice before Truth* » ? - V. sur ce point, R. DAVID, C. JAUFFRET-SPINOSI, *op. cit.*, *loc. cit.*

1608 L. FULLER, *The Morality of Law*, New Haven, Yale University Press, 1964. Et sur la formule contenue au texte, v. I. PAPADOPOULOS, « La preuve : vérité ou vraisemblance ? », p. 123-145, *in* A. GARAPON, I. POPADOPOULOS, *Juger en Amérique et en France*, Odile Jacob, Paris, 2003, spéc. p. 128.

point, entre les droits continentaux, d'une part, qui s'efforcent de découper, avec un degré de précision élevé, et moyennant, souvent, la satisfaction d'un standard de vraisemblance, les propositions-objet de preuve qui justifient la recherche de la preuve, et les droits de *Common Law*, de l'autre, qui ne voient pas nécessairement la délimitation de cet objet comme une étape préalable à la recherche des preuves. Dans un modèle horizontal d'adjudication, dont la fin est, essentiellement, mais pas seulement, la recherche de la *vérité formelle* qu'une audience principale - entièrement dédiée aux débats - est censée produire, une définition trop précoce des termes du litige est perçue comme un affaiblissement de la dimension agonistique du procès. Le modèle postulant, au surplus, une « transparence probatoire » presque totale, destinée à placer les parties sur un pied d'égalité, une apparition prématurée des propositions-objet de preuve pourrait être perçue comme une source majeure d'inégalité, singulièrement lorsque les plaideurs ne sont pas, *ab initio*, en situation isonomique[1609]. On constate aussi bien, dans tous ces droits, une inversion des phases de recherche et de définition de l'objet de la preuve (§ 1). Pour le dire autrement, la proposition-objet de preuve, telle que cette notion a été entendue plus haut, conserve ses caractéristiques essentielles, comme la litigiosité et l'opérance, mais elles passent alors pour secondaires. Ce qui importe véritablement, c'est que les faits aient été amenés dans le litige au moyen d'un véritable débat pris sur la base d'une transparence probatoire. Peut-on être surpris, dans ces conditions, de constater l'importance donnée au concept de loyauté procédurale (§ 2) ?

§ 1. L'inversion des phases de recherche et de définition de l'objet de la preuve

174. ***De la recherche de la preuve à l'objet de la preuve***. Comprendre, dans leur portée, les différences qui séparent, sur ce point, les systèmes continentaux et les systèmes de *Common Law*, suppose d'étudier attentivement la manière dont le litige se forme dans ces derniers. Comme cela été indiqué sommairement[1610], en l'absence d'organe chargé de la mise en état, la recherche des preuves repose entièrement sur les parties. Cette passivité de l'organe judiciaire ne surprendrait pas - puisqu'elle a partie liée avec l'histoire du droit continental - si le ou les propositions-objets de preuve étaient soigneusement définies à l'orée cette phase essentielle du procès. On sait, toutefois, que le système anglo-américain repose sur un dispositif souple d'introduction de l'instance, et aucune phase de mise en état d'être prouvé, fût-elle à la charge des plaideurs et de leurs conseils, n'y existe à proprement parler[1611]. Il faut du reste ajouter que le système emporte des conséquences d'autant plus considérables que des pouvoirs étendus sont attribués aux parties, tandis qu'aucune règle particulière n'implique ce qu'on appellera, lors de l'étude de la recherche de la preuve, en droit français, *de charge de la vraisemblance*[1612]. Le système anglais a connu des évolutions telles qu'il est relativement

---

[1609] Sur tous ces points, v. *supra*, n° 17.

[1610] V. *supra*, n° 16.

[1611] Certains systèmes, qu'on qualifie de *mixtes*, car ils fonctionnent à la fois sur la base du *Common Law* et du droit romain, adoptent généralement une attitude beaucoup plus restrictive (et donc beaucoup plus proche des droits romano-germaniques), à l'endroit du *pleading*. Il en est particulièrement ainsi du droit écossais, dont le système reste très clairement celui du *fact pleading*. V., en ce sens, E. G. THORNBURG, « The Tyranny of Fact Pleadings », *The Journal of the Law Society of Scotland*, janv. 2003, vol. 48, n° 1, p. 19-24.

[1612] V. *infra*, n° 258 et s. On indique, simplement, que le système français subordonne les mesures d'instruction à plusieurs critères, comme l'opérance de la proposition-objet de preuve sur laquelle porte la

difficile de le présenter aujourd'hui comme un exemple type de ce modèle procédural. C'est aussi bien dans le droit fédéral américain que seront puisés la plupart des exemples. On perçoit, en effet, encore bien, dans ce système, le rôle de la *discovery* dans la définition de l'objet de la preuve (A). Le modèle anglais donne, en revanche, une excellente illustration de la mise en tension, du moins en Occident, de tous les systèmes juridiques. Et, sous ce regard, on remarque, assez singulièrement - parce qu'il est d'ordinaire plus fréquent de constater le mouvement inverse - que le modèle continental a exercé une attraction sur la définition de l'objet de la preuve : le droit anglais a, en effet, définitivement rompu avec le modèle du *notice pleading* pour adopter celui du *fact pleading* (B) ; le droit fédéral américain s'interroge aussi sur l'opportunité de suivre l'exemple anglais.

A. Le rôle de la discovery dans la définition de l'objet de la preuve

175. ***L'articulation des conclusions et de la* discovery.** Que la phase de recherche de la preuve puisse être un moyen de *mieux définir l'objet de la preuve* paraîtra quelque peu surprenant au juriste continental à qui l'on enseigne, à juste titre, que la première étape du processus probatoire est l'identification de l'objet de la preuve. Le bon sens conduit, quelque part, à la même conclusion, prompt à rappeler qu'on ne peut guère prouver sans savoir *quoi prouver*. Mais il est vrai, aussi, que le *bon* sens n'est pas toujours le *bon guide*, comme la philosophie nous enseigne qu'on peut parfois parler moins pour *dire* que pour *agir*. Le parallèle entre ce qu'on appelle la vertu *performative* du langage[1613] et le droit de la preuve dans les pays de *Common Law* n'est, du reste, pas totalement inopportun, tant il est vrai qu'il y a, derrière tout mécanisme probatoire d'inspiration rhétorique[1614], l'idée que la forme des « preuves » vaut autant que leur contenu. À un niveau plus élémentaire, on remarque surtout l'inversion qui s'opère en matière probatoire, les conclusions ayant une fonction informative (1) et la *discovery*, qui est la procédure propre de recherche des preuves aux États-Unis, une fonction sélective de l'objet de la preuve (2).

1. Fonction informative des conclusions

176. ***La demande initiale : le* complaint.** On perçoit assez bien le rôle limité des conclusions dans la définition de l'objet de la preuve à travers l'étude du droit fédéral américain. D'après les *Federal Rules of Civil Procedure*[1615], tout procès civil fédéral commence, aux États-Unis, par la rédaction d'un « *complaint* », c'est-à-dire la « demande initiale »[1616]. Cet acte contient trois types d'éléments : d'abord, l'énoncé des motifs sur lesquels est basé le problème soumis à la cour ;

mesure, la nécessité de celle-ci, mais aussi la pertinence supposée de la proposition contenue dans le moyen de preuve que l'on cherche à obtenir, et, avant toute chose, la probabilité de *vérité* (vraisemblance) *de la proposition-objet de preuve* (et non plus seulement sa *validité*, qui est un problème d'opérance).

1613 J. L. AUSTIN, *Quand dire, c'est faire*, éd. Seuil, Paris, 2002, spéc. p. 41 et 42.

1614 Et l'on sait que c'est ce modèle qui influence, aujourd'hui, le droit anglo-américain de la preuve ; v. *supra*, n° 17. - *Adde*, F. GIL, *La preuve*, Aubier, Paris, 1988, n° 1.3.1.1., p. 34-35, sur cette tension permanente entre preuve *dialectique* et *argumentum*.

1615 *FRCP* 1938 (et amendées, en dernier lieu, le 1er déc. 2010).

1616 Le *complaint* fait partie de la grande catégorie des *pleadings*. C'est l'acte juridictionnel qui introduit l'instance. V. *FRCP*, règle 7, (a), (1).

ensuite, une déclaration à la fois « brève et complète » de la nature de la demande (« *claim* ») et une première articulation des motifs et de cet objet[1617]; enfin, une présentation de ce qu'on appellerait, en droit français, *l'objet de la demande*, c'est-à-dire l'indication de la contrepartie <*relief*> que le demandeur cherche à obtenir[1618]. C'est l'abandon du *Code pleading*, et la sélection qu'il opérait sur les données du litige (et partant sur l'étendue des recherches entreprises), qui a donné naissance à ce système pour le moins étonnant pour un juriste de tradition romano-germanique. Certes, en pratique, en raison de la présence de professionnels du droit, les actes sont loin d'être aussi courts[1619]. Il n'en demeure pas moins que même au regard de la jurisprudence de référence de la Cour suprême, *Conley v. Gibson*[1620], les exigences d'allégation et *a fortiori* de qualification sont quasi inexistantes.

177. *Affaire* Conley v. Gibson. Il est essentiel pour comprendre la portée des règles en matière d'objet de la preuve, de revenir sur cet arrêt fondateur de la pratique du *notice pleading*. À la suite d'un accord signé entre une organisation syndicale (*Union*) et une entreprise (*Railroad*), des salariés afro-américains disposant d'une certaine ancienneté furent licenciés. Comme ils se prétendaient victimes d'une discrimination, ils assignèrent le syndicat aux fins de le contraindre à protéger leur emploi et à agir sans discrimination. Ils soutenaient, en effet, qu'ils avaient été renvoyés à tort par l'employeur, et que le syndicat avait, en application du plan, agi de manière discriminatoire en refusant de protéger leur emploi comme elle l'avait fait avec les employés blancs, ainsi qu'en se dispensant des les assister dans leurs démarches au seul motif qu'ils étaient noirs. La juridiction d'appel[1621], saisie d'un recours contre la décision d'incompétence des premiers juges[1622], devait la première connaître de l'argument, opposé par les défendeurs, selon lequel la demande devait être rejetée en raison de l'insuffisance du *complaint*[1623]. De ce chef,

---

[1617] Il s'agit de montrer sommairement que la demande est fondée au regard des motifs.

[1618] *FRCP*, règle 8, (a), respectivement (1), (2) et (3). v. aussi, W. BURNHAM, *Introduction to the Law and Legal System of the United States*, West Group, Saint Paul, 2011, p. 229. - *Adde*, FRCP, appendice, paragraphe XII, spéc. le formulaire n° 11 (*Civil Form n° 11*), qui concerne le *Complaint for Negligence*, qui est une forme de responsabilité civile quasi-délictuelle ou, v. encore, le formulaire n° 10 (*Civil Form n° 10*), qui concerne le *Complait to recover a Sum Certain*, c'est-à-dire les actions en paiement d'une somme d'argent. À considérer, par exemple, le formulaire n° 11, on ne peut qu'être surpris par la singulière pauvreté des informations soumises à la juridiction. À titre d'exemple, le formulaire évoque ainsi un accident de la circulation à l'occasion duquel le demandeur a été blessé par le conducteur du véhicule terrestre à moteur ; et en dehors des informations liées au lieu et à la date des faits, il se contente d'exiger du litigant qu'il chiffre ses blessures physiques, son *pretium doloris*, les salaires ou revenus par lui perdus, enfin le montant des dépenses médicales engagées. C'est pour le moins maigre lorsqu'on considère que c'est sur cette base que la procédure de *discovery* sera menée. Il est vrai, toutefois, que ne figurent dans ces formulaires que les affaires les plus courantes et qui donnent lieu à un contentieux stéréotypé ; v. encore les très nombreux exemples donnés par M. FAIRMAN, « The Myth of Notice Pleading », *Arizona Law Review* 2003, vol. 45, p. 987-1065, spéc. p. 1000 à 1001 ; ainsi que les nuances importants apportées *infra* n° 185.

[1619] W. BURNHAM, *op. cit.*, p. 230 ; et v., aussi, le décalage parfois dénoncé entre les textes et la pratique : M. FAIRMAN, « The Myth of Notice Pleading », *Arizona Law Review* 2003, vol. 45, p. 987-1065.

[1620] Cour Suprême des États-Unis, *Conley v. Gibson*, *United States Supreme Court Reports*, 1957, n° 355, p. 41 et s., spéc. p. 41, p. 47.

[1621] *Court of Appeals* : juridiction fédérale.

[1622] *District Court* : juridiction fédérale

[1623] Il s'agit d'une règle (qui prend le nom de *dismissal for failure to state a claim*) permettant au juge de contrôler la teneur des demandes et actes juridictionnels au regard de la règle 8 *: FRCP*, règle 12(b)(6). On parle, dans la suite du texte, de *rejet de la demande pour vice de formulation*. C'est l'article 12(b)(6)

elle considéra que la faiblesse des conclusions (« *complaint* ») quant aux faits propres à soutenir les allégations de discriminations (le droit), était suffisamment caractérisée pour justifier un rejet de la demande[1624]. Dans sa décision de censure, la Cour Suprême devait d'abord indiquer la méthode permettant d'apprécier la validité de la demande initiale : « [...] une demande initiale ne devrait être rejetée pour vice de formulation[1625], à moins qu'il apparaisse, au-delà de tout doute, que le demandeur ne peut prouver aucun fait propre à venir au soutien de sa demande [...] »[1626]. En tant que telle, la formule semble dire que toute demande doit contenir un minimum de vraisemblance[1627], ce qui ne correspond pas exactement au problème posé. La formule ne se laissait saisir que par un *obiter dictum* déterminant dans lequel la Cour donnait son interprétation de la règle 8 des *Federal Rules of Civil Procedure :* « Les Règles Fédérales de Procédure Civile n'imposent pas au demandeur d'exposer de manière détaillée tous les faits qui viennent au soutien de sa demande »[1628]. Elle identifiait ainsi, sous cette règle, le système du *notice pleading* dont l'objet n'est que de fournir au défendeur une information équitable (« *fair notice* ») de la prétention et des moyens sur lesquels elle repose[1629]. Elle concluait en indiquant qu'un tel système tire sa cohérence de l'existence de la *discovery* et d'autres procédures pré-judiciaires[1630]. C'est donc bien dans l'articulation de l'acte introductif et ces procédures que se situe le nœud du problème, ces dernières, singulièrement la *discovery*, ayant cette fonction centrale de *sélectionner l'objet de la preuve*.

2. *Fonction sélective de l'objet de la preuve de la procédure de discovery*

178. ***Importance de la* discovery *et de la phase pré-judiciaire.*** L'économie du système réside, en effet, dans la dimension encore très largement formelle du droit américain. Le droit n'y est pas vu comme une œuvre à la fois sacrée et infaillible, comme a contribué à le faire croire, spécialement en droit français, une certaine mythologie rousseauiste ; le droit y est perçu par la majorité des citoyens et des juristes (*lato sensu*) comme un produit temporaire et imparfait[1631], que les juridictions doivent s'efforcer d'employer, à la manière de l'ingénieur avec ses machines et ses outils, dans la résolution des besoins sociaux sans cesse changeants ; et c'est le juge qui se trouve placé au centre de ce dispositif[1632]. Il paraît dès lors difficile, dans un tel contexte qui est, du reste, exacerbé

qui permet de présenter une *motion* par laquelle est soulevée la violation de ces règles. C'est ce dont il était question dans la présente affaire.

1624 V. arrêt de la Cour Suprême, *Syllabus*, point 3, (b).

1625 « [...] *a complaint should not be dismissed for failure to state a claim* [...] ».

1626 Cour Suprême des États-Unis, *Conley v. Gibson*, *op. cit.*, p. 45.

1627 C'est-à-dire un problème de vérité - et non de validité - de la proposition-objet de preuve. - Mais *cf. infra*, n° 185-187.

1628 Cour Suprême, *op. cit.*, n° 47.

1629 *Ibid.*

1630 Ce qui correspond à l'argument de Clark qui indiquait que, chaque fois qu'une plus grande précision était souhaitable, il fallait recourir à la *discovery* ; v., par ex. Ch. E. CLARK, « Special Pleading in the "Big Case" », *Federal Rules Decisions* 1957, vol. 21, p. 45, spéc. n° 52.

1631 V., tout particulièrement, R. A. KAGAN, *The American Way of Law,* Harvard University Press, Cambridge, Londres, 2001, p. 14 et 15.

1632 On reconnaît ici l'idéal de la *sociological jurisprudence* : faire du droit et du juge un *social engineering*, c'est-à-dire une *ingénierie sociale ;* expression qui est due au fondateur de l'école, R. Pound : F. MICHAUT, *La recherche d'un nouveau paradigme de la décision judiciaire à travers un siècle de doctrine américaine*, l'Harmattan, Logiques juridiques, Paris, 2001, spéc. p. 88. C'est la raison pour

par la logique du modèle de l'audience principale et l'absence d'organe de mise en état, d'imposer aux parties un haut degré de précision, non seulement dans la détermination du droit, mais également dans l'allégation des faits. C'est l'objet de la phase pré-judiciaire - et plus largement du procès, comme l'enseigne d'ailleurs l'histoire[1633] - que d'affiner la demande et d'opérer une sélection entre les litiges.

179. ***Inefficacité du premier et du second filtre procédural.*** Une première phase permet d'ores et déjà, en apparence, d'opérer une première sélection entre tous les actes, dont les demandes. Elle est prévue par la règle 11 (b) et (c) des *Federal Rules of Civil Procedure*, qui va permettre au juge de s'assurer, une fois la phase d'échange des *arguments* terminée[1634], que le litige mérite l'intervention de la justice. Elle impose, en effet, à chaque partie, d'avancer, en quelque sorte, de bonne foi[1635]. C'est ainsi que d'après la règle 11 (b), chaque partie ne doit présenter ses arguments qu'en ayant au préalable certifié que, d'après les meilleures informations et connaissances dont elle dispose, ainsi que d'après son intime croyance[1636], le tout ayant été acquis après une *recherche raisonnable* (« *inquiry reasonable* »), que (1) l'acte n'est pas motivée par la volonté de harceler, retarder le cours du procès ou augmenter inutilement son coût et que (2) l'acte est fondé sur un droit existant ou sur un motif sérieux tendant à obtenir l'extension, la modification ou la remise en cause du droit existant ou à obtenir l'établissement d'un droit nouveau. Enfin, les (3) et (4) précisent, en ce qui concerne le fait, que les questions portant sur le fait doivent toujours avoir une base probatoire, à moins qu'il soit nécessaire de mener, au préalable, certaines investigations[1637]. Comme on le voit, ce premier filtre permet normalement d'écarter les demandes qui, soit reposent sur des faits qui ne sont pas vraisemblables, soit sont assises sur des faits qui ne sont pas opérants. Le droit américain paraît donc connaître un filtre de vraisemblance des demandes. En réalité, il résulte de la jurisprudence *Conley v. Gibson*[1638] que la règle 11 n'est pas de nature à s'appliquer en matière d'*opérance* des faits contenus dans les demandes et moyens de défense. Seule une absence totale de vraisemblance permettrait de faire application de la disposition[1639]. Si c'est l'opérance des

laquelle la règle 11 (b) (2) des *Federal Rules of Evidence*, qui prévoit des sanctions pécuniaires contre les demandes et autres actes juridictionnels qui se révéleraient *a posteriori* légers, tout en exigeant qu'une demande ou un moyen de défense soit fondé sur un droit existant (c'est l'exigence classique d'*opérance*), habilite alternativement le plaideur à se fonder sur un motif sérieux (« *nonfrivolous argument* ») tendant à obtenir l'extension, la modification ou la remise en cause du droit existant ou l'établissement d'un droit nouveau.

1633 V. *supra*, n° 167 et s.

1634 Sur laquelle, v. W. BURNHAM, *op. cit.*, spéc. p. 229-235.

1635 V. aussi, *infra*, n° 188 et s. (loyauté procédurale).

1636 C'est là qu'intervient la bonne foi.

1637 Le (4) prévoit une hypothèse particulière qui est celle de la simple dénégation du fait. Cette posture n'est autorisée que lorsqu'elle est étayée par certaines preuves ou lorsqu'elle est justifiée par la croyance dans l'existence d'une preuve ou l'insuffisance des preuves (c'est alors la *discovery* qui doit normalement prendre le relai).

1638 V. *supra* n° 177.

1639 La solution a été confirmée par la suite : Cour Suprême des États-Unis, *Leatherman v. Tarrant County Narcotics Intelligence & Coordination Unit, United States Supreme Court Reports* 1993, n° 507, p. 163, p. 168 ; Cour Suprême des États-Unis, *Swierkiewicz v. Sorema, United States Supreme Court Reports* 2002, n° 534, p. 506, p. 514. Dans le dernier arrêt, la Cour rappelle que les règles de l'article 12 (b) (6), prévoyant le rejet de la demande pour *vice de formulation*, ne peuvent être appliquées que lorsqu'il apparaît, changeant ainsi légèrement la formule de *Conley v. Gibson*, qu'aucun « fait pertinent, de nature à venir au soutien de la prétention, ne peut être prouvé <*set of facts that could be proved*

faits qui est en cause, « [...] les juridictions fédérales et les litigants doivent s'appuyer sur la procédure de *summary judgment* et le contrôle de la *discovery* pour éliminer les demandes sans valeur »[1640]. À ne considérer, ensuite, que le problème de la vraisemblance, les règles permettent encore d'éviter la sanction à ce premier stade la procédure, dès qu'il n'est pas établi, au-delà de tout doute, que la *discovery* n'apportera aucune planche de salut au plaideur. En définitive, la *discovery*, sauf rare exception, est appelée à commencer sur des bases particulièrement larges, dans un sens à la fois horizontal et vertical. L'existence de la procédure de *summary judgment* n'y change rien puisqu'elle n'intervient, elle aussi, qu'au terme de la *discovery*[1641]. Et ce ne sont certainement pas les dispositions du (1) (b) de la règle 26 des *Federal Rules of Evidence*, qui indiquent que les parties peuvent recourir à la *discovery*, en dehors des informations protégées[1642] (« *privileged matter* »), pour tous les faits opérants contenus dans la demande d'une partie ou dans ses moyens de défense[1643], qui en restreint la portée, car il est en partie de l'objet de la *discovery* d'établir les faits opérants[1644].

180. ***Mise en œuvre des mesures de* discovery.** En ce sens, la phase de recherche des preuves est au cœur du procès fédéral américain. Elle repose, pour l'essentiel, sur cinq types de mesures, largement placées entre les mains des parties. Au premier chef figurent les dépositions orales[1645] qui visent à obtenir d'une

---

consistent with the allegations> » (n° 514) ; ce qui exclut, *a contrario*, le problème de l'opérance des faits.

1640 Cour Suprême des États-Unis, *Leatherman v. Tarrant County Narcotics Intelligence & Coordination Unit*, *op. cit.*, p. 507, n° 168. - *Adde*, M. FAIRMAN, « The Myth of Notice Pleading », *Arizona Law Review* 2003, vol. 45, p. 987-1065, p. 997.

1641 *FRCP*, règle 56 : la procédure de *summary judgment* aboutit à un jugement en faveur de l'une des parties. Elle intervient sur requête (« *motion* ») au terme de la procédure de *discovery* et avant le renvoi de l'affaire devant la juridiction de jugement. Son objet traditionnel est d'accélérer la procédure - essentiellement en évitant que la recherche des preuves aille plus avant - grâce à la démonstration, faite à partir des premiers éléments de la *discovery*, que certains faits sont insusceptibles de contestation. Le standard est alors simple : le requérant soutient qu'un jury raisonnable disposerait d'ores et déjà de tous les éléments nécessaires pour trancher en sa faveur (ce qui correspond très exactement au standard requis pour ce qu'on appelle un *directed verdict*, qui intervient lorsque le demandeur a produit toutes ses preuves et que le défendeur présente une demande tendant à ce que le demandeur succombe. Il s'agit généralement de situations dans lesquelles le juge considère que le demandeur n'est pas parvenu à fournir un minimum de preuves pour soutenir sa demande, quand même n'y a-t-il eu aucune opposition : v. W. BURNHAM, *op. cit.*, p. 102, 108). Si le juge fait droit à la demande, la juridiction de jugement n'est pas saisie et le juge peut prononcer en faveur du demandeur. La procédure peut aboutir à ne trancher que certains points du litige : règle 56 (a). Sur tous ces points, *cf.* W. BURNHAM, *op. cit.*, p. 240-241. Transposé au domaine de l'opérance des faits, l'objectif est le même ; il s'agit de montrer qu'une proposition ne mérite pas d'être soumise à la sagacité d'un jury, dès lors qu'elle ne peut venir au soutien des motifs de droit avancés. En quelque sorte, le fait n'est pas contesté parce qu'il *n'est pas contestable* (*opérant*) *:* v. spéc., Cour Suprême des États-Unis, *Celotex Corp. v. Catrett*, *United States Supreme Court Reports* 1986, n° 477, p. 317 et s., spéc. p. 328.- V. *infra*, n° 186, les rapprochements que l'on peut faire entre le standard posé dans cet arrêt et celui qui figure dans l'affaire *Iqbal v. Ashcroft*.

1642 La règle indique même que la *discovery* peut porter sur des informations ou choses qui ne seraient pas admissibles devant la juridiction, dès lors que d'après un « calcul raisonnable », elles sont de nature « à conduire à une preuve admissible ».

1643 *FRCP*, règle 26(b)(1) : « [...] *the court may order discovery of any matter relevant to the subject matter involved in the action* ».

1644 V. *supra*, n° 177.

1645 « *Oral depositions* » (*FRCP*, règle 30). Les parties peuvent être appelées à déposer. En pratique, lorsque le *notice pleading* est raisonnablement détaillé, aucun ordre de comparution n'est délivré (l'ordre de comparution est délivré en la forme d'un *subpoena*, c'est-à-dire un acte de procédure particulier qui est assorti d'une mesure coercitive, comme son nom l'indique - *sous la peine de*...). Pour les témoins

personne, quelle qu'elle soit, toute information pertinente. Les parties peuvent également entreprendre des mesures moins dispendieuses, comme les *interrogatories*, c'est-à-dire les questions écrites qui sont envoyées à la partie adverse et auxquelles il doit être répondu sous serment[1646]. Avec les *requests to produce documents and things*[1647], le droit américain dispose, par ailleurs, d'un mécanisme de production de pièces[1648], qui ne doit pas être confondu avec le mécanisme du droit français[1649], essentiellement parce le juge n'intervient normalement pas. Il faut mentionner également le *Order for Physical or Mental Examination*, qui correspond à une demande tendant à obtenir que la partie adverse soit examinée par un médecin choisi par le demandeur à la mesure[1650]. Comme la dénomination l'indique, il peut s'agir d'un examen portant sur la santé physique ou mentale de la partie. Considérant le caractère particulièrement invasif de la mesure, le droit américain en subordonne l'exécution à une autorisation spéciale de la juridiction. Cette dernière ne l'accordera que si la santé de la partie concernée est « dans le débat <*in controversy*> » et s'il est « une bonne raison » de la pratiquer[1651]. La dernière mesure est essentielle. Il s'agit de la *Request for admission*. Il s'agit d'une demande écrite par laquelle une partie exige de son adversaire qu'il reconnaisse la vérité de faits dont les mesures de la *discovery* montrent qu'ils ne sont pas contestés ; mais elle peut

qui ne sont pas parties (où l'on voit que, pour le système américain, les déclarations des parties sont des témoignages), un ordre de comparution doit être délivré, mais la chose ne présente pas de difficultés, car il peut être facilement obtenu du *clerk* de la juridiction. Les dépositions, comme la plupart des mesures, ont lieu dans le cabinet de l'avocat, mais un émissaire de la juridiction, un *notary* (un épigone de l'huissier français), est présent pour faire prêter serment et pour procéder à une retranscription de l'audition. Les déposants sont interrogés par l'avocat de la même manière qu'ils le sont devant la juridiction, plus tard : W. BURNAHM, *op. cit.*, p. 236. À noter, une nouvelle fois, compte tenu de l'importance de l'oralité dans les procédures anglo-américaines, que ces dépositions, qui prennent la forme d'un écrit, entrent dans la catégorie de l'ouï-dire. Cela étant, les déclarations d'une partie peuvent être utilisées. Pour les autres déclarations, l'admissibilité est conditionnée par l'une des exceptions à la prohibition du ouï-dire (*ibid.*). L'utilité de cette mesure est évidente pour les justiciables qui peuvent d'ores et déjà évaluer le comportement du témoin le jour de l'audience ; de la même manière, ils sont mis en mesure de préparer un certain nombre de questions à partir des déclarations faites ce jour-là. Mais on souligne le coût très élevé de cet acte d'investigation, puisqu'il faut payer l'émissaire de la juridiction (*court reporter*, c'est-à-dire le greffier, qui est bien souvent *notary*) et la transcription de la déposition (*ibid.*).

1646 *FRCP*, règle 33. Cette mesure d'investigation permet d'obtenir des déclarations pouvant être utilisées le jour du procès soit comme élément de preuve substantiel, soit comme moyen faisant obstacle au témoignage de la partie adverse. On remarque que la mesure est peu coûteuse, mais qu'elle est cependant moins efficace que ne l'est l'interrogatoire qui permet de clarifier immédiatement les obscurités et ne laisse que peu de prises aux atermoiements, W. BURNHAM, *op. cit.*, p. 229 (cela est d'autant plus vrai que les réponses ne sont jamais rédigées sans l'assistance du conseil).

1647 En ce qui concerne la communication des pièces, il faut compter avec les règles de *disclosure* (littéralement : *révélation*), qui font obligation aux parties de transmettre les documents et pièces sur lesquels elles entendent s'appuyer ; *FRCP*, règle 26, (a), (1) à (4), et *infra* n° 183, droit anglais.

1648 *Demande de production des pièces et choses* (*FRCP*, règle 34). La demande n'est pas suffisante pour les tiers ; pour ceux-ci, un *subpoena* est nécessaire ; et c'est le même acte de procédure qui permet également d'inspecter un terrain ou d'obtenir ce que le droit anglo-américain appelle une *real evidence* (preuve matérielle) (A. KEANE, J. GRIFFITHS, P. MCKEOWN, *The Modern Law of Evidence*, 8e éd., Oxford University Press, Oxford, 2009, p. 263-267). Ces dispositions garantissent pleinement le respect de la contradiction.

1649 V. *infra*, n° 220.

1650 W. BURNHAM, *op. cit.* p. 237.

1651 Cour Suprême des États-Unis, *Schlagenhauf v. Holder*, *United States Supreme Court Reports* 1964, n° 379, p. 104, spéc., p. 228 (*FRCP*, règle 35(a)). Cette mesure sera particulièrement indiquée chaque fois que l'affaire porte sur un préjudice physique ou psychologique allégué par l'une des parties. Il n'est alors pas inopportun, semblent considérer les praticiens, de pratiquer une espèce d'expertise indépendante. La mesure ne saurait, en revanche, être ordonnée à l'encontre d'un tiers, quelque pertinente que puisse être l'information recherchée ; *cf.* W. BURNHAM, *op. cit.*, *loc. cit.*

également être utilisée, ainsi qu'on va le voir, avant la phase de *discovery* ou concomitamment à celle-ci, et elle joue alors un rôle essentiel dans raffinement de la base factuelle du litige[1652]. La mesure, quoi qu'il en soit, est loin d'être anodine ; si la partie adverse persiste dans son refus, tandis qu'il apparaît par la suite à la juridiction que sa posture n'était pas raisonnable au regard des données de l'affaire, argument pourra en être tiré pour mettre à sa charge les frais engagés, par la partie demanderesse à la mesure, pour mettre l'affaire en état[1653]. Certaines informations échappent, bien entendu, à ces procédures : il s'agit des informations protégées[1654]. Ainsi des informations liant un patient et son médecin, un avocat et son client[1655], un confident et son confesseur, deux époux[1656]. Mais des dérogations sont toujours possibles[1657]. L'impact le plus impressionnant de la procédure de *discovery* se mesure, quoi qu'il en soit, à l'aulne du secret des affaires : si les informations ne sont pas protégées, en tant que telles, le secret de fabrique et d'autres données confidentielles peuvent être garanties par le biais d'un « *protective order* », c'est-à-dire un ordre de non-production - dont les modalités sont fixées discrétionnairement par la juridiction -, et qui met entrave à la transmission de l'information recherchée. Reste que la protection est bien fragile dans la mesure où elle ne saurait s'opposer à la communication d'informations qui sont *directement pertinentes* ; et comme l'objet du litige n'est pas encore défini à ce stade, il ne faut pas être surpris que de telles mesures aboutissent parfois à la révélation de secrets de fabrication[1658]. Et d'une manière plus générale, les pouvoirs extrêmement vigoureux de

---

[1652] V. *infra*, n° 188 et s.

[1653] W. BURNHAM, *op. cit.*, p. 237.

[1654] *Privileged Matter*.

[1655] *FRCP*, règle 26 (b) (3) et (4), et *Federal Rules of Evidence*, règle 502 (règle qui résulte d'une réforme en date du 28 nov. 2007). Le privilège porte sur les comptes rendus des auditions de témoins, les analyses factuelles, les notes préparatoires et les impressions et observations très générales ou plus précises (comme les chances de succès ou d'échec) que le conseil peut avoir faites sur l'affaire.

[1656] W. BURNHAM, *op. cit.*, p. 229.

[1657] C'est ainsi que, en ce qui concerne le privilège avocat-client, il est possible pour une partie, en vertu de la règle 26 (b)(3)(A)(ii) d'obtenir ces documents et choses (à l'exception des informations ci-dessus mentionnées) en faisant la démonstration qu'elle en a un « besoin fondamental <*substantial need*> » pour préparer son affaire et qu'elle ne peut, sans des « efforts injustifiés <*indue hardship*> », obtenir un équivalent de même nature par un autre moyen ; v. aussi W. BURNHAM, *op. cit.*, p. 238. Il convient de noter que, en tout état de cause, les parties sont tenues, en vertu de la règle générale (*FRCP*, règle 26 (b) (1)) qui régit la *discovery*, de communiquer à l'adversaire toutes les informations relatives au nom et à l'adresse de toute personne possédant une information pertinente pour la solution du litige, de manière à lui permettre d'auditionner cette personne, le cas échéant. Il en est de même de toute information, de même nature, obtenue à l'occasion de l'audition d'un témoin. La protection ne s'étend qu'au document qui a été réalisé par le juriste à l'occasion de l'audition ; W. BURNHAM, *op. cit.*, p. 238-239. v. *infra* à propos des pouvoirs de coercition.

[1658] V., à propos de la révélation du secret de fabrication de la boisson coca-cola : United States District Court Delaware, 1986, *Coca-Cola Bottling Co. of Shreveport, Inc. v. Coca-Cola Co., Federal Rules Decisions*, p. 110, n° 363, 366. En l'espèce, la révélation du secret de fabrication était jugée pertinente. Le refus autorisait la juridiction à tirer des conséquences favorables au demandeur ; v. aussi, W. BURNHAM, *op. cit.*, spéc., note (50), p. 238. Il faut rappeler que la juridiction dispose de pouvoirs coercitifs permettant la bonne exécution de la procédure de *discovery*. S'il est de règle que la juridiction n'intervienne pas à ce stade, des difficultés d'exécution peuvent provoquer l'intervention de l'autorité judiciaire (on l'a vu avec les « *protective orders* »). Pour bien comprendre l'économie du système, il faut se rappeler que le modèle de l'audience principale commande une procédure rapide. Cet idéal ne peut être réalisé de manière satisfaisante si le juge est sollicité par trop souvent durant la phase pré-judiciaire. C'est la raison pour laquelle on enseigne généralement que le juge est particulièrement indisposé par les parties qui ne coopèrent pas ou qui cherchent à obtenir des informations qui sont manifestement hors de portée en vertu des règles de la *discovery*. Le juge est d'ailleurs contraint, sauf circonstances particulières, de mettre les frais de la procédure (y compris les frais d'avocat de la partie adverse), à la

coercition[1659] ne laissent aucun doute quant à la singulière étendue de la procédure de *discovery* qui, rappelons-le, fonctionne *sans véritable filtre de vraisemblance* et *sur la base d'une définition embryonnaire des termes du litige*. Mais le modèle tend à s'infléchir en ce qu'il subit l'attraction du modèle continental.

B. L'attraction du modèle hiérarchique sur la définition de l'objet de la preuve : du notice pleading au fact pleading

181. ***Débat autour de l'intérêt du* fact pleading.** En dépit de la grande influence, montrée en introduction[1660], du modèle anglo-américain sur les règles et principes ALI-UNIDROIT pour une procédure civile transnationale, il est un domaine dans lequel le modèle continental a été privilégié ; il s'agit de celui de la définition de la proposition-objet de la preuve. L'article 11.3 des Principes énonce aussi bien que « [d]ans la phase introductive, les parties doivent présenter, de façon raisonnablement détaillée, les faits allégués et les moyens de droit, la mesure demandée, en décrivant de façon suffisamment précise les moyens de preuve disponibles qui les soutiennent. Lorsque des motifs sérieux justifient l'incapacité dans laquelle se trouve une partie de fournir des détails raisonnables sur les faits qu'elle invoque ou des précisions suffisantes sur ses moyens de preuve, le tribunal prend en considération la possibilité que des faits ou preuves nécessaires soient produits ultérieurement au cours de l'instance »[1661]. La commission a donc fait le choix, pour le règlement des litiges transnationaux en matière commerciale, du *fact pleading*[1662] et a, par là même, condamné expressément le principe américain du *notice pleading*[1663]. Ce choix ne doit pas véritablement surprendre. Quelques tentatives

charge de la partie qui succombe (ce qui constitue une importante dérogation à la règle selon laquelle, en droit américain, chaque partie supporte les frais par elle engagés) ; v. *FRCP*, règle 37 (a) (4).

[1659] Toute demande au sujet d'un litige s'élevant dans le cadre de la *discovery* doit prendre la forme d'une requête (« *motion* ») tendant à obtenir la communication des documents (*disclosure*) ou la participation à la *discovery*. Si la juridiction fait droit à la demande, elle délivre un « *order compelling discovery* », c'est-à-dire un ordre d'exécution qui, outre l'imputation des frais de procédure, peut être assortie, en cas de non-exécution, de mesures telles que des poursuites (pour « *contempt of court* » - outrage à la cour), des amendes et la contrainte par corps (encore en vigueur en matière civile). Enfin, il ne faut pas oublier les conséquences défavorables que la juridiction peut tirer contre le plaideur récalcitrant et la sanction procédurale qui peut entraîner, s'il s'agit du demandeur, le rejet de l'affaire (*dismissal with prejudice*. - Il n'est plus possible d'introduire une nouvelle action sur les mêmes faits et contre la même partie : V. règle 37(b)(2)(v) et règle 41(b) (doctrine de la *res judicata* - autorité de la chose jugée -, qui s'oppose à ce qu'une nouvelle instance soit introduite sur les mêmes faits, fût-ce sur la base d'une autre qualification : *cf.* W. BURNHAM, *op. cit.*, p. 248-249) ; s'il s'agit du défendeur, la sanction sera un *jugement* « en défaut » (« *default judgment* »), c'est-à-dire un jugement par lequel il est automatiquement fait droit à la prétention du demandeur ; v. *FRCP*, règle 55, et *cf.* Ch.A. WRIGHT *et alii*, *Federal Practice & Procedure*, *Vol. 8B*, 3e éd., § 2281 (consulté à partir de Westlaw, mise à jour juin 2012) qui présentent toutes les sanctions.

[1660] V. *supra*, n° 17.

[1661] *PPCT*, art. 11.3 ; v. encore, art. 10.3

[1662] L. J. PRIESTLEY, « Transnational Civil Procedure - Fact Pleading v. Notice Pleading : its Significance in the Development of Evidence », *Rev. dr. Unif.*, 2001-4, p. 841-855, E. H. COOPER, « Transnational Civil Procedure : Fact Pleading or Notice Pleading? A Viewpoint from USA », *Rev. dr. Unif.*, 2001-4, p. 857-869.

[1663] Comme l'indique le commentaire P-10A, *in fine*, sous le principe 10 (intitulé : « Principe dispositif »), « [l]es principes exigent des parties qu'elles fournissent des moyens de fait et de droit détaillés dans leurs conclusions [...]. Cette pratique est contraire au système américain du "notice pleading" ». Le commentaire P-11B ajoute que « [l]e Principe 11.3 exige des parties qu'elles détaillent dans leurs conclusions leurs moyens de fait, contrairement à la procédure de *"notice pleading"* admise dans les Règles fédérales de Procédure civile aux États-Unis ».

précoces d'abandon du *notice pleading*, d'inspiration continentale[1664], avaient, en effet, eu lieu, aux États-Unis, dès le début du XIXe siècle. Si elles aboutirent, globalement, à un échec au niveau fédéral, elles inspirèrent néanmoins grandement les réformateurs anglais de la fin du même siècle. On sait, en effet, le *Judicature Act* de 1875 posa pour règle le principe du *fact pleading*[1665]. Néanmoins, et comme souvent dans le système anglais, le principe mit du temps à recevoir une pleine expression. Aujourd'hui, quoi qu'il en soit, la procédure anglaise s'inscrit dans ce grand mouvement que les principes ALI-UNIDROIT laissent parfaitement apparaître, et la réforme de Lord Woolf de 1999 a logiquement confirmé le choix de *fact pleading* (1). Si la procédure fédérales américaine est, pour sa part, encore soumise, d'après les Règles Fédérales de Procédure Civile, au principe du *notice pleading*, le même vent attise les critiques dont le système a toujours fait l'objet (2). Cela est d'autant moins surprenant que les premières versions des *Principes de procédure civile transnationale*, réalisées sous l'égide du seul *American Law Institute*, consacraient déjà le mécanisme du *fact pleading*[1666].

1. *La confirmation du fact pleading en Angleterre*

182. *Prise de conscience des limites du modèle.* Le passage du *notice pleading* au *fact pleading,* en droit anglais, n'est pas chose récente. Il fallut néanmoins attendre près de 30 ans pour que la solution expressément introduite par les *Judicature Acts de* 1873 et 1875 reçût pleine application. Ce n'est, en effet, qu'en 1936, que la pratique comprit enfin tout l'intérêt qu'il y avait à définir plus soigneusement l'objet de la preuve. La Court of Appeal, énonçait alors, dans l'affaire *Bruce v Odhams Press Ltd*, qui fait encore autorité, que « [s]elon la disposition importante figurant à l'art. 4 des Règles [*Rules of the Supreme Court*], la déclaration doit énoncer les faits substantiels. Le mot "substantiel" s'entend de faits nécessaires aux fins de l'énoncé d'une cause d'action complète ; si un fait "substantiel" est omis, la déclaration n'est pas valable ; elle est "opposable" comme on le disait autrefois et, comme on le dit maintenant, elle risque d'être "radiée" [...] »[1667]. On doit entendre par *faits substantiels* les faits qui constituent le pendant des moyens de droit, c'est-à-dire ceux qui viennent au soutien de la prétention - les *faits opérants.* Cette relative précision dans la description des faits renvoie indéniablement à la logique du *fact pleading*[1668] que la grande réforme de 1999 n'a fait que confirmer. Ce n'est évidemment pas un hasard si les juges sont aujourd'hui à même d'exiger précocement une soigneuse motivation de l'acte introductif. En ce sens, comme on le note aujourd'hui à propos du *claim form*[1669], l'acte introductif doit

---

[1664] V. *supra*, n° 171, l'influence exercée par le Code de l'État de Louisiane.
[1665] V. *supra*, n° 170.
[1666] G. MECARELLI, « Quelques réflexions en matière de *discovery* », *Rev. dr. Unif.*, 2001-4, p. 901-914, spéc. p. 913. - Et v. *infra*, n° 190-1.
[1667] Court of Appeal, *Bruce v Odhams Press Ltd, Law Reports, King's Bench*, 1936, n° 1, p. 697, spéc. p. 712, (traduction tirée de *Pellikaan c. Canada* (1re inst.), Federal Court of Canada : Trial Division, p. 221, spéc. § n° 12.
[1668] Sur quoi, v. *supra*, n° 171.
[1669] Le droit anglais fonctionne sur la base des *statements of case,* l'équivalent des *pleadings* américains. Les *statements of case* constituent la grande catégorie des actes pouvant être accomplis et devant être produits devant la juridiction. Le premier de ces actes, celui qui est de nature à former le lien d'instance, reste le *claim form,* littéralement le *formulaire de demande*, qui correspond à l'acte de saisine de la juridiction (la réforme Woolf a très largement généralisé l'emploi de formulaires préétablis pour sim-

assurer plusieurs fonctions, dont, non seulement des fonctions classiques comme l'information des autres parties sur le contenu de la demande, la préservation des intérêts de ces mêmes parties qui ne sont pas exposées à un risque de surprise, mais aussi, de manière plus novatrice, *la limitation des dépenses inutiles* et les *investigations trop larges*, ainsi que *l'information du juge de manière qu'il puisse diriger utilement la procédure et trancher le litige*[1670]. Il ne faut donc pas se laisser abuser par la formule de la règle 16.2(1)(a), des *Civil Procedures Rules*, selon laquelle le *claim form* ne doit contenir qu'une « déclaration concise de la nature de la demande ». Il faut en effet compter avec les *Practice Directions* qui viennent compléter le dispositif[1671]. D'après le *Practice Direction* 16[1672], la partie *peut* (« *may* » et non « *must* » ou « *shall* ») « se référer, dans sa demande initiale <*statement of case*>, à tout point de droit sur lequel sa demande ou sa défense repose, le cas échéant ». Si le caractère facultatif de la disposition peut encore laisser quelque doute, le rapprochement de mécanismes tels que le *striking out*[1673] et le *summary*

plifier l'accès à la justice) : S. SIME, *A practical Approach to Civil Procedure*, 14ᵉ éd., Oxford University Press, Oxford, New York, 2011, n° 13.01 et s. et n° 8.01 et s.

[1670] S. SIME, *op. cit.*, n° 13.01.

[1671] *Practice Directions* (PD). En particulier, v. *Pratice Direction* 16 (intitulé *Statements of Case*). L'article 16.2(1)(d) renvoie expressément à ces règles complémentaires.

[1672] *PD* 16, § 13.3, (1).

[1673] *CPR*, règle 3.4(2)(a)-(c). Le *striking out* permet d'obtenir le « rejet » de tout ou partie des actes, tout particulièrement le *claim form* (dans la traduction produite pour l'affaire *Bruce v Odhams Press Ltd*, 1936 (*supra*, n° 171), c'est le terme de « radiation » qui est employé. Étant donné les effets particuliers qui sont attachés à la sanction ici envisagée (impossibilité d'introduire une nouvelle action aussi longtemps que le demandeur n'a pas payé les frais de procédure du défendeur - frais mis à sa charge à titre de sanction lors du rejet de la première demande : Court of Appeal, *Gardner v Southwark London Borough Council*, (n° 2), 1996, *Weekly Law Reports*, 1, 561), il est préférable d'employer une autre expression ; ainsi de celle de *rejet pour insuffisance de motif* ; v. *supra*, n° 179, pour la description d'un mécanisme assez proche en droit américain). L'acte introductif peut ainsi être rejeté, comme l'indiquent les textes, si la juridiction pense qu'il n'est *aucun motif raisonnable pour introduire ou soutenir la demande* (« *claim* »), ou lorsque *la demande initiale* (« *statement of case* ») *semble constituer un abus de droit* (« *abuse of process* »), ou si les parties ne sont pas parvenues à se conformer à une règle, une instruction judiciaire ou un ordre. La mesure peut être mise en œuvre par une partie ou par la juridiction de son propre mouvement. Dans une large mesure, la disposition s'appliquera chaque fois qu'il apparaît que l'acte repose sur des faits parfaitement invraisemblables ; c'est pourquoi il est recommandé (v. *PD* 3A, § 5.2), que le demandeur à la mesure produise des éléments de preuve qui disqualifient, sans doute possible, les allégations adverses. Néanmoins, il arrivera que la faiblesse de l'acte apparaisse d'elle-même, ou que le problème porte, de manière flagrante, sur l'opérance des moyens de fait. V. S. SIME, *op. cit.*, n° 22.07, p. 324. **Il convient toutefois de noter que, historiquement, la fonction de ce dispositif a été d'évincer les demandes et les défenses ne comportant aucun moyen opérant**. Aussi bien le contrôle du droit était-il initialement le seul objet de la mesure. Aujourd'hui, il semble en aller autrement, et la ligne de partage entre cette mesure et le *summary judgement* (conçu comme un moyen de contrôler les demandes invraisemblables - V. spéc., Lord WOOLF *in* Court of Appeal, *Swain v Hillman*, *All England Law Reports* 2001, 1, 91, spéc. § n° 6), n'est plus aussi nette. V., tout spéc. Chambre des Lords, *W & H Trades Marks (Jersey) Ltd v W and H Trade Marks (Jersey) Ltd*, *Law Reports, Appeal Cases (Third Series)* 1986, 368 (sous l'empire des règles antérieures) ; confirmé par Chambre des Lords, *Three Rivers District Council v Bank of England (n° 3)*, 2001, *Law Reports, Appeal Cases (Third Series)* 2003, 2, p. 1, spéc. § n° 96-97. Pourtant, la référence au droit est évidente dans les textes qui illustrent la matière ; d'après les exemples donnés par les *Practices Directions* n° 3A, sont visées par la mesure les allégations de fait qui ne sont pas suffisamment articulées pour provoquer l'application de la règle demandée. V. ex. donné par *PD 3A*, règle 1.4(1) : « Argent dû : 5 000 £ ». Ou encore (*PD 3A*, règle 1.4(2)) les demandes qui sont « incohérentes » ou « n'ont aucun sens ». Enfin, et de manière plus fondamentale (*PD 3A*, règle 1.4 (3)) les demandes qui contiennent un ensemble cohérent d'allégations de fait, mais qui, « quand même seraient-elles vraies, ne font apparaître aucune demande juridiquement identifiable contre le défendeur ». Mais il est vrai que la règle 1.7 (*PD A3*, règle 1.7), indique bien que le choix peut être porté, qu'il s'agisse d'un point de fait ou d'un point de droit, tant sur le *striking out* que sur le *summary judgment* (S. SIME, *op. cit.*, n° 21.01, p. 300).

judgment[1674] témoigne de ce que toute demande doit être assortie d'un exposé précis des moyens de fait *opérants en droit* et qu'une certaine vraisemblance doit être démontrée. Toutes ces transformations ont eu pour conséquences de limiter considérablement la portée tant horizontale que verticale des pouvoirs d'investigation. Mais l'effet pratique limité de ces amendements a eu pour conséquence d'amener les juristes anglais à réfléchir à d'autres implications du modèle de l'audience principale. Des voix se sont alors élevées contre la culture de la *discovery*.

183. ***Remise en cause de la procédure de* discovery.** Au-delà des difficultés liées à la définition des termes du litige et à la vraisemblance des propositions-objets de preuve, les critiques se sont, en effet, cristallisées autour de la notion de *discovery* elle-même. Identifiée comme la principale cause d'allongement des délais de jugement et des coûts de procédure, celle-ci a été considérablement refondue, jusqu'à sa terminologie même puisqu'on ne parle plus de *discovery* mais de *disclosure* et d'inspection des documents[1675]. Il est notable que le système fonctionne désormais sur la base de deux catégories de documents. D'abord, les documents de la partie elle-même[1676]. Ensuite, les documents de l'adversaire, dont la partie a connaissance, et qui ont une influence (positive ou négative) sur ses prétentions ou sur celles de son adversaire[1677]. On mentionnait, dans le régime précédent, les documents qui n'appartiennent pas à l'une de ces deux premières catégories, mais qui forment l'arrière-plan du litige (« *case's background* »), et, enfin, les documents « dynamiques »[1678], c'est-à-dire, selon une jurisprudence traditionnelle, les documents qui, parce qu'ils contiennent des informations qui permettent à une partie soit de soutenir sa cause, soit de combattre celle son adversaire, « peu[vent] équitablement conduire à une dynamique de recherche <*train of*

[1674] Le *summary judgment* (v. *supra* n° 179, pour une comparaison avec le droit fédéral américain), a cette force, en droit anglais, d'intervenir avant la phase de recherche des preuves. Ce peut donc être un moyen efficace d'écarter les demandes ou les défenses qui n'ont aucune chance de succès. Le mécanisme est prévu par les *Civil Procedure Rules,* dont la règle 24.2 dispose que la juridiction peut (« *may* ») rendre un *summary judgment* contre un demandeur ou un défendeur sur tout ou partie du litige, dès lors (a) qu'il apparaît (i) que le demandeur n'a aucune chance réelle de succès, (ii) que le défendeur n'a aucune chance réelle de succès, ou (b) s'il n'est aucune autre raison valable justifiant que le litige soit porté devant la juridiction. En pratique, la juridiction devra s'efforcer de faire le tri entre les allégations factuelles réalistes et celles qui sont fantaisistes (v. Court of Appeal (civil division), *Swain v Hillman, All England Law Reports* 2001, 1, 91, et les remarques de Lord WOOLF, spéc. § n° 6-7 ; en conséquence, le *summary judgment* peut intervenir chaque fois que l'acte contient des allégations de fait qui sont contredites par tous les documents et autres éléments de preuve sur lesquels elles s'appuient (Chambre des Lords, *Three Rivers District Council v Bank of England (n° 3)*, 2001, *précité*) ; ou chaque fois que le défendeur, par ses déclarations, vient contredire ses allégations (Court of Appeal (civil division), *E.D. & F. Man Liquid Products Ltd v Patel, Civil Practice Law Reports* 2003, p. 383 ; tous ces exemples montrent que le droit anglais dispose désormais d'un filtre efficace de vraisemblance.- *Adde*, S. SIME, *op. cit.*, n° 21.17 à 21-21, p. 305 et s.

[1675] V. Lord WOOLF, *Interim report on acces to civil justice*, Juin 1995 et *Final report on access to civil justice*, Juillet 1996, (disponibles sur le site : www.dca.gov.uk/civil/reportfr.htm), Chapitre 12 du rapport intermédiaire, Chapitre 21, n° 37 du rapport final. *Disclosure* signifie *révélation, divulgation*.

[1676] *CPR*, règle 31.6(a), c'est-à-dire les documents qui viennent au soutien de la prétention d'une partie.

[1677] *CPR*, règles 31.6(b)(i) & (ii). La jurisprudence traditionnelle considère, pour les catégories (a) et (b), que la *disclosure* ne peut s'étendre au-delà des allégations de fait qui apparaissent dans les actes juridictionnels (demande, défense, etc.) ; v. High Court of Justice, Queen Bench Division, *Paddick v Associated Newspapers Ltd*, 2003, *Lawtel Transcripts* 10 déc. 2003.- *Adde*, S. SIME, *op. cit.*, n° 29.11, p. 391.

[1678] *Train of inquiry documents*, qui est une expression parfaitement intraduisible.

inquiry> qui pourrait avoir l'une ou l'autre de ces conséquences »[1679]. La procédure est désormais limitée aux deux premières catégories[1680]. Néanmoins, et bien que les *Règles* n'y fassent aucunement référence, on considère que les deux dernières catégories de documents demeurent accessibles, essentiellement pour les affaires les plus complexes et les plus importantes, chaque fois que la juridiction y consent[1681]. Il faut toutefois noter que, à la différence du droit fédéral américain, compte tenu de la pratique du *fact pleading* et de l'exigence d'une première vraisemblance[1682], le recours au « *fishing* » est impossible[1683] ; la partie dépourvue de tout élément probatoire ne peut espérer en obtenir de son adversaire au moyen de cette procédure[1684]. Quoi qu'il en soit, cette procédure est fort contraignante puisqu'elle impose, au-delà de ce qu'implique la contradiction, ***une véritable transparence probatoire***. Toutes les règles complémentaires convergent pour assurer la révélation de toutes les informations pouvant modifier l'appréhension des moyens de fait. Chaque plaideur se voit non seulement imposer une obligation de *recherche unilatérale* (« *duty to search* »)[1685] de tous les documents pouvant tomber sous le coup de la procédure de *disclosure*, documents étant ensuite répertoriés dans un formulaire type[1686], mais il encourt encore de redoutables sanctions s'il tente de dissimuler certaines informations[1687]. Par ailleurs, si une partie ne se conforme pas à l'ordre de la juridiction concernant la *disclosure* ou l'inspection des documents, après mise en demeure, des sanctions telles que le *rejet* (« *striking out* ») de la demande[1688] peuvent être prononcées[1689].

Au sein de la phase de recherche des preuves, l'expertise était également vivement critiquée en raison de son coût et de son impact sur la célérité de la jus-

---

[1679] High Court of Justice, Queens Bench Division, *Compagnie Financière du Pacifique v Peruvian Guano Co.*, 1882, *Law Reports, Queen's Bench Division* 1882, 11, 55. Sur tous ces points, v. INSTITUTE FOR THE ADVANCEMENT OF THE AMERICAN LEGAL SYSTEM (IAALS), *Civil Justice Reform Summit*, University of Denver, Denver, 2007, spéc. p. 5.

[1680] C'est ce que le Code appelle la *standard disclosure* (V. plus généralement *CPR*, partie 31), par opposition au *specific disclosure* (*CPR*, règle 31.12).

[1681] *Cf.* S. SIME, *op. cit.*, spéc. n° 29.14, p. 391-392 ; c'est la règle 31.12 (*specific disclosure or inspection*) qui est alors utilisée (S. SIME, *op. cit.*, n° 29.72, p. 408).

[1682] Sur ces questions, v. *supra*, n° 180.

[1683] Littéralement : « la pêche ». Il s'agit, en quelque sorte, de lancer un « filet » (le filet s'oppose au harpon) chez l'adversaire et de parier sur une « bonne prise ». En droit américain, la pratique du *fishing* est possible dès lors que l'objet de preuve n'est défini qu'à l'issue de la *discovery*.

[1684] *Cf.* S. SIME, *op. cit.*, spéc., n° 29.12, p. 391.

[1685] *CPR,* règle 31.7. L'étendue de cette *recherche* est fonction de plusieurs facteurs, comme le nombre de documents en jeu (a), la nature et la complexité de l'affaire (b), l'effort et le coût qu'implique la recherche d'un document spécifique (c) et l'importance de tout document qui est susceptible d'être identifié durant la phase de recherche (d) (*cf.* S. SIME, *op. cit.*, n° 29.18, p. 392). - *Adde*, *PD* 31, § n° 2.

[1686] Le nombre d'informations transmises peut être tout à fait considérable : non seulement la liste des documents identifiés et mis à la disposition de la partie adverse (avec déclaration sur l'honneur de ce que tous des efforts raisonnables et proportionnés ont été accomplis pour identifier tous les documents), mais encore les documents qui n'ont pas été recherchés ; s'impose ici, éventuellement, une distinction entre les documents qui sont révélés, mais qui, en raison du régime de protection (*cf.* S. SIME, *op. cit.*, n° 29.26 et s., p. 396 et s. - *Privilege*) qui les gouverne, ne sont pas indiqués aux fins d'inspection, ou la mention de certains documents qui, quoiqu'identifiés, ne sont plus en possession du déclarant. La déclaration se termine par une certification de complétude de la liste transmise.

[1687] Le fameux *outrage à la cour* (« *comtempt of court* ») : *CPR*, règle 31.23.

[1688] V. *supra*, n° 182.

[1689] Et s'il s'agit d'un document sur lequel la partie récalcitrante se fonde, l'utilisation du document est alors subordonnée à l'autorisation préalable de la juridiction ; *CPR*, règle 31.21. Il faut enfin mentionner les règles qui vont permettre à une partie de solliciter des documents dont elle croit qu'ils ont été cachés par l'adversaire ; v. *CPR*, règle 31.12.- *Adde*, S. SIME, *op. cit.*, n° 29.67 à 29.68, p. 407 et n° 29.71, p. 408.

…te mesure de recherche fait désormais l'objet d'une réglementation …t se trouve très largement placée sous le contrôle de la juridiction. C'est …ans les litiges tranchés selon le circuit intermédiaire[1691], les parties …ontenter d'un seul expert *conjoint*[1692]. La règle 26.6, (5) permet sans …utre interprétation puisqu'elle n'offre le choix du circuit moyen que …nombre d'experts n'excède pas un expert par partie dans chaque domaine d'expertise, et deux champs d'expertise au maximum[1693]. Néanmoins, comme il paraît peu probable qu'une telle escouade d'experts permette de satisfaire à la règle du procès en un jour[1694], il est recommandé au juge[1695], autant que de raison, de recourir aux dispositions de la règle 35.5, (2) (*CPR*) qui l'habilitent à désigner un expert unique. Enfin, même lorsque l'affaire est orientée dans le circuit long, rien n'empêche le juge (au contraire, tous les pouvoirs de contrôle dont il dispose l'y incitent) de limiter le nombre d'experts à deux par partie[1696]. En tout état de cause, les pouvoirs du juge dans la mise en état sont tout à fait considérables et consacrent l'idéal économique du juge *manager*[1697]. Aussi bien le maintien des autres mesures d'investigation[1698] à l'identique n'a-t-il aucun effet contraire au resserrement de la

---

[1690] Lord WOOLF, *Final report on access to civil justice*, Juillet 1996, *op. cit.*, Chapitre 13.

[1691] La réforme Woolf a également entraîné la création de trois circuits : un circuit court (« *small claims track* ») pour toutes les demandes dont la valeur n'excède pas 5 000 £ (≈6 425 €) ou celles pour lesquelles le circuit court n'est pas indiqué, *CRP*, règle 26.6(1) ; un circuit moyen (« *fast track* ») pour les demandes n'impliquant qu'une procédure limitée et dont la valeur se situe entre 5 000 £ et 25 000 £ (≈30 417 €), *CPR*, règle 26.6(4) & (5) (le paragraphe (5) indique également que ce circuit ne trouve son application que lorsqu'on peut espérer régler le litige à l'occasion d'une audience n'excédant pas une journée et ne faisant intervenir qu'un nombre limité d'experts - v. corps du texte pour plus ample informé sur ce dernier point) ; enfin, un circuit long (« *multi-track* »), *CPR*, règle 26(6), qui s'applique chaque fois que le recours à l'un ou l'autre de deux premiers circuits n'est pas jugé pertinent. Au-delà des planchers et plafonds de valeur - qui n'ont qu'un effet réduit puisque seul le dépassement contraint le juge (v. l'exception contenue *CPR*, règle 26.7 (3)), en revanche, la valeur n'est qu'un critère subsidiaire pour choisir une procédure plus longue -, la règle 26.8 des *Règles* indique que le juge *peut* tenir compte d'un certain nombre de critères tels que : (a) la nature de la contrepartie recherchée, (b) la complexité potentielle des faits, du droit ou de la preuve, (c) le nombre de parties, etc. - V. aussi, S. SIME, *op. cit.*, n° 14.02 à 14.03, p. 198-199 *pour une présentation générale*, n° 14.22 à 14.25 p. 211-212 et chapitre 25 *pour le circuit court*, n° 14.26 à 14.27, p. 212 et chapitre 26 *pour le circuit moyen*, n° 14.28 à p. 212-213 et chapitre 27 *pour le circuit long*.

[1692] Comme on le voit, le recours à l'expert est impossible pour le circuit court ; *CPR*, règle 27.5 qui permet néanmoins au juge d'autoriser l'intervention de l'expert.

[1693] Ce qui donne, à l'extrême, deux experts par partie.

[1694] V., tout spécialement, S. SIME, *op. cit.*, n° 26.07, p. 361.

[1695] *PD* 28, § n° 3.12.

[1696] Ce qui revient à faire application des règles maximales en vigueur pour le circuit moyen. V., sur cette interprétation, IAALS, *Civil Justice Reform Summit*, University of Denver, *op. cit.*, p. 5.

[1697] *CPR*, Partie 26, qui concerne la ventilation du contentieux entre l'un des trois circuits, intitulée « *Case Management* ». Les auteurs de la réforme de 1999 ne cachaient pas que leur principal objectif était de réduire les coûts du procès : V. Lord WOOLF, *Interim report on acces to civil justice*, Juin 1995, Chap. 3, § 1 ; v. encore, *op. cit.*, § 12 ; Section V, spéc. Chapitre 25 ; Annexe 3, et *passim*.

[1698] Il faudrait tout de même mentionner, pour être exact, l'utilisation croissante de l'écrit, ce qui constitue un changement important, notamment dans le domaine du témoignage (S. SIME, *op. cit.*, chapitre 32 : attestations). Les autres mesures résident, pour l'essentiel, dans la production forcée d'informations ou de documents détenus pas un tiers ou dans l'inspection de biens mobiliers ou immobiliers (corporels). En ce qui concerne la production forcée d'informations, la mesure la plus étonnante figure, probablement, dans la jurisprudence *Norwich Pharmacal* (on parle même, pour désigner la mesure, *d'injonctions Norwich Pharmacal* (« *Norwich Pharmacal Orders* ») - *cf.* S. SIME, *op. cit.*, n° 30.02 et s., p. 411 et s.) : il est possible à l'un des plaideurs de forcer une personne à livrer l'identité du véritable fautif (Chambres des Lords, *Norwich Pharmacal Co. v Customs and Excise Commissioners* 1973, *Law Reports, Appeal Cases (Third Series)* 1974, 133 (dans cette affaire, l'entreprise pharmaceutique possédait un brevet sur une composition chimique à usage prophylactique avicole. L'entreprise savait que ses importateurs mé-

phase de mise en état d'être jugé en droit anglais ; aussi bien le modèle se trouve-t-il considérablement remodelé, au moins dans ses fins : la vérité - *formelle* -, jusqu'alors, quoiqu'on en dise, en bonne place dans le procès civil, se trouve désormais considérablement primée par des considérations économiques. C'est là aussi le risque de transformation d'un système animé par la rationalité matérielle[1699]. Le droit américain ne semble pas échapper à la même transformation, et l'on ne sera pas étonné de trouver le Lord Woolf au chevet du système judiciaire américain.

2. *Les critiques du notice pleading aux États-Unis*

184. ***L'identification du problème du* notice pleading.** À l'occasion d'une étude menée, en avril 2008, par *l'American College of Trial Lawyers* (ACTL) auprès de ses membres[1700], et commandée par l'*Institute for the Advancement of the American Legal System* (IAALS)[1701], il ressortait que pour 81 % des personnes interrogées, la procédure civile fédérale était trop coûteuse et que pour 69 % elle était beaucoup trop longue. 68 % indiquaient, par ailleurs, qu'ils avaient le sentiment que le coût potentiel du procès paralysait l'introduction d'une demande[1702]. De manière plus significative encore, 21 % seulement des personnes interrogées estimaient que les conclusions en défense permettaient de former et de réduire l'objet du litige (c'est le *notice pleading* qui est visé ici) ; dans le même temps, 64 % exprimaient l'idée que la pratique du *fact pleading*[1703] pouvait réduire le champ de la discovery ; enfin, 71 % reconnaissaient que les *requêtes en rejet pour vice de formulation* (« *motions to dismiss for failure to state a claim* ») n'étaient pas des outils efficaces pour limiter les demandes et définir les éléments factuels du litige[1704]. Sur la base de ces résultats statistiques, le rapport soulignait que le système de la *discovery* est, en fait, cassé[1705]. Le rapport relevait ainsi que la réponse passerait probablement par une remise en cause du *notice pleading*[1706] et par une plus grande implication du juge[1707]. Cette identification très nette de

connaissaient son titre de propriété industrielle et savait également que les intermédiaires connaissaient l'identité de ces importateurs. Les commissionnaires furent ainsi contraints de révéler l'identité de ces supposés fautifs. - *Adde*, S. SIME, *op. cit.*, schéma synoptique n° 30.1, p. 420-421.

[1699] V. *supra*, n° 17.

[1700] Institution universitaire fondée en 1950 et qui intègre, sur invitation seulement, des praticiens du droit choisis pour leurs qualités exceptionnelles ; ils doivent, par ailleurs, justifier de quinze années d'expérience. Sur quoi, v. INSTITUTE FOR THE ADVANCEMENT OF THE AMERICAN LEGAL SYSTEM (IAALS), *Interim Report & 2008 Litigation Survey of the Fellows of the American College of Trial Lawyers*, et réalisé conjointement par l'IAALS et le American College of Trial Lawyers (ACTL) *Task Force on Discovery*, University of Denver, Denver, 9 septembre 2009.

[1701] 3 812 membres contactés électroniquement - 1 494 réponses, soit un taux de 42 % ; étaient représentés des membres des vingt-cinq États faisant application de la procédure fédérale, ensemble Porto Rico et le District de Columbia.

[1702] 23 % seulement concluaient, cependant, à la faillite du système (*op. cit.*, Appendice p. A 2).

[1703] Par opposition au *notice pleading*.

[1704] *Op. cit.*, Appendice, p. A 3.

[1705] *Op. cit.*, n° 2, p. 3 : « Comme l'une des personnes interrogées l'a noté : "Les règles de la discovery, tout spécialement, sont impraticables dans la mesure où elles font de la révélation absolue <*full discovery*> une valeur au-dessus de tout" ».

[1706] *Op. cit.*, n° 4, p. 4.

[1707] Le *juge manager*, *op. cit.* n° 3, p. 3.- Comp. avec le système anglais, v. *supra*, n° 183. En revanche, le développement de la *disclosure* initiale - sur la base du système anglais - n'est pas considéré comme un apport. Seuls 34 % des sondés estimaient que cette première phase procédurale avait eu pour effet de réduire l'étendue de la *discovery : op. cit.*, n° 4, p. 4). L'introduction de la *disclosure* en droit fédéral

l'origine des dysfonctionnements du modèle de l'audience principale venait, en réalité, clore une série d'évolutions et réflexions symptomatiques des difficultés pratiques du modèle. L'année 2007 avait, en effet, été marquée par un événement important pour la procédure civile américaine, confirmé en 2009.

185. ***Affaire* Bell Atlantic Corp. v. Twombly.** En dépit des analyses fouillées qui furent menées pour montrer la relativité du *notice pleading*, dans la procédure fédérale américaine[1708], les déclarations en faveur d'une plus rigoureuse charge de l'allégation se multipliaient depuis quelques années. Il semble, en réalité, que le *fact pleading* se soit redéployé incidemment pour des raisons essentiellement politiques[1709]. C'est ainsi que, en raison d'une certaine hostilité envers le contentieux des droits civiques, les juridictions ont très tôt imposé un standard élevé dans la pratique du *pleading*. Le premier litige semble dater de la fin des années 1960[1710], mais il est probable que le premier soubresaut soit même antérieur à la jurisprudence *Conley* de 1959[1711]. Quoi qu'il en soit, la jurisprudence exigeante développée en matière de droit civique s'est maintenue jusqu'à ce que, en 1993, la Cour Suprême prenne l'initiative de rappeler les fondamentaux du *notice pleading*[1712]. Tandis que certaines juridictions se sont spontanément conformées à la position de la Cour Suprême, d'autres ont poursuivi sur l'ancienne voie. Et si la Cour Suprême est de nouveau intervenu en 2002[1713], il était déjà trop tard, le Congrès étant venu, entretemps, et à deux reprises, conforter indirectement la position de ces juridictions récalcitrantes[1714]. C'est dans ce contexte qu'a été rendu l'arrêt de la Cour Suprême des États-Unis, *Bell Antlantic Corp. v. Twombly* du 21 mai 2007[1715], arrêt déterminant, car il semble prendre acte d'une cinquantaine

---

américain date d'un amendement du 1er déc. 1993 qui a intégré à la règle 26 des *Federal Rules of Civil Procedure*, une subdivision (a) et des paragraphes (1) à (4).

[1708] Ch. M. FAIRMAN, « The Myth of Notice Pleading », *Arizona Law Review* 2003, vol. 45, p. 987-1065. - *Adde*, R.L. MARCUS, « The Puzzling Persistence of Pleading Practice », *Texas Law Review* 1998, vol. 76, p. 1749, R.L. MARCUS, « The Revival of Fact Pleading Under the Federal Rules of Civil Procedure », *Columbia Law Review* 1986, vol. 86, p. 433 et les références citées par Ch.M. FAIRMAN, « Heightened Pleading », *Texas Law Review* 2002, vol. 81, p. 551-625, spéc. note (17), p. 553.

[1709] On parle, pour décrire l'exigence qui résulte de tout ce mouvement sur la pratique du *pleading* de *heightened pleading*, c'est-à-dire de *pleading* renforcé, forme plus souple de *fact pleading* ; expression à tenir pour synonyme d'une autre qui sera utilisée plus bas, celle de *notice-plus-pleading*.

[1710] Ch. M. FAIRMAN, « Heightened Pleading », *op. cit.*, p. 575 pour une analyse détaillée.

[1711] Jurisprudence qui, rappelons-le, justifie, de manière fonctionnelle et systémique, l'utilisation du *notice pleading*. Sur celle-ci, v. *supra*, n° 177. Le comité judiciaire du 9e circuit proposa, dès 1952, d'amender la règle 8(a), (2) des *FCPR*, en exigeant que soit indiquée dans l'acte introductif la « cause de l'action » ; v. Ch. M. FAIRMAN, *op. cit.*, p. 558 - amendement rejeté, en octobre 1955, à l'échelle fédérale, par le *Advisory Committee*, (*op. cit.*, p. 560 et note (7), p. 552).

[1712] Cour Suprême des États-Unis, *Leatherman v. Tarrant County Narcotics Intelligence & Coordination Unit*, *United States Supreme Court Reports* 1993, n° 507, p. 163, spéc. p. 164. - Sur lequel v. L. EICHHORN, « A Sens of Disentitlement : Frame-Shifting and Metaphor in Aschroft v. Iqbal », *Florida Law Review* 2010, n° 62, p. 951, spéc. p. 956

[1713] Cour Suprême des États-Unis, *Swierkiewicz v. Sorema*, N.A., *Supreme Court Reporter* 2002, n° 122, p. 992. - V. également, L. EICHHORN, *op. cit.*, *loc. cit.*

[1714] Il s'agit du *Private Securities Litigation Reform Act* de 1995 (*United States Statutes at Large*, 1995, n° 109, p. 737 ; v. aussi, Ch. M. FAIRMAN, *op. cit.* p. 596-612), et du *Y2K Act* de juillet 1999 (15 United States Code, 2001, n° 15, § 6601–6617 ; *op. cit.*, p. 503-17), destiné à prévenir les effets judiciaires du « bug de l'an 2000 ».

[1715] Cour Suprême des États-Unis, 2007, *Bell Atlantic Corp. v. Twonbly*, *Supreme Court Reporter* 2007, n° 127, p. 1955, *Harvard Law Review* 2007, vol. 121, p. 305-315, *Virginia Law Review*, 2007, n° 93, p. 135-143, note S. DODSON ; B. SPENCER, « Understanding Pleading Doctrine », *Michigan Law Review*

d'années de critiques du *notice pleading*, et remettre en cause la jurisprudence, qu'on pensait pourtant gravée dans le marbre, *Conley v. Gibson*[1716]. Dans cette affaire, où des représentants d'une classe de clients de sociétés de prestations de services téléphoniques et Internet assignait un groupe de prestataires pour violation d'une disposition *antitrust*[1717], la Cour Suprême paraît très largement revenir sur la formule de la jurisprudence *Conley*, d'après laquelle : « Les Règles Fédérales de Procédure n'imposent pas au demandeur d'exposer de manière détaillée tous les faits qui viennent au soutien de sa demande »[1718], mais seulement une information équitable de la prétention et des moyens sur lesquels elle repose[1719]. La Haute juridiction fédérale estime, en effet, que la notion de moyen « requiert plus que des étiquetages et des déductions <*conclusions*> ; une récitation stéréotypée des éléments de la cause de l'action ne permet pas de satisfaire à ce standard »[1720]. La formule ne laisse apparemment aucun doute ; elle signifie que les plaideurs doivent désormais présenter des allégations factuelles suffisamment précises et en rapport, bien entendu, avec les moyens de droit. La règle qu'elle pose ensuite est, cependant, difficile à saisir et remet en cause la portée de la première proposition. On a pu voir que, en vertu de la jurisprudence *Conley*, « [...] un acte introductif ne [doit] être rejeté pour vice de formulation, à moins qu'il apparaisse, au-delà de tout doute, que le demandeur ne peut prouver aucun fait propre à venir au soutien de sa demande ». C'est, semble-t-il, à cette proposition seulement que s'attaque la jurisprudence *Twombly ;* d'après la *ratio decidendi* de la décision, en effet, un acte doit désormais satisfaire au standard de « plausibilité » (et non de « probabilité »), en vertu duquel sont exigés « des faits en nombre suffisant pour faire naître une espérance raisonnable que la procédure de *discovery* débouchera sur la preuve d'un accord illicite »[1721]. La formule, on s'en doute, a été diversement interprétée. L'un des magistrats de la Cour, Justice Souter, faisant partie de la majorité, a soutenu qu'elle ne posait autre chose qu'un préalable de vraisemblance, mais ne modifiait pas, en revanche, le standard du *notice pleading*[1722]. D'aucuns ont, au contraire, défendu la thèse selon laquelle la Cour Suprême avait fait le choix de rehausser le

2009, Vol. 108, p. 1-36, S. B. BURBANK, « Pleading and the Dilemmas of "General Rules" », *Wisconsin Law Review* 2009, p. 535-564.

[1716] V. *supra*, n° 177.

[1717] Violation alléguée de la Section 1 du *Sherman Act*, *United States Code* 2006, n° 15, § 1.

[1718] Cour Suprême, *Conley v. Gibson*, *préc.*

[1719] *Ibid.*

[1720] Cour Suprême, *Bell Antlantic Corp.*, *op. cit.*, p. 1965.

[1721] Cour Suprême, *op. cit.*, p. 1965. La formule peut être interprétée à deux niveaux : elle peut vouloir dire que les parties doivent s'efforcer de produire des actes qui sont suffisamment motivés en fait, c'est-à-dire qui présentent des propositions de preuve opérantes en droit ; mais elle peut vouloir signifier, également, que les parties ont l'obligation de faire la démonstration d'une certaine vraisemblance des propositions-objet de preuve avant de pouvoir accéder à la phase de *discovery*. La seconde interprétation a le mérite de compléter utilement le premier apport de l'arrêt. Elle rapproche un peu plus le droit américain des systèmes romano-germaniques qui fonctionnement généralement sur la base d'un filtre de vraisemblance. Cela étant, compte tenu de l'importance que représente la procédure de *discovery* dans ce système (notamment pour la réalisation d'un idéal de justice égalitaire permettant au plus faible de s'attaquer au plus fort : V. R. A. KAGAN, *Adversarial Legalism. - The American Way of Law*, *op. cit.*, spéc. p. 102 et s., qui donne l'exemple célèbre de l'affaire *Gilmore v. Columbia Falls Aluminium Company*, où une salariée parvient, seule, à faire condamner les repreneurs de l'entreprise pour laquelle elle travaillait : sur laquelle *The New York Times,* 19 avril 1998), il paraît douteux que cette exigence de *plausibilité* trouve une application bien rigoureuse. L'allégation des faits dans une forme suffisamment précise semble déjà assez pour contrebalancer les excès potentiels de la procédure de *discovery*.

[1722] Cour Suprême des États-Unis, *Twombly*, *op. cit.*, p. 1973, note (14).

standard en provoquant l'adoption d'une forme de « *notice-plus pleading* »[1723] ou de « *heightened pleading* »[1724]. À la vérité, il faut bien reconnaître que la motivation de la décision manquait de netteté[1725] et qu'elle ne pouvait que provoquer l'embarras des juridictions chargées de l'appliquer[1726]. L'intervention de la Cour Suprême était donc essentielle, et c'est ce qu'elle a fait avec une seconde décision importante, rendue en 2009, dite « *Iqbal* ».

186. ***Affaire* Iqbal v. Ashcroft** [1727]. Dans cette affaire, qui a pour cadre la politique sécuritaire qui a suivi les attentats du 11 septembre 2001, le dénommé Iqbal, un musulman pakistanais, était arrêté et détenu par des agents fédéraux sous un régime restrictif de détention. Il introduisait alors plusieurs actions fédérales contre des agents fédéraux et, notamment contre Ashcroft, l'*Attorney General* d'alors, et contre le directeur du FBI, le dénommé Mueller. Selon le *complaint*, il était allégué que les défendeurs (Ashcroft et Mueller) avaient désigné Iqbal comme étant une personne de « haute importance », en raison de son origine ethnique, de sa religion ou son origine nationale, en violation des premier et cinquième amendements de la Constitution. Il soutenait que le FBI, sous la direction de Mueller, avait arrêté et détenu des milliers de musulmans d'origine arabe dans le cadre de ses investigations sur les attentats du 11 septembre. Les défendeurs savaient par ailleurs que Iqbal était soumis à des conditions difficiles de détention, ce qu'ils ont, en pleine connaissance de cause et malicieusement, approuvé, sur la foi de facteurs prohibés et qui ne présentaient aucun intérêt d'ordre criminologique (comme la dangerosité de l'individu). Selon le *complaint* toujours, Ashcroft était désigné comme le « principal architecte » de cette doctrine et Muller était « l'instrument » de son adoption et de son exécution[1728]. La question notamment posée à la cour d'appel était de savoir si le *complaint* était suffisamment étayé pour survivre à une requête en rejet pour insuffisance de motifs[1729]. Pour la *Court of Appeal*, le « *flexible plausibility standard* » posé par *Bell Atlantic Corp. v. Twonbly*, et d'après lequel un plaideur doit détailler, dans sa demande, les allégations factuelles nécessaires pour rendre la demande plausible, n'était pas applicable en l'espèce. Selon elle, la demande de Iqbal était suffisante pour alléguer que les défendeurs étaient personnellement impliqués dans les décisions qui, si elles étaient vraies, violaient

---

1723 S. DODSON, *Virginia Law Review* 2007, *op. cit.*, p. 138, p. 140 ; auteur qui n'en a pas moins vivement critiqué la solution : S. DODSON, « Prof. Scott Dodson on Bell Atlantic », *Civil Procedure Prof Blog http : //lawprofessors.typepad.com/civpro/2007/05/prof_scott_dods.html*, 24 Mai 2007, (pour contrôle, v. aussi, *Harvard Law Review* 2007, vol. 121, *op. cit.*, note (51), p. 310).

1724 Sur cette expression, qu'on rattache généralement au standard plus élevé pour les actions en matière de *fraude* ou *d'erreur : FCPR*, règle 9(b) & *supra*, n° 176.

1725 On avait cependant observé que « [é]tant donné que la jurisprudence Twombly est en conflit avec la disposition [FRCP, art. 8], les précédents et les sources historiques, il paraît évident que la Cour a été guidée par d'autres considérations. La Juridiction semble avoir été tout particulièrement motivée par le désir d'augmenter le degré d'efficacité <*efficiency*> en permettant aux juges de rejeter les affaires pour lesquelles il semble que la procédure de *discovery* s'avèrera infructueuse », *Harvard Law Review* 2007, vol. 121, *op. cit.*, 312. L'auteur de la note soulignait également (*ibid.*) que la juridiction avait très certainement entendu suggérer à l'*Advisory Committee on Civil Rules* de réfléchir aux conséquences de l'adoption d'un standard plus élevé sur l'étendue de la *discovery*.

1726 V., plus largement, sur les réactions doctrinales : L.S. HOFFMAN, « Burn up the Chaff with Unquenchable Fire : What Two Doctrinal Intersections Can Teach Us About Judicial Power Over Pleading », *Boston University Law Review* 2008, n° 88, p. 1217 et s., spéc. p. 1235 et s.

1727 Cour Suprême des États-Unis, *Ashcroft v. Iqbal, Supreme Court Reporter* 2009, n° 129, p. 1937.

1728 *Op. cit.*, p. 1939, *Syllabus*.

1729 *Motion to dismiss for failure to state a claim* - v. *supra*, n° 179.

nettement le droit constitutionnel établi[1730]. Saisie de l'affaire, la Cour Suprême devait, à son tour, se prononcer et préciser ainsi, à la fois la nature de son standard et son étendue. Elle indique cette fois-ci assez nettement les éléments qu'un plaignant doit faire figurer dans son *complaint* pour pouvoir saisir valablement la juridiction d'une action en discrimination contraire à la Constitution perpétrée par un agent public jouissant d'une immunité[1731]. Les règles qui régissent cette action ont été posées par l'affaire *Bivens*, qui a donné son nom à la *violation* à l'origine de l'action (*Bivens violation*)[1732]. La Cour rappelle que les facteurs qui sont nécessaires pour établir une *Bivens violation* dépendent de la nature de la disposition constitutionnelle dans le litige. Par exemple, lorsque le plaideur se fonde sur une discrimination commise en méconnaissance du premier ou du cinquième amendement, il est nécessaire que le demandeur plaide et prouve que le défendeur était *animé*, au temps de l'action, de *motifs discriminatoires*[1733]. Et, sous ce regard, il ne s'agit pas seulement de montrer « l'intention en tant que conscience des conséquences »[1734]. Il s'ensuit que, en l'espèce, le demandeur doit introduire des faits suffisants pour montrer que le défendeur a adopté et mis en œuvre le régime de détention en cause, non pour des raisons « neutres » ou des raisons liées à la nécessité de rechercher la preuve, mais à des fins discriminatoires seulement ; bref, il faut montrer que le défendeur a été véritablement animé par des motifs liés à l'origine ethnique (*race*), à l'appartenance religieuse ou l'origine nationale[1735]. Comme le rappelle la Cour, l'interprétation qu'elle a donnée de la règle 8 des Règles fédérales de procédure civile ne suppose certes pas des « allégations factuelles détaillées ». Mais elle implique, néanmoins, mieux qu'une simple déclaration nue, comme le serait celle-ci : « le défendeur m'a illégalement blessé »[1736]. Comme dans l'affaire *Conley*, elle souligne donc que, quelle que soit la matière civile concernée[1737], le plaideur ne peut se contenter de rappeler, mécaniquement, les éléments de la *cause of action*, c'est-à-dire les propositions que contient la règle de droit elle-même[1738]. En ce sens, si la « règle 8 [FRCP] constitue une mise à l'écart notable et généreuse du système très technique du *code pleading* de la première heure, [...] elle n'ouvre pas les portes de la *discovery* au plaignant qui n'a d'autre arme que ses conclusions »[1739]. Ayant précisé les principes, elle analyse ensuite le *complaint* litigieux à leur lueur. La Cour observe que, en l'espèce, le demandeur soutient que les défendeurs « savaient, ont toléré et ont sciemment et malicieusement donné leur accord », à la procédure l'ayant soumis à des conditions

---

[1730] *Op. cit., loc. cit.*

[1731] *Op. cit.*, § III, p. 1947.

[1732] Cour Suprême des États-Unis, *Bivens v. Six unknown named agents of federal bureau of narcotics, United States Supreme Court Reports* 1999, n° 403, p. 388.

[1733] Cour Suprême des États-Unis, *Church of Lukumi Babalu Aye, Inc. v. Hialeah, United States Supreme Court Reports* 1993, n° 508, p. 520, spéc. p. 540-541 (1er amendement) ; Cour Suprême des États-Unis, *Washington v. Davis, United States Supreme Court Reports* 1976, n° 426, p. 229, spéc. p. 240. - *Adde,* Cour Suprême, *Iqbal, op. cit.*, p. 1948.

[1734] Cour Suprême des États-Unis, *Personnel Administrator of Mass. v. Feeney, United States Supreme Court Reports* 1979, n° 442, p. 256, spéc. p. 279.

[1735] Cour Suprême, *Iqbal, op. cit.*, p. 1948-1949.

[1736] Cour Suprême, *Twombly, op. cit.*, p. 555.

[1737] En s'appuyant sur la règle 1 des *Federal Rules of Civil Procedure*, elle déclare que la solution gouverne le standard applicable en matière de *pleading* pour « toutes les actions civiles et toutes les procédures civiles devant toutes les juridictions de district des États-Unis », Cour Suprême, *Iqbal, op. cit.*, p. 1953.

[1738] *Op. cit.*, p. 1950.

[1739] *Op. cit.*, p. 1950.

rigoureuses de détention, et cela « seulement en raison de [sa] religion, de son origine ethnique, et son origine nationale, en aucun cas pour des raisons légitimes d'ordre criminologique ». Le *complaint*, soutient, du reste, que Ashcroft était le « principal architecte » et Mueller « l'instrument » du projet. En soi, note la Cour, ces propositions ne forment qu'une « récitation stéréotypée des éléments » de l'action en discrimination[1740]. Pour la Cour, l'allégation est « *conclusive* » (en ce sens qu'elle se rapporte à des conclusions légales) et ne supporte pas le régime du vrai et du faux[1741]. Le *complaint* contenait bien sûr, d'autres allégations, les allégations factuelles. C'est à ce stade que la Cour rappelle les exigences attachées au standard de « *plausibility* ». D'après les mots mêmes du *complaint*, « [l]e FBI, sous la direction du défendeur Mueller, a été arrêté et détenu des milliers de musulmans d'origine arabe… Dans le cadre de ses investigations sur les événements du 11 septembre » ; et plus loin : « la politique post-11 septembre, consistant à maintenir les détenus dans des conditions de confinement particulièrement contraignantes, jusqu'à ce qu'elle soit abandonnée par le FBI, a été approuvée par les défendeurs Ashcroft et Mueller au cours des discussions qui ont eu lieu dans les semaines qui ont suivi le 11 septembre 2001 ». La Cour dit, aussi bien, que si ces faits étaient vérifiés, il serait possible de considérer que ces faits sont « *consistent* » avec la *cause of action*, c'est-à-dire avec l'antécédent abstrait de la règle de droit (qui est la discrimination en raison de motifs liés à l'origine ethnique, religieuse, national). Elle observe, néanmoins, que si on regarde les choses dans le détail, ces faits n'établissent pas « plausiblement » la *cause of action*. La Cour relève alors la chose suivante, qui permet de comprendre parfaitement son raisonnement :

> « Les attaques du 11 septembre furent perpétrées par 19 pirates de l'air arabo-musulmans qui, pour nombre d'entre eux, étaient membres de Al-Qaida, un groupe fondamentaliste islamiste. Al-Qaida était dirigé par un autre arabo-musulman - Osama ben Laden - et composé, pour une large part, de disciples arabo-musulmans. Il paraît peu surprenant, sous ce regard, qu'une politique, destinée à arrêter et détenir des individus en raison de leurs liens suspects avec les attaques, ait un impact disparate, incident sur les arabo-musulmans, bien que l'objectif de cette politique fût de ne cibler ni les populations arabes, ni les populations musulmanes. Sur ces faits, le défendeur allègue que les arrestations réalisées sous le contrôle de Mueller étaient plausiblement légales et justifiées par l'intention, non discriminatoire, de détenir des étrangers qui étaient présents, en toute illégalité, sur le territoire des États-Unis, et qui avaient des liens potentiels avait ceux qui ont commis les attaques terroristes. Entre cette "explication alternative évidente" à l'arrestation [...] et la discrimination déterminée et néfaste que le demandeur nous demande d'inférer, la discrimination n'est pas une conclusion plausible »[1742].

187. ***Synthèse.*** Il est sans doute encore trop tôt pour pouvoir tirer des conclusions définitives, mais l'intention de la Cour Suprême paraît assez nette. Sans employer la distinction du fait et du droit, qui signerait, pour beaucoup, un

[1740] V. déjà cette formule, *in* Cour Suprême, *Twombly*, *op. cit.*, p. 555.
[1741] Cour Suprême, *Iqbal*, Op. *cit.*, p. 1951.
[1742] *Op. cit.*, p. 1951-1952.

retour à la désastreuse période du *Code pleading*, elle semble correctement faire la distinction entre les propositions contenues dans la règle de droit (la *cause of action*) et les allégations purement factuelles qui viennent au soutien de l'*action*. Comme on aura l'occasion de le voir, cette distinction apparaît assez nettement dans les conclusions en usage. Mais on sait que, pour des raisons qui tiennent à la longue tradition procédurale du droit, la pratique, encouragée dans cette voie par le standard du *notice pleading*, refuse généralement de sélectionner, avant l'étape de la *discovery*, ceux des faits avancés qui se trouvent dans une relation adéquate (l'opérance - la cour dit que les allégations sont « *consistent* ») avec la *cause of action*. Dans un langage qui peut laisser perplexe (celui de la « *plausibilité* »), la Cour Suprême prend manifestement à rebours cette longue tradition, en exigeant désormais des plaideurs qu'ils avancent des faits qui peuvent, au regard de « l'expérience judiciaire » et du « sens commun »[1743], passer pour *possiblement opérants* - c'est un nouveau standard, le « *plausibility standard* »[1744]. Mais le mode de raisonnement de la Cour peine à emporter la conviction. Évincer tout ce qui peut recevoir une « explication alternative évidente » ne peut que conduire à exclure la plupart des propositions, tant il est vrai que le sens commun rend souvent *plausible* une proposition et son contraire. Est-ce à dire que la proposition factuelle alléguée devra paraître *plus plausible* que l'allégation virtuelle contraire, ce qui ouvrirait un nouveau champ à la théorie des probabilités[1745] ? Au surplus, et comme le laisse entendre l'opinion dissidente rédigée par Justice Souter, les juristes américains parviendront-ils à s'entendre sur ce qui forme l'antécédent de la règle de droit et les faits sociaux sur lesquels doivent venir s'appliquer les preuves[1746] ? Comme on le voit, la solution laisse encore de très nombreuses questions en suspens. Sur un point, toutefois, il n'est pas douteux que la Cour Suprême souhaite, probablement sur le modèle anglais ou sur celui fourni par certains États américains[1747], remettre

---

[1743] Cour Suprême, *Iqbal*, *op. cit.*, p. 1950 ; v. aussi, L. EICHHORN, « A Sens of Disentitlement : Frame-Shifting and Metaphor in Aschroft v. Iqbal », *Florida Law Review* 2010, n° 62, p. 951, spéc. p. 967-968.

[1744] L. EICHHORN, *op. cit.*, spéc. p. 952, R.G. BONE, « Plausibility Pleading Revisited and Revised : A Comment on Ashcroft v. Iqbal », *Notre Dame Law Review* 2010, n° 85, p. 849 et s., R.G. BONE, « Twombly, Pleading Rules, and the Regulation of Court Access », *Iowa Law Review* 2009, n° 94, p. 873 et s., St.B. BURBANK, « Pleading and the Dilemmas of Modern American Procedure », *Judicature* 2009, n° 93, p. 109.- Comme on le voit, le *plausibility standard* n'est donc pas un standard de *vraisemblance*, tel que le comprenait Justice Souter : *cf.* son opinion dissidente ss. Cour Suprême, *Iqbal*, *op. cit.*, p. 1955.

[1745] Dans l'affaire *Twombly*, la Cour Suprême réfutait le standard de la *probability* et situait le standard de la *plausibilité* comme étant au-dessus de celui de la *possibility* (Cour Suprême, *Twombly*, *op. cit.*, p. 557). - V. aussi, sur cette problématique, St.B. BURBANK, *art. préc.*, spéc. p. 118, L. EICHHORN, *op. cit.*, p. 970 et s .

[1746] Justice SOUTER, « Opinion dissidente » (à laquelle se joignent Justices STEVENS, GINSBURG, BREYER), *op. cit.*, p. 1954 et s. Pour le juge Souter, en effet, ce que la Cour a identifié comme des « conclusions juridiques » était, en réalité, les faits à prouver. Le *complaint* précisait donc suffisamment, contrairement à celui examiné dans l'affaire *Twombly*, les propositions-objet de preuve (*op. cit.*, p. 1959-1960).- V. aussi, L. EICHHORN, *art. préc.*, p. 962.

[1747] On doit à l'*Institut for the Advencement of the American Legal System*, l'organisation d'un important sommet, qui s'est tenu à Denver en avril 2007, et se proposant d'examiner, à travers des exemples étrangers (principalement l'exemple de l'Angleterre et du Pays de Galles, ainsi que Singapour), ou donnés par certains états fédérés (ceux n'appliquant pas les *Federal Rules of Civil Procedure* - Oregon - ou ceux les appliquant moyennant quelques spécificités - Colorado), ce que pourraient être les moyens de répondre utilement aux difficultés de la procédure civile américaine. Le compte rendu du sommet se trouve *in* IAALS, *Civil Justice Reform Summit*, University of Denver, Denver, 2007. Si l'exemple de Singapour est accueilli avec une grande réserve (essentiellement parce que les résultats statistiquement impressionnants de la réforme entreprise dans les années 1990 semblent avoir compromis certains droits essentiels du justiciable ; v. IAALS, *op. cit.*, spéc., p. 7-8) les modèles produits par l'Angleterre et l'État de l'Origan sont étudiés avec un grand sérieux. Pour le premier, la réforme entreprise par Lord Woolf passe pour un

en partie en cause la logique propre du *notice pleading* et ne plus faire entièrement reposer la définition de l'objet de la preuve sur la *discovery* ou d'autres mécanismes procéduraux qui s'articulent, comme il faut désormais le montrer, autour du concept de loyauté procédurale.

§ 2. L'importance du concept de loyauté procédurale

188. ***Formal admission, son importance et sa valorisation.*** Une première approche de la conception de l'objet de la preuve dans les pays de *Common Law* a déjà laissé apparaître combien la nature procédurale du droit a pesé sur l'intelligence des règles relatives à la proposition-objet de preuve en intervertissant, notamment, phase de mise en état d'être prouvé et phase de mise en état d'être jugé. L'objet de la preuve étant, en effet, formellement défini par la procédure de *discovery* - ce qui n'est plus vrai pour l'Angleterre dont le système a largement subi l'influence du modèle continental -, il n'est, en définitive, obtenu, qu'au terme de la recherche de la preuve. Si la vue est exacte, elle mérite néanmoins quelques corrections, car c'est le génie du *Common Law* que d'être parvenu à tirer le meilleur partie d'obstacles qui, en d'autres circonstances et à d'autres, auraient pu passer pour dirimants. Et sous ce regard, on ne peut manquer de souligner le rôle, ici positif, qu'a pu jouer la conception procédurale du droit. Si, en effet, l'inféodation du fond à la forme a entraîné les conséquences que l'on sait sur cette phase apparemment première du procès, elle n'en a pas moins offert des mécanismes dont le rôle permet de relativiser considérablement les difficultés qu'implique une définition tardive de l'objet de la preuve, tout en conservant, au *Common Law*, l'esprit formel qui est le sien. Ces mécanismes sont sans doute très nombreux. Plusieurs formes d'*Estoppel* peuvent, en partie, limiter le nombre des faits susceptibles d'être discutés devant la juridiction, comme l'*Estoppel by Representation*, qui prend le nom, en droit américain, d'*Equitable Estoppel*[1748]. On peut encore mentionner la

---

parangon de force retenue avec sa pratique du *fact pleading*, et son utilisation maîtrisée de la *disclosure* et des mesures d'instruction grâce à un juge actif. Pour le second, on constate avec étonnement que le système judiciaire fonctionne pleinement sur la base du *fact pleading*, tout en maintenant des pouvoirs larges d'investigation, sous la forme de la *discovery*.

[1748] La notion d'*Estoppel* protège ce qu'on appelle parfois la « confiance légitime ». On la désigne souvent, en France, comme « l'interdiction de se contredire au détriment d'autrui » (E. GAILLARD, « L'interdiction de se contredire au détriment d'autrui comme principe général du droit du commerce international (principe de l'estoppel dans quelques sentences arbitrales récentes) », *Rev. arb.* 1985, p. 241 et s.) qui vient de recevoir une assez large consécration en droit français : Com., 20 sept. 2011, pourvoi n° 10-22.88, *RTD civ.* 2011, p. 760, obs. B. FAGES, *D.* 2011, p. 2345, obs. X. DELPECH, *D.* 2012, p. 167-170, note C. MARÉCHAL, *JCP* E 2012, n° 4, p. 44-47, note F. MEURIS (v. encore N. DUPONT, « L'interdiction de se contredire au détriment d'autrui en procédure civile française », *RTD civ.* 2010, p. 459 et s., F. GIRARD, « Estoppel : faut-il acclimater le *Poison Tree* ? », *Rev. Lamy dr. aff.* 2012, p. 70-75). La formule peut également désigner d'autres mécanismes qui sont, en partie, étrangers aux droits de *Common Law* (le *venire contra factum proprium* ou le *Rechtsvewerking* ou *Verwirkund* en droit allemand ou en droit suisse : F. FAUST, V. WIESE, « Protecting Legitimate expectations. - The German Perspective », *in* B. FAUVARQUE-CAUSSON, *La confiance légitime et l'Estoppel*, Société de Législation comparée, Droit privé comparé européen, vol. 4, Paris, 2007, p. 99-135, A. MORIN, « La confiance légitime en droit suisse des contrats », *in* B. FAUVARQUE-CAUSSON, *op. cit.*, p. 377-413. - V. aussi, en droit italien : G. MARINI, « Italian Report on Protecting Legitimate Expectations and Estoppel », *in* B. FAUVARQUE-CAUSSON, *op. cit.*, p. 295-303 [en Italien]. - *Adde*, M. BEHAR-TOUCHAIS, « Les autres moyens d'appréhender les contradictions illégitimes en droit des contrats », *in* M. BEHAR-TOUCHAIS (dir.), *L'interdiction de se contredire au détriment d'autrui*, Economica, Paris, 2001). - La doctrine de l'*Estoppel by Representation* suppose un *Agens* (*Representor*) qui émet des *Representations*, c'est-à-dire « les actes, les attitudes d'une personne qui, étant donné leur gravité ou leur importance, sont susceptibles

doctrine, semble-t-il typiquement américaine, du *Judicial Estoppel*, qui aurait pu être développée si elle n'était pas si controversée au sein même du système fédéral[1749]. D'autres mécanismes, que la doctrine ne parvient d'ailleurs pas toujours

de déterminer des actes chez une autre personne : c'est donc l'utilisation par un homme des moyens d'expression de sa pensée, de telle façon que ce qui est ainsi exprimé, ou "représenté" puisse apparaître comme vrai aux yeux d'autrui - tout au moins suffisamment vrai pour déterminer chez autrui des actions, des passations d'actes juridiques, des pertes, etc. » (J. DARGENT, *La doctrine de l'estoppel. - Une théorie originale du droit anglais en matière de preuve*, Imprimerie Georges Frère, Tourcoing, 1943, p. 101). Cette *Representation* va créer, chez le *Recipiens* (qui reçoit cette *Representation* - il s'agit, en anglais du *Representee*), un sentiment de confiance qui l'incite à agir sur la foi d'un « certain état de choses », et à modifier « sa position initiale » en conséquence : King's Bench, *Pickard v. Sears*, *Adolphus & Ellis' Queen's Bench Reports*, 1837, 6, p. 474 (A. MARTIN, *L'Estoppel en droit international public*, éd. A. Pedone, Paris, 1979, n° 6, p. 15-16). En vertu de l'*Estoppel by Representation*, si l'*Agens* contredit sa *Representation* originelle par une seconde *Representation* contraire à la première, en tout ou partie, il se trouve alors confronté à une interdiction absolue de contredire en justice sa *Representation* initiale, ce qui est une manière à la fois singulière et efficace de limiter les questions devant être débattues (*cf.* J. DARGENT, *op. cit.*, p. 180, A. MARTIN, *op. cit.*, n° 12, p. 28-29). C'est pourquoi on a souvent vu dans l'*Estoppel by Representation* un « une présomption absolue de vérité de certains faits, dont l'existence et l'exactitude seront ainsi considérées comme définitivement établies et dont les conséquences pourront être considérées comme valables chaque fois que la question s'en posera au cours d'un litige » (J. DARGENT, *op. cit.*, p. 5). - À la vérité, sa nature juridique exacte est très incertaine. Quoi qu'il en soit, même s'il repose sur une exigence de loyauté (comp. Civ. 1re, 6 mai 2009, *Bull. civ.* I, n° 86), et même s'il a pour effet de limiter le nombre des questions à débattre, l'*Estoppel by Representation* projette dans le débat une multitude de propositions devant être prouvées : « En même temps qu'il invoque l'*Estoppel by Representation*, le "recipiens" doit apporter la preuve complète et détaillée de chacun des points que nous avons qualifiés de "conditions d'existence de l'*Estoppel*" : le fait de la *Representation* primitive, sa certitude, son interprétation, sa *"Materiality"*, l'*incitation à agir* qui devait en résulter, l'*altération de position*, la nature et l'étendue du préjudice subi, la *capacité* de l'"agens" pour faire une *Representation,* sa propre qualité de "Recipiens", etc., ainsi que toutes les précisions qui peuvent être nécessitées par les circonstances » (J. DARGENT, *op. cit.*, p. 184-185).

[1749] La doctrine du *judicial estoppel* interdit à une partie d'adopter des positions contradictoires dans des procédures successives. On l'a longtemps désignée par la doctrine de la « *preclusion against inconsistent positions* », c'est-à-dire l'obstacle aux positions contradictoires (*s.n.*, « The Doctrine of Preclusion Against Inconsistent Positions in Judicial Proceedings », *Harvard Law Review* 1946, n° 59, p. 1132 et s. - mais cette dernière doctrine semble plus large : S.R. JOHNSON, « The Doctrine of Judicial Estoppel », *Nevada Lawyer* 2003, 11-DEC, p. 8, spéc. p. 8). Elle a été appliquée pour la première fois, par la Cour Suprême du Tennessee, en 1857 (*Hamilton v. Zimmerman, Sneed's Tennessee Reports* 1857, n° 37, p. 39). De manière générale, la doctrine du *judicial estoppel* empêche une personne de soutenir une demande ou une défense ou d'adopter une position qui soit inconciliable avec une demande, une défense, ou une position soutenue ou adoptée dans une première procédure (Cour Suprême des États-Unis, *Davis v. Wakelee, United States Supreme Court Reports* 1895, n° 156, p. 680, spéc. p. 689 : « On pourrait poser pour règle générale que, lorsqu'une partie adopte une certaine position dans le cadre d'une procédure judiciaire, et triomphe en maintenant cette position, elle ne peut, par la suite, simplement parce que ses intérêts ont changé, adopter une position contraire, en particulier si c'est au préjudice de la partie qui s'est fondée sur la position précédemment prise ». De très nombreuses juridictions refusent d'en faire application ou ne l'analysent que comme une forme d'*estoppel by representation* (v. les références données par D.S. COALE, « A New Framework for Judicial Estoppel », *Review of Litigation* 1999, n° 18, p. 1 et s., spéc. p. 3 et s.). La doctrine se distingue assez nettement de l'*estoppel by representation* en ce qu'elle ne tend pas à protéger la confiance légitime, mais l'intégrité du système judiciaire : Cour fédérale d'appel, 2e circuit, *Young v. U.S. Dept. of Justice, Federal Reporter, Second Series* 1989, n° 882, p. 633, spéc. p. 639, Cour fédérale d'appel, 3e circuit, *Scarano v. Central R. Co. of N. J., Federal Reporter, Second Series*, 1953, n° 203, p. 510, spéc. p. 512-513). Les juridictions favorables à cette forme d'*estoppel* ne l'appliquent cependant pas uniformément, et la Cour Suprême des États-Unis se garde bien de donner des directives précises en la matière : Cour Suprême des États-Unis, *Cleveland v. Policy Management Systems Corp, United States Supreme Court Reports* 1999, n° 526, p. 795, Cour Suprême des États-Unis, *New Hampshire v. Maine, United States Supreme Court Reports* 2001, n° 532, p. 742 Comp., en droit français : l'ex-épouse qui a obtenu un divorce en Thaïlande est irrecevable à se plaindre de l'irrégularité de celui-ci pour bénéficier de l'immunité familiale dans le cadre de poursuites pour vol au préjudice de son ex-conjoint, Crim., 11 juin 1996, *Bull. crim.*, n° 245, *D.* 1997, Jurispr., p. 576, note E. AGOSTINI.

à correctement ranger, auraient pu trouver place dans ces lignes, comme la *renonciation* - dont on a dit quelques mots au sujet du *plea bargaining*[1750] - ou encore la doctrine du *res judicata*, une forme d'autorité de la chose jugée, cependant bien plus complexe, et qui, sous certains aspects, permet aussi de limiter le nombre des informations factuelles transmises à la juridiction[1751]. Néanmoins, tous ces mécanismes ont cela de commun de ne pas concerner seulement les propositions factuelles et, bien que parfois nettement inspirés du concept de loyauté, de n'avoir pas exclusivement pour fonction de cerner l'objet de la preuve. Il est, en revanche, un mécanisme, purement procédural, dont l'objet est nettement destiné à délimiter les propositions-objets de preuve ; il s'agit de la *judicial admission* ou de *la formal admission*, qu'on peut traduire par reconnaissance formelle ou *reconnaissance judiciaire*. De prime abord, la *reconnaissance formelle* s'apparente à un aveu, au sens où l'entend le juriste français. Une analyse plus détaillée montre, néanmoins, qu'il n'en est rien. Le concept de reconnaissance ne se laisse ramener à aucune catégorie existante du droit français, car il remplit une fonction essentielle dans les droits de *Common Law*. Puisque, ainsi qu'on l'a dit, du moins en droit américain, les parties peuvent saisir la juridiction sans réelle précision et puisque, par ailleurs, la *discovery* ne peut remplir complètement le rôle de définition de l'objet de la preuve, un mécanisme intermédiaire est nécessaire. La reconnaissance joue ce rôle d'intermédiaire en ce qu'elle a normalement pour effet de retirer du litige un certain nombre de propositions factuelles qui n'ont dès lors plus à être prouvées. Il appartient à chaque partie, à chaque conseil, de faire preuve de loyauté dans la phase préalable au procès (et même après ainsi qu'on le verra) et de *reconnaître les faits* qui ne sont pas susceptibles d'être déniés. Il faut le montrer en insistant sur le rôle central de la reconnaissance loyale des faits (A) et la valorisation de la reconnaissance loyale des faits dans la phase préparatoire du procès (B).

A. Le rôle central de la reconnaissance loyale des faits

189. ***Positionnement du problème sous l'angle comparatiste.*** Comme on a déjà eu l'occasion de le signaler, l'étude comparatiste de l'aveu suscite la plus grande perplexité. Persuadé de trouver aisément, en cette matière, un objet comparable à celui qui a cours dans son propre système juridique, le comparatiste français ne peut guère que constater la profonde divergence des systèmes juridiques étudiés. Tout ne lui est évidemment pas inconnu. L'aveu, au sens de mode de preuve, est un phénomène qu'il n'a aucune peine à identifier en Italie, au Portugal, en Belgique et en Grèce, même si la portée que lui reconnaît le système juridique n'est pas toujours la même[1752]. Quelquefois, c'est au prix de légères adaptations qu'il parvient à

[1750] De manière générale, les frontières sont poreuses entre le *judicial estoppel* et des concepts voisins tels que *l'election*, le *waiver*, *l'acquiescence* ou l'*acceptance of benefits* : F. C. AMENDOLA, « Estoppel and Waiver », *American Jurisprudence*, Second Edition, *Westlaw International*, § 74.

[1751] On a longtemps confondu *res judicata* et *judicial estoppel ;* pour la distinction v., *s.n.*, « The Doctrine of Preclusion Against Inconsistent Positions in Judicial Proceedings », *op. cit.*, p. 1133. - V. aussi, J. REY, « § II. L'autorité de la chose jugée en droit anglais », *Étude complémentaire. - L'étendue de l'autorité de la chose jugée* (Étude réalisée par l'Institut de Droit comparé Édouard Lambert de l'Université Jean Moulin - Lyon 3), p. 19-31 (www.courdecassation.fr/.../Plen-06-07-07-0410672-rapport-definitif-anonymise-annexe-2.pdf), spéc. p. 21, avec la présentation de l'*estoppel* « *approbation and reprobation* » (partie de la doctrine anglaise du *res judicata*), qui n'est pas très éloigné du *judicial estoppel*.

[1752] J. LEBRE de FREITAS, « La Preuve dans l'Union Européenne : Différences et Similitudes. - Rapport général », *in* J.-M. LEBRE de FREITAS (dir.), *Le droit de la preuve dans l'Union Européenne/The Law of Evidence in the European Union/Das Beweisrecht in der Europäischen Union*, Kluwer Law

se convaincre de la similarité, comme pour le droit espagnol où l'aveu existe, en réalité, sous la forme d'une espèce de serment décisoire dont le juge apprécie la valeur[1753]. Mais au-delà de ce périmètre, qui est celui des droits romano-canoniques ou romano-germaniques[1754], de sérieuses difficultés s'élèvent. Le droit finlandais fournit un premier exemple de système complexe où « l'aveu » remplit, tout à la fois, une fonction procédurale, qui est de retirer *l'objet* de la confession des débats, et une fonction probatoire dès lors que l'auteur de la *confession* peut se rétracter, ce qui autorise alors la juridiction à en apprécier la force probante[1755]. La même distinction se retrouve, peu ou prou, aux Pays-Bas, où l'aveu a pour effet de rendre le fait incontestable (fait constant) sur le plan procédural, son auteur ayant néanmoins le pouvoir de le rétracter en établissant qu'il a été fait par erreur ou involontairement[1756]. La raison de cette androgynie est probablement à aller chercher du côté des droits anglo-américains qui, sur ce point, ont l'avantage de reposer sur une doctrine certes complexe, mais qui n'en est pas moins pourvue d'une grande cohérence. L'aveu, au sens où l'entend le droit français, y existe, mais il ne forme qu'une part négligeable, et bien identifiable, de l'*admission*, terme qui signifie, tout à la fois, *permission d'entrer, droit ou autorisation d'entrer, acceptation d'une position ou d'une charge, aveu, au sens de confession* ou *reconnaissance* <acknowledgment> *de la vérité ou de la validité de quelque chose*[1757]. Le terme d'*admission* vient du latin *admitto*, qui signifie *envoyer vers* ou *faire aller*, ou encore *laisser aller*, *laisser entrer*. Dans une autre acception, il signifie *admettre (auprès de soi), accueillir (une demande), autoriser, admettre, permettre* ou plus largement *commettre* (une faute, un crime)[1758]. La meilleure définition paraît être celle *de reconnaissance*[1759]. On pourrait avoir quelque scrupule à faire usage du mot, étant donné qu'il trouve aujourd'hui une place de choix dans les procédures alternatives du droit français[1760]. Sa présence dans les deux systèmes juridiques pourrait accréditer l'idée d'un phénomène d'acculturation. On peut, cependant, se rassurer, en soulignant que le terme a peut-être été emprunté aux droits de *Common Law*, mais qu'il a néanmoins développé, en droit français, à partir d'une conception rigoureusement probatoire de l'aveu, une nature particulière sous l'influence du libéralisme procédural. Le terme d'*admission* est, en effet, tout à la fois étranger à

International, coll. Civil Procedure in Europe vol. 5, La Haye (Pays-Bas), 2004, p. 1-28, spéc. p. 9, note (50).

1753 M. SERRA DOMINGUEZ, « La Preuve dans le Procès Civil Espagnol », *in* J.-M. LEBRE de FREITAS (dir.), *op. cit.*, p. 381-406, spéc. p. 389.

1754 Et encore faudrait-il nuancer en ce qui concerne l'origine romaine, tant il est vrai, ainsi qu'on l'a vu, que le droit romain défendait une conception tout à fait singulière de l'aveu ; v. *supra*, n° 131.

1755 S. LAUKKADEN, « The Law of Evidence in the Finnish Judicial System », *in* J.-M. LEBRE de FREITAS (dir.), *op. cit.*, spéc. p. 118

1756 M. de TOMBE-GROOTENHUIS, *in* J.-M. LEBRE de FREITAS (dir.), *op. cit.*, spéc. p. 330.

1757 *Dictionnaire anglais Collins English definition-Thesaurus, V° Admission*, respectivement occurrences 1, 3, 4 & 5.

1758 *Dictionnaire de latin*, Éd. Garnier, Bordas, Paris, 2001, *V° Admitto*.

1759 *V° Admission : « (of an offence) confession, (of an alleged fact) reconnaissance* [...] », *in* Th. A. QUEMNER, *Dictionnaire juridique. - II. - Anglais-Français*, Édition de Navarre, Paris, 1953 ; *V° Admission :* « Admission, aveu, confession, entrée, réception, acceptation, reconnaissance » ou *V° Admission against interest :* « Manifestation d'une partie à un procès contraire à son intérêt et corroborant la thèse de la partie adverse », *in Dahl's Law Dictionary - Dictionnaire Juridique Dahl - Français-Anglais*, 3e éd., William s. Hein & Co., Dalloz, New York, Paris, 2007. - V. encore, *V° Admission, in Black's Law Dictionary*, West, St. Paul, 2011 : « *Any statement or assertion made by a party to a case and offered against that party ; an acknowledgment that facts are true* ».

1760 V. *supra*, n° 150 et s.

la culture continentale de l'aveu et l'acceptation des qualifications juridiques. La *formal admission* ou *judicial admission* est un mécanisme propre aux droits de *Common Law* qui est destiné à limiter le nombre des faits litigieux. Il repose, en partie, sur la « bonne volonté » des plaideurs, c'est-à-dire sur leur collaboration ou loyauté dans la définition des propositions-objet de preuve. Pour en percevoir précisément le sens et en mesurer la portée, il n'est pas inutile de s'attarder sur la nature de la *reconnaissance formelle* (1) et sur sa fonction (2).

1. La nature de la reconnaissance formelle

190. Formal *et* informal admissions. Si la doctrine anglo-américaine emploie un qualificatif pour désigner l'*admission*, c'est parce qu'il est manifestement deux formes de reconnaissances qui n'ont pas du tout la même nature et, par suite, la même fonction. La « *judicial admission* » ou « *formal admission* », encore appelée par Wigmore « *ceremonial admission* » ou « *solemn admission* »[1761], est la première de ces formes, et elle est fondamentalement irréductible à l'aveu. Selon la définition la plus courante, la *judicial admission* est la *concession univoque*[1762] faite par une partie sur la vérité d'une proposition, et qui a pour effet d'écarter cette proposition du périmètre du litige[1763]. La concession, qui est le fait de la partie ou de son conseil, doit être volontaire et doit porter sur un fait[1764]. Cette notion de « *fait* » est cependant à prendre à précaution, car, plus qu'en tout autre matière, la distinction du fait et du droit est confuse. À cet égard, les règles fédérales américaines relatives à la *request for admission*, dont on verra combien elles sont importantes pour favoriser la reconnaissance formelle, indiquent déjà que la reconnaissance peut porter sur l'application de la règle de droit au fait, c'est-à-dire la qualification. En réalité, lorsqu'on dit donc que la *judicial admission* ne peut porter sur un point de droit, on signifie seulement que les parties ne peuvent, par ce moyen, convenir d'un fait « juridictionnel » (*juridictional fact*), c'est-à-dire un fait qui détermine, par exemple, la compétence d'une juridiction[1765]. Il serait donc parfaitement possible de *reconnaître une qualification juridique*. La proposition est cependant controversée, et la plupart des juridictions fédérales semblent refuser de faire application de la disposition expresse posée par les *Federal Rules of Civil*

[1761] H. WIGMORE, *Wigmore on Evidence*, 3e éd., 1940, § 2591 & 2588. - V. encore, *s.n.*, « Judicial Admissions », *Columbia Law Review* 1964, n° 64, p. 1121-1133, spéc. p. 1121, note (1).

[1762] United States District Court, N.D. Illinois, Eastern Division, *In re Lefkas General Partners, Bankruptcy Reporter* 1993, n° 153, p. 804, spéc. p. 807-808.

[1763] Cour fédérale d'appel, 1er circuit, *Republic Sec. Corp. v. Puerto Rico Aqueduct and Sewer Authority, Federal Reporter, Second Series* 1982, n° 674, p. 952, United States District Court, N.D. Georgia, *Executive Risk Indem., Inc. v. AFC Enterprises, Inc.*, *Federal Supplement, Second Series* 2007, n° 510, p. 1308, spéc. p. 1322, United States District Court, D. Oregon, *Tillamook Country Smoker, Inc. v. Tillamook County Creamery Ass'n, Federal Supplement, Second Series* 2004, n° 333, p. 975, spéc. p. 984.- V. aussi, à l'échelle étatique : Court of Appeal, Second District, Division 8, *Gelfo v. Lockheed Martin Corp., California Appellate Reports, Fourth Series* 2006, n° 140, p. 34, spéc. p. 48. Lorsque la déclaration est équivoque, le fait demeure dans le litige et doit être prouvé : Appellate Court of Illinois, Second District, *Burns v. Michelotti, Illinois Appellate Court Reports, Third Series* 1992, n° 237, p. 923. La détermination du caractère ou non univoque d'une déclaration est un problème de droit qui relève de la compétence des juges : Court of Appeal, Second District, *Caponi v. Larry's 66, Illinois Appellate Court Reports*, Third Series 1992, n° 236, p. 660.

[1764] *Lee v. Puamana Community Ass'n, Hawaii Reports* 2006, n° 109, p. 561.

[1765] United States District Court, D. Alaska, *Khalili v. Pan Am Petroleum Corp., Federal Rules Decisions* 1969, n° 49, p. 22.

Procedure[1766]. La solution est généralement refusée à l'échelle étatique[1767]. De toute manière, si un point de contact paraît se réaliser entre l'aveu et la *judicial admission* à cet égard, on doit tout de suite préciser que la comparaison ne peut être poussée au-delà. On ne saurait dire, par exemple, que la *judicial admission*, tout comme l'aveu du droit français, peut être rétracté pour erreur de fait, puisque les seules juridictions américaines qui font application de cette règle sont celles qui, pour des raisons historiques, ont adopté une conception continentale de l'aveu[1768]. Aucun rapprochement n'est donc réellement possible. La reconnaissance formelle n'est rien d'autre qu'un mécanisme procédural qui, fondé sur un principe d'étroite collaboration entre les parties[1769], est destiné à limiter le nombre des faits à prouver. Elle se donne ainsi à voir comme un *dispositif qui intervient avant même le débat probatoire* (ou concomitamment à celui-ci) et non comme un dispositif probatoire destiné à prouver les propositions-objet opérantes. Un tel mécanisme, qui ne peut fonctionner que là où la procédure est encore perçue comme un moyen de favoriser le débat à armes égales et de parvenir, progressivement, à une réduction du nombre des informations transmises à la juridiction[1770], ne peut être transposé au droit

---

[1766] United States District Court E.D. Pennsylvania, *Mahaney v. Doering, Federal Supplement*, 1966, n° 260, p. 1006, United States District Court, N.D. Illinois, Eastern Division, *Sommerfield v. City of Chicago, Federal Rules Decisions* 2008, n° 251, p. 353, spéc. p. 355 (une demande en reconnaissance ne peut être utilisée pour tirer des conclusions juridiques), United States District Court, N.D. Indiana, Fort Wayne Division, *Golden Valley Microwave Foods, Inc. v. Weaver Popcorn Co., Inc., Federal Rules Decisions* 1990, n° 130, p. 92, spéc. p. 96 (une demande en reconnaissance portant sur la validité d'un brevet est une conclusion juridique), United States District Court D. Maryland, *Lehmann v. Harner, Federal Rules Decisions* 1962, n° 31, p. 303, spéc. p. 303 (rejet de la demande formulée de la manière suivante : « l'accident du 20 août 1960 qui s'est produit approximativement à 7h00, à Towson, Maryland, impliquant Karl E. Lehmann, Elriede (sic) Lehmann, Elke Lehmann, Rudiger Lehmann et Uwe Lehmann, a pour seule cause la négligence de Ernest Luke Harner »). - V. toutefois : United States District Court, N.D. West Virginia, *Fisher v. Baltimore Life Ins. Co., Federal Rules Decisions* 2006, n° 235, p. 617 : une partie peut présenter une demande en reconnaissance qui est relative à l'application du droit au fait, mais une demande portant sur une question purement juridique est inadéquate sur le fondement de ces règles ; United States District Court, S.D. West Virginia, *Reliance Ins. Co. v. Marathon LeTourneau Co., Federal Rules Decisions* 1994, n° 152, p. 524 : qui distingue les questions de droit qui sont rattachées aux faits de l'affaire et celles qui ne le sont pas.

[1767] Supreme Court of Alaska, *Hayes v. Xerox Corp., Pacific Reporter, Second Series*, 1986, n° 718, p. 929, Appellate Court of Illinois, Second District, *Caponi v. Larry's 66, Illinois Appellate Court Reports*, Third Series 1992, n° 236, p. 660, Supreme Court of Montana, *Stockman Bank of Montana v. Potts, Montana Reports* 2006, n° 331, p. 381, Supreme Court of South Dakota, *U.S. v. State, North Western Reporter, Second Series* 1999, n° 598, p. 208, Supreme Court of Appeals of West Virginia, *Wheeling-Pittsburgh Steel Corp. v. Rowing, West Virginia Supreme Court Reports* 1999, n° 205, p. 286.

[1768] On présente souvent les décisions rendues par les juridictions de l'État de Louisiane comme étant des exceptions à la règle selon laquelle la reconnaissance formelle ne peut être révoquée pour erreur de fait. En réalité, les juridictions de cet État font application de dispositions particulières, contenues au Code civil de Louisiane et qui, comme en d'autres hypothèses, ont subi grandement l'influence du droit continental. V., en ce sens, Court of Appeal of Louisiana, Third Circuit, *Terrell v. Town Of Merryville, Southern Reporter, Second Series* 2004, n° 886, p. 1278, Court of Appeal of Louisiana, Fourth Circuit, *Southern Reporter*, *Second Series* 1991, n° 590, p. 795, spéc. p. 798 à propos du *Lousiana Civil Code*, article 1853, qui dispose que « Un aveu judiciaire est une déclaration faite par une partie au cours d'une procédure judiciaire. Cet aveu fait pleine foi <*constitue full proof*> contre celui qui l'a fait. - Un aveu judiciaire est indivisible et peut être révoqué pour erreur de fait ». - V. encore, Supreme Court of Louisiana, *Succession of Fontano, Louisiana Reports* 1941, n° 196, p. 775, spéc. p. 787-788. Il existe, néanmoins, de véritables exceptions. V., par exemple, Supreme Court of Nebraska, *Vermaas v. Heckel, Nebraska Reports* 1960, n° 170, p. 321, Supreme Court of North Dakota, *North Dakota Reports* 1950, n° 77, p. 570. L'erreur de fait joue alors pleinement face à une véritable *reconnaissance formelle ;* les juridictions font usage de leur pouvoir discrétionnaire.

[1769] V. *supra*, n° 183, les remarques faites sur la notion de transparence probatoire.

[1770] V. *supra*, n° 169 et s.

français ou à d'autres droits continentaux qui en partagent la tradition. La « *formal admission* » ou « *judicial admission* » relève, en effet, d'une logique propre qui ne saurait être fondue dans l'un quelconque des moules du droit français, sauf, peut-être, et sans lever véritablement toutes les difficultés, ceux du désistement et de l'acquiescement[1771]. C'est pourquoi aussi, l'analyse procédurale de la portée de l'aveu, qui a parfois été suggérée en France[1772] et en Belgique[1773], et par laquelle il a été proposé d'entendre l'aveu comme un moyen d'extraire certains faits du litige, ne saurait véritablement convaincre[1774]. Si on veut trouver, dans les droits anglo-américains, quelque chose de comparable à l'aveu français, il faut alors regarder du côté, non plus de la reconnaissance formelle, mais de la « reconnaissance informelle » ou « *informal admission* ». Cette dernière est, en effet, comparable à la notion d'aveu ; et encore, il ne s'agirait que d'un aveu extrajudiciaire. La terminologie américaine en rend bien compte, puisque l'« *informal admission* » prend le nom de « *out-of-court statement* »[1775] ou de « *extra-judicial admission* »[1776] ; et des appellations alternatives, comme celles de « *evidential admission* »[1777] ou de « *confession* », soit l'aveu[1778] - montrent bien la portée probatoire du dispositif. En d'autres termes, selon qu'elle est faite en dehors ou au cours de l'instance, la « *reconnaissance* » change de nature. Preuve dans le premier cas, elle se transforme en dispositif procédural dans le second. En ce sens, une juridiction américaine a pu nettement indiquer que « [u]ne vraie *judicial admission* est une reconnaissance <*admission*> faite en justice ou durant la phase préparatoire, par une partie ou son avocat, par laquelle une concession est faite, relativement à une instance en particulier, sur la vérité d'un fait allégué, de telle sorte que la partie est dispensée de prouver ce fait, tandis que l'autre partie est normalement dans l'impossibilité d'administrer la preuve contraire. Elle retire la proposition en jeu du champ du débat dans l'affaire particulière dans laquelle elle est faite »[1779]. Un auteur anglais a pareillement souligné combien il était essentiel « bien distinguer la reconnaissance formelle de la reconnaissance informelle. Une reconnaissance informelle est la déclaration faite par une partie contraire à ses intérêts et recevable <*admissible*> comme preuve de la vérité de son contenu, par exception à la règle prohibant le ouï-dire [...]. À la différence de la reconnaissance formelle, elle n'est pas concluante <*conclusive*> : celui qui s'en prévaut doit produire une preuve destinée à la corroborer. Au contraire, un fait formellement reconnu n'est plus dans le débat <*in*

[1771] V. *infra*, n° 269.
[1772] On doit essentiellement cette analyse au Professeur Jean Chevallier. *Cf.* J.-L. MOURALIS, *V° Preuve (1° modes de preuve), Rép. Dalloz dr. civ.*, spéc. n° 675
[1773] D. MOUGENOT, *op. cit.*, p. 97
[1774] V. *infra*, n° 269.
[1775] G. WISSENBERGER, J. J. DUANE, *Federal Rules of Evidence : Rules, Legislative History, Commentary and Authority*, 5e éd., LexisNexis, § 801.17, p. 455.
[1776] United States District Court, D. Massachusetts, *United States v. United Shoe Machinery Corporation, Federal Supplement* n° 89, p. 349, spéc. p. 353
[1777] Sur cette distinction : Ch.T. MCCORMICK, *McCormick on Evidence* (par W. STRONG et *alii*), 5e éd., West Group, St. Paul, 1999, § 255 entre *judicial admission & evidentiary admission*.
[1778] En réalité, on parlera plutôt d'*informal admission* en matière civile et de *confession* en matière pénale, du moins en droit anglais : *cf.*, A. KEANE, J. GRIFFITHS, P. MCKEOWN, *op. cit.*, p. 339 (*informal admission*, abordée sous l'angle de l'exception à la prohibition du ouï-dire) & p. 362 et s. (pour l'aveu). - On trouvera encore les expressions de « *ordinary or quasi admission* » : St. Louis Court of Appeals (Missouri), *L.R. Jones and Myrtle Jones, South Western Reporter, second series*, n° 369, p. 865, spéc. p. 873.
[1779] St. Louis Court of Appeals, Missouri, *May v. May, South Western Reporter, Second Series* 1956, n° 294, p. 627, spéc. p. 634.

issue>. La preuve d'un tel fait n'est ni nécessaire ni recevable. Aussi bien, une partie qui a pu faire une reconnaissance formelle, qui est généralement concluante au regard de la procédure, évite à son adversaire la peine, le temps et le prix que suppose la preuve d'un tel fait »[1780].

Puisque, en définitive, la *formal admission* repose sur la loyauté procédurale et délimite, par défaut, les propositions-objet de preuve, on pourrait être tenté de faire entrer dans la catégorie le *plaider coupable*. La proposition semble parfois retenue en doctrine[1781] et la Cour Suprême des États-Unis n'hésite pas à parler de « *judicial admission of guilt* » ou de « *solemn admission of guilt* »[1782]. Il est vrai qu'il est une grande parenté entre la *judicial admission* et le plaider coupable et les deux notions tendent souvent à se confondre[1783]. Le plaider coupable demeure, néanmoins, une

---

[1780] A. KEANE, J. GRIFFITHS, P. MCKEOWN, *op. cit.*, p. 673-674.- V. encore : Supreme Court of Montana, *In re the MARRIAGE OF Scott L. HART*, *Montana Reports* 2011, n° 360, p. 380 : « *A judicial admission has a conclusive effect upon the party who makes it, and prevents that party from introducing further evidence to prove, disprove, or contradict the admitted fact* ». - V. encore en droit canadien : S.-N. LEDERMAN, M. FUERST, J. SOPINKA, *The law of evidence in Canada*, LexisNexis, Markham, Ont., 2009, spéc. § 19.1.

[1781] V. au Canada, par ex. H. STEWART et *alii*, *Evidence.- A Canadian Casebook*, 2e éd., Edmond Montgomery Publications Ltd., Toronto, 2006, spéc. p. 921 et s., S.-N. LEDERMAN, M. FUERST, J. SOPINKA, *op. cit.*, § 19.7 et Cour Suprême du Canada, *R. c. Gardiner*, *Canada Supreme Court Reports* 1982, n° 2, p. 368, spéc. p. 414-415 (dans la version française, le plaider coupable est traduit par « aveu » tout comme d'ailleurs l'« *admission* ». Dans d'autres arrêts, le terme est traduit par « admissions de fait » : Cour Suprême du Canada, *Spire Freezers Ltd. c. Canada*, *Canada Supreme Court Reports* 2001, n° 1, p. 391, (§ 8), Cour Suprême du Canada, *Morris c. La Reine*, *Canada Supreme Court Reports* 1979, n° 1, p. 405 (spéc. p. 422) ; pour une autre traduction : Cour Suprême du Canada, *R. c. Withe*, *Canada Supreme Court Reports* 2011, n° 1, p. 433)- V. encore Saskatchewan Court of Appeal, *R. v. Toulejour*, *Saskatchewan Reports* 1983, n° 27, 72 (§ 6).

[1782] Cour Suprême des États-Unis, *Lefkowitz v. Newsome*, *United States Supreme Court Reports* 1975, p. 420, n° 283 et s., spéc. n° 297 & 298.

[1783] Il semble que la *judicial admission* soit utilisée en matière pénale, à des fins tactiques : il en est ainsi lorsque la partie reconnaît un fait afin d'éviter la production d'une preuve qui pourrait être dommageable (par exemple un témoignage de nature à enflammer le jury : Cour Suprême du Missourie, Division n° 2, *State v. Long*, *South Western Report, Second series*, 1935, n° 80, p. 154 (présentation de vêtements ensanglantés) ; ou encore pour éviter qu'il soit fait état, devant le jury, de l'existence d'une condamnation antérieure (Cour Suprême du Dakota du Sud, *State v. Morgan*, *North Western Reporter* 1920, n° 176, p. 35) ou, plus largement, des données sur la réputation du défendeur : Court of Criminal Appeals of Texas, *Davis v. State*, *South Western Reporter* 1927, n° 290, p. 163 ; *cf.* P. M. WALL, « Judicial Admissions : Their Use in Criminal Trials », *The Journal of Criminal Law, Criminology, and Police Science* 1962, n° 53, p. 15-26. Mais l'efficacité de la manœuvre dépend souvent de la juridiction ; certaines d'entre elles n'y attachant, semble-t-il, qu'un effet probatoire : *s.n.*, « Judicial Admissions », *op. cit.*, note (15). À l'échelle étatique, les juridictions du Texas semblent favorables à la *reconnaissance formelle* en matière criminelle : Court of Criminal Appeals of Texas, *Clarence Randolph Bryant v. The State of Texas*, n° PD-672-04. - V. aussi, la cour suprême de l'État de New York : New York Court of Appeals, *The People & c. v. Luis Burgos-Santos*, Case n° 55, *New York International Law Review* 2002, p. 53, spéc. note (2). À l'échelle fédérale : Cour fédérale d'appel, D.C. Circuit, *Harrison v. United States, Federal Reporter, Third Series* 204, p. 326 (renvoi), Cour fédérale d'appel, 10e Circuit, *United States v. Mason, Federal Reporter, Third Series* 85, p. 471-473, Cour fédérale d'appel, 1er Circuit, *United States v. Meade, Federal Reporter, Third Series* 175, p. 215 & 223, Cour fédérale d'appel, 4e Circuit, *United States v. Reedy, Federal Reporter, Second Series* 990, p. 167 & 169 (renvoi) ; il semble que l'incertitude soit liée aux faits que les juridictions ont, en la matière, un pouvoir discrétionnaire, comme le recommandait Wigmore : J.H. WIGMORE, *A Treatise on the Anglo-American System of Evidence*, *op. cit.*, spéc. § 2591. - En droit anglais, le *Criminal Justice Act* de 1967, indique à la section 10(1), qu'une reconnaissance formelle peut être faite sur « tout fait pour lequel une preuve orale pourrait être produite à l'occasion d'un procès pénal » (par *preuve orale*, il faut entendre tous les témoignages qui ne tombent ni sous le coup de la prohibition du ouï-dire, ni sous le coup de la prohibition de la preuve d'opinion : A. KEANE, J. GRIFFITHS, P. MCKEOWN, *op. cit.*, p. 674-675). Là encore, la *reconnaissance* peut avoir lieu

véritable déclaration de culpabilité qui remet en cause le droit de ne pas contribuer à sa propre condamnation (*privilege against self-incrimination*) et le droit au procès[1784]. Sur le plan conceptuel, on ne peut manquer de souligner, une nouvelle fois, que la *reconnaissance formelle*, contrairement au *guilty plea*, porte sur le fait et non sur la qualification ou sur la culpabilité tout entière. La *guilty plea* n'a rien à voir avec la loyauté - il ne s'agit que d'une autocondamnation - et elle n'est pas destinée, comme la *judicial admission*, à limiter le nombre des faits qui doivent être prouvés.

2. *La fonction de la reconnaissance formelle*

190-1. ***Le resserrement des termes du débat.*** C'est probablement au regard du droit fédéral américain qu'on percevra avec la plus grande acuité l'importance de la reconnaissance formelle bien que, ainsi qu'il faut le rappeler, deux importantes décisions de la Cour Suprême aient consacré des standards plus rigoureux en matière de *pleading*. Quoi qu'il en soit, et aussi longtemps que la procédure civile fédérale américaine n'aura pas adopté un système net de *fact pleading* et qu'une nouvelle culture n'aura pas pu naître, la *judicial admission* aura son importance. Comme on l'a du reste fait remarquer, même sous l'empire du *Code pleading*, il n'était pas rare que la reconnaissance formelle fût fréquemment utilisée[1785] et il se pourrait bien qu'elle trouve un nouveau terrain d'élection avec l'avènement d'un modèle plus continental de conclusions, ainsi que le montre le système anglais[1786]. Au-delà, la difficulté avec laquelle les droits anglo-américains distinguent le fait et le droit rend toujours absolument nécessaires des mécanismes susceptibles de réduire le nombre des questions transmises à la juridiction. De toute évidence, la notion de *reconnaissance formelle* tire une partie de sa force de la logique du *notice pleading*. Dans un article remarqué, publié en 1962, un universitaire américain signalait déjà que, dans le cadre du *notice pleading*, la reconnaissance formelle a une fonction essentielle qui est de réduire l'ampleur des débats, de limiter les dépenses de *discovery* et de compresser le temps du procès tout en favorisant la

---

avant ou après l'exercice des poursuites et elle peut émaner de la partie poursuivie ou de l'autorité de poursuite. Il faut remarquer, pour conclure que, étant donné la gravité de l'acte procédural - dont l'effet va s'étendre à toute procédure pénale subséquente (comme l'appel) qui porte sur les mêmes faits qui ont donné lieu aux poursuites - la *reconnaissance* pourra être rétractée avec l'accord de la juridiction. Par ailleurs, la reconnaissance suppose, bien souvent, la présence d'un conseil ou d'un avocat (*op. cit.* p. 675 et *Criminal Justice Act* 1967, Section 10(2)(c) à (e)).

[1784] *Cf.* A. W. ALSCHULER, « Plea Bargaining and Its History », *Columbia Law Review* 1979, p. 1 et s.

[1785] La proposition ne se comprend que par défaut. Il est évident que, à prendre le *notice pleading* dans son acception la plus rigoureuse, les parties sont incitées à ne fournir que très peu d'indications dans leurs premières conclusions. Les plaideurs sont aussi bien peu enclins à faire des concessions - elles ne connaissent pas encore, précisément, les prétentions de l'adversaire : v. en ce sens, *s.n.*, « Judicial Admission », *op. cit.*, p. 1128, T. FINMAN, « The Request for Admissions in Federal Civil Procedure », *op. cit.*, spéc. p. 373-374. Dans le même temps, comme il est très rare que les conclusions soient aussi indigentes qu'on veuille bien le faire croire, ce qui les caractérise véritablement, c'est l'absence d'articulation précise entre le fait et le droit. Le fait, comme autrefois dans le modèle ancestral du *writ*, est en instance - *il n'est pas encore tendu vers le droit ; il cherche d'abord à se préciser lui-même*, ce que permet bien la *judicial admission*. La règle de droit n'interviendra qu'après, lorsqu'on aura détaché de cette grappe de faits quelques grains mûrs susceptibles d'être confrontés à la règle de droit.

[1786] En ce qu'elle est inspirée d'un modèle rhétorique, la pratique du *pleading* implique toujours un débat qui doit, si possible, se dérouler de bonne foi et aboutir à des concessions réciproques. Quel que soit le modèle, la *reconnaissance formelle* est appelée à jouer un rôle important.

négociation[1787]. La formule n'est pas passée inaperçue puisque l'*Advisory Committe on Rules*, le comité chargé du suivi des règles et de formuler des propositions de révisions, l'a reprise à son compte, à plusieurs reprises, dans ses observations publiées en 1970[1788]. Et elle est fréquemment approuvée, sous des formes variées, par les juridictions fédérales[1789]. L'importance du dispositif ne se laisse mesurer que si on revient sur la notion même de *notice pleading*. D'après l'article 8 des *Règles fédérales*, le *complaint* contient trois types d'éléments : d'abord, l'énonciation de la règle de droit dont l'application est recherchée ; ensuite, une déclaration à la fois « brève et complète » de la demande, tendant à montrer que le plaideur est autorisé à agir en justice ; enfin, une présentation de ce qu'on appellerait, en droit français, *l'objet de la demande*, c'est-à-dire l'indication de la contrepartie (*relief*) que le demandeur cherche à obtenir[1790]. Comme l'avait déjà signalé le Professeur américain Hazard, instigateur des règles de procédure civile transnationale, et qui avait déjà, dans le premier projet conduit par l'*American Law Institute*, renoncé, avec le Professeur Taruffo, au *notice pleading* au profit du *fact pleading*, cet article ne pose presque aucune exigence en matière de motivation des conclusions[1791]. Évitant soigneusement la notion de « fait », qui avait été la pierre d'achoppement du modèle du *notice pleading*, il se contente d'employer deux adjectifs (*bref* et *complet*) qui ne se réfèrent à rien si ce n'est des « déclarations », notion dont on peut déplorer l'imprécision[1792]. Si on se réfère aux formulaires annexés aux *Federal Rules of Civil Procedure*[1793], on constate ces déclarations visent en réalité deux séries de choses. Le *Civil Form* n° 11, intitulé « *Complaint for Negligence* » (utilisé pour une action en responsabilité civile), qui est de loin le plus sommaire, donne l'illustration suivante de la manière dont les « faits » doivent être présentés dans le *complaint :* le « défendeur a, par négligence, dirigé un véhicule terrestre à moteur contre le plaignant ». Le demandeur indique ensuite la *contrepartie* qu'il entend obtenir : « d'où il suit que le plaignant a été physiquement

[1787] T. FINMAN, « The Request for Admissions in Federal Civil Procedure », *Yale Law Journal* 1962, n° 71, p. 371, spéc. 375-376 ; encore, par la suite, *s.n.*, « Judicial Admissions », *Columbia Law Review* 1964, n° 64, p. 1121-1133, p. 1121. Et, plus récemment, D. S. COALE, « A New Framework for Judicial Estoppel », *Review of Litigation* 1999, n° 18, p. 1 et s., spéc. p. 12.

[1788] Federal Rules of Civil Procedure Rule 36, *United States Code Annotated*, spéc. "Advisory Committe Notes", D. S. COALE, *art. préc.*, note (74).

[1789] Cour fédérale d'appel, 2e circuit, *Moosman v. Joseph P. Blitz, Inc., Federal Reporter, Second Series* 1966, n° 358, p. 686, p. 688 (l'objectif de la règle relative à la demande en reconnaissance est de faciliter le procès en écartant les questions non contestées), Cour fédérale d'appel, 2e circuit, *Syracuse Broadcasting Corporation v. Newhouse, Federal Reporter, Second Series*, 1958, n° 271, p. 910, spéc. p. 917, United States District Court D. Maryland, *Metropolitan Life Ins. Co. v. Carr, Federal Supplement* 1959, n° 169, p. 377, spéc. p. 378 (l'objectif de la règle 36 est « d'obtenir la reconnaissance de propositions qui doivent être reconnues ou qui ne seront pas débattues au cours du procès, en sorte que le temps, les efforts et les frais nécessaires pour en établir la réalité soient évités »), District Court, Territory of Alaska, First Division, *Demmert v. Demmert, Federal Supplement* 1953, n° 115, p. 430, spéc. 430, United States District Court, M.D. Pennsylvania, *Howell v. Maytag, Federal Rules Decision* 1996, n° 168, p. 502, spéc. p. 504 (la règle 36 est destinée « à promouvoir l'efficacité du procès en éliminant des questions factuelles non contestées »).

[1790] *FRCP*, règle 8, (a), respectivement (1), (2) et (3). v. aussi, W. BURNHAM, *Introduction to the Law and Legal System of the United States*, West Group, St. Paul, 2011, p. 229 et s.

[1791] G.C. HAZARD Jr., « From Whom No Secrets Are Hid », *Texas Law Review* 1998, n° 76, p. 1665 et s., spéc. p. 1668-1669.

[1792] G.C. HAZARD Jr., *op. cit.*, p. 1671 : « Les termes "concis et complet" sont des adjectifs, non des substantifs, et laissent sans réponse la question de savoir quelle déclaration doit être complète et concise ».

[1793] *FRCP*, Appendix, § XII. V., encore, W. BURNHAM, *op. cit.*, *loc. cit.* & M. FAIRMAN, « The Myth of Notice Pleading », *Arizona Law Review* 2003, vol. 45, p. 987-1065, spéc. p. 1000 à 1001.

blessé, qu'il a perdu des revenus, souffert de douleurs physiques et psychologiques et dû supporter des frais médicaux à hauteur de [somme] $ »[1794]. Comme on l'imagine, les *complaints* sont loin d'être aussi courts et, ainsi que le rappelle l'affaire *Iqbal*[1795], ils contiennent toujours des allégations *véritablement* factuelles, d'ailleurs souvent nombreuses. Un autre formulaire le montre bien : le *Civil Form 13* intitulé : « *Complaint for Negligence Under the Federal Employers' Liability Act* » (qui s'applique dans le cadre d'une action en responsabilité civile dirigée contre l'employeur). La traduction libre suivante du formulaire rend bien compte de la dimension factuelle du *complaint* : « À l'époque ci-dessus indiquée, le défendeur possédait et dirigeait, dans le cadre d'une entreprise de commerce entre États, une ligne de train qui passait sous un tunnel situé à [lieu]. - Le [date], le plaignant était occupé à réparer et à élargir le tunnel afin de permettre, en toute sécurité, l'activité commerciale. - Durant son travail, le défendeur, ès qualités d'employeur, a, par négligence, demandé au demandeur de travailler dans une section du tunnel que le défendeur avait laissée sans protection ni renfort. - À cause de la négligence du défendeur, le plaignant a été blessé par un rocher qui est tombé d'une portion non soutenue du tunnel. - En conséquence, le plaignant a été physiquement blessé, a perdu des revenus... »[1796]. Les faits sont ici relativement simples et, pour sûr, ils correspondent plus ou moins exactement à des faits opérants pour une juge américain. Mais ce qui marque une différence fondamentale avec un système de *fact pleading*, c'est que le *complaint* n'exige aucune articulation spécifique entre ces *faits* et la *cause de l'action* (antécédent abstrait de la règle de droit) ou *conclusion légale* d'après le vocabulaire de la Cour Suprême des États-Unis. En d'autres termes, le système autorise les parties à saisir la juridiction de faits qui ne sont pas nécessairement en relation d'opérance avec la règle de droit dont l'application est recherchée et qui, pour cette raison - parce que, en définitive, nul ne sait précisément ce qui est recherché, en dehors du résultat économique tangible - peuvent être particulièrement nombreux. Même si elle ne règle pas tous les problèmes, et notamment si elle ne permet pas de dire ce qui est opérant et ce qui ne l'est pas, la *reconnaissance formelle* va permettre de réduire, parfois considérablement, le nombre de ces faits, et ramener l'ampleur de la *discovery* dans des proportions raisonnables. Les plaideurs sont donc invités à faire preuve de loyauté dans la définition de la base factuelle. En raison de son importance, cette loyauté est même provoquée, directement ou directement, au moyen de diverses dispositions procédurales.

B. La valorisation de la reconnaissance loyale des faits

191. ***Reconnaissance formelle et* request for admission.** Si la *Judicial admission* est centrale dans la construction du litige, elle doit pouvoir intervenir à n'importe quel stade du procès, y compris en cours d'audience. C'est en pratique ce que l'on constate puisque la reconnaissance formelle peut être contenue dans les conclusions[1797] ou résulter encore de déclarations faites par l'avocat au cours des plaidoiries. Mais si la fonction de la *judicial admission* est bel et bien de limiter les

[1794] *Civil Form* n° 11 : « *Complaint for Negligence* ».
[1795] V. *supra*, n° 186.
[1796] *Civil Form 13* : « *Complaint for Negligence Under the Federal Employers' Liability Act complaint* ».
[1797] Appellate Court of Connecticut, *United Elec. Contractors, Inc. v. Progress Builders, Inc., Connecticut Appellate Reports* 1992, n° 26, p. 749 ; v. aussi, MCCORMICK, *op. cit.*, § 242, p. 508.

frais de la *discovery* et l'étendue des débats au cours de l'audience finale, il est tout à fait essentiel que les plaideurs soient encouragés à faire acte de reconnaissance le plus tôt possible. Sous ce regard, le droit américain, mais également le droit anglais, paraissent parfaitement cohérents. Les *Civil Procedure Rules* du droit anglais, disposent ainsi, à la règle 14.1(1), qu'une partie « peut reconnaître *<admit>* la vérité de toute ou partie des allégations de son adversaire *<party's case>* » ; la règle 14.1 A(1) ajoute qu'une personne peut, par voie de notification écrite, « admettre la vérité de toute ou partie de l'allégation de l'autre partie avant le début du procès », ce qu'on appelle aussi une *pre-action admission*, c'est-à-dire une reconnaissance avant introduction de l'instance. En d'autres termes, la « *reconnaissance* » peut être faite, en droit anglais, par le biais des conclusions en défense ou encore avant même le procès, par la voie d'une notification rédigée par un conseil. Sans surprise, le droit américain va plus loin avec une mesure déjà signalée, qui relève de la *discovery*, mais qui n'a pourtant pas de réelle fonction probatoire[1798] : la *request for admission*. Elle figure à la règle 36 des *Federal Rules of Civil Procedure*. Selon la règle 36(a)(1) une « [p]artie peut délivrer à une autre partie une requête écrite par laquelle elle lui demande de reconnaître *<to admit>*, pour les besoins de l'action pendante seulement, la vérité de toute question, entrant dans la champ de la règle 26(b)(1), et relative : - (A) aux faits, à l'application du droit au fait, à une appréciation relative à l'un de ces deux premiers points ; et - (B) à l'authenticité de tout document désigné ». Cette mesure est loin d'être anodine et mérite d'être prise au sérieux. Elle fournit, cette fois-ci, une véritable sanction à l'obligation de loyauté dont doivent faire preuve les parties. Tout d'abord, la partie requise de reconnaître les faits est tenue de répondre dans les trente jours qui suivent la délivrance de la requête, faute de quoi le fait est réputé reconnu[1799]. Deux autres sanctions particulièrement incitatives viennent s'ajouter. Le dispositif s'articule autour de la règle 36(a)(4) des *Règles fédérales*. D'après cette disposition, la partie requise peut toujours refuser de reconnaître les faits. Elle peut le faire de deux manières : soit en réfutant spécialement la vérité des faits, soit en expliquant « de manière détaillée » pourquoi elle ne peut, « en toute bonne foi *<truthfully>* » reconnaître ou dénier le fait. C'est sur ce texte que vient s'enter la première sanction, contenue à la règle 37(c)(2) : si la partie requise a refusé d'admettre et si, par la suite, le requérant est parvenu à prouver la réalité du point débattu ou l'authenticité du document, ce dernier peut alors demander que soit mises à la charge du plaideur requis toutes les « dépenses raisonnables », y compris les frais d'avocat, engagées dans la recherche de la preuve[1800]. La sanction s'applique que le

---

[1798] Les juridictions distinguent généralement la *request for admission* des autres mesures de *discovery :* United States District Court N. D. Georgia, Atlanta Division, *Ranger Ins. Co. v. Culberson, Federal Rules Decisions* 1969, n° 49, p. 181, spéc. p. 182-183, United States District Court, N.D. Ohio, Eastern Division, *McHugh v. Reserve Min. Co., Federal Rules Decisions* 1961, n° 24, p. 505, spéc. p. 507, United States District Court E. D. Pennsylvania, *Griffin v. Wilhelmsen, Federal Rules Decisions* 1959, n° 24, p. 431, spéc. p. 433, United States District Court, N.D. California, Southern Division, *People of State of Cal. v. The Jules Fribourg, Federal Rules Decisions* 1955, n° 19, p. 432, spéc. p. 436, United States District Court, N.D. Ohio, *Bede v. Beck, Federal Rules Decisions* 1951, n° 11, p. 293, spéc. p. 294.

[1799] *FRCP*, règle 36(a)(3) ; United States District Court, E.D. California, *Smith v. Pacific Bell Telephone Co., Inc., Federal Supplement, Second Series* 2009, n° 662, p. 1199, spéc. p. 1229-1230. - V., en droit anglais : le fait va également pouvoir être reconnu par « défaut », lorsque la partie ne défère pas à une requête écrite ou ne satisfait par à l'injonction de la juridiction de fournir des informations complémentaires : *CPR*, règles 18.1 & 26.5(3).- *Adde*, *Practice Direction* 18.

[1800] Cour fédérale d'appel, 9e circuit, *Marchand v. Mercy Medical Center, Federal Reporter, Third Series* 1994, n° 22, p. 933, United States District Court, District of Columbia, *Abston v. Fitness Co., Federal*

plaideur requis ait fait le choix de réfuter purement et simplement ou qu'il ait indiqué ne pas savoir, en sa bonne foi, si le fait était vrai ou faux[1801].

Le texte contient lui-même des exceptions qui peuvent être rangées sous le concept plus général de loyauté. La partie peut tout d'abord se prévaloir d'une sorte d'exception de bonne foi, à condition toutefois, comme l'indique la règle 36(a)(4) qu'elle établisse que son manque d'informations ne résulte pas de sa veulerie. Elle doit ainsi montrer qu'elle a réalisé une « enquête raisonnable » et que les informations dont elle dispose ou qu'elle peut « aisément <*readily*> » obtenir sont insuffisantes pour lui permettre de répondre[1802]. Elle peut encore établir que la reconnaissance formelle que la partie adverse cherchait à obtenir était « d'une importance non substantielle »[1803]. La disposition est loin d'être nette. Certaines juridictions ont pu estimer que la sanction n'avait pas à être appliquée chaque fois qu'il était établi que le fait n'était pas opérant[1804]. On a d'autres fois considéré que le plaideur requis ne méritait aucune sanction s'il était établi que les faits avaient pu être aisément établis et à un faible coût[1805]. Les règles 36(a)(4) et 36(a)(6) contiennent une autre sanction, bien plus formelle, mais tout aussi efficace. La partie qui n'a pas réfuté le fait « *specifically* », c'est-à-dire « spécialement » (en particulier)[1806] ou qui n'a pas indiqué, « de manière détaillée » les raisons pour lesquelles elle ne peut pas répondre[1807] doit être considérée comme n'ayant pas répondu[1808]. Le fait est donc tenu pour *reconnu*, solution qui ne va pas sans difficulté puisque l'appréciation du caractère suffisant ou non de la réponse ne sera réalisée que par la suite, ce qui peut surprendre le plaideur requis.

192. Judicial admission *et* pre-trial conference. En dépit de son efficacité[1809], la *request for admission* n'est pas toujours utilisée par les parties. Quand les

---

Rules Decisions 2003, n° 216, p. 143, United States District Court, D. Connecticut, *Thalheim v. Eberheim, Federal Rules Decisions* 1988, n° 124, p. 34,

[1801] Telle que rédigée antérieurement, la disposition avait semé le trouble parmi les juges, certains n'ayant pas hésité à étendre la sanction à la deuxième hypothèse : United States District Court, E. D. New York, *Bertha Bldg. Corp. v. National Theatres Corp., Federal Rules Decisions* 1954, n° 15, p. 339), d'autres ayant décidé de tenir le fait pour constant : v. V. T. FINMAN, « The Request for Admissions in Federal Civil Procedure », *op. cit.*, spéc. p. 426-430.

[1802] *Cf. FRCP*, règle 37(c)(2)A & D.- United States District Court D. Nebraska, *Hise v. Lockwood Grader Corp., Federal Supplement* 1957, n° 153, p. 276, spéc. p. 278, United States District Court, S.D. New York, *Herrera v. Scully, Federal Rules Decisions* 1992, n° 143, p. 545, spéc. p. 548. - V. aussi, T. FINMAN, « The Request for Admissions in Federal Civil Procedure », *op. cit.*, spéc. p. 404-409.

[1803] *FRCP*, règle 37(c)(2)B.

[1804] Cour Fédérale d'appel, *Chicago Pneumatic Tool Co. v. Ziegler, Federal Reporter, Second Series* 1945, n° 151, p. 784, spéc. p. 798. On tend alors à considérer que, puisque le fait n'est d'aucun intérêt pour l'établissement de l'antécédent abstrait de la règle de droit, les dépenses engagées peuvent passer pour insignifiantes et l'imputation des frais pour inappropriée.

[1805] United States District Court, W.D. Missouri, *Western Division, Bateman v. Standard Brands, Federal Rules Decision* 1949, n° 9, p. 555, spéc. p. 55.

[1806] Cour Fédérale d'appel, 4e circuit, *Southern Ry. Co. v. Crosby, Federal Reporter, Second Series* 1953, n° 201, p. 878, spéc. p. 880.

[1807] Cour Fédéral d'appel, 7e circuit, *Princess Pat, Limited v. National Carloading Corp., Federal Supplement, Second Series* 1955, n° 223, p. 916.

[1808] Les frais d'avocat peuvent également être mis à sa charge : United States District Court, W.D. New York, *Federal Rules Decisions* 1985, n° 109, p. 37.- V. aussi, J. KIMPFLEN et *alii*, « Discovery and Depositions, Federal Procedure », Lawyers Edition, chap. 26 (mise à jour 2010), § 26:745.

[1809] Son efficacité a souvent été discutée. On a reproché aux juridictions de ne pas appliquer avec vigueur les dispositions relatives à la *request for admission* : REPORT ON PRACTICE UNDER RULE 36, « The Commercial and Federal Litigation Section of the New York State Bar Ass'n », *Albany Law Review*

conseils des parties ne recourent pas, en pratique, à ce qui est appelé une « *stipulation* », obtenue au moyen d'un *gentlemen's agreement*[1810], la reconnaissance formelle est le plus souvent recueillie lors d'une *pre-trial conference*. L'article16(c)(2)(C), qui régit cette sorte d'audience préliminaire, se révèle d'une grande efficacité pour donner au litige une meilleure fondation factuelle[1811]. La disposition invite, en effet, les conseils à faire des concessions et reconnaître les points qui ne paraissent pouvoir être contestés. Elle ne prévoit aucune sanction, mais elle repose sur deux puissants stimulateurs que sont l'éthique de la profession d'avocat, généralement observée[1812], et le juge qui, bien que simple « modérateur » [1813] - ce qui est inévitable dans un système participatif -, joue parfois un rôle déterminant en la matière[1814]. Bien entendu, la règle 15(b)(1) des *FRCP* limite normalement la portée de cette reconnaissance, puisqu'elle permet l'amendement des conclusions en cours d'audience. La Cour peut ainsi librement autoriser un amendement lorsqu'il apparaît que, ce faisant, les conclusions feront mieux ressortir les mérites de la demande (ou de la défense) et lorsqu'il apparaît que la partie, auteur de l'objection, n'est pas parvenue à montrer en quoi la preuve porterait préjudice à son action ou à sa défense. Néanmoins, on tend à considérer que les *judicial admissions* mettent généralement entrave à la démonstration contraire[1815]. Une Cour a même pu considérer qu'on devait faire comme si la question avait été tranchée[1816], bien que certaines juridictions n'hésitent pas à tempérer la règle pour des motifs d'équité, ce qu'elles sont autorisées à faire puisqu'elles jouissent en la matière d'un pouvoir discrétionnaire[1817].

CONCLUSION DE LA SECTION II

193. Dans des systèmes juridiques qui voient dans la phase de définition de l'objet de la preuve une étape ultérieure à la recherche des preuves, les risques d'immixtions intolérables dans les droits et libertés d'autrui sont tout à fait considérables, sans compter le coût que peut représenter une phase mise en état d'être

1989, n° 53, p. 33 et s., spéc. p. 42, B. SHAPIRO, « Some Problems of Discovery in an Adversary System », *Minnesota Law Review* 1979, n° 63, p. 1055 et s., spéc. p. 1078.

[1810] Le *gentlemen's agreement* est un contrat dépourvu d'*animus contrahendi* ne pouvant donc donner lieu à exécution. La « *stipulation* » contient une reconnaissance de tel ou tel fait, ce qui a pour effet de l'extraire du litige : H.E. GREENSTONE, « Request for Admission by Plaintiff », *American Jurisprudence Trials* n° 4, 185, spéc. n° 2

[1811] FEE, « The Lost Horizon in Pleading Under the Federal Rules of Civil Procedure », *Columbia Law Review* 1948, n° 48, p. 491 et s., spéc. p. 501.

[1812] United States District Court D. Oregon, *Curto v. International Longshoremen's & Warehousemen's Union (CIO), Federal Supplement* 1952, n° 107, p. 805, spéc. p. 808-809, United States Court of Appeals Ninth Circuit, *International Longshoremen's & Warehousemen's Union (CIO) v. Hawaiian Pineapple Co., Federal Reporter, Second Series* 1956, n° 226, p. 875.

[1813] FEE, *op. cit.* spéc. p. 504

[1814] *s.n.*, « Developments in the Law-Discovery », *Harvard Law Review* 1963, n° 74, p. 940, spéc. p. 968 & 971. - Il ne faut pas négliger, non plus, le rôle de l'avocat de la partie adverse : ROCHE, « Simplification of the Issues by Voluntary Agreements or Stipulations », *Federal Rules Decisions* 1959, n° 23, p. 319, spéc. p. 360 & 364.

[1815] District Court, D. Oregon, *King v. Edward Hines Lumber Co., Federal Supplement* 1946, n° 68, p. 1019, spéc. p. 1021.

[1816] District Court, E.D. South Carolina, *Miles Laboratories v. Seignious, Federal Supplement* 1939, n° 30, p. 549, spéc. p. 554.

[1817] *s.n.*, « Judicial Admissions », *op. cit.*, p. 1130. La juridiction tiendrait généralement compte des intérêts de la partie adverse.

prouvé qui n'est pas encore contenue dans les limites bien précises[1818]. Ces inconvénients ont dû paraître, très tôt, suffisamment forts pour stimuler l'inventivité des juristes anglais. Sous ce regard, la *formal admission* apparaît comme un mécanisme essentiel en ce qu'il permet de limiter considérablement le nombre des faits pouvant servir de support à une mesure de *discovery* ou une mesure de *disclosure*. En incitant le plaideur à retirer du litige les propositions qu'ils sait *fausses* ou qu'il *n'est pas en mesure de prouver*, la *reconnaissance loyale* des faits, réduit, du reste, les questions débattues au cours de l'audience et c'est un effet dont ne saurait méconnaître l'importance dans un système qui attribue à la vérité formelle (celle qui résulte d'un débat contradictoire et à armes égales) préséance sur la vérité matérielle. En définitive, là où le droit français procède par une démarche positive, qui consiste pour les plaideurs à cerner, dès l'introduction de l'instance, les propositions-objet de preuve qui devront être prouvées, le droit anglo-américain opère de manière négative : dans le *virtuellement possible* de toute règle de droit et de tout résultat socio-économique recherché, on retranche alors quelques propositions-objet qui n'auront plus à être débattues. Ne reste plus, dès lors, qu'un *virtuellement possible amoindri* qui limite, sinon l'ampleur des investigations, du moins la durée des débats. Les deux systèmes juridiques paraissent, sous ce regard, très largement irréductibles et l'exemple illustre, une nouvelle fois, les profondes divergences qui existent entre les systèmes hiérarchiques et les systèmes participatifs.

Mais ce qui est sans doute encore plus remarquable, c'est l'inspiration profonde qui apparaît en filigrane derrière l'étape de définition de l'objet de la preuve : il s'agit de la loyauté. Loyauté du plaideur qui doit « reconnaître » les faits dont il connaît la fausseté - plus largement sa culpabilité, lorsqu'il *plaide coupable* -, loyauté du plaideur qui ne doit pas mettre à mal la confiance qu'il a suscitée chez autrui, loyauté des plaideurs qui doivent faire preuve de transparence probatoire. Faut-il être surpris de l'importance du concept ? Si les parties ont toute latitude pour rechercher les preuves, c'est à la condition qu'elles se comportent de manière loyale ; la faiblesse de la règlementation légale est compensée par une sorte de cadre éthique ou comportemental. Sous un autre angle, si la vérité formelle est l'objectif avoué des modèles participatifs, le résultat ne peut être atteint que si les conditions optimales du débat ont été réunies. Et pour ce faire, il ne suffit pas que les parties soient à armes égales ; il faut encore que celles-ci utilisent loyalement les armes qui leur ont été confiées. La procédure, et au sein de celle-ci le comportement loyal, est la condition *sine qua non* de l'expression de la vérité du fait et de la vérité du droit. La formule de Lon Fuller prend ici tout son sens : *il suffit de faire les choses correctement pour que des résultats corrects en découlent*[1819].

[1818] V. *supra*, n° 184.

[1819] V. aussi, I. PAPADOPOULOS (I. PAPADOPOULOS, p. 218) commentant cette formule : « La common law s'intéresse donc moins à la vérité qu'à ce que l'auteur appelle la bonne méthode pour trouver les faits ».

CONCLUSION DU CHAPITRE II

194. Remarquablement influencés par leur histoire, les systèmes de *Common Law* ont conservé, en dépit des efforts de rationalisation, une empreinte qu'il est difficile de retrouver ailleurs et qui les rend immédiatement reconnaissables : *l'importance des règles procédurales*. Après une première période où le droit a été presque entièrement absorbé par la forme, il est parvenu à renaître, mais sans jamais complètement se détacher des ses racines les plus profondes, même après la disparition du régime des actions. On retrouve ici la manifestation éclatante de l'attachement des pays de *Common Law* à la vérité formelle - la puissance de la rationalité éthique. Faut-il être dès lors surpris de constater toute l'importance attribuée aux règles susceptibles de favoriser le débat loyal ? Si la vérité est, en effet, conçue comme le résultat d'un processus de mise en opposition des arguments, ce qui ne peut se faire que si les parties sont en condition de débattre, la procédure revêt alors une importance considérable. Dans un tel schéma, la proposition-objet de preuve ne peut qu'être secondaire. Sur le plan des valeurs, d'abord, car le contenu du droit et du fait importe moins que la manière (la *bonne manière*) dont le fait et le droit parviennent à éclore au sein du processus juridictionnel. Sur le plan chronologique, ensuite, car si les termes du débat sont fixés trop tôt, les parties ont peu de chance de le préparer efficacement au moyen des procédures de *discovery* et de *disclosure*. On constate, pratiquement, une inversion des phases de définition de l'objet de la preuve et de la recherche de la preuve, puisque les procédures de mise en état sont généralement analysées comme un moyen de mieux cerner ce que la juridiction sera finalement appelée à apprécier sur le terrain des qualifications. Sans doute conscients des limites d'une telle doctrine qui hypothèque considérablement les libertés individuelles et les secrets (car elle postule la *transparence probatoire*), encourage les comportements frauduleux (comme ceux visant à obtenir des informations couvertes par le secret) et allonge la durée des audiences, les juristes anglo-américains n'ont pas tardé à développer des mécanismes, de nature également procédurale, qui ont directement ou indirectement eu pour effet de réduire le nombre d'informations susceptibles de faire l'objet d'une recherche de preuve ou d'être débattues par les parties. Il en est particulièrement ainsi de la *formal admission*. La *formal admission*, qu'il ne faut confondre avec l'aveu, et qui exclut automatiquement du litige les faits qu'une partie accepte expressément ou tacitement de ne pas contester, a, en effet, cette vertu de limiter, souvent en amont de la *discovery* ou de la *disclosure*, le nombre des propositions qui devront être prouvées. En aval, c'est-à-dire après la phase de recherche des preuves et au moment de l'audience, la *reconnaissance formelle* permet encore de concentrer les débats et de favoriser la tenue d'un débat fructueux. Par cela seul déjà remarquables, ces dispositifs ont surtout cette force d'imposer, tout au long de la phase de définition de l'objet de la preuve, un véritable devoir de loyauté en exigeant des parties qu'elles reconnaissent les faits dont la vérité paraît acquise. Les systèmes participatifs, les droits anglo-américains, sont ainsi fermement ancrés dans la procédure, procédure qui sert, bien mieux que la connaissance du droit, à définir l'objet de la preuve et à favoriser des comportements loyaux seuls à même, selon la philosophie qui les gouvernent, à faire apparaître la vérité formelle.

CONCLUSION DU TITRE II

195. Le système hiérarchique français développe sa conception propre de l'objet de la preuve, conception absolument étrangère à celles des systèmes participatifs étudiés. Il n'entre pas, dans le cadre de cette étude, de livrer une comparaison des quelques droits étudiés. On se contentera donc de tirer les enseignements suivants. Le premier est que, à la différence de ce qui se produit dans le domaine de la recherche de la preuve - ce qu'on aura l'heur de voir dans le détail de la seconde partie -, le système français paraît très loin de subir l'influence des systèmes participatifs. L'esprit est, en effet, si différent, qu'il paraît peu probable - et d'autant moins, faudrait-il ajouter, que le modèle hiérarchique exerce une attraction non négligeable sur les droits anglais et américain - que la notion d'objet de preuve subisse l'influence des systèmes participatifs. Le second est cette fois-ci positif. La notion d'objet de preuve peut réagir à deux facteurs très différents qui se situent d'ailleurs à des niveaux qui ne sont pas comparables. C'est d'abord la conception de la règle de droit qui façonne directement de la notion de preuve. Là où la règle est vue comme le produit d'une activité hiérarchique, imposée par le haut à tous les sujets de droit, la notion d'objet de preuve se donne à voir comme première, ce que nous avons tenté de montrer dans le premier titre de cette première partie. Là où, au contraire, la règle de droit est produite horizontalement, à l'issue d'une procédure qui se donne à voir comme centrale, la notion change complètement de nature et devient l'achèvement du débat et de la recherche de la preuve, plutôt qu'un préalable. Une fois que les cadres sont posés, le système hiérarchique apparaissant dans le premier cas, le système participatif dans le second, des évolutions internes sont alors possibles, car chaque système est susceptible de degrés. Sous ce regard, la conception du procès, qu'elle se pense en termes de libéralisme ou de solidarisme, est une approche intéressante pour mesurer à quel point les systèmes se situent par rapport à leur schéma idéal. Un système hautement hiérarchisé, par exemple, se donnerait pour mission de faire jaillir, en toutes circonstances, la vérité du droit, ce qui signifierait un contrôle généralisé et effectif des qualifications et un devoir général de relevé d'office des moyens de fait et des moyens de droit. Un système participatif de degré élevé, à l'inverse, ne contrôlerait certainement presque plus le règlement des litiges, encourageant le règlement amiable, extrajudiciaire et, si possible, extra-juridictionnel[1820]. Mais des évolutions sont possibles, comme on l'a vu avec le droit français qui s'achemine, au gré d'un renouveau du libéralisme procédural, vers un degré inférieur de hiérarchie. Reste alors à savoir si l'évolution interne d'un système peut être telle qu'elle emporte une transformation de ses cadres constitutifs. On s'est posé la question à propos du renouveau du libéralisme procédural en se demandant si, passé un certain degré de libéralisme, on ne pouvait pas rejoindre la logique antiétatique et du laissez-faire des modèles de *Common Law*. Ce qu'il faut

[1820] V. en ce sens, R. A. KAGAN, *Adversarial Legalism. - The American Way of Law*, Harvard University Press, Cambridge (Massachusetts) & Londres, 2001, spéc. le tableau p. 10 et reproduit en annexe : Annexe (A 1). Mais dans un schéma faiblement participatif, le système - comme le système actuel, par exemple - peut s'interroger sur le rôle du juge dans la requalification : v., en ce sens, J.A. JOLOWICZ, *On Civil Procedure*, Cambridge University Press, Londres, 2000, spéc. chap. 10, p. 185 et s., intitulé « *Da mihi factum dabo tibi jus* : a problem of demarcation in English and French law ».

sans doute observer, c'est que lorsque les deux systèmes étudiés s'éloignent concomitamment de leur modèle idéal, ils tendent nécessairement à se rapprocher. Ce n'est pas à dire qu'ils se confondent, mais ils développent alors des institutions suffisamment proches pour que le savant - dont le niveau social qu'il représente est le seul sensible, dans un premier temps, à ce phénomène[1821] - ait l'impression d'une possible communication entre les systèmes. Il promeut alors le mimétisme et l'impérialisme du modèle le plus puissant accentue encore l'intensité des échanges. Le terrain est d'autant plus fertile que la mondialisation accroît les situations d'échanges d'informations. Comme le système importateur n'est cependant pas affecté dans la structure la plus profonde de sa culture - en d'autres termes, le système demeure de type hiérarchique ou de type participatif - les institutions lui sont implantées sans véritable acclimatation. L'institution passe au nouveau modèle, mais non l'esprit qui la sous-tend. Force est dès lors d'admettre que, dans le système récepteur, le désordre est grand.

CONCLUSION DE LA PREMIÈRE PARTIE

La notion d'objet de la preuve tient toutes ses promesses. Il s'agit bel et bien d'une notion complexe qu'on ne pouvait espérer replacer dans sa dimension culturelle sans un long examen préalable de nature théorique. On peut en rappeler les principaux résultats. L'objet de la preuve est une notion qui se situe au carrefour du fait et du droit. Ce que l'on cherche à prouver, dans le système juridique, ce n'est pas seulement un « fait », mais plus exactement une proposition ayant une nature phénoménale, c'est-à-dire une proposition qui porte sur des données de la nature et non conceptuelles. Ce que la doctrine désigne généralement comme le « fait » objet de la preuve ne correspond, en réalité, qu'à *l'antécédent abstrait de la règle de droit* - la présupposition dans le langage de Motulsky - c'est-à-dire la partie de la règle de droit qui contient la qualification juridique. Dans le même temps, cette proposition sociale ou phénoménale ne peut être quelconque. Elle doit revêtir une qualité juridique particulière : elle doit correspondre, *juridiquement*, à cet antécédent. Concrètement, cela signifie que la proposition doit pouvoir recevoir la qualification attachée à la règle. Définir l'objet de la preuve revient donc, quelque part, à identifier, parmi les faits de la nature - et après interprétation de la règle de droit - ceux qui peuvent recevoir la qualification que contient l'antécédent abstrait de la règle de droit. Parfois, cette définition est, en partie, réalisée par le législateur ou la jurisprudence (qui systématise l'opération), par l'intermédiaire d'une présomption, qu'on peut qualifier de *présomption normative*. En définitive, l'objet de la preuve a une double nature : il est à la fois phénoménal et normatif. Cette double nature renseigne sur les qualités que doit revêtir une *proposition* pour être *objet* de preuve judiciaire. Le caractère normatif renvoie, en réalité, à l'opérance, en ce sens qu'on ne saurait prouver en justice une proposition qui n'est pas dans le rapport ci-dessus décrit avec l'antécédent abstrait de la règle de droit dont l'application est recherchée. Par ailleurs, puisque la preuve est envisagée dans son cadre judiciaire, il est indispensable que la proposition à prouver ait un caractère *litigieux*. C'est sa seconde qualité : la proposition-objet de preuve doit être *litigieuse ;* et elle ne l'est que

[1821] Sur les différents niveaux sociaux qu'il convient de distinguer pour analyser une culture : v. *supra*, n° 9.

lorsque la proposition factuelle en relation avec la règle de droit est placée dans le périmètre du litige ou lorsque cette proposition, qui n'est supportée par aucune règle de droit, se voit finalement attribuer un antécédent abstrait de nature à la rendre opérante. À l'égard de l'opérance et de la litigiosité, le juge peut être investi de pouvoirs plus importants. C'est un problème d'ordre culturel qui soulève une question principale : quels sont les facteurs qui agissent sur ce volet du droit français de la preuve ? Si on respecte la méthode culturelle présentée en introduction, et notamment si on a soin de ne pas prendre en compte des institutions qui relèvent d'un véritable phénomène d'acculturation, on constate assez nettement, notamment à travers le phénomène de contractualisation du règlement des litiges, un renouveau du libéralisme procédural. Cette transformation culturelle a entraîné deux séries de conséquences particulièrement marquées. À l'égard de la seule procédure civile, on peut constater l'apparition d'un principe de concentration des moyens qui signale la mise en retrait de la mission du juge dans la recherche de l'objet de la preuve, c'est-à-dire dans l'expression de la vérité du droit. De manière plus globale, on assiste, en raison notamment du phénomène de contractualisation, à un affaiblissement de la distinction pourtant fondatrice du fait et du droit. Tantôt la division du fait et du droit se trouve redessinée ; et il en est particulièrement ainsi lorsque la justice contractuelle oblige à s'interroger non plus sur l'objet de la preuve et la vérité du droit, mais sur la qualité du consentement et la licéité du consentement des parties. Tantôt la division du fait et du droit est amalgamée à travers des mécanismes procéduraux qui conduisent à placer l'axe du débat probatoire non pas sur un fait véritable, mais sur l'antécédent abstrait de la règle de droit (la qualification).

On pouvait, enfin, plutôt que s'attacher à montrer le caractère hiérarchique français, ce qui ressort nettement de l'étude de la notion qui a été largement réalisée à travers le droit français, montrer toute la singularité des systèmes participatifs. Cette singularité s'y exprime à travers la nature procédurale de l'objet de la preuve, fruit, une nouvelle, de la faiblesse de l'État et, surtout de la rationalité éthique. Les différences entre les deux systèmes sont saisissantes. C'est presque une inversion chronologique qui s'opère, en *Common Law*, entre la phase de recherche de la preuve (*discovery* et *disclosure*) et la phase de définition de l'objet de la preuve. Source de dysfonctionnement, notamment là où elle n'a pas été corrigée, cette inversion n'a pu être compensée que par le recours à d'autres mécanismes procéduraux destinés à limiter le nombre des éléments à prouver. C'est là que se révèle l'importance d'institutions telles que l'*Estoppel by Representation* (*Equitable estoppel*) ou le *Judicial estoppel*, surtout la *Judicial admission* (ou *Formal admission*), qu'on a pu appeler, dans ces lignes, la reconnaissance loyale des faits. Quel que soit l'angle sous lequel on observe les systèmes participatifs de *Common Law*, on ne peut, en tous les cas, qu'être frappé de constater à quel point la notion d'objet de la preuve a pu avoir et conserver une dimension procédurale. C'est une particularité qui ne peut manquer d'attirer l'attention du juriste français et qui l'informe, à rebours, sur la signification culturelle des règles qui sont les siennes. Participatif, l'objet de la preuve l'est sans doute aucun dans les systèmes de *Common Law*. Ce n'est pas du travail du juge, d'une réflexion poussée sur le fait, le droit, la qualification, l'interprétation qu'il résulte, mais bien, au contraire, d'un effort partagé des parties qui repose tout à la fois sur leur transparence probatoire et sur leur loyauté procédurale. Voilà véritablement la marque la plus nette des systèmes animés par une rationalité d'ordre éthique. Gouverné par la rationalité formelle, le système français s'est au contraire ingénié à construire un modèle plus logiquement construit et manifestant - peut-être il est vrai de moins en moins nettement - un grand investissement de l'État. On aurait sans doute pu le montrer directement ; la chose apparaissait cependant avec plus d'acuité à travers l'étude des systèmes participatifs.

SECONDE PARTIE

LA RECHERCHE ET L'APPRÉCIATION DE LA PREUVE, RELATIVITÉS CULTURELLES ET ACCULTURATIONS

196. ***La recherche et l'appréciation des preuves.*** Si on poursuit la décomposition analytique de l'opération probatoire, on peut dire que, une fois que le juge a réussi à définir l'objet de la preuve, il lui appartient de résoudre une série de questions qui semblent, de prime abord, appartenir à des registres différents. Les parties sont-elles en droit de produire les preuves à leur disposition et peuvent-elles, si oui selon quelles formes, obtenir du juge des mesures d'instruction ? Dans le prolongement de cette idée, le juge dispose-t-il de prérogatives destinées à établir la vérité ? Quelles en sont la nature et la portée ? Une fois les preuves produites, le juge est-il libre de les considérer toutes ou est-il contraint, en considération de la nature de l'objet de la preuve ou de tout autre facteur, de former sa religion sur quelques catégories de preuves en particulier ? Les parties peuvent-elles, elles-mêmes, lier le juge par certains modes de preuve ? Enfin, le juge est-il libre d'apprécier souverainement la force probante des preuves ou lui est-il imposé de s'en tenir à la foi particulièrement que le législateur (éventuellement les parties) aurait reconnue à telle ou telle preuve ? Ces questions, qui viennent *ablativo* à l'esprit du juriste, peuvent aisément se ranger dans deux catégories qui forment les deux grands temps du travail du juge vis-à-vis de la *quaestio facti* : la recherche de la preuve, d'une part, l'appréciation de la preuve, de l'autre. Ce dernier temps se décompose du reste, puisqu'il appartient d'abord au juge de sélectionner les preuves, ce qui le conduit à envisager la question de l'admissibilité, ensuite d'évaluer les preuves admissibles, étape centrale qui revient, en définitive, à s'interroger sur leur force probante.

Au regard de la recherche (et de la présentation des preuves), l'analyse culturelle remet assez profondément en cause les catégories en usage chez le juriste français. Nul n'ignore que, dans la théorie classique des preuves, on sépare généralement les procédures selon qu'elles sont accusatoires ou inquisitoires. Tandis que dans les premières - auxquelles on identifie bien souvent la procédure civile française - le juge n'a que très peu de pouvoirs dans l'administration de la preuve, il joue au contraire un rôle premier et central dans les secondes - la procédure pénale est tenue pour modèle. Cette typologie, qui a sans doute des vertus pédagogiques, ne résiste cependant pas à l'analyse culturelle. Si, dans les systèmes hiérarchiques, l'État se signale par son investissement dans la gestion de la vérité - qui devient alors d'intérêt général -, on ne devrait pouvoir constater de réelles différences entre ces deux procédures. On devrait aussi bien pouvoir établir le caractère hiérarchique de la recherche de la preuve, c'est-à-dire un grand investissement de l'État dans la recherche de la vérité matérielle. L'étude de l'ultime phase devrait également confirmer ce sentiment. Pour des raisons analytiques évidentes, il est important de bien distinguer ces deux phases. L'étape de l'évaluation des preuves paraît intuitivement particulièrement sensible à la culture et susceptible de faire l'objet, aussi, d'une vigilance plus grande de la part de l'État. À deux égards, au moins, on constate effectivement le grand soin que l'État a apporté à la correcte expression de la vérité matérielle. Au regard de la sélection des preuves, par exemple, il est assez peu contestable que le législateur s'est soucié - ce que ne sont jamais parvenus à réaliser les systèmes de *Common Law* - d'adapter le matériel probatoire à la nature de l'objet de la preuve. Assez singulièrement, mais d'une manière qui ne peut passer pour le fruit du pur hasard, le droit français dispose, quelle que soit la matière, d'un double régime d'admissibilité. De principe, tous les modes de preuve sont admissibles. Exceptionnellement - mais l'exception devient centrale en matière civile - le droit de la preuve impose le recours à un ou plusieurs modes de preuve à l'exclusion de tout autre. Bien loin d'avoir cherché à enchâsser le juge, comme dans l'antique système des preuves légales, le législateur s'est surtout enquis de la particularité de l'objet à saisir : la volonté. Il a donc donné préséance à quelques modes de preuve dont il faudra montrer qu'ils sont particulièrement aptes à la saisir. Au regard de la pesée des preuves, l'orientation véridictoire que l'État a entendu donner au droit français de la preuve judiciaire apparaît encore plus nettement, que ce soit à travers sa préoccupation d'accorder au juge un large périmètre de libre appréciation des preuves ou que ce soit à travers la gestion publique de la fiabilité de certaines preuves, comme l'acte authentique ou l'aveu qu'on ne saurait dès lors interpréter comme des survivances des classifications de l'Ancien Régime.

Au-delà de la mise en évidence des fondements de la recherche et de l'appréciation de la preuve, l'ambition de cette partie est également de montrer les facteurs externes qui modifient aujourd'hui, sensiblement, le droit français de la preuve, du moins dans l'un de ces volets, celui de la recherche de la preuve. Comme l'observait le Professeur Frison-Roche, il y a quelques années : « La question n'est déjà plus de savoir si l'on est pour ou contre la mondialisation du droit, car c'est un fait : le droit devient mondial »[1822]. Les systèmes juridiques sont en tension et il n'est pas rare qu'ils entrent en conflit. Des institutions nouvelles peuvent passer les frontières, comme on a pu le constater avec la procédure de comparution sur reconnaissance préalable de culpabilité ou les procédures de droit collaboratif. Lorsque celles-ci drainent, avec elles, d'autres fondements culturels, d'autres rationalités, on peut alors véritablement parler d'un processus d'acculturation. Tel est semble-t-il le processus auquel on assiste aujourd'hui dans le domaine de la recherche de la preuve. Jusqu'alors animée par la rationalité formelle, cette étape essentielle est progressivement soumise aux deux rationalités qui gouvernent les systèmes participatifs : la rationalité matérielle et la rationalité éthique. Les transformations sont considérables. Tandis que le droit français avait tendance, il n'y a guère encore, à régler de manière relativement simple et cohérente les conflits de valeurs pouvant naître dans la phase de recherche de la preuve, il est désormais plus incertain, plus casuistique et, comme dans les systèmes participatifs, se plie sensiblement aux exigences que commandent les circonstances concrètes. Au-delà, le régime de recherche de la preuve, jusqu'à présent solidement bâti sur les droits substantiels, se montre de plus en plus sensible aux droits procéduraux. Il n'est pas douteux, comme on aura l'heur de le voir, que le vecteur de ces transformations est la jurisprudence de la Cour européenne des droits de l'homme.

196-1. ***Nature hiérarchique et progression du modèle participatif.*** Ces deux aspects, qui sont essentiels pour saisir la nature exacte du système probatoire français, nécessitent la démonstration de la nature hiérarchique de la recherche et de l'appréciation des preuves (Titre I) et la mise en évidence de la progression du modèle participatif dans la recherche des preuves (Titre II).

[1822] M.-A. FRISON-ROCHE, « La mondialisation du droit : chances et risques », *D.* 1999, p. 43.

TITRE I

LA DIMENSION HIÉRARCHIQUE DE LA RECHERCHE ET DE L'APPRÉCIATION DES PREUVES

196-2. ***Rappels autour de la notion de hiérarchie.*** L'introduction a laissé apparaître une profonde divergence entre les droits de *Common Law* étudiés et le droit français, représentant de la famille des droits romano-germaniques ou, pour le moins, des droits romano-canoniques. Elle est sans doute le résultat, comme on l'a dit, de l'irréductibilité des rationalités à l'œuvre. Les premiers ont, en effet, été placés sous l'ascendant de la *rationalité formelle*, tandis que les seconds (ou le second) ont subi l'empire de la *rationalité matérielle*[1823]. Cette première approche a déjà permis de séparer les systèmes probatoires selon qu'ils adoptent un « principe de concentration procédurale » que sous-tend la recherche d'une vérité « formelle », ou selon qu'ils défendent plutôt, comme c'est nettement le cas du système français, ce qu'on pourrait appeler un « principe de décantation » qu'inspire la quête de la vérité « matérielle ». Ce processus historique et social, plus largement culturel, ne mérite pas, pour l'heure, de plus amples commentaires. Une chose doit, cependant, dans le cadre d'une étude culturelle de la recherche et de l'appréciation judiciaires des preuves en droit privé français, concentrer tous nos efforts. Il s'agit de l'approfondissement de ces notions présentées, en introduction, comme *premières* dans la formation des deux espaces culturels que cette étude se propose d'étudier : la *structure hiérarchique ou institutionnelle* du droit et de la procédure ou, au contraire, sa *structure participative*. C'est en France que l'on trouvera un système probatoire ayant la première structure, dans les pays de *Common Law* que l'on trouvera un système probatoire ayant la seconde. L'introduction a dû laisser entrevoir cette formule inspirée du droit allemand, mais dont la portée est plus grande : « le procès comme institution est situé au carrefour des chemins du droit public et du droit privé. Pour les parties, le procès est un instrument de satisfaction des droits privés. Mais pour l'État, c'est une forme de réalisation du droit »[1824]. C'est bien là que se situe le nœud du problème ; le droit français et probablement bien d'autres systèmes que l'on rattache généralement à la même tradition[1825], analysent le procès comme une institution et conçoit le droit comme un processus hiérarchique[1826] ; à l'opposé, pour les pays de *Common Law* « le droit est plus souvent perçu comme le produit

[1823] V. *supra*, n° 12-13 & 15-16.

[1824] E. COUTURE, « Le procès comme institution », *RIDC* 1950, p. 276.- V. encore, cette formule : « la justice civile est un service public dont le fonctionnement ne doit pas être abandonné à la discrétion des usagers », M. CARATINI, *Gaz. Pal.* 1985, 1, chron. p. 43.

[1825] Une affirmation moins nuancée mériterait de plus amples investigations. Rappelons que l'objet de la présente étude est d'abord de saisir les dimensions culturelles du droit français. - V. *supra*, n° 10-11.

[1826] R. A. KAGAN, *Adversarial Legalism. - The American Way of Law*, Harvard University Press, Cambridge, Londres, 2001, spéc. p. 14.

malléable (et faillible) d'un combat politique sans fin visant à mettre le droit en adéquation avec des intérêts et des valeurs particuliers »[1827]. Aussi bien, là où, dans le premier système, le droit émane d'un ou de plusieurs organes qui statuent, à titre principal, de manière essentiellement non contradictoire, le procès étant toujours marqué par la présence de l'État, on trouve, dans le second, un mécanisme de production des normes à la fois agonistique et formel - agonistique, car caractérisé par une opposition systématique d'intérêts divergents, chacun invoquant des droits, prétendant imposer des devoirs ; formel, car utilisant comme vecteur principal la procédure, c'est-à-dire les voies d'exécution, la pénalité et le procès -, un système judiciaire caractérisé par la place qu'y occupe l'individu, puisque la définition de l'objet et de la cause du litige, le contrôle des arguments juridiques, la recherche et la production des preuves sont assurés non par le juge ou des représentants de l'État, mais par les parties au litige elles-mêmes, qui agissent, bien souvent, par le truchement de juristes. En définitive, dans un tel système, « l'autorité est fragmentée » et le « contrôle hiérarchique est relativement faible »[1828]. Si on devait résumer ces idées, il faudrait dire que le système de *Civil Law*, par essence institutionnel (et même à une époque où le juge civil n'avait, par exemple, qu'un rôle probatoire marginal), conserve toujours une part de hiérarchie qui lui permet - fût-ce de manière purement virtuelle - de faire prévaloir l'intérêt général sur les intérêts particuliers. Le système de *Common Law,* au contraire, ne connaît pas la hiérarchie ; il fonctionne sur une isonomie qui est perçue comme le seul moyen, car il permet un affrontement presque dialectique des intérêts, de faire triompher la justice.

197. ***La renonciation à la distinction inquisitoire/accusatoire.*** Confirmer la nature hiérarchique de la *recherche judiciaire de la preuve* en droit français ne demande rien de plus qu'un regard comparatiste porté sur la distinction de l'inquisitoire et de l'accusatoire. Comme souvent, l'étude du droit comparé, mais aussi de l'examen de l'attitude doctrinale vis-à-vis d'institutions étrangères, offrent un point d'observation incomparable pour embrasser l'ensemble des systèmes procéduraux. Sous ce nouveau regard, il apparaît d'emblée que la distinction accusatoire-inquisitoire est particulièrement dommageable, d'abord à l'étude du droit comparé, en donnant une image sinon fausse du moins réductrice d'institutions étrangères, ensuite à l'approfondissement du droit français lui-même, en plaçant, incidemment, sous la même bannière, des institutions pourtant très différentes[1829]. Il s'agit néanmoins d'un passage obligé pour qui souhaite mieux définir le système français[1830]. En ce qui concerne, au moins, la procédure pénale comparée, une telle description conduit à opposer les procédures de *Common Law* et les procédures romano-

---

[1827] R. A. KAGAN, *op. cit.*, p. 14.

[1828] *Op. cit.*, p. 9.

[1829] En incluant dans le modèle accusatoire les procédures anglo-américaines, on signifie que la procédure civile française, généralement tenue pour un modèle « à dominante » accusatoire, partage des traits communs avec des institutions de *Common Law*. Même sans connaître la méthodologie du droit comparé, on sent tout ce qu'il y a d'outrancier dans une telle conclusion. Un certain nombre d'auteurs, tout en retenant l'opposition, admettent ainsi, implicitement, que le modèle accusatoire a une acception nécessairement plus étroite lorsqu'il est utilisé pour décrire la procédure civile française S. GUINCHARD, C. CHAINAIS, F. FERRAND, *Procédure civile. - Droit interne et droit de l'Union européenne*, 30e éd., Dalloz, Précis Droit privé, Paris, 2010, n° 406, p. 344 (accusatoire équivaut alors à *impulsion procédurale des parties*).

[1830] *Cf.* ces ouvrages nuancés : L. CADIET , E. JEULAND, *Droit judiciaire privé*, 7e éd., Litec, Manuel, Paris, 2011, n° 12, p. 7-8, L. CADIET, J. NORMAND, S. AMRANI MEKKI, *Théorie générale du procès*, PUF, Thémis Droit, Paris, spéc. n° 100, p. 382-385.

canoniques et romano-germaniques[1831]. Les premières relèveraient d'une logique accusatoire, tandis que les secondes, sous toutes les réserves que certaines difficultés d'analyse et évolutions commandent d'apporter[1832], ressortiraient à un modèle de type inquisitoire[1833]. La ligne de départ, le problème du déclenchement des poursuites ou de l'introduction de l'instance mis à part[1834], devrait ainsi être tracée exactement là où les procédures se séparent en confiant la recherche des preuves, d'un côté aux parties, de l'autre à un organe plus ou moins spécialisé, fût-il ou non juge, mais qui est toujours un représentant de l'État.

[1831] Il est traditionnel d'inclure, au sein du grand système juridique de Droit Civil (*Civil Law*, par opposition au *Common Law*), les droits romano-germaniques et romano-canoniques sous l'une quelconque de ces deux formules. Certains auteurs, notamment allemands (v., en particulier, à propos des principes ALI-UNIDROIT, l'étude commandée par UNIDROIT : R. STÜRNER, « Règles transnationales de procédure civile. - Étude de faisabilité », *Étude LXXVI, Doc. 1* § II, p. 5), sont cependant hostiles à cet amalgame qui pourrait répugner à la rigueur. V. aussi : R. STÜRNER, « Transnational Civil Procedure : Discovery and Sanctions Against Non-Compliance », *Uniform Law Review, Revue de Droit Uniforme*, Vol. 6, 2001, p. 871-886, spéc. p. 882, § VI.

[1832] C'est pourquoi on parle, plus volontiers, de modèle mixte, à « dominante » accusatoire ou inquisitoire : *cf.* la démonstration de C. AMBROISE-CASTEROT, *De l'accusatoire et de l'inquisitoire dans l'instruction préparatoire*, Thèse, Bordeaux 4, Bordeaux 2000, n° 10, p. 9 et 10. V. encore H. LECLERC, « Les limites de la liberté de la preuve. - Aspects actuels en France », *RSC* 1992, p. 15-29, spéc. p. 16, LI QUING LAN, « Vers un modèle mixte de la procédure pénale ? », *Gaz. Pal.*, 17 juill. 2004, n° 199, p. 14 et s.

[1833] Les exemples sont pléthoriques. V., au-delà des manuels traditionnels, M. MEKKI, « Réflexions sur le risque de la preuve en droit des contrats (1re partie) », *RDC*, 1er juill. 2008, n° 3, p. 681 et s., spéc. § « Les enjeux », Ph. CONTE, « Les galeux de la République. - À propos de "l'affaire d'Outreau" », *JCP G* 2006, I, 101, E. MATHIAS, « L'instruction comme horizon ? (À propos des réformes de "l'après-Outreau") », *LPA*, 18 sept. 2006, n° 186, p. 10 et s., E. MATHIAS, « La marginalisation du juge d'instruction : vers un renouveau du modèle inquisitoire ? », *LPA* 18 août 2005, n° 164, p. 3 et s., spéc. n° 14, E. MATHIAS, « Alternatives punitives consensuelles : leurres et travers de la répression volontaire », *Gaz. Pal.*, 2 sept. 2006, n° 245, p. 2 et s., spéc. n° 11, E. BARBE, « Schéma des procédures d'enquête comparées », *LPA*, 16 juin 1997, n° 72, p. 5 et s., spéc. § 1 et 2, ss. B/§ I..- *Adde*, C. AMBROISE-CASTEROT, *op. cit.*, n° 11, p. 11-12.

[1834] C'est la dimension privée (et non publique) de ce moment procédural qui conduit certains à parler de procédure accusatoire. On met alors l'accent, non plus sur la recherche de la preuve (on rappelle qu'*inquisitoire* vient d'*inquisitio*, c'est-à-dire « l'enquête » ; sur quoi, C. AMBROISE-CASTEROT, *Thèse précitée*, n° 9, p. 8), mais sur la mise en œuvre du procès par la « victime » qui « accuse » son adversaire (C. AMBROISE-CASTEROT, *op. cit.*, n° 8, p. 7). Comme on le voit, on compare, de la sorte, deux choses très différentes. En pure logique, un exercice privé des poursuites (qui pourrait d'ailleurs s'exercer concurremment avec un exercice public) n'est pas incompatible avec un organe étatique chargé de la mise en état : v., en ce sens, le système pénal espagnol, *Ley de Enjuiciamiento Criminal*, § 101 : « L'action criminelle est publique. Tous les citoyens espagnols peuvent l'exercer conformément à la loi » ; et § 270 (1) : « Tout citoyen espagnol peut, qu'il soit ou non victime de l'infraction, déposer plainte, et exercer le droit de poursuite populaire établi à l'article 101 du présent Code ». - V. encore, S. C. THAMAN, *Comparative Criminal Procedure. - A Casebook Approach*, 2e éd., Carolina Academic Press, Durham, 2008, spéc. p. 28-29. Si on accepte, ensuite, d'analyser le problème sous l'angle probatoire, ce qui est nécessaire pour disposer d'un titre de comparaison en procédure civile, il n'est plus possible d'utiliser le concept d'accusatoire comme celui décrivant un rôle passif dans la recherche des preuves (sauf à affirmer, ce qui est fréquent, que le système est partiellement inquisitoire ou que la vérité reste d'une nature différente dans chacune des procédures) ; *accusatoire* et *inquisitoire* ne servent alors qu'à déterminer si le procès est la chose des parties ou celle du juge (v., en ce sens, L. CADIET, E. JEULAND, *Droit judiciaire privé*, 7e éd., LexisNexis, Paris, 2011, n° 12). Mais ainsi l'argument revient simplement à s'interroger sur la dimension plus ou moins publique du procès, ce qui n'a plus rien à voir, ni avec la publicité, ni avec le contradictoire, ni avec le déclenchement des poursuites, ni même encore avec le caractère écrit ou oral de la procédure ou les intervenants dans la recherche des preuves ; sur cet argument, L. CADIET, J. NORMAND, S. AMRANI-MEKKI, *Théorie générale du procès*, PUF, Thémis droit, Paris, 2010, n° 100, p. 382-384, spéc. p. 384.

198. ***Hiérarchie et nature de la recherche de la preuve.*** Cette manière de procéder, qui n'est pas sans intérêt, ne permet pas d'éviter une chausse-trape courante pour le comparatiste : *la méconnaissance de la rationalité propre des systèmes analysés*[1835]. Or, à ne considérer, dans une première intention, que la manière dont le même problème est traité à l'étranger - c'est-à-dire pour l'essentiel, dans les pays de droit anglo-américain -, on est pour le moins surpris de voir que le prisme d'analyse est radicalement différent, et pour cause[1836] ! Encore acceptable lorsqu'il s'agit de comparer les procédures pénales entre elles, parce les critères sont si souples, et procèdent de prémisses si différentes, qu'ils ne peuvent qu'aboutir à des distinctions très franches, cette démarche ne produit aucun résultat lorsqu'il s'agit de comparer les procédures civiles entre elles. Un examen attentif de la procédure des principaux États membres de l'Union européenne montre bien que, s'il est possible de répartir les modèles en quatre catégories, on se prive d'une nomenclature compréhensive aussi longtemps que l'on refuse de porter son regard au-delà que ce qu'offre une description technique des règles procédurales. Ainsi, à un premier groupe de pays qui attribue au juge (ou un autre organe étatique) un rôle primordial dans la recherche de la preuve, ce dernier pouvant intervenir de manière inconditionnelle, et en ayant parfois l'obligation, s'en opposerait un second pour qui le juge (ou équivalent fonctionnel) n'a pas sa place dans l'établissement la base empirique de la décision. Au centre, se développeraient deux autres groupes - chacun prenant appui sur l'un de ces systèmes excentriques -, un premier attribuant au juge des pouvoirs importants, mais subordonnés à l'initiative des parties ou, à tout le moins, conçus partiellement comme des facultés, et un second qui ne lui reconnaîtrait que de modestes pouvoirs d'intervention probatoire[1837]. On pourrait ainsi, sur une échelle *schématisant* l'activité probatoire du juge, de la plus étendue à la

---

[1835] V., en ce sens, l'introït de A. GARAPON, « Qu'est-ce qu'une culture juridique ? », p. 17-37, *in* A. GARAPON et I. PAPADOPOULOS, *Juger en Amérique et en France*, Odile Jacob, Paris, 2003 ; et, plus spécifiquement, sur le concept de rationalité.

[1836] Les ouvrages distinguent les procédures selon qu'elles sont inquisitoires ou « *adversarial* » : S. C. THAMAN, *Comparative Criminal Procedure. - A Casebook Approach*, *op. cit.* spéc. p. 3 et *passim*. Il est remarquable que cet ouvrage, qui comporte un glossaire, donne au mot « *adversarial* », les traductions suivantes, *contradictoire* en français, *kontradiktorisch* en allemand, *contraddittorio* en italien, et *contradictorio* en espagnol (*op. cit.*, p. 265). - Enfin, lorsque la procédure *adversarial* se voit attribuer un contenu sensiblement équivalent à celui retenu, par la doctrine continentale, pour définir la procédure accusatoire, les auteurs refusent généralement, compte tenu des multiples différences historiques, sociales et politiques, de qualifier les procédures dites « accusatoires » continentales de *adversarial* ; v., en ce sens, le travail de référence de M. DAMAŠKA, *The faces of Justice and State Authority. - A Comparative Approach to the Legal Process*, Yale University Press, New Haven, Londres, 1991, 8-15 (qui utilise l'opposition fructueuse *hierarchical process* - procès hiérachique - et *coordinate process* - et procès coordinatoire ou participatif) ou encore M. R. DAMAŠKA, *Evidence Law Adrift*, Yale University Press, New Haven, Londres, 1997, p. 133, p. 179, *passim*. V. encore P. ROBERTS, « Faces of Justice Adrift ? Damaška's Comparative Method and the Future of Common Law Evidence », p. 295-328, *in* J. JACKSON, M. LANGER, P. TILLERS (dir.), *Crime, Procedure and Evidence in a Comparative and International Context. - Essays in honour of Professor Mirjan Damaška*, Hart Publishing, Oxford, Portland, 2008, p. 301. - Il faut reconnaître, enfin, que, pour les mêmes raisons, le modèle *adversarial* repose sur un concept de vérité qui lui est propre (mais qu'on ne saurait transposer au droit français, pour décrire la procédure civile, par exemple) : E. GRANDE, « Dances of Criminal Justice : Thoughts on Systemic Differences and the Search for the Truth », p. 145-164 , *in* J. JACKSON, M. LANGER, P. TILLERS (dir.), *Crime, Procedure and Evidence in a Comparative and International Context…*, *op. cit.*, spéc. p. 146-147 (sur les deux formes de vérité, v. *supra*, n° 7 & 17).

[1837] J. LEBRE de FREITAS, « La Preuve dans l'Union Européenne : Différences et Similitudes. - Rapport général », *in* J. M. LEBRE de FREITAS (dir.), *Le droit de la preuve dans l'Union Européenne/The Law of Evidence in the European Union/Das Beweisrecht in der Europäischen Union*, Kluwer Law International, coll. Civil Procedure in Europe vol. 5, La Haye, 2004, p. 1-30, spéc., n° 2.3, p. 8.

moins développée, placer les procédures civiles grecque et belge[1838], puis les procédures française, italienne[1839], portugaise[1840], néerlandaise, allemande et autrichienne[1841], les procédures suisse et espagnole[1842] à leur suite, les procédures

[1838] La procédure civile grecque, d'après une tradition remontant au Code de procédure civile de 1834, fait du juge civil une sorte de juge d'instruction puisque, à la seule exception du serment, et en dépit de la subsidiarité gouvernant certains modes de preuve, il peut, d'après la pratique, non seulement prendre l'initiative de la production de toute preuve, que les parties aient ou non formulé une demande, et encore, à supposer que les parties sollicitent une vérification personnelle, une expertise ou un interrogatoire, décider de rejeter discrétionnairement les offres de preuve (une évolution semble tout de même se dessiner en faveur de prérogatives plus étendues des parties), G. ORFANIDES, « Das Beweisrecht in Griechenland », *op. cit.*, p. 211-243, spéc. § II.2, p. 214-215. Le système belge, quant à lui, ne diffère pas du système français, mais la jurisprudence a considérablement développé la mission du juge belge en *l'obligeant* à ordonner toute mesure d'instruction qui paraît indispensable D. MOUGENOT, « La preuve en droit belge », *in* J.-M. LEBRE de FREITAS (dir.), *Le droit de la preuve dans l'Union…*, *op. cit.*, p. 69-106, spéc. p. 74, n° 8. V. encore, D. MOUGENOT, *Droit des obligations. - La preuve*, 3e éd., Larcier, n° 13, p. 72. La portée de cette jurisprudence est cependant controversée, E. KRINGS, « L'office du juge : évolution, révolution ou tradition », *J.T.* 1993, p. 17 et s., spéc. p. 19 (*cf.* le rôle du juge français en matière de mesures d'instruction).

[1839] G. VERDE, « La Preuve en Droit Italien », *op. cit.*, p. 269-301 : à propos de la production forcée des pièces, l'auteur relève qu'il s'agit d'une institution d'une « remarquable importance systématique car il limite le principe, fruit d'une conception privée du procès, selon lequel "nemo tenetur edere contra se" et permet à la partie d'obtenir l'acquisition du document en procès, indépendamment du droit matériel qu'il peut avoir sur le même document », spéc. p. 286. Le juge dispose de pouvoirs d'instruction qu'il peut mettre en œuvre d'office : l'expertise (C. proc. civ. ital., art. 61 - possibilité pour le juge de se faire assister d'un ou de plusieurs techniciens ; et en ce qui concerne la procédure de nomination de ce technicien, v. C. proc. civ. ital. 191 à 201), la comparution personnelle des parties (une première forme est appelée l'audition informelle des parties, C. proc. civ. ital., art. 117 ; libre audition des parties par le juge de mise en état ; tentative de conciliation par le juge de la mise en état lorsque le litige a été introduit à la requête conjointe des parties : C. proc. civ. ital., 185, 420, al. 1er à 3, 421), la descente sur les lieux et les vérifications personnelles du juge (C. proc. civ. ital. art. 118, 258 à 262), demande de production adressée à une administration publique (C. proc. civ. ital. art. 213).

[1840] J. LEBRÉ de FREITAS, « La Preuve en Droit Portugais », *op. cit.*, p. 349-379, spéc. p. 355-356 : « Le droit portugais pose le principe de l'initiative du juge dans le domaine de la preuve : selon l'article 265-3 CPC, le juge a le pouvoir d'effectuer et d'ordonner d'office toute mesure d'instruction nécessaire à la découverte de la vérité. Ce principe a encore été renforcé lors de la profonde révision que le Code de Procédure Civile portugais a subie dans les années 1995-1996. […] Aujourd'hui, il n'est pas de mesure d'instruction dont le juge ne puisse prendre l'initiative, à l'exception de certaines d'entre elles, qui ne peuvent être prononcées d'office qu'à certaines conditions (c'est le cas de la preuve testimoniale) ».

[1841] C'est, de loin, le groupe le moins homogène, et la procédure de ces trois derniers pays résiste largement à l'analyse. Ainsi du système néerlandais, dont la structure semble très complexe, mâtinée d'influences françaises (le Code civil français s'est appliqué jusqu'en 1838) et anglaises ; le système est en cela intéressant, car il a conservé l'empreinte du modèle napoléonien, jusque dans son évolution, conscient de ce qu'une augmentation du rôle du juge réduit d'autant la maîtrise des parties, mais semblant, aussi, par certains côtés, avoir fait le choix du mécanisme de la *disclosure* - cher au nouveau système procédural anglais (v. *supra*, n° 183), qui fait obligation aux parties de révéler, en amont du procès, tous les moyens de preuve pertinents qui sont en leur possession : M. de TOMBE-GROOTENHUIS, « The Law of Evidence in Civil Proceedings in the Netherlands », *op. cit.*, p. 327-348, spéc. p. 327-328. En définitive, les Pays-Bas disposent désormais (un nouveau code de procédure civile est entré en vigueur le 1er janvier 2002), d'un système *hybride*, confiant certes au juge des pouvoirs importants dans la mise en état de l'affaire (il peut ordonner une comparution personnelle des parties pour obtenir, en tout état de cause, une clarification des allégations ou pour obtenir un document ou encore pour tenter de faire se concilier les parties, *op. cit.*, p. 330), mais obligeant surtout, à titre principal, les parties, à faire montre de *transparence probatoire*.

[1842] M. SERRA DOMINGUEZ, « La Preuve dans le Procès Civil Espagnol », *op. cit.*, p. 381-406, (et la présentation succincte des réformes, assez importantes, introduites avec l'entrée en vigueur, le 8 janv. 2001, du *Ley de Enjiciamiento* - L.E.C., Code de procédure civile), spéc. p. 395-397 : le juge ne peut intervenir d'office que de manière limitée et, sauf en de rares procès, il n'intervient pas ; même remarque pour le système suisse où les parties sont tenues de proposer les preuves, le juge n'ayant d'autre pouvoir que de les admettre ou de les rejeter : J. KREN KOSTKIEWICZ, « Das Beweisrecht in der Schweizerischen

finlandaise, suédoise et irlandaise[1843], enfin. Pour séduisante qu'elle puisse paraître, cette typologie, pas plus que celle de l'accusatoire et de l'inquisitoire, ne permettrait de comprendre ce qui sépare des systèmes pourtant très différents. On l'a dit, la façon même dont la même question est abordée dans les pays de *Common Law* montre bien que le critère est à aller chercher ailleurs que dans l'analyse des rôles respectifs du juge et des parties dans la recherche de la preuve. Les auteurs français ou de tradition romano-germaniques qui connaissent le *Common Law* sont, du reste, généralement prudents lorsqu'ils tentent de classer les procédures et décrire le modèle anglo-américain : soit ils emploient le terme *d'accusatoire* mais lui confèrent un sens sensiblement différent de celui qu'il lui est généralement reconnu[1844], soit ils renoncent, dans la description du modèle anglo-américain, au vocable même, pour employer celui d'*adversarial model* ou *adversarial process*[1845], c'est-à-dire *de procès ou de modèle antagonique*[1846] ou *adversaire.* La nuance est considérable, et elle ne peut se comprendre que si l'on accepte de ne plus raisonner en contemplation des attributions de l'autorité publique et des parties dans la recherche des preuves, du degré de contradiction introduit dans la phase d'établissement de la base empirique ou du sujet qui porte le litige devant la juridiction. Seule importe - et la remarque permettra de revenir, ensuite, mieux armé, à l'étude du droit français - *la nature hiérarchique ou participative du système procédural* considéré.

199. ***Hiérarchie et conditions de la recherche des preuves.*** La même remarque s'impose pour les conditions de la recherche de la preuve. L'étude sommaire des mécanismes de sélection de l'objet de la preuve en Angleterre et aux États-Unis a montré que ces systèmes, qui sont certes en pleine évolution, ne soumettent généralement pas à la preuve à un préalable de vraisemblance. Le droit américain fédéral montre ainsi encore bien que, dans un système qui ne peut concevoir que l'objet de la preuve soit défini trop tôt - ce qui aurait pour effet de limiter la dimension agonistique de la procédure de *discovery* - un préalable de vraisemblance constitue une entrave à la définition évidemment indispensable des propositions-objet de preuve - ce que doit réaliser la *discovery* -, ainsi qu'une remise en cause de l'essence même de cette *discovery*[1847]. Il est certes exact, comme on l'a vu, que les *Federal Rules of Civil Procedure* prévoient divers mécanismes qui semblent de nature à écarter les demandes qui ne sont pas suffisamment vraisemblables dans leurs allégations. Ainsi de la règle 11 (b) (3) et (4) (*FRCP*) qui impose que les

---

Rechtsordnung », *op. cit.*, p. 437-459, spéc. n° II.4. - V. encore, LEBRE de FREITAS, « La Preuve dans l'Union Européenne : Différences et Similitudes.- Rapport général », *op. cit.*, n° 2.3, p. 8.

[1843] Il s'agit de systèmes dans lesquels le juge n'a, sauf exception, aucun rôle dans la recherche des preuves ; *pour la Finlande*, S. LAUKKANEN, « The Law of Evidence in the Finnish Judicial System », *in* J.-M. LEBRE de FREITAS (dir.), *op. cit.*, p. 117-125, spéc., p. 120 ; *pour la Suède*, LINDELL BENGT, « Evidence in Sweden », *op. cit.,* p. 407-435, spéc. p. 411 et s. ; et pour l'Irlande, D. MCGRATH, « Irish Report on Evidence », *in* J.-M. LEBRE de FREITAS, *op. cit.*, p. 245-267, spéc. p. 246-248. Il faudrait rajouter le système anglo-gallois qui est, dans les grands traits, la source d'inspiration de ces trois procédures.

[1844] I. PAPADOPOULOS, « La preuve : vérité ou vraisemblance ? », *in* A. GARAPON, I. POPADOPOULOS, *Juger en Amérique et en France*, Odile Jacob, Paris, 2003, p. 123-145, p. 129, qui parle, fort à propos, d'une forme *agonistique* de recherche des faits.

[1845] *Cf.*, tout spécialement, X. LAGARDE, « Finalités et principes du droit de la preuve.- Ce qui change », *JCP G* 2005, I, 133, spéc. n° 9. - V. encore, X. LAGARDE, « D'une vérité l'autre », *Gaz. Pal.* 22 juill. 2010, n° 203, p. 6 et s.

[1846] Telle est la définition littérale du mot : *V° Adversarial, Collins English French Electronic Dictionary*, Harper Collins Publishers, 2005.

[1847] Sur ces notions, v. *supra*, n° 180.

faits allégués aient une base probatoire faute de quoi la demande peut être rejetée pour « vice de motivation »[1848]. En pratique, cependant, la jurisprudence entend cette règle de manière si étroite qu'elle la vide, pratiquement, de sa substance ; dans l'affaire *Swierkiewicz v. Sorema*, la Cour Suprême des États-Unis a ainsi affirmé qu'une demande ne peut être rejetée pour vice de formulation - sanction qui eût pu être efficace pour évacuer les demandes peu sérieuses - qu'à condition *qu'aucun* « fait pertinent de nature à venir au soutien de la prétention, ne [puisse] être prouvé »[1849]. Deux arrêts plus récents[1850] ont montré que la formule devait être comprise non comme l'exigence d'une première vraisemblance, mais comme la nécessité d'une demande dans laquelle les moyens de fait sont suffisamment articulés au moyens de droit pour *rendre plausible* la qualification juridique recherchée[1851]. De toute évidence, aucune exigence de vraisemblance ne peut, à proprement parler, être posée dans les systèmes participatifs de *Common Law*. Compte tenu du principe de *transparence probatoire* qui règne en Angleterre et aux États-Unis et qu'assurent les règles relatives à la *disclosure*[1852] et à la *formal* (ou *judicial*) *admission*[1853], la vraisemblance est en réalité concomitante à la recherche de la preuve dans laquelle elle se fond. À l'opposé, le système français repose, *par principe*, sur un mécanisme plus ou moins rigoureux de vraisemblance de l'objet de la preuve. Faut-il en être surpris ? Si la présence de l'État se manifeste derrière tout dispositif probatoire du droit français, la première règle que l'on doit pouvoir déceler parmi les conditions de recherche de la preuve, est une exigence de vraisemblance ; d'abord, parce que la procédure hiérarchique n'a aucun intérêt - même si son objectif reste la *vérité matérielle* - à mener une recherche à *fonds perdus* qui n'aurait d'autre objet que de permettre aux plaideurs (aux parties ou futures parties) d'amorcer un débat sur le matériel probatoire finalement transmis à la juridiction - seul ce qui est vraisemblable, ce qui présente un intérêt public *possible*, mérite l'intervention de l'État ; ensuite, parce que l'intérêt général, qui est particulièrement vif dans toute structure hiérarchique, suppose, au-delà d'un régime rigoureux de recherche de la preuve, que l'appareil de contrainte que représente l'ensemble des mesures d'investigation ne soit pas mobilisé par trop aisément : les parties doivent montrer l'intérêt public à la recherche de la preuve ; enfin, et c'est peut-être une vue paradoxale, parce que la vérité matérielle ne peut être atteinte qu'en évacuant de la phase de recherche tous les facteurs de dispersion et selon un *schéma linéaire ascendant des probabilités*[1854]. Or, en provoquant sans *probabilités* la recherche de la preuve, on s'expose tout à la fois à une recherche inutile qui finit par épuiser le mécanisme lui-même, mais aussi à l'illusion de pouvoir saisir d'un coup d'un seul une vérité que seul le temps permet souvent d'appréhender[1855].

[1848] V. *supra*, n° 179.

[1849] Cour Suprême des États-Unis, *Swierkiewicz v. Sorema, N.A.*, *United States Supreme Court Reports* 2002, n° 534, p. 506, & 514.

[1850] Cour Suprême des États-Unis, *Bell Antlantic Corp. v. Twonbly*, *Supreme Court Reporter* 2007, n° 127, p. 1955, *Harvard Law Review* 2007, vol. 121, p. 305-315, *Virginia Law Review*, 2007, n° 93, p. 135-143, note S. DODSON ; Cour Suprême des États-Unis, *Ashcroft v. Iqbal*, *Supreme Court Reporter* 2009, n° 129, p. 1937.

[1851] V. les développements *supra*, n° 186.

[1852] V. *supra*, n° 183.

[1853] V. *supra*, n° 188 et s.

[1854] V. *infra*, n° 273.

[1855] V. *supra*, n° 17

200. ***Hiérarchie et appréciation de la preuve.*** La structure hiérarchique imprime, enfin, sa marque à la phase d'appréciation de la preuve. La question est certes complexe dès lors que cette phase est loin d'être monolithique, supposant, dans un premier temps, la sélection des preuves, dans un second temps, leur évaluation. Or l'évaluation des preuves, qui fait intervenir des concepts tels que la *pertinence* et la *fiabilité*, résiste assez vivement à l'analyse culturelle, même si la chose est moins vraie en ce qui concerne la fiabilité des preuves. Sous toutes ces réserves, l'appréciation de la preuve présente, néanmoins, le visage d'une procédure particulièrement hiérarchisée. Les règles qui gouvernement l'admissibilité des preuves, notamment celles qui régissent, en matière civile, l'aveu et l'*instrumentum*, montrent que l'État peut intervenir pour rationaliser la recherche de la preuve. Un regard rapide porté aux droits de *Common Law* pourrait sans doute laisser penser qu'il en est de même des règles d'exclusion - qui forment l'essentiel des règles destinées à sélectionner la preuve. Une étude plus approfondie montre, cependant, de profondes différences. Les règles d'exclusion condamnent, de manière presque mécanique, un matériel probatoire qui est jugé, abstraitement, insuffisamment fiable pour mériter la confiance du juge ; c'est, sans doute, une exigence nécessaire (elle l'est d'autant plus dans un système qui attache une grande importance au débat)[1856], qui n'est pas étrangère, non plus, à certaines dispositions du droit français, mais qui prive certainement le juge, dans de très nombreux cas, d'une source d'information privilégiée. Les restrictions apportées à l'admissibilité des modes de preuve procèdent, à l'inverse, d'une toute autre logique, puisqu'il s'agit d'obliger le juge à tenir compte d'une source d'information particulièrement fiable. Certes, à rebours, ce qui ne répond pas à la qualification idoine est écarté, ce qui peut être perçu comme une mise à l'écart de la vérité matérielle. Néanmoins, la structure particulière des modes de preuves imposés en certaines matières, comme l'*instrumentum* ou l'aveu - qui épousent l'objet volonté qu'ils entendent saisir - montre que c'est bel et bien la vérité matérielle qui est servie par ces règles d'admissibilité. Sous un certain regard, également, les règles relatives à la *foi*, comme celles qui ont pour effet d'imposer au juge la valeur de vérité qu'il doit accorder à une proposition, sont bien moins comparables qu'on le croit parfois aux règles d'exclusion du droit anglo-américain. Si le législateur leur accorde un crédit incontrovertible, c'est bien parce qu'il a été en mesure de s'assurer de la conformité à la réalité de ce que contient la preuve. **La valeur de vérité de la preuve est donc appréciée, *in concreto*, au regard de la règlementation généralement ample et précise de recueil de la preuve, là où, dans les systèmes de *Common Law*, c'est un regard assez abstrait qui conduit à rejeter telle ou telle preuve pour son manque de fiabilité**. Seul un système hiérarchique, un système où l'État s'investit dans la découverte de la vérité (matérielle), apporte un tel soin à l'élaboration d'un mode de preuve.

201. ***Plan.*** Ces quelques éléments, qu'il reste encore à développer pour leur donner une plus forte résonance, montrent, en tout cas, l'hiatus qui existe entre les systèmes dits « hiérarchiques » et les systèmes dits « participatifs ». En ce sens, *est participatif un système qui, certes, confie aux seules parties - privées, publiques - le soin de réunir les preuves, mais qui surtout conçoit le procès et le problème probatoire comme un affrontement d'intérêts contradictoires*. Ce qui importe donc, c'est moins la matière du procès que la manière dont la preuve pourra être discutée ; il

[1856] *Id.*

faut d'ailleurs se garder de croire que, dans un tel système, les prérogatives des parties sur la preuve sont moins étendues qu'ailleurs. Le résultat est, en réalité, pour des raisons qui tiennent à la fois à la dimension procédurale du droit et à l'importance du concept de loyauté ou de collaboration, tout à fait contraire[1857]. À l'opposé, un système qui, la mise en état d'être jugé ayant ou non été confiée à un organe spécialisé, « met l'accent sur l'exécution de règles édictées de manière centralisée, la responsabilité verticale, la gestion publique des questions factuelles et probatoires »[1858], développe une tout autre logique probatoire. C'est ce qu'il convient désormais de montrer plus avant en étudiant séparément, par souci de clarté, la nature hiérarchique des règles relatives à la recherche judiciaire de la preuve (chapitre I) et la nature hiérarchique des règles relatives à l'appréciation judiciaire de la preuve (chapitre II).

[1857] Sur ce concept, v. *supra*, n° 188 et s.

[1858] R. A. KAGAN, *Adversarial Legalism. - The American Way of Law*, Harvard University Press, Cambridge, Londres, 2001, p. 14.

CHAPITRE I

LA NATURE HIÉRARCHIQUE DES RÈGLES RELATIVES À LA RECHERCHE DE LA PREUVE

202. ***Entre procédure hiérarchique et procédure antagonique.*** Pour ramener à une seule formule la plupart des propositions déjà formulées au sujet du système hiérarchique, on peut dire qu'il se distingue sensiblement des systèmes participatifs en raison de sa ***gestion publique*** des questions probatoires. Sous l'angle de la recherche de la preuve, cette caractéristique a une répercussion immédiate : cette étape est confiée, serait-ce de manière indirecte, à un juge qui doit faire prévaloir une forme particulière de vérité : *la vérité matérielle*. Très exigeante, celle-ci suppose un juge investit de prérogatives singulières. L'argument doit, cependant, être bien compris. Il y avait certes une différence immense entre la procédure du Code d'instruction criminelle et la procédure civile napoléonienne ; mais, il y avait aussi une communauté d'esprit laquelle résidait précisément dans la *dimension hiérarchique du système procédural*. On ne peut le comprendre que si on repousse avec vigueur, une nouvelle fois, la distinction accusatoire-inquisitoire qu'on a parfois proposé de maintenir sur la foi d'une opposition franche entre la vérité formelle et la vérité matérielle[1859]. La vérité formelle appartient à une culture juridique différente, et la seule vérité recherchée, en droit français, fût-elle confiée au juge ou aux parties, est une vérité matérielle. Où ranger alors la procédure civile française jusqu'à la grande réforme des années 1970 ? Faut-il lui reconnaître une nature participative ou est-il possible, en dépit du faible investissement de l'État, de la maintenir dans la catégorie des systèmes participatifs ? Il serait très difficile de la faire figurer au titre des procédures participatives car, si son histoire est exacte[1860],

---

[1859] *Contra*, C. AMBROISE-CASTEROT, *Thèse précitée*, n° 414 et s., p. 305 et s., Ph. CONTE, « L'instruction : le rôle du Juge et des parties dans l'administration de la preuve », *in Le rôle du juge et des parties dans l'administration de la preuve*, XVIIe Colloque des Instituts d'Études Judiciaires, Grenoble, 19-20-21 janvier 1989, Grenoble, 1989, p. 34-45, spéc. p. 34.

[1860] Les pouvoirs du juge étaient probablement plus larges qu'on veuille bien, parfois, le faire croire ; *cf.*, en ce sens, H. SOLUS, « Les réformes de procédure civile », *in Le Droit privé français au milieu du vingtième siècle. - Études offertes à G. Ripert*, LGDJ, Paris, 1950, T. I, p. 196 (le juge disposait, ainsi, de manière non discutée, des prérogatives suivantes : enquête, expertise, visite des lieux litigieux, déféré du serment supplétoire, R. MOREL, *Traité élémentaire de procédure civile*, Sirey, Paris, 1932, n° 474, p. 381. Il est vrai que certaines des prérogatives accordées au juge étaient parfois curieusement utilisées : à propos de l'ancienne procédure d'interrogatoire sur faits et articles, J. Chevallier (*Cours de droit civil approfondi*, Les cours de droit, Paris, 1958-1959, p. 203) notait : « La nécessité pour la partie qui lui demandait de signifier à l'avance les questions qui seraient posées, plaçait la partie interrogée, défendeur à la preuve, en situation de concerter ses réponses et de s'en tenir à une pure et simple dénégation. Le fait que l'interrogatoire se déroulait dans le secret du cabinet du juge désigné pour y procéder et hors la présence de son adversaire lui évitait au surplus une situation embarrassante. Quant au tribunal il ne connaissait qu'un procès-verbal impersonnel, il n'avait aucun moyen d'apprécier la spontanéité, l'accent de la sincérité, l'hésitation, l'attitude franche ou inquiète ou cynique du plaideur. Tout était fait pour permettre au défendeur à la preuve de maintenir sans difficulté ses dénégations plutôt que pour obtenir de lui sa participation à la manifestation de la vérité au point qu'on avait pu présenter l'interrogatoire sur

elle n'était le vecteur d'aucune vérité, pas plus matérielle que formelle ; le procès civil était fondé sur l'idée que l'intérêt général n'était pas trop en cause pour que le droit ait à se mobiliser en faveur de la vérité ou qu'il était possible de régler les litiges en l'évacuant ou en l'évitant[1861]. Le rattachement au système hiérarchique se justifie néanmoins, ne serait-ce qu'en raison de l'investissement de l'État à d'autres égards.

203. ***L'office de véridiction et le préalable de vraisemblance.*** C'est qu'il est, en effet, deux axes autour desquels la recherche des preuves a toujours plus ou moins gravité en droit français. Même à une époque où, en procédure civile, le juge ne disposait d'aucun réel pouvoir en matière de recherche de la preuve, on pouvait toujours percevoir, avec plus ou moins de facilité, une conception particulière de l'organisation de l'État structurer l'ensemble du système probatoire. Peut-être les prérogatives de recherche de la preuve étaient-elles placées entre les mains des seules parties privées - ce qui contrastait alors remarquablement avec la toute-puissance du juge d'instruction en procédure pénale -, peut-être le juge n'avait-il que très rarement son mot à dire en matière probatoire, mais déjà le système était en mesure de donner sa trajectoire finale à chacune des preuves produites ou obtenues dans le cadre judiciaire. Même, au fond, lorsque à l'indigence probatoire du juge s'ajoutait celle des parties, qui n'avaient alors d'autre ressource que de produire les preuves par elles récolées, un mécanisme particulier permettait déjà de dire que la recherche de la preuve n'était pas conduite dans l'intérêt des parties, mais dans un intérêt qui

faits et articles comme le type même de la procédure qui ne pouvait conduire à la découverte de la vérité. Mais le cherchait-elle ? Ne tendait-elle pas plutôt à imposer au défendeur à la preuve, comme la procédure anglaise des pleadings, de préciser seulement l'objet de ses dénégations et de déterminer ainsi les points de fait sur lesquels la preuve était nécessaire ? », p. 203. Quoi qu'il en soit, l'auteur affirmait avec force que les défendeurs n'avaient jamais pu, quelque libéral que fût le système, se réfugier dans le silence et la passivité - on parlait déjà de « droit à la preuve » (*op. cit.*, p. 199-200, et *infra*, n° 216). Il y avait, par ailleurs, le serment supplétoire, dont le moins qu'on puisse dire c'est qu'il fonctionne comme une véritable mesure d'instruction (*cf.* d'ailleurs, le plan du Code de procédure civile : Sous-titre IV, au sein du Titre VII : « Administration judiciaire de la preuve », du Livre I : « Dispositions communes à toutes les juridictions », intitulé : « Le serment judiciaire » ; v. aussi, J. CHEVALLIER, *op. cit.*, p. 203 et v. *infra*, n° 293). Enfin, on insiste souvent sur la préconstitution comme le trait d'un système peu soucieux de vérité. À bien y réfléchir, la préconstitution est, tout en étant un gage de sécurité, un gage de vérité, en ce sens que la formalisation sert, aussi, et peut-être avant tout, à « rationaliser » les questions probatoires et à mieux assurer l'expression de la vérité (X. LAGARDE, « Observation critique sur la renaissance du formalisme », *JCP G* 1991, I, 170, n° 17, F. G. TREBULLE, « La réforme du droit de la preuve et le formalisme », *LPA* 20 avr. 2000, n° 79, p. 10-15, spéc. p. 11. - Enfin, et surtout, comme on le verra, le recours à l'*instrumentum*, dans le domaine des actes juridiques, assure la pleine expression de la vérité matérielle : v., déjà, J. FLOUR, « Quelques remarques sur l'évolution du formalisme », *in Mélanges Ripert*, T. 1, LGDJ, Paris, 1950, p. 93, spéc. n° 6, p. 98. D'une manière générale, le formalisme n'est pas forcément l'ennemi de la vérité (*cf.* C. PUIGELIER, « Vrai, véridique et vraisemblable », p. 195-234, *in* C. PUIGELIER, (dir.), *La preuve*, Economica, Études juridiques 19, Paris, 2004, spéc. p. 196 ; un exemple entre mille du profit que retire la vérité du formalisme : l'absence de formalisme du don manuel rend particulièrement délicate la question probatoire, J. CASEY, « Preuves en droit de la famille : preuve et droit des successions », *AJ fam.* 2008, p. 10 et s.). Il est, au surplus, en droit de la preuve, un important formalisme de fiabilité qui assure la correcte expression de la vérité (v. *infra,* n° 374). Si le formalisme est un moyen de protéger le citoyen, en procédure pénale, il est bien exagéré de ne voir en lui qu'une limite apportée à la vérité : v. H. LECLERC, « Les limites de la liberté de la preuve.- Aspects actuels en France », *RSC* 1992, p. 15-29, spéc. p. 16).

[1861] Comp. X. LAGARDE, « Finalités et principes du droit de la preuve. - Ce qui change », *JCP G* 2005, I, 133, spéc. n° 7. - En droit extrapatrimonial de la famille, c'est l'intérêt général qui commandait, parfois, un abandon absolu de la vérité ou, du moins, la défense d'une toute autre conception de la vérité : v. G. VIAL, *Le preuve en droit extrapatrimonial de la famille*, *op. cit.*, n° 10-10, p. 17-20 ; v. aussi, *infra*, n° 250 et s.

les dépasse encore : l'intérêt général. Ce mécanisme particulier prend les traits d'un *office de véridiction*. En d'autres termes, les systèmes hiérarchiques se singularisent par l'existence, en leur sein, d'un office de véridiction (section I). Un autre révélateur de la nature hiérarchique de la recherche judiciaire des preuves est la présence, selon une intensité variable, de dispositions subordonnant *l'existence* de l'office de véridiction à un préalable de vraisemblance. On peut y voir, de prime abord, un paradoxe, l'office de véridiction devenant alors conditionnel. À la vérité, le paradoxe n'est qu'apparent et se dissout aisément si on considère que le préalable de vraisemblance constitue le moyen le meilleur, pour l'État, de contrôler efficacement la mise en œuvre de la recherche judiciaire de la preuve et de faire prévaloir, le cas échéant, tel ou tel intérêt sur la vérité matérielle ou de faire triompher, sans partage, cette même vérité matérielle, objectif naturel du droit de la preuve dans les systèmes hiérarchisés. On ne peut donc, semble-t-il, décrire la nature hiérarchique des règles du droit français relatives à la recherche judiciaire de la preuve sans insister, dans un second temps, sur l'existence de ce préalable de vraisemblance (section II).

SECTION I
L'EXISTENCE D'UN OFFICE DE VÉRIDICTION

204. ***Indifférence du schéma de recherche des preuves.*** Comme on a eu l'occasion de l'indiquer, il est particulièrement dangereux d'utiliser, en droit comparé, les expressions d'accusatoire et d'inquisitoire. Il est indispensable, pour éviter toute confusion sur la nature exacte du droit et du procès, d'employer le diptyque procédure hiérarchique/procédure antagonique. Reste alors à indiquer en quoi ces quelques acquis remettent en cause une typologie que le juriste français connaît bien et qui est presque gravée dans son inconscient. Outre qu'elle est particulièrement maladroite en ce qu'elle désigne deux notions qui, sans aménagements douteux, ne sont pas comparables en logique[1862], elle est surtout dangereuse et inutile. Elle est d'abord inutile, car l'on peut désormais utiliser une distinction plus simple tirée du degré de puissance de l'office du juge dans la recherche de la preuve, c'est-à-dire, concrètement, de la place qu'entend occuper l'État en son sein. Elle est dangereuse, ensuite, car elle fait disparaître le trait essentiel de la procédure française et de la plupart des procédures continentales : la vérité (matérielle) y étant conçue comme une fin, **tout dispositif, toute prérogative dans le domaine de la recherche des preuves, est nécessairement conçu comme une émanation de la *juris-dictio* du juge, c'est-à-dire de son office de *juridiction*.** En d'autres termes, **il n'y a pas de *distinction de nature* entre toutes les procédures - toutes ont un caractère hiérarchique puisqu'elles sont organisées autour d'un organe qui dit le droit de manière verticale/hiérarchique -, mais seulement une *distinction de degrés*,** la procédure de recherche de la preuve pouvant être plus ou moins *puissante*. Si toutes ces procédures prennent naissance dans un cadre hiérarchique, marqué par la présence de l'État, on les distingue grâce au degré d'investissement de l'État dans la recherche de la vérité (v. *schéma*, n° 1 - page suivante).

[1862] V. la démonstration, *supra*, n° 197.

Schéma n° 1 - **Degré d'investissement de l'État dans la recherche de la vérité** au regard des rôles respectifs du juge et des parties dans la recherche des preuves (système hiérarchique)

Rôle du juge dans la recherche des preuves (nature et portée des prérogatives)	**Rôle des parties dans la recherche des preuves** (nature et portée des prérogatives)	**Degré d'investissement de l'État dans la recherche de la vérité**
A - Obligation de recherche	**A1** Pas de liberté de produire	MAXIMUM
	A2 Liberté de produire	TRÈS SUPÉRIEUR
	A3 Liberté de produire et pouvoir d'obtenir une preuve	SUPÉRIEUR
B - Pouvoir d'office	**B1** Liberté de produire	TRÈS ÉLEVÉ
	B2 Liberté de produire et pouvoir d'obtenir une preuve	ÉLEVÉ
C - Pouvoir faible (mesures d'instruction limitées)	**C1** Liberté de produire et pouvoir d'obtenir une preuve	FAIBLE
	C2 Liberté de produire	TRÈS FAIBLE
D - Aucun pouvoir	**D1** Liberté de produire, liberté de ne pas produire et pouvoir d'obtenir une preuve (mais non *contre* l'autre partie)	INFÉRIEUR
	D2 Liberté de produire et liberté de ne pas produire	MINIMUM

205. ***Les différents degrés de hiérarchie dans la recherche des preuves.*** Les systèmes hiérarchiques font souvent prévaloir la vérité sur d'autres considérations et s'intéressent essentiellement à l'expression d'une vérité matérielle. La hiérarchie d'un système ne se mesurant pas seulement à l'aune de l'investissement de l'État dans la recherche de la vérité, il faudra également tenir compte, en contre-champ, de la préoccupation des pouvoirs publics pour la protection des libertés individuelles[1863] qui, elle aussi, fait apparaître la nature hiérarchique du système français, tout en éloignant, pourtant de la recherche de la vérité. Cette précision étant faite, on doit signaler que, puisque c'est l'État qui prend la charge de la recherche de la vérité par le truchement du juge (plus généralement, ainsi qu'on va le voir, des organes de mise en état), toutes les prérogatives doivent être analysées, dans un système hiérarchisé, en contemplation de l'office du juge dans la recherche de la preuve. Aussi bien, dans un système où le juge a une *obligation de recherche* (A - ex. procédure pénale française), l'investissement de l'État est d'un degré supérieur, c'est-à-dire à dominante publique, et les prérogatives des parties peuvent être plus limitées, jusqu'à ne pas exister (A1). D'ailleurs, comme on le verra, l'accaparement de l'intégralité des prérogatives par le juge change considérablement le *fondement* des prérogatives dont les parties peuvent être investies (A2 - A3) ; d'où tout l'intérêt, une nouvelle fois, de raisonner en terme de degrés d'investissement des pouvoirs publics. Ensuite, il est évident que moins l'investissement de l'État est grand, moins il se préoccupe de la vérité. C'est pourquoi dans un système où le juge ne dispose que de faibles pouvoirs dans la recherche des preuves (C ou D - ex. procédure civile napoléonienne), le système se détourne de la vérité. Mais il faut compter, ici, sur l'intervention des parties qui doivent être appréciées selon un rapport inversé. Alors que les prérogatives des parties (*liberté de produire - pouvoirs de recherche*) sont perçues, dans un schéma de fort investissement probatoire de l'État, comme des facteurs de dispersion (A2 - A3 - B1), elles deviennent un facteur de relèvement indirect de l'investissement probatoire de l'État dans les modèles où le juge a de plus faibles pouvoirs dans la recherche des preuves (C1 - D1). Pour le modèle intermédiaire, celui où le juge peut ordonner, d'office, une mesure de recherche de la preuve (B), la répartition des prérogatives juge-parties est plus incertaine et, en réalité, le degré plus ou moins élevé d'investissement public dans la procédure dépendra largement de la manière dont le juge conçoit son office. Il est évident que s'il utilise amplement ses pouvoirs de recherche, l'intervention des parties - dont les demandes peuvent parfois le lier - réduisent son autorité sur la recherche des preuves (B1 offre donc une plus grande hiérarchie que B2). Si, au contraire, il se montre particulièrement passif dans sa mission (parce que, par exemple, sa passivité est couverte par une absence de responsabilité), la nature publique du système est alors compromise aussi longtemps que les parties ne peuvent formuler de demandes d'actes (B2 offre alors une plus grande hiérarchie que B1). Comme on le voit, en tout cas, la question est complexe et dépend d'autres facteurs, comme les régimes de responsabilités encourues par les juges, les obligations ou dispenses de motivation des refus opposées aux demandes de mesures de recherche. Il faudra également, le moment venu, tenir compte du préalable de vraisemblance qui, dans la mesure où il ne s'applique pas de manière régulière, peut modifier la portée de l'investissement public dans la matière probatoire. Les règles d'admissibilité - telles celles qui régissent l'aveu ou l'*instrumentum* -, de même que celles qui régissent l'évaluation des preuves, affectent également la régularité du schéma, ce qui est particulièrement net, par exemple, pour la procédure civile napoléonienne qui, quoique ne reconnaissant que très peu de pouvoirs au juge[1864], accroissait, néanmoins, son caractère public grâce aux règles d'admissibilité. Il faut

[1863] V. *infra*, n° 323.
[1864] V. *supra*, n° 202.

bien comprendre, en tout état de cause, que, quel que soit le degré d'investissement de l'État, toutes les preuves sont récupérées par le système judiciaire : ***ce ne sont pas les preuves des parties, mais celles de la juridiction***.

206. ***Office de juridiction et office de véridiction.*** Dans un système où l'État s'investit fortement dans la recherche de la vérité, le juge remplit, en effet, un office qui absorbe tous les pouvoirs. On a dit, jusque-là, que cet office avait quelque chose à voir avec la *juris-dictio*. Il faut désormais en dire plus : un système hiérarchisé connaît un *office de véridiction*, ce qu'on a défini, en introduction, comme la mission *consistant pour le juge à dire le vrai ou à s'efforcer de dire le vrai*[1865]. C'est de cet office que procèdent, le cas échéant, toutes les prérogatives des parties. Plus cet office est étendu, plus l'État est réputé intervenir dans la recherche de la vérité matérielle. Voyons si l'affirmation d'un office de véridiction résiste à l'analyse et mesurons les conséquences de cette affirmation, principalement en ce qui concerne les systèmes où le juge ou l'autorité compétente n'a que de faibles pouvoirs. Une fois qu'on accepte d'abandonner l'analyse *subjective*, on perçoit une chose essentielle : comme le signalait le Doyen Cornu, le juge a, dans la connaissance du fait, « un pouvoir primordial et un titre originaire » et il est réputé avoir, dans tous les litiges relevant de sa compétence juridictionnelle, « une connaissance globale et universelle du fait » [1866]. L'éminent auteur ajoutait, à propos des vérifications personnelles du juge, dont il constatait qu'elles se plaçaient en tête dans la liste des mesures d'instruction, que la présentation « recèle une ambiguïté intentionnelle, laquelle réside non pas exclusivement dans le rang que lui donne cet ordre, mais dans la notion même. Car la vérification personnelle ne correspond pas seulement à un ensemble de mesures d'instruction (parmi lesquelles le transport sur les lieux, ou la vue d'un objet litigieux). La vérification personnelle est en vérité, d'abord, d'une façon générique et dans tout litige, la mission première du juge. Constater le fait, le vérifier, l'apprécier, en dehors même de toute mesure d'instruction : la fonction juridictionnelle est d'abord là »[1867]. De la même manière, le Professeur Goubeaux observait, dans l'étude célèbre qu'il a consacrée au « droit à la preuve » que le « juge a pour mission de trancher les litiges conformément au droit. L'obliger à examiner les preuves proposées par les parties n'est pas attenter à sa liberté ; c'est simplement la conséquence normale de sa mission »[1868]. Puisque, en effet, dans un système hiérarchique, la vérité recherchée est *d'ordre matériel*, il est inconcevable que le juge ne soit pas placé au centre du dispositif de recherche de la preuve. L'effet immédiat le plus remarquable de cette *centralisation*, c'est que les prérogatives que peuvent avoir les parties sur la preuve ne peuvent plus être analysées comme leur étant propres. Elles en ont, certes, la maîtrise initiale, mais elles perdent

---

1865 V. *supra*, n° 15.

1866 G. CORNU, « Rapport de synthèse », *in Les rôles respectifs du juge et du technicien dans l'administration de la preuve*, Xe Colloque des Instituts d'Études Judiciaires, Poitiers 26-28 mai 1975, PUF, 1976, p. 107-123, p. 111. Les évolutions de la science semblent, aussi, avoir contribué à orienter le procès civil vers la vérité : B. OPPETIT, « Les rôles respectifs du juge et du technicien dans l'administration de la preuve en droit privé », *op. cit.*, p. 53-66. C'est, en tout cas, très évident si on songe au rôle accru de l'expertise en droit français (v., par exemple, en matière de science : v. G. VIAL, *La preuve en droit extrapatrimonial de la famille*, *op. cit.*, n° 12-14, p. 20-23, et n° 14-15, p. 23-25, pour le maintien du lien socio-affectif, dans certains cas ; F. MILLET, « La vérité affective ou le nouveau dogme de la filiation », *JCP G* 2006, I, 112, p. 303-308).

1867 G. CORNU, *op. cit.*, p. 113.

1868 G. GOUBEAUX, « Le droit à la preuve », *in La preuve en droit*, Travaux du CNRL, Bruxelles, 1981, p. 277, n° 18

le contrôle de leur trajectoire une fois produites devant le juge. Elles s'insèrent alors dans *l'office de véridiction* du juge, office qui est le complément, dans un système hiérarchisé, de son office de *juridiction*[1869]. Et si les parties conservent des prérogatives (la maîtrise initiale), ce n'est qu'en vertu du principe dispositif, principe qui n'est pas, comme on l'enseigne parfois, l'expression positive de la maîtrise des parties sur l'instance et le litige, mais d'abord l'expression négative d'une liberté concédée par le système juridique vis-à-vis des deux offices du juge[1870] : c'est de *l'office de véridiction* - l'investissement du système judiciaire dans l'établissement de la base empirique - que les parties tirent éventuellement leurs pouvoirs. En cela, et c'est la première conclusion nécessaire, le système français, sa procédure civile, n'a rien de comparable avec les systèmes de *participation probatoire* qui existent dans les procédures de *Common Law*, et qui fonctionnent par le biais de mécanismes de *discovery* ou de *disclosure*[1871]. En effet, dans les pays de tradition romano-germanique, les parties ne sont normalement astreintes à aucune obligation de transparence probatoire[1872]. Cette dernière, du reste, lorsqu'elle s'impose, ne sert pas seulement à récolter les preuves, mais à définir les termes du litige, ainsi qu'à assurer une égalité parfaite entre les plaideurs[1873]. La seconde conclusion s'impose d'elle-même : ***c'est toujours vis-à-vis du juge, et non des parties, qu'il faut, dans un système hiérarchique, envisager la nature et l'étendue de la présentation et de la recherche des preuves.*** Quelle est donc exactement la nature et l'étendue de la présentation et de la recherche de preuves en procédure civile ? Quel est l'impact, sur la nature et l'étendue de ces prérogatives, de l'existence d'un *office de véridiction* ? C'est évidemment une question importante pour saisir la particularité culturelle de la recherche de la preuve en droit français. On ne peut y répondre qu'en envisageant successivement l'impact de l'office de véridiction sur la nature de la présentation et de la recherche des preuves en procédure civile (§ 1) et en procédure pénale (§ 2).

1869 L'idée que le juge est investi de plusieurs offices est aujourd'hui assez bien admise ; *cf.* M.-A. FRISON-ROCHE, « Les offices du juge », *Écrits en hommage de Jean Foyer*, PUF, Paris, 1997, p. 463-476, spéc., en ce qui concerne l'office du juge à l'égard du fait, n° 2, p. 464 et n° 32, p. 474. - Concernant la notion de véridiction, v. E. LANDOWSKI, « Vérité et véridiction en droit », *Droit et société* 8-1988, p. 47-63.- *Adde*, D. SALAS, « Le juge aujourd'hui », *Mots de la justice*, Droits, 2001, n° 34, p. 61.

1870 P. OBERHAMMER, T. DOMEJ, « Germany, Switzerland, Austria (CA. 1800-2005) », *in* Ch. VAN RHEE (dir.), *European Traditions in Civil Procedure,* Metro, intersentia, Maastricht, 2005, spéc. p. 295. C'est pourquoi la notion de principe dispositif n'a pas de sens dans un système qui n'est pas hiérarchisé. Et pour le rattachement au principe dispositif, v. aussi, G. CORNU, *op. cit.*, spéc. p. 120.

1871 Même si certaines procédures, dont il ne faut pas être surpris qu'elles prolifèrent en marge des secteurs économiques et financiers, de loin les plus poreux aux influences anglo-américaines, semblent réserver un accueil chaleureux à ces nouvelles doctrines. V., en ce sens, E. PUTMAN, *Contentieux économique*, PUF, Thémis Droit privé, Paris, 1998, n° 391, p. 348. Sur ces procédures de *discovery* et *disclosure*, v. la présentation détaillée, *supra*, n° 180 & 183.

1872 Cette transparence procédurale n'a rien à voir avec une éventuelle obligation de collaboration spontanée, dont le fondement serait l'article 10 du Code civil. Pour une proposition en ce sens, v. M.-A. FRISON-ROCHE, « Jouissance des droits civils.- Limitations », *J.-Cl. Civil Code, art. 10*, Fasc. Unique (ancienne version), spéc. n° 30.

1873 V. *infra*, n° 17.

§ 1. L'impact de l'office de véridiction sur la nature et l'étendue de la présentation et de la recherche des preuves en procédure civile

207. ***Précisions terminologiques.*** On ne saurait aller plus avant dans l'étude de l'office de véridiction sans offrir, au préalable, au lecteur, quelques certitudes terminologiques. Il n'est sans doute pas nécessaire de prendre parti sur le sens précis d'une expression utilisée tant par la législateur et la doctrine, et qui manque de netteté, celle d'*administration de la preuve*. De nombreux auteurs, on le sait, emploient le terme d'administration de la preuve pour désigner la phase de recherche de la preuve[1874]. Le Code civil ne paraît pas les déjuger lorsque, sous le Titre V (du Livre premier), intitulé : « L'administration judiciaire de la preuve », il regroupe, tout à la fois des mesures de recherche de la preuve, dont les mesures d'instruction, et des mesures différentes qui concernent le contrôle des preuves par le juge, comme les règles qui permettent la contestation de la preuve littérale[1875] (Sous-titre III). Pour sa part, le Code de procédure pénale paraît plus étroit. Le paragraphe 3, qui chapeaute le célèbre article 427, dont le titre est également « De l'administration de la preuve » indique, de manière plus restrictive, que « [h]ors les cas où la loi en dispose autrement, les infractions peuvent être établies par tout mode de preuve et le juge décide d'après son intime conviction »[1876]. L'alinéa 2 précise du reste - et il ne fait alors aucun doute qu'on se situe dans le domaine de l'appréciation de la preuve, non dans celui de la recherche -, que « [l]e juge ne peut fonder sa décision que sur des preuves qui lui sont apportées au cours des débats et contradictoirement discutées devant lui ». Mais il est vrai que certaines des dispositions, qui figurent sous le même paragraphe, permettent, également, un supplément d'information, et concernent, alors, plus largement, la recherche judiciaire des preuves[1877]. À l'opposé, le vocabulaire classique tendait à identifier *charge* de la preuve - donc la recherche - et *administration* de la preuve[1878], sans nécessairement évoquer la phase de sélection et d'appréciation de la preuve. Enfin, et plus rarement, certains auteurs cantonnent l'expression d'administration à la phase de sélection de la preuve

---

[1874] Ph. CONTE « L'instruction : le rôle du Juge et des parties dans l'administration de la preuve », *art. préc.*, S. GUINCHARD, J. BUISSON, *Procédure pénale*, 7e éd., LexisNexis, Paris, 2011, n° 565, p. 573-574.

[1875] On doit également mentionner l'utilisation fort large qui est faite du vocable par le Code de procédure civile. V., en ce sens, le Titre VII (du Livre Premier), intitulé « L'administration judiciaire de la preuve », qui contient, certes, pour l'essentiel, des mesures de recherche de la preuve, et tout particulièrement les mesures d'instruction ; mais qui englobe aussi des dispositions très différentes relatives aux contestations de la preuve littérale, qui sont, avant tout, des mesures de *contrôle* des preuves (Sous-titre III). Sur le modèle de ce Code, l'expression est entendue très largement par les auteurs ; v., ainsi, S. GUINCHARD, C. CHAINAIS, F. FERRAND, *Procédure civile. - Droit interne et droit de l'Union européenne*, 30e éd., Dalloz, Précis Droit privé, Paris, 2010, n° 548 et s., p. 436 et s. ; J.-J. DAIGRE, *La production forcée de pièces dans le procès civil*, thèse Poitiers, PUF, Publication de la Faculté de droit et des sciences sociales de Poitiers, Paris, 1979, p. 19.- *Adde*, *Les rôles respectifs du juge et du technicien dans l'administration de la preuve*, Xe Colloque des Instituts d'Études Judiciaires, Poitiers 26-28 mai 1975, PUF, 1976, et spéc., les communications de G. CORNU, « Rapport de synthèse », p. 107-123 et B. OPPETIT, « Les rôles respectifs du juge et du technicien dans l'administration de la preuve en droit privé », p. 53-66.

[1876] V. aussi, R. MERLE, A. VITU, *Traité de droit criminel, Tome II, Procédure pénale*, Éd. Cujas, 5e éd., Paris, 2001, qui emploient exactement l'expression de « *r*echerche et de la production des preuves pénales », (intitulé du chapitre II, p. 211) ou encore celle de « principe de la légalité dans la recherche et l'utilisation des preuves » (intitulé § 168).

[1877] C. proc. pén., art. 434, art. 456.

[1878] V., par exemple, NICOT, *Thresor de la langue française,* 1606, p. 14 : « L'administration est charge de quelque chose, ou le lieu et territoire dedans lequel on a administration et charge, *Dioecesis, huius dioecesis* » ; définition dont s'inspire X. LAGARDE, « Finalités et principes du droit de la preuve. - Ce qui change », *JCP G* 2005, I, 133, n° 9.

par le juge, à l'exclusion de sa recherche. Tel est le cas des Professeurs Roland et Boyer qui entendent par cette notion la « [...] manière dont les moyens probatoires doivent être produits devant le juge et réglés les incidents auxquels ils donnent lieu : déroulement de l'enquête, mission de l'expert, comparution personnelle des parties, vérification du juge, vérification d'écriture, inscription de faux, etc. »[1879]. Il paraît difficile, à la vérité, de trancher entre ces différentes acceptions et la présente étude prend le parti de ne pas entrer dans le débat en évinçant, purement et simplement, le concept. On parlera donc de présentation et de recherche de la preuve. Reste à préciser dans quel sens ces mots seront entendus. Le terme de « présentation » doit être retenu dans son sens non technique. Il ne s'agit pas de la « présentation des pièces », au sens de la procédure civile[1880], concept qui englobe la « communication des pièces »[1881] et la « production des pièces »[1882], mais, plus simplement, de la *transmission, par l'une des parties ou futures parties, des éléments de preuve dont elle dispose et qu'a pu lui offrir la vie en société ou sa propre activité de recherche*. La notion de recherche, quant à elle, réunit *tous les mécanismes qui*, qualifiés expressément ou non de *mesures d'instruction* - on retrouve donc la « production des pièces » au sens technique du Code de procédure civile - permettent d'obtenir un élément de preuve, quel qu'il soit et quelle qu'en soit la localisation. On parlera, souvent, du point de vue des parties, de *demande de preuve* ou de *demande de recherche de preuve* ou encore, selon une certaine tradition, *d'offre de preuve*[1883].

208. ***Plan.*** Ces concepts étant précisés, on peut désormais reprendre la méthode analytique employée jusqu'ici, en distinguant l'impact de l'office de véridiction sur la nature et l'étendue de la présentation des preuves (A) et sur la nature et l'étendue de la recherche des preuves (B).

A. La nature et l'étendue de la présentation des preuves

209. ***Positionnement du problème : entre droit et liberté.*** Il faut s'attacher, dans les lignes qui suivent, à décrire la nature et l'étendue des *prérogatives qui permettent aux parties de présenter leurs preuves en justice*. Ce premier effort de qualification est nécessaire. Il l'est déjà, en soi, pour décrire correctement le fonctionnement du système français, notamment dans sa dimension hiérarchique. Il l'est, ensuite, plus largement, pour saisir les prérogatives qui permettent aux parties de rechercher des preuves. Cette seconde problématique ne sera abordée que plus tard, mais comme toutes les questions sont étroitement liées, une bonne compréhension de la nature de la présentation des preuves est un préalable indispensable. On le voit nettement si on revient à la question initiale : le justiciable qui dispose d'éléments de preuve a-t-il le *droit* ou la *liberté* de les produire ? Si on choisit la

---

[1879] H. ROLAND et L. BOYER, *Introduction au droit*, Litec, Traités, Paris, 2002, n° 1656, p. 570 ; v. aussi, dans un sens comparable. - Mais comp. F. TERRÉ, *Introduction générale au droit*, 7e éd., Dalloz, Précis Droit privé, Paris, 2010, n° 567, p. 484, qui intègre à la question de l'administration de la preuve « les productions et les échanges de pièces et documents entre les parties au procès, les mécanismes de vérification d'écriture et d'inscription de faux et toutes les mesures d'instruction ».

[1880] V. not., L. CADIET, E. JEULAND, *Droit judiciaire privé*, 7e éd., LexisNexis, Paris, 2011, spéc. n° 567 et s., p. 431 et s.

[1881] C. proc. civ., art. 132 à 137.

[1882] C. proc. civ., art. 138 à 142. - Sur ces deux mécanismes, v. L. CADIET, E. JEULAND, *op. cit., loc. cit.*

[1883] J. CHEVALLIER, « Le contrôle de la cour de cassation sur la pertinence de l'offre de preuve », *D.* 1956. Chron. 37.

qualification de *droit* - le *droit de présenter les preuves* -, toute restriction apportée à la composante négative de ce droit, à savoir le *droit de ne pas présenter les preuves*, peut être le fait tant de la loi que du règlement. S'il s'agit, au contraire, d'une liberté, notion qui est peu familière au privatiste[1884], alors l'avers de cette liberté - la *liberté de ne produire* -, ne peut normalement être affectée que par des dispositions de valeur législative (au moins). Par ailleurs, les restrictions apportées à cette liberté doivent, pour le moins, servir un motif d'intérêt public, ce qui modifie sensiblement la nature des prérogatives qui permettent aux parties d'obtenir des preuves en justice. Bien que centrale, cette interrogation paraît, cependant, incongrue depuis que la *présentation des preuves* a été analysée comme le premier attribut de ce qu'on appelle, désormais, presque comme un réflexe, le « droit à la preuve »[1885]. La lecture des auteurs du début du XXe siècle montre que le problème n'a pas toujours été traité sous l'angle du droit[1886], et c'est cet argument qui justifie à lui seul un nouvel examen. Il suppose une interrogation sur cette hésitation possible entre le droit et la liberté (1). Les arguments dégagés au cours de ces premiers développements conduisent à conclure à l'existence d'une liberté de présentation des preuves (2).

1. *Une hésitation possible en le droit et la liberté*

210. ***La notion de droit.*** Que l'on souhaite un autre droit[1887] ou que l'on prétende décrire le droit autrement[1888], il est une réalité, que relaie le langage courant, c'est que, à côté de ce qui est prononcé par les tribunaux, à quoi on ne contestera pas l'emploi du mot droit[1889], il existe, dans la conscience de chaque sujet de droit, une *prétention*[1890] ou un *positionnement juridique* qui découle directement de

---

[1884] La notion semble, en effet, véritablement répugner aux privatistes ; l'histoire explique cet évitement. M. Villey, décrivant la conception individualiste du droit, celle-là même à l'origine de la théorie des droits subjectifs, ne soulignait-il pas : « le droit est ce reste de liberté que la loi n'a pas entamé ; le souverain permet de *retenir* une part de ce droit que le sujet possédait déjà dans l'état de nature et qu'il tenait de lui-même et de sa raison », (M. VILLEY, « Le droit de l'individu chez Hobbes », *in Seize essais de philosophie du droit*, p. 201, cité par J. GHESTIN, G. GOUBEAUX (G.), *Traité de droit civil. - Introduction générale*, LGDJ, 3e éd., Paris, 1990, n° 173, p. 131) ? Et il n'eut de cesse, tout au long de sa vie, de dénoncer les innombrables dévoiements de cette réduction de la liberté au droit : « L'égoïsme individuel tend à capter à son profit, en le déformant, ce qui avait été édifié seulement en vue de la justice et du bien commun, à dénaturer la *relation* en pouvoir unilatéral » (M. VILLEY, « La genèse du droit subjectif chez Guillaume d'Occam », *APD* 1964, p. 109). - V., pour une vue plus moderne des conséquences de ce *subjectivisme*, *infra*, n° 210).- Comp., toutefois, en doctrine belge, où la notion a ses lettres de noblesse : Th. LÉONARD, *Conflits entre droits subjectifs, libertés civiles et intérêts légitimes. - Un modèle de résolution basé sur l'opposabilité et la responsabilité civile*, Larcier, Coll. de thèses, Bruxelles, 2005, spéc. n° 62 et s.

[1885] G. GOUBEAUX, « Le droit à la preuve », *in La preuve en droit*, Travaux du CNRL, Bruxelles, 1981, p. 277, spéc. note (34) ; v. aussi, C. MARRAUD, « Le droit à la preuve », *JCP G* 1973, I, 2572.

[1886] V., en particulier, E. GLASSON, A. TISSIER, R. MOREL, *Traité théorique et pratique d'organisation judiciaire, de compétence et de procédure civile,* T. II, 3e éd., Sirey, Paris, 1925-1936, n° 461.

[1887] M. VILLEY, « La genèse du droit subjectif chez Guillaume d'Occam », *APD* 1964, p. 97 et s., spéc. p. 100, 104 et 109.- *Adde*, J. GHESTIN, G. GOUBEAUX, *op. cit.*, n° 166.

[1888] L. DUGUIT, *Traité de droit constitutionnel. - T. 1.- La règle de droit. Le problème de L'État,* E. de Boccard, Paris, 1921-1925, p. 208, § 5 (qui se situe dans le prolongement de A. COMTE, *Œuvres. - Système de politique positive ou traité de sociologie*, 1er vol., Éd. Anthropos, Paris, 1969, p. 361. - V. encore, M. PESET, « Philosophie et science dans l'œuvre de Léon Duguit », *RDP* 1971, p. 366, V. VENIAMIN, « La philosophie du droit d'Auguste Comte », *APD*, 1952, p. 184).

[1889] V. *supra*, n° 64.

[1890] *Le fait social s'exerce toujours en vue de quelque chose, c'est-à-dire en vue d'obtenir la satisfaction d'un intérêt.* Le droit est un comportement tendu, par la force de l'intentionnalité, vers un *objectif*. Le

la manière dont la règle de droit est interprétée. On peut l'appeler droit subjectif ou droit du sujet, il n'y faudrait voir, en tout cas, que **le droit tel que *perçu, vécu et interprété* par le sujet**, puisqu'il est acquis, aujourd'hui, que l'homme, sorti de sa « minorité », a conscience de sa propre existence et est capable d'un tel effort herméneutique. Ce changement de perspective, qui prive de pertinence toute doctrine qui se propose, en l'état actuel des consciences, de penser le droit comme un *objet*[1891], n'autorise pourtant pas à surajouter au produit de l'activité du législateur et de la jurisprudence, qu'on appelle « droit objectif », une autre forme de droit, qui s'analyserait comme l'ensemble des prérogatives reconnues à chaque sujet de droit, les fameux « droits subjectifs ». La notion de « droits subjectifs » n'a pas de sens particulier, distinct de celui qu'on reconnaît à celle de « droit objectif ». La formule surexpose simplement trois traits du droit contemporain. *Le premier* est que le droit ne s'applique probablement plus à l'insu du sujet qui parvient désormais à percevoir l'intérêt qui est le sien et à tendre son intention vers celui-ci. Mais fondamentalement, l'interprétation que chaque sujet de droit fait de la règle ne devient *droit* que lorsque le sens attribué à la norme (norme qui n'a pas de sens en tant que telle) correspond au sens retenu par l'autorité officielle d'interprétation. *Le second* découle du premier : puisque le sujet de droit peut interpréter la règle, il a souvent la conviction de *produire lui-même le droit*, pour le moins *de disposer de droits qui lui sont propres*. En ce sens, la notion de « droit subjectif » renvoie à la psychologie du peuple laquelle renseigne, mieux qu'une large enquête, sur l'étendue de l'individualisme actuel. Il appartient, néanmoins, à la doctrine de montrer qu'il ne s'agit que d'une vue trompeuse de l'esprit et d'attirer l'attention sur le potentiel délétère de cette conception du droit ; la rhétorique des « droits à » est là pour rappeler les risques auxquels nous expose une telle conception du droit[1892]. *Le troisième trait* est le plus important, et se situe sur le plan de la technique juridique : il révèle l'une des caractéristiques du droit qui est que, au sein de toutes les prérogatives (terme neutre) consacrées par le système juridique, certaines se signalent par le *pouvoir* qu'elles reconnaissent au sujet de droit *d'exiger d'autrui*[1893]. Le droit dont il est question ne

---

droit est donc prétention de puissance sur une chose, cette prétention étant jugée valide pour le système juridique.

[1891] On sait que dans la doctrine de Villey, le droit n'est pas une prérogative du sujet, un attribut de la personne, mais « est surajouté au sujet, jeté devant lui (*ob-jectum*) » : M. VILLEY, « La genèse du droit subjectif chez Guillaume d'Occam », *APD* 1964, p. 100. Selon lui, le mot *jus* ne correspondait pas à une prérogative du sujet, mais tout simplement une « chose incorporelle » ; « [i]l s'agit en effet de la part qui revient à l'individu dans l'organisation sociale, part qui peut d'ailleurs comporter un complexe d'avantages et de charges », J. GHESTIN, G. GOUBEAUX, *op. cit.*, *loc. cit.* Une telle conception du droit suppose que les individus n'aient qu'une faible conscience d'eux-mêmes, puisque dès lors que les sujets sont capables de déterminer leur propre intérêt, il ne peut plus y avoir de zones d'assignation.

[1892] En introduction de sa thèse sur le « droit à la preuve », le Professeur Bergeaud - qui retient pourtant la qualification de droit subjectif - percevait bien le danger d'une subjectivisation à outrance : « [...] force est d'admettre que le *droit* à la preuve peut, *a priori*, être suspecté de venir gonfler artificiellement la catégorie des droits subjectifs », A. BERGEAUD, *Le droit à la preuve*, LGDJ, Bibliothèque de droit privé, Paris, 2010, n° 31, p. 35. - *Adde*, M. PICHARD, *Le droit à.b - Étude de législation française*, (préf. M. Gobert), Economica, Recherches juridiques, Paris, 2006, spéc. n° 86, p. 113-114, n° 104, p. 134, n° 186, p. 244-245.- Et sur les risques d'une multiplication des revendications individuelles *cf.* J. GHESTIN, G. GOUBEAUX, *op. cit.*, n° 174, p. 132.

[1893] La définition du droit subjectif comme *pouvoir d'exiger d'autrui* semble être due à R. Bonnard et I. Najjar : R. BONNARD, « Les droits subjectifs des administrés », *RDP* 1932, p. 695, spéc. p. 702 (il est à remarquer que cet auteur a été grandement influencé par Kelsen et Duguit) ; I. NAJJAR, *Le droit d'option.- Contribution à l'étude du droit potestatif et de l'acte unilatéral*, (préf. P. Raynaud), Paris, LGJD, 1967.- *Adde*, Th. LÉONARD, *Conflits entre droits subjectifs, libertés civiles et intérêts légitimes. - Un modèle de résolution basé sur l'opposabilité et la responsabilité civile*, Larcier, Coll. de thèses, Bruxelles, 2005,

se distingue alors pas de ce qu'on appelle le droit objectif (encore une fois, il n'est qu'un seul droit), puisqu'il ne s'agit que d'une modalité d'un même phénomène - le « droit » -, ce que des auteurs, de plus en plus nombreux, tendent à admettre, aujourd'hui[1894]. Cette dernière définition, particulièrement restrictive de la notion de droit subjectif, a permis de réaliser une avancée considérable dans la connaissance du droit, les auteurs étant dès lors en mesure de s'interroger sur d'autres *modalités* du droit[1895]. On s'est ainsi demandé si, parmi les prétentions et les situations juridiques, il n'est que des complexes de rapports actifs et passifs, des relations juridiques entre deux personnes en vertu desquelles « l'une d'elles (le titulaire du droit) peut exiger de l'autre le respect de ses obligations reconnues par la loi »[1896]. Autrement dit, toute situation juridique « non défendue », pour reprendre le vocabulaire cher à Kelsen, se résout-elle en « une obligation corrélative des tiers » ?[1897] On doit à Roubier d'avoir montré la propriété absorbante de la notion de droit subjectif[1898], et d'en avoir pertinemment limité le domaine[1899]. Aussi bien, il existerait, à côté des *droits*, des *libertés ;* c'est cette proposition qu'il faut désormais examiner.

---

spéc. p. 72-100. Comme le notait ce dernier auteur, résumant essentiellement la pensée de Bonnard et soulignant sa parenté avec celle de Kelsen, « [c]'est en vertu du droit objectif qu'une personne reçoit le pouvoir d'exiger et qu'une autre doit s'y plier. Il n'existe pas de volonté qui s'impose à une autre, mais c'est le droit objectif qui intervient en vertu de son caractère impératif pour imposer une chose et permettre de l'exiger. Le titulaire du droit peut émettre l'exigence, mais c'est le droit objectif qui l'impose, pas sa propre volonté », *op. cit.*, n° 49, p. 85.

[1894] V., en particulier, la doctrine nuancée de J.-L. AUBERT, E. SAVAUX, *Introduction au droit et thèmes fondamentaux du droit civil*, 13e éd., Dalloz-Sirey, Université, Paris, 2010, spéc. n° 187, p. 196. - V., encore, dans une moindre mesure, J. GHESTIN, G. GOUBEAUX, *Traité de droit civil.- Introduction générale*, *op. cit.*, n° 191, p. 149, n° 198, p. 151. - Enfin, le nombre des auteurs qui, sans rejeter la théorie des droits subjectifs, adhèrent à la théorie du *pouvoir d'exiger d'autrui*, est assez considérable. Pour une synthèse, v. Th. LÉONARD, *Conflits entre droits subjectifs, libertés civiles et intérêts légitimes...*, *op. cit.*, n° 53, p. 92-93 (pour la doctrine française), n° 53, p. 94 (pour la doctrine belge).

[1895] V. encore G. DEL VECCHIO, *Philosophie du droit*, Dalloz, Paris, 1953, p. 325 ; Th. LÉONARD, *Conflits entre droits subjectifs, libertés civiles et intérêts légitimes…*, *op. cit.*, n° 57, p. 99.

[1896] MICHAÉLIDÈS-NOUAROS, « L'évolution récente de la notion de droit subjectif », *RTD civ.* 1966, p. 208, (cité par J. GHESTIN, G. GOUBEAUX, *op. cit.*, n° 187, p. 144).

[1897] KELSEN, dans un long passage célèbre, notait ainsi : « La liberté que l'ordre juridique laisse aux individus de façon négative, simplement par le fait qu'il ne leur interdit pas une certaine conduite doit être distinguée de la liberté que l'ordre juridique leur reconnaît positivement. La liberté d'un homme qui consiste à ce qu'une certaine conduite lui est permise parce qu'elle n'est pas défendue, n'est garantie par l'ordre juridique que dans la mesure où celui-ci prescrit aux autres individus de respecter cette liberté, où il défend d'intervenir dans cette sphère de liberté, autrement dit : dans la mesure où il défend les actes qui empêcheraient quelqu'un d'adopter la conduite qui lui est permise en ce sens qu'elle ne lui est pas défendue. C'est seulement à cette condition que l'on peut considérer que la conduite non défendue, donc négativement permise, est l'objet d'un droit du sujet, - droit qui est l'image réfléchie d'une obligation correspondante. Seulement toutes les conduites permises - au sens négatif de : non défendues - ne sont pas ainsi garanties par l'interdiction d'actes d'autrui qui les empêcheraient, qui s'y opposeraient ; on ne trouve pas, au regard de toute conduite permise de cette façon, une obligation corrélative des tiers », H. KELSEN, *Théorie pure du droit*, 2e éd., Dalloz, Paris, 1962, spéc. p. 58.- V. encore, J. GHESTIN, G. GOUBEAUX, *op. cit.*, n° 189, p. 146.

[1898] P. ROUBIER, *Droits subjectifs et situations juridiques*, Dalloz, coll. Philosophie Paris, 1963, n° 2, p. 10 : « En effet, certaines situations répugnent franchement à être classées et cataloguées sous la rubrique des droits proprement dits. Et cependant, elles ont une valeur juridique indéniable, elles commandent nos relations sociales, elles sont sources de prérogatives et de charges ; mais on ne peut les appeler "des droits", parce qu'elles ont la figure de situations établies d'autorité en vue du bien commun, et non pas pour le service d'intérêts individuels. […] Ce sont là des situations objectives […] ».

[1899] C'est la critique principale que l'on a faite à la thèse de J. DABIN : « Toutefois, la définition du droit subjectif comme appartenance-maîtrise, qui convient parfaitement à la propriété, requiert certains efforts pour s'adapter à certains autres droits. En particulier, la maîtrise analysée comme le pouvoir de libre disposition devient d'une représentation difficile, lorsque précisément la loi interdit tout acte juridique de disposition, comme c'est le cas pour les droits ayant pour objet des valeurs ou des biens qui ne sont pas

211. ***La notion de liberté.*** Si le contenu de la notion est encore objet de quelques querelles, il est aujourd'hui bien acquis qu'on ne saurait étudier l'ensemble du droit positif en termes de pouvoirs d'exiger d'autrui (d'où résulterait essentiellement des relations inégalitaires) [1900]. En effet, il arrive fréquemment que la situation juridique ne résulte pas d'un pouvoir exercé sur autrui, mais d'une prérogative exercée sur *soi-même*[1901]. C'est la raison pour laquelle[1902] on tend à considérer que la liberté est une « prérogative discrétionnaire, qui peut s'exercer dans toutes directions [...] »[1903] et qu'elle est attribuée de façon « inconditionnée et égalitaire »[1904]. On peut dès lors tracer une ligne assez précise entre les droits et les libertés, ces dernières devant être entendues comme *les pouvoirs d'autodétermination qui visent à assurer l'autonomie de la personne humaine,* c'est-à-dire les *pouvoirs que l'homme n'exerce pas sur autrui, mais sur lui-même*[1905]. Nul besoin de rechercher à

---

extérieurs au sujet lui-même, tels que la vie ou les libertés. Mais peut-être cette sorte de difficulté vient-elle d'une conception trop extensive de la notion de droit subjectif », J. GHESTIN, G. GOUBEAUX, *op. cit.*, n° 182, p. 140.

1900 J. GHESTIN, G. GOUBEAUX, *op. cit.*, n° 187-188, p. 147-148.

1901 Th. LÉONARD, *Conflits entre droits subjectifs, libertés civiles et intérêts légitimes...*, *op. cit.*, n° 86, p. 136.

1902 Les deux critères qui suivent ne sont que des conséquences du premier critère distinctif, savoir la prérogative exercée sur soi-même. En conséquence, ils ne sont que subsidiaires, et l'on a d'ailleurs bien fait remarquer qu'ils ne permettent généralement pas de distinguer aisément droit subjectif et liberté (ainsi des *droits de la personnalité*, tantôt rattachés aux droit subjectifs, tantôt aux libertés) ; v. Th. LÉONARD, *op. cit.*, n° 79-80, p. 129-131. Ils expliquent cependant, peut-être, pourquoi le régime des libertés n'est pas toujours le même.- *Contra*, Th. LEONARD, *op. cit.*, n° 80, p. 130-131, qui estime que le critère distinctf théorique tiré de la distribution égalitaire des libertés n'apparaît pas nettement.

1903 Il s'agit de ce qu'on appelle l'indétermination des prérogatives de la liberté (comp. avec l'indétermination de l'objet de la liberté ; v. *infra*). En réalité, on sait que la liberté comporte deux prérogatives (modalités) de manière certaine : *l'action* et *l'inaction*. Ce qui est indéterminé, c'est la nature des actes et le domaine d'accomplissement de ces actes (« liberté d'accomplir (ou de ne pas accomplir) tous les actes quelconques, de quelque nature et en quelque domaine que ce soit [...] », J. DABIN, *Le droit subjectif*, Dalloz, Paris, 1952, [313 p.], p. 170). Il est vrai que, parfois, *per se*, la liberté permet de connaître la nature des actes et le domaine d'action (liberté de se marier, par ex.) ; v., en ce sens, Th. LÉONARD, *op. cit.*, n° 89, p. 138-140.

1904 Il ne s'agit pas de dire que c'est le propre de la liberté que d'être égalitaire, mais il s'agit plutôt de montrer que, en logique, dans un dialogue entre *soi* et *soi-même*, la prérogative que l'on exerce sur soi n'impose aucune obligation à autrui ; elle rend ainsi possible une attribution égalitaire. L'inégalité n'est que matérielle : v., en ce sens, J. GHESTIN, G. GOUBEAUX, *op. cit.*, n° 189, p. 147-148, Th. LÉONARD, *op. cit.*, n° 80, p. 130. Comme on le voit, la définition de la liberté est différente de celle qui est traditionnellement retenue par les civilistes, puisque ce n'est pas l'égalité d'attribution qui permet de distinguer la liberté - l'égalité dans l'attribution n'en est qu'une caractéristique - mais son *autonomie* conceptuelle. Cette définition correspond à celle qui est généralement adoptée par les publicistes.

1905 Ces deux définitions sont inspirées de G. LEBRETON, (*Libertés publiques et droits de l'homme*, 7e éd., Armand Colin, Paris, 2005, respectivement p. 11 et p. 15) et de J. RIVERO, H. MOUTOUH, *Libertés publiques*, T. 1, 9e éd., PUF, Paris, 2003, spéc. n° 7, p. 6 : la liberté est « le pouvoir d'autodétermination », c'est-à-dire « un pouvoir que l'homme exerce sur lui-même. Par là, elle se distingue d'autres pouvoirs que le Droit consacre également, et qui permettent d'agir sur les autres, en leur imposant un comportement positif ».). Le fait que le substantif soit accompagné de l'épithète « publique » ne doit effrayer les privatistes. Comme on l'a très justement fait remarquer, « [s]i les libertés sont qualifiées de **publiques**, ce n'est pas pour les opposer aux libertés privées. L'adjectif introduit une précision quant à l'origine de la contrainte sociale [...] », P. WACHSMANN, *Libertés publiques,* 6e éd., Dalloz, Cours, Paris, 2009, spéc. n° 2, p. 2, et v. encore, n° 8, p. 9-10 (souligné par l'auteur) ; J. Rivero et H. Moutouh disent encore, s'interrogeant sur la signification de la dénomination « publique », « [o]n l'a parfois cherchée dans une distinction entre les libertés publiques, intéressant les relations des citoyens avec les organes de l'État, et des libertés privées, qui ne concerneraient que les rapports entre particuliers : ainsi de la liberté du mariage, de la liberté syndicale vis-à-vis de l'employeur privé, de la liberté contractuelle. La distinction n'est pas acceptable. Il n'existe pas de libertés "privées". L'obligation imposée aux particuliers de respecter leur liberté réciproque suppose nécessairement l'intervention de l'État, qui l'impose par sa

discriminer en recourant aux critères de la *liberté de choix*[1906] ou de l'*indétermination*[1907]. Pareillement, on peut renoncer à des classifications, qu'on continue de juger boiteuses, et que la seule force de la tradition maintient en l'état : les droits dits de « la personnalité », qu'on intègre bon an mal an à la catégorie des droits[1908], au prix d'un aménagement de leur régime, ne sont probablement que des *libertés*, même si l'on comprend aisément toutes les craintes qui se cristallisent autour d'une telle qualification. On dispose désormais des éléments pour déterminer la nature juridique de la prérogative dont dispose chaque partie sur ses éléments de preuve.

2. L'existence d'une liberté de présentation des preuves

212. ***La liberté de présenter ses preuves.*** Les prérogatives dont dispose une partie sur ses éléments de preuve, pas plus que l'action en justice[1909], ne sont un droit - fût-il processuel ou substantiel[1910], fût-il ou non rattaché à l'action[1911] - dont le juge serait le sujet passif[1912]. Il s'agit, avant tout, d'une prérogative exercée sur

législation et la sanctionne par ces juridictions. Toutes les libertés, qu'elles intéressent directement les relations des particuliers entre eux ou avec le pouvoir, sont des libertés publiques en ce qu'elles n'entrent dans le droit positif que lorsque l'État en a consacré le principe, aménagé l'exercice, et assuré le respect. La solution contraire aboutit d'ailleurs à des non-sens […] », *op. cit.*, *loc. cit.* Il faut cependant convenir que l'origine de l'atteinte peut engendrer des différences notables dans la résolution des conflits : « dans l'ordre juridique civil, la liberté individuelle n'est pas exposée aux immixtions illicites de la puissance publique, mais elle entre en concurrence avec d'autres libertés, ce qui est tout différent. Cela explique le caractère conflictuel de toutes les situations dans lesquelles un bien de la personnalité est menacé par les comportements d'autres agents juridiques privés : l'auteur de l'atteinte alléguée peut toujours se prévaloir de sa propre liberté », F. RIGAUX, *La protection de la vie privée et les autres biens de la personnalité*, E. Bruylant, Bruxelles, 1990, n° 661, p. 736.

1906 On a ainsi prétendu, un temps, que la liberté de choix était incompatible avec la notion de droit. Or, on sait que la plupart des prérogatives laissent une liberté de choix (par exemple, la propriété). Par ailleurs, définir la *liberté* par la *liberté* est quelque peu tautologique.

1907 Th. LÉONARD, *op. cit.*, n° 85-86, p. 135-136, J. DABIN, *Le droit subjectif*, *op. cit.*, p. 170

1908 J. GHESTIN, G. GOUBEAUX, *op. cit.*, n° 216, p. 179 ; v. aussi J. ROCHFELD, *Les grandes notions du droit privé*, PUF, Thémis droit privé, Paris, 2011, n° 29, p. 203-205.

1909 S. GUINCHARD, C. CHAINAIS, F. FERRAND, *Procédure civile. - Droit interne et droit de l'Union européenne*, *op. cit.*, spéc. n° 91, p. 123-124.- Comp., L. CADIET , E. JEULAND, *Droit judiciaire privé*, *op. cit.*, spéc. n° 327, p. 232.

1910 On a parfois prétendu pouvoir rattacher le droit de présenter et d'obtenir une preuve au droit de propriété sur des titres communs : E. DEMONTÈS, *L'action « ad exhibendum » en droit moderne*, s. ed., Beaugency, 1922 ; J.-J. DAIGRE, *Thèse préc.*, p. 105-107.- Comp., avec la position du Doyen Carbonnier : « si l'on suppose un droit à la preuve venant doubler, en quelque manière, chaque droit matériel, c'est une pétition de principe, parce qu'il faudrait avoir d'abord prouvé le droit matériel pour se prévaloir du droit à la preuve. Et si le droit à la preuve est attribué, par provision, même à ceux qui n'ont pas de droit matériel, c'est une dangereuse prime accordée à l'audace […] », J. CARBONNIER, note ss. Civ., 25 juill. 1949, *D.* 1949, p. 587.

1911 V. *infra*, n° 216.

1912 Et pourtant, v. A. BERGEAUD, *Le droit à la preuve*, *op. cit.* n° 28, p. 31 : « Pour mériter sa qualification juridique, le droit à la preuve est forcément autre chose qu'une simple faculté d'investissement probatoire. Il comprend nécessairement un pouvoir d'exiger l'accomplissement d'une certaine prestation. Or, puisque l'on se situe sur un plan strictement processuel, la nature de cette prestation ne peut qu'être processuelle ». Et, plus loin (*op. cit.*, n° 29, p. 31), « [c]ette précision permet de cerner d'emblée les éléments de définition du droit à la preuve : d'une part, son objet c'est-à-dire ce sur quoi porte le droit (l'élément de preuve proposé ou convoité) ; d'autre part, son contenu c'est-à-dire l'ensemble des prérogatives qu'il confère à son bénéficiaire (le pouvoir d'exiger que l'élément de preuve soit intégré à la matière du procès ou qu'il soit recherché à cette fin) à l'égard du destinataire (le juge) ». On peut, à cet égard, reprendre la critique qui a été formulée à l'encontre de la doctrine assimilant action et droit subjectif processuel : « […] si l'action était un droit subjectif, on devrait pouvoir en déterminer le sujet passif. Or, il paraît difficile de présenter comme tel le défendeur car celui-ci n'est pas obligé de comparaître et de se défendre. De plus, certaines instances comme le pouvoir dans l'intérêt de la loi, ne

soi-même, d'un positionnement vis-à-vis de ses moyens de fait, de sa prétention, bref d'une attitude librement déterminée à l'endroit du litige ; et sur le plan probatoire, il ne faut y voir autre chose qu'une *liberté (publique) de présenter ses propres éléments de preuves, une véritable prérogative sur soi-même*, ce qu'avait déjà montré, peut-être sans suffisamment insister, le Doyen Gény : « Plus exactement encore, et sans répudier ces solutions aisément admissibles en elles-mêmes, énonçait-il, nous inclinerions à voir, dans le droit à la preuve, comme une sorte de liberté publique, analogue, de sa nature, à la liberté et l'inviolabilité des correspondances, au fond, une faculté générale, comme telle, imprescriptible, faculté en vertu de laquelle chacun recueille et emploie, à sa guise, les moyens qui lui offre la vie sociale (notamment les lettres missives), pour la justification et la défense de ses droits »[1913]. Cette conception, qui s'insère parfaitement dans la mécanique du principe dispositif[1914], est d'ailleurs confirmée par l'analyse du versant négatif de ces prérogatives sur la présentation des preuves. Il faut, en effet, se souvenir que si le débat autour de la production forcée des pièces a été aussi virulent, c'est que la mesure remettait en cause l'adage *nemo tenetur edere contra se*, lequel exprimait, au-delà d'une tradition magnifiée[1915], une liberté importante de l'individu, liberté qu'il faut analyser comme l'avers de la liberté de produire[1916]. La nuance avait d'ailleurs été très bien perçue par le Professeur Couchez qui, examinant la portée de la production forcée, après celle de la présentation volontaire des preuves, indiquait : « À vrai dire, si l'on voit dans une liberté la possibilité d'accomplir un acte ou de ne pas l'accomplir, il est bien évident que l'étude des questions concernant la production forcée permet de préciser le domaine de la liberté considérée : **ne s'agit-il pas en effet de déterminer les limites de la liberté de ne pas produire ?** »[1917]. La *liberté de ne pas produire* offre une piste intéressante. Sans doute ne peut-on pas établir directement la *liberté de produire*. Mais il est en revanche possible de confirmer - ce qui revient au même - l'existence de *la liberté de ne pas produire*. Il suffit de regarder si les limitations apportées à cette prérogative (*terme neutre*) ont une valeur au moins législative[1918]. Certes, on n'oubliera pas que, depuis la

---

comportent pas de défendeur. Il est bien artificiel aussi de soutenir, comme on l'a fait parfois, que le sujet passif de ce droit serait l'État ou le juge », S. GUINCHARD, C. CHAINAIS, F. FERRAND, *Procédure civile. - Droit interne et droit communautaire*, 29e éd., Paris, 2009 (version antérieure), n° 91, p. 130. C'est en vertu de son *office de véridiction* que le juge recueille (ou non) les preuves qui lui sont transmises par les parties. C'est en vertu de son libre droit de soutenir sa prétention, que le plaideur transmet ses pièces, non en vertu de la contradiction (on doit réfuter la proposition en ce sens de G. CORNU, J. FOYER, *Procédure civile*, 3e éd., PUF, Thémis Droit Privé, Paris, 1996, p. 324).

1913 F. GÉNY, *Des droits sur les lettres missives étudiés principalement en vue du système postal français : essai d'application d'une méthode critique d'interprétation*, Sirey, Paris, 1911, 2 vol, v. spéc. tome II, n° 185, p. 106 ; v. *infra*, n° 216.

1914 V. *supra* n° 95 et *infra* n° 330.

1915 « La maxime apportait plus qu'une traduction en forme de principe de l'opinion classique, elle offrait à celle-ci le secours de la tradition : sa formulation latine évoquait, en apparence, une origine romaine ; et si le droit romain affirmait que la production forcée n'avait pas cours dans le procès civil, c'était une vérité de tous les temps », J.-J. DAIGRE, p. 22, et v. p. 177, la démonstration de la fausseté de cette analyse historique.

1916 J.-J. DAIGRE, *La production forcée des pièces dans le procès civil*, *op. cit.* p. 117 : « Le brocard s'interprète alors ainsi : nul plaideur n'est tenu d'agir contre sa volonté ».

1917 G. COUCHEZ, « Production forcée de pièces », *J.-Cl. Proc. civ.*, Fasc. n° 623 (ancienne version), n° 3. - V. encore, L. CADIET, E. JEULAND, *Droit judiciaire privé*, *op. cit.*, spéc. n° 571, p. 433.

1918 Constitution 4 oct. 1958, art. 34 : « La loi fixe les règles concernant : - les droits civiques et les garanties fondamentales accordées aux citoyens pour l'exercice des libertés publiques [...] ». On sait que la notion de garanties fondamentales pose parfois de redoutables difficultés. V., par exemple, s'agissant les peines d'emprisonnement assortissant, autrefois, les contraventions : C.C., n° 73-80 L, du 28 nov.

Constitution du 4 octobre 1958, l'intervention du législateur n'est plus un trait distinctif des libertés, puisque l'article 34 ne donne qu'une compétence d'attribution au pouvoir législatif et laisse un large champ d'intervention au pouvoir réglementaire[1919] ; ce dernier peut donc intervenir en matière de « mise en œuvre » des garanties fondamentales accordées aux citoyens pour l'exercice des libertés publiques. Mais pour la *fixation* de ces garanties fondamentales, soit leur « mise en cause »[1920] selon l'expression consacrée, seul législateur est compétent. La présence d'une disposition législative n'est donc pas anodine, surtout au sein d'une matière formée d'un ensemble de valeur réglementaire, comme l'est la procédure civile. L'obligation de produire pourrait alors, garantie par une disposition législative, apparaître comme une véritable « mise en cause » d'une liberté (celle de ne pas produire) et non comme une « mise en œuvre ».

213. ***Valeur légale des dispositions limitant la liberté de présenter les preuves.*** Sous son versant positif, d'abord, on oublie souvent que la liberté de produire a été maintes fois affectée par des dispositions restrictives contenues dans le Code civil, spécifiquement en droit extrapatrimonial de la famille[1921]. Sous son versant négatif, cette liberté a depuis toujours été affectée par les règles régissant le serment et qui, ce n'est certainement pas un hasard, étaient intégrées dans le Code civil[1922]. Mais c'est surtout lorsqu'il fut proposé d'introduire, en droit français, la production forcée des pièces, que le problème de la nature légale de la mesure d'instruction se posa avec une particulière acuité. Le décret du 13 octobre 1965[1923] avait déjà reconnu au juge de la mise en état le pouvoir d'« ordonner aux parties la production de toutes pièces utiles, sauf au tribunal à tirer toutes conséquences d'une abstention ou d'un refus » ; et le décret du 9 septembre 1971[1924] l'avait encore étendu en conférant, en outre, au juge, la faculté d'assortir son injonction d'une astreinte. Deux mois après l'entrée en vigueur du Code, un recours annulation fut introduit devant le Conseil d'État. La Chancellerie s'en inquiéta, considérant, après-coup, que la Constitution faisait entrer le principe de la production forcée dans le giron de la loi. C'est la raison pour laquelle on dispose, au sein du Code civil, d'un article 10 qui résulte de la loi du 5 juillet 1972[1925]. L'argument pourrait suffire. Reste que la prise de position du Conseil d'État sur ce point, en 1974 et 1975, oblige

---

1973, *Peines privatives de liberté*, *AJDA* 1974, p. 229, note J. RIVERO, spéc. p. 232 (et v., en amont, CE, 12 févr. 1960, *Société Eky*, *JCP* 1960, II, 11 629 *bis*, note G. VEDEL ; et en aval, Crim., 26 févr. 1974, *D.* 1974, p. 273, note J. VOUIN, *D.* 1974, p. 273, concl. TOUFFAIT. - *Adde*, L. FAVOREU et *alii*, *Droit constitutionnel*, 11e éd., Dalloz, Précis Droit Public, Paris, 2008, n° 1149, p. 787, F. HAMON, M. TROPER, *Droit constitutionnel*, 32e éd., LGDJ, Manuel, Paris, 2011, spéc. 708 et s., p. 738 et s.

1919 V. la démonstration de J. RIVERO, H. MOUTOUH, *Libertés publiques*, T. 1, 9e éd., PUF, Paris, 2003, n° 207, p. 154

1920 Sur la distinction v. J. RIVERO, H. MOUTOUH, *op. cit.*, spéc. n° 208, p. 155.

1921 G. VIAL, *La preuve en droit extrapatrimonial de la famille*, Dalloz-Sirey, Nouvelle Bibliothèque Thèses, Paris, 2008.

1922 D. GUÉVEL, « Contrats et obligations. - Preuve par serment », *J.-Cl. Civil Code*, art. 1357 à 1369, Fasc. n° 40. - Qu'il s'agisse du serment décisoire ou du serment supplétoire, la liberté de ne pas présenter ses preuves est directement affectée.

1923 D. n° 65-872 du 13 oct. 1965 *modifiant certaines dispositions du Code de procédure civile et relatif à la mise en état des causes*, *JORF* du 14 oct. 1965, p. 9076.

1924 D. n° 71-740 du 9 septembre 1971 *instituant de nouvelles règles de procédure destinées à constituer partie d'un Nouveau Code de procédure civile*, *JORF* du 11 septembre 1971, p. 9072.

1925 L. n° 72-626, du 5 juill. 1972 *instituant un juge de l'exécution et relative à la réforme de la procédure civile*, art. 12, *JORF* du 9 juillet 1972 p. 7181. - J.-J. DAIGRE, *La production forcée des pièces dans le procès civil*, *op. cit.*, p. 23-24.

à une certaine prudence. Il faut en rappeler les principaux termes et en évaluer la portée.

214. ***L'ambiguïté du Conseil d'État.*** Dans un premier arrêt du 10 mai 1974[1926], deux membres du Barreau Champenois contestaient la légalité de l'article 11, alinéa 2, du décret du 9 septembre 1971. D'après les termes de l'arrêt, les demandeurs reprochaient au pouvoir exécutif d'avoir habilité le juge, non pas à ordonner la production des pièces, mais à assortir cette injonction d'une astreinte. Ils soutenaient, en effet, que la matière touchant aux libertés civiles et au régime de la propriété, elle justifiait ainsi l'intervention de la loi. Repoussant le recours, le Conseil d'État devait considérer que « la faculté reconnue au juge de prononcer une astreinte en vue de l'exécution tant de leurs décisions que de mesures d'instruction qui en sont le préalable, a le caractère d'un principe général du droit ». Les juges du Palais Royal ajoutaient, par ailleurs, ce qui était loin d'être nécessaire, que l'injonction ne portait pas plus atteinte au droit de propriété que la sommation de comparaître ne porte atteinte à la liberté individuelle. Position ambiguë s'il en est, car on peut, à la vérité, interpréter la proposition de deux façons. Soit on considère que, pour le Conseil d'État, il n'est aucune atteinte à la liberté, et c'est la raison pour laquelle un principe général du droit qui, selon l'analyse dominante, du moins à l'époque[1927], est de valeur infra-législative, suffisait à garantir les dispositions règlementaires, soit on estime qu'une atteinte est effectivement constituée (mais il ne s'agit pas d'une atteinte à la *liberté individuelle*, il faudrait alors encore déterminer le sens de cette expression)[1928], auquel cas il faut reconnaître au principe général du droit une valeur au moins légale. À la vérité, on sait que, pour le Commissaire du Gouvernement, la règle n'était autre chose qu'une banale règle de procédure, ce que semble avoir approuvé le Conseil d'État, si bien que c'est la première interprétation qui doit être retenue. Mais quelle que soit l'analyse sur le plan de la liberté[1929], il faut convenir qu'on ne comprend pas très bien la nécessité d'un principe général du droit. Car, à l'évidence, si la production forcée n'est qu'une règle de procédure civile, à quoi bon l'asseoir sur une disposition de valeur supra-

---

[1926] CE, 10 mai 1974, *Barre* et *Honnet*, *AJDA* 1974, II, 545, *RTD civ.* 1975, p. 353, obs. J. NORMAND.

[1927] V. *infra*, ce paragraphe.

[1928] Pour le droit de propriété, on peut, là encore, douter de l'argument, eu égard à la protection qui est généralement accordée à la propriété (C.C, 16 janv. 1982, DC n° 81-132, *in* F. TERRÉ, Y. LEQUETTE, *Grands arrêts de la jurisprudence civile. - T. 1*, 11e éd., Dalloz, Paris, 2000, n° 1) ; même s'il est vrai que, en se plaçant du côté des tiers, *nul n'est contraint*, en cas d'injonction, *de céder sa propriété* (C. civ., art. 544 : « Nul ne peut être contraint de céder sa propriété, si ce n'est pour cause d'utilité publique, et moyennant une juste et préalable indemnité »). Au-delà de sa lettre, l'article 544 fonde l'absolutisme du droit de propriété, à l'égard de chacune des prérogatives qu'il confère - *usus*, *abusus*, *fructus* (v., Ch. ATIAS, *Droit civil. - Les biens*, 11e éd., Litec, Paris, 2011, spéc. n° 120, p. 103 et s.). Et si on s'en tient à l'article 34 de la Constitution, il est difficile de ne pas voir dans l'astreinte une atteinte à un « principe fondamental » « du régime de la propriété », en quoi l'intervention de la loi est indispensable.

[1929] J. NORMAND, *op. cit.*, p. 358, disait, à cet égard, deux choses essentielles : « Il est vrai que le brocard *nemo tenetur edere contra se* était trop contesté par les privatistes eux-mêmes [...] pour que le Conseil d'État sont enclin à y voir un obstacle que le législateur seul aurait pu lever ». Et de poursuivre : « Finalement, l'arrêt *Barré* et *Honnet*, sur ce point qu'il règle de façon allusive, comme sur celui de l'astreinte, qu'il aborde de front, constitue un désaveu de l'exécutif, dont la prudence est jugée superflue : il lui est clairement signifié qu'à cet égard la loi du 5 juillet 1972 ne s'imposait pas. On ne saurait reprocher à la Haute Juridiction de n'être pas logique avec elle-même. Nous l'avons rappelé en début de cette chronique, le choix des grandes orientations de la procédure n'est pas, pour elle, matière législative. C'est à tous égards regrettable. La procédure est d'un autre ordre que le simple règlement intérieur d'une quelconque administration publique. [...] Souhaitons qu'à la Chancellerie la leçon de l'arrêt *Barré* et *Honnet* ne soit pas trop bien entendue ».

décrétale ?[1930] Soit la liberté est en jeu, et l'intervention de la loi est nécessaire, soit elle ne l'est pas, et la compétence de l'article 37 de la Constitution recouvre son empire (la disposition règlementaire est alors suffisante). Cela montre, en tous cas, l'ambiguïté de la présentation classique, qui, en matière de principes généraux du droit, ne raisonne qu'en termes de contrôle de la légalité[1931].

En ce sens, le second arrêt, rendu par le Conseil d'État le 3 janvier 1975[1932], semble reposer sur une analyse différente. Était demandée à la Haute Juridiction l'annulation des articles 73 à 77 du décret du 20 juillet 1972, relatifs, encore une fois, au pouvoir du juge d'ordonner la production forcée de pièces. En énonçant que « les dispositions des articles 73 à 77 du décret attaqué du 20 juillet 1972 qui concernent l'obtention des pièces détenues par un tiers ou la production des pièces détenues par une partie constituent la mise en œuvre pure et simple du principe rappelé à l'article 10 précité et ne comportent aucune atteinte illégale au droit de propriété », les Hauts magistrats paraissent redonner du crédit à la première des thèses. En effet, il est de nouveau impossible de considérer que le Conseil d'État n'a souhaité que conférer un fondement supra-décrétal à un texte règlementaire qui, de toute évidence, n'en avait pas besoin[1933]. C'est la raison pour laquelle il est plus cohérent de considérer que le Conseil d'État a souhaité dégager un « principe » qu'aurait purement et simplement rappelé l'article 10 du Code civil, principe alors de valeur légale, ce qui explique ainsi - analyse mieux conforme à la théorie - que le droit de propriété n'ait subi aucune atteinte *illégale* (là où, dans le précédent arrêt, aucune atteinte n'était constituée)[1934]. Le Conseil d'État semble d'ailleurs reprendre

[1930] En ce sens, on ne comprend pas du tout l'explication de J. Normand : « Il en résulte [...] que si le législateur et lui seul, peut déterminer, étendre ou restreindre les limites de cette faculté, ceci ne mettait pas obstacle à ce que, avant même que la loi en ait défini, d'une façon générale, le champ d'application, le décret de 1971 fit application de ce principe général, en *rappelant* le pouvoir qui appartient au juge d'assortir d'une astreinte les injonctions qu'il adresse aux parties », *op. cit.*, p. 357.

[1931] Lorsque c'est la légalité d'un décret qui est examinée, la seule affirmation d'un pouvoir *supra*-décrétal est suffisante pour permettre au juge de la légalité de protéger efficacement les administrés. Mais les conséquences ne sont absolument pas tirées sur le terrain du rôle du pouvoir législatif. Si on écarte le critère organique (R. CHAPUS, « De la soumission au droit des règlements autonomes », *D.* 1960, chron. p. 124, « De la valeur juridique des principes généraux du droit et des autres règles jurisprudentielles du droit administratif », *D.* 1966, chron. p. 99), qui n'a d'ailleurs rien de pertinent étant donné que depuis longtemps les juridictions énoncent des principes qui dépassent leur positionnement supposé dans la hiérarchie des normes (ce qu'a fait, le Conseil d'État lui-même, en matière de principes généraux du droit : CE, ass., 7 févr. 1958, n° 39269, *Synd. propriétaires forêts chênes-lièges Algérie*, Rec. CE 1958, p. 74, *AJDA* 1958, II, p. 130, concl. GRÉVISSE ; CE, ass., 19 févr. 1960, n° 38707, *Féd. algérienne synd. défense irrigants*, Rec. CE 1960, p. 129), on ne voit pas ce qui différencie un principe général du droit ("administratif") d'une disposition légale, puisque le législateur a exactement les mêmes prérogatives à l'égard de l'un et de l'autre (il peut « défaire » dans l'un et l'autre cas). Enfin, et surtout, on sait que le Conseil d'État rattache parfois les principes généraux du droit à la Constitution (G. BRAIBANT, « L'arrêt "Syndicat général des ingénieurs-conseils" et la théorie des principes généraux du droit », *EDCE* 1962, p. 68 s., J. FOURNIER, concl. ss. CE, 26 juin 1959, *Synd. gén. ingénieurs-conseils*, *RD publ.* 1959, p. 1013-1014, M. FROMONT, note ss. CE, 24 nov. 1961, *Féd. nat. synd. de police*, *D.* 1962, jurispr. p. 429). Et à cet égard, il importe peu que le Conseil vise ou non une disposition préexistante (*contra*, P. de MONTALIVET, « Principes généraux du droit », *J.-Cl. Administratif*, Fasc. n° 38, spéc. n° 56-72). En définitive, il est probablement plus pertinent de reconnaître aux principes généraux du droit une valeur qui peut être légale, conventionnelle ou constitutionnelle (en ce sens, GENEVOIS, *V° Principes généraux du droit*, *Rép. Dalloz cont. admin.*, t. III, p. 98, § 1035). Quoi qu'il en soit, la notion est trop controversée pour que l'on puisse sérieusement prendre position dans le cadre de ce travail.

[1932] CE, 2e et 6e s.-sect., 3 janvier 1975, *sieur Barré*, *JCP G* 1976, II, 18 229, obs. G. COUCHEZ.

[1933] *Contra*, G. COUCHEZ, *JCP G* 1976, II, 18 229.

[1934] *Cf.*, également, l'explication de J.-H. ROBERT, « Jouissance des droits civils. - Limitations », *J.-Cl. Civil Code*, Fasc. unique, n° 3, pour qui, « [l]e Conseil d'État ne pouvait guère décider autrement de peur de se déjuger lui-même car, sans le secours d'aucun texte, il s'était déjà, et depuis longtemps, octroyé le

à son compte la distinction présentée ci-dessus : *les dispositions règlementaires n'assurent que la* « mise en œuvre pure et simple » du « principe » qui, pour sa part, *aurait mis en cause la liberté de ne pas produire*[1935]. Cette lecture est, du reste, confirmée par la structure de l'article 10 du Code civil. Sa formulation particulièrement extensive s'insère parfaitement dans la théorie générale de la liberté qui veut que toute restriction y apportée soit justifiée par l'intérêt général[1936]. N'en soyons pas étonnés. S'il s'était agi d'une simple règle de procédure, la « vérité » (« chacun est tenu d'apporter son concours **à la manifestation de la vérité** ») n'aurait pas été convoquée. Aussi bien faut-il approuver le Professeur Frison-Roche, lorsqu'elle indique qu'« [i]l faut la force d'un principe général pour poser une limite aux droits des individus. Cette qualification apparaît dans la généralité des termes employés : c'est "chacun" qui est soumis à une obligation ("est tenu") de collaboration à une œuvre qui le dépasse : "la manifestation de la vérité en justice". C'est par des moyens très énergiques, à la mesure de l'importance du devoir, que l'on peut l'y contraindre : le juge pourra user d'astreinte ou d'amende civile, la partie pourra obtenir des dommages-intérêts. Seul un "motif légitime" pourra dispenser l'individu de son devoir. […] L'article 10 est d'autant plus remarquable que cette généralité de principe s'applique à une règle nouvelle dans notre droit »[1937]. On peut d'ailleurs rendre grâce au législateur d'être intervenu, car sans son secours, les juges auraient été bien à la peine pour trancher certains conflits susceptibles de s'élever entre, par exemple, l'obligation de produire et le secret[1938]. Cette première analyse n'est pas anodine, elle permet de répondre de manière satisfaisante au fondement et à la nature de la recherche judiciaire des preuves. On peut affirmer l'existence d'une *liberté de ne pas présenter ses preuves* et corrélativement, une *liberté de présenter celles-ci*. La présence de cette liberté renseigne, à rebours, sur la nature et l'étendue de la recherche des preuves.

B. La nature et l'étendue de la recherche des preuves

215. ***Droit à la preuve ou office d'assistance probatoire ?*** On a pu faire un premier pas dans la direction des prérogatives en matière de recherche des preuves en signalant qu'il est, dans les systèmes hiérarchiques, un office de véridiction qui

---

pouvoir de requérir la production de pièces, sans toutefois se servir de l'astreinte [...]. Il étendait donc à la justice civile le "principe général" dont il avait fait usage pour la justice administrative ». L'arrêt auquel fait référence le Professeur Robert est le suivant : CE, sect., 1er mai 1936, *Couëspel du Mesnil*, *Lebon* 485 (sur lequel : B. PACTEAU, *V° Preuve, Rép. Dalloz cont. adm.*, n° 102 et s.) et dont la solution a, ensuite, été considérablement étendue par l'arrêt *Barel* : CE, ass., 28 mai 1954, *Barel*, *Lebon* 308, concl. LETOURNEUR, *D.* 1954, p. 594, note G. MORANGE, *S.* 1954, 3, 97, note MATHIOT, *RPDA* 1954, p. 149, concl. LETOURNEUR, note EISENMANN, *Rev. adm.* 1954, p. 393, concl. LETOURNEUR, note G. LIET-VEAUX, *AJDA* 1954, II, 396, chron. M. LONG, *RDP* 1954, p. 509, concl. LETOURNEUR, note WALINE).

1935 V. aussi les remarques de B. GENEVOIS, *V° Principes généraux du droit, Rép. Dalloz cont. admin.*, spéc. n° 42-45.

1936 Très nettement, J. GHESTIN, G. GOUBEAUX, *op. cit.*, n° 189, p. 147.

1937 M.-A. FRISON-ROCHE, *op. cit.*, n° 10-11. - « En ce qui concerne l'article 10, cette limitation est renforcée par l'exigence supérieure d'une bonne justice : le juge ne peut statuer en connaissance de cause que s'il peut contraindre un individu à apporter son concours à la manifestation de la vérité », M.-A. FRISON-ROCHE, *Fasc. préc.*, n° 4. J.-H. ROBERT, *Fasc. préc.*, n° 1.

1938 TGI La Roche-sur-Yon, 13 déc. 1995, *JurisData* n° 053207 : « le motif tiré du caractère simplement règlementaire des articles 138 et suivants du Nouveau Code de procédure civile ne peut être retenu, sauf à vider de leur substance les dispositions que le législateur a été autorisé à prendre par cette voie dans le cadre de la procédure civile, étant, en outre, observé que ces textes trouvent leur fondement dans la loi, à savoir l'article 10 du Code civil », cité par M.-A. FRISON-ROCHE, *Fasc. préc..*, n° 5.

tend à absorber les prérogatives accordées aux parties. L'office de véridiction place immédiatement l'idéal de vérité judiciaire au-dessus des individus et récupère à son profit toutes les initiatives probatoires des parties. Il faut insister sur ce point à la faveur d'un détour par le droit à la preuve, ce qu'on peut d'ores et déjà appeler, l'impossible droit à la preuve (1). Ce fondement écarté, un autre est nécessaire. Sous ce regard, se dévoile, d'après l'angle des parties, un pouvoir d'obtenir la preuve ou, d'après l'angle du juge, l'office d'encadrement probatoire du juge (2).

1. L'impossible droit à la preuve

216. ***La référence fréquente au « droit à la preuve ».*** L'expression de « droit à la preuve » apparaît, d'abord, il est vrai, sous la plume du Doyen Gény, dans son étude célèbre sur les lettres missives, parue en 1911[1939]. Il semblait alors l'analyser comme un droit de la personnalité[1940] ; mais, comme on l'a incidemment souligné[1941], l'éminent auteur n'est sans doute pas le meilleur patronage, en raison principalement de sa définition très nuancée des droits de la personnalité, proche des libertés publiques, ce qu'on a pu constater à lecture d'une citation intégrée à la subdivision précédente[1942]. Cela étant, il est exact que, après une thèse y étant entièrement consacrée[1943], la notion devait acquérir suffisamment de densité pour que chaque grand traité du milieu du XXe siècle s'emploie à en étudier plus ou moins longuement les contours et le contenu[1944]. Avec la grande réforme de la procédure civile, le débat devait gagner en vigueur[1945] jusqu'à donner à la notion une superbe[1946] que, à en croire le nombre de ses évocations[1947], elle n'a jamais perdue. Cette unanimité, que viennent à peine troubler quelques analysee qui ont pris le parti d'insister sur le rôle du juge[1948], devrait permettre de constater un large emploi de la

---

[1939] F. GÉNY, *Des droits sur les lettres missives étudiés principalement en vue du système postal français : essai d'application d'une méthode critique d'interprétation*, Sirey, Paris, 1911, 2 vol., v. spéc. tome II, p. 81 et s. - *Adde*, A. BERGEAUD, *Le droit à la preuve*, *op. cit.*, n° 5, p. 6.

[1940] F. GÉNY, *op. cit.*, n° 185, p. 105.

[1941] V. aussi, F. GÉNY, « Les procédés d'élaboration du droit civil », p. 173-196 *in Les méthodes juridiques. - Leçons faites au Collège libre des Sciences sociales en 1910*, V. Giard & E. Brière, Paris, 1911, spéc. p. 192.

[1942] F. GÉNY, *Des droits sur les lettres missives...*, *op. cit.*, n° 185, p. 106 (v. *supra*, n° 212).

[1943] E. DEMONTÈS, *L'action "ad exhibendum" en droit moderne*, s. ed., Beaugency, 1922.

[1944] V. ainsi, R. BEUDANT, P. LEREBOURS-PIGEONNIÈRE, *Cours de droit civil français. - Les contrats et les obligations*, Tome IX, Rousseau, Paris, 1953, G. RIPERT, J. BOULANGER, *Traité de droit civil. - Tome I. - Introduction générale. - Les personnes*, LGDJ, Paris, 1956, n° 732, p. 312 ; G. MARTY, P. RAYNAUD, *Droit civil. - Introduction générale à l'étude du droit*, Tome I, 2e éd., Sirey, Paris, 1972, p. 379 et s. - V. aussi, à la même période, en droit pénal et en droit administratif : J. PATARIN, « Le particularisme de la théorie des preuves en droit pénal », G. STEFANI (dir.), *Quelques aspects de l'autonomie du droit pénal. - Études de droit criminel*, Paris, 1956, p. 39 et s., P. PACTET, *Essai d'une théorie de la preuve devant la juridiction administrative*, A. Pedone, Paris, 1952, spéc. p. 9 et s.

[1945] La première étude, sous l'angle procédural, reste celle de C. MARRAUD, « Le droit à la preuve. - La production forcée des preuves en justice », *JCP G* 1973, I, 2572.

[1946] La notion doit sa notoriété à l'étude du Professeur Goubeaux : G. GOUBEAUX, « Le droit à la preuve », *in* Ch. PERELMAN, P. FORIERS (dir.), *La preuve en droit*, Bruylant, Bruxelles, 1981, p. 277 et s.

[1947] La doctrine contemporaine est unanime ; mais les définitions sont souvent imprécises : H. ROLAND, L. BOYER, *Introduction au droit, op. cit.*, n° 1657, p. 571-572 ; F. TERRÉ, *Introduction générale au droit, op. cit.*, n° 566, p. 483.

[1948] Ph. THÉRY, « Les finalités du droit de la preuve en droit privé », *Droits*, n° 23, 1996, p. 49-51, spéc. p. 49. - *Adde,* X. LAGARDE, « Finalités et principes du droit de la preuve. - Ce qui change », *JCP G* 2005, I, 133 : « Cette analyse paraît désormais un peu datée. L'hypothèse du "droit à la preuve" ne s'est jamais réellement imposée. Le juge reste totalement libre d'ordonner des mesures d'administration de la preuve [...] », n° 9 ; ces deux auteurs n'en continuent pas moins d'analyser le *droit à la preuve* comme un

notion en jurisprudence. Or, si les plaideurs y recourent de temps en temps pour étayer un moyen, elle n'est, sauf rare exception[1949], jamais retenue[1950] par les juges.

La question a récemment été examinée dans son ensemble[1951], et l'on a prétendu avoir identifié un droit subjectif processuel distinct du « droit d'action ». À la vérité, cette conclusion pèche par excès de subjectivisme. On ne saurait, en effet, comprendre la nature juridique du dispositif mis en œuvre en procédant du sujet de droit et en refusant de voir dans l'article 10, alinéa 1er du Code civil le substrat de toute la construction[1952]. Le devoir d'apporter son concours à la manifestation de la vérité n'est pas simplement, comme on l'a dit, un gage d'efficacité du « droit à la preuve » [1953], mais le fondement même des prérogatives (terme neutre) des parties. On pourrait du reste se contenter de répéter que, comme pour les prérogatives attachées à l'action en justice, celles attachées à la production forcée des pièces ne peuvent être ramenées à des droits *faute de sujet passif*. Mais l'affirmation est encore trop controversée pour soutenir solidement l'entière démonstration. Il convient donc de s'appesantir sur le fondement tiré de l'article 10 du Code civil.

217. ***Des prérogatives mises au service de la Justice.*** Ce fondement, sur lequel il a déjà été insisté, offre, en effet, deux séries d'arguments qui convergent pour montrer que les prérogatives des parties ne peuvent être analysées comme des *droits subjectifs*. Au premier chef, on peut insister, une nouvelle fois, sur la nature des exceptions apportées à la liberté négative de prouver, c'est-à-dire à la règle *nemo tenetur...* Comme l'enseigne la théorie générale, des restrictions ne sauraient être apportées à des libertés que si elles sont justifiées par l'intérêt général[1954]. Or, l'idée même d'un intérêt général, que viendraient servir les dispositions conférant aux

---

« diminutif du droit d'action », X. LAGARDE, *op. cit.*, *loc. cit.*. Cette identification du « droit à la preuve » au droit d'action est due à G. GOUBEAUX, « Le droit à la preuve », *op. cit.*, spéc. p. 293. - *Adde*, A. BERGEAUD, *Le droit à la preuve*, *op. cit.*, n° 33, p. 39.

[1949] V. Toulouse, 31 mai 2006, *JurisData* n° 2006-311346 ; la référence est donnée par A. BERGEAUD, *Le droit à la preuve*, *op. cit.*, note (50), n° 5, p. 7, qui indique, au passage, que l'exemple est « isolé et, partant, anecdotique […] ». Mais, plus récemment, Civ. 1re, 5 avr. 2012, pourvoi n° 11-14.177, *JurisData* n° 2012-006418 : « Attendu qu'en statuant ainsi, sans rechercher si la production litigieuse n'était pas indispensable à l'exercice de son droit à la preuve, et proportionnée aux intérêts antinomiques en présence, la cour d'appel n'a pas donné de base légale à sa décision » ; Aix-en-Provence, Ch. 6, sect. B, 3 juill. 2008, *JurisData* n° 2008-369857 : « [...] le droit à la preuve doit l'emporter sur la protection de la vie privée [...] » ; Aix-en-Provence, ch. 6, sect. A, 21 nov. 2007, *JurisData* n° 2007-357843 : même formule ; Toulouse, Ch. 1, sect. 2, 31 mai 2006, *JurisData* n° 2006-311346 (moins net).

[1950] Com., 14 déc. 2004, pourvoi n° 03-10.825, Com., 7 juill. 2001, *Bull. civ.* IV, n° 136, p. 128, *JurisData* n° 2001-010690, Com., 17 juill. 2001, pourvoi n° 98-20.188, *Bull. civ.* IV, n° 137, p. 130, Crim., 6 oct. 1999, pourvoi n° 97-86.236, Crim., 17 juin 1998, pourvoi n° 97-81.729, Civ. 2e, 13 déc. 1995, pourvoi n° 94-13.979, Civ. 2e, 3 mai 1995, pourvoi n° 93-12.318, Soc., 5 janv. 1995, pourvoi n° 93-46.096, Civ. 2e, 16 nov. 1994, pourvoi n° 93-11.667, Soc., 17 mars 1994, pourvoi n° 91-11.714, Soc., 8 juill. 1993, pourvoi n° 91-15.860, Civ. 1re, 20 janv. 1993, n° 87-17.505, Civ. 3e, 6 mars 1991, n° 87-12.976, Civ. 3e, 29 juin 1988, pourvoi n° 86-19.516, Com., 24 mars 1987, pourvoi n° 85-15.571, Civ. 1re, 12 févr. 1985, pourvoi n° 83-16.284, *Bull. civ.* I, n° 57, p. 56.

[1951] A. BERGEAUD, *Le droit à la preuve*, *Thèse préc.*

[1952] A. BERGEAUD, *op. cit.*, n° 131, p. 109 ; d'après l'auteur, le droit subjectif « à la preuve » n'est pas le prolongement du devoir de « coopération », car l'article 10 - qui prétend servir « la vérité » - du Code n'accorde aucun bénéfice probatoire direct aux plaideurs.

[1953] A. BERGEAUD, *op. cit.*, n° 133-135, p. 111-113. S'il s'était agi d'offrir aux parties un véritable droit à l'encontre des plaideurs et des tiers, le législateur s'y serait probablement pris autrement, en mettant son pouvoir non pas au service du juge, mais du justiciable lui-même. C'est d'ailleurs la solution qui est expressément retenue par les procédures de *discovery* et de *disclosure*. V., aussi, sur cette question, *supra*, n° 180 & 183

[1954] V. *supra*, n° 214.

parties la faculté d'obtenir des pièces ou des mesures d'instruction, est incompatible avec celle de *droits* qui seraient reconnues aux parties. C'est d'ailleurs la raison pour laquelle la Cour de cassation a pu affirmer que « le concours visé par l'article 10 du Code civil est celui qui doit être apporté non aux particuliers mais à l'autorité judiciaire en vue de la manifestation de la vérité »[1955]. Le droit subjectif, rappelons-le, est *une prérogative reconnue au sujet dans son propre intérêt*. Or, ce n'est qu'indirectement, en matière de recherche des preuves, qu'est servi l'intérêt du justiciable[1956]. Il faut du reste remarquer qu'il en irait rigoureusement de même si le juge n'était investi d'aucun pouvoir dans la recherche de la vérité, si ce n'est de celui d'arbitrer d'éventuelles difficultés, comme c'est le cas dans un certain nombre de systèmes[1957]. C'est la raison pour laquelle il est également important d'analyser le système en termes de hiérarchie. **En vertu de sa hiérarchie, le procès civil fixe un objectif de vérité qui dépasse les prétentions des parties.** Cet argument est d'ailleurs indispensable pour donner un fondement satisfaisant à toutes les mesures d'instruction qui ne s'analysent pas nécessairement comme des atteintes *à la liberté de ne pas prouver*. Ainsi des déclarations des tiers[1958] ou des mesures d'instruction exécutées par un technicien[1959]. Les prérogatives des parties ne peuvent plus, parce que leur liberté n'est pas en jeu, s'analyser comme l'avers d'une quelconque liberté. Faut-il, pour autant, les analyser comme des *droits* ? La réponse est négative, car la structure hiérarchique du procès - le progrès pourrait-on dire de sa hiérarchisation[1960] - transforme les pouvoirs des parties et les met au service de la justice (c'est d'ailleurs pourquoi on peine, aussi, à trouver un sujet passif). Or des prérogatives qui ne sont pas édictées dans l'intérêt propre d'un sujet de droit, mais dans un intérêt qui le dépasse ne sont pas de droits, mais des *pouvoirs*[1961]. Ce n'est évidemment pas à dire que les parties ne poursuivent pas leur intérêt propre. Elles sont, sans aucun doute, animées par la volonté de vaincre leur adversaire ; mais cette violence initiale est récupérée par le système judiciaire qui l'utilise pour alimenter sa mission

---

[1955] Civ. 1re, 25 oct. 1994, pourvoi n° 92-15020, *Bull. crim.*, n° 306. - V. aussi, Ph. THÉRY, « Les finalités du droit de la preuve en droit privé », *op. cit.*, p. 51.

[1956] C'est ainsi, par exemple, que l'on refuse la notion de « droit à la preuve » pour décrire la situation du ministère public, ès qualités de partie principale au procès pénal. En effet, on observe que « puisque les prérogatives reconnues aux membres du ministère public ont pour finalité exclusive la défense de l'intérêt général, elles doivent être analysées non comme des droits subjectifs, mais comme des pouvoirs que leurs titulaires exercent dans les limites fixées par la loi », A. BERGAUD, *Le droit à la preuve*, *op. cit.*, n° 274, p. 239. Enfin, on peine toujours à trouver un sujet passif, dans ce cas.

[1957] On ne peut, ainsi, affirmer, comme on le dit parfois à propos du contentieux administratif, que « les parties en procès ne sont jamais en relation directe entre elles car toute la phase d'instruction passe par l'intermédiaire de la juridiction administrative et, plus précisément, relève du rapporteur de l'affaire », O. GOHIN, *Contentieux administratif*, 6e éd., Litec, Manuel, Paris, 2009, spéc. n° 291, p. 252. Dans un système hiérarchique, si faibles soient les pouvoirs du juge, les parties ne développent, entre elles, aucune relation probatoire directe.

[1958] L'enquête : C. proc. civ., art. 204 à 231.

[1959] Les constatations : C. proc. civ., art. 249 à 255 ; la consultation : art. 256 à 262 ; l'expertise, art. : 263 à 284-1.

[1960] v. *supra*, schéma n° 1.

[1961] Le mot est employé d'après l'acception développée par E. GAILLARD, *Le pouvoir en droit privé*, Economica, Coll. Droit civil.- Études et recherches, Paris, 1985, spéc. p. 9 et p. 22-53 : qui distingue les prérogatives accordées à leurs titulaires dans leur intérêt propre - qu'il appelle droits subjectifs - de celles qui ne leur sont attribuées que dans un intérêt déterminé, au moins partiellement distinct de leur intérêt propre (et déjà P. ROUBIER, *Droits subjectifs et situations juridiques*, Dalloz, Coll. Philosophie du droit, Paris, 1963, p. 19).

d'intérêt général[1962]. Comme pu l'indiquer le Professeur Frison-Roche pour décrire cette transsubstantation : « Ici, l'intérêt général centré sur la manifestation de la vérité en justice est servi par l'intérêt privé centré sur la volonté de gagner la cause »[1963]. La même conclusion doit être tirée pour toutes les prérogatives qui constituent des limites à la liberté de ne pas produire : puisqu'elles sont nécessairement assises sur l'intérêt général, elles ne peuvent être, elles aussi (elles le sont même doublement), que des pouvoirs. Quant au fondement, il se dégage assez facilement de l'article 10. Si les parties ont désormais le *pouvoir* de concourir à la manifestation de la vérité, c'est que le procès civil a paradoxalement renforcé l'office de *véridiction du* juge. Son étendue n'est certes pas comparable à celle qu'il peut avoir en procédure pénale française ; les parties conservent, en effet, des pouvoirs sur la matière probatoire et la mission du juge n'est pas impérative. Mais une chose est sûre : cet office de véridiction existe bien, même s'il n'est, en définitive, autre chose, en la matière, qu'un *pouvoir d'obtenir la preuve* qui vient renforcer l'*office de juridiction*[1964] du juge et tirer profit de la puissance de son *imperium*[1965].

2. *L'office d'encadrement probatoire du juge et le pouvoir d'obtenir la preuve*

218. ***Le degré de hiérarchie de la procédure civile à l'aune de l'office probatoire.*** Ainsi que l'enseigne l'analyse comparatiste, c'est à l'aune du degré de hiérarchie du système procédural qu'il convient de classer les procédures[1966]. Sous ce regard, si la procédure civile française a connu une importante phase de hiérarchisation après la seconde Guerre mondiale, ce qui a contribué à la rapprocher de la procédure pénale, elle a conservé une part de spécificités irréductibles sur le chapitre de la recherche des preuves ; et même si des évolutions organiques et institutionnelles rendent raisonnable le pronostic d'une extension des pouvoirs, comme y

---

[1962] C'est pourquoi la qualification de pouvoir paraît également adéquate pour définir l'action, même si on a souligné que le « plaideur agit le plus souvent dans son propre intérêt » : L. CADIET, E. JEULAND, *Droit judiciaire privé*, 7e éd., LexisNexis, Paris, 2011, n° 327, p. 233 (qui refusent la qualification pour cette dernière raison).

[1963] M.-A. FRISON-ROCHE, *op. cit.*, n° 35.

[1964] M.-A. FRISON-ROCHE, *op. cit.*, n° 4 : « Il faut d'abord relever l'exigence nouvelle de vérité. Dans une conception classique, le procès a pour finalité de mettre un terme à un conflit entre individus. C'est pourquoi il est conduit par eux, en vertu du principe dispositif, le juge devant observer en matière de preuve une stricte neutralité. Son office n'est pas de découvrir la vérité à travers les allégations des parties mais d'assister à un échange de preuves au terme duquel il donnera gain de cause à celui sur lequel reposait la charge de la preuve et qui aura su prouver son allégation. La place plus importante du juge dans la cité, une conception plus dynamique du procès largement traduite dans les textes constitutifs du Nouveau Code de procédure civile, ont justifié une métamorphose de l'office du juge : il a pour tâche de découvrir avec l'aide des parties, la vérité d'un dossier, afin d'émettre un jugement adéquat », *op. cit.*, n° 17-18.- Deux auteurs ont, également, bien décrit ce phénomène: B. OPPETIT, « Les rôles respectifs du juge et du technicien dans l'administration de la preuve en droit privé », *in Les rôles respectifs du juge et du technicien dans l'administration de la preuve*, PUF 1976, p. 54, Ph. THÉRY, « Les finalités du droit de la preuve en droit privé », *in La preuve : Droits* n° 23, 1996, p. 46. - *Adde*, J. DEVÈZE, *Contribution à l'étude de la charge de la preuve en matière civile*, Thèse dactyl., Toulouse 1980, p. 217 qui voyait, dans les mesures d'instruction, « des machines à découvrir la vérité ». - On peut trouver confirmation de cette notion d'office de véridiction dans l'idée que le juge ne peut plus, en matière de preuve, échapper à sa responsabilité ; v., en ce sens, M.-A. FRISON-ROCHE, « La responsabilité des magistrats : l'évolution d'une idée », *JCP G* 1999, I, 174, spéc. n° 36.

[1965] M. BELLAMY, « Le pouvoir de commandement du juge, ou le nouvel esprit du procès », *JCP G* 1973, I, 2522, n° 5.

[1966] V. *supra*, n° 197 et s.

contribue l'extension récente des prérogatives du juge aux affaires familiales en matière de violence au sein des couples[1967], l'heure n'est pas encore venue de parler de « juge d'instruction civile » par analogie avec l'instruction pénale. Cette dernière remarque est déterminante, mais elle risque, plus que tout autre, d'être mal comprise. Dire que le juge civil n'est pas un juge d'instruction ne signifie pas que ses pouvoirs sont faibles. Bien au contraire, les mesures d'instruction à sa disposition, qu'il peut normalement mettre en œuvre d'office, sont parfois très étendues en elles-mêmes[1968], et elles le sont en particulier au regard des enjeux traditionnels du procès civil[1969]. Ce qui sépare donc le juge civil du juge d'instruction, c'est le régime de

---

[1967] L. n° 2010-769 du 9 juillet 2010 *relative aux violences faites spécifiquement aux femmes, aux violences au sein des couples et aux incidences de ces dernières sur les enfants*, *JORF* n°0158 du 10 juillet 2010 page 12762 (sur laquelle : M. DOUCHY-OUDOT, « Quelle protection contre les violences au sein du couple », *Procédures* 2010, étude 9, V. AVENA-ROBARDET, « Lutter efficacement contre les violences conjugales », *AJ fam.* 2010 p. 298). Le mécanisme de l'ordonnance de protection se substitue au référé-violence de l'article 220-1 du Code civil. Le dispositif qu'installent les articles 515-9 à 515-13 du même Code (ainsi que : C. proc. civ., art. 1136-3 à 1136-13) permet à l'actuel ou l'ancien conjoint, concubin ou partenaire de PACS, qui se trouve « en danger », de saisir le juge aux affaires familiales afin qu'il délivre une ordonnance protection (C. civ., art. 515-9). Cette ordonnance permet par exemple au juge d'interdire à la partie défenderesse de recevoir ou de rencontrer certaines personnes spécialement désignées par le juge aux affaires familiales, ainsi que d'entrer en relation avec elles, de quelque façon que ce soit (C. civ., art. 515-11, 1°) ou d'« [a]ttribuer la jouissance du logement ou de la résidence du couple au partenaire ou au concubin qui n'est pas l'auteur des violences » (C. civ., art. 515-11, 4°). D'une certaine manière, et comme on a pu le dire, ce dispositif met à mal « l'attachement du juge judiciaire à la vérité » E. BAZIN, « Les nouveaux pouvoirs du JAF en matière de violences au sein des couples », *JCP G* 2010, 957, spéc. n° 18). L'ordonnance est, en effet, soumise à deux conditions cumulatives dont la souplesse remet en cause la conception unitaire de la vérité en droit français (sur laquelle, v. *supra*, n° 7) : il s'agit de la démonstration de la vraisemblance de la commission des faits de violence et du danger auquel la victime est exposée. On peut estimer que « la dénonciation des faits auprès des services de police ou de gendarmerie accompagnée de certificat médical ou de quelques attestations suffira à rendre vraisemblable la commission des faits » (E. BAZIN, *op. cit., loc. cit.*). Mais, à l'inverse, les textes élargissent considérablement les pouvoirs de la juridiction civile. Il est tout d'abord notable, le ministère public étant habilité à agir (*s'il y a été autorisé par la victime*) et étant partie à la procédure, que le JAF bénéficiera des informations recueillies dans le cadre d'investigations pénales (ce qui est susceptible de poser des difficultés du point de vue de l'égalité des armes et de l'accès au dossier pénal). Il est ensuite incontestable que le JAF est vivement incité à mettre en œuvre ses pouvoirs d'instruction dans le cadre d'une demande tendant à supprimer ou modifier tout ou partie des mesures contenues dans l'ordonnance de protection. L'article 515-12 C. civ. dispose, en effet, que « [l]e juge aux affaires familiales peut, à tout moment, à la demande du ministère public ou de l'une ou l'autre des parties, ou après avoir fait procéder à toute mesure d'instruction utile, et après avoir invité chacune d'entre elles à s'exprimer, supprimer ou modifier tout ou partie des mesures énoncées dans l'ordonnance de protection, en décider de nouvelles, accorder à la personne défenderesse une dispense temporaire d'observer certaines des obligations qui lui ont été imposées ou rapporter l'ordonnance de protection » (v. aussi : C. proc. civ., art. 1136-6).

[1968] Que dire, en effet, de certaines pratiques invasives, comme « l'expertise-perquisition », pratiquée, autrefois, lorsque le juge avait des doutes quant à l'existence ou la présence du document ou de la pièce entre les mains de la personne désignée ; pouvant estimer cette pièce particulièrement utile, il arrivait qu'il recourût à une expertise pour pallier sa carence (pratique dénoncée par E. Le GALL, *Le devoir de collaboration des parties à la manifestation de la vérité dans les litiges privés.- Remarques sur l'adage nema tenetur edere contra se*, Thèse dactyl., Paris, 1967, p. 223 ; v. aussi, C. MARRAUD, « Le droit à la preuve.- La production forcée des preuves en justice », *JCP G* 1973, I, 2572, spéc. note (40), n° 12, J.-M. LE MASSON, « La recherche de la preuve dans le procès civil », *Droit et Société*, 38-1998, p. 21-32, spéc. p. 26) ? Que dire encore des constats d'adultère au sein d'un domicile privé : Civ. 2e, 7 oct. 2004, *D.* 2005, Jur. 122, note Ph. BONFILS, et Pan. 2652, obs. G. DI MARINO, *RTD civ.* 2005, 135, obs. J. MESTRE et B. FAGES, *AJ pénal* 2005, 30, obs. S. ENDERLIN (*adde*, E. VERGÈS, « Procès civil, procès pénal : différents et pourtant si semblables », *D.* 2007, Études et commentaires, p. 1441-1447, spéc. p. 1447) ?

[1969] La qualité de « juge d'instruction » ne tient pas à la nature des prérogatives exercées par le juge, mais au régime de leur mise en œuvre. On lit trop souvent que le juge de la mise en état (par exemple), n'est pas comparable à un juge d'instruction, car il ne peut procéder à des perquisitions (*cf.* B. COUCHEZ, *Fasc.*

l'office de véridiction : imposant une obligation de recherche dans le second cas, il se contente d'une simple faculté dans le premier. Au regard du schéma théorique de hiérarchie de chaque procédure[1970], le procès civil se situe donc en dessous du procès pénal. On ne peut cependant se contenter de tenir compte de la seule étendue de la mission du juge. Si le juge ne met pas spontanément en œuvre les pouvoirs qui sont les siens, la procédure perd encore de sa hiérarchie aussi longtemps que les parties ne disposent pas, en contrepoint, de pouvoirs importants, y compris de pouvoirs contraignants contre le juge. À l'inverse, si le juge a une intelligence développée de son office, la hiérarchie du système s'accroît dès lors qu'il garde la maîtrise des prérogatives dont les parties disposent à l'égard de la recherche de la preuve. Le positionnement exact de la procédure civile française est délicate. On peut sans doute livrer cette première certitude : *le juge civil n'a aucune obligation d'instruire.* Une quasi-certitude apparaît ensuite : les parties ont de larges prérogatives, que ce soit en matière de production forcée des pièces ou en matière de mesures d'instruction, mais le juge garde la mainmise sur l'ensemble d'entre elles. C'est en cela qu'on peut parler d'encadrement probatoire du juge. Sa mission est donc, principalement, de garantir la correcte trajectoire des offres de preuve qui sont formulées, ce que l'on voit bien, tant à l'égard de la production forcée des pièces (a) que des mesures d'instruction (b). Le seul point qui demeure incertain dans ce cadre, et qui peut infléchir légèrement le degré de hiérarchie de la procédure civile française, est la question de savoir si le juge fait ou non un large usage des prérogatives qui sont les siennes.

a. L'office d'encadrement probatoire face à la production forcée des pièces

219. ***La production forcée et le pouvoir discrétionnaire du juge.*** La production forcée des pièces est régie par les articles 138 à 142 du Code civil. Toutes les prérogatives sont destinées à obtenir des pièces qui ne *sont pas encore dans le débat*, puisqu'elles n'ont pas été invoquées à l'appui d'une prétention, mais dont l'une des parties connaît l'existence[1971]. La règle qui régit la matière, et qui a été posée par la jurisprudence, est relativement simple : *il ne s'agit pas d'une mesure d'instruction et le juge ne peut ordonner d'office une mesure de production forcée*[1972]. Il appartient ainsi à la partie intéressée d'en faire la demande, et le système donne ainsi l'impression que les parties disposent d'une maîtrise complète

---

préc., n° 38, J. PATARIN, « La particularisme de la théorie des preuves en droit pénal », *in* G. STEFANI (dir.), *Quelques aspects de l'autonomie du droit pénal. - Études de droit criminel*, Dalloz, 1956, Paris, p. 8-76., spéc. p. 12, X. MARCHAND, C. VIEIRA, *Fasc. préc.* n° 51). Outre les remarques qui ont déjà été faites, il faut rappeler que les pouvoirs d'investigation doivent toujours être proportionnés à l'importance des enjeux, et qu'ils doivent apparaître comme nécessaires (Crim., 30 oct. 2006, *JurisData* n° 2006-035866, *JCP G* 2007, II, 10 054, note F. FOURMENT, C. MICHALSKI, Ph. PIOT - « Les actes de perquisition opérés ont été nécessaires et proportionnés au sens de l'article 10 de la Convention EDH ? »). Bien souvent - même s'il est vrai, pas toujours, eu égard à l'importance de certains procès civils - le procès pénal a pour enjeu un intérêt public qui excède celui qui se dissimule (nécessairement) derrière tout procès civil.

[1970] V. *supra*, schéma n° 1.

[1971] L. CADIET, E. JEULAND, *op. cit.*, n° 571, p. 433.

[1972] Civ. 1re, 21 oct. 1975, *Bull. civ.* I, n° 281. Mais la jurisprudence ne s'est formellement prononcée qu'en ce qui concerne l'obtention des pièces détenues par un tiers ; S. GUINCHARD, C. CHAINAIS, F. FERRAND, *Procédure civile. - Droit interne et droit de l'Union européenne*, 30e éd., Dalloz, Précis, Paris, 2010, n° 568, p. 448.

de cette mesure d'investigation, qui serait assez comparable à celle dont disposent les parties dans un système de *discovery*. En réalité, cette dernière proposition n'est pas admissible, et le système est justement conçu de telle manière que le juge conserve l'ascendant sur les demandes des parties, même si c'est d'une manière qu'on peut estimer contestable. Comme l'énonce, en effet, la Cour de cassation de manière constante, le juge dispose, en ce domaine, d'un pouvoir discrétionnaire[1973]. On trouvera quelquefois en doctrine des décisions censées représenter une jurisprudence contraire. Ainsi, de cet arrêt, du 31 mai 1995, rendu par la deuxième Chambre civile de la Cour de cassation, et qui est parfois présenté comme un revirement de jurisprudence[1974]. Dans cette affaire, la cour d'appel prétendait ne pouvoir faire droit à la demande de production forcée d'une pièce détenue par un tiers au motif qu'« un tiers au procès ne peut être contraint de fournir des renseignements ». La motivation, d'une extrême maladresse - *et qui n'était pas nécessaire* - justifiait néanmoins l'intervention de la Cour de cassation qui rappelle, fort logiquement, au visa de l'article 10 du Code civil - violé en l'occurrence - « que chacun est tenu d'apporter son concours à la justice en vue de la manifestation de la vérité et que celui qui, sans motif légitime, se soustrait à cette obligation lorsqu'il en a été légalement requis, peut être contraint d'y satisfaire ». La Haute juridiction n'indique rien, en revanche, qui permette d'affirmer que les juges du fond sont soumis à une obligation de motivation. On mentionne également, assez souvent, un autre arrêt, rendu par la Chambre sociale de la Cour de cassation, daté du 18 décembre 2001[1975]. En l'espèce, un salarié licencié pour motif économique prétendait obtenir le paiement de commissions dont le montant était calculé sur le chiffre d'affaire de l'entreprise. La cour d'appel devait le débouter motif pris de ce que « nul document probant ne permet de présumer que la société Sellerie plus a réalisé un chiffre d'affaire de plus d'un million de francs moins d'un mois avant son dépôt de bilan, somme sur laquelle le salarié prétend, à tort, percevoir une commission ». C'était prendre parti, non pas sur la production des pièces - qui n'était d'ailleurs pas demandée par le salarié -, mais simplement sur le résultat négatif du débat probatoire, c'est-à-dire sur *le risque de la preuve*. La cour d'appel avait cru pouvoir le faire peser sur le salarié. Elle est censurée par la Cour de cassation qui, au visa univoque de l'article 1315 du Code civil, rappelle « qu'il appartenait à l'employeur de justifier du chiffre d'affaires réalisé pendant la période sur laquelle portait la réclamation »[1976]. Là encore, la Cour de cassation ne se prononce pas sur l'obligation de motivation et ne remet donc pas en cause les solutions antérieures, confirmées depuis lors. Par conséquent, il est aujourd'hui difficile de ne pas considérer que, aussi longtemps que le juge ne motive

[1973] S'agissant de la jurisprudence classique (v. aussi, B. COUCHEZ, *Fasc. préc.*, n° 33) : Civ. 2e, 29 mai 1975, *Bull. civ.* II, n° 156, p. 126 (demande de production d'un document détenu par un tiers. La Cour de cassation affirme qu'il s'agit d'une simple faculté, qui est laissée à sa « libre appréciation ») ; 22 janv. 1976, *Bull. civ.* II, n° 24, p. 20 (à propos de la pièce détenue par l'une des parties ; il s'agit d'une simple faculté, « dont l'exercice est laissé à son pouvoir discrétionnaire » ; 10 févr. 1977, *Bull. civ.* II, n° 32, p. 24 (document détenu par un tiers ; même formule que dans l'arrêt précédent) ; 14 nov. 1979, *Bull. civ.* II, n° 261, (tiers ; *idem*). ; 29 mars 1984, *Bull. civ.* II, n° 59 (partie ; faculté dont l'exercice est laissé à son pouvoir discrétionnaire) ; Civ. 3e, 24 févr. 1988, pourvoi n° 86-14597, inédit (partie ; il s'agit d'une simple faculté dont l'exercice est laissé à son pouvoir discrétionnaire).

[1974] Civ. 2e, 31 mai 1995, *Bull. civ.* II, n° 167, *Justices* 1996/3, p. 362, obs. J. HÉRON.

[1975] Soc., 18 déc. 2001, *Bull.* V, n° 389, p. 312, *Dr. ouvrier* 2002, n° 650, note HENRY.

[1976] En cela, il est difficile de suivre le Professeur Lagarde lorsqu'il soutient (X. LARGARDE, « Finalités et principes du droit de la preuve », *JCP G* 2005, I, 133, spéc. n° 9 *in fine*) qu'« il est cependant peu probable qu'en pareille hypothèse les juges du fond puissent à l'avenir se retrancher derrière leur pouvoir discrétionnaire pour rejeter la demande de production forcée des pièces formée par un salarié ».

pas sa décision[1977], il ne s'expose pas à la censure de la Haute juridiction[1978]. Il n'est finalement qu'une incertitude concernant l'obligation de motivation dans le cas où la pièce recherchée est de nature à prouver une proposition-objet de preuve parfaitement opérante[1979]. Un arrêt, rendu dans une affaire récente[1980], laisse entendre que, lorsque la solution du litige dépend de l'examen d'une pièce placée entre les mains d'un tiers, il appartient au juge de s'expliquer, à peine de cassation pour défaut de motif (arg. C. proc. civ., art. 455 C. proc. civ.), sur les raisons qui l'ont conduit à ne pas en demander la production. En l'occurrence, un salarié, éducateur spécialisé dans un foyer, avait réalisé un film vidéo le mettant en scène avec un collègue et des pensionnaires du foyer. Après avoir visionné le film au contenu douteux, l'employeur l'avait transmis au Parquet, avant de licencier le salarié pour faute grave. C'est la cause réelle et sérieuse du licenciement qui était discutée devant le juge d'appel, étant précisé que la procédure pénale avait été entretemps classée sans suite pour défaut d'infraction et que le film n'avait pas été restitué. Pour la cour d'appel, la réalité et la portée du grief de « transgression des règles éducatifs » (motivant entre autres le licenciement) ne pouvaient être vérifiées. S'il y avait bien des attestations de témoins produites par l'employeur ayant vu le film, elles ne permettaient pas de surmonter cet obstacle probatoire, car elles se bornaient « à des jugements de valeur sans les relier à une description concrète et objective du film ». La cour d'appel est censurée sur ce point, au visa de l'article 455 du Code de procédure civile, motif pris de ce « [qu]'en statuant ainsi, alors qu'aucune carence dans l'administration de la preuve ne pouvait être reprochée à l'employeur qui, selon ses constatations, avait vainement tenté de récupérer le film qu'il avait transmis au parquet de Bastia, de sorte qu'elle pouvait elle-même en demander la restitution, la cour d'appel, qui a méconnu son office, n'a pas permis à la Cour de cassation, d'exercer son contrôle ». On perçoit d'emblée l'ambiguïté de l'arrêt. Tout d'abord, il ressort nettement de l'arrêt d'appel[1981] qu'aucune demande en production forcée n'avait été introduite. Comment comprendre alors que, pour la Cour de cassation, la juridiction du second degré « pouvait elle-même en demander la restitution » et que, ne le faisant pas, elle « a méconnu son office » ? Faut-il en déduire que les juges du fond seraient désormais autorisés à ordonner la production d'office des pièces ? Ensuite, et à rebours, la Haute juridiction insiste bien sur le fait qu'aucune carence dans l'administration de la preuve ne pouvait être reprochée à l'employeur qui, selon ses constatations, avait vainement tenté de récupérer le film qu'il avait transmis au parquet. La référence à l'article 146, alinéa 2 du Code de de procédure civile et à la « carence » probatoire est ici transparente. Faut-il donc en inférer qu'il ne s'agissait

---

[1977] Civ. 2e, 16 octobre 2003, *Bull. civ.* II, n° 307, p. 251 : « Mais attendu que c'est dans l'exercice du pouvoir laissé par la loi à sa discrétion d'ordonner ou non la production d'un élément de preuve détenu par une partie que la cour d'appel, **sans être tenue de s'expliquer sur une telle demande**, a statué comme elle l'a fait » (nous soulignons).

[1978] Tous les arrêts ultérieurs rappellent le pouvoir discrétionnaire du juge : Civ. 2e, 16 oct. 2003, *Bull. civ.* II, n° 307, Civ. 2e, 28 juin 2006, pourvoi n° 05-17895 (inédit) ; Civ. 1re, 5 mai 2004, pourvoi n° 01-17519, (inédit), Civ. 2e, 28 juin 2006, pourvoi n° 05-17895, (inédit) ; arrêts cités par A. BERGEAUD, *Le droit à la preuve,* LGDJ, Bibliothèque de droit privé, Paris, 2010, spéc. n° 298, p. 256 et note (156).- V., encore, Civ. 1re, 3 mars 2009, pourvoi n° 07-19.577.

[1979] V. déjà les remarques du professeur Daigre sur cette hypothèse : J.-J. DAIGRE, « La doctrine et la réforme de la procédure civile. - À propos du pouvoir discrétionnaire du juge en matière de production forcée de pièces », *JCP G* 1981, I, 3020, spéc. n° 5.

[1980] Soc., 23 juin 2010, pourvoi n° 08-45.604, *JurisData* n° 2010-010041, *JCP* S 2010, 1412, note D. EVERAERT-DUMONT, *Dr. ouvrier* 2010, p. 559-560, note D. BOULMIER.

[1981] Bastia, Ch. soc., 29 oct. 2008, n° 07/00302, *JurisData* n° 2008-006638.

pas d'une mesure de production forcée, mais d'une mesure d'instruction, ce qui expliquerait mieux que le juge fût autorisé à y recourir d'office ? Mais quelle en serait alors le fondement ? Enfin, on n'oubliera pas que, tout en reprochant aux juges d'appel de n'avoir pas procédé à la « demande de restitution » (voilà un vocabulaire nouveau), la Cour de cassation censure pour vice de forme. Si les motifs de cassation ont encore un sens[1982], la Haute juridiction reproche surtout aux juges d'appel une absence ou une insuffisance de motivation. Il nous semble raisonnable de ne conférer d'autre portée à cet arrêt. On pourrait à la rigueur admettre que le juge fût autorisé à ordonner d'office la production d'une pièce chaque fois que « les faits articulés, si leur existence était établie, auraient légalement pour conséquence de justifier la demande », pour reprendre une formule parfois utilisée par la Cour de cassation en matière de mesures d'instruction[1983]. Il serait en revanche parfaitement excessif de le soumettre à une *obligation*[1984], conséquence qui s'impose pourtant si on interprète l'arrêt non plus sur le terrain de la motivation, mais sur celui du fond.

En tout cas, il faut une nouvelle fois insister sur la très grande liberté du juge. À supposer même que la partie formule une offre de preuve particulièrement pertinente, le juge n'est nullement tenu de faire droit à la demande[1985], ce qui n'est, au fond, en dépit de quelques solutions parfois contraires, que la solution qui s'applique en matière de mesures d'instruction. La seule différence qui sépare les deux mesures est que la Cour de cassation ne peut exercer aucun contrôle des juges[1986] - ce qu'elle fait parfois, ainsi qu'on le verra - à travers la motivation[1987].

[1982] *Cf.* J. BORÉ, L. BORÉ, *La cassation en matière civile, Dalloz,* Dalloz action 2008-2009, Paris, 2008, 77.01 et s.

[1983] Civ. 3e, 15 juin 1976, *Bull. civ.* III, n° 262, *JCP G* 1976, IV, 264.- Et v. *infra*, n° 223.

[1984] Ce serait faire le grand saut que de passer d'une absence de pouvoir à une obligation.

[1985] *Contra*, J.-J. Daigre (*La production forcée des pièces dans le procès civil*, PUF, Paris, 1979, p. 113) dont on sait, cependant, qu'il défend une assimilation entre mesure d'instruction et mesure de production forcée et qu'il s'appuie, en conséquence, sur l'arrêt cité à la note (125), dont une analyse est livrée *infra*, n° 223.- *Cf.* aussi *V° Production forcée des pièces, Rép. Dalloz proc. civ.*, n° 39.

[1986] D'après l'article 139 du Code de procédure civile, la demande doit être « fondée ». La formule vise, bien entendu, la pertinence de la pièce ou du document dont la production est demandée, c'est-à-dire, aussi, son utilité (v., en ce sens, Aix-en-Provence, 21 nov. 1995, *JCP* 1996, II, 22 597, note J.-J. DAIGRE). D'une manière générale, l'examen de la *pertinence* de la preuve ne doit pas se faire trop tôt, car, ainsi qu'on le verra, la valeur d'une preuve n'apparaît souvent que lorsqu'elle est ajoutée ou confrontée à d'autres modes de preuve. On doit ainsi rejeter avec vigueur les théories qui font de la *pertinence* une condition d'existence du pouvoir des parties d'obtenir la preuve ; une telle manière de procéder serait d'ailleurs parfaitement dangereuse dans un système qui tend, de plus en plus, à confier la recherche de la preuve à un organe spécialisé de mise en état, bien en amont des débats finaux. Il faut remarquer que, même en l'absence de motivation formelle, un contrôle de la Cour de cassation serait néanmoins envisageable. En ce qui concerne les pièces produites par les parties, la Haute juridiction exerce ainsi le contrôle dit de « la dénaturation par omission » (V. REBEYROL, « Le visa des éléments de preuve par les juges du fond et le contrôle de la Cour de cassation », *JCP G* 2008, I, 107, spéc. n° 24). Par transposition, la cassation interviendrait chaque fois que le juge a omis de répondre à la requête de la partie, s'agissant de la production d'une pièce, tout en affirmant, d'autre part, que le litigant n'a fourni aucune preuve. En effet, à proprement parler, l'absence de motivation ne priverait pas, sur ce point, la Cour de cassation de son contrôle, mais l'affirmation d'un pouvoir discrétionnaire l'amènerait sans doute à refuser d'examiner le moyen : en ce sens, Civ. 2e, 16 oct. 2003, pourvoi n° 01-13.770, *Bull. civ.* II, n° 307, p. 251. La Cour de cassation semble, au-delà, refuser de contrôler l'éventuelle dénaturation des conclusions sur la demande de production, Soc., 3 mars 1999, pourvoi n° 96-45.799, *JurisData* n° 1999-001034. En revanche, la Haute juridiction contrôle l'attitude de la juridiction lorsqu'une production forcée a été ordonnée et qu'elle est demeurée vaine. En cette occurrence, il appartient au juge de répondre aux conclusions par lesquelles le demandeur soutient que, « malgré ses demandes tendant à la production forcée par le syndic du rapport d'expertise de M. Messina, second expert désigné par le juge-commissaire, qui contiendrait des éléments de nature à remettre en cause les conclusions de l'expert Pierre, sur lesquelles le Tribunal s'était exclusivement fondé, et permettrait ainsi à M. Courant de prouver qu'il avait apporté à la gestion

220. ***Production forcée et* discovery.** En définitive, on retrouve ici l'office de véridiction dans toute sa puissance. Comme on a pu le dire avec beaucoup de justesse, « [s]i le juge enjoint, c'est en vue de la manifestation de la vérité et non en vertu d'un droit à la preuve, droit subjectif qui bénéficierait à l'adversaire. Il a pu être soutenu, en effet, que devait être reconnu contre le juge un droit subjectif à la preuve incluant le droit de produire ses preuves mais aussi d'en obtenir [...] et dont la production forcée pourrait être tenue pour la manifestation la plus éclatante. On se trouverait alors dans une situation semblable à celle existant dans la procédure de discovery, où, depuis la fin du XVIIIe siècle, le juge n'a presque aucun pouvoir, celui-ci étant principalement concentré entre les mains des parties. Le pouvoir discrétionnaire du juge montre à l'inverse que le plaideur ne peut rien exiger de lui ; c'est à lui seul qu'appartient le pouvoir »[1988]. En d'autres termes, le juge conserve une pleine maîtrise en la matière, ce qui correspond au schéma hiérarchique du système probatoire français. Tout autre raisonnement, notamment celui consistant à analyser ces prérogatives comme des droits, équivaudrait à méconnaître le fondement culturel de ces règles et à confondre le droit français avec les droits de *Common Law*. La structure hiérarchique du droit français a également pesé sur la conception des règles relatives aux mesures d'instruction.

---

des affaires sociales toute l'activité et la diligence nécessaires, il n'a pu obtenir cette pièce, ce qui l'empêchait d'assurer sa défense » ; mais la censure n'intervient véritablement que parce que le juge applique le risque de la preuve en indiquant, surtout, que le plaideur « ne rapportait pas la preuve, à sa charge, qu'il avait apporté à la gestion des affaires sociales toute l'activité et la diligence nécessaires » (d'où le visa : C. proc. civ., art. 455, Com., 8 juin 1993, pourvoi n° 91-19.676, *Bull. civ.* IV, n° 237, p. 169, *JurisData* n° 1993-001491). L'attitude est, d'une certaine manière, comparable à celle de la Cour de cassation lorsque, des pièces apparaissant au bordereau, le juge a malgré tout débouté la partie au motif qu'elle n'a produit aucune preuve (Civ. 1re, 30 mars 2005, pourvoi n° 03-20519 ; c'est d'ailleurs l'article 455 qui est encore visé, dans cet arrêt). En définitive, à bien regarder la jurisprudence, le seul cas dans lequel le juge du fond encourt la censure est lorsque, la production ayant été vainement ordonnée, il prononce contre le demandeur à la mesure au seul motif qu'il supporte le risque de la preuve, sans s'expliquer sur son défaut de réaction à l'attitude de la partie adverse ou du tiers. On remarquera également, dans le prolongement de l'arrêt de 2001 rendu par la Chambre sociale, que la Cour de cassation ne prend absolument pas parti (comme elle le fait en matière de mesure d'instruction), sur le risque de la preuve, tout simplement parce qu'elle ne le peut pas. Certes, le juge peut assortir son injonction d'une astreinte, qu'il s'agisse d'un tiers ou d'une partie (C. proc. civ., art. 11, al. 2) et, en cas de résistance, le juge peut parfaitement prononcer des dommages intérêts (C. civ., art. 10, al. 2.- L. CADIET, E. JEULAND, *op. cit.,* n° 572, p. 434). En revanche, aucun texte ne semble permettre au juge de tirer des conséquences défavorables de la résistance de la partie visée par la demande de production. On ne saurait reconnaître un tel pouvoir au juge sans assimiler production forcée et mesure d'instruction. En conséquence, la Cour de cassation ne pouvait reprocher aux juges de n'avoir pas tiré des conséquences défavorables contre le plaideur rétif. À titre de comparaison, la procédure expérimentale des décrets de 1965 et 1967 donnait pouvoir au juge de « tirer toutes les conséquences d'une abstention ou d'un refus », cité par G. COUCHEZ, *op. cit.*, n° 40). Quoi qu'il en soit, comme on l'a dit, même sans texte, n'est-il pas difficile d'interdire au juge de tirer du refus de produire opposé par l'une des parties une présomption de fait défavorable à cette dernière ? ; certes, le juge ne tirera pas, *toutes conséquences*. Mais une résistance injustifiée peut confirmer ou infirmer certaines de ses vues, G. COUCHEZ, *op. cit.* n° 41.

[1987] La Cour peut évidemment contrôler les décisions qui sont, le cas échéant, motivées. C'est d'ailleurs la raison pour laquelle la Cour de cassation a pu rendre les deux arrêts précités : Civ. 2e, 31 mai 1995, *préc.*, Soc., 18 déc. 2001, *préc.* Encore une fois, rien n'oblige les juges à exposer leurs motifs, et bien mal avisé, en définitive, le juge qui ne profite pas de cet espace de liberté : V. J. BORÉ, L. BORÉ, *La cassation en matière pénale 2012-2013*, Dalloz, Action, Paris, 2010, spéc. n° 81.42.

[1988] C. BRAHIC LAMBREY, *V° Production forcée des pièces*, *Rép. Dalloz proc. civ.*, spéc. n° 38.

b. L'office d'encadrement probatoire face aux mesures d'instruction

221. *Office d'encadrement probatoire et preuves* princeps. Avant d'aller plus avant dans la présentation de l'office du juge en matière de mesures d'instruction, il faut préciser comment sera interprété, par la suite, l'article 146, alinéa second, du Code de procédure civile qui dispense le juge de « suppléer à la carence des parties dans l'administration de la preuve ». À l'inverse d'une grande partie de la doctrine, on propose de lire l'article comme imposant un *préalable de vraisemblance*, c'est-à-dire *un premier effort probatoire des parties* à l'égard d'une proposition-objet de preuve *opérante* et *litigieuse*[1989]. Si on accepte cette lecture, il faut convenir que le juge n'a normalement pas le premier mot en la matière. Sous ce regard, l'article 146, alinéa 2[1990] n'est que le prolongement de l'article 9 du même Code, d'après lequel « il incombe à chaque partie de prouver conformément à la loi les faits nécessaires au succès de sa prétention ». Ce dernier article, tout comme le précédent, ne pose autre chose que l'exigence d'une première vraisemblance[1991]. Mais sitôt cette condition remplie, dont on sait qu'elle est, sous son aspect négatif[1992], laissée à l'appréciation souveraine des juges du fond, le juge recouvre toute latitude, et nul besoin pour lui d'attendre la sollicitation des parties pour se faire une opinion plus précise sur tel ou tel point factuel. De toute évidence, l'empreinte laissée par l'exigence de vraisemblance montre bien que le juge ne peut normalement se lancer spontanément dans la recherche des preuves - même si son pouvoir dans l'appréciation de la carence lui offre quelque liberté de contourner le texte[1993] -, et il faut dire d'emblée que, une fois ce premier effort probatoire produit, *le recours à une mesure d'instruction de son propre mouvement n'est rien d'autre qu'une simple faculté.*

222. *Conception de l'office du juge en présence d'une première vraisemblance.* Les parties peuvent satisfaire à leur charge probatoire (absence de carence) et, croyant avoir réussi à convaincre le juge, ne solliciter aucune mesure d'instruction. Le juge, que le doute tarauderait encore, serait-il alors tenu d'ordonner une mesure d'instruction ? Si le juge a, pour office, vérité et justice, il n'est qu'une réponse à cette question : *le juge doit instruire.* N'a-t-on pas dit, au lendemain des décrets des 9 septembre 1971, 20 juillet 1972 et 28 août 1972[1994] instituant la production forcée des pièces, que « l'approche de la vérité s'avérant meilleure, [les juges] auront d'autant moins besoin de faire appel à son palliatif, à savoir déterminer

---

[1989] V. *infra*, n° 246 et s.

[1990] En dépit de l'article 143 du Code de procédure civile qui dispose : « Les faits dont dépend la solution du litige peuvent, à la demande des parties ou d'office, être l'objet de toute mesure d'instruction légalement admissible » .

[1991] Si l'on admet que l'article 1315 du Code civil ne pose qu'une règle en matière de risque de la preuve, l'article 9 du Code de procédure civile lui est parfaitement irréductible : le premier régit le risque de la preuve, tandis le second la charge de la vraisemblance, préalable à une mesure d'instruction, v. *infra*, n° 262 et s. - *Adde*, R. LEGEAIS, *Les règles de preuve en droit civil. - Permanences et transformations*, LGDJ, Paris, 1955, spéc. p. 202. *Cf.* F. ROUSSEL, « Charge et risque de la preuve du règlement du salaire différé du vivant de l'ascendant exploitant », *RD. rur.* 2010, comm. n° 89.

[1992] C'est-à-dire l'absence de carence. Pour la carence elle-même, la Cour de cassation tend à exercer un certain contrôle, v. *infra*, n° 264.

[1993] V. *infra*, n° 262.

[1994] Décrets n° 71-740, 72-684 et 72-788.

la personne sur qui pèsera le risque de la preuve »[1995] ? La remarque vaut *a fortiori* pour les mesures d'instruction que le juge peut prononcer d'office. À quoi bon, du reste, l'avoir doté de prérogatives aussi importantes s'il n'est pas tenu de les utiliser, au moins pour tenter de surmonter son doute ? Les parties ont certes leur responsabilité ; mais n'est-il pas le seul juge de la formation de sa propre conviction, à la lumière du sens commun ? Quelque pertinentes que soient ces remarques, elles n'ont pourtant pas convaincu, en dépit de certaines affirmations contraires[1996], la Cour de cassation de soumettre les juges à une obligation. Il ne faut pas se méprendre sur le sens exact d'un arrêt généralement cité de la Chambre commerciale du 5 mars 1996[1997]. Il n'impose nullement au juge d'instruire pour surmonter son doute, mais se borne à indiquer que, lorsqu'une partie refuse de collaborer à la manifestation de la vérité, comme l'article 10 du Code civil lui en fait obligation, il lui est impossible, semble-t-il, d'appliquer purement et simplement le risque de la preuve, dès lors que le refus de collaboration permettait de tirer une preuve suffisante pour conclure à *l'existence du fait allégué*. La motivation de l'arrêt en rend parfaitement compte : « Attendu que, pour confirmer le jugement déboutant la société JEC de son action dirigée contre la société FACM, l'arrêt retient que cette dernière n'est "pas en mesure de rapporter la preuve d'un fait inexistant" ; Attendu qu'en se déterminant par ces seuls motifs, en méconnaissance des pouvoirs que lui donnaient les articles 10 du Code civil et 11, alinéa 1er, du nouveau Code de procédure civile, desquels il résulte que le juge doit tirer toute conséquence d'une abstention ou d'un refus opposé par une partie d'apporter son concours à la justice, en vue de la manifestation de la vérité, et dès lors que l'exercice de ces pouvoirs rendait possible la preuve du fait allégué, la cour d'appel a violé les textes susvisés »[1998]. Certes, la Cour de cassation indique bien que *les juges auraient dû faire usage de leurs pouvoirs*, ce qui semble dire qu'ils n'avaient, sous ce regard, aucune faculté. Mais d'abord, la lecture ne

---

[1995] C. MARRAUD, « Le droit à la preuve.- La production forcée des preuves en justice », *JCP G* 1973, I, 2572, n° 22.

[1996] Tout en admettant le caractère facultatif de l'office, le Professeur Frison-Roche soutient que « [...] ce caractère facultatif perd sa radicalité du fait de l'article 10 du Code civil car celui-ci, en mettant à la charge de la partie et du tiers une charge de collaboration peut impliquer que corrélativement le juge ait l'obligation de le leur demander. Cela résulte de l'arrêt de cassation de la chambre commerciale du 5 mars 1996, qui affirme que : "c'est à tort que la cour d'appel retient... que l'intimé n'est pas en mesure de rapporter la preuve d'un fait inexistant. En se déterminant par ces seuls motifs, en méconnaissance des pouvoirs que lui donnait l'article 10 du Code civil... et dès lors que l'exercice de ces pouvoirs rendaient la preuve du fait allégué..." », M.-A. FRISON-ROCHE, *Fasc. précité*, *op. cit.*, n° 84.

[1997] Com., 5 mars 1996, *JCP G* 1996, IV, n° 130.

[1998] En amont, un juge ne peut refuser de faire droit à une demande tendant à obtenir une mesure d'instruction au seul motif que celui contre qui elle est dirigée, n'étant pas exposé au risque de la preuve, ne pourrait se voir reprocher - par le jeu d'une présomption - son abstention ou son refus : Civ. 1re, 30 mars 2005, pourvoi n° 02-20429, *JurisData* n° 2005-027837, *JCP G* 2005, I, 183, n° 8, obs. Y.-M. SERINET, *Procédures* 2005, comm. n° 123, obs. R. PERROT. Cette affaire concernait un débiteur qui, pour garantir le remboursement de sa dette, avait transféré la propriété et l'exploitation de plusieurs modèles qu'il avait réalisés en sa qualité de sculpteur. Le principe de l'existence de la dette étant acquis, la créancière prétendait qu'une partie de la somme restait due. Aussi bien, elle assignait son débiteur en paiement. Sans doute dépourvu d'éléments de preuve, le débiteur prétendait démontrer la réalité de son paiement au moyen d'une mesure d'instruction. Elle lui fut cependant refusée motif pris de ce que, en cas d'inexécution de la mesure, aucune conséquence définitive n'aurait pu être tirée à l'encontre de la créancière, cette dernière ne supportant pas la « charge » de la preuve. Au visa de l'article 11, la première Chambre civile rappelait alors que « chaque partie est tenue d'apporter son concours aux mesures d'instruction, sauf au juge à tirer toute conséquence d'une abstention ou d'un refus sans avoir égard aux règles gouvernant la charge de la preuve ». Cet arrêt montre, au-delà des regrettables confusions qu'entraîne l'emploi du concept de « charge de la preuve », que la motivation est un moyen efficace de contrôler la religion des juges dans leur office probatoire.

permet pas précisément de savoir s'il était question d'une mesure d'instruction, d'une demande de production forcée, même si la Cour se réfère à l'article 11, alinéa 1er du Code de procédure civile, ce qui laisse entendre qu'il s'agissait d'une mesure d'instruction. Ensuite, et surtout, la Haute juridiction ne se prononce pas sur la mesure d'instruction elle-même, en exigeant désormais des juges du fond qu'ils *instruisent d'office ;* elle se contente de rappeler que, en application de l'article 11, précité, et pour éviter qu'une partie, qui résiste à une mesure, ne profite arbitrairement des règles relatives au risque de la preuve (d'où la présence de l'article 1315 du Code civil au visa), il lui appartient de s'interroger sur les conséquences de cette résistance à la demande. Il n'est d'ailleurs même pas certain, même si la formule de la Cour est impérative, qu'elle *impose véritablement au juge* de conclure contre le plaideur rétif. Le juge est souverain dans l'appréciation d'un silence ou d'un refus, à condition de s'expliquer suffisamment[1999].

223. ***Conception de l'office du juge en présence d'une demande des parties.*** Les parties peuvent parfois percevoir l'intérêt d'une mesure d'instruction. Le juge dispose alors, comme il est de règle en matière probatoire, d'un pouvoir souverain d'appréciation de la pertinence de la preuve. Lorsque l'offre de preuve porte sur une proposition-objet de preuve opérante et litigieuse - condition d'existence du pouvoir des parties et de l'office du juge -, le juge doit apprécier, *dans une démarche prospective*, la pertinence de la preuve dont le récolement est demandé. Il faut insister sur la posture particulièrement inconfortable du juge et les dangers qu'une conception trop rigide pourrait faire courir aux parties : tenu d'apprécier la pertinence d'une preuve qui n'est pas encore née, il doit préjuger des résultats d'une mesure qui lui échappe. Comment savoir, par exemple, si l'expertise produira les effets escomptés ? Mais le juge est-il véritablement obligé d'ordonner la mesure demandée, fût-elle pertinente ? On a parfois pensé que la Cour de cassation avait tempéré sa solution en privant les juges du pouvoir d'appréciation de la pertinence de l'offre de preuve, chaque fois que « les faits articulés, si leur existence était établie, auraient légalement pour conséquence de justifier la demande »[2000]. Mais l'invocation de la formule peine à emporter la conviction, car ce n'est alors plus la pertinence qui est en cause, mais bien l'opérance de la proposition-objet de preuve que la partie cherche à prouver[2001]. Or, si l'opérance de la preuve forme une

[1999] C'est probablement, du reste, cette évocation d'une absence de preuve (« l'arrêt retient que cette dernière n'est "pas en mesure de rapporter la preuve d'un fait inexistant" ») qui justifie la censure. - À l'évidence, la solution reste donc celle de la faculté : Civ. 1re, 14 mai 1985, *JCP G* 1985, IV, n° 260.

[2000] Civ. 3e, 15 juin 1976, *Bull. civ.* III, n° 262, *JCP G* 1976, IV, 264.

[2001] Ce que l'on voit nettement dans cet arrêt qui constitue, probablement, le premier à formuler la règle : Civ. 2e, 29 juin 1967, *Bull. civ.* II, n° 237. À une époque où les accidents de la circulation relevaient encore du droit commun de la responsabilité du fait des choses, le gardien d'un véhicule terrestre à moteur entendait s'exonérer totalement de sa responsabilité en rapportant la preuve que son véhicule se trouvait à l'état d'arrêt au moment de la collision. La cour d'appel refusait d'admettre « en preuve ce fait », au motif « qu'il était trop imprécis pour être pertinent et concluant et ce, d'autant plus, que l'éloignement dans le temps en rendrait les résultats fort incertains ». Cet arrêt fut censuré par la deuxième Chambre civile de la Cour de cassation motif pris de ce que « ledit fait, s'il avait été prouvé, eût été de nature à exonérer, totalement ou partiellement, X... de la responsabilité pesant sur lui et alors que l'articulation de celui-ci ayant un objet précis, ce ne pouvait être qu'après l'audition des témoins cités que les juges du fond auraient été en mesure d'apprécier la valeur des témoignages ». - V. encore Civ. 2e, 28 juin 1972, pourvoi n° 71-122.23, *Bull. civ.* II, n° 202, p. 163 (à propos d'une cause péremptoire de divorce, le mari entend faire la preuve, par voie d'enquête, que l'épouse vit « en concubinage »), Civ. 1re, 26 avr. 1972, *Bull. civ.* I, n° 112, p. 101.

condition (et non une partie du régime) de la recherche judiciaire de la preuve[2002], la formule de la Haute juridiction est alors une véritable relecture de l'article 143 du Code de procédure civile qui dispose seulement que « les faits dont dépend la solution du litige » **peuvent** être l'objet de toute mesure d'instruction légalement admissible et non qu'ils **doivent** être l'objet de toute mesure d'instruction. Certes, on peut raisonnablement penser que les juges font systématiquement droit aux demandes de mesures d'instruction qui portent sur des faits opérants, à moins qu'ils s'estiment déjà suffisamment convaincus[2003] ou que, pour des raisons particulières, ils ne puissent espérer de preuve plus fiable ou plus pertinente que celles dont ils disposent déjà. Mais si on s'en tient au texte de l'article 143, il ne s'agit pour le juge que d'une faculté et non d'une obligation, ce que l'on vient d'indiquer en étudiant la portée de l'office de véridiction. Ainsi s'explique, sans doute, l'absence totale de jurisprudence sur cette question, depuis le milieu des années 1970, bien que le moyen soit soulevé, quelquefois, devant la Haute juridiction[2004]. Pareillement, si, *à peine de déni de justice*, le juge le juge doit évaluer le dommage qu'il a admis dans son principe, ce qui peut l'obliger, dans certains cas, à ordonner une mesure d'instruction, il n'y a aucune entorse au principe de la faculté - aucun glissement de la faculté vers l'obligation. Ce qui est en jeu, c'est bien l'office de juridiction. Certes, la Cour de cassation emploie une formule générale selon laquelle « le juge ne peut refuser de statuer, en se fondant sur l'insuffisance des preuves qui lui sont fournies par les parties ». Mais le visa sous lequel elle place assez fréquemment son attendu de principe (*C. civ., art. 4*) et les espèces qui en sont à l'origine limitent considérablement la portée de la règle : le juge a l'obligation d'évaluer le montant du dommage dont il a constaté l'existence de principe[2005], ce qui explique du reste que la Cour de préfère parfois viser directement l'article 1382 du Code civil[2006]. Ainsi qu'on a pu l'expliquer, même si, à coup sûr la formule n'est pas définitive, il « s'agit d'une variante du principe de la "réparation intégrale" »[2007].

[2002] En effet, il faut un objet opérant pour que le pouvoir d'obtenir l'assistance probatoire existe. Lorsque les faits ne sont pas opérants, le juge rejette l'offre de preuve sans la moindre difficulté : Soc., 21 oct. 1999, pourvoi n° 97-43.025, Civ. 3e, 27 févr. 1991, pourvoi n° 89-13.273.

[2003] Ce qui est une application combinée des articles 144 & 146, al. 1er, du Code de procédure civile : « Les mesures d'instruction peuvent être ordonnées en tout état de cause, dès lors que le juge ne dispose pas d'éléments suffisants pour statuer » ; et : « Une mesure d'instruction ne peut être ordonnée sur un fait que si la partie qui l'allègue ne dispose pas d'éléments suffisants pour le prouver » (utilité de la preuve). V. Soc., 31 mars 1995, pourvoi n° 93-10.890 : « Mais attendu que la cour d'appel n'était pas tenue d'ordonner une enquête dès lors qu'elle s'estimait suffisamment informée ». - Civ. 3e, 18 nov. 1992, pourvoi n° 91-18.372

[2004] V. les arrêts cités aux notes précédentes & les remarques de M. OUDIN, « Contrats et obligations.- Preuve. - Règles générales », *J.-Cl. Civil Code*, art. 1315 et 1315-1, Fasc. n° 10, spéc. n° 67 & J. BORÉ, L. BORÉ, *La cassation en matière civile*, Dalloz, Action, Paris, 2009-2010, spéc. n° 64.44.

[2005] Civ. 3e, 8 déc. 2009, pourvoi n° 08-11.911, *JurisData* n° 2009-050835, *Procédures* 2010, comm. n° 30, obs. R. PERROT ; C. BLÉRY, L. RASCHEL, « Droit à l'expertise : reconnaissance inavouée d'un nouvel accroc à la répartition des rôles du juge et des parties », *Procédures* 2011, alerte 17.

[2006] La jurisprudence est abondante ; v. not. Civ. 2e., 17 mars 1993, pourvoi n° 91-17.345, *JurisData* n° 1993-000639, *JCP G* 1993, IV, 1316 (C. civ., art. 1382), Civ. 3e, 6 févr. 2002, pourvoi n° 00-10.543, *JurisData* n° 2002-012816, *JCP G* 2003, II, 10014, note J.-M. MOULIN (C. civ., art. 4), *Rev. dr. imm.* 2002, p. 152, obs. Ph. MALINVAUD, Civ. 3e, 18 janv. 2011, pourvoi n° 09-72.816, *JurisData* n° 2011-000529 (C. civ., art. 4), Civ. 3e, 2 févr. 2011, pourvoi n° 10-30.427, *JurisData* n° 2011-001178 (C. civ. art. 1382).

[2007] F. DE LA VAISSIÈRE, *AJDI* 2011, p. 315, obs. ss. Civ. 3e, 2 févr. 2011, pourvoi n° 10-30.427. - *Contra*, R. PERROT, *obs. préc.*, C. BLÉRY, L. RASCHEL, *art. préc.*

224. ***Évaluation de l'office du juge.*** Le résultat est, somme toute, assez paradoxal. L'opérance de l'objet de la preuve fait naître l'office de véridiction. Il est donc assez naturel que, lorsque les faits à prouver ne sont pas opérants, le juge repousse l'offre de preuve. Mais voilà que, cette opérance établie, le juge n'est pas, semble-t-il, dans l'obligation d'ordonner la mesure sollicitée. Il appartient certes au juge, à peine de sanction pour défaut de réponse à conclusion, d'indiquer la raison pour laquelle il refuse de faire droit à la demande[2008]. Mais sitôt qu'il a pu avancer l'absence de pertinence de la preuve proposée, son inutilité, il échappe à tout contrôle de la Haute juridiction. Il est difficile de porter une appréciation sur cette jurisprudence. Une analyse dogmatique des pouvoirs respectifs du juge et des parties montre bien que la puissance de véridiction varie en fonction de deux facteurs que sont la nature et la portée des prérogatives du juge et la nature et la portée des prérogatives des parties. Lorsque le juge est soumis à une obligation de recherche et qu'il dispose d'amples pouvoirs d'investigation, la structure hiérarchique postule une réduction corrélative des pouvoirs des parties (qui sont vus comme une source de dispersion). Lorsque le juge n'est soumis qu'à une obligation, les choses sont plus complexes. Si le juge a une large compréhension de son office, les prérogatives des parties, notamment celles qui sont susceptibles de lier le juge, ne servent à rien. Dans le cas contraire, le degré de hiérarchie du système dépend de l'investissement probatoire des parties, du pouvoir de contrainte dont elles disposent sur le juge. Ceci posé, il est impossible de dire quelle est la position exacte du droit français. Les parties ne peuvent lier le juge, ainsi qu'on vient de le voir. Mais il se peut que le juge fasse un très large usage de ses propres prérogatives, comme il se peut que le juge se sente, *de facto*, lié par les demandes des parties, du moins à chaque fois que les offres de preuve lui paraissent pertinentes et utiles. Ces deux postures augmenteraient sensiblement le degré de hiérarchie de la procédure civile française. Des études statistiques seraient nécessaires pour pouvoir conclure plus précisément sur ce point, et mesurer si la procédure civile tend à se rapprocher, sur l'axe de la hiérarchie, de la procédure pénale.

§ 2. L'impact de l'office de véridiction sur la nature et l'étendue de la présentation et de la recherche des preuves en procédure pénale

225. ***De quelques transformations de la procédure pénale.*** La procédure pénale française est l'exemple d'une procédure dont l'office de véridiction est particulièrement développé, l'État ayant souhaité faire de la vérité une fin dont la satisfaction ne reste pas aux mains des plaideurs. Rien d'étonnant, sous cet aspect, à ce que la charge délicate de rechercher les preuves ait été historiquement confiée à un organe spécialisé : le juge d'instruction. L'attraction est d'ailleurs si forte que cette première phase, appelée instruction préparatoire, et qui fait obligation au juge de rechercher la preuve, se dédouble, devant la juridiction de jugement, d'une *instruction définitive*. Des évolutions récentes ont, cependant, largement modifié l'économie du procès pénal français. D'abord, les différents protagonistes du procès

[2008] Les juges n'ont cependant pas l'obligation de motiver leur refus par des motifs spéciaux : Civ. 1re, 14 mai 1985, pourvoi n° 84-11.357, *Bull. civ.* I, n° 153, Civ. 2e, 10 mars 2004, pourvoi n° 02-10.975, Civ. 3e, 8 févr. 2006, pourvoi n° 05-10.724, *Bull. civ.* III, n° 25. Le refus peut même être implicite : ainsi, lorsque les juges d'appel fondent leur décision sur un rapport d'expertise, ils estiment par là même, nécessairement, qu'il n'y a pas lieu d'ordonner une enquête, Civ. 3e, 6 juin 1969, *Bull. civ.* III, n° 459. - *Adde*, J. BORÉ, L. BORÉ, *La cassation en matière civile*, *op. cit.*, spéc. n° 64.41.

pénal (auteur présumé, victime présumée, ministère public), qui interviennent à des titres très divers, tendent à obtenir des prérogatives de plus en plus larges à l'endroit de l'office probatoire du juge d'instruction (et de la juridiction de jugement). Ensuite, et surtout, il faut souligner la transformation culturelle la plus nette qui est en train de se dessiner au sein du procès pénal, et qui conduit à faire du ministère public le véritable organe de mise en état d'être jugé. Les dernières statistiques disponibles évoquent le chiffre de 18 819 instructions ouvertes pour l'année 2010, soit une baisse significative de 11,7 %. Le juge d'instruction ne serait aussi bien saisi que dans moins de 4 % des affaires poursuivies[2009]. Par souci de réalisme, il faut donc tenir compte de ces transformations significatives de la justice pénale ; aussi attachera-t-on plus d'importance, dans la description des autorités publiques chargées de la recherche de la preuve, au rôle du ministère public qu'à celui du juge d'instruction ; aussi tentera-t-on de souligner le changement de statut des particuliers (futures parties privées) et des parties privées au sein du procès pénal.

226. ***La particularité de la recherche des preuves en procédure pénale.*** Reste à se demander si, sur ce chapitre de la présentation et de la recherche des preuves, la procédure pénale diffère sensiblement de la procédure civile. On ne peut, pour des raisons qui tiennent à la nature hiérarchique de la fonction *juridictionnelle* française dans son ensemble, prétendre que la vérité ne constitue pas un objectif commun de la procédure civile et de la procédure pénale. L'État ayant pourvu les autorités publiques (juge et ministère public) d'un office de *véridiction* - qui d'ailleurs est « nu » lorsqu'il est confié à un organe qui, comme le ministère public, n'est pas doté de complets pouvoirs juridictionnels (*office de juridiction*) -, on ne saurait maintenir, sans artifices, de distinction tranchée entre ces deux procédures. Il n'en demeure pas moins que l'*activisme* de l'État, c'est-à-dire le degré de hiérarchie qu'il entend reconnaître à chaque contentieux, peut conduire à développer, chez les autorités compétentes, des prérogatives véridictoires dont l'intensité n'est pas tout à fait comparable. La nature respective des attributions du ministère public et du juge d'instruction, d'une part, et du juge civil, de l'autre, donne à voir une différence de degrés dans la conception de l'office de véridiction. Alors que la procédure civile confie au juge un pouvoir d'assistance probatoire des plaideurs (et rien de plus), les parties étant investies de prérogatives certes non négligeables, mais dont le résultat est somme toute tributaire de leur bon vouloir, la procédure pénale fait de l'autorité de recherche de la preuve la cheville ouvrière de la recherche de la vérité. La dynamique de la recherche de la preuve est donc totalement différente. Certes, procédure civile et procédure pénale offrent toutes deux des mesures de recherches particulièrement invasives[2010] ; certes, procédure civile et procédure pénale se rejoignent, aujourd'hui, dans les vertus de la spécialisation, le juge de la mise en état présentant les traits, en matière civile, du juge d'instruction. Mais il est un point sur lequel les deux procédures se distinguent : *la nature exacte de la présentation et de la recherche de la preuve*. En matière pénale, l'autorité de recherche ne dispose plus simplement d'un pouvoir de recherche, un office d'assistance en matière de preuve. Elle est investie, plus radicalement, *d'une obligation de recherche de la preuve*. En conséquence, et comme il convient de raisonner par rapport aux prérogatives de

---

[2009] MINISTÈRE DE LA JUSTICE ET DES LIBERTÉS, *Annuaire statistique de la justice*, éd. 2011-2012, Paris, 2012, MINISTÈRE DE LA JUSTICE ET DES LIBERTÉS, Les chiffres clés de la Justice 2011, Paris, 2011. - V. déjà : MINISTÈRE DE LA JUSTICE, *Infostat Justice*, Avril 2008, numéro 101, Justice, Paris, 2008, p. 2.
[2010] V. *infra*, n° 218.

l'autorité publique, les parties privées ne peuvent avoir qu'un rôle marginal à jouer dans la présentation et la recherche des preuves. On retrouve d'ailleurs, sur ce point, les réticences de la doctrine classique vis-à-vis des attributions des parties privées ; comme on a pu le dire « [l]'ambition, qui, en elle-même, n'est déjà pas mince, apparaît encore plus élevée, lorsque l'on observe que la recherche de la vérité a toute chance d'être entravée par le comportement de ceux qui, tels l'auteur de l'infraction ou ses complices, tenteront de brouiller les pistes, ou à tout le moins de n'être pas favorisée par l'attitude de ceux qui, à l'image de certaines victimes, vont rester passifs, parce qu'ils ont par exemple retiré quelque profit de l'infraction ou parce qu'ils ne tiennent pas à entendre stigmatiser indirectement leur trop grande crédulité voire leur excessive rapacité. En conséquence, à côté du juge, soucieux d'atteindre la vérité, figureront d'autres protagonistes qui ne tendront pas nécessairement au même résultat ; c'est dire que le rôle de chacun, dans la recherche et donc dans l'administration de la preuve, risque d'être sensiblement différent »[2011]. Il est vrai que l'affirmation peut aujourd'hui surprendre, les particuliers étant perçus comme des contributeurs non négligeables à la manifestation de la vérité[2012], comparables aux parties qui portent leur affaire devant le juge civil. Reste que la nature des attributions des autorités publiques joue comme un repoussoir à des analogies trop poussées avec la procédure civile. La dualité du ministère public - tantôt organe de mise en état, tantôt partie - oblige également à déterminer avec beaucoup de prudence la nature de ses pouvoirs. Quoi qu'il en soit, l'axe principal de construction de la procédure pénale demeure le devoir de recherche des autorités publiques auquel vient s'ajouter, bien entendu, une liberté de présentation des preuves (A). Aucun qualificatif particulier ne s'impose, ici, dès lors que la notion de *devoir* contient déjà l'idée d'une fonction vaste et éminente. Les parties privées, quant à elles, jouissent, comme en procédure civile, de certaines libertés et de certains pouvoirs. Mais le rôle nodal des attributions publiques ne leur offre qu'une portée résiduelle (B).

A. *Les liberté et devoirs des autorités publiques*

227. ***Du statut d'autorité de recherche à celui de partie.*** Juge d'instruction et ministère public - auxquels on pourrait ajouter le juge du siège[2013] - représentent les deux autorités publiques investies, en procédure pénale, de la délicate mission de rechercher la preuve à titre principal. La présence du parquet oblige à renoncer à la typologie dégagée lors de l'étude de la procédure civile. Il n'est pas, en effet, un simple organe de recherche de la preuve, au même titre que le juge d'instruction, puisqu'il a pour fonction d'exercer l'action publique. Il devient donc, au stade de l'examen de l'affaire par la juridiction, une véritable partie, statut procédural qui ne peut rester sans conséquence sur la manière dont il remplit son office. Le ministère public n'est d'ailleurs pas simplement partie au stade du jugement. Il peut l'être également, ce qui était autrefois le cas le plus fréquent, au stade l'instruction. Et c'est sous cet angle que la qualité de partie prend tout son sens au regard du statut de

---

[2011] Ph. CONTE, « L'instruction : le rôle du Juge et des parties dans l'administration de la preuve », *in Le rôle du juge et des parties dans l'administration de la preuve*, XVIIe Colloque des Instituts d'Études Judiciaires, Grenoble, 19-20-21 janvier 1989, Institut d'Études Judiciaires, Faculté de Droit de Grenoble, Grenoble, 1989, p. 34-45, spéc., p. 34.

[2012] Et ils sont du reste encouragés à intervenir : sur quoi, v., X. PIN, « La privatisation du procès pénal », *RSC* 2002, p. 245-261, spéc. p. 256. - V. aussi, *infra*, n° 463, la jurisprudence de la Chambre criminelle relative à la « loyauté » dans la recherche des preuves.

[2013] V. *infra*, n° 239.

la recherche de la preuve. Afin d'envisager, dans son ensemble, la question de la nature et l'étendue des pouvoirs du juge d'instruction et du Parquet, il convient d'étudier successivement la problématique des devoirs des autorités publiques lorsqu'elles sont organes de recherche de la preuve (1) et celle des autorités publiques lorsqu'elles sont parties à la procédure (2).

1. Les devoirs des autorités publiques, organes de recherche de la preuve

228. ***Du juge d'instruction au ministère public.*** On ne saurait donner une vue complète de la procédure pénale française sans évoquer, avant d'envisager plus largement les devoirs du ministère public dans la recherche de la preuve (b), le changement d'organe de recherche de la preuve qui s'est produit en procédure pénale (a).

a. Le changement d'organe de recherche de la preuve

229. ***Le déclin du juge d'instruction.*** On ne peut plus, aujourd'hui, se contenter, comme il n'y a guère encore, de raisonner en contemplation du seul office du juge d'instruction. Le Parquet est, en effet, devenu, ces dernières décennies, le véritable organe de mise en état de la matière pénale. C'est une transformation notable, car le juge d'instruction a longtemps été, selon la formule célèbre de Balzac, « l'homme le plus puissant France »[2014]. Dans ce schéma originel, le ministère public se contentait d'enregistrer les plaintes et les dénonciations et de les transmettre à ce magistrat presque omnipotent qu'était le juge d'instruction. Ce dernier seul pouvait décider des suites à donner à l'affaire. Il suffit, néanmoins, d'une brève période de fonctionnement pour qu'on se rendît compte des insuffisances du système : l'auguste magistrat croulait sous le demandes ; le parquet se saisit de ce contexte favorable pour entreprendre un premier filtrage des plaintes en écartant, au premier chef, celles qui ne paraissaient pas sérieuses ou celles qui n'intéressaient pas l'ordre public. Ainsi naissait le *principe de l'opportunité des poursuites*[2015]. En tout état de cause, une telle appréciation ne pouvait que conduire au développement de pouvoirs d'investigation ; pouvait-on admettre qu'une décision sur le bien ou le mal fondé des plaintes et dénonciations fût prise sans un minimum de recherches préalables[2016] ? Dans un premier temps, il est vrai, cette « enquête officieuse » n'eut qu'un rôle prophylactique. L'enquête préliminaire joue encore ce rôle, aujourd'hui, lorsque le juge d'instruction est exceptionnellement saisi. Un tel pouvoir ne pouvait, néanmoins, manquer de se déployer. Comme on l'a observé, en effet, « l'incidence de ces “enquêtes officieuses” préalables ne va pas se limiter à la seule question du déclenchement des poursuites : non seulement les renseignements collectés par la police judiciaire permettent au parquet de trancher à cet égard, mais ils le dispensent également d'ouvrir une information judiciaire chaque fois que le dossier établi par la police suffit à justifier le renvoi du prévenu devant le tribunal sur citation

[2014] Honoré DE BALZAC, *Splendeurs et misères des courtisanes*, 1843, cité par E. MATHIAS, « La marginalisation du juge d'instruction : vers un renouveau du modèle inquisitoire ? », *LPA* 18 août 2005, p. 3, spéc. n° 1.

[2015] Sur cette question, v. E. MATHIAS, *Les procureurs du droit.- De l'impartialité du ministère public en France et en Allemagne*, CNRS Éditions, Paris, 1999, p. 96 et s.

[2016] E. MATHIAS, « La marginalisation du juge d'instruction : vers un renouveau du modèle inquisitoire ? », *art. préc.*, n° 3.

directe »[2017]. L'« enquête officieuse », qui se généralisa, ne tarda donc pas à être consacrée par la jurisprudence puis par le Code de procédure pénale au sein duquel elle prit la dénomination, toujours en vigueur, d'« enquête préliminaire »[2018]. Son histoire renseigne beaucoup sur ce qui a été longtemps sa principale caractéristique, à savoir la « contrainte conditionnée ». On a très bien expliqué que « c'est parce que la légalité de l'enquête officieuse était contestable que les seuls actes reconnus aux enquêteurs étaient ceux pour lesquels les personnes concernées avaient donné leur consentement »[2019]. C'est sur ce point que les réformes les plus récentes ont introduit une véritable rupture[2020]. La première transformation d'importance de l'enquête préliminaire date de la loi du 4 janvier 1993[2021]. On lui doit une modification de l'article 78 du Code de procédure pénale qui a imposé aux personnes convoquées dans le cadre d'une enquête préliminaire l'obligation de comparaître ; en cas de refus, les enquêteurs peuvent, sans désemparer, obtenir l'autorisation du procureur de la République. Ce jugeant, il faut convenir, avec un auteur, que « [e]n octroyant aux enquêteurs un véritable pouvoir d'arrestation, le législateur a rompu de manière définitive avec le principe de non-coercition qui jusqu'alors caractérisait l'enquête préliminaire. Désormais plus rien ne distingue l'enquête de flagrance de l'enquête préliminaire »[2022]. À remarquer également que, comme pour l'enquête de flagrance, il est désormais possible de recourir aux constatations et aux examens techniques ou scientifiques[2023]. Mais le mouvement s'est véritablement amplifié avec la loi du 9 mars 2004. Symptomatique, l'article 78, premier alinéa[2024], qui a doté les enquêteurs d'une nouvelle arme - arme préventive puisqu'elle va permettre au procureur de la République d'autoriser la comparution forcée d'une personne convoquée par

---

[2017] E. MATHIAS, *op. cit.*, *loc. cit.*

[2018] Pour une vue complète, on consultera G. DENIS, « L'enquête préliminaire. - Étude théorique et pratique », *Police-Revue* 1974, p. 71-141 ; s'agissant de la controverse qui a précédé sa consécration par le Code : R. MERLE, A. VITU, *Traité de droit criminel. - Procédure pénale, t. II*, 4e éd., Éd. Cujas, Paris, 1989, n° 252 ; plus récemment, V. LESCLOUS, « Enquête préliminaire », *J.-Cl.* Proc. pén., art. 75 à 78, Fasc. n° 20.

[2019] J.-L. LENNON, « Les aspects coercitifs et intrusifs de l'enquête préliminaire ou l'effritement de la distinction entre enquête de fragrance et enquête préliminaire », *Dr. pén.*2007, Étude n° 21 ; pour un rappel de l'état des textes peu après la consécration de l'enquête préliminaire, v. le même article, spéc. n° 7-8, pour les perquisitions, saisies et visites domiciliaires, n° 9 pour l'audition de personnes intéressant l'enquête, l'interpellation et l'arrestation.

[2020] Les principales transformations sont le fait de lois assez récentes : L. n° 2000-516 du 15 juin 2000 *renforçant la protection de la présomption d'innocence et les droits des victimes*, *JOAN* du 16 juin 2000, p. 9038 ; L. n° 2001-1062 du 15 novembre 2001 *relative à la sécurité quotidienne*, *JOAN* du 16 novembre 2001, p. 18215 ; L. n° 2002-1138 du 9 septembre 2002 *d'orientation et de programmation pour la justice*, *JOAN* du 10 septembre 2002, p. 14934 ; L. n° 2003-239 du 18 mars 2003 *pour la sécurité intérieure*, *JOAN* du 19 mars 2003, p. 4761 ; L. n° 2004-204 du 9 mars 2004 *portant adaptation de la justice aux évolutions de la criminalité*, *JOAN* du 10 mars 2004, p. 4567. - Sur quoi, v. J. PRADEL, « Le Ministère public : brèves remarques sur son évolution depuis 1959 », *Dr. pén.*2000, p. 25-30, « La procédure pénale française à l'aube du troisième millénaire », *D.* 2000, p. 1-9. - *Adde*, J.-Ph. VICENTINI, G. CLÉMENT, « Brefs propos sur le juge d'instruction », *Gaz. Pal.*, 14 mai 1999, n° 134, p. 3-10.

[2021] L. n° 93-2, 4 janv. 1993, *JORF* 5 janv. 1993.

[2022] J.-L. LENNON, « Les aspects coercitifs et intrusifs de l'enquête préliminaire ou l'effritement de la distinction entre enquête de fragrance et enquête préliminaire », *op. cit.*, n° 11 ; pour un constat identique, E. MATHIAS, « La marginalisation du juge d'instruction : vers un renouveau du modèle inquisitoire ? », *op. cit.*, spéc. n° 8.

[2023] C. proc. pén., art. 77-1 ; le texte date tout de même de la loi n° 85-1407 du 30 déc. 1985.

[2024] Révisé, en dernier lieu, par la loi n° 2011-392 du 14 avril 2011. L'alinéa 2 prévoit désormais que « [l]es personnes à l'encontre desquelles il n'existe aucune raison plausible de soupçonner qu'elles ont commis ou tenté de commettre une infraction ne peuvent être retenues que le temps strictement nécessaire à leur audition, sans que cette durée ne puisse excéder quatre heures ».

un officier de police judiciaire -, arme qui va permettre non plus simplement de contraindre la personne qui n'a pas répondu à la convocation, mais préventivement celle dont il est à craindre qu'elle n'y défère pas. L'idée qui sous-tend la règle est très simple : avec le dispositif précédent, il était loisible à quiconque étant convoqué en première demande de résister et, à la faveur du délai permettant la formulation d'une demande plus instante, de dissimuler les indices et preuves gênants[2025]. Des pouvoirs de plus ample coercition prémunissent désormais contre ce risque de déperdition des preuves.

Il faut encore mentionner le pouvoir octroyé, par la même loi, à l'article 77-4 du Code de procédure pénale, de décerner un mandat de recherche contre une personne à l'encontre de laquelle il existe une ou plusieurs raisons plausibles de soupçonner qu'elle a commis ou tenté de commettre un crime ou un délit puni d'au moins trois ans d'emprisonnement[2026] , ainsi que tous les pouvoirs coercitifs dont dispose le procureur de la République dans le domaine des perquisitions. C'est la loi n° 2001-1062 du 15 novembre 2001[2027] qui a ouvert la voie en permettant au juge des libertés et de la détention, à la requête du procureur de la République, d'autoriser, par décision écrite et motivée, les officiers de police judiciaires, à procéder à des perquisitions, saisies et visites domiciliaires sans l'assentiment de la personne chez laquelle elles ont lieu. Le texte avait évidemment une portée très restreinte puisqu'il ne s'appliquait qu'à certaines infractions en matière d'armes et aux infractions, en matière de proxénétisme, visées aux articles 222-34 à 222-38 du Code pénal[2028]. La loi Perben II n'avait plus qu'à s'engouffrer dans la brèche, ce qu'elle a fait en réécrivant l'article 76, dont l'alinéa quatrième dispose désormais que « [s]i les nécessités de l'enquête relative à un crime ou à un délit puni d'une peine d'emprisonnement d'une durée égale ou supérieure à cinq ans l'exigent ou si la recherche de biens dont la confiscation est prévue à l' article 131-21 du code pénal le justifie, le juge des libertés et de la détention du tribunal de grande instance peut, à la requête du procureur de la République, décider, par une décision écrite et motivée, que les opérations prévues au présent article seront effectuées sans l'assentiment de la personne chez qui elles ont lieu »[2029]. Enfin, et bien au-delà de l'inviolabilité du domicile, c'est l'inviolabilité du corps humain qui se trouve affectée par des mesures autorisant divers prélèvements[2030]. Ce bouleversement considérable dans l'économie de l'enquête préliminaire et peut-être de la procédure pénale tout entière, est dû à la loi du 18 mars 2003[2031]. Sont désormais autorisés[2032] des prélèvements externes, mais aussi des relevés signalétiques, non seulement sur la personne d'un suspect, mais encore sur toute personne susceptible de fournir des

---

[2025] V. également, de cette opinion, J.-L. LENNON, *op. cit.*, n° 12.- *Adde*, MATHIAS, *op. cit.*, n° 8.
[2026] J.-L. LENNON, *op. cit.*, n° 12 , E. MATHIAS, *op. cit.*, n° 8. - Comp., C. proc. pén., art. 70, qui régit l'enquête de flagrance
[2027] L. n° 2001-1062 du 15 novembre 2001, art. 24, *JORF* 16 novembre 2001.
[2028] J.-L. LENNON, *op. cit.*, n° 14.
[2029] Le domaine du texte a été élargi par la L. n° 2010-768 du 9 juillet 2010 *visant à faciliter la saisie et la confiscation en matière pénale*, ainsi que par la L. n° 2011-1862 du 13 décembre 2011 *relative à la répartition des contentieux et à l'allègement de certaines procédures juridictionnelles* (*cf.* C. proc. pén., art. 56). - V. également, en matière de criminalité organisée, de proxénétisme, de trafic de stupéfiants et de terrorisme, la possibilité de procéder à des perquisitions, saisies et visites domiciliaires en dehors des heures légales, C. proc. pén., art. 706-90 et 706-91, par application du texte moteur, l'art. 706-73 ; sur quoi, E. VERGÈS, « La notion de criminalité organisée après la loi du 9 mars 2004 », *AJ pén.* 2004, p.181.
[2030] J.-L. LENNON, *op. cit.*, n° 15.
[2031] L. n° 2003-239 du 18 mars 2003, *JORF* 19 mars 2003.
[2032] C. proc. pén., art. 76-2.

renseignements sur les faits de la cause[2033]. Pareillement, et dans la limite des infractions limitativement énumérées, des prélèvements d'échantillons d'ADN sont désormais possibles aux fins d'alimenter le Fichier national automatisé des empreintes génétiques (FNAEG) et d'effectuer des rapprochements avec des traces prélevées à l'occasion d'affaires non élucidées[2034]. Si on ajoute à ces dernières dispositions celles qui ont permis le développement des pouvoirs du procureur dans le cadre des procédures pénales *particulières*[2035], on conviendra que le législateur a consacré, à côté de l'enquête classique dite « réactive » qui a du reste été organiquement remaniée, une nouvelle forme d'enquête : *l'enquête proactive*[2036]. C'est dire si les pouvoirs du ministère public sont aujourd'hui considérables[2037]. La question qui reste alors à trancher est de savoir si, prenant fonctionnellement la place du juge d'instruction, le procureur de la République est investi d'un office de véridiction de même nature et de même intensité. C'est, en d'autres termes, le problème des *possibles devoirs* du ministère public dans la recherche des preuves.

2033 Le refus n'est cependant sanctionné que lorsqu'il émane d'un suspect.

2034 C. proc. pén., art. 706-56.

2035 *Cf.* M. SCHENDENER, « Une police aux pouvoirs d'enquête renforcés », *AJ pén.* 2004, p. 228. - V., C. proc. pén., art. 706-73 et 706-74 ; les principales mesures d'investigation concernées sont les perquisitions, C. proc. pén., art. 706-94 ; les surveillances, C. proc. pén., art. 706-80 ; l'infiltration, C. proc. pén., art. 706-81 ; les interceptions téléphoniques, C. proc. pén., art. 706-95 ; les sonorisations et fixations d'images de certains lieux ou véhicules, C. proc. pén., art. 706-96. - La L. n° 2011-267, 14 mars 2011, d'orientation et de programmation pour la performance de la sécurité intérieure, *JORF* 15 mars 2011, p. 4582 a intégré de nouvelles dispositions (sur laquelle : C. RIBEYRE, « LOPPSI II : de nouvelles règles au service de la répression », *Dr. pén.*2011, étude 10, Ph. BONFILS, « Loi d'orientation et de programmation pour la performance de la sécurité intérieure », *RSC* 2011, p. 440 et s.). Afin de prouver les infractions de provocation ou d'apologie du terrorisme, l'article 706-25-2 C. proc. pén. autorise certains agents habilités (comme en matière de délinquance sexuelle ou de jeux d'argent en ligne : C. proc. pén., art. 706-35-1 et 706-47-3) de participer à des échanges électroniques sous couvert de pseudonymes. La loi a également étendu le champ de l'interception des correspondances dans le cadre de l'enquête de police pour la procédure applicable à la criminalité et à la délinquance organisée (C. proc. civ., art. 706-95). La durée de la mesure est portée de 15 jours à 1 mois. Le contrôle du JLD a été renforcé en contrepartie. La LOPPSI II introduit surtout une nouvelle technique d'investigation : la captation des données informatiques. Le procédé consiste à mettre en place « un dispositif technique ayant pour objet, sans le consentement des intéressés, d'accéder, en tous lieux, à des données informatiques, de les enregistrer, les conserver et les transmettre, telles qu'elles s'affichent sur un écran pour l'utilisateur d'un système de traitement automatisé de données ou telles qu'il les y introduit par saisie de caractères » (C. proc. pén., art. 706-102-1). Cette disposition est réservée aux informations ouvertes pour l'une des infractions prévues, en matière de criminalité et de délinquance organisées, par l'article 706-73 C. proc. pén. Le juge doit délivrer une commission rogatoire et autoriser l'entrée dans un véhicule ou un local privé afin de placer et d'enlever le dispositif (v. aussi : S. HENNEQUIN, « *Quid* de la captation de données informatiques ? », *D.* 2011, p. 1358).

2036 Un auteur a longtemps plaidé pour sa consécration en procédure pénale française : J. PRADEL, « De l'enquête proactive. - Suggestions pour un statut légal », *D.* 1998, chron. p. 57, « La procédure pénale française à l'aube du troisième millénaire », *D.* 2000, chron. p. 1 : « À la différence de l'enquête "réactive" classique qui tend à identifier les auteurs d'un fait punissable dont les enquêteurs ont déjà connaissance, l'enquête proactive vise des agissements répréhensibles qui n'ont pas encore été commis ou qui ont été commis mais dont on ignore encore l'existence. La proactivité est appréhendée légalement comme la phase précédant la constatation des faits. C'est la phase de la raisonnable suspicion quant à l'existence des faits délictueux, le domaine de l'anticipation policière », M. FRANCHIMONT, A. JACOBS, A. MASSET, *Manuel de procédure pénale*, Larcier, Bruxelles, 2009, p. 239.

2037 C'est un résultat qui ne surprendra pas qui s'intéresse à l'étude comparée des procédures pénales des principaux États européens : J. VOLFF, « Les évolutions de la procédure pénale en Europe après 1945 », *Dr. pén.*2007, étude n° 19.

b. Les possibles devoirs du ministère public dans la recherche des preuves

230. ***De l'obligation d'instruire à l'obligation d'enquêter.*** Le problème de l'étendue de l'office de véridiction - qui n'est, dans ce cas, accolé à aucun *office de juridiction* - ne peut être compris sans un bref retour sur l'étendue de l'obligation qui pèse encore sur le juge d'instruction, mais qui perd, aujourd'hui, considérablement de son importance, dès lors que le ministère public se présente comme le véritable organe de la mise en état des causes pénales (α). C'est un détour néanmoins indispensable pour établir si les garanties qui sont se développées autour de l'office du juge d'instruction - et dont l'importance paraît considérable à de nombreux égards - sont susceptibles d'être transposées au ministère public. Le problème est, en effet, à son égard, particulièrement complexe dès lors que le procureur de la République n'est pas seulement un organe de mise en état des affaires pénales, mais également une autorité de poursuite régie par le principe de l'opportunité des poursuites (β).

α. Scolies sur l'obligation d'instruire

231. ***Positionnement du problème.*** De prime abord, la question de savoir si ce juge d'instruction est investi d'un office d'assistance probatoire ou, au contraire, d'une véritable obligation de recherche de la preuve ne semble pas poser pas de réelles difficultés. N'affirme-t-on pas, en effet, que lorsque c'est ministère public qui saisit le juge d'instruction, l'obligation d'instruire de ce dernier « n'a jamais été discutée »[2038] ? L'article 81, alinéa 1er du Code de procédure pénale, ne semble laisser aucun doute sous ce regard : « Le juge d'instruction procède, conformément à la loi, à tous les actes d'information qu'il juge utiles à la manifestation de la vérité. Il instruit à charge et à décharge ». *L'indicatif a valeur d'impératif*[2039]. Pareillement, lorsque la saisine résulte de la partie civile, on sait depuis l'arrêt *Laurent-Atthalin* (ou *Placet*)[2040], que « la plainte initiale avec constitution de partie civile déposée entre les mains d'un juge d'instruction oblige celui-ci à informer et met donc l'action publique en mouvement, sauf si la poursuite s'avère radicalement impossible ». À l'évidence, cela ne saurait signifier, dans un système qui accorde certains pouvoirs aux parties, que le juge d'instruction se trouve lié par leurs demandes. Pour ainsi dire, l'obligation d'instruire existe *dans son principe*, et non *dans ses modalités*. Il faut cependant se demander, au-delà, si cette obligation est assortie d'une véritable sanction. La première certitude est que le juge d'instruction ne saurait être poursuivi du chef de déni de justice[2041]. On perçoit, en revanche, une évolution

---

[2038] S. GUINCHARD, J. BUISSON, *Procédure pénale*, 7e éd., LexisNexis, Paris, 2011, n° 1745, p. 1051 ; v. aussi F. DESPORTES, L. LAZERGES-COUSQUER, *Traité de procédure pénale*, Economica, Corpus droit privé, Paris, 2009, n° 1703, p. 1040.- V. aussi, Crim., 31 mars 1987, *Bull. crim.*, n° 149.

[2039] *Cf.*, par ailleurs, C. proc. pén., art. 86, al. 4 : « le procureur de la République ne peut saisir le juge d'instruction de réquisitions de non informer que si, pour des causes affectant l'action publique elle-même, les faits ne peuvent légalement comporter une poursuite ou si, à supposer ces faits démontrés, ils ne peuvent admettre aucune qualification pénale ». Ce texte exprime la règle selon laquelle le procureur de la République ne peut prendre des réquisitions de non informer en dehors des cas d'obstacles de droit à l'exercice de l'action publique. Or, comme on l'a dit, le « juge d'instruction ne peut faire ce que la loi interdit au procureur de lui demander » : F. DESPORTES, L. LAZERGES-COUSQUER, *Op. cit.*, n° 1702, p. 1039.

[2040] Crim., 8 déc. 1906, *D.* 1907, 1, 207, rapport LAURENT-ATTHALIN, *S.* 1907, 1, p. 377, note DEMOGUE.

[2041] Le déni de justice, tel que défini à l'article 4 du Code civil (« le juge qui refusera de juger, sous prétexte du silence, de l'obscurité ou de l'insuffisance de la loi, pourra être poursuivi comme coupable de

concernant la responsabilité de l'État du fait du fonctionnement défectueux du service public de la justice. Cette forme de responsabilité est, en soi, particulièrement importante. Comme le Professeur Ardant l'énonçait déjà dans sa thèse de doctorat, en 1965, « des activités de l'État, celle qui consiste à trancher les litiges à juger est aussi celle dont l'homme a le plus à redouter l'injustice »[2042]. La question est certes générale, mais elle revêt une importance particulière pour l'activité du juge d'instruction qui a, semble-t-il, en raison de quelques affaires fortement médiatisés, cristallisé tous les débats autour de la « responsabilité des juges ».

232. ***Responsabilité de l'État et impératif de vérité.*** La responsabilité des juges, c'est, avant tout, la responsabilité pour faute de l'État encourue à l'égard des usagers du service public de la justice. Elle est contenue aux articles L. 141-1 du Code de l'organisation judiciaire issu de l'ordonnance n° 2006-673 du 8 juin 2006[2043] qui régit la responsabilité de l'État pour faute lourde ou déni de justice - et L. 141-2 du même Code (concernant la faute personnelle du juge). Ce dernier texte opère renvoi, pour les juges professionnels, au statut des magistrats appartenant au corps judiciaire[2044], et pour les juges non professionnels, aux « lois spéciales » ou aux règles régissant la « prise à partie »[2045]. Le lien avec la recherche de la vérité est évident. Lorsque les juridictions judiciaires - qui étaient saisies dès lors que les juridictions administratives s'étaient déclarées incompétentes - proclamaient encore, et avec force, que l'État ne pouvait voir sa responsabilité engagée du fait du

déni de justice »), fait l'objet d'une incrimination pénale prévue par l'article 434-7-1 du Code pénal : « Le fait, par un magistrat, toute autre personne siégeant dans une formation juridictionnelle ou toute autorité administrative, de dénier de rendre la justice après en avoir été requis et de persévérer dans son déni après avertissement ou injonction de ses supérieurs est puni de 7500 euros d'amende et de l'interdiction de l'exercice des fonctions publiques pour une durée de cinq à vingt ans ». Autrefois réprimée à l'article 185 du Code pénal ancien, l'infraction, qui ne figurait pas dans les lois du 22 juillet 1992, a finalement été réintroduite par la loi n° 92-1336 du 16 décembre 1992 (contrairement à l'infraction de *forfaiture*, qui a elle été réellement abrogée), dite « loi d'adaptation », relative à l'entrée en vigueur du nouveau Code pénal et à la modification de certaines dispositions de droit pénal et de procédure pénale (E. GARÇON, *V° Déni de justice*, *Rép. Dalloz Dr. pén.proc. pén.*, n° 3). Le texte a, avant tout, une portée symbolique, car les études menées sur l'incrimination laissent apparaître qu'aucun magistrat (ou personne siégeant dans une formation juridictionnelle ou autorité administrative) n'a jamais été condamné (*op. cit.*, n° 3-5). Quoi qu'il en soit, la disposition est pratiquement paralysée par ses conditions d'application très strictes et largement incertaines. Ainsi, si le texte évoque la persévérance, du magistrat, dans le refus de rendre la justice après injonction ou avertissement adressé par ses supérieurs, on ne sait pas ce que recouvre cette notion de « supérieurs » qui est d'ailleurs incompatible, pour le juge et le magistrat instructeur, avec les règles assurant son indépendance. La cour d'appel de Paris (Paris, 30 juin 2004, *JCP* 2005, IV, 1520), a ainsi estimé que devait être relaxé du chef du déni de justice le magistrat instructeur qui a refusé d'accomplir des actes d'instruction sollicités par une partie et qui, malgré une décision favorable à la réalisation de ces mesures rendue par la chambre de l'instruction après saisine, a persévéré dans son refus. En effet, d'après elle, « le fait pour un magistrat instructeur de ne pas accomplir les actes demandés nonobstant une décision contraire de la chambre de l'instruction, ne constitue pas une persévérance dans un déni de justice, la décision de la chambre de l'instruction ne pouvant être assimilée ni à un avertissement, ni à une injonction émanant d'un supérieur, par respect du principe constitutionnel d'indépendance de la magistrature, la chambre de l'instruction étant seulement une juridiction de second degré » (v. aussi, E. GARÇON, *op. cit.*, n° 24).

[2042] Ph. ARDANT, *La responsabilité de l'État du fait de la fonction juridictionnelle*, LGDJ, Bibliothèque de droit public, Paris, 1956, p. 2, cité par S. GUINCHARD, *V° Responsabilités encourues pour fonctionnement défectueux du service public de la justice*, *Rép. Dalloz proc. civ.*, spéc. n° 1.

[2043] Ord. n° 2006-673 du 8 juin 2006, *JORF*, 9 juin 2006.

[2044] Ord. n° 58-1270 du 22 déc. 1958, *JORF*, 23 déc. 1958, art. 11-1

[2045] Jusqu'à la réforme réalisée par la loi n° 2007-1787 du 20 décembre 2007, *relative à la simplification du droit*, qui a supprimé l'Ancien Code de procédure civile, le texte renvoyait, pour les juges professionnels, à l'article 505 de ce Code ; v. S. GUINCHARD, *op. cit.*, n° 4.

fonctionnement défectueux de sa justice, ne disait-on pas que « les décisions judiciaires sont entourées, lors de leur élaboration, d'assez de garanties pour être conformes à la vérité »[2046] ? Et ne soutenait-on pas, par ailleurs, que l'autorité de la chose jugée s'érigeait comme un « barrage infranchissable » garantissant l'État[2047] ? Ces arguments ont été progressivement combattus par la doctrine ; et l'on admet à présent que le service public de la justice ne produit pas toujours la vérité, notamment lorsque les autorités chargées de récoler les preuves ne se sont pas montrées suffisamment diligentes. Les voies de recours sont également prévues pour corriger les erreurs - plus ou moins graves -, et la passivité du juge ; c'est d'ailleurs pourquoi la jurisprudence subordonne parfois la recevabilité de l'action sur le fondement de l'article L. 141-1 du Code de l'organisation judiciaire à l'exercice des voies de recours[2048]. C'est une solution que l'on oublie souvent, notamment lorsque c'est l'activité du juge d'instruction qui est dénoncée[2049]. Pour deux raisons au moins, cependant, les voies de recours ont pu paraître insuffisantes. Il arrive, tout d'abord, que l'exercice de la voie de recours n'ait pas suffi à réparer complètement le dommage souffert[2050]. Enfin, et surtout, la voie de recours, si elle protège effectivement le justiciable, ne possède aucune signification particulière pour le juge qui peut même l'interpréter comme un moyen de remplir sa mission *a mimina*, convaincu qu'il peut être de voir sa veulerie ou son incurie compensée par la présence d'une juridiction chargé de re-viser l'affaire. La responsabilité de l'État – qui en pratique ne rejaillit pas, sauf exception, sur le juge - est par conséquent fondamentale pour sanctionner de manière effective l'obligation faite au juge de *bien juger* et à l'autorité chargée de la recherche des preuves de mettre tous ses pouvoirs en œuvre pour établir la vérité.

233. ***Responsabilité pour faute lourde dans l'instruction.*** C'est dans cette responsabilité que se situe aussi bien *l'obligation* faite au juge d'instruction de récoler les preuves. Sous ce regard, l'assouplissement réalisé, par l'Assemblée plénière, des conditions de sa mise en œuvre, ne fait que renforcer la portée de cette obligation. La Haute juridiction juge désormais, depuis son arrêt du 23 février 2001, que « constitue une faute lourde toute déficience caractérisée par un fait ou une série de faits traduisant l'inaptitude du service public de la justice à remplir la mission dont il est saisi »[2051]. Remarquons toutefois que, même sous l'empire de la

---

[2046] *Cf.* R. MERLE, A. VITU, *Traité de droit criminel. - Procédure pénale*, n° 921, p. 1086.

[2047] *Cf.* R. MERLE, A. VITU, *op. cit.*, n° 922, p. 1087.

[2048] Civ. 1re, 4 nov. 2010, pourvoi n° 09-15.869, *JurisData* n° 2010-020238, *Procédures* 2011, comm. n° 52, obs. R. PERROT, Civ. 1re, 11 janv. 2005, pourvoi n° 02-15.444, *Bull. civ.* I, n° 20, *D.* 2005, p. 317.

[2049] V., en ce sens Ph. CONTE, «Les galeux de la République. - À propos de "l'affaire d'Outreau" », *JCP G* 2006, I, 101, spéc. n° 1 : « Récusons, en premier lieu, l'idée d'une erreur judiciaire, pourtant régulièrement avancée : les innocents ont en définitive vu leur innocence proclamée. Faut-il rappeler que les voies de recours ont précisément cette utilité ? ». - V. aussi, M.-A. FRISON-ROCHE, « L'erreur du juge », *RTD civ.* 2001, p. 819.

[2050] S. GUINCHARD, *op. cit.*, n° 7, p. 5 ; R. PERROT, obs. préc. : « En bonne logique, l'argumentation est imparable. [...]. Et pourtant on se défend mal d'un certain malaise, car l'excellence des voies de recours n'a pas eu la vertu d'effacer les troubles passés et les cinq années d'attente. Dans la dramatique affaire d'Outreau qui, à juste raison, a tant ému l'opinion publique - une affaire il est vrai autrement plus grave et de loin -, l'exercice des voies de recours avait également permis d'innocenter des accusés injustement poursuivis : qui cependant oserait dire que le service public de la justice avait bien fonctionné ? ».

[2051] Cass. ass. plén., 23 févr. 2001, aff. *Bolle Laroche*, *D.* 2001, p. 1752, note Ch. DEBBASCH, *Gaz. Pal.* 2001, 2, p. 1119, concl. R. de GOUTTES & note COLLOMP, *JCP G* 2001, I, 26, obs. G. VINEY, *JCP G* 2001, II, 10 583, note J.-J. MENURET, *AJDA* 2001, p. 788, note S. PETIT.

jurisprudence antérieure[2052], les juges n'avaient pas hésité à retenir la responsabilité de l'État pour faute lourde en raison du retard apporté dans la conduite de l'instruction[2053] ou, plus largement, en raison de l'intention de nuire qui pouvait transparaître à travers les actes du juge[2054]. Ce n'est qu'avec plus de facilité que la jurisprudence peut aujourd'hui considérer que la perte de pièces de la procédure et de scellés, lorsqu'elle a entraîné un retard considérable dans la manifestation de la vérité, justifie la responsabilité de l'État en raison de la faute lourde du juge d'instruction ainsi que des services de police judiciaire[2055]. Le mouvement semble même s'être amplifié. Dans une motivation très inspirée, le tribunal de grande instance de Paris[2056], qui avait à connaître du bienfondé de l'action en responsabilité pour faute lourde de l'État, introduite par les époux Villemin, dans le cadre de l'affaire dite « du petit Grégory »[2057], a bien précisé la limite de la mission du magistrat instructeur. Comme la juridiction l'observait, « [l]e tribunal ne peut occulter la difficulté d'une affaire complexe et délictuelle dans laquelle, à l'époque de l'assassinat de Grégory Villemin, une famille était, depuis déjà plus de trois ans, harcelée d'appels téléphoniques malveillants et de persécutions diverses. Au fur et à mesure de l'évolution de l'enquête, les résultats opposés des multiples expertises ordonnées, les intérêts antagonistes des deux clans familiaux, le meurtre par Jean-Marie Villemin de son cousin dès la remise en liberté de celui-ci, ont contribué à exacerber les passions et à multiplier les tensions au sein même de la constellation familiale. Quels que soient les moyens mis en œuvre pour tenter d'aboutir à la manifestation de la vérité, la justice ne peut que demeurer impuissante à démasquer les coupables, lorsque ceux qui savent se taisent, et que les pressions - qu'elles soient familiales ou médiatiques - empêchent les témoins de dire la vérité ». Elle remarquait, par ailleurs, que « [f]orce est, à cet égard, de constater que rarement, l'institution judiciaire française a déployé autant de moyens que dans cette affaire Grégory Villemin pour tenter d'élucider ce crime ; la chambre d'accusation de la Cour d'appel de Dijon a ainsi confié à un président de chambre à la Cour d'appel de Dijon, riche d'une solide expérience professionnelle, un supplément d'information pour une durée de trois ans. Lorsque l'état de santé du président désigné a nécessité son remplacement, un arrêt du 19 septembre 1990 en a désigné un autre pour continuer à instruire l'affaire jusqu'à ce qu'intervienne l'arrêt de non-lieu du 3 février 1993 ». Elle concluait aussi bien que les faits avancés à l'appui de la demande en responsabilité « n'apparaissent

---

[2052] V., par exemple, Civ. 1re, 13 oct. 1953, *Bull. civ.* I, n° 224 : la faute lourde s'entend de celle « qui a été commise sous l'influence d'une erreur tellement grossière qu'un magistrat ou un fonctionnaire de justice, normalement soucieux de ses devoirs, n'y eût pas été entraîné ».

[2053] TGI Paris, 8 nov. 1995, *Bull. inf. C. cass.* 1996, n° 486, *D.* 1997, somm. p. 149, obs. J. PRADEL.

[2054] Paris, 1er avr. 1994, *D.* 1994, IR, p. 125, *JCP G* 1994, I, 3805, n° 2, obs. L. CADIET : en l'espèce, l'exploitant d'un bar-café, poursuivi du chef de proxénétisme hôtelier et proxénétisme aggravé, et finalement relaxé, reprochait au juge d'instruction d'avoir renouvelé, sur le fondement de l'article 335-4 du Code pénal, les mesures de fermeture de son établissement, tout en négligeant le témoignage de quatre personnes interrogées qui ont déclaré ne pas avoir fait état auprès du prévenu de leurs activités de prostitution. Pour la cour d'appel, « [m]ême si cette décision a entraîné pour la société exploitante des conséquences financières graves, qu'elle l'a privée de l'exercice d'une liberté fondamentale, ni les circonstances de fait alléguées par elle, ni les pièces versées aux débats ne sont de nature à prouver que le juge d'instruction, conforté par la chambre d'accusation, ait fait preuve d'une volonté de nuire ou d'un comportement anormalement déficient alors qu'il n'a fait qu'exercer ses pouvoirs en toute régularité et en toute opportunité ».

[2055] TGI, Paris, 1re ch. 1re, sect., 26 janv. 2005, n° RR/02/11001, inédit (cité par S. GUINCHARD, *op. cit.*, n° 29, p. 11).

[2056] TGI Paris, 1re ch., 1re sect., 20 nov. 2002, *Gaz. Pal.* 2003, 1, p. 416, note J.-G. M.

[2057] Le fils des époux Guillemin.

pas révélateurs d'une déficience caractérisée traduisant l'inaptitude du service public de la justice à remplir sa mission, les quelques irrégularités sanctionnées par la justice elle-même, dans le cadre de l'exercice normal des voies de recours, n'ayant pas détourné le service public de la justice de sa mission de rechercher l'auteur d'un crime, sans qu'une obligation de résultat ne lui incombe »[2058]. Cet examen de la jurisprudence disponible sur la faute lourde du juge d'instruction, montre que le juge doit non seulement instruire (*obligation d'instruire*) - ce qui est sous-entendu par chacun de ces arrêts - mais qu'il se doit aussi de déployer tous les moyens que lui attribue la loi pour parvenir à la vérité judiciaire. En ce sens, toute négligence inacceptable (comme la perte de pièces de procédure) ou des retards injustifiés dans la conduite de l'instruction peuvent suffire à constituer la faute lourde exigée par le Code de l'organisation judiciaire. La responsabilité de l'État est, *a fortiori*, engagée, lorsqu'une intention de nuire peut être caractérisée à l'endroit du juge[2059] (sans préjudice de sa responsabilité personnelle), à tout le moins lorsque les mesures d'instruction, qui sont utilisées sans le recul nécessaire, permettent de caractériser l'absence d'impartialité suffisante du juge. Il est en tout spécialement ainsi lorsque la détention provisoire est utilisée pour faire pression sur les personnes mises en examen[2060]. Sous ce regard, du reste, il ne serait pas inopportun que le droit français s'inspire de la solution du droit italien, dont la loi du 13 avril 1988 permet l'engagement direct de la responsabilité de l'État pour faute grave du juge, chaque fois qu'il y a eu « l'affirmation consécutive à une négligence inexcusable, d'un fait dont l'existence est incontestablement exclue par les actes de procédure, ou, au contraire, la négation d'un fait dont l'existence est incontestablement attestée par ces mêmes actes »[2061].

234. ***Responsabilité pour déni de justice.*** Mais la sanction de l'obligation de recherche (dans son principe) apparaît encore mieux à travers les décisions qui admettent la responsabilité de l'État pour déni de justice. Les juges semblent aujourd'hui particulièrement disposés à sanctionner le juge pour son inertie caractérisée[2062]. La cour d'appel de Paris a pu, aussi bien, admettre la responsabilité de l'État parce que le juge d'instruction avait agi avec une légèreté qu'un juge normalement avisé et conscient de ses responsabilités n'aurait pas eue[2063]. Et, comme souvent il y a cumul du déni de justice avec la faute lourde, on voit que la responsabilité de l'État peut voir sa responsabilité engagée non seulement en raison de la passivité du juge, mais aussi en raison de la qualité de ses investigations. Le TGI de Paris a pu reprocher au juge d'instruction de n'avoir pas, plus de trois ans après les faits, encore vérifié l'alibi du principal accusé[2064]. Le déni de justice est retenu lorsque

---

[2058] Même si, en définitive, la responsabilité de l'État a été retenue en appel : Paris, 28 juin 2004, cité par S. GUINCHARD, *op. cit.*, n° 29, p. 11.

[2059] Même si aucune décision n'a jamais condamné l'État sur ce fondement. - V., toutefois, les faits particulièrement graves de TGI Valenciennes, 10 mars 2005, *Gaz. Pal.* 23 juill. 2005.

[2060] S. GUINCHARD, *op. cit.*, n° 29, p. 10, mais qui reconnaît, toutefois, que la présence du Juge des libertés et de la détention limite, aujourd'hui, ce dévoiement. - Et *cf.* les décisions suivantes qui acceptent d'examiner le grief : Paris, 1er ch. A, 29 janv. 1997, *Gaz. Pal.* 1997, 1, 360, TGI Évry, 24 mai 1993, cité par G. WIEDERKEHR, « La responsabilité de l'État et des magistrats du fait de la justice », *Justices* n° 5, janv.-mars 1997, p. 13.

[2061] S. GUINCHARD, *op. cit.*, n° 28, p. 10.

[2062] S. GUINCHARD, *op. cit.*, n° 38, p. 14.

[2063] Paris, 6 sept. 1996, *Gaz. Pal.* 1996, 2, p. 495.

[2064] TGI Paris, 22 janv. 2003, *Gaz. Pal.* 2003, 1, p. 1724.- V. encore, TGI Paris 30 mai 1990, *Vaney c/ Trésor*, *JurisData* n° 45194.

peut être constatée « l'inaction injustifiée des juges pendant près de trois ans qui a entraîné un retard dans l'instruction de l'affaire, la reprise de la procédure n'étant, au surplus, due qu'aux initiatives du demandeur, et qui a eu pour conséquence de retarder l'examen de l'affaire par le tribunal, lequel n'interviendra que plus de six ans après le dépôt de la plainte avec constitution de partie civile, ce qui ne constitue pas, en l'espèce, un délai raisonnable »[2065]. Comme on le voit d'ailleurs, des concepts nouveaux, comme le droit d'être jugé dans un délai raisonnable[2066] ou le droit au juge peuvent éventuellement servir de fondement complémentaire à la poursuite, à travers la responsabilité de l'État, de l'activité défectueuse du juge d'instruction. En ce sens, une autre décision d'indemnisation rendue dans l'affaire dite des « disparus de Mourmelon »[2067], montre bien le lien qu'il y a entre droit au juge et obligation d'instruire. Comme le tribunal de grande instance de Paris reconnaissait le préjudice d'une mère « qui a attendu vainement pendant 26 ans que l'assassin de son fils réponde de ses agissements devant la cour d'assises », elle se fondait, surtout, sur le fait qu'elle avait été privée (tout comme 35 autres familles) « du droit à ce que la justice examine avec efficacité le sort de leurs proches disparus dans des circonstances criminelles »[2068].

Ces quelques exemples qui, il est vrai, ne sont pas encore très nombreux, caractérisent assez bien la sanction qui peut s'attacher à l'obligation de recherche qu'on a cru pouvoir caractériser à l'endroit du juge d'instruction. La sanction serait, bien entendu, beaucoup plus efficace - et l'office de véridiction d'une plus large portée - si la responsabilité personnelle du juge pouvait être directement recherchée. Le système se trouverait, cependant, par trop fragilisé, si la responsabilité civile des juges pouvait être engagée avec beaucoup trop de facilité. Il est donc préférable de s'en tenir à la solution actuelle, quitte à appliquer, de manière effective, les sanctions disciplinaires qui pèsent déjà sur les juges. En tant que les juges sont investis d'une mission qui les dépasse et qui fait d'eux de simples représentants de l'État, c'est avant tout la responsabilité de l'État - qui se trouve au cœur de l'office de véridiction - qui doit être recherchée. La recherche de la vérité n'est pas, dans un système hiérarchique, placée entre les mains du juge, mais avant tout sous la responsabilité de l'État. On devrait, *a priori*, retrouver la même logique à l'égard du nouvel organe de mise en état. Le principe de l'opportunité des poursuites, dont peut se prévaloir le ministère public, modifie cependant, considérablement, les termes du débat.

β. L'articulation du devoir de recherche et de l'opportunité des poursuites

235. ***Devoir de recherche et opportunité des poursuites.*** Si, dans les faits, le procureur de la République est appelé à prendre la place du juge d'instruction dans la mise en état des affaires pénales, il faut déterminer, pour mesurer si le système conserve son haut degré de hiérarchie, s'il est lui-même soumis à une *obligation* de recherche de la preuve et, le cas échéant, selon quelles modalités. La question peut paraître incongrue : n'est-il pas chargé, secondé de la police judiciaire, de poursuivre, c'est-à-dire de mettre en mouvement, au nom de la société, l'action

---

2065 Paris, 28 avr. 2003, *Gaz. Pal.* 2003, 1, p. 1821, affaire liée au décès de la princesse de Galles (arrêt analysé *infra*, n° 245).
2066 La présente affaire.
2067 Sur la première, v. *infra*, n° 245.
2068 TGI Paris, 1re ch., 1re sect., 26 janv. 2005, n° RG/02/11001, inédit.

publique lorsqu'une infraction paraît avoir été commise ? Même en dehors de ces troubles patents, son comportement est loin d'être passif ; il lui incombe non seulement, lorsqu'il a *l'intuition* d'une infraction, de rendre cette infraction et son imputation vraisemblables - en quoi on le charge de réunir les indices[2069], voire des charges[2070] - mais aussi, plus largement, de mettre en œuvre tous les pouvoirs qui lui sont confiés par la loi pour *rechercher les infractions*. Les alinéas 2 et 3, de l'article 41 l'expriment avec une particulière netteté : « Le procureur de la République procède ou fait procéder à tous les actes nécessaires à la recherche et à la poursuite des infractions à la loi pénale. À cette fin, il dirige l'activité des officiers et agents de la police judiciaire dans le ressort de son tribunal ». Mais sous ce dernier aspect - celui de la mission constante de recherche -, il peut s'abstraire de son cadre de contrainte en se retranchant derrière le principe de l'opportunité des poursuites. Il convient d'abord de rappeler que l'opportunité n'est pas à proprement parler en cause[2071] lorsque le procureur décide d'un classement sans suite au motif que l'auteur n'a pas été identifié ou qu'il n'existe aucune charge réunie à l'encontre de quiconque (et que toute recherche complémentaire s'avère vaine) ou, encore, que les charges ne semblent pouvoir être imputées à la personne qui paraissait, initialement, devoir être impliquée[2072]. Dans ce contexte, et eu égard à ce que représente, pour le sujet de droit - et pour la société tout entière - l'exercice de poursuites, on ne peut que trouver la solution parfaitement raisonnable, d'autant plus que le classement sans suite motivé en fait n'est pas un acte juridictionnel et n'est donc pas revêtu de l'autorité de la chose jugée[2073]. Aussi bien la légalité des poursuites ne changerait rien en la matière[2074]. Ce qui importe donc, véritablement, c'est que, à côté de l'opportunité

[2069] C. proc. pén., art. 40-1.

[2070] C'est le cas le plus fréquent, en matière contraventionnelle et délictuelle, puisque le procureur de la République peut estimer que le dossier de la procédure est en état d'être soumis à une juridiction de jugement, même s'il est exact qu'il peut être « démenti » par la juridiction de jugement laquelle peut éprouver le besoin d'ordonner un complément d'information, S. GUINCHARD, J. BUISSON, *Procédure pénale*, 7e éd., LexisNexis, Paris, 2011, n° 1526, p. 960. Sous ce regard, on peut difficilement passer sous silence une jurisprudence lourde de sens pour le système procédural français, selon laquelle le juge ne peut appliquer le risque de la preuve (au moins en ce qui concerne la présomption d'innocence : la relaxe ; pour les causes d'exonération de responsabilité, la question est incertaine), en constatant, par ailleurs, que d'autres actes d'instruction ou d'autres actes d'enquêtes eussent été nécessaires : v. Crim., 11 avr. 1995, pourvoi n° 95-81.925 et Crim., 12 déc. 1996, *JurisData*, n° 005348 (arrêts cités par S. GUINCHARD, J. BUISSON, *op. cit.*, note 79, n° 1526, p. 960).

[2071] C'est pourquoi on parle, d'une part, d'« impossibilité légale de poursuite » et d'« impossibilité factuelle de poursuite », d'autre part, d'« opportunité réelle de poursuite », S. GUINCHARD, J. BUISSON, *op. cit.*, respectivement n° 1443, 1444 et 1445, p. 937-938. - L'opportunité apparaît, en réalité, lorsque l'auteur des faits est connu et qu'aucune disposition légale ne met entrave à l'exercice des poursuites ; en ce sens : P. LEMOINE, « Ministère public.- Attribution. - Compétence », *J.-Cl. Proc. pén.*, art. 30 à 34, Fasc. n° 30, spéc. n° 69.

[2072] S. GUINCHARD, J. BUISSON, *op. cit.*, n° 1444, p. 937.

[2073] Crim., 5 déc. 1972, *Bull. crim.* n° 375 : le procureur de la République est libre d'exercer par la suite des poursuites sans avoir à justifier de faits nouveaux. - V. encore, Crim., 12 mai 1992, *D.* 1992, 427, note D. MAYER, *RSC* 1992, 606, obs. A. BRAUNSWEIG.

[2074] C'est la raison pour laquelle le système allemand, qui pratique, sauf exception (en réalité, il contient aussi un principe d'opportunité encadré par des recours, ainsi que des classements sans suite en légalité, c'est-à-dire lorsqu'un ou plusieurs éléments constitutifs font défaut, v. réf. *infra*), le principe de la légalité des poursuites, pose en principe l'obligation d'enquêter. La complémentarité des notions est d'ailleurs criante ; à quoi bon imposer les poursuites si on ne peut espérer les voir prospérer faute d'une recherche efficace des preuves : v. E. SCHLÜCHTER, *Kernwissen.- Procédure pénale allemande*, 3e éd. (E. Mathias, trad.), EuWi Verlag, Thüngersheim, Frankfürt/Main, spéc. p 5 et 6, spéc. note (11) et p. 38-39 ; dès qu'il y a « des éléments de fait suffisants », le ministère public et, le cas échéant la police, doivent mener l'enquête. Le principe de légalité et le principe d'égalité des justiciables l'imposent (v. encore, *op. cit.*, p. 17).

véritable, ne se développe pas une *opportunité passive*[2075], qui découlerait de l'incurie, de la veulerie ou de l'attitude malveillante et concertée de tous les acteurs sur le terrain probatoire. Est-il rien qui, dans ce cas, permette de surmonter directement la difficulté, voire de la prévenir ? N'est-il pas, en d'autres termes, une obligation d'enquêter qui pèserait sur la police judiciaire, dont le respect serait assuré par le ministère public - mieux par un organe indépendant -, et dont l'effectivité serait garantie par une sanction véritable ? La question ne se pose pas seulement dans un système qui ne repose plus, dans son esprit, sur un juge d'instruction qui est soumis à cette obligation ; on sent bien que tout système dont la réalisation des objectifs est confiée à l'État doit pouvoir être limitée, de quelque manière, car l'État n'est pas à l'abri d'un détournement, par lui-même, du pouvoir à lui concédé par les citoyens[2076].

D'abord, les contrepoids au classement sans suite sont aussi conçus comme des moyens de remédier à ces dysfonctionnements[2077]. Ensuite, sans être expressément formulé, de multiples dispositions reposent implicitement sur le principe d'une *obligation d'enquêter*. Nombre de celles, par exemple, qui régissent l'activité de la police judiciaire et du procureur de la République sont exprimées en des termes tels que les prérogatives ne peuvent être conçues autrement que comme des devoirs. Il en est ainsi de l'article 14 du Code de procédure pénale qui définit la mission de la police judiciaire[2078] et que viennent confirmer force textes qui énumèrent les obligations à la charge de la police judiciaire dans le cadre de l'enquête[2079]. On ne

---

[2075] On signifie par là qu'il ne faut pas que, sous couvert d'un classement sans suite pour impossibilité factuelle de poursuite, se cache, en réalité, une décision en opportunité qui échapperait alors aux exigences de motivation posées par l'article 40-1, 3° du Code de procédure pénale (qui résulte formellement de la loi n° 2004-204 du 9 mars 2004) et qui sont nécessairement plus fortes que celles qui régissent le non-lieu motivé en fait. - V., aussi, *infra*, le problème des infractions dites « non poursuivables ».

[2076] V. *infra*, ce paragraphe.

[2077] La victime peut, en effet, saisir directement la juridiction d'instruction par un dépôt de plainte avec constitution de partie civile, C. proc. pén., art. 85, al. 1er (S. GUINCHARD, J. BUISSON, *op. cit.*, n° 1658 et s., p. 1013 et s.). Les limites introduites par la loi n° 2007-291, du 5 mars 2007 (C. proc. pén., art. 85, al. 2), qui font notamment obstacles à la constitution de partie civile sans saisine préalable du ministère public, ne paraissent pas de nature à remettre en cause cette solution. Le classement sans suite - et l'on peut inclure celui qui résulterait de la passivité de organes d'enquête - permet justement à la victime de saisir le juge d'instruction. On peut consulter, sur ce point, l'article très fouillé de E. MATHIAS, « Action pénale privée : cent ans de sollicitude. - À propos de la loi du 5 mars 2007 tendant à renforcer l'équilibre de la procédure pénale », *Procédures* 2007, étude n° 6. La loi du 9 mars 2004 a également prévu un recours hiérarchique, formé auprès du procureur général compétent, au profit de toute personne qui a dénoncé les faits au procureur de la République. Dans le cadre de ce recours, l'article 40-3 du Code de procédure pénale donne alors pouvoir au procureur général d'enjoindre au procureur de la République, par une décision dont il informe le requérant, de diligenter les poursuites ou de confirmer le classement sans suite. Ce recours semble ouvert à tout dénonciateur, qu'il s'agisse d'un particulier ou d'une autorité légalement constituée (S. GUINCHARD, J. BUISSON, *op. cit.*, n° 1450, p. 940). Mais ces limites montrent bien que la constitution de partie civile pose un sérieux problème ; elle est souvent utilisée pour « instrumentaliser » le juge d'instruction, que l'on place alors au service de ses intérêts égoïstes : J. LARGUIER, « L'action publique menacée (À propos de l'action publique des associations devant les juridictions répressives) », *D.* 1958, chron. VI, p. 29 et s., ou, du même auteur, « Action individuelle et intérêt général (quelques réflexions sur le juge pénal et l'action civile) », *Mélanges L. Hugueney*, Sirey, 1964, p. 87 et s., J. VOLFF, « La privatisation rampante de l'action publique », *JCP* 2004, I, 146.

[2078] C. proc. pén., art. 14.

[2079] C. proc. pén., art. 19, *obligation faite aux OPJ d'informer sans délai le procureur de la République des infractions dont il acquiert la connaissance ;* ce devoir est d'autant plus impérieux pour l'OPJ que la rétention d'information semble être constitutive d'une « faute grave de nature à entraîner des sanctions quasi disciplinaires dont dispose l'autorité judiciaire », J. MONTREUIL, « Police judiciaire.- Dispositions générales.- Direction, surveillance et contrôle de l'autorité judiciaire.- Officiers de police judiciaire », *J.-Cl.* Proc. pén., art. 12 à 19-1, Fasc. n° 20, spéc. n° 129. - V. encore l'obligation faite à l'OPJ de rendre

comprendrait d'ailleurs pas, s'il ne s'agissait pas d'un devoir, le sens des multiples obligations de dénonciations qui pèsent sur les autorités, officiers publics et fonctionnaires[2080], ainsi que sur les citoyens[2081]. Mais à la vérité la question est complexe car elle est, avant tout, affaire de degrés et de motivation : si on ne saurait tolérer de l'État et de ses représentants des attitudes ourdies dans le seul dessein de porter atteinte ou de dissimuler des atteintes à des droits et libertés, on ne saurait non plus exiger une obligation de résultat. Une obligation de moyen, dont l'intensité, mais non le principe, serait mesurée à l'aune de l'importance des enjeux, mais aussi de la structure procédurale effective qui peut prévoir des recours[2082] et n'accorder qu'une autorité limitée à la décision de ne pas poursuivre, serait la juste mesure pour préserver les libertés que peut surtout menacer, comme le rappelle la jurisprudence de la Cour européenne des droits de l'homme, l'inertie consciente ou le dysfonctionnement grave de l'État[2083]. Faut-il, du reste, qu'il soit atteint à de telles extrémités,

---

compte de ses investigations sans attendre la fin de sa mission (J. MONTREUIL, *op. cit.*, n° 135-136) ; enfin, obligation est faite à l'OPJ de transmettre au Parquet tous les procès-verbaux, rapports et documents dressés, ainsi que les objets saisis à l'occasion d'une mission de police judiciaire (C. proc. pén., art. 19), (v. encore, J. MONTREUIL, *op. cit.*, n° 139-142).

2080 C. proc. pén., art. 40, obligation faite à toute autorité constituée, à tout officier public ou fonctionnaire, qui acquiert, dans l'exercice de ses fonctions, connaissance d'un crime ou d'un délit, d'en donner avis sans délai au procureur de la République ; on connaît aussi les obligations qui pèsent sur le commissaire aux comptes : C. mon. fin., art. L. 214-79, L. 515-30 (Crim., 19 févr. 1992, *Dr. pén.*1992, comm. 253). - Sans compter qu'il existe, parfois, de véritables obligations d'enquête : *cf.* C. sécurité soc., art. L. 114-9, al. 1er. - *Adde*, R. PELLET, « La loi de financement de la sécurité sociale pour 2006, principales dispositions intéressant les entreprises et les assurés sociaux », *JCP* S 2006, 1173, n° 17.

2081 C. pén., art. 434-1, al. 1er. V., encore, les toutes les dispositions incitatives à la dénonciation citées par J. BUISSON, S. GUINCHARD, *Procédure pénale*, *op. cit.*, n° 1109 et s., p. 786.

2082 Et donc une obligation de motivation précise du classement pour impossibilité factuelle pour permettre un contrôle plus étroit. En ce sens, M-A. FRISON-ROCHE, « La responsabilité des magistrats : l'évolution d'une idée », *JCP G* 1999, I, 174, spéc. n° 38 (sous l'angle de la montée du soupçon contre les juges) : « [...] l'enjeu primordial est celui de la motivation. En effet, par celle-ci le magistrat se justifie, se prête à l'appréciation et au jugement de tous. Tous les magistrats doivent s'y soumettre, doivent rechercher cette obligation de motivation, même s'il s'agit des Hauts magistrats de la Cour de cassation, même s'il s'agit des magistrats du Ministère public, notamment lorsqu'ils décident d'un classement sans suite ».

2083 Le premier risque de détournement de pouvoir réside dans l'obstruction à l'enquête menée contre des représentants de l'État (éternelle question - régression infinie, insurmontable contradiction logique intrinsèque à la notion de pouvoir - du contrôle de l'État). La passivité de l'État ne doit évidemment pas conduire à l'impunité des agents de l'État et, d'une manière plus large, à une abrogation passive des libertés de l'individu. Il en est tout particulièrement ainsi lorsque c'est la vie humaine qui est en cause : CEDH, *McCann c/ Royaume-Uni*, 27 septembre 1995 (§ 161). Il y va, bien entendu, de l'effectivité du droit, et il appartient ainsi à l'État de mettre en œuvre, sur le fondement de l'article 2 (CEDH, 28 juill. 1998, *Ergi c/ Turquie*, § 82) une « forme d'enquête efficace » (*McCann, op. cit.*, § 16) destinée à permettre « un examen complet, impartial et approfondi des circonstances dans lesquelles les homicides ont été commis » (*id.*, § 163). V., aussi, en cas de disparition d'un individu qui a été vu, pour la dernière fois, sous la surveillance d'agents de l'État (CEDH, 10 mai 2001, *Chypre c/ Turquie*, § 132). On comprend bien, eu égard à la nature des faits imputés à l'État, que ce n'est pas tant l'existence d'une enquête que son efficacité qui importe ; en ce sens, la CEDH exige non seulement que l'enquête soit effective (v. *McCann, précité*), mais qu'elle satisfasse, aussi, à des « exigences d'indépendance, de célérité, de diligence raisonnable et de publicité », exigences considérées comme cumulatives : P. WACHSMANN, « Droits garantis. - Libertés de la personne physique », *J.-Cl. Public. Contentieux pénal, V° Convention européenne des droits de l'homme*, Fasc. n° 30, spéc. n° 24 et réf. citées. L'abondante jurisprudence rendue sur ce chapitre permet, aujourd'hui, de définir les actes et démarches concrets que doit entreprendre l'État s'il veut satisfaire à ses exigences ; on ne peut manquer de relever l'étroitesse du contrôle : une autopsie doit, par exemple, être réalisée par un médecin légiste et non pas un médecin généraliste (CEDH, 8 juill. 1999, *Tanrikulu c/ Turquie*, § 106, CEDH, 9 mai 2003, *Tepe c/ Turquie*, § 181 ; v. surtout : CEDH, 25 avr. 2006, *Erdogan et autres c/ Turquie*, § 90-95). - Au-delà de ces espèces qui semblent permettre de conclure à une dissimulation orchestrée, il est d'autres affaires où c'est moins la fin implicitement poursuivie par les agents de l'État que la manière dont l'enquête a été menée, *en tant*

qui ne tiennent compte, en définitive que du résultat ou de la fin poursuivie[2084], pour que soit admise une défaillance du service public de la justice[2085] ? L'obligation d'enquêter devrait avoir la force d'un principe autonome, sans égard au soupçon qui peut peser sur l'attitude des uns et des autres. Quoi qu'il en soit, le droit positif apporte, en sens contraire, deux certitudes : en tant que décision purement administrative, le classement sans suite ne saurait donner lieu à poursuite du magistrat qui en est l'auteur pour déni de justice[2086], pas plus qu'il ne saurait donner lieu, sans

que telle, qui peut justifier la condamnation - même si, bien entendu, la fin honteuse ne peut être caractérisée, sauf exception (CEDH, 16 févr. 2006, *Osman c/ Bulgarie, § 90*, pour le « contexte général de discrimination » ou CEDH, 26 févr. 2004, *Nachova et a. c/ Bulgarie JCP* 2004, I, 161, § 7, obs. F. SUDRE, spéc. n° 15), qu'à partir de l'attitude de l'État dans la recherche des preuves, et même si la Convention a été conçue afin de prévenir les abus de pouvoir, quelles qu'en soient leurs motivations et leurs causes : CEDH, 4e sect., 18 juill. 2006, *Keegan c/ Royaume-Uni, Clunet* 2007-5, n° 24, obs. O. BACHELET. Dans ces circonstances, l'atteinte à la vie, sans être complètement écartée, ne fût-ce que parce qu'elle permet de mesurer l'intensité de l'obligation de moyen, paraît moins importante que l'atteinte à la diligence probatoire (la vérité). - V., en ce sens, la formule de CEDH, 20 décembre 2004, *Makaratzis c/ Grèce* : « L'enquête doit être de nature à permettre, premièrement, de déterminer les circonstances ayant entouré les faits et, deuxièmement, d'identifier et de sanctionner les responsables » ; il est vrai, quoi qu'il ne soit, que cette jurisprudence est placée sous l'empire de l'article 2 Conv. EDH (v., en ce sens P. WACHSMANN, *op. cit.* n° 30, *75* & 98) ; mais, incidemment, on voit apparaître l'exigence de transparence que doit remplir tout système libéral ; v. encore, P. WACHSMANN, *op. cit.*, *loc. cit.* : « Le désir de faire la lumière sur les faits renvoie à une obligation de transparence propre à la société démocratique [...]. Plus largement, il oblige l'État à faire la preuve de sa sincérité dans le désir de protéger effectivement la vie des personnes placées sous sa juridiction ». Si, à l'évidence, c'est la prééminence du droit qui guide la Cour, on ne sera pas surpris de constater une extension de cette jurisprudence dans tous les domaines où la passivité de l'État est susceptible priver les droits de leur effectivité ; ainsi en est-il des mauvais traitements (CEDH, 21 déc. 2000, *Egmez c/ Chypre, § 72*). Mais ce qu'il faut bien comprendre, c'est que ces obligations d'enquête n'ont pas encore atteint un degré d'autonomie tel qui permettrait à la Cour de reprocher, en dernier lieu, non une atteinte au fond du droit (la vie, l'intégrité physique, l'égalité, etc.), mais à un principe procédural de recherche de la vérité ; v., toutefois, cet arrêt dans lequel l'obligation positive est étendue aux cas où le risque d'atteinte à la vie est simplement virtuel (contexte de disparition, avec son compagnon, de la fille des requérants qui est retrouvée assassinée 18 mois plus tard) : CEDH, 5e sect., 30 juin 2011, *Girard c/ France*, requête n° 22590/04, *JCP G* 2011, 914, n° 4, obs. F. SUDRE.

2084 V. *supra*, note précédente.

2085 V. *supra*, n° 232-234, la responsabilité de l'État en raison de l'activité du juge d'instruction, et les probabilités d'un transfert de cette jurisprudence au ministère public, s'il devenait le seul organe de mis en état (avec peut-être un partage de compétence avec le juge de l'instruction).

2086 Au sens de l'article 434-7-1 du Code pénal : Crim., 9 mars 1983, *Bull. crim.*, n° 75, *D.* 1983, p. 352, note W. JEANDIDIER : « Une décision de classement sans suite prise par un magistrat du Parquet, en application de l'article 40 du Code de procédure pénale ne peut comporter aucune sanction pénale » (constitution de partie civile pour forfaiture et déni de justice).- *Adde*, Crim., 6 juill. 1982, *Bull. crim.*, n° 181, *Gaz. Pal.* 1983, n° 14, p. 5, note DOUCET, *RSC* 1983, p. 254, obs. A. VITU. On ne saurait interpréter ces arrêts qu'avec la plus grande prudence. En effet, l'article 185 du Code pénal ancien (abrogation L. n° 92-1336 du 16 décembre 1992, *JORF* 23 décembre 1992), qui incriminait alors le déni de justice, ne visait expressément que « [t]out juge ou tribunal, tout administrateur ou autorité administrative », ce qui excluait, *a contrario*, les magistrats - mais non juges - qui composent le Parquet (comp. la nouvelle rédaction du texte). L'ancien article 679 du Code de procédure pénale, permettant la mise en œuvre des poursuites contre les crimes et délits commis par des magistrats et certains fonctionnaires - abrogé par la loi n° 93-2 du 4 janvier 1993, *JORF* 5 janvier 1993 - qui incluait plus largement le « magistrat de l'ordre judiciaire » - ne pouvait servir d'argument, puisque le texte (général) avait évidemment vocation à servir de support à des incriminations susceptibles de concerner les magistrats du Parquet (ce qui n'était pas le cas, à l'époque, du déni de justice ; v., aussi, A. BENMAKHLOUF, « Déni de justice », *J.-Cl.* Pén. Code, art. 434-7-1, Fasc. n° 20, spéc. n° 7, E. GARÇON, *V° Déni de justice, Rép. Dalloz Dr. pén.proc. pén.*, spéc., n° 11). En tout état de cause, deux conditions semblent faire obstacle à l'application, en pratique, du déni de justice à l'endroit du procureur de la République : « L'infraction suppose une condition préalable : le juge doit avoir été requis de rendre la justice et avoir persévéré dans son déni après avertissement ou injonction de ses supérieurs. Il faut donc que le juge refuse volontairement de statuer, c'est-à-dire que sa mauvaise foi soit établie. [...] Quant au refus de juger, il doit s'agir d'un déni total de rendre la justice aux

excès de pouvoir, à la critique d'une juridiction de jugement qui serait appelée à en connaître[2087]. Mais un mouvement se dessine ; et sa passivité ou celle des officiers de police judiciaire placés sous sa responsabilité ne reste plus impunie[2088] ; on voit également la jurisprudence se soucier - bien que très marginalement - de la manière dont les investigations ont été menées, et notamment le degré de partialité dont les autorités de recherche de la preuve ont pu faire montre[2089]. Par surcroît et fort

justiciables. Ainsi le juge satisfait l'obligation qui lui est faite dès qu'il rend une décision même si par cette décision, il oppose son incompétence ou une fin de non-recevoir », L. CORBION, « Devoir juridictionnel et droit à la protection juridictionnelle », *J-Cl. Civil Code*, art. 4, Fasc. unique, n° 50, E. GARÇON, *op. cit.*, *loc. cit.* (la Cour de cassation jugeait, aussi bien, qu'une décision de classement sans suite ne pouvait encourir de sanction de ce chef : Crim., 6 juill. 1982, *Bull. crim.*, n° 191, *RSC* 1983, p. 254, obs. R. VITU ; v. encore : Angen, 7 nov. 2007, n° de RG: 05/05128, SDCC). Si la Cour de cassation ne semble pas s'être prononcée sur cette question depuis l'entrée en vigueur des nouvelles dispositions, il ne paraît pas que les juridictions du fond aient appréhendé le problème différemment ; v. en ce sens, Toulouse, 9 oct. 2003, *JurisData* n° 2003-242119 : « Un substitut du procureur, poursuivi pour déni de justice après avoir pris part à l'enquête ayant en définitive abouti à la condamnation pénale de la partie civile, doit être relaxé de ce chef ».

2087 Crim., 21 mai 1979, *Bull. crim.*, n° 178. - *Adde*, S. GUINCHARD, J. BUISSON, *Procédure pénale*, *op. cit.*, n° 1446, p. 938, Ph. CONTE, P. MAISTRE du CHAMBON, *Procédure pénale*, 4e éd., n° 152, p. 118.

2088 On voit ainsi se développer, en jurisprudence, la responsabilité de l'État pour faute lourde des services de police ou du parquetier. Dans la triste affaire dite du « tueur de l'Est parisien », la demanderesse, victime de faits d'une particulière cruauté, entendait obtenir la réparation de son préjudice sur le fondement de la faute lourde du service public de la justice. Le tribunal de grande instance de Paris devait faire droit à se demande, constatant les nombreux dysfonctionnements ayant affecté l'enquête, comme l'absence d'ouverture d'une information judiciaire à la suite de la plainte consécutive à l'agression, l'absence d'investigations minimales, notamment la prise d'empreintes ou l'établissement d'un portrait robot : TGI Paris, 21 févr. 2001, *D.* 2001, p. 1365. De la même manière, la faute lourde d'un commissariat de police est caractérisée dès lors que la police n'a pas été en mesure d'appréhender les auteurs de treize cambriolages commis à l'encontre d'un commerce pourtant directement relié à ce commissariat par un système d'alarme : Civ. 1re, 25 janv. 2005, pourvoi n° 02-16.572, *D.* 2005, p. 389, *Gaz. Pal.*, 22 mars 2005, avis J. SAINTE-ROSE. La Cour de cassation relevait que, « prenant en considération l'ensemble des comportements dénoncés par les époux X..., la cour d'appel a constaté que, bien que le système d'alarme eût fonctionné normalement à chaque effraction et que le mode opératoire employé par les malfaiteurs eût été, à chaque fois, quasiment identique, il n'était pas établi que les services de police aient pris des mesures topiques pour obvier à la perpétuation de ces cambriolages et en arrêter les auteurs ; que les interventions des policiers du commissariat de Vitry-le-François avaient toujours été tardives et totalement inefficaces, et que leur action n'avait jamais été sérieusement relayée par les autres comportements dénoncés par les époux X... ». - Comme le rappelle l'avocat général (*op. cit.*, ss. § II, *in fine*), ce n'est évidemment pas l'absence de résultat qui est sanctionnée, mais l'absence de diligence dans la recherche de la vérité ; la cour d'appel de Paris a également jugé que « des constatations erronées et des diligences manifestement insuffisantes de gendarmes enquêteurs lors d'un grave accident de la circulation, ayant de ce fait retardé l'indemnisation de la victime », caractérisent suffisamment la faute lourde engageant la responsabilité de l'État : Paris, 1re ch. B, 13 déc. 1990, *agent judiciaire du Trésor c/ Dufrenoy* (cité par G. LUYETTE, P. CHAUVIN, « Responsabilité du service de la justice et des magistrats », *J.-Cl. Proc. civ.*, Fasc. n° 74 (ancienne version), spéc. n° 90). - On rappelle que, selon l'article 41 du Code de procédure pénale, le procureur de la République dirige l'activité des officiers et agents de police judiciaire. Et c'est d'ailleurs pour cette raison que l'article L. 781-1 (devenu COJ, art. L. 141-1) du Code de l'organisation judiciaire trouve à s'appliquer, du moins lorsque sont en jeu des actes de police judiciaire (G. LUYETTE, P. CHAUVIN, *op. cit.*, n° 40).

2089 Aix, 1re ch., 25 mai 1988, *agent judiciaire du Trésor c/ SARL Les Fils de Rame* (cité par G. LUYETTE, P. CHAUVIN, *op. cit.*, n° 50). Dans cette affaire, les services de la répression des fraudes devaient pratiquer une saisie réelle (qui s'était maintenue pendant un an) de 21 000 hl de vin rosé importés d'Italie en se fondant sur des analyses apparemment très discutables et non contradictoire d'échantillons, qui devaient surtout se trouver démenties par deux expertises successives. Pour les magistrats du second degré, « le service de la répression des fraudes, spécialisé en la matière, ne devait pas ignorer la possibilité de ces deux interprétations dont l'une, seulement, pouvait aller dans le sens d'une fraude par coupage prohibé ; et qu'il ne l'ignorait d'ailleurs pas, comme le prouve l'étude de son mémoire supplétif du 1er octobre 1976, où il en est question ». Il ne pouvait aussi bien, « sans commettre la faute lourde consistant à violer la règle qui veut que le doute profite à l'individu suspecté, tirer d'une seule

heureusement, la victime - si tant est qu'elle se manifeste, ce qui est un autre problème - peut encore saisir la juridiction d'instruction. De toute évidence, le principe politique de la « réponse pénale systématique » ne modifie pas fondamentalement le problème. Au-delà du rangement dans la catégorie des affaires « non poursuivables »[2090], le classement sans suite « sec »[2091] offre encore une échappatoire acceptable pour un parquet qui n'est pas parvenu - sciemment, tel est le risque - à élucider des faits qu'il ne souhaite pas voir porter au grand jour ou à réunir des charges suivantes contre le suspect qu'il souhaite protéger. À supposer, enfin, que des charges aient pu être réunies, il lui est loisible, s'il ne souhaite pas porter l'affaire devant la juridiction, de proposer un classement sans suite conditionnel, une troisième voie alors instrumentalisée pour faire échapper l'affaire à la publicité. C'est un risque évident qui n'existe pas lorsque les autorités publiques ont la qualité de partie, c'est-à-dire lorsqu'un juge d'instruction a été saisi de l'affaire et le procureur de la République entend lui transmettre certaines pièces ou obtenir de lui certains actes d'information.

2. *Les libertés et pouvoirs des autorités publiques ayant le statut de partie*

236. ***Liberté de présenter les preuves au juge d'instruction.*** Il faut, de nouveau, se demander quel est l'impact de l'office de véridiction sur la nature et l'étendue des prérogatives probatoires des autorités publiques ayant le statut de partie. On a vu que, lorsque le procureur de la République est en charge de l'enquête, il se voit reconnaître un office de véridiction qui tend à mettre à sa charge une véritable obligation de recherche de la preuve. À tout le moins, cet office de véridiction s'enrichit, aujourd'hui, de prérogatives fort nombreuses et, souvent, coercitives. Qu'en est-il, désormais, des prérogatives du procureur de la République qui, en raison de l'ouverture d'une information, accède au statut de partie ? Quel est l'impact de l'office de véridiction - alors confié au juge d'instruction[2092] - sur la nature des

interprétation équivoque des résultats de son expertise une présomption grave de fraude, en l'absence d'autres éléments le conduisant à conclure à un coupage prohibé plutôt qu'à une macération permise ».

[2090] Il s'agit d'une typologie assez mystérieuse utilisée par les statisticiens du ministère de la Justice et des Libertés, pour recenser les affaires pour lesquels, soit l'auteur de l'infraction n'a pu être identifié par les services de police ou de gendarmerie (61 % des 70 % que représentait cette catégorie au sein de l'activité du parquet, en 2007), soit l'examen de l'affaire a montré que l'infraction n'était pas constituée ou que les charges contre les personnes mises en cause étaient insuffisantes ou que les motifs juridiques faisaient obstacle à la poursuite (9 % des affaires poursuivables) ; sur quoi, v. MINISTÈRE DE LA JUSTICE, *Infostat Justice*, Avril 2008, numéro 101, Justice, Paris, 2008, p. 1. - On apprend, également, que, en 2006, sur 3 376 537 affaires « non poursuivables » (4 953 065 étant le nombre total des affaires traitées), 2 988 204 avaient reçu ce statut en raison d'un défaut d'élucidation (SOUS-DIRECTION DE LA STATISTIQUE ET DES ÉTUDES, MINISTÈRE DE LA JUSTICE, *Statistiques de la Justice. - Édition 2008*, La Documentation française, Paris, 2009, p. 109). Cette catégorie est étonnante puisque ses critères répondent, plus ou moins, à ceux du classement sans suite « sec ».

[2091] En 2006, le classement sans suite « sec » concernait 299 549 sur les 1 526 396 affaires « poursuivables », soit un pourcentage de 9,6 %. 99 247 étaient classées pour « recherches infructueuses » (SOUS-DIRECTION DE LA STATISTIQUE ET DES ÉTUDES, MINISTÈRE DE LA JUSTICE, Statistiques de la Justice.-Edition 2008, *op. cit.*, *loc. cit.*). En 2007, 241 311 affaires ont fait l'objet d'un classement sans suite « sec ». 33 % d'entre elles l'ont été pour recherches infructueuses (soit 80 438 affaires). - V. F. DESPORTES, L. LAZERGES-COUSQUER, *Traité de procédure pénale*, Economica, Corpus Droit privé, Paris, 2009, spéc. n° 1156, p. 724.

[2092] V. *supra*, n° 225, pour un rappel des statistiques. La saisine du juge d'instruction n'est obligatoire qu'en matière criminelle : C. proc. pén., art. 79, *in limine*. - J.-P. VALAT, « Juge d'instruction. - Juridiction d'instruction du premier degré. - Dispositions générales », *J.-Cl.* Proc. pén., art. 79 à 84, Fasc. 20, spéc. n° 5.

prérogatives dont il dispose en matière de présentation et de recherche des preuves ? On peut d'emblée écarter une fausse difficulté. Comme les parties à l'instance civile, le ministère public peut librement produire les preuves réunies par ses services. Et comme pour les parties civiles, la prérogative qui lui permet de présenter les preuves est une *liberté*. Qui, du reste, contesterait ce point : n'est-ce pas lui qui fournit les premières pierres au dossier de la procédure[2093], grâce, en particulier, au travail des fonctionnaires placés sous sa direction[2094] ? Mais qu'en est-il, exactement, des prérogatives probatoires du procureur de la République vis-à-vis du juge d'instruction et, accessoirement, de la juridiction de jugement ? On sait, en effet, que le procureur de la République peut, *à tout moment de l'information*, solliciter du magistrat instructeur tout acte d'instruction qui lui paraît utile à la manifestation de la vérité[2095]. Il peut pareillement demander une expertise chaque fois qu'une question d'ordre technique se pose[2096] ; et si le magistrat instructeur n'entend pas faire droit à la demande du procureur de la République, il doit, dans les cinq jours du « réquisitoire supplétif - mesure nouvelle »[2097], rendre une ordonnance motivée dont le procureur peut interjeter appel. Le silence du juge d'instruction ouvre, du reste, droit à un appel directement porté devant la chambre de l'instruction dans les dix jours[2098]. Enfin, pour mettre utilement en œuvre ses pouvoirs, le ministère public peut obtenir communication du dossier de la procédure, à charge pour lui de le rendre dans les 24h[2099], tout comme il lui est possible de participer aux confrontations de la personne mise en examen et auditions de la partie civile[2100].

237. ***Pouvoir d'obtenir des preuves du juge d'instruction.*** Comment qualifier ces prérogatives qui n'ont cessé de croître au fil des années ? Méritent-elles, comme on a pu encore le soutenir parfois, la qualification de « droit », de « droit à la preuve »[2101] ? Au vrai, cette proposition méconnaît d'une façon singulière la structure hiérarchique du procès pénal français ; si, dans un système hiérarchique, l'office de véridiction, qui place la vérité matérielle au cœur du procès, est le foyer d'où procèdent les prérogatives en matière de recherche des preuves, alors ces attributions ne peuvent être vues comme de simples droits à la disposition du Parquet. Un raisonnement *a fortiori* très simple le confirme: si les attributions des

---

[2093] *Cf.* C. RIBEYRE, *La communication du dossier pénal*, PUAM., Aix-en-Provence, 2007, spéc. n° 8, p. 22. - *Contra*, R. MERLE, A. VITU, *Traité de droit criminel. - Procédure pénale*, *op. cit.*, n° 264, p. 330.

[2094] Même si les enquêtes sont menées, dans les faits, par la police judiciaire (S. GUINCHARD, J. BUISSON, *Procédure pénale*, *op. cit.*, n° 675, p. 619), elles n'en sont pas moins placées sous sa direction, et il dispose, sur le plan probatoire, d'une habilitation générale (les mêmes prérogatives que les OPJ) et des habilitations qui lui sont propres : C. proc. pén., art. 41, al. 1, 2 et 4 ; V. toutefois, le commentaire de J. BUISSON, ss. Crim., 1er déc. 2004, n° 04-80.536, *JurisData*, n° 2005-026136, *in Procédures* 2005, comm. n° 76 : l'officier de police judiciaire qui omet de rendre compte, au procureur de la République, des actes qu'il accomplit spontanément, ne compromet pas la validité de son action.

[2095] C. proc. pén., art. 82.

[2096] C. proc. pén., art. 156.

[2097] S. GUINCHARD, J. BUISSON, *op. cit.*, 2165, p. 1232-1233.

[2098] C. proc. pén., art. 82, al. 5. S. GUINCHARD, J. BUISSON, *op. cit.*, *loc. cit.*

[2099] C. proc. pén., art. 82, al. 2. Le juge ne peut refuser cette communication, Crim., 5 févr. 1970, *Bull. crim.*, n° 53. Sur cette question complexe, on peut consulter avec profit C. RIBEYRE, *La communication du dossier pénal*, *op. cit.*, spéc. p. 69-96 . - *Adde*, S. GUINCHARD, J. BUISSON, *op. cit.*, *loc. cit.*

[2100] C. proc. pén., art. 119.

[2101] V. J. PATARIN, « Le particularisme de la théorie des preuves en droit pénal », *in Quelques aspects de l'autonomie du droit pénal. - Études de droit criminel*, G. STEFANI (dir. et préf.), Dalloz, Paris, 1956, p. 41 : « L'accusation dispose tout d'abord d'un droit à la preuve particulièrement étendu [...] » ; R. PERROT, « Rapport de synthèse », *Le rôle du juge et des parties dans l'administration de la preuve*, *op. cit.*, n° 12, p. 100.

parties, au sein du procès civil, ne peuvent être ramenées à des *droits à la preuve*[2102], on ne saurait, à plus forte raison, eu égard à la dimension éminemment publique de sa mission, identifier les pouvoirs du ministère public, en matière de preuve, à des quelconques droits. Mais, positivement, la nature exacte de ses prérogatives dépend du point de vue adopté. Si on se place du point de vue de l'homme qui représente le ministère public (le procureur de la République, par exemple), il faut convenir que celui-ci exerce les prérogatives à lui confiées dans l'intérêt de la société toute entière. On peut aussi bien parler de pouvoir, car l'intérêt servi par les prérogatives dépasse ce qui s'en détache parfois, et qui est son intérêt propre[2103]. Si, au contraire, on se place du point de vue de l'institution (le ministère public), il n'est alors plus aucune distinction à faire entre l'intérêt général que garantit l'office de véridiction et celui que *personnifie* le ministère public[2104]. Dans ce cas de figure, il n'est plus exact de parler de pouvoir : *toutes les prérogatives du ministère public s'inscrivent directement dans l'office de véridiction du juge d'instruction.* Ce dernier en conserve la maîtrise, le ministère public se voit reconnaître, à son endroit, un pouvoir d'impulsion[2105].

Reste alors à trancher les deux questions les plus délicates et qui permettent de compléter utilement cette dernière proposition. Il s'agit de l'étendue du *devoir de recherche* du parquet, à amont, le cas échéant, de la saisine du juge d'instruction. Recueille-t-il les éléments à charge et à décharge ou est-il orienté, dans le récolement des preuves, par son futur statut de demandeur au procès pénal ? Les avis sont, sur ce point, particulièrement partagés. On prétend, d'un côté, que « [...] contrairement à la partie privée qui se prétend victime, le parquetier ne campe pas d'emblée l'adversaire du suspect : pas plus que le magistrat instructeur, le procureur n'incarne l'accusation au stade de la recherche des preuves »[2106], et que « [c]'est ne rien comprendre de l'avant-procès français que de présenter (comme l'ont fait les médias par exemple à l'occasion de la discussion de la loi Perben II) le parquet sous cet angle - à moins d'épouser la posture des partisans du modèle accusatoire flattés par les traits caricaturaux dont la Cour de Strasbourg affuble le ministère public français depuis quelques années [...] »[2107]. À l'opposé, n'a-t-on pas soutenu que le parquet développe « une conception particulière du procès pénal, imprimée par [sa] fonction d'accusateur public »[2108] ? Rappelons, en ce sens, ces mots fameux de Cambacérès prononcés, en 1808, lors des débats sur le Code d'Instruction criminelle : **« par son institution, le ministère public est partie. Tous les citoyens trembleraient s'ils voyaient dans le même homme le pouvoir de les accuser et celui de recueillir ce qui peut justifier son accusation »**[2109]. Il est vrai que la première proposition est partiellement incantatoire, dès lors qu'aucune disposition n'oblige le procureur de la République à enquêter *à charge* et *à décharge*. Rien ne permet ainsi de rapprocher le

---

2102 V. *supra*, n° 216 et s.

2103 V., en ce sens, A. BERGEAUD, *Le droit à la preuve*, LGDJ, Bibliothèque de droit privé, Paris, 2010, n° 274, p. 238.

2104 C. RIBEYRE, *op. cit.*, n° 44, p. 69.

2105 L'affirmation est si peu douteuse qu'on considère généralement que, en dépit de ce qui les oppose, ministère public et juge d'instruction forment une véritable équipe dans la recherche des preuves : R. MERLE, A. VITU, *Traité de droit criminel. - Procédure pénale*, *op. cit.*, n° 401, p. 470.

2106 E. MATHIAS, « La marginalisation du juge d'instruction... », *op. cit.*, n° 14.

2107 *Op. cit.* note (37).

2108 Ph. CONTE, « Les galeux de la République. - À propos de "l'affaire d'Outreau" », *JCP G* 2006, I, 101, spéc. n° 2.

2109 A. ESMEIN, *Histoire de la procédure criminelle en France*, p. 530 (rappelés également par R. BADINTER, « Entretien », *JCP G* 2009, n° 23).

droit français du système belge dont le Code d'instruction criminelle dispose expressément, à l'article 73, que « s'il existe, dans le domicile [de l'inculpé], des papiers ou effets qui puissent servir à conviction ou à décharge, le [procureur du Roi] en dressera procès-verbal, et se saisira desdits effets ou papiers »[2110]. Si on accepte ce point de vue, deux conséquences doivent être tirées. Premièrement, et en raison de la puissance de l'office de véridiction du juge d'instruction, les pouvoirs du Parquet ne peuvent plus être interprétés, lorsqu'il devient partie à l'information, comme des prolongements de son pouvoir (ou devoir d'enquête), mais seulement comme des moyens d'ajouter à la puissance du juge d'instruction. C'est à partir de là que le Parquet se met à *concourir* à la manifestation de la vérité ; c'est une captation de sa puissance, comme la captation de maints filets d'eau pour former une source claire et consistante apte à faire tourner les roues à aubes. Il n'est cependant pas la rencontre de ces deux vérités qu'une rivière borne ; la vérité continue d'être révélée et non discutée. Concluons donc en ce sens : à ce stade, ses prérogatives changent de *fondement* ; elles sont entièrement canalisées et entrent dans la mission de véridiction du juge et *concourent* à la manifestation de la vérité[2111]. Secondement, et à rebours, le fonctionnement actuel du système pénal est particulièrement défectueux puisque le ministère public, s'il est en partie (en partie car il n'est de véritable sanction)[2112] soumis à une *obligation de recherche*, demeure en revanche libre de n'orienter ses recherches que dans une seule direction. Peut-être la chose est-elle rare en pratique, mais les textes ne l'encouragent pas à procéder autrement. En tres termes, si le ministère public devenait, à l'instar du système allemand[2113] ou comme le prévoyaient divers projets et rapports, tel le projet dit « Donnedieu de Vabres »[2114] ou le rapport de la « commission Justice pénale et droits de l'homme », présidée par le Professeur M. Delmas-Marty[2115] et, encore plus récemment, le projet remis par comité dit « Léger »[2116], le seul organe de mis en état des causes, la première

[2110] Cité par L. ASCENCI, R. PARIZOT, « La participation des acteurs publics et privés du procès pénal à la recherche de la vérité », *in* G. GIUDICELLI-DELAGE (dir.) *Les transformations de l'administration de la preuve pénale. - Perspectives comparées*, SLC, UMR droit comparé de Paris, Vol. 12, Paris, 2006, p. 81-91, spéc. p. 88. Pour les systèmes continentaux qui ne connaissent pas ou plus l'institution du juge d'instruction, toute comparaison est impossible (v., pourtant, à propos du système italien ou du système allemand, ASCENCI, R. PARIZOT, *op. cit.*, p. 88-89 ; et *supra* pour le système allemand. - La comparaison avec le système espagnol est possible - sur lequel, v. S. C. THAMAN, *Comparative Criminal Procedure. - A Casebook Approach*, 2e éd., Carolina Academic Press, coll. Comparative Law Series, Durham, 2008, spéc. p. 30-32 et 33-34 - mais aucune disposition ne vient formellement imposer l'obligation d'enquêter à charge et à décharge).

[2111] Il en est de même, en définitive, pour les parties privées.

[2112] V. *supra*, n° 235.

[2113] E. SCHLÜCHTER, *Kernwissen. - Procédure pénale allemande*, 3e éd. (E. MATHIAS, trad.), EuWi Verlag, Thüngersheim, Frankfürt/Main, spéc. p. 38-42.

[2114] DONNEDIEU de VABRES, « La réforme de l'instruction préparatoire », *RSC* 1949, p. 499 ; v. la synthèse de A. MERLE, R. VITU, *Traité de droit criminel. - Procédure pénale*, spéc. n° 404, p. 475.

[2115] M. DELMAS-MARTY (dir.), *Rapport commission Justice pénale et droits de l'homme. - La mise en état des affaires pénales*, La Documentation française, Paris, 1991 ; il faut reconnaître que, dans ce projet, l'importance donnée à la contradiction entraînait indubitablement un accroissement de la dimension formelle du procès pénal, le rapprochant bien plus des systèmes anglo-américains que des systèmes hiérarchiques continentaux ; v. spéc. M. DELMAS-MARTY, « La preuve pénale », *Droits* n° 23, p. 53-65, spéc. p. 54 & 64.

[2116] Ph. LÉGER, *Rapport du Comité de réflexion sur la justice pénale*, La Documentation française, Paris, 2009, spéc. p. 6, 9 et 12. - *Adde*, D. GUÉRIN, « Les droits de la défense et de la partie civile dans la phase préparatoire du procès pénal selon le rapport du comité de réflexion sur la justice pénale », *Dr. pén.*2009, dossier n° 6.

disposition qu'il faudrait introduire en droit français serait *l'obligation*[2117] d'enquêter *à charge* et *à décharge*, mais aussi, à tout le moins, et sans pouvoir lever l'obstacle de l'impartialité[2118], l'indépendance des membres du Parquet[2119]. À défaut, le système subirait un important processus de privatisation (affaiblissement de l'office de véridiction) qui, si les autres caractéristiques attachées aux systèmes hiérarchiques disparaissaient, le rapprocherait des systèmes participatifs dans lesquelles les parties ne peuvent compter que sur elles-mêmes dans la recherche de la preuve[2120]. Par ailleurs, les prérogatives des parties privées, qui sont aujourd'hui des pouvoirs *de concourir à la manifestation de la vérité* et *de se défendre*, deviendraient alors, ce qu'elles ne sont pas aujourd'hui, de *véritables droits à la preuve*[2121].

B. Les libertés et pouvoirs résiduels des particuliers et parties privées

238. ***Phase d'enquête et d'instruction.*** Juge d'instruction et ministère public sont soumis, pour une large part, à une obligation de recherche de la preuve. Tel est l'effet d'un office de véridiction développé par lequel l'État confie à certaines autorités le soin de réunir les preuves. En conséquence, particuliers (futures parties) et parties ne peuvent avoir que très peu de prérogatives dans la recherche des preuves. C'est celles-ci qu'il faut décrire désormais en s'interrogeant, comme pour les autorités publiques, sur leur nature, leur fondement et leur étendue. Mais encore faut-il, au préalable, relever, une nouvelle fois, le facteur de complexité qu'a introduit le développement du rôle du ministère public dans la recherche des preuves. Il convient, en effet, aujourd'hui plus que jamais, de mener un raisonnement en deux temps devant conduire à envisager les libertés et pouvoirs des particuliers au stade de l'enquête (1) et les libertés et pouvoirs des parties au stade de l'instruction (2).

2117 Obligation assortie de sanctions efficaces : v. la responsabilité de l'État pour fonctionnement défectueux du service public de la justice, *supra*, n° 232-234.

2118 La CEDH et la Chambre criminelle considèrent, aujourd'hui, que, en sa qualité d'accusateur, le Parquet n'est pas impartial (v. note suivante). Il serait donc pour le moins paradoxal d'exiger que l'enquête soit menée à charge ou à décharge. *Cf.*, à propos du rapport « Léger » : G. LUCAZEAU, « L'action du parquet selon le rapport du comité de réflexion sur la justice pénale », *Dr. pén.*, 2009, dossier n° 5, spéc. n° 18, H. MATSOPOULOU, « À propos du rapport d'étape du Comité de réflexion sur la justice pénale », *JCP G* 2009, act. 156.

2119 CEDH, 5e sect., 10 juill. 2008, *Medvedyev et autres c/ France*, Requête n° 3394/03, § 61, CEDH, Gr. ch., 29 mars 2010, *Medvedyev c/ France*, requête n° 3394/03, § 124, *D.* 2010, p. 1386, note J.-F. RENUCCI, *D.* 2010, p. 1390, note P. HENNION-JACQUET, *D.* 2010, p. 970, obs. D. REBUT, *AJDA 2010*, p. 648, *Dr. pén.*2010, étude n° 12, J.-B. THIERRY, *JCP G* 2010, 454, note F. SUDRE, *JCP G* 2010, 398, obs. F. SUDRE, CEDH, 5e sect., 23 nov. 2010, *Moulin c/ France*, requête n° 37104/06, *JCP G* 2011, doctr. 94, n° 5, chron. F. SUDRE, *Procédures* 2011, comm. 30, note A.-S. CHAVENT-LECLERC, *D.* 2010, p. 2776, obs. S. LAVRIC, *D.* 2011, p. 277, note J.-F. RENUCCI, *D.* 2011, p. 338, note J. PRADEL : le ministère public n'est ni indépendant (puisque lié à l'égard de l'exécutif), ni impartial (parce que partie poursuivante). - V. aussi : Crim., 15 déc. 2010, pourvoi n° 10-83.674, *JurisData* n° 2010-023523, *D.* Actualités 6 janv. 2011, obs. S. LAVRIC, *D.* 2011, p. 21-22, obs. D. ROETS, *Procédures* 2011, comm. 67, note A.-S. CHAVENT-LECLERE, *Dr. pén.*2011, comm. n° 26, obs. A. MARON et M. HAAS, *JCP G* 2011, 214, note J. LEROY. - *Contra*, C.C., 11 août 1993, déc. n° 93-326 DC, *garde à vue*, *JORF* 15 août, p. 11 599, C.C., 2 mars 2004, déc. n° 2004-492, DC, *JORF* 10 mars, p. 4634, cons. 98 & C.C., 30 juill. 2010, décision n° 2010-14/22 QPC, *D.* 2010, p. 1714, *Gaz. Pal.* 05 août 2010, n° 217, p. 14, note O. BACHELET, *Gaz. Pal.*, 05 août 2010, n° 217, p. 3, obs. C. KLEITZ., cons. 26. - *Adde*, M.-L. RASSAT, « Encore et toujours la Cour européenne des droits de l'homme », *JCP G* 2009, act. 200.

2120 Ph. CONTE, *art. préc.*, spéc. n° 2 ; R. BADINTER, *art. préc.*, *loc. cit.*

2121 *Cf.* Ph. THÉRY, « Les finalités du droit de la preuve en droit privé », *Droits* n° 23, 1996, p. 41-52, spéc. p. 51-52.

1. Libertés et pouvoirs des particuliers durant la phase d'enquête

239. ***Remarques liminaires sur le rôle des futures parties.*** La première limite aux prérogatives des personnes appelées à devenir parties privées[2122] résulte de leur statut dans la phase d'enquête : aucune disposition ne prévoit, en effet, leur participation à la recherche des preuves, que ce soit dans la présentation des éléments de preuve en leur possession ou dans la demande d'acte. La puissance du Parquet est contenue dans toute la largeur du flou et dans l'épaisseur du secret. Si les droits de la défense assurent l'intervention d'un avocat dès le début de la garde à vue, une information de l'infraction reprochée[2123] et, désormais, une assistance effective de l'avocat durant la garde à vue[2124] ainsi qu'une notification du droit au silence[2125], l'accès au dossier de la procédure est toujours partiellement fermé[2126]. Ainsi que le Conseil constitutionnel l'a récemment rappelé, les nouvelles dispositions n'ont pour objet que d'assurer l'encadrement et le déroulement de la garde à

[2122] On ne saurait se contenter d'affirmer que victimes et personnes soupçonnées n'ont aucune prérogative dans la phase d'enquête au motif qu'il ne s'agit pas de parties : *cf.* A. BERGEAUD, *Le droit à la preuve*, *op. cit.*, n° 268, p. 234.

[2123] C. proc. pén. art. 63-1 et 63-3-1 (pour l'information de l'avocat). V. aussi, C. proc. pén., art. 60, al. 4, qui prévoit une communication exceptionnelle, par le procureur de la République, des résultats des examens techniques et scientifiques à la personne soupçonnée et à la victime.

[2124] L. n° 2011-392 du 14 avr. 2011, *JORF* 15 Avril 2011 qui a introduit les articles 63-3-1 à 63-4-3 C. proc. pén. - V. S. GUINCHARD, J. BUISSON, *Procédure pénale*, 7e éd., Litec, Manuel, Paris, 2011, n° 847 et s., p. 694 et s. - Comme par le passé, l'avocat intervient « dès le début de la mesure », pour un entretien confidentiel qui n'excède pas trente minutes (C. proc. pén., art. 63-4). Le nouvel article 63-4-1 du Code de procédure pénale prévoit également que, à sa demande, l'avocat peut consulter le procès-verbal de notification du placement en garde à vue et des droits afférents, le certificat médical, ainsi que les procès-verbaux d'audition de son client (si un report de l'assistance a été décidé ou si l'avocat n'a pu être présent dans les deux heures qui suivent la demande d'assistance : C. proc. pén., art. 63-4-2). Il ne peut pas en revanche, comme c'est possible en instruction, en demander ou en réaliser une copie (seule une prise de notes est possible). Le rôle de l'avocat lors de ces auditions et confrontations est relativement limité. Il est prévu qu'il « peut prendre des notes » au cours de la mesure (C. proc. pén., art. 63-4-2), « peut poser des questions » et « présenter des observations écrites » à l'issue de celle-ci (C. proc. pén., art. 63-4-3), mais ne doit faire état auprès de quiconque ni des entretiens, ni des procès-verbaux (C. proc. pén., art. 63-4-4). En tout état de cause, l'officier de police judiciaire peut, « en cas de difficulté », mettre un terme à l'audition ou à la confrontation pour désignation éventuelle d'un autre avocat et il peut s'opposer aux questions si « celles-ci sont de nature à nuire au bon déroulement de l'enquête ».

[2125] C. proc. pén., art. 63-1, 3° ; C. proc. pén., art. préliminaire, § III, al. 6 : « En matière criminelle et correctionnelle, aucune condamnation ne peut être prononcée contre une personne sur le seul fondement de déclarations qu'elle a faites sans avoir pu s'entretenir avec un avocat et être assistée par lui ».

[2126] Même si la L. n° 2011-392 du 14 avr. 2011 a accru les droits de la personne placée en garde à vue, le texte est encore insuffisant, semble-t-il, au regard des exigences posées par la jurisprudence de la CEDH. Selon l'arrêt *Dayanan*, en particulier, l'avocat devrait avoir un accès général au dossier de la procédure et non pas seulement un accès à certaines pièces dont le procès-verbal d'audition du client : CEDH 2e sect., *Dayanan c/ Turquie*, 13 oct. 2009, requête n° 7377/03, § 32 : « l'équité de la procédure requiert que l'accusé puisse obtenir toute la vaste gamme d'interventions qui sont propres au conseil. À cet égard, la discussion de l'affaire, l'organisation de la défense, la recherche des preuves favorables à l'accusé, la préparation des interrogatoires, le soutien de l'accusé en détresse et le contrôle des conditions de détention sont des éléments fondamentaux de la défense que l'avocat doit librement exercer » (v. aussi, J. LEROY, « La décision du Conseil constitutionnel sur la nouvelle garde à vue : une décision dérangeante », *Dr. pén.*, 2012, étude 4). Le Conseil constitutionnel (C.C., 18 nov. 2011, déc. n° 2011-191/194/195/196/197 QPC, *JurisData* n° 2011-025225, *JORF* 19 Novembre 2011, p. 19480, *AJ pén.* 2012, p. 102-104, note J.-B. PERRIER, *Gaz. Pal.* 13 janv. 2012, n° 13-14, p. 46-47, note F. FOURMENT, *JCP G* 2011, n° 52, p. 2564-2567, note J. PRADEL) a décidé que « compte tenu des délais dans lesquels la garde à vue est encadrée, les dispositions de l'article 63-4-1 qui limitent l'accès de l'avocat aux seules pièces relatives à la procédure de garde à vue et aux auditions antérieures de la personne gardée à vue assurent, entre le respect des droits de la défense et l'objectif de valeur constitutionnelle de recherche des auteurs d'infractions, une conciliation qui n'est pas déséquilibrée » (cons. 29).

vue et de garantir les droits de la défense. Elles ne sont pas destinées à « permettre la discussion de la légalité des actes d'enquête ou du bien-fondé des éléments de preuve rassemblés par les enquêteurs, qui n'ont pas donné lieu à une décision de poursuite de l'autorité judiciaire et qui ont vocation, le cas échéant, à être discutés devant les juridictions d'instruction ou de jugement »[2127]. Le contrôle de la procédure ne peut se faire qu'*a posteriori*, par le biais des demandes d'annulation d'actes de la procédure.

Cela étant, une telle conception de l'enquête peut, semble-t-il, se réclamer de sérieux arguments[2128] : « Ce maximum d'opacité est nécessaire et peu dangereux, a-t-on dit. Il est nécessaire, parce que cette période est le seul moment où des investigations peuvent être effectuées, sans que la personne soupçonnée soit avertie de ce que savent déjà les enquêteurs, et surtout de ce qu'ils ignorent ». Il est peu dangereux, car « [l]'absence de contradiction est palliée ultérieurement, lorsque le suspect sera prévenu ou mis en examen. L'information n'est donc que retardée »[2129]. Mais l'argumentaire s'expose aussi à de sérieuses critiques : si le procès pénal français, comme on a tenté de le montrer à plusieurs reprises, ne postule pas un degré élevé de contradiction, au moins durant la phase de recherche des preuves, et que, à l'évidence, une dose de secret garantit l'efficacité de l'enquête, il a été assez bien répondu qu'un recours, fût-il modéré, à la contradiction, contribue considérablement à l'expression de la vérité objective ou matérielle[2130] et assure surtout une protection nécessaire des justiciables[2131], ce qu'on a fini par admettre pour l'information[2132]. Il est vrai, une nouvelle fois, que le Parquet joue avant tout le rôle d'accusateur et que, en cette qualité, il exprime souvent une puissance unilatérale et orientée ; il n'est pas encore, à ce stade, quoi qu'on en dise, le collaborateur du juge d'instruction ou de la juridiction de jugement[2133]. Or, devenant, *de facto*, le véritable organe de mise en état, sa spécificité ne peut plus tirer argument de l'intervention ultérieure du juge d'instruction. On ne comprend dès lors plus que les intervenants privés ne puissent, dans ce cas, avoir accès au dossier de la procédure ; on ne comprend pas mieux qu'aucune règle ne soit fixée concernant la libre production des pièces par ceux-ci[2134], et qu'aucun pouvoir ne leur soit conféré dans la recherche des preuves. Il ne

---

2127 C.C., 18 nov. 2011, déc. n° 2011-191/194/195/196/197 QPC, cons. 28.

2128 Le second de ces arguments semble recevoir l'aval de la Cour européenne des droits de l'homme qui, se livrant à une appréciation globale de l'équité de la procédure, accepte que certaines garanties soient éludées durant l'enquête, pour peu que la juridiction de jugement ait pu y remédier, le cas échéant : v., entre autres références, CEDH, 8 févr. 1996, *John Murray c/ Royaume-Uni*, Rec. 1996-1, spéc. § 3, p. 54-55. - Pour des références plus complètes, v. M. VAN de KERCHOVE, « La preuve en matière pénale dans la jurisprudence de la Cour et de la Commission européennes des droits de l'homme », *RSC* 1992, p. 1-14, spéc. p. 1 et 2. - La question est complexe : v. *infra*, n° 406 et s. & 432 et s.

2129 C. RIBEYRE, *La communication du dossier pénal*, *op. cit.*, n° 164, p. 151 (qui résume ici la pensée d'un certain courant) : l'auteur remarque avec finesse que cet argumentaire était autrefois développé lorsque l'instruction n'avait pas de caractère contradictoire (*op. cit.*, p. 152)

2130 V., très nettement, D. PONCET, *L'instruction contradictoire dans le système de la procédure pénale genevoise et en droit français*, Librairie de l'université, Genève, 1967, n° 6, p. 9-10.

2131 Mais, là encore, il ne faut pas trop se jouer des mots. La présentation, par les parties, de leurs propres éléments de preuve, ne se rattache pas vraiment à la contradiction, sauf à considérer que présenter une preuve revient à débattre, ce qui est un raisonnement déjà plus hardi, et dont l'étroitesse est évidente si on se souvient que victime et personne soupçonnée n'ont pas encore eu accès au dossier. Il est vrai qu'on pourrait aisément l'identifier à un droit de la défense. C'est, pour le moins, en l'état des textes, un moyen de préparer le débat qui ne pourra vraiment avoir lieu qu'au moment de la communication du dossier. Sur ce dernier aspect, *cf.* C. RIBEYRE, *La communication du dossier pénal*, *op. cit.*, n° 166-174, p. 154-161.

2132 V. la démonstration, *infra*, n° 241-244.

2133 V. *supra*, n° 236-237.

2134 V. les remarques, *infra*, ce paragraphe.

faut pourtant pas oublier, sans identifier recherche de la preuve et risque de la preuve, que la personne soupçonnée, demain peut-être dans les liens de la prévention ou de l'accusation, devra se démêler de l'écheveau des présomptions de culpabilité qui, sans opérer complet renversement de la preuve, compliqueront sérieusement sa mission probatoire[2135]. Il lui faudra peut-être, également, alléguer des causes d'irresponsabilité ou d'atténuation de responsabilité et provoquer le récolement des preuves susceptibles de venir étayer ces allégations[2136]. Ce n'est pas à dire que l'autorité publique demeurera totalement passive face à ces circonstances - des éléments de preuve recherchés par le ministère public peuvent renverser une présomption, étayer une cause d'irresponsabilité ou un fait justificatif -, mais on sent bien que la personne poursuivie devra, bien souvent, en la matière, ne compter que sur elle-même (en bref, elle devra se défendre). Il serait souhaitable que, dès ce stade, la personne soupçonnée, mais aussi la victime, puissent infléchir le travail du Parquet en formulant des offres de preuve sur le modèle des pouvoirs disponibles durant l'instruction. Ces prérogatives auraient pour fondement nécessaire les droits de la défense.

En tout état de cause, l'absence de pouvoirs des futures parties privées est partiellement compensée par deux séries de mécanismes. Tout d'abord, les futures parties sont évidemment *libres* - il s'agit donc, au *sens strict*, d'une *liberté* - de présenter les preuves qui sont en leur possession. En dehors du statut du témoin, le Code de procédure pénale est silencieux ; mais comme semble l'indiquer la jurisprudence, rien ne s'oppose à une telle production[2137]. De toute évidence, rien n'empêche ces particuliers, une fois devenus parties, de présenter leur preuve devant la

---

[2135] V. *supra*, n° 75.- *Adde*, Ph. CONTE, P. MAISTRE du CHAMBON, *Procédure pénale*, *op. cit.*, n° 42, p. 27.

[2136] C. pén., art. 122-2 (contrainte), art. 122-3 (erreur sur le droit), art. 122-4, al. 1er (ordre ou autorisation de la loi ou du règlement), art. 122-4, al. 2 (commandement de l'autorité légitime), art. 122-5 (légitime défense), art. 122-7 (état de nécessité). La Cour de cassation n'analyse pas les propositions sur lesquelles elles reposent (absence de contrainte, absence de commandement…) comme des présomptions, d'où la *charge de l'allégation* : v., en ce sens, la jurisprudence qui s'oppose à ce que les juges du fond relèvent d'office ces causes : Crim., 23 mars 1999, *Bull. crim.*, n° 52, *Dr. pén.*1999, chron. 27, Cl. MARSAT, *JurisData* n° 1999-001467, pour l'erreur de droit ; Cass. crim., 7 févr. 1989, *Bull. crim.*, n° 49, pour la légitime défense ; Ass. plén., 30 juin 1995, *JCP G* 1995, II, 22479, 2e esp., note P. CHAMBON, pour l'état de nécessité. Cette analyse est loin d'être satisfaisante pour les causes dites « subjectives » de responsabilité (trouble neuropsychique, erreur, contrainte), qui ne sont pas, *pour le moins*, des « faits justificatifs », car à la vérité, on sait que l'imputation de l'infraction à l'agent est une condition de la responsabilité, qui doit être démontrée, et qui est, de fait, facilitée par l'existence de présomptions : pour le discernement (en ce sens, M.-L. RASSAT, « Trouble psychique et neuropsychique. Contrainte », *J.-Cl.* Pén. Code, art. 122-1 et 122-2, Fasc. n° 20, spéc. n° 33 ; d'ailleurs, la jurisprudence a pu estimer que lorsqu'il n'y a pas allégation de trouble, il y a « présomption » que l'état mental de l'accusé permet d'engager avec lui des débats contradictoires, Crim., 31 janv. 1920, *Bull. crim.*, n° 61, cité par M.-L. RASSAT, *op. cit.*, *loc. cit.* - *Adde*, M.-L. RASSAT, *Traité de procédure pénale*, PUF, 2001, n° 198 et s.), et pour l'erreur (« nul n'est censé ignorer la loi », v., pourtant, Crim., 23 mars 1999, *préc.*) (en matière de contrainte, on parle parfois de cause de non-culpabilité : v. M.-L. RASSAT, *Fasc. préc.*, n° 7 ; le défendeur a, là encore, la charge de l'allégation : Crim., 11 mai 2004, *JurisData* n° 2004-023995). Un consensus semble se former, en revanche, autour des faits justificatifs : c'est l'infraction qui disparaît (sur ces questions C. MASCALA, « Faits justificatifs. - Généralités. - Ordre de la loi », *J.-Cl.* Pénal Code, art. 122-4, Fasc. unique., spéc. n° 4).-V. aussi, *supra*, n° 111-114.

[2137] Pour la Chambre criminelle, « aucun texte de procédure pénale n'interdit la production par le plaignant, à l'appui de sa plainte, de pièces de nature à constituer des charges contre les personnes visées dans celle-ci, lesdites pièces ne constituant pas, au demeurant, des actes d'information susceptibles d'être annulés en application de l'article 172 du Code de procédure pénale » (Crim., 23 juill. 1992, pourvoi n° 92-82.721). - Bien que la motivation soit relative à la présentation des preuves illicites, elle est très générale et montre bien que le ministère public doit recueillir les preuves fournies par les futures parties.

juridiction de jugement[2138]. Enfin, l'absence de *pouvoir* est partiellement compensée par l'existence d'une *instruction définitive* ou *instruction à la d'audience* qui se tient devant le juge[2139]. Les parties ne disposent, à l'évidence, d'aucune prérogative particulière, mais elles peuvent espérer, de la juridiction, qu'elle ordonne un supplément d'information si elle s'estime insuffisamment éclairée.

2. *Libertés et pouvoirs des parties durant la phase d'instruction*

240. ***Véridiction et droits de la défense.*** Lorsque le juge d'instruction a été exceptionnellement saisi, les parties disposent, à la faveur d'une revalorisation progressive de leur statut, de prérogatives plus étendues. Elles sont, en effet, investies de certains pouvoirs qui leur permettent de participer ou *concourir à la manifestation de la vérité*. En réalité, en raison de l'étendue de l'office de véridiction du juge d'instruction, ces attributions ont un double fondement. Il s'agit bel et bien de *pouvoirs*, en ce sens que les offres de preuves formulées par les parties ne servent pas *seulement* leur intérêt mais aussi celui de la justice. Mais ces pouvoirs n'ont pas seulement une vertu probatoire ou véridictoire ; ils participent, également, des droits de la défense (b). Quelques incertitudes demeurent, en revanche, concernant la libre présentation, par les parties, des preuves qui sont en leur possession (a).

a. Les incertitudes autour de la liberté de présentation des preuves

241. ***Positionnement du problème.*** Plus l'investissement probatoire de l'État est grand, moins la liberté de produire est étendue. C'est un théorème dont on a pu mesurer la réalité au sein du procès civil[2140] et que l'étude du procès pénal ne devrait que confirmer. Une précision, toutefois, s'impose en la matière ; la liberté de présenter la preuve en justice se conçoit, comme toute liberté, de manière à la fois

---

[2138] V., toutefois, *infra*, n° 342, le faible contrôle de la Cour de cassation en matière de dénaturation par omission.

[2139] Devant le tribunal de police et le tribunal correctionnel, la juridiction peut ordonner des investigations supplémentaires par voie de supplément d'information : C. proc. pén., art. 463. Par ailleurs, lorsque se pose « une question d'ordre technique », le tribunal correctionnel peut, par jugement, ordonner une expertise, soit d'office, soit à la demande du ministère public ou des parties (C. proc. pén., art. 156, al. 1er & art. 434). Enfin, en vertu de l'article 456 du Code de procédure pénale, le tribunal peut ordonner un transport sur les lieux « en vue de la manifestation de la vérité ». Là encore, la mesure est ordonnée d'office ou à la demande du ministère public, de la partie civile ou du prévenu (pour plus ample informé, v. F. DESPORTES, L. LAZERGE-COUSQUER, *Traité de procédure pénale*, *op. cit.*, spéc. n° 3139, n° 3138 & n° 3140). Devant la cour d'assises, les règles sont légèrement différentes, mais sont également inspirées par une recherche plus fine de la vérité. Avant même l'ouverture des débats, le président a le pouvoir, si l'instruction lui semble incomplète ou si des éléments nouveaux ont été révélés depuis sa clôture, d'ordonner tout acte d'information qui lui paraît utile (C. proc. pén., art. 283 & 284). Il peut même, soit d'office, soit sur réquisition du ministère public, ordonner le renvoi de l'affaire à une session ultérieure si elle ne lui paraît pas en état d'être jugée (C. proc. pén., art. 287). Au cours des débats, le président dispose encore du pouvoir discrétionnaire d'ordonner, « en son honneur et sa conscience », « toutes mesures qu'il croit utiles pour découvrir la vérité » (C. proc. pén., art. 310). Il peut notamment ordonner la diffusion de l'enregistrement audiovisuel de témoignages recueillis au cours d'un précédent procès criminel, et ce même sans avoir suivi la procédure prévue par le décret n° 86-74 du 15 janv. 1986 (Ass. plén., 11 juin 2004, *Bull. crim.*, n° 1). Il lui est encore possible d'auditionner le magistrat instructeur en charge de l'affaire, afin de recueillir tous renseignements qu'il juge utiles à la manifestation de la vérité (Crim., 2 déc. 1987, *Bull. crim.*, n° 443) ; *cf.* F. DESPORTES, L. LAZERGES-COUSQUER, *op. cit.*, spéc. n° 3248, 3249 & 3257 et la jurisprudence abondante sous l'article 310.

[2140] Il n'est d'ailleurs pas douteux que c'est dans les domaines où l'intérêt de l'État a été perçu comme essentiel que les atteintes les plus grandes ont été portées à la liberté de produire, v. *infra*, n° 250 et s. (à propos de l'exigence adminiculaire).

positive et négative ; la procédure civile, comme on l'a vu, se contente généralement d'affecter la liberté de ne pas produire, en laissant intacte la liberté de produire. Une telle restriction se retrouve nécessairement en matière répressive, sous la réserve, non négligeable, qu'il est une liberté (un droit dit-on) de ne pas contribuer à sa propre condamnation[2141], dont la portée est cependant loin d'être absolue. On aura largement l'occasion d'y revenir lors de l'étude des phénomènes d'acculturation de la preuve judiciaire française. Pour l'instant, il convient surtout de constater que la procédure pénale, qui reste très largement imprégnée de cette eau d'esprit que constitue l'intérêt général, pourrait s'autoriser des limitations considérables à la liberté de présentation elle-même (c'est-à-dire dans sa dimension positive). Un système très hiérarchisé, marqué par un organe de mise en état très fort, pourrait, en effet, concevoir de telles limitations. Le système français est-il de cette nature ?

242. ***Libre présentation des preuves et droits de la défense.*** Si on adopte la vision dogmatique livrée dans le schéma n° 1, ci-dessus[2142], les prérogatives des parties doivent être, dans un système hiérarchique, corrélées à la conception de l'office de véridiction. Lorsque ce dernier est particulièrement développé - parce que l'organe de recherche de la preuve est astreint à une obligation de recherche et qu'il dispose de nombreuses dispositions pour y satisfaire -, c'est que l'État a la prétention d'établir lui seul la vérité matérielle. Il faut alors en tirer cette première conclusion, sans doute brutale, mais qui découle naturellement des prémisses : l'intervention des parties privées, dont les intérêts sont radicalement contradictoires, est perçue comme un facteur de dispersion. Telle était, semble-t-il, la conception classique de la place des parties dans l'établissement de la vérité au procès pénal[2143]. Le procès pénal contemporain ne supporte probablement plus une telle analyse. Sans souscrire à l'idée que seule la collaboration des parties permet le jaillissement de la vérité, il faut convenir, de manière pragmatique, que des intervenants privés au procès pénal apportent une contribution décisive à la recherche du vrai. Pour cette seule raison, on pourrait affirmer, sans la moindre nuance, que les parties *doivent être libres de présenter leur preuve* en justice. Reste que le modèle hiérarchique dans lequel cette liberté s'épanouit doit toujours être gardé à l'esprit. La collaboration systématique des parties, quelles qu'elles soient, à la manifestation de

---

[2141] A. BERGEAUD, *Thèse préc.*, n° 17, p. 19. Le *privilege against self-incrimination* est étudié, dans le détail, au titre suivant : v. *infra*, n° 437 et s. - Il est sans doute important de souligner le fondement singulier du *privilege* dans la culture anglo-américaine, qui renvoie à la particularité, déjà signalée, de la notion d'aveu. Ainsi qu'on a pu le remarquer, « [m]ême limitée à l'exigence de répondre à une question, la contrainte de l'accusation apparaît contradictoire avec le jaillissement naturel de la vérité autobiographique, et pervertirait ainsi le potentiel de vérité de l'aveu. De plus, elle exigerait de la personne un acte contraire aux principes naturels de la préservation de soi, comme l'affirme si bien une tradition juridique rétive à toute demande de collaboration de l'inculpé à sa propre condamnation, et qui est explicitée dans le Cinquième Amendement de la Constitution des États-Unis », R. DULONG, « Présentation », *in* R. DULONG (dir.), *L'aveu. - Histoire, sociologie, philosophie*, PUF, Droit et justice, Paris, 2001, p. 7-15, spéc. p. 8. V. encore, R. DULONG, J.-M. MARANDIN, « Analyse des dimensions constitutives de l'aveu en réponse à une accusation », *op. cit.* p. 135-179). Sous ce regard, on pourrait même distinguer l'aveu de la confession, le premier, contrairement au second, s'insérant nécessairement dans un schéma dissymétrique accusateur-accusé, qui convient bien au modèle hiérarchique ; v., au contraire, l'importance de la *confession* dans la culture américaine, qui appartient à un modèle procédural isonomique : I. PAPADOPOULOS, « La preuve : vérité ou vraisemblance ? », *in* A. GARAPON, I. POPADOPOULOS, *Juger en Amérique et en France*, Odile Jacob, Paris, 2003, p. 123-145, spéc. p. 126-127.

[2142] V. *supra*, n° 204.

[2143] *Cf.* not. P. MIMIN, « Recherche de la vérité (considérations sur le projet de Code de procédure pénale) », *D.* 1956, Chron., p. 142.

la vérité, est une vue trop naïve. La personne poursuivie, si elle n'est pas innocente, cherchera probablement moins à rétablir les faits tels qu'ils se sont produits qu'à éloigner l'organe de recherche du lieu où ils se trouvent. La victime aura de temps à autre quelque chose à se reprocher, qu'elle voudra, à tous prix, dissimuler[2144]. Parfois encore, moins soucieuse de vérité que de vengeance, elle aura soin d'acculer celui sur qui pèsent quelques soupçons, en laissant dans l'ombre quelques preuves disculpantes. Voilà des dévoiements bien réels pour le système hiérarchique et son objectif de vérité matérielle. Voilà des circonstances qui invitent à fonder la liberté des parties en matière de présentation des preuves sur les *droits de la défense*[2145]. En d'autres termes, si toutes les prérogatives, dans un système hiérarchique, sont récupérées par le système qui les rend possibles, elles n'apparaissent telles, en matière pénale, que *rétrospectivement*, lorsque leur valeur pour la vérité a été attestée.

243. ***Droit positif.*** En tout état de cause, le schéma classique a laissé son empreinte sur le Code de procédure pénale. Aucune disposition n'indique quelle doit être l'attitude du juge d'instruction face aux pièces produites par les parties. Cela est si vrai que, il y a quelques années, le Professeur Conte remarquait encore la chose suivante : « Certes, le juge de l'instruction est indépendant en sorte que, de la même façon qu'il est libre de décliner les demandes formées par les parties privées et tendant à l'accomplissement d'un acte d'information, il pourrait ne pas accepter de recevoir les éléments de preuve détenus par ces dernières, s'il les estimait sans intérêt pour la manifestation de la vérité - alors que le ministère public voit les faits probants réunis au stade de l'enquête policière, automatiquement joints au dossier de l'instruction »[2146]. Il ajoutait, ce qui montre bien le rattachement aux droits de la défense : « Cependant, il est tenu de respecter les droits de la défense, de l'inculpé comme de la partie civile, et il a le devoir d'instruire à charge et à décharge. En conséquence, il semble que le juge ne doive pas refuser les pièces utiles que les parties possèdent et qu'elles offrent d'administrer - sauf abus constituant des manœuvres dilatoires -. Mais, bien évidemment, il reste libre d'en tirer les conclusions qu'il veut »[2147]. Le débat a sans doute perdu de son intérêt. Si on s'en tient à la motivation employée par la Chambre criminelle au sujet des preuves déloyales ou illicites produites par les particuliers, la formulation est suffisamment large pour signifier qu'il appartient au juge d'instruction de joindre les pièces produites par les parties privées au dossier de la procédure : « Aucune disposition légale ne permet aux juges répressifs d'écarter les moyens de preuve produits par les parties au seul motif qu'ils auraient été obtenus de façon illicite ou déloyale »[2148]. Il est regrettable, en revanche,

---

[2144] V. *supra*, n° 226, les remarques du Professeur Conte.

[2145] V., en ce sens, G. Di MARINO, *Les nullités de l'instruction préparatoire*, Thèse, Aix-Marseille III, Aix-en-Provence, 1977, p. 251 : « À côté du "droit à la vérité", ce que l'on entend également protéger sous couvert des "droits de la défense", c'est la "défense" proprement dite, c'est-à-dire le droit pour la partie civile ou pour l'inculpé de présenter ses observations, ses critiques tout au long de l'information. On ne saurait les assimiler dans le cadre d'une conception libérale du procès pénal, car on ne peut imposer à la défense de concourir uniquement à la recherche de la vérité, et notamment à l'inculpé de travailler à sa propre perte ».

[2146] Ph. CONTE, *op. cit.*, p. 42.

[2147] Ph. CONTE, *op. cit.*, *loc. cit.*

[2148] Crim., 11 juin 2002, pourvoi n° 01-85.559, *Bull. crim.*, n° 131, *D.* 2002, IR, p. 2657, *RSC* 2002, p. 879, obs. J.-F. RENUCCI, *D.* 2003, p. 1309, L. COLLET-ASKRI, Crim., 15 juin 1993, *Bull. crim.*, n° 210, *D.* 1994, p. 613, note MASCALE, Crim., 6 avr. 1994, pourvoi n° 93-82717, *Bull. crim.*, 136, p. 302. - V., encore la motivation de Crim., 23 juill. 1992, pourvoi n° 92-82.721, *préc.*.

que l'obligation ne soit assortie d'aucune véritable sanction[2149]. Certes, en l'absence de « clôture » de la mise en état, en matière pénale, rien ne semble s'opposer à ce que la juridiction de jugement reçoive les preuves écartées par le juge d'instruction[2150]. Il est, néanmoins, un risque bien réel, c'est que la preuve de la partie se présente, en définitive, comme un élément déterminant qui aurait pu conduire à de nouvelles preuves, preuves qui ont été détruites ou ont disparu peu après. Les parties peuvent toujours espérer plus de protection des prérogatives qui leur permettent de solliciter des mesures d'instruction.

b. Le pouvoir des parties de se défendre et de concourir à la vérité

244. ***Élargissement progressif des informations et des prérogatives.*** On ne saurait, à l'évidence, présenter les pouvoirs des parties privées comme une nouveauté du droit procédural de la toute fin du XXe siècle. De longue date les parties privées peuvent demander au juge d'instruction de prescrire à l'expert commis d'effectuer certaines recherches ou d'ordonner un complément d'expertise ou une contre-expertise[2151]. Il est cependant exact que c'est surtout la loi du 4 janvier 1993 qui leur a accordé des droits nouveaux, accrus encore par la loi du 15 juin 2000 ; elles peuvent désormais intervenir plus largement dans le déroulement de l'instruction, pour participer à la manifestation de la vérité, mais aussi pour en assurer le contrôle[2152]. La loi de 1993 n'avait, en effet, fait qu'initier le mouvement ; elle leur permettait, certes, de solliciter certains actes d'instruction, mais elle les privait, surtout, de toute prérogative à l'égard des mesures les plus coercitives, comme la perquisition[2153]. Aussi bien est-ce véritablement la du 15 juin 2000 qui leur a attribué un pouvoir sur l'instruction : elles peuvent désormais demander l'exécution de *tout acte d'instruction*. En cela, leurs prérogatives sont calquées sur celles du procureur de la République[2154], et leur efficacité est garantie à la fois par la communication, indirectement réalisée, du dossier pénal[2155], et par l'existence de multiples obligations d'information dont ils sont les bénéficiaires[2156]. En ce qui concerne la

---

2149 Sous ce regard, les réserves exprimées par le Professeur Conte sont toujours valables : « Il n'y a là probablement qu'un devoir de conscience pesant sur le magistrat, dans la mesure où l'on ne perçoit pas quelle serait la sanction d'un refus injustifié. Notamment, le juge ne paraît pas tenu d'exprimer sa décision dans une ordonnance ; et semblable décision serait-elle rendue, que seule la partie civile pourrait éventuellement en interjeter appel, en tentant de soutenir qu'elle fait grief à ses intérêts civils » (Ph. CONTE, *op. cit.* note (61)).

2150 V. *supra*, n° 239.

2151 S. GUINCHARD, J. BUISSON, *Procédure pénale*, *op. cit.*, n° 2170, p. 1233.

2152 Sur la genèse, v. D. DECHENAUD, *L'égalité en matière pénale*, LGDJ, Paris, 2008, spéc. n° 649-650, p. 440-442.

2153 S. GUINCHARD, J. BUISSON, *op. cit.*, n° 2170 et s., p. 1233 et s.

2154 C. proc. pén., art. 82-1, al. 1er ; S. GUINCHARD, J. BUISSON, *op. cit.*, n° 2171, p. 1234.

2155 Indirectement, car c'est l'avocat de la partie privée qui délivre les copies du dossier. La règle ne va pas sans susciter la critique lorsqu'elle conduit à priver de cette précieuse information la partie qui n'est pas représentée ; sur toutes ces questions, v. C. RIBEYRE, « La communication du dossier d'instruction aux parties privées », *JCP G* 2006, I, 152, spéc. n° 6-7 et n° 11-18, S. GUINCHARD, J. BUISSON, *op. cit.*, n° 2005, p. 1167-1168.

2156 J.-P. VALAT, « Juge d'instruction. - Juridiction d'instruction du premier degré. - Dispositions générales », *J.-Cl. Proc. pén., art. 79 à 84*, Fasc. n° 20 : le devoir qui pèse sur le juge d'instruction concerne l'ouverture de la procédure, le droit de se constituer partie civile et les modalités d'exercice de ce droit (C. proc. pén., art. 80-3, qui prévoit également que la partie peut être assistée d'un avocat si elle se constitue partie civile), mais aussi l'information délivrée à la partie civile, lors de sa première audition, sur son droit de formuler des demandes d'actes et d'expertises, de présenter aussi des requêtes en annulation, au cours de l'instruction, surtout jusqu'au vingtième jour suivant l'envoi de l'avis de fin

forme, la demande d'acte doit être écrite et motivée, elle doit porter sur des faits déterminés, et s'il s'agit d'une audition, l'identité de la personne à entendre doit être précisée[2157]. Le juge d'instruction est tenu de répondre à la demande d'acte, comme à la demande tendant à ce que l'avocat assiste à l'exécution d'un acte, dans le délai d'un mois par une ordonnance susceptible d'appel. À de défaut de réponse dans ce délai, le demandeur peut saisir directement la chambre d'instruction[2158]. Il faut encore ajouter le pouvoir qui est reconnu aux parties de demander au juge d'instruction des examens médicaux ou psychologiques (ou « toutes mesures utiles », selon la lettre du texte, ce qui renvoie nécessairement à une mesure ayant pour objet la personnalité du mis en examen ou de la victime)[2159]. Reste alors à envisager la limite dont ces pouvoirs sont généralement assortis, limite qui renseigne sur leur fondement, leur nature et leur étendue.

245. ***Fondement et nature des prérogatives des parties privées sur l'instruction.*** Une nouvelle fois, si on admet que chacun, dans un procès pénal, peut y aller de ses intérêts bien compris, on peut juger avec une certaine défiance l'existence de ces prérogatives. On dira certes que le pouvoir du juge d'instruction est bien trop considérable pour ne pas souffrir de contre-pouvoirs. La remarque est exacte, et l'on sait également que de très nombreuses erreurs peuvent être évitées grâce à l'intervention des parties. Mais le contrôle signifie-t-il, pour autant, le pouvoir de participer, également, à la recherche ? C'est ici que la réponse se fait incertaine et appelle, probablement, une analyse nuancée du même ordre que celle menée au sujet de la libre présentation des pièces. Au plan des principes, le juge d'instruction n'a besoin de personne pour établir la vérité matérielle - l'intervention des parties privées présente, *potentiellement, un risque de dévoiement*. Mais deux arguments en sens contraire viennent corriger la rigueur du principe. Il se peut, tout d'abord, comme en matière de présentation des pièces, que les parties apportent une contribution essentielle à l'établissement de la vérité. C'est pourquoi on a pu affirmer que « [l]e droit des parties de demander des actes n'est donc plus aussi restreint que par le passé, mais la limite de son exercice réside dans le caractère nécessaire à la manifestation de la vérité des actes sollicités »[2160]. Il est fondamental, ensuite, et

---

d'information (C. proc. pén., art. 89-1). Une information similaire est garantie, pour la personne mise en examen, par l'article 116 du Code de procédure pénale. Enfin, si le témoin assisté n'est pas une partie à la procédure (Crim., 21 juin 2005, *JurisData* n° 2005-029508, *Bull. crim.* 2005, n° 181), il est cependant prévu, par l'article 113-4 du Code de procédure pénale, que le juge l'informe de ses droits : confrontation avec la personne qui le met en cause, présentation des requêtes en annulation (l'auteur précise qu'il n'est pas inutile de l'informer de son droit d'être mis en examen - le juge ne peut lui refuser ce statut - ce qui lui ouvre droit, rappelons-le, à tous les pouvoirs dont nous avons fait ou allons faire état, *op. cit.*, n° 192). - V. aussi, l'article 90-1 du Code de procédure pénale qui prévoit l'information semestrielle de la partie civile, en matière criminelle et en matière de délits contre les personnes ou délits contre les biens accompagnés d'atteintes aux personnes ; information qui porte sur l'état d'avancement de l'instruction, *op. cit.*, n° 193. V., encore, les conclusions des expertises qui doivent être portées à la connaissance des parties - le juge étant alors tenu de leur donner un délai qui ne peut être inférieur à 15 jours ou, s'il s'agit d'une expertise comptable, inférieur à un mois, pour présenter des observations ou formuler des demandes aux fins de complément d'expertise ou de contre-expertise, C. proc. pén., art. 167. V. encore J.-P. VALAT, *op. cit.*, n° 194, sur toutes ces questions.

[2157] S. GUINCHARD, J. BUISSON, *op. cit.*, *loc. cit.*

[2158] *Ibid.*

[2159] S. GUINCHARD, J. BUISSON, *op. cit.*, n° 2172, p. 1234.- *Adde*, J.-P. VALAT, *Fasc. préc.*, n° 196.

[2160] J.-P. VALAT, *op. cit.*, n° 196. Pour cette raison, la partie civile ne peut demander une mise en examen ; il ne s'agit pas d'un acte utile à la manifestation de la vérité : Crim., 15 févr. 2011, *D.* 2011, p. 2235, obs. J. PRADEL, *AJ pén.* 2011, p. 200, *Dr. pén.* 2011, p. 56, obs. A. MARON, M. HAAS, *Dr. pén.*2012, chron. 1, obs. GEORGET. - V. cependant, l'argument de J.-P. VALAT, *op. cit.*, *loc. cit.*, *in fine*.

surtout, dans le procès pénal moderne, que la personne poursuivie - et celle-ci tout particulièrement[2161] - dispose de prérogatives défensives : *les droits de la défense*[2162].

En définitive, le fondement et la nature exacts de ces prérogatives sont appelés à demeurer controversés au moins jusqu'à la fin du procès. S'il apparaît, à ce stade, que les prérogatives n'ont servi qu'à la défense de celui qui a formulé des demandes d'acte, il faut alors parler de *droits de la défense*. S'il apparaît, au contraire, que ces prérogatives ont concouru à la manifestation de la vérité, on peut alors parler de *pouvoirs*. Les prérogatives ont alors été mises au service d'un intérêt qui dépasse celui de la partie et peuvent être regardées comme une émanation directe de l'office de véridiction du juge d'instruction. C'est d'ailleurs pourquoi les juridictions du fond sont en mesure, le cas échéant, d'engager la responsabilité de l'État pour fonctionnement défectueux du service public de la justice. Il existe au moins deux exemples particulièrement significatifs. Dans l'affaire liée au décès de la princesse de Galles (Diana Spencer), la cour d'appel de Paris relevait ainsi que « les faits révèlent un manquement de l'autorité judiciaire à l'obligation de veiller à l'information et à la garantie des droits des victimes au cours de toute procédure pénale, ainsi qu'une violation du droit d'accès réel et effectif à un tribunal et du droit de voir sa cause examinée dans un délai raisonnable qui sont garantis à tout justiciable ; si la procédure a pu se poursuivre, cela n'enlève pas aux manquements relevés leur caractère, dès lors que ce n'est qu'après l'introduction de l'instance en responsabilité de l'État et de la décision de la chambre d'accusation, saisie par la partie civile à la suite du refus du magistrat instructeur d'accomplir les actes qui lui étaient demandés, que l'information a été effectivement suivie, de sorte que celle-ci est fondée à croire que, si elle n'avait pas pris ces initiatives procédurales, l'inaction des juges, pourtant régulièrement saisis, aurait perduré »[2163]. On peut également lire, de manière significative, dans le premier des deux jugements en indemnisation rendus par le tribunal de grande instance de Paris, dans l'affaire des disparus de Mourmelon que « les différentes fautes et omissions commises par différents juges d'instruction et enquêteurs ont nui à la cohérence du dossier et à la recherche efficace de la vérité judiciaire ; et ces erreurs et omissions n'auraient pas eu des conséquences aussi fâcheuses si ces différents acteurs de la procédure criminelle avaient été sensibles aux déclarations des familles des victimes et avaient donné suite avec davantage d'empressement aux demandes d'actes formées, fût-ce tardivement, par des parties

---

[2161] Si les droits de la défense ne se limitent pas à la personne poursuivie, l'élargissement de ces prérogatives à la partie civile a pu paraître, à de nombreux égards, injustifié. V., en ce sens, R. MERLE et A. VITU, *Traité de droit criminel. - Procédure pénale*, 5e éd., spéc. n° 447, p. 527, qui distinguaient bien la situation de la personne mise en examen, d'une part, et celle du Ministère public et de la partie civile, de l'autre. Ils rappelaient d'ailleurs qu'il était d'usage de regrouper ces deux dernières parties sous l'expression de « parties poursuivantes ». En réalité, du point de vue de l'action publique, la victime n'est pas opposée à la personne poursuivie, car « les relations qui se nouent entre les parties prives ne sont pas de même nature que celles qui opposent le parquet à l'accusé » (D. DECHENAUD, *Thèse préc.*, n° 699, p. 479). Pour autant, le législateur et la jurisprudence ont eu tendance, par une espèce de mimétisme avec la jurisprudence strasbourgeoise en matière d'égalité des armes (entre accusation et personne poursuivie), à établir une égalité entre la partie civile et la personne poursuivie : D. DECHENAUD, *op. cit.*, n° 701 et s., p. 480 et s., spéc. n° 727, p. 495-496.

[2162] V., déjà en ce sens, à une époque où l'on percevait pourtant l'implication probatoire des parties privées comme inopportune : J. PATARIN, « La particularisme de la théorie des preuves en droit pénal », *in* G. STEFANI (dir.), *Quelques aspects de l'autonomie du droit pénal. - Études de droit criminel*, Dalloz, 1956, Paris, p. 8-76, spéc. p. 73-74.

[2163] Paris, 28 avr. 2003, *Gaz. Pal.*, 2003, 1, p. 1821, note X ; cité également par S. GUINCHARD, *op. cit.*, n° 29, p. 11.

civiles ; cette série de fautes a ralenti l'instruction, a contribué à ce que demeurent inconnues les circonstances de l'enlèvement et du décès de plusieurs victimes, a empêché la comparution de l'accusé devant ses juges, du fait de son suicide, ce qui traduit l'inaptitude du service public de la justice à remplir la mission dont il est investi »[2164].

CONCLUSION DE LA SECTION I

245-1. Dans tout système hiérarchisé, l'État confie à une autorité publique - généralement un juge - des prérogatives plus ou moins étendues dans la recherche de la preuve : c'est ce qui forme ce qu'on a appelé son office de véridiction. La présence de cet office de véridiction - qui prend appui sur l'office de juridiction du juge - a pour effet de modifier la nature des prérogatives des personnes appelées à devenir partie ou les parties à la procédure civile ou pénale. Qu'il s'agisse de la personne suspectée, de la victime, de la partie civile ou de la personne mise en cause, qu'il s'agisse encore du ministère public, lorsqu'il est partie à l'instruction, ou bien aussi des parties à l'instance civile, leurs attributions probatoires sont entièrement gouvernées par l'office de véridiction. À la différence, en effet, des systèmes participatifs - essentiellement les pays de *Common Law* étudiés - les différents intervenants à une procédure ne peuvent poursuivre un intérêt purement égoïste. Les prérogatives à eux concédées, sauf lorsqu'elles sont strictement défensives - et prennent alors la nature de *droits de la défense* - s'insèrent dans l'office de véridiction et se mettent au service d'un intérêt qui dépasse celui des parties. À l'égard des éléments de preuve que les parties ont spontanément à leur disposition (tous les éléments que leur offre la vie en société), la qualification de prérogatives de présentation des pièces au juge ne soulève aucune difficulté particulière : *il s'agit d'une liberté*. À l'égard des éléments de preuves que les parties souhaitent obtenir par l'intermédiaire du juge, les prérogatives ont la nature de *pouvoirs*. À s'en tenir aux principes, on devrait pouvoir constater une corrélation assez nette entre l'étendue de l'office de véridiction et l'étendue des prérogatives des parties. Le schéma se confirme en partie lorsqu'on constate que, en matière pénale, où le juge d'instruction, par exemple, a une obligation de recherche de la preuve et des pouvoirs très importants pour y satisfaire, on s'est longtemps interrogé sur l'existence d'une liberté de présentation des preuves. Par ailleurs, il est évident qu'on est plus enclin à voir dans les prérogatives des parties, notamment celles de la personne poursuivie, des droits de la défense que de véritables pouvoirs de recherche. L'examen de la procédure civile offre, cependant, des résultats contrastés. Le juge n'étant astreint à aucune obligation de recherche, on devrait pouvoir constater d'amples pouvoirs à la disposition des parties. La réalité est sans doute plus nuancée. Le juge dispose d'un pouvoir discrétionnaire en matière de demandes de production de pièces, ce qui lui permet sans peine de mettre entrave aux initiatives des parties. Si, en revanche, son pouvoir n'est *que souverain* en matière de mesure d'instruction, les obligations de motivation qui pèsent sur lui sont si faibles qu'il peut, là encore, écarter sans trop de peine les demandes des parties. On ne peut, bien entendu, mesurer l'état de la pratique et il faut faire confiance aux juges dans l'usage raisonnable des pouvoirs qui sont les leurs. En tout état de cause, il est au moins cette certitude : la nature hiérarchique du procès français a entraîné

[2164] TGI Paris, 24 juin 2004, *Annonces de la Seine*, 31 janv. 2005, n° 8, p. 10, note S. PETIT. - *Adde*, S. GUINCHARD, *op. cit.*, n° 29, p. 11.

l'apparition d'un office de véridiction et l'axe de la construction demeure, en dépit de quelques incertitudes, la mise à la disposition du juge de prérogatives suffisantes pour établir une vérité matérielle et non simplement une vérité formelle, pratique, c'est-à-dire discutée. Le modèle n'est pas rhétorique, mais logique ce que confirme, cette autre exigence, qui découle naturellement de la structure hiérarchique du procès, à savoir le *préalable de vraisemblance*.

SECTION II
L'EXIGENCE D'UN PRÉALABLE DE VRAISEMBLANCE

246. ***L'augmentation du degré de hiérarchie par la vraisemblance.*** Dans un système hiérarchique, l'État se préoccupe normalement de la recherche de la vérité matérielle et cette gestion de la recherche est conçue comme le moyen de faire prévaloir l'intérêt général. Sous ce regard, la section précédente a assez bien montré, semble-t-il, que la procédure hiérarchisée permet le développement, chez le juge, d'un office de véridiction dont l'intensité est facteur, ensuite, de l'importance que l'État attache à l'expression de la vérité matérielle. En d'autres termes, plus l'investissement probatoire de l'État est grand, plus l'office de véridiction est puissant, tandis que la nature des prérogatives des parties dans la recherche de la preuve se trouve transformée. L'autre effet de la nature hiérarchique du processus probatoire en droit français est de subordonner *l'existence* de l'office de véridiction - et donc de toutes les prérogatives et obligations qui pèsent sur les intervenants à la procédure - à un *préalable de vraisemblance*. L'État peut aussi bien, de cette manière, orienter véritablement le mécanisme probatoire vers la recherche de la vérité matérielle. Ce préalable s'évince assez nettement d'un certain nombre de textes et de divers mécanismes, telle la flagrance en procédure pénale[2165] ou la carence des parties en procédure civile. Certains d'entre eux mettent même à la charge des parties la présentation d'une première vraisemblance[2166]. Une telle exigence, qui pèse naturellement sur les parties - le juge étant, pour sa part, spontanément peu enclin à mettre en œuvre, le cas échéant, ses pouvoirs d'office lorsque les faits lui semblent pourvus d'une faible probabilité -, ***a surtout pour résultat d'accroître le degré de hiérarchie dès lors que l'apparition de l'office de véridiction du juge et les prérogatives y attachées (notamment celles des parties) ne dépendent pas du seul bon vouloir des parties.*** Le juge n'est donc pas à la merci des parties, pas plus qu'il n'est à la merci de critères par trop abstraits (que l'on songe au juge d'instruire qui *doit* instruire) et, à l'inverse, il demeure parfaitement libre d'adapter ses obligations et pouvoirs de

[2165] La notion de vraisemblance apparaît assez souvent en procédure pénale dont chacune des étapes repose idéalement sur un degré croissant de culpabilité supposée. - V., C. proc. pén., art. 80-1, al. 1er (indices graves ou concordants rendant vraisemblable) ; art. 113-2, al. 2 (personne mise en cause par un témoin ou contre laquelle il existe des indices rendant vraisemblable) ; Art., 122, al. 3 (indices graves ou concordants rendant vraisemblable) ; Art. 154-2, al. 2 (*id.*).- Art. 706-54, al. 2 (*id.*). - V. encore, C. proc. pén., art. 62, al. 2 (raisons plausibles de soupçonner que la personne a commis ou tenté de commettre un crime ou un délit), art. 62-2 (personne à l'encontre de laquelle il existe une ou plusieurs raisons plausibles de soupçonner qu'elle a commis ou tenté de commettre un crime ou un délit).

[2166] *Cf.* aussi Ph. CONTE, « Un aspect de l'apparence vraisemblable au stade policier de la procédure pénale (aperçus sur la notion d'apparence en procédure pénale) », *RSC* 1985, p. 471-503, spéc. p. 475 : « La vraisemblance doit être conçue comme en-deçà de la conviction - erronée -, mais au-delà du doute pur et simple ». Rappelons que sens commun et causalité président à tout choix interprétatif non seulement de la validité d'une proposition, mais aussi dans sa vérité, v. *supra* n° 63 (en matière d'opérance) *infra*, n° 327 (en matière de pertinence de la preuve).

recherche à l'intérêt supérieur que la vraisemblance fait maintenant apparaître dans la proposition-objet de preuve. Dans les systèmes horizontaux, l'État s'effaçant derrière les particuliers - éventuellement les forces de police judiciaire -, pour la recherche de la preuve, la vraisemblance ne peut avoir la même signification. En matière civile, pareille exigence paralyserait singulièrement tout le processus probatoire qui postule une véritable transparence probatoire[2167]. En matière pénale, la vraisemblance existe, mais elle joue alors un rôle très différent qui montre bien, à rebours, la fonction particulière qu'elle assure dans les systèmes hiérarchiques. Ainsi qu'on aura l'occasion de le voir[2168], la vraisemblance se décompose, dans les droits de *Common Law* (et tout particulièrement en droit américain fédéral), en probabilités variables. À chaque mesure ou série de mesures, correspond un degré de probabilité particulier destiné à éviter que les policiers n'aient accès, en toutes circonstances, à la totalité du répertoire des actes de recherche de la preuve. Les probabilités forment aussi bien l'une des composantes du régime de recherche de la preuve et non sa condition d'existence, comme c'est le cas en droit français. Puisque, en effet, l'État a été suffisamment fort, en France, pour créer un organe impartial de recherche de la preuve - ce qui était particulièrement net lorsque le juge d'instruction occupait une place centrale dans la mise en état des affaires pénales -, il n'a pu véritablement éprouver le besoin de contrôler la recherche depuis l'extérieur en multipliant les seuils de probabilités déclencheurs de telle ou telle mesure d'investigation.

247. ***Conséquences pratiques du préalable de vraisemblance.*** Il s'ensuit que le préalable de vraisemblance n'est pas, comme dans les systèmes de *Common Law*, largement fondé sur la nécessaire protection des droits et libertés fondamentaux. L'idée n'était sans doute pas étrangère à la structure classique du procès pénal, puisque des pouvoirs véritablement coercitifs n'étaient accessibles que lorsque le juge d'instruction avait été saisi - ce qui signifiait que des indices suffisants avaient été récolés - ou que lorsqu'il y avait flagrance (cette situation qui rend les faits vraisemblables par eux-mêmes). Ce qui a paru sans doute plus important, c'est que le juge conserve la maîtrise sur les questions probatoires et qu'il ne soit pas mobilisé par trop aisément ; **l'office de véridiction est chose publique et il ne peut être sollicité que lorsqu'on a pu établir l'intérêt en partie public à établir la vérité de la proposition-objet de preuve. Tant que cette vraisemblance n'a pas été établie, la recherche de la preuve n'est pas digne d'intérêt pour le système hiérarchique.** Au-delà, on préserve l'accès à la vérité matérielle, car il est évident qu'à trop chercher dans la mauvaise direction - ce qui risque d'être le cas si la proposition-objet de preuve n'est pas vraisemblable -, on risque d'épuiser la machine judiciaire et de la rendre inapte à atteindre l'objectif qu'elle s'est fixé ; le préalable de vraisemblance prémunit, normalement, contre ce *facteur de dispersion.* Il faut en tirer les conséquences suivantes sur le plan technique : si l'opérance et la litigiosité de l'objet de la preuve sont toutes deux nécessaires à **l'existence de l'office probatoire**, elles ne sont pas suffisantes : *encore faut-il que l'objet de la preuve ait été montré comme possible.* Autrement dit, le préalable de vraisemblance se présente comme *une condition d'existence de l'office de véridiction.* Mais, puisque la chose semble aller de soi pour le juge[2169], il faut remarquer qu'il appartient surtout à la

[2167] V. *supra*, n° 183.
[2168] V. *infra*, n° 382 et s.
[2169] Et encore, comme on l'a observé à propos de l'article 146, al. 2 du C. proc. civ., « Des précautions sont d'ailleurs prises pour que ces pouvoirs du juge ne tempèrent pas le zèle des plaideurs qui pourraient

partie qui entend obtenir telle ou telle mesure - à l'exception de la production forcée des pièces[2170] - de présenter un élément de preuve *pertinent*[2171] (et fiable) dont la proposition qu'il contient *rend possible la proposition-objet de preuve*. Et aussi longtemps que cette preuve n'a pas été produite, les parties ne peuvent prétendre à aucune mesure de recherche de la preuve. Cela n'a évidemment rien à voir avec l'*admissibilité* de telle ou telle preuve particulière. Si, par exemple, l'exigence de preuve littérale reçoit exception chaque fois que l'une des parties dispose d'un commencement de preuve par écrit, c'est-à-dire, selon la définition restrictive[2172] de l'article 1347 du Code civil, un acte par écrit qui émane de celui contre lequel la demande est formée et qui *rend vraisemblable le fait allégué*, cette disposition ne concerne nullement la recherche des preuves. Ce n'est pas parce qu'une partie ne dispose pas d'un commencement de preuve par écrit qu'elle ne peut obtenir, par ailleurs, une mesure d'instruction tendant à obtenir ce commencement[2173] ou un autre élément de preuve[2174]. Si les deux dispositions fonctionnent sur la même idée - la *vraisemblance* - il est une différence importante entre les deux : le préalable de vraisemblance conditionne la *recevabilité* d'une demande tendant à obtenir l'assistance du juge dans la recherche des preuves, non *l'admissibilité* de telle ou telle preuve (la distinction entre recevabilité et admissibilité doit être soigneusement réalisée)[2175]. Autrement dit, ce n'est pas parce que telle preuve en possession d'une partie est inadmissible qu'elle ne peut plus saisir le juge d'une demande d'ordre probatoire, et ce n'est pas parce que l'admissibilité peut parfois conditionner le succès d'une demande que le pouvoir d'obtenir une preuve se trouve *ipso facto* anéanti - **il faut soigneusement distinguer ce qui relève de *l'existence de l'office probatoire*** (l'exigence de vraisemblance de l'objet opérant et litigieux) **et *ce qui relève de son régime***. Bien sûr, le régime n'est pas indifférent : la partie ne pourra normalement pas obtenir l'élément de preuve jugé inadmissible[2176], mais rien ne l'empêche, dès lors qu'en droit français les règles d'admissibilité ne sont pas

être tentés de se décharger sur le magistrat de tout le soin de rechercher les preuves » : J. GHESTIN, G. GOUBEAUX, *Traité de droit civil. - Introduction générale*, *op. cit.*, n° 589, p. 549.

2170 La demande de production forcée des pièces n'est normalement pas affectée par la carence des parties dans la recherche des preuves, quoique certaines restrictions existent ; v. *infra*, n° 262.

2171 La pertinence est développée *infra*, n° 325.

2172 On sait que la jurisprudence a très tôt développé une interprétation extensive de la notion d'écrit, en admettant, par exemple, l'enregistrement de la voix sur magnétophone : Civ. 3e, 15 janv. 1970, *JCP G* 1970, II, 16 320. Depuis la loi n° 75-596 du 9 juillet 1975, l'alinéa 3 du texte permet au juge d'obtenir un commencement de preuve à partir des informations recueillies et de l'attitude des parties au cours de la *comparution personnelle*.

2173 On ne saurait, par exemple, reprocher aux juges d'avoir ordonné une comparution personnelle à seule fin de permettre au demandeur de se constituer un commencement de preuve par écrit (Civ. 1re, 28 janv. 1958, *Bull. civ.* I, n° 62). La même chose a été admise pour le serment supplétoire, Req., 22 mars 1924, *S.* 1927, 1, p. 379, arrêts cités par J. MIGUET, B. BERNABÉ, « Comparution personnelle des parties », *J.-Cl. Proc. civ.*, Fasc. n° 672, n° 112, n° 113. La solution est acceptée, de longue date, dans les matières où le témoignage est prohibé ou soumis à des conditions restrictives (v., autrefois, en matière de filiation légitime, Req., 19 oct. 1925, *S.* 1925, 1, p. 131, note MAZEAUD. Même chose pour la séduction dolosive Civ., 7 févr. 1950, S. 1950, 1, p. 189 ; il a même été jugé qu'elle pouvait servir d'écrit, Poitiers, 27 mai 1935, *Gaz. Pal.* 1935, 2, p. 298).

2174 La comparution personnelle peut ainsi permettre d'obtenir un *aveu*.

2175 V. *infra*, n° 395.

2176 V., par exemple, lorsque seule la preuve littérale est admissible, l'impossibilité d'obtenir une enquête : Civ. 1re, 19 juill. 1978, *Bull. civ.*, n° 278, p. 218. - Mais ainsi qu'on l'a vu, rien n'empêche le juge d'ordonner une comparution personnelle pour contourner les règles d'admissibilité ou obtenir un aveu (v. *supra*) ou de déférer le serment supplétoire : Civ. 1re, 14 janv. 1969, *Bull. civ.* I, n° 23. - Cela étant, les juges sont souverains : Civ. 1re, 19 juill. 1978, *préc.*

inconditionnelles[2177], de solliciter une autre mesure. Il suffit, pour faire naître l'office de véridiction du juge, de montrer l'objet de preuve opérant et litigieux comme *possible*.

Reste alors à déterminer comment se *prouve* cette vraisemblance. Une chose est certaine, si les parties en ont la charge, elles doivent demeurer, en contrepartie *libres de produire* ; et cette *liberté de produire* ne peut qu'être, semble-t-il, *inconditionnelle*[2178]. Comment, en effet, soumettre les parties à une condition préalable de vraisemblance, qui consiste à rapporter une preuve, si elles ne peuvent, justement... rapporter cette première preuve ? Il arrive en réalité, parfois, pour des raisons qui tiennent essentiellement à la volonté de préserver une situation acquise, qui s'apparente alors à une autre « vérité », que le législateur limite aussi la liberté de présentation des preuves (et, partant, la mise en œuvre de l'office de véridiction). Il en va ainsi lorsque la proposition-objet opérante est rendue momentanément inaccessible au plaideur, celui-ci devant alors se contenter d'un objet de preuve imparfait. Comme cette dernière question est complexe, et montre bien les rapports que peuvent entretenir le droit de la preuve et le fond du droit, il faut l'envisager au premier chef, en évoquant la vraisemblance au regard de la liberté de présentation des preuves (§ 1). Ceci fait, il convient de s'interroger sur la vraisemblance au regard des pouvoirs de recherche de la preuve (§ 2). Ces deux volets devraient faire apparaître plus nettement comment le préalable de vraisemblance participe de la structure hiérarchique de la recherche judiciaire de la preuve en droit français.

§ 1. Rôle de la vraisemblance au regard de la liberté de présentation de la preuve

248. ***Principe et exception.*** Un système dans lequel l'État s'investit pleinement dans la recherche de la vérité peut parfois priver les parties de la liberté de produire les preuves qui sont en leur possession. Il en est ainsi lorsque l'office de véridiction du juge est conçu de manière extensive et qu'il perçoit l'activité probatoire des parties comme un facteur de dispersion[2179]. En dehors de ces hypothèses, il peut également advenir que le système juridique subordonne la libre production des éléments de preuve à un premier effort probatoire dûment encadré par la loi. En apparence, il s'agit alors non pas tant de garantir au juge la maîtrise de la recherche de la vérité que de protéger une situation à laquelle l'État souhaite apporter une stabilité particulière. Aussi la partie ne peut-elle faire la démonstration de la proposition-objet de preuve (et donc de la vérité) que si elle a préalablement produit une première preuve dont la pertinence (et la fiabilité)[2180] est exceptionnellement déterminée à l'avance ; le législateur exige alors un *adminicule*. Une analyse plus serrée de la situation fait cependant apparaître une égale attention portée à l'expression de la vérité, soit que le législateur prémunisse le système juridique contre le mensonge, soit encore qu'il favorise une conception particulière de la vérité. Mais, dans l'ensemble, ces exigences adminiculaires restent marginales (et doivent le rester) (B),

---

[2177] En effet, même lorsqu'un mode de preuve particulier est imposé (comme l'*instrumentum*), il est toujours possible de se prévaloir d'une ou de plusieurs exceptions (commencement de preuve par écrit, aveu, serment litis-décisoire ou supplétoire). - En cela, l'admissibilité affecte le régime de la recherche des preuves et non les conditions de son existence.

[2178] V. toutefois, *infra*, n° 248 et s.

[2179] V. *supra*, n° 241-242, les incertitudes passées autour de la production des preuves devant le juge d'instruction.

[2180] Sur cette notion, *infra*, n° 325.

car le système hiérarchique exprime pleinement sa puissance lorsque la liberté de présentation des preuves n'est pas soumise à un préalable de vraisemblance. Le principe doit donc rester la dispense de toute vraisemblance (A).

A. La dispense de principe de toute vraisemblance

249. ***Rappels autour de la notion d'opérance.*** Une fois que le juge est parvenu, à l'aide des moyens de fait et de droit qui lui sont transmis, à déterminer la proposition-objet de preuve opérante, il est normalement disposé à recevoir les éléments de preuve en possession de chacune des parties. À cet égard, il doit simplement recueillir ce qui est librement produit à l'instance et une distinction rigoureuse de la recevabilité et de l'admissibilité[2181] des preuves devrait même le conduire à ne pas avoir égard à la nature du mode de preuve qui lui est communiqué. Serait-il saisi d'une *attestation* là où le Code civil exige un *acte instrumentaire* qu'il n'en serait pas moins tenu d'ouvrir ses bras et d'accueillir la pièce librement transmise. Cette condition est indispensable : par définition, si une mesure d'instruction est nécessaire, c'est que les parties ne disposent pas des éléments exigés, et il serait profondément illogique d'exiger d'elles le mode de preuve éventuellement imposé par le système. C'est la raison pour laquelle la vraisemblance peut semble-t-il être établie par *tout moyen de preuve*[2182], le juge étant libre, bien entendu, d'apprécier souverainement la fiabilité et la pertinence de ces premières preuves. En d'autres termes, la seule exigence, pour n'envisager le problème qu'à l'égard de la procédure civile, est celle de la contradiction[2183]. Autrement dit, il n'est qu'un prélude à la liberté de production de la preuve : *l'opérance de la proposition objet de preuve*. À charge pour le juge, ensuite, de faire le tri entre ces modes de preuve, en excluant ceux qui ne sont pas admissibles, et d'en apprécier la pertinence et la fiabilité (soit la force probante), point d'orgue de l'office de véridiction. C'est la raison pour laquelle les demandes de production des pièces ne sont soumises à aucune vraisemblance[2184]. Elles n'ont d'autre objet, en effet, que de permettre à l'une des parties d'établir la *vraisemblance* de ce qu'elle avance[2185]. La règle qui vient d'être exposée est admise de

---

[2181] Sur la théorisation de cette distinction, v. *infra*, n° 288.

[2182] C'est ainsi que dans une affaire nécessitant normalement un acte instrumentaire, la partie peut obtenir une comparution personnelle. Or, par définition, pour parvenir à démontrer son absence de carence, il a bien fallu qu'elle montre au juge la solidité de ces moyens de fait. Et elle n'a pu ce faire qu'en justifiant de pièces et documents n'ayant pas la qualification d'*instrumentum*. Quelques auteurs soulignent d'ailleurs bien que les mesures d'instruction ont un caractère subsidiaire par rapport aux règles de communication et de production des pièces et documents. Or ces dernières règles permettent généralement d'obtenir des preuves qui ne sont pas définies par une catégorie précise correspondant à la nomenclature des modes de preuve, mais de manière abstraite - il s'agit de tout ce qui peut entrer dans un *dossier*. Comme on le voit, le régime de la présentation et de la recherche des preuves reçoit application à ce stade, l'admissibilité étant simplement exclue.

[2183] C. proc. civ., art. 15.

[2184] Et c'est la raison pour laquelle on ne peut retenir la qualification de mesure d'instruction. *Cf.* G. COUCHEZ, « Production forcée des pièces », *J.-Cl. Procédure civile* (ancienne version), Fasc. n° 623, spéc. n° 40, C. BRAHIC LAMBREY, *V° Production forcée des pièces*, *Rép. Dalloz pr. civ.*, spéc. n° 9, n° 14 (*contra*, mais sans démonstration : X. MARCHAND, C. VIEIRA, « Production forcée de pièces », *J.-Cl. proc. civ.*, Fasc. n° 623, spéc. n° 15). D'ailleurs, admettre la qualification de mesure d'instruction mettrait en contradiction les articles 11, 138 et 142 du Code de procédure civile avec l'article 10 du Code civil qui dispose que « le juge a le pouvoir d'ordonner d'office toutes les mesures d'instruction légalement admissibles ». - Le juge ne peut subordonner l'application de l'article 138 à l'existence d'un commencement de preuve par écrit : Civ. 2e, 3 mai 1990, pourvoi n° 89-14320, *Bull. civ.* II, n° 89, p. 47.

[2185] G. CORNU, J. FOYER, *Procédure civile*, n° 122, p. 530 : « Si, en pratique, les mesures d'instruction ont une importance considérable, leur vocation de principe est de n'être ordonnées que si la partie qui les

longue date : « Le principe, *disaient Ripert et Boulanger,* est qu'un plaideur a toujours le droit de prouver ce qu'il allègue en sa faveur, actes juridiques ou faits purs et simples », la seule limite étant que les « faits » sur lesquels porte la preuve soient *opérants*[2186] et *litigieux*. Il suffit donc, pour être complet, de renvoyer le lecteur à ce qui a été dit de l'opérance de la proposition-objet de preuve et de la liberté de présenter ses preuves[2187]. Il arrive cependant, parfois, pour des raisons qui vont être précisées, que le législateur exige un effort supplémentaire des plaideurs. Ces derniers se trouvent alors soumis à une exigence adminiculaire, exigence résiduelle.

B. L'exigence adminiculaire résiduelle

250. ***L'adminicule dans l'histoire procédurale.*** La notion d'adminicule est aussi incertaine que celle d'administration de la preuve[2188]. Elle ne peut être utilisée qu'avec la plus grande prudence et moyennant un détour rapide par l'histoire. Pour des raisons qui ont déjà été explicitées, l'Ancien Droit a été victime d'une confusion - qui a encore cours aujourd'hui - entre le fait et le droit[2189]. Sur le plan de la preuve, la conséquence a été assez redoutable dans la mesure où le système a pu entièrement fonctionner sur l'illusion d'un accès direct à la vérité. Puisque, en effet, seul l'antécédent abstrait de la règle de droit devait être caractérisé, il était aisé (comme on le fait d'ailleurs encore parfois), de classer les modes de preuve selon leur seule fiabilité[2190]. Telle est l'origine de cette hiérarchie désormais bien connue, au sommet de laquelle triomphait la notoriété[2191], suivie des preuves pleines[2192], des preuves semi-

---

demande ne dispose pas d'éléments de preuve suffisants (a. 146). Relativement aux pièces, les mesures d'instruction ont donc un caractère subsidiaire (hors les cas exceptionnels où elles doivent être ordonnées de plano). Les pièces sont au contraire comme un *vademecum* de toute demande, bagage minimum de rigueur ». Même s'il ne faut pas accorder trop d'importance au critère de la subsidiarité, qui semble vouloir dire, ici, qu'une mesure d'instruction ne peut être ordonnée que lorsque les preuves d'abord présentées ou obtenues par production forcée se révèlent insuffisantes, alors que, dans certaines hypothèses, il est évident que la mesure de production n'a pas à être ordonnée, il y a une vérité indéniable, c'est qu'il convient de présenter des pièces ou documents pour produire une vraisemblance. Cette vraisemblance est nécessaire pour solliciter une mesure d'instruction. Or lorsque ces premiers éléments sont entre les mains d'une partie ou d'un tiers, on ne voit pas bien comment on pourrait imposer une vraisemblance pour obtenir justement ce qui est destiné à la créer.

2186 G. RIPERT, J. BOULANGER, *Traité de droit civil. - Tome I. - Introduction générale. - Les personnes*, LGDJ, Paris, 1956, n° 732, p. 312. V. *infra*, n° 320-321 & 322 et s., les distinctions faites entre opérance et pertinence, et les incertitudes autour du vocabulaire classique.

2187 V. *supra*, Première partie, Titre I et n° 212 et s.

2188 V. *supra*, n° 207.

2189 V. *supra*, n° 54.

2190 C'est ce qu'un auteur a appelé le *fondationalisme empirique* : F. HOULE, « Le fonctionnement du régime de preuve libre dans un système non-expert : le traitement symptomatique des preuves par la Section de la protection des réfugiés », *RJT* 2004, n° 38, p. 344-345 (le terme de fondationalisme est emprunté à S. HAACK, *Evidence and Inquiry : Towards Reconstruction in Epistemology*, Oxford, Blackwell, 1993, p. 13-19).

2191 *Notorium facti* (encore appelée preuve *per rei evidentiam* ou par *l'aspectus*), c'est-à-dire la notoriété (J.-Ph. LÉVY, *La hiérarchie des preuves dans le droit savant du Moyen-Âge depuis la Renaissance du Droit Romain jusqu'à la fin du XIV*e *siècle*, Librairie du recueil Sirey, Paris, 1939, p. 43 et s.) Cette catégorie était formée de l'aveu judiciaire, (*op. cit.*, p. 53 et s.), et de ce qu'on a appelé le *notorium praesumptionis* ou *presumptum*, c'est-à-dire la présomption légale, *op. cit.* p. 62 et s.).

2192 *Probatio plena,* dite encore *probatio vera* ou *perfecta*, englobant les témoins concordants (*op. cit.*, p. 68), les *instrumenta* (Ph. LÉVY, *op. cit.*, p. 72), l'aveu extrajudiciaire (*op. cit.*, p. 79), enfin la présomption violente ou véhémente (encore appelée *probatio ficta* par opposition à la *probatio vera*, *op. cit.*, p. 83-84).- Pour la matière criminelle, la catégorie était formée des mêmes « preuves » : v. A. ESMEIN, *Histoire de la procédure criminelle en France et spécialement de la procédure inquisitoire depuis le XIII*e *siècle jusqu'à nos jours*, éd. L. Larose et Forcel, Paris, 1882, témoignage, (*op. cit.*, p. 269

pleines à leur suite[2193], des indices, enfin[2194]. En l'absence de toute interrogation sur l'opération de qualification, il n'était pas difficile d'obtenir, à partir d'un témoignage ou d'un aveu, une preuve plus lucide que « le clair jour luisant à midi »[2195] ; et toute la construction découlait de cette conviction première que, lorsqu'on disposait d'une proposition parfaitement identique à la règle de droit, et que l'on ne pouvait reprocher au mode de preuve sa sincérité, la vérité s'exprimait dans sa pleine clarté. Que l'on s'éloignât parfois de la règle - un détour était nécessaire - ou que la preuve ne fût plus tout à fait irréprochable[2196], et l'on descendait alors dans la hiérarchie. La première circonstance était loin d'être marginale et, curieusement, elle n'emportait pas toujours les mêmes conséquences ; lorsque les faits contenus dans une présomption jugée violente ou invincible étaient suffisamment établis, il n'y avait alors plus matière à débat (sauf hypothèses où la preuve contraire pouvait être rapportée), et la sanction devait être prononcée[2197]. Il arrivait, cependant, parfois, que l'on ne pût conclure avec une telle certitude. Des preuves et des propositions étaient sans doute disponibles, mais elles n'autorisaient qu'une faible suspicion. Néanmoins, au lieu de laisser au juge le soin d'établir le degré d'opérance de la proposition, le système prétendait pouvoir le déterminer à l'avance. Aussi bien, inférait-on partiellement l'infraction de *magie* ou de *sortilège* de ce qu'on avait trouvé « chez l'accusé des livres ou instruments qui ont rapport à la magie, comme hosties, membres

---

et s.), preuve littérale, (*op. cit.*, p. 270 et s.), indices manifestes et nécessaires, (*op. cit.* p. 272), l'aveu aussi (*op. cit.*, p. 272 et s.), mais dont la valeur était discutée.

2193 *Probatio semiplena* qui a été désignée, semble-t-il, sous des formules diverses : *indices*, *présomptions*, *conjectures* ou encore *adminicules* (J.-Ph. LÉVY, *op. cit.*, p. 106) ; en matière pénale, il s'agissait des *indices prochains*, (parfois appelés aussi *indices pressans*, A. ESMEIN, *op. cit.*, p. 275).

2194 À compter des Postglossateurs, on vint à distinguer nettement preuves *semi-pleines* et *indices*. Tandis que les premières pouvaient éventuellement être cumulées pour obtenir une pleine preuve (J.-Ph. LÉVY, *op. cit.*, p. 122), les seconds ne fournissaient qu'un ressort procédural permettant de recourir à une « mesure d'instruction » (*op. cit.*, p. 127 et s.). En matière criminelle, les *adminicules* ou *indices éloignés* formaient la dernière catégorie, et comme pour la procédure civile, on finit par admettre que ce qui les distinguait des *indices prochains* était qu'ils ne pouvaient jamais être cumulés (A. ESMEIN, *op. cit.*, note (1), p. 276-277 ; v., toutefois, les nuances de J.-Ph. LÉVY, *op. cit.*, p. 123).

2195 On connaît la célèbre formule de Esmein : « Pour que le juge condamne dans ce système il faut qu'il réunisse certaines preuves déterminées d'avance ; mais d'autre part, mis en face de ces preuves, il doit nécessairement condamner ; peu importe dans l'une ou l'autre hypothèse sa conviction intime. La grande maxime de l'ancien droit, c'est qu'on doit juger « *secundum allegata et probata* ». Le juge est comme un clavier, qui répond inévitablement lorsqu'on frappe certaines touches », A. ESMEIN, *op. cit.*, p. 260.

2196 Ainsi en était-il, par exemple, au sein de la catégorie des semi-preuves, du témoin unique (après abandon de la règle, *vox unius, vox nullius*), des papiers domestiques (J.-Ph. LÉVY, *op. cit.*, p. 109-110) ou encore de la renommée (*op. cit.*, p. 113).

2197 Lorsque la présomption légale était invincible, parce que rattachée à la notoriété, on finit par parler, au XIIe siècle, de présomption *juris et de jure* (ex. la *matrimonium praesumptum*, c'est-à-dire la qualification tirée des fiançailles *per verba de futuro* suivies d'union charnelle). Lorsqu'il ne s'agissait que d'une présomption violente (pouvant être alors d'origine légale ou non), on forgea, à la même époque, le terme de présomption *juris tantum* (sur quoi, v. J.-Ph. LÉVY, *op. cit.*, p. 64-66). S'agissant des premières, on se rappellera la formule de Muyard de Vouglans, (P.-F. MUYARD de VOUGLANS, *Institutes au droit criminel, ou Principes généraux en ces matières, suivant le droit civil, canonique et la jurisprudence du royaume*, Le Breton, Paris, 1757, p. 346) : « Les indices manifestes sont ceux dont l'évidence est telle, que la Loi ne permet pas de douter de la vérité des Faits qu'ils indiquent, et qu'elle rejette absolument toute Preuve contraire ; on les appelle autrement, nécessaires, parce qu'ils font des conséquences nécessaires d'un Fait constant ; on peut les comparer à ceux que les Jurisconsultes appellent en Matière civile, praesumptiones juris et de jure […] ». Et il en était ainsi « [l]orsqu'en fait de meurtre deux témoins irréprochables déposent avoir vu l'accusé, qui avait l'épée nue et ensanglantée à la main, sortir du lieu, où quelque temps après le corps du défunt a été trouvé blessé d'un coup d'épée », (*ibid.*). - S'agissant des secondes, on trouvait, en droit civil, des inférences dans le domaine de « la paternité légitime, la parenté, la cancellation d'un acte écrit qui fait supposer la libération, la cohabitation des personnes suspectes qui fait penser à leur union », J.-Ph. LÉVY, *op. cit.*, p. 66.

humains, images de cire transpercées d'aiguilles, écorces d'arbres, os, clous, cheveux, plumes entrelacées en forme de cercle ou à peu près, épingles, charbons, paquet de charbon trouvé au chevet du lit des enfants... », de ce qu'on l'avait vu « mettre quelque chose dans une étable, et que le bétail peu de temps après soit péri », de ce qu'on avait « trouvé un écrit contenant un pacte fait avec le démon... » ou de ce qu'on l'avait « vu changer de demeure à ceux qui vivaient en liaison avec l'accusé, aussitôt après qu'il a esté arresté... »[2198]. Puisqu'il s'agissait de demi-preuves, il était possible de les additionner ; cela étant, comme en pratique la circonstance était rare, il était indispensable que la présomption produisît d'autres effets. C'est là que les « indices prochains » finirent par rencontrer le régime des « indices éloignés » ou « adminicules »[2199], encore appelés, en matière civile « *indicia* »[2200]. Certes, ces derniers, contrairement aux premiers, ne pouvaient jamais servir de base à une condamnation[2201] ; même à cette époque, on ne pouvait pas retirer grand-chose de « [l]'inconstance des discours de l'accusé, le tremblement de sa voix, le trouble de son esprit, sa taciturnité...la proximité de la maison de l'accusé du lieu où le crime a été commis... L'affection de l'accusé d'avoir l'oreille dure, ou d'avoir perdu l'esprit ou la mémoire lorsqu'on l'interroge... La mauvaise physionomie de l'accusé ou le vilain nom qu'il porte »[2202] ; comme lorsqu'on disposait d'indices prochains, la proposition ne permettait pas la rencontre avec l'antécédent de la règle de droit. Mais la proposition ainsi produite ou obtenue ouvrait un accès direct à la proposition réellement opérante, grâce au serment et à l'aveu. Mieux qu'un soutien[2203], l'adminicule ou *l'indicium* (*a fortiori* l'indice prochain) permettait, en effet, de recourir à la procédure de serment supplétoire[2204] ou à la torture[2205]. Autrement dit, l'adminicule n'était autre chose, en dernière analyse, qu'une exigence de *vraisemblance particulière* - ce qui n'a rien à voir avec

---

[2198] J.-F. MUYARD de VOUGLANS, *op. cit.*, p. 353, cité par A. ESMEIN, *op. cit.*, p. 279. - Il s'agissait alors de présomptions *probabilis* ou *verisimilis*, c'est-à-dire des présomptions normatives forgées par le juge (J.-Ph. LÉVY, *op. cit.*, p. 109) ; on parlait encore d'indices prochains, A. ESMEIN, *op. cit.*, p. 275.

[2199] A. ESMEIN, *op. cit.*, p. 279.

[2200] J.-Ph. LÉVY, *op. cit.* p. 127.

[2201] *Op. cit.*, p. 128.

[2202] J.-F. MUYARD de VOUGLANS, *op. cit.*, p. 350.- V. encore, J.-Ph. LÉVY, *op. cit.*, p. 129.

[2203] L'ambiguïté autour de la notion d'adminicule provient aussi de ce qu'on a parfois soutenu qu'un indice prochain nécessitait, pour permettre le recours à la question, un indice éloigné ou adminicule (J.-F. MUYARD de VOUGLANS, *op. cit.*, p. 346, 350-351). Cette analyse semble avoir été contestée (v., A. ESMEIN, *op. cit.*, p. 281), et le rôle de l'adminicule paraît avoir été tributaire de la qualité du sujet (pour un roturier, l'adminicule seul était sans doute suffisant pour administrer la torture ; pour un gentilhomme, l'adminicule devait probablement venir renforcer une *probatio semiplena*). Il est vrai que cette analyse peut se réclamer d'une certaine étymologie : *cf. Littré, V° Adminiculum : « échalas*, et, en général, tout espèce d'appui ; de *ad*, à...et *miniculum*, radical qui a deux éymologies : 1° *manicula*, petite main, de là aide, appui. 2° Le radical *min* qui se trouve dans *eminere*, *prominere*. Ce mot semble être de même racine que *minister »* (en ce sens, J. CARBONNIER, *Droit civil.- La famille, l'enfant, le couple*, *T. II*, *op. cit.* p. 318).- On a pourtant bien montré que, à lui seul, l'adminicule ou indice lointain ne servait à rien si ce n'est justement à permettre le recours à la question : v. nettement en ce sens, J. H. LANGBEIN, *Torture and the Law of Proof. - Europe and England in the Ancien Régime*, The University of Chicago Press, Chicago et Londres, 1977, p. 4-5.

[2204] Dans la majorité des cas, le serment supplétoire semble n'avoir été utilisé que pour compléter une demi-preuve. Mais un *indicium* paraît avoir été suffisant ; v. J.-Ph. LÉVY, *op. cit.*, spéc., p. 119 et p. 139-140 (le serment n'était autorisé ni pour les affaires criminelles ni pour les affaires civiles infamantes).

[2205] On parla, par exemple, d'*indicia ad torturam*, J.-Ph. LÉVY, p. 128, qui cite Balde. L'auteur notait encore (*ibid.*) : « Surtout, et c'est leur principal intérêt, ils constituent un motif permettant au juge de soumettre les accusés à la torture, car il est de principe que l'aveu ne peut être obtenu par ce moyen que si des indices assez graves l'ont précédé : il y a là une certaine garantie pour la défense ».

l'admissibilité[2206] -, permettant au plaideur, qui avait fait la démonstration d'une première proposition *partiellement* opérante, d'accéder directement à la proposition-objet de preuve *entièrement* opérante au moyen de mesures d'instruction[2207]. Il y a sans doute là une piste pertinente pour comprendre une étymologie possible du mot *adminicule*[2208], et l'on devrait se demander si l'*adminicule* n'est pas ce qui **donne le signe suffisant pour *recourir efficacement et à bon escient à la torture.*** Un certain vocabulaire de la médecine ne rejetterait pas cette définition, l'adminicule étant parfois entendu, en cette matière, comme ce qui peut servir au bon effet d'un remède[2209]. On dirait alors de l'*adminicule* qu'il permet d'assurer le bon fonctionnement de la justice en évitant qu'elle ne soit mobilisée par trop simplement ou à mauvais escient. On trouve encore aujourd'hui, en droit français, quelques exemples de cette exigence adminiculaire, mais pas forcément là où on l'enseigne. Même si l'adminicule a été conçu comme un préalable à l'administration de la torture, c'est-à-dire à une forme de mesure d'instruction, configuration que l'on prétend pouvoir retrouver, aujourd'hui, chaque fois qu'une première vraisemblance est exigée pour obtenir une mesure d'instruction, ***ce qui caractérise véritablement l'adminicule c'est le détour qu'il impose au plaideur dans la démonstration de la vérité de l'objet de la preuve***. Et en cela, les exemples traditionnels, puisés dans le droit de la famille, ne sauraient s'appliquer[2210]. En effet, même lorsque, pour obtenir une mesure d'instruction en matière de filiation, *des présomptions ou indices graves*

2206 *Contra*, G. CORNU, *Vocabulaire juridique. - Association Capitant*, 4e, PUF, Quadrige, Paris, *V° Adminicule* : « Élément (on dit commencement) de preuve qui, rendant vraisemblable le fait à prouver sans en constituer une preuve parfaite, est parfois exigé par la loi, à titre préalable, pour rendre admissibles d'autres modes de preuves imparfaits. Ex. la preuve par témoins n'est parfois reçue que s'il existe un commencement de preuve par écrit (C. civ., a. 1347) ». - Si les auteurs classiques assimilaient souvent commencement de preuve par écrit et adminicule, les exemples donnés relevaient bien souvent du domaine adminiculaire, au sens entendu au corps du texte ; v. ainsi, M. PLANIOL, *Traité élémentaire de droit civil, Tome Premier*, LGDJ, Paris, 1948, outre *l'index*, v. spéc. n° 882 (pour la promesse de mariage rompu : *la responsabilité civile n'était admise que si le demandeur avait prouvé, au préalable, la promesse de mariage à l'aide d'un écrit*), n° 1392 (recherche de la *filiation légitime*), n° 1486 (recherche de la maternité hors mariage), n° 1506-1507 (séduction dolosive dans le cadre de l'action en recherche de paternité hors mariage : *la séduction dolosive devait être rapportée par écrit*) ; on retrouve la même nomenclature *in* G. RIPERT, J. BOULANGER, *Traité de droit civil. - Tome I. - Introduction générale. - Les personnes*, LGDJ, Paris, 1956, spéc. n° 1740 (recherche de la filiation *légitime*), n° 1829 (recherche de la maternité hors mariage) et n° 1861 (recherche de la paternité hors mariage : *séduction dolosive*) ; dans ces trois exemples, l'on trouve la notion d'adminicule accolée à celle de « commencement de preuve ». Tel n'est pas le cas lorsqu'il est question (*op. cit.*, n° 803) de l'admissibilité du témoignage grâce au « commencement de preuve par écrit ». - *Cf.*, M. PLANIOL, G. RIPERT, *Traité pratique de droit civil français.- Tome VII, Obligations*, 2e éd., avec le concours de P. ESMEIN, J. RADOUANT, G. GABOLDE, LGDJ, Paris, 1954, n° 1531 et s., p. 985 et s., qui ne vise que le commencement de preuve par écrit, sans référence à la notion d'adminicule.

2207 En cela, la torture n'est pas seulement un mode d'expérimentation, v. pourtant, F. GIL, *Preuves*, Aubier, Bibliothèque du Collège International de Philosophie, Parsi, 1986, p. 45. Sauf à voir dans cette expérimentation la mesure du secours apporté par Dieu à l'innocent qui résiste à la douleur ; en ce sens, v. J. GILISSEN, « La preuve en Europe du XVIe au début du XIXe siècle », *Recueils de la société Jean Bodin pour l'histoire comparative des institutions*, Vol. XVII, spéc. p. 755, 788, et n° 3. Mais alors, la torture est bien un mode de preuve au même titre que l'ordalie (sur la parenté entre les deux, v. J. H. LANGBEIN, *Torture and the Law of Proof, op. cit.*, p. 7-8).

2208 V., en ce sens, le *Dictionnaire Latin-Français F. Gaffiot* (1934), *V° Adminiculum*, qui propose une autre étymologie : *ad mineo*, c'est-à-dire, littéralement, « en avancée » ou en « saillie ». L'adminicule quitte alors le monde de la *petitesse, de l'ancillarité*, pour celui de la mise en perspective, de la mise en valeur.

2209 V., par exemple, la 4e éd. du *Dictionnaire de L'Académie française* (1762), *V° Adminicule* : « Il se dit aussi en termes de Médecine de tout ce qui peut servir à faciliter le bon effet d'un remède ».

2210 V. *infra*.

étaient exigés, aucune contrainte particulière ne pesait sur les parties et qui les obligeait à rapporter une preuve dont le contenu ne correspondît pas plus ou moins exactement au contenu de la proposition visée au texte. Il était simplement fait application du droit commun (exigence de vraisemblance)[2211]. On ne saurait, en effet, réduire l'adminicule à une exigence de vraisemblance préalable à une mesure d'instruction dès lors que, dans le système français, l'obtention d'une mesure d'instruction est généralement subordonnée à la production d'une première preuve, même si le juge peut, une fois cette preuve produite, ordonner la mesure d'office[2212]. **Ce jugeant, ce qui fait véritablement l'adminicule, c'est l'accès momentanément fermé à l'objet de la preuve**[2213]. En cela, bien sûr, la notion d'adminicule nécessite une adaptation : *il ne s'agit plus seulement des cas dans lesquels la mesure d'instruction ne peut être librement obtenue, mais des cas dans lesquels le législateur impose un raisonnement particulier à la partie (un modèle de pertinence) et en fait la condition de la libre présentation des preuves et,* a fortiori, *de la recherche des preuves*[2214]. Les exemples sont résiduels ; il en est ainsi en droit des obligations, en matière de preuve de l'insanité d'esprit, et il en était ainsi, en droit extrapatrimonial de la famille, jusqu'en 1993, lorsque la loi exigeait certaines démonstrations à peine d'irrecevabilité de l'action en recherche de paternité[2215]. Dans ce dernier cas, il était question, pour le législateur, de favoriser une autre conception de la vérité - la vérité sociologique -, qu'on jugeait mieux à même de satisfaire les intérêts de la société (2). Dans le premier, l'exigence adminiculaire vise à prévenir le mensonge dans un domaine où, l'auteur ayant poussé le dernier soupir et, dans le même temps, le dernier souffle de la contradiction, il est particulièrement tentant de venir dénouer ce qu'il a pu nouer *in articulo mortis* (1).

1. L'exigence adminiculaire à raison d'une conception particulière de la vérité

251. *Présentation générale.* Le droit de la filiation donnait, jusqu'à une époque récente, de nombreux exemples d'exigences de vraisemblance conditionnant

2211 C. proc. civ., art. 146, al. 2, avec peut-être une exigence de vraisemblance supplémentaire exigée par le législateur ; v. *infra*, n° 263.

2212 V. *infra*, n° 264.

2213 Certaines propositions contenues dans un mode de preuve viennent rencontrer la proposition-objet elle-même. Lorsqu'il y a adminicule, c'est moins l'objet de la preuve qui est inaccessible en lui-même, que le détour qu'il impose au plaideur qui le rend inaccessible directement.

2214 Encore une fois, si les parties ne peuvent librement produire les preuves correspondant à la proposition-objet opérante et litigieuse, elles ne peuvent davantage obtenir de mesures d'instruction relativement à ce même objet (en ce sens, tout ce qui est dit ici concerne la présentation des preuves mais aussi la recherche des preuves). D'ailleurs, même en ce qui concerne la proposition-objet imparfaite (*inopérante*), les mesures d'instruction sont inadmissibles (le législateur ne va pas tout à la fois compliquer et faciliter la tâche de la partie - la remarque est d'autant plus exacte que la première démonstration conditionnait parfois la *recevabilité* de l'action) et certains modes de preuve sont parfois imposés.

2215 On sait que la doctrine n'employait l'expression d'adminicule que pour le système résultant de la loi de 1993 : *cf.* F. TERRÉ, D. FENOUILLET, *Droit civil. - La famille*, 8e éd., Dalloz, Précis Droit privé, Paris, 2011, n° 610, H. et L. MAZEAUD, J. MAZEAUD, F. CHABAS, *Leçons de droit civil. - La famille, Tome I, Troisième Volume*, 7e éd., par L. LEVENEUR, Montechrestien, Paris, 1995, n° 968, p. 391, J. HAUSER, D. HUET-WEILLER, *Traité de droit civil. - La famille*, 2e éd., LGDJ, Paris, 1993, n° 787-788, p. 551-552. - Comp., avec la position des auteurs anciens, v. *infra*, ce paragraphe ; et G. CORNU, *Droit civil. - La famille*, 9e éd., Montchrestien, Domat droit privé, Paris, 2006, qui ne semble pas employer le terme. V., enfin, J. CARBONNIER, *Droit civil. - La famille, l'enfant, le couple, T. II*, p. 318, qui estimait, pour sa part, que le terme était mal choisi, car adminicule signifie *étymologiquement* preuve « d'appui » ou preuve d'« à côté » destinée à renforcer, *a posteriori*, une preuve déjà établie.

la libre présentation de la preuve. Il s'agissait, pour l'essentiel, de conditions de recevabilité exorbitantes du droit commun, procédant de l'idée qu'une vérité toute sociologique ou socio-affective, valait mieux qu'une vérité matérielle que, d'une part, la science pouvait encore peiner à établir et qui, de l'autre, pouvait être source de bien plus de désagréments que de bénéfices[2216]. Confronté à un dispositif de cette nature, le plaideur n'avait alors d'autre ressource, avant même de pouvoir présenter les éléments de preuve en sa possession, que de faire la démonstration, selon des formes qui lui étaient imposées, de la vraisemblance de l'objet de la preuve ; et cet effort princeps conditionnait la recevabilité de sa demande[2217], tandis qu'il pouvait se trouver contrecarré par des fins de non-recevoir[2218]. La loi du 3 janvier 1972[2219], la première à consacrer une certaine égalité entre les filiations et, surtout, à faire bonne place à la vérité biologique, donnait ainsi, à l'article 340 du Code civil, la possibilité d'établir largement en justice la paternité hors mariage[2220]. La crainte, cependant, d'un bouleversement par trop aisé de la paix des familles et d'une remise

---

[2216] B. OPPETIT, « Les fins de non-recevoir à l'action en recherche de paternité », *RTD civ.* 1967, p. 750 ; et G. VIAL, *La preuve en droit extrapatrimonial de la famille,* Dalloz-Sirey, Nouvelle Bibliothèque Thèses, Paris, 2008, spéc. n° 11, p. 190. Demolombe disait ainsi : « le législateur a craint, pour les familles et pour la société, la révélation funeste des attentats qui produisent la filiation adultérine. Il n'a pas voulu qu'on vînt contester et troubler la conscience publique en lui montrant la violation de ces grands devoirs qui sont la garantie essentielle de la pureté du foyer domestique et du bon ordre des familles. Son vœu est donc que ces crimes contre la morale demeurent ensevelis dans l'obscurité et dans le silence », C. DEMOLOMBE, *Cours de Code Napoléon. - Traité de la paternité et de la filiation.* - T. V, Paris, 1866, spéc. n° 561, p. 601, cité par G. VIAL, *Thèse précitée*, n° 11, p. 19.

[2217] Il faut laisser de côté, semble-t-il, l'hypothèse de l'action en rétablissement de la présomption de paternité, fondée sur l'article 313-2, alinéa 2, ancien, du Code civil, et qui subordonnait la recevabilité de l'action, introduite par les époux ou par l'enfant, à la démonstration d'une « réunion de fait » des époux pendant la période légale de conception, rendant « vraisemblable la paternité du mari ». On a parfois soutenu que le texte posait un « quasi-adminicule de vraisemblance », exigeant, une fois cette condition de recevabilité satisfaite, que le plaideur produise des preuves de nature à établir la vérité de sa paternité ; en ce sens, M. MIGNOT, « L'accès à la preuve scientifique dans le droit de la filiation », *RRJ* 2003, p. 667, spéc. p. 674. S'il est exact que cette première condition mettait entrave à une expertise biologique immédiate, on a fait remarquer qu'elle n'était pas nécessaire, car cette première démonstration suffisait à établir la vérité de ce qui était perçu comme un objet de preuve suffisamment opérant ; *cf.* Ph. MALAURIE, H. FULCHIRON, *La famille*, *Defrénois*, 4e éd., Paris, 2011, n° 1155, p. 454 ; v., toutefois, F. TERRÉ, D. FENOUILLET, *op. cit.*, n° 456, qui distinguent preuve de la réunion de fait et preuve de la vraisemblance de la paternité (mais, note (7), p. 418, le constat que les preuves sont souvent "contractées" en une seule). - *Adde*, G. VIAL, *La preuve en droit extrapatrimonial de la famille*, *op. cit.*, n° 227, p. 378-379.

[2218] Le défendeur pouvait encore faire échec à la demande en se prévalant de l'une des fins de non-recevoir prévues à l'article 340-1 ancien du Code civil, c'est-à-dire en démontrant soit que « pendant la période légale de la conception, la mère était d'une inconduite notoire ou qu'elle a eu commerce avec un autre individu, à moins qu'il ne résulte d'un examen des sangs ou de toute autre méthode médicale certaine que cet individu ne peut être le père », soit que « le père prétendu était, pendant la même période, soit par suite d'éloignement, soit par l'effet de quelque accident, dans l'impossibilité physique d'être le père », soit enfin que « le père prétendu établit par un examen des sangs ou par toute autre méthode médicale certaine qu'il ne peut être le père de l'enfant ». Cette dernière hypothèse fournissait une défense efficace à l'homme poursuivie, d'autant plus que le juge était tenu de prescrire l'expertise scientifique : Civ. 1re, 19 nov. 1991, *D.* 1993, p. 29, note J. MASSIP). On rappelle que, en 1972, l'examen comparé des sangs ne permettait que d'exclure la paternité : O. ROY, « Filiation légale et réalités familiales : accès à la vérité biologique et intérêt de l'enfant », *LPA* 1998, n° 70, p. 13 et s.

[2219] L. n° 72-3 du 3 janvier 1972, *sur la filiation*, *JORF* 5 janvier 1972, p. 145. - J. MASSIP, « La loi du 3 janvier 1972 sur la filiation », *Defrénois* 1972, art. 30 040.

[2220] S'agissant de l'état du droit avant la réforme de 1972, v. F. TERRÉ, D. FENOUILLET, *Droit civil. - La famille*, 8e éd., Dalloz, Précis Droit privé, Paris, 2011, n° 387-388.

en cause par trop brutale de la logique de la vérité socio-affective, devait conduire le législateur à maintenir l'enchâssement traditionnel de l'action[2221].

252. ***Les cinq cas d'ouverture ou les cinq propositions de preuve pertinentes.*** Aux termes de cette disposition, la paternité naturelle pouvait « être judiciairement déclarée : dans le cas d'enlèvement ou de viol [...] ; dans le cas de séduction [...] ; dans le cas où il existe des lettres ou quelque autre écrit émanant du père prétendu [...] ; dans le cas où le père prétendu et la mère ont vécu pendant la période légale de conception en l'état de concubinage [...] [ou] dans les cas où le père prétendu a pourvu ou participé à l'entretien, à l'éducation ou à l'établissement de l'enfant en qualité de père »[2222]. En subordonnant la *recevabilité* de l'action à la démonstration de la réalité de l'une quelconque de ces propositions, le législateur avait parfaitement réussi à fermer l'accès à la proposition-objet de la preuve aussi longtemps que des premières preuves, en relation de pertinence avec cette même proposition, mais insuffisantes à elles seules pour l'épouser complètement, n'avaient pas été produites. Au lieu de permettre au demandeur de s'attaquer directement à la proposition selon laquelle telle personne avait eu des relations sexuelles avec telle autre, d'où il était résulté une naissance[2223], on l'obligeait à un détour destiné, à partir de *certaines propositions* de preuve pouvant être rapportées librement, à montrer au préalable la *vraisemblance* de cet objet *parfait*. Le procédé ne paraissait pas excessif ; il conduisait simplement à fixer abstraitement la pertinence d'une proposition - plus exactement un modèle de pertinence[2224] - laquelle pouvait, sauf

---

[2221] En ce qui concerne la loi du 8 janvier 1993 (L. n° 93-22 du 8 janvier 1993, *JORF* 9 janvier 1993), si l'article 340 ancien du Code civil disposait bien que *la preuve de la paternité hors mariage ne peut être rapportée que s'il existe des présomptions ou indices graves* (v. désormais, C. civ., art. 327, qui résulte de l'ordonnance n°2005-759 du 4 juillet 2005, *JORF* 6 juillet 2005), formule qui était généralement analysée comme une exigence adminiculaire (v. *supra*, n° 250, les références doctrinales), le texte, conçu avant tout pour limiter le recours automatique à une mesure d'instruction (l'expertise biologique, v. J. CARBONNIER, *op. cit.*, p. 318), n'intéresse pas directement la question de la libre présentation des preuves, et s'éloigne, en réalité, grandement de la technique procédurale de l'adminicule en ne fournissant aucun modèle de propositions pertinentes (contrairement à la solution qui avait cours, jusqu'alors). Par ailleurs, on peut se demandait si la solution ne revenait pas, simplement, à poser une exigence de vraisemblance, ce que fait le Code de procédure civile, ainsi qu'on va le voir, lorsqu'il subordonne la mesure d'instruction à l'absence de carence des parties (Civ. 1re, 7 mars 2002, 12 juill. 2001, *D.* 2002, somm., p. 2022, obs. F. GRANET : il est rappelé que l'expertise ne peut être ordonnée sans les adminicules ; mais v., par la suite, Civ. 1re 12 mai 2004, *D.* 2005, 1766, note S. MIRABAIL, qui censure un arrêt d'appel pour avoir rejeté la demande d'expertise au motif que « ne sont pas réunis les présomptions et indices graves [...] » ; et v. *infra*, n° 262-264). On sait, cependant, que la référence aux présomptions et indices *graves* pouvait être analysée comme un degré d'exigence supplémentaire et, surtout, on sait que la jurisprudence pouvait être tentée de ressusciter les solutions dégagées sous l'empire des textes et de la jurisprudence antérieurs, ce qu'elle a fini par faire : v. J. CARBONNIER, *op. cit.*, p. 325-327, F. TERRÉ, D. FENOUILLET, *op. cit.*, n° 610.

[2222] Sur quoi, v. G. VIAL, *La preuve en droit extrapatrimonial de la famille*, *op. cit.*, n° 230, p. 380.

[2223] Seule proposition concevable à l'époque, en l'absence de preuve directe du lien biologique : v., J.-Ch. GALLOUX, « L'empreinte génétique : la preuve parfaite ? », *JCP G* 1991, I, 3497. On peut d'ailleurs remarquer que, compte tenu de la difficulté qu'il y a à établir la réalité des relations sexuelles (il est vrai que certains procédés d'enregistrement du son et des images, la présence d'un tiers, comme un notaire, rendent l'affirmation moins péremptoire ; mais comme le notait Planiol, « si l'enfant d'une femme mariée était réduit à démontrer que sa conception a été l'œuvre du mari de sa mère, il n'y réussirait presque jamais », M. PLANIOL, *Traité élémentaire de Droit civil*, t. I, 7e éd., 1915, p. 437 - car la preuve des relations sexuelles n'est pas suffisante), la liste du législateur était loin d'être restrictive et exploitait, à plein, le mécanisme de la pertinence.

[2224] La plupart des cas d'ouverture était ainsi interprétés avec souplesse : *cf.* Civ. 1re, 23 févr. 1960, *D.* 1960, 354, note HOLLEAUX, *RTD civ.* 1960, p. 631, note DESBOIS.-Comp. *infra*, n° 325, la notion de pertinence et la présomption factuelle.

exception[2225], être rapportée par tout mode de preuve[2226]. La liberté de présenter des preuves était donc moins anéantie qu'orientée par la loi (le mécanisme montre d'ailleurs bien que la force probante ne tient pas au mode de preuve lui-même, mais à son contenu). Autrement dit, le législateur indiquait que telle proposition rendait vraisemblable la proposition-objet de preuve. Mais comme, à chaque fois qu'il procède de la sorte, il ne peut préjuger du résultat probatoire, et que toute proposition contenue dans un mode de preuve nécessite, fût-ce de manière insensible, une appréciation, il était inévitable que l'on se rapprochât de la situation qui est celle du juge face à un déplacement de l'objet de la preuve (appréciation de l'opérance)[2227]. Au-delà, ce qui fait sans doute la particularité de la matière, c'est que, jusqu'à ce que l'objet concret idéal devînt accessible - la démonstration de marqueurs sanguins ou génétiques communs - il était absolument impossible aux parties - une fois le débat sur la vraisemblance achevée - de présenter une preuve qui fût radicalement différente de celles qui avaient été jusqu'alors offertes au juge[2228]. En somme, on peut se demander si le dispositif n'aboutissait pas moins à établir la vraisemblance de la proposition-objet de preuve qu'à découper, en quelque sorte, l'opération probatoire

---

[2225] Une exception était spécialement prévue au texte. Il s'agissait de « l'aveu », par le défendeur, de sa paternité, dans un écrit : C. civ., art. 340, 3° ancien. Une autre régissait, jusqu'à la loi du 15 juillet 1955 (L. n° 55-934 du 15 juill. 1955, *sur la reconnaissance des enfants naturels*, *JORF* 16 juill. 1955, p. 7084), le mode de preuve des faits de séduction : il devait alors s'agir d'un commencement de preuve par écrit. Sur quoi, v. G. VIAL, *La preuve en droit extrapatrimonial de la famille*, *op. cit.*, note (1636), n° 232, p. 382.

[2226] S'agissant de l'enlèvement et du viol (C. civ., art. 340, 1° ancien), Civ. 1re, 18 janv. 1972, *Bull. civ.* I, n° 20, p. 18 (en pratique, la preuve était souvent établie à partir des pièces versées au dossier de la procédure pénale) ; v. aussi, G. VIAL, *op. cit.*, note (1631), n° 232, p. 381 ; s'agissant de l'état de concubinage pendant la période légale de conception (C. civ., art. 340, 4° ancien), Civ. 1re, 4 avril 1991, *Bull. civ.* I, n° 114, p. 77 (preuve pouvant se faire par tous moyens, dit l'arrêt, et notamment par « présomptions »).

[2227] Par exemple, en matière d'entretien de l'enfant par le père prétendu : Civ. 1re, 13 févr. 1974, pourvoi n° 71-14.211. On ne saurait, en revanche, décrire ces propositions comme des propositions-objet de preuve ; il ne s'agit que de propositions contenues dans un mode de preuve en relation de pertinence avec l'objet de la preuve. Le lien que ces propositions entretiennent avec l'objet de la preuve est beaucoup trop lâche pour que l'on puisse parler de relation d'opérance. Tous les comportements visés au texte *n'apprennent* rien sur le concept de « paternité ». Si l'on s'en tient à la logique et au sens commun, qu'il s'agisse de l'enlèvement, du viol, de la séduction, des lettres du père supposé, de l'état de concubinage pendant la période légale de conception, ou encore de la participation à l'entretien, à l'éducation ou à l'établissement de l'enfant en qualité de père, aucune de ces propositions ne permet d'appréhender le concept de paternité qui est, *dans le domaine de l'expérience*, le fait, pour un homme, d'avoir transmis ses gamètes à la femme, d'où il est résulté un enfant. S'agissant, par exemple, de l'écrit émanant du père, la promesse d'acquitter les frais de grossesse ou les conseils concernant l'avortement (Civ., 2 mars 1949, *D.* 1949, 207, Paris, 1er déc. 1960, *Gaz. Pal.* 1961, 1, 271, Paris, 20 janv. 1969, *JCP* 1969, IV, 58) ne permettent pas de saisir la proposition-objet concrète qui est une *réalité biologique*. - Ceci étant, l'article 340-7 ancien du Code civil, prévoyait, sous l'empire de la loi de 1972, que lorsque le demandeur avait agi de bonne foi, sans parvenir pour autant à rapporter suffisamment la preuve de la paternité, il pouvait démontrer que cette *paternité était possible* en établissant *l'existence de relations entre le défendeur et la mère lors de la période légale de conception.* Les juges se voyaient alors reconnaître la faculté, tout en rejetant la demande, d'allouer des subsides à l'enfant. Autrement dit, les mêmes propositions étaient analysées comme objets de preuve *opérants* pour l'action à fins de subsides : v., sur cette règle, H. et L. MAZEAUD, J. MAZEAUD, F. CHABAS, *Leçons de droit civil. - La famille, Tome I, Troisième Volume*, 7e éd., par L. LEVENEUR, Montechrestien, Paris, 1995, n° 983-984, p. 398.

[2228] J. HAUSER, D. HUET-WEILLER, *op. cit.*, n° 787, p. 551 : « [...] si l'on possède la preuve d'un cas d'ouverture, la preuve de la filiation s'en évince souvent ». On nuançait, cependant, en relevant que « [l]'existence d'un cas d'ouverture ne conduisait [...] pas automatiquement à l'établissement de la filiation », Ph. MALAURIE, H. FULCHIRON, *Droit civil.- La famille*, 4e éd., *Defrénois*, Paris, 2011, n° 1273, p. 500.- V., ainsi, à une époque où la preuve biologique était possible : Civ 3e, 17 juill. 1986, *Bull. civ.* III, n° 121 (preuve adminiculaire jugée suffisante et rendant superflue l'expertise biologique).

en deux. Aussi, comme on l'a très justement fait remarquer, « [p]uisqu'aucune preuve ne permettait d'établir avec certitude le lien de parenté, la combinaison de deux preuves imparfaites - la première portant sur la vraisemblance et la seconde sur la vérité biologique - se voulait rassurante »[2229]. C'était donc, en quelque sorte, faire deux « procès » là où un seul aurait pu suffire : la somme des éléments de preuve apportés une fois l'action déclarée admissible ne faisant, finalement, que *compléter* la preuve produite lors du débat sur la vraisemblance, sauf lorsque la seconde preuve portait, exceptionnellement, sur l'objet concret de la preuve[2230]. Le mécanisme ne présentait donc pas, en pratique, de véritable intérêt, sauf à limiter, en imposant la démonstration d'une proposition particulière, les éléments de preuve prouvant la proposition-objet vraisemblable. L'analyse est nécessairement différente lorsque l'objet de la preuve concret ne peut être approché. L'adminicule joue alors véritablement son rôle, qui est celui de filtrer les demandes en imposant une première vraisemblance dont la nature est fixée par le texte.

2. L'exigence adminiculaire à raison d'un risque particulier de mensonge

253. ***Analyse théorique de la disposition.*** Le régime de la nullité des actes pour insanité d'esprit est fixé de longue date. Il figurait déjà à l'article 504 du Code civil selon lequel : « Après la mort d'un individu, les actes par lui faits ne pourront être attaqués pour cause de démence qu'autant que son interdiction aura été prononcée ou provoquée avant son décès ; à moins que la preuve de la démence ne résulte de l'acte même qui est attaqué ». Elle a été reprise, sous les distinctions faites par la jurisprudence[2231], par la loi du 3 janvier 1968[2232]. Depuis la réforme du 5 mars 2007[2233], la règle est prévue aux articles 414-1 à 414-2, 1° du Code civil. En vertu du dernier de ces articles, alinéa deuxième : « De son vivant, l'action en nullité n'appartient qu'à l'intéressé. - Après sa mort, les actes faits par lui, autres que la donation entre vifs et le testament, ne peuvent être attaqués par ses héritiers, pour insanité d'esprit, que dans les cas suivants : - 1° Si l'acte porte en lui-même la preuve d'un trouble mental [...] ». En d'autres termes, les actes à titre onéreux faits ne pourront être annulés, après le décès de leur auteur, et en dehors de deux autres cas respectivement prévus aux 2° (intéressé placé sous sauvegarde de justice) et 3° (action introduite avant son décès aux fins d'ouverture d'une curatelle ou d'une tutelle ou effet donné au mandat de protection future), du même article, que si *l'acte porte en lui-même la preuve de l'altération des facultés mentales*. C'est une dérogation au principe, posé par l'alinéa 1er de l'article 414-2, du Code civil, selon lequel, après sa mort, les actes accomplis par un individu ne pourront être attaqués au motifs de l'insanité d'esprit de leur auteur[2234]. Mais la voie est volontaire étroite

---

2229 G. VIAL, *op. cit.*, n° 226, p. 378.

2230 Paris, ch. 1, sect. suppl., 20 juin 1980, *JurisData* n° 1980-762669, aveu extrajudiciaire après démonstration de ce que le père avait pourvu à l'entretien et l'éducation de l'enfant ; v. aussi Civ. 1re, 6 janv. 1987, pourvoi n° 85-11.630 et Paris, ch. 1 suppl., 13 déc. 1984, *JurisData* n° 1984-028167.

2231 Sur l'histoire du texte et ses raisons, v. D. FENOUILLET, « Majeurs protégés. - Statut patrimonial des majeurs aliénés non placés sous un régime de protection. - Actes juridiques consentis par un malade mental », *J.-Cl. Civil Code, art. 488 à 514*, Fasc. n° 11 (version antérieure) spéc. n° 102 et s. ; M.-L. CICILE-DELFOSSE, « Majeurs protégés.- Dispositions indépendantes de toute protection. - Actes juridiques », *J.-Cl. Civil Code, art. 414-1 à 414-3*, Fasc. n° 20, spéc. n° 139, 143.

2232 L. n° 68-5 du 3 janvier 1968, *JORF* 4 janv. 1968.

2233 L. n°2007-308 du 5 mars 2007, *portant réforme de la protection juridiques des majeurs*, *JORF* 7 mars 2007.

2234 B. TEYSSIÉ, *Droit civil.- Les personnes*, 11e éd., Litec, Manuel, Paris, 2010, spéc. n° 552, p. 291.

et elle fournit probablement l'un des tous derniers exemples d'adminicule. Il s'explique assez bien, semble-t-il, par la volonté du législateur de prévenir le mensonge dans ce domaine particulier où l'annulation d'un acte à titre onéreux est demandée, par les héritiers, après le décès de leur auteur. L'initiative est suspecte, car il peut souvent leur être reproché de n'avoir pas agi plus tôt, en plaçant le prétendu insane sous un régime de protection. L'intervention est ambiguë, car l'auteur n'est plus là pour fournir la contradiction, que ce soit par ses mots ou son comportement. Enfin, les preuves risquent d'avoir disparu, ce qui expose le système juridique à un risque manifeste de mensonge. En soumettant les ayants cause à une exigence adminiculaire, le législateur parvient ainsi indirectement, à garantir l'expression de la vérité matérielle.

Sous l'angle de la prévention du mensonge, la matière est doublement originale : non content de limiter l'accès à l'objet de la preuve, le législateur impose aussi que l'adminicule soit rapporté par un certain mode de preuve, la preuve *intrinsèque*. Il ne s'agit pas, en tant que tel, d'un mode de preuve particulier ; la preuve intrinsèque n'est rien de plus que l'*instrumentum* qui constate l'acte dont la nullité est demandée. Mais sa finalité est détournée ; il ne sert plus à établir l'existence et les modalités du *negotium* ; il sert à constater sa propre incohérence, incohérence qui peut affecter, du reste, sa structure matérielle (l'*instrumentum,* sa rédaction) ou intellectuelle (le contenu, quoique parfaitement intelligible, est marqué du sceau de l'anomalie)[2235]. Le mécanisme à l'œuvre est bien comparable à celui qui régit l'adminicule. La proposition-objet - *l'auteur n'était pas en possession de sa capacité de comprendre ou de vouloir au moment de l'acte*[2236] - demeure inaccessible, et le législateur indique bien, au moyen, d'ailleurs, d'un procédé fort énergique, que la démence de l'auteur ne peut être rendue vraisemblable qu'à partir d'une proposition pertinente (mais non opérante) particulière : *l'instrumentum est grevé d'incohérences*. Et surtout, cette dernière proposition, que l'acte doit, pour ainsi dire, lui-même formuler (prouver), ne suffit pas à épouser complètement l'objet concret de preuve. Bartin avait donc parfaitement raison lorsqu'il indiquait que la disposition avait pour effet d'éliminer « artificiellement du domaine de la preuve [...], tous les autres indices révélateurs de l'altération des facultés mentales »[2237]. Et s'il y voyait, au surplus, l' « antithèse logique du déplacement de la preuve »[2238], c'est qu'il constatait, tout simplement, que l'objet de la preuve ne pouvait être démontré *directement* par le plaideur. En réalité, le déplacement de l'objet de la preuve est toujours possible - puisqu'il est indispensable en ce qu'il fait partie intégrante du processus de qualification-interprétation - mais l'objet concret déplacé reste, dans une telle hypothèse, inaccessible ; seulement, comme autrefois en matière d'action en recherche de paternité, la proposition ouverte à la preuve ne permet pas de faire directement la démonstration de l'objet déplacé. Il s'agit d'une proposition

[2235] On affirme, traditionnellement, que l'incohérence peut résulter du fond ou de la forme ; v. Ph. DUBOIS, E. PAILLET, *Rép. Dalloz dr. civ., V° Incapables majeurs*, n° 31.- V. aussi, Amiens, Ch. 1, 25 mars 2003, *JurisData*, n° 2003-210703 : absence d'éléments incohérents qu'il s'agisse tant de la forme que du contenu.

[2236] À propos des très nombreux « déplacements de l'objet de la preuve », en la matière, v. D. FENOUILLET, « Majeurs protégés. - Statut patrimonial des majeurs aliénés non placés sous un régime de protection. - Actes juridiques consentis par un malade mental », *J.-Cl. Civil Code, art. 488 à 514*, Fasc. n° 11 (version antérieure), n° 52-54.

[2237] BARTIN *in* AUBRY, RAU, *Droit civil français*, éd. Juris-Classeurs, LGDJ, tome XII, 5e éd. par Bartin, Paris, 1922, p. 79-80.

[2238] *Ibid.*

pertinente, certes, mais qui n'est pas suffisante pour conclure à *la vérité de la proposition-objet opérante*. En définitive, un adminicule impose une proposition pertinente, mais qui, en tant que telle, ne produit d'autre résultat que *la vraisemblance* (non la vérité) *de l'objet de la preuve*.

254. ***Application de la règle.*** Il revient donc aujourd'hui aux héritiers, chaque fois qu'ils entendent remettre en cause un acte onéreux après le décès de leur auteur, et à condition qu'ils ne se trouvent pas dans l'un des autres cas prévus au texte[2239], de recueillir, au préalable, sur la base de l'acte lui-même, des indices de nature à rendre l'insanité d'esprit vraisemblable. Si on enseigne que la forme peut être un révélateur du trouble[2240], elle n'est, en réalité, dans la jurisprudence la plus récente, jamais admise, soit que l'incohérence formelle puisse être analysée comme une simple maladresse[2241], soit qu'elle ne s'explique que par l'état physique (et non mental) du rédacteur[2242]. En somme, comme la Cour de cassation le rappelle, tant au sujet du fond que de la forme, le moindre doute fait obstacle à l'annulation[2243]. En ce qui concerne le fond, une analyse très circonstanciée d'un faisceau de données (long intervalle entre la signature du preneur et celle du bailleur, longue durée du bail en dépit du grand âge du bailleur et les avantages accordés au preneur, comme la modicité du loyer) permet parfois au juge de conclure à l'insanité[2244] ; mais le seul constat du caractère préjudiciable ou démesuré de l'opération est souvent jugé insuffisant[2245]. Sauf à interpréter cette jurisprudence comme l'invitation à prendre en compte des données extrinsèques, ce qui est ressenti comme nécessaire lorsqu'il s'agit d'apprécier le déséquilibre d'une convention[2246], elle ne peut qu'être comprise comme l'exigence d'une multiplicité d'indices[2247] ressortissant, si possible, à la forme et au fond[2248]. Mais il est particulièrement instructif de constater que,

---

[2239] C. civ., art. 414-2, 2° et 3°.

[2240] Orléans, 22 sept. 1992, *JurisData* n° 1992-046554

[2241] Civ. 2, 9 oct. 2008, pourvoi n° 07-18.192, *JurisData* n° 2008-045311, Bordeaux, Ch. civ. 1, sect. A, 7 janv. 2008, *JurisData*, n° 2008-353618 : signature présentant, pour les héritiers, une formulation anormale, mais que les juges mettent au compte du tremblement lié au grand âge du *de cujus*.

[2242] S'agissant de l'état mental, v. Paris, 12 sept. 2000, *JurisData* n° 2000-125001, *JCP G* 2001, IV, 1404.

[2243] S'il est un doute, la nullité ne sera pas prononcée, Civ. 1re, 23 janv. 1955, *D.* 1955, jurispr., p. 341, note RODIÈRE ; Civ. 1re, 23 juin 1964, *Bull. civ.* I, n° 332.

[2244] Civ. 3e, 1er juill. 1987, *Bull. civ.* III, n° 134.

[2245] Il a ainsi été jugé que la seule indication de la modicité du loyer, sans précision sur les raisons permettant aux juges de parvenir à une telle conclusion, n'était pas suffisante pour permettre à la Cour de cassation d'exercer son contrôle : Civ. 3e, 17 juill. 1986, *Bull. civ.* III, n° 121 ; s'il ne s'agit d'une incitation à prendre en compte des éléments extrinsèques, cela signifie que la Haute juridiction tend à privilégier une pluralité d'éléments convergents. - V. aussi, Civ. 3e, 2 déc. 1987, *RTD civ.* 1988, p. 343, obs. J. MESTRE, Soc., 30 janv. 1964, *D.* 1964, jurispr., p. 574.

[2246] Toulouse, Ch. civ. 3, 11 févr. 1997, *JurisData*, n° 1997-040391 (jugé que le déséquilibre nécessite une appréciation « subjective »). Les éléments extrinsèques doivent, bien entendu, être écartés du débat : Civ. 1re, 24 oct. 1995, pourvoi n° 93-21.467, *JurisData*, n° 1995-003002, Civ. 1re, 13 avr. 1992, pourvoi n° 89-18.087 ; la tentation est souvent grande de produire un certificat médical (Civ. 2e, 9 oct. 2008, pourvoi n° 07-18.192, *JurisData* n° 2008-045311, Civ. 1re, 15 mars 1977, *Bull. civ.* I, n° 100, Civ. 1re civ., 13 juill. 1960, *JCP G* 1960, II, 11798, note C.B, *D.* 1960, jurispr. p. 570, note RODIÈRE, *RTD civ.* 1961, p. 45, obs. H. DESBOIS,) ou encore des échantillons d'écriture aux fins de comparaison (Civ. 1re, 12 janv. 1955, *JCP G* 1955, II, 8833, note B. GOLDMAN, *D.* 1955, p. 341, note RODIÈRE, *RTD civ.* 1955, p. 488, obs. P. LAGARDE).

[2247] En ce sens, Civ. 3e, 17 juill. 1986, *préc.*

[2248] Civ. 3e 2 déc. 1987, *préc.* : le caractère anormalement long d'un bail (la Cour de cassation approuve la cour d'appel de n'avoir pas fait cette recherche) ne suffit pas à caractériser le trouble mental, en l'absence « d'énonciation incohérente ou illogique dans le bail ». - *Adde*, Civ., 5 juin 1882, *DP* 1883, 1, p. 112. V., encore, le fait, pour l'auteur, d'avoir inclus dans la vente certaines parcelles de terre indivises entre sa

marginalement et insensiblement, la Cour de cassation s'autorise à tenir compte de données extérieures pour justifier une incohérence[2249]. Enfin, puisque l'objet de la preuve n'est pas directement accessible, il va sans dire qu'aucune mesure d'instruction ne peut être ordonnée. Si la jurisprudence s'appuie souvent sur le caractère intrinsèque de la preuve exigée pour rejeter la mesure d'instruction demandée[2250], elle pourrait également relever que le demandeur cherche en réalité à prouver l'insanité d'esprit lui-même (objet de preuve inaccessible) et non l'incohérence de l'acte - qui est l'antécédent abstrait qui *doit être prouvé*[2251].

255. ***Appréciation de la règle.*** Comme on le voit, cette jurisprudence est rigoureuse[2252], et elle l'est d'autant plus que cette démonstration ne constitue qu'une première étape dans le processus tendant à obtenir l'annulation de l'acte. Une fois cette vraisemblance établie, les ayants-cause doivent encore, conformément au droit commun, rapporter la preuve du trouble mental de l'auteur au moment de l'acte. Il est vrai, néanmoins, que les demandeurs ont une totale liberté et dans le choix des modes de preuve[2253] et dans le choix des propositions pertinentes, pour établir la vérité de l'objet de la preuve, tandis qu'on estime, traditionnellement, que la preuve est d'autant plus simple à rapporter que l'acte porte lui-même la marque de l'altération des facultés. Mais, quel que soit l'impact que produit l'incohérence de l'acte sur le juge, d'autres éléments de preuve devront être apportés. En cela, on voit bien qu'il s'agit d'un adminicule qui est impuissant, à lui seul, à établir la vérité de l'objet de la preuve. Aussi bien, si l'acte est souvent invoqué, ce qui ne soulève aucune objection[2254], il n'est pas, du fait même de la faible pertinence qui est la sienne (rappelons qu'il ne crée qu'une vraisemblance), suffisant et nécessite d'autres

---

fille - demanderesse - et lui-même ; jugé que cette circonstance ne suffisait pas à établir l'existence du trouble mental : Civ. 1re, 27 janv. 1987, pourvoi n° 85-16.020, *Bull. civ.* 1987, I, n° 30, p. 21, *JCP* N 1989, II, p .121, note Th. FOSSIER

2249 Civ. 1re, 24 mai 1989, pourvoi n° 88-12513, où la cour d'appel est approuvée pour avoir souverainement apprécié qu'un acte notarié, « d'où résultait la vente aux époux X... d'immeubles appartenant à André A..., bien qu'il n'ait pas été signé par le vendeur en raison de son état de fatigue, ne portait pas en lui-même la preuve d'un trouble mental » ; l'état de fatigue apparaissait-il dans l'acte ?. - V., toutefois, pour un rappel ferme de la règle : Civ. 1re, 1er juill. 2009, pourvoi n° 08-13.402, *Bull. civ.* I, n° 151, *LPA* 10 sept. 2009, note NOGUÉRO, *Dr. fam.* 2009, comm. n° 117, note I. MARIA, *Defrénois* 2009, 2196, obs. J. MASSIP, *RTD civ.* 2009. 697, obs. J. HAUSER.

2250 Cass. 3e civ., 28 sept. 1982, *Gaz. Pal.* 1983, 1, pan. jurispr. p. 53, note J. DUPICHOT, *Gaz. Pal.* 1983, 2, p. 455, note J.-M, *Defrénois* 1983, art. 33082, n° 48, p. 767, 779, note J. MASSIP : arrêt qui rappelle qu'une telle mesure aurait pour effet d'intégrer des éléments « extrinsèques » à l'acte. - V. encore, Civ. 3e, 2 déc. 1987, *JCP* N 1988, II, 175, note PICARD, *RTD civ.* 1988, 342, obs. J. MESTRE.

2251 Cela étant, il arrive parfois que les plaideurs cherchent à établir l'incohérence en recourant à des éléments extérieurs à l'acte, comme des échantillons d'écriture (Civ. 1re, 12 janv. 1955, *préc.*) ou des expertises olographes (Lyon, Ch. civ. 8, 16 janv. 2007, *SDCC*, RG n° 05/02908).

2252 Les héritiers ne sauraient agir sur un autre fondement, comme la nullité d'une vente pour absence de consentement, C. civ., art. 1108 ou art. 1109 ; v., dans ce dernier cas, Civ. 3e, 20 oct. 2004, *Bull. civ.* 2004, III, n° 177, *JurisData* n° 2004-025283, *Dr. fam.* 2005, comm. n° 88, obs. Th. FOSSIER, *C.C.C.* 2005, comm. n° 23, note L. LEVENEUR, *D.* 2005, p. 257, note D. NOGUÉRO, *Dr. et patrimoine* févr. 2005, p. 127, obs. P. CHAUVEL, *RTD civ.* 2005, p. 102, obs. J. HAUSER, *D.* 2006, pan., 1570, obs. J.-J. LEMOULAND et J.-M. PLAZY. La Cour de cassation met donc fin à la pratique de certaines juridiction du fond : Colmar, 24 janv. 2002, *Dr. et patrimoine* 2005, n° 135, note P. CHAUVEL, Rennes, 28 sept. 1993, *JurisData* n° 1993-049521), pratique qui pouvait se réclamer d'une certaine attitude passée de la Cour de cassation et d'une certaine analyse doctrinale ; sur quoi, v. D. FENOUILLET, *Fasc. préc.*, n° 9, n° 14-17 et s. pour les enjeux .

2253 Il s'agit d'un fait juridique ; tous les modes de preuve sont normalement admissibles : F. TERRÉ, *Introduction général au droit*, 8e éd., Dalloz, Précis, Droit privé, Paris, 2009, spéc. n° 260.

2254 Civ. 1re, 2 déc. 1992, *Bull. civ.* I, n° 299, Civ. 1re, 27 oct. 1971, *Bull. civ.* I, n° 277, p. 234.

éléments de preuve[2255], lesquels pourront alors s'attaquer, *directement*, à la démonstration de la vérité de la proposition-objet de preuve[2256].

256. ***Synthèse.*** Ces deux exemples montrent assez nettement que l'État peut, pour des raisons assez diverses, limiter la recherche de la vérité de la proposition-objet de preuve en imposant un préalable de vraisemblance. Cette circonstance, qui est exceptionnelle, éloigne, semble-t-il, du modèle hiérarchique ci-dessus décrit dans la mesure où la vérité matérielle est rendue plus difficile à atteindre. C'est particulièrement le cas lorsque le législateur fait échec à la remise en cause d'une situation familiale qui pourrait être fausse. Mais, là encore, et comme pour la preuve de l'insanité d'esprit, il s'agit moins de s'opposer à la recherche de la vérité que de protéger certaines situations qui ne correspondent pas nécessairement à la vérité mais dont la remise en cause pourrait s'avérer soit particulièrement douloureuse (l'exemple du droit de la famille), soit particulièrement tentante (l'hypothèse de la nullité de l'acte pour insanité d'esprit). Et encore faut-il remarquer que, dans le premier cas, c'est aussi au nom d'une certaine forme de vérité - la vérité sociologique - que de telles restrictions à la présentation des preuves ont pu prospérer, et dans le second, c'est au nom du risque d'erreur que le législateur s'oppose à une entreprise probatoire dont le sérieux n'aurait pas été préalablement établi. Aussi bien, si l'absence de vraisemblance au stade de la production des preuves est le signe le plus évident de la nature hiérarchique du système probatoire français, on ne peut manquer de souligner combien les mécanismes que l'on vient de décrire ont également leur place dans un système hiérarchique en redéfinissant pour des raisons que seul l'État peut déterminer, les conditions de la recherche de la vérité matérielle. L'exigence s'impose, de toute manière, avec une force particulière au regard des pouvoirs - essentiellement des parties - dans la recherche de la preuve. Enfin, et surtout, on remarque que ces mécanismes tendent à disparaître voire à se marginaliser.

§ 2. L'exigence de vraisemblance au regard des pouvoirs de recherche de la preuve

257. ***La vraisemblance ou la maîtrise du juge sur la preuve.*** C'est au regard de la recherche de la preuve que la question du préalable de vraisemblance prend tout son sens. Comme l'office de véridiction ne né véritablement que lorsque les parties ont produit une première vraisemblance, le juge n'est pas tenu de faire droit à l'offre de preuve de la partie. Le système augmente donc sa hiérarchie puisqu'elle permet au juge chargé du recueil des preuves de conserver la maîtrise de la recherche de la preuve. Il est certes vrai que, dans un sens, aussi longtemps que l'office de véridiction n'a pas fait son apparition, le juge est pareillement privé de

[2255] Rennes, 27 nov. 1998, *JurisData* n° 1998-055803 (acte disproportionné et ouverture d'une curatelle subséquente pour prodigalité) ; v. aussi, en ce sens, D. FENOUILLET, *op. cit.*, n° 54.

[2256] L'objet le meilleur, en jurisprudence, semble être la proposition selon laquelle le rédacteur de l'acte était *considéré* comme privé de ses facultés mentales au moment de l'acte. En conséquence, une attestation médicale *pertinente* (l'attestation doit être suffisamment détaillée - Paris, 30 juin 1972, *Gaz. Pal.* 1972, 2, p. 875, note V. AMZALAC, Toulouse, 8 nov. 2001, *AJ fam.* 2002, p. 149 ; le caractère médical renvoie à la *fiabilité de la preuve ;* v., en ce sens, les témoins non spécialistes : Civ. 1re, 2 déc. 1992, *Bull. civ.* I, n° 299 ou des « profanes », dont la parole ne saurait primer celle du psychiatre : Grenoble, 3 mars 1998, *JurisData* n° 1998-046980) assure généralement le succès du demandeur. Bien entendu, d'autres objets sont possibles, comme l'*état de trouble mental habituel*. Il s'agit bien, dans chacun de ces cas, et contrairement à la proposition résultant de l'acte lui-même, d'objets de preuve, car toutes ces propositions permettent d'appréhender directement le concept « trouble mental ».

tous les pouvoirs qui lui sont aujourd'hui reconnus tant en procédure civile qu'en procédure pénale ; il ne faut pas y voir, cependant, un affaiblissement de sa mission, car le juge ne sera certainement pas disposé à intervenir sur le terrain probatoire aussi longtemps que l'objet de la preuve n'aura pas atteint un certain degré de probabilité. Si l'exigence de vraisemblance s'impose à ses prérogatives, cela n'entraîne aucune conséquence pratique, d'abord parce qu'il apprécie souverainement cette vraisemblance, ensuite parce que, généralement prié par le temps, il n'a aucun égard aux allégations qui ne se donnent pas suffisamment à voir comme *possibles*. Dans ce contexte, la seule question qui se pose est celle de la nature des investissements que doivent faire les parties pour provoquer l'apparition de l'office de véridiction et être en mesure de faire valoir, ensuite, leurs pouvoirs de recherche de la preuve ou d'obtenir du juge qu'il déploie son activité probatoire, que cette activité soit conçue (modalités de l'office de véridiction) comme un pouvoir (comme pour le juge civile) ou comme un devoir (comme pour le juge d'instruction). On peut dès lors se demander comment qualifier juridiquement cet investissement préalable exigé des parties ; faut-il l'analyser comme une *charge*, une nouvelle forme de la *charge de la preuve* ?

258. ***Charge de la preuve et charge de la vraisemblance.*** Avant de répondre à cette question, il convient de rappeler qu'il n'est sans doute d'expression plus inexacte et plus trompeuse que celle de charge de la preuve. À l'époque où le juge civil n'avait pas encore les pouvoirs qui sont les siens aujourd'hui, elle pouvait certes être admise, à condition, néanmoins, qu'on ne l'entende autrement que comme l'effort probatoire devant être produit par celui qui s'exposait, en définitive, au risque de la preuve[2257]. Mais de nos jours, le juge - le juge de la mise en état ou le juge d'instruction - peut mettre ses pouvoirs au service du plaideur (ce qui est particulièrement vrai, en matière pénale, où il le doit même), de telle sorte que la notion de charge de la preuve se trouve privée de toute pertinence[2258]. Reste que l'activité du juge ne saurait se concevoir de manière inconditionnelle, non seulement parce que ce serait contraire à toute logique économique, mais surtout parce que ce serait priver l'État - par le biais de ses représentants en matière probatoire - de sa maîtrise d'une question aussi essentielle et aussi virtuellement dangereuse pour les libertés que représente la recherche de la preuve. En d'autres termes, si la notion de *charge* a encore un sens, il ne peut s'agir que de la *charge de la vraisemblance*. Mais, précisons d'emblée, cette charge n'a évidemment rien à voir avec le résultat qui pourra

---

[2257] J. CHEVALLIER, *Cours de droit civil approfondi* (doctorat). - *La charge de la preuve*, Paris, 1958-1959. - En procédure pénale, on a longtemps prétendu que si les règles relatives à la charge de la preuve ne pouvaient s'appliquer, c'était à cause de la nature d'intérêt public du contentieux. Au vrai, on avait déjà très bien senti que, dès lors que le juge d'instruction est chargé d'instruire à charge et à décharge, la notion ne pouvait guère avoir de signification (en ce sens, MITTERMAÏER, *Traité de la preuve en matière pénale*, cité par J. PATARIN, « Le particularisme de la théorie des preuves en droit pénal », *in* G. STEFANI (dir.), *Quelques aspects de l'autonomie du droit pénal. - Études de droit criminel*, p. 8-76, spéc. p. 19) ; il faut par ailleurs soigneusement distinguer, comme nous l'avons fait lors de l'étude de la litigiosité de la preuve, le problème de la charge de l'allégation, qui peut avoir un rôle à jouer en procédure pénale. Il faudra ajouter quelques mots, bien entendu, du résultat négatif de la recherche de la preuve, à savoir le risque de la preuve, v. *supra*, n° 392.

[2258] Sauf à dissocier, comme le fait le Professeur Terré, charge de la preuve - placée sur le juge - et risque de la preuve - placée sur le plaideur (F. TERRÉ, *Introduction général au droit*, *op. cit.*, n° 597). Cette formule, comme l'indique l'auteur, n'est qu'une première approche, car le juge n'a pas de *charge inconditionnelle* en matière civile. Le juge remplit certes un office de véridiction, mais il n'est astreint à aucune obligation d'instruire. Il s'ensuit qu'il y a nécessairement quelque chose qui s'interpose entre « charge de la preuve » et « risque de la preuve ».

éventuellement résulter de la recherche des preuves ; celui qui a la charge de la vraisemblance n'est pas nécessairement celui sur qui pèse le risque de la preuve. Enfin, dans tous les cas, on ne peut que rappeler que les seules conditions sont la litigiosité et l'opérance de la preuve[2259]. En définitive, la charge de la vraisemblance pèse sur tous ceux qui souhaitent la mise en œuvre de l'office de véridiction. Tel est l'énoncé du principe, celui de la charge de vraisemblance (§ 1). Il arrive, cependant, pour diverses raisons, que le principe reçoive exception ; la partie bénéficie alors d'une dispense de vraisemblance préalable (§ 2).

A. Le principe d'une charge de la vraisemblance

259. ***Différences entre la procédure civile et la procédure pénale.*** La question de la charge de la vraisemblance se pose nécessairement en des termes différents en procédure civile et en procédure pénale. La procédure pénale présente, en effet, de nombreuses singularités qui introduisent un degré supplémentaire de complexité dans l'analyse. Le fait, par exemple, que le juge d'instruction n'ait pas simplement un pouvoir de recherche mais un véritable devoir de recherche, alors que les parties se voient investies du pouvoir de solliciter des mesures de recherche, oblige à s'interroger à deux niveaux sur les conditions d'existence de l'office de véridiction. Il convient, du reste, de remarquer que la gestion hiérarchique de l'office de véridiction est beaucoup plus délicate dans la mesure où des intérêts divergents sont en jeu[2260] ; une mise en œuvre trop précoce des mesures d'instruction risque d'affecter les libertés individuelles ; dans le même temps, néanmoins, une recherche probatoire avant toute vraisemblance permet de remédier, au profit de la victime, à une possible inaction du ministère public. On ne peut, enfin, correctement analyser la problématique de la charge de la vraisemblance en procédure pénale sans tenir compte des profondes transformations qu'elle a connues depuis l'entrée en vigueur du Code de procédure pénale. Sous ce regard, on observe, en effet, une érosion de la notion de la charge de la vraisemblance (1). La procédure civile, dont les présents développements ont déjà dû convaincre qu'il était nécessaire de l'envisager par ailleurs, se signale, plutôt, par la vigueur de cette même notion (2).

1. Érosion de la notion de charge de la vraisemblance en procédure pénale

260. ***Schéma classique : soupçons, indices, charges et preuves.*** On ne peut que remarquer, une nouvelle fois, l'incidence profonde des changements intervenus en procédure pénale ces dernières décennies. Le déploiement de l'activité du ministère public a considérablement modifié les termes du débat. Jusqu'à une époque récente, en effet, cette procédure reposait sur une séparation assez rigoureuse des autorités de poursuite, d'instruction et de jugement[2261]. À chaque autorité correspondait une phase probatoire, et à chaque phase un degré de conviction particulier.

[2259] En matière pénale, par exemple, l'ordonnance de refus d'informer justifiée parce que les faits ne sont susceptibles d'aucune qualification : C. proc. pén., art. 86, al. 4 ; v. encore, Ch. BOLZE, « Le refus d'informer : une sanction exceptionnelle en procédure pénale », *RSC* 1982, p. 311-329, spéc. n° 8-18.

[2260] *Cf.* Ph. CONTE, P. MAISTRE du CHAMBON, *Procédure pénale*, 4e éd., Armand Colin, Paris, 2002, n° 21, p. 12.

[2261] V., Ph. CONTE, P. MAISTRE du CHAMBON, *op. cit.*, n° 31, p. 18, n° 72-75, p. 47-51, qui font de ce principe l'un des trois principes directeurs de la procédure pénale. Comp. C. proc. pén., art. préliminaire, I, qui ne vise que les autorités de poursuite et de jugement.- Et v. *supra*, n° 231, pour une étude détaillée de cette question.

Aussi bien le procureur de la République devait-il rechercher des indices[2262] destinés à éclairer sa décision sur l'action publique[2263], et choisir, ensuite, soit de renvoyer directement l'affaire s'il estimait qu'elle était en état d'être jugée, soit de la transmettre au juge d'instruction pour qu'il transforme, grâce à ses puissants moyens d'investigation, ces indices en charges, avant de la faire suivre, le cas échéant, à la juridiction de jugement. Cette dernière était, enfin, appelée à se prononcer sur les preuves[2264]. Cette division ne signifiait pas que l'une de ces autorités ne pouvait recueillir des éléments probatoires attachés à une catégorie appartenant à l'autre[2265], mais plutôt que ***l'étendue des pouvoirs d'investigation était virtuellement conditionnée par le degré de force probante que l'on pouvait attendre des informations recueillies à chaque phase***. C'est sur cette idée que l'on divisait alors les tâches, à charge pour le ministère public[2266] au premier chef, de recueillir, à partir de ses pouvoirs initialement maigres, des éléments rendant vraisemblables la commission d'une infraction[2267]. Autrement dit, et pour se placer au point de départ de l'activité de chacun des ces organes, le ministère public et la police judiciaire agissaient, sauf exception, sur la base de soupçons, les juridictions d'instruction, sur la base d'indices, la juridiction de jugement, sur la base de charges. La vraisemblance apparaissait ainsi au stade de l'indice ; le ministère public était donc l'organe chargé d'établir *la vraisemblance*[2268]. C'est la raison pour laquelle le procureur de la

[2262] Il faut entendre par indice, non pas la catégorie générique qui regroupe tous les modes de preuve qui ne peuvent entrer dans la nomenclature sous une autre occurrence, mais tous les éléments de preuve, quelle qu'en soit la forme (témoignage, écrit, aveu extrajudiciaire, indice au second sens), qui contribuent à établir la vérité de la proposition-objet de preuve sans la réaliser complètement ou qui la réalise complètement mais dont la fiabilité est douteuse ou reste à établir. Il s'agit donc de preuves faiblement pertinentes (éventuellement peu ou non fiables) et de preuves fortement pertinentes (mais non fiables) ; en somme, la catégorie recouvre tous les d'éléments de preuve n'ayant qu'une faible force probante ou devant être éprouvés.

[2263] À compter du jour où le ministère public fut chargé d'apprécier l'opportunité des poursuites (sur ce concept et ses limites, v. *supra*, n° 235), il éprouva le besoin d'étayer ses soupçons : E. MATHIAS, « La marginalisation du juge d'instruction : vers un renouveau du modèle inquisitoire ? », *LPA*, 18 août 2005, p. 3, spéc. n° 3. Ce fut la naissance de « l'enquête officieuse » dont la fonction était, dans un premier temps, de justifier l'intervention du magistrat instructeur (E. MATHIAS, *op. cit., loc. cit.*).

[2264] Comp. P. CONTE, P. MAISTRE DU CHAMBON, *op. cit.*, n° 372, p. 272 : « Les charges se différencient des preuves : si celles-ci ont pour but de dégager une certitude au stade du jugement (intime conviction), celles-là, en ne visant qu'à une vraisemblance lors de l'instruction, laissent place au doute ».

[2265] V., par exemple, C. proc. pén., 20, al. 6 : les agents de police judiciaire ont pour mission « [d]e recevoir par procès-verbal les déclarations qui leur sont faites par toutes personnes susceptibles de leur fournir des indices, preuves et renseignements sur les auteurs et complices de ces infractions ».

[2266] On assimile l'activité de la police et celle du ministère public.

[2267] Comme on l'a fait remarquer avec beaucoup de finesse, il est une distinction à établir entre la recherche des preuves de la commission d'une infraction et la recherche des preuves des circonstances de commission de l'infraction, car « [...] au regard des libertés individuelles, l'enjeu de ces deux types de recherches n'est pas du tout le même. La recherche des preuves de l'existence de l'infraction elle-même présente potentiellement plus de risques, de ce point de vue, que la simple recherche des preuves des circonstances de sa commission, surtout dans l'hypothèse où la police entendrait recourir à des mesures de contrainte. En effet, lorsque la commission d'une infraction est d'ores et déjà connue de façon certaine par un policier, il est naturel qu'il en retire une certaine latitude d'action : d'une part, la violation de la prohibition légale étant avérée, la société est légitimement en droit de réagir de manière prompte et vigoureuse, d'autre part, et en conséquence, le souci de protéger les citoyens contre des investigations qui seraient purement arbitraires et sans justification au regard de la réalité des faits n'a, par hypothèse, plus lieu d'être - et ce sont bien d'ailleurs de telles considérations qui légitiment l'enquête de flagrance », Ph. CONTE, « Un aspect de l'apparence vraisemblable au stade policier de la procédure pénale [...] », *op. cit.*, p. 480.

[2268] Cela étant, le schéma était loin d'être aussi idéal, et comme le relevait le Professeur Rassat, on exprimait déjà, à la fin des années 1940 que « "[l]e juge d'instruction et le procureur de la République ont une certaine aptitude à se remplacer l'un l'autre" », M.-L. RASSAT, *Le ministère public. - Entre son passé et*

République ne disposait, autrefois, de véritables pouvoirs d'investigation que lorsque ces indices apparaissaient d'emblée, c'est-à-dire lorsque l'infraction était déjà rendue vraisemblable par les circonstances ; il ne pouvait, à proprement parler, enquêter, que lorsque se manifestait une situation de flagrance. Il est d'ailleurs notable que, sous l'empire du Code d'instruction criminelle, les actes de l'enquête pour crime flagrant étaient conçus comme de véritables « pouvoirs d'instruction », les travaux préparatoires « démontrant clairement que ces pouvoirs avaient été conçus comme une exception au principe de la séparation de la poursuite de l'instruction que le code entendait consacrer »[2269]. Cela ne doit pas surprendre ; que le crime ou le délit se commette actuellement ou qu'il vienne de se commettre (la flagrance *stricto sensu*) ou que, dans un temps très voisin de l'action, la personne soit poursuivie par la clameur publique ou soit trouvée en possession d'objets ou de traces ou autres indices qui laissent penser qu'elle a participé à l'infraction[2270] (flagrance *lato sensu* ou infraction « réputée flagrante »)[2271], la commission de l'infraction est vraisemblable par elle-même, et justifie ainsi des pouvoirs d'investigation éventuellement contraignants (et il n'y a même plus lieu de s'interroger sur l'accomplissement de la charge de la vraisemblance)[2272]. Comme le dit étymologiquement le texte : *l'indice frappe les sens*[2273]. Mais pour assurer la préservation des libertés, en évitant notamment que l'on se passe, par manœuvres, de ce préliminaire de vraisemblance à une apparence vraisemblable d'un élément de la légalité procédurale, la vraisemblance a toujours été conçue comme un élément même de la légalité des opérations[2274].

---

son avenir, LGDJ, Bibliothèque de sciences criminelles, Paris, 1967, n° 218, qui citait R. VOUIN, *Manuel de droit criminel*, Paris, 1949, n° 396.

2269 M.-L. RASSAT, *op. cit.*, n° 219 et les références y afférentes.- *Contra*, à partir de l'entrée en vigueur du Code de procédure pénale : B. BOULOC, *L'acte d'instruction*, LGDJ, Paris, 1965, n° 320 et s. - Comp., B. BOULOC, *Procédure pénale*, 23e éd., Dalloz, Droit privé, Paris, 2012, n° 643, p. 625, et, surtout, n° 412, p. 406-407.

2270 C. proc. pén., art. 53.

2271 B. BOULOC, *op. cit.*, n° 410, p. 403 et s. - Toute la difficulté réside, bien entendu, dans la définition de l'*apparence*, bref du *vraisemblable*. Une appréciation *in abstracto* semble nécessaire et l'indice doit avoir une certaine consistance (v. la formule classique, « indices apparents », Crim., 30 mai 1980, *D.* 1981, p. 533, note W. JEANDIDIER). Sur ces questions, v. B. BOULOC, *op. cit.*, *loc. cit.*, J. PRADEL, *Procédure pénale*, 16e éd., Éditions Cujas, Paris, 2011, n° 563 et s., p. 498 et s., Ph. CONTE, P. MAISTRE du CHAMBON, *op. cit.*, n° 270-274, p. 206-208.

2272 L'indice est déjà constitué - il apparaît de lui-même, comme les textes le montrent très bien ; *cf.*, C. proc. pén., art. 53, al. 1er, art. 54, al. 2 (conservation des *indices*), art. 60, al. 4 (*indices* faisant présumer la participation à l'infraction, après actes d'enquête coercitifs). C'est normalement la notion de soupçon qui est employée dans le cadre de l'enquête préliminaire : C. proc. pén., art. 77-4, al. 1er, art. 78, al. 2 ; et la notion d'indices reparaît une fois seulement que le juge d'instruction a été saisi : C. proc. pén., art. 80-1, al. 1er, art. 80-1-1, al. 6, art. 105, art. 113-2, al. 2, art. 113-8, al. 1er, art. 117, al. 1er, art. 122, al. 3, art. 154-2, al. 2.

2273 V. Ph. CONTE, P. MAISTRE du CHAMBON, *op. cit.*, n° 273, p. 207. On a parfois dit qu'il y avait une différence entre le degré de vraisemblance justifiant l'intervention du juge d'instruction et celui justifiant l'intervention du procureur de la République dans le cadre de l'enquête de flagrance. Ainsi, à propos des pouvoirs d'investigation du juge d'instruction, le Professeur Conte remarquait que « quant à leur portée, on observera simplement, à titre d'exemple parmi d'autres, qu'il a le pouvoir de perquisitionner en tous les lieux où peuvent se trouver des objets dont la découverte serait utile à la manifestation de la vérité [...]. Une simple possibilité est donc suffisante, appréciée par lui seul, en vertu de son indépendance, alors que, au stade de l'enquête de flagrance elle-même, les textes paraissent exiger une apparence, pouvant donner lieu à un contrôle », Ph. CONTE, « L'instruction : le rôle du Juge et des parties dans l'administration de la preuve », *in Le rôle du juge et des parties dans l'administration de la preuve*, XVIIe Colloque des Instituts d'Études Judiciaires, *op. cit.*, p. 37.

2274 Il arrive, malgré tout, que l'apparence vraisemblable de la légalité suffise, à justifier, *a posteriori*, l'intervention des pouvoirs publics ; en effet, dans certains cas, « la régularité d'une procédure n'est pas subordonnée à la réalité de tel ou tel élément présidant à sa légalité ; plus précisément, si la réalité de cet

En dehors de ces cas spécifiques, c'est-à-dire dans le cadre de l'enquête préliminaire, ces pouvoirs étaient très largement non contraignants, tout simplement parce que le procureur de la République ne pouvait se prévaloir d'un début de *vraisemblance*. Il lui fallait donc construire le dossier de la procédure et transmettre des indices - une vraisemblance - sur la base desquels le juge d'instruction pouvait, ensuite, mettre en œuvre ses pouvoirs d'instruction. Autrement dit, l'esprit de la règle[2275] était que le procureur de la République transmette un réquisitoire

---

élément n'est pas nécessaire, c'est au sens où la seule vraisemblance de son existence aura été considérée comme suffisante par le législateur pour que l'agent, policier ou magistrat, puisse légalement décider de recourir à la procédure correspondante, sans que l'éventuelle découverte ultérieure que cette vraisemblance ne correspondait pas à la réalité puisse remettre en cause la régularité du choix ainsi effectué », Ph. CONTE, *L'apparence en matière pénale*, Thèse dactyl., Université des sciences sociales de Grenoble, Grenoble, 1984, spéc., n° 445, p. 551. Mais c'est seulement l'apparence qui permet d'entériner l'action. L'apparence crée, en quelque sorte, la *bonne foi*. Il est essentiel de ne pas abuser de ce dispositif. Un bon exemple des dérives possibles constitue ce qui était l'article 706-104 du Code de procédure pénale, issu de la loi du 9 mars 2004 (*Loi portant adaptation de la justice aux évolutions de la criminalité*, L. n° 2004-204, *JORF* 10 mars 2004), avant qu'il ne soit déclaré contraire à la constitution par le Conseil constitutionnel (CC., 2 mars 2004, DC n° 2004-492). Il disposait que « [l]e fait qu'à l'issue de l'enquête ou de l'information ou devant la juridiction de jugement la circonstance aggravante de bande organisée ne soit pas retenue ne constitue pas une cause de nullité des actes régulièrement accomplis en application des dispositions du présent titre ». Pour les neuf sages, « pour décider de mettre en œuvre l'une de ces procédures, l'autorité judiciaire doit disposer d'une ou plusieurs raisons plausibles de soupçonner que les faits constituent l'une des infractions énumérées par l'article 706-73 nouveau du code de procédure pénale ; que, si le législateur pouvait exonérer de nullité les actes d'enquête ou d'instruction dès lors que la circonstance aggravante de bande organisée paraissait caractérisée à la date où ils ont été autorisés, il ne pouvait exonérer, de façon générale, des actes qui auraient été autorisés en méconnaissance des exigences susmentionnées » (§ 70). Cela est d'autant plus gênant que la vraisemblance tend, de plus en plus, à disparaître des éléments de la légalité, sous l'influence de ce qu'on appelle la conception *proactive de l'enquête*. La circonstance est générale et concerne également les hypothèses où le juge d'instruction est saisi de l'affaire ; v. J.-E. SCHOETTL, « La loi "Perben II" devant le Conseil constitutionnel. - Décision n° 2004-492 DC du 2 mars 2004 (loi portant adaptation de la justice aux évolutions de la criminalité », *Gaz. Pal.*, 15 avr. 2004, n° 106, p. 3, Ph. CONTE, « Le régime procédural de la criminalité organisée étendu à la corruption : l'exception tendrait-elle à devenir la règle ? », *Dr. pén.*2008, étude n° 1.

[2275] Le juge d'instruction, on l'a dit, a l'obligation d'informer (sauf lorsqu'il peut rendre une ordonnance de refus d'informer ou « non-informer ») en cas de constitution de partie civile : Crim., 8 déc. 1906, *Placet*, *D.* 1907, 1, 207, rapport LAURENT-ATTHALIN, *S.* 1907, 1, 377, note DEMOGUE (v., encore, par la suite, l'extension de cette jurisprudence : Crim., 22 janv. 1953, *D.* 1953, 1909, rapport PATIN, Crim., 21 févr. 1968, D. 1968, p. 691, note J. PRADEL, *Gaz. Pal.*, 1968, I, p. 311, note J.-P. DOUCET). La chose n'est pas non plus discutée lorsque le juge d'instruction est saisi par le ministère public : B. BOULOC, *Procédure pénale, op. cit.*, n° 649, p. 634, J.-P. VALAT, « Juge d'instruction. - Juridiction d'instruction du premier degré. - Dispositions générales », *J.-Cl. Proc. pén., art. 79-84,* Fasc. n° 20, n° 56. Au-delà, et de manière tout aussi fondamentale, le juge d'instruction ne peut repousser la requête faute d'éléments de preuve produits par le « demandeur », c'est-à-dire faute de vraisemblance des faits contenus dans la plainte. En ce qui concerne les parties civiles, il a été jugé, en effet, que « [d]oit être cassé l'arrêt d'une chambre d'accusation qui confirme une ordonnance de refus d'informer, par le motif que les faits sont insuffisamment établis ou que la partie civile se trouverait dans l'impossibilité d'en administrer la preuve, alors qu'il n'avait été procédé à aucun acte d'information », Crim., 23 juillet 1962, *Bull. crim.*, n° 251 (v. encore, Crim., 18 mai 1971, *Bull. crim.*, n° 160, Crim., 11 mai 1999, *Bull. crim.*, n° 90). Pour le ministère public, la question semble d'autant moins se poser que juge d'instruction et procureur de la République sont souvent perçus comme des coéquipiers, le premier contribuant à l'activité de l'autre ; par ailleurs, le procureur de la République est systématiquement conduit, par sa culture, à suralimenter le dossier de la procédure (F. DESPORTES, L. LAZERGES-COUSQUER, *op. cit.*, n° 1703 & 1706, p. 1040 & 1042-1043). - Il faut mentionner la L. du 5 mars 2007 qui a réformé l'article 86 du C. proc. pén., qui dispose désormais, en son alinéa 4 *in fine*, que « [l]e procureur de la République peut également prendre des réquisitions de non-lieu dans le cas où il est établi de façon manifeste, le cas échéant au vu des investigations qui ont pu être réalisées à la suite du dépôt de la plainte ou en application du troisième alinéa, que les faits dénoncés par la partie civile n'ont pas été commis ». Ce texte offre au juge d'instruction la faculté, chaque fois qu'il apparaît de « manière manifeste » que les faits n'ont pas été constitués, de prendre une décision de non-lieu « immédiate », c'est-à-dire en tout début d'instruction et donc sans être tenu de procéder au préalable

suffisamment étayé pour justifier la mobilisation du juge d'instruction[2276]. D'après cette philosophie, l'office de véridiction du juge d'instruction était particulièrement fort puisqu'il était non seulement obligé, semble-t-il, d'instruire[2277], mais encore il ne se voyait transmettre que les affaires pour lesquelles il existait des motifs raisonnables de penser qu'elles permettraient d'être complètement élucidées. L'État ne condescendait, aussi bien, à se mettre au service de la recherche de la vérité que lorsqu'il apparaissait que les faits étaient suffisamment établis pour mériter une intervention publique, de toute manière particulièrement menaçante pour les libertés[2278].

261. ***Remise en cause du schéma classique.*** Cette philosophie de la procédure pénale est en voie d'extinction. Comme on a eu l'occasion de le montrer à plusieurs reprises et ainsi qu'on le montrera encore[2279], le ministère public est en passe, ne serait-ce que dans les faits[2280], de devenir le véritable organe de mise en état des affaires pénales. Dans ce contexte, et même si les solutions qui viennent d'être indiquées valent encore en matière criminelle et pour quelques affaires correctionnelles dont la complexité peut justifier l'intervention du magistrat instructeur, la charge de la vraisemblance ne peut plus se concevoir en procédure pénale. Sous l'angle de la victime potentielle de l'infraction, cette circonstance ne présente certainement aucune difficulté, si on admet, d'abord, que le procureur de la République a une obligation d'enquête et qu'il la mettra bien souvent au service, en raison de sa culture, de la personne qui se prétend victime. En tout état de cause, le dépôt de plainte avec constitution de partie civile, qui oblige également le juge d'instruction à chercher la preuve sans pouvoir exiger de préalable de vraisemblance contrebalance très largement le risque d'inaction du ministère public. On s'aperçoit aussi bien que la disparition de la charge de la vraisemblance, autrefois nettement présente dans les rapports entre le ministère public et le magistrat instructeur, nuit pour l'essentiel à la personne soupçonnée. Il est, sans aucun doute, une profonde ambiguïté autour du sens exact à donner, en procédure pénale, à la notion de charge de la vraisemblance. On y perçoit, bien entendu, la présence de l'État qui, par ce biais, affirme son ascendant dans la recherche de la preuve. Mais on ne peut manquer de souligner, dans le même temps, que la notion offre aussi une singulière protection à la personne suspectée. Sa disparition est donc particulièrement alarmante, alors même que,

à des investigations. La disposition ne remet pas en cause les principes dégagés ci-dessus, puisque doit être établi de manière très vraisemblable - soit que les faits parlent d'eux-mêmes, soit que l'enquête préliminaire le confirme - que les faits dénoncés ne sont pas constitutifs d'une infraction quelconque. La Cour de cassation exerce un contrôle étroit (même si elle confond ordonnance de non-lieu et ordonnance de refus d'informer) : Crim. 6 oct. 2009, pourvoi n° 09-80.720, *Bull. crim.* n° 164, *D.* 2009, p. 2554, *D.* 2010, p. 416, note S. DETRAZ, *AJ pén.* 2009, p. 505, obs. L. ASCENCI, *Dr. pén.*2010, Chron. n° 1, obs. D. GUÉRIN. En conséquence, si le moindre doute subsiste, il appartient au juge de se livrer à des investigations avant de rendre, le cas échéant, une ordonnance de non-lieu « ordinaire » (v. aussi : Crim. 3 mars 2009, *D.* 2009. 236, obs. M.-E. C., *Dr. pén.* 2009, comm. n° 73, obs. A. MARON, M. HAAS, *Procédures* 2009, comm. n° 285, obs. J. BUISSON).

[2276] M.-L. RASSAT, *Le ministère public…, op. cit.*, n° 289, p. 215, n° 300, p. 224, n° 314, p. 234, M. ROLLAND, « Le ministère public en droit français », *JCP G* 1956, I, 1281, n° 9, qui subordonne le déclenchement des poursuites à des « charges suffisantes ». - *Contra*, Ph. CONTE, *L'apparence en matière pénale, op. cit.*, spéc. n° 496, p. 607-609.

[2277] Sur cette question, v. *supra*, n° 231.

[2278] Rappelons que dans un tel modèle, le juge d'instruction était perçu - à juste titre, semble-t-il - comme « l'homme le plus puissant de France ».

[2279] V. *infra*, n° 382 et s.

[2280] V. *supra*, n° 225, les statistiques citées.

contrairement au juge d'instruction, le ministère public n'est soumis à aucune obligation de recherche à décharge[2281]. Certains se féliciteront, sans doute, de la consécration d'une forme d'« enquête proactive », qui marque, de toute évidence, l'entrée de la procédure pénale française dans une nouvelle phase répressive. Mais ce qui doit surtout retenir l'attention, c'est la signification que cette transformation peut avoir au regard de la nature du système procédural français dans son ensemble. Si la charge de la vraisemblance se donne essentiellement à voir comme un trait des procédures hiérarchiques, sa disparition n'est normalement pas de nature à lui faire perdre sa nature. Reste que, conjuguée à d'autres facteurs, sa disparition a une signification profonde. Elle marque le recul de l'office de véridiction. Car, au fond, si le procureur de la République peut immédiatement mettre en œuvre ses pouvoirs de recherche, la seule réplique possible offerte à un particulier menacé par les poursuites est de se livrer lui-même à des investigations. On retrouve bien, dans ce cas, le schéma qui est celui des modèles participatifs. Cela est d'autant moins douteux que le législateur, sentant parfois qu'il ne pouvait aller trop loin dans cette voie, s'est soucié de conditionner les pouvoirs du ministère public. Mais il l'a fait d'une manière qui ne va pas sans rappeler les systèmes de *Common Law*, en multipliant les seuils de probabilités (souvent inférieurs à la *vraisemblance*) nécessaires pour recourir à telle ou telle mesure et en subordonnant certaines de ces prérogatives à une autorisation du juge des libertés et de la détention. C'est, à l'évidence, une nouvelle philosophie, étrangère au droit français, qu'il faudra étudier en même temps que les phénomènes d'acculturation.

2. *Vigueur de la notion de charge de la vraisemblance en procédure civile*

262. ***Signification doctrinale de la carence : la faute.*** Si le juge peut normalement ordonner une mesure d'instruction chaque fois qu'une partie ne dispose pas d'éléments suffisants pour prouver la proposition qu'elle allègue[2282], c'est à la condition qu'il ne supplée pas, de la sorte, à la carence d'une partie dans la recherche des preuves[2283]. La formule est généralement interprétée, en doctrine, comme une sanction venant frapper celui qui a été négligent, et partant fautif, dans l'administration de la base empirique[2284]. Sous cette réserve, les juges pourraient librement ordonner, y compris d'office, toute mesure d'instruction légalement admissible portant sur « les faits dont dépend la solution du litige », ainsi que l'indique l'article 143 du Code de procédure civile[2285]. Aussi, comme on a tenté de l'expliquer, « [l]orsqu'il apparaît que l'indigence probatoire dont souffre le plaideur au jour de sa demande est la conséquence de sa propre négligence, sa faute peut lui être reprochée. La carence est ici caractérisée et le juge n'a pas à venir en aide à un plaideur qui, s'il s'était montré diligent, aurait pu réunir les preuves qui font l'objet de sa demande. À l'inverse, lorsque cette indigence est due à une impossibilité concrète de se ménager soi-même la preuve nécessaire, la faute disparaît. Le plaideur n'est pas

---

[2281] V. *supra*, n° 237, sur cette notion et la question de son impartialité.

[2282] C. proc. civ., art. 146, al. 1er.

[2283] C. proc. civ., art. 146, al. 2.

[2284] S. GUINCHARD, C. CHAINAIS, F. FERRAND, *Procédure civile.- Droit interne et droit de l'Union européenne*, 30e éd., Dalloz, Précis, Paris, 2010, n° 577, p. 453, qui parlent de négligence. - v., déjà, G. CORNU, J. FOYER, *Procédure civile*, 3e éd., PUF, Thémis Droit privé, Paris, 1996, n° 159, p. 645, qui faisaient un parallèle avec l'obligation de préconstitution de la preuve littérale.

[2285] C. proc. civ., art. 143 : « Les faits dont dépend la solution du litige peuvent, à la demande des parties ou d'office, être l'objet de toute mesure d'instruction légalement admissible ».

en situation de carence. Son abstention dans la preuve n'est pas fautive puisqu'elle est justifiée par une impossibilité de se procurer, par ses propres moyens, l'élément de preuve susceptible de fonder ses prétentions. L'intervention du juge prend alors tout son sens »[2286]. On relève parfois, dans la jurisprudence, un argumentaire identique. Aussi bien les juges rappellent-ils qu'il n'appartient pas à la juridiction de faire droit à une offre de mesure d'instruction lorsque la partie qui la formule a négligé de transmettre des pièces ou de solliciter (par production) des documents qu'elle aurait pu aisément obtenir et qui auraient rendu la mesure superfétatoire ou, pour le moins, aurait permis à la juridiction d'appréhender la question sous un jour nouveau[2287]. Cette motivation n'est que l'expression du *principe de subsidiarité* par l'effet duquel il n'appartient pas au juge d'ordonner une mesure d'instruction lorsque les parties disposaient largement, sans effort déraisonnable, d'éléments équivalents à ceux susceptibles d'être apportés par la mesure d'instruction[2288]. Et c'est d'ailleurs la raison pour laquelle on peut trouver quelques arrêts faisant application de la sanction à des demandes de production forcée de pièces, alors même qu'il ne s'agit pas de mesures d'instruction[2289]. Mais au-delà de cette lecture systémique du texte, qui s'appuie sur

[2286] A. BERGEAUD, *Le droit à la preuve*, *op. cit.*, n° 469, p. 407.

[2287] Com., 6 juin 1990, *Bull. civ.* IV, n° 162, Soc., 24 mai 1989, *Bull. civ.* V, n° 389, Soc., 21 juill. 1986, *Bull. civ.* V, n° 383.- Bourges, Ch. civ., 25 avr. 2005, *JurisData* n° 2005-276816 : dans cet arrêt, où était discuté le lien de causalité entre l'ingestion de désherbant et la mort de chevaux, le demandeur se voyait reprocher, tout à la fois, une absence de vraisemblance (voire une absence d'opérance de l'objet de la preuve) et une faute : « En l'espèce, la S.C.P Lebreton et Zanni ès qualités prétend que 22 chevaux dont 15 poulains seraient morts par ingestion de Garlon. Or pour 17 de ces équidés, elle ne fournit aucun élément permettant **d'asseoir le principe d'une responsabilité** du désherbant incriminé, et notamment **aucun rapport d'autopsie ni même de compte rendu du vétérinaire ayant traité les animaux malades** ; Il est cependant constant qu'un cheval et plus encore un poulain a de multiples raisons de trouver la mort, des suites d'accidents ou d'épidémies par exemple, surtout dans le cadre d'un élevage intensif et en extérieur, tel celui pratiqué en l'espèce ; Force est de constater également que les animaux sont morts depuis plus de deux ans et que le cheptel est liquidé. S'en suit un dépérissement des preuves dont la responsabilité incombe à l'éleveur ; Dès lors, il ne saurait y avoir expertise pour rechercher les causes de la mort de ces 17 animaux ; En revanche, pour les 5 restants, **il existe une attestation établie par le Docteur vétérinaire X...** ayant réalisé un examen nécropsique faisant état d'un possible lien de causalité entre l'ingestion de Garlon et leur mort » (nous soulignons) ; Colmar, Ch. civ. 2, Sect. A, 30 janv. 2004, *JurisData*, n° 2004-236213 : une société suisse est chargée de réaliser des passepoils cousus sur des pantalons livrés à l'armée suisse. Elle sous-traite une partie de cette commande à une société française. Après avoir été condamnée pour un défaut de teinture sur certains lots, la société belge assigne son sous-traitant en réparation du dommage. Elle demande, à cette occasion, une mesure d'instruction. Elle est rejetée dans la mesure où la société appelante disposait de toutes les informations sur la traçabilité des vêtements livrés à l'armée helvétique et qu'elle aurait dû, par conséquent, produire. - *Adde*, Civ. 3e, 13 juill. 2010, pourvoi n° 09-15.829, Civ. 1re, 25 juin 2009, pourvoi n° 08-17.488, Bordeaux, Ch. 1, sect. B, 10 janv. 2005, *JurisData* n° 2005-265362.

[2288] En ce sens, v. très nettement, L. CADIET, E. JEULAND, *Droit judiciaire privé*, *op. cit.*, n° 566, p. 430, n° 584, p. 440-441.

[2289] D'abord, et en raison d'une interprétation *a contrario* de l'article 138 du Code de procédure civile, on sait qu'une partie ne peut obtenir la production forcée d'une pièce à laquelle elle a été partie : B. COUCHEZ, « La production forcée des pièces », *J.-Cl. Proc. civ.*, Fasc. n° 623 (ancienne version), n° 23-24, C. BRAHIC LAMBREY, *V° Production forcée des pièces*, *Rép. Dalloz proc. civ.*, n° 17, p. 4-5 ; on cite, traditionnellement : Civ. 1re, 20 déc. 1977, *Bull. civ.* I, n° 486, *JCP G* 1979, II, 19036, note M. DAGOT : « les personnes énoncées comme parties dans un acte notarié peuvent avoir connaissance de la minute de cet acte en l'étude du notaire et ne sauraient donc se prévaloir de l'article 73 du décret du 20 juillet 1972 pour en faire ordonner la production suivant les formes prévues à ce texte ». Les circonstances de l'espèce réduisent considérablement la portée de l'arrêt ; v., en ce sens, les observations de M. DAGOT, *note préc.*, A, ss. § I, *in fine*). Ensuite, et plus largement, si la partie peut, sans être soumise à un préalable de vraisemblance, demander la production forcée d'une pièce (Civ. 2e, 3 mai 1990, *Bull. civ.* II, n° 89, cassation de l'arrêt qui avait exigé de la partie un commencement de preuve), c'est à condition qu'elle n'ait pas fait preuve de négligence dans la conduite de sa stratégie probatoire : v. Paris, Ch. 1,

l'article 146 du Code de procédure civile comme un ensemble[2290], une autre lecture est possible : elle se fonde alors sur l'idée qu'on ne recherche pleinement que ce qui est vraisemblable[2291]. Elle permet du reste de répondre à une question importante : le juge peut-il, en dehors de cette vraisemblance, véritablement ordonner d'office une mesure d'instruction ?

263. ***Signification profonde de la carence : la première vraisemblance.*** La lecture qui vient d'être faite est très largement celle de la jurisprudence qui reproche non pas tant aux parties de n'avoir pas produit des éléments de preuve en leur disposition, que de n'avoir pas fait la démonstration de la vraisemblance de ce qu'elles avancent. Encore faut-il, bien entendu, que l'objet de la preuve soit jugé opérant. Dans de nombreux cas, en effet, les juges rejettent, sur le fondement de la carence, des offres de preuve qui ne peuvent en réalité prospérer en raison de l'absence d'opérance de la proposition-objet de preuve[2292]. Lorsque le juge refuse, par exemple, de faire droit, sur le fondement de l'article 146 du Code de procédure civile, à une demande d'expertise sur la reddition des comptes du mandataire, introduite par les héritiers réservataires de la défunte, mandante, aussi longtemps que les demandeurs ne produisent aucune pièce permettant d'établir que la procuration a bien été utilisée ou que le mandataire a commis des irrégularités dans la gestion des comptes, il ne fait, en réalité, que constater l'inutilité de la mesure demandée en l'absence de preuve de la faute du mandataire, comparable à l'inutilité d'une mesure tendant à faire la preuve d'un dol sans démonstration préalable de l'existence du contrat[2293]. En dehors de ces hypothèses, c'est bien, néanmoins, un problème de vraisemblance qui se pose. La chose, comme on l'a vu, est même nécessaire dans un

---

sect. A, 3 juin 2008, *JurisData* n° 2008-371009, demande de production de l'entier dossier pénal. Pour la cour d'appel, la juridiction « ne saurait être tenue ni de suppléer à la carence des parties dans l'administration de la preuve ni d'étendre le débat par l'examen de pièces que les parties et en particulier l'appelant lui-même n'ont pas évoquées, étant relevé au surplus que M. X, comme en première instance, ne dépose pas de dossier à la cour à l'issue des débats » ; Paris, 4 mars 1975, *JCP G* 1975, IV, 6538, *RTD civ.* 1975, p. 780, obs. R. PERROT : un mari entendait démontrer que sa femme était de nationalité brésilienne et qu'ils avaient un domicile commun au Brésil - les juges reprochent à la partie demanderesse sa carence dans la recherche des preuves ; v., en ce sens, les obs. de R. PERROT, *op. cit., loc. cit.*, qui parle même de « carence » de la partie). Toutes ces règles devraient recevoir exception chaque fois que la partie peut justifier d'un cas de force majeure : S. GUINCHARD, *Rép. Dalloz proc. civ., V° Production forcée des pièces*, n° 23 (ancienne version), cité par B. COUCHEZ, *op. cit., loc. cit.*.

2290 L'alinéa 2 ne faisant qu'exprimer, d'une autre manière, le principe de subsidiarité posé par l'alinéa 1er.

2291 Solution qui satisfera également ceux qui pensent qu'on ne doit pas, pour des raisons économiques, déployer des efforts inutiles.

2292 Bordeaux, 1er févr. 2006, *JurisData* n° 2006-300553 (acquisition par usucapion de l'assiette d'une servitude de passage).

2293 Nancy, Ch. 1, 10 janv. 2006, *JurisData* n° 2006-303158 : en revanche, s'agissant des irrégularités, il s'agissait d'un véritable problème de vraisemblance, dans la mesure où l'établissement de l'irrégularité supposait l'établissement préalable de l'exercice du mandat. - Il convient de noter que pour la Cour de cassation, le second raisonnement n'est pas tenable. Aucune irrégularité n'a à être démontrée. La reddition de comptes est une obligation à laquelle le mandataire est légalement tenu, sauf dispense : C. civ., art. 1993. Civ. 1re, 16 mai 2006, *Bull. civ.* I, n° 240 : viole ainsi l'article 1993 une cour d'appel qui déboute un héritier de sa demande de reddition de comptes formée contre ses cohéritiers au motif qu'aucun élément ne permettait d'estimer qu'il avait dépassé le mandat qui leur avait été confié par la défunte, cité par F. COLLART DUTILLEUL, Ph. DELEBECQUE, *Contrats civils et commerciaux*, 9e éd., Dalloz, Précis Droit privé, Paris, 2011, n° 647, p. 564 ; v. encore, Riom, Ch. civ. 1, 18 nov. 2004, *JurisData* n° 2004-284975 : il n'appartient pas à la cour d'ordonner une mesure d'instruction visant à prouver qu'il existe encore un solde à percevoir dès lors que les comptes de la succession apparaissent à la Cour particulièrement clairs et sans aucune opacité.

système largement hiérarchisé où l'automaticité et l'étendue des mesures de recherche de la preuve doivent être compensées par une première vraisemblance, condition *sine qua non* du maintien, par l'État, de son contrôle sur les mesures et, par là même, de la légitimité de son intervention. Sans être étrangère aux contentieux moins hiérarchisés - comme le droit judiciaire - cette justification est nécessaire mais insuffisante. La fonction de la vraisemblance - condition, rappelons-le, d'existence de l'office de véridiction -, est d'exiger des parties qu'elles démontrent le caractère sérieux[2294], et donc en partie « public » [2295] de l'intérêt dont elles se prévalent, condition *indispensable de l'intervention de l'État dans un système hiérarchisé*. Comme on a pu le dire, « [c]haque fois qu'une partie se contente d'allégations sans offrir le moindre commencement de preuve ou le moindre fondement à ses allégations, la Cour de cassation considère que le juge a retenu à juste titre l'applicabilité de l'article 146, alinéa 2 du nouveau code de procédure civile » [2296]. De cette manière, le juge n'intervient, effectivement, que dans les affaires qui paraissent mériter un véritablement investissement de l'État.

264. ***Solutions jurisprudentielles.*** La jurisprudence est largement en ce sens. La carence s'applique aussi bien, pour la Cour de cassation, lorsque les allégations du demandeur à une action en nullité d'un testament pour insanité d'esprit rendent douteuse la proposition-objet de preuve qui, par ailleurs, n'est étayée par aucun élément de preuve[2297]. La même solution est retenue lorsque le juge n'est saisi que de simples allégations non étayées par des éléments sérieux[2298]. Les juges du fond jugent, pareillement, qu'il ne peut être fait droit à une offre de preuve lorsque les informations produites sont insuffisantes pour rendre l'objet de preuve - au surplus particulièrement imprécis - vraisemblable[2299]. Selon les mêmes considérations, la preuve de l'insolvabilité du débiteur, dans le cadre d'une action pour soutien abusif, ne peut être faite au moyen d'une mesure d'instruction dès lors que les éléments produits sont jugés insuffisants pour établir la vraisemblance de la proposition-objet[2300]. À l'inverse, lorsque la juridiction est en possession d'éléments probatoires qui offrent une première vraisemblance, sans dissiper, pour autant, toute incertitude, la mesure est généralement ordonnée. L'affaire suivante fournit un excellent exemple[2301] : le demandeur à une action en inscription de faux contre l'acte de signification à personne d'une ordonnance, soutenait que l'ordonnance ne lui

---

[2294] *Cf.* A. BERGEAUD, *Le droit à la preuve, op. cit.*, n° 341 et s., p. 295 et s. et n° 420 et s., p. 364 et s. qui distingue « intérêt de l'initiative probatoire » (ce qui correspond à l'utilité pour l'auteur ; l'utilité n'est cependant pas une condition d'existence de l'office probatoire) et « légitimité de l'initiative probatoire » (ce qui intègre la notion de carence, mais au sens de l'absence de faute, v. *supra*, n° 262).

[2295] *Contra*, J.-J. DAIGRE, *La production forcée de pièces dans le procès civil*, thèse Poitiers, PUF, Publication de la Faculté de droit et des sciences sociales de Poitiers, tome 8, Paris, 1979, p. 255, pour lequel c'est parce que le contentieux judiciaire est avant tout d'intérêt privé que les parties ont une charge de vraisemblance.

[2296] F. FERRAND, *V° Preuve, Rép. Dalloz pr. civ.*, , n° 363, p. 92.

[2297] Pour la Cour de cassation, Civ. 1re, 2 mars 2004, *Bull. civ.* I, n° 70, *D.* 2004, IR, p. 1212, *JCP G* 2004, IV, 1847, *Gaz. Pal.*, 26-28 juin 2005, p. 32, obs. DU RUSQUEC.

[2298] Civ. 1re, 10 mai 1995, *Bull. civ.* I, n° 200 ; Civ. 1re, 9 juill. 1985, *Bull. civ.* I, n° 216, *Gaz. Pal.* 1986, 1, somm. 86, obs. S. GUINCHARD, T. MOUSSA, Com., 6 mars 1979, *JCP G* 1980, IV, 82.- *Adde*, Riom, 1re civ., 18 nov. 2004, *Raynaud c/ Schalkamer*, *JurisData* n° 2004-256665

[2299] Paris, Ch. 8, sect. B, 5 juin 2008, *JurisData* n° 2008-365124, Aix-en-Provence, Premier président, 12 juill. 2007, *JurisData* n° 2007-342539.

[2300] Nîmes, Ch. 2, Sect. B, 16 mai 2002, *JurisData* n° 2002-192490 (l'arrêt est particulièrement sévère). - *Adde*, Aix-en-Provence, Ch. civ. 11, 6 mai 2002, *JurisData* n° 2002-193976.

[2301] Aix-en-Provence, Ch. 1, sect. B., 5 juill. 2007, *JurisData* n° 2007-344574.

étant jamais parvenue, l'acte aurait été, en définitive, fabriqué *a posteriori* par l'huissier mandataire pour régulariser la procédure. Bien loin de se contenter de ces seules allégations, le plaideur produisait divers éléments, tels la numérotation erronée et raturée en page "1" du document, ainsi qu'une mention erronée du nombre de feuillets. Par ailleurs, comme les juges constataient que les explications données par l'huissier, en défense, laissaient apparaître quelques incohérences, notamment la présence, dans les dernières conclusions, de l'allégation selon laquelle la fiche de tournée n'aurait pas été conservée, pas plus que quelque autre trace écrite que ce fût, ils ne pouvaient guère que conclure à la particulière vraisemblance de la proposition-objet de preuve et ordonner la mesure demandée[2302]. À l'évidence, cette exigence n'a pas lieu d'être lorsque le juge est exceptionnellement tenu d'ordonner la mesure d'instruction (il doit établir l'étendue d'un dommage)[2303] ou lorsque la mesure, demandée sur le fondement de l'article 145 du Code de procédure, a justement pour objet de constituer cette vraisemblance[2304].

En tout état de cause, l'exigence de vraisemblance s'applique également à l'égard des pouvoirs d'office du juge. La *vraisemblance est une condition d'existence de l'office de véridiction* et on ne saurait aussi bien admettre qu'il intervienne de son propre mouvement en dehors de cette première démonstration des parties. Reste que l'exigence a, nécessairement, moins d'importance à son endroit, et c'est d'ailleurs pourquoi il ne commet aucun excès de pouvoir lorsqu'il ordonne, en dépit de la carence constatée, une mesure d'instruction[2305]. Dans la mesure, en effet, où la notion est détachée de la faute, le juge n'est pas réellement reprochable, et il l'est d'autant moins qu'il lui est loisible, lorsque de toute manière rien ne peut réellement être imputé à faute à la partie (au sens du paragraphe précédent) de considérer que la vraisemblance était constituée[2306]. Si la vraisemblance se pose, en effet, comme un moyen d'accroître la maîtrise du juge sur la gestion des questions probatoires - et spécialement de faire le tri entre ce qui est digne d'intérêt et ce qui ne l'est pas pour l'État - il est souhaitable qu'il puisse, pour des raisons diverses, comme l'importance de l'affaire ou sa complexité, rompre l'exigence de vraisemblance. La situation est d'ailleurs expressément consacrée par le législateur en certaines matières où les parties peuvent obtenir d'une juge une mesure d'instruction sans préalable de vraisemblance. Ces hypothèses, il est vrai marginales, montrent bien, en tous cas, *a contrario*, que le principe est effectivement, en droit français, et pour des raisons liées à la hiérarchie du système, l'exigence d'un préalable de vraisemblance.

[2302] V. encore, Paris, Ch. 16, sect. B, 23 mai 2003, *JurisData* n° 2003-217479.

[2303] Ch. mixte, 6 juill. 1984, *JCP* 1985, II, 20 338 concl. SADON ; v. Com., 7 mars 1989, *Gaz. Pal.* 1989, 1, Pan., p. 89 (établissement de la valeur d'actions cédées appelées à être compensées). - *Cf. supra*, n° 223, sur l'obligation d'évaluer le dommage.

[2304] Civ. 2e, 17 févr. 2011, pourvoi n° 10-30.638, *JurisData* n° 2011-001961, *Procédures* 2011, comm. n° 130, obs. R. PERROT, Civ. 2e, 10 juill. 2008, pourvoi n° 07-15.369, *JurisData* n° 2008-044775, Civ. 2e, 8 mars 2007, pourvoi n° 06-15.251, *JurisData* n° 2007-037825, Civ. 2e, 8 mars 2006, *Bull. civ.* II, n° 70, p. 69, *Procédures* 2006, comm. n° 97, p. 12-13

[2305] Soc., 14 juin 2005, pourvois n° 03-42.311, 03-42.361, 03-42.362, *JurisData* n° 2005-028951.

[2306] Civ. 2e, 30 juin 1976, *JCP* 1976, IV, 282 : le juge apprécie souverainement le pouvoir d'ordonner une mesure d'office ; Civ. 1re, 25 avr. 1979, *Bull. civ.* I, n° 120 (*id.*) Civ. 2e, 17 déc. 1979, *Bull. civ.* II, n° 296 (*id.*). Ces circonstances expliquent qu'il n'existe pas de jurisprudence sur ce chapitre (v., toutefois, Soc., 14 juin 2005, *préc.*, hypothèse exceptionnelle où le juge constate la carence).

B. La mise à l'écart exceptionnelle de la charge de la vraisemblance

265. ***Travail, famille : le rôle du juge - la charge des parties.*** Il arrive parfois, pour des raisons qui n'ont pas encore été indiquées, qu'une partie puisse demander une mesure d'instruction - le juge étant alors tenu de faire droit ou, radicalement, incité à agir de son propre mouvement - alors même qu'aucune vraisemblance n'a été démontrée. Cette situation, qui reste exceptionnelle dans le système hiérarchique du droit français, est aujourd'hui assez bien connue dans le domaine de la filiation où la Haute juridiction juge que *l'expertise biologique est de droit* (1). Une solution assez proche est appliquée en droit du travail au sujet de la démonstration de la cause réelle et sérieuse du licenciement (2). Dans le premier cas, la mesure se comprend parce qu'elle est particulièrement limitée. Elle ne profite qu'à une mesure d'instruction particulière au résultat de laquelle (le mode de preuve qui en résulte) la loi et le corps social accordent une fiabilité toute particulière. Dans le second cas, l'exception est plus extensive dès lors qu'elle autorise normalement le plaideur à formuler n'importe quelle offre de preuve, mais elle s'explique parfaitement par la situation d'indigence probatoire profonde dans laquelle se trouve l'une des parties. Toute autre solution aurait, en effet, pour conséquence priver le système juridique d'un accès complet à la vérité.

1. La mise à l'écart à raison de la fiabilité d'une preuve ou l'expertise biologique de droit

266. ***Abandon progressif des solutions restrictives de la loi de 1993.*** Par un arrêt remarqué, la Première chambre civile de la Cour de cassation a posé la règle, désormais constante[2307], selon laquelle « l'expertise biologique est de droit en matière de filiation, sauf s'il existe un motif légitime de ne pas y procéder »[2308]. La solution pouvait difficilement passer inaperçue puisque, pour les actions relatives à l'établissement du lien de filiation, le juge était contraint de s'appuyer sur une première vraisemblance[2309]. En 1993, en effet, le législateur devait substituer aux cas d'ouverture de la loi de 1972[2310], une exigence particulière de vraisemblance, le plaideur étant alors astreint, pour éventuellement obtenir une mesure d'instruction, à

[2307] V. A. PASCAL, M. TRAPERO, « Vérité biologique et filiation dans la jurisprudence récente de la Cour de cassation », *in Rapport annuel de la Cour de cassation pour 2004*, Doc. fr., Paris, 2005, p. 101 et s.; O. MATOCQ, « Le rapport d'expertise biologique deviendra-t-il le passage obligé ? », *Dr. fam.* 2006, étude n° 7. - *Adde*, F. GRANET-LAMBRECHTS *in* P. MURAT (dir.) *Droit de la famille*, Dalloz, Action, Paris, 2008-2009, spéc. n° 211.43 et s.

[2308] Civ. 1re, 28 mars 2000, pourvoi n° 98-12.806, *Bull. civ.* I, n° 103, *D.* 2000, jurispr., p. 731, note Th. GARÉ, *D.* 2001, somm., p. 976, obs. F. GRANET-LAMBRECHTS, *D.* 2001, p. 1427, obs. H. GAUMONT-PRAT, *D.* 2001, p. 2868, obs. C. DESNOYER, *LPA* 27 nov. 2007, p. 13, note C. DARUBON, 5 sept. 2000, p. 8, note N. NEVEJANS-BATAILLE, *JCP G* 2000, II, 10 409, concl. C. PETIT, note M.-C. MONTSALLIER-SAINT MLEUX, *JCP G* 2000, I, 253, n° 11, obs. C. BYK, *JCP G* 2001, I, 362, obs. L. CADIET, *Dr. fam.* 2000, comm. n° 72, note P. MURAT, *RTD civ.* 2000, p. 304, obs. J. HAUSER, *Defrénois* 2000, art. n° 37 194, p. 769, obs. J. MASSIP (action en contestation de reconnaissance de paternité).

[2309] V., très nettement, l'ancien article 340-1 du Code civil, tel qu'il résultait de la Loi n° 93-22 du 8 janvier 1993 (*JORF* 9 janv. 1993, p. 495, *JCP G* 1993, III, 65 905). Sur cette réforme, v. J. RUBELLIN-DEVICHI, « Une importante réforme en droit de la famille », *JCP G* 1993, I, 3659 (sur la période antérieure, J.-P. GRIDEL, « Vérité biologique et droit positif de la filiation 1972-1993 », *D.* 1993, chron., p. 191 et s.).

[2310] Sur laquelle, v. *supra*, n° 251 et s. (exigence adminiculaire).

produire au préalable « des présomptions ou indices graves »[2311] ou « assez graves »[2312], ce que l'on a appelé l'exigence *adminiculaire*[2313]. Résultat d'une prise en compte attendue des développements de la biologie[2314], le texte était aussi le fruit d'un compromis entre les craintes du passé (la crainte des procédures abusives et des atteintes portées à la paix des familles) et les espérances de l'avenir (une société prête à donner pleine foi à la preuve scientifique)[2315]. Face, toutefois, aux difficultés d'interprétation de ces divers textes[2316], de nombreux auteurs invitèrent la Cour de cassation à admettre très largement la preuve biologique[2317], ce qu'elle fit par épigenèse, d'abord en détournant l'action à fins de subsides[2318], ensuite en posant la règle, ci-dessus rappelée, selon laquelle l'expertise est de droit en matière de filiation[2319].

267. ***Consécration de l'expertise de droit.*** Rendue dans le cadre de l'action en contestation de reconnaissance, la solution, que la référence large faite à la matière de la « filiation » promettait à un bel avenir, ne devait pas tarder à être étendue à l'action à fins de subsides[2320], l'action en rétablissement de la paternité

[2311] C. civ., anc. art. 340 (action en recherche de paternité hors mariage) et 341 (action en recherche de maternité).

[2312] C. civ., anc. art. 323 (action en établissement d'un lien de filiation).- *Cf.* G. VIAL, *La preuve en droit extrapatrimonial de la famille, op. cit.*, n° 235, p. 390.

[2313] On sait que le système des fins de non-recevoir de la loi de 1972 avait pour effet de limiter non seulement les mesures d'instruction elles-mêmes, mais également la libre présentation des preuves (en fermant l'accès à la proposition-objet de preuve). Contrairement à la doctrine traditionnelle, nous avons décrit ce dispositif comme reposant sur une exigence adminiculaire ; v. *supra*, n° 251 - Les auteurs réservaient cette notion pour décrire le système résultant de la loi de 1993 (certains auteurs critiquaient d'ailleurs vivement cette qualification : J. CARBONNIER, *Droit civil. - T. 2. - La famille, l'enfant, le couple*, 21e éd., PUF, Thémis Droit privé, Paris, 2002, p. 318).

[2314] Sous ce regard, on a parfaitement fait remarquer que si les juges perdent tout pouvoir d'appréciation lorsque l'offre de preuve a « pour conséquence inéluctable de justifier » la demande (Civ. 2e, 28 juin 1972, *Bull. civ.* II, n° 202, v. aussi, *supra*, n° 223 sur la signification précise de cette règle), le droit de la filiation offre un domaine large d'application de cette règle puisque le « fait biologique » que l'expertise tend à établir « s'avère, dans la plupart des hypothèses, concluant » : G. VIAL, *La preuve en droit extrapatrimonial de la famille, op. cit.*, n° 122, p.193. Ce n'est évidemment pas à dire que cette règle fait disparaître l'exigence de vraisemblance, mais elle contribue, pour le moins, à la priver d'intérêt.

[2315] Comme le disait le Doyen Carbonnier au lendemain de la loi de 1972, « [...] il serait néanmoins illusoire de considérer que les mentalités marchent du même pas que la science ; or, c'est aux mentalités qu'est suspendue la force probante », *in La réforme de la filiation, Defrénois*, 1976, « Préface », p. 11.

[2316] Sur lesquelles, v. G. VIAL, *La preuve en droit extrapatrimonial de la famille, op. cit.*, n° 237, p. 393-395.

[2317] Entre autres références, J. HAUSER, « Filiation, identification génétique, procréation médicalement assistée », *J.-Cl. Civil Code*, art. 311-19 et 311-20, (2006) spéc. n° 106, P. MURAT, *Dr. fam.*, comm. n° 65 et 98.

[2318] Civ. 1re, 14 févr. 1995, *JCP G* 1996, II, 22 569, note C. PUIGELIER, *D.* 1996, Jurspr., p. 111, note J. MASSIP, *D.* 1995, somm. p. 224, note F. GRANET-LAMBRECHTS. La Cour de cassation, dispensant le demandeur d'une première vraisemblance, permettait l'obtention automatique de l'expertise biologique. Celle-ci réalisée, les résultats pouvaient en être produits, ultérieurement, dans le cadre, par exemple, d'une action en recherche de paternité. Aussi bien, « [a]dmettre que l'existence des relations intimes pouvait être prouvée au moyen des seuls résultats d'une expertise biologique et que ce fait, ainsi établi, s'imposait au tribunal revenait, en définitive, à faire de l'action à fins de subsides un moyen efficace de contourner l'exigence de l'adminicule en opposant l'autorité de la chose jugée au défendeur. La décision rendue en matière de subsides devenait l'adminicule exigé dans le cadre de l'action en recherche de paternité », G. VIAL, *op. cit.*, n° 238, p. 397.

[2319] V. *supra*, n° 266.

[2320] Civ. 1re, 6 déc. 2005, *Bull. civ.* I, n° 478, *RJPF* 2006, n° 3, p. 26, note Th. GARÉ, Civ. 1re, 14 juin 2005, *Dr. fam.* 2005, comm.. n° 182, note P. MURAT, *RJPF* 2005, n° 11, p. 20, note Th. GARÉ (v. déjà, Paris, 22 févr. 2001, *JCP G* 2001, II, 10 558, obs. Th. GARÉ).

légitime[2321], l'action en recherche de paternité naturelle[2322], l'action en désaveu de paternité[2323], enfin, à l'action en revendication d'enfant légitime[2324]. La seule exception demeurait et demeure encore l'action en constatation de la possession d'état[2325], ce qui est compréhensible - même si depuis la réforme du 4 juillet 2005, c'est la constatation judiciaire de la possession d'état et non la possession d'état elle-même qui établit la filiation[2326] -, dans la mesure où l'objet de la preuve de cette action n'est pas le lien biologique[2327], mais *le lien socio-affectif*[2328].

268. ***Dispense de vraisemblance.*** Peu de temps après, la question de l'articulation entre cette nouvelle jurisprudence et la notion de carence (C. civ., art. 146, al. 2) devait bien évidemment se poser. Il était tentant, à l'évidence, l'exigence d'une première vraisemblance ayant été écartée, de se retrancher derrière le droit commun, en faisant ressurgir l' « adminicule »[2329] sous les traits de la carence (notamment fautive). Lorsque la Cour de cassation si vit enfin donner l'occasion d'écarter cette interprétation restrictive, elle ne put prendre position que sur le problème des actions non adminiculaires. On prétendit alors que, en dehors ces actions, le principe d'une première vraisemblance demeurait sauf et que l'expertise de droit ne signifiait autre chose que l'obligation faite au juge d'ordonner la mesure d'instruction chaque fois que *la demande était de nature à entraîner le succès de*

2321 Civ. 1re, 29 mai 2001, *JurisData* n° 009832, *Bull. civ.* I, n° 152, *JCP G* 2001, I, obs. L. CADIET, *Dr. fam.* 2001, comm.. n° 93, obs. P. MURAT, *D.* 2002, somm., p. 2018, obs. F. GRANET-LAMBRECHTS.
2322 Civ. 1re, 8 janv. 2002, *JurisData* n° 012-550, *D.* 2002, jurispr., p. 2023, note F. GRANET-LAMBRECHTS, *Defrénois* 2002, n° 10, p. 690, note J. MASSIP, *Dr. fam.* 2002, comm. n° 98, p. 23, note P. MURAT, *RJPF* 2002, n° 5, p. 21, note Th. GARÉ, *LPA* 2002, n° 117, p. 19, note J. MASSIP.
2323 Civ. 1re, 9 déc. 2003, *JurisData* n° 023296.
2324 Civ. 1re, 30 mars 2004, *JurisData* n° 023296. - Et pour plus ample informé, v. G. VIAL, *préc.*, n° 124, p. 195-198.
2325 Civ. 1re, 6 déc. 2005, *JurisData* n° 031133, *Dr. fam.* 2006, comm. n° 26, note P. MURAT, *RJPF* 2006, n° 3, p. 26, note Th. GARÉ, *Defrénois* 2006, art. 38415-36, p. 1061 et s., note J. MASSIP.
2326 Sur quoi, v. P. MURAT, « L'action de l'ordonnance du 4 juill. 2005 sur la possession d'état », *Dr. fam.*, 2006, étude n° 5.
2327 La Cour de cassation a d'ailleurs récemment précisé qu'« en matière de possession d'état il ne peut y avoir lieu à prescription d'une expertise biologique » : Civ. 1re, 16 juin 2011, pourvoi n° 08-20.475, *JurisData* n° 2011-011609, *Procédures* 2011, comm. n° 270, note M. DOUCHY-OUDOT, *Dr fam.* 2011, comm. n° 150, note C. NEIRINCK, *D.* 2011, p. 1757, obs. C. SIFFREIN-BLANC, *RTD civ.* 2011, p. 524, obs. J. HAUSER, *Gaz. Pal.* 16-17 nov. 2011, p. 13, obs. J. MASSIP, *JCP G* 2011, 1397, n° 22, obs. S. AMRANI-MEKKI (arrêt rendu toutefois sous l'empire du droit antérieur à l'ordonnance du 4 juill. 2005).
2328 C'est ce que l'article 311-1 du Code civil appelle « une réunion de faits », ladite réunion révélant le lien de filiation et de parenté entre une personne et la famille à laquelle elle dit appartenir (le rattachement, d'après cet article ne se fait d'ailleurs pas de personne à personne, mais de personne à famille). Quant aux faits pris en compte, l'article 311-1 dispose que les principaux faits sont : « 1° Que cette personne a été traitée par celui ou ceux dont on la dit issue comme leur enfant et qu'elle-même les a traités comme son ou ses parents ; - 2° Que ceux-ci ont, en cette qualité, pourvu à son éducation, à son entretien ou à son installation ; - 3° Que cette personne est reconnue comme leur enfant, dans la société et par la famille ; - 4° Qu'elle est considérée comme telle par l'autorité publique ; 5° Qu'elle porte le nom de celui ou ceux dont on la dit issue » (*tractatus*, *fama* et *nomen*) ; quant à sa qualité, la possession doit être « continue, paisible, publique et non équivoque » (C. civ., art. 311-2). Mais il est vrai que, marginalement, cette possession d'état peut aussi intervenir dans le débat autour de la qualification du lien biologique ; comme on l'a dit, « un fait connu - l'apparence que donne la possession de l'état - permet de tirer un fait inconnu - le lien biologique », P. MURAT, *op. cit.*, n° 1 ; et il en est particulièrement ainsi lorsque la possession d'état vient soit renforcer une filiation peu vraisemblable, soit rendre incontestable le lien de filiation déjà solidement établi (*ibid.*). v. aussi, pour la possession d'état prénatale, C. civ., art. 317, al. 2.
2329 Selon l'expression de la doctrine ; v. *supra*, n° 250 et s., le changement de terminologie nécessaire.

l'action (offre de preuve sur une proposition-objet parfaitement opérante)[2330]. Pour séduisante qu'elle était, cette thèse laissait dans l'ombre une question essentielle ; certes, ainsi interprétée, la règle signifiait bien que les juges étaient privés, dans certaines circonstances, de leur pouvoir souverain d'appréciation ; mais elle passait sous silence un effet remarquable de la jurisprudence nouvelle : la dispense de vraisemblance et l'impossibilité d'assimiler, au « motif légitime » de ne pas procéder à l'expertise biologique, la carence d'une partie. À bien regarder, pourtant, les distinctions établies, à l'époque, entre, d'une part, les « actions adminiculaires »[2331] et, de l'autre, les « actions non-adminiculaires »[2332], on ne pouvait guère être surpris que, la Cour de cassation ayant consacré la règle à l'égard d'une action de la seconde catégorie, les auteurs cherchent à limiter la portée de la règle[2333]. Les Professeurs F. Terré et D. Fenouillet pouvaient aussi bien remarquer, au lendemain des arrêts essentiels rendus en 2003-2004, en matière de contestation de paternité[2334], qu'« [i]l n'appartient pas à la Cour de cassation de s'engager dans la voie d'une réforme qui relève de la compétence législative et ne se conçoit pas sans réflexion d'ensemble sur la place du biologique, du volontaire, du vécu, du temps... Dans la filiation. Partant, le motif légitime devrait aussi résulter de ce qu'une condition de recevabilité posée par la loi n'est pas remplie »[2335]. La Cour de cassation étendit pourtant, par deux arrêts ultérieurs rendus respectivement les 12 mai 2004[2336] et 14 juin 2005[2337], sa solution aux actions de la première catégorie, **chaque fois au visa significatif de l'article 146 du Code de procédure civile**. Il devint dès lors évident que, même dans le domaine de l'établissement judiciaire de la filiation, il ne serait

[2330] Ce n'aurait été que la transposition de la jurisprudence selon laquelle le juge ne peut refuser la mesure lorsqu'elle aurait pour effet inéluctable d'entraîner le succès de la demande : Civ. 2e, 28 juin 1972, *Bull. civ.* II, n° 202 et *supra*, n° 223.

[2331] On faisait entrer dans cette catégorie les actions en recherche de paternité ou de maternité (maternité naturelle : C. civ., anc. art. 341, maternité légitime : C. civ., anc. art. 323, ainsi que les actions en rétablissement de la présomption de paternité légitime (C. civ., anc. art. 313-2, al. 2)). Mais, dans ce dernier cas, la jurisprudence avait déjà pris position par un arrêt Civ. 1re, 29 mai 2001, *Bull. civ.* I, n° 152, *JurisData* n° 2001-009832, *JCP G* 2001, I, 362, obs. L. CADIET, *Dr. fam.* 2001, comm. n° 93, obs. P. MURAT, *D.* 2002, somm. p. 2018, obs. F. GRANET-LAMBRECHTS - et si les auteurs n'en ont généralement pas tenu compte, c'est qu'ils analysaient les "adminicules" des actions en recherche de maternité et de paternité (à la différence de l'action en rétablissement) comme des conditions de *recevabilité* (v. G. VIAL, *La preuve en droit extrapatrimonial de la famille*, *op. cit.*, n° 237, p. 394). - V. aussi, C. civ., anc. art. 323 (contestation d'état de l'enfant né dans le cadre du mariage).

[2332] Ainsi des actions en contestation de reconnaissance (C. civ., anc. art. 339), des actions en désaveu de paternité (C. civ., anc. art. 312, al. et anc. art. 316), des actions en contestation de paternité légitime (C. civ., anc. art. 318, et encore C. civ., anc. art. 334-9, *a contrario* et 322, al. 2, *a contrario*), et des actions à fins de subsides (C. civ., anc. art. 342, al. 1re).

[2333] La notion d'adminicule semble avoir reposé sur l'exigence d'une sorte de vraisemblance renforcée, comme en témoignaient les notions de « présomptions ou indices graves » ou « assez graves ». V., par exemple, C. civ., anc. art. 341, anc. art. 323. - V., encore, Ph. MALAURIE, H. FULCHIRON, *La famille*, *Defrénois*, 4e éd., Paris, 2011, spéc. n° 1261, p. 495.

[2334] Civ. 1re, 9 déc. 2003, 17 févr. 2004, 30 mars 2004, *Dr. fam.* 2004, comm. n° 96, obs. P. MURAT.

[2335] F. TERRÉ, D. FENOUILLET, *Droit civil. - Les personnes. - La famille. - Les incapacités*, 7e éd., Dalloz, Précis Droit privé, Paris, 2005, n° 765, p. 695.

[2336] Civ. 1re, 12 mai 2004, *D.* 2005, p. 1766, note S. MIRABAIL (action en recherche de paternité) rendu au visa des articles 340 et 311-12 du Code civil, ensemble l'article 146 du Code de procédure civile.

[2337] Civ. 1re, 14 juin 2005, n° 04-15.445, *JurisData* n° 2005-028913, *JCP G* 2005, I, 199, *RJPF* 2005, n° 11, p. 20, note Th. GARÉ, *RTD civ.* 2005, p. 584, obs. J. HAUSER, *Defrénois* 2005, p. 1848, n° 86, note J. MASSIP, *Dr. fam.* 2005, comm. n° 182, note P. MURAT (action en recherche de paternité) ; la Cour de cassation vient censurer, au visa des articles 340 et 311-12 du Code civil, ensemble l'article 146 du Code de procédure civile, une cour d'appel qui avait refusé d'ordonner l'examen des sangs motif pris de ce que la demanderesse n'avait pas produit des indices graves ou présomptions.

désormais plus possible de repousser une demande d'expertise en dépit de la passivité probatoire de la partie[2338].

269. ***Le silence approbateur de l'ordonnance de 2005.*** Cette question, quoi qu'il en soit, a perdu, aujourd'hui, de son intérêt, puisque les exigences particulières attachées aux actions en établissement de la filiation sont détachées de toute exigence de vraisemblance, et nul ne doute plus que les dispositions de l'article 146 du Code de procédure civile ne trouvent pas à s'appliquer en la matière, même si l'ordonnance de 2005 s'est bien gardée de prendre position sur ce chapitre. Aussi, le demandeur peut-il normalement, sans la moindre vraisemblance, demander et obtenir une mesure d'instruction[2339]. Seules subsistent encore quelques difficultés liées au contenu de la notion « motif légitime »[2340], dont il semble qu'il ne saurait être ramené à un défaut de première vraisemblance[2341]. Et il faut voir dans cette dispense particulière une conjonction du facteur scientifique et du développement de la notion de vérité biologique que la jurisprudence de la Cour européenne des droits de l'homme contribue à amplifier[2342]. On trouve, pour d'autres raisons, un mécanisme

---

[2338] Et sur l'idée que l'adminicule n'était qu'une transposition de l'article 146 du Code de procédure civile, et sur son évidente inutilité chaque fois que l'exigence adminiculaire n'était pas posée, v. P. MURAT, *Dr. fam.* 2004, comm. n° 96.

[2339] S'agissant de l'abandon des solutions avec l'ordonnance n° 2005-759 du 4 juillet 2005 (*JORF* 6 juill. 2005), v. A. GOUTTENOIRE, « Les actions relatives à la filiation après la réforme du 4 juillet 2005 », *Dr. fam.* 2006, Étude 6, spéc. n° 7-8 ; v. aussi, J. HAUSER, « Des filiations à la filiation », *RJPF* 2009-9/9, p. 6, Th. Garé, « La réforme de la filiation », *JCP G* 2005, act. n° 444, F. DEKEUWER-DEFOSSEZ, « Le nouveau droit de la filiation : pas si simple ! », *RLDC*, nov. 2005, p. 34. - V., enfin, la loi de ratification qui contient aussi des innovations : Loi n° 2009-61 du 16 janv. 2009, *ratifiant l'ordonnance* n° 2005-759 du 4 juillet 2005 *portant réforme de la filiation et modifiant ou abrogeant diverses dispositions relatives à la filiation* (*JORF* 18 janv. 2009, p. 1062), *JCP G* 2009, Act., En bref, p. 18, Th. GARÉ, « Réforme de filiation. - À propos de la loi du 16 janv. 2009 », *JCP G* 2009, Act., n° 59, A. GOUTTENOIRE, « La ratification de l'ordonnance relative à la filiation : une réforme de la réforme », *Lexbase Hebdo, éd. Privée générale*, n° 334.

[2340] *Cf.* P. MURAT, *Dr. fam.* 2009, comm. n° 142, obs. ss. Civ. 1re, 30 sept. 2009, n° 08-18.398, F-P+B, *JurisData* n° 2009-049668.

[2341] La Cour de cassation semble avoir même considéré que la vraisemblance de la filiation que l'on prétend attaquer (donc l'invraisemblance de la demande), ne saurait être analysée comme le « motif légitime » faisant obstacle à l'expertise demandée : Civ. 1re, 28 mai 2008, *JCP G* 2009, I, 102, n° 5, obs. Y. FAVIER, *Dr. fam.* 2008, comm. n° 100, obs. P. MURAT, *RTD civ.* 2008, p. 465, obs. J. HAUSER *JCP G* 2008, act. 409, obs. Y. FAVIER, *D.* 2009, Panorama, p. 53-54, obs. M. DOUCHY-OUDOT. - Et sur la position antérieure, v. P. MURAT, « La contestation de la filiation par le grand-père et l'expertise post-mortem, ou l'expertise biologique est de droit en matière de filiation... Mais pas tant que cela », *Dr. fam.* 2007, comm. n° 70, (obs. ss. Civ. 1re, 25 avr. 2007, *JurisData* n° 2007-038503, *AJ fam.* 2007, p. 273, obs. Fr. CHÉNÉDÉ).- V., toutefois, les observations de J. HAUSER, *RTD civ.* 2009, p. 711, ss. Civ. 1re, 30 sept. 2009, pourvoi n° 08-18.398, *Bull. civ.* I, n° 197.

[2342] Après avoir repoussé le droit d'accès aux origines, en insistant sur la marge nationale d'appréciation des États (CEDH, 22 avr. 1997, *X., Y. et Z. c/ R.-U.*, *JCP G* 1998, I, 107, obs. F. SUDRE), la CEDH a reconnu un droit à l'identité, ce qui a permis à la Cour d'admettre l'action exercée par l'enfant contre le père prétendu (CEDH, 7 févr. 2002, *Mikulic c/ Croatie*, requête n° 53176/99) ; cette prévalence du biologique a été réaffirmée, ensuite, par CEDH, 10 oct. 2006, *Paulik c/ Slovaquie*, *RJPF* 2007, note F. DEKEUWER-DEFOSSEZ (droit de contester sa paternité juridique lorsque celle-ci ne correspond pas à la réalité biologique) ; v. encore, CEDH, 12 janv. 2006, *Mizzi c/ Malte*, requête n° 26111/02 : « une situation dans laquelle une présomption légale peut prévaloir sur la réalité biologique ne saurait être compatible avec l'obligation de garantir le "respect" effectif de la vie privée et familiale » et plus récemment : CEDH, 16 juin 2011, *Pascaud c/ France*, requête n° 19535/08, *D.* 2011, p. 1758, *AJ fam.* 2011, 429, obs. F. CHÉNEDÉ, *RLDC* 2011, p. 65-69, note F. DEKEUWER-DÉFOSSEZ, *RTD civ.* 2011 p. 526, obs. J. HAUSER : « les personnes essayant d'établir leur ascendance ont un intérêt vital, protégé par la Convention, à obtenir les informations qui leur sont indispensables pour découvrir la vérité sur un aspect important de leur identité personnelle » (§ 62). Les intérêts des tiers (le père putatif) doivent être

comparable, dans le domaine du droit du travail. Le contentieux de la cause réelle et sérieuse du licenciement fournit, en effet, un autre exemple (d'ailleurs plus large), où la vraisemblance de la proposition-objet de preuve n'est pas un préalable à l'obtention d'une mesure d'instruction, puisque, dit-on, aucune des parties ne supporte « la charge de la preuve » ; faut-il s'en étonner - l'une des parties est frappée d'*indigence probatoire* : elle ne peut constituer la première *vraisemblance*.

2. *La mise à l'écart à raison du déséquilibre d'une partie ou la preuve de la cause de licenciement*

270. ***Rappel des étapes législatives.*** La toute-puissance patronale expliquait que, jusqu'en 1973, le salarié fût contraint de prouver le caractère abusif du licenciement dont il avait été l'objet, et que, en application du droit commun, quelque faible que pût être sa situation, il ne fût en mesure d'obtenir l'assistance du juge dans la recherche de la preuve sans avoir, au préalable, fait la démonstration de la vraisemblance de l'objet de la preuve. À supposer qu'il n'y parvînt pas ou qu'il n'y parvînt, pour ainsi dire, qu'à moitié, c'était alors le risque de la preuve qui prenait le relais, et s'abattait, comme un froid couperet, sur la tête du salarié[2343]. On prétendit, par une loi du 13 juillet 1973[2344], rééquilibrer un contentieux que les progrès du droit social rendaient de moins en moins acceptable. Au lieu de renverser totalement les principes traditionnels, en faisant peser sur l'employeur le risque de la preuve, ce que le monde du travail, encore très inégalitaire, n'était pas prêt à accepter, on opta, selon la formule consacrée[2345], pour une « neutralisation de la charge de la preuve »[2346]. Le juge ne devait dès lors plus, sur le fondement de l'ancien article L. 122-14-3, reprocher à quiconque (spécialement le salarié) sollicitait une mesure

---

préservés (*id.*), mais « la protection des intérêts du père présumé ne saurait constituer à elle seule un argument suffisant pour priver le requérant de ses droits au regard de l'article 8 de la Convention » (§ 64). À l'issue d'une analyse casuistique des faits - en l'occurrence fort complexes (un prélèvement biologique trois fois refusé par le père prétendu, puis consenti et établissant la paternité à 99,999%, mais finalement annulé motifs pris d'une absence de consentement suffisant…) - la juridiction strasbourgeoise conclut à la condamnation de la France.- La vérité biologique est si prégnante qu'elle doit autoriser les prélèvements *post-mortem* : CEDH, 13 juill. 2006, *Jäggi c/ Suisse*, *RTD civ.* 2006, p. 727, obs. J.-P. MARGUÉNAUD, *RTD civ.* 2007, p. 100, obs. J. HAUSER, *Defrénois* 2008, p. 573, obs. J. MASSIP, *Dr. fam.* 2008, étude n° 14, obs. A. GOUTTENOIRE : contrariété à l'article 8 la législation rendant impossible le prélèvement ADN sur le cadavre du père supposé, au nom du « droit de connaître son ascendance » ; comp. C.C., déc. 30 sept. 2011, n° 2011-173 QPC, *JORF* 1er oct. 2011, *JCP G* 2011, act. 1075, *JCP G* 2012, 31, n° 4, obs. A. GOUTTENOIRE, qui juge conforme à la Constitution l'alinéa 5, *in fine*, de l'article 16-11 C. civ., (garantie du respect dû aux morts - cons. 6 - et différence de traitement entre homme et femme non contraire au principe d'égalité devant la loi - cons. 7). Seul l'intérêt de l'enfant paraît faire obstacle à la vérité biologique : CEDH, 6 déc. 2011, *Iyilik c/ Turquie*, requête n° 2899/05, *JCP G* 2011, act. 1424, G. GONZALEZ, *JCP G* 2012, 87, n° 13, obs. F. SUDRE, *JCP G* 2012, 296, note G. GONZALEZ, A. GOUTTENOIRE. - *Adde*, F. SUDRE *et alii,* Les grands arrêts de la Cour européenne des Droits de l'Homme, 6e éd., PUF, Thémis droit, Paris, 2011, spéc. n° 305, p. 525-526.

[2343] Pour une bonne synthèse de l'état du droit antérieur, v. H. SINAY, « Les tendances actuelles de la jurisprudence en matière de licenciement individuel », *D.* 1972, Chron., p. 241 et s.

[2344] L. n° 73-680 du 13 juill. 1973, *modification du Code du travail en ce qui concerne la résiliation du contrat de travail à durée indéterminée*, *JORF* 18 juill. 1973, p. 7763 (D. n° 74-808 du 19 sept. 1974, *portant mise à jour du Code du travail*, *JORF* du 29 sept. 1974, p. 10 009).

[2345] F. FAVENNEC HÉRY, « Licenciement : le dénouement de l'imbroglio probatoire », *Dr. soc.* 1990, p. 178-187, p. 178.

[2346] C. trav., anc. art. L. 122-14-3 : « En cas de litige, le juge à qui il appartient d'apprécier la régularité de la procédure suivie et le caractère réel et sérieux des motifs invoqués par l'employeur, forme sa conviction au vu des éléments fournis par les parties et au besoin après toutes mesures d'instruction qu'il estime utiles ».

d'instruction, de n'avoir pas accompli un premier effort probatoire. Mieux, le texte était conçu, de l'aveu même de ses auteurs, de telle manière qu'il revenait désormais au juge de rechercher lui-même la preuve, et l'image du juge d'instruction (soumis à une obligation de recherche) n'était plus très loin[2347]. Ces quelques certitudes, qui ne furent pas toujours celles de la jurisprudence qui n'hésita pas, quelquefois, à reprocher au salarié sa passivité dans la recherche de la preuve pour lui refuser une mesure d'instruction[2348], contrastaient avec les doutes que soulevait la question du risque de la preuve, considérablement accrus, du reste, par le développement, peu de temps après l'entrée en vigueur du texte, de la théorie dite de « l'apparence »[2349]. En évinçant de la lettre de licenciement une *apparence* de cause réelle et sérieuse de licenciement, la jurisprudence n'entendait sans doute pas édicter une règle relative au risque de la preuve - l'employeur triomphant chaque fois que le salarié, éventuellement aidé du juge, n'était pas parvenu à faire la démonstration de la proposition-objet de preuve contraire ; il souhaitait bien plutôt obliger les juges à justifier leur solution au regard de la proposition-objet abstraite[2350]. C'était manière habile, puisque le juge était tenu de se prononcer à la lueur de ce qui avait été énoncé par l'employeur, de préserver, en *apparence*, le pouvoir de direction de l'employeur[2351]. Mais *l'apparence* pouvait aussi s'interpréter comme une présomption de licenciement *causé*, l'allégation de l'employeur suffisant ainsi à placer le risque de la preuve

---

[2347] Selon le ministre du Travail de l'époque, « [a]ucune des parties ne supporte la charge de la preuve. Elles sont mises à égalité. C'est le juge qui se voit confier la mission d'établir la preuve, l'une et l'autre partie, dans son propre intérêt, devant lui en fournir les éléments. S'ils sont insuffisants, il appartiendra au juge d'en recueillir d'autres au moyen de toutes mesures d'instruction qu'il jugera appropriées », *JORF* débats AN 30 mai 1973, p. 1145, 2e col.

[2348] Soc., 10 nov. 1980, *Dr. ouvrier.* avr.-mai 1982, p. 156, qui semble refuser la mesure d'instruction sollicitée par le salarié au motif que, jusqu'alors, il n'a pas contribué à l'établissement de la preuve. - Cela étant, dans la majorité des cas, puisque le souhait du législateur était de modifier les règles en matière d'office du juge, les censures intervenaient parce que les juges du fond rejetaient les prétentions de l'employeur au seul motif qu'il n'apportait pas d'éléments de preuve (Soc., 19 janv. 1977, *Bull. civ.* V, n° 37, p. 30, Soc. 16 nov. 1977, *Bull. civ.*, V, n° 615, *D.* 1978, p. 52, Soc. 10 févr. 1982, *Bull. civ.*, V, n° 58, Soc., 8 nov. 1982, *D.* 1983, p. 304, note Ch. MOULY, arrêts cités X. LAGARDE, *Réflexions critiques sur le droit de la preuve*, LGDJ, Bibliothèque de Droit privé, Paris, 1994, p. 239, spéc. note (582). La même solution était symétriquement appliquée pour le salarié : Soc., 22 mars 1990, *Bull. civ.* V, n° 142, p. 84. - La théorie de l'apparence justifiait la plupart de ces solutions ; sur cette notion, v. *infra*, au texte.

[2349] La théorie dite de « l'apparence » a été développée par les arrêts dits « Cottreau » et « Adam Amer » respectivement des 20 oct. 1975 et 19 juill. 1977 (Soc., 20 oct. 1975, *Bull. civ.*, V, n° 500, Soc., 19 janv. 1977, *D.* 1978, p. 152, note Y. LETERTRE). - *Adde*, F. FAVENNEC HÉRY, *op. cit.*, p. 177.

[2350] S'agissant de la notion de cause réelle et sérieuse, on affirme généralement que la cause réelle s'entend d'une cause *objective, existante et exacte*, tandis que la cause sérieuse s'entend d'une cause *en relation avec la vie professionnelle* et *de nature à rendre impossible la continuation du contrat de travail*. *Cf.* J. PÉLISSIER et *alii*, *Les grands arrêts du droit du travail*, 4e éd., Dalloz, coll. Grands arrêts, Paris, 2008, n° 101-103 ; v., encore, S. BRISSY, J.-Ph. TRICOIT, « La cause réelle et sérieuse du licenciement », p. 339-358, *in* B. BOSSU (dir.), *Les arrêts fondamentaux du droit du travail. - Relations individuelles*, Artois Presses Université, Arras, 2007.

[2351] Interprétation classique, aujourd'hui, de la disposition ; *cf.* F. FAVENNEC HÉRY, « Le dénouement de l'imbroglio probatoire », *op. cit.*, p. 183-184.: « À l'origine, la Cour de cassation n'avait pas voulu trancher la question de l'attribution du risque de la preuve. Le problème posé était celui du respect de la charge de l'allégation. La Cour de cassation exigeait, de la part de l'employeur, la formulation d'une allégation concluante. En cas de motifs vagues, imprécis, ne permettant pas d'ordonner d'instruction, il y avait absence de cause réelle et sérieuse, non du fait d'une attribution du risque de la preuve à l'employeur, mais du fait d'une insuffisance de l'allégation. Quand, en revanche, l'employeur avait allégué des faits précis, il n'y avait pas de raison de l'obliger à en rapporter la preuve. [...] » ; X. LAGARDE, *Réflexions critiques sur le droit de la preuve*, *op. cit.*, p. 241

sur la personne du salarié. Le silence du texte[2352], que la prise de position expresse de certains autres textes de la même période rendait plus suspect[2353], et que les travaux préparatoires, pourtant explicites, peinaient à faire oublier[2354], eut parfois raison de l'interprétation majoritaire. Quelques arrêts tirèrent, en effet, argument de la règle pour prononcer, en cas de doute, contre le salarié[2355]. Dans ce contexte, la loi du 2 août 1989[2356], portant création de ce qui était alors l'article L. 122-14-3, ne fut pas loin d'être perçue comme messianique, car, en disposant que « si un doute subsiste, il profite au salarié »[2357], le texte apportait enfin la réponse claire tant espérée.

271. ***La dispense de vraisemblance : texte et jurisprudence.*** En définitive, et en dépit de quelques solutions contraires, le législateur et la jurisprudence avaient vivement souhaité, dès 1973, rompre avec le système antérieur en faisant reposer la charge de l'allégation[2358] sur l'employeur et en dispensant les parties de la charge de la vraisemblance[2359]. Depuis lors, il appartient au juge, serait-il confronté à des demandes émanant de parties passives, de se mobiliser pour établir la réalité des moyens de fait présentés par l'employeur. Ce jugeant, il est parfaitement inexact

---

[2352] F. FAVENNEC HÉRY, *op. cit.*, *loc. cit.* : « Ce texte rappelle aux juges les pouvoirs inquisiteurs dont ils disposent, mais il méconnaît l'existence éventuelle du risque de la preuve » ; v. aussi, G. AUZÉRO, E. DOCKÈS, J. PÉLISSIER, *Droit du travail,* 26e éd., Dalloz, Précis Droit privé, 2011, n° 489, p. 544-545.

[2353] Le contraste était fort, en effet, avec l'ancien article L. 122-43 du Code du travail, relatif au pouvoir disciplinaire de l'employeur, issu de la loi du 4 août 1982 (L. n° 82-689 du 4 août 1982, *relative aux libertés des travailleurs dans l'entreprise*, *JORF* 6 août 1982), qui prévoyait que, en cas de doute, *le risque de la preuve était supporté par l'employeur* ; sur ce texte, v. F. FAVENNEC HÉRY, « La preuve face aux pouvoirs de l'employeur », *Dr. soc.* 1985, p. 172-187, spéc. p. 181-182.

[2354] En dépit de leur particulière netteté, parfois : « l'employeur aura, en matière de preuve, une responsabilité particulière au cours du procès [...]. C'est évident, et pour la jurisprudence, cela résultera de tous les travaux préparatoires et de nos délibérations actuelles... En définitive, la carence de l'employeur, s'il y a carence, devrait tourner à l'avantage du salarié », *JOAN* 30 mai 1973, p. 1621.

[2355] Soc., 11 déc. 1986, *Jurisocial* 1987, n° 1, p. 15 « mais attendu que la Cour d'appel a relevé que l'employeur invoquait dans la lettre de licenciement, le défaut de rendement et de qualité de travail du salarié et a estimé que si, compte tenu du temps écoulé, il n'était plus possible d'établir la réalité ce motif, celui-ci était néanmoins en apparence une cause réelle et sérieuse du licenciement ; qu'elle en a déduit à bon droit, sans violer les règles posées par l'article L. 122-14-3 du Code du travail, que M. Langpahr ne pouvait prétendre à une indemnité pour licenciement dépourvu de cause réelle et sérieuse », (cité par F. FAVENNEC HÉRY, « Le dénouement de l'imbroglio probatoire », *op. cit.*, p. 184 (v. encore, Soc., 16 févr. 1979, *Gaz. Pal.* 1979, pan., p. 319). - V. aussi, de cet avis, de manière plus générale, J.-E. RAY, *Droit du travail. - Droit vivant, 2011/2012,* 20e éd., Éditions Liaisons, Paris, 2011, n° 477, p. 347.

[2356] L. n° 89-549 du 2 août 1989, *JORF* 8 août 1989 (et D. n° 89-603 du 31 août 1989, *JORF* 1er sept. 1989, D. n° 89-732 du 11 oct. 1989, *JORF* 12 oct. 1989, D. n° 89-806 et n° 89-807, du 2 nov. 1989, *JORF* 4 nov. 1989). La disposition fut déclarée conforme à la constitution : C.C., déc. n° 89258, 25 juill. 1989, *JO* 28 juill. 1989, spéc. § n° 17-19 (égalité des salariés devant la loi), *Dr. soc.* 1989, p. 627, G. LYON-CAEN, « La jurisprudence du Conseil constitutionnel intéressant le droit du travail », *D.* 1989, Chron., p. 289, X. PRÉTOT, « La conformité à la constitution de la loi relative à la prévention du licenciement économique et au droit à la conversion », *Dr. soc.* 1989, p. 701.

[2357] Il s'agit désormais de l'article L. 1235-1 du Code du travail (ordonnance 2007-329 du 12 mars 2007, *relative au Code du travail (partie législative)*, *JORF* 13 Mars 2007, ratifiée par la Loi n° 2008-67 du 21 janvier 2008, *ratifiant l'ordonnance n° 2007-329 du 12 mars 2007 relative au Code du travail (partie législative)*, *JOFR* 22 Janvier 2008 ; entrée en vigueur le 1er mai 2008).

[2358] Sur ce point, le texte n'a pas changé ; l'employeur est toujours chargé d'alléguer : *cf.* F. FAVENNEC-HÉRY, P.-Y. VERKINDT, *Droit du travail,* 3e éd., LGDJ, Paris, 2011, n° 645, p. 516.

[2359] F. FAVENNEC-HÉRY, P.-Y. VERKINDT, *op. cit., loc. cit.*, qui indiquent que, ce qui est désormais l'article L. 1235-1 du Code du travail, « donne une grande place au juge et opère une "neutralisation" de la charge de la preuve. S'inspirant des règles du CPC, la loi distingue l'allégation, l'administration de la preuve et le risque de la preuve », n° 427, p. 534, J.-E. RAY, *Droit du travail. - Droit vivant, op. cit.*, n° 477, p. 347.- *Adde*, S. BRISSY, *JCP* S 2008, 1655, obs. ss. Soc., 24 sept. 2008, pourvoi n° 07-42.652, *JurisData* n° 2008-045235.

d'affirmer que, puisqu'au jour du vote de la loi de 1973, l'article 10 du Code procédure civile existait déjà, l'ancien article L. 122-14-3 du Code du travail était inutile[2360]. Au contraire, et pour des raisons qui n'ont jamais été démenties, le législateur ne pouvait pas, s'il souhaitait apporter son assistance à un salarié ne disposant bien souvent d'aucun élément de preuve[2361], faire application du droit commun[2362]. Il lui fallait donc rompre avec les règles relatives à la carence des parties et l'habiliter, voire l'obliger[2363] à faire droit à la demande de mesure d'instruction même émanant d'une partie défaillante (défaillance au sens dégagé dans la présente étude[2364] - à condition qu'elle ne fût pas fautive[2365]). Force est pourtant d'admettre que la

[2360] X. LAGARDE, *Thèse préc.*, p. 240.

[2361] F. FAVENNEC-HÉRY, « La preuve face au pouvoir de l'employeur », *op. cit.*, p. 173 : « [...] les éléments de preuve se trouvent dans l'entreprise et le salarié ne peut se ménager des preuves par prise de copies de documents sans encourir des sanctions pénales. Les témoignages sont difficiles à obtenir, l'exigence d'un écrit est souvent contraire à la pratique des relations du travail. L'utilisation d'une procédure accusatoire accentuait cet état de fait. L'employeur qui détenait souvent les éléments de preuve nécessaires à la solution du litige était dispensé d'y intervenir. À l'heure actuelle, le rôle inquisiteur du juge est de nature à rétablir une certaine égalité entre les parties. L'administration de la preuve est ici, plus qu'en toute autre matière, déterminante. La preuve est l'instrument de la règle de fond » (v. encore P.-H. D'ORNANO, « De l'usage des moyens de preuve en droit du travail », *JCP* S 2008, 1476). Sur tous les points évoqués par l'auteur, des évolutions importantes se sont produites. D'abord, en ce qui concerne la photocopie de documents appartenant à l'entreprise par le salarié (v. l'article très complet de D. CORRIGNAN-CARSIN, « La preuve à l'insu de...une logique de chambres ? », p. 291-315 *in Le droit pénal à l'aube du troisième millénaire. - Mélanges offerts à Jean Pradel*, Cujas, Paris, 2006, B. TEYSSIÉ, « La preuve en droit du travail », *in* C. PUIGELIER (dir.), *La preuve*, Economica, Études juridiques 19, Paris, 2004, p. 73-88), ensuite en ce qui concerne le formalisme, qui s'est considérablement accentué dans les rapports employeur/salarié (v., par exemple, en matière de paiement des salaires, Soc. 2 févr. 1999, *Bull. civ.* V, n° 48, *D.* 1999, IR, 78, *Dr. soc.* 1999, p. 255, concl. P. LYON-CAEN, *LPA* 20 juill. 1999, note LE MAIGNAT qui rappelle que l'employeur est tenu de faire la preuve de sa libération, en dépit de la délivrance de son bulletin de paie ; Soc. 11 janv. 2006, *D.* 2007, pan. p. 1906, n° 4, obs. Ph. DELEBECQUE : les règles du droit commun en matière de preuve littérale trouvent à s'appliquer - visa des articles 1315, 1341 et 1347 du Code civil et l'article L. 143-4 [L. 3243-3 nouv.] du Code du travail), enfin en ce qui concerne la transmission de diverses pièces au juge.

[2362] C. proc. civ., art. 10 : « Le juge a le pouvoir d'ordonner d'office toutes les mesures d'instruction légalement admissibles ».

[2363] Une certaine interprétation permettrait même d'obliger le juge à instruire, ce qui permettrait de le sanctionner chaque fois qu'il a fait application du doute un peu trop légèrement. La question a déjà été évoquée : « va-t-il y avoir un contrôle du doute ? Peut-on obliger le juge à procéder à des investigations supplémentaires ? Lorsque ce dernier voudra faire jouer l'article L. 122-14-3 *in fine* du Code du travail, la Cour de cassation pourra-t-elle considérer qu'en présence de tel ou tel élément du dossier, il ne pouvait y avoir de doute ? Pourrait-elle vérifier l'existence d'investigations suffisantes opérées par le juge ? », F. FAVENNEC-HÉRY, « Licenciement : le dénouement de l'imbroglio probatoire ? », *op. cit.*, p. 186-187. À cette question, l'auteur répondait de manière négative, en constatant les pouvoirs souverains des juges en matière de preuve, sauf hypothèses où la mesure était de nature à emporter des conséquences inéluctables, (v., cependant, *supra*, n° 223, l'interprétation à donner à cette formule), et sauf à tenir compte des règles en matière de motivation. Elle concluait, en tout cas (*op. cit.*, p. 187), que « [l]'hypothèse du doute ne peut être que marginale et motivée par l'échec d'une instruction réelle du dossier ».

[2364] V. *supra*, n° 263.

[2365] L'application du « principe de subsidiarité » est une évidence. La partie doit transmettre les éléments de preuve qui sont en sa possession. Elle doit, pour le moins, faire offre de preuve. Ainsi qu'on a pu le dire, « [e]ncore faut-il que ce justiciable apporte lui-même ce qu'il peut apporter, qu'il n'y ait pas carence de sa part, rien d'autre que de simples allégations sans même proposition de moyens de recherche », R. PAUTRAT, « La charge de la preuve et le poids du doute dans l'appréciation de la cause réelle et sérieuse du licenciement », *D.* 1994, p. 337 et s., n° 3.- *Cf.* Soc. 23 juin 2010, *RJS* 2010, p. 718, n° 802, *JCP* S 2010, 1412, obs. D. EVERAERT-DUMONT, *Dr. ouvrier*, 2010, p. 559-560, note D. BOULMIER (cité *supra*, n° 219), Soc., 9 févr. 1994, pourvoi n° 91-45.432 (inédit), carence au sens de la faute du salarié qui n'a pas produit une pièce (à sa disposition, semble-t-il) qui aurait pu permettre aux juges de modifier la base de calcul des indemnités conventionnelles ; v. encore, Soc., 23 avr. 1992, pourvoi n° 91-41.083. - v. déjà Soc. 24 mai 1989, *Bull. civ.* V, n° 389, carence dans l'administration de la preuve lorsque la mesure

jurisprudence est loin d'être à cette image. Elle est très souvent empreinte d'opportunité[2366], et une analyse assez poussée de la jurisprudence des cours d'appel montre même que l'esprit de la disposition est mal compris[2367]. Si la règle a été élaborée pour protéger le salarié, on ne peut regretter l'application qui en est faite. Sans doute est-ce le résultat d'une faiblesse structurelle qui a déjà été constatée (qui produit d'importantes conséquences sur le plan probatoire), à savoir la faible disponibilité des conseillers prud'homaux[2368]. Il ne faut cependant pas interpréter le texte avec trop de naïveté ; *ce n'est que de manière très marginale, semble-t-il, que la règle ne profite pas au salarié.* Bien souvent, en pratique, la carence du juge suit la carence des parties, et le doute profite alors, dans toute son injustice au salarié[2369]. Le Conseil constitutionnel avait bien perçu la difficulté en émettant, dans sa décision concernant la loi du 2 août 1989, une réserve d'interprétation. Il estimait, en effet, que la loi n'était pas contraire au principe d'égalité, mais nuançait immédiatement en précisant que « c'est seulement dans le cas où le juge sera dans l'impossibilité, au terme d'une instruction contradictoire, de former sa conviction sur la cause réelle et

---

sollicitée est destinée à recueillir des renseignements que la partie demanderesse aurait dû elle-même fournir ; dans le même sens : Soc. 21 juill. 1986, *Bull. civ.* V, n° 383.

2366 Soc., 29 nov. 2006, pourvoi n° 04-47.787, *JurisData* n° 2006-036304 : carence de l'employeur dans l'administration de la preuve : « Attendu, en outre, qu'en l'absence de tout élément tendant à démontrer le caractère réel et sérieux du licenciement, la cour d'appel n'était pas tenue d'ordonner une mesure d'instruction pour suppléer à la carence de l'employeur dans l'administration de la preuve » ; v., toutefois, Soc., 15 juin 1977, pourvoi n° 76-40.875, *Bull. civ.* V, n° 396, p. 312, *JurisData* n° 1977-098396, arrêt qui repousse l'argument tiré de la carence des parties (pour censurer une cour d'appel ayant diligenté une expertise), sous-entendant que l'ancien article L. 122-14-3 du Code du travail développe une conception autonome de l'office du juge. - Elles se retranchent, cependant, souvent, en pratique, derrière l'opportunité des juges du fond : Soc., 6 mai 1997, pourvoi n° 94-40.578, Soc., 7 avr. 1993, pourvoi n° 91-43.931, (inédit). Et la solution est la même lorsque l'employeur soutient que, en définitive, le juge a suppléé à la carence du salarié dans la recherche des preuves : Soc., 28 juin 2000, pourvoi n° 98-42.791, (inédit - v. tout spéc. l'argumentation du salarié, qui propose une interprétation de l'anc. art. L. 122-14-3 à la lueur de l'art. 146 C. proc. civ.), v. encore, Soc., 23 mai 1996, pourvoi n° 93-40.738. - *Adde*, Soc., 7 avr. 2010, pourvoi n° 08-40.376.

2367 Rouen, ch. soc., sect. prud'homale, 4 nov. 1997, *JurisData* n° 1997-049236 : salarié qui se voit refuser la mesure d'instruction sur le fondement de l'article 146. En effet, la cour d'appel lui reproche de n'avoir produit à l'instance que des documents qui, du fait de leur caractère général et ancien, ne permettent pas de tirer un parti utile à la solution du litige. V., encore, pour un employeur, Toulouse, ch. soc. 4, 11 oct. 1996, *JurisData* n° 1996-055355 ou encore Bordeaux, ch. soc., 22 oct. 1985, *JurisData*, n° 1985-044692. La solution est parfaitement injustifiée lorsque c'est le salarié qui sollicite la mesure, et elle témoigne d'une profonde méconnaissance du fondement de la règle. Si, en effet, le texte n'est pas interprété comme une dispense de la charge de la vraisemblance, on ne voit alors vraiment pas quelle peut être sa signification ; v., en ce sens, l'intervention du ministre du travail durant les travaux préparatoires de la loi de 1973 : « s'il me fallait répondre à la question de savoir qui, désormais, de l'employeur ou de l'employé, portera la charge de la preuve, je serais tenté de dire, sans aucune ironie : le juge », *JOAN* 30 mai 1973, p. 1445, cité par X. LAGARDE, *Thèse préc.*, note (589), p. 241. On ne comprend pas non plus pourquoi la Chambre sociale de la Cour de cassation éprouve le besoin régulier de rappeler que « la charge de la preuve n'incombe spécialement à aucune des parties » (en autres références : Soc., 11 mai 2005, pourvoi n° 03-43.440).

2368 F. FAVENNEC HÉRY, « Le dénouement de l'imbroglio probatoire », *Dr. soc.* 1990, p. 178-187, spéc. p. 185. On a remarqué, également, que, pour des raisons de faiblesse technique, les conseillers prud'homaux sous-utilisent les ressources (notamment probatoires) qui sont les leurs : A. SUPIOT, *Les juridictions du travail*, (dir. G.-H. CAMERLYNCK), T. 9, *Traité de droit du travail*, Dalloz, Paris, 1987, n° 19, p. 22 ; v., encore, sur ce dernier point, D. BOULMIER, *Preuve et instance prud'homale*, Thèse Orléans, 2000, spéc. p. 176, p. 648 & p. 173.

2369 M. PAGON, « L'équilibre de la charge de la preuve dans le procès prud'homal », *TPS* janv. 2000, comm. n° 2, spéc. p. 7, C. COHEN, « L'administration de la preuve en droit du travail », *Gaz. Pal.*, 1996, 1, doctr., p. 111, B. CHAUVET, « La charge de la preuve du droit du travail : une constante évolution en faveur du salarié », *Gaz. Pal.* 1994, 2, doctr., p. 792 et s.

sérieuse justifiant le licenciement qu'il sera conduit à faire application du principe que le doute profite au salarié »[2370]. Et comme on l'avait observé, la correcte application de cette règle « supposerait que le juge prud'homal ordonne véritablement des mesures d'instruction, alors que ce n'est pas habituel »[2371].

CONCLUSION DE LA SECTION II

272. Le rôle de la vraisemblance peut paraître paradoxal. Fixer pour objectif la vérité et en subordonner la recherche à une première condition apparaît comme antinomique. La contradiction paraît encore plus vive à l'égard de la présentation de la preuve lorsque le législateur entrave l'expression de la vérité avec une exigence adminiculaire. Une étude plus approfondie montre, néanmoins, que l'adminicule s'insère parfaitement dans la logique des systèmes hiérarchiques. Il est d'abord évident que si les systèmes hiérarchiques se signalent, avant tout, par la place éminente qu'ils accordent à la vérité matérielle, ils se caractérisent aussi par le pouvoir dont ils disposent - et qu'ils exercent en pratique - de faire prévaloir l'intérêt général. Il n'est pas nécessaire de rappeler que celui-ci condamne parfois expressément la révélation du vrai. Mais, même dans la perspective d'une recherche plus fine de la vérité, soumettre la démonstration de certaines propositions à quelques exigences probatoires restrictives peut être d'une utilité non négligeable. Les contraintes qui pèsent sur les ayants-cause qui entendent remettre en cause l'acte du *de cujus* pour insanité d'esprit montrent combien la libre présentation et la libre recherche des preuves favoriseraient, si elles n'étaient pas limitées, bien plus les fausses vérités - soit le mensonge - que la sincérité des plaideurs. Soumettre ainsi le demandeur à la nullité à une exigence adminiculaire permet ainsi de faire le tri entre les demandes spécieuses, qui sont une source de dispersion pour le système et - dès lors que la preuve en jeu est délicate - une source d'erreur, et les demandes sérieuses auxquelles le système peut ensuite accorder toute son attention. La hiérarchie est pareillement préservée lorsque c'est la recherche de la preuve qui est plus directement subordonnée à un préalable de vraisemblance. La vérité matérielle est une vérité exigeante qui ne se laisse saisir que progressivement, selon un schéma ascendant des probabilités. Une recherche menée sans base probable finit par épuiser le système juridique qui ne parvient dès lors plus à atteindre son haut objectif. Enfin, il faut se souvenir qu'une telle exigence pèse principalement sur les parties ; c'est fort naturellement que le juge ne met en œuvre spontanément ses pouvoirs que lorsqu'il a acquis la conviction de l'intérêt de son investissement probatoire. Dans ce schéma, en conséquence, le préalable de vraisemblance a essentiellement pour effet d'accroître le degré de hiérarchie : ***la naissance de l'office de véridiction ne dépend pas de la volonté des parties et reste entièrement suspendue à la probabilité de vérité que représente la proposition défendue par l'une des parties***. Il arrive, cependant, parfois, que cette exigence de vraisemblance représente un risque pour la vérité matérielle ou que, pour le moins, le risque de dispersion qui menace le système ne soit plus à craindre en raison de la particulière fiabilité d'un élément de preuve. Dans le premier cas, le système peut alors faire disparaître cette première exigence en autorisant le juge (voire en l'obligeant) à rechercher d'emblée les éléments de preuve disponibles ; c'est très précisément la solution retenue par le droit du travail en

[2370] C.C., 25 juill. 1989, décision n° 89-257 DC, *Rec.*, p. 59, *Dr. soc.* 1989, p. 627.
[2371] J. RIVERO, J. SAVATIER, *Droit du travail*, 13e éd., PUF, Thémis Droit privé, Paris, 1993, p. 508.

matière de licenciement sans cause réelle et sérieuse où le législateur a pris acte de l'indigence probatoire du salarié. Dans le second, chaque fois que le mode de preuve particulièrement fiable est recherché, plus rien ne s'oppose alors à ce que le juge en ordonne *de plano* l'administration. On reconnaît la solution adoptée par la Cour de cassation en matière de filiation où elle juge désormais, de manière constante, que l'expertise biologique est de droit, c'est-à-dire qu'elle peut être demandée et obtenue, même en l'absence de démonstration de la *plausibilité* du lien de filiation.

CONCLUSION DU CHAPITRE I

273. D'après les principes dégagés en exergue, les systèmes hiérarchiques, contrairement aux systèmes participatifs qui voient le procès et les questions probatoires comme un affrontement constant d'intérêts contradictoires, mettent l'accent sur la nature éminemment publique et donc étatique des règles relatives à la preuve. Il en résulte, pour l'essentiel, une préoccupation constante du système à l'égard de l'expression de la vérité matérielle, vérité conçue comme désintéressée et ne pouvant être atteinte qu'au terme d'une recherche approfondie et impartiale. Les règles afférentes à la présentation et à la recherche des preuves n'échappent pas à cette puissante influence. On le voit bien, tout d'abord, en constatant que le juge dispose, dans le système hiérarchique français, d'un *office de véridiction*. Là où l'État s'investit dans la recherche de la vérité, le juge est pourvu d'un office particulier qui prolonge son office de *juridiction*, et d'où découlent toutes les prérogatives relatives à la preuve. Rappelons, à cet égard, la formule du Doyen Cornu. Le juge a, dans la connaissance du fait, « un pouvoir primordial et un titre originaire », il est réputé avoir « une connaissance globale et universelle du fait »[2372]. La conséquence la plus remarquable de l'existence de cet office est la transformation de la nature des prérogatives probatoires. Alors que dans les systèmes participatifs chaque partie est investie d'un droit subjectif qui lui permet d'obtenir, de son adversaire, une multitude d'éléments de preuve, les systèmes hiérarchiques condamnent nécessairement cette qualification. Puisque les initiatives probatoires sont immédiatement récupérées par l'État qui les met au service de l'intérêt général, elles ne peuvent s'analyser en de simples droits (dont on peinerait, d'ailleurs, à identifier le sujet passif). Il s'agit, à strictement parler, de *pouvoirs* dont la finalité évidente, si elle n'est pas le service du plaideur qui s'en prévaut, est la manifestation de la vérité matérielle. Pour les mêmes raisons, toutes les prérogatives reconnues au juge sont destinées à assurer l'expression de cette même vérité, tantôt parce que le juge est investi d'un simple office d'assistance probatoire (ce qui est le cas en procédure civile), tantôt parce qu'il est soumis à une véritable obligation de recherche de la preuve (ce qui est le cas du juge d'instruction). De la puissance de cet office de véridiction dépend, du reste, l'étendue des prérogatives attribuées à tous les intervenants. Là où il est très fort, le pouvoir des parties tend à s'effacer, tandis que là où il est faible, il tend, au contraire, à s'étendre pour compenser le faible investissement de l'organe public de recherche de la preuve. Une chose est sûre, quel que soit le schéma concret de recherche de la preuve, la présence de l'office de véridiction maintient toujours les prérogatives dans la même catégorie : celle des pouvoirs, à l'exception, sans doute,

[2372] G. CORNU, « Rapport de synthèse », *in Les rôles respectifs du juge et du technicien dans l'administration de la preuve*, *op. cit.*, spéc. p. p. 111.

de celles reconnues à la personne poursuivie dont il faut admettre qu'il s'agit avant tout de *droits de la défense*. Même lorsque le juge n'offre pas d'assistance probatoire, les parties étant condamnées, par exemple, à présenter les seules preuves qu'elles ont pu obtenir de leur chef, les preuves sont récupérées par le système probatoire hiérarchique et ne les conserve que si elles sont à même de promouvoir la vérité matérielle. Un autre dispositif montre, également, la nature hiérarchique du système probatoire français : l'exigence d'un préalable de vraisemblance. Les systèmes participatifs de *Common Law*, soupçonneux, par nature, à l'égard de toute immixtion de l'État, font peu de cas de la *vraisemblance* de ce qui est recherché. Le contraire serait d'ailleurs surprenant (et même ankylosant) pour un système qui repose, en partie, sur la transparence probatoire et fait de la recherche des preuves une étape préalable à la définition de l'objet de la preuve. Lorsque la probabilité n'est prise en compte, ce n'est guère que pour contrôler l'activité de recherche de la preuve, par les policiers, depuis l'extérieur. Les systèmes de gestion publique des questions probatoires ne peuvent s'accommoder d'un tel libéralisme. Le préalable de vraisemblance semble, en effet, de première nécessité, d'abord pour sélectionner, parmi les demandes, celles qui présentent un intérêt public à la recherche des preuves, ensuite pour éviter que le système probatoire - forcément coûteux - ne s'époumone en vaines recherches. Ce dernier angle permet d'ailleurs de déceler derrière l'argument économique, un argument épistémologique déterminant. Puisque la vérité recherchée ne réside pas (ou pas seulement) dans un échange presque martial d'arguments, un affrontement, à armes égales, des preuves abstraitement sélectionnées, mais plutôt dans une remontée complexe et impartiale vers le passé, on ne saurait se départir de ce cheminent décrit par la philosophie, qui est celui du « continu de la conviction ». La vérité matérielle ne se laisse atteindre que par un passage progressif de « l'assurance » à la « confiance », puis à la « ferme créance »[2373] - sans exclure non plus, lorsque les *témoignages*[2374] sont contraires au cours ordinaire de la nature : de la « défiance » au « doute », de la « conjecture » à la « croyance »[2375]. Cette exigence, qui a naturellement pour terrain d'élection la recherche de la preuve - puisqu'elle conditionne même l'office de véridiction -, n'affecte normalement pas la présentation des preuves. Celle-ci a, en effet, en partie pour objet de constituer la première vraisemblance exigée. Mais, là encore, la structure hiérarchique peut imposer de nouvelles contraintes et soumettre la présentation des preuves à une exigence adminiculaire. La *hiérarchie* se manifeste, car l'État parvient nettement à faire prévaloir une situation acquise sur la vérité. Mais ce serait dire trop peu que de s'en tenir à ce pouvoir d'éviction de la vérité. Tous les systèmes, y compris ceux qui font une maigre place à l'intérêt du public, n'hésitent parfois pas à mettre entrave au débat probatoire. Ce qui fait, partant, le cœur de l'exigence adminiculaire, c'est surtout la protection contre le mensonge - et donc la préservation de la vérité - chaque fois qu'un type de litige se prête à des contestations suspectes et susceptibles, si des précautions suffisantes ne sont pas prises, de compromettre la manifestation de la vérité. C'est parfois, enfin, tout au contraire, l'exigence de vraisemblance qui est condamnée, s'il apparaît qu'aucun dévoiement n'est à craindre - ce qui est particulièrement le cas lorsqu'une preuve fiable est aisément disponible - ou s'il est établi que la vraisemblance constitue bien plus un obstacle qu'une garantie à la manifestation de la vérité. Dans l'ensemble, néanmoins, les principes demeurent entiers :

[2373] F. GIL, *Preuves, op. cit.*, p. 12.
[2374] Au sens philosophique : v. *supra*, n° 1.
[2375] F. Gil, *op. cit., loc. cit.*

exigence d'un préalable de vraisemblance et office de véridiction constituent les deux principales manifestations de la nature hiérarchique des règles relatives à la recherche de la preuve. Cette structure hiérarchique doit pouvoir se retrouver à l'égard des règles relatives à l'appréciation des preuves.

Composition et mise en page :

PRESSES UNIVERSITAIRES D'AIX-MARSEILLE – Danielle CURIE

Impression :
SERVICE IMPRIMERIE
UNIVERSITÉ D'AIX-MARSEILLE

DÉPÔT LÉGAL – 1er Trimestre 2013